테툼어-한국어 사전

TETUM-KOREAN DICTIONARY

편찬·발행

고려대학교 민족문화연구원

테툼어-한국어 사전

발　　행 2022년 1월 26일
편 저 자 고려대학교 민족문화연구원
발 행 인 김형찬
발 행 처 고려대학교 민족문화연구원
주　　소 (02841) 서울특별시 성북구 안암로 145
전　　화 (02) 3290-1610~3
팩　　스 (02) 926-8385
등　　록 제6-18호(1964년 9월 28일)
홈페이지 http://riks.korea.ac.kr

I S B N 978-89-7155-185-1
정　　가 20,000원

이 사전은 2017년 네이버문화재단과 네이버주식회사의 지원을 받아 수행한 연구의 결과물임.

머리말

우리나라와 동티모르의 수교는 2002년 5월 동티모르민주공화국의 탄생과 함께 이루어졌다. 수교 이래 양국은 교역, 투자, 개발 등에서 교류해 왔으며 한국은 교육, 보건, 공공 행정, 에너지 등 여러 부문에서 지원과 협력을 지속하고 있다. 최근 들어 동티모르에서 한국과 한국 문화에 대한 관심이 드높아지면서, 대학을 중심으로 한국어 학습 열풍이 뜨겁게 일고 있으며 한국어를 배우고자 하는 일반인도 크게 증가하고 있다. 또한 한국으로 유학을 오거나 일자리를 찾아 이주한 테툼어 화자도 늘고 있다. 동티모르에는 국내 중소기업들이 진출해 있고 개발 협력을 위해 파견된 한국인도 상당수에 이른다. 동티모르의 공용어인 테툼어 화자를 위한 한국어 학습 사전이 필요할 뿐만 아니라 한국인이 테툼어를 이해하고 표현하기 위한 사전도 만들어져야 할 상황에 이르렀다.

하지만 어디에도 한국어 학습자와 테툼어 학습자를 위한 사전을 찾을 수 없어 양국의 국민들은 소통의 어려움을 감내해 왔다. 2016년에 본원을 방문한 동티모르국립대학교의 최창원 교수님을 통해 이러한 상황을 전해 듣고 이를 심각하게 받아들인 우리는 기초적인 어휘를 중심으로 대응형을 제시해 주는 사전, 예문을 통해 실제 어법을 정확하게 알려 주는 사전을 하루빨리 동티모르 사람들과 동티모르 거주 한국인들에게 공급해야겠다고 다짐하였다. 그러나 예산과 인력을 지원받지 못하는 상태에서 테툼어 사전 편찬 사업의 닻을 올리는 일은 쉽지 않았다.

그러던 차에 네이버문화재단에서 이러한 필요성에 공감하고 21세기 초에 독립국을 세운 동티모르 사람들을 위해 테툼어 사전 편찬 사업을 지원해 주었다. 그 덕분에 본원 사전학센터와 동티모르국립대학교 한국학센터는 2017년부터 공동 작업을 시작하여 2018년 12월에 첫 결실로 네이버를 통해 『테툼어-한국어 사전』 웹 서비스를 개시하였고, 이제 종이사전으로 『테툼어-한국어 사전』을 출간하게 되었다.

『테툼어-한국어 사전』은 동티모르 국민들이 한국어를 배우고 한국의 문화를 이해하는 데 기여할 것이라 자부한다. 아울러 한국인이 동티모르의 언어와 문화를 익히는 데에도 크게 도움이 될 것이다. 2002년에 시작된 한국과 동티모르 간의 교류와 협력이 이 사전을 매개로 더욱 활발하게 이루어지기를 바란다.

『테툼어-한국어 사전』이 기획되고 편찬, 출간되기까지 많은 분들이 지지와 성원, 노고를 아끼지 않으셨다. 네이버사전자문위원회의 정영국, 한영균, 고명수, 강현화 선생님께 깊은 감사의 말씀을 드린다. 그분들이 동티모르인을 위한 사전이 필요하다는 데 공감해 주신 덕분에 사전 편찬 사업의 닻을 올릴 수 있었다. 그리고 편찬 작업이 순조롭게 진행될 수 있도록 살펴봐 주신 네이버의 김종환, 이은경, 김현우 선생님께도 무한한 감사의 마음을 전한다. 동티모르의 녹록지 않은 환경에서도 최선을 다해 편찬 작업에 임해 주신 최창원 교수님과 최현주 선생님, 그리고 관계자들께 고개 숙여 감사드린다. 이분들은 테툼어의 하나부터 열까지 한국어로 설명하고 기술하는 데 열과 성을 다해 주셨다. 마지막으로 기획부터 편찬까지 업무를 맡아 이끌어 온 본원 사전학센터의 도원영, 김숙정 선생님의 노고에 감사를 드린다. 교열교정 과정에서 수고하신 연구원들께도 격려의 박수를 보낸다.

2022년 1월 3일
고려대학교 민족문화연구원
원 장　김 형 찬

PREFÁSIU

Estabelese relasaun diplomátika entre Korea no Timor-Leste koinside ho Repúblika Demokrátika Timor-Leste nia moris iha fulan Maiu tinan 2002. Dezde momentu ne'eba nasaun rua ne'e troka ona komérsiu, investimentu no dezenvolvimentu, no Korea kontinua fó apoiu no koopera iha área oioin hanesan edukasaun, saúde, administrasaun publika no enerjia NST. Agora daudaun, hanesan interese ba Korea no kultura Korea nian iha Timor-Leste aumenta ona, aprende lian Korea ne'ebé foka liu ba iha universidade sira, no númeru ema bai-bain ne'ebé hakarak aprende lian Korea mós aumenta maka'as. Orador sira barak liu mai ona Korea husi Timor-Leste atu estuda ka buka servisu. Iha mós empreza lokál ki'ik no média sira iha Timor-Leste, no númeru boot ema Korea sira namkari ba iha área kooperasaun dezenvolvimentu. Nesesidade atu fornese disionáriu aprendizajem lian Korea ida ba orador sira iha lian Tetun, lian ofisiál Timor-Leste nian, aumenta ona, no disionáriu ida ba ema Korea sira atu bele komprende no hato'o Tetun mós to'o iha pontu ida-ne'ebé presiza disionáriu.

Maski nune'e, disionáriu ba aprende-nain lian Korea no aprende-nain lian Tetun sira labele hetan iha ne'ebé de'it iha nasaun rua ne'e, no povu hosi nasaun rua ne'e tahan situasaun ida-ne'e la konfortável. Ami foti situasaun ida-ne'e ho seriedade liu husi profesór Choi Chang-won husi Universidade Nasionál Timor Lorosa'e ne'ebé vizita Peskiza Institutu Estudu Korea iha

Universidade Korea tinan 2016, no ami deside ona atu dezenvolve lailais disionáriu ida-ne'ebé fó resposta bazeia ba vokabuláriu báziku no disionáriu ne'ebé hatudu loloos uzu atuál liuhusi ezemplu ba povu Timor-Leste no ema Korea sira ne'ebé hela iha Timor-Leste. Maibe, la fasil lansa projetu disionáriu ne'ebé la hetan apoiu kona-ba osamentu no rekursus umanus. Durante ne'e Fundasaun Kulturál NAVER simpatizadu ho nesesidade ida-ne'e no apoia projetu disionáriu Tetun ba povu Timor-Leste ne'ebé harii nasaun independente iha sékulu 21.

Obrigadu ba ida-ne'e, Sentru Estudu Disionáriu iha Peskiza Institutu Estudu Korea no Sentru estudu Korea iha Universidade Nasionál Timor Lorosa'e hahú ona servisu hamutuk iha 2017, no nu'udar rezultadu dahuluk iha Dezembru 2018, <disionáriu Tetun-Koreanu> hahú servisu liuhusi NAVER, no agora hanesan, <Disionáriu Tetun-Koreanu> bele hetan publika.

Ami sente orgullu katak Disionáriu Tetun-Koreanu bele kontribui hodi ajuda povu Timor-Leste aprende kultura Korea no komprende kultura Korea nian. Nune'e mós, sei iha tulun boot ba ema Korea sira atu aprende lian no kultura Timor-Leste nian. Espera katak interkámbiu no kooperasaun entre Korea no Timor-Leste, ne'ebé hahú ona iha tinan 2002, sei hala'o ativamente liu ho disionáriu ida-ne'e.

Husi planu, no kompilasaun, to'o publikasaun husi <Disionáriu Tetun-Koreanu>, ema barak servisu maka'as ho sira-nia apoiu, enkorajamentu, no traballu boot. Ha'u hakarak hato'o ha'u-nia agradesimentu boot ba membru Komité Konsultivu dictionáriu NAVER, Jeong Young-kuk, Han Young-gyun, Ko Myung-soo, no Kang Hyoun-hwa.

Obrigadu barak ba sira-nia empatia ba nesesidade disionáriu ida ba Timoroan, ami konsege ona halo disionáriu. Ha'u mós hakarak hato'o ha'u-nia agradese boot ba NAVER Kim Jong-hwan, Lee Eun-kyoung, no Kim Hyun-woo ne'ebé hala'o prosesu kompilasaun ho di'ak. Ami hakru'uk ema relevante sira, agradese ba profesór Choi Chang-won, Choi Hyun-joo, ne'ebé preokupadu no haka'as an atu kompleta maske iha situasaun ne'ebé ladún di'ak iha Timor-Leste.

Liuliu ema rua ne'e tau sira-nia fuan ho entuziasmu hodi esplika no deskreve kada Tetun liafuan ida-idak iha Lian Korea.

Ikus liu, ha'u hakarak agradese ba Doh Won-young, no Kim Suk-jeong iha Sentru Estudu Disionáriu iha Peskiza Institutu Estudu Korea ne'ebé servisu husi planu atu kompila. Ha'u mós basa-liman ba peskizadora sira kona-ba sira-nia servisu maka'as iha prosesu prova nian.

Loron 3 Fulan Janeiru Tinan 2022

Peskiza Institutu Estudu Korea, Universidade Korea

Diretór Kim Hyoung-chan

만든 사람들

편　저 최창원, 최현주, 시프리아노 보스코, 조세 다 코스타 비에가스
도원영, 김숙정, 조지연, 노석은, 남유진, 허인영, 정은진

감　수 박복준, 미겔마이아 도스 산토스
벤자민 드 아라우조 에 코트리알
마누엘 소아레스 핀토 카르도소

편　집 권분옥
표　지 송현상

일러두기

편찬 방침

1. 이 사전은 테툼어를 학습하고자 하는 한국어 화자를 위해 만들었다. 또한 한국어를 학습하고자 하는 테툼어 화자들도 손쉽게 이용할 수 있도록 하였다.
2. 이 사전에는 테툼어로 말하고 듣고 읽고 쓰기 위해서 꼭 필요한 어휘를 실었다.
3. 이 사전은 테툼어의 실제 사용 방식을 이해할 수 있도록 모든 표제어에 용례를 제시하는 것을 원칙으로 하였다.

이 사전은 어휘에 관한 정보를 등급 표시, 표제어, 어깨번호, 품사, 한국어 대역어, 예문, 관련어, 관용 표현의 순서로 제시하였다. 이를 정리하면 다음과 같다.

> ⁑**arte** 명 예술. ¶Arte naruk, moris badak. 예술은 길고 인생은 짧다.
> 관용 arte ho liman (손을 쓰는 예술이라는 말로) 요술, 마술.

1. 표제어

1) 이 사전은 테툼어의 일상적인 용법을 이해하는 데 필수적인 9천 3백여 개의 표제어를 수록하였다.
   (1) 일상생활에서 많이 사용되는 어휘를 중심으로 수록하였다.
   (2) 동티모르의 문화를 학습하고 이해하는 데 필요한 문화 어휘도 수록하였다.
   (3) 테툼어 학습에 필요한 지명이나 인명 등과 같은 고유 명사도 선별하여 수록하였다.
   (4) 동티모르의 공용어인 포르투갈어와 인도네시아어 중 빈도가 높은 기초 어휘도 일부 수록하였다. 따로 '〔인니〕, 〔포〕'로 표시하였다.

> **alat** 명〔인니〕 연장, 도구, 장비. ¶Ami presiza alat ida-rua hodi loke kaixa seguransa ne'ebá. 저 금고를 열기 위해서 몇 가지 도구가 필요해요. 유의 ekipamentu.

> *****xeke** 명〔포〕 수표. ¶publika xeke 수표를 발행하다 유의 cek.

(5) 성별에 따라 표제어의 어형이 달라지는 경우 별개의 표제어로 수록하고, '남성, 여성'을 표시하였다.

> ⁑agrikultór 명 남성 농부. ¶Agrikultór, Jose lori karau. 농부인 조세는 소를 몰아요. 유의 to'os-na'in.

> ⁑agrikultora 명 여성 농부. ¶Maria mak agrikultora badinas. 마리아는 부지런한 농부예요.

2) 테툼어 표기는 동티모르 국립언어원(Instituto Nacional de Linguistica)에서 제안한 표기법을 따랐다.

3) 표제어는 알파벳순으로 배열하였다.

4) 표제어 중 테툼어 학습에 중요한 어휘를 선정하여 해당 표제어 앞에 별표를 붙였다. 초급(⁂), 중급(⁑), 고급(*)으로 구분되며, 각각은 테툼어 학습 단계에 해당된다.

> ⁂aban 부 내일. ¶Até aban. 내일 만나요. 반의 horisehik.

> ⁑aeroportu 명 공항. ¶Aeroportu Internasionál Prezidente Nicolau Lobato 니콜라우 로바또 대통령 국제공항 / Nia sa'e ona bis ne'ebé bá iha aeroportu. 그는 공항으로 가는 버스를 탔다.

> *abuabu 명 안개. ¶Abuabu metin halo ami la bele haree dalan. 짙은 안개로 길을 잘 볼 수 없어요.

5) 동일한 형태의 표제어가 여럿일 때에는 구분을 위해 어깨번호를 붙였다.

> balada[1] 명 동물, 짐승. ¶Entre programa TV nian, ha'u gosta liu 'reinu balada'. TV 프로그램 중에서 저는 '동물의 왕국'을 좋아해요.

> balada[2] 명 발라드. ¶Ema dansa tuir balada. 사람들은 발라드 리듬에 맞추어 춤춰요.

2. 품사

1) 품사는 명사, 대명사, 수사, 동사, 형용사, 부사, 감탄사, 접속사, 전치사, 접두사, 조동사로 나누어 표시하였다.

2) 하나의 표제어가 여러 품사로 쓰이는 경우 'Ⅰ, Ⅱ, Ⅲ'으로 구분하였다.

> ⁑**aas** Ⅰ명 높이. ¶Foho Ramelau nia aas metru 2,986. 라멜라우산의 높이는 2,986 미터예요. Ⅱ형 높은. ¶Iha Dili, edifísiu aas la barak. 딜리에는 높은 빌딩이 많지 않아요. 반의 kraik.

3. 한국어 대역어

1) 테툼어의 의미에 대응하는 한국어 대역어를 제시하였다.

2) 하나의 표제어가 여러 의미로 사용되는 경우, 기본 의미부터 배열하였다. 기본 의미가 명확하지 않을 때에는 사용 빈도가 높은 것을 먼저 제시하였다. 의미는 원문자 '①, ②, ③'으로 구분하였다.

> **baliza** 명 ①경계선. ¶La bele labu husi baliza marka. 표시된 경계선에서 벗어나서는 안 된다. 유의 fronteira, rai-ketan. ②골대. ¶Baliza rua iha halimar-fatin. 운동장에는 골대가 두 개 있어요.

3) 표제어의 의미나 용법을 이해하는 데 필요한 정보는 ( ) 안에 제시하였다.

> **ba'i** 동 (총알이나 화살이) 벗어나다, 빗나가다. ¶Porké kilat-musan ba'i, nia bele moris. 총알이 빗나가서 그는 살 수 있었다.

4) 표제어의 화용 정보는 { } 안에 제시하였다.

> ⁎**lia-tun** 동 {격식체로} 말하다. ¶Lia-na'in sira lia-tun kada sira nia opiniaun kona ba situasaun polítika rai-laran. 국내 정치적 상황에 대해서 진행자들은 각각의 의견을 말했다.

5) 표제어의 결합 정보는 (( )) 안에 제시하였다.

> ⁑**keta** Ⅱ부 ((주로 karik과 함께 쓰여)) 아마도. ¶Keta nia hamlaha karik, tanba nia la han matabixu. 그는 아침 식사를 안 해서 아마도 지금 배가 고플 거예요.

6) 한국어에 대응되는 어휘가 없는 경우 음차한 뒤 [ ] 안에 설명을 더하였다.

> **aguasál** 명 아구아살. [저민 고기나 생선을 넣어 끓인 수프] ¶Amá te'in aguasál depois fó mai ha'u. 어머니가 내게 아구아살을 만들어 주셨다.

4. 예문

1) 모든 표제어에 용례를 제시하는 것을 원칙으로 하였다.
2) 간단하고 쉬운 문장으로 제시하였다.
3) 표제어에 따라 대화 형식의 용례를 제시하기도 하였다.

> ****Até aban** 내일 봐, 내일 봐요. [헤어질 때 하는 인사] ¶A: Aban keta haluha mai. B: Ok, Até aban! A: 내일 오는 거 잊지 마. B: 알았어, 내일 봐.

4) 이용자의 이해를 돕기 위해 테툼어 예문을 한국어로 번역하였다. 상황에 맞춰 다양한 문체를 사용하였다.

> **abandona** 동 포기하다, 저버리다. ¶Nia abandona ona estudu iha liur. 그는 해외 유학을 포기했다.

> ***admiravel** 형 기특한, 놀라운. ¶Buat ne'ebé labarik hanoin ne'e admiravel liu. 아이가 생각하는 것이 참 기특하네요.

5. 관련어

1) 관련어에는 유의어(유의), 반의어(반의), 이표기(이표기)를 제시하였다.
2) 이표기에는 딜리공과대학교 언어연구센터(Center for Language Studies, Dili Institute of Technology)에서 제안한 표기법을 제시하였다.

> **ai-hun** 명 나무줄기. ¶Ai-hun ne'e badak no boot. 나무줄기가 짧고 굵다. 유의 ai-lolon. 반의 ai-sanak. 이표기 ai huun.

6. 관용 표현

관용구, 속담, 상투적인 말 등을 수록하였다.

> **buka** 동 찾다, 노력하다. ¶Maria buka hela opportunidade di'ak. 마리아는 좋은 기회를 찾고 있다. / Ha'u buka meiu atu rezolve problema ne'e. 그 문제를 해결할 방법을 찾고 있다. 유의 fa'i, esforsu an, haka'as an. 반의 lakon.
> 관용 buka moris di'ak de'it (좋은 것만 찾는다는 말로) 기회주의자.
> 관용 buka oin 칭찬하다, 주의를 끌려 노력하다.
> 관용 buka tun-sa'e (아래위를 찾는다는 말로) 사방을 뒤지다.

※ 테툼어는 동티모르에서 'Tetum'과 Tetun'으로 혼용되고 있다. 이 사전에서는 외교부 자료에 따라 'Tetum'을 기준으로 하여 한글 표기를 '테툼어'로 하였다.

약호

품사 기호

명 명사　대 대명사　수 수사　동 동사　형 형용사
부 부사　감 감탄사　접 접속사　전 전치사　두 접두사　조 조동사

성별

남성 남성형　여성 여성형

어원

인니 인도네시아어　포 포르투갈어

관련어

유의 유의어　반의 반의어　이표기 이표기

기타 기호

¶ 첫 번째 용례의 시작
/ 두 번째 용례의 시작
( ) 의미 정보　{ } 화용 정보
(( )) 결합 정보　[ ] 부가 설명
관용 관용 표현

A

⁑**aas** Ⅰ명 높이. ¶Foho Ramelau nia aas metru 2,986. 라멜라우산의 높이는 2,986 미터예요. Ⅱ형 높은. ¶Iha Dili, edifísiu aas la barak. 딜리에는 높은 빌딩이 많지 않아요. 반의 kraik.

*·**aat** Ⅰ동 ①고장나다. ¶Karreta nia travaun aat. 자동차 브레이크가 고장났다. 유의 para funsiona. 반의 hadi'a. ②손상되다. ¶Tanba asidente, ninia karreta aat loos. 사고로, 그의 차가 많이 손상되었다. 유의 halo aat, hahaat. Ⅱ형 나쁜. ¶Nia iha toman aat. 그는 나쁜 습관이 있다. 반의 di'ak.

⁑**aban** 부 내일. ¶Até aban. 내일 만나요. 반의 horisehik.

*·**aban-bainrua** 명 미래. ¶Aban-bainrua ita nia mehi saida? 미래의 꿈이 뭐예요? 유의 futuru, loron-aban, loron-oin. 이표기 aban bainrua.

abandona 동 포기하다, 저버리다. ¶Nia abandona ona estudu iha liur. 그는 해외 유학을 포기했다.

abela 명 전채 요리. ¶Restaurante A sempre fó uluk abela ita han molok hahan nébe'e ita hakarak. A 레스토랑은 항상 메인 메뉴가 나오기 전에 전채 요리를 먼저 제공해요. 유의 kaidani. 반의 sobremeza.

abertura 명 개막, 시작, 입학. ¶abertura serimónia 입학식

abii 명 언니. ¶Abii sai estudente eskola sekundária tinan ne'e. 언니는 올해 고등학생이 되었어요. 유의 feton.

abil 형 유능한. ¶Ami hotu konkorda katak Maria mak abil. 우리 모두는 마리아가 유능하다고 인정한다.

***abilidade** 명 능력. ¶Dezde fulan kotuk, nia abilidade Tetun aumenta. 지난달부터 그녀의 테툼어 능력이 향상되었어요. 유의 kapasidade.

abnormál 형 비정상적인, 평소와 다른. ¶Tanba nia asaun abnormál, ha'u hakfodak no informa ba nia amá. 나는 그의 비정상적인 행동에 놀라 그의 어머니께 알렸다. 반의 bain-bain.

*·**abó-feto** 명 할머니, 조모. ¶Ami la haluha memoria abó-feto nian. 할머니에 대한 추억을 잊을 수가 없어요. 반의 abó-mane, avó. 이표기 abo-feto, avoo feto.

abolisaun 명 법률이나 조직의 폐지.

¶eziji abolisaun nia artigu 법 조항의 폐지를 촉구하다

⁑**abó-mane** 명 할아버지, 조부. ¶Tinan tolu liu ba, abó-mane fila fali ba abó-feto. 3년 전에 할아버지는 할머니에게로 가셨답니다. 유의 abón, avó, bein. 반의 abó-feto. 이표기 abo-mane, avoo mane.

⁑**abón** 명 할아버지, 조부. ¶Maria nia abón hela iha Munisipiu Baucau. 마리아의 할아버지는 바우카우주에 살아요. 유의 bein, abó-mane.

*__abregarrafa__ 명 병따개. ¶Bele fó abregarrafa mai ha'u. 병따개 좀 주세요.

*__abridór__ 명 깡통 따개. ¶Abridór iha ka la'e? 깡통 따개 있어요?

⁑**Abríl** 명 사월. ¶Iha Abríl, ha'u bá Timor-Leste hodi hasoru ha'u-nia katuas-oan. 사월에 남편을 만나러 동티모르에 갑니다. 유의 fulan-Abríl.

absoluta 형 여성 절대적인. ¶Nia iha kompetensia absoluta. 그는 절대적인 권력을 쥐고 있다.

absolutu 형 남성 절대적인. ¶norma absolutu 절대적인 기준

*__absorve__ 동 ①(물기를) 닦다, 빨아들이다, 흡수하다. ¶absorve tinta 잉크를 닦다 ② 먹이다, 배게 하다. ¶absorve mina iha surat-tahan 종이에 기름을 먹이다

abstrasaun 명 관념. ¶monu tamá iha abstrasaun aat 잘못된 관념에 빠지다

abstratu 형 추상적인. ¶Ideia ne'e abstratu loos. 그 아이디어는 너무 추상적이다.

absurdu 형 황당한, 우스꽝스러운, 터무니없는. ¶servisu ne'ebé halo absurdu 황당한 일

*__abuabu__ 명 안개. ¶Abuabu metin halo ami la bele haree dalan. 짙은 안개로 길을 잘 볼 수 없어요.

⁑**abut** 명 ①뿌리. ¶Bainhira ami kee rai ami haree ai abut iha rai okos. 우리는 땅을 파다가 나무의 뿌리를 보았어요. ② {비유적으로} 기초, 근본, 본관. ¶abut husi familia 가문의 뿌리 유의 baze.

abuza 동 ①오용하다. ¶Nia halo korupsaun tanba abuza podér. 그가 권한을 오용했기 때문에 비리가 생긴 거예요. 유의 uza aat, uza sala. ②학대하다. ¶abuza seksual 성적으로 학대하다

⁑**AC** 명 에어컨. ¶AC gasta eletrisidade maka'as. 에어컨은 많은 전력을 소모해요. 유의 ár kondisionadu, ventuiña.

adapta 동 적응하다. ¶Ha'u koko adapta hela iha Korea. 나는 한국에 적응하는 중이에요. 유의 halo revizaun, hatoman-an.

*__adaptasaun__ 명 각색, 조정. ¶Ita presiza halo adaptasaun ba prosesu edukasaun iha Timor-Leste. 우리는 동티모르의 교육 과정에 대해 조정을 할 필요가 있어요.

adat 형 전통의, 관습적인, 문화적인. ¶Seremonia adat ema Baucau nian la hanesan ho ema Bobonaru nian. 바우카우 사람들의 문화 행사는 보보나루 사람들의 문화 행사와는 다릅니다.

*__adekuadamente__ 부 적당히, 적절하게, 알맞게. ¶Anin huu adekuadamente. 바람이 적당히 붑니다.

*__adeptu__ 명 팬. ¶eventu asinatura bá adeptu 팬 사인회

⁑**adeus** 감 잘 가, 잘 가요. [헤어질 때 하는 인

사말] ¶Susar atu dehan adeus ba ha'u nia kaben nébeé mak bá servisu iha nasaun seluk. 다른 나라에서 일하기 위해 떠나는 남편에게 "잘 가요!"라고 안녕을 고하는 것은 아픔이에요.

adia 동 연기하다, 미루다. ¶Keta adia servisu-uma, mai halo agora! 숙제를 미루지 말고 지금 하자! 유의 atraza, dada oras, halo demora.

***adiamentu** 명 연기, 지연. ¶adiamentu rejistrasaun graduasaun 졸업 연기 신청

‡**adil** 형 공정한, 공평한. ¶Nia foti desizaun ho adil. 그는 공정하게 결정했다. 유의 ekuitativu, imparsiál, justu.

adisionál 형 추가적인. ¶gastu adisionál 추가적인 비용

adjetivu 명 형용사. ¶Diferensia entre adjetivu no substantivu ne'e saida? 형용사와 명사의 차이점은 무엇입니까?

administradór 명 남성 관리자. ¶administradór ba rekursu umanu 인사 관리자

administradóra 명 여성 관리자. ¶Sé mak sistema administradóra? 시스템 관리자가 누구예요?

***administrasaun** 명 관리, 경영, 운영. ¶Nia servisu iha administrasaun. 그는 관리를 담당하고 있다.

‡**admira** 동 놀라다. ¶Rona katak Marito pasa ona ezame ne'e mak halo ha'u admira. 마리또가 그 시험에 합격했다는 소식은 나를 놀라게 했어요. 유의 hakfodak.

***admiravel** 형 기특한, 놀라운. ¶Buat ne'ebé labarik hanoin ne'e admiravel liu. 아이가 생각하는 것이 참 기특하네요.

admisaun 명 입학. ¶númeru admisaun ba universidade 대학 입학 정원

admonisaun 명 꾸중. ¶admonisaun mestre nian 선생님의 꾸중

adora 동 숭배하다. ¶Ema Korea adora bei'ala. 한국 사람들은 조상을 숭배해요. 유의 hahi'i.

***adorasaun** 명 예배. ¶Iha loron Natál ema sempre halo adorasaun. 사람들은 성탄일에 늘 예배를 드려요.

adota 동 도입하다, 차용하다. ¶Liafuan ne'e Tetun nian be adota husi dalen Portugés. 이 테툼어 단어는 포르투갈어에서 차용한 것이다.

adubu 명 비료. ¶adubu kímika 화학 비료 유의 fertilizante, estrume, rai-metan.

‡**adultu** 명 성인. ¶Ami ne'e adultu ona. 우리들은 성인이 되었다. 유의 maiór. 반의 bebé.

adventu 명 출현, 도래. ¶adventu era foun. 새 시대의 도래

adventura 명 모험. ¶Ne'e esperiénsia adventura bá ha'u ne'ebé boot. 그 경험은 제게 큰 모험이었어요.

advérbiu 명 부사. ¶Favór uza advérbiu no ko'alia to'ok. 부사를 사용해서 말해 보세요.

***adversáriu** 명 상대방. ¶Mai ita hanoin to'ok husi perspektiva adversáriu nian. 상대방의 관점에서 생각해 봅시다. 반의 apoiante.

advoga 동 지지하다, 옹호하다. ¶Ha'u advoga ita-bo'ot bá eleisaun ida-ne'e. 저는 이번 선거에서 당신을 지지합니다.

(유의) prekoniza. (반의) hasoru.

*****advogadu** 명 변호사, 법률가. ¶Nia maka advogadu koñesidu. 그녀는 유명한 변호사입니다. (유의) jurista.

*****aeroportu** 명 공항. ¶Aeroportu Internasionál Prezidente Nicolau Lobato 니콜라우 로바또 대통령 국제공항 / Nia sa'e ona bis ne'ebé bá iha aeroportu. 그는 공항으로 가는 버스를 탔다.

afeta 동 영향을 주다. ¶Fuma sigarru afeta ba ita-nia saúde. 흡연은 당신의 건강에 영향을 줍니다. (유의) da'et, influensia.

***afiadór** 명 연필깎이. ¶Uza afiadór elétrika. 전동 연필깎이를 쓰세요.

afiadu 명 대폭, 큰 폭. ¶Propinas kada universidade nian sai aumenta ho afiadu. 각 대학 등록금이 큰 폭으로 인상되었습니다.

*****afinál** 부 마지막으로. ¶Afinál nia ko'alia. 마지막으로 그가 말했다. (유의) ikus. (반의) primeiru.

***afirmasaun** 명 ①내용. ¶Hakerek L bainhira afirmasaun ne'e loos no S bainhira afirmasaun ne'e sala. 내용이 맞으면 L을 쓰고, 내용이 틀리면 S를 쓰세요. ②확언, 확인. ¶Ami presiza afirmasaun kona-ba prova. 우리는 증거에 대한 확인이 필요합니다.

***afirmativu** 형 긍정적인. ¶resposta afirmativu 긍정적인 답변

Áfrika 명 아프리카. ¶ema Áfrika 아프리카 사람 / Áfrika Súl 남아프리카

Afrikana 명 (여성) 아프리카인. ¶Nia Afrikana, no nia hela iha Seoul. 그녀는 아프리카인이고 서울에서 살고 있다.

Afrikanu 명 (남성) 아프리카인. ¶Antoniu ema Afrikanu. 안토니오는 아프리카인이에요.

*****agora** 부 지금, 현재. ¶Ha'u tenke fila bá uma agora. 지금 집에 돌아가야 해요. (유의) oras ne'e.

***agora daudauk** 요즘. ¶Agora daudauk, udan tau beibeik. 요즘은 비가 자주 내려요. (유의) agora daudaun, ohin ne'e. (이표기) agora dadauk.

***agora daudaun** 요즘. ¶Agora daudaun, ekonomia di'ak ka la'e? 요즘 경제가 좋은가요? (유의) agora daudauk, ohin ne'e. (이표기) agora dadaun.

*****Agostu** 명 팔월. ¶Ha'u sei pasa férias iha Agostu. 저는 팔월에 휴가를 갑니다. (유의) fulan-Agostu, fulan-walu.

*****agradese** 동 감사하다. ¶Ami agradese no haksolok ho partisipasaun husi maluk sira hotu. 친인척 여러분이 모두 참여해 주셔서, 기쁘고 감사합니다. (유의) fó obrigadu, fó agradese, obrigada, obrigadu.

agradesimentu 명 감사. ¶Ba sira hotu ami hato'o ami nia agradesimentu. 모든 분들께 감사를 전합니다. (유의) obrigadu, fó-neon.

agrafa 명 스테이플러용 철침. ¶Ha'u buka hela agrafa. 스테이플러용 철침을 찾고 있어요.

agrafadór 명 스테이플러. ¶Agrafadór iha gaveta laran. 스테이플러는 서랍 안에 있어요. (유의) hekter.

agregasaun 명 떼, 무리. ¶bá mai nu'udár agregasaun 떼를 지어 돌아다

니다

agresaun 명 공세. ¶Inimigu nia agresaun mak manas liu. 적의 공세가 무척 사나웠다.

agriaun 명 미나리. ¶Agriaun barak iha ne'e. 이곳은 미나리가 많아요. 유의 salsa-bee.

*__agríkola__ 형 농업의. ¶banku agríkola 농업 은행 / produtu agríkola 농업 생산물

*__agrikultór__ 명 남성 농부. ¶Agrikultór, Jose lori karau. 농부인 조세는 소를 몰아요. 유의 to'os-na'in.

*__agrikultora__ 명 여성 농부. ¶Maria mak agrikultora badinas. 마리아는 부지런한 농부예요.

*__agrikultura__ 명 농업. ¶Timor-Leste ne'e nasaun agrikultura. 동티모르는 농업 국가이다. 유의 kuda-rai.

*__agua benta__ 성수. ¶hisik agua benta 성수를 뿌리다 유의 bee-sarani. 이표기 aguabenta.

aguasál 명 아구아살. [저민 고기나 생선을 넣어 끓인 수프] ¶Amá te'in aguasál depois fó mai ha'u. 어머니가 내게 아구아살을 만들어 주셨다.

*__aguenta__ 동 견디다, 참다. ¶Nia la bele aguenta tan. 그는 더이상 참을 수가 없었다. 유의 dura, terus, tahan.

*__ahi__ 명 불. ¶ahi mate 불이 꺼지다

ahi-anar 명 검은 숯. ¶Ami presiza ahi-anar hodi lalar na'an. 고기를 구워야 해서 검은 숯이 필요해요. 이표기 ahi anar.

ahi-funan 명 불꽃. ¶Ahi-funan ki'ik kapás iha lampu laran. 램프 속의 작은 불꽃이 예쁘다. 이표기 ahi funan.

ahi-haan 동 다 타 버리다, 전소하다. ¶Sira fó-hatene mai ami, dehan ami-nia uma ahi-haan. 그들은 우리에게 우리집이 다 타 버렸다고 알려 주었다. 이표기 ahi haan.

*__ahi-kdesan__ 명 재. ¶Ahi mate ona i hela de'it ahi-kdesan. 불이 꺼지고 재만 남았다. 유의 ahi-kesan.

ahi-kesan 명 재. ¶Tanba funu, uma ne'e sai ahi-kesan. 전쟁 때문에 그 집이 재가 되었어요. 유의 ahi-kdesan.

ahi-klaak 명 벌겋게 달아오른 숯. ¶Ahi-anar sai ahi-klaak ona. 검은 숯이 벌겋게 달아오른 숯이 되었다. 이표기 ahi klaak.

*__ahi-kose__ 명 성냥. ¶Ahi-kose iha ka la'e? 성냥 있어요? 이표기 ai kose.

*__ahi-lakan__ 명 불꽃, 화염. ¶ahi-lakan furak 아름다운 불꽃

ahi-matan 명 화덕, 화로. ¶Uma ida-ne'e iha ahi-matan? 이 집에 화덕이 있나요?

*__ahi-naroman__ 명 빛, 불빛. ¶Ahi-naroman maka'as, presiza ókulu-matan. 빛이 강해서 선글라스가 필요해.

*__ahi-oan__ 명 등, 초. ¶José uza ahi-oan bainhira eletrisidade mate. 조세는 전기가 나갈 때 초를 사용한다. 유의 lampu.

ahi-oan sinaleiru 신호등. ¶ahi-oan sinaleiru piska-piska hela. 신호등이 깜박여요.

ahi-sasulu 명 성화, 전등. ¶Ahi-sasulu nia ahi-funan furak! 성화의 불꽃이 멋져요! 유의 ahi-sulu.

*__ahi-suar__ 명 연기, 매연. ¶ahi-suar husi karreta 자동차 매연

ahi-sulu 명 성화, 전등. ¶Atleta ne'e lori ahi-sulu Olímpiku. 그 선수는 올림픽 성화를 봉송합니다. 유의 ahi-sasulu.

ahi-sunu 명 장작. ¶Ha'u-nia amá ohin sosa ahi-sunu iha merkadu. 엄마는 오늘 시장에서 장작을 샀습니다. 유의 tesi ai.

ahi-tukan 명 타고 남은 나무. ¶Mai uza ahi-tukan lai iha loron-Kuarta semana oin! 타고 남은 나무는 다음주 수요일에 사용하자! 이표기 ahi tukan.

ahu-ruin 명 산호. ¶ahu-ruin furak 아름다운 산호

⁑**ai** 명 나무. ¶Uluk, iha ne'e ami kuda ai maibé agora ai la iha ona. 예전에 우리가 여기에 나무를 심었는데, 지금은 없네요. 유의 hun.

ai-ata 명 번여지. ¶Ai-ata iha ne'ebé? 번여지는 어디에 있어요? 유의 ai-ata nona. 이표기 ai ata.

ai-ata boot 외래종 가시여지. ¶Hetan ai-ata boot ona ka? 외래종 가시여지를 본 적 있어요? 이표기 ai ata boot.

ai-ata ki'ik 토종 가시여지. ¶Amá dehan ai-ata ki'ik gostu liu ai-ata boot. 엄마가 말하길 토종 가시여지가 외래종보다 더 맛있대요. 이표기 ai ata ki'ik.

ai-ata nona 번여지. ¶Ai-ata nona ne'e iha dapur laran. 번여지는 부엌에 있어요. 유의 ai-ata. 이표기 ai ata nona.

ai-badak 명 곤봉. ¶Nia atu baku ha'u ho ai-badak. 그는 곤봉으로 나를 치려고 했다. 유의 ai-dona.

*__ai-balun__ 명 가방, 여행용 가방. ¶Marito lori ai-balun ba viajen. 마리또는 여행용 가방을 가지고 가요. 유의 pasta.

*__ai-been__ 명 페인트. ¶Apá sosa ai-been mutin atu pinta iha didin. 아빠가 벽에 칠하려고 흰색 페인트를 샀어요. 유의 tinta.

ai-bubur 명 고무나무, 유칼리나무. ¶Ai-bubur barak iha foho ne'e. 이 산에는 고무나무가 많아요. 유의 bubur. 이표기 ai bubur.

*__ai-daak__ 명 여지, 리치. [열대과일의 일종] ¶Ita han ai-daak ona ka seidauk? 리치 먹어 본 적 있니? 이표기 ai daak.

ai-di'ik 명 오동나무. ¶Ai-di'ik forte entaun uza halo mobília. 오동나무는 튼튼해서 가구를 만드는 데 쓰여요. 이표기 ai diik.

ai-dikin 명 나뭇가지. ¶Lekirauk ne'e gosta tuur iha ai-dikin. 원숭이들은 나뭇가지에 앉는 것을 좋아해요. 유의 sanak. 이표기 ai dikin.

*__ai-dila__ 명 파파야. ¶Ha'u sosa ai-dila fresku iha to'os. 나는 농장에서 신선한 파파야를 샀어요. 이표기 ai dila.

ai-dona 명 곤봉. ¶Iha ne'ebá, polísia na'in rua kaer hela ai-dona. 저기 경찰 두 명이 곤봉을 가지고 있다. 유의 ai-badak.

ai fahi-ulun 대추나무.

ai-farina 명 카사바나무. ¶Iha merkadu ema fa'an ai-farina barak. 시장에서는 카사바나무를 많이 팔아요. 유의 farina. 이표기 ai farina.

*__ai-fuan__ 명 과일. ¶Ha'u han ai-fuan loron-loron. 저는 매일 과일을 먹어요. 유의 fuan. 이표기 ai fuan.

관용 Ai-fuan monu la dook husi hun (나무에서 멀지 않은 곳에 열매가 떨어진다

는 말로) 부전자전.

⁑**ai-funan** 명 꽃. ¶Ai-funan ne'e morin di'ak. 이 꽃은 좋은 향기를 갖고 있어요. 유의 funan. 이표기 ai funan.

*__ai-funan midar__ 아이푸난 미다르. [장례식 2주일째의 행사] ¶Ohin kalan, ai-funan midar iha nia uma. 오늘 저녁 그의 집에서 아이푸난 미다르가 있어요. 이표기 ai funan midar.

*__ai-funan moruk__ 아이푸난 모룩. [장례식 일주일째의 행사] ¶Orsida ha'u tenke partisipa ha'u nia maun nia ai-funan moruk. 이따가 나는 아이푸난 모룩에 참석해야 해요. 이표기 ai funan moruk.

⁑**ai-funan roza** 장미. ¶Marito haruka ai-funan roza futun ida ba ninia namorada. 마리또는 여자친구에게 장미 한 다발을 보냈다. 유의 roza. 이표기 ai funan roza.

*__ai-habit__ 명 옷걸이. ¶Ai-habit iha almari-ropa laran. 장롱 안에 옷걸이가 있어요.

⁑**ai-han** 명 음식. ¶Amá prepara ai-han furak. 엄마는 맛난 음식을 준비했어요. 유의 hahaan, hahán. 이표기 ai haan.

ai-horis 명 식물. ¶kuda ai-horis 식물을 키우다 유의 planta.

ai-hun 명 나무줄기. ¶Ai-hun ne'e badak no boot. 나무줄기가 짧고 굵다. 유의 ai-lolon. 반의 ai-sanak. 이표기 ai huun.

ai-kabelak 명 널판, 널빤지. ¶Ai-kabelak belar no todan. 나무 널빤지가 평평하고 묵직하다. 이표기 ai kabelak.

ai-kafé 명 커피나무. ¶Maria hakiak ai-kafé. 마리아는 커피나무를 키워요. 유의 kafé-hun. 이표기 ai kafé.

ai-ka'it 명 아이카잇. [열매를 딸 때 쓰는 갈고리 달린 막대기] ¶Ema ermera uza ai-ka'it hodi kuu kafé fuan. 에르메라 사람은 커피 열매를 따기 위해서 아이카잇을 사용해요. 이표기 ai kait.

ai-kakeu 명 목마황. ¶Ita hatene ai-kakeu ka? 목마황을 아세요? 이표기 ai kakeu.

ai-kameli 명 백단향. ¶Uluk Portugál esporta ai-kameli husi Timor-Leste. 예전에 포르투갈은 동티모르에서 백단향을 반출했어요. 유의 ai-morin. 이표기 ai kameli.

⁑**ai-knanoik** 명 우화, 이야기. ¶Labarik sira gosta Aesop nia ai-knanoik. 아이들은 이솝 이야기를 좋아한다. 유의 istória. 이표기 ai knanoik.

ai-knotak 명 통나무. ¶halo uma ho ai-knotak 통나무로 집을 짓다 유의 ai-tukan.

ai-kulit 명 나무껍질. ¶Tenke habai ai-kulit ida-ne'e. 이 나무껍질은 말려야 해요. 이표기 ai kulit.

ai-kusan 명 못. ¶Agora, presiza ai-kusan no martelu. 지금 못과 망치가 필요해요. 유의 besi-kusan, biskusa, pregu.

*__ai-laran__ 명 숲, 밀림. ¶Ai-laran fornese oksijéniu. 숲은 산소를 제공한다. 이표기 ai laran.

*__ai-lebo__ 명 아이레보. [운반할 물품을 막대기 한쪽 끝에 걸고 어깨에 메어 씀] ¶Bele haree ema sira ne'e tau ai-lebo hodi fa'an ikan. 생선을 팔기 위해 아이레보를 멘 사람들을 볼 수 있어요. 이표기 ai leba.
관용 ai-lebo sira 가난한 사람.

ai-lele 명 판야나무. ¶Ai-lele iha Korea? 한국에 판야나무가 있나요? 이표기 ai lele.

⁑**Aileu** 명 아일레우. [동티모르의 대도시] ¶Sira mai husi Munisípiu Aileu. 그들은 아엘레우 출신이에요.

***ai-lia** 명 생강. ¶Ai-lia di'ak ba isin. 생강은 몸에 좋아요. 이표기 ai lia.

ai-lolon 명 나무줄기. ¶Ai-lolon boot no mahar. 나무줄기가 크고 두껍다. 유의 ai-hun. 반의 ai-sanak. 이표기 ai lolon.

***ai-manas** 명 고추. ¶Maria gosta hahán ho ai-manas. 마리아는 고추가 들어간 음식을 좋아해요. 이표기 ai manas.

***ai-morin** 명 백단향. ¶Uluk Portugal mai ukun iha Timor, sira foti sai lori ai-morin barak. 예전에 포르투갈이 동티모르에 와서 통치하며 백단향을 많이 가져갔어요. 유의 ai-kameli.

⁑**ai-moruk** 명 약. ¶ai-moruk halakon moras 진통제 / Ha'u hemu ai-moruk durante loron lima. 저는 5일 동안 약을 먹었어요. 유의 medisina. 반의 venenu.

ai-moruk aat 마약, 마약 복용. ¶Ai-moruk aat ne'e ilegál. 마약은 불법입니다. 유의 droga. 이표기 aimoruk aat.

***ai-musan** 명 씨, 씨앗. ¶Apá ho ha'u kuda ai-musan. 아빠하고 나는 씨앗을 심었습니다. 유의 musan, fini.

⁂**ain** 명 다리, 발. ¶Ain moras tanba la'o barak. 많이 걸어서 다리가 아파요.

ai-naa 명 자단, 자단나무. ¶Mobília ne'e halo ho ai-naa. 이 가구는 자단나무로 만들었어요. 유의 ai-naan, naa, naan. 이표기 ai naa.

ai-naan 명 자단, 자단나무. 유의 ai-naa, naa, naan. 이표기 ai naan.

ai-na'an 명 나뭇결. ¶Dezeñista mobília nian uza ai-na'an iha dezeñu. 가구 디자이너는 나뭇결을 디자인으로 사용해요.

⁑**ain-aas** 형 키가 큰. ¶Marito ain-aas no patarata uitoan. 마리또는 키가 크고 좀 짓궂어요. 유의 boot. 반의 ain-badak. 이표기 ain aas.

ain-aat 형 다리가 아픈. ¶Abó-mane la'o kudeik tanba ain-aat hela. 노인이 다리가 아파서 절뚝거리며 걷고 있어요. 유의 aleijadu. 이표기 ain aat.

⁑**ai-nanás** 명 파인애플. ¶Ai-nanás ida-ne'e midar loos. 이 파인애플은 너무 달아요. 유의 ananás. 이표기 ai nanás.

⁑**Ainaro** 명 아이나로. [동티모르의 대도시] ¶Iha Munisípiu Ainaro nian, sidade boot liu hotu mak Ainaro. 아이나로 자치체에서 가장 큰 도시는 아이나로예요.

⁑**ain-badak** 형 키가 작은. ¶Nia ain-badak maibé isin-forte. 그는 키는 작지만 몸은 튼튼하다. 유의 badak. 반의 ain-aas. 이표기 ain badak.

***ain-fatin** 명 발자국. ¶Ha'u bele haree ain-fatin iha neve leten. 눈 위의 발자국을 볼 수 있어요. 이표기 ain fatin.

***ain-fuan** 명 발가락. ¶Ai-tarak sona ain-fuan. 발가락에 가시가 박혔어요. 이표기 ain fuan.

ain-fukun 명 발목, 복사뼈. ¶Tanba asidente, ain-fukun la di'ak. 사고로, 발목 상태가 좋지 않아요. 이표기 ain fukun.

***ain-kabun** 명 장딴지, 종아리. ¶Ain-kabun dudun! 장딴지가 단단해요! 유의 ain-kloor, fitis. 이표기 ain kabun.

*__ain-kelen__ 명 허벅지. ¶Agora daudaun ha'u halo hela múskulu ain-kelen. 요즘 허벅지 근육을 만들고 있어요. 유의 kelen.

*__ain-kloor__ 명 장딴지, 종아리. ¶Ha'u-nia ain-kloor moras. 나는 종아리가 아파요. 유의 ain-kabun, fitis. 이표기 ain kloor.

*__ain-kukun__ 명 발톱. ¶Amá dehan, favór ida tesi ain-kukun. 엄마가 발톱을 깎으라고 말했어요. 이표기 ain kukun.

*__ain-liman mamar__ 힘이 없는, 힘이 빠지는, 약한. ¶Ha'u sente ain-liman mamar, entaun ha'u labele la'o dook tan. 나는 힘이 빠져서 더 걸을 수 없어요. 유의 fraku. 반의 forsa-maka'as, forte.

*__ain-naksalak__ Ⅰ 명 염좌. ¶Tanba ain-naksalak, ha'u tenke kuidadu bainhira la'o. 염좌 때문에 걸을 때 조심해야 해요. Ⅱ 동 삐다. ¶Ain-naksalak entaun ha'u bá ospitál. 다리를 삐어서 병원에 갔어요. 유의 naksalak.

__ain-naruk__ 명 긴 다리. ¶Tanba ha'u-nia ain aas, kolega sira bolu ha'u dehan ain-naruk. 나는 키가 커서 친구들이 긴 다리라고 부른다. 반의 ain-tuuk. 이표기 ain naruk.

*__ain-tanen__ 명 발, 맨발. ¶Titulu filme nian ne'e 'ain-tanen nia mehi'. 영화의 제목은 '맨발의 꿈'이에요.

__ain-tuban__ 명 뒤꿈치. ¶Bainhira halo squat, fó forsa ba ain-tuban. 스쿼트을 할 때, 뒤꿈치에 힘을 줍니다. 이표기 ain tuban.

__ain-tuuk__ 명 매우 짧은 다리. ¶Tanba ninia ain-tuuk, la bele sai militár. 그는 매우 짧은 다리 때문에 군인이 될 수 없었다. 반의 ain-naruk. 이표기 ain tuuk.

*__ain-tuur__ 명 무릎. ¶Amá dehan, ain-tuur moras dala balu. 엄마는 가끔 무릎이 아프다고 말하세요. 이표기 ain tuur.

__ai-oan__ 명 묘목. ¶Ami presiza kuda ai-oan barak. 우리는 심을 묘목이 많이 필요해요. 이표기 ai oan.

__ai-riin__ 명 기둥, 말뚝. ¶harii ai-riin 기둥을 세우다 유의 fatuk-riin. 이표기 ai riin.

*__ai-saar__ 명 빗자루. ¶Favór ida lori ai-saar. 빗자루를 가져오세요. 이표기 ai saar.

__ai-saar kesak__ 팜잎 빗자루. ¶Fó ai-saar kesak mai ha'u lai? 팜잎 빗자루를 내게 줄래? 이표기 ai saar kesak.

__ai-sanak__ 명 나뭇가지. ¶ai-sanak boot 굵은 나뭇가지 / Apá teri hela ai-sanak. 아빠는 나뭇가지를 다듬고 있어요. 유의 sanak. 반의 ai-hun. 이표기 ai sanak.

__ai-sasi'ik__ 명 난제, 수수께끼, 질문. ¶Tanba ai-sasi'ik difísil ha'u la kontente. 질문이 어려워서 저는 재밌지가 않았어요. / Se mak hakarak rona ha'u-nia ai-sasi'ik? 내 수수께끼 들어 보고 싶은 사람? 이표기 ai sasiik.

__ai-suak__ 명 지렛대, 지레. ¶Bainhira hasa'e buat todan, uza ai-suak. 무거운 것을 들어올릴 때에는 지렛대를 사용합니다. 유의 alavanka. 이표기 ai suak.

*__ai-tahan__ 명 나뭇잎. ¶Nia dasa hela ai-tahan iha dalan-sorin. 그는 길가에서 나뭇잎을 쓸고 있다. 유의 tahan. 이표기 ai tahan.

*__ai-tarak__ 명 가시. ¶Ai-funan ne'e iha ai-tarak. 이 꽃은 가시가 있어요. 유의 tarak, taran. 이표기 ai tarak.

ai-teka 명 티크나무. ¶Ai-teka iha boot. 티크나무는 키가 크다. 이표기 ai teka.

***ai-tonka** 명 지팡이. ¶Ha'u nia abó-feto presiza ai-tonka. 우리 할머니는 지팡이가 필요해요. 이표기 ai tonka.

ai-tubuk 동 싹이 트다. ¶Ai-tubuk tiha ona. 이미 싹이 텄어요. 유의 tubu, tubun, delun.

ai-tukan 명 통나무. ¶Iha foho, uma ai-tukan ida iha. 산속에 통나무집이 하나 있어요. 유의 ai-knotak. 이표기 ai tukan.

***ajenda** 명 일기장, 일기. ¶Ha'u hakerek ajenda loron-loron. 저는 매일 일기를 써요.

ajénsia 명 대리점, 대행사. ¶ajénsia publisitária 광고 대행사 / Nia dirije ajénsia ne'ebé fa'an telefone. 그는 전화기를 파는 대리점을 운영한다.

ajente 명 요원, 첩보원, 경찰. ¶Nia hakarak sai ajente polísia. 그는 경찰이 되고 싶어해요.

⁑**ajuda** Ⅰ 명 도움, 원조. ¶simu ajuda 원조를 받다 / Premeira Dama fó ajuda ba ema kbiit laek sira. 영부인은 힘 없는 사람들에게 도움을 줍니다. Ⅱ 동 돕다, 도와주다. ¶Uluk ha'u ajuda nia, agora nia ajuda ha'u. 과거엔 제가 그를 도와주었지만, 지금은 그가 저를 돕고 있어요. 유의 asiste, tulun.

⁑**ajudante** 명 ①조수, 보조자. ¶Ami presiza ajudante sira ba serimónia ne'e. 우리는 이 행사를 위해서 조수들이 필요해요. 유의 asistente. 반의 lider, xefe. ②버스 안내원. ¶Ajudante la iha bis laran. 버스에 버스 안내원은 없어요.

ajusta 동 조절하다, 조정하다. ¶Ajusta sistema, pilotu muda diresaun aviaun nian. 조종사는 시스템을 조정해서 비행기 방향을 바꾸었다.

***ajustamentu** 명 조절, 조정. ¶Ha'u halo hela ajustamentu ba regulamentu. 저는 지금 규정 조정을 하고 있어요.

***akaba** 동 졸업하다, 마치다. ¶Maria akaba universidade no buka hela servisu. 마리아는 대학을 졸업하고 직업을 찾고 있다.

akademia 명 학습, 학술. ¶Nia abilidade iha akademia exelente. 그는 학습 능력이 뛰어나다.

akar 명 야자나무 전분. ¶Kek ne'e halo husi akar. 이 케이크는 야자나무 전분으로 만들었어요.

akompaña 동 동행하다, 따르다. ¶Ha'u sei akompaña Maria nia viajen ba Australia. 저는 마리아의 호주 여행에 동행할 것입니다. 반의 dada. 이표기 akompanha.

⁑**akontese** 동 (일, 사건 등이) 일어나다, 발생하다. ¶Demonstrasaun anti-demokrátiku akontese! 반민주적 시위가 일어났습니다! 유의 mosu. 반의 lakon.

***akontesimentu** 명 사건, 행사. ¶Fatin akontesimentu iha ne'ebé? 사건 장소가 어디인가요? 유의 insidente, eventu.

***akordu** 명 합의, 동의. ¶Sira halo akordu depois soe malu. 그들은 합의를 한 다음 헤어졌다.

akreditasaun 명 인가, 인정. ¶Atu loke bisnis, tenke simu akreditasaun lai. 사업을 하기 위해서는 인가를 먼저 받아야 한다. 유의 autorizasaun, lisensa.

aktu 명 행동, 행위. ¶halo aktu ne'ebé relutante iha konsiensia 양심에 꺼리는 행동을 하다 유의 asaun, hahalok.

*__ákua__ 명 생수. ¶Durante halo enkontru, bele hemu bee ákua ka? 회의하는 동안에 생수를 마셔도 되나요?

akuza 동 고발하다, 고소하다. ¶Maria akuza bosok-teen ne'e. 마리아는 그 사기꾼을 고소했다. 유의 fó-sala.

akuzasaun 명 고발, 고소, 비난. ¶Ema sira para akuzasaun, no la'o lakon ba fatin ruma. 사람들은 비난을 멈추고 어디론가 사라졌다.

*__alamat__ 명 (인니) 주소. ¶Ha'u la hatene nia alamat, maibé hatene nia númeru telefone. 나는 그의 주소를 모르지만 전화번호는 안다. 유의 diresaun, endereesu.

alargamentu 명 확대. ¶alargamentu servisu 일자리 확대

alarma 동 두렵게 하다, 겁나게 하다. ¶Sirena ne'ebé rona mai husi li'ur alarma ha'u. 밖에서 들리는 사이렌은 나를 두렵게 했다.

*__alarme__ 명 경보, 경보기. ¶alarme ahi 화재 경보 / Alarme gas iha uma ne'e. 이 집에는 가스 경보기가 있어요. 유의 tuhin.

alat 명 (인니) 연장, 도구, 장비. ¶Ami presiza alat ida-rua hodi loke kaixa seguransa ne'ebá. 저 금고를 열기 위해서 몇 가지 도구가 필요해요. 유의 ekipamentu.

alavanka 명 지렛대. ¶Ami uza alavanka hodi hasa'e armáriu ba andár rua. 지렛대를 사용하여 찬장을 2층으로 올렸다. 유의 ai-suak.

*__album__ 명 앨범. ¶Iha album, foto uluk nian mak barak. 앨범에는 옛날 사진이 많아요.

*__aldeia__ 명 마을. ¶Xafe suku hela iha aldeia ne'e. 이 마을에 촌장이 산다. 유의 knua, knuak, suku.

aleijada 형 여성 장애가 있는. ¶Maria dehan katak nia tenke toma konta inan aleijada. 마리아는 장애가 있는 어머니를 돌봐야 한다고 말했어요. 유의 burun.

aleijadu 형 남성 장애가 있는. ¶Nia atleta futebol iha aleijadu matan. 그는 시각 장애가 있는 축구 선수이다. 유의 burun.

*__aleinde__ 부 덧붙여, 게다가. ¶Ha'u estuda lian Inglés aleinde ida-ne'e lian Korea mós ha'u estuda. 저는 영어를 공부해요. 게다가 한국어도 공부해요.

Alemauña 명 독일인. ¶GIZ mak ajénsia dezenvolvimentu husi Alemauña sira. GIZ는 독일인들이 만든 원조 기관이다. 이표기 Alemauna.

alergi 명 알레르기. ¶Ha'u-nia kolega iha alergi kona-ba boek. 제 친구는 새우에 알레르기가 있어요. 유의 alerjia.

*__alerjia__ 명 알레르기. ¶Ha'u iha alerjia susu-been. 저는 우유 알레르기가 있어요. 유의 alergi.

alfabetizasaun 명 읽고 쓰는 능력, 문해력. ¶Nia lee barak atu hasa'e alfabetizasaun. 그는 문해력을 기르기 위해 독서를 많이 한다. 반의 analfabetizmu.

alfabetu 명 알파벳, 자모. ¶Agora daudaun ha'u-nia oan prátika hela alfabetu. 요즘 우리 아이는 알파벳을 익히고 있어요.

alfaiate 명 재단사. ¶Ninia aman ne'e alfaiate. 그의 아버지는 재단사입니다. 유의 badain-faru, modista.

alfándega 명 세관. ¶Sasán eletróniku ne'e halo ona deklarasaun alfándega? 이 전자 제품은 세관 신고를 마쳤나요?

alfanete 명 안전핀. ¶Iha alfanete ka? 안전핀이 있나요? 이표기 alfineti.

⁑**alfase** 명 상추. ¶Ami halo salada ho alfase fresku. 우리는 신선한 상추로 샐러드를 만들었어요. 유의 salada.

alfinete 명 압정. ¶alfinete ho dekorasaun 장식이 달린 압정 이표기 alfineti.

*__algodaun__ 명 면, 목화, 솜. ¶kintál algodaun 목화 농장 유의 kabas.

alienasaun 명 소외. ¶hasoru alienasaun rigorozu husi kolega sira 친구들로부터 가혹한 소외를 당하다

alikate 명 집게, 펜치. ¶Ha'u presiza alikate atu hadi'a ai-funan uza arame. 철사로 꽃을 묶으려면 펜치가 필요해요. 유의 alkati, besi-habit.

⁂**alin** 명 동생. ¶Alin sira iha uma. 동생들이 집에 있어요.

aliña 동 정렬하다. ¶Estudante sira aliña kadeira sira ho di'ak. 학생들은 의자들을 바르게 정렬했다. 유의 arma.

⁑**alin-feto** 명 여동생. ¶alin-feto hanesan inan 어머니를 닮은 여동생 이표기 alin feto.

⁑**alin-mane** 명 남동생 ¶alin-mane hanesan aman 아버지를 닮은 남동생 이표기 alin mane.

⁑**alin rasik** 친동생. ¶Maria ne'e ninia alin rasik. 마리아는 그녀의 친동생이다.

*__aliserse__ 명 기초, 토대, 기반. ¶Atu harii edifísiu ne'e tenke hametin aliserse. 건물을 세우기 위해서는 기초를 튼튼히 해야 합니다. 유의 fondasi, fundasaun.

alkalinu 명 알칼리성. ¶alkalinu fraku 약한 알칼리성

*__alkansa__ 동 달성하다, 성취하다, 도달하다. ¶alkansa lai grava! 기록을 달성하자! 유의 to'o.

alkari 명 비듬. ¶Haree alkari, fase lailais ho xampú! 비듬 보인다, 빨리 샴푸로 감아! 유의 batar-liras, kaspa, kohu.

alkati 명 집게, 펜치. ¶Uza alkati hodi losu pregu! 못을 빼내려면 펜치를 사용해! 유의 alikate.

alkatraun 명 역청, 아스팔트. ¶Iha tinan oin, dalan ne'e sei uza alkatraun. 내년에 이 도로에 아스팔트가 깔린다. 유의 aspal.

*__alku__ 명 소독약. ¶Ha'u uza alku depois, kose ai-moruk ba isin. 소독약을 사용한 다음 피부에 연고를 발랐어요. 유의 dezinfetante.

*__alkuña__ 명 별명. ¶Nia naran ne'e Jose, maibé alkuña ne'e bibi-rusa. 그의 이름은 조세이지만 별명은 사슴이에요. 유의 naran-bolu, naran-ki'ik. 이표기 alkuna.

almari 명 선반, 장. ¶monta almari iha didin-lolon 벽에 선반을 달다

⁑**almosu** 명 점심. ¶Almosu hamutuk bele ka la'e? 점심 같이 하실래요? 유의 han-meiudia.

*__alojamentu__ 명 숙소. ¶Alojamentu iha ne'ebé? 숙소는 어디인가요? 유의 hela-fatin, hakmahan.

aloka 동 할당하다, 배분하다. ¶Empreza

ne'e aloka benefísiu ba staf. 이 회사는 직원에게 이익을 배분해 줍니다.

alokasaun 명 할당, 분배. ¶alokasaun justu 공정한 분배

alta 동 퇴원하다. ¶Horisehik, aman alta husi ospitál. 어제 아버지가 병원에서 퇴원했습니다. 반의 baixa.

altár 명 제단, 분향소. ¶Ha'u bá altár ho familia. 나는 가족과 함께 분향소에 갔다.

***alternativu** 명 대안, 대체. ¶Favór hili ida de'it entre alternativu rua! 두 개의 대안 중에서 하나를 선택하세요!

altofalante 명 메가폰. ¶Ema ne'ebé kaer altofalante mak ha'u nia mestre. 메가폰을 잡은 사람이 제 선생님이에요. 유의 toa. 이표기 autofolante.

***altura** 명 시간, 기간, 번. ¶Iha altura ne'ebá, ha'u bá buka ó iha eskola. 그 시간에, 나는 너 찾으러 학교에 갔지. 유의 dala.

***aluga** 동 임대하다. ¶aluga uma 집을 임대하다 유의 fó aluga, freta. 반의 empresta.

***aluga-na'in** 명 세입자. ¶Uma na'in buka hela aluga-na'in. 집주인이 세입자를 구하고 있어요. 유의 inkilinu. 반의 uma-na'in.

alumíniu 명 알루미늄. ¶Nia pinta iha besi ka alumíniu leten. 그는 금속이나 알루미늄 위에 그림을 그려요. 이표기 alminu.

***alumnus** 명 동창. ¶hasoru alumnus 동창을 만나다

⁑**alunu** 명 초등학생. ¶Maria nia oan-mane ne'e alunu. 마리아의 아들은 초등학생이에요. 유의 eskola-oan.

alvu 명 과녁, 목표. ¶Tiru ba alvu! 과녁을 향해 발사!

⁑**amá** 명 어머니, 엄마. ¶hakuak husi amá 엄마에게 안기다 유의 main, inan. 반의 apá, pai, aman. 이표기 amaa.

***amá-boot** 명 큰이모, 백모, 큰엄마, 부모 항렬의 손위 여성 친척. ¶Amá-boot fó prezente mai ha'u. 큰이모가 저에게 선물을 주었어요. 이표기 amaa boot.

***amá-ki'ik** 명 작은이모, 숙모, 작은엄마, 부모 항렬의 손아래 여성 친척. ¶Horiseik, amá-ki'ik vizita ha'u-nia uma. 어제 작은이모가 우리집에 방문했어요. 유의 mamá-ki'ik. 이표기 Amá ki'ik.

⁑**aman** I 명 아빠, 아버지. ¶Ki'ik-oan sira-nia aman ohin bá servisu. 꼬마들의 아빠는 오늘 일하러 갔다. 유의 apá, bai, pai. 반의 amá, inan. II 형 수컷의. ¶Manu aman kokorek iha dadersaan hodi fanun ita. 수탉은 아침에 우리를 깨우려고 운다. 유의 mane. 반의 feto.

관용 aman ida, inan ida 같은 부모의 자손.

***aman-boot** 명 큰아버지, 백부, 부모 항렬의 손위 남성 친척. ¶Aman-boot tau matan ba ha'u. 큰아버지가 나를 돌보아 주신다. 유의 apá-boot. 이표기 aman boot.

***aman-hakiak** 명 의붓아버지, 계부. ¶Aman-hakiak sei moris hela. 의붓아버지는 아직 살아 계신다. 유의 padrastu. 이표기 aman hakiak.

***aman-ki'ik** 명 삼촌, 작은아버지, 숙부, 부모 항렬의 손아래 남성 친척. ¶Aman-ki'ik iha ospitál agora, tanba moras. 작은아버지가 아프셔서 지금 병원에 계신다.

유의 aman-boot. 이표기 aman kiik.

*__aman-rasik__ 명 친아버지, 생부. ¶Nia ne'e ha'u-nia aman-rasik. 그는 제 친아버지입니다. 이표기 aman rasik.

__aman-sarani__ 명 대부. ¶Filmi naran aman-sarani interesante loos. 대부라는 영화는 매우 흥미진진했어요. 이표기 aman sarani.

*__amarelu__ 형 노란. ¶Ha'u hakarak sosa bluza amarelu. 노란 블라우스를 사고 싶어요. 유의 kinur.

*__ambiente__ 명 환경. ¶Marito tahan ambiente difísil, no ikusmai nia la'o ho susesu. 마리또는 어려운 환경을 견디고 마침내 성공했어요. 유의 sirkumstansia.

*__ambisaun__ 명 야망. ¶Karik ita iha ambisaun, tenke servisu maka'as! 야망이 있다면 열심히 움직여라!

__ambispu__ 명 주교. ¶Ambispu foun ne'e Timor-oan. 새 주교는 동티모르인이다. 유의 bispu.

__ambulánsia__ 명 구급차. ¶Tanba amá dezmaia, ami bolu ambulánsia. 엄마가 쓰러져서 우리는 구급차를 불렀어요.

*__ameasa__ I 명 위협, 협박. ¶halo ameasa ba ema seluk 타인에게 위협을 가하다 유의 taterak. II 동 위협하다. ¶Na'ok-teen tama iha uma no ameasa família. 강도가 들어와서 가족을 위협했어요. 유의 taterak. 반의 proteje.

*__Amérika__ 명 미국. ¶ema Amérika 미국 사람 / Ha'u-nia kolega Steve ne'e hela iha Amérika. 제 친구 스티브는 미국에 살아요. 유의 Estadus Unidus, EUA.

__amerikana__ I 명 여성 미국인. ¶Turista amerikana barak to'o iha Dili. 미국인 관광객이 딜리에 많이 들어왔어요. II 형 여성 미국의. ¶notisia Amerikana 미국의 뉴스

__Amérika Norte__ 북아메리카, 북미. ¶Kanadá ne'e iha Amérika Norte. 캐나다는 북미에 있어요. 반의 Amérika Súl.

__amerikanu__ I 명 남성 미국인. ¶halo belun ho amerikanu 미국인 친구를 사귀다 II 형 남성 미국의. ¶Jose husu katak estratéjia Amerikanu saida kona-ba pás mundiál. 조세는 세계 평화에 대한 미국의 전략은 무엇인지 물었어요.

__Amérika Súl__ 남아메리카, 남미. ¶Brazíl ne'e iha Amérika Súl. 브라질은 남미에 있어요. 반의 Amérika Norte.

*__ami__ 대 우리. [청자를 포함하지 않을 때 사용함] ¶Ami nia laran susar uitoan. 우리의 마음은 좀 괴로웠다. 유의 ita. 반의 imi.

관용 ami Aman (우리 아버지라는 말로) 신, 주님.

__amidu__ 명 풀, 접착제. ¶kose amidu ba surat-tahan 종이에 풀을 바르다

*__amiga__ 명 여성 친구. ¶Nia ha'u-nia amiga di'ak liu. 그녀는 나에게 각별한 친구이다. 유의 belun, kolega, maluk. 반의 inimigu.

*__amigu__ 명 남성 친구. ¶Aban, ha'u atu bá reuniiaun ho ha'u-nia amigu sira. 내일은 친구들의 모임에 간다. 유의 belun, kolega, maluk. 반의 inimigu.

*__ami-nia__ 대 우리의. ¶Buka hatene ami-nia direitus! 우리의 권리를 찾아봅시다! 유의 ita-nia. 이표기 ami nia.

관용 Ami-nia bikan doku tiha ona (이미

접시는 뒤집어졌다는 말로) 기꺼이 죽겠다.

⁑**ami-nian** 대 우리의 것. ¶Servisu ne'e ami-nian. 이 일은 우리의 것이다. 유의 ita-nian. 이표기 ami nian.

⁑**amizade** 명 우정. ¶La bele haluha ita nia amizade! 우리의 우정을 잊지 말자! 유의 belun-malu.

amlulik 명 신부, 사제, 제사장. ¶Amlulik nia influénsia ne'e maka'as iha Timor-Leste. 동티모르에서 신부의 영향력은 강하다.

⁂**amór** Ⅰ 명 사랑. ¶Sira na'in rua fiar amór. 그들은 사랑을 믿는다. 유의 domin. 반의 ódiu. Ⅱ 동 사랑하다. ¶Ami sei moris hamutuk ho amór. 서로 사랑하며 살겠습니다. 유의 hadomi.

*__amostra__ 명 견본, 표본. ¶Ha'u prepara amostra, depois tenke despaxa. 견본을 준비한 다음, 우편으로 보내야 해요.

AMP 명 전진변화동맹. [2018년 총선거를 위해 CNRT, PLP, HUNTO 3개 당이 연합하여 만들어진 정당]

*__amu-__ 두 -님. [높임이나 존경의 의미를 더하는 말] ¶amu-bispu 주교님 / amu-mestre 선생님

amu-bispu 명 주교님. ¶Amu-bispu, bainhira loos mak iha misa? 주교님, 정확히 언제 미사가 있나요? 유의 bispu. 이표기 amu bispu.

*__amu-lulik__ 명 사제, 신부. ¶Nia sai amu-lulik. 그는 사제가 되었다. 유의 na'i-lulik, padre.

amu-papa 명 교황님. ¶Amu-papa, John Paul II vizita Timor-Leste loron 2 Dezembru 1989. 요한 바오로 2세 교황님은 1989년 12월 2일에 동티모르를 방문하셨다. 이표기 ampapa.

⁂**an** 명 자신, 스스로. ¶Marito ne'e treinu Taekwando atu proteje ninia an. 마리또는 자신을 방어하려고 태권도를 합니다. 유의 rasik. 이표기 aan.

analfabetizmu 명 문맹. ¶Tempu uluk taxa analfabetizmu aas tebes kompara ho tempu agora. 과거 문맹률은 현재와 비교해서 매우 높았어요. 반의 alfabetizasaun.

analfabetu 형 문맹의, 글을 모르는. ¶Uluk nia ema analfabetu, maibé agora nia bele lee no hakerek. 전에 그는 문맹이었지만 지금은 읽고 쓸 수 있어요.

analiza 동 분석하다. ¶analiza situasaun polítiku no ekonomia 정치와 경제의 상황을 분석하다

análize 명 분석 ¶Nia atu halo aprezentasaun rezultadu análize kona-ba ninia estudu. 그는 연구 분석 결과를 곧 발표하려 한다.

⁑**ananás** 명 파인애플. ¶Iha Baguia ne'ebá ananás barak loos. 바귀아에는 파인애플이 정말 많아요. 유의 ai-nanás.

⁂**andár** Ⅰ 명 층, 계단. ¶Sa'e andár, depois bá liman karuk. 계단을 올라가서 왼쪽으로 가세요. 유의 rai. Ⅱ 형 다층의. ¶Sira halo hela uma andár. 그들은 다층 건물에 살고 있어요.

*__andár-leten__ 명 꼭대기 층. ¶Ninia uma iha andár-leten iha edifísiu ne'e nian. 그의 집은 이 건물의 꼭대기 층에 있어요. 반의 andár-okos. 이표기 andár leten.

*__andár-okos__ 명 지하층, 지층. ¶Garajen

mak iha andár-okos. 지하층에는 창고가 있어요. ㉥ andár-leten. ㉧ andár okos.

aneksa 동 합병하다, 합치다. ¶Sira dehan empreza rua ne'e sei aneksa. 이 두 회사는 곧 합병할 거라고 합니다. ㉥ fahe, sori.

aneksu 명 ①부속 건물, 별관. ¶Ita nia universidade halo planu edifika aneksu ida tan. 우리 대학은 부속 건물을 하나 더 지을 계획입니다. ②부록, 첨부. ¶Livru ne'e nia kotuk aneksu iha. 이 책 뒤에는 부록이 있어요. ㉤ suplementu.

anémia 명 빈혈, 빈혈증. ¶Ha'u moras anémia maka'as. 저는 빈혈이 심해요. ㉤ raan-menus.

anestezia Ⅰ 명 마취, 마취제. ¶Antes operasaun, halo anestezia. 수술 전에 마취를 해요. ㉤ bius. Ⅱ 형 마취의. ¶Efeitu anestezia mak sei nafatin hela. 마취의 효과가 아직 남아 있어요. ㉤ bius.

angguna 명 작은 트럭. ¶lori angguna 작은 트럭을 몰다 ㉤ trek, kamioneta.

* **angulu** 명 각, 각도. ¶sukat angulu nia medida 각도의 크기를 재다

anila 명 와셔. ¶Parafuzu no anila mak iha kaixa ki'ik laran. 작은 박스 속에 볼트와 와셔가 있어요.

anima 동 생기를 불어넣다. ¶Jose nia istória komiku anima ona labarik sira. 조세의 웃긴 이야기는 아이들에게 생기를 불어넣었어요. ㉤ hamoris, habiit. ㉥ oho.

⁑ **animál** 명 동물, 가축. ¶Sira iha animál barak, hanesan fahi ho bibi. 그들은 돼지와 양 같은 가축을 많이 갖고 있어요. ㉤ balada.

animasaun 명 신바람. ¶fó animasaun 신바람을 일으키다

⁂ **anin** 명 바람. ¶Ohin anin maka'as iha tasi ibun. 오늘은 해변에 강한 바람이 불어요.

anin-brutu 명 폭풍, 거센 바람. ¶Horisehik anin-brutu halo komunidade sira nia uma naksobu hotu. 어제의 거센 바람은 마을의 집을 모두 무너뜨렸어요. ㉤ anin-fuik.

anin-dadurus 명 돌개바람, 회오리바람. ¶Tanba anin-dadurus, kakuluk semo lakon tiha ona. 회오리바람 때문에 지붕이 날아갔어요.

* **anin-fuik** 명 폭풍. ¶Uma barak hetan estraga hosi anin-fuik. 폭풍으로 많은 집이 파손되었어요. ㉤ anin-brutu. ㉧ anin fuik.

anin-hirin 명 미풍, 산들바람. ¶Loke janela depois anin-hirin tama mai. 창을 열었더니 산들바람이 들어오네요.

anin-laek Ⅰ 명 답답함, 숨막힘. ¶Bainhira ha'u ko'alia ho nia, ha'u sente dala ruma anin-laek. 그 사람과 대화하면 가끔 답답함을 느껴. Ⅱ 형 ①바람 없는. ¶Ohin anin-laek no klima di'ak! 오늘은 바람 없는 날씨가 좋구나! ②환기가 안 되어 갑갑한, 답답한. ¶Iha ne'e anin-laek, di'ak liu sai ba li'ur. 여긴 환기가 안 되어 갑갑해, 밖으로 나가는 편이 낫겠어.

⁑ **anin-teen** 명 해파리. ¶Anin-teen barak iha tasi. 바다에는 해파리가 많아요.

⁑ **aniversáriu** 명 기념일. ¶Serimónia aniversáriu kazamentu ne'e bainhira?

결혼기념일은 언제예요?

⁑**anju** 명 천사. ¶Maria ha'u nia anju protetór. 마리아는 나의 수호천사예요. 반의 diabu, demóniu.

⁑**Anó** 명 {비격식체로} 청소년, 젊은이, 소년, 자네, 여보게. ¶Anó sira, imi mak Timor nia futuru. 청소년 여러분, 그대들이 동티모르의 미래입니다.

⁑**Anói** 명 여성 청소년. ¶Anói sira, estuda makás! 청소년 여러분, 열심히 공부합시다!

anómala 형 여성 변칙적인, 이례적인. ¶Maria nia oráriu vizita Korea ne'e anómala. 마리아의 한국 방문 스케줄은 이례적이에요. 반의 regulár.

anomalia 명 변칙, 이례.

anómalu 형 남성 변칙적인, 이례적인. ¶kazu anómalu 이례적인 경우 반의 regulár.

anota 동 주석을 달다. ¶anota iha testu 본문에 주석을 달다

⁂**ansi** Ⅰ 명 조급함, 서두름. ¶Kadavés, ansi ne'e bele haluha sasán balun. 조급함은 때때로 몇 가지를 잊어버리게도 한다. Ⅱ 동 서두르다. ¶Imi tenke ansi lailais atu bá aeroportu tanba oras besik ona. 시간이 다 돼 가니까 너희들 공항에 가려면 급히 서둘러야 한다. 유의 isin-moris, lailais.

***ansi-an** 동 서둘다, 서두르다. ¶Nia ansi-an atu bá lailais. 그는 빨리 가려고 서둘렀다. 반의 diskretu. 이표기 ansi aan.

***ansiedade** 명 불안, 안달. ¶ansiedade deskoñesidu 알 수 없는 불안

antena 명 안테나. ¶Ami presiza antena hodi haree TV. TV를 보기 위해서 안테나가 필요해요.

***antepassadu** 명 조상. ¶Buat barak evoluídu no troka ona husi sira nia antepassadu. 대부분은 그들의 조상들로부터 진화되고 변화되었다. 유의 bei'ala.

***anteriór** 형 이전의, 과거의, 앞의. ¶Favór haluha eventu anteriór. 과거의 일은 잊어 주세요. 유의 uluk nian.

⁑**antes** 전 ①~ 앞에서. ¶Nia hein ita antes restorante. 그가 식당 앞에서 널 기다려. 유의 molok. 반의 depois. ②~ 전에. ¶Fase liman antes han. 밥 먹기 전에 손부터 씻으렴. 유의 molok. 반의 depois, hafoin.

***antesipa** 동 예상하다. ¶Ita antesipa udan boot ne'ebé atu mai. 우리는 내일 비가 올 것으로 예상해요.

***antigu** 형 오래전의, 고대의. ¶Ema balu dehan di'ak liu tuir ortografia antigu, tanba toman ona. 어떤 사람들은 오래전의 철자법을 따르는 게 더 좋다고 해요, 익숙하니까요. 유의 tuan. 반의 foun.

antiguidade 명 유물. ¶Antiguidade nakhetan iha fatin konstrusaun. 공사현장에서 유물이 발견되었다.

***antipatia** 명 반감. ¶Antipatia kona-ba relijiaun ida bele sai diskriminasaun kontra demokrasia. 한 종교에 대한 반감은 민주주의에 반하는 차별이 될 수 있다. 반의 empatia.

anuál 형 매해의, 연례의. ¶Eventu anuál halo hotu ona ohin. 연례 행사는 오늘 모두 끝났어요. 유의 tinan-tinan, tinak.

⁑**anu novu** 새해. ¶Iha anu novu, ha'u hakarak sai oan-feto di'ak. 새해에는 착한 딸이 되고 싶어요. 유의 tinan-foun. 이표기 Anu Novu.

anunsia 동 선언하다. ¶anunsia remata 폐회를 선언하다 유의 haklaken.

***anúnsiu** 명 공지 사항, 알림. ¶Diretór eskola fó sai anúnsiu ba ninia estudante sira, katak aban feriadu. 교장 선생님은 학생들에게 내일은 공휴일이라는 공지 사항을 알려 주셨다. 유의 avizu.

anus 명 항문, 똥구멍. ¶Nia sente moras katar kona iha anus. 그는 항문이 감염되어 간지럽고 아픈 걸 느껴요. 유의 kidun-kuak, tee-fatin.

****anxova** 명 멸치. ¶kaer ikan anxova 멸치를 잡다

*****apá** 명 아버지, 아빠. ¶Ha'u-nia apá kalan-kalan bá buka ikan. 아빠는 매일 밤 낚시하러 가요. 유의 aman. 반의 amá. 이표기 apaa.

***apá-boot** 명 큰아버지, 백부, 부모 항렬의 손위 남성 친척. ¶Ha'u la iha apá-boot. 나는 큰아버지가 없어요. 유의 aman-boot. 이표기 apaa boot.

****apaga** 동 지우다. ¶Mestre apaga hela liafuan ne'ebé sala. 선생님은 잘못된 단어를 지우고 있어요. 유의 hamoos. 반의 pinta, hakerek.

****apagadór** 명 지우개. ¶Apaga ho apagadór! 지우개로 지우세요! 유의 borraxa.

***apá-ki'ik** 명 삼촌, 작은아버지, 숙부, 부모 항렬의 손아래 남성 친척. ¶Apá-ki'ik na'in rua mai iha ha'u nia uma. 작은아버지 두 명이 우리집에 왔어요. 유의 aman-ki'ik. 이표기 apaa kiik.

aparellu 명 도구, 장치. ¶Aparellu ne'e atu halo saida? 이 장치로 무엇을 하려 해요? 유의 dispositivu.

***aparénsia** 명 ①출현. ¶oras aparénsia 출현 시기 ②외모, 생김새, 모습, 모양. ¶aparénsia mak furak 외모가 아름답다

apartamentu 명 아파트. ¶fa'an apartamentu 아파트를 분양하다

aparu 동 가지치기하다, 가지를 잘라 내다. ¶Apá aparu hela ai-sanak iha kintál ai-fuan. 아빠는 과일 농장에서 가지를 잘라 내고 있어요. 유의 sabir.

apela 동 간청하다, 호소하다, 항소하다. ¶Povu apela ba bandidu sira, la bele uza violénsia. 시민들은 악당들에게 폭력을 사용하지 말 것을 간청했어요.

****apelidu** 명 성씨, 성. ¶Favór hakerek ortografia naran nia apelidu ho klaru. 성의 철자를 정확하게 써 주세요. 유의 naran-apelidu, naran-tutun. 반의 naran-uluk.

apelu 명 간청, 호소, 상소. ¶Ha'u hakarak aproveita oportunidade ida-ne'e atu halo apelu ba joven sira. 저는 이것을 젊은이들을 향한 간청의 기회로 삼고 싶어요.

aperta Ⅰ 동 단단히 조이다. ¶Ita tenke aperta. Mak ne'e de'it. 단단히 조이면 돼요. 그게 다예요! Ⅱ 형 ①꽉 끼이는. ¶Kadeli aperta ha'u-nia liman fuan. 반지가 손가락에 꽉 끼이네요. 유의 kloot. 반의 luan. ②(시간이) 너무 짧은, 촉박한. ¶Ha'u nia oráriu atu bá vizita nasaun Korea aperta loos entaun ha'u tenke servisu lailais de'it. 촉박한 일정으로 한국을 방문해서 일 처리를 빨리해야만 해요.

***apetite** 명 밥맛, 입맛. ¶lakon apetite 입맛을 잃다

apitu 명 호루라기. ¶Tanba labarik sira halimar ho apitu, halo barullu loos. 아이들이 호루라기를 갖고 놀아서 너무 시끄러워요.

[*] **aplaude** 동 박수를 치다. ¶Bainhira nia remata ninia diskursu, ema-lubuk boot aplaude maka'as ba nia. 그의 연설이 끝나자 관중들이 크게 박수를 쳤다. 유의 basa-liman.

* **aplika** 동 ①지원하다. ¶Ha'u-nia oan-feto aplika bolsa estudu, la'o ho susesu. 우리 딸이 장학금에 지원해서 성공했어요. ②적용하다. ¶Buat ne'ebé mak imi aprende iha eskola, imi bele aplika iha li'ur. 여러분들은 학교에서 배운 것을 밖에서 적용할 수 있어요.

* **aplikasaun** 명 지원, 신청. ¶aplikasaun asinatura 구독 신청

aplikasaun kreditu 신용장. ¶Ha'u haree aplikasaun kreditu. 신용장을 보고 있어요.

[*] **apoia** 동 후원하다. ¶Nia apoia hela bolsa estudu. 그는 매년 장학금을 후원하고 있다. 유의 tane. 반의 embarga, interrompe.

* **apoiante** 명 지지자. ¶Kandidatu ne'e iha apoiante barak. 그 후보자는 지지자가 많아요. 유의 simpatizante. 반의 adversáriu, funu-maluk.

* **apoiu** I 명 지지, 후원. ¶Buat ne'ebé husu apoiu ne'e la fasil. 지지를 요청한다는 것이 쉽지 않아요. 반의 embarga. II 동 지지하다, 지원하다, 후원하다. ¶Governu Korea apoiu Timor-oan bá servisu iha Korea. 한국 정부는 동티모르인이 한국에서 일하도록 지원합니다.

aponta 동 ①목표로 하다. ¶Ami aponta buat ne'ebé ita tenke analiza testu ne'e agora. 지금 우리는 이 교재를 분석하는 것을 목표로 합니다. ②메모하다, 리스트를 적다. ¶Durante tempu enkontru, nia aponta la para. 회의 시간 동안에 그는 계속해서 메모했다.

apóstolu 명 사도, 신봉자. ¶nai Jesus nia apóstolu sira 예수 그리스도의 사도들

[*] **apoték** 명 약국. ¶Ita hatene apoték boot iha ne'ebé? 큰 약국이 어디에 있는지 알아요? 유의 farmásia.

* **appropriada** 형 여성 적당한, 적절한. 유의 nato'on.

* **appropriadu** 형 남성 적당한, 적절한. ¶Ha'u labele hetan resposta ne'ebé appropriadu ba nia pergunta. 나는 그의 질문에 적절한 답을 찾지 못했다. 유의 nato'on.

[*] **aprende** 동 배우다. ¶Maria aprende dansa Latín semana-semana. 마리아는 매주 라틴 댄스를 배워요. 유의 estuda.

aprendizajen 명 견습, 수련 과정. ¶Ohin ita laiha aula aprendizajen tanba profesór moras. 교수님이 아파서 오늘은 견습 수업이 없어요.

[*] **apresia** 동 감사하다, 감사를 표하다. ¶Apresia ba ita-nia vizita. 방문해 주셔서 감사합니다. 유의 fó agradese.

* **apresiasaun**[1] 명 이해, 감사. ¶Ami hato'o apresiasaun ba inan-aman. 우리는 부모님께 감사를 전했어요.

* **apresiasaun**[2] 명 평가, 가격, 견적. ¶Mai ita halo testu ba lian Korea no halo

apresiasaun testu ne'e. 한국어 교재를 만들고 그 교재 평가를 해 봅시다.

⁑ **aprezenta** 동 ①소개하다. ¶Señór António nu'udár xefe foun, aprezenta nia an ba staf sira. 안토니오는 새로 온 사장으로서 직원들에게 자신을 소개했어요. 유의 fó-koñese, introdús. ②발표하다. ¶Nia aprezenta kona-ba problema sosiàl agora daudaun. 그는 요즘의 사회적 문제에 대해서 발표했어요.

* **aprezentadór** 명 발표자. ¶Aprezentadór ne'e esplika ninia opiniaun kona-ba asuntu ne'e. 발표자는 주제에 대한 그의 견해를 설명했어요.

* **aprezentasaun** 명 발표, 소개, 설명, 프레젠테이션. ¶Aban, Marito halo aprezentasaun iha estudante oin. 내일 마리또는 학생들 앞에서 발표를 할 거예요.

aprosimada 형 여성 거의 일치하는, 근사치인.

aprosimadu 형 남성 거의 일치하는, 근사치인. ¶Orsamentu mak aprosimadu ho osan-sai atuál. 예산은 실제 지출금과 거의 일치했다.

aprova 동 승인되다, 허가받다. ¶Planu ne'e seidauk aprova. 그 계획은 아직 승인되지 않았어요.

* **aprovasaun** 명 승인, 허가, 결재. ¶xefe nia aprovasaun 부장님의 결재

aproveita 동 이용하다, 활용하다. ¶Aproveita didi'ak oportunidade ne'e. 이번 기회를 잘 활용하세요. 유의 uza.

aproveitadór Ⅰ 명 남성 기회주의자. Ⅱ 형 남성 기회주의적인. ¶Ha'u lakon fiar ba nia asaun aproveitadór. 나는 그의 기회주의적인 행동에 실망했다.

aproveitadóra Ⅰ 명 여성 기회주의자. ¶Maria koñesidu ho aproveitadóra. 마리아는 기회주의자로 알려져 있다. Ⅱ 형 여성 기회주의적인.

aproximasaun 명 접근. ¶Nia halo aproximasaun ba Maria ho intensaun. 그는 의도적으로 마리아에게 접근을 했다.

aptidaun 명 적성. ¶Nia sai autór tanba aptidaun moris. 그는 적성을 살려 작가가 되었다.

⁑ **aqua** 명 물. ¶Bele hemu aqua ida tan ka? 물을 좀더 마셔도 될까요? 유의 bee.

* **ár** 명 공기. ¶Ha'u presiza ár fresku agora. 난 지금 신선한 공기가 필요해요.

Arabi 명 아랍인. ¶Nia Arabi, maibé ninia kaben la'os Arabi. 그는 아랍인이지만 그의 아내는 아랍인이 아니다.

⁑ **arame** 명 전화기, 전화선, 전화. ¶Horisehik ha'u dere arame ba Maria. 어제 나는 마리아에게 전화를 했다.

* **arbiru** 부 마음대로, 멋대로, 임의대로. ¶La bele sai ba liur arbiru de'it! 마음대로 밖으로 나가면 안 됩니다! 유의 naran, naranaran, naranaran de'it.

arbitra 동 중재하다. ¶OKazu argumentu ne'e mak sai arbitra husi Marito. 그 분쟁 건은 마리또가 중재하였습니다.

arbitrajen 명 중재. ¶Asuntu ida ne'e iha prosesu arbitrajen. 이 안건은 중재 절차 중에 있다.

arbitriu 명 결정, 의지. ¶Tuir arbitriu momentu nian, rezultadu maka bele sai diferensia. 순간의 결정에 따라 결과가 달라질 수 있다.

árbitru 명 심판, 중재자. ¶Ninia servisu ne'e árbitru. 그의 직업은 심판이다. 이표기 árbitu.

área 명 지역. ¶Ha'u-nia família hela iha área rurál. 제 가족은 농촌 지역에 살아요. 유의 rai-balun.

arekadasaun 명 모금. ¶emisaun arekadasaun 모금 방송

argamasa 명 모르타르, 회반죽. ¶Hodi halo argamasa, ita prepara ona semente no rai-henek. 회반죽을 만들기 위해서 시멘트와 모래를 준비했다.

argola 명 ①굴렁쇠. ¶Labarik-mane ida duir argola no bá hela iha ne'ebá. 한 소년이 굴렁쇠를 굴리며 저쪽으로 가고 있어요. 유의 brinkus. ②둥근 귀걸이. ¶Marito fó argola kabuar ba Quina. 마리또는 뀌나에게 둥근 귀걸이를 선물했다.

argumentu 명 논쟁. ¶Se halo argumentu, Maria sempre manán. 논쟁을 하면 마리아가 항상 이긴다. 반의 akordu, konkordánsia.

arisan 명 계. ¶Maun kontribui osan ne'ebé nia hetan husi arisan atu sosa uma foun. 형은 계로 마련한 돈을 새집 장만하는 데에 보탰다.

arjila 명 점토, 찰흙. ¶Iha tempu aula, ha'u halo karreta ho arjila. 수업 시간에 찰흙으로 자동차를 만들었어요. 유의 rai-mean.

arkeóloga 명 여성 고고학자. ¶Bainhira ha'u sei ki'ik, hakarak sai arkeóloga. 나는 어렸을 때 고고학자가 되고 싶었다.

arkeólogu 명 남성 고고학자.

arkeolojia 명 고고학. ¶Nia sei partisipa iha eventu ne'e nu'udár ema ne'ebé estuda arkeolojia. 그는 고고학 연구자로서 그 행사에 참여할 것이다.

⁑**arkiris** 명 무지개. ¶Bain-bain, hafoin udan tau, bele haree arkiris. 주로 비가 온 후에 무지개를 볼 수 있어요. 유의 arkuiris, baur.

arkitetónika 형 여성 건축학의.

arkitetóniku 형 남성 건축학의. ¶Nia hatene buat ne'ebé hotu arkitetóniku. 그는 건축학의 모든 것을 알고 있다.

arkitetu 명 건축가. ¶Jose halo osan boot nu'usar arkitetu. 조세는 건축가로 돈을 많이 벌었다.

arkitetura 명 건축. ¶Data kompleta arkitetura ne'e nian mak bainhira? 건축 완공일은 언제예요?

arkivu 명 공문서, 파일. ¶Rai didi'ak iha arkivu ida, depois tau iha gaveta númeru tolu. 파일 하나에 조심스럽게 담아서 3번 서랍에 넣으세요. 유의 fail, arsip.

⁑**ár kondisionadu** 에어컨. ¶Ár kondisionadu gasta eletrisidade maka'as. 에어컨은 많은 전력을 소모한다. 유의 AC, ventuiña.

arku 형 아치형의, 아치가 있는. ¶Fatuk-riin arku ne'e iha ninia uma. 그의 집에는 아치형의 기둥이 있어요.

***arkuiris** 명 무지개. ¶Hafoin udan tau, ha'u haree arkuiris ona. 비가 온 후에 나는 무지개를 보았어요. 유의 arkiris, baur.

***arma** Ⅰ 명 정리, 정돈. ¶arma transporte 교통정리 Ⅱ 동 정리하다, 정돈하다. ¶Nia arma ninia sasán iha uma durante loron tomak. 그는 하루 종일 집에서 물건들을 정리했어요. (유의) aliña, dispoin. (반의) kari, lekar, naklekar.

armadilla 명 덫, 함정. ¶monu tama iha armadilla 함정에 빠지다 (유의) lasu.

***armajenamentu** 명 저장. ¶armajenamentu ai-han 식료품 저장

armamentu 명 군비. ¶limitasaun armamentu. 군비 제한

***armáriu** 명 찬장, 장롱, 옷장. ¶Kopu sira iha armáriu laran. 컵들은 찬장 안에 있어요. (유의) almari, guardafatu.

***armariu-remediu** 명 구급상자. ¶armariu-remediu ba emerjénsia 비상용 구급상자

armas 명 무기. ¶Nia tau armas no hasa'e liman. 그는 무기를 내려놓고 손을 들었다. (유의) kro'at, sasán-kro'at.

***armazén** 명 창고, 저장소. ¶Foos no masin-moruk barak iha Marito nia armazén. 마리또네 창고에는 쌀과 소금이 많아요. (유의) despensa, gudang.

armazenajen 명 축적, 보관. ¶organizasaun no armazenajen 정리와 보관

armeiru 명 총기 제작자. ¶Uluk nia armeiru. 예전에 그는 총기 제작자였다.

***arranja** 동 마련하다, 준비하다. ¶Ha'u tenke arranja uma hodi hela ho Maria. 저는 마리아와 살 집을 마련해야 해요. (유의) kombina.

***arranju** 명 배치. ¶arranju tuur-fatin iha ezame 시험 좌석 배치

arranju ai-funan 꽃꽂이. ¶Oras ne'e, ha'u aprende hela arranju ai-funan hanesan hobi. 요즘 취미로 꽃꽂이를 배우고 있어요.

***arranka** 동 떠나다. ¶Nia arranka tiha ona ho despede laek. 그는 안녕이란 말 없이 떠났다. (유의) bá ona, sai, husik. (반의) to'o, tau ain iha. (이표기) aranka.

***arraska** 형 ~하기 어려운, ~하기 힘든. ¶Ita bá Same agora, arraska, tanba dalan kotu. 지금 사메에 가는 것은 어려워요, 길을 막아 놓았어요. (유의) difisil, kusta, toos, susar, todan. (반의) fasil. (이표기) araska.

***arrasta** 동 끌다, 끌어당기다, 잡아당기다. ¶Sira arrasta kuda hosi rai-kuak. 그들은 구덩이에서 말을 끌어당겼어요. (유의) rasta, dada. (반의) dudu.

***arrendamentu** 명 임대. ¶Arrendamentu motór ida-ne'e bele ka la'e? 이 스쿠터는 임대가 가능한가요? (유의) kuarezma.

***arrepende** 동 후회하다. ¶Nia arrepende loos ba sala uluk nia halo. 그는 과거의 잘못을 많이 후회했어요. / Amán arrepende moris tomak nian mak la konsege estuda. 아빠는 공부를 하지 못한 것을 평생 후회했다. (유의) deplora. (이표기) arepende.

arrogante 형 거만한. ¶Ema barak sai arrogante, kuandu ninia pozisaun sae. 지위가 높아지면 많은 사람들이 거만하게 변한다. (반의) edukadu.

***arrota** 동 트림하다. ¶Dulas la di'ak, arrota beibeik. 소화가 잘 안돼서 계속 트림하고 있어요.

***arruma** 동 깔끔하게 정리하다, 치우다.

¶Molok atu bá eskola, arruma tiha kama lai! 학교에 가기 전에 침대를 깔끔하게 정리해라! 유의 haloot. 이표기 aruma.

*__arrumadu__ 형 반듯한. ¶Nia ne'e feto ne'ebé moris iha uma laran ne'ebé arrumadu. 그녀는 반듯한 집안에서 자란 숙녀이다.

__arsip__ 명 (인니) 파일. ¶Tanba arsip ne'e sira la presiza, sunu hotu. 그 파일들은 필요 없으니까 모두 태워 버리세요. 유의 arkivu, fail.

**__arte__ 명 예술. ¶Arte naruk, moris badak. 예술은 길고 인생은 짧다.
관용 arte ho liman (손을 쓰는 예술이라는 말로) 요술, 마술.

__arte marsiál__ 무술, 무도. ¶Labarik sira ezerse arte marsiál iha halimar fatin. 아이들이 운동장에서 무술을 연습하고 있다. 이표기 arte marsiais.

__artezenatu__ 명 공예. ¶Bin iha talentu iha artezanatu husi ki'ik kedas. 언니는 어려서부터 공예에 소질이 있었다.

**__arti__ 명 의미. ¶Liafuan ne'e tolu, iha arti hanesan. 이 세 단어는 의미가 같아요. 유의 definisaun, signifikadu, sentidu.

*__artifisiál__ 형 인공적인, 인공의. ¶Bee-lihun artifisiál mak furak tebes! 인공 호수가 정말 멋져요! 반의 naturál.

__artigu__ 명 법 조항. ¶Artigu lei ne'e difísil no la kompriende. 법 조항은 어렵고 이해가 잘 안돼요.

*__artista__ 명 예술인, 미술가. ¶Ha'u partisipa reuniaun artista nian. 나는 예술인들의 모임에 참여했다. 유의 atór.

*__artistiku__ 형 예술적인. ¶Nia pinta di'ak liu tanba nia iha sentimentu artistiku mak diferente ho ema seluk. 그는 예술적인 감각이 남달라서 그림을 잘 그린다.

__aruinadu__ 동 망하다. ¶uma laran aruinadu 망한 집안

*__arus__ 명 창틀. ¶Nia hamoos hela rai-uut arus agora. 그는 지금 창틀의 먼지를 청소하고 있어요.

__asalta__ 동 공격하다, 폭행하다. ¶asalta inimigu nia kastelu 적의 성을 공격하다 유의 ataka, serán. 반의 defende.

__asaltu__ 명 폭행, 폭력, 공격. ¶Asaltu familía tenke para. 가정 폭력은 근절되어야 한다. 유의 atake. 반의 defensiva, defeza.

**__asaun__ 명 행동. ¶Tanba nia asaun dúbiu, ha'u fó-hatene polísia tiha ona. 그의 수상쩍은 행동 때문에 나는 그를 경찰에 신고했다. 유의 hahalok.

__asegura__ 명 확보. ¶asegura talentu ema 인재 확보

**__aseita__ 동 수락하다, 받아들이다. ¶Abii aseita ninia proposta. 큰언니는 그의 청혼을 수락했다. 유의 konkorda. 반의 nega.

*__aseitasaun__ 명 허락, 수용. ¶Autoridade sei tau fallansu aseitasaun negosiasaun no diskusaun nia laran. 당국은 이번 협상안의 수용 여부에 대해 논의 중이다.

*__aseitavel__ 형 허락할 만한, 수용할 만한, 괜찮은. ¶Maria nia esplikasaun aseitavel. 마리아의 제안은 수용할 만하다. 유의 di'ak.

__aselera__ 동 가속하다, 촉진시키다. ¶Métodu tolu mak sei aselera ekonomia. 이 세 가지 방법이 경제를 촉진시킬 겁니다. 유의 gás.

aseleradór 명 가속 장치. ¶Karreta nia aseleradór mak aat. 차의 가속 장치가 고장이에요. 유의 gás.

asembleia 명 ①모임, 단체, 기관. ¶Iha tinan 2001, asembleia konstituinte deside Timor-Leste nia Konstituisaun. 2001년, 헌법 제정 기관은 동티모르 헌법을 결정했다. 유의 grupu asosiasaun. ②의회. ¶Eleisaun ba Asembleia Konstituinte iha 30 Agostu 2001. 제헌 의회 선거는 2001년 8월 30일에 치러졌다. 유의 parlamentu.

*__asentu__ 명 ①강세 표시, 악센트. ¶Liafuan sira-ne'e la presiza tau asentu. 이 단어들은 악센트가 필요 없어요. 유의 asentuasaun. ②억양, 사투리. ¶Nia ko'alia ho asentu área rurál. 그는 지방 사투리로 말해요.

asentuasaun 명 강세 표시, 악센트. 유의 asentu.

asesu 명 접근, 이용, 접속. ¶Agora, la bele asesu. 지금은 접속이 불가능해요.

*__asidente__ 명 사고, 불행. ¶asidente tráfiku 교통사고 유의 azár, dezastre.

ásidu 명 산성. ¶Masin-midar ne'e hahán ásidu. 설탕은 산성 식품입니다. 유의 buat-siin.

asimilasaun 명 동화 작용. ¶Feen-la'en ne'e sai hanesan, porké asimilasaun. 이 부부는 동화 작용으로 같아졌어요.

*__asina__ 동 서명하다. ¶asina kontratu 계약서에 서명하다 유의 naran.

asinatura 명 약정액. ¶Karreta-aluga nia kusta asinatura fulan-fulan durante tinan ida. 렌터카의 임대료는 1년 동안 매달 약정액이다.

*__asiste__ 동 ①참여하다. ¶Nu'udár asionista, nia asiste jestaun. 주주로서 그는 경영에 참여한다. 유의 atende, hola parte, partisipa, tuir. ②돕다, 도와주다. ¶Ninia sekretária asiste nia di'ak tebes. 그의 비서실은 그를 잘 도와줘요. 유의 ajuda, tulun. 이표기 asisti.

*__asisténsia__ 명 지원, 원조, 도움. ¶Korea mós nasaun ne'ebé fó asisténsia. 한국도 원조 국가이다. 유의 ajuda, tulun.

*__asistente__ 명 조교, 조수, 보조자. ¶Ha'u ho nia agora ne'e sai dosente asistente. 이제 나와 그는 조교가 되었다. 유의 ajudante.

*__asli__ 형〔인니〕 원래의, 최초의, 독창적인. ¶métodu asli 독창적인 방법 유의 orijinál.

*__asosiasaun__ 명 협회, 단체. ¶Semana oin, ha'u iha enkontru asosiasaun tolu. 다음주에 협회 모임이 세 개 있다.

*__aspal__ 명 아스팔트. ¶Uza aspal, ita bele halo estrada di'ak. 아스팔트를 사용해서, 우리는 좋은 길을 만들 수 있어요. 유의 alkatraun.

*__aspetu__ 명 관점, 측면, 양상. ¶Ita bele dezenvolve Timor-Leste iha aspetu saida? 우리는 어떤 측면에서 동티모르를 발전시킬 수 있을까? / Nia hatete ninia aspetu, maibé ha'u la kumpriende. 그는 자신의 관점에서 말했지만 나는 이해할 수 없었다. 이표기 aspektu.

aspirina 명 아스피린. ¶Lororoloron ha'u hemu aspirina kininu ida. 매일 아스피린을 한 알씩 먹어요.

astrolojia 명 점성술, 점성학. ¶Maria interese barak iha astrolojia, entaun nia haree livru ne'ebé iha ligasaun. 마리아는 점성술에 관심이 많아서 관련된 책을 많이 본다.

asu 명 개. ¶Keta book asu ne'e. Orsida bele tata ó. 그 개 건드리지 마. 너를 물 수도 있어.

관용 Asu horon ruin (개가 뼈 냄새를 맡는다는 말로) 불청객이 오다.

asua'in 명 전사, 투사, 챔피언. ¶Ha'u hakarak sai asua'in mundiál. 나는 세계 챔피언이 되고 싶어요.

***asu-aman** 명 수캐. ¶Asu-aman ne'e sempre hatenu iha kalan. 수캐는 항상 밤에 짖는다. 반의 asu-inan. 이표기 asu aman.

asu-fuik 명 늑대, 사나운 개. ¶Ita tenke kuidadu asu-fuik iha dalan. 늑대가 있는 길을 조심해야 해요. 이표기 asu fuik.

***asu-inan** 명 암캐. ¶Asu-inan kabuk tiha ona. 암캐가 임신을 했어요. 반의 asu-aman. 이표기 asu inan.

asu-kutun 명 벼룩. ¶Kaer asu-kutun ho liman, araska. 벼룩을 손으로 잡는 것은 어렵지요. 유의 kutun. 이표기 asu kutun.

***asuliar** 명 노동자, 농장 인부. ¶Nia nafatin asuliar. 그는 여전히 노동자이다. 유의 traballadór, serbisu-na'in. 반의 bos, patraun.

asumi 동 취임하다. ¶Nia asumi kargu nu'udár reitór universidade. 그는 대학 총장으로 취임했다. 유의 inagura, inaugura. 반의 reforma.

***asuntu** 명 문제, 쟁점 ¶Ami halo diskusaun kona-ba asuntu ne'e durante oras lima. 우리는 그 문제에 대해서 5시간 동안 토론했다. 유의 kestaun, tópiku.

asuransi 명 보험료. ¶Ita-nia uma fó asuransi hira iha fulan ida? 너희 집은 한 달에 보험료 얼마씩 내?

***asuwain** 명 영웅. ¶Iha tempu krize boot nian, asuwain mak moris. 큰 위기에 영웅이 탄생한다. 유의 eroi.

ataka 동 공격하다. ¶Lalika ataka malu. 서로 공격해서는 안 됩니다. 유의 asalta, duni, serán. 반의 defende, defeza.

atakante 명 가해자. ¶Atakante deside atu rekompensa hotu folin ospitál vítima nia. 폭행 가해자는 피해자의 병원비를 모두 배상하기로 했다.

atakasaun 명 공격. 유의 atake, asaltu. 반의 defeza, defensiva.

***atake** 명 공격, 침입. ¶Atake no defeza, ida ne'ebé mak importante liu? 공격과 방어, 어떤 게 더 중요할까? 유의 asaltu.

atake-fuan 명 심장 마비. ¶Maria nia tiu mate husi atake-fuan. 마리아의 삼촌은 심장 마비로 죽었다. 유의 atake-kardiaku.

atake-kardiaku 명 심장 마비. ¶mate ho atake-kardiaku 심장 마비로 죽다 유의 atake-fuan.

atan 명 ①양치기, 목동. ¶Nia mak karau atan. 그는 소를 모는 목동이야. 유의 bibi-atan, karau-atan. ②노예, 하인. ¶halo ba atan 노예로 삼다 / trata atan hanesan ne'e 하인처럼 취급하다 반의 na'i.

***Até aban** 내일 봐, 내일 봐요. [헤어질 때 하는 인사] ¶A: Aban keta haluha mai. B: Ok, Até aban! A: 내일 오는 거 잊지 마. B: 알았어, 내일 봐. 유의 até amañhá.

***até amañhá** 내일 보자. ¶A: Até amañhá. B: La bele, ha'u ba Bali aban dadeer. Adeus. A: 내일 보자. B: 불가능

해. 나 내일 아침 발리에 가. 잘 있어. 유의 até aban. 이표기 até amanhá.

aten 명 간. ¶Ha'u simu ona biopsia aten iha ospitál. 병원에서 간 조직 검사를 받았어요.

*** aten-barani** I 명 용기, 용감성, 용맹. ¶Nia la bele halo asaun ninia hanoin tanba falta aten-barani. 그는 용기가 부족해서 자신의 생각을 실천하지 못했다. 유의 aten-boot, besi. II 형 용감한. ¶Maun-alin sira ne'e aten-barani. 형제는 용감했다. 유의 aten-boot, besi.

*** aten-book** 명 폐, 허파. ¶Favór ida, para sigaru tanba fuma la di'ak ba aten-book. 흡연은 폐에 좋지 않으니 담배를 끊으세요. 유의 pulmaun. 이표기 aten boot.

aten-boot I 명 용기, 용맹, 용감성. ¶Ha'u respeita ninian aten-boot. 나는 그의 용기를 존경합니다. 유의 aten-barani, bravura. II 형 용감한, 용맹한. ¶Nia hatudu desizaun aten-boot no hahalok. 그는 용감한 결단과 행동을 보여 주었다. 유의 besi, neon-brani.

*** atende** 동 참석하다. ¶Estudante barak atende ona iha aula lian Korea. 많은 학생들이 한국어 수업에 참석했다. 유의 tuir, asiste.

*** atendimentu** 명 출석, 참여. ¶Atendimentu iha aula laran mak importante tebes ba estudante ne'ebé hakarak simu valór di'ak. 수업에 출석하는 것은 좋은 학점을 받고자 하는 학생에게 매우 중요해요.

*** atensaun** 명 주의, 주목. ¶Atensaun, no haree iha ne'e. 주목, 여기를 보세요. / Profesór fó atensaun ba estudante sira. 교수님은 학생들에게 주의를 주었습니다.

*** atinji** 동 (목적지나 일정한 수준에) 이르다, 도달하다. ¶atinji nivel aas 경지에 이르다

*** atitude** 명 자세, 행동. ¶Politik na'in ne'e hasoru ema sira ho atitude haraik-an. 그 정치인은 늘 겸손한 자세로 사람들을 만난다. 유의 hahalok.

ativa 형 적극적인. ¶kooperasaun ativa 적극적인 협조

*** atividade** 명 활동. ¶Ohin loron, ha'u halo atividade barak, entaun ha'u hamlaha tebes. 오늘 활동을 많이 해서 배가 몹시 고프다.

*** ativu** 형 활동적인. ¶Maria idade ona, maibé nia nafatin ativu. 마리아는 나이가 들었지만 여전히 활동적이다. 유의 moris, isin-moris. 반의 mate.

*** atmosfera** 명 기류, 분위기. ¶Ha'u sente atmosfera suli ne'ebé delikadu iha sira nia klaran. 나는 그들 사이에서 미묘한 기류가 흐르는 것을 느꼈다.

*** atór** 명 배우, 예술인. ¶Atór ne'e prepara hela atu halo filme. 그 배우는 영화 촬영을 하려고 준비하고 있어요. 유의 artista.

*** atraente** 형 매력적인. ¶Iha elementu atraente barak ba apólise uma nian iha avisu. 새로 발표된 주택 정책에는 매력적인 요소가 많이 있다.

*** atrai** 동 끌리다, 매혹하다. 유의 enkanta.

*** atraividade** 명 끌어당기는 힘, 매력 있음. ¶Feto nia lian iha atraividade, nune'e ema hotu hakarak rona ninia múzika.

그녀의 목소리는 끌어당기는 힘이 있어서 누구나 그녀의 노래를 듣고 싶어한다.

atraksi 명 쇼, 연주. ¶Ha'u haree hela nia atraksi. 나는 그의 연주를 보고 있어요.

atrapalla 동 괴롭히다, 방해하다. ¶Kultura diskriminasaun seksuál nian ne'e nafatin atrapalla feto. 성차별 문화는 여전히 여성들을 괴롭힌다. 이표기 atrapalha.

atrasaun 명 끌림, 매력.

atrativu 형 매력적인. ¶aparénsia atrativu 매력적인 외모 유의 atraente.

*** atravesa** 동 건너다, 횡단하다. ¶Nia atravesa dalan no tama iha loja paun. 그는 길을 건너서 빵 가게로 들어갔다. 유의 hakur.

* **atraza** 동 늦추다, 미루다, 연기하다. ¶Favór la bele atraza iha eventu ne'e. 그 행사를 연기하지 마세요. 유의 demora, dada oras.

* **atrazadu** 형 거꾸로 가는, 시대에 뒤처지는. ¶Ha'u lakohi buat ne'ebé atrazadu entaun ha'u tenke aprende barak. 시대에 뒤처지는 것이 싫어서 나는 더욱 열심히 배운다.

* **atrazu** 명 보류, 연기, 지연. ¶Operasaun ida ne'e atrazu durante fulan-ida. 이 작전은 한 달 동안 보류다. 유의 demora.

atribui 동 공헌하다. ¶atribui ba dezenvolvimentu sosiál 사회 발전에 공헌하다 유의 kontribui.

atributu 명 속성. ¶Kultura popular ne'e jeralmente iha atributu ne'ebé hanaran komersialidade. 대중문화는 일반적으로 상업성이라는 속성을 띤다.

*** atu** 조 ~하려 하다, ~할 예정이다. ¶Ha'u foin atu telefone ita. 지금 막 너에게 전화하려 했어. / Ha'u atu bá Korea Sábadu oin mai. 나는 다음 토요일에 한국에 갈 예정이다.

atua 동 참여하다, 수행하다. ¶Agora dadaun, José atua hela projetu konstrusaun. 조세는 요즘 건설 프로젝트를 수행하고 있다.

*** atuál** 형 ①실질적인. ¶servisu hotu-hotu nia responsabilidade atuál 모든 업무의 실질적인 책임자 유의 substantivu. ②현재의, 요즘의, 지금의. ¶Mai ita adia preokupasaun atuál ba aban! 지금의 걱정을 내일로 미루자! 유의 korrente.

*** atuálmente** 부 요즘, 현재에, 지금. ¶Atuálmente ha'u labele bá eskola. 지금은 내가 학교에 갈 수가 없다. 유의 daudauk, daudaun, resentemente. 이표기 atualmente.

* **atubele** 전 ~하기 위하여. ¶bá universidade atubele estuda 공부하기 위해 대학에 가다

* **atu-mate** 부 극도로, 극심히. ¶Uluk, nia moris susar atu-mate. 과거에 그는 극도로 힘든 삶을 살았다. 이표기 atumate.

**** atus** 수 백, 100. ¶Favór ida, fó mai dolar atus rua de'it. 이백 불만 주세요. 유의 atus ida.

atus ba atus 수백. ¶Ema atus ba atus mak haree joga bola iha estádiu horisehik. 어제 수백 명의 사람들이 경기장에서 축구를 봤어요.

* **atus haat** 사백, 400.

* **atus hitu** 칠백, 700.

*** atus ida** 백, 100. 유의 atus.

*atus lima 오백, 500. 유의 lima ratus.

*atus neen 육백, 600.

*atus rua 이백, 200.

*atus sia 구백, 900.

*atus tolu 삼백, 300.

*atus walu 팔백, 800.

au 명 대나무. ¶Ha'u halo ai-tonka au hodi fó ba abó-mane. 할아버지께 드리려고 대나무 지팡이를 만들어요. 유의 au-betun.

au-betun 명 대나무. ¶Ho au-betun sira iha ne'ebá halo didin. 저기 있는 대나무들로 벽을 만들 거야. 유의 au.

audiénsia 명 청중, 관객. ¶Audiénsia barak mai iha ninia konsertu. 그의 콘서트에 많은 관객이 왔어요.

auditóriu 명 강당. ¶Ami halo graduasaun iha auditóriu tanba udan mak mai. 비가 오는 바람에 강당에서 졸업식을 했다.

***aula** 명 학급, 수업. ¶Fatin aula lideránsa mak sala 9. 오늘 리더십 수업 장소는 9번 교실입니다. 유의 lisaun.

***aumenta** 동 늘어나다, 증가하다. ¶Agora daudaun, iha sidade ne'e populasaun aumenta barak ona. 최근 이 도시에 인구가 많이 증가했다. 유의 belar. 반의 deklina, dekrexe.

관용 aumenta ba daudaun 성장하다.

aumentu 명 증가. ¶Populasaun ema tinan-boot nia aumentu ne'e problema sosiál. 노인 인구의 증가는 사회적 문제이다.

***Austrália** 명 호주. ¶Maria sai sidadaun Austrália iha tinan kotuk. 마리아는 작년에 호주 시민이 되었다.

***Australiana** Ⅰ 명 여성 호주인. Ⅱ 형 여성 호주의. ¶Maria, bele dansa dansa tradisionál australiana? 마리아, 호주의 전통춤을 출 수 있어요?

***Australianu** Ⅰ 명 남성 호주인. ¶Jose halo belun ho australianu durante ninia estudu iha Austrália. 조세는 호주에서 공부하는 동안 호주인 친구를 사귀었어요. Ⅱ 형 남성 호주의.

Áustria 명 오스트리아. ¶Nia ema Áustria. 그는 오스트리아 사람이에요.

***autodeterminasaun** 명 결심. ¶La bele haluha autodeterminasaun iha tempu hahú. 시작할 때의 결심을 잊지 말아요.

***autokarru** 명 대형 버스. ¶Fábrika suporta autokarru ba staf. 공장은 직원에게 대형 버스를 지원해요. 이표기 autokaru.

***automátiku** 형 자동적인. ¶odamatan automátiku 자동문 반의 manuál.

autópsia 명 검시, 부검. ¶Tanba deskonfia ema oho nia, ninia familia husu autópsia. 타살 의혹이 있어서 그의 가족은 부검을 요청했다.

autór 명 남성 작가. ¶Jose sai autór famosu iha Timor-Leste. 조세는 동티모르에서 유명한 작가가 되었다. 유의 eskritora, hakerek-na'in.

autora 명 여성 작가. ¶Maria publika livru istória nu'udár autora. 마리아는 작가로서 첫 소설책을 출판했어요. 유의 eskritora, hakerek-na'in.

autoridade 명 권한. ¶Liurai iha autoridade no responsabilidade. 촌장

은 권한과 책임을 갖는다. 유의 kbiit, forsa.

autoridade sira 당국. ¶Ha'u bele fó dokumentu ne'e ba ita ho aprovasaun autoridade sira nian. 당국의 승인이 있어야 이 서류를 드릴 수 있습니다.

***autoriza** 동 승인하다, 허가하다, 허락하다. ¶Amá autoriza katak ha'u bá tasi-balun hodi estudu. 엄마는 내가 외국으로 유학 가는 것을 허락하셨다. 유의 hatán, fó lisensa. 반의 bandu.

***autorizasaun** 명 위임, 허가, 권한 부여. ¶Nia fó autorizasaun ba Marito no nia despede ona. 그는 마리또에게 권한 부여를 하고 떠났다. 유의 akreditasaun.

avaliasaun 명 평가, 분석. ¶Favór ida, halo avaliasaun, depois entrega relatóriu mai ha'u. 분석을 한 다음 보고서를 제게 제출하세요.

⁑**avansa** 동 전진하다, 발전하다. ¶Uluk Korea avansa maka'as. 한국은 과거에 급속도로 발전했다. 유의 la'o ba oin. 반의 dejenera.

***avansada** 형 여성 진보적인, 선진화된. ¶Maria dehan katak teknolojia avansada fó konviniénsia barak mai ita. 마리아는 선진화된 기술은 우리에게 많은 편리함을 준다고 말했다.

avansadu[1] 명 포워드, 센터 포워드. ¶Nia avansadu joga bola. 그는 축구의 센터 포워드이다.

***avansadu**[2] 형 남성 진보적인, 선진화된. ¶Jose nia hanoin sempre avansadu. 조세의 생각은 늘 진보적이다.

⁑**aviaun** 명 비행기. ¶Aviaun atu to'o iha aeroportu Dili. 딜리 공항에 비행기가 곧 도착합니다.

***avizu** 명 ①공지 사항, 공개적인 알림. ¶fó avizu 공지 사항을 알리다 / Tenke haree avizu. 공지 사항을 꼭 보세요. 유의 anúnsiu. 반의 segredu. ②경고문, 주의보. ¶avizu anin fuik 폭풍 주의보 / Horisehik, haree avizu iha eskola. 어제 학교에서 경고문을 보았어요.

⁂**avó** 명 할아버지, 조부모. ¶Timor-oan bolu lafaek avó. 동티모르인은 악어를 할아버지라고 불러요. 유의 abó-mane. 반의 abó-feto. 이표기 avoo.

avó Maria mai 생리하다. ¶Maria dehan bainhira avó Maria mai, nia kabun moras. 마리아는 생리할 때마다 배가 아프다고 해요.

axensór 명 엘리베이터, 승강기. ¶Karik atu bá andár 15, di'ak liu husi axensór. 15층에 가려면 승강기를 타는 편이 낫겠어요. 유의 elevadór.

⁑**azár** 명 사고, 재난, 재앙. ¶Ema barak mate ho azár husi ahi. 화재 사고로 많은 사람이 죽었다. 유의 asidente, dezastre.

⁑**azeite** 명 올리브. ¶Azeite ne'e di'ak ba saúde. 올리브는 건강에 좋아요. 유의 azeitona. 이표기 azeiti.

***azeitona** 명 올리브. ¶Ha'u gosta azeitona no mina-azeitona, tanba ne'e, uza beibeik tempu te'in. 나는 올리브와 올리브유를 좋아해서 요리할 때 자주 사용해요. 유의 azeite.

⁑**Ázia** 명 아시아. ¶Timor-Leste pertense ba Ázia. 동티모르는 아시아에 속한다.

***azúl** 명 하늘색, 청색. ¶Nia par ho ropa azúl. 그녀는 하늘색 옷이 잘 어울린다.

azulejus 명 타일. ¶Tanba nahe azulejus iha dapur, la bele tama. 부엌에 타일을 깔아서 지금은 들어갈 수 없다. 이표기 azuleju.

B

***ba** Ⅰ[접] 하기 위해서. ¶Ha'u hamriik ba loke janela. 저는 창문을 열기 위해서 일어섰어요. (유의) para, hodi. Ⅱ[전] ①~에. ¶haruka ba eskola 학교에 보내다 (유의) iha. ②~로. ¶foin troka ba 새로 변하다 ③~를 위하여. ¶Ida-ne'e ba ó. 이건 널 위한 거야.

*****bá** [동] 가다. ¶bá universidade 대학에 가다 (반의) mai. (이표기) baa.

[관용] bá aldeia la fila 죽다.

[관용] bá ho Maromak 신과 함께하기를.

baba[1] [명] 드럼. ¶tula liman baba 드럼을 치다 (유의) tambór.

baba[2] [명] 중국계 혼혈인. ¶Foufoun baba muda hela ekonomia Timor. 최근 중국계 혼혈인들이 동티모르 경제를 움직이고 있다.

baba-dook [명] 전통 북. ¶Maria aprende hela dere baba-dook agora daudaun. 마리아는 요즘 전통 북 연주를 배우고 있어요. (이표기) babadook.

***baba'in** [형] 상당한, 매우 많은. ¶Labarik baba'in iha halimar-fatin. 매우 많은 아이들이 운동장에 있다. (유의) barak, lubuk ida, tokon ba tokon. (반의) ida-rua, uitoan.

babeur Ⅰ[명] 유혹. ¶Nia la bele manán tua nia babeur. 그는 술의 유혹을 이길 수가 없다. Ⅱ[동] 유혹하다, 꼬이다. ¶Produtu foun babeur ha'u. 신상품들이 나를 유혹했다. (유의) tenta.

babol [명] 풍선껌. ¶Nia nata hela babol la para. 그녀는 계속해서 풍선껌을 씹고 있다.

babonuk [명] 축적, 누적. ¶Nia halo babonuk buat-soin, entaun nia sai riku. 그는 재산 축적으로 부자가 되었다. (유의) bou-an, butuk-an.

***babuar-lotuk** [명] 멜론. ¶Babuar-lotuk mak malirin no midar. 멜론이 시원하고 달콤하다.

***bá buka** 모으다, 수집하다. ¶bá buka selus 우표를 수집하다 (유의) bá tula, rai-hamutuk. (반의) lekar, kari, espalla.

babuku Ⅰ[명] 달팽이. ¶Babuku mak dolar mesak. 달팽이가 홀로 기어간다. (유의) karakól. Ⅱ[형] 느릿느릿한. ¶Ami to'o tarde tanba karreta sira babuku iha estrada. 길 위의 느릿느릿한 차량들 때문에 늦게 도착했다. (유의) maten. (반의) lais.

***badaak** [명] 쌀가루. ¶Inan halo ona bolu

husi badaak. 어머니는 쌀가루로 떡을 만들었다. ⓤ의 foos-uut.

ba dahuluk 처음(으로). ¶Ha'u mai iha Timor-Leste ba dahuluk. 저는 동티모르에 처음 왔어요. ⓤ의 ba dala uluk. ⓑ의 ba dala ikus.

***badain** Ⅰ명 장인, 전문가. ¶Nia servisu maka'as hodi sai badain. 그는 장인이 되기 위해서 열심히 일합니다. Ⅱ형 숙련된, 솜씨 있는. ¶Nia tékniku badain. 그는 숙련된 기술자이다.

badain-ai 명 목수. ¶Ninia aman badain-ai. 그의 아버지는 목수이다. ⓤ의 karpinteiru.

badain-besi 명 대장장이. ¶Maria ninia apá ne'e badain-besi. 마리아의 아버지는 대장장이이다. 이표기 badaen besi.

badain-faru 명 재단사. ¶Ninia aman badain-faru. 그의 아버지는 재단사이다. ⓤ의 alfaiate, modista.

badain-fatuk 명 벽돌공, 석공. ¶Maria ninia apá nia kolega ne'e badain-fatuk. 마리아 아빠의 친구는 석공이다. 이표기 badaen fatuk.

badain-teen 형 교활한, 교묘한. ¶Tenke hadook an ema badain-teen. 교활한 사람을 멀리해야 한다.

***badain tesi-fuuk** 미용사, 이발사. ¶Nia badain tesi-fuuk, iha klienti barak. 그는 이발사이고, 고객들이 많다. ⓤ의 barbeiru, ema tesi-fuuk.

⁑**badak** 형 (키, 길이, 시간 등이) 짧은, 작은, 낮은. ¶Maria mak badak no bonita. 마리아는 작고 예뻐요. ⓤ의 ain-badak. ⓑ의 naruk.

관용 badak hanesan manu rade (오리처럼 작다는 말로) 매우 작은.

관용 badak oan ida 키 작은 사람.

***ba dala** 번째, 번째로. ¶Ha'u ba dala tolu ona iha Timor-Leste. 저는 동티모르에 세 번째 가는 거예요.

***ba dala ikus** 최종의, 마지막으로. ¶Sé mak ba dala ikus sai husi sala? 누가 교실에서 마지막으로 나왔나요? ⓤ의 ikusmai. ⓑ의 ba dala uluk, uluk-nana'in.

ba dala rua 두 번째(로). ¶Ha'u han Samgetang ba dala rua ona. 저는 삼계탕을 두 번째 먹었어요. ⓤ의 ba daruak.

ba dala uluk 처음(으로). ¶Ba dala uluk, nia atu bá nasaun li'ur. 처음으로 그는 외국에 가려 해요. ⓤ의 ba dahuluk. ⓑ의 ba dala ikus.

badame Ⅰ명 화해. ¶Badame ne'e dalan pás nian. 화해는 평화의 길이다. Ⅱ동 화해하다. ¶Ohin loron ha'u badame ho Jose ha'u nia kolega. 오늘 친구 조세와 화해했다. ⓤ의 dame malu, di'ak malu fali, hadame, halo rekonsilasaun ho. ⓑ의 baku malu, funu hasoru, istori malu.

ba daruak 두 번째(로). ¶Ha'u hasoru nia iha Korea ba daruak ona. 저는 그 사람을 두 번째 만났어요. ⓤ의 ba dala rua.

⁑**badinas** Ⅰ명 근면. ¶Badinas no laran-moos importante loos ba servisu. 근면과 성실은 직업에 있어서 매우 중요하다. ⓑ의 baruk. Ⅱ형 부지런한. ¶Maria ne'e ema badinas. 마리아는 부지런한 사람이다.

badinas no aten-boot 역동적인, 빠르고 과감한. ¶Governu fó sai polítika badinas no aten-boot ba povu. 정부는

국민을 위한 역동적인 정책을 발표했다. 유의 dinámika, dinámiku. 이표기 badinas no aten boot.

bafa 동 뭉근히 끓이다. ¶Amá bafa na'an kleur depois uza sopa ne'e iha tempu te'in. 엄마는 고기를 넣고 오랫동안 뭉근히 끓인 다음 그 국물을 요리할 때 사용해요.

* **bá foti** 수집하다, 줍다, 찾다. ¶bá foti livru 책을 찾으러 가다 유의 bá tula.

** **bagajen** 명 수화물. ¶Nia buka hela bagajen iha aeroportu. 공항에서 수화물을 찾고 있다. 유의 sasán, naha.

** **bahasa** 명 인도네시아어. ¶Nia ko'alia bahasa ho kolega sira. 그는 친구들과 인도네시아어로 말해요. 유의 lian Indonézia.

** **bahasa Indonésia** 인도네시아어. ¶Ha'u la bele ko'alia bahasa Indonésia. 저는 인도네시아어를 못해요. 유의 lian Indonézia.

bahat Ⅰ 명 끌. ¶Tenke kuidadu tanba bahat kro'at. 끌은 날카로우니까 조심해야 한다. Ⅱ 동 조각하다, 끌로 깎다. ¶Nia bahat hela durante oras lima iha fatin servisu. 그는 작업실에서 5시간 동안 조각하고 있다. 유의 pika.

*** **bai** 명 아버지, 아빠. ¶Bainhira ha'u simu valór di'ak, bai kontente. 내가 좋은 성적을 받으면 아버지는 기뻐하신다. 유의 aman.

ba'i 동 (총알이나 화살이) 벗어나다, 빗나가다. ¶Porké kilat-musan ba'i, nia bele moris. 총알이 빗나가서 그는 살 수 있었다.

** **baíbain** 부 보통, 일반적으로. ¶Ha'u baíbain hadeer tuku neen. 저는 보통 6시에 일어나요. 유의 waiwain, bain-bain, normál. 반의 espesiál.

** **bailoro** 명 여름 건기. ¶Bainhira mak bailoro iha Timor? 티모르의 여름 건기는 언제인가요? 반의 tempu udan.

** **bailoron** 명 건기. ¶Tempu bailoron udan la tau halo rai manas tebes. 건기에는 비가 오지 않아 땅이 매우 뜨겁습니다. 유의 wailoron.

** **bailoro naruk** 가뭄, 오랜 건기. ¶Tanba bailoro naruk, mota la iha bee. 가뭄으로 강에 물이 없다.

** **bain** 명 시간, 날. ¶Ami presiza bain atu tama klaran. 우리는 명상할 시간이 필요해요.

*** **ba'in** 형 많은. ¶Motór ba'in halai iha estrada. 많은 스쿠터가 길을 달린다. 유의 beran.

** **bainaka** 명 손님. ¶Ohin loron, bainaka mai iha ha'u nia uma. 오늘 우리집에 손님이 왔어요. 유의 konvidadu. 반의 festa-na'in, na'in.

bainbain 동 누르다. 유의 habit.

bain-bain Ⅰ 형 보통의, 일반적인. ¶Iha Timor-Leste, ema bain-bain kaben sedu. 동티모르에서 보통의 사람들은 결혼을 일찍 합니다. 유의 bain-bain. 반의 abnormál. Ⅱ 부 보통, 일반적으로, 주로. ¶Bain-bain ami bá eskola sa'e microlet. 주로 우리는 버스를 타고 학교에 간다.

*** **bainhira** Ⅰ 대 언제. ¶Bainhira mak nia fila fali mai? 그는 언제 돌아오나요? 유의 waihira. Ⅱ 부 얼마 동안. ¶Ita moras bainhira? 얼마 동안 아팠니? Ⅲ 접 ~할 때.

¶Bainhira balde monu, bee ne'e nakfakar hotu. 양동이가 넘어졌을 때, 물이 몽땅 쏟아져 나왔다. 유의 kuandu, nu'udár, wainhira, wainhirak.

bainrua 부 모레. ¶Ita bá aban mós bele, bainrua mós bele. 우리 내일도 갈 수 있고, 모레도 갈 수 있어요. 유의 bairua.

bairru 명 교외. ¶Amá bá bairru bairopite, la mai iha uma. 엄마는 바이로피떼 교외로 가서 집에 오지 않았어요. 이표기 bairu.

bairua 부 모레. ¶Bairua ami aprezenta traballu iha eskola. 모레 우리는 학교에서 숙제 발표를 합니다. 유의 bainrua, wainrua.

baixa 동 입원하다. ¶Horisehik alin baixa, no depois loron tolu alta husi ospitál. 동생은 어제 입원했고요, 3일 후에 퇴원해요. 반의 alta.

baki 명 벽, 외벽, 낮은 담벼락. ¶Ami pinta baki ho kór azúl. 우리는 벽을 파란색으로 칠했어요. 유의 didin, didin-lolon.

bá kotuk 후퇴하다, 퇴각하다. ¶Militár bá kotuk tiha ona. 군대는 퇴각했다. 유의 retira.

ba kotuk 뒤에, 후방에. ¶Ema ne'e iha ba kotuk, kuidadu! 그 사람이 뒤에 있어요, 조심하세요!

ba kraik 아래쪽으로. ¶la'o ba kraik 아래쪽으로 가다 유의 tun. 반의 sa'e.

bakso 명 박소. [인도네시아식 고기 수프] ¶Ha'u han bakso dala rua semana ida. 저는 일주일에 두 번 박소를 먹어요.

bakteria 명 박테리아, 세균. ¶Saida mak super bakteria? 슈퍼 박테리아가 무엇인가요? 이표기 baktéria.

baku 동 ①(손바닥, 악기, 문 등을) 치다, 두드리다. ¶Instrumentu saida mak ita baku? 지금 치고 있는 악기는 무엇인가요? 유의 basa. ②때리다. ¶Marito mak baku uluk Pedro. 마리또가 페드로를 먼저 때렸어요. 유의 fakee, tuhin. ③(못을) 박다. ¶Nia baku biskusa hela atu tara lalenok. 그는 거울을 걸려고 못을 박고 있어요. / Nia baku pregu hodi monta odamatan. 문을 달기 위해 못을 박았다.

관용 baku ain 걷다.

관용 baku arame 전화벨이 울리다.

관용 baku ~ ba dolar 달러로 교환하다.

관용 baku bee 물장난을 치다.

관용 baku ladi'ak 체벌하다.

관용 baku to'o dolar 달러로 교환하다.

관용 baku to'o tasak 피멍이 들 때까지 후려치다.

관용 baku ulun 최선을 다해 노력하다.

baku fatin 멍, 타박상. ¶Alin monu entaun baku fatin mosu iha ain-tuur. 동생이 넘어져서 무릎에 멍이 생겼어요.

baku fila 뒤집다, 전복되다. ¶Baku fila hatais depois estrika, no baku fila dala ida tan depois estrika lai. 옷을 뒤집어서 다림질한 뒤, 한 번 더 뒤집어서 다림질해라.

baku makin 타이핑하다, 타자를 치다. ¶Nia baku makin lailais tebes. 그는 매우 빠르게 타자를 친다. 유의 datilografa, baku mákina.

baku mákina 타이핑하다, 타자를 치다. ¶Ami nia abó-mane labele baku mákina. 우리 할아버지는 타자를 치지 못해요. 유의 datilografa, baku makin.

baku malu 싸우다. ¶Sira baku malu tan feto. 그들은 여자 때문에 싸웠다. ㊀반의 badame.

baku manu fulun 배드민턴을 치다. ¶Dadeer-dadeer ha'u baku manu fulun ho katuas-oan. 매일 아침 나는 남편과 배드민턴을 친다.

balada[1] 명 동물, 짐승. ¶Entre programa TV nian, ha'u gosta liu 'reinu balada'. TV 프로그램 중에서 저는 '동물의 왕국'을 좋아해요. 유의 animál.

balada[2] 명 발라드. ¶Ema dansa tuir balada. 사람들은 발라드 리듬에 맞추어 춤춰요.

balanda 명 네덜란드. ¶Nia mak asua'in balanda nian. 그가 바로 네덜란드의 영웅이에요. 유의 Olanda.

balansu 명 균형, 조화. ¶Motór mak monu tanba lakon balansu. 오토바이가 균형을 잃고 넘어졌어요.

balde 명 양동이, 버킷. ¶Balde ne'e mak folin hira? 이 양동이 얼마예요? 유의 knaban. 이표기 baldi.

bale 형 보람된. ¶Ami debate hela konaba saida mak bale ba vida. 우리는 보람된 삶이 무엇인지에 대해서 토론하고 있어요. 유의 wale, vale.

baleet 부 드문드문. ¶Iha estrada ne'e karreta bá baleet. 그 길은 차가 드문드문 다녀요.

baleia 명 고래. ¶Nia bá tasi lorosa'e atu buka baleia. 그는 고래를 잡으러 동해로 갔어요. 유의 ikan-paus.

baleta 명 하수구, 배수. ¶Baleta hariis-fatin nian aat ona, tenke hadi'a. 욕실 하수구가 고장나서 수리해야 해요. 유의 bee-kanu, bee-dalan.

ba leten ~ 이상, 위로. ¶Tinan haat-nulu ba leten de'it, bele tama. 사십 세 이상만 들어갈 수 있어요.

baliu 명 도끼. ¶Nia tesi ai ona ho baliu. 그는 도끼로 나무를 찍었다. 유의 baliun.

baliun 명 도끼. ¶Uza baliun ne'e hodi fera ai. 나무를 쪼개려면 이 도끼를 사용해. 유의 baliu.

ba li'ur 밖. ¶Favór ida haree ba li'ur. 밖을 보세요.

bá li'ur 실례하다, 화장실에 가다. ¶Hein oituan. ha'u bá li'ur. 잠깐만요. 잠깐 실례하겠습니다.

balixaun 명 발리샤운. [마나뚜뚜 지역의 새우 요리] ¶Bainhira ha'u bá Manatuto, ha'u foin han balixaun. 저는 마나뚜뚜에 가면 꼭 발리샤운을 먹어요.

baliza 명 ①경계선. ¶La bele labu husi baliza marka. 표시된 경계선에서 벗어나서는 안 된다. 유의 fronteira, rai-ketan. ②골대. ¶Baliza rua iha halimar-fatin. 운동장에는 골대가 두 개 있어요.

balkaun 명 ①발코니. ¶Vasu lima iha balkaun. 발코니에는 화분이 다섯 개 있어요. 유의 varanda. ②계산대. ¶Ema halo bixa iha balkaun oin. 계산대에 사람들이 줄을 서 있어요.

balu 명 몇몇. ¶balu bá, balu hela 몇몇은 가고, 몇몇은 남고

baluk 명 부분, 조각. ¶Kuandu han, paun baluk monu ba rai. 먹다가 빵의 조각을 바닥에 흘렸어요. 유의 balun, pedasuk, rohan.

baluk-oan 명 입자, 미세 먼지. ¶Ha'u uza máskara tanba rai rahun baluk-oan. 미세 먼지 때문에 마스크를 사용해요.

***balun** 명 ①절반, 반. ¶Mai ita komesa iha tuku ida ho balun! 우리 1시 반에 시작합시다! ②부분. ¶Balun ne'e la moos. 그 부분이 명확하지 않아요. 유의 parte, sorin.

***bá-mai** 명 왕복. ¶Tiket bá-mai ne'e folin hira? 왕복 티켓은 얼마예요? 이표기 baa-mai.

banati 명 거푸집, 모형. ¶Nia halo banati tuir durante oras lima. 그는 다섯 시간 동안 모형을 만들고 있어요.

banda múzika 음악 밴드. ¶Banda múzika mai prepara hela konsertu. 음악 밴드가 와서 콘서트를 준비하고 있어요. 유의 ben.

bandeira 명 깃발. ¶Bandeira book-an hela tanba anin. 바람 때문에 깃발이 흔들리고 있어요.

***bandeja** 명 쟁반. ¶Kopu sira iha bandeja. 컵들은 쟁반에 있어요. 유의 tatanen, travesa.

***bandu** Ⅰ 명 금지. ¶Iha ne'e mak distritu bandu fuma. 이곳은 흡연 금지 구역입니다. 유의 proibisaun, ukun-bandu. Ⅱ 동 금지하다. ¶Iha Timor, bandu ai-moruk aat. 동티모르에서는 마약을 금지합니다. 반의 autoriza.

***bañeira** 명 욕조. ¶Uma ne'e mak sentina ho bañeira iha. 이 집은 욕조가 있는 화장실이 있어요. 유의 tanke-harris.

bani 명 꿀벌. ¶Kuandu bani tata, moras loos. 꿀벌에 쏘이면 많이 아파요.

bani-been 명 벌꿀, 꿀. ¶Nutrisaun barak iha bani-been. 꿀에는 영양이 많다. 유의 wanin-ween, wani-ween. 이표기 bani been.

***banin** 명 장인.

***banin-feto** 명 시어머니. 이표기 banin feto.

***banin-mane** 명 시아버지. 이표기 banin mane.

bankada 명 의석. ¶Iha parlamentu, bankada totál númeru hira? 국회의 의석은 총 몇 개이지요?

***bankáriu** 형 은행의. ¶Ita hatene fatin bankáriu iha ne'ebé? 은행의 위치가 어디인지 알아요?

bankrut 명 부도. ¶Prezidente Kim ne'ebé selu bankrut espresa ninia intensaun atu rende autoridade manajementu. 부도를 낸 김 회장은 경영권을 포기하겠다는 뜻을 밝혔다.

***banku**[1] 명 의자. ¶Tuur iha banku no lee hela livru. 의자에 앉아 책을 읽고 있습니다. 유의 kadeira.

***banku**[2] 명 은행. ¶Fulan-fulan bá banku hodi haruka osan. 매달 송금하려고 은행에 갑니다.

***bañu** 명 목욕. ¶Se halo bañu, kolen hakmaan. 목욕을 하면 피로가 풀려요.

***bá oin** 앞지르다. ¶Bá oin karreta ne'ebá! 저 차를 앞질러!

***bá ona** 떠나다, 출발하다. ¶Agora ami tenke bá ona. 이제 떠나야만 한다. 유의 arranka, halai, husik. 반의 to'o, tau ain iha.

***bapa** 명 남성 {은어} 인도네시아인. ¶Ha'u kaben ho bapa fulan oin mai. 다음달에 인도네시아인과 결혼을 합니다.

*bá pasiar** 외출하다, 나가다. ¶Hafoin nia bá pasiar, ha'u toba-dukur. 그가 외출한 후에, 나는 잠을 잤다. (유의) mohu.

***barabarak** 형 매우 많은, 수많은. ¶fitun barabarak 수많은 별 (유의) barak, barak-barak.

***barak** 형 많은. ¶Lakohi ema ne'ebé ko'alia barak. 말이 많은 사람은 싫어요. (유의) baba'in, barak-barak, barabarak, beran, warak. (반의) uitoan, ida-rua.

관용 barak liu mak 대부분이.

***barak-barak** 형 매우 많은, 수많은. ¶Iha rai, ema barak-barak sira iha. 지구에는 수많은 사람들이 있다. (유의) barak, barabarak.

***barakliu** 형 최대의, 가장 많은. ¶Biblioteka ne'e mak iha livru barakliu iha mundu. 이 도서관은 세계에서 가장 많은 책을 가지고 있습니다. (반의) mak menus liu.

****barani** 형 대담한. ¶Nia barani baku na'ok-teen ho tudik. 대담한 그는 칼을 든 강도와 맞서 싸웠다.

barata 명 바퀴벌레. ¶Barata la iha agora tanba hamoos ai-moruk ohin. 오늘 소독을 해서 지금은 바퀴벌레가 없어요. (유의) ehas.

***baratu** 형 (값이) 싼. ¶Ida-ne'e mak kualidade di'ak no baratu. 이것은 질이 좋고 값이 싸요. (유의) kamaan, kma'an. (반의) folin-aas, karun.

****barbeiru** 명 이발사. ¶Maria nia apá ne'e barbeiru. 마리아의 아빠는 이발사이다. (유의) badain tesi-fuuk, ema tesi-fuuk.

bare[1] 명 탄수화물, 녹말, 전분. ¶Bare la di'ak ba dieta. 탄수화물은 다이어트에 좋지 않다.

bare[2] 동 (옷감, 시트에) 풀을 먹이다. ¶Bainhira bare ba ropa, uza bare. 옷에 풀을 먹일 때 녹말을 쓴다. (유의) engoma.

baria 명 쓴 호박, 여주. ¶Ha'u la hatene tein ho baria. 저는 여주로 요리하는 법을 몰라요.

barkasa 명 배, 선박. ¶Tiu iha barkasa ida. 삼촌은 배 한 척을 갖고 있다. (유의) ró.

***barlake** 명 내연 관계, 사실혼. ¶Nia hatete kona-ba ninia relasaun barlake ho Maria. 그는 마리아와의 사실혼 관계에 대해 말했어요.

barlaki 명 발라키. [신부를 데려오기 위해 치르는 돈] ¶Tanba barlaki la iha, nia sei klosan. 발라키가 없어서 그는 아직 미혼이에요.

barrajen 명 댐, 둑. ¶Barrajen ne'e ema Portugal mak halo. 그 댐은 포르투갈인이 만들었어요. (유의) batak, taka-bee, taka-wee. (이표기) barajen.

barraka 명 ①오두막. ¶Barraka ida iha foho leten. 산 위에 오두막이 하나 있어요. (유의) hakmahan, uma-laleo. ②시장 가판대. ¶Ha'u sosa jornál iha barraka. 시장 가판대에서 신문을 샀다.

***barreira** 명 벽, 한계. ¶Nia la liu barreira pursentu aproval tun nian no lakon iha eleisaun. 그는 낮은 지지율의 벽을 넘지 못하고 선거에서 지고 말았다.

****barrete** 명 모자, 뚜껑. ¶Hasoru ho namoradu i nia taka hela barrete. 남자친구와 만났는데, 그는 모자를 쓰고 있었어요. (유의) xapeu.

barríl 명 배럴. ¶Folin hira mina barríl? 석유가 1배럴당 얼마예요?

baru 동 (불에) 굽다. ¶baru han na'an 고기를 구워 먹다

baru ho 야단스러운. ¶Lian maka'as no baru ho. 목소리가 크고 야단스럽다. 반의 maus, nonook, hakmatek.

baruk[1] 명 게으름. ¶Tanba baruk, nia lakon oportunidade di'ak. 그는 게으름 때문에 좋은 기회를 놓쳤다. 반의 badinas.

baruk[2] 형 ①따분한. ¶Baruk, maibé ha'u lakohi buat ida. 따분하지만 아무것도 하고 싶지 않아요. ②불쾌한. ¶Baruk tanba nia fuma. 그가 담배를 피워서 불쾌하다. 유의 dezagradavel. 반의 kontente.

baruk ho 지겹다. ¶Baruk ho servisu ne'e, entaun ha'u para ohin loron. 그 일이 지겨워서 오늘 그만두었다.

baruk-teen 명 게으름뱅이. ¶Nia hadeer tarde no baruk-teen. 그는 늦게 일어나는 게으름뱅이이다.

barullu 명 소음. ¶Barullu loos, favór hatún volume. 소음이 크니 볼륨을 낮추어 주세요. / Barullu boot interrompe sira-nia diálogu. 큰 소음이 그들의 대화를 방해했다. 이표기 barulhu.

basa I 명 한 방, 한 타, 타격. ¶Nia han basa ida. 그는 한 방 맞았다. II 동 찰싹 때리다. ¶Inan hirus entaun basa ha'u nia kotuk. 엄마가 화가 나서 내 등을 찰싹 때렸다. / Maria derrepente basa ida ba ninia alin. 마리아는 갑자기 그녀의 동생을 한 대 찰싹 때렸다. 유의 baku, basa-isin. III 부 찰싹. ¶Lian basa mai husi ne'ebé? 찰싹 소리가 어디서 나는 거죠?

basá 접 그래서, ~때문에. ¶Foin-sa'e di'ak loos mak barak, basá Timor-Leste nia futuru ne'e di'ak. 훌륭한 젊은이가 많다. 그래서 동티모르의 미래는 밝다. 이표기 basaa.

basa-isin 동 찰싹 때리다. ¶Nia fó basa-isin ida ba ema aat. 그는 나쁜 놈을 한 방 찰싹 때렸다. 유의 basa.

basa-liman I 명 박수. ¶Bainhira ema basa-liman, sai bá! 박수를 칠 때 떠나라! 유의 aplaude. II 동 박수를 치다. ¶Ami basa-liman ba ninia aprezentasaun. 우리는 그녀의 발표에 박수를 쳤다. 유의 aplaude. 이표기 basa liman.

basar 명 시장, 가게. ¶Iha basar ne'e, fa'an modo barak. 이 시장에서는 야채를 많이 팔아요. 유의 bazaar, basar-fatin, merkadu.

basar-fatin 명 시장. ¶Iha ne'e mak ami nia basar-fatin. 이곳이 우리 시장이야. 유의 basar, bazaar, merkadu.

basia[1] 명 물동이. ¶tau bee iha basia laran 물동이에 물을 채우다

basia[2] 명 골반. ¶Tanba asidente, basia aat loos. 사고로 골반을 크게 다쳤어요.

basket 명 농구. ¶Ha'u joga basket, entaun isin bokon ho kosar-been. 농구를 했더니 온몸이 땀에 젖었다. 유의 bola-basket.

batak 명 댐, 둑. ¶Presiza konstrusaun batak hodi prepara tempu-maran. 가뭄에 대비해서 댐을 건설해야 한다. 유의 barrajen, taka-bee, taka-wee.

batalla 명 공방, 전투. ¶Partidu opozisaun diskuti hela batalla ho manas kona-ba amendamentu. 여야는 개헌에 대한 공방을 뜨겁게 벌이고 있다.

batallaun 명 전투 대형을 갖춘 군대, 대대. ¶Nia husi batallaun ne'e. 그는 그 대대 출신이다.

batane 명 천막, 텐트. ¶Harii batane depois komesa te'in. 천막을 설치하고 나서 요리를 시작했다. 유의 tenda.

*****batar** 명 옥수수. ¶Ha'u han batar ho familia. 가족들과 함께 옥수수를 먹었다.

*****batar-da'an** 명 바탈단. [옥수수를 끓여 만든 전통 음식] ¶Ita han koko ona batar-da'an ka? 바탈단을 먹어 본 적 있나요? 이표기 batar daan.

*batar-fulin** 명 옥수숫대. ¶Ema dehan xá batar-fulin mak di'ak ba nehan-siin. 옥수숫대 차가 치통에 좋다고 한다.

*****batar-funan** 명 팝콘. ¶Ami han batar-funan no haree filme. 우리는 영화를 보면서 팝콘을 먹었어요. 이표기 batar funan.

*****batar-ikis** 명 옥수숫가루. ¶Ha'u halo paun ho batar-ikis. 옥수숫가루로 빵을 만들었어요. 이표기 batar ikis.

batar-liras 명 비듬. ¶Xampú ne'e di'ak ba hamoos batar-liras. 이 샴푸는 비듬 제거에 좋아요. 유의 alkari, kaspa, kohu.

*bateria** 명 건전지, 배터리. ¶Bateria ne'e dura kleur. 이 배터리는 오래가요. 유의 pilla.

*batizmu** 명 세례, 침례. ¶Ha'u simu batizmu depois reza. 나는 세례를 받은 후에 기도했어요. 유의 sarani.

*****bá toba** 취침하다. ¶Molok nia bá toba, hemu ai-moruk. 그가 취침하기 전에, 약을 먹었다. 유의 dukur, toba.

*batón** 명 립스틱. ¶Ha'u sosa batón husi Korea ba dala uluk. 처음으로 한국산 립스틱을 샀어요.

bá tula[1] 수집하다, 모으다. ¶Maria bá tula osan nasaun seluk nian. 마리아는 다른 나라의 돈을 수집한다. 유의 bá buka, bá foti. 이표기 baa tula.

bá tula[2] 태워 주다. ¶Ha'u bá tula ona Maria to'o ninia uma. 나는 마리아를 집까지 태워 주었다. 이표기 baa tula.

bau 동 녹슬다. ¶Tudik ne'e bau, entaun presiza tudik foun. 칼이 녹슬어서 새 칼이 필요해요.

*****Baucau** 명 바우카우. [동티모르의 대도시] ¶Iha Munisípiu Baucau nian, sidade boot liu hotu mak Baucau. 바우카우 자치체에서 가장 큰 도시는 바우카우예요.

*baunilla** 명 바닐라. ¶Ninia empreza esporta baunilla. 그의 회사는 바닐라를 수출합니다. 유의 fanili. 이표기 baunilha.

*baur**[1] 명 무지개. ¶Hafoin udan tau, baur sa'e ona. 비 온 후에 무지개가 떴다. 유의 arkiris, arkuiris.

baur[2] 동 사기를 치다. ¶Maria hetan mane ne'ebé mak baur no halai. 마리아는 사기를 치고 도망간 그 남자를 찾았다. 유의 habosok, waur, han-matak, lohi, joga fo'er.

baur-teen 명 사기꾼. ¶Kuidadu baur-teen! 사기꾼을 조심하세요! 유의 butar-teen.

baxarelatu 명 학사 학위. ¶Nia hasai ninia baxarelatu iha Indonesia. 그는 인도네시아에서 학사 학위를 취득했다. 유의 lisensiatura.

*****bayaun** 명 시금치. ¶Jose la gosta bayaun.

조세는 시금치를 좋아하지 않아요.

*Baygon 명 모기약. ¶Susuk tama iha fatin, Baygon iha ka? 모기가 방에 들어왔다. 모기약 있니?

⁑bazaar 명 시장. ¶Ita bá bazaar tenke sosa na'an-karau. 우리는 시장에 가서 쇠고기를 사야 해요. 유의 basar, basar-fatin, merkadu.

*baze 명 기초, 토대. ¶Mai ita hametin baze lian Korea nian! 한국어 기초를 튼튼히 합시다!

*bazeia 동 기초가 되다, 기반이 되다. ¶Ninia susesu bazeia ba ninia esperiénsia. 그의 경험은 성공의 기반이 되었다.

*bázika 형 여성 기초의. ¶Ohin loron, Maria simu ensinu iha lian Korea bázika nian. 오늘 마리아는 기초 한국어를 교육받았다.

bázikamente 부 워낙, 원래. ¶Bázikamente, mane nunka hakilar ema ida tanba nia laran-di'ak. 그는 워낙 심성이 착해서 남한테 큰소리 한번 내지 않는다.

*báziku 형 남성 기초의. ¶Jose halo konstrusaun báziku atu halo uma. 조세는 집을 지으려고 기초 공사를 하였다. 유의 fundamentál.

⁂be 명 것, 사람. ¶Na'i, ida be ita hadomi moras. 신이시여, 당신이 사랑하는 한 사람이 아픕니다.

⁂bebé 명 아기. ¶Bebé moris mai! 아기가 태어났어요! 유의 labarik-nurak, kosok-oan. 반의 adultu.

⁂bee 명 물. ¶Se hamrook, bele hemu bee. 목이 마르면, 물을 마셔도 돼요. / Bee ne'e ita haree moos. 이 물은 깨끗해 보여요. 유의 aqua, been.

*bee-botir 명 병에 든 생수, 물통. ¶Bele tama ho bee-botir. 물통을 갖고 들어갈 수 있어요. / Bee-botir ne'ebá bele hemu. 저 병에 든 물은 마실 수 있어요.

bee-dalan 명 수로. ¶Halo bee-dalan ba agrikultura. 농사를 위해 수로를 만들고 있어요. 유의 baleta, bee-kanu, bee-irin. 이표기 bee dalan.

bee-doko 명 ①오한, 쌀쌀함. ¶Isin manas no iha bee-doko. 몸에 열이 나고 오한이 있어요. ②말라리아. ¶Bee-doko bele di'ak fali, se hemu ai-moruk. 말라리아는 약을 먹으면 나을 수 있어요. 유의 malária.

bee-irin 명 용수로. ¶Sira dehan halo bee-irin foun. 새로운 용수로를 건설한대요. 유의 bee-dalan.

⁂beek 형 젖은, 축축한, 물기를 머금은. ¶Tanba bokon husi udan, ha'u-nia ropa beek. 비로 젖어서, 옷이 축축해요.

bee-kanu 명 수로, 수도관. ¶Bee-kanu ne'e fo'er loos. 이 수도관이 너무 더럽네요. 유의 baleta, bee-dalan.

*bee-lihun 명 호수, 저수지, 댐. ¶Bee-lihun artifisiál furak loos! 인공 호수가 정말 멋지다! 이표기 bee lihun.

*bee-matan 명 분수, 우물. ¶Sira monta hela bee-matan iha edifísiu oin. 사람들이 건물 앞에 분수를 설치하고 있어요. 유의 bee-moris. 이표기 bee matan.

⁑bee moos 식수, 정수된 물. ¶Ha'u selu $20.00 fulan-fulan hodi uza bee moos. 식수를 위해서 매달 20불을 지불해요.

⁑bee-moris 명 샘물. ¶Iha ne'ebá, bee-moris iha. 저쪽에 샘물이 있어요. (유의) bee-matan. (이표기) bee moris.

*** been** 명 ①액체. ¶Been no nahisin nia diferensa ne'e saida? 액체와 고체의 차이는 뭐예요? (유의) líkidu. (반의) nahisin. ②물, 음료. ¶Ha'u hemu hela been. 저는 음료를 마시고 있어요. (유의) bee.

bee-nai'n 명 잠자리. ¶Ha'u nia alin kaer hela bee-na'in agora. 제 동생은 지금 잠자리를 잡고 있어요. (유의) wee-na'in.

*** bee-sa'e** 명 홍수. ¶Udan mai barak, sai bee-sa'e ona. 비가 많이 와서 홍수가 났어요. (유의) inundasaun, mota-tun, rai-nabeen. (이표기) bee sae.

*** bee-sarani** 명 성수. ¶Padre prepara bee-sarani semana-semana. 신부님은 매주 성수를 준비해요. (유의) agua benta.

*** bee-tasak** 명 끓인 물. ¶Ha'u hamate ona mikróbiu uza eskova-nehan ho bee-tasak. 끓인 물에 칫솔을 살균해서 사용해요. (이표기) bee tasak.

bee-tudak 명 폭포. ¶Bee-tudak ne'e famosu bá ninia furak. 그 폭포는 아름답기로 유명하다.

behu 동 타작하다. ¶Sira behu foos iha natar. 사람들이 논에서 벼를 타작하고 있어요.

*** bei** 명 할아버지, 조상. ¶Ita nia bei husi munisipíu saida? 너희 조상은 어느 지역 출신이니?

*** bei'ala** 명 조상. ¶Iha Lospalos, bei'ala sira uluk dehan sira mai husi ikan. 로스팔로스에서는 조상들이 옛날에 물고기였다고 말한다. (유의) antepassadu, bein, dorawai, vizavó. (이표기) bei-ala.

*** beibeik** 부 자주. ¶Ha'u bá loja ne'e beibeik. 저는 그 가게에 자주 가요. (유의) dala ba'in, dala barak, frekuente. (반의) dala balu, dala ida dala ida, dala ruma.

bei-feto 명 증조할머니. ¶Ha'u-nia bei-feto hela iha Baucau. 제 증조할머니는 바우카우에 살아요. (반의) bei-mane.

*** beiju** 동 키스하다. ¶Ami hasoru malu iha aeroportu no beiju dala barak. 공항에서 만나, 우리는 여러 번 키스했다. (유의) re'i.

*** beik** 형 어리석은. ¶Ko'alia beik la iha ona. 어리석은 말은 없었어요. (유의) faak. (반의) esperta, matenek.

*** beik-teen** 명 바보. ¶Nia ne'e beik-teen no baruk-teen. 그는 바보고 게으름뱅이다. (유의) faak. (반의) kakutak boot.

*** bei-mane** 명 증조할아버지. ¶Ha'u-nia bei-mane mate tinan tolu liu ba. 제 증조할아버지가 돌아가신 지 3년이 되었네요. (반의) bei-feto.

*** bein** 명 ①할아버지. ¶Bein ne'e moras entaun bá ospitál. 할아버지가 아파서 병원에 갔어요. (유의) abón, abó-mane. ②조상. ¶Se bein la iha, dexendente mós la iha. 조상이 없으면 자손도 없다. (유의) bei'ala, dorawai, vizavó. (반의) jerasaun.

*** bein-oan** 명 손자, 손녀, 손주. ¶Abo Ana no abo Lino nia bein-oan hamutuk na'in sanulu-resin-rua. 애나 할머니와 리노 할아버지의 손주는 모두 12명이에요. (유의) bei-oan.

*** bei-oan** 명 손자. ¶Nia ne'e bei-oan ida de'it ba avó mane. 그는 할아버지에게

유일한 손자이다. ㊀ bein-oan.

관용 bei-oan dalas rua 증손자.

belak 형 {방언} 평평한. ¶Iha ne'e fatin la belak. 여기는 평평한 곳이 아니에요. 유의 belark.

belanda 명 네덜란드. 유의 Olanda.

belar Ⅰ 동 확산하다, 급증하다. ¶Populasaun sidade ne'e belar derrepente. 그 도시의 인구가 급증하였다. 유의 aumenta, espalla. Ⅱ 형 확산의, 급증의. ¶Malária la iha risku belar. 말라리아는 확산의 위험이 없다.

***belark** 형 평평한. ¶Halimar-fatin ne'e belark. 운동장이 평평하다. 유의 kabelak, tetuk.

***bele** 조 ①가능하다, 할 수 있다. ¶Ita bele uza ida-ne'e ka? 너 이거 사용할 수 있겠니? / La bele! 불가능해요! 유의 posivel. ②해도 되다. ¶Ha'u bele hemu ka? 마셔도 될까요? / La bele bá uma! 집에 가면 안 돼!

관용 bele de'it 당연하다.

bele hakanek 취약한, 다치기 쉬운. ¶Ema idade boot sira bele hakanek husi kona virus. 노인들은 바이러스 감염에 취약하다. 유의 vulneravel.

bele hotu-hotu 전능한. ¶Nia fiar Maromak bele hotu-hotu. 그는 전능하신 하느님을 믿어요. 유의 omnipotente.

bele sobu (집을) 철거하다. ¶Bele sobu uma ne'e? 이 집을 철거해도 되나요?

beleza 명 미, 아름다움. ¶Beleza natureza 자연의 미

***belit** Ⅰ 동 붙다, 달라붙다. ¶Buat-rahun belit ba ropa tanba eletrisidade estátiku. 정전기 때문에 옷에 먼지가 달라붙어요. Ⅱ 형 끈적끈적한, 끈적거리는. ¶Ha'u nia liman belit ho bani-been. 꿀이 묻어서 손이 끈적거려요.

belo 동 ①핥다. ¶Asu-oan belo hela ha'u nia liman. 강아지가 내 손을 핥고 있어요. 유의 lambe. ②아첨하다. ¶Mario sempre belo bos. 마리오는 상사에게 항상 아첨해요. 유의 gaba.

***belu** 명 친구. ¶Ha'u nia belu sira ne'e hela iha vila moris-fatin. 내 친구들은 고향에 살아요. 유의 belun.

***beluk** 형 친절한. ¶Nia beluk ba ha'u. 그녀는 나에게 친절해요. 유의 bondoza, bondozu.

***belun** 명 친구. ¶Nia mak ha'u nia belun. 그는 나의 친구이다. 유의 amiga, amigu, belu, maluk, kolega. 반의 hirus-maluk.

***belun-malu** 명 우정. ¶Ita na'in rua iha belun-malu kleur ona. 우리 두 사람은 오랜 우정을 갖고 있다. 유의 amizade.

ben 명 음악 밴드. ¶Maria mak ben múzika nia líder. 마리아는 그 음악 밴드의 리더이다. 유의 banda múzika.

benefísiu 명 이익, 혜택. ¶Sé mak hetan benefísiu? 누구한테 이익이 되나요? / Kafe BTL fó benefísiu ba estudante sira. BTL 커피는 학생들에게 혜택을 줍니다. 유의 lukru.

bengkel 명 작업장. ¶Maun servisu iha bengkel loron tomak. 형은 하루 종일 작업장에서 일해요. 유의 ofisina.

***bensa** Ⅰ 명 축복. ¶Maromak nia bensa nakonu iha uma laran. 가정에 신의 축복이 가득합니다. 유의 bensan. Ⅱ 동 축복하다. ¶Fó bensa ba ema na'in rua ne'e.

그 두 사람을 축복했다. (유의) benze. (반의) malisan, hotar.

*bensan 명 축복. ¶Ami simu bensan husi ami nia inan-aman. 우리는 부모님으로부터 축복을 받았어요. / Maromak fó bénsan ba fiar na'in. 신은 믿는 자에게 축복을 주십니다. (유의) bensa. (이표기) bensaun.

*bensin 명(인니) 휘발유. ¶Bensin hotu, la bele lori karreta. 휘발유가 떨어져서 차를 운전할 수가 없어요. (유의) gazolina.

*benvindu 동 환영하다. ¶Nia la bele simu benvindu husi ema-boot sira. 그는 사람들로부터 환영받지 못했다. (유의) simu.

*benze 동 축복해 주다. ¶Ami nia inan-aman benze ba ami nia kazamentu. 부모님이 우리 결혼을 축복해 주었어요. (유의) bensa.

*beran[1] 명 힘. ¶Tempu difisil koñesimentu sai beran boot ba ha'u. 지식은 어려울 때 내게 큰 힘이 되었다. (유의) biit, forsa, kbiit, podér.

*beran[2] 형 많은. ¶Motór beran iha ha'u nia uma. 우리집에는 장난감이 많다. (유의) barak, lubuk ida, rihun-rihun. (반의) uitoan, ida-rua.

bere-manek 명 톰보이. [남자같이 행동하는 여성] ¶Feto ne'e hanesan bere-manek. 그녀는 톰보이예요. (이표기) bermanek.

*berinjela 명 가지. [채소의 하나] ¶Berinjela ne'e kaloria badak, entaun di'ak ba dieta. 가지는 칼로리가 낮아서 다이어트에 좋다. (유의) fahi-matak, karuuk. (이표기) brinjela.

berlinde 명 대리석. ¶Berlinde folin karun, ha'u fila ba uma de'it. 대리석은 너무 비싸서 그냥 집으로 왔어요. (이표기) berlindus.

bero 명 카누, 작은 배. ¶Ha'u sa'e bero depois hean. 나는 카누를 타고 노를 저었다.

besi[1] 명 철, 쇠, 금속. ¶Besi ne'e CD nia komponente prinsipál. 금속은 CD의 주성분이다. / Fábrika ne'e produs besi kanu. 그 공장은 금속 파이프를 생산해요.

besi[2] 형 용감한. ¶Ninia sakrifisiu ne'e besi ona. 그는 용감하게 자신을 희생했다. (유의) aten-boot, neon-brani. (반의) ta'uk-teen.

besi-asu 명 강철. ¶Besi-asu toos loos. 강철은 매우 단단하다. (이표기) besi asu.

besi-habit 명 펜치. ¶Nia hasai besi-habit husi gaveta. 그는 서랍에서 펜치를 꺼냈어요. (유의) alikate.

*besik 부 ① 거의. ¶Ha'u besik kompleta servu-uma. 나는 숙제를 거의 마쳤다. ② 근처. ¶Nia hela besik igreja. 그는 교회 근처에 살아요. (반의) dook.

*besi-kalsu 명 자물쇠. ¶Loke besi-kalsu no tama iha uma laran. 자물쇠를 열고 집안으로 들어갔다. (유의) feixadura, kadeadu, kadiadu.

besi kanu 금속 파이프. ¶Fabrika ne'e prodúz besi kanu. 이 공장은 금속 파이프를 생산해요.

besi-kusan 명 못. ¶Baku besi-kusan no kompleta manu luhan. 못을 박아 새장을 완성하세요. (유의) ai-kusan, biskusa, pregu.

* **besi-tali** 명 목걸이, 보석류. ¶Kuidadu ho besi-tali falsu. 가짜 보석류 조심해. 유의 korrente.

besi-tanutuk 명 망치, 해머. ¶Nia presiza besi-tanutuk atu halo uma. 그는 집을 짓기 위해 망치가 필요해요. 유의 martelu.

besteiras 명 터무니없는 말. ¶Buat ne'e besteiras! 그건 터무니없는 말이지! 유의 lia-beik.

* **biar** I 부 심지어, ~까지. ¶Hodi poupa, biar la han. 절약하려고 밥까지 굶었어요. II 접 비록 ~지만, ~더라도, ~하더라도. ¶Ha'u tenke la'o de'it, biar eskola dook. 비록 학교가 멀지만, 걸어서라도 가야 해. 유의 maski, mezmu.

* **biban** 동 기회를 얻다. ¶Nia la biban atu ba seminàriu, tanba nia hadeer tarde. 그는 늦게 일어나서, 세미나에 갈 기회를 얻지 못했다.

* **biberón** 명 젖병. ¶Bebé ne'e tata hela biberón. 아기가 젖병을 물고 있어요.

bibi 명 염소. ¶Bibi iha lutu laran. 염소들이 울타리 안에 있어요. 유의 bibi-timur.

bibi-atan 명 목자, 목동. ¶Bibi-atan ho bibi-malae sira sa'e ba foho. 목동은 양떼들과 언덕에 올라갔다. 유의 atan. 이표기 bibi atan.

bibi-fulun 명 양털, 양모. ¶Manta bibi-fulun ne'e mamar. 양털 담요는 포근하다. 이표기 bibi fulun.

bibi-malae 명 양. ¶Nia maus hanesan bibi-malae. 그녀는 양처럼 온순하다. 이표기 bibi malae.

bibi-maten I 명 간질. ¶Nia iha moras bibi-maten. 그는 간질을 앓고 있다. 유의 manu-maten, epilépsia. II 형 간질의. ¶Hafoin simu tratamentu, sintoma bibi-maten lakon. 시술을 받은 후에 간질의 증상이 사라졌다. 이표기 bibi maten.

bibi-rusa 명 사슴. ¶Bibi-rusa han hela du'ut-morin. 사슴이 풀을 먹고 있다. 유의 rusa. 이표기 bibi rusa.

bibi-timur 명 염소. ¶bibi-timur ba serimónia 의식을 위한 염소 유의 bibi. 이표기 bibi timur.

* **Biblia** 명 성경, 성경책. ¶Nia sempre kaer Biblia. 그는 늘 성경책을 들고 있다.

* **biblioteka** 명 도서관. ¶Fatine ida-ne'e mak biblioteka boot liu iha mundu. 이 곳이 세계 최대의 도서관입니다.

bidón 명 드럼통. ¶Bidón ne'e ku'ak tiha ona. 드럼통이 터졌어요.

* **bidu** 명 비두. [남성이 추는 전통 춤] ¶Iha fatin serimónia, ema sira ne'ebé hatais tradisionál mak dansa hela bidu. 행사장에서 전통 의상을 입은 사람들이 비두를 추고 있어요.

* **bife** 명 비페. [쇠고기와 감자 칩] ¶Ha'u hakarak han bife derrepente. 갑자기 비페가 먹고 싶어요.

* **biin** 명 언니, 누나. ¶Ha'u nia biin iha domin barak. 우리 언니는 사랑이 많다. 반의 maun.

* **biin-feton** 명 자매들. ¶Relasaun biin-feton ne'e di'ak. 자매들 간에 관계가 좋다.

* **biit** I 명 힘. ¶Karreta nia biit sufisiente entaun ema na'in rua-nulu bele sa'e. 자동차의 힘이 충분해서 스무 명의 사람들

이 올라탈 수 있어요. 유의 forsa, beran. II 형 강한. ¶Moras liu tiha, nia loroloron halo ezersísiu atu biit. 아픈 이후에, 그는 강해지려고 매일 운동을 한다. 유의 forsa.

bi'it 동 (엄지와 검지로) 뽑아내다. ¶Nia koko hela bi'it kartús. 그는 총알을 뽑아내려 하고 있어요.

⁑**bikan** 명 접시. ¶Ha'u tenke tau hahán iha bikan. 접시에 음식을 담아야 해요. 관용 bikan kanuru tarutu (접시와 숟가락 소리라는 말로) 집안사람끼리의 싸움.

***bilán** 형 혼란스러운, 당황스러운. ¶halo sai bilán 혼란스럽게 하다 / Maria bilán ona bainhira nia hatete sai. 그가 고백했을 때 마리아는 혼란스러웠다. 유의 bingun. 반의 klaru. 이표기 billaan.

***biliaun** 수 억. ¶Ema ne'ebé uluk kaanteen kontribui ona biliaun ida. 구두쇠였던 그 사람이 1억 달러를 기부했다.

⁑**billete** 명 표, 티켓. ¶Billete filmi ne'e folin hira? 영화표가 얼마예요? 유의 ticket. 이표기 bilheti.

⁑**billeteira** 명 매표소. ¶Billeteira mak iha ne'ebá? 매표소가 어디예요? 유의 gixe.

bimensál 부 한 달에 두 번. ¶Ami nia groupu ne'e reuniaun bimensál. 우리 단체는 한 달에 두 번 모임을 가져요.

***Bimoli** 명 야자유, 팜유. ¶Korea nasaun ida ne'ebé importa Bimoli. 한국은 팜유를 수입하는 나라이다.

bingun 형 (인니) 혼란스러운, 혼돈스러운. ¶Maria nia hahalok ne'e halo ha'u bingun. 마리아의 행동은 나를 혼란스럽게 만든다. 유의 bilán.

⁑**bintés** 명 잔돈. ¶Bintés iha ka la'e? 잔돈 있어요? 유의 osan-rahun, osan-troka. 관용 bintés ida 일 센트.

biokímika 명 생화학. ¶Ha'u ta'uk posibilidade atu uza biokímika iha funu. 생화학 무기를 전쟁에 사용할까 봐 무섭다.

biologi 명 생물학. ¶Nia eruditu ne'ebé estuda biologi. 그녀는 생물학을 연구하는 학자이다. 유의 biolojia.

biólogu 명 여성 생물학자. ¶Nia biólogu. 그는 생물학자이다.

biolojia 명 생물학. ¶Nia interese biolojia, entaun hakarak sai bióloga. 그녀는 생물학에 관심이 있어서 생물학자가 되고 싶어한다. 유의 biologi.

birak 명 청동, 동. ¶Nia simu medalla birak ona iha olimpiku Seoul tinan 1988. 그는 1988년 서울 올림픽에서 동메달을 받았다.

biru 명 부적. ¶Biru iha impaktu ka? 부적이 효과가 있나요? 유의 kakaluk.

⁑**bis** 명 버스. ¶Bis la mai, entaun ha'u bolu taksi. 버스가 오지 않아서 택시를 불렀다.

bisibisi I 명 귓속말, 속삭임. ¶sira ne'e konversa ba malu ho bisibisi. 그들은 자기들끼리 귓속말로 대화했다. II 동 속삭이다. ¶Maria bisibisi ba nia. 마리아는 그에게 속삭였다. 유의 botu-botu. 이표기 bis-bisi, bis-bisu.

⁑**bisikleta** 명 자전거. ¶Loron-loron, ha'u hean bisikleta bá eskola. 나는 매일 자전거를 타고 학교에 간다.

biskoit 명 비스킷, 과자. ¶Biskoit idane'e folin hira? 과자 하나에 얼마예요? 유의 biskoitu.

⁑**biskoitu** 명 비스킷, 과자. ¶Mana, biskoitu ne'e folin hira? 아줌마, 이 비스킷은 얼마예요? 유의 biskoit.

⁑**biskusa** 명 못. ¶Ha'u losu biskusa ne'e. 그 못을 뽑았어요. 유의 ai-kusan, besi-kusan, pregu.

*__bisnis__ 명 비즈니스, 사업. ¶Agora daudaun, Maria nia bisnis difísil. 마리아의 사업은 요즘 힘들다. 유의 negósiu, empreza, komérsiu.

bispu 명 주교. 유의 amu-bispu, ambispu.

bisubisu 명 꿀이 들어간 케이크. ¶Kafé kopu ida ho bisubisu 커피 한 잔과 꿀이 들어간 케이크

*__bitak__ 동 평평해지다. ¶Uluk rai ne'e hali'is ona, agora ne'e bitak. 전에 이 땅은 기울어졌었는데, 지금은 평평해졌네.

*__biti__ Ⅰ명 잠자리, 깔개, 요. ¶Prepara biti depois bá haris-fatin. 잠자리를 준비한 다음, 목욕실로 갔다. Ⅱ동 ①(볏짚을) 엮다. ¶Biti no biti, halo raga ona. 엮고 엮어서 바구니를 만들었다. 유의 bitik. ②(머리를) 땋다. ¶Nia biti ne'e furak loos. 머리를 땋은 그녀는 매우 아름다웠다.

bitik 동 땋다, 엮다. ¶Maria bitik hela ninia alin nia fuuk. 마리아는 동생의 머리를 땋고 있어요. 유의 biti.

bius Ⅰ명 마취, 마취제. ¶Antes doutór atu suku ha'u-nia kanek sira sona uluk bius mai ha'u. 의사는 상처를 꿰매기 전에, 먼저 내게 마취제를 주사했다. 유의 anestezia. Ⅱ형 마취의. ¶Efeitu sorin husi bius, bele mós mate. 마취의 부작용으로 죽을 수도 있다. 유의 anestezia.

*__bixa__ 명 줄, 기다리기 위해 서 있는 일. ¶halo bixa 줄을 서다 / La presiza bixa atu sa'e microlet iha Timor-Leste. 동티모르에서는 버스를 타기 위해 줄을 설 필요가 없다. 유의 liña.

*__bizavón__ 명 조상. ¶adorasaun bizavón. 조상 숭배 유의 bei'ala. 이표기 vizavó.

blokeia 동 가로막다. ¶blokeia matan 시야를 가로막다

*__bloku__ 명 ①벽돌. ¶halo bloku 벽돌을 만들다 / Nia servisu iha fábrika bloku. 그는 벽돌 공장에서 일한다. 유의 tijolu. ②건물 단지. ¶Iha jardín besik bloku boot. 건물 단지 근처에 공원이 있다. 이표기 blok.

⁑**bluza** 명 블라우스. ¶Maria mak hatais bluza azúl ne'e bonita loos. 파란 블라우스를 입은 마리아가 정말 예쁘다. 유의 faru-laran, kabaia.

*__bluzaun__ 명 재킷. ¶Nia hatais hela bluzaun tuan. 그는 낡은 재킷을 입고 있었다. 유의 kazaku.

⁑**bo'a** 동 (배에서 그물로) 낚시질하다. ¶Nia prepara ró hodi bo'a. 낚시질하기 위해 그는 배를 준비했다.

⁑**Boas Festa Feliz Natal** 경축 즐거운 성탄. ¶Boas Festa Feliz Natal ba imi-nia famila hotu. 여러분 가족 모두에게 즐거운 성탄을 기원합니다.

⁑**boasfestas** 감 신년 인사, 메리 크리스마스. ¶Boasfestas tinan foun nian. 새해 복 많이 받으세요.

*__boatu__ 명 소문. ¶La fiar, boatu ne'e la'os faktu. 믿지 마세요, 그 소문은 사실

이 아니에요. (유의) lian-anin. (반의) lia-loos. (이표기) boatus.

* **bobar** 동 말다, 감다. ¶Nia bobar manta, depois hatama iha almari-manta laran. 그녀는 이불을 말아서 이불장 안에 넣었다.

** **Bobonaro** 명 보보나로. [동티모르의 지역명] ¶Iha Munisípiu Bobonaro nian, sidade boot liu hotu mak Maliana. 보보나로 자치체에서 가장 큰 도시는 말리아나예요.

** **bo-boot** 형 매우 큰, 매우 중요한. ¶Sira konvida ema bo-boot mai iha festa ne'e. 그들은 이 파티에 매우 중요한 사람들을 초대했어요.

boek 명 새우, 가재. ¶Ha'u gosta hahán boek. 나는 새우가 들어간 음식을 좋아한다.

boek-tasi 명 바닷가재. ¶Ha'u hakarak boek-tasi, maibé karun loos. 바닷가재가 먹고 싶지만 너무 비싸다.

*** **boi** 동 흔들다. ¶Sira boi liman, bainhira ha'u arranka. 내가 떠날 때, 손을 흔들었다. (유의) doko.

boiña 명 군모, 베레모. ¶Marito ne'ebé tau boiña ne'e bonitu. 군모를 쓴 마리또가 멋져요. (이표기) boinha.

boki 명 조개. ¶Ha'u halo sopa ho boki. 조개로 수프를 만들었다. (유의) ramiis.

*** **bokon** 동 젖다. ¶Bokon maka'as husi udan. 갑작스러운 소나기에 옷이 흠뻑 젖었다. (유의) habokon. (반의) habai, hamaran.

bokse 명 권투. ¶Horisehik nia manaan iha kombate bokse. 그는 권투 대회에서 우승하였다. (유의) tinju.

bokseur 명 권투 선수. ¶Thomas Americo nu'udár bokseur koñesidu iha Timor. 토마스 아메리꼬는 동티모르의 유명한 권투 선수예요. (유의) boksista, petinju. (이표기) boksiste.

boksista 명 권투 선수. ¶Tempu kombate remata, boksista nia matan di'ak hela. 시합이 끝나자 그 권투 선수의 눈이 부어 있었다. (유의) petinju.

** **bokur** Ⅰ 명 비만, 지방. ¶Liu-liu, kabun bokur ne'e la di'ak ba saúde. 특히, 복부 비만은 건강에 안 좋다. (유의) boran. Ⅱ 동 살찌다. ¶Bokur barak durante fulan-tolu. 3개월 동안 많이 살쪘다. (유의) habokur. Ⅲ 형 ① 뚱뚱한. ¶Nia bokur maibé dansa di'ak. 그는 뚱뚱하지만 춤은 잘 춘다. (유의) boran. (반의) isin-lotuk, lotuk. ② 비옥한. ¶Rai ne'e bokur loos, tan ne'e modo buras ho di'ak. 이 땅은 비옥해서 채소가 잘 자라요.

*** **bola** 명 공. ¶Pasa bola ba Avito. 아비또에게 공을 패스해라.

관용 bola ne'e kabuar (공은 둥글다는 말로) 축구 경기의 결과는 예측하기 어렵다.

** **bola-basket** 명 농구. ¶Labarik sira joga hela bola-basket. 어린이들은 농구를 하고 있어요. (유의) basket. (이표기) bola basket.

bolaun 명 풍선 기구, 열기구. ¶Ha'u hakarak uza bolaun. 저는 풍선 기구를 이용해 보고 싶어요. (이표기) bulaun.

bola-voli 명 배구. (유의) voleiból.

* **boletín** 명 게시판. ¶Favór ida haree boletín iha tuku tolu lokraik. 오후 3시에

게시판을 보세요.

boli 동 시도하다. ¶Servisu ne'e difisil, maibé favór ida boli dala ida tan. 이 일은 어렵겠지만 한 번 더 시도해 보세요. 유의 koko, tenta. 반의 rende.

boliñu 명 볼리뉴. [달콤하고 동글동글한 작은 빵] ¶Alin gosta boliñu. 동생은 볼리뉴를 좋아해요. 이표기 bolinhus.

⁑**bolsa**[1] 명 가방, 지갑, 주머니. ¶Bolsa ne'e karun loos. 이 가방은 무척 비싸다. 유의 bornál, pasta.

***bolsa**[2] 명 장학금. ¶Nia simu bolsa tanba ninia notas di'ak loos. 그는 성적이 좋아서 장학금을 받는다. 유의 bolsa estudu, bolsa de estudu.

***bolsa de estudu** 장학금. ¶Ministeriu edukasaun fó bolsa de estudu ba eskola tekniku vokasionál sira. 교육부는 직업 기술 학교들에게 장학금을 준다. 유의 bolsa, bolsa estudu.

***bolsa estudu** 장학금. ¶Nia hetan bolsa estudu husi KOICA. 그는 코이카로부터 장학금을 받았다. 유의 bolsa, bolsa de estudu.

***bolseira** 명 여성 장학생. ¶Nia bolseira UNTL nian. 그녀는 동티모르국립대의 장학생이다.

***bolseiru** 명 남성 장학생.

***bolsu** 명 주머니. ¶La bele hatama daun iha bolsu laran. 주머니에 바늘을 넣어서는 안 돼요.

⁑**bolu**[1] 명 빵. ¶Nia gosta liu bolu duké etu. 그녀는 밥보다 빵을 더 좋아한다. 유의 paun.

⁑**bolu**[2] 동 ①(이름을) 부르다, 호명하다. ¶Ema ida bolu ha'u nia naran. 누군가가 내 이름을 불렀다. ②(택시 등을) 부르다, 호출하다. ¶Bolu taksi depois ha'u bá Timor Plaza. 택시를 불러서 티모르 플라자에 갔다.

bomba[1] 명 펌프. ¶Ida-ne'e bee bomba. 이 장치는 진공 펌프이다. 유의 motabomba, Dap, Sanho.

bomba[2] 명 폭탄. ¶Bomba nukleár fó-ta'uk ba ema sira. 핵폭탄은 사람들에게 공포를 준다.

⁑**bombeiru** 명 소방서. ¶Bombeiru iha ne'ebé? 소방서는 어디에 있나요? 이표기 bombeirus.

⁑**bon**[1] 부 어쨌든. ¶Bon! Ami nia uma mak di'ak liu. 어쨌든 우리집이 최고야.

⁑**bon**[2] 감 그래, 그래요, 그럼. ¶Ita hamlaha? Bon mai han hamutuk! 배고프다고? 그럼 여기 와서 같이 먹자!

⁑**bonapetite** 감 맛있게 먹어, 맛있게 드세요. 유의 bonproveitu.

⁑**bondia** 감 안녕, 안녕하세요. [아침 인사] ¶A: Bondia, señór Antonio? B: Bondia, Lisa! A: 안토니오 씨, 안녕하세요? B: 안녕, 리사!

⁑**bondoza** 형 여성 친절한. ¶Maria sempre bondoza ba kliente. 마리아는 손님에게 항상 친절해요. 유의 beluk, laran-luak, laran-di'ak, laran-maus. 반의 brutu.

⁑**bondozu** 형 남성 친절한. ¶Jose mane ne'ebé bondozu. 조세는 친절한 남자예요. 유의 beluk, laran-luak, laran-di'ak, laran-maus. 반의 brutu.

⁑**boneka** 명 인형. ¶Labarik ne'e bonita no hanesan boneka. 그 아이는 귀엽고

인형 같아요.

bonita 형 여성 예쁜. ¶Ohin, Maria bonita liu. 오늘따라 마리아가 더 예뻐요. 유의 kapás, oin-kapás, oin-di'ak. 반의 oin-aat.

bonitu 형 남성 잘생긴. ¶Ohin, Jose bonitu liu. 오늘따라 조세가 더 잘생겼어요. 유의 kapás, oin-kapás, oin-di'ak. 반의 oin-aat.

bonkar 동 엉망으로 만들다. ¶Problema ne'e bonkar organizasaun. 그 문제는 조직을 엉망으로 만들었다. 유의 dezordena, hadoku. 반의 normaliza.

bonoite 감 안녕, 안녕하세요. [저녁에 하는 인사] ¶Bonoite! Han kalan? 안녕! 저녁 식사는 했니? 유의 kalan di'ak. 이표기 bonoiti.

bonproveitu 감 맛있게 먹어, 맛있게 드세요. ¶Ida-ne'e boek hahán. Bonproveitu. 이것은 새우 요리예요. 맛있게 드세요! 유의 bonapetite.

bonus 명 보너스. ¶Harii rezultadu kapás entaun ha'u hetan bonus. 성과를 올려서 보너스를 받았다.

book[1] 동 흔들다, 움직이다. ¶Múzika toka lais, nia book isin. 빠른 음악이 나오자 그녀는 몸을 흔들었다. 유의 muda.

book[2] 동 만지다. ¶Lalika book ida-ne'e. 이것을 만지지 마세요. 유의 kona.

book[3] 동 화가 나다. ¶Maria book loos husi ninia lian. 마리아는 그의 말에 몹시 화가 났다. 유의 hirus. 반의 kontente.

book an 이동하다, 위치를 바꾸다. ¶Apá book an hela mobília sira iha sala laran. 아버지는 방안 가구들의 위치를 바꾸고 있어요. 유의 muda. 이표기 book aan.

book an la di'ak 막히다, 꼼짝 못 하다. ¶Tanba trafiku iha estrada halo ha'u book an la di'ak, entaun ha'u sei to'o tarde. 도로 교통이 길을 막히게 해서 늦게 도착할 거예요. 이표기 book aan la diak.

book besi 역도. ¶partisipa iha kompetisaun book besi 역도 시합에 나가다

boot Ⅰ 동 자라다. ¶Labarik ne'e boot ba beibeik, tinantinan presiza ropa foun. 아이는 계속 자라고 매년 새 옷이 필요해요. 유의 sai boot. Ⅱ 형 ①(키가) 큰. ¶Ha'u nia alin boot liu ha'u. 내 동생이 나보다 키가 더 커요. 유의 ain-aas. 반의 ain-badak. ②대단한, 강한, 큰. ¶Ita iha responsabilidade boot ba problema ne'e. 너는 이 문제에 대해 큰 책임이 있다. 유의 isin-boot.

boran Ⅰ 명 지방, 기름. ¶Boran kabun ne'e la di'ak ba saúde. 복부 지방은 건강에 좋지 않습니다. 유의 bokur. Ⅱ 형 뚱뚱한. ¶Nia boran entaun nia dehan hakarak dieta. 그는 뚱뚱해서 다이어트를 하고 싶다고 말한다. 유의 bokur.

borboleta 명 나비. ¶Borboleta sira semo iha ai-funan sira leten. 꽃들 위에서 나비들이 날아다닌다.

borbullu 명 여드름, 뾰루지. ¶Agora daudaun, borbullu barak iha oin. 요즘 얼굴에 여드름이 많다. 유의 di'at, oin-merik.

bornál 명 가방. ¶Nia loke bornál no hasai bolsa. 가방을 열고 지갑을 꺼냈다. 유의 bolsa, pasta.

boron 부 전부, 몰아서. ¶hola boron 몰아

서 사다

⁑**borraxa** 명 고무지우개. ¶Favór uza borraxa, bainhira hakerek sala ho lapis. 연필로 잘못 썼을 땐 고무지우개를 사용하세요. 유의 apagadór. 이표기 boraixa.

borus 동 통과하다. ¶Borus foho ne'e entaun bele hetan suku. 그 산을 통과하고 나면 마을이 나와요.

*__bos__ 명 상관, 두목. ¶Bos si'ak ha'u. 상관은 나를 혼냈다.

bosa 동 닳다, 낡아지다. ¶Bornál bosa entaun ha'u sosa ida foun. 가방이 낡아서 새것을 샀다. 유의 bosan.

⁑**bosan** 동 닳다, 낡아지다. ¶Sapatu ne'e bosan, tenke sosa ida foun. 신발이 닳아서 새로 사야 한다. 유의 bosa.

*__bosok__[1] Ⅰ 동 속이다, 거짓말하다. ¶Lalika ko'alia bosok ba ha'u. 내게 거짓말하지 마. 유의 butar, lohi. Ⅱ 형 속이는, 거짓말의. ¶Sira dehan Maria iha kostume bosok. 그들은 마리아가 속이는 습관이 있다고 했어요.

*__bosok__[2] 동 실수하다. ¶Se fuan ki'ik, ita bele bosok. 긴장하면 실수할 수 있어요.

bosok-teen 명 거짓말쟁이, 사기꾼. ¶Lalika sai bosok-teen! 거짓말쟁이는 되지 말아라! 유의 butar-teen, lohidór, lohi-teen.

⁑**bosu** Ⅰ 동 ①(음식을) 잔뜩 먹다. ¶Ha'u bosu, entaun la bele han liu. 잔뜩 먹어서, 더 먹을 수가 없어요. ②질리다, 물리다. ¶Maria bosu tiha ona ba katuas-oan nia lian no hahalok. 남편의 언행에 그녀는 질렸다. Ⅱ 형 (배가) 부른. ¶Bosu tiha ona. 이미 배가 부르다.

⁂**botarde** 감 안녕, 안녕하세요. [점심 인사] ¶Botarde! Ita bá eskola ka? 안녕! 학교에 가니? 이표기 botardi.

*__botas__ 명 부츠. ¶Ha'u hatais botas fulun ne'ebé manas oituan dada to'o tanba klima malirin. 나는 날씨가 추워서 따뜻한 양털 부츠를 신고 나갔다.

⁑**botaun** 명 단추, 버튼. ¶Hanehan botaun! 버튼을 누르세요!

⁑**botaun-kuak** 명 단춧구멍. ¶Nia matan ki'ik hanesan botaun-kuak. 그의 눈은 단춧구멍처럼 작아요. 유의 botoeira.

bote 명 바구니. ¶Maria tau iha bote ho paun hirak no kafé. 마리아는 빵 몇 개와 커피를 함께 바구니에 담았어요. 유의 raga.

⁂**botil** 명 병. ¶Fó ha'u tua-sabu botil rua lai? 내게 투아사부 브랜디 2병을 줄래? 유의 botir.

⁂**botir** 명 병. ¶Botir monu, bee fui ona. 병이 넘어지면서 물이 쏟아져 나왔어요. 유의 botil.

botoeira 명 단춧구멍. ¶Ropa ne'e iha botoeira tolu. 이 옷에는 단춧구멍이 3개 있어요. 유의 botaun-kuak.

botok 명 물집, 수포. ¶Botok rua iha ha'u nia oin, entaun ha'u bá ospitál. 얼굴에 수포 2개가 있어서 병원에 갔다. 유의 fokar, isin-kafu'ak.

botu Ⅰ 동 바삭바삭하게 만들다. ¶Jose botu paun ona. 조세가 빵을 바삭바삭하게 만들었다. Ⅱ 형 바삭바삭한. ¶Maria gosta biskuit botu. 마리아는 바삭바삭한 비스킷을 좋아한다.

botu-botu 동 ①속삭이다. ¶Nia botu-

botu ba ha'u. 그는 내게 속삭였습니다. (유의) bisibisi. ②중얼거리다. ¶Abó-feto dala ruma botu-botu mesak. 할머니는 가끔 혼자서 중얼거린다. (유의) murmura.

*__bou__ Ⅰ[명]더미. ¶Iha gudang, ahi-sunu bou mak nakonu. 창고에 장작더미가 가득해요. Ⅱ[동]쌓이다. ¶Kapote sira bou iha sala laran. 방안에는 이불이 겹겹이 쌓여 있었어요.

__bou-an__ [명]쌓기, 축적. ¶Bou-an osan ne'e ema barak nia mehi. 부의 축적은 많은 사람들의 꿈이다. (유의) babonuk, butuk-an.

__boulin__ [명]볼링. ¶Maria aprende hela toka boulin agora daudaun. 마리아는 요즘 볼링을 배우고 있어요.

__brani[1]__ [동]대결하다. ¶Se brani, ida-idak de'it! 일대일로 대결하자!

**__brani[2]__ [형]용감한, 대담한. ¶Iha ema oin, ninia asaun ne'e brani. 사람들 앞에서 그의 행동은 용감했다. (유의) aten-barani, besi.

*__brasu__ Ⅰ[명]근육. ¶Tanba olaraga barak, nia brasu aumenta ona. 그는 열심히 운동해서 근육을 키웠다. (유의) laho, múskulu, uat. Ⅱ[형]근육이 발달한. ¶Ema horisehik ne'e mane brasu. 어제 그 사람은 근육이 발달한 남자였어요.

*__bravu__ [감]잘했어, 잘했어요. ¶Hotu-hotu bravu! 모두 모두 잘했어요!

__bravura__ [명]용감성, 용맹, 용기. ¶Nia bravura ne'e mak ema ne'ebé de'it gaba. 그의 용맹은 누구나 칭찬한다. (유의) aten-boot. (반의) ta'uk-teen.

__Brazíl__ [명]브라질. ¶Ekonomia Brazíl dezenvolve hela. 브라질 경제는 성장하고 있다.

__brazileira__ [명](여성) 브라질인. ¶Nia seidauk haree brazileira. 그는 아직 브라질인을 본 적이 없어요.

__Brazileiru__ [명](남성) 브라질 사람. ¶Ha'u nia kolega Brazileiru, dansa furak loos. 제 친구는 멋지게 춤을 추는 브라질 사람이에요.

__brillante__ Ⅰ[명]다이아몬드. ¶kadeli brillante 다이아몬드 반지 Ⅱ[형]눈부신. ¶Noivu ne'ebé hatais vestidu brillante no furak. 웨딩드레스를 입은 신부는 눈부셨고 아름다웠다.

__brinkedu__ [명]장난감. ¶Brinkedu ba labarik iha uma. 집에는 어린이용 장난감이 많다.

***__brinkus__ [명]귀걸이. ¶brinkus sorin ida 한쪽 귀걸이 / Marito fó brinkus jeitu ba Quina. 마리또는 뀌나에게 멋진 귀걸이를 선물했다.

__britas[1]__ [명]자갈. ¶Ita tenke kahur britas no rai-henek. 자갈과 모래를 섞어야 해요.

*__britas[2]__ [형]심술궂은, 구두쇠의. ¶Nia britas loos! 그는 몹시 심술궂어요! (유의) karak-teen.

*__brutu__ [형](행동이) 거친, 무례한. ¶Nia hahalok brutu. 그의 행동은 거칠다. (유의) maledukadu, ukun la iha, malkriadu. (반의) respeitozu, bondoza, bondozu, laran-luak.

__bua__ [명]빈랑나무 열매. ¶Matan-dook mama hela bua. 주술사가 빈랑나무 열매를 씹고 있어요.

__buan__ [명]①마녀. ¶Buan hela iha barraka

ne'e. 그 오두막에는 마녀가 살고 있다. ②마법. ¶Princeza ne'e toba hela ho buan. 공주는 마법에 의해서 자고 있다.

⁑**buat** 명 것. [셀 수 있는 것을 가리킨다] ¶Buat ida-ne'e naran saida? 이것의 이름이 뭐죠?

관용 buat ida la ~ 아무것도 ~할 것이 없다.

*__buat-aat__ 명 ①참사, 재난, 재해. ¶Buat-aat hanesan tasi-sae akontese iha Dili i ema barak mak mate. 어제 항공기 참사가 발생했다. 유의 dezastre. ②피해, 손해. ¶Karreta ne'e hetan asidente maibé buat-aat uitoan de'it. 차 사고가 났지만 피해는 적었다.

buatamak 명 남성 동료, 녀석. ¶Buatamak badinas tebes. 그 녀석은 정말 부지런해. 유의 buataman. 반의 buatinak.

*__buataman__ 명 녀석, 놈. ¶Buataman saida mak mai halo fera tiha janela ne'e! 어떤 녀석이 와서 창문을 깨 놓은 거야! 유의 buatamak. 반의 buatinak.

⁑**buat-di'ak** 명 좋은 것, 좋은 일. ¶Mai ita fahe buat-di'ak ba malu! 서로에게 좋은 일을 나눕시다! 반의 buat-aat, buat la di'ak.

⁑**buat-foun** 명 경이로움. ¶Nia bele sente natureza nia buat-foun liu husi viajen ida-ne'e. 그는 이번 여행을 통해서 자연의 경이로움을 느낄 수 있었어요. 유의 maravilla.

⁑**buat hotu** 모든 것, 전부, 모두. ¶Buat hotu lakon tiha ona. 모든 것이 사라졌다. / Buat hotu iha uma laran ha'u hamoos tiha ona. 나는 집안 청소를 전부 완료했다. 유의 buat hotu hotu.

⁑**buat hotu hotu** 모든 것, 전부, 모두. ¶Buat hotu-hotu ne'ebé halo hamutuk ne'e domin. 함께하는 모든 것은 사랑이에요. 유의 buat hotu. 이표기 buat hotu-hotu.

⁑**buat ida** 어떤 것, 아무것, 무엇, 뭔가. ¶Iha buat ida. 뭔가 있어요. / La iha buat ida iha pasta laran. 가방에 아무것도 없다.

⁑**buatinak** 명 {속어} 무식한 여자. 반의 buataman.

⁑**buat-inak** 명 어떤 여자, 저 여자. ¶Buat-inak mai ba ha'u. 어떤 여자가 내게로 왔다. 반의 buataman, buatamak. 이표기 buatinak.

⁑**buatinan** 명 {속어} 년, 여자. ¶Buatinan ne'e hela besik iha ami-nia uma sorin ka? 그년이 우리집 근처에 산다고? 유의 buat-inak. 반의 buataman.

⁑**buat la di'ak** 좋지 않은 일. ¶Ha'u halo buat la di'ak ba O, deskulpa. 내가 너에게 좋지 않은 일을 해서 미안해. 반의 buat-di'ak.

*__buat-rahun__ 명 먼지. ¶Buat-rahun belit ba ropa tanba eletrisidade estátiku. 정전기 때문에 먼지가 옷에 달라붙는다.

⁑**buat ruma** 무언가. ¶Nia hakarak hatete buat ruma. 그는 무언가 말하고 싶었다.

*__buat-selu__ 명 임금, 급여. ¶simu buat-selu fulafulan 매달 급여를 받다 유의 kolen.

buat-siin 명 산성. ¶Udan buat-siin la di'ak ba saúde. 산성비는 건강에 안 좋다. 유의 ásidu.

*__buat-soin__ 명 재산, 소유물. ¶Estabele

eskola husi ninia buat-soin. 그의 재산으로 학교를 세웠다. (유의) propriedade.

*bubrutu 명 심술. ¶Mane ne'e bubrutu loos, tanba ne'e nia koko atu monopoliza hahán ne'ebé midar. 그는 심술이 많아서 맛있는 음식을 독차지하려고 했다.

*bubu 동 (얼굴이나 몸이) 붓다. ¶Ain bubu tanba servisu ho hamriik. 서서 일해서 다리가 붓는다.

bubur 명 유칼립투스. ¶Ai bubur barak iha foho ne'e laran. 이 산에는 유칼립투스가 많다. (유의) ai-bubur.

buda 명 불교, 불교도. ¶Nia inan buda. 그의 어머니는 불교도이다.

budizmu 명 불교. ¶kultura budizmu lorosa'e nian 동양의 불교문화

*budu 명 채소 절임. ¶Ai-fuan no budu ne'e vitamina barak. 과일과 채소 절임은 비타민이 많다.

budu tasi 해초. ¶Budu tasi ne'e iodu barak. 해초에는 요오드가 많다.

bufa 동 밀고하다. ¶Nia mak bufa korrupsaun ba polísia. 그는 경찰에게 비리를 밀고하였다.

bufa-na'in 명 밀고자, 정보원. ¶Ema ne'e mak bufa-na'in. 밀고자는 바로 그 사람이다.

buihú 명 (여성) 간첩, 스파이. ¶Uluk Maria, Falintil sira nia buihú. 마리아는 팔린틸 사람들의 스파이였다. (유의) intel, espiaun. (이표기) buihuu.

buis 형 ①거친. ¶Nia ne'e buis maibé nia la ema aat. 그는 거칠지만 나쁜 사람은 아니다. (유의) fuik. (반의) maus, mamar. ②용감한. (유의) aten-boot, neon-brani.

***buka 동 찾다, 노력하다. ¶Maria buka hela opportunidade di'ak. 마리아는 좋은 기회를 찾고 있다. / Ha'u buka meiu atu rezolve problema ne'e. 그 문제를 해결할 방법을 찾고 있다. (유의) fa'i, esforsu an, haka'as an. (반의) lakon.

(관용) buka moris di'ak de'it (좋은 것만 찾는다는 말로) 기회주의자.

(관용) buka oin 칭찬하다, 주의를 끌려 노력하다.

(관용) buka tun-sa'e (아래위를 찾는다는 말로) 사방을 뒤지다.

*buka-atu 명 시도. ¶Lakohi buka-atu aprende, susesu mós la iha. 학습 없이는 성공도 없다. (유의) tenta.

**buka dalan 해결책을 구하다. ¶Kna'ar lider nian ne'e buka dalan, bainhira ita la bele haree dalan. 리더의 역할은 우리들이 보지 못하는 해결책을 찾아 나서는 거예요.

bukae 명 식량. ¶Ami presiza tebes bukae. 우리는 식량이 간절히 필요하다. (유의) hahaan.

**buka-hatene 동 ①발견하다, 찾다. ¶Maria buka-hatene hela dalan iha situasaun difisil nia laran. 마리아는 어려운 상황 속에서 길을 찾고 있다. ②배우다, 알게 되다. ¶Ha'u buka-hatene restorante moos. 깨끗한 식당을 알게 되었다. (반의) hanorin.

buka mate 사형 선고, 죽음을 맞이하다. ¶Ikus mai ohodór simu buka mate. 살인자는 결국 사형 선고를 받았다.

buka moris 먹고살기 위해 찾다. ¶Ha'u

B

buka moris hela. 먹고살기 위해 직업을 찾고 있다.

buka oin 아첨하다. ¶Nia sempre buka oin ba patraun. 그는 사장에게 항상 아첨한다. 유의 gaba. 반의 hatete aat, kritika, ko'alia aat.

buka-tuir 동 조사하다. ¶Polísia ba fatin ne'e atu buka-tuir insidente. 경찰은 사건을 조사하기 위해 다시 그 장소에 갔다. 유의 halo investigasaun, investiga. 이표기 buka tuir.

⁑**bulak** Ⅰ명 광기, 정신 이상. ¶Nia esforsu ba nia objetivu hanesan bulak. 목표를 향한 그의 노력은 정말 광기에 가깝다. Ⅱ동 미치다, 미쳐 가다. ¶Ha'u kala bulak? 당신은 내가 미친 것 같나요? / Inan lakon ninia oan-mane no bulak hela. 엄마는 아들을 잃고 미쳐 가고 있다.

bulelar 동 굴러떨어지다. ¶Nia bulelar bainhira ninia motór xoke karreta. 그의 스쿠터가 자동차를 박았을 때 그는 굴러떨어졌어요.

bulelu Ⅰ동 혼란에 빠지다, 현기증이 나다. ¶Horisehik, Maria bulelu tiha iha karreta laran. 어제 마리아는 차 안에서 현기증이 났다. Ⅱ형 (현기증 등으로) 어지러운. ¶Derrepente ha'u bulelu, entaun tuur kadeira. 갑자기 어지러워서 의자에 앉았어요. 유의 oin-halai.

*__buli__ 명 찻주전자. ¶Ita bele tau bee iha buli ka? 찻주전자에 물 좀 넣어 줄래?

buli-ibun 명 주전자의 주둥이. ¶Buli-ibun ne'e úniku. 주전자의 주둥이가 독특하다.

buras 동 번성하다, 번영하다. ¶Bainhira Timor-Leste bele buras ka? 동티모르는 언제 번영할 수 있을까요?

*__burit__ 동 (소금, 후추, 물 등을) 뿌리다. ¶Ha'u burit masin ba mantolun fuga no han ona. 계란프라이에 소금을 뿌려서 먹었다. 유의 furi, hisik, rega.

burokrata 명 관료. ¶Nia burokrata ne'ebé hatene fó atensaun tilun ba ema públiku nia opiniaun. 그는 여론에 귀를 기울일 줄 아는 관료이다.

burun Ⅰ동 장애인이 되다. ¶Nia liman aat, sai burun. 그는 손을 다쳐서 장애인이 되었다. Ⅱ형 장애가 있는. ¶Ana burun ne'ebé mak labele rona. 애나는 청각 장애가 있어요. 유의 aleijadu, lebus.

⁂**busa** 명 고양이. ¶Busa toba meiudia iha kadeira leten. 고양이가 의자 위에서 낮잠을 잔다.

butamak 대 모, 아무개. ¶butamak Kim 김 모

*__butar__ 동 ①속이다, 거짓말하다. ¶Ha'u lakohi ninia butar. 나는 그가 거짓말하는 것이 싫다. 유의 lohi, bosok. ②왜곡하다. ¶La bele butar istória. 역사를 왜곡해서는 안 된다.

butar-teen 명 사기꾼. ¶Kuidadu butar-teen! 사기꾼을 조심해라! 유의 baur-teen, bosok-teen.

⁑**butaun** 명 단추. ¶Ha'u agora hetan ropa-liman nia butaun ne'ebé lakon ona ne'e. 나는 소매의 단추가 떨어져 나간 것을 이제야 알았다.

*__buti__ 동 ①쥐어짜다, 즙이 나오게 하다. ¶Se buti sabraka, sabraka-been sai. 오렌지를 짜면 오렌지주스가 나온다. ②압박하

다, 꽉 누르다, 조르다. ¶Laran-lametin mak buti hela nia. 불안감이 그를 압박하고 있다.

관용 buti mate 교살하다, 목을 졸라 죽이다.

****buti-isin** 명 마사지. ¶Ha'u-nia laho-oan ne'e moras ha'u hakarak simu buti-isin. 등이 아파서 마사지를 좀 받고 싶다.

****buti-liman** 명 팔찌. ¶Maria simu buti-liman rua husi ninia inan. 마리아는 그의 어머니로부터 팔찌 2개를 받았다. 유의 kakelun, kelu, kelun, pulseira.

***butuk** 명 꾸러미, 묶음, 다발. ¶Ho ai-funan butuk, ha'u hasoru Maria. 꽃다발을 들고 마리아를 만났다. 유의 futun.

butuk-an 명 쌓기, 축적. ¶Nia bele halo butuk-an riku husi servisu badinas. 그는 부지런히 일함으로써 부의 축적을 가능하게 했다. 유의 babonuk, bou-an.

buur 동 진동하다. ¶Ita nia handphone buur. 너의 핸드폰이 진동한다. 유의 vibra.

buzina 명 경적. ¶Ho lian buzina, komboiu halai. 경적 소리를 내면서 기차가 달린다.

C

*capcai 명 (인니) 캡싸이. [인도네시아식 야채 볶음] ¶Capcai no etu ne'e ha'u nia han-meiudia. 캡싸이와 밥이 제 점심이에요.

catur 명 장기, 체스. ¶halimar catur 체스를 두다 (유의) xadrés.

*cek 명 (인니) 수표. ¶Ha'u bele uza cek iha ita-nia restorante ka? 당신 식당에서 수표를 사용할 수 있나요? (유의) xeke.

*cuti 명 휴가. ¶Nia agora cuti hela. 그녀는 지금 출산 휴가 중이에요.

CV 명 이력서. ¶Ha'u hakerek CV hela atu buka servisu. 취업을 위해서 이력서를 작성하고 있어요. (유의) kurríkulum vitae, rezumu.

D

da- 두 ((숫자와 함께 쓰여)) ~번째. [dala의 줄임말] ¶Ema ne'e ne'ebé iha oportunidade atu partisipa iha ezame ne'e mak aplikante ho número da-atus. 시험에 참가할 기회를 가진 그 사람은 백 번째 번호를 가진 신청자예요.

⁑**da'an** 동 끓이다. ¶Ha'u te'in etu, ita da'an supermi lai. 나는 밥을 하고 너는 라면을 끓이자. 유의 fisur, nono. 이표기 daan.

⁑**daar**[1] 형 충분한. ¶Ha'u daar atu han paun pedasuk ida. 나는 빵 한 조각으로 충분해요. 유의 nato'on, to'o, sufisiente. 반의 falta.

daar[2] 부 동시에. ¶Ema sira ne'e bolu malu daar. 그 사람들은 동시에 서로를 불렀다. 유의 simultáneu.

dabak Ⅰ 동 으깨다, 갈다. ¶Nia dabak kafé fuan halo uut. 그는 커피를 갈아서 카페라테를 만들었다. 유의 dodok. Ⅱ 형 기형적인. ¶Ikan dabak moris hosi mota nia poluisaun. 강의 오염으로 기형적인 물고기가 생겨난다. 유의 disforme. 반의 normál.

*__dada__[1] 동 ①당기다. ¶dada halo naruk 길어지도록 당기다 / Favór dada odamatan ne'e. 이 문을 당기세요. 유의 arrasta, fokit, rasta. 반의 dudu. ②인도하다, 안내하다. ¶Inan tenke dada nia oan sira ba dalan direita. 어머니는 자식을 올바른 길로 인도한다. 유의 dirije, lidera. 반의 tuir, akompaña. ③끌어오다, 연결하다. ¶Husi ohin Antonio servisu hodi dada bee. 안토니오는 오늘부터 수로를 연결하기 위해 작업합니다. ④인출하다. ¶Ha'u dada osan $100 iha banku. 나는 은행에서 백 달러의 돈을 인출했어요. 유의 hasai. 반의 hatama.

관용 dada ahi (불을 끌어온다는 말로) 전기를 연결하다.

관용 dada ba du'ut 목초지로 가다.

관용 dada netik 저지하다.

*__dada__[2] 동 (악기 등을) 연주하다. ¶Maria dada pianu. 그녀는 피아노를 연주하였다.

dada[3] 동 사임하다. ¶Nia dada tiha ona tinan kotuk. 그는 작년에 이미 사임했어요. 유의 dada an, demisionáriu.

dada ~ fuan ①기쁨을 주다, 기쁘게 하다. ¶Oan matenek dada amá nia fuan. 아이가 똑똑해서 엄마를 기쁘게 해요. 유의

enkanta. ②매혹하다. ¶Maria nia hahalok dada ema sira nia fuan. 마리아의 행동은 사람을 매혹해요. (유의) enkanta, atrai.

dada an[1] 인출하다. ¶Nia dada an $200 husi banku. 그는 은행에서 200불을 인출했어요. (유의) hasai. (이표기) dada aan.

dada an[2] 사임하다. ¶Nia dada an husi pozisaun moderadór tinan ida-ne'e. 그는 올해 회장직에서 사임했다. (유의) dada, demisionáriu. (이표기) dada aan.

***dada iis** 호흡하다. ¶Ai no animál mós dada iis hanesan ita ema. 식물과 동물도 사람처럼 모두 호흡한다.

dadalak 명 시내, 개천. ¶Sidade Dili nia klaran iha dadalak ida naran Comoro. 딜리의 중심에는 코모로라고 부르는 개천이 하나 있어요.

dada-lia 동 떠들다. ¶Viziñu nia oan sira dada-lia no halimar hela iha dalan kloot. 골목에서 동네 꼬마들이 떠들며 놀고 있었다.

dada lia 연설하다. ¶Bos kompañia dada lia atu hametin membru sira nia laran. 사장은 직원들을 격려하려 연설했다.

***dada oras** 연기하다, 미루다. ¶Tanba moras, nia dada oras reuniaun ne'e. 아파서, 그녀는 모임을 연기하였다. (유의) adia, atraza, demora, halo demora.

dada papagaiu 연을 날리다. ¶Labarik sira dada papagaiu hela iha tasi ibun. 아이들이 해변에서 연을 날리고 있어요.

dada rifa 제비를 뽑다. ¶Ami dada rifa ona entaun selu osan ba han-meiudia. 제비를 뽑아서 점심값을 치렀어요.

dada sai 추출하다. ¶Dada sai komponente di'ak depois halo ai-moruk. 좋은 성분을 추출해서 약을 만듭니다. (유의) hasai. (반의) injesaun.

***dadeer** 명 아침, 오전. ¶Ha'u okupa tanba iha enkontru ohin dadeer. 오늘 오전에 회의가 있어서 바빠요. (반의) kalan.

***dadeer-dadeer** 부 매일 아침. ¶Dadeer-dadeer ha'u bá sentru saude. 매일 아침 저는 헬스클럽에 가요.

***dadeer-saan** 명 이른 아침. ¶Dadeer-saan, ha'u halo ezersisiu durante oras ida. 이른 아침에 1시간 동안 조깅을 합니다.

***dadeer-saan nakukun** 새벽. ¶Nia hadeer iha dadeer-saan nakukun. 그는 새벽에 일어나요. (유의) madrugada.

dade'ik 동 (몸통의 일부를) 흔들다. ¶Asu-oan dade'ik ikun, kabosu! 강아지가 꼬리를 흔들어요, 귀여워요!

dadelek-kór 명 {방언} 색맹. ¶Grupu hirak ne'ebá ne'e mesak dadelek-kór. 저쪽에 모인 사람들은 모두 색맹이에요. (유의) daltonizumu.

***dadersan** 명 아침. ¶Agora daudaun difisíl liu atu hadeer sedu iha dadersan tanba kolen. 요새 몸이 피곤해서 아침에 일찍 일어나기가 너무 힘들어.

dadoko Ⅰ 명 그네. ¶Labarik sira sa'e hela dadoko. 아이들이 그네를 타고 있어요. Ⅱ 동 (아기를) 어르다, 흔들다. ¶Amá dadoko hela bebé. 엄마는 아기를 어르고 있어요.

***dadolek** 명 위통, 복통, 배앓이. ¶Ha'u bá ospitál tanba dadolek. 복통으로 병원에

갔어요. ⓤ유의 kabun-moras.

dadolin 명 서사시. ¶Dadolin ne'e instrumentu di'ak atu fahe emosaun entre povu. 서사시는 사람들이 감정을 나누는 데 좋은 도구예요.

dadook 명 {방언} 거리. ¶Dadook ne'e dook loos to'o uma. 집까지 거리가 너무 멀어요. 유의 distánsia.

dadoras 명 대나무 파이프. ¶Karik dadoras mak metin! 대나무 파이프가 막혔나 봐요! 유의 kadoras.

dadula 동 키질하다, 까부르다. ¶Avó dadula hela iha uma oin. 할아버지는 집 앞에서 키질하고 계세요. 유의 tahek.

dadur Ⅰ명 투옥, 감금, 구금. ¶Ema ruma hakerek livru durante dadur. 어떤 사람은 투옥 생활 동안에 책을 쓴다. Ⅱ동 투옥하다, 감금하다. ¶Polísia dadur ona suspeitu ne'e. 경찰은 그 용의자를 감금했어요. Ⅲ 형 투옥된, 감금된. ¶Liberdade la iha ba ema dadur. 투옥된 자에게 자유는 없다.

dadus 명 데이터, 정보. ¶rekolla dadus 정보를 수집하다 / Sé mak halo dadus? 데이터는 누가 만드나요? 유의 informasaun.

*__da'et__ 동 ①(질병이) 유행하다, 전염되다. ¶Dadaun gripe la'o no da'et ba ema barak. 독감이 유행해요. ②영향을 미치다. 유의 afeta, influensia. 이표기 daet.

⁑**dahaat** 명 넷째. ¶Jose ne'e oan dahaat husi maun alin nain lima. 조세는 다섯 형제 중 넷째이다.

*__dahan__ 명 거품. ¶Labarik sira halimar hela ho sabaun dahan. 아이들이 비누 거품으로 장난해요. 유의 furin.

*__dahar__ 동 넘치다. ¶Bee ne'e dahar hela iha balde li'ur. 양동이 밖으로 물이 넘치고 있어요. 유의 nakfakar, naksoren, sere. 반의 falta.

⁑**dahituk** 형 일곱 번의, 일곱 번째의. ¶Valór taka sai, ninia naran iha dahituk. 성적이 게시되었고 그의 이름은 일곱 번째에 있어요. 유의 sétimu.

*__dahuluk__ 형 처음의, 첫. ¶Hasoru dahuluk ho nia ne'e kómiku uitoan. 그와의 첫 만남은 좀 웃겼어요.

*__dahur__ 동 빙 둘러서 전통 가무를 하다. ¶Ema sira iha suku dahur hela. 마을 사람들이 빙 둘러서 전통 가무를 하고 있어요. 유의 tebe-tebe.

dai 명 어망, 그물. ¶Apá buka hela dai. 아버지는 어망을 찾고 있어요.

*__dai-ikan__ 동 낚시하다. ¶Kalan-kalan ami dai-ikan iha tasi. 우리는 매일 밤 낚시하러 가요. 유의 hakail, kail.

⁑**dala** 명 번. ¶Ha'u bá restorante ne'e dala ida de'it. 저는 그 식당에 딱 한 번 갔어요. 유의 altura.

*__dala ba'in__ 자주, 여러 번. ¶Ha'u bá restorante ne'e dala ba'in. 그 식당에 여러 번 갔어요. 유의 dala barak, beibeik. 반의 dala balu, dala ruma, kadavés.

*__dala balu__ 때때로, 가끔. ¶Ha'u lakohi ai-fuan maibé dala balu ha'u hemu been. 과일을 좋아하지 않지만 가끔 주스는 마셔요. 유의 dala ruma, kadavés. 반의 dala ba'in, dala barak, beibeik.

⁑**dala barak** 자주. ¶Dala barak ha'u bá restaurante ne'ebá. 저 식당에 자주 가요. 유의 beibeik, dala ba'in. 반의 dala balu, dala ruma, dala ida dala ida.

*dala ida dala ida 드문, 좀처럼 없는. ¶Durante bailoro, udan tau dala ida dala ida. 건기 동안에 비는 좀처럼 내리지 않아요. 반의 beibeik, dala barak.

*dalan 명 ①방법. ¶Ha'u buka hela dalan solusaun. 해결 방법을 찾고 있어요. 유의 solusaun. ②길, 거리. ¶Haree dalan! 길 조심하세요! 유의 estrada, lurón, dalan-inan.

*dalan-badak 명 지름길. ¶Hatene dalan-badak to'o eskola ka? 학교까지 가는 지름길을 알아요? 유의 dalan-tesik, dalan-korta, dalan-dorek.

dalan-besi 명 철도. ¶Sidade ne'e iha dalan-besi? 이 도시에 철도가 있어요? 유의 kamiñudeferru.

*dalan-boot 명 고속 도로, 큰길. ¶Mai ha'u-nia uma karik, ha'u-nia uma mak iha dalan-boot besik igreja Becora ne'e. 만약 우리집에 온다면, 베꼬라 교회 근처 큰길에 있는 집이에요. 유의 dalan-inan, dalan-inak.

*dalan-dorek 명 지름길. ¶Mai ita bá ho dalan-dorek. 우리 지름길로 가요. 유의 dalan-tesik, dalan-korta, dalan-badak.

*dalan-inak 명 고속 도로. ¶Sira halo dalan-inak foun. 새 고속 도로를 건설해요. 유의 dalan-boot, dalan-inan.

dalan-inan 명 도로, 고속 도로. ¶Se bá dalan-inan, fila bá liman loos. 고속 도로로 가려면 우회전하세요. 유의 dalan, dalan-inak, dalan-boot. 반의 dalan-ki'ik.

*dalan-ki'ik 명 좁은 길. ¶Atu bá rate liu husi dalan-ki'ik ne'ebá. 성묘를 가려고 저 좁은 길을 지나왔어요. 반의 dalan-inan.

*dalan-korta 명 지름길. ¶Ha'u ba eskola liu husi dalan-korta ne'e. 나는 지름길을 통해서 학교에 가요. 유의 dalan-tesik, dalan-badak, dalan-dorek, dalan-tesik.

*dalan-ninin 명 길가. ¶Loja ne'e iha dalan-ninin. 그 가게는 길가에 있어요. 유의 dalan-sorin, estrada-ninin.

*dalan-sanak 명 사거리, 교차로. ¶Fila bá liman karuk husi dalan-sanak ne'ebá. 저기 교차로에서 좌회전하세요. 유의 dalan-sorun, kruzamentu.

*dalan-sorin 명 길가. ¶Korreius iha dalan-sorin. 길가에 우체국이 있어요. 유의 dalan-ninin, estrada-ninin.

*dalan-sorun 명 사거리, 교차로. ¶Iha dalan-sorun, ami presiza tráfiku sinál. 교차로에 신호등이 필요해요. 유의 dalan-sanak, kruzamentu.

*dalan tama 입구. ¶Dalan tama ne'e iha ne'ebá. 입구는 저기예요.

*dalan-tesik 명 지름길. ¶Husi ne'e to'o bá eskola, dalan-tesik iha ka? 여기서 학교까지 지름길이 있나요? 유의 dalan-badak, dalan-dorek, dalan-korta.

*dala ruma 가끔, 때때로. ¶Ami dala ruma mak ba pasiar. 우리들은 가끔 외출하러 나간다. 유의 dala balu. 반의 beibeik, dala ba'in, dala barak.

dalen 명 언어, -어. ¶Uluk dalen Tetun emar sira uza hanesan instrumentu komunikasaun verbál nian de'it. 예전에 테툼어는 구어로만 쓰였다. 유의 língua, lian.

dalen Franka 표준 언어. ¶Dalen Franka iha Timor-Leste ne'e Tetun. 동티모르

의 표준 언어는 테툼어예요. ⓑ반의 dalen lokál, dialetu.

dalen lokál 방언, 지역어, 지방의 언어. ¶Povu bele uza dalen lokál iha sidade mós, enkuantu povu husi área hanesan hasoru malu. 일반인들은 같은 지방에서 온 사람들과 만날 때, 도시에서도 지방의 언어를 사용해요. ⓤ유의 dialetu. ⓑ반의 dalen Franka, lian-ofisiál.

dalen nasionál 국어, 국가의 언어. ¶Dalen nasionál ne'e fundasaun ba identidade nasionál nian. 국가의 언어는 정체성의 기초예요.

dalen ofisiál 공용어, 공식 언어. ¶Lian saida mak dalen ofisiál iha Timor-Leste? 동티모르의 공용어는 무엇인가요? 유의 lian-ofisiál, língua formál.

dali 동 ①(동물의 이름을) 계속해서 부르다. ¶Amá dali hela nafatin busa nia naran. 엄마는 고양이의 이름을 계속 부르고 있어요. ②성가시게 하다, 들볶다. ¶Lalika dali! Ha'u tenke estuda. 들볶지 말아라! 나 공부해야 해.

***dalima** 형 다섯 번째의. ¶Ha'u mai iha Timor ba dalima ona. 저는 동티모르에 다섯 번째 왔어요. 유의 kintu.

daltonizumu 명 색맹. ¶Ha'u la koñese nia mak daltonizmu. 그가 색맹인지 몰랐어요. 유의 dadelek-kór.

***dame** 명 평화. ¶Dame hahú husi ha'u. 평화는 나부터 시작해요. 유의 damen, pás. 반의 emerjénsia, funu.

***dame malu** 화해하다. ¶Ha'u ho ha'u-nia alin kuandu baku malu to'o ikus ami na'in rua dame malu fali. 나와 내 동생은 싸울 때마다 결국 다시 화해해요. 유의 badame, hadame.

***damen** 명 평화. ¶damen iha rai laran 세상 속에서의 평화 유의 dame, pás.

dana 동 저주하다. ¶Lalika dana ema ruma. La di'ak ba saúde. 누군가를 저주하지 마세요. 건강에 안 좋아요. 유의 hotar, fó malisan. 반의 haraik bénsan ba.

***danae** 형 졸린. ¶Ha'u danae entaun bá kama. 졸려서 침대로 갔어요. 유의 dukur, matan-dukur. 반의 fanu, hadeer.

***daneen** 형 여섯 번째의. ¶Maria sosa sapatu foun ba daneen ona. 마리아는 새 신발을 여섯 번째 샀어요.

***dansa** Ⅰ 명 춤. ¶Dansa ne'e di'ak ba hanetik bulak. 춤은 치매 예방에 좋다. Ⅱ 동 춤추다. ¶Ema sira ne'e hemu tua no dansa. 그 사람들은 술을 마시고 춤췄어요.

관용 dansa maran 먹거나 마시지 않고 춤만 추다.

dansarina 명 여성 댄서. ¶Maria dehan hakarak sai dansarina. 마리아는 댄서가 되고 싶대요. 유의 feto ne'ebé dansa. 반의 mane ne'ebé dansa.

dansarinu 명 남성 댄서. ¶Jose nia servisu ne'e dansarinu. 조세의 직업은 댄서예요. 유의 mane ne'ebé dansa. 반의 feto ne'ebé dansa.

Dap 명 전기로 작동되는 작은 수도 펌프. ¶Dap ne'e iha ami nia uma. 우리집에는 전기로 작동되는 작은 수도 펌프가 있다. 유의 bomba.

***dapur** 명 부엌. ¶Biin ne'e te'in hela iha dapur. 언니는 부엌에서 요리하고 있다.

daruak 형 남성 두 번의, 두 번째의. ¶Ninia dezafiu daruak ne'e liu ezame. 그의 두 번째 도전에서 시험에 통과했어요. 유의 segundu.

dasa 동 쓸다. ¶Maun dasa hela uma hun. 오빠는 마당을 쓸고 있어요. 유의 saar.

dasa rai 쓸다, 휩쓸다. ¶Agora ne'e, ha'u-nia bin dasa hela rai iha uma oin. 지금 언니는 집 앞의 마당을 쓸고 있다. 유의 dasa, saar.

dasin 명 저울. ¶Dasin iha ka? Ha'u hakarak sukat todan. 저울 있나요? 무게를 재고 싶어요. 유의 eskala.

data 명 날짜, 시간, 시대. ¶Ohin saa data? 오늘 날짜는? 유의 dia, tempu.

datasaun 명 날. ¶Aban ha'u atu halo datasaun ba peskiza. 내일은 연구하는 날입니다.

datilografa 동 타이핑하다. ¶Nia datilografa hela agora. 그녀는 지금 타이핑하고 있어요. 유의 baku makin, baku mákina.

dato 명 원주민 추장, 귀족. ¶Ninia dorawai ne'e dato ona. 그의 조상은 귀족이었어요. 유의 datu.

datolu 형 세 번째의, 셋의, 삼의. 유의 terseiru.

datoluk 형 세 번째의, 셋의, 삼의. ¶tinan dahituk 삼 년 유의 datolu, terseiru.

datu 명 귀족. ¶Nia ne'e husi datu. 그는 귀족 출신이다. 유의 dato.

daudauk 부 현재, 요즘. ¶Daudauk ne'e ha'u hanorin iha UNTL. 요즘 나는 동티모르국립대에서 학생들을 가르친다. 유의 atuálmente, daudaun, resentemente.

daudaun 부 요즘, 현재에. ¶Daudaun ha'u la bele haree Marito. 요즘 마리또를 볼 수 없어요. 유의 atuálmente, daudauk, resentemente.

dauk[1] 명 바늘. ¶Ha'u husu amá katak dauk iha ne'ebé. 나는 엄마에게 바늘이 어디에 있냐고 물었다. 유의 daun.

dauk[2] 부 아직. ¶Nia la dauk hasoru Maria. 그는 아직 마리아를 만나지 못했다.

daun 명 바늘. ¶Amá buka hela daun atu suku ropa. 어머니가 바늘을 찾고 있어요. 유의 dauk, daun suku ropa.

daun sona 주사. ¶Doutór kaer hela daun sona atu sona pasiente. 의사가 환자한테 주사를 놓으려고 주삿바늘을 들고 있어요.

daun suku ropa 바느질, 바늘. ¶Daun suku ropa ne'e kro'at. 바늘은 뾰족해요. 유의 daun, dauk.

debate Ⅰ 명 토론. ¶Debate atu hahú tuku 2. 토론은 2시에 시작할 예정이에요. Ⅱ 동 토론하다. ¶Ha'u debate hela durante oras lima. 5시간 동안 토론하고 있어요. 유의 diskute.

debe 동 빌려 쓰다. ¶Ha'u debe ona ninia osan. 나는 그의 돈을 빌려 썼다.

débitu 명 빚. ¶Nia iha débitu entaun difisil tebes. 그는 빚이 많아서 힘들어요.

debu 명 연못. ¶Ikan mak barak iha debu laran. 연못 안에 물고기가 많아요. 유의 debun, kolan.

debuk 형 (머리가) 부스스한. ¶Ha'u nia fuuk mak debuk, entaun atu bá salon.

머리가 부스스해서 미장원에 가려 해요.

* **debun** 명 연못. ¶Ikan barak iha debun. 연못에 물고기가 많다. 유의 debu, kolan.

⁑ **dedeté** 명 방충제. ¶Susuk mak barak, dedeté iha ka? 모기가 많아요, 방충제 있나요?

dedika 동 ①헌신하다. ¶Nia dedika ninia an hodi serví familia kiak. 그는 가난한 가족을 위해서 자신을 헌신했어요. 유의 devota, fó an. ②(일, 독서 등에) 전념하다. ¶Ezame iha entaun ha'u tenke dedika ba estuda. 시험이 있어서 공부에 전념해야 해요. 유의 fó an. 반의 halo neon-kari, dekonsentra.

deen 동 불을 지피다, 붙이다. ¶Nia deen lilin ida. 그는 초에 불을 붙인다. 유의 leno, tau ahi.

* **defeitu** 명 결점. ¶Koko buka defeitu mós. 결점도 찾아보세요. 유의 falla.

defende 동 방어하다. ¶defende inimigu nia atake 적의 침입을 방어하다 유의 proteje, satan. 반의 asalta, ataka, duni, serán.

defensiva 명 방어, 수비. ¶Ha'u estuda hela estratéjia ba defensiva. 나는 방어를 위한 전략을 연구하고 있다. 유의 defeza. 반의 asalta, atakasaun.

defere 동 승인하다, 인정하다. ¶Nia defere no asina proposta ne'e. 그는 그 제안서를 승인하고 서명했다. 반의 rejeita.

* **deferénsia** 명 차이, 다름. ¶Ami tenke defere ema ida-idak nia deferénsia. 우리는 각각 타인의 다름을 인정해야만 한다. 유의 diferensa.

deferente 형 다른. ¶Maria nia hanoin deferente hosi katuas-oan nia hanoin. 마리아의 생각은 남편의 의견과 다르다. 유의 diferente, ketaketak, oin-seluk, ruma, seluk, varia.

defeza 명 방어, 방위. ¶Ami tenke halo defeza ho di'ak hasoru perigu. 위험에 대한 방어를 잘해야 한다. 유의 defensiva, protesaun. 반의 atakasaun, asaltu, atake.

define 동 정의하다, 규정하다. ¶Ha'u define K-POP nu'udár múzika pop no kultura. 나는 한국의 음악 문화를 케이팝으로 정의한다. 이표기 defini.

* **definisaun** 명 정의, 의미. ¶Ksolok nia definisaun ne'e saida? 행복의 정의는 무엇입니까? 유의 signifikadu, sentidu, arti.

* **definitiva** 형 여성 명확한, 확실한. ¶Maria espresa ninia opiniaun ho definitiva. 마리아는 자신의 확실한 입장을 밝혔어요.

* **definitivu** 형 남성 명확한, 확실한. ¶Buat ne'ebé definitivu mak Jose la iha uma horiseik. 어제 조세가 집에 없었던 것이 확실해요.

* **défisit** Ⅰ 명 적자. ¶Ho défisit, nia terus barak ona. 그는 적자로 많이 고생했다. 반의 exedente. Ⅱ 형 결핍된, 부족한. ¶Nia haka'as an atu prepara buat ne'ebé défisit antes viajen nasaun liur. 그는 해외여행 전에 부족한 것을 준비하려고 애쓰네요. 유의 kuran. 반의 exedente.

deflasaun 명 물가 하락, 디플레이션. 반의 inflasaun.

⁑ **defunta** 형 여성 죽은, 사망한. ¶tempu defunta liu ona 사망한 시각 유의 falesida. 반의 moris.

*defuntu 형 남성 죽은, 사망한. ¶Durante funu, númeru defuntu barak. 전쟁 동안 사망한 사람들의 수가 많아요. 유의 matebian. 반의 moris.

degrada 동 (품위, 품격을) 저하시키다, 실추시키다. ¶Nia degrada nia-an ho ninia imajen ne'ebé la di'ak. 그는 좋지 않은 이미지로 자신의 품격을 실추시켰다. 유의 hatún.

*dehan 동 말하다. ¶Ema sira dehan nia mak beik-teen. 사람들은 그가 바보라고 말해요. 유의 ha'ak, hateten.

*dehan aat 비방하다, 모욕하다. ¶La bele dehan aat kóna-ba ema sira ne'e. 그 사람들에 대해서 비방하지 마세요. 유의 ko'alia aat, tolok, insulta, tarata, hatete aat, kritika. 반의 gaba, louva.

*dehan sai (생각이나 의견을) 밝히다, 말하다. ¶Nia dehan sai ninia hanoin depois tuur iha kadeira. 그는 자신의 생각을 밝힌 다음 의자에 앉았어요. 유의 enunsia.

dehur 동 과로하다. ¶Ita dehur barak ona agora tenke deskansa uitoan. 과로하지 마시고 좀 쉬세요.

*de'i 부 단지, 오로지, 오직. ¶Ami tenke rende de'i tanba ami la iha forsa. 우리는 오로지 항복해야 했다. 유의 de'it.

deifika 동 신격화하다, 신성시하다. ¶Maria deifika nia. 마리아는 그를 신성시했다.

*de'it 부 ①그냥, 오로지. ¶Keta ko'alia de'it, halo asaun mós. 그냥 말만 하지 말고 행동도 좀 하세요. 유의 de'i. ②꼭, 반드시. ¶Hanesan de'it. 꼭 같아요. 유의 de'i. 이표기 deit. 관용 de'it ona 유일한 방법이다, 해야만 한다.

*deixa 명 단서, 힌트. ¶Detektive ne'e buka hetan deixa. 형사는 단서를 찾았다. 유의 dika, indísiu.

dejela 동 해동하다. ¶Ha'u dejela ona hahán konjeladu. 냉동식품을 해동했다. 유의 habeen, deskonjela.

dejenera 동 악화되다. ¶Ha'u-nia uma nia ekonomía mak dejenera hela. 우리 집 가정 경제가 악화되고 있다. 반의 avansa, hadi'ak, la'o ba oin.

deklama 동 (시를) 낭송하다, 낭독하다. ¶Marito deklama poezía ba inan-aman. 마리또는 부모님을 위해 시를 낭송했다.

deklara 동 선언하다. ¶deklara independénsia 독립을 선언하다 유의 fó-hatene, fó sai.

deklarasaun 명 선언. ¶Prezidente-kámara halo deklarasaun kona-ba situasaun emerjénsia. 시장은 긴급 사태 선언을 했다. 유의 proklamasaun.

*deklina 동 감소하다. ¶Maria nia todan deklina ona. 마리아의 체중이 감소했다. 유의 redús, menus. 반의 aumenta, hasa'e.

dekompozisaun 명 분해. ¶Ai-moruk ida-ne'e promove dekompozisaun alkól nian. 이 약은 알코올의 분해를 촉진합니다.

dekonsentra 동 집중하지 않다, 분산시키다. ¶Nia dekonsentra estudu, entaun ninia valór la di'ak. 그는 공부에 집중하지 못해서 성적이 좋지 않아요. 유의 halo neon-kari. 반의 fó an, dedika.

dekór 동 기억하다, 암기하다. ¶Uluk iha eskola, ami tenke dekór diálogu oi-oin ho lian Fransa. 학교에 다닐 때, 프랑스어로 다양한 대화를 암기했어요. 반의 haluha.

dekora 동 장식하다. ¶Ha'u dekora ai-hun Natál. 나는 크리스마스트리를 장식했다. 유의 enfeita, hafunan, hafutar.

*__dekoroza__ 형 여성 (품격, 품위가) 적절한. ¶Maria hatudu jeitu dekoroza iha festa. 마리아는 파티에서 적절한 매너를 보였어요. 유의 laran-moos. 반의 lapresta.

*__dekorozu__ 형 남성 (품격, 품위가) 적절한. ¶Jose hatais ropa dekorozu no mai funerál. 조세는 적절한 옷을 입고 장례식에 왔어요. 유의 laran-moos. 반의 lapresta.

*__dekretu__ 명 명령, 판결, 포고. ¶Tuir dekretu tribunál nian, nia transfere ba prizaun. 판결에 따라 그녀는 감옥으로 이송되었다.

⁑__dekrexe__ 동 줄이다, 감소시키다. ¶Durante fulan-rua, ha'u ezerse entaun dekrexe sintura. 2달 동안 운동해서 허리둘레를 줄였다. 유의 menus. 반의 aumenta, hasa'e.

⁑__delapan__ 수 인니 여덟, 팔. 유의 oitu, walu.

*__delapan belás__ 인니 열여덟, 십팔.

*__delapan puluh__ 인니 여든, 팔십.

*__delapan ratus__ 인니 팔백.

delata 동 보고하다. ¶Semana-semana, ha'u delata hela ba xefe. 매주 상사에게 보고하고 있습니다. 유의 kesar, fó-hatene.

delega 동 위임하다. ¶Prezidente delega nia ho ministra. 대통령은 그녀를 장관으로 위임했다. 유의 hanaran, deputa.

delegada 명 여성 대표. ¶Maria nomeada nu'udár delegada. 마리아는 대표로 선발되었어요. 유의 reprezentante. 반의 membru.

delegadu 명 남성 대표. ¶Jose nu'udár delegadu mak ema ne'ebé ho responsabilidade todan liu. 대표로서 조세는 책임이 가장 무거운 사람이에요. 유의 reprezentante. 반의 membru.

delegasaun 명 위임, 위촉. ¶Nia simu sertifikadu delegasaun husi embaixada. 그는 대사로 위촉을 받았다.

⁑__deleite__ 명 기쁨, 즐거움. ¶Familia nia deleite mak ksolok. 가족의 기쁨이 바로 행복이다. 유의 gostu.

delek 형 눈이 먼, 흐릿한. ¶Nia sai delek tanba asidente karreta. 그는 차 사고로 눈이 멀었다. 유의 matan-aat.

delibera 동 궁리하다, 심사숙고하다. ¶Ha'u delibera no halo reportajen. 나는 심사숙고해서 보고서를 만들었다. 유의 fale. 반의 indiskretu.

deliberasaun 명 궁리, 심사숙고. ¶Feto ne'e hasai liman husi servisu ne'e ho lailais no okupadu iha deliberasaun atu halai lakon. 그녀는 얼른 이 일에서 손을 떼고 달아날 궁리에 바빴다.

⁑__delikada[1]__ 형 여성 섬세한. ¶Maria-nia karakter ne'e delikada no mamar. 마리아의 성격은 섬세하고 부드러워요. 유의 mihis, lotuk, fraku. 반의 toos.

*__delikada[2]__ 형 여성 공손한. ¶Maria delikada no bondoza. 마리아는 공손하고 친절해요. 유의 edukadu, respeitozu, mamar. 반의 modun-aat, malkriadu, indelikadu.

*delikadu[1] 형 남성 섬세한. ¶Jose iha abilidade observasaun delikadu. 조세는 섬세한 관찰력을 갖고 있어요. 유의 mihis, lotuk, fraku. 반의 toos.

*delikadu[2] 형 남성 공손한. ¶Jose mak ema delikadu ba labarik sira. 조세는 어린이에게 공손한 사람이에요. 유의 edukadu, respeitozu, mamar. 반의 modun-aat, malkriadu, indelikadu.

*delineia 동 묘사하다. ¶Nia bain-bain delineia busa nia movimentu. 그는 주로 고양이의 움직임을 묘사했다. 유의 deskreve, retrata.

*delinkuénsia 명 비행, 탈선. ¶Dadaun delinkuénsia juventude mak aumenta hela. 요즘 비행 청소년이 증가하고 있다. 유의 moris-ladi'ak.

*delitu 명 범죄. ¶Detective ne'e halo kapturasaun delitu ba organizasaun hotu. 형사는 범죄 조직을 모두 체포했다. 유의 krime.

delun Ⅰ 명 싹, 새싹. ¶Delun kuda hela ba beibeik. 싹이 점점 더 자라고 있다. 유의 dikin, tubun. Ⅱ 동 싹을 틔우다. ¶Ikus mai, ai-horis ne'e delun tiha ona. 드디어 이 식물이 싹을 틔웠어요.

*demais 형 매우 많은. ¶Ema barak demais mak koalia aat ita. 당신을 나쁘게 말하는 사람들이 매우 많아요. 유의 resikliu. 반의 uitoan, ida-rua.

*demanda[1] 명 수요. ¶regra ba demanda no fornesimentu 수요와 공급의 법칙 유의 ezijénsia. 반의 fornesimentu.

*demanda[2] 명 소송, 청구. ¶Ha'u tenke bá tribunál tanba demanda. 소송 때문에 법원에 가야 한다.

demazia 명 초과, 과잉. ¶Haruka ema demazia ba sala 2. 초과 인원은 2호실로 보내세요. 유의 kresik. 반의 defeitu.

deménsia 명 치매. ¶Ema dehan ai-moruk ba deménsia ema sei deskobre. 치매 치료제가 나올 거라고 사람들은 말한다.

*deméritu 명 단점, 약점. ¶Deméritu no méritu iha. 단점도 있고 장점도 있다.

demisaun 명 사표, 사임. ¶Atu bá eskola iha rai li'ur, ha'u fó demisaun no husik ona kompaña. 나는 유학을 가기 위해 사표를 내고 회사를 떠났다.

demisionáriu 동 사임하다. ¶Nia demisionáriu no halo servisu voluntáriu. 그는 사임하고 봉사 활동을 한다. 유의 dada, dada an.

demite 동 해고하다. ¶Maria tenke demite kedas empregadu ne'e. 마리아는 문제 직원을 즉시 해고해야만 했다. 유의 soe.

*demite an 은퇴하다. ¶Demite an, depois ha'u hakarak hela iha Bali. 은퇴하고 발리에 살고 싶다. 유의 reforma.

demo 명 시위. ¶Povu halo demo hela kontra governu. 사람들이 정부에 대항하여 시위를 하고 있다. 유의 manifestasaun.

demokrasia 명 민주, 민주주의. ¶Tuir sistema governu demokrasia, povu hili sira nia reprezentante atu ukun sira. 정부의 민주주의 방식에 따라 국민은 그들을 통치할 대표를 선출한다.

*demokrátiku 형 민주적인. ¶komunikasaun demokrátiku 민주적

인 의사소통

demole 동 허물다, 철거하다. ¶Ho sidade nia dezenvolvimentu, konstrusaun kompañia demole ona uma tuan sira hotu-hotu. 도시 개발로 건설사는 오래된 집을 모두 허물었다. 유의 hamonu. 반의 harii, konstrui.

demóniu 명 악마. ¶Ami monu ba demóniu nia tentasaun. 우리는 악마의 유혹에 빠졌다. 유의 diabu, Lusifér. 반의 anju.

demonstra 동 입증하다, 증명하다. ¶Nia ne'e demonstra álibi. 그녀는 알리바이를 입증했다. 유의 prova.

demonstrasaun[1] 명 전시. ¶Tanba efeitu demostrasaun, tinta fa'an barak ona. 전시 효과로 그림이 많이 팔렸다.

demonstrasaun[2] 명 논증. ¶Nia sujere demonstrasaun iha argumentu atu suporta ninia reklama. 그는 자신의 주장을 뒷받침하는 설득력 있는 논증을 제시했다.

**demora* Ⅰ 명 보류, 연기, 지연. ¶Oráriu serimónia nia demora halo ema sira konfuzaun. 행사 일정의 지연으로 많은 사람이 혼란에 빠졌다. 유의 atrazu. Ⅱ 동 늦추다, 연기하다. ¶Maria okupa tebes entaun demora iha viajen. 마리아는 바빠서 여행을 연기했다. 유의 atraza, halo demora, dada oras.

***denomina** 동 이름을 지어 주다, ~라고 부르다. ¶Nia denomina asu oan "Yeppi". 강아지를 '예삐'라고 불렀다. 유의 fó naran, hanaran.

***denota** 동 ①나타내다, 보이다. ¶Dasin ne'e denota todan mak 50kg. 저울은 무게가 50kg이라고 나타냈다. 유의 hatudu. 반의 subar. ②의미하다, 상징하다. ¶Kór modok denota dame. 녹색은 평화를 상징합니다. 유의 signifika, katak.

densidade 명 밀도, 농도. ¶Nasaun ne'ebé mak densidade populasaun aas liu? 인구 밀도가 가장 높은 나라는?

***densu** 형 가는, 가느다란. ¶koador densu 구멍이 가는 체

***dentifrísiu** 명 치약. ¶Dentifrísiu no eskova nehan ne'e iha pasta. 치약과 칫솔은 가방에 있어요. 유의 pasta-nehan.

***dentista** 명 치과 의사. ¶Ha'u halo konsulta ho dentista. 치과 의사와 상담을 했어요.

***departementu** 명 부서, 과, 학과, 전공. ¶Ha'u tenke bá antende enkontru iha departementu edukasaun. 교육 부서에 회의하러 가야 해요. 유의 jurusan.

***depende** 동 의존하다. ¶depende ba parente 부모님께 의존하다 유의 hadera-an, laran-metin ba.

***dependénsia** 명 의존. ¶Ita tenke para dependénsia ekonomima kona-ba inan-aman. 당신은 부모님에 대한 경제적 의존을 멈춰야 해요.

deplesaun 명 고갈. ¶deplesaun rekursu nian. 자원의 고갈

deplora 동 ①후회하다. ¶Maria deplora ninia kaben. 그녀는 결혼을 후회했어요. 유의 arrepende. 반의 halo kontente, satisfás. ②개탄하다. ¶Hafoin haree novidade kona-ba korrupsaun governu nian, povu deplora ona. 정부의 비리 뉴스를

D

본 후에 국민들은 개탄했다. ⓤ의 lamentu.

***depois** 부 ~하고 나서, ~한 다음. ¶Ami te'in depois han hahán ne'e. 우리는 요리한 다음 그 음식을 먹었어요. 유의 liu tiha, hafoin, hotu tiha. 반의 antes, molok.

depózitu 명 예금. ¶Nia bá banku ba depózitu loroloron. 그는 예금을 하러 매일 은행에 간다.

deputa 동 위임하다. ¶Rector deputa nia nu'udár profesór. 총장은 그를 교수로 위임했다. 유의 hanaran, delega.

deputadu 명 국회 의원. ¶Deputadu ne'e husu ba meza atu investiga deputadu sira ne'beé mak falta beibeik. 그 국회 의원은 국회 의장에게 자주 불참하는 의원들에 대한 조사를 요청했습니다. 유의 kongresista, membru Parlamentu Nasionál.

***derajat** 명 (인니) 온도. ¶Derajat bee nato'on ka? 물의 온도가 적당한가요? 유의 temperatura.

derak-na'in 명 이주자, 이주민. ¶Ema hirak ne'e mesak derak-na'in. 그 사람들은 모두 이주민들이에요. 유의 emigrante.

***dere** 동 노크하다, 두드리다. ¶Ema ruma dere hela odamatan. 누가 문을 두드리고 있어요. 유의 tuku odamatan.

***dere arame** 전화를 걸다. ¶Ohin kalan, dere arame mai lai? 오늘 저녁에 내게 전화를 걸어 줄래? / Ha'u dere arame ba katuas-oan. 나는 남편에게 전화를 걸었다.

***derok** 명 레몬, 오렌지. ¶Ha'u gosta derok. 레몬을 좋아해요.

***derok-been** 명 레몬주스, 오렌지주스. ¶Iha derok-been laran, vitamina C mak barak. 오렌지주스에는 비타민 C가 많아요.

***derok-lotus** 명 귤. ¶Ha'u han derok-lotus depois hamaran ninia kulit. 귤을 먹고 나서 귤껍질은 말렸어요. 유의 sabraka, saburaka, tanjerina.

***derok-masin** 명 라임. ¶Ohin dadeer ha'u hemu derok-masin been. 오늘 아침 라임주스를 마셨어요. 이표기 derok masin.

***derrapa** 동 미끄러지다. ¶Ha'u derrapa entaun halo aat fukun. 미끄러져서 관절을 다쳤어요. 유의 eskorrega, doras.

***derrepente** 부 갑자기. ¶Ha'u iha dadolek derrepente. 갑자기 위통이 있어요. 유의 tekitekir. 이표기 derenpenti.

derrogasaun 명 개정, 수정. ¶Aban governu sei fó sai lei inan nia derrogasaun. 헌법 개정안 발표가 내일 있어요. 유의 emenda, korresaun.

derrota 명 패배. ¶FC Benefika hetan derrota husi FC Akademia. 베네피카 축구팀은 아카데미아 팀에 패배했어요.

***dés** 수 (포) 열, 십. 유의 sanulu, sepuluh.

***deseju** 명 소망. ¶Ha'u-nia deseju mak ha'u-nia so amá ne'ebé moras mak rekupera saude lailais iha loron ida. 저의 소망은 아프신 어머니가 하루빨리 건강을 회복하시는 것뿐이에요.

deseminasaun 명 전파, 보급. ¶deseminasaun informasaun kona-ba Corvid-19 COVID-19에 대한 정보 전파

desénsia 명 품위, 예의 바름. ¶Ha'u hakarak estuda Maria nia desénsia. 나는 마리아의 품위를 배우고 싶다. 유의

dignidade.

desente 형 점잖은. ¶Mane atrai mea ho ninia aparénsia desente. 그는 점잖은 외모로 사람들에게 호감을 준다. 유의 laran-kmaus.

desentraliza 동 분산시키다, 지방 분권하다. ¶Desentraliza populasaun ne'e Prezidenti nia polítika. 인구를 분산시키는 것은 대통령의 정책이다. 반의 sentraliza.

desentralizasaun 명 분산, 지방 분권. ¶Bainhira desentralizasaun lokál atu hahú? 지방 분권은 언제부터 실시하나요? 반의 sentralizasaun.

***desepsaun** 명 ①실망. ¶Se espetativa boot, desepsaun mós boot. 기대가 크면 실망도 크다. 유의 deskontentementu, dezapontamentu, deziluzaun. 반의 esperansa. ②환멸. ¶Nia sente desepsaun kona-ba ninia servisu. 그는 직장에 환멸을 느꼈다.

desfalka 동 횡령하다, 가로채다. ¶Nia desfalka kompañia-osan depois halai. 그는 회사 공금을 횡령하고 도망쳤다. 유의 dezvia.

desfavoravel 형 불리한. ¶Suspeitu desfavoravel loos ho sasin-matan nia afirmasaun. 목격자의 진술로 인해 용의자는 매우 불리하다. 유의 ladún tulun. 반의 vantajozu, proveitozu.

desfila 동 행진하다, 퍼레이드하다. ¶Artista sira desfila hela ba serimónia. 행사를 위해서 예술인들이 행진하고 있다.

desfile 명 행진, 행렬. ¶Tanba ema sira nia desfile, kateta sira para hotu. 사람들의 행진 때문에 차들이 멈추었다. 유의 prosisaun.

***deside** 동 결정하다. ¶Ha'u deside bá Bali hodi hasoru katuas-oan. 그녀는 남편을 만나러 발리에 가기로 결정했다. 유의 determina, tesi lia, hakotu.

****desizaun** 명 결정. ¶Desizaun todan bele troka situasaun barak. 중대한 결정은 상황을 크게 바꿀 수 있어요.

desizivu 형 결정적인. ¶Golu ne'ebé nia hatamá ikus mak fatór desizivu ami-nia ekipa nia vitória. 그가 마지막에 넣은 골이 우리 팀 승리의 결정적인 요소였다. 유의 difinitivu.

****deskansa** 동 휴식을 취하다. ¶Ha'u deskansa iha uma semana kotuk. 지난 주말 집에서 휴식을 취했다. 반의 funsiona, servisu.

deskarilla 동 탈선하다. ¶Ha'u haree notísias ne'ebé komboiu mak deskarilla ona. 기차가 탈선했다는 뉴스를 보았다.

***deskarta** 동 버리다, 폐기하다. ¶Nia deskarta dokumentu konfidensiál hotu. 그는 기밀문서를 모두 폐기했다. 유의 soe, hasori. 반의 foti.

***deskaskadór** 명 껍질 벗기는 칼. ¶Ha'u presiza deskaskadór hodi han ai-fuan. 껍질 벗기는 칼이 필요해요.

desklasifika 동 박탈하다, 실격되다. ¶Nia halo falta entaun desklasifika iha jogu. 그는 반칙을 해서 게임에서 실격되었다. 유의 diskualifika. 반의 kualifika.

deskobre 동 ①찾다, 찾아내다. ¶Ha'u deskobre ha'u-nia kolega uluk iha facebook. 저는 페이스북에서 오래전 친

구를 찾았어요. (유의) hetan. ②(비밀을) 누설하다. ¶Sira dehan la bele deskobre segredu. 그들은 비밀을 누설할 수 없다고 말했어요. (반의) falun.

deskola 동 날아오르다, 이륙하다. ¶Orsida mak aviaun deskola. 비행기가 곧 이륙합니다.

***deskompoin**[1] 동 어지럽히다. ¶Labarik sira mak deskompoin sala ne'e. 아이들이 이 방을 어지럽혔다.

***deskompoin**[2] 동 호되게 꾸짖다, 호통치다. ¶Inan ne'e deskompoin labarik sira. 엄마는 아이들을 호되게 꾸짖었다. (유의) haksi'ak, rasan. (반의) hahi'i, gaba.

deskoñesida 형 (여성) 신원 불명의, 불확실한. ¶Polísia, Maria hetan mate-isin deskoñesida. 경찰, 마리아는 신원 불명의 시체를 발견했어요. (반의) fiar metin, laran-metin. (이표기) deskonhesida.

deskoñesidu 형 (남성) 신원 불명의, 불확실한. ¶Jose la simu telefone deskoñesidu. 조세는 신원 불명의 전화는 받지 않는다. (반의) fiar metin, laran-metin. (이표기) deskonhesidu.

****deskonfia** 동 불신하다, 의심하다. ¶Ha'u deskonfia Anita mak na'ok ha'u-nia osan. 나는 아니타가 내 돈을 훔쳤다고 의심한다. (유의) suspeitu. (반의) fiar, konfia.

****deskonfiansa** 명 불신, 의심. ¶Ha'u iha deskonfiansa liu tanba nia ko'alia bosok. 그녀가 거짓말을 해서 불신이 더 생겼다. (반의) konfiansa, fiar, konfia.

deskonjela 동 녹이다, 해동하다. ¶Atu te'in, ha'u deskonjela na'an ne'e. 요리하려고 이 고기를 해동했어요. (유의) dejela, habeen.

***deskontente** 형 불행한. ¶Ha'u hakarak haluha memória deskontente uluk nian. 나는 불행한 과거의 기억을 잊고 싶다. (유의) rahun-aat.

***deskontentementu** 명 실망. ¶Tanba ha'u monu iha intrevista, inan nakonu ho deskontentementu. 내가 면접에서 떨어져서 어머니는 크게 실망을 하셨다. (유의) desepsaun, dezapontamentu, deziluzaun.

****deskontu** 명 할인. ¶Iha restorante ne'e, sesta-feira semana-semana, bele simu deskontu 50%. 그 식당에서는 금요일 저녁마다 50% 할인을 받을 수 있어요.

deskreve 동 묘사하다. ¶Maria mak deskreve kona-ba hori-kalan. 마리아는 어젯밤에 대해서 묘사했다. (유의) delineia, retrata.

deskrisaun 명 내역. ¶Polítikadór ne'e publika ninia deskrisaun tamá no sai. 그 정치인은 자신의 수입과 지출 내역을 공개하였다.

deskuida 동 방치하다. ¶nia deskuida karreta aat 고장난 차를 방치하다 (반의) toma konta.

***deskuidadu** 형 소홀한. ¶deskuidadu iha maneja kompañia 회사 경영에 소홀하다

*****deskulpa** Ⅰ 명 사과. ¶Tuir ha'u nia hanoin, husu deskulpa lailais ne'e di'ak liu. 제 생각에는 사과를 빨리하는 것이 나아요. (유의) masán. Ⅱ 동 사과하다. ¶Marito deskulpa kona-ba ninia fallansu ba inan-aman. 마리또는 자기 잘못에 대해

서 부모님께 사과했다.

deslumbrante 형 눈부신. ¶Noiva ne'e bonita tebes hanesan matan deslumbrante. 신부는 눈부시게 아름다웠다.

despaxa 동 (편지, 우편 등을) 보내다, 발송하다. ¶Horisehik ha'u despaxa ona surat iha koreius. 어제 우체국에서 편지를 발송했어요. 유의 tatoli. 반의 simu. 이표기 despaixa.

despede 동 작별하다. ¶Ha'u despede ho ema sira, depois ha'u sa'e Taxi. 사람들과 작별한 후에 택시를 탔다. 유의 fahe malu. 반의 hasoru.

despedida 명 작별. ¶Kumprimentus despedida fó laran-triste. 작별 인사는 슬픔을 주었다.

*__despeja__ 동 쫓아내다, 퇴거시키다. ¶Uma na'in mak despeja ona aluga-na'in. 집주인이 세입자를 쫓아냈다. 유의 duni sai.

despensa 명 저장소, 창고. ¶Ai-fuan barak iha despensa laran. 저장소에 과일이 가득해요. 유의 armazén, gudang.

desperdisa 동 낭비하다, 소비하다. ¶Ha'u la hakarak desperdisa ha'u nia tempu. 시간을 낭비하고 싶지 않다. 유의 halakon, lakon leet. 반의 salva, poupa.

⁑**despertadór** 명 자명종. ¶Despertadór ne'e halo alarme iha tuku neen dadeer loron-loron. 자명종은 매일 아침 6시에 울린다. 유의 oras-makfanun.

*__despeza__ 명 비용, 경비. ¶Maizumenus ita nia despeza hira? 비용이 대략 얼마죠? 유의 gastu. 반의 rendimentu.

⁑**desportu** 명 스포츠. ¶Maria ne'e lakohi desportu. 마리아는 스포츠를 좋아하지 않는다. 유의 jinástika.

despreza 동 경멸하다, 업신여기다. ¶Maske povu despreza nia, Maria proteje nia ona. 사람들은 그를 경멸했지만 마리아는 그를 보호해 주었어요. 유의 hatún, hamoe. 반의 respeita.

destaka 동 내세우다. ¶destaka ema ain-aas iha liña oin parada laran 키가 큰 사람을 행렬의 제일 앞에 내세우다

desterru 명 망명, 추방. ¶Ho desterru rohan kona-ba imigrantes ilegál, Marito tenke husik de'it. 불법 체류자들에 대한 추방 결정으로 마리또는 떠나야만 한다. 반의 konvite.

*__destina__ 동 ~할 예정이다. ¶Nia destina bá Bali fulan oin. 다음달에 발리에 갈 예정이다. 유의 hanoin atu.

*__destinasaun__ 명 예정지, 도착지. ¶Destinasaun oin iha ne'ebé? 다음 예정지는 어디입니까?

destinu 명 운명. ¶destinu individuu 개인의 운명 유의 inevitavelidade. 반의 vontade livre.

destrui 동 파괴하다. ¶Violénsia ne'e destrui umakain. 폭력은 가정을 파괴한다. 유의 sobu, estraga, harahun. 반의 harii.

destruisaun 명 파괴. ¶Destruisaun kriativu mak fundasaun ba kapitalizmu saudavel. 창조적 파괴는 건강한 자본주의의 토대이다.

desvalorizar 동 넘보다, 평가절하하다. ¶parseiru ne'ebé la bele desvalorizar 넘보지 못할 상대

*__desvantajen__ 명 감점. ¶simu desvantajen 감점을 당하다

D

* **detalla** 동 상세히 설명하다. ¶Ha'u labele detalla agora, tanba ha'u la iha tempu. 시간이 없어서 지금 상세히 설명할 수 없어요.

detallamentu 명 밀도. ¶Mane hakarak atu hakerek romanse kona ba detallamentu realidade mineiru sira nian. 그는 광부들의 현실을 밀도 있게 그린 소설을 쓰고 싶었다.

* **detalle** 명 세부 사항, 경위. ¶Fó avizu mai kona-ba detalle. 세부 사항에 대해서 알려 주세요. 유의 espesifika, espesifiku, partikulares.

detallu 형 섬세한. ¶feto ninia liman-fuan detallu 그녀의 섬세한 손가락 유의 lotuk.

* **detekta** 동 인식하다, 감지하다, 잡아내다. ¶Ha'u nia telemovel detekta ha'u nia oin depois bele uza. 내 핸드폰은 내 얼굴을 인식해야 사용할 수 있어.

detektasaun 명 발견. ¶detektasaun ne'ebé hakfodak 놀라운 발견

detensaun 명 감금. ¶Nia husik detensaun ilegál ho polísia nia ajuda. 그는 경찰들의 도움으로 불법 감금에서 풀려났다.

deteriorasaun 명 저하, 악화, 퇴화, 노후화. ¶deteriorasaun relasaun seriu entre nasaun rua nian 양국 간의 심각한 관계 악화

determina 동 결정하다, 결심하다. ¶Ema ne'ebé determina mós lori responsiblidade. 결정하는 사람에게는 책임도 따른다. 유의 deside.

determinante 명 수식어. ¶determinante nia utilizasaun ne'ebé halo demais liu 수식어의 과도한 사용

* **detetiorasaun** 명 부패. ¶Iha veraun karik velosidade detetiorasaun lailais, entaun favór han hahán lailais liu bainhira posivel. 한여름에는 음식의 부패 속도가 빠르니 되도록이면 요리한 즉시 먹도록 하세요.

⁑ **detík** 명 두 번째. ¶Maria koko ezame detík hodi tama universidade. 마리아는 두 번째 대학 입학시험을 시도한다. 유의 ba dala rua, segundu.

de'ut 동 주무르다, 문지르다. ¶Biin ne'e de'ut hela mina ba inan nia ain. 언니는 엄마의 다리를 주무르고 있다. 유의 kose. 관용 de'ut malu (서로를 주무른다는 말로) 몸싸움을 하다, 레슬링을 하다.

deve 동 빚지다. ¶Nia deve ona $500 ba Maria. 그는 마리아에게 500불을 빚졌다.

* **devér** 명 의무. ¶Buat ne'ebé delata ba xefe mak ha'u-nia devér. 상사에게 보고하는 것이 내 의무이다. 유의 obrigasaun, kargu. 반의 direitu.

⁑ **deveradekaza** 명 숙제. ¶Agora ami halo deveradekaza. 지금 우리들은 숙제를 한다. 유의 servisu-uma.

devolusaun 명 권력 이양, 양도. ¶devolusaun husi centru ba governu lokál 중앙에서 지방 정부로의 권력 이양

* **devosaun** 명 헌신. ¶Ema barak dekór no selebra nia devosaun. 많은 사람들이 그의 헌신을 기억하고 기념한다.

devota 동 헌신하다. ¶Nia devota ona ba lideransa edukasaun. 그는 리더십 교육에 헌신했다. 유의 dedika, fó an.

dexendente Ⅰ[명] 후손. ¶Hafoin tempu suli, dexendente sai vizavó. 시간이 흐른 후엔 후손도 조상이 된다. (반의) dorawai. Ⅱ[형] 후손의. ¶Devér dexendente mak hakur vizavó nia limitasaun. 후손의 의무는 조상의 한계를 극복하는 것이다.

***dezafia** [동] 도전하다, 반항하다, 저항하다. ¶Nia dezafia atu públiku ninia hanoin. 그녀는 여론에 반항했다. (유의) sadik, sakar. (반의) rende.

dezafiu [명] 도전. ¶Ha'u mós presiza dezafiu foun. 나도 새로운 도전이 필요하다.

dezagradavel [형] 불쾌한. ¶Ninia liafuan dezagradavel, maibé ne'e loos. 그녀의 말이 불쾌하지만, 맞는 말이다. (유의) baruk.

dezakordu [명] 불화. ¶Deskonfiansa hamosu dezakordu. 불신은 불화를 야기한다. (유의) dezarmonia, diskórdia.

dezakreditada [형] (여성) 불명예스러운. ¶Se ida-ne'e mak faktu, ida ne'e dezakreditada ba Maria. 만약 이게 사실이라면 마리아에게 불명예스러워요. (유의) dezonroza. (반의) onoráriu.

dezakreditadu [형] (남성) 불명예스러운. ¶Jose retira ho dezakreditadu. 조세는 불명예스러운 은퇴를 했다. (유의) dezonrozu. (반의) onoráriu.

***dezanovi** [수] (포) 열아홉, 십구.

***dezanovi míl** (포) 만 구천.

***dezapontamentu** [명] 실망. ¶sente dezapontamentu 실망을 느끼다 (유의) desepsaun, deskontentementu, deziluzaun.

dezarma [동] 해제하다. ¶Governu dezarma emerjénsia nasaun. 정부는 국가 비상사태를 해제했다.

dezarmonia [명] 불화. ¶Familia dezarmonia koko sai hosi situasaun ne'e. 그들은 불화를 제거하기 시작했다. / Feto ne'e nia deside ona atu fahe malu ho dezarmonia entre ninia kaben ne'ebé sériu. 그녀는 남편과의 심각한 불화로 이혼을 결심했다. (유의) diskórdia, dezakordu.

***dezaseis** [수] (포) 열여섯, 십육.

***dezaseti** [수] (포) 열일곱, 십칠.

***dezastre** [명] 재난. ¶Dezastre ne'e derepente mosu. 재난은 갑자기 닥친다. (유의) asidente, azár, buat-aat.

***dezblokeia** [동] (배관, 하수구 등을) 뚫다. ¶Ohin dadeer sentina bloku, maibé ikus mai aman dezblokeia ona. 오늘 아침 화장실이 막혔는데 결국 아버지가 뚫었다. (유의) dezentope.

‡**dezde** [전] ~ 때부터, ~ 이래로. ¶Dezde ha'u sei ki'ik, ami hela iha Dili. 제가 어릴 때부터 우리는 딜리에서 살았어요.

***dezembarasu** [명] 재고 정리. ¶Agora daudaun loja ne'e dezembarasu hela. 요즘 그 가게는 재고 정리 세일 중이다.

‡**Dezembru** [명] 십이월. ¶Loron Natál, Dezembru membru familia atu hasoru malu. 십이월 크리스마스에 가족을 만날 겁니다. (유의) fulan-sanulu resin-rua, fulan-Dezembru.

***dezempregu** [명] 실업자. ¶Tanba konsekuensia krize ekonomia global, dezempregu barak mak mosu. 세계적

D

인 경제 대공황의 여파로 많은 실업자가 발생하였다.

*dezeña 동 디자인하다, 그리다. ¶Hanesan uma, vida mós ita bele dezeña. 집처럼 인생 또한 디자인할 수 있다. 이표기 dezenha.

*dezeñista 명 디자이너. ¶Ninia servisu ne'e dezeñista. 그녀의 직업은 패션 디자이너이다.

dezentope 동 (장애물 등을) 제거하다, 뚫다. ¶Marito dezentope no sai manán-na'in. 마리또는 장애물을 뚫고 승리자가 되었다. 유의 loke, dezblokeia.

*dezeñu 명 디자인, 그림. ¶Maria halo servisu dezeñu ho loron-kalan. 마리아는 밤낮으로 디자인 일을 합니다. 이표기 dezenhu.

*dezenvolve 동 개발하다, 발전하다. ¶Ninia kna'ar mak oinsá dezenvolve sidade ne'e. 이 도시를 개발하는 것이 그의 임무이다. / Ami-nia kompaña dezenvolve sistema para-karreta automatiku. 우리 회사는 자동 주차 시스템을 개발하였다. 반의 tun.

*dezenvolvida 형 여성 개발된. ¶Maria-nia moris fatin dezenvolvida ona ba fatin tourista. 마리아의 고향은 관광지로 개발된 곳이다.

*dezenvolvidu 형 남성 개발된. ¶Jose imajina Timor-Leste dezenvolvidu depois tinan sanulu liu. 조세는 10년 후 개발된 동티모르를 상상해요.

*dezenvolvimentu 명 개발, 발달. ¶Ministériu Ekonomia no Dezenvolvimentu 경제 개발부

*dezgostu 명 불만. ¶Kona-ba aula partikulár, estudante ne'e iha dezgostu barak. 등록금에 대하여 학생들은 불만이 많아요.

*dezgrasa 명 불운, 불행. ¶Nia ne'e princeza maibé mate sedu ho dezgrasa. 그녀는 공주였지만 불운으로 일찍 사망했다. 유의 rahun-aat. 반의 rahun-di'ak, sorte, fortuna.

dezigna 동 지정하다. ¶Ha'u dezigna ona ho ha'u nia advogadu. 그를 내 변호사로 지정했다. 유의 hili, fihil, fihir, eskolla.

*deziluzaun 명 실망. ¶Lalika halo deziluzaun loos. 너무 실망은 하지 말아요. 유의 desepsaun, deskontentementu, dezapontamentu.

*dezinfesaun 명 소독, 살균. ¶dezinfesaun Loro 일광 소독

*dezinfeta 동 소독하다, 살균하다. ¶dezinfeta kanek 상처를 소독하다

*dezinfetante 명 소독약. ¶rega dezinfetante 소독약을 뿌리다 유의 alku.

*dezkaixandu 명 개봉. ¶Susu-been rekomenda atu han lailais iha ninia loron laran depois dezkaixandu se posivel. 우유는 개봉 후 가급적 빠른 시일 내에 먹는 것이 좋습니다.

*dezliga 동 ①(전원을) 끄다, 내리다. ¶Molok toba, ha'u dezliga ahi. 잠들기 전에 전원을 껐어요. ②(전화를) 끊다. ¶Ko'alia ninia opiniaun, depois Marito dezliga. 그의 견해를 말한 후에 전화를 끊었어요.

*dezlokadu 명 대리인. ¶Marito partisipa enkontru nu'udár patraun nia dezlokadu.

마리또가 사장의 대리인으로 회의에 참석했다.

dezmaia 동 까무러치다. ¶Labarik tanis hanesan dezmaia ba saida mak nia hakfodak ba. 아이가 무엇에 놀랐는지 까무러칠 듯이 울었다.

dezmontravel 형 접을 수 있는. ¶Handphone ne'e dezmontravel. 이 핸드폰은 접을 수 있어요.

***dezoitu** 수(포) 열여덟, 십팔.

dezonroza 형 여성 불명예스러운. ¶Maria nunka halo asaun dezonroza. 마리아는 절대 불명예스러운 행동을 하지 않아요. 유의 dezakreditada.

dezonrozu 형 남성 불명예스러운. ¶Jose halo servisu dezonrozu. 조세는 불명예스러운 일을 하였다. 유의 dezakreditadu.

dezordena 동 엉망으로 만들다. ¶Na'ok-teen dezordena sala no halai. 도둑은 방을 엉망으로 만들고 도주했다. 유의 bonkar, hadoku.

***dezvantajen** 명 단점. ¶Vantajen no dezvantajen sempre iha hamutuk. 장점과 단점은 항상 함께 존재한다. 반의 vantajen.

dezvia 동 ①횡령하다. ¶Staf dezvia osan kompañia no halai. 직원이 회삿돈을 횡령하고 도망갔다. 유의 desfalka. ②전환하다. ¶Atu dezvia sentementu, ha'u bá pasiar. 기분을 전환하려고 드라이브했다. ③주제의 방향을 바꾸다. ¶Nia derrepente dezvia. 그는 갑자기 주제의 방향을 바꾸었다.

***dia** 명 날, 날짜, 요일. ¶Ohin dia hira? 오늘이 무슨 요일이죠? 유의 data, loron.

diabetes 명 당뇨병. ¶Ninia inan ne'e iha diabetes. 그의 어머니는 당뇨병이 있어요.

diabiñu 명 요정, 도깨비. ¶Nia ne'e hanesan diabiñu. 그는 도깨비 같아요.

diabu 명 악마. ¶Ema sira hanesan diabu mak barak iha mundu rai-klaran. 세상에는 악마 같은 사람들이 많아요. 유의 demóniu, satanás, espíritu aat, lusifér. 반의 anju.

diagnostika 동 진단하다. ¶Doutór ne'e diagnostika sala. 그 의사는 잘못 진단했어요.

***di'ak** Ⅰ 형 좋은, 괜찮은. ¶Uma ne'e di'ak liu. 이 집이 더 좋아요. 유의 aseitavel. Ⅱ 부 잘. ¶Di'ak ka la'e? 잘 지내요? 유의 nato'on, sufisiente. 이표기 diak.

***di'ak aat** 좋고 나쁨. ¶La di'ak aat! 좋고 나쁘고 할 게 없어요!

***di'ak fali** 회복하다. ¶Ha'u hemu ai-moruk, entaun ha'u-nia saúde di'ak fali. 저는 약을 복용해서 건강을 회복했어요. 유의 hetan fali, rekupera, restaura. 반의 destrui, estraga.

di'ak malu fali 화해하다. ¶Horisehik ami baku malu, maibé ohin loron di'ak malu fali. 우리는 어제 심하게 싸웠지만, 오늘 화해했다. 유의 badame.

di'ak tebtebes 충분한. ¶Uma ne'e di'ak tebtebes hodi hela mesak. 이 집은 혼자 살기에 충분하다.

***dialetu** 명 방언, 사투리. ¶Língua hotu iha dialetu. 모든 언어는 사투리를 가지고 있다. 유의 lakun, lalakun. 반의 língua formál, dalen Franka.

*diálogu 명 대화. ¶Rona di'ak ema sira nia diálogu. 사람들의 대화를 잘 들어 보세요. 반의 monólogu.

diamante 명 다이아몬드. ¶Maria simu diamante kadeli-kaben. 마리아는 다이아몬드 결혼반지를 받았다. 유의 ourus, fatuk-lakan.

di'an 동 길들이다. ¶Animál treinadór di'an hela toninhu. 조련사는 돌고래를 길들이고 있다. 유의 hakiak halo maus.

*diáriu 형 매일의. ¶Sekretariadu ne'e fiskaliza hela oráriu diáriu. 비서는 매일의 일정을 확인하고 있다. 유의 loron nian, lorok.

*diarreia 명 설사. ¶Ha'u bá ospitál tanba diarreia. 설사로 병원에 갔다. 유의 kursu, tee-been.

*di'at 명 여드름, 뾰루지. ¶Ha'u sosa di'at ai-moruk. 여드름 약을 샀다. 유의 oin-merik, borbullu.

*didi'ak I 형 우수한. ¶Rekursu umanu didi'ak dezenvolve nasaun. 우수한 인적 자원이 국가를 발전시킨다. II 부 매우 잘. ¶Ninia ona-mane estuda didi'ak. 그의 아들은 공부를 매우 잘한다.

didin I 명 벽, 담. ¶Ho rai nakdoko, ami nia didin uma naksobu ona. 지진으로 우리집 벽이 무너졌다. 유의 didin-lolon, baki, lutu. II 동 벽을 쌓다, 담을 쌓다. ¶Ninia tiu harii didin ida iha sira nia uma oin. 그녀의 삼촌은 그들의 집 앞에 담을 쌓고 있어요.

*didin-lolon 명 벽. ¶Didin-lolon ne'e nakfera ona. 그 벽이 무너졌어요. 유의 baki, didin. 이표기 didin lolon.

*dieta 명 다이어트. ¶Dadaun ha'u halo dieta. 요즘 다이어트를 해요.

dietétika 형 여성 식이 요법의, 영양(학)의. ¶Maria para hahaan dietétika. 마리아는 식이 요법의 식단을 그만두었다.

dietétiku 형 남성 식이 요법의, 영양(학)의. ¶Jose halo investigasaun kona-ba importánsia dietétiku ba ema moras ho mii-midar. 조세는 당뇨병 환자를 위한 식이 요법의 중요성에 대해서 조사했습니다.

dietista 명 영양사. ¶Nia iha dietista lisensa. 그녀는 영양사 자격증이 있어요.

difama 동 중상모략하다, 비방하다. ¶Ema sira iha SNS ne'e difama no kaer ona. 사람들이 SNS에서 중상모략하다가 붙잡혔다. 유의 konta aat, hatete aat.

diferensa 명 차이, 다름. ¶Entre membru sira ne'e, iha diferensa hanoin. 회원들 간에 의견 차이가 있다. 유의 deferénsia.

diferensiál I 명 격차. ¶Ha'u estuda hela kona-ba rendimentu diferensiál nia razaun. 소득 격차의 원인에 대해서 연구하고 있어요. II 형 격차의, 차별적인. ¶bazeia ba ezekusaun, saláriu diferensiál 성과에 따른 차별적인 급여

*diferente 형 다른. ¶Ami nia karakterístika diferente malu. 우리는 성격이 서로 다르다. 유의 deferente, ketaketak, oin-seluk, ruma, seluk, varia. 반의 hanesan.

*difikuldade 명 어려움, 문제. ¶Ema ne'ebé hakur difikuldade di'ak sai tasak. 어려움을 잘 극복한 사람이 성숙해진다. 유의 problema, susar.

*difikulidade 명 시련. ¶Mane ne'ebá

sai ona maduru liu tan enkuantu nia liu husi difikulidade. 그는 시련을 겪으면서 더욱 성숙해졌다.

*__difinitivu__ 형 결정적인. ¶prova difinitivu 결정적인 증거 유의 desizivu.

*__difisil__ 형 어려운. ¶Difisil atu hetan informasaun ne'ebé di'ak no loos. 정확한 정보를 얻는 것이 어렵다. 유의 arraska, kusta, susar. 반의 fasil.

difunde 동 방송하다. ¶Drama ne'e difunde iha findesemana de'it. 이 드라마는 주말에만 방송한다. 유의 haliki.

*__digna__ 형 여성 가치가 있는. ¶Investe ba servisu digna. 가치가 있는 일에 투자하라. 유의 serve, merese.

dignidade 명 ①품위, 위엄. ¶Matan-moris neon-na'in asaun ne'e degrada ita nia dignidade. 품위를 저하시키는 행동을 유의하세요. 유의 desénsia. ②계급, 계층. ¶Iha sosiedade iha dignidade invizivel. 사회에는 보이지 않는 계층이 있다. 유의 diviza, pangkat, ierarkia.

*__dignu__ 형 남성 가치가 있는, ~할 만한. ¶Jose dignu ba pozisaun ne'e. 조세는 그 자리에 있을 만하다. 유의 serve, merese.

dihi 명 말벌. ¶Tanba dihi diir, nia bá lailais ospitál. 말벌이 쏘아서 그는 급히 병원에 갔다.

di'ik 명 가장자리, 측. ¶Iha dalan di'ik, loja ida-ne'e iha. 길 가장자리에는 가게가 하나 있어요. 유의 ibun, ninin.

diir 동(벌이) 쏘다. ¶Bani diir, entaun moras loos. 벌이 쏘아서 많이 아파요. 유의 tata.

dijitál 형 디지털 방식의. ¶Ha'u estuda hela kona-ba kálkulu dijitál. 디지털 방식의 계산법을 연구하고 있어요.

díjitu 명 숫자. ¶Kálkulu díjitu ne'e difisil. 숫자 계산이 어려워요.

*__dika__ 명 단서, 힌트. ¶Agradese ba ita nia dika. 당신의 힌트에 감사합니다. 유의 deixa.

dikin 명 싹, 새싹. ¶Ai-dila dikin boot ba daudaun ho di'ak. 파파야 싹이 잘 자랐어요. 유의 delun, tubun.

dikur 명 뿔, 더듬이. ¶Rusa dikur ne'e uza ho ai-moruk. 사슴의 뿔은 약으로 쓰인다.

dilata 동 넓히다, 확장하다. ¶Estudante barak entaun presiza buat dilata sala. 학생들이 많아서 교실을 확장해야 해요. 유의 haluan.

dilema 명 딜레마, 진퇴양난. ¶Ha'u monu ba dilema. 나는 딜레마에 빠졌다.

*__Dili__ 명 딜리. [동티모르의 대도시] ¶Iha Munisípiu Dili nian, sidade boot liu hotu mak Dili. 딜리 자치체에서 가장 큰 도시는 딜리예요.

diman 명 창. ¶Ami uza diman hodi buka animal. 우리는 짐승을 잡으려고 창을 사용해요. 이표기 dima.

dimensaun 명 치수. ¶Informa mai kona-ba embrullu kaixa nia dimensaun. 소포 상자의 치수를 알려 주세요.

diminuisaun 명 축소, 감소. ¶Ho populasaun nia diminuisaun, uma mamuk mak barak Iha sidade ne'e. 인구 감소로 이 도시에는 빈집이 많아요. 반의 expansaun.

*__dinámika__ 형 여성 역동적인. ¶Maria ne'e

D

gosta servisu dinámika. 마리아는 역동적인 일을 좋아한다. (유의) badinas no aten-boot. (반의) lebus.

*dinámiku (형)(남성) 역동적인. ¶Jose halo didi'ak ezersisiu dinámiku mós. 조세는 역동적인 운동도 잘 한다. (유의) badinas no aten-boot. (반의) lebus.

dinamita (동) 폭파하다. ¶Terrorista ne'e dinamita ona objetu istóriku. 테러범들이 역사적 유물을 폭파하였다. (유의) rebenta.

dinamite (명) 다이너마이트. ¶Novel mak ema ne'ebé inventa dinamite. 다이너마이트를 발명한 사람은 노벨이다.

dinamizmu (명) 활력, 패기. ¶Ho dinamizmu no rezolusaun foun, nia komesa servisu. 새로운 활력과 각오로 그는 일을 시작했다.

dínamu (명) 발전기. ¶Favór ida, opera dínamu kedan. 지금 당장 발전기를 작동시키세요. (유의) generator.

dinastia (명) 왕조. ¶Se bá iha ne'ebá, bele haree dinastia nia dokumentasaun. 그곳에 가면 왕조의 기록을 볼 수 있다.

*dini (명) 호박. ¶Amá te'in hela sasoro ho dini. 엄마가 호박으로 죽을 요리하고 있어요. (유의) lakeru.

dinosauru (명) 공룡. ¶dinosauru karnivoru. 육식 공룡

*dinu (동) 싫어하다, 혐오하다. ¶Dezde sira sei kiik, sira dinu malu. 어릴 때부터 그들은 서로 싫어했어요. (유의) odi, hakribi.

diploma (명) 학위. ¶Hodi buka servisu, nia simu diploma. 그는 취업을 위해서 학위를 받았다.

*diplomasia (명) 외교. ¶konflitu diplomasia 외교 갈등

diplomata (명) 외교관. ¶Aman nia servisu ne'e diplomata. 그의 아버지의 직업은 외교관이에요.

*dirak Ⅰ(동) 빛나다, 광나다. ¶Ninia karreta ne'e dirak. 그녀의 차가 빛나네요. (유의) nabilan, naroman. Ⅱ(형) 반짝이는. ¶Bainhira iha kalan, fitun sempre dirak. 밤하늘에 별이 반짝이고 있어요.

direita (형) 우익, 우파의. ¶partidu direita no partidu eskerda 우파 정당과 좌파 정당 (반의) eskerda.

direitu (명) 권리, 법. ¶Feto nia direitu ne'e aumenta hela. 여성들의 권리가 높아지고 있다. (반의) devér, obrigasaun.

direitu ema nian 인권. ¶Hodi proteje direitu ema nian, lider sira prepara hela polítika foun. 인권을 보호하기 위해 리더들은 새로운 정책을 준비하고 있어요. (유의) direitu umanu.

*direitus (명) 권리. ¶Buka hatene aminia direitus! 우리의 권리를 찾자!

*direitu umanu 인권. ¶La bele rende direitu umanu sira. 인권을 포기하지 맙시다. (유의) direitu ema nian.

*diresaun[1] (명) 방향, 지침. ¶Haree diresaun tuku ida! 1시 방향을 보세요!

*diresaun[2] (명) 주소. ¶Nia la fó-hatene mai nia diresaun. 그는 주소를 내게 알려주지 않았다. (유의) alamat, enderesu.

*direta (형)(여성) 직접적인. ¶Maria dehan katak formasaun direta efetivu hanesan ho formasaun real. 마리아는 실제처럼 직접적인 훈련이 효과적이라고 말해요. (반의) indireta.

diretamente 부 직접적으로. ¶Maria ko'alia ba nia diretamente. 마리아는 그에게 직접적으로 말했다. 반의 indiretamente.

*__diretór__ 명 남성 교장, 장, 임원. ¶Jose diretór kompañia nian. 조세는 회사의 임원이에요. 유의 ulun-boot.

*__diretora__ 명 여성 교장, 장, 임원. ¶Agora dadaun, sentru lingua ninia diretora mak mestre Alex. 현재 어학 센터장은 알렉스 선생님이에요. 유의 ulun-boot.

*__diretu__ 형 남성 직접적인. ¶Jose dehan katak formasaun diretu hanesan realidade mak iha efeitu boot. 조세는 실제처럼 직접적인 훈련이 효과가 크다고 했어요. 반의 indiretu.

⁑__dirije__[1] 동 (길을) 안내하다. ¶Karta ne'e dirije ba embaixada Korea iha Timor-Leste. 이 카드는 동티모르에 있는 한국 대사관에 가는 길을 안내해 줘요. 유의 dada.

*__dirije__[2] 동 (일, 계획을) 수행하다, 운영하다. ¶Profesór Choi dirije Sentru Estudu Korea iha Timor-Leste. 최 교수는 동티모르에서 한국학센터를 운영하고 있다. 유의 hala'o. 이표기 diriji.

dirijente 명 지휘자. ¶Nia profisaun ne'e dirijente. 그의 직업은 지휘자이다. 이표기 dirijenti.

diseka 동 해부하다. ¶Ohin ha'u diseka manduku ona iha aula. 오늘 수업에서 개구리를 해부했어요. 유의 tesi ba rua, tesi-loke.

disensaun 명 이견, 반대. ¶Disensaun kona-ba ambiente problema ne'e barak. 환경 문제에 대해서 이견이 많습니다. 반의 konkordánsia.

disertasaun 명 논문. ¶Ha'u prepara hela disertasaun doutoramentu. 박사 학위 논문을 준비하고 있다.

disfarsa 동 변장하다, 위장하다. ¶Nia taka fuuk falsu depois, disfarsa ho pinta oin. 그는 가발을 쓴 다음, 얼굴 화장으로 변장했다. 유의 hasubar, fudik.

disforme 형 기형적인. ¶Iha mota ne'ebá, ha'u haree ikan disforme. 저 강에서 기형적인 물고기를 보았어요. 유의 dabak.

*__disionáriu__ 명 사전. ¶Koko hetan liafuan foun iha disionáriu. 새 단어를 사전에서 찾아보세요.

⁑__diskontu__ 형 알뜰한. ¶Halo lista sasán sira ne'ebé atu sosa depois sai bá haree modo mak dalan-badak diskontu kompras nian. 구입할 물건의 목록을 만든 후 장보기에 나서는 것이 바로 알뜰한 구매의 지름길이다.

*__diskórdia__ 명 불화. ¶Lalika halo diskórdia iha familia ne'e. 가정의 불화를 만드는 일은 하지 말아라. 유의 dezarmonia, dezakordu.

diskorre 동 담론하다. ¶Sira diskorre hela kona-ba relijiaun. 그들은 종교에 대해서 담론하는 중이다.

*__diskrepánsia__ 명 능력 차이. ¶Marito pasa interviu tanba iha diskrepánsia Ingles. 영어 능력의 차이로 마리또는 면접에 통과되었다.

*__diskretu__ 동 신중하게 행동하다. ¶Nia diskretu loos durante halo datasaun. 그는 데이트하는 동안 매우 신중하게 행동했다. 반의 ansi-an.

D

*__diskrimina__ 동 차별하다. ¶Labele diskrimina distinsaun seksuál. 성별로 차별하지 마세요. 반의 adil.

__diskriminasaun__ 명 차별, 편견. ¶Amá dala ruma halo diskriminasaun ona entre ha'u ho ha'u-nia bin. 엄마는 가끔 언니와 나를 차별을 했어요. / Soe diskriminasaun no loke laran. 편견을 버리고 마음을 열어라.

*__diskrisaun__ 명 철, 사리 분별. ¶Nia seidauk hatene diskrisaun. 그는 아직 철이 없다.

⁑__disku__ 동 전화를 걸다, 다이얼을 돌리다. ¶Maria disku ba nia. 마리아는 그에게 전화를 걸었다. 유의 dere arame.

__diskualifika__ 동 (자격을) 박탈하다, 실격되다. ¶Husi falta iha jogu, nia diskualifika ona. 그는 경기에서 반칙으로 실격되었다. 유의 desklasifika.

*__diskursu__ 명 연설. ¶Ho ninia diskursu, ha'u matan-dukur. 그의 연설에 나는 졸리다. 유의 hateten, ko'alia, linguajen, nanál-telok.

*__diskusaun__ 명 토론, 논의. ¶Sira halo hela diskusaun naruk kona-ba asuntu ne'e. 그들은 그 건에 대해서 토론을 오랫동안 하고 있다.

⁑__diskute__ 동 의논하다. ¶Bain-bain nia diskute ho ninia ferik-oan. 그는 주로 아내와 의논해요. 유의 haksesuk, debate.

__dispéndiu__ 명 공공 기금의 소비, 지출. ¶Tinan ida-ne'e, dispéndiu aumenta 120%. 올해 공공 기금의 소비는 120% 증가했다. 유의 gastu, despeza. 반의 rendimentu.

*__dispoin__ 동 정리하다, 정돈하다. ¶Dispoin ita-nia hanoin foin mak mai ita ko'alia. 너의 생각들을 먼저 정리하고 나서 얘기하자. 유의 tau di'ak, arma, trata.

*__dispositivu__ 명 도구, 장치. ¶Labele uza ema ho dispositivu. 사람을 도구로 사용하지 마세요. 유의 aparellu.

*__disputa__ 명 논란, 논쟁. ¶Violénsia seksuál nia problema mak disputa foin dadauk ne'e. 요즘 성폭력 문제가 논란이다.

⁑__distánsia__ 명 거리, 간격, 사이. ¶husik distánsia 간격을 유지하다 / Distánsia naruk kondusaun ne'e kolen loos. 장거리 운전은 매우 피곤해요. 유의 kdook.

*__distinge__ 동 구별하다, 구분하다, 분간하다, 분별하다, 식별하다. ¶Ita distinge ofisiál no privadu lai! 공과 사를 구별합시다! / Jose nia liafuan la sériu, tanba ne'e Maria la distinge no halo konfuzaun. 마리아는 조세의 말이 진심인지 분간할 수 없어 혼란스러웠다.

__distinsaun__ 명 구별. ¶ho laiha distinsaun ezemplu mane, feto, labarik no avó 남녀노소 구별 없이

__distintivu__ 형 독자적인. ¶Servisu mundu distintivu 독자적인 작품 세계

*__distintus-konvidadus__ 명 귀빈. ¶Nia nu'udár distintus-konvidadus konvida husi seminráiu ne'e. 그는 귀빈으로서 이 세미나에 초대되었다.

__distribui__ 동 분배하다, 나누어 주다. ¶Sentru Estudu Koreanu UNTL distribui sertifikadu ba estudante sira. 동티모르 국립대 한국학센터는 학생들에게 수료증

을 나누어 주었다. 유의 hafahe.

distribuidór 명 유통업체. ¶Nia ne'e distribuidór nia delegadu. 그는 유통업체 대표이다.

distribuisaun 명 유통. ¶Distribuisaun osan falsu ne'e kontra lei. 위조 화폐 유통은 불법이다. 유의 mobilizasaun.

distritál 형 지역의, 구역의. ¶Ministeriu edukasaun distritál ne'e iha Vila-verde. 지역의 교육부는 녹색 마을에 있어요.

*__distritu__ 명 구역, 지역. ¶Nia hela iha distritu Ermera. 그녀는 에르메라 지역에서 살아요. 유의 rai-rohan.

dita 동 지시하다, 명령하다. ¶Xefe ne'e dita nia membru sira ho lian maka'as. 사장은 큰소리로 지시했다. 유의 haruka, fó orden.

ditadór 명 남성 독재자. ¶Tenke la sai ditadór. 독재자가 되어서는 안 된다.

ditadora 명 여성 독재자. ¶Ema sira konsidera Maria hanesan ditadora. 마리아는 독재자로 내몰렸다.

ditadura 명 독재. ¶Ditadura la bele rohan-laek. 독재는 영원할 수 없다.

*__diu__ 명 게. ¶Ha'u nia alin mak gosta tebetebes hahán diu. 내 동생은 게 요리를 엄청 좋아한다. 유의 kadiuk.

*__diur__ I 동 즐겁게 뛰어놀다. ¶Labarik sira diur iha halimar-fatin. 아이들이 운동장에서 즐겁게 뛰어논다. 유의 halimar. II 형 놀기 좋아하는. ¶Labarik sira gosta diur iha kama leten. 애들은 침대 위에서 놀기 좋아해요.

*__diversidade__ 명 다양성. ¶Transmisaun tenke servÍ ba públiku nia interese liu husi diversidade konteudu nia. 방송은 내용의 다양성을 통해 공공의 이익에 봉사해야 한다.

*__diversifika__ 동 다양화하다, 다각화하다. ¶Ita diversifika sasán foun! 먼저 신제품을 다양화합시다!

*__diverte__ 동 즐겁게 지내다. ¶Hori-kalan ha'u diverte iha festa. 어젯밤 나는 파티에서 즐겁게 지냈다.

*__divide por__ ~로 나누다. ¶27 divide por 3 ne'e 9. 27을 3으로 나누면, 9가 된다. 이표기 dividír por.

diviza 명 ①계급. ¶Ha'u hakarak soldadu nia diviza. 군인의 계급을 알고 싶어요. 유의 dignidade. ②상징. ¶Natál nia diviza ne'e saida? 크리스마스의 상징은 무엇입니까? 유의 emblema, símbolu.

divizaun 명 ①분할, 분리. ¶divizaun halibur lixu 쓰레기 분리수거 반의 integrasaun. ②부서. ¶Divizaun ida-idak iha enkarregadu. 부서마다 책임자가 있다. 유의 departementu.

*__divorsiada__ 형 여성 (법적으로) 이혼한. ¶Feto ne'ebá divorsiada? 저 사람 이혼한 거야? 반의 fó-kaben.

*__divorsiadu__ 형 남성 (법적으로) 이혼한. ¶Mane ne'ebá ne'ebé divorsiadu moris mesak de'it. 이혼한 그 남자는 홀로 산다.

*__divórsiu__ 명 이혼. ¶divórsiu husi konkordánsia malu 상호 합의에 의한 이혼 이표기 divorsiadu.

dixiplina I 명 ①규율, 훈육. ¶Labarik sira mak aprende hela dixiplina iha eskola. 아이들이 학교에서 규율을 배우고 있다. ②훈련, 학습. ¶Estudante sira simu hela dixiplina diálogu lian Korea. 학생들이 한국어 회화 훈련을 받고 있다. (유의) hanorin. Ⅱ 동 훈육하다. ¶Mestre dixiplina hela estudante. 선생님이 학생을 훈육하고 있다. (이표기) disiplina.

dixípulu 명 제자, 신봉자. ¶Jesus ninian dixípulu hamutuk na'in sanulu-resin-rua. 예수의 제자는 합해서 12명이에요. (유의) eskolante. (반의) mestra, mestre. (이표기) disípulu.

⁑**dizel** 명 디젤, 경유. ¶Ita atu sosa dizel karreta ka? 디젤차를 살 예정이세요? (유의) solar.

doadór 명 기증자. ¶Doadór ne'e lakohi identifika ninia naran. 그 기증자는 이름을 밝히기를 원하지 않았다. (유의) osan-na'in.

doasaun 명 기부. ¶Nia halo doasaun iha buat ne'ebé mak mosu iha liur. 그는 겉으로 드러나는 일에만 기부를 한다.

⁂**doben** Ⅰ 명 사랑, 애정. ¶Ha'u-nia doben, naran Maria. 내 사랑의 이름은 마리아다. (유의) domin. Ⅱ 형 친애하는, 사랑하는. ¶Timor lorosae nia laran doben mesak furak furak de'it. 사랑하는 동티모르는 자체가 아름다운 것들뿐이에요.

*__dobru__ 명 두 배, 2인용. ¶Ha'u buka hela kama dobru. 2인용 침대를 찾고 있어요. (이표기) dobradu.

*__dodok__ Ⅰ 동 으깨다. ¶Ha'u halo dodok hudi, depois fó ba bebé han. 바나나를 잘 으깬 다음 아기한테 먹여 주었다. (유의) dabak. Ⅱ 형 으깨진, 썩은. ¶Dose mak monu iha rai, entaun dodok ona. 케이크가 바닥에 떨어져서 으깨졌다.

⁑**dodook** Ⅰ 형 (거리가) 매우 먼. ¶Husi uma to'o eskola ne'e distánsia dodook. 집에서 학교까지는 매우 먼 거리입니다. Ⅱ 부 매우 멀리. ¶Maski eskola ne'e dodook, Maria bá iha-ne'ebá loroloron. 학교가 매우 멀리 있지만, 마리아는 매일 학교에 가요.

doensa 명 질병. ¶proteje ha'u-nia família sira husi doensa 가족을 질병으로부터 보호하다

do'ir 동 챙겨 넣다, 챙겨 두다, 들여놓다. ¶do'ir hahán ba aban 내일을 위해 음식을 챙겨 두다 / Nia do'ir foos ona iha armazén laran. 그는 창고 안에 쌀을 챙겨 넣었다. (유의) hatama.

⁂**dois**[1] 수 둘, 이. ¶dia dois 달의 두 번째 날 / Uma dois iha foho ne'ebá. 저 산에는 집이 두 채가 있다. (유의) dua.

dois[2] 동 악취가 나다. ¶Se ita la fó-hariis fulan-ida, sei dois husi ita-nia isin. 샤워를 한 달 동안 안 하면 몸에서 악취가 납니다.

*__dois bilhoens__ (포) 이십억.

*__dois míl__ (포) 이천.

*__dois milhoens__ (포) 이백만.

*__dois míl i dois__ (포) 이천이.

⁂**doit** 명 동전. ¶Favór hatama doit iha ne'e. 동전은 이곳에 넣으세요. (유의) moeda, osan, osan koin.

⁂**doko** 동 흔들다. ¶Nia doko liman ba ninia inan. 그는 어머니에게 손을 흔들었다. / Asu-oan ne'e doko ikun maibé busa la doko ikun. 강아지는 꼬리를 흔들

지만 고양이는 꼬리를 흔들지 않아요. (유의) boi.

⁑ **doku** [동] 씌우다, 덮다. ¶Nia doku manko ne'ebé iha etu laran. 그는 밥이 든 그릇을 덮었다. (반의) loke.
[관용] doku bikan (접시를 덮는다는 말로) 의절하다, 절연하다.

* **dokumentu** [명] 서류, 문서. ¶Dokumentu ne'e iha gaveta laran. 서류는 서랍 안에 있어요.

⁑ **dolar**[1] [명] 달러. ¶Osan dolar ida troka ba Won hetan hira? 1달러는 원화로 얼마예요?

* **dolar**[2] [동] (살살) 기다, 기어가다. ¶dolar tuir rai 땅바닥을 기다 / Nehek dolar hela tuir parede. 개미가 벽을 따라 기어가고 있다. (유의) la'o ho kabun.

Dom [명] 돔, 대족장. [남성의 최고 존칭] ¶Estátua Dom Aleixo Corte-Real iha Dili laran. 돔 알렉시오 코트리얼의 동상은 딜리에 있어요. (유의) Don.

doméstika [형] (여성) 국내의, 가정의. ¶Korrupsaun feto ne'e nian la sai asuntu doméstika de'it, maibé mós internasionál tiha ona. 그녀의 부패는 국내의 문제만이 아니라 국제적인 쟁점이 되었다. (유의) umak.

doméstiku I [명] 가정부. ¶Doméstiku na'in tolu iha ninia uma laran. 그의 집에는 가정부가 3명 있어요. (유의) mane uma-laran, feto uma-laran. II [형] (남성) 국내의, 가정의. (유의) umak.

⁂ **domin** [명] 사랑. ¶domin dahuluk 첫사랑 / domin klean 깊은 사랑 (유의) doben.

domina[1] [동] 지배하다. ¶Rona dehan uluk pirata barak domina oseana. 옛날에는 많은 해적들이 바다를 지배했대. (유의) ukun, predomina.

domina[2] [동] (기술, 언어 등에) 통달하다. ¶domina lingua 언어에 통달하다 / Nia domina disionáriu Tetun no Korea ona. 그는 테툼어 한국어 사전에 통달하였다.

* **Domingu agora** 이번 일요일. ¶Mai ita hasoru malu iha Timor Plaza domingu agora. 이번 일요일에 티모르 광장에서 만납시다.

Domingu resureisaun 부활절.

⁑ **domisíliu** [명] 가정. ¶Dame iha domisíliu halo ksolok loos. 가정의 평화가 진정한 행복을 만든다. (유의) umakain, uma-laran.

domu [명] 반구형 지붕. ¶Uma foun ne'e iha uma-kakuluk ho domu. 새집에는 반구형 지붕이 있다.

* **Don** [명] 돈, 대족장. [남성의 최고 존칭] ¶Don Boaventura ho nia naran loloos nu'udár liurai Manufahi iha tempu portugés nia ukun iha Timór. 마누파히의 대족장으로 잘 알려진 돈 보벤투라는, 포르투갈이 동티모르를 통치하던 시대의 사람이다. (유의) Dom.

* **Dona** [명] 씨, 부인, 여사. [여성의 최고 존칭] ¶Prezidente Taur Matan Ruak no Dona Isabel da Costa Ferreira partisipa serimónia ne'e. 마탄루왁 대통령과 영부인 이사벨 다 코스타 페레이라 여사는 그 행사에 참석했습니다.

* **donat** [명] 도넛. ¶Ha'u hakarak han donat. 도넛이 먹고 싶어요.

⁂ **dook** [부] 멀리. ¶dook ba tasi 바다로부터

D

멀리 / Ami hela dook, maibé kakutak ne'e besik. 우리는 멀리 살아도 마음은 가깝다. (반의) besik.

dool 형 더러운. ¶Sestu-lixu ne'e dool entaun ha'u fase ida ne'e. 이 쓰레기통이 더러워서 씻었다. (유의) door, fo'er. (반의) moos.

⁑**door** 형 더러운. ¶Keta bá fatin door. 더러운 곳에 가지 마세요. (유의) fo'er, dool. (반의) moos.

⁑**doos** 명 상자. ¶Murak ne'e barak iha doos laran. 상자 안에는 보물이 많았다. (유의) kaixa.

⁑**doras** Ⅰ 동 미끄러지다. ¶Ha'u doras ona entaun kidan moras. 미끄러져서 엉덩이가 아파요. (유의) derrapa, eskorrega. Ⅱ 형 미끄러운. ¶Udan tau entaun estrada doras. 비가 와서 길이 미끄럽다. (유의) kois, namdoros.

dorawai 명 조상. ¶Ema Korea barak halo adorasaun dorawai. 많은 한국인은 조상을 섬긴다. (유의) bei'ala, bein, vizavó. (반의) dexendente.

dormitóriu 명 기숙사. ¶Oan-mane hela iha dormitóriu universidade nian. 아들은 대학교 기숙사에서 지낸다.

⁑**dose** 명 빵, 튀김, 사탕. ¶Ha'u hamlaha, ita iha dose ka? 나 배고파, 빵 좀 있니? (이표기) dosi.

dosen 명 (인니) 강사. ¶Nia dosen husi Indonézia. 그 강사는 인도네시아에서 왔어요. (유의) dosente.

dosente 명 강사. ¶Dosente ne'e mak di'ak liu kona-ba lian Korea. 그 선생님은 최고의 한국어 강사예요. (유의) dosen. (반의) estudante. (이표기) dosenti.

⁎**doutór** 명 (남성) 의사. ¶Maria lori ninia alin ba iha doutór nehan tanba nia nehan moras. 마리아는 이가 아픈 동생을 치과 의사에게 데리고 갔다. (이표기) dotór.

⁎**doutóra** 명 (여성) 의사. ¶Ha'u nia oan-feto ne'e doutóra. 내 딸은 의사예요. (이표기) dotóra.

doutoradu 명 박사 학위. ¶Nia simu doutoradu tinan kotuk. 그는 박사 학위를 작년에 받았다. (유의) grau doutoramentu.

doutrina 명 ①가르침, 종교적인 지도. ¶Ninia doutrina famozu tebes. 그의 가르침은 매우 유명해요. ②교리. ¶Nia estuda kona-ba seita nia doutrina. 그는 종파의 교리에 대해서 연구하고 있다.

dozajen 명 복용량, 정량. ¶Ha'u tenke hemu ai-moruk dozajen. 약은 정량을 복용해야 한다. (유의) doze.

doze[1] 명 복용량, 정량. ¶Ai-moruk nia doze depende sintoma. 증상에 따라 약의 복용량이 다릅니다. (유의) dozajen.

⁎**doze**[2] 수 열두, 열두 번째. ¶dia doze 열두 번째 날 / doze oras 열두 시 (이표기) dozi.

dragaun 명 용. ¶Dragaun ne'e animál iha ai-knanoik laran. 용은 신화 속의 동물이다.

⁑**drama** 명 드라마, 연극. ¶Alin-feto laran-manas kona-ba drama Korea. 여동생은 한국 드라마에 열광한다.

dramátika 형 (여성) 극적인, 감격적인. ¶reasaun dramátika 극적인 반응

dramátiku 형 (남성) 극적인, 감격적인. ¶Nia bisnis kontinua tinan 10, depois halo susesu dramátiku. 그는 10년 동안 사업을 하다가 극적인 성공을 이루었다.

dramatiza 동 각색하다. ¶Nia dramatiza hela boneka nu'udár filme ba labarik sira. 그는 만화를 영화로 각색하고 있다.

dramaturga 명 여성 극작가. ¶Maria iha talentu nu'udár dramaturga. 마리아는 극작가로서의 재능이 있다.

dramaturgu 명 남성 극작가. ¶Uluk Jose ne'e atór, maibé dramaturgu agora. 조세는 배우였지만 지금은 극작가예요.

***drástika** 형 여성 과감한. ¶Maria koko reforma drástika ona. 마리아는 과감한 개혁을 시도했어요. 반의 ta'uk-teen, laran-ta'uk.

***drástiku** 형 남성 과감한. ¶Jose halo desizaun drástiku. 조세는 과감한 결정을 내렸다. 반의 ta'uk-teen, laran-ta'uk.

droga 명 약물, 마약. ¶Agora daudaun nia toman droga, entaun hela iha ospitál. 요즘 그는 약물 중독으로 병원에서 생활한다.

drogada 명 여성 마약 중독자. ¶Drogada sira ne'ebá presiza treinamentu. 저기 마약 중독자들은 재활 치료가 필요해요.

drogadu 명 남성 마약 중독자. ¶fó tratamentu drogadu sira 마약 중독자들을 치료해 주다

⁑dua 수 (인니) 둘, 이. ¶ema dua 두 사람 유의 dois, rua.

***dua belás** (인니) 열둘, 십이.

***dua juta** (인니) 이백만.

***dua milyár** (인니) 이십억.

***dua puluh** (인니) 스물, 이십.

***dua ratus** (인니) 이백.

***dua ribu** (인니) 이천.

***dua ribu dua** (인니) 이천이.

***dúbia** 형 여성 수상쩍은, 의심스러운. ¶Karik haree ema dúbia, favór fó hatene mai. 의심스러운 사람이 보이면 내게 알려주세요. 반의 fiar-belek.

***dúbiu** 형 남성 수상쩍은, 의심스러운. ¶Tanba mane ne'e asaun dúbiu, ha'u fó-hatene polísia tiha ona. 그의 수상쩍은 행동으로 나는 경찰에 신고했다. 반의 fiar-belek.

dudu 동 밀다. ¶Favór dudu odamatan ne'e. 이 문을 밀어 주세요. 유의 hadudu. 반의 arrasta, dada.

⁑dudun 형 딱딱한, 단단한. ¶Tubaraun iha nehan dudun no forte. 상어는 단단하고 강한 이빨이 있어요. 유의 toos.

⁑duetu 명 이중주. ¶Sira nia duetu ne'e furak. 그들의 이중주는 아름다웠다.

duil 동 구르다, 굴리다. ¶Nia duil karreta di'ak. 그는 좋은 차를 굴린다. 유의 duir.

***duir** 동 구르다, 굴리다. ¶Botir mamuk duir hela husi ne'ebá. 빈 병이 저쪽에서 굴러오고 있다. 유의 duil.

***duka** 동 ①움직이다. ②(지위, 직책이) 바뀌다. ¶Nia pozisaun la duka tiha ona durante tinan 8. 그의 직책은 8년 동안 바뀌지 않았다.

관용 duka mai (움직여 온다는 말로) 도착하다.

관용 duka bá (움직이기 시작한다는 말로) 출발하다

⁑duké 전 ~보다. ¶Nia halai lailais liu duké ha'u. 그는 나보다 더 빨리 달린다.

⁑**dukur** Ⅰ 동 자다. ¶Mai ita dukur sedu, no hadeer sedu! 일찍 자고 일찍 일어나자! 유의 hadukur. 반의 fanu, hadeer. Ⅱ 형 졸린. ¶Ha'u dukur iha klase laran. 나는 수업 중에 졸렸다. 유의 danae, matan-dukur.

*__dukurdór__ 명 잠꾸러기, 잠보. ¶Nia sai dukurdór iha Domingu. 일요일에 그는 잠꾸러기가 된다. 이표기 dukur door.

⁑**dular** 동 (나사를) 돌리다. ¶Tanba parafuzu ne'e longra, depois ha'u dular fali ona. 나사가 헐렁해서 다시 돌렸다.

⁑**dulas** 동 ①돌다, 회전하다. ¶Ida-ne'e naroman bainhira nia dulas. 이것은 돌면서 빛을 발산한다. 유의 fila. ②갈다. ¶dulas batar 옥수수를 갈다 ③소화시키다, 소화하다. ¶Ha'u pasiar minutu 30 atu dulas hahán. 음식을 소화시키기 위해서 30분 산책을 했다.

⁑**dulas volante** 핸들을 돌리다. ¶Derrepente busa mai, nia dulas volante kedas. 갑자기 고양이가 나와서 그는 바로 핸들을 돌렸다. 이표기 dulas volanti.

⁑**duleur** 동 (장소를) 배회하다, 빙빙 돌다. ¶Durante duleur, nia hasoru malu ho kolega sira. 동네를 빙빙 돌면서 그는 친구들을 만났다.

⁑**dulur** 명 동지, 동반자, 친구. ¶Feen-la'en mak dulur no mós kolega. 부부는 동지이며 친구이다. 유의 maluk. 반의 inimigu.

⁑**dun** 접 ~하는 동안. ¶Dun toba meiudia, ha'u mehi aat. 낮잠을 자는 동안 이상한 꿈을 꾸었다. 유의 durante, enkuantu, momentu.

duna 명 모래 언덕, 사구. ¶Duna furak barak iha Áfrika. 아프리카에는 아름다운 모래 언덕이 많습니다.

⁑**duni**[1] 부 정말로, 실제로. ¶Nu'udár ema foin-sa'e, ha'u gosta duni aprende buat barak. 젊은 사람으로서 나는 많은 것을 정말로 배우고 싶어요. 유의 dunik, tebes.

*__duni__[2] 동 ①쫓다, 쫓아내다. ¶Liurai duni sai ema aat husi suku. 촌장은 나쁜 놈을 마을에서 쫓아냈습니다. ②공격하다. ¶Asu ne'e duni ha'u. 그 개는 나를 공격했습니다. 유의 ataka, serán. 반의 defende.

*__duni-asu__ 명 사냥. ¶Nia halo duni-asu depois bá merkadu ona. 그는 사냥 후에 시장에 갔다. 유의 kasa.

⁑**dunik** 부 실제로, 실은. ¶Deklarasaun mak iha influénsia boot dunik. 실제로 결단은 영향력이 크다. 반의 imajináriu.

*__duni kaixaun__ 사형 선고. ¶Duni kaixaun ne'e asuntu polémiku iha nasaun demokrasia. 사형 선고는 민주주의 국가들 사이에서 논쟁적 쟁점이에요.

*__duni sai__ ①제거하다. ¶La bele duni sai tomak ema aat sira. 나쁜 사람들을 완전히 제거할 수는 없다. 유의 elimina, hasees. ②쫓겨나다, 추방당하다. ¶duni sai hosi hela-fatin 거주지에서 쫓겨나다 유의 despeja.

*__duni tuir__ 쫓다, 쫓아가다. ¶Nia duni tuir na'ok-teen. 그는 도둑을 쫓아갔다. 유의 halahat.

⁑**dupla** 형 여성 두 배의. ¶folin dupla 두 배의 가격

*__duplika__ 동 복사하다. ¶Ha'u duplika

dokumentu depois fó bos. 서류를 복사하여 상사에게 주었다. 유의 fotokopia, haruak, kopia.

duplikasaun 명 유전자 복제. ¶Ha'u estuda kona-ba duplikasaun hela. 유전자 복제에 대한 연구를 하고 있다.

*__duplu__ 형 남성 두 배의. ¶Jose halo esforsu duplu to'o agora. 지금까지 조세는 두 배의 노력을 해왔어요.

*__dura__[1] 동 지속되다. ¶Festa ne'e dura tiha ona semana rua. 축제가 2주 동안 지속되었어요. 유의 tahan.

dura[2] 동 견디다, 참다. ¶Nia dura susar kleur ikus mai la'o ho di'ak. 오랫동안 그는 어려움을 견디고 결국 성공했다. 유의 tahan, terus, aguenta.

*__durante__ 접 ~하는 동안. ¶Durante ha'u toba, kolega sira lee livru hela. 내가 자고 있는 동안 친구들은 책을 보고 있다. 유의 dun, enkuantu, momentu.

*__durasaun__ 명 지속, 기간. ¶Ita estuda iha universidade to'o agora durasaun tinan hira? 대학에서 지금까지 공부한 기간이 몇 년인가요?

duriaun 명 두리안. ¶Duriaun iha Timor-Leste ka? 동티모르에 두리안이 있나요?

durubasa Ⅰ 명 통역사. ¶Ha'u presiza durubasa, entaun favór bolu ema ida. 통역사가 필요하니 한 사람 불러 주세요. Ⅱ 동 통역하다. ¶Nia durubasa oras 5 depois kole loos ona. 그는 5시간 통역하고 나서 매우 피곤했다. 유의 interpreta. 이표기 durbasa.

du'un 동 비난하다, 고소하다. ¶Povu du'un governu tanba korrupsaun iha laran. 국민은 정부의 부패를 비난했다. 반의 gaba. 이표기 duu du'u.

*__du'ut__ 명 풀, 초원, 잡초, 잔디. ¶Loron domingu, foti du'ut iha kintál. 일요일에 농장에서 풀을 뽑았다. 이표기 duut.

du'ut-laran 명 잔디밭. ¶Labarik sira nahe biti iha du'ut-laran. 아이들은 잔디밭에 자리를 깔고 앉았다.

*__du'ut-morin__ 명 허브, 향초, 약초. ¶Xá ne'e halo hosi du'ut-morin. 허브로 차를 만들어요. 이표기 duut morin.

*__dúvida__ Ⅰ 명 의심. ¶Asaun hanesan ne'e bele simu dúvida. 그런 행동은 의심을 받을 수 있다. 반의 fiar. Ⅱ 동 의심하다. ¶Mai ita la dúvida ema ho fasil. 쉽게 사람을 의심하지 말자. 유의 suspeita. 반의 fiar. Ⅲ 형 수상한, 의심스러운. ¶Ha'u hanoin ideia kritikfa sira nian la dúvida. 저는 그 비평가들의 생각이 의심스럽지 않다고 생각해요. 유의 suspeitu.

*__duvidozu__ 형 수상한. ¶Feto laran taridu kona-ba la'en ninia hahalok ne'ebé duvidozu. 그녀는 남편의 수상한 행동이 마음에 걸렸다.

*__duzentus__ 수 포 이백.

*__dúzia__ 명 열두 개 한 묶음, 한 다스. ¶Mestre fó ha'u lapis dúzia. 선생님이 연필 한 다스를 주셨다.

*__DVD__ 명 디브이디, 디지털 비디오디스크. ¶Loja ne'e fa'an DVD ka? 이 가게에서 디브이디를 팔아요?

E

*edifika 동①(건물을) 세우다. ¶Ikus mai, ha'u edifika ha'u nia edifísiu. 마침내 나의 건물을 세웠다. 유의 harii. 반의 hamonu. ②고양시키다. ¶Atrís ne'e edifika hela nia imajen liu husi filme. 그 여배우는 영화를 통해서 자신의 이미지를 고양시키고 있다.

**edifísiu 명 건물. ¶Nia halo konstrusaun edifísiu hela. 그는 건물 공사를 하는 중이다. 유의 gedung, uma.

**edisaun 명 판, 전 발행 부수. ¶Ha'u fa'an edisaun 2017 hotu. 나는 2017년 판을 모두 팔았다.

*edita 동 출판하다. ¶Horibainhira ita edita disionáriu Tetun-Inglés? 테영사전은 언제 출판하셨지요?

editór 명 출판인. ¶Sé mak editór? 출판인은 누구예요?

editora 명 출판사. ¶Editora nia naran saida? 출판사명이 뭐예요?

editu 명 포고, 칙령. ¶La bele kontinua editu kona-ba funu. 전쟁에 대한 선전포고가 계속되어선 안 된다.

*edukadór 명 교육자. ¶Nia ne'e edukadór, no mós ninia aman ne'e edukadór. 그는 교육자이고 그의 아버지도 교육자이다. 반의 estudante.

*edukadu 형 공손한. ¶Marito ne'e mak edukadu ba ema hotu. 마리또는 누구에게나 공손하다. 유의 delikadu, matenek. 반의 matan-aas, foti-an, arrogante, oin-roit.

**edukasaun 명 교육. ¶Edukasaun mak fundasaun ba dezenvolvimentu nasionál. 교육은 국가 발전의 기초이다.

efeitu 명 영향, 효과. ¶Polítika governu halo efeitu ba povu. 정부 정책은 국민에게 영향을 끼친다.

efeitu ai-moruk 약효. ¶Tanba efeitu ai-moruk, ita bele matan dukur. 약효로 당신은 졸릴 수 있어요.

efeitu kontrariu 역효과. ¶Bele haree mós efeitu kontrariu. 역효과를 볼 수도 있어요.

efémeru 형 덧없는. ¶Agora daudaun Maria sente vida nia efémeru. 요즘 마리아는 인생이 덧없다고 느낀다.

efeminadu 형 여자다운. ¶Maria efeminadu loos! 마리아는 진짜 여자다워!

**efetivamente 부 실제로, 현실적으로.

¶Efetivamente servisu ne'e la bele. 현실적으로 그 일은 불가능하다.

*__efetua__ 동 수행하다. ¶José efetua dezignasaun entaun bos halo promosaun José. 조세는 임무를 수행했고 상사는 조세를 승진시켰다. 유의 hala'o, implementa.

*__efikásia__ 명 효과적. ¶Dalan ne'e efikásia liu. 이 방법이 더 효과적입니다.

*__efisiénsia__ 명 효율. ¶Ida ne'e relatóriu kona-ba efisiénsia enerjia. 이것은 에너지 효율 연구 보고서입니다.

*__efisiénte__ 형 효율적인. ¶uza efisiénte 효율적인 활용

*__ego__ 명 자아, 자존심. ¶Lalika lakon oportunidade, tanba ego! 자존심 때문에 기회를 놓치지 말자!

*__egoístiku__ 형 이기적인. ¶Ha'u labele komprende patraun Lee nia hahalok egoístiku. 난 이 사장의 이기적인 행동을 이해할 수 없다.

__egoízmu__ 명 이기주의. ¶Ha'u surpreza nia egoízmu. 나는 그의 이기주의에 놀랐다.

__egosentrizmu__ 명 자기중심적. ¶Agora daudaun, ema barak iha tendénsia egosentrizmu. 요즘 사람들은 자기중심적인 경향이 많습니다.

__ehas__ 명 바퀴벌레. ¶La iha ehas iha ha'u-nia nia laran. 내 집에는 바퀴벌레가 없다. 유의 barata.

__eixu__ 명 차축. ¶Tanba asidante tráfiku, karreta nia eixu mak hisik ona. 교통사고로 차량의 차축이 흔들렸다.

__ejemonia__ 명 패권, 주도권. ¶Amérika no Xina halo ejemonia kompetisaun hela. 미국과 중국은 패권 경쟁을 하고 있다.

__Ejitu__ 명 이집트, 이집트 사람. ¶halo viajen ba Ejitu 이집트로 여행가다 유의 Mesir.

__ekilíbriu__ 명 균형. ¶Mai la'o ho ekilíbriu. 균형을 잡고 걸어 봅시다. 유의 tato'an.

⁑__ekípa__ I 명 팀, -대, -단. ¶ekípa salvamentu 구조대 / Ami nia ekípa manán tiha ona. 우리 팀이 승리했다. II 동 장비를 갖추다. ¶Sala ida-ne'e ekípa fasilidade hodi habelar. 이 방은 방송 장비를 갖추었어요.

__ekipamentu__ 명 장비. ¶Nia fó-aluga ekipamentu konstrusaun. 그는 건설 장비를 임대한다. 유의 alat, materiál.

⁑__ekivale__ 형 똑같은, 동등한. ¶Mane no feto ekivale iha ami-nia familia. 우리집에서 남자와 여자는 동등해요.

*__ekivalente__ 형 동등한. ¶Fahe liman-rohan ba oan-mane no oan-feto mak ekivalente. 유산의 분배가 딸과 아들에게 동등했다.

*__ekívoku__ I 명 애매모호함. ¶Ha'u hetan solusaun, araska, tanba ekívoku asuntu ne'e nian. 그 쟁점의 애매모호함 때문에 해결책을 찾기 어렵다. II 형 애매모호한. ¶Nia resposta ekívoku. 그의 대답은 애매모호했다. 반의 malorek.

*__eklétiku__ 형 절충적인. ¶Favór submete proposta eklétiku. 절충적인 제안서를 제출해 주세요.

*__ekletizmu__ 명 절충주의. ¶Favór halo diskusaun kona-ba problema husi ekletizmu. 절충주의의 문제점을 토론해 보세요. 반의 estremizmu.

E

eklipse 명 일식, 월식. ¶Tansá ami bele haree eklipse? 우리가 일식을 볼 수 있는 이유는? 유의 fulan-kalobas, fulan-naraan.

ekolojia 명 생태, 생태계, 생태학. ¶Dezenvolvimentu rejionál la tenke halakon ekolojia. 지역의 개발이 생태계를 파괴해야만 하는 것은 아니다.

ekolojista 명 생태학자. ¶Nia mak ekolojista ne'ebé estuda kona-ba lafaek. 그는 생태학자이며 악어에 대해 연구합니다.

ekon 명 자만심, 허영심. ¶La presiza ekon, se ita hakarak buka ksolok husi laran. 내면의 행복을 찾고자 한다면 허영심은 필요가 없다.

ekon-laek 형 가식이 없는, 잘난 척하지 않는. ¶Nia ema ekon-laek, entaun ninia kolega sira bele ko'alia ho neon nakloke. 그는 가식이 없는 사람이어서 친구들이 열린 마음으로 그와 대화를 나눌 수 있다. 반의 ekon-na'in.

ekon-na'in 형 가식적인, 척하는. ¶Nia ema ekon-na'in, entaun ninia kolega sira la bele kompriende ninia laran. 그는 가식적인 사람이어서 친구들이 그의 속을 알 수가 없다. 반의 ekon-laek.

*__ekonomia__ 명 경제. ¶Ekonomia nasionál hahú sa'e tin-tinan. 해를 거듭하며 국가 경제가 좋아지고 있다.

ekonómiku 형 경제의, 경기의. ¶Favór ko'alia asuntu ekonómiku agora daudaun. 최근 경제의 쟁점을 말해 보세요.

ekonomista 명 경제학자. ¶Nia nu'udár ekonomista estuda kona-ba ekonomia iha Timor-Leste. 경제학자인 그는 요즘 동티모르 경제에 대해서 연구하고 있다.

*__ekonomiza__ 동 절약하다, 아끼다. ¶Nia mak ekonomiza tinan 10 depois agora bele prepara uma foun. 그는 10년 동안 절약해서 집을 준비하였다. 반의 halakon.

ekosistema 명 생태계. ¶Ita tenke tau interese iha protesaun ekosistema. 우리는 생태계를 보호하는 데에 관심을 가져야 합니다.

*__ekrán__ 명 화면. ¶Maske ida ne'e televizaun foun, ninia ekrán kondisaun ne'e la di'ak. 이것은 새 TV지만, 화면 상태가 별로 좋지 않다.

ekságonu 명 육각형. ¶Bani hela iha uma ho ekságonu. 벌은 육각형으로 된 집에 산다.

ekspansaun 명 진출. ¶Ekspansaun feto sira iha sosiedade aumenta aas. 여성들의 사회 진출이 늘어나고 있다.

ekspozisaun 명 전시회. ¶bá iha fatin ekspozisaun fotográfika 사진 전시회에 가다

ektare 명 헥타르. ¶Nia rai ne'e maizumenus ektare 10. 그의 땅은 대략 10헥타르이다.

ekuánime 형 중립적인. ¶Nia fó esplikasaun kona-ba pozisaun ekuánime ona. 그는 자신의 중립적인 입장을 설명했다.

ekuasaun 명 방정식. ¶Labalik rezolve hela ekuasaun iha klase matemátika. 아이는 수학 수업 시간에 방정식 문제를 풀고 있다.

ekuatoriál 형 적도의, 열대의. ¶Uluk, nasaun Ekuadór ne'e naran ekuatoriál. 사실, 나라 이름 에콰도르는 적도의 이름이었습니다.

ekuidade 명 자기 자본. ¶Agora nia ekuidade iha emprezariu laran ne'e 51%, entaun sai asionista boot. 그는 회사 내 자기 자본 51퍼센트를 가진 대주주가 되었다.

*****ekuitativu** 형 공정한, 공평한. ¶Nia hein hela julgamentu ekuitativu husi juis. 그는 판사의 공정한 판결을 기다리고 있다. 유의 adil, imparsiál, justu. 반의 injustu.

***elabora** 동 정교하게 계획하다. ¶Feen-la'en ne'e mak elabora hela kona-ba detalle periodu tinan 5. 부부는 5년간의 활동에 대해서 정교하게 계획하고 있다.

elastisidade 명 탄성, 탄력성, 신축성. ¶Kalsa ne'e elastisidade di'ak entaun ha'u uza ho konveniénsia. 이 바지는 신축성이 좋아서 편하다.

elefante 명 코끼리. ¶Elefante oan moris mai iha zou. 동물원에 아기 코끼리가 태어났다. 유의 odas.

elegante 형 우아한. ¶Nia no ninia alin-feto mós elegante. 그녀도, 그녀의 여동생도 우아하다. 유의 garbu.

eleisaun 명 선거. ¶Kandidatu rame tanba eleisaun. 선거 때문에 후보자들이 바쁘다. 유의 hahilik.

elejia 명 애도가. ¶Nia kanta elejia ba estudante nia mate. 그는 제자의 죽음에 애도가를 불렀다.

elejivel 형 선거할 수 있는, 자격이 되는. ¶Nia ne'e tinan rua-nulu i nia sai votante elejivel. 그는 20세이고, 선거할 수 있는 유권자가 되었다.

elementár 형 초보의, 초급의. ¶Ha'u nafatin nivel elementár. 여전히 저는 초급 수준이에요. 반의 peritu.

elementu 명 구성 요소, 성분. ¶Elementu ai-moruk ne'e saida? 약 성분은 무엇입니까?

elenku 명 배역들, 출연진. ¶Ha'u gosta elenku entaun haree filmí ne'e. 출연진을 좋아해서 그 영화를 보았다.

***eletrifika** 동 전기로 움직이게 하다. ¶Karreta-elétriku ne'e eletrifika karreta. 전기차는 차를 전기로 움직이게 합니다. 유의 eletriza.

***eletrisidade** 명 전기, 전력. ¶Eletrisidade mate, ha'u toba de'it. 전기가 나가서 나는 그냥 잠들었다. 유의 eletrisista.

***eletrisista** 명 전기, 전력. ¶Eletrisista iha rai laran mate hotu. 지역 안에 전력이 모두 끊겼다. 유의 eletrisidade.

***eletriza** 동 전력을 공급하다. ¶Fó eletriza ba ami nia vila. 우리 마을에 전력을 공급해 주세요. 유의 eletrifika.

***eletrónika** I 명 전자 공학. ¶Nia estuda eletrónika iha universidade. 그는 대학에서 전자 공학을 공부한다. II 형 여성 전기의, 전자의. ¶Maria nia bisikleta eletrónika 마리아의 전기 자전거

eletróniku 형 남성 전기의, 전자의. ¶korreiu eletróniku 전자 우편

elevadór 명 엘리베이터, 승강기. ¶Ha'u sa'e ba andár sanulu resin lima ho elevadór. 나는 엘리베이터로 15층에 올

E

라갔다. ㊜ axensór.

*__elevasaun__ 명 승진, 승격. ¶Ninia elevasaun ne'e rezultadu servisu ne'ebé nia halo. 그의 승진은 그가 성취한 일의 결과이다.

*__elijibilidade__ 명 적임, 적격. ¶Nia elijibilidade nu'udár profesór. 그는 교수로서 적임이다.

__elikópteru__ 명 헬리콥터. ¶Ha'u sa'e elikópteru hodi bá pulau Atauro. 아따우로 섬에 가기 위해서 헬리콥터를 탔다.

⁑__elimina__ 동 제거하다. ¶Ha'u elimina hatais nia poluisaun. 나는 비누로 옷의 오염을 제거했다. ㊜ duni sai, hasees.

__eliminasaun__ 명 배설. ¶Fibra alimentár ne'ebé kuantidade boot iha ai-fuan no modo halo eliminasaun ho kabeer. 과일과 채소에 다량 함유된 식이 섬유는 배설을 원활하게 한다.

__elipse__ 명 타원. ¶Nia halo dezeñu ho elipse. 그녀는 타원을 가지고 디자인을 한다.

__élise__ 명 프로펠러. ¶Aviaun nia élise mak komesa nakdulas. 비행기의 프로펠러가 돌기 시작했다.

__elite__ 명 엘리트. ¶Iha universidade, estudante elite sira mak barak. 대학에는 엘리트 학생들이 많다.

__éliu__ 명 헬륨. ¶Éliu gás ne'e kamaan liu ár. 헬륨 가스는 공기보다 가볍다.

⁑__elojiu__ 명 칭찬. ¶Mestre nia elojiu ne'e halo estudante pratika barak. 선생님의 칭찬은 학생들을 더 실천하게 만든다. ㊜ gaba, kumprimentu.

__elokuénsia__ 명 웅변. ¶Estudante sira halo kompetisaun elokuénsia iha eskola. 학생들은 학교에서 웅변대회를 합니다.

__elokuente__ 형 웅변을 잘하는. ¶Labarik elokuente mak ha'u nia oan-feto. 웅변을 잘하는 아이가 제 딸이에요.

__elokusaun__ 명 웅변술. ¶Elokusaun ne'e di'ak loos! 웅변술이 뛰어나군요!

⁑__ema__ 명 사람. ¶Sé mak ema ne'ebá? 저 사람은 누구예요? ㊜ na'in.
관용 ema nia aman (비격식) 남자, 이놈.
관용 ema ida dala ida 한 번에 한 가지씩.

⁑__ema-boot__ 명 사회적 지도자, 성인. ¶Nia ko'alia hanesan ema-boot. 그는 사회적 지도자처럼 말했어요. 이표기 ema boot.

__ema-burak__ 명 망나니, 행실이 나쁜 사람. ¶Mane ne'e sai ema-burak bainhira nia hemu tua de'it. 저 녀석은 술만 먹으면 망나니가 된다.

__ema dadur__ 죄수, 수감자. ¶Ema dadur ruma servisu iha prizaun. 몇 수감자들은 감옥에서 일을 한다. ㊜ prizioneiru.

⁑__ema-feto__ 명 여성. ¶Maria mak ema-feto di'ak loos. 마리아는 훌륭한 여성입니다. ㊦ mane.

⁑__ema-fitun__ 명 영화배우. ¶Ha'u nia oan-feto nia mehi ne'e ema-fitun. 딸의 꿈은 영화배우입니다.

__ema fotografiku__ 사진작가. ¶Ema fotografiku hasai hela foto ho badinas. 사진작가는 부지런히 사진을 찍고 있어요. ㊜ fotógrafu.

⁑__ema-foun__ 명 낯선 사람. ¶Oan-feto, la tuir bá ema-foun. 딸아, 낯선 사람을 따라가서는 안 된다.

⁑**ema-ida** 대 누가. ¶Ohin ema-ida telefóne buka ita-boot. 아까 누가 전화해서 너를 찾더라.

⁑**ema-ki'ik** 명 소시민. ¶Ema-ki'ik barak mak sei hamlaha. 많은 소시민이 여전히 굶주리고 있어요. 유의 povu, reinu. 이표기 ema kiik.

ema la'o-rai 이방인, 낯선 사람. ¶kuidadu ema la'o-rai 이방인을 경계하다

⁑**ema-leet** 명 관계없는 사람, 모르는 사람. ¶Ema-leet balun foti ha'u nia sasán. 모르는 사람이 제 물건을 집네요. 이표기 ema leet.

⁑**ema-li'ur** 명 외국인, 이방인. ¶Ema-li'ur barak iha SEOUL. 서울에는 외국인이 많아요. 반의 rai-na'in.

⁑**ema-lubuk** 명 단체, -단. ¶ema-lubuk tuir 수행단 / Ha'u la suporta ema-lubuk ne'e. 나는 그 단체를 지지하지 않는다. 유의 ema-lubun.

ema-lubun 명 단체, -단. ¶Ema-lubun pás nian mai iha eskola. 평화 단체가 학교에 왔다. 유의 ema-lubuk.

***ema-lubun boot** 군중. ¶provoka ema-lubun boot 군중을 선동하다 유의 multidaun.

⁑**ema-moras** 명 환자. ¶tau matan ba ema-moras 환자를 돌보다 유의 pasiente.

ema-neve 명 눈사람. ¶Ema-neve boot nabeen. 커다란 눈사람이 녹고 있다.

⁑**emar** 명 ①인구, 사람, 사람들. 유의 populasaun. ②추종자. ¶Emar mak halo diálogu iha SNS loron-loron. 추종자들이 매일 SNS에서 대화한다. 반의 lider.

⁑**ema responsavel** 담당자, 책임자. ¶Servisu ne'e nia ema responsavel sai ona husi fatin servisu. 그 일의 담당자는 퇴근했습니다. 유의 enkarregada, enkarregadu.

ema-ró 명 뱃사공, 선원, 뱃사람. ¶Ninia aman ne'e ema-ró. 그의 아버지는 뱃사공이었다. 이표기 ema roo.

ema-si'ik 명 점쟁이, 점술가. ¶Ema-si'ik hatete ha'u mak halo susesu. 점쟁이는 내가 성공한다고 말했다. 이표기 ema siik.

⁑**ema tesi-fuuk** 미용사, 이발사. ¶Ema tesi-fuuk ne'e profisionál. 그 미용사는 전문가이다. 유의 badain tesi-fuuk, barbeiru.

***embaixada** 명 대사관. ¶Ha'u haree avizu ne'e iha embaixada. 대사관에서 그 공지를 보았습니다.

embaixadór 명 남성 대사. ¶Embaixadór okupadu ho serimónia barak. 대사는 많은 행사로 바쁘십니다.

embaixatrís 명 여성 대사. ¶Nia mak primeira embaixatrís. 그녀는 최초의 여성 대사입니다.

***embalajen** 명 포장, 짐 싸기, 가방 싸기. ¶Ha'u halo embalajen agora. 저는 지금 짐 싸기를 하고 있어요.

embalsama[1] 동 방부제 처리하다. ¶embalsama ba hahán iha kaleen 통조림 식품에 방부제 처리하다

embalsama[2] 동 향기를 풍기다. ¶Ai-funan ne'e sempre embalsama. 이 꽃은 언제나 좋은 향기를 풍긴다.

***embarga** 동 ①방해하다. ¶Bainhira biin estuda, keta embarga. 언니가 공부할 때 방해하지 말아라. 유의 interrompe, terik. ②움켜잡다, 붙잡다. ¶Maria mak embarga nia entaun nia la bá ona. 마리아가 그를

E

붙잡아서 그는 가지 않았다.

embargu 명 통상 금지, 금수 조치. ¶Ikan husi Japaun ne'e embargu. 일본산 생선은 통상 금지이다.

*__embarka__ 동(배, 비행기에) 승선하다. ¶Família hotu embarka iha aviaun. 가족 모두 비행기에 승선했다. / Nia embarkas atu bá Atauro. 그는 아따우로로 가기 위해 배를 탔어요. 이표기 embacar.

embarkadoiru 명 부두, 선창. ¶Ami hotu to'o iha embarkadoiru ho di'ak. 우리 모두 부두에 잘 도착했다. 유의 pontekais.

embarkasaun 명 선박. ¶Ninia servisu buat hadi'a embarkasaun. 그는 선박을 수리하는 일을 합니다.

embarke 명 승차. ¶Terminál ne'e bis rame ho ema sira ne'ebé hein embarke. 그 버스 터미널은 승차를 기다리는 사람들로 붐볐다.

emblema 명 상징. ¶emblema sorte 행운의 상징 유의 diviza, símbolu.

embolizmu 명 색전증. ¶Se iha embolizmu, la bele tama militár. 색전증이 있으면, 군대에 들어갈 수 없습니다.

émbolu 명 피스톤. ¶Émbolu bomba aat. 피스톤 펌프가 고장입니다.

emboot 명 총독. ¶Nia hatete Maria oho emboot. 그는 마리아에게 총독을 죽이라고 말했다. 유의 governadór, governadora.

*__embora__[1] 접 비록 ~지만. ¶Embora idade, laran ne'e foin-sa'e. 비록 늙었지만 마음은 젊다. 유의 maske, mézmuke.

embora[2] 감 꺼져, 저리 가, 저리 가요. ¶Embora agora! 당장 꺼져!

emboskada 명 매복. ¶Balada fuik halo emboskada, depois ataka hahán. 맹수는 매복을 했다가 먹이를 공격한다. 유의 terin.

embraiajen 명 손아귀. ¶Projetu ne'e iha ha'u nia embraiajen. 그 프로젝트는 내 손아귀에 있다.

embriaun 명 배아. ¶embriaun klone 배아 복제

*__embrullu__ 명 소포. ¶entrega embrullu 소포를 배달하다 유의 falun.

emdémiku 형 고유의, 풍토의, 고질적인. ¶Nia hemu ai-moruk tanba moras emdémiku. 그는 풍토병으로 약을 먹는다.

emenda 명 개정, 개정안, 수정안. ¶halo emenda lei-inan nian 헌법 개정안을 만들다 유의 derrogasaun.

*__ementa__ 명 메뉴. ¶hili hahan iha ementa 메뉴에서 음식을 고르다 유의 lista.

emerje 동 피어오르다. ¶Labarik sira haree ba ai-funan sira ne'ebé emerje. 아이들은 막 피어오르는 꽃들을 바라보았다.

*__emerjénsia__ 명 비상사태, 응급 상황. ¶Inserteza kona-ba ekonomia globál bele halo situasaun emerjénsia. 국제 경제의 불확실성은 경제적 비상사태를 초래할 수 있다.

emerjente 형 새, 새로운, 신흥의. ¶Timor-Leste mosu hela hanesan merkadu emerjente. 동티모르도 신흥 시장으로 떠오르고 있다.

emétiku 명 구토제. ¶Emétiku nia

funsaun ne'e saida? 구토제의 기능은 무엇입니까?

emigra 동 (타국으로) 이주하다, 이민하다. ¶Familia hotu emigra iha US. 가족 모두 미국으로 이민했다.

emigrante 명 이주자, 이주민. ¶Nia estuda hela polítika kona-ba emigrante sira nian. 그는 이주민들에 대한 정책을 연구합니다. 유의 derak-na'in.

* **eminente** 형 저명한. ¶Profesór eminente sira ne'e barak iha Semináriu ne'e. 그 세미나에는 저명한 교수들이 많습니다.

emisáriu 명 ①배출, 발산. ¶Gás suar nia emisáriu hada'et ár. 매연의 배출은 공기를 오염시킨다. ②사절, 특사, 밀사. ¶Depois de tinan tolu, Maria sai prezidente nia emisáriu. 3년 후에 그는 대통령 특사가 되었다. 유의 manu-ain.

* **emisaun** 명 ①배출. ¶Karreta elétriku la iha emisaun gás. 전기차는 가스 배출이 없다. ②방송. ¶Emisaun desportu barak tanba Jogu Olímpiku sira. 올림픽 게임 때문에 스포츠 방송이 많아요. ③발행. ¶Osan-besi ne'e nia tinan emisaun iha ninia kotuk. 그 동전의 발행 연도는 동전의 뒤에 있습니다.

emisfériu 명 반구. ¶Rai iha emisfériu norte no emisfériu súl. 지구에는 북반구와 남반구가 있습니다.

* **emisora** 명 방송국. ¶KBS emisora iha Yeo-ui-do. KBS 방송국은 여의도에 있습니다.

emoglobina 명 혈색소. ¶Ba feto isin-rua, emoglobina ne'e importante tebes. 임산부에게는 혈색소가 중요합니다.

emograma 명 혈구 수치. ¶Emograma mak badak. 혈구 수치가 낮아요.

emorrajia 명 출혈. ¶Se emorrajia barak, presiza transfuzaun-raan. 출혈이 심하면 수혈이 필요합니다. 유의 raan-suli.

emorroidas 명 치질. ¶Daudaun emorroidas ne'e pasa fasil. 요즘, 치질은 쉽게 치료됩니다. 유의 kidun-mean.

* **emosaun** 명 감정, 느낌. ¶Ha'u hanoin kona-ba razaun no emosaun. 이성과 감정에 대해서 생각하고 있어요.

* **emosionante** 형 흥미진진한. ¶Ha'u nia universidade moris mak emosionante. 대학 생활이 흥미진진해요.

* **emotivu** 형 자극적인. ¶Ha'u la gosta filmi emotivu. 나는 자극적인 영화를 좋아하지 않는다.

* **empada** 명 과일 파이. ¶Amá tunu hela empada. 엄마는 과일 파이를 굽고 있어요.

empalla 동 (동물을) 박제로 만들다. ¶Nia empalla animál, foin mak fa'an nia iha merkadu. 그는 동물을 박제로 만든 다음에 그것을 시장에서 팝니다.

** **empát** 수 인니 4, 넷, 사. ¶Pateka ida-ne'e empát dolar. 이 수박은 4달러에요. 유의 haat, kuatru.

empata 동 엮다, 단단히 묶다. ¶Ohin klubu rua ne'e empata depois halo klubu ida. 오늘 두 팀을 묶어서 한 팀으로 만들었다. 유의 kesi, futu.

* **empát belás** 인니 열넷, 십사.

empatia 명 공감. ¶Hatene no empatia

ne'e inportante tebes iha ema relasaun. 사람 관계에서 이해와 공감은 매우 중요하다. ⓡ반의 antipatia.

***empát puluh** (인니) 마흔, 사십.

***empát ratus** (인니) 사백.

empeña 동 (물건을) 저당 잡히다, 담보하다. ¶Ha'u presiza osan boot entaun empeña uma iha banku. 큰돈이 필요해서 집을 은행에 저당 잡혔다. (유의) fó peñór.

empíriku 형 실증적, 경험에 의거한. ¶Dokumentu ne'e reportajen empíriku. 그 서류는 경험에 의거한 보고서입니다. (반의) ideál, idealógiku.

empirista Ⅰ 명 실증주의자, 경험론자. ¶Rona di'ak tanba ha'u hateten nudar empirista. 경험론자로서 말하니까 잘 들으세요. Ⅱ 형 실증적인. ¶Sira halo polítika tuir estuda empirista. 그들은 실증적인 연구를 통해 정책을 만든다.

empirizmu 명 실증주의. ¶Ami komesa estuda empirizmu. 우리는 실증주의 연구를 시작했어요. (반의) idealizmu.

emplastru 명 반창고, 파스. ¶Ha'u iha múskulu moras entaun taka emplastru. 근육통이 있어서 파스를 붙였다.

empóriu 명 큰 상점, 백화점, 시장. ¶Ha'u bá empóriu maibé la iha buat ida-ne'ebé ha'u hakarak sosa. 시장에 갔지만 사고 싶은 게 아무것도 없었다.

***emprega** 동 고용하다, 이용하다. ¶Nia emprega hela empregadu sira barak. 그는 많은 직원들을 고용하고 있어요. (유의) fó servisu ba.

***empregada** 명 (여성) 직원, 종업원. (이표기) empregado.

***empregada-meza** 명 (여성) 홀 담당 종업원. ¶Restorante ne'e iha empregada-meza na'in sanulu. 그 식당에는 홀 담당 종업원이 10명이다. (유의) servidóra.

***empregadu** 명 (남성) 직원, 종업원. ¶Restorante ne'e iha empregadu totál na'in rua-nulu rua. 그 식당의 남자 직원은 총 22명이다. (반의) emprezáriu. (이표기) empregado.

***empregadu-meza** 명 (남성) 홀 담당 종업원. (유의) servidór. (이표기) empregado meza.

empregu 명 고용. ¶Presiza redúz traballadór irregular atu realiza empregu ne'ebé estavel. 비정규직을 줄여 안정적인 고용을 이룰 필요가 있다.

***empreiteiru** 명 계약자, 도급업자. ¶Jose sai uma ne'e nia empreiteiru konstrusaun. 조세는 그 건물의 공사 계약자가 되었다.

emprendedór Ⅰ 명 (남성) 사업가, 기획가. ¶Nia ne'e emprendedór kompetente. 그는 유능한 사업가이다. Ⅱ 형 (남성) 진취력 있는, 진취적인. ¶Jose iha atitude emprendedór. 조세는 진취적인 태도를 갖고 있다.

emprendedora Ⅰ 명 (여성) 사업가, 기획자. ¶Nia ne'e emprendedora kompetente. 그녀는 유능한 사업가이다. Ⅱ 형 (여성) 진취력 있는. ¶Maria ne'e diretora emprendedora. 마리아는 진취력 있는 임원이다.

emprendimentu 명 벤처 기업. ¶Jose komesa ona emprendimentu ho empregadu na'in lima. 조세는 직원 다섯 명으로 벤처 기업을 시작했다.

*empresta 동 빌려주다. ¶Nia empresta osan no la simu. 그녀는 돈을 빌려주고 받지 못했다. 유의 lori-empresta. 반의 fó-empresta.

empreza 명 회사, 기업, 사업. ¶Jose diriji empreza ida. 조세는 회사를 운영한다. 유의 bisnis. 이표기 empresa.

emprezáriu 명 사업주, 기획자, 단장. ¶Emprezáriu mak haraik osan-boot. 사업주가 거금을 기부했다. 반의 empregadu.

emula 동 모방하다. ¶Nia emula dezeñista koñesidu ida nia dezeñu. 그는 유명 디자이너의 디자인을 모방했다. 유의 halo-tuir.

*enám 수 인니 여섯, 육. 유의 neen, seis.

*enám belás 인니 열여섯, 십육.

*enám puluh 인니 예순, 육십.

*enám ratus 인니 육백.

endemoniñadu 형 홀린 듯한. ¶oin endemoniñadu husi matebian 귀신에 홀린 듯한 얼굴

enderesa 동 (봉투에) 주소를 쓰다. ¶Nia hakerek enderesa iha envelope. 그는 봉투에 주소를 썼다.

*enderesu 명 주소. ¶Fó-hatene enderesu ita nia uma. 집 주소를 알려 주세요. 유의 alamat, diresaun.

endosa 동 ①지지하다. ¶Ema sira barak mak endosa kandidatu ne'e. 많은 사람들이 그 후보자를 지지한다. 유의 tane. 반의 serán, ataka. ②(수표, 어음에) 이서하다. ¶Ha'u endosa depois, fó nia ba Maria. 수표에 이서한 다음 그것을 마리아에게 주었다.

endosante 명 이서자, 배서인. ¶Endosante xeke ne'e mak ha'u. 그 수표의 이서자는 바로 나다.

endoskopia 명 내시경 시술. ¶Aman simu endoskopia iha ospitál ne'e. 아버지는 그 병원에서 내시경 시술을 받는다.

enerjetikamente 부 활발히. ¶Asu oan sira halimar iha du'ut ho enerjetikamente. 강아지들은 풀밭을 활발히 돌아다녔다.

*enerjétiku 형 (타인에게) 에너지를 주는. ¶Jose ne'e ema ne'ebé enerjétiku ba sira seluk. 조세는 타인에게 에너지를 주는 사람이다.

*enerjia 명 에너지, 활기, 활력. ¶Ninia lian fó enerjia ba ha'u. 그녀의 말은 내게 활력을 준다.

énfaze 명 강조, 강세. ¶Keta halo énfaze, ha'u hatene ona. 강조를 하지 마세요, 이미 이해했어요.

enfeita 동 장식하다. ¶Maria enfeita hela kortina iha uma laran. 마리아는 집안을 커튼으로 장식하고 있다. 유의 dekora, hafunan.

enfermajen 명 간호. ¶enfermajen kona-ba pasiente 환자에 대한 간호

*enfermaria 명 병원, 양호실, 치료실. ¶Ha'u nia labarik monu entaun bá enfermaria. 아이가 넘어져서 양호실에 갔다.

*enfermeira 명 여성 간호사. ¶Ospitál ne'e nia enfermeira laran-luak. 이 병원의 간호사는 참 친절하다.

enfermeiru 명 남성 간호사. ¶Maria nia maun ne'e enfermeiru. 마리아의 오빠는 간호사이다.

*enfín 부 아무튼, 요컨대. ¶Enfín aban

ha'u han iha li'ur. 아무튼 내일 꼭 외식한다.

*enfrenta **동** 마주치다, 맞서다, 직면하다, 직시하다. ¶Ita enfrenta no rezolve ba problema rai! 문제를 직시하고 해결합시다! 반의 hadook an, evita, sees an.

*engaja **동** ①데려가다. ¶Marito engaja nia ba uma. 마리또는 그녀를 집으로 데려갔다. ②고용하다. ¶Xefe engaja empregadu na'in tolu. 사장은 직원을 3명 고용했다. 유의 fó servisu ba. ③입대하다. ¶Ninia maun engaja hodi sai soldadu. 그녀의 오빠는 군인이 되기 위해 입대했다.

관용 engaja an 관여하다, 얽매이다.

engarrafamentu 명 교통 체증. ¶Ha'u to'o tarde iha hasoru fatin ho engarrafamentu. 교통 체증으로 약속 장소에 늦게 도착했다.

engasta 동 (보석을) 박아 넣다, 박다. ¶Badain engasta rubí boot iha koroa. 장인은 금관에 커다란 루비를 박아 넣었다.

engoma 동 (옷감, 시트에) 풀을 먹이다. ¶Ha'u fase hatais depois engoma. 옷을 세탁한 다음 풀을 먹였다. 유의 bare.

*engrasadu 형 재미있는. ¶Ninia istória sempre engrasadu. 그의 이야기는 언제나 재미있다. 반의 xatu.

*engraxa 동 (구두 등을) 광내다. ¶Ita engraxa sapatu, ita bá iha ne'ebé? 구두를 광내고 어디에 가는 거야? 유의 tau graxa.

engraxadór 명 남성 구두닦이. ¶Daudaun la bele haree engraxadór iha dalan. 요즘 길에서 구두닦이를 볼 수가 없어요.

engraxadora 명 여성 구두닦이. ¶feto-ki'ik engraxadora 구두닦이 소녀

engrenajen 명 기어. ¶Nia para karreta ho tau engrenajen ba pontumortu. 그녀는 자동차를 멈추고 기어를 중립에 놓았다. 유의 mudansa.

enigma 명 수수께끼. ¶Labarik sira halimar hela ho enigma iha sala. 아이들은 방에서 수수께끼 놀이를 하고 있어요. 유의 ai-sasi'ik, mistériu.

enigmátiku 형 불가사의한. ¶Siénsia mak dezenvolve maibé buat enigmátiku nafatin akontese. 과학이 발달했지만 불가사의한 일은 여전히 일어난다. 유의 misteriozu.

enjeñaria 명 공학, 기술, 엔지니어링. ¶enjeñaria sivíl 토목 공학

enjeñeiru 명 기사, 엔지니어. ¶Nia pintór maibé ninia servisu ne'e enjeñeiru. 그는 화가지만 본업은 엔지니어이다. 유의 makinista. 이표기 enjenheiru.

*enjeñozu 형 능숙한. ¶Nia enjeñozu ba te'in. 그녀는 요리에 능숙하다. 유의 jeitu, kompetente, peritu. 반의 prematuru.

*enjeñu 명 재주. ¶Nia iha enjeñu ne'ebé fó aten barani ba ema difisil. 그는 힘든 사람들에게 용기를 주는 재주가 있다. 유의 jeitu.

enkaderna 동 제본하다. ¶enkaderna testu ba aula 강의 교재를 제본하다

enkadernadór 명 제본 기술자. ¶Nia enkadernadór no servisu iha ninia aman nia editora. 그는 제본 기술자로

그의 아버지의 출판사에서 근무한다.

*__enkadernasaun__ 명 표지. ¶Isin ne'ebé iha livru laran mós importante ho enkadernasaun dezeñu mós importante. 책 내용도 중요하고 표지 디자인도 중요하다.

__enkanta__ 동 ①매혹하다. ¶Bali enkanta mundiál viajante. 발리는 세계의 여행자들을 매혹한다. 유의 dada ~ fuan, habuan. ②기쁨을 주다. ¶Katuas-oan enkanta ba ha'u. 남편은 내게 기쁨을 준다. 유의 dada ~ fuan. 반의 halo triste. ③홀리다, 마법에 걸리다. ¶Ema dehan, nia enkanta ona. 사람들은 그녀가 마법에 걸렸다고 말한다. 유의 habuan.

__enkantada__ 동 취하다. ¶enkantada ho múzika 음악에 취하다

*__enkargu__ 명 임무, 책무. ¶Nia halo remata enkargu hotu, depois mak reforma. 그는 임무를 모두 마치고 은퇴하였다.

__enkarna__ 동 ①(생각, 특질을) 구현하다. ¶Prezidente dehan, "Mai ita enkarna sosiedade ne'ebé justu." 대통령은 공정한 사회를 구현하자고 말합니다. ②화신이 되다. ¶Madre Teresa ne'e enkarna ne'ebé sadi'a. 테레사 수녀는 연민의 화신이 되었습니다.

*__enkarrega__ 동 맡기다. ¶Sira lori sira nia labarik bá inan-aman hodi enkarrega depois mak halo viajen. 그들은 아이를 부모님께 맡기고 여행을 갔다.

*__enkarregada__ Ⅰ 명 여성 담당자. ¶Departementu ne'e nia enkarregada laran-luak. 그 부서의 담당자는 정말 친절해요. 유의 ema responsavel. Ⅱ 형 여성 담당하는, 책임 있는. ¶Maria mak enkarregada servisu atuál iha kompañia. 마리아는 회사에서 실무를 담당해요.

*__enkarregadu__ Ⅰ 명 남성 담당자. ¶hasoru enkarregadu 담당자를 만나다 유의 ema responsavel. Ⅱ 형 남성 담당하는, 책임 있는. ¶Jose dehan ninia kna'ar enkarregadu mak barak. 조세는 담당하고 있는 일이 많다고 했어요.

*__enkontru__ 명 회의. ¶Iha enkontru laran, favór ida nonook! 회의 중에는 조용히 해 주세요!

*__enkorajamentu__ 명 격려. ¶simu enkorajamentu espesiál 특별한 격려를 받다

*__enkuantu__ 접 ~하는 동안. ¶Enkuantu amá te'in, ha'u halo traballu. 엄마가 요리하는 동안에 저는 숙제를 했어요. 유의 dun, durante, momentu.

*__enorme__ 형 대단한. ¶Edifísiu ne'ebé halo foun iha dalan sorin, ninia eskala mak enorme. 길 건너에 새로 지을 빌딩은 그 규모가 대단할 것이라고 한다. 유의 eselente.

__ensaiu__ 명 예행연습, 리허설. ¶Nia sériu tebes iha momentu ensaiu mós. 그는 리허설을 할 때에도 매우 신중했다.

__ense__ 동 채우다. ¶Favór ense mina iha ha'u-nia karreta laran. 제 차에 기름을 채워 주세요.

*__ensinu__ 명 교육, 지도, 수업. ¶Iha área ensinu, governu tenke investe barak. 정부는 교육 분야에 많은 투자를 해야 해

요.

entantu 부 그동안에, 한편. ¶Apá te'in hela iha uma, entantu, amá toba hela. 엄마는 집에서 요리하고 그동안에 아빠는 자고 있어요. 유의 kuandu.

entaun 접 그래서. ¶Udan tau barak, entaun ha'u lakohi kaer karreta. 비가 많이 와요, 그래서 저는 운전하기 싫어요. 유의 ne'e-duni.

ente 명 존재. ¶Ha'u la koñese ema ne'e nia ente. 그 사람의 존재를 모르겠어요. 유의 ezisténsia, prezensa.

entendedór Ⅰ 명 남성 지식인. ¶Jose entendedór no nia haraik-an tebes. 조세는 지식인이고 매우 겸손해요. Ⅱ 형 남성 아는 것이 많은, 많이 아는. ¶Jose ne'e ema entendedór. 조세는 아는 것이 많은 사람이다.

entendedóra Ⅰ 명 여성 지식인. ¶Maria konsidera ho importante entendedóra nia kna'ar. 마리아는 지식인의 역할을 중요시해요. Ⅱ 형 여성 아는 것이 많은, 많이 아는.

entervista Ⅰ 명 인터뷰, 면접. ¶Ha'u presiza entervista iha lian Korea. 저는 한국어 인터뷰가 필요해요. Ⅱ 동 인터뷰를 하다, 면접을 보다. ¶Ha'u tenke entervista antes tama universidade. 저는 대학에 들어가기 전에 면접을 봐야 해요. 이표기 intrevista.

entervistadór 명 남성 면접관. ¶entervistadór na'in-hira? 면접관이 몇 명이에요? 이표기 intrevistador.

entervistadóra 명 여성 면접관. ¶Nia kumprimenta ho respeitu ba entervistadóra. 그녀는 면접관에게 공손하게 인사했다. 이표기 intrevistadora.

entervistadu 명 면접 대상자. ¶Entervistadu ne'e tuur iha kadeira. 면접 대상자들은 의자에 앉아 있다. 반의 entervistadór.

entidade 명 단위체, 기관. ¶Entidade ne'e halo saida? 이 기관은 무슨 일을 하나요?

entrada 명 입장, 등장. ¶Bainhira Maria tama entrada, ema sira baku liman. 마리아가 등장을 했을 때, 사람들은 박수를 쳤어요.

entre 전 ~ 사이에, ~ 중에. ¶Entre ema sira ne'e, iha katuas-oan. 그 사람들 중에 제 남편이 있어요. 유의 iha ~ nia leet.

entrega 동 전달되다, 전달하다. ¶Relatóriu ne'e entrega tiha ona ba primeiru ministru. 이 보고서는 총리에게 전달되었다. 유의 fó, saran, hato'o, tatoli.

entrega an 항복하다. ¶FALINTIL sei la entrega an tan ba militar Indonézia. 팔린틸은 인도네시아에 더는 항복하지 않을 것이다. 유의 rende, monu. 이표기 entrega aan.

entretantu 부 그동안에, 한편. ¶Entretantu amá te'in, mane-oan lee livru. 엄마는 요리하고, 그동안에 아들은 책을 읽는다. 유의 entandu.

entuziazmu 명 열망, 열정, 의욕. ¶Maria loroloron ho entuziazmu haree K-Drama. 마리아는 열정을 가지고 한국 드라마를 매일 봐요.

enunsia 동 (생각이나 의견을) 밝히다, 말하다. ¶enunsia opiniaun 견해를 밝히다

(유의) dehan sai.

*envelope 명 봉투. ¶Ha'u enderesa iha envelope leten, depois tau iha kaixa-korreiu. 봉투 위에 주소를 쓰고 우체통에 넣었어요.

*envezde 전 대신에. ¶Maria bá servisu envezde ha'u. 마리아는 저 대신에 일을 하러 갔어요.

enviadu 명 특사, 특별 사절. ¶Nia sai membru iha lubun enviadu especiál. 그는 특별 사절단의 일원이 되었다.

enviromentu 명 환경. ¶perserva enviromentu 환경을 지키다 (유의) lingkungan.

*enviu Ⅰ 명 파송, 배송, 송금, 발송. ¶Enviu DHL nian husi Timor-Leste ba to'o Seoul, gasta tempu naruk. 동티모르에서 서울까지 DHL 발송은 오래 걸린다. Ⅱ 동 보내다. ¶Nia ne'ebé servisu iha Korea enviu osan to'o Timor-Leste fulafulan. 한국에서 일하는 그는 매달 동티모르로 돈을 보낸다. (반의) simu.

envolve 동 관련되다. ¶Ne'e sira envolve iha krimi. 사람들이 범죄에 관련되었다.

*envolvida 형 (여성) 관련 있는, 연루된. ¶Ha'u la'ós ema envolvida iha lia ne'e. 저는 이 사건과 연루된 남자가 아니에요.

*envolvidu Ⅰ 동 관여하다. ¶Lalika envolvidu iha servisu ne'ebá mak nia halo. 그가 하는 일에 관여하지 말아요. Ⅱ 형 (남성) 관련 있는, 연루된. ¶envolvidu iha eventu taru 도박 사건에 연루되다

*envolvimentu 명 관여, 관련. ¶Ninia bisnis envolvimentu iha lian Korea ne'e hahú iha tinan 2012. 그의 한국어 관련 사업은 2012년에 시작되었다.

enxada 명 괭이. ¶Ho enxada apá bá to'os. 아버지는 괭이를 가지고 밭으로 갔다.

enxe 동 가득 채우다. ¶Enxe susubeen kopu isin ida depois, ha'u fó alin. 우유 한 잔을 가득 채워서 동생에게 주었다. (유의) nakonu. (반의) mamuk.

epatite 명 간염. ¶Kuidadu epatite. 간염 조심하세요. (유의) moras-aten.

Epifania 명 공현 축일. [기독교에서 동방박사들이 아기 예수를 만난 일을 기리는 축일, 1월 6일] ¶Serimónia boot hala'o iha Epifania. 공현 축일에 큰 기념식이 있다.

epilépsia 명 간질. ¶Nia iha epilépsia, tenke simu tratamentu. 그는 간질이 있어서 치료를 받아야 해요. (유의) bibi-maten, manu-maten.

episkopadu 명 주교단. ¶Episkopadu ne'e husi ne'ebé? 이 주교단은 어디에서 왔나요?

episkopál 형 주교들의. ¶Reuniaun episkopál iha Dili. 주교들의 모임이 딜리에서 있어요.

*époka 명 시대, ~세, 세대. ¶Favór realiza ita-nia mehi iha époka resente. 현세에서 꿈을 이루세요. (유의) otas.

*era 명 시대, 기원. ¶Ami hela iha era informasaun nian. 우리는 정보 시대에 살고 있어요. (유의) otas.

eransa 명 계승. ¶Prezervasaun eransa kultura no eransa. 문화유산의 보존과 계승

*Ermera 명 에르메라. [동티모르 열세 개 지역 중 한 곳] ¶Ermera ne'e koñesidu ho

E

kafé. 에르메라는 커피로 유명해요.

*__eroi__ 명 영웅. ¶Nia fila fali husi funu, depois nia sai eroi. 전쟁에서 돌아온 후에 그는 영웅이 되었다. 유의 asuwain.

eroiku 형 영웅적인. ¶Maske Prezidenti Nicolao Lobato mate ona maibé ami sei respeitu nafatin ninia istória eroiku. 니콜라우 로바또 대통령은 죽었지만 우리는 그의 영웅적인 업적을 존경할 것이다.

eroina 명 영웅, 우상. ¶Maria mak eroina feto nian. 마리아는 여성들의 우상이다.

eroízmu 명 영웅주의. ¶Ha'u la gosta ema eroízmu nian. 저는 영웅주의에 빠진 사람을 좋아하지 않아요.

Eropa 명 유럽. ¶Agora nia halo viajen hela iha Eropa. 지금 그는 유럽을 여행 중이다. 유의 Europa.

erótiku 형 선정적인. ¶Nia dala ruma haree filme erótiku. 그는 때때로 선정적인 영화를 봐요.

erozaun 명 부식, 침식. ¶Tanba erozaun, fatuk ne'e sai ki'ik. 침식으로 인해 바위가 작아졌어요.

***__erru__ 명 실수, 오류. ¶Keta halo erru! 실수하지 말아요! 유의 sala.

erupsaun 명 분출. ¶Fatuk sira ne'e forma sai erupsaun lava nian. 이 돌들은 용암 분출로 만들어진 것이다.

ervilla 명 완두콩. ¶Ita gosta etu ho ervilla ka? 완두콩 밥 좋아하나요? 이표기 ervilha.

esbosu 명 개요. ¶Xefe ekipa halo reportajen esbosu projetu ida-ne'e nian ba presidente. 팀장은 사장에게 이번 사업의 개요를 보고했다.

és campur 인니 에스깜프르. [인도네시아식 화채] ¶Sobremeza ohin loron nian ne'e és campur. 오늘 디저트는 에스깜프르다.

*__eselente__ 형 대단한. ¶Jose nia amá buat hotu nia hatene tein no ninia abilidade eselente. 조세의 어머니는 못하는 요리가 없을 정도로 음식 솜씨가 대단했다. 유의 enorme.

***__esensiál__ 형 본질적인, 필수적인, 매우 중요한. ¶Nia ne'e ema ida-ne'ebé esensiál iha instituisaun ne'e. 그는 그 기관에서 매우 중요한 사람이에요.

esfera 명 구, 구체. ¶Bele haree pintura iha esfera ne'e nia leten. 이 구체의 위에서 그림을 볼 수 있어요.

esférika 형 여성 구 모양의, 구체의. ¶Maria ba dala uluk haree apagadór esférika. 마리아는 구 모양의 지우개를 처음 봤어요.

esfériku 형 남성 구 모양의, 구체의. ¶Jose dehan katak rai ne'e esfériku. 조세는 지구는 구 모양이라고 말했어요.

***__esforsu__ I 명 노력. ¶Atu susesu, tenke esforsu. 성공하려면 노력을 해야 해요. II 동 노력하다. ¶Nia esforsu lorolom hodi realiza ninia mehi. 마리또는 꿈을 이루기 위해서 매일 노력한다. 유의 haka'as an, koko.

***__esforsu an__ 애쓰다, 노력하다, 분투하다. ¶Nia esforsu an atu bele hetan valor di'ak. 그는 좋은 성적을 얻으려고 노력했다. 유의 haka'as an, buka.

***__eskada__ 명 계단. ¶La'o eskada leten

ne'e ezersísu di'ak. 계단을 오르는 것은 좋은 운동이다. (유의) etapa, rai.

eskada-rolante [명] 에스컬레이터. ¶Ami sa'e bá leten ho eskada-rolante. 우리는 에스컬레이터를 타고 위층으로 올라갔다.

eskala [명] 저울. ¶Ha'u sente katak eskala ne'e la loos. 이 저울은 정확하지 않은 것 같아요. (유의) dasin.

eskala-ki'ik [명] 소규모. ¶Nia servisu iha eskala-ki'ik nia kompañia. 그는 소규모의 기업에서 일한다.

eskalaun [명] 계급, 계층, 지위. ¶Organizasaun iha eskalaun. 조직에는 계급이 있어요.

eskalda [동](뜨거운 것에) 데다. ¶Ha'u eskalda uitoan durante te'in. 요리하는 중에 조금 데었어요. (유의) luhas.

eskándalu [명] 추문. ¶Atu sai politika na'in, keta halo eskándalu. 정치인이 되고자 한다면 추문을 만들지 마세요.

***eskapa** [동] 도망치다, 탈출하다. ¶Iha situasaun emerjénsia, nia eskapa ho brani. 긴급 상황에서 그는 용감하게 탈출했다. (유의) halai, halai sai, salva an.

eskapada [명] 탈출, 도피. ¶Nia halo eskapada husi ró ona. 그는 배에서 탈출을 했다.

eskapatoria [명] 탈출구. ¶Eskapatoria book an, depois ha'u la bele sai. 탈출구가 막혀서 나갈 수가 없다.

eskavasaun [명] 발굴. ¶Tanba estragus prehistóriku hetan ona iha ne'e, entaun eskavasaun la'o dadauk. 이곳에서 선사 시대의 유적이 발견되어 현재 발굴이 진행되고 있다.

eskeletu [명] 뼈대, 골격, 해골, 유골. ¶eskeletu mak boot 뼈대가 굵다 (유의) ruin-maran, mate-ruin.

***eskema** [명] 계획, 제도. ¶Governu aprezenta eskema foun kona-ba subsídiu. 정부는 지원금에 대한 계획을 발표했어요.

eskemátika [명] (여성) 도표의, 도식의. ¶Maria haree afirmasaun eskemátika karik. 마리아는 도표의 내용을 확인했다.

eskemátiku [형] (남성) 도표의, 도식의. ¶Jose konsidera ho importante funsionáriu eskemátiku. 조세는 도표의 기능을 중요시해요.

***eskematiza** [동] 계획하다. ¶eskematiza futuru 미래를 계획하다 (유의) planeia, planifika, programa.

eskerda I [명] 왼쪽, 좌측. ¶Bainhira bá liur, favór uza odamatan eskerda. 밖으로 나갈 때 좌측 문을 사용하세요. (유의) karuk. (반의) direita, liman-loos. II [형] 좌익의. ¶Ema eskerda no ema direita xoke malu. 좌익과 우익의 사람이 서로 충돌했다. (유의) karuk. (반의) direita.

eskizitu [형] 이상한. ¶Ha'u sente eskizitu. 나는 이상한 느낌이 들었다.

esklamasaun [명] 감탄사. ¶Esklamasaun lakon husi fraze ne'e. 이 문장에는 감탄사가 빠졌어요. (유의) interjeisaun.

esklamativa [형] (여성) 감탄을 나타내는, 감탄사의. ¶Maria uza beibeik espresaun esklamativa. 마리아는 감탄을 나타내는 표현을 자주 사용해요.

esklamativu [형] (남성) 감탄을 나타내는, 감

탄사의. ¶fraze esklamativu 감탄을 나타내는 문장

esklarese 동 명확하게 하다. ¶Ita bele esklarese razaun ba ita nia planu ka? 네 계획이 필요한 이유를 명확하게 할 수 있겠니? 유의 esplika, halo klaru, klarifika.

esklaresedór 형 ① 남성 설명적인, 설명을 위한. ¶José la gosta artigu esklaresedór. 조세는 설명적인 글을 좋아하지 않아요. ② 남성 계몽된, 깨우친. ¶Jose ema esklaresedór. 조세는 계몽된 사람이에요.

esklaresidua 형 ① 여성 설명적인, 설명을 위한. ¶Maria presiza testu esklaresidua kona-ba lia ne'e. 마리아는 이 사건에 대해서 설명적인 내용을 필요로 해요. ② 여성 계몽된, 깨우친. ¶Ema ne'ebé sala esklaresidua. 잘못을 깨우친 사람

esklaresimentu 명 설명, 계몽, 정보. ¶Nia halo hela kampaña esklaresimentu kona-ba importánsia ambiente nian. 그는 환경의 중요성에 대한 계몽 캠페인을 하고 있다. 유의 esplikasaun.

***esklui** 동 제외하다. ¶esklui tiha ona karreira sem sertifikadu 증명서가 없는 경력을 제외하다

esklusivu 형 배타적인. ¶Ne'e difisíl atu iha maneira esklusivu hanoin nian ne'ebé hanoin katak ita-nia fiar de'it mak loos. 자신의 신앙만이 옳다고 생각하는 배타적인 사고방식은 곤란하다.

***eskluza** Ⅰ 명 여성 따돌림을 받는 사람, 왕따. ¶Mestre hanoin barak kona-ba problema eskluza nian. 선생님은 왕따 문제에 대해서 고민이 많아요. Ⅱ 형 여성 제외된, 소외된. ¶Maria eskluza husi enkontru. 마리아는 모임에서 제외되었어요.

eskluzaun 명 제외, 배제. ¶Ami hasoru malu, halo sira eskluzaun. 그들은 제외하고 우리끼리 만나요.

eskluziva 형 여성 배타적인, 독점적인. ¶Maria iha autoridade eskluziva kona-ba distribuisaun foos. 마리아는 쌀을 배급하는 독점적인 권한을 가지고 있어요.

eskluzividade 명 배타, 배타성, 독점, 한정. ¶Uluk, Choseon iha eskluzividade kona-ba loke-odamatan. 예전에 조선은 개방에 대해 배타성을 가지고 있었다.

eskluzivu 형 남성 배타적인, 독점적인. ¶Jose iha karakter eskluzivu. 조세는 배타적인 성격을 갖고 있어요.

***eskluzu** Ⅰ 명 남성 따돌림을 받는 사람, 왕따. ¶foti eskluzu husi ema seluk 타인으로부터 왕따를 당하다 Ⅱ 형 남성 제외된, 소외된. ¶Maria servisu ba ema eskluzu sira. 조세는 소외된 사람들을 위해 일해요.

*****eskola** Ⅰ 명 학교. ¶Labarik sira iha eskola ne'e. 그 학교에는 많은 아이들이 있다. Ⅱ 동 학교에 다니다, 교육을 받다. ¶Nia ne'e ema eskola. 그는 교육을 받은 사람이다.

***eskola-boot** Ⅰ 명 고등 교육. ¶Marito hakarak simu eskola-boot. 마리또는 고등 교육을 받고 싶어한다. Ⅱ 형 잘 교육된, 잘 교육받은. ¶Nia ne'e ema eskola-boot. 그는 잘 교육받은 사람이에요.

***eskolante** 명 제자. ¶Eskolante sira vizita sira nia mestre. 제자들이 선생님

을 찾아왔다. (유의) dixípulu, estudante. (이표기) eskolanti.

*eskola-oan 명 초등학생. ¶Númeru hotu eskola-oan sira hira? 초등학생이 총 몇 명이지요? (유의) alunu. (이표기) eskola oan.

*eskola primária 초등학교. ¶Husi tinan ne'e Maria nia oan eskola primária. 올해부터 마리아의 아이는 초등학교에 다녀요. (유의) SD.

*eskolár[1] 명 초등학생. ¶Labarik eskolár sira mai husi Baucau. 초등학생 아이들은 바우카우에서 왔어요. (유의) alunu.

*eskolár[2] 형 학문의, 학문적인. ¶Ami aprende hela lian Tetun ba nivel eskolár. 우리는 학문 목적의 테툼어를 배우고 있어요.

*eskolaridade 명 초등학생, 학생. ¶Bosco nia oan seidauk eskolaridade. 보스코의 자녀는 아직 초등학생이 되지 않았어요.

*eskola sekundária 고등학교. ¶tama eskola sekundária 고등학교에 들어가다 (유의) sekundáriu, SMA.

eskolla 동 뽑다, 선택하다, 지정하다. ¶eskolla xefe turma 반장을 뽑다 (유의) dezigna, fihir, fihil, hili.

eskolta 명 ①호위대, 호송대. ¶Nia ne'e membru eskolta. 그는 호위대의 일원이다. ②(여성) 경호원. ¶Maria sai eskolta ba bos kompañia. 마리아는 사장의 경호원이 되었다.

eskoltu 명 (남성) 경호원. ¶Jose kompletu ninia kna'ar nu'udár eskoltu. 조세는 경호원으로서의 의무를 다했다.

*eskopu 명 목적, 목표. ¶Bele hasa'e eskopu aas liu? 목표를 더 올릴 수 있을까? (유의) propózitu. (반의) meiu.

eskorrega 동 미끄러지다. ¶Nia eskorrega entaun ain aat. 그는 미끄러져서 다리를 다쳤다. (유의) derrapa, doras.

*eskova 명 솔, 붓. ¶Nia presiza eskova oi-oin atu pinta oin. 그녀는 화장을 하기 위해서 여러 가지 붓이 필요했다.

*eskova-nehan 명 칫솔. ¶Favór dezinfeta eskova-nehan dala barak. 칫솔을 자주 소독하세요. (이표기) eskova nehan.

eskova-ropa 명 옷솔. ¶Eskova-ropa ne'e iha almari-ropa. 옷솔은 옷장에 있어요.

*eskrim 명 (인니) 아이스크림. ¶Se karik ita han eskrim barak, ita sai bokur. 아이스크림을 많이 먹으면 살쪄요. (유의) sorvete.

*eskrita 명 글쓰기. ¶Maria gosta eskrita. 마리아는 글쓰기를 좋아해요.

eskritora 명 (여성) 작가. ¶Maria ne'e eskritora istória labarik nian. 마리아는 동화 작가이다. (유의) autora, hakerek-na'in.

*eskritóriu 명 책상. ¶Nia servisu kleur iha eskritóriu. 그는 책상에서 오랫동안 일한다. (유의) meza.

eskritoru 명 (남성) 작가. ¶Jose dehan hakarak sai eskritoru. 조세는 작가가 되고 싶다고 말했어요. (유의) hakerek-na'in, autór.

*eskritura Ⅰ 명 문서, 증서. ¶Eskritura ne'e la problema buat ida. 이 문서는 전혀 문제가 없어요. Ⅱ 동 작성하다. ¶Sira hamutuk eskritura dokumentu kontratu. 그들은 함께 계약서를 작성했어요.

*eskuadra 명 함대. ¶kombina

eskuadra 함대를 편성하다 유의 ró-lubun.

***eskuadra-polísia** 명 경찰서. ¶Polísia lori nia to'o eskuadra-polísia. 경찰은 그를 경찰서로 데려갔다. 유의 kantor-polísi.

***eskudu** 명 이스쿠두. [포르투갈과 카보베르데의 화폐 단위] ¶Eskudu 100 ne'e ba US dolar folin hira? 백 이스쿠두는 달러로 얼마예요?

***eskuza** 명 변명. ¶Kostume ko'alia eskuza ne'e la di'ak. 변명을 하는 습관은 좋지 않아요.

esmagadoramente 부 압도적으로. ¶Ami-nia departementu kompara estudante mane, estudante feto mak esmagadoramente barak. 우리 과에는 여학생이 남학생보다 압도적으로 많다.

espalla 동 퍼지다, 흩어지다. ¶Loja TT ninia edifísiu espalla iha 13 Munisípiu nia laran. 티모르 텔레콤 지점은 13개 지역 안에 퍼져 있다. 유의 belar. 반의 bá buka. 이표기 espalha.

España 명 스페인. ¶Ha'u hakarak bá España. 스페인에 가 보고 싶어요. 이표기 Espanha.

españó 명 스페인어. ¶Ha'u estuda hela españó. 스페인어를 공부하고 있어요. 이표기 Espanhó.

español 형 남성 스페인의. ¶lia españól 스페인어 / Depois de loron tolu, Hotel Timor iha aprezentasaun dansa españól. 3일 후에 티모르호텔에서 스페인 춤 공연이 있어요. 이표기 Espanhól.

esparadrapu 명 반창고. ¶taka esparadrapu 반창고를 붙이다

***espargete** 명 스파게티. ¶Ha'u-nia alin gosta espargete loos. 내 동생은 스파게티를 정말 좋아해요. 이표기 espageti.

***espasu** 명 공간. ¶Espasu ne'e mak ami atu hela hamutuk. 이 공간이 바로 우리가 함께 살 곳이에요. 유의 leet.

espedisaun 명 탐험. ¶espedisaun antartika 남극 탐험 / Espedisaun ai-laran ne'e bele hetan risku barak. 정글 탐험에는 많은 위험이 있어요.

***espekula** 동 ①추리하다, 추측하다, 예측하다. ¶Maria dehan difisil espekula porsentu kresimentu ekonomia tinan oin. 마리아는 내년 경제 성장률을 예측하기 어렵다고 해요. ②투기하다. ¶Uluk, nia espekula iha sidade laran. 예전에 그는 도시에서 투기했다.

***espekuladór[1]** 명 남성 투기업자, 투기꾼. ¶Mane ne'e espekuladór no ema riku. 그 남자는 투기업자이고 부자예요.

***espekuladór[2]** 형 남성 추리하는, 상상하는. ¶Jose ne'e iha abilidade di'ak nu'udár espekuladór ba eventu. 조세는 사건을 추리하는 능력이 있다.

***espekuladora[1]** 명 여성 투기업자, 투기꾼. ¶prosesa espekuladora 투기업자를 적발하다

***espekuladóra[2]** 형 여성 추리하는, 상상하는. ¶Uluk, buat sira husi espekuladóra ne'e sai faktu. 예전에 추리했던 것들이 현실이 되었어요.

***espekulasaun** 명 ①추측, 상상. ¶Ha'u-nia hanoin, ita-nia espekulasaun karik loos! 내 생각에는 네 추측이 맞을 것 같아! ②투기. ¶Espekulasaun perigozu maibé, halo ema riku mós bele. 위험한 투기지만 부자가 될 수도 있어.

*espellu ㉺ 거울. ¶Nia haree hela ninia an iha espellu laran. 그는 거울 속에 있는 그 자신을 보고 있다. ㉾ lalenok. (이표기) espelhu.

*espera ㉷ 희망하다. ¶Nia espera sai riku. 그는 부유해지길 희망한다. ㉾ hein katak.

*esperansa ㉺ 희망. ¶lakon esperansa 희망을 잃다 / Nia bá Korea ho esperansa. 그는 희망을 품고 한국으로 갔어요. (반의) desepsaun.

*esperiénsia Ⅰ㉺ 경험, 체험. ¶Sira halo diskusaun kona-ba esperiénsia kultura iha Korea. 그들은 한국에서의 문화 경험에 대한 토론을 했어요. Ⅱ㉷ 경험하다, 체험하다. ¶esperiénsia ona frakasu 실패를 경험하다

*esperimenta ㉷ 경험하다. ¶Nia nu'udár konselleiru esperimenta barak. 상담사로서 그는 많은 상담을 경험했다.

esperimentu ㉺ 실험, 시도. ¶Ohin loron iha aula esperimentu siénsia. 오늘 과학 실험 수업이 있어요.

esperma ㉺ 정자. ¶esperma no tolun 정자와 알 ㉾ lasan-been.

*esperta ㉻ (여성) 영리한, 똑똑한. ¶Maria estudante esperta. 마리아는 영리한 학생이다. ㉾ matenek, ulun-mamar. (반의) beik.

*espertu ㉻ (남성) 영리한, 똑똑한. ¶Jose espertu tanba lee livru barak. 조세는 책을 많이 읽어서 똑똑하다. ㉾ matenek, ulun-mamar. (반의) beik.

*espesiál ㉻ 특별한. ¶Klase ohin mak espesiál loos. 오늘의 강의는 매우 특별했어요. ㉾ partikulár. (반의) normál.

*espesialidade ㉺ 전문, 전공, 특수성, 전문성. ¶Nia buka hela servisu ne'ebé iha espesialidade. 그는 전문성 있는 일을 찾고 있어요.

*espesialista ㉺ 전문. ¶Sira-nia área espesialista mak lian Ingles. 그들의 전문 분야는 영어다.

*espesializa an 전문화하다, 특수화하다, 전공하다. ¶Ha'u espesializa an iha jestaun. 저는 경영을 전공했어요.

espesializada ㉻ (여성) 전문성 있는, 능숙한. ¶Maria espesializada iha dezeñu. 마리아는 디자인에 전문성이 있어요.

espesializadu ㉻ (남성) 전문성 있는, 능숙한. ¶Jose espesializadu kona-ba halo uma. 조세는 집 짓는 일에 능숙하다.

espesializasaun ㉺ 전문화, 특화, 전공. ¶Ha'u sosa livru sira ne'ebé liga ba espesializasaun. 저는 전공과 관련된 책들을 샀어요.

*espésie ㉺ 종, 종류. ¶Ai ne'e nia espésie saida? 이 나무의 종류는 뭐예요?

*espesifika Ⅰ㉷ 명시하다. ¶Livru ne'e espesifika oinsá ita bele uza produtu ne'e. 이 책은 그 상품을 어떻게 사용할 수 있는지를 명시하고 있다. Ⅱ㉻ (여성) 구체적인. ¶Maria manda ho instrusaun espesifika. 마리아는 구체적인 지시를 내렸다. ㉾ konkreta.

*espesifikasaun ㉺ 설명서. ¶Nia presiza espesifikasaun fasil. 그는 쉬운

설명서가 필요했다.

***espesifiku** 형 남성 구체적인. ¶Jose esplika hela opiniaun espesifiku. 조세는 구체적인 견해를 설명하고 있어요. 유의 detalle.

⁑**espetakulár** 형 극적인, 장관을 이루는, 멋진. ¶Iha fatin ne'e, bele haree lorosa'e espetakulár. 이 장소에서 멋진 해돋이를 볼 수 있어요.

⁑**espetákulu** 명 안경. ¶Ha'u sosa espetákulu foun. 저는 새 안경을 샀어요.

⁑**espetativa** 명 기대. ¶Espetativa boot karik, neon-sala mós boot. 기대가 크면 실망도 크다.

espiaun 명 간첩. ¶Uluk espiaun hela iha ha'u nia suku. 예전에 우리 동네에 간첩이 살았어요. 유의 intel, buihú, mauhú.

⁑**espinafre** 명 시금치. ¶Ha'u-nia alin gosta ai-han ne'ebé tau espinafre. 내 동생은 시금치를 넣은 음식을 좋아한다.

***espira**[1] 동 (숨을) 쉬다. ¶Abó-mane moras, entaun nia difisil espira mós. 할아버지가 아파서 숨을 쉬기도 힘들어하세요. 유의 hasai iis.

***espira**[2] 동 (기간이) 만료되다. ¶Kontratu espira aban. 계약이 내일 만료돼요.

⁑**espíritu** 명 ①영혼. ¶Domin halo espíritu fahe ba malu. 사랑은 서로 영혼을 나누게 한다. 유의 klamar, matebian. ② 기세. ¶Tamá parte segundu ami-nia ekipa ataka nu'udár espíritu ne'ebé violentu. 후반전에 들어서 우리 팀은 맹렬한 기세로 공격을 가했다.

espíritu aat 악마, 귀신. ¶Ha'u la gosta filme espíritu aat. 나는 귀신 영화를 좋아하지 않는다. 유의 diabu.

⁑**espirituál** 형 영적인. ¶Ita tuir iha aula ne'e karik, bele hetan lisaun espirituál. 이 수업을 따라간다면 영적인 교훈을 얻게 될 거예요.

espíritu santu 신령한 영혼. ¶Espíritu santu tau matan ba ami. 신령한 영혼이시여 우리를 돌보소서.

⁑**esplika** 동 설명하다. ¶Nia esplika espesifiku, no povu bele kompriende. 그는 구체적으로 설명했고, 일반인들이 이해할 수 있었다.

⁑**esplikasaun** 명 설명. ¶Ha'u la presiza esplikasaun liu, tanba kompriende klaru. 명료하게 이해되었으니, 설명은 더 필요 없어요. 유의 esklaresimentu.

esplora[1] 명 위업, 공적. ¶Ema barak hatene ninia esplora. 그의 공적은 많은 사람들이 알고 있어요.

⁑**esplora**[2] 동 활용하다. ¶Esplora liafuan kahorik no luzizmu sira iha testu ne'e. 이 교안에 있는 원어와 외래어를 활용해 보세요.

***esploradór**[1] 명 남성 탐험가. ¶Jose esploradór tasi okos nian. 조세는 해저 탐험가이다.

***esploradór**[2] 형 남성 착취하는, 착취적인. ¶Jose sai ema riku ho osan esploradór husi ema ki'ik sira. 그는 소시민을 착취한 돈으로 부자가 되었다.

***esploradora**[1] 명 여성 탐험가. ¶Maria dehan, hakarak sai esploradora. 마리아는 탐험가가 되고 싶다고 말했어요.

***esploradora**[2] 형 여성 착취하는, 착취적인.

esplorasaun 명 탐사, 탐험. ¶Nia prepara hela esplorasaun. 그는 탐사 준비를 하고 있다.

espoleta 명 퓨즈. ¶Tanba espoleta aat, ha'u tenke sosa foun. 퓨즈가 나가서 새로 사야 해요.

***esponja** 명 스펀지. ¶Ho esponja, halo saida iha ne'e? 스펀지로 여기서 뭘 해요? 이표기 esponza.

***espontânea** 형 여성 자발적인, 즉흥적인. ¶Maria derrepente hamriik no halo diskursu espontânea. 마리아는 갑자기 일어서서 즉흥적인 연설을 했어요.

***espontáneu** 형 남성 자발적인, 즉흥적인. ¶halo komentáriu espontáneu 즉흥적인 발언을 하다

***esporta** 동 수출하다. ¶Timor-Leste esporta kafé ba iha Korea. 동티모르는 한국으로 커피를 수출한다. 반의 importa.

esportadór 명 남성 수출업자. ¶Uluk Jose mak esportadór. 조세는 예전에 수출업자였다. 반의 importadór.

esportadora Ⅰ 명 여성 수출업자. ¶Maria lakohi servisu ho esportadora. 마리아는 수출업자와 일하기 싫어한다. 반의 importadór. Ⅱ 형 여성 수출하는. ¶Maria servisu iha empreza esportadora. 마리아는 수출하는 회사에서 일해요.

esportadu 형 남성 수출하는. ¶José hatene loloos sasán esportadu husi nia kompañia. 조세는 자기 회사에서 수출하는 품목을 전부 꿰고 있다.

esportasaun 명 수출. ¶Esportasaun ajuda ekonomia nasaun nian. 수출은 국가 경제를 돕는다. 반의 importasaun.

espozisaun 명 ①설명, 전시. ¶Produtu ne'e objetu espozisaun. 이 상품은 전시용이에요. ②노출. ¶Ha'u la gosta ropa espozisaun demais nian. 저는 과도한 노출이 있는 옷을 좋아하지 않아요.

espozitor 명 남성 출품자, 참가자. ¶Jose haluha lori lista espozitor. 조세는 참가자 명단을 가져오는 것을 깜빡했다.

espozitora 명 여성 출품자, 참가자. ¶Nu'udár espozitora, Maria vizita feira. 마리아는 참가자로서 전시회에 방문했다.

espresa 형 여성 급행의, 신속한. ¶Maria muda ho espresa. 마리아는 신속하게 움직였다.

***espresaun** 명 표현. ¶Tenke uza espresaun di'ak. 좋은 표현을 해야만 합니다.

espresu Ⅰ 명 급행. ¶Bis espresu folin hira? 급행 버스는 얼마예요? Ⅱ 형 남성 급행의, 신속한. ¶Tratamentu espresu Jose nian halo moris ha'u. 조세의 신속한 처리가 저를 살렸어요.

esprime 동 표현하다. ¶Nia esprime ninia laran ho obrigadu ba ema sira. 그는 사람들에게 감사의 마음을 표현했습니다. 유의 hato'o. 반의 subar.

espropria 동 수용하다, 포용하다. ¶Nia espropria membru nia fallansu ona. 그는 일원의 잘못을 포용했다. 유의 simu. 반의 rejeita, lakohi simu.

espropriasaun 명 수용, 포용. ¶Espropriasaun bele, se karik ita laran-luak. 너그러움이 있다면 포용이 가능하다.

espulsa 동 내쫓다. ¶Xefe espulsa

E

ema-aat husi suku ona. 촌장은 그 나쁜 놈을 마을에서 내쫓았다. ㊥반의 konvida.

espulsaun 명 추방. ¶Ema ne'ebé hela ilegál ta'uk espulsaun. 불법 체류자들은 추방을 두려워한다. 반의 konvite.

estabelese 동 설립하다. ¶Nia estabelese ona kompañia iha tinan 1999. 그녀는 1999년에 회사를 설립했다. 유의 harii.

*****estabelesimentu** 명 설립. ¶Maria nia mehi estabelesimentu eskola ba labarik sira. 마리아의 꿈은 어린이들을 위한 학교 설립을 하는 거예요.

estabilidade 명 안정성. ¶Governu foun haka'as an ba estabilidade ekonomia nian. 새 정부는 경제적인 안정성을 위해 노력한다.

estabilizasaun 명 안정화, 안정. ¶Ha'u estuda hela kona-ba métodu estabilizasaun sosiál. 저는 사회적인 안정화 방법에 대해 공부하고 있어요.

estádiu 명 스타디움, 경기장. ¶Povu barak iha estádiu. 경기장에 사람들이 많다. 이표기 estádiun.

estadu[1] 명 ①국가. ¶Ita hatene kona-ba autoridade no responsabilidade estadu nian ka? 국가의 권위와 책임에 대해 알고 있나요? 유의 nasaun, rain, país, rai. ②정부. ¶Estadu ho laiha korrupsaun ninia ezekusaun tenke di'ak liu. 부패가 없는 정부는 그 성과도 좋을 것이 틀림없다. 유의 governu, ministériu, ukun-rai.

estadu[2] 형 임신한. ¶Feto estadu la bele fuma. 임신한 여성은 흡연해선 안 돼요. 유의 isin-rua, kabuk.

Estadus Unidus 미국. ¶Nia hakarak bá Estadus Unidus fila fali. 그녀는 미국에 다시 가고 싶어한다. 유의 Amérika, EUA.

estafeta 명 배달원, 배달부, 전달자. ¶Nia sai estafeta iha korreius. 그는 우편배달부가 되었다.

*****estajiáriu** 명 수습 직원. ¶Nu'udár estajiáriu, nia tenke servisu durante fulan-tolu. 그는 수습 직원으로서 3개월간 일해야 해요.

estájiu 명 보호 관찰. ¶Periodu estájiu ne'e fulan-tolu. 보호 관찰 기간은 3개월이에요.

estandarizasaun 명 통일, 일치. ¶notasaun estandarizasaun 표기법 통일

estandarte 명 현수막. ¶Ami tenke prepara estandarte ba serimónia. 우리는 세미나용 현수막을 준비해야 해요.

estante 명 ①책꽂이. ¶Tanba livru barak, ha'u presiza estante foun. 책이 너무 많아서 새 책꽂이가 필요해요. ②스탠드, 관람석. ¶Audensia barak mak bele tama mai tanba estádiu ida-nee estante luan. 이 경기장은 스탠드가 넓어 많은 관중이 들어올 수 있다.

estasaun[1] 명 정거장. ¶Ema na'in rua hamriik iha estasaun. 정거장에 두 사람이 서 있다.

estasaun[2] 명 계절. ¶Bainhira estasaun ne'e liu, la bele hatais ropa ne'e. 이 계절이 지나면 그 옷은 입을 수 없다. 유의 temporada.

*****estasiona** 동 주차하다. ¶Ita bele estasiona iha estrada ne'e. 이 길에 주

차해도 된다.

***estasionamentu** 명 주차장. ¶Karreta lima iha estasionamentu. 주차장에 차 5대가 있다.

estatál 형 국가 소유의. ¶edifísiu estatál 국가 소유의 건물

estatístika 명 통계학. ¶Estatístika ne'e difísil tebes. 통계학은 너무 어려워요.

estatístiku 형 통계적인, 통계상의, 통계의. ¶Ha'u sente iha problema estatístiku. 통계적인 문제가 있어 보여요.

estátua 명 조각상, 동상. ¶Nia estátua iha jardín. 공원에는 그의 동상이 있다.

estatutu 명 법규, 규정. ¶Staf sira halo diskusaun kona-ba estatutu empreza nian. 직원들이 회사 규정에 대해 토론해요. 유의 ukun-fuan.

estavel 형 안정적인. ¶Relasaun internasionál sai estavel. 국가 간의 관계가 안정적이다.

***estensaun** 명 확장, 연장. ¶Ha'u halo konstrusaun ba klase estensaun. 교실 확장을 위해서 공사를 한다.

***estensu** 형 아주 넓은. ¶Ita bele uza sala estensu. 아주 넓은 방을 사용하셔도 됩니다.

esteriliza 동 살균하다. ¶Ita presiza esteriliza sentina ho regulár. 화장실을 정기적으로 살균해야 해요.

esteriór 형 외부의, 대외의. ¶Nia lakohi hatene kona-ba eventu esteriór. 그는 외부 행사에 대해서 알고 싶어하지 않았다. 유의 li'ur. 반의 interiór.

esterna 형 여성 외부적인. ¶Maske iha presaun esterna, Maria realiza hela nia objetivu. 외부적인 압박에도 마리아는 목적을 실현하고 있다. 유의 li'ur. 반의 interna.

Esternatu 대 에스터나뚜. [통학하는 학교] ¶Ha'u estuda iha eskola Esternatu. 저는 에스터나뚜 학교에서 공부해요.

esternu 형 남성 외부적인. ¶Jose iha vontade maka'as ne'ebé la hisik husi mudansa esternu. 조세는 외부적인 변화에 흔들리지 않는 굳건한 의지를 갖고 있다. 유의 li'ur. 반의 internu.

estika 동 잡아당기다. ¶Favór estika ida ne'e. 이것을 잡아당겨 보세요.

***estilu** 명 유형, 스타일. ¶Ninia estilu moda jeitu tebes. 그녀는 스타일이 매우 멋지다.

***estima** 동 {격식체로} 애착을 가지다. ¶Maria nia amá estima loos ninia oan. 마리아의 엄마는 자식에게 대단한 애착을 가지고 있다.

***estimadu** 형 애지중지하는, 사랑하는. ¶Marito ne'e ha'u-nia oan mane estimadu. 마리또는 제가 애지중지하는 아들이에요.

***estimativu** 명 추정, 추산, 예산. ¶Antonio halo planu estimativu tinan oin nian. 안토니오는 내년 예산을 세우고 있다.

***estimula** 동 자극하다. ¶Se karik ida-ne'e estimula kulit, bele sai aat. 이것으로 피부를 자극하면 나쁠 수 있어요.

estinsaun 명 소멸 ¶Ho dezenvolvimentu internet, surat-tahan, jornál la'o ona ba dalan estinsaun. 인터넷의 발달로 인해 종이 신문은 소멸의 길을 걷게 되었다.

*__estoju__ 명 용기, 통, 상자. ¶Ha'u-nia estoju lapis nian kór matak. 내 필통의 색깔은 검은색이에요.

estoke 명 주식. ¶investe iha estoke kompañia prospetivu 전망 있는 회사 주식에 투자하다

estómagu 명 위장병. ¶Ninia estómagu hetan di'ak ona. 그의 위장병은 좋아졌어요.

Estónia 명 에스토니아. ¶Lian Uralo-Altaic ko'alia iha Estónia. 에스토니아에서는 우랄 알타이어로 말합니다.

estoniana 명 에스토니아인.

estonianu 형 에스토니아의. ¶Nia ema estonianu. 그는 에스토니아의 사람입니다.

estorsaun 명 강탈. ¶Kolonializmu halo estorsaun kona-ba rekursus husi kolónia. 식민주의는 식민지로부터 자원을 강탈했다.

*__estra__ Ⅰ 명 추가되는 것. ¶Ha'u sei selu ba estra. 추가되는 것은 내가 결제할게요. Ⅱ 형 추가의, 여분의. ¶Ami nia klase presiza tan kadeira estra. 우리 반은 여분의 의자가 더 필요해요.

*__estrada__ 명 도로. ¶Iha estrada ikus, loja lembransa iha. 이 도로 끝에 기념품 가게가 있다. 유의 dalan.

estrada-ninin 명 길가. ¶Dadeer-saan ema hamoos estrada-ninin. 아침 일찍 길가를 청소한다. 유의 dalan-ninin, dalan-sorin.

*__estraga__ 동 파괴하다, 망가트리다. ¶Ema ruma realiza esplora an no ema ruma estraga esplora an. 누군가는 스스로의 업적을 구현하고 누군가는 스스로의 업적을 파괴한다. 유의 destrui, estraga, hahaat. 반의 di'ak fali.

estragada 형 여성 난파된, 망가진. ¶Maria soe ona boneka estragada. 마리아는 망가진 장난감을 버렸어요.

estragadu 형 남성 난파된, 망가진. ¶Jose dehan katak komputadór ne'e estragadu tiha ona. 조세는 컴퓨터가 망가졌다고 말했어요.

estragu 명 손상. ¶Labarik ne'ebé hetan estragu respeita an sai mentál la iha. 자존심에 손상을 입은 아이는 소심해졌다.

estrakurrikulár 형 과외의, 정식 학과 이외의. ¶Ita presiza atividade estrakurrikulár ba estudante sira. 학생들에게 과외 활동이 필요해요.

*__estranjeiru__ 명 외국인. ¶Estranjeiru sira hela barak iha suku ne'e. 그 동네는 외국인들이 많이 산다. 유의 malae. 반의 maubere.

estraordinária 형 여성 보통이 아닌, 비범한. ¶Festa ne'e estraordinária. 그 축제는 보통이 아니었다.

estraordinárias 명 초과 근무. ¶Ha'u bele simu osan liu hafoin estraordinárias? 초과 근무 후에 돈을 더 받을 수 있나요?

estraordináriu 형 남성 보통이 아닌, 비범한. ¶Nia ema estraordináriu. 그는 비범한 사람이다.

*__estratejia__ 명 계획, 전략. ¶Ita presiza estratejia atu realiza objetivu. 목표를 실현하기 위해서는 전략이 필요하다.

*__estratejiku__ 형 전략적인. ¶Métodu

estratejiku ne'e di'ak loos. 그 전략적인 방법은 탁월하다.

*__estratejista__ 명 전략가. ¶Nia estratejista boot loos. 그녀는 훌륭한 전략가이다.

*__estratu__[1] 명 요약. ¶Fu'ak estratu kona-ba diskursu ne'e esperansa nia valór. 연설의 핵심 요약은 희망의 가치이다. 유의 rezumu, sumáriu.

__estratu__[2] 명 지층, 단층. ¶Estudante sira estuda hela estratu. 학생들이 지층에 대해 탐구하고 있다.

__estravagansia__ 명 낭비. ¶Favór hanorin oinsá salva, la estravagansia. 낭비보다는 저축을 가르치세요.

__estravagante__ 동 낭비하다. ¶Lalika estravagante, no favór salva. 낭비하지 말고 저축하세요. 유의 halakon, lakon. 반의 salva.

__estreme__ 명 극. ¶Konflitu entre na'in rua ne'e ba hotu neineik iha estreme. 두 사람의 갈등은 점점 극에 다다랐다.

__estremizmu__ 명 극단주의. ¶Estremizmu polítika bele lori perigu sosiál. 정치적 극단주의는 사회적 위험을 초래할 수 있다. 반의 ekletizmu.

*__estrika__ Ⅰ 명 다리미. ¶Ita iha estrika ka? 다리미 있어요? Ⅱ 동 다림질하다. ¶Inan estrika hela, no ha'u lee livru. 엄마는 다림질하고 있고, 저는 책을 읽고 있어요.

__estrondu__ 명 큰 소음. ¶Karreta ruma ne'ebé iha estrondu foin liu. 방금 큰 소음을 내는 어떤 차가 지나갔어요. 이표기 estrundu.

__estrume__ 명 거름, 비료, 퇴비. ¶Aman halo hela estrume. 아버지는 거름을 만들고 있다. 유의 adubu. 이표기 estrumi.

__estrutura__ 명 구조. ¶Ha'u estuda kona-ba estrutura Língua nian. 언어의 구조에 대해서 공부하고 있어요.

__estruturál__ 형 구조적인. ¶Ninia kompañia iha problema estruturál. 그의 회사는 구조적인 문제가 있어요.

*__estuda__ 동 공부하다. ¶Estuda mak buat ne'ebé di'ak liu hotu. 공부하는 것이 제일 즐거워요. 반의 halimar.

*__estudante__ 명 학생. ¶Nia estudante di'ak ne'ebé ajuda ema seluk. 그는 남을 도와주는 착한 학생이에요. 유의 eskolante. 반의 edukadór, mestre.

__estúdiu__ 명 스튜디오. ¶Ita sei halo gravasaun iha estúdiu. 우리는 스튜디오에서 녹음할 거예요.

*__estudu__ 명 학습, 연구. ¶Sentru estudu barak iha universidade. 대학에는 연구소가 많다.

__estufadu__ 명 스튜. ¶Bainhira ha'u bá festa ha'u gosta han modo estufadu. 저는 축제에서 채소 스튜 먹는 걸 좋아해요.

*__etapa__ 명 단계. ¶Nia presiza estudu ho etapa. 그는 단계에 따른 학습이 필요해요. 유의 eskada, faze, prosesu.

관용 etapa ba etapa 한 걸음씩, 점차로.

*__eterna__ 형 여성 영원한. ¶Maria fiar katak domin eterna ne'e posivel. 마리아는 영원한 사랑이 가능하다고 믿는다. 반의 provizóriu.

*__eternidade__ 명 영원. ¶Ia presiza diskusaun kona-ba eternidade ka? 영원을 논의할 필요가 없을까?

*__eternu__ 형 남성 영원한. ¶Jose hakarak

E

moris eternu. 조세는 영원한 삶을 원한다. (반의) provizóriu.

étika I 명 윤리학. ¶Estuda étika ne'e la fasil. 윤리학을 공부하는 것은 쉽지 않다. II 형 (여성) 윤리적인. ¶Maria só bele hakerek artigu étika ho di'ak. 마리아는 윤리적인 바른 글만 쓴다.

*__etiketa__ 명 예의. ¶Ho etiketa, nia rona mestre nia esplikasaun. 그는 예의를 갖추고 선생님의 설명을 들었다. (유의) maneira.

étiku 형 (남성) 윤리적인. ¶Jose ema ne'ebé étiku entaun ha'u gosta halimar ho nia. 조세가 윤리적인 사람이라서, 나는 그와 함께하길 좋아한다.

etimolojia 명 어원학. ¶Maria buka hela matéria etimolojia. 마리아는 어원학 자료를 찾고 있습니다.

etimolójika 형 (여성) 어원학적인. ¶Maria hanoin katak liafuan hirak ne'e iha relasaun etimolójika ba malu. 마리아는 이런 단어들이 서로 어원학적인 관계가 있다고 생각해요.

etimolójiku 형 (남성) 어원학적인. ¶Jose buka liafuan relasiona ho etimolójiku. 조세는 어원학적 관계가 있는 단어들을 찾고 있다.

etimolojista 명 어원학자, 어원 연구가. ¶Nia servisu hela nu'udár etimolojista. 그녀는 어원 연구가로서 활동하고 있어요.

Etiópia 명 에티오피아. ¶Nia husi Etiópia. 그는 에티오피아에서 왔어요.

etnia 명 인종, 종. ¶Etnia minoria 소수 인종 (유의) rasa.

étnika 형 (여성) 민족의, 혈통의, 종족의. ¶Maria halo esforsu atu hamoris étnika. 마리아는 민족의 부흥을 위해 노력하고 있어요.

étniku 형 (남성) 민족의, 혈통의, 종족의. ¶hahán étniku Timor nian 동티모르의 민족 음식

⁑**etu** 명 밥. ¶Mai ita han etu lai, depois mak arranka. 우리 밥부터 먹고 출발해요.

*__etu-fila__ 명 볶음밥. ¶Ha'u han beibeik etu-fila iha dadeer. 저는 아침에 볶음밥을 자주 먹어요. (유의) etu-sona, etu-fuga.

*__etu-fuga__ 명 볶음밥. ¶Ema timor gosta han etu-fuga. 동티모르인은 볶음밥을 좋아해요. (유의) etu-fila, etu-sona.

*__etun-resin__ 명 남은 음식. ¶Etun-resin, tau iha refrijeradór! 남은 음식은 냉장고에 넣어라! (유의) na'an-resin.

*__etu-sona__ 명 볶음밥. ¶hameno etu-sona 볶음밥을 주문하다 (유의) etu-fila, etu-fuga.

*__EUA__ 명 미국. ¶Ha'u nia kolega hela iha EUA. 미국에 친구가 살아요. (유의) Amérika, Estadus Unidus.

eukaristia 명 성체 성사, 성찬식. ¶Ha'u-nia alin simu sakramentu eukaristia. 저의 동생은 성찬식을 받았어요.

eukarístiku 형 성만찬의, 성체의. ¶Konferénsia eukarístiku internasionál 세계 성체 대회

Europa 명 유럽. ¶Europa uza moeda Euro. 유럽에서는 유로 화폐를 사용해요. (유의) Eropa.

europeu I 명 유럽인. ¶Ita iha kolega europeu ka? 유럽인 친구가 있나요? II 형

유럽인의. ¶Uniaun Europeu 유럽 연합

evakua 동 대피시키다. ¶Pesoa siguransa evakua ema sira. 경비원이 사람들을 대피시켰어요.

evakuadu 명 피난민. ¶Evakuadu Timor-oan bá loro-monu ona. 동티모르 피난민들은 서쪽으로 갔습니다.

evakuasaun 명 대피. ¶Ita presiza treinu evakuasaun atu prepara funu. 전쟁에 대비하여 대피 훈련이 필요해요.

evaluasaun 명 결산. ¶Expozisaun ida-ne'e iha signifikasaun ba pintór Jo husi evaluasaun moris iha nasaun seluk. 이번 전시회는 조 화백에게 외국 생활의 결산이라는 점에서 의미가 있다.

evanjélika 형 여성 복음주의의. ¶Feto ne'e ema evanjélika. 그 여자는 복음주의자예요.

evanjéliku 형 남성 복음주의의. ¶Jose interesante ho atividade evanjéliku. 조세는 복음주의 활동에 관심이 있어요.

evanjelista 형 전도사, 선교사. ¶Iha igreja foun iha evanjelista na'in haat. 새 교회에는 선교사가 4명입니다.

evanjeliza 동 전도하다. ¶Evanjelista sira evanjeliza Maromak nia liafuan ba povu sira. 선교사들은 가난한 사람들에게 하나님의 말씀을 전도합니다.

evanjelizasaun 명 복음 전도. ¶Evanjelista foun komesa halo evanjelizasaun husi ohin loron. 새로 온 선교사는 오늘부터 복음 전도를 시작합니다.

evanjellu 명 복음, 성가. ¶Ha'u bele rona evanjellu sai mai husi igreja. 교회에서 나오는 성가를 들을 수 있어요. 이표기 evanjelhu.

evapora 동 증발하다, 증발시키다. ¶Nono bee kleur karik, evapora bee. 물을 오래 끓이면, 물을 증발시켜요.

evaporasaun 명 증발. ¶Evaporasaun tasi-been bele produz masin. 바닷물의 증발은 소금을 생산할 수 있어요.

evazaun 명 회피. ¶Evazaun responsabilidade ne'e ta'uk-teen. 책임 회피는 비겁합니다.

evazaun taxa 탈세. ¶Deputadu sira ne'ebé mak halo evazaun taxa hetan kapturasaun. 탈세를 하던 의원들이 체포되었다.

***eventu** 명 사건, 행사. ¶Ema sira ne'ebé envolve iha eventu ne'e hetan kapturasaun. 그 사건에 연루된 사람들은 모두 체포되었다. 유의 akontesimentu.

***eventuál** 형 우연의, 우연한. ¶Ha'u hanoin katak ida-ne'e la'ós rezultadu eventuál. 이건 우연의 결과가 아니라고 생각합니다.

***eventualidade** 명 만일의 경우, 가능성, 결말. ¶Eventualidade, ha'u hanoin katak nia mós la'o ho susesu ona. 만일의 경우, 그도 성공할 수도 있다고 생각해요.

***eventualmente** 부 마침내. ¶Eventualmente ha'u sai nu'udár na'in ba kompañia. 마침내 나는 회사의 주인이 되었어요.

evidénsia 명 증거, 근거. ¶Evidénsia iha ka? Bele haree evidénsia ka? 증거 있어요? 증거를 볼 수 있어요?

*evidente 형 분명한, 확실한. ¶Evidente katak ema ne'ebé mak ha'u haree hori-kalan ne'e José. 어젯밤 내가 본 사람은 조세가 분명해요. 유의 klaru.

*evita 동 피하다. ¶Ema ne'e subar ninia isin hodi evita polísia. 그 사람은 경찰을 피해서 숨었어요. 유의 hadook an, sees, sees an. 반의 enfrenta.

evitavel 형 피할 수 있는. ¶Ida-ne'e métodu di'ak ne'ebé evitavel problema ne'e. 이것은 그 문제를 피할 수 있는 좋은 방법이에요.

evoka 동 유발하다, 유발시키다. ¶Drama ne'e evoka tensaun. 그 드라마는 긴장감을 유발해요.

evokasaun 명 환기, 소환. ¶Fatin ne'e iha evokasaun tebes mai ha'u tanba uluk ha'u ho motór monu iha ne'e. 예전에 여기서 스쿠터를 타다 넘어졌는데, 여기만 오면 그 기억이 소환이 되네요.

evolui 동 진화하다, 발전하다.

evoluída 형 여성 진화한, 발전된. ¶Feto ida-ne'e evoluída maka'as kompara ho tinan kotuk. 그녀는 작년과 비교해 볼 때 많이 발전되었어요.

evoluídu 형 남성 진화한, 발전된. ¶Ema hotu-hotu surpreza ba ninia abilidade evoluídu. 그의 발전된 실력에 모두가 놀랐다.

evolusaun 명 진화. ¶Lingua Tetun mós iha prosesu evolusaun. 테툼어도 진화 과정이 있어요.

exedente Ⅰ 명 과잉, 잉여. ¶Produtu agríkola exedente nia bele fa'an iha merkadu. 그는 시장에 잉여 농작물을 팔 수 있다. 반의 défisit. Ⅱ 형 과도한. ¶Nia ezersísiu exedente halo moras. 그는 과도한 운동으로 아프다. 유의 resin. 반의 défisit.

exelénsia 명 탁월성.

exelente 형 탁월한. ¶Maria exelente tebes. 마리아는 매우 탁월해요.

exepsaun 명 예외. ¶Laiha exepsaun iha regulamentu. 규칙에 예외는 없다.

expansaun 명 팽창. ¶balaun nia expansaun 풍선의 팽창 반의 diminuisaun.

expetasaun 명 예측. ¶diferente ho expetasaun 예측이 빗나가다

ezajeru 명 과장, 허풍. ¶Nia ne'e ezajeru tebes. 그는 과장이 심해요.

*ezame 명 시험. ¶Ha'u estudu loos hodi pasa ezame. 시험에 합격하려고 열심히 공부해요.

*ezame admisaun 입학시험. ¶Ezame admisaun iha fulan-Novembru. 11월에 입학시험이 있어요. 반의 ezame graduasaun.

ezame ba servisu 입사 시험. ¶Se pasa ezame ba servisu, ha'u hahú servisu husi fulan oin. 입사 시험에 합격하면 다음달부터 일을 시작해요.

ezame graduasaun 졸업 시험. ¶Ezame graduasaun iha fulan-Maiu tinan-tinan. 졸업 시험은 매년 5월에 있어요. 반의 ezame admisaun.

ezame jerál 건강 검진. ¶Tinan-tinan ha'u halo ezame jerál. 매년 건강 검진을 받고 있어요.

*ezamina 동 검사하다. ¶Mestre loroloron ezamina servisu-uma. 선생님은 매일 숙제를 검사해요. 유의 investiga, buka-tuir.

ezaminadór Ⅰ 명 남성 채점자. ¶Jose hanorin ezaminadór atu konsistensia. 조세는 일관성을 위해 채점자를 교육했다. Ⅱ 형 남성 시험하는, 조사하는. ¶Jose deside para atividade ezaminadór kona-ba asidente ne'ebá. 조세는 그 사건에 대해 조사하는 것을 그만두기로 하였어요.

ezaminadora Ⅰ 명 여성 채점자. ¶Ha'u-nia ezaminadora ida fó ha'u valór haat-nulu. 저의 채점자는 저에게 40점을 주었어요. Ⅱ 형 여성 시험하는, 조사하는. ¶Maria sai ezaminadora. 마리아는 조사하는 사람이 되었어요.

ezaminasaun 명 검진. ¶Ba ema isin di'ak mós presiza ezaminasaun regular. 건강한 사람에게도 정기적인 검진이 필요하다.

ezaminda 명 여성 응시자. ¶Maria kompleta kna'ar nu'udár ezaminda. 마리아는 응시자로서의 의무를 다했어요.

ezamindu 명 남성 응시자. ¶Jose ezamindu TOPIK. 조세는 토픽 시험 응시자입니다.

*__ezata__ 형 여성 정확한. ¶Ha'u hanoin katak buat Maria hateten mak ezata. 나는 마리아가 말한 것이 정확하다고 생각한다. 유의 loloos.

*__ezatamente__ 부 정확하게. ¶Ita bele hakerek ezatamente? 정확하게 써 줄래요? 유의 loloos.

*__ezatu__ 형 남성 정확한. ¶Ha'u hanoin katak Jose halo analizasaun ezatu. 저는 조세가 정확한 분석을 한다고 생각해요. 유의 loloos.

*__ezbelta__ 형 여성 날씬한. ¶Uluk Maria ne'e ezbelta, maibé agora ne'e nia bokur. 마리아는 전에는 날씬했지만 지금은 뚱뚱해요. 유의 isin-lotuk.

*__ezbeltu__ 형 남성 날씬한. ¶Jose sempre iha isin ezbeltu. 조세는 늘 날씬한 몸매를 유지하고 있다. 유의 isin-lotuk.

ezbosu 명 스케치. ¶Ha'u halo hela ezbosu ba ha'u-nia servisu uma. 저는 숙제로 스케치를 하고 있어요.

*__ezekusaun__ 명 실행, 집행. ¶Ezekusaun ba orsamentu jeral estadu nian atinji ona porsentu 55. 정부의 일반 예산 집행이 55%에 도달했다.

*__ezekuta__ 동 실행하다. ¶Governu foun presiza ezekuta programa ne'ebé aprova tiha ona. 신정부는 승인된 프로그램을 실행해야 할 필요가 있어요. 유의 hala'o.

*__ezekutante__[1] 명 예, 사례, 실례. ¶teoria ezekutante 실례 이론 유의 banati.

ezekutante[2] 명 연기자. ¶Ezekutante sira seidauk simu planu atu hala'o sira-nia servisu. 연기자들은 실행할 계획을 아직 받지 않았어요.

*__ezemplár__ 형 모범적인, 예가 되는. ¶Nia ne'e apá ezemplár. 그는 모범적인 아빠이다.

ezemplifika 동 예를 들어 보다. ¶Iha ne'e ita bele ezemplifika ezemplu balun? 여기에 약간의 예를 들어 볼래요?

ezemplu 명 예, 사례. ¶Koko to'ok esplika ho ezemplu. 예를 들어서 설명해봐요.

E

⁑ **ezerse** 동 실습하다. ¶Ohin loron ne'e data ne'ebé mak ezerse. 오늘은 요리를 실습하는 날이에요. 유의 ezersita.

* **ezersita** 동 훈련하다, 훈련을 받다. ¶Estudante sira ezersita hela iha hariis-fatin. 학생들이 운동장에서 훈련을 받고 있어요. 유의 ezerse.

ezérsitu 명 군대, 육군, 부대. ¶Ezérsitu F-FDTL bá tuir formasaun iha Australia. F-FDTL 군대는 호주 훈련을 따라가요.

* **ezersíziu** 명 연습. ¶Se halo ezersíziu barak, bele halo di'ak liu. 연습을 많이 하면 더욱더 잘할 수 있어요.

ezgota 동 기진맥진하게 하다, 급격히 감소시키다. ¶Maria ezgota ninia isin-todan. 마리아는 몸무게를 급격히 감소시켰어요.

ezgotamentu 명 고갈. ¶Ho ezgotamentu ideia autór ne'e para hakerek. 아이디어의 고갈로 그 작가는 글 쓰는 일을 중단했다.

ezibisionista 명 과시욕이 강한 사람. ¶Ita boot ne'e ezibisionista. 당신은 과시욕이 강한 사람이에요.

* **ezije** 동 요구하다. ¶Ema sira ne'ébé mak ezije sasán ne'e mak la barak. 그 제품을 요구하는 사람들이 많지 않다.

* **ezijénsia** 명 요구, 수요. ¶Se ezijénsia barak, fornesimentu mós sai barak. 수요가 많으면 공급도 많아져요.

ezijénsia atuál 실수요. ¶identifika ezijénsia atuál 실수요를 파악하다

ezijénsia doméstika 내수. ¶Ami nia kompañia la halo ezijénsia doméstika, esporta de'it. 우리 회사는 내수를 하지 않아요, 수출만 해요.

⁑ **eziste** 동 존재하다. ¶Ami mós eziste iha grupu ida-ne'e. 또한 우리는 한 그룹 안에 존재한다.

⁑ **ezisténsia** 명 존재. ¶Ó-nia ezisténsia ne'e halo ha'u fuan moras liu. 너의 존재가 내 가슴을 더 아프게 한다. 유의 ente, prezensa.

ezistensiál 형 실존적인. ¶Relasaun umanus ne'e asuntu ezistensiál. 인간관계는 실존적인 문제예요.

ezistensialista Ⅰ 명 실존주의자. ¶Nu'udár ezistensialista, nia naran-boot. 실존주의자로서 그는 유명하다. Ⅱ 형 실존주의의, 실존주의적인. ¶Iha filozofia ezistensialista, buat importante liu mak ezisténsia umanu. 실존주의 사상에서 가장 중요한 것은 인간의 존재이다.

ezistensializmu 명 실존주의. ¶Filozofia ne'ebé mak funu hasoru ezistensializmu mak empirizmu. 실존주의와 대립하는 사상이 실증주의이다.

ezistente 형 존재하는, 잔존하는. ¶istória kolonializmu sei ezistente. 식민주의 역사는 아직 잔존해요.

⁂ **ézitu** 명 결실, 성공. ¶Ikus mai, ézitu sei mai ha'u. 결국 성공은 내게 올 것이다. 유의 rezultadu, susesu.

⁑ **ezmola** 명 기부금. ¶Tinan-tinan ha'u haruka ezmola uitoan. 매년 기부금을 조금씩 보내고 있어요.

* **ezmola-na'in** 명 거지. ¶Ezmola-na'in fila ba liurai nia oan mane. 거지가 왕자로 변했어요. 유의 kobradór, kobra-na'in.

ezodu 명 탈출. ¶Mai ita ezodu ho di'ak no moris fila fali lai. 탈출을 잘 해서 살아

남읍시다.

ezorta 동 권하다. ¶Prezidente ezorta katak povu tenke bá vota. 대통령은 국민이 투표하러 가야만 한다고 권했어요.

ezortasaun 명 간곡한 권고, 장려. ¶Nia halo ezortasaun ba audiénsia sira. 그는 청중들에게 간곡한 권고를 했습니다.

ezótika 형 여성 이국적인. ¶Nia intradús restorante ida ho atomosfera ezótika ba ami. 그녀는 우리에게 이국적인 분위기의 식당을 소개해 주었다.

ezótiku 형 남성 이국적인. ¶Mane ne'e ezótiku. 그는 이국적이다.

ezotizmu 명 이국. ¶Mina-morin ne'e hamorin ezotizmu. 이 향수는 이국의 향취가 나요.

ezuma 동 파내다, 채굴하다. ¶ezuma anar 석탄을 채굴하다

ezumasaun 명 발굴. ¶Uluk, nia sai ema riku ho ezumasaun mina rai-luan. 예전에 그는 유전 발굴로 부자가 되었다.

E

F

***faak** Ⅰ명 바보, 얼간이. ¶Ema sira bolu nia dehan faak. 사람들은 그를 얼간이라고 부른다. 유의 beik-teen. Ⅱ형 어리석은, 단순한. ¶Nia faak maibé, ninia laran ne'e di'ak. 그는 어리석지만 마음은 착하다. 유의 beik.

***fa'an** 동 팔다. ¶Amá halo paun no fa'an. 엄마는 빵을 만들어서 팔아요. 반의 sosa. 이표기 faan.

***fa'an-na'in** 명 판매원. ¶Fa'an-na'in sira sente triste loos tanba saláriu seidauk aprova. 판매원들은 급여가 결제되지 않아 슬펐다. 유의 vendedór. 반의 freges.

***fábrika** Ⅰ명 공장. ¶Iha fábrika ne'e produs saida? 그 공장에서는 무엇을 생산하나요? Ⅱ동 제조하다. ¶Produtu ne'e fábrika iha kompañia ne'ebé? 이 상품은 어느 업체에서 제조했습니까? 유의 manufatura.

fabrikante 명 제조업자. ¶Nu'udár fabrikante, nia servisu ho laran-moos. 제조업자로서 그는 정직하게 일한다.

fabrikasaun 명 제조. ¶Ami halo hamutuk fabrikasaun no fa'an. 저희는 제조와 판매를 같이 합니다. 유의 manufatura.

***fadigada** 형 여성 바쁜. ¶Maria kompleta servisu enkuantu nia fadigada. 마리아는 바쁜 와중에도 할일을 전부 해내요.

***fadigadu** 형 남성 바쁜. ¶Jose hela loroloron fadigadu. 조세는 바쁜 나날을 보내요.

***fafalun** Ⅰ명 포장 재료, 포장지. ¶Ha'u gosta fafalun ida-ne'e. 저는 이 포장지가 맘에 들어요. Ⅱ동 포장하다. ¶Favór ida, fafalun lai dosi ne'e. 이 과자를 포장해 주세요.

***fafasek** 동 씻다. ¶Tanba pestisida, ai-fuan tenke hetan fafasek ho di'ak. 농약 때문에 과일은 잘 씻어야 합니다. 유의 fase.

fafulu 명 질 좋은 대나무. ¶Mobília ne'e halo ho fafulu. 이 가구는 질 좋은 대나무로 만든 거예요.

fafuuk 명 사타구니, 서혜부. ¶Ha'u-nia fafuuk moras loos. 사타구니가 많이 아프네요.

***fahe** 동 ①나누다. ¶Ha'u fahe kuantidade no fó ba sira. 양을 나눈 다음에 그들에게 주었습니다. ②분리하다. ¶Iha Korea, hafoin fahe fo'er ket-ketak, bá soe iha lixu-fatin. 한국에서는 쓰레기를 먼저 분리한 후에 쓰레기통에 가서 버립니다. 유의 hafera. ③분배하다. ¶Ami fahe bukae ho iguál. 우리는 식량을 똑같이 분배했다. 유의 hafahe.

fahe malu ①헤어지다, 각자의 길을 가다. ¶Ita na'in rua sei la fahe malu. 우리 둘은 서로 헤어지지 않을 거예요. 유의 despede. ②이혼하다. ¶Lino ninia amá no apá fahe malu tanba problema uma laran. 리노의 엄마 아빠는 집안 문제로 이혼했다.

***fahe-rua** 형 둘로 나뉜, 반 가른. ¶Fatuk ne'e uluk hamutuk agora fahe-rua tiha. 전에는 바위가 붙어 있었는데 지금은 둘로 나뉘어 있네요.

*****fahi** 명 돼지. ¶Se ita han mesak na'an fahi hotu, la bele. 너 혼자 돼지고기를 다 먹으면 안 된다.

fahi-aman 명 수돼지. ¶Fahi-aman ne'e isin-di'ak loos! 이 수돼지는 몸이 좋네요! 반의 fahi-inan. 이표기 fahi aman.

fahi-fuik 명 야생 돼지. ¶Dala ruma, bele haree fahi-fuik iha dalan. 야생 돼지가 가끔 도로에서 보입니다. 이표기 fahi fuik.

fahi-fulun 명 돼지털. ¶Ha'u la gosta fahi-fulun, duni! 돼지털 싫어요, 혐오스러워요! 이표기 fahi fulun.

fahi-inan 명 ①암퇘지. ¶Fahi-inan partu fahi-oan. 암퇘지가 새끼를 낳았습니다. 반의 fahi-aman. ②년, 불결한 여자. 이표기 fahi inan.

fahi-luhan 명 양돈장, 돼지우리. ¶Apá dehan, tenke hadi'a fahi-luhan. 돼지우리를 수리해야 한다고 아빠가 말했어요. 이표기 fahi luhan.

***fahi-matak** 명 가지. ¶Ha'u-nia amá gosta te'in modo fahi-matak. 우리 엄마는 가지를 요리하는 것을 좋아해요. 유의 berinjela. 이표기 fahi matak.

fahi-oan 명 새끼 돼지. ¶Mehi kona-ba fahi-oan ne'e di'ak loos! 새끼 돼지 꿈은 매우 좋대요! 이표기 fahi oan.

fahi-tuluk 명 방동사니. ¶Fó lai fahi-tuluk ida ami hodi te'in na'an asu. 개고기 요리에 쓰이는 방동사니를 좀 주세요. 이표기 fahi tuluk.

fahi-ulun 명 돼지머리. ¶Ha'u hakarak fahi-ulun, maibé ne'e karun loos. 돼지머리를 사고 싶은데, 너무 비싸요. 이표기 fahi ulun.

fai 동 ①두드리다, 충돌하다. ¶Ha'u haree karreta ida fai motór ida. 나는 차 한 대가 오토바이와 충돌하는 것을 보았어요. ②(절구에) 찧다, 빻다. ¶Maria fai foos iha lesu atu halo teok. 떡을 만들려고 절구에 쌀을 찧었다. 유의 tuku, harahun.

fa'i 동 찾다. ¶Marito atu fa'i ninia alin-feto ne'ebé lakon bainhira ki'ik. 마리또는 어릴 때 잃어버렸던 여동생을 찾으려고 합니다. 유의 buka, hetan, sabu.

***fail** 명 컴퓨터 파일. ¶Ha'u haruka fail komputadór ho e-mail. 컴퓨터 파일을 이메일로 전송했습니다. 유의 arkivu, arsip.

fakar 동 엎질러지다, 엎지르다. ¶Tanba fakar bee, ha'u nia ropa ne'e bokon. 물을 엎질러서 옷이 젖었어요.

***fakar sai** 따르다, 붓다. ¶Empregada-

F

meza fakar sai kafé no oin-hamnasa. 종업원은 커피를 따르고 미소를 지었어요.

⁝**fake** 동 켜다. ¶Ha'u fake lampu no lee livru. 불을 켜고 책을 읽었어요.

*__fakee__ 동 때리다. ¶Mane ne'e fakee ninia oan, entaun bairru bolu polísia. 그 남자가 아이를 때려서 이웃이 경찰을 불렀어요. 유의 baku, tuhin.

faks 명 팩스. ¶Ha'u haruka faks, simu ona ka? 팩스를 전송했는데 받았나요?

faksaun 명 파벌, 당파. ¶Agora daudaun, faksaun sira difama malu tanba eleisaun. 요즘 선거 때문에 파벌끼리 서로 비방한다.

faktu 명 사실, 실제. ¶Nia fó-koñese mai faktu ne'e. 그는 그 사실을 내게 알려 주었다.

faktuál 형 사실에 기반을 둔, 사실을 담은. ¶Ninia atividade faktuál, ha'u sente katak bele espera rezultadu di'ak. 그의 활동은 사실에 기반을 두고 있고, 좋은 결과를 기대할 수 있을 것 같아요.

⁑**faktura** 명 고지서, 청구서. ¶simu faktura 고지서를 발급받다 유의 konta-bankária.

fakuldade 명 학부. ¶fakudade ekonomia 경제학부

*__fale__ 동 심사숙고하다. ¶Nia fale tebes iha foti staf foun. 그녀는 신입 사원 선택에 매우 심사숙고했다. 유의 delibera.

falesida 형 여성 죽은, 사망한. ¶Maria hato'o sentidu kondelénsia ba sira ne'ebé falesida. 마리아는 사망한 사람들에게 애도를 표했다. 유의 defunta.

*__falesidu__ 형 남성 죽은, 사망한, 고~. ¶data falesidu 죽은 일자

⁝**fali** 부 다시. ¶Fó fali ha'u-nia telefone mai. 제 전화기 다시 주세요. / Katuas-oan fila fali mai, nia laran-kontente. 남편이 다시 돌아와서 그녀는 요즘 행복하다. 유의 filafali.

Falintil 명 팔린틸. [동티모르 독립을 위한 무장 투쟁 조직] ¶Falintil sei iha ka? 팔린틸은 아직도 존재하나요?

관용 Falintil hanesan ikan, povu hanesan bee (팔린틸이 물고기라면 민중은 물이라는 말로) 팔린틸에게 민중의 지원은 필수적이다.

Falintil-FDTL 명 동티모르 방위군. ¶Falintil-FDTL nia membru ne'e hamutuk iha hira? 동티모르 방위군은 총 몇 명이에요?

falla Ⅰ 명 결점. ¶Ha'u haree ita-nia falla, tempu seluk hatudu mai buat di'ak. 결점을 보았으니 다음엔 장점을 보여 주세요. 유의 defeitu. Ⅱ 동 실패하다. ¶Nia falla ona maibé nia koko fali. 그는 실패했지만 다시 도전했다. 유의 reprova.

⁑**fallansu** 명 잘못, 결점. ¶La bele halo fallansu ba servisu hirak ne'e. 이런 일들에 결점을 만들지 마세요.

falsifika 동 위조하다, 변조하다, 조작하다. ¶Lalika falsifika dokumentus ne'e! 이 서류를 조작하지 마세요!

falsifikasaun 명 위조, 변조, 조작. ¶Nia halo falsifikasaun ba nia pasaporte. 그는 자신의 여권 위조를 하였다.

⁝**falsu** 형 틀린. ¶Jose hetan liafuan falsu, entaun modifika fali. 조세는 어휘가 틀

려서 다시 수정했어요. 유의 sala. 반의 loos.

falta Ⅰ명 부족, 결여. ¶Tanba falta orsamentu, ami buka hela donator. 예산 부족으로 우리는 후원자를 찾고 있어요. 반의 exedente. Ⅱ동 결석하다, 불참하다. ¶Nia falta bá eskolá. 그는 학교에 결석했다. 반의 prezente. Ⅲ형 부족한. ¶Maria dehan buat barak mak sei falta. 마리아는 아직 많은 것들이 부족하다고 했어요. 반의 daar, dahar, nato'on, sufisiente.
관용 falta uitoan 거의.

faluk 형 남편을 잃은. ¶Maria ne'ebé sai faluk ne'e, nia tinan foin mak 25. 남편을 잃은 마리아는 이제 막 25세가 되었다.

falun Ⅰ명 소포. ¶Ha'u selu $100 bainhira despaxa falun. 소포를 보내면서 100불을 지불했다. 유의 embrullu. Ⅱ동 (짐, 보따리를) 싸다, 덮다, 포장하다. ¶falun ba presente 선물을 포장하다 / Ha'u falun hela atu bá Korea. 한국에 가려고 짐을 싸고 있다. 반의 deskobre.

falur 명 비둘기. ¶Falur barak iha jardín. 공원에 비둘기가 많다. 유의 kraa-metan, manu-falur, pombu.

fama-aat 명 나쁜 평판. ¶Keta halo ita-nia inan-aman fama-aat. 네 부모님 나쁜 평판 만들지 마라. 유의 naran-aat, naran-fo'er. 반의 naran-di'ak.

familia 명 가족. ¶Aban, ha'u bá bali ho familia. 내일 가족과 함께 발리에 간다.

familiar Ⅰ명 친척, 한 집안의 가족. ¶Nia ami-nia familiar. 그는 우리 친척이에요. 유의 maluk. Ⅱ형 가족의. ¶planeamentu familiar 가족계획

familiaridade 명 익숙함, 낯익음. ¶Ha'u sente katak sira gosta servisu ho familiaridade iha sira-nia serivsu. 그들은 그들의 작업에 있어서 익숙함으로 즐기는 것 같습니다.

familiariza 동 트다. ¶Mane familiariza ho ha'u, maibé nia seidauk ko'alia mai. 그는 나와 안면을 텄지만 아직 말은 놓지 않았다.

famozu 형 유명한. ¶Sasán ne'ebe husi mai Korea, famozu ho ninia kualidade di'ak. 한국산 제품은 품질이 좋기로 유명하다. 유의 koñesidu.

fanátika 형 여성 광적인, 열광적인. ¶Maria fanátika jogadór ba Cristiano Ronaldo. 마리아는 크리스티아누 호날두라는 축구 스타에 열광적이에요.

fanátiku 형 남성 광적인, 열광적인. ¶Jose fanátiku ba jogus hotu. 조세는 모든 스포츠에 열광적이에요.

fanatizmu 명 광신, 맹신. ¶Ha'u sente katak buat ne'ebé mak halo fanatizmu liu Mr. Lee ne'e perigozu. 이 씨를 맹신하는 것은 위험한 것 같다.

fani 동 코웃음을 치다. ¶Nia fani ba liafuan ne'ebé mak Maria husu ajuda. 그는 마리아의 도와 달라는 말에 코웃음을 쳤다.

fanili 명 바닐라. ¶Ha'u sosa eskrim fanili hodi fó labarik. 애들을 주려고 바닐라 아이스크림을 샀어요. 유의 baunilla.

fantástika 형 여성 환상적인. ¶Maria iha abilidade atu kanta fantástika. 마리아는 환상적인 노래 실력을 가졌어요.

fantástiku 형 남성 환상적인. ¶Jose dehan katak hahán ne'e fantástiku

F

loos. 조세는 음식이 아주 환상적이라고 말했어요.

fantazia 명 공상, 판타지. ¶filme fantazia 판타지 영화

fanu 동 ①일어나다. ¶Ha'u fanu no fase oin, depois bá eskola. 일어나서 세수하고 학교에 갔다. 유의 hadeer. 반의 dukur. ②(잠, 의식을) 깨우다. ¶Deskulpa, tanba ohin ha'u fanu ita sedu. 오늘, 일찍 깨워서 미안해요. 유의 hadeer. 반의 danae. 이표기 fanun.

farda 명 단체복, 유니폼. ¶Ha'u presiza farda foun. 새 유니폼이 필요해요.

farigadu 동 골몰하다. ¶Lalikan farigadu! 너무 골몰하지 않아도 돼!

farina 명 카사바. ¶Farina nu'udár ai-han ba nasaun hirak ne'ebé tropika bele haree mós iha Timor-Leste. 카사바는 열대 기후 국가의 음식으로 동티모르에서도 볼 수 있다. 유의 ai-farina.

fariña 명 밀가루. ¶Ha'u halo paun ho fariña. 밀가루로 빵을 만들었어요.

farizeu 명 바리새인, 율법을 엄격히 따르던 고대 유대인 집단인 바리새파의 일원. ¶ema farizeu sira 바리새인들

farmásia 명 약국. ¶Farmásia ne'e iha ne'ebé? 약국이 어디에 있어요? 유의 apoték.

farmásista 명 약사. ¶Nia fó reseita ne'ebé nia simu iha ospitál ba farmásista. 그는 병원에서 받은 처방전을 약사에게 내밀었다.

faru 명 빠루, 동티모르 여성의 전통 의복. ¶Ita koñese ema ne'ebé hatais faru ne'ebá ka? 저기 빠루를 입은 사람을 아니?

faru-boot 명 외투, 오버코트. ¶Ha'u sente malirin, basá ha'u hatais faru-boot. 추워서 외투를 입었어요. 유의 sobretudu.

faru-gola 명 옷깃, 칼라. ¶Favór estrika faru-gola ida-ne'e. 여기 옷깃을 다려 주세요.

faru-laran 명 블라우스. ¶Maria mak ema ne'ebé hatais faru-laran kór-mean. 빨간 블라우스를 입은 사람이 마리아예요. 유의 bluza, kabaia.

faru-liman 명 소매. ¶Faru-liman naruk entaun tenke hadi'a. 소매가 길어서 수선해야 해요.

faru-manas 명 스웨터. ¶Faru-manas mak mamar no manas uitoan. 스웨터가 포근하고 따스해요.

faru manas 상의. ¶Ha'u hakarak sosa faru manas ida-rua. 상의를 한두 벌 사고 싶어요.

faru-misa 명 제의복. ¶Iha igreja ha'u tenke hatais faru-misa. 교회에서 저는 제의복을 입어야 해요.

faru-naruk 명 페티코트, 속치마. ¶Tenke hatais uluk faru-naruk, bainhira hatais Hanbok, vestidu tradisionál Korea nian. 한국의 전통 드레스인 한복을 입을 때, 속치마를 먼저 입어야 해요.

fase 동 씻다. ¶fase moos ona ka? 깨끗이 씻었니? 유의 fafasek, haro'us. 이표기 fasi.

fase fulan 월경하다. ¶Tempu fase fulan, feto sira ne'e sensitivu. 월경할 때 여성들은 예민해요. 유의 avó Maria mai. 이표기 fasi fulan.

***fase-kakutak** 명 세뇌, 강제적 사상 개조 공작, 설득. ¶Keta halo ha'u fase-kakutak. Ha'u kolen. 세뇌를 하지 마세요. 피곤해요. 이표기 fasi kakutak.

⁑fase-ropa 명 세탁, 세탁물. ¶Fase-ropa barak, ha'u fase loron tomak. 세탁물이 많아서 하루 종일 빨래했다. 이표기 fasi ropa.

fase-ropa fatin 세탁소.

⁂fasil 형 쉬운, 간단한. ¶Manuál mak fasil, bele komprende. 사용법이 쉬워서 이해할 수 있어요. 반의 arraska, difisil, susar.

***fasilidade** 명 시설. ¶Ami-nia eskola presiza fasilidade ne'ebé di'ak. 우리 학교는 좋은 시설이 필요해요.

fasilita 동 가능하게 하다. ¶Buat ne'ebé mak bele fasilita ninia susesu ne'e saida? 그의 성공을 가능하게 한 것은 무엇입니까? 유의 posibilita.

⁑fasilitasaun 명 편리화, 간편하게 함. ¶Ami estuda hela fasilitasaun ba fasilidade nian. 우리는 시설의 편리화를 위해 연구하고 있어요.

fataluku 명 파타루꾸. [동티모르 동쪽 지역의 파푸안계 지방 언어] ¶Ema Lospalos ko'alia lian fataluku. 로스팔로스 사람은 파타루꾸를 해요.

***fatia** 동 얇게 썰다. ¶Favór, fó fatia liis-bombai. 양파를 얇게 썰어 주세요.

Fátima 명 파티마, 포르투갈의 순례지. ¶fato Fátima nian 파티마의 성모 / Ha'u seidauk bá Fátima. 아직 포르투갈 순례지 파티마에 가 보지 못했어요.

⁂fatin 명 장소. ¶Mai ita hasoru malu iha fatin ne'ebé mak ita na'in rua hasoru malu ba dala uluk. 우리 둘이 처음에 만났던 장소에서 다시 만납시다. 유의 lugár, kadunan.

⁑fatin-aat 명 지옥. ¶Ita bá fatin-aat! 지옥에나 가라! 유의 infernu.

fatin ida 어딘가에. ¶Nia sei iha fatin ida besik husi iha ne'e. 그는 여기 근처 어딘가에 있을 거예요.

fatin-idiozu 명 양로원. ¶Iha ami-nia grupu, ami bá fatin-idiozu kada fulan no halo servisu voluntáriu. 우리 동아리에서는 매달 양로원에 가서 봉사 활동을 한다.

⁑fatin-leet 명 사각형 덩어리, 빈 땅, 공간. ¶Iha imi-nia vila, iha fatin-leet ruma ka? 너희 동네에 빈 땅이 좀 있을까?

fatin ruma 어디에서도, 어디든. ¶Fatin ruma, nia ema ne'ebé mak susesu. 어디에서도 그는 성공할 사람이다.

***fatór** 명 요소, 요인. ¶Problema nia fatór ne'e foin ita-boot. 문제의 요인은 바로 당신입니다.

***fatu** 명 정장. ¶Ha'u sosa fatu foun hodi hatais iha servisu-fatin. 직장에서 입을 새로운 정장을 샀어요. 유의 pár.

***fatudebañu** 명 남성 하의. ¶Fatudebañu ne'e folin hira? 이 하의는 얼마예요? 이표기 fatu de banhu.

fatuk 명 암석, 돌. ¶Iha foho ne'e, fatuk barak. 그 산에는 암석이 많아요.

fatuk-belar 명 평판, 평평한 판, 판. ¶Bainhira halo uma, presiza fatuk-belar barak. 집을 지을 때 평평한 판이 많이 필요해요. 이표기 fatuk belar.

***fatuk-boot** 명 반들반들한 바위. ¶Iha

ponte nia sorin karuk, iha fatuk-boot ida. 다리의 왼쪽에 반들반들한 바위가 하나 있어요. (이표기) fatuk boot.

fatuk-fera 명 갈라진 틈. ¶Ai-funan funan iha fatuk-fera. 바위의 갈라진 틈에서 꽃이 피었어요. (이표기) fatuk fera.

fatuk-inan 명 돌절구. ¶Apá hamoos hela fatuk-inan. 아빠는 돌절구를 닦고 있어요. (유의) fatuk-tuku. (이표기) fatuk inan.

fatuk-kadi 명 맷돌. ¶Apá duras hela koto ho fatuk-kadi. 아빠는 맷돌로 콩을 갈고 있어요. (이표기) fatuk kadi.

fatuk-kuak 명 동굴. ¶Iha li'ur ne'e manas, iha fatuk-kuak ne'e malirin uitoan. 밖은 더운데 동굴 안은 시원해요. (이표기) fatuk kuak.

fatuk-lakan 명 다이아몬드. ¶Fatuk-lakan ne'e karun loos. 다이아몬드는 매우 비싸요. (유의) diamante. (이표기) fatuk lakan.

fatuk-murak 명 보석, 보배. ¶Kadeli ne'e nia fatuk-murak kapás loos. 이 반지의 보석이 너무 예쁘네요. (이표기) fatuk murak.

***fatuk-mutin** 명 분필. ¶Agora daudaun, la hakerek ho fatuk-mutin iha kuadru. 요즘은 칠판에 분필로 쓰지 않아요. (유의) jís.

fatuk-oan 명 조약돌, 작은 돌. ¶Fatuk-oan iha mota ninin barak tebes. 조약돌은 강가에 많이 있어요. (이표기) fatuk oan.

fatuk-rahun 명 자갈. ¶Fatuk-rahun barak loos iha estrada laran. 자갈들이 길에 많이 깔렸어요. (이표기) fatuk rahun.

fatuk-riin 명 기둥. ¶Sira halo fatuk-riin ho forte liu. 사람들이 기둥을 더 강하게 만들었어요. (유의) ai-riin. (이표기) fatuk riin.

fatuk-tuku 명 돌절구. ¶Avó sira uza fatuk-tuku hodi tuku bua ho batar. 할아버지들이 옥수수와 빈랑나무 열매를 찧으려고 돌절구를 사용해요. (유의) fatuk-inan. (이표기) fatuk tuku.

fauna 명 동물상.

favór 명 호의, 빚, 은혜. ¶Lakohi simu ninia favór! 그의 호의를 거절하세요!

favoravel 형 호의적인. ¶Marito ne'e favoravel liu-liu mai ha'u. 마리또는 오늘 내게 특별히 호의적이었다.

favórese 동 선호하다. ¶Ha'u favórese atu pasa ha'u-nia findesemana ho ha'u-nia familia. 나는 나의 주말을 가족과 함께 보내는 것을 선호해요. (유의) prefere.

***favór ida** ~해 주세요. ¶Favór ida ko'alia Tutun. 테툼어로 말씀해 주세요. / Favór ida lalais! 빨리해 주세요. (유의) halo favór.

favorita 형 (여성) 좋아하는, 마음에 드는. ¶Se Maria iha buat favorita, fó hatete mai, ha'u sosa ba nia. 마리아가 좋아하는 것이 있으면 말해, 내가 사 줄게.

favóritizmu 명 편파, 편애. ¶Mestre ne'e la bele iha favóritizmu ba estudante ida iha eskola nia laran. 그 선생님은 학교 안에서 한 학생을 편애하지 않아요.

favoritu 형 (남성) 좋아하는, 마음에 드는. ¶Ita nia hahaan favoritu ne'e saida? 좋아하는 음식이 뭐예요?

faxina[1] 명 피로. ¶Tanba faxina, ha'u hakarak la halo ida. 피로 때문에 아무것도 안 하고 싶다.

faxina[2] 동 매혹하다, 마음을 사로잡다. ¶Ninia oin-hamnasa ne'e faxina ha'u nia laran. 그녀의 미소는 내 마음을 사로잡았다.

faze 명 단계. ¶Ida-ne'e mós faze ida hodi to'o objetivu. 이것도 목표에 도달하기 위한 하나의 단계이다. 유의 etapa.

fé 명 신앙. ¶Ferik-oan ne'ebé mak fé kle'an bá igreja loroloron. 신앙이 깊은 아내는 매일 교회에 간다.

federál 형 연방제의, 연방의. ¶Grupu Federál Timor-Leste bá partisipa jogu ASEAN iha Jakarta. 동티모르 연방제는 자카르타에서 열리는 아시안 게임에 참가하러 갑니다.

federasaun 명 연맹. ¶federasaun futeból Timor-Leste 동티모르 축구 연맹

*** **feen** 명 아내. ¶Ninia feen ne'e moras agora daudaun. 그의 아내는 요즘 아프다. 유의 ferik-oan. 반의 la'en, katuas-oan.

feen-ki'ik 명 정부, 내연녀. ¶Ninia feen-ki'ik naran Maria. 그의 내연녀 이름은 마리아이다. 유의 kamarua. 이표기 feen ki'ik.

* **feen-la'en** 명 부부, 커플, 연인. ¶Feen-la'en ne'e duni matenek. 그 부부는 정말 예의가 바르다. 이표기 feen laen.

*** **fehuk** 명 감자. ¶ko'a fehuk ba balun rua 감자를 반으로 자르다 유의 fehuk-ropa.

** **fehuk-midar** 명 고구마. ¶Se han barak fehuk-midar mós, sai bokur. 고구마도 많이 먹으면 살쪄요. 이표기 fehuk midar.

** **fehuk-ropa** 명 감자. ¶Se tau tan fehuk-ropa iha aguasál, furak liu. 아구아살에 감자를 넣으면 더 맛있어요. 유의 fehuk. 이표기 fehuk ropa.

feitiu 명 특색, 특징. ¶Ita dekór ninia feitiu ka? 그 사람의 특징을 기억하나요? 유의 karakterístika.

** **feixadura** 명 자물쇠. ¶Lisensa, iha ne'e fa'an feixadura? 실례지만, 여기 자물쇠 파나요? 유의 besi-kalsu, kadeadu, kadiadu. 반의 xave.

** **feixu** 명 머리핀. ¶Biin buka hela feixu. 언니가 머리핀을 찾고 있어요.

** **fekit** 동 튕기다. ¶Labarik sira halimar karta no sé mak lakon fekit tilun. 아이들이 카드 게임을 하다가 누가 져서 귓불을 튕기네요.

* **feliz** 형 즐거운. ¶Ha'u espera ita-nia feliz Natal. 당신의 즐거운 성탄을 소망합니다.

** **femeninu** 형 여성적인, 여성의, 여성스러운. ¶mane femeninu 여성스러운 남자 반의 maskulinu.

* **fenomenál** 형 경이적인, 경탄스러운. ¶Fatin ne'e fenomenál loos! 이곳은 실로 경이롭군요!

* **fenómenu** 명 현상, 경이로운 사람. ¶Fenómenu tasi sa'e iha japaun halo ema barak trauma. 일본에서의 쓰나미 현상은 많은 사람에게 정신적 외상을 주었습니다.

* **fera** 동 ①(장작을) 패다, 가르다. ¶Apá fera hela ai hodi sunu. 아빠가 땔감을 위해서 장작을 패고 있어요. ②땅을 파다. ¶Tanba ema fera rai hodi halo estrada tan ne'e karreta sira la bele bá. 도로를 만들기 위해 땅을 파서 차들이 갈 수가 없어요.

F

*feriadu 명 공휴일, 국경일. ¶Ami la bá eskola tanba feriadu. 공휴일이라서 학교에 가지 않아요. 유의 férias. 반의 loron servisu.

**férias 명 휴일, 방학. ¶Ha'u hela iha uma de'it iha férias. 휴일에 집에만 있을 거예요. 유의 feriadu.

*ferik Ⅰ명 노파. ¶Ferik ida dehan sorti boot sei mai ha'u. 큰 행운이 내게 올 거라고 한 노파가 말했어요. Ⅱ형 나이 든, 시든. ¶ema ferik 나이 든 사람

ferik-oan 명 아내. ¶Ha'u nia ferik-oan matenek duni. 제 아내는 매우 현명해요. 유의 feen. 반의 katuas-oan.

fermenta 동 발효되다, 발효시키다. ¶Paun ne'e fermenta ho fermentu. 이 빵은 이스트로 발효시킨 거예요.

fermentu 명 이스트, 효모. ¶Tempu halo paun, presiza fermentu. 빵을 만들 때 이스트가 필요해요.

fermentu-rahun 명 베이킹파우더. ¶Tempu halo paun, tenke tau fermentu-rahun. 빵을 만들 때 베이킹파우더를 넣어야 해요.

ferrramenta 명 도구, 연장 세트. ¶Ha'u buka hela ferrramenta hodi hadi'a motór. 저는 오토바이를 고치려고 연장 세트를 찾고 있어요.

ferrujen 동 녹슬다, 부식하다. ¶Hodi la ferrujen, absorve umidade ho toalla. 녹슬지 않도록 수분을 수건으로 닦아 주세요. 이표기 ferujen.

fertil 형 비옥한. ¶Rai ne'e fertil loos. 이 땅은 매우 비옥합니다. 유의 bokur.

fertilidade 명 비옥함, 생식력. ¶Feto ne'e la bele hetan oan tanba nia fertilidade la di'ak. 이 여성은 생식력이 좋지 않아서 아이를 가질 수 없어요. 유의 oan-na'in.

fertiliza 동 ①비료를 주다, 기름지게 하다. ¶Ita tenke fertiliza ai-horis ne'ebé iha to'os laran. 우리는 농장에 있는 식물에 비료를 주어야 해요. ②수정시키다. ¶Karakól sira bele tolun no bele fertiliza mós. 달팽이들은 알도 낳고 수정시킬 수도 있습니다.

fertilizante 명 비료. ¶Animal nia te'e, nu'udár fertilizante ba ai-han orgániku sira. 동물의 배설물은 유기농 비료이다. 유의 adubu.

**festa 명 파티, 축제. ¶Festa komesa ona. 파티가 막 시작되었습니다. 유의 festivál.

*festa-na'in 명 주인, 파티 주최자. ¶Festa-na'in fó agradese ba partisipante. 파티 주최자가 참석자들께 감사를 표합니다. 유의 uma-na'in. 반의 bainaka, konvidadu. 이표기 festa nain.

*festivál 명 파티, 축제. ¶Ha'u sente katak ema sira halo festivál iha merkadu kotuk. 사람들이 시장 뒤에서 축제를 하는 것 같아요. 유의 festa.

**feto Ⅰ명 여자, 여성. ¶Feto ne'e mamar maibé amá ne'e forsa. 여자는 약하지만 엄마는 강합니다. 반의 mane. Ⅱ형 여자의, 여성의. ¶beleza feto 여성의 아름다움

feto-aat 명 품행이 나쁜 여자, 나쁜 년. ¶Nia feto-aat maibé fila ba feto-di'ak. 품행이 나쁜 여자였지만 좋은 여자로 변했어요.

feto-bikan 명 창녀. ¶Nia feto-bikan.

그녀는 창녀예요. 유의 feto-lurón.

feto-buan 명 마녀, 여자 마법사. ¶Labarik sira gosta istória feto-buan. 아이들이 마녀 이야기를 좋아했습니다.

*__feto-faluk__ 명 과부, 미망인. ¶Nu'udár feto-faluk, nia simu liman-rohan buat-soin boot loos. 그 과부는 거대한 재산을 상속받았다. 이표기 feto faluk.

*__feto-foun__ 명 며느리. ¶Maria iha feto-foun ona. 마리아는 벌써 며느리가 있다. 이표기 feto foun.

fetok 형 나약한. ¶Ha'u feto maibé la hakarak rona liafuan ne'ebé mak fetok. 나는 나약한 여자라는 말을 듣고 싶지 않아요.

⁑**feto-klosan** 명 처녀, 미혼 여성, 아가씨. ¶Feto-klosan no mane-klosan halimar hela iha tasi. 처녀와 총각들이 해변에서 놀고 있어요. 유의 feto-raan. 반의 mane-klosan. 이표기 feto klosan.

feto-lurón 명 창녀. 유의 puta, feto-puta, feto-bikan. 이표기 feto luroon.

⁑**feto-mesak** 명 독신 여성. ¶Maria mak oan feto-mesak, nia lakohi kaben. 마리아는 독신 여성이에요. 그녀는 결혼을 원치 않아요.

⁂**feton** Ⅰ 명 (남자의) 여동생. ¶Ninia feton ne'e ki'ik no bonita. 그의 여동생은 작고 예뻐요. Ⅱ 형 여성의. ¶Iha fábrika ida-ne'e, feton barak liu mane. 그 공장에는 남성보다 여성이 더 많아요.

feto ne'ebé dansa 여성 댄서. ¶Maria-nia servisu mak feto ne'ebé dansa. 마리아의 직업은 댄서예요. 유의 dansarina. 반의 mane ne'ebé dansa.

feto-nona 명 애인, 내연녀. ¶Maria ne'e ninia feto-nona. 마리아는 그의 내연녀예요.

*__feto-oan__ 명 소녀. ¶Tempu feto-oan, mehi mak barak. 소녀 시절 꿈이 많았어요. 유의 labarik-feto. 이표기 feto oan.

feto-puta 명 창녀. ¶La bele toba ho feto-puta tanba bele lori moras ba ita. 병 걸릴 수 있으니까 창녀랑 자면 안 돼요. 유의 feto-lurón. 이표기 feto puta.

feto-raan 명 ①숫처녀, 젊은 여성. ¶Feto-raan husi Timor-Leste agora luta maka'as ba halakon korrupsaun iha sira-nia rai. 동티모르의 젊은 여성들은 요즘 부정부패를 없애기 위해서 열심히 싸운다. 유의 feto-klosan. ②처녀자리. 이표기 Feto raan.

⁑**fetosaa** 명 처가, 아내의 가족. ¶Fetosaa nia familia la barak. 처가 식구들은 많지 않아요. 유의 umane.

feto-tasi 명 인어. ¶prinseza feto-tasi 인어공주 이표기 feto tasi.

⁑**feto-umakain** 명 주부. ¶Ha'u hakarak hela nu'udár feto-umakain de'it, no la servisu iha li'ur. 밖에서 일하지 않고 그냥 주부로서 살고 싶다. 이표기 feto umakain.

feto uma-laran 가정부, 가사 도우미. ¶Feto uma-laran na'in tolu mak iha uma. 집에 가사 도우미가 3명 있어요. 유의 doméstiku.

feto-virjen 명 동정, 숫총각. ¶Feto sira hotu dehan katak sira feto-virjen. 그 남자들 모두는 숫총각이래요. 유의 feto-raan, virjen.

feudál 형 봉건적인, 봉건 제도의. ¶feudál

F

monu 봉건 제도의 몰락

feudalizmu 명 봉건제. ¶sosiedade feudalizmu 봉건제 사회

*** **Fevereiru** 명 이월. ¶Fevereiru liu tiha ona. 이월은 이미 지나갔어요. 유의 fulan-Fevereiru, fulan-rua.

*** **fiar** Ⅰ 명 믿음, 신뢰. ¶Fiar ne'e importante loos iha relasaun umanus. 신뢰는 인간 관계에서 매우 중요하다. / Maria ema ne'ebé fó fiar ba kolega sira. 마리아는 친구들에게 믿음을 주는 사람이에요. 반의 deskonfiansa, dúvida. Ⅱ 동 믿다. ¶Buat ida fiar ema ne'e arraska. 사람을 믿어야 한다는 것이 힘들다.

fiar-belek 형 신뢰할 만한. ¶Nia ema ne'ebé fiar-belek. 그녀는 신뢰할 만한 사람이다. 반의 dúbia, dúbiu. 이표기 fiar belek.

fiar-laek 형 불성실한, 신뢰하지 못하는. ¶Se fiar-laek ba malu la bele halo bisnis. 서로 신뢰하지 못하면 거래를 할 수 없다. 이표기 fiar laek.

fiar-metin 형 충실한, 충성스러운. ¶Maria ema ne'ebé fiar-metin ba saida mak ita koalia. 당신이 뭐라 하든 그녀는 충실한 사람이다.

*** **fiar metin** 분명한, 확실한, 확신할 만한. ¶Ha'u fiar metin katak nia foti o-nia pasta. 나는 그가 내 지갑을 집어 갔다고 확신한다. 반의 deskoñesida, deskoñesidu.

* **fiar-na'in** Ⅰ 명 신앙인, 믿는 자. ¶Fiar-na'in bele haree futuru ne'ebé ema seluk la bele haree. 믿는 자는 다른 사람들은 볼 수 없는 것을 볼 수 있다. Ⅱ 형 독실한, 믿음이 강한. ¶Marito ema ne'ebé fiar-na'in. 마리또는 믿음이 강한 사람이다. 이표기 fiar nain.

* **fibra** 명 섬유소, 섬유질. ¶Ha'u agora favórese hahán fibra nian. 저는 요즘 섬유질이 많은 식품을 선호해요.

fidelidade 명 성실. ¶Lisaun ami nia sala mak fidelidade. 우리 반의 교훈은 성실이다.

* **fiel** 형 충실한, 충성스러운, 충성심 있는, 믿을 만한, 신용 있는. ¶Jose ne'e kolega fiel. 조세는 믿을 만한 친구예요.

* **fieldade** 명 충실, 충성, 신의. ¶Militár sira halo fieldade ba sira nia nasaun. 군인들은 나라에 충성을 다한다.

* **fielmente** 부 충실하게, 성실하게, 정직하게. ¶Di'ak liu ko'alia fielmente kona ba event ne'ebá. 그 사건에 대해 정직하게 말해 주면 좋겠어요.

figura 명 인물화, 사진. ¶Pintor ne'e pinta de'it figura ema nia foto. 그 화가는 인물화만을 그린다.

* **figuradu** 형 비유적인. ¶Nia ko'alia liafuan figuradu de'it. 그는 비유적인 언어로만 말했다.

figurante 명 엑스트라 배우. ¶Iha filme ne'e nia hanesan ema figurante ida. 이 영화에서 그는 엑스트라 배우 같아요.

* **figuraun** 명 유력자, 거물, 명사. ¶Xanana Gusmão ema figuraun ida. 사나나 구스마오는 거물이에요.

fihil 동 뽑다, 선택하다, 지정하다. ¶Maria fihil Ana atu halo traballu uma hamutuk. 마리아는 숙제를 함께 할 사람으로 아나를 선택했다. 유의 dezigna, eskolla, fihir, fihil, hili.

* **fihir** 동 ①바라보다, 응시하다, 주시하다.

¶Agora dadaun mestre fihir hela asaun estudante ne'e nian. 선생님은 요즘 그 학생의 행동을 주시하고 있다. 유의 hateke. ②고르다, 뽑다, 선택하다. ¶Ha'u-nia amá fihir ropa mai ha'u atu sosa. 나의 엄마는 내게 사 주시려고 옷을 골랐다. 유의 dezigna, eskolla, fihil, hili.

Fijí 명 피지, 남태평양의 독립국. ¶ema Fijí sira 피지 사람들

fiksasaun 명 집착. ¶Ministru husi komersiu industria halo fiksasaun ba hahán sira ne'ebé ema fa'an iha loja. 상공부 장관은 가게에서 파는 식품군들에 집착을 해요.

⁑**fila** Ⅰ 동 돌다, 뒤집다, 변하다. ¶Dalan ne'ebé fila fali mai uma mak dook. 집으로 돌아가는 길이 멀다. 유의 dulas, volta. Ⅱ 부 되돌려, 돌려. ¶Ha'u haruka fila nia ba ninia vila moris-fatin. 나는 그를 그의 고향으로 되돌려 보냈어요.

관용 fila kidun ba (바닥을 뒤집는다는 말로) 저버리다, 무시하다.

*__fila an ba__ 되다, 변하다. ¶Se bosok, ninia inus fila an ba mean. 그는 거짓말하면, 코가 빨갛게 변해요. 유의 nakfilak. 이표기 fila aan ba.

*__fila ba kotuk__ 뒤로 돌아가다, 거꾸로 가다. ¶Ita la'ós fila ba kotuk, tenke ba oin. 너는 거꾸로 가지 말고 앞으로 가야만 해.

*__filafali__ 부 다시. ¶Sura la loos, entaun ha'u bá loja ne'e filafali. 계산이 잘못돼서 다시 그 가게에 갔다. 유의 hikas, fali.

*__fila fali bá__ 다시 돌아가다. ¶Ha'u hakarak fila fali bá Marito. 마리또에게 다시 돌아가고 싶다.

⁑**fila-fila** 부 반복해서, 반복적으로. ¶O-nia ksolok ne'e o tenke halo fila-fila. 당신의 행복은 당신이 반복해서 만들어야 해요. / Ita presiza treinu fila-fila. 반복적으로 훈련해야 합니다. 이표기 fila fila.

fila-lia 명 이중성, 표리부동. ¶Ha'u la gosta ema ne'ebé hatudu fila-lia ba mai. 저는 제게 이중성을 보이는 사람은 싫어요. 이표기 fila lia.

fila-rai 명 논갈이, 밭갈이. ¶okupadu ho fila-rai 논갈이로 분주하다 유의 halo to'os. 이표기 fila rai.

fila liman 작은 사업을 하다. ¶Maria fila liman. 마리아는 작은 사업을 한다.

fila rai 경작하다, 땅을 일구다. ¶Apá fila rai, ha'u ajuda ninia servisu. 아버지는 땅을 일구시고, 나는 아버지 일을 돕고 있다.

*__filiál__ 형 자식의. ¶Eskola filiál iha Fatuhada Dili Timor-Leste. 자식의 학교는 동티모르 딜리의 빠뚜하다에 있어요.

filiasaun 명 소속. ¶Ó filiasaun ba unidade ida-ne'ebé? 자네는 어느 부대 소속인가?

Filipina 명 필리핀. ¶Filipina nia kapitál ne'e iha ne'ebé? 필리핀의 수도는 어디인가요?

filipinu Ⅰ 명 필리핀 사람. ¶Nia ema Filipinu. 그는 필리핀 사람이에요. Ⅱ 형 필리핀의.

filmajen 명 촬영. ¶Filmajen ne'e di'ak, foin remata. 촬영을 잘해서 금방 끝났어요.

⁑**filme** 명 영화, 필름. ¶Ita bele bá teatru atu haree filme? 우리 영화 보러 극장에

F

갈까? ⓘ이표기 filmi.

filozofia 명 철학. ¶Nia hatene uitoan kona-ba filozofia. 그는 철학에 대해서 좀 안다.

filozófiku 형 철학의, 철학에 관련된. ¶Ema filozófiku husi Korea kria teknolojia foun. 한국에서 온 철학자는 새로운 기술을 창조했다.

filtru 명 필터, 여과 장치. ¶Filtru mina nian iha problema. 기름 여과 장치에 문제가 있어요.

Finadu 명 피나두, 모든 영혼의 날. ¶Iha Finadu, Timor-oan kari ai-funan iha rate. 피나두에는 동티모르 사람들이 묘지에 꽃을 흩뿌립니다. 유의 Loron-Matebian.

finál Ⅰ 명 마지막, 결승전. ¶Sé mak manán ona iha finál? 결승전에서 누가 이겼어요? Ⅱ 형 마지막의. ¶Kandidatu finál mak hamriik hodi halo diskursu. 마지막 후보가 연설하기 위해 일어섰다. 유의 ikus.

finalista 명 졸업 예정자. ¶Finalista forma hela hodi hasai foto graduasaun. 졸업 예정자들이 졸업 사진을 찍기 위해 줄 서 있다.

***finaliza** 동 마무리하다, 완결하다. ¶Nia presiza finaliza nia estudu. 그는 학교 공부를 마무리할 필요가 있어요.

finalizasaun 명 수료. ¶Finalizasaun mak muda tiha ona tanba númeru atendimentu loron la sufisiente. 그는 출석 일수가 모자라 수료가 연기되었다.

finansa 명 금융, 재정. ¶Ministériu Planu no Finansa 기획 재정부

finansas 형 금융의, 재정의. ¶Ofisiu ne'e finansas nian. 이 사무실은 재정부의 것이에요. 유의 finanseiru.

finanseiru Ⅰ 명 자본가, 금융업자. ¶Finanseiru sira investe barak. 자본가들은 많은 투자를 하고 있다. 유의 finansista. Ⅱ 형 남성 금융의, 돈이 있는, 재정적인. ¶Jose nia ulun moras tanba problema finanseiru. 재정적인 문제로 조세는 머리가 아파요.

finansiamentu 명 자금 조달, 융자. ¶Nia ajuda finansiamentu ba nia alin nia eskola. 그는 자기 동생의 학교에 융자를 도와주었다.

finansista 명 자본가, 금융업자. ¶Finansista halo finansiamentu ba sira, sira selu ho funan ba finansista fulan-fulan. 금융업자는 그들에게 융자를 해 주고, 그들은 매달 이자를 지급한다. 유의 finanseiru.

***findesemana** 명 주말. ¶Ita iha planu di'ak iha findesemana ka? 주말에 좋은 계획 있니? ⓘ이표기 fin de semana.

findumundu 명 끝, 종말, 결말. ¶Ha'u husu kona-ba drama findumundu nian. 그 드라마의 결말에 대해서 물었다. ⓘ이표기 fin du mundu.

fini 명 씨앗. ¶Ha'u ho amá kuda fini roza iha to'os. 나와 엄마는 농장에 장미의 씨앗을 심었어요. 유의 ai-musan, musan.

finje 동 ~인 척하다, ~인 체하다. ¶Ha'u halo finje la koñese nia. 나는 그를 모른 척했다. 유의 finjidu. ⓘ이표기 finji.

***finjidu** 동 ~인 척하다, ~인 체하다. ¶Ema hotu finjidu la hatene. 모든 사람들이 모른 척해요. 유의 finje.

finlandés 형 핀란드의. ¶Finlandés kontente ho desizaun sira-nia Prezidente. 핀란드 사람들은 대통령의 결정에 기뻐했다.

Finlándia 명 핀란드. 유의 rai-Finlándia.

* **finta**[1] 명 세금. ¶Ha'u presiza koñesimentu kona-ba finta. 세금에 대한 지식이 필요해요. 유의 taxa.

finta[2] 동 장난삼아 속이다. ¶Bainhira ha'u joga bola ha'u gosta finta ema. 예전에 그는 다른 사람을 많이 장난삼아 속였다.

firaku 명 피라쿠. [동티모르 바우카우 지역의 주민을 속되게 이르는 말]

* **fisiku** 형 신체적인. ¶Asia no osidentál lori karakteristiku fisiku ne'ebé la hanesan. 동양인과 서양인은 서로 다른 신체적 특징을 가지고 있다.

fiska 명 새총. ¶Fiska ne'e la bele uza ba ema. 새총은 사람에게 사용할 수 없어요.

fiskadór 명 헤어 젤. ¶Favór uza fiskadór, hafoin xampú. 샴푸 후에 헤어 젤을 사용하세요.

fiskál 명 감독관, 세관원. ¶Fiskál halo fiskalizasaun saka. 세관원이 가방을 검사합니다.

fiskaliza 동 감독하다, 점검하다. ¶Fiskál na'in rua fiskaliza ezame graduasaun. 감독관 두 명이 졸업 시험을 감독해요. 유의 hala'o fiskalizasaun.

*** **fiskalizasaun** 명 검사, 모니터링. ¶Mestra halo fiskalizasaun ba estudante sira-nia liman-kukun. 선생님은 학생들의 손톱 검사를 했습니다.

fisur[1] 명 농포. ¶Ha'u haree fisur iha fatin kanek. 상처 자리에 농포가 보여요.

*** **fisur**[2] 동 끓이다. ¶Fisur bee depois tenke tau na'an kedas. 물을 끓인 다음 즉시 고기를 넣어야 해요. 유의 da'an, nakali, nono.

* **fita** 명 리본, 띠. ¶Tanba fita iha ropa ne'e, ha'u gosta nia. 그 옷에 리본이 있어서 좋아요.

* **fita kola** 접착테이프. ¶Fita kola ne'e iha meza leten. 접착테이프는 책상 위에 있어요.

*** **fitar** 명 상처. ¶Ha'u sei iha fitar ida iha ain. 아직 다리에 상처가 있어요. 유의 kanek-fatin.

fitis 명 장딴지. ¶Ha'u nia alin nia fitis ne'e mahar. 내 동생은 장딴지가 굵어요. 유의 ain-kabun, ain-kloor.

*** **fitun** 명 별. ¶Kalan ne'e fitun barak iha lalehan. 오늘, 하늘에 별이 참 많아요.

fitun-lubun 명 은하계. ¶pertense fitun-lubun 은하계에 속하다 유의 galáksia.

** **fitun-monu** 명 유성, 별똥별. ¶haree fitun-monu 별똥별을 보다 유의 meteoru.

** **fiu** 명 끈. ¶Favór dada fiu atu loke pasta. 가방을 열려면 끈을 잡아당기세요. 유의 tali.

fixa 명 서식. ¶Favór hakerek iha fixa, entaun hatama ha'u. 서식을 모두 채워서 제출하세요.

** **fixa-elétrika** 명 전기 플러그. ¶Ha'u mai merkado atu sosa fixa-elétrika. 전기 플러그를 사려고 시장에 왔어요.

fixeiru 명 서류함. ¶Fixeiru ne'e nakonu ho dokumentu. 서류함에 서류가 가득해요.

fízika 명 물리학. ¶Fízika difisil loos,

F

maibé ha'u la bele rende. 물리학은 너무 어렵지만 포기할 순 없어요.

*** **fíziku** I 명 체격. ¶Nia fíziku di'ak ba servisu. 그는 일을 하기에 체격이 좋아요. II 형 육체적인, 체력이 필요한. ¶Servisu ida-ne'e servisu fíziku. 이 일은 체력이 필요한 일이에요.

fizioterapia 명 물리 치료, 물리 치료 요법. ¶Nia loro-loron bá simu fizioterapia. 그는 매일 물리 치료를 받으러 가요.

flauta 명 플루트. ¶Ha'u agora aprende flauta. 저는 요즘 플루트를 배워요. 유의 fu'i.

flautista 명 플루트 연주자. ¶Flautista ne'e koñesidu liu. 이 플루트 연주자는 매우 유명해요.

* **fleksibilidade** 명 유연성, 융통성. ¶Ninia fleksibilidade ne'e halo ha'u hadomi nia. 그의 융통성은 내가 그를 사랑하게 만들었다.

* **fleksivel** 형 유연한, 융통성이 있는, 나긋나긋한. ¶Mestre Apet ema ne'ebé fleksivel. 아펫 선생님은 융통성이 있는 사람이에요.

Flores 명 플로레스. [인도네시아의 섬] 유의 rai-Flores.

fluksu 명 흐름, 변화, 유동. ¶Favór halo observasaun bee-nia fluksu husi foho leten. 산꼭대기에서 내려오는 물의 흐름을 관찰하세요.

flutua 동 변동을 거듭하다, 등락을 거듭하다, 올라갔다 내려갔다 하다. ¶Ikan ne'e flutua iha bee leten. 물고기가 물에서 올라갔다 내려갔다 해요.

flutuasaun 명 변동, 등락. ¶flutuasaun folin nian 물가의 변동

*** **fó** 동 주다, 부여하다. ¶fó aten-barani ba 용기를 주다 / fó asisténsia 도움을 주다 유의 entrega, fornese. 반의 simu. 이표기 foo.

관용 fó doutrina 교리 문답을 하다.

관용 fó hahaek 폭소를 터트리다.

관용 fó tan hodi hadudu 조금 더 되돌려 주다.

* **fó agradese** 감사하다, 감사를 표하다. ¶Ha'u fó agradese ba mestre ne'ebé hanorin ha'u tinan ida. 1년 동안 가르쳐 준 선생님께 감사를 표했다. 유의 agradese, obrigada, obrigadu, apresia. 이표기 foo agradese.

* **fó aluga** 임대하다. ¶Ikus mai, ha'u fó aluga ofisiu. 드디어 사무실을 임대했다. 유의 aluga, freta. 이표기 foo aluga.

* **fó an** 헌신하다. ¶Fó an ne'e atitude dedika an. 자신에게 헌신하세요. 유의 dedika, devota. 반의 dekonsentra. 이표기 foo aan.

fó apoiu 지원하다, 후원하다. ¶Ministeriu desportu fó apoiu finanseiru ba atleta sira. 스포츠 장관은 운동선수들에게 자금을 지원했습니다.

* **fó-bandu** 동 금하다, 금지하다. ¶Ai-fuan ne'e fó-bandu tiha ona, agora la iha. 이 과일은 이미 금지되어서 지금은 없어요. 이표기 foo bandu.

fó benvinda ba 환영해 주다. ¶Ami fó benvinda ba Señora Embasadora. 우리는 대사님을 환영해 주었습니다.

* **fó-empresta** 동 빌려주다. ¶fó-empresta livru 책을 빌려주다 / Maria fó-empresta osan ba Antonio.

마리아는 안토니오에게 돈을 빌려주었어요. (유의) empresta. (이표기) foo empresta.

***fo'er** Ⅰ 명 쓰레기 더미. ¶Husi fo'er ne'ebá, iis sai hela. 저기 쓰레기 더미에서 악취가 나요. Ⅱ 형 더러운. ¶Keta kona buat fo'er. 더러운 것을 만지지 마세요. (유의) dool, door. (반의) elegante. (이표기) foer.

***fo'er-fatin** 명 쓰레기장. ¶Fo'er-fatin iha ne'ebé? 쓰레기장은 어디에 있어요? (이표기) foer fatin.

***fó-esplikasaun** 동 설명해 주다. ¶Jose fó-esplikasaun kona-ba oinsá uza gás. 조세는 가스 사용법에 대해서 설명해 주었습니다. (유의) esplika.

fó ezame 시험을 보게 하다. ¶Dosente fó ezame ba estudante universitariu. 교수님은 대학생들에게 시험을 보게 했습니다. (이표기) foo ezame.

fó fatin 장소를 제공하다. ¶Apá fó fatin ba ema ne'e hodi deskansa. 아버지는 그 사람에게 쉴 장소를 제공해 주었다. (이표기) foo fatin.

***fó-fila** 명 반납. ¶husu fó-fila funsionáriu reforma 사원증 반납을 요구하다

***fó fuan** 열매가 열리다. ¶Haas atu fó fuan. 망고 열매가 열리려고 해요. (유의) nafua. (이표기) foo fuan.

***fo-funan** 동 피어나다. ¶Ai-funan sira fo-funan primeira iha jardin, ne'ebé kuda husi ha'u-nia liman. 내 손으로 가꾼 정원에서 첫 번째 꽃이 피어났다.

fogaun 명 난로. ¶Ha'u la presiza fogaun tanba tempu manas. 날이 더워서 난로가 필요 없어요.

fogaun te'in 조리용 스토브. ¶Ha'u presiza fogaun te'in iha dapur. 부엌에 조리용 스토브가 필요해요. (이표기) fogaun tein.

fogeira 명 모닥불. ¶Bandu atu halo fogeira ka te'in iha ne'e. 이곳에서는 모닥불을 피우거나 취사를 하는 것이 금지되어 있다.

fogete 명 불꽃놀이. ¶Bainhira paixón no fogete komesa lian tarutu ba mai. 불꽃놀이가 시작되자 여기저기서 환호성이 터져 나왔다.

***fó-han** 동 먹이다, 먹여 살리다. ¶Amá fó-han hela susu-been ba bebé. 엄마는 아기에게 우유를 먹이고 있어요. (이표기) foo han.

***fó-hanoin** 동 ①가르치다, 가르침을 주다. ¶Dr.Kim fó-hanoin mai ha'u durante ha'u estuda iha Korea. 한국에서 유학하는 동안 김 박사님은 내게 가르침을 주었다. (유의) hanorin. ②상기시키다, 기념하다. ¶Foto ne'e fó-hanoin ninia pasadu. 그 사진이 그의 옛날을 상기시켰다. ③경고하다. ¶Amá fó-hanoin hela de'it ninia-oan sira dehan tenke tama uma molok loro-monu. 엄마는 아이들한테 밤이 되기 전에 집에 들어오라고 경고합니다. (이표기) foo hanoin.

***fó-haree** 동 진열하다, 전시하다. ¶Ema timor atu fó-haree tais ba ema Korea iha findesemana. 티모르 사람들은 주말에 한국 사람들을 위해서 타이스를 전시하려고 해요. (이표기) foo haree.

***fó-hariis** 동 씻기다, 목욕시키다. ¶Maria gosta fó-hariis nia alin. 마리아는 동생 목욕시키는 것을 좋아해요. (이표기) foo

F

hariis.

*fó hatais (옷을) 입히다. ¶Inan fó hatais oan sira, entaun pasiar hamutuk. 엄마는 아이에게 옷을 입히고 함께 외출했어요. (이표기) foo hatais.

*fó-hatene 동 알리다, 보고하다. ¶Ami fó-hatene ba publiku katak elisaun antesipada sei halo iha fulan maiu nia laran. 우리는 선거 예정일이 5월 중이라는 것을 공공장소에 알렸다. (유의) deklara, fó sai. (이표기) foo hatene.

*fó-hemu 동 (물을) 주다, 마시게 하다. ¶Bele fó-hemu ba asu ka? 개에게 물을 줘도 될까요? (이표기) foo hemu.

*foho 명 산, 언덕. ¶Foho Ramelau ne'e aas liu hotu iha Timor-Leste. 라멜라우 산은 동티모르에서 가장 높은 산이다.

foho-hanek 명 모래 언덕. ¶Husi tasi-ibun, bele haree foho-hanek. 해변에서 모래 언덕을 볼 수 있어요. (유의) duna. (이표기) foho hanek.

foho-huun 명 산기슭. ¶Uma ida iha foho-huun. 산기슭에 집이 하나 있어요. (유의) rai-hun. (반의) foho-letek. (이표기) foho huun.

*foho-leet 명 계곡. ¶Ha'u hariis iha foho-leet entaun sente malirin. 계곡에서 목욕을 하니 시원하다. (이표기) foho leet.

foho-letek 명 산 정상. ¶To'o foho-letek dook loos. 산 정상까지 너무 멀어요. (유의) foho-tutun. (반의) foho-huun, rai-hun. (이표기) foho leten.

foho-lolon 명 산비탈. ¶Bibi-malae barak iha foho-lolon. 산비탈에 양들이 많아요. (이표기) foho lolon.

foho-oan 명 산사람, 산에 거주하는 사람. ¶Foho-oan ne'e ema di'ak. 그 산사람은 좋은 사람이다. (이표기) foho oan.

fohorai 명 비단뱀. ¶Ha'u ta'uk fohorai. 저는 비단뱀이 무서워요. (이표기) foho-rai.

foho-tutan 명 산맥, 산악 지방. ¶Ermera ne'e iha foho-tutan. 에르메라는 산악 지방에 있어요.

*foho-tutun 명 산봉우리. ¶Iha foho-tutun ita haree panorama kapás loos. 산봉우리에서 당신은 멋진 전경을 볼 수 있어요. (유의) foho-letek. (이표기) foho tutun.

*foin 부 최근에. ¶Foin, ha'u la bele haree nia. 최근에, 나는 그를 보지 못했다. (유의) agora daudaun, foin lalais.

*foin dadauk 방금, 지금. ¶Sira foin dadauk han etu. 그들은 방금 밥을 먹었어요.

*foin daudaun ne'e 바로 지금 막. ¶Foin daudaun ne'e, nia mai tiha ona. 바로 지금 막 그가 왔어요. (유의) foin lalais. (이표기) foin dadauk nee.

*foin-kaben 형 신혼의, 갓 결혼한. ¶Maria foin-kaben. 마리아는 갓 결혼했어요. (이표기) foin kaben.

*foin lalais 조금 전에. ¶Foin lalais, nia arranka ona. 조금 전에 막 그가 떠났어요. (유의) foin, foin daudaun ne'e.

*foin-mate 형 최근에 사망한, 고~, 막 고인이 된. ¶Tiu Marito foin-mate horiseik. 마리또 삼촌은 어제 사망했어요. (이표기) foin mate.

*foin-moris 형 최근에 태어난, 막 태어난. ¶Bebé ne'e foin-moris. 아기가 막 태어났어요. (이표기) foin moris.

***foin-sa'e** Ⅰ명 청소년, 젊은이. ¶Foin-sa'e, destrui ita-nia limitasaun. 청소년이여, 그대의 한계를 부수세요. 유의 joven. Ⅱ형 젊은. ¶O foin-sa'e furak! 젊은 그대는 아름다워라! 유의 joven. 이표기 foin sa'e.

fó isin 농작물을 수확하다. ¶Hahán ne'e fó isin di'ak ba ami. 농작물을 많이 수확하기 위해서 아버지는 매일 일을 많이 해요. 이표기 foo isin.

***fó isin-di'ak** 건강에 좋은. ¶Hahaan ne'e fó isin-di'ak. 이 음식은 건강에 좋아요. 이표기 foo isin-di'ak.

foka[1] 명 바다표범. ¶Animal foka moris hela iha tasi ne'e nia laran. 이 바다에 바다표범이 살고 있어요.

***foka**[2] 동 비디오를 촬영하다. ¶Ha'u atu foka aban. 저는 내일 비디오를 촬영하려고요.

foka[3] 동 집중하다. ¶Ha'u foka difisil, tanba honoin barak. 생각하는 것이 많아서 집중하는 것이 어려워요. 유의 konsentra.

***fó-kaben** 동 ①결혼하다. ¶Hori-bainhira mak ita-boot fó-kaben tiha ona? 언제 결혼하셨어요? 유의 kaben. ②주례를 서다. ¶Amu fó-kaben ba Apet ho Elia iha Igreja. 주교님은 성당에서 아펫과 엘리아를 위해 주례를 섰습니다. 이표기 foo kaben.

fokar 명 물집, 수포. ¶Ha'u iha fokar iha ain-fuan. 내 발에 물집이 생겼어요. 유의 botok, isin-kafu'ak.

fó kastigu 처벌하다, 유죄를 선고하다. ¶Governu tenke fó kastigu, se karik polísia involve an iha krime. 경찰이 범죄와 관련되었다면, 정부가 처벌해야 한다. 이표기 foo kastigu.

***fokit** 동 ①당기다. ¶Nia fokit ha'u nia kabaas no hakuak. 그는 나의 어깨를 당겨서 안았다. 유의 dada. ②(치아를) 뽑다. ¶Doutór fokit nehan ida ona. 의사는 치아 1개를 뽑았어요. 유의 fokit-sai, hasai. 반의 hatama.

***fokit-sai** 동 ①(사업에서) 손을 떼다, 철수하다. ¶Favór ida, fokit-sai husi bisinis ida-ne'e! 이 사업에서 손을 떼세요! ②(포장을) 벗기다, 뜯다. ③(치아를) 뽑다. ¶Ohin, fokit-sai nehan ne'ebé moras. 오늘 앓던 이를 뽑았어요. 유의 fokit. 이표기 fokit sai.

***fó-koñese** 동 소개하다. ¶Ha'u-nia diretór foun husu ha'u atu fó-koñese an. 새로 온 상사가 요청해서 저를 소개하려고 합니다. 유의 aprezenta, introdús. 이표기 foo koñese.

fó konsellu 자문을 해 주다. ¶Nu'udár asesor, nia fó konsellu ba prezidente. 그는 자문관으로서 대통령에게 자문을 해 줍니다.

fó konsulta 의료 상담을 하다. ¶Lororoon doutór fó konsulta pasiente na'in 50. 의사는 매일 50명과 의료 상담을 한다. 이표기 foo konsulta.

***fó krizma** 확인하다. ¶Amu Bispo fó krizma ba sarani na'in lima-nulu-resin-lima. 주교님은 세례받은 자가 55명임을 확인했다. 유의 konfirma, kontrola. 이표기 foo krizma.

***fó-ksolok** 동 기쁨을 주다, 행복하게 하다, 만족감을 주다. ¶Ita-nia prezensa fó-

F

ksolok loos mai ha'u. 당신의 존재가 내게 커다란 기쁨을 줍니다. ⓘ이표기 foo ksolok.

fó-laran 동 마음을 주다, 믿음을 주다. ¶Ha'u hakarak husu ba lider sira atu fó-laran ba povu. 국민에게 믿음을 주려는지 정치 지도자들에게 묻고 싶다. 이표기 foo laran.

fó lia 약속하다. ¶Se karik ita fó lia, ita tenke realiza fó lia. 약속했으면 약속을 지켜야 한다. 유의 promete. 이표기 foo lia.

fó-liman 동 도움을 주다, 평화롭게 하다. ¶Mai ita fó-liman ba malu atu hadi'a ita-nia rai! 우리 나라를 개선하기 위해서 서로 도와줍시다! 이표기 foo liman.

folin Ⅰ 명 값, 가치. ¶Ita tenke fó folin ba ema ne'ebé ajuda ita-nia servisu. 우리는 모든 사람에게 가치를 부여해야 한다. 유의 presu. 반의 folin-laek. Ⅱ 동 비용이 들다. ¶Buat ne'ebe moris iha Timor-leste folin karun. 동티모르에 사는 게 비용이 많이 들어요.

folin-aas 형 비싼. ¶Karreta ne'e folin-aas. 이 자동차는 너무 비싸다. 유의 karun. 반의 baratu, folin-baratu, folin-kmaan. 이표기 folin aas.

folin-baratu 형 (값이) 싼. ¶Iha Lita store xampú folin-baratu. 리따스토어는 샴푸가 싸요. 유의 kamaan, kma'an. 반의 folin-aas. 이표기 folin baratu.

folin-boot 형 귀중한. ¶Iulik ne'ebé folin-boot 귀중한 유물

folin-kmaan 형 (값이) 싼. ¶Motór ida-ne'e folin-kmaan liu motór ne'ebá. 이 오토바이는 저 오토바이보다 싸다. 유의 kamaan, kma'an. 반의 karun, folin-aas. 이표기 folin kmaan.

folin-laek 형 가치가 없는, 중요하지 않은, 보잘것없는. ¶Karik ne'e folin-laek entaun ita lalika preokupa! 가치가 없으니까, 고민하지 말자! 반의 folin. 이표기 folin laek.

folin-todan 형 (값이) 비싼, 나가는. ¶Sasán iha Timor Plaza folin-todan de'it! 티모르 플라자에 있는 물건은 비싸기만 해요! 이표기 folin todan.

folin-tun 명 할인 가격, 할인, 세일 중, 할인 중. ¶Mina ida-ne'e agora folin-tun. 이 기름은 지금 할인 가격이에요. 이표기 folin tun.

fó lisensa 허용하다. ¶Nia hakarak konfirma asuntu sira, molok nia fó lisensa. 그는 허용하기 전에 확인하고 싶은 쟁점들이 있었다. 유의 autoriza. 이표기 foo lisensa.

fó malisan 꾸짖다, 욕하다. ¶Labarik ne'e hahalok aat, tan ne'e nia amá fó malisan. 아이들이 잘못된 행동을 해서 엄마는 꾸짖었어요.

fó manas 데우다. ¶Ha'u fó manas etu, depois han. 밥을 데워서 먹었다. 이표기 foo manas.

fó naran ~라고 부르다. ¶Asu ne'e ha'u fó naran Jecky. 나는 이 개를 재키라고 부른다. 유의 denomina. 이표기 foo naran.

fondasi 명 건물의 기초. ¶Ohin ami kompleta edifísiu nia fondasi. 오늘, 우린 건물의 기초를 완성했다. 유의 aliserse, fundasaun.

fonema 명 음소. ¶Nia halo peskiza kona-ba fonema sistemátiku iha lian Tetun. 그는 테툼어의 체계적 음소에 대

해 연구한다.

fonémika 형 여성 음소의. ¶Feto ne'e peskiza kona-ba rekoñesimentu fonémika. 그 여자는 음소 인식에 대해서 연구해요.

fonémiku 형 남성 음소의. ¶sistema fonémiku 음소의 체계

*__fó-neon__ 명 감사. ¶Ha'u hato'o fó-neon ba nia. 저는 그에게 감사를 표했습니다. 유의 agradesimentu.

fó netik 조금만 주다, 달다. ¶Ha'u husu fó netik etu. 밥을 조금만 달라고 했다. 이표기 foo netik.

fonétika 명 음성학. ¶Nia halo peskiza fonétika. 그는 음성학을 연구하고 있다.

fonétiku 형 음성의, 소리의. ¶Pronunsia ne'ebé uza iha disionariu ne'e mai husi alfabetu fonétiku. 사전에서 사용하는 발음은 소리글자에서 왔다.

*__fonte__ 명 원천, 근원. ¶fonte ne'e ha'u bele hetan dadus ne'ebé di'ak 좋은 정보를 찾을 수 있는 원천

fó obrigadu 감사드리다. ¶Ha'u fó obrigadu ba ita-nia ajuda. 당신의 도움에 감사드립니다.

fó orden 지시하다, 명령하다. ¶Patraun fó orden staf sira deskansa aban. 주인은 직원들에게 내일은 쉬라고 지시했다. 유의 dita, haruka. 이표기 foo orden.

*__fó orientasaun__ 설명해 주다. ¶Semana oin orientasaun komesa ona entaun ita tenke fó orientasaun ne'ebé di'ak. 다음주 설명회가 시작되니까 당신이 잘 설명해 줘야 해요. 유의 esplika. 이표기 foo orientasaun.

*__foos__ I 명 현미. ¶Foos ne'e di'ak ba saúde. 현미는 건강에 좋다. 유의 hare. II 형 탈곡된, 도정된. ¶Hare ida-ne'e la foos. 이 벼는 탈곡되지 않았어요.

foos-uut 명 쌀가루. ¶Ema Korea halo "Teok" ho foos-uut. 한국 사람은 쌀가루로 떡을 만들어요. 유의 badaak. 이표기 foos uut.

fó peñór 저당 잡히다, 담보로 삼다. ¶Apá fó peñór ba banku no simu tusan. 아빠는 집을 담보로 삼아 대출을 받았다. 유의 empeña. 이표기 foo peñór.

fó perdua 용서해 주다. ¶Favór fó perdua mai ha'u nia sala. 제 잘못을 용서해 주세요.

forai 명 땅콩. ¶Se ita han forai barak, ita sai bokur. 땅콩도 많이 먹으면 살찐다. 유의 fore-rai.

*__fore__ 명 콩. ¶Tau fore metan bainhira ita halo etu. 밥을 할 때 검은 콩을 넣어라. 유의 koto.

fore-keli 명 대두. ¶Ita presiza fore-keli atu halo susubeen-soja. 대두는 두유를 만들 때도 필요하다. 이표기 fore keli.

fó rekomendasaun 추천해 주다. ¶Señor Kim fó rekomendasaun ótel ida iha Timor-Leste. 김 선생님이 동티모르에 있는 호텔을 추천해 줬어요.

fore-lotuk 명 줄기 콩. ¶Imi sosa modo fore-lotuk iha ne'ebé? 너희들 줄기 콩 어디에서 샀니? 유의 fore-xikote. 이표기 fore lotuk.

fore-mungu 명 녹두. ¶Ha'u bá loja ne'e no sosa fore-mungu. 그 가게에 가서 녹두를 샀다. 이표기 fore mungu.

⁑**fore-rai** 명 땅콩. ¶Ha'u gosta han fore-rai. 난 땅콩 먹는 게 좋아요. 유의 forai. 이표기 fore rai.

fó-reseita 동 처방전을 주다. ¶Enfermeiru fó-reseita ba pasiente. 간호사가 환자에게 처방전을 주었다. 이표기 foo reseita.

fore-xikote 명 줄기 콩. ¶Fore-xikote iha to'os laran barak tebes. 농장에 줄기 콩 종류가 정말 다양하게 있네요. 유의 fore-lotuk. 이표기 fore sikote.

⁂**forma** Ⅰ 명 모양, 모습. ¶Atu mantein forma ne'ebé di'ak, loro-loron nia halo olaraga. 그는 멋진 모습을 유지하려고 매일 운동을 합니다. 유의 oin. Ⅱ 동 ①모양을 갖추다. ¶Uma foun forma hela uitoan-uitoan. 새집은 조금씩 조금씩 모양을 갖추고 있어요. ②형성하다, 구성하다. ¶Grupu ida-ne'e forma ho ema sira ne'ebé di'ak. 이 그룹은 좋은 사람들로 구성되었습니다. ③줄을 서서 기다리다. ¶Ema sira forma hela iha loja oin. 가게 앞에 사람들이 줄을 서서 기다리고 있어요.

⁑**formadu** 동 졸업하다. ¶Ha'u formadu husi kursu lian Korea. 저는 한국어 과정을 졸업했습니다.

*__formál__ 형 공식적인. ¶Orsida nota formál atu sai. 오늘 공식적인 발표가 나올 거예요.

formalidade 명 형식적인 필수 절차. ¶Dokumentu sira ne'e iha formalidade. 이 서류들은 형식적인 필수 절차입니다.

*__formasaun__ 명 훈련. ¶Ha'u atu halo formasaun ba eventu aban. 내일 행사를 위한 훈련을 곧 시작한다.

Formoza 명 대만. ¶Nia sei fila bá Formoza. 그는 내일 대만으로 돌아가요.

fórmula 명 공식. ¶Tenke lembra fórmula matemátika. 수학 공식을 외워야 해요. 유의 rumus.

formuláriu 명 양식 서류, 양식을 갖춘 서류. ¶Favór hakerek formuláriu no asina. 양식 서류를 직접 작성하시고 서명해 주세요.

formulasaun 명 공식화, 공식 표시. ¶Ita presiza halo formulasaun fali ba ita-nia planu. 당신 일정, 공식화를 할 필요가 있어요.

*__fornese__ Ⅰ 명 공급. ¶Fornese bee atu iha limitasaun tanba bailoro naruk. 긴 가뭄으로 인해 물 공급이 제한될 것이다. Ⅱ 동 공급하다. ¶Ha'u fornese bee ba eventu ne'e. 그 행사에 음료를 공급했다. / Governu fornese eletrisidade mezmu suku ki'ik. 정부는 작은 마을에도 전기를 공급합니다. 유의 fó. 반의 simu.

fornese an 자급자족하다. ¶Uluk ema halo fornese an ona. 예전엔 사람들이 자급자족했다. 이표기 fornese aan.

fornesimentu 명 공급, 지급, 제공. ¶Fornesimentu no reklama moda ekonomia. 수요와 공급이 경제를 움직인다. 반의 demanda.

fornu 명 오븐. ¶Uza fornu, ha'u bele tunu paun. 오븐을 사용해서 빵을 구울 수 있어요. 유의 ahi-matan.

*__forru__ 명 천장. ¶Bee suli hela husi forru. 천장에서 물이 새고 있어요. 유의 kakuluk-laran.

⁂**forsa** Ⅰ 명 힘, 권한, 군사력, 병력. ¶forsa

defeza 방위 병력 / Ha'u presiza koñesimentu nia forsa. 지식의 힘이 필요하다. 유의 autoridade, beran, biit. Ⅱ 형 강한. ¶Nia mentalidade ne'e forsa. 그의 정신은 강하다. 유의 biit.

⁑**forsa-maka'as** 형 (힘이) 센, 강한. ¶Mane ass ne'e forsa-maka'as. 그 키 큰 남자는 힘이 엄청 세다. 유의 forte. 반의 ain-liman mamar. 이표기 forsa makaas.

forsas armadas 무장 병력. ¶prepara forsas armadas no funu 무장 병력을 갖추고 전쟁을 준비하다

fortalesimentu 명 강화. ¶Jose nia objetivu feria ida-ne'e mak fortalesimentu forsa. 조세의 이번 방학 목표는 체력 강화이다. 유의 fortifikasaun.

⁑**forte** 형 (힘이) 센, 강한. ¶Favór tenke treinu pronúnsia forte. 강한 발음을 꼭 연습하세요. 유의 forsa-maka'as. 반의 ain-liman mamar, fraku. 이표기 forti.

fortifika 동 강화하다, 힘을 내다. ¶Nia fortifika nia-an ho han na'an ho etu. 그는 밥과 고기를 먹고 힘을 냈습니다.

fortifikasaun 명 강화. ¶Ha'u lee barak liafuan ne'ebé di'ak ba fortifikasaun mentál. 저는 정신 강화를 위해 좋은 글을 많이 읽습니다. 유의 fortalesimentu.

*__fortuna__ 명 행운. ¶Fortuna tuir beibeik ema ne'ebé halo esforsu barak. 행운은 종종 열심히 노력하는 자를 따른다. 유의 sorte. 반의 dezgrasa.

foru[1] 명 천장, 의상에 각 잡힌 곳, 모서리. ¶Bee tau husi foru. 천장에서 물이 떨어져요.

foru[2] 명 ①포럼, 토론회 장. ¶Ohin, Maria mai iha foru. 오늘 마리아가 포럼에 왔습니다. ②법정. ¶Entaun, mai ita hasoru iha foru! 그럼, 법정에서 만납시다!

*__fó sai__ 공개하다, 알리다. ¶Advogadu fó sai faktu ne'e iha tribunál. 변호사는 그 사실을 법정에서 공개했다. 유의 deklara, fó-hatene. 이표기 foo sai.

*__fó-sala__ 동 ①탓하다, 비난하다. ¶Lalika fó-sala ema seluk envezdé fó-sala ita an. 남을 탓하지 말고, 너 자신을 탓해라. 유의 akuza, fó todan. 반의 hahi'i, gaba. ②고발하다. ¶Nia fó-sala ninia superiór tanba halo korrupsaun. 그는 사장의 부정부패를 고발했다. 이표기 foo sala.

*__fó sasin__ 증언하다. ¶Sasin fó sasin saida mak nia haree. 목격자는 법정에서 자기가 본 것을 증언했다. 이표기 foo sasin.

fose Ⅰ 명 노. ¶Fose mak lolon rua iha bero. 카누 배에 노가 2개 있다. Ⅱ 동 노를 젓다. ¶Avó ida fose hela iha mota. 한 노인이 강에서 노를 젓고 있어요.

*__fó servisu ba__ 일자리를 주다, 고용하다. ¶Uma na'in fó servisu ba seguransa na'in rua. 집주인은 두 명의 경비원을 고용했다. 유의 emprega, engaja. 이표기 foo servisu ba.

fosil 명 화석. ¶Fosil ida-ne'e deskobre husi foho. 이 화석은 산에서 발견되었어요.

*__fó-solok__ 동 ①기쁘게 해 주다. ¶Ha'u nia ferik-oan sempre fó-solok ha'u. 아내는 나를 늘 기쁘게 해 준다. ②응원하다. ¶Ha'u mai iha estádiun hodi fó-solok. 오빠를 응원하기 위해서 경기장에 왔어요. 이표기 foo solok.

F

fó-susu 동 (젖을) 먹이다. ¶Inan fó-susu ba bebé ne'ebé mak foin moris. 막 태어난 새끼에게 어미는 젖을 먹입니다. 이표기 foo susu.

***fó-terus** 동 고통을 주다, 괴롭히다. ¶Nia pobreza lori fó-terus hela ninia vida. 빈곤은 그의 삶을 괴롭히고 있다. 유의 halo terus, haterus. 이표기 foo terus.

⁑**foti** 동 ①얻다. ¶foti informasaun 정보를 얻다 유의 hasa'e. 반의 deskarta. ②올리다, 승진시키다. ¶Liurai foti nia ba jenerál. 촌장은 그를 장군으로 승진시켰다.

관용 foti ~ halo aas ~을 칭송하다.

foti-an Ⅰ 명 오만, 거만. ¶Ha'u haree Maria foti-an loos. 나는 마리아의 오만을 보았다. Ⅱ 동 잘난 체하다, 뻐기다. ¶Ema barak la gosta Maria tanba nia foti-an. 그는 잘난 체하는데, 실제로도 똑똑해. Ⅲ 형 오만한, 거만한. ¶Ema hotu-hotu hatene faktu ne'ebé nia foti-an. 사람들 모두 그가 거만하다는 사실을 알아요. 반의 edukadu. 이표기 foti aan.

foti-hakiak 동 (아이를) 기르다, 키우다. ¶Ha'u nia alin, Avo maka foti-hakiak. 제 동생은 할아버지가 키웠어요. 이표기 foti hakiak.

foti lia hasoru 비난하다, 고발하다. ¶Tansá povu foti lia hasoru nia? 사람들이 왜 그를 비난하는가? 유의 halerik, hato'o keixa.

***foti matan** 감탄, 존경. ¶Estudante sira hato'o obrigadu no foti matan ba mestre. 학생들은 감사와 존경을 선생님께 표했다. 유의 respeitu.

***foti-oin** Ⅰ 명 자존심, 자부심. ¶Amá dehan ha'u maka ninia foti-oin. 엄마는 제가 엄마의 자부심이라고 말합니다. Ⅱ 형 자랑스러운. ¶Ha'u hakarak sai oan-feto ne'ebé foti-oin. 저는 자랑스러운 딸이 되고 싶습니다. 이표기 foti oin.

⁑**foti telefone** 전화를 받다. ¶Ajuda foti telefone lai? 전화를 받아 줄래? 반의 dere arame.

⁑**foto** 명 사진. ¶Agora daudaun ema barak hasai foto husi telemovel. 요즘 핸드폰으로 사진을 많이 찍는다. 유의 fotu, fotografa, retratu.

⁑**fó todan** 탓하다, 비난하다. ¶La bele fó todan ba ema ida! 한 사람을 탓하지 말아라! 유의 fó-sala. 이표기 foo todan.

⁑**fotografa** 명 사진. ¶Fotografa ne'e klaru ka? 사진이 깔끔한가요? 유의 foto, fotu, retratu.

fotografia 명 사진술, 사진 기술. ¶Kamera telemovel la presiza fotografia. 핸드폰 카메라는 사진술이 필요 없다.

fotográfika 형 여성 사진 기술의, 사진의. ¶Hasai foto sei furak liu karik hatene métodu fotográfika. 사진 기술의 방법을 알면 사진 찍는 것이 더 재미있어요.

fotográfiku 형 남성 사진 기술의, 사진의. ¶Jose nia dezenvolvimentu fotográfiku, nia bele halo fotografa furak liu. 조세의 사진 기술의 발전으로 더 멋진 사진을 찍을 수 있게 되었어요.

fotógrafu 명 사진작가. ¶Nia profisaun fotógrafu. 그의 직업은 사진작가이다. 유의 ema fotografiku.

fotojéniku 형 사진이 잘 받는. ¶Maria fotojéniku sai modelu ona. 사진이 잘

받는 마리아가 모델이 되었다.

* **fotokopia** Ⅰ명 복사, 복사본. ¶Ha'u presiza fotokopia ida-ne'e nian. 저는 이것의 복사본이 필요해요. Ⅱ동 복사하다. ¶Favór fotokopia ida-ne'e. 이것을 복사해 주세요. 유의 duplika, haruak, kopia. 이표기 fotokopi.

* **fotokopiadora** 명 복사기. ¶Fotokopiadora iha kantor ka? 사무실에 복사기 있어요? 유의 kopiadora, mákina-fotokopia.

fotosínteze 명 광합성. ¶Ai-horis produs enerjia liu husi fotosínteze. 식물은 광합성을 통해 에너지를 생산한다.

fó treinamentu 훈련시키다. ¶Mestre fízika fó treinamentu hela estudante sira. 체육 선생님이 학생들을 훈련시키고 있다. 유의 fó treinu, hanorin, treina, treinu. 이표기 foo treinamentu.

fó treinu 훈련시키다. ¶Mestre fó treinu kona-ba ko'alia lian Korea. 선생님이 한국어로 말하기를 훈련시킵니다. 유의 fó treinamentu, hanorin, treina, treinu. 이표기 foo treinu.

⁑ **fotu** 명 사진. ¶Fotu ne'e mós iha ne'e. 그 사진이 여기에도 있네요. 유의 foto, fotografa.

* **fó-tulun** 동 돕다, 축복하다. ¶Nia fó-tulun ba ema ne'ebé kiak. 그는 가난한 사람을 도왔습니다. 이표기 foo tulun.

* **foufoun** Ⅰ형 방금 나온, 새로 나온. ¶Ne'e notísias foufoun. 방금 나온 뉴스입니다. Ⅱ부 최근에, 지금. ¶Foufoun ha'u sosa karreta ona. 최근에 차를 구입했어요.

* **fó ulun** 주의를 기울이다, 주목하다. ¶Fó ulun, favór rona ha'u nia liafuan. 주의를 기울이고 제 말을 들으세요. 이표기 foo ulun.

⁑ **foun** 형 새로운. ¶Mai ita estuda liafuan foun! 새로운 단어를 공부해 봅시다! 반의 antigu, tuan.

fó volta 동그랗게 돌다. ¶Sira dansa bainhira sira fó volta. 그들은 동그랗게 돌면서 댄스를 합니다. 이표기 foo volta.

⁑ **frakeza** 명 약점. ¶Ita hatene ita-nia frakeza saida? 너의 약점이 무엇인지 알고 있니?

⁑ **fraku** 형 약한. ¶Favór ajuda kolega fraku. 약한 친구를 도와주도록 해라. 유의 mamar. 반의 forte.

fraldas 명 천 기저귀. ¶Inan fase hela fraldas. 엄마는 천 기저귀를 빨고 있다.

* **franku** 형 솔직한. ¶Durante diskusaun, ema hotu ko'alia ho franku. 회의 동안, 모두 솔직하게 말했다.

Fransa 명 프랑스. ¶Ema fotografiku ne'e ema Fransa. 그 사진작가는 프랑스 사람이에요. 유의 rai-Fransa, Perancis.

fransés 형 ①프랑스의. ¶Ha'u la bele ko'alia lian fransés. 저는 프랑스 말을 못해요. ②프랑스인의. ¶Iha restorante ne'e koziñeiru fransés na'in ida servisu hela. 그 식당에는 프랑스인 요리사 한 명이 일하고 있어요. 이표기 Franseza.

Fransiskanu Ⅰ명 성 프란체스코회 회원. ¶Membru husi Santu Fransiskanu ne'e husi grupu kristianizmu. 성 프란체스코회 회원은 기독교인에서 전래되었어요. Ⅱ형 성 프란체스코의.

frasaun 명 일부, 부분, 분해.

fraternidade 명 경력이나 학력의 조작, 세탁. ¶Instrutor akademia famozu sira

F

nia fraternidade akadémiku sai ona problema. 유명 학원 강사들의 학벌 세탁이 문제가 된 적이 있었다.

⁑**fraze** 명 문장. ¶Favór halo fraze ida ho liafuan lima ne'e. 이 다섯 개의 단어를 사용해서 하나의 문장을 만들어 보세요.

*__freges__ 명 고객, 손님. ¶Freges barak iha loja ne'e laran. 그 가게 안에 손님들이 많아요. 유의 kliente. 반의 fa'an-na'in, vendedór.

frekuénsia 명 주파수. ¶Ha'u loke radiu no kontrola frekuénsia ona. 라디오를 켜고 주파수를 조정했다.

⁑**frekuente** 형 빈번한. ¶Servisu hanesan ne'e frekuente iha ne'e. 여기서는 그런 일이 빈번하다. 유의 beibeik.

frekuentemente 부 흔히. ¶Iha outonu bele haree kosmos frekuentemente iha rai-luan ka dalan ninin. 코스모스는 가을에 들이나 길가에서 흔히 볼 수 있다.

frente 명 선봉. ¶Sira halo kompetisaun frente hela. 그들은 선봉 경쟁을 하고 있다. 유의 oin.

fresku[1] 명 프레스코. ¶Ha'u aprende ona fresku. 나는 프레스코 화법을 배웠어요.

⁂**fresku**[2] 형 신선한, 시원한. ¶Loja ne'e fa'an ai-fuan fresku. 이 가게는 신선한 과일을 팔아요.

⁂**freta** 동 빌리다, 계약하다. ¶Nia freta ona sala boot iha hotel. 그는 호텔의 큰 방을 빌렸다. 유의 aluga, fó aluga.

frete 명 화물. ¶Ha'u atu haruka frete ne'e to'o Korea. 이 화물을 한국으로 보내려 합니다. 유의 naha, karga.

FRETILIN 명 프레틸린, 동티모르독립혁명전선. [동티모르의 정당명]

fretilín 명 프레틸린 당원, 반 인도네시아 저항 동티모르인.

friksaun 명 마찰. ¶friksaun diplomasia 외교적 마찰

friza 동 강조하다. ¶Nia friza promete nia importánsia. 그는 약속의 중요성을 강조했다.

froñas 명 베갯잇. ¶Nia fase hela froñas fulafulan. 매달 베갯잇을 빨고 있어요. 이표기 fronhas.

fronteira 명 국경, 경계. ¶Nia hakat fronteira. 그들은 국경을 넘었다. 유의 baliza.

fruisaun 명 결실. ¶Outonu mak tempu fruisaun nian. 가을은 결실의 계절이다.

*__frustante__ 형 답답한. ¶Tanba sala ne'e iha andár-okos no loro-naroman la tama mai, ha'u sente frustante uitoan. 이 방은 지하층에 있어서 햇빛도 잘 안 들고 좀 답답해.

*__frustrada__ 형 여성 좌절감을 느끼는, 불만스러워하는. ¶Maria frustrada loos. 마리아는 큰 좌절감을 느꼈어요.

*__frustradu__ 형 남성 좌절감을 느끼는, 불만스러운. ¶Povu frustradu loos kona-ba polítika governu nian. 시민들은 정부 정책이 매우 불만스러웠어요.

*__frustrasaun__ 명 좌절감, 불만. ¶Nia sempre iha frustrasaun. 그는 항상 불만이 많아요.

⁂**fuan**[1] 명 과일. ¶Ha'u lakohi fuan. 난 과일을 좋아하지 않아요. 유의 ai-fuan.

⁑**fuan**[2] 명 심장. ¶Doutór dehan ha'u-nia fuan la iha problema. 내 심장은 이상이 없다고 의사가 말했다.

fuan-dodok I 명 비탄, 큰 슬픔. ¶Tanba fuan-dodok boot, nia labele servisu kleur. 큰 슬픔 때문에 그는 오랫동안 일할 수 없었다. II 동 분개하다, 비통해하다. ¶Nia fuan-dodok tanba lakon nia familia. 그는 가족을 잃어서 비통해했다. (이표기) fuan dodok.

*__fuan-fekit__ 명 심장 박동. ¶sukat pasiente-nia fuan-fekit 환자의 심장 박동을 측정하다 (유의) fuan-tuki.

fuan-laek 형 감정이 없는. ¶Ó fuan-laek halo ha'u nia laran moras. 감정이 없는 당신은 내 마음을 아프게 해요.

fuan-laran 명 가슴. ¶Ha'u-nia fuan-laran komesa tuku tuku bainhira feto ne'e ne'ebé ha'u mehi ona mosu. 꿈에 그리던 그녀의 모습이 나타나자 가슴이 두근거리기 시작했다. (유의) hirus.

*__fuan-monu__ 형 푹 빠진. ¶Ha'u-nia fuan-monu ho Maria ne'ebé fa'an paun iha loja. 저는 가게에서 빵을 파는 마리아에게 푹 빠졌어요.

⁑__fuan-moras__ I 명 ①심장병, 마음이 아픔. ¶Ha'u nia maun ko'alia aat ha'u i agora Ha'u sente fuan-moras. 형이 제게 심한 말을 해서 저는 마음이 아파요. ②시기, 질투. ¶Maria nia fuan-moras halo ninia kaben kolen. 마리아의 질투는 남편을 피곤하게 했어요. II 형 시기하는, 질투하는. ¶Maria sente fuan-moras ba ninia kolega-nia susesu. 마리아는 친구의 성공에 질투했어요. (이표기) fuan moras.

fuan-tuku 명 심장 박동. ¶Derrepente ha'u-nia fuan-tuku halai lailais liu. 심장 박동이 갑자기 빨라진다. (유의) fuan-fekit.

*__fuan tuku-tuku__ 심장이 두근거리다. ¶Ha'u halai, ha'u-nia fuan tuku-tuku lailais. 뛰었더니 심장이 두근거리네요.

fudidu 형 기막힌. ¶Ha'u fudidu loos tanba Jose ne'ebé tenke husu perdaun hatudu hirus. 용서를 빌어야 할 조세가 오히려 화를 내는 것이 나는 정말 기막혔다.

fudik 동 변장하다, 위장하다. ¶Maria fudik ba mane. 마리아는 남자로 변장하였다. (유의) disfarsa, hasubar.

fuhuk 명 쌀벌레. ¶Nia hetan fuhuk iha foos laran. 그는 쌀 속에서 쌀벌레를 발견했다.

fui 동 붓다, 따르다. ¶Servidór fui ona kafé ba ha'u. 웨이터는 내게 커피를 따라 주었다.

fu'i 명 ①호각. ¶Polísia hapara ha'u husi uza fu'i. 경찰은 호각을 불어서 나를 세웠다. ②플루트. ¶Nia bele toka fu'i. 그녀는 플루트를 연주할 수 있다. (유의) flauta.

fuik[1] 형 ①거친, 야생의. ¶Animál fuik ne'e la bele hakiak iha uma. 야생의 동물은 집에서 키울 수 없어요. (유의) buis. (반의) di'an, maus. ②사람이 살지 않는, 무인의. ¶Maria tama illa fuik. 마리아는 사람이 살지 않는 섬에 들어갔다.

fuik[2] 부 {은어} 엄청. ¶Iha Dili, manas fuik! 딜리는 엄청 더워요! (유의) tebetebes, paramate.

fuin 명 결림, 쑤심. ¶Bainhira ita sai ferik ka katuas ita nia ruin iha fuin. 나이가 드니까 여기저기 결림이 있어요.

fukun 명 ①매듭. ¶Fukun bele uza

F

nu'udár kondekorasaun. 매듭은 장식으로 사용할 수 있다. ②관절. ¶Tanba fukun aat, agora ha'u iha ospitál. 관절을 다쳐서 지금 나는 병원에 있다. 유의 junta.

fulafulan 부 매달, 각각의 달마다. ¶Planu no avaliasaun fulafulan ne'e la toman. 매달 계획하고 평가하는 것이 익숙하지 않아요. / Ha'u tenke rai osan ba banku fulafulan. 은행에 매달 저금해야 해요. 유의 fulan-fulan.

fulan 명 ①달(천체). ¶Favór, hateke fulan iha loro-leten kalan. 밤하늘의 달을 보세요. ②달, 월(기간). ¶kada fulan 매월

fulan-Abríl 명 사월. ¶Ha'u nia katuas-oan nia loron-moris iha fulan-Abríl. 사월에는 남편 생일이 있어요. 유의 Abríl.

fulan-Agostu 명 팔월. ¶Ha'u nia loron-moris iha fulan-Agostu. 팔월에는 내 생일이 있어요. 유의 Agostu, fulan-walu.

fulan-balun 명 반달. ¶Ohin, fulan-balun iha lalehan. 오늘은 하늘에 반달이 있네요.

fulan-Dezembru 명 십이월. ¶Loron Natál iha fulan-Dezembru. 십이월에는 크리스마스가 있어요. 유의 Dezembru, fulan-sanulu resin-rua.

fulan-Fevereiru 명 이월. ¶Numéru loron iha fulan-Fevereiru ne'e ki'ik liu fulan seluk. 이월은 일수가 다른 달들보다 적어요. 유의 Fevereiru, fulan-rua.

fulan-foun 명 새 달. ¶Kada tinan, Ramadhan hahú loron sanulu-resin-ida antes fulan-foun mai. 매년 라마단은 새 달이 오기 11일 전에 시작해요.

fulan-fulan 부 매달. ¶Nia fulan-fulan manda karta mai ha'u. 그녀는 매달 내게 편지를 보냈다. 유의 fulafulan.

fulan-haat 명 사 개월, 넉 달. ¶Durante fulan-haat liubá, ha'u moras loos. 지난 사 개월 동안 많이 아팠어요.

fulan-hitu 명 칠 개월, 일곱 달. ¶Maria isin rua fulan-hitu ona. 마리아는 임신 칠 개월이 되었어요.

fulan-ida 명 일 개월, 한 달. ¶Ha'u hela iha Timor fulan-ida ona. 저는 동티모르에 산 지 한 달이 되었어요.

fulan-Janeiru 명 일월. ¶Fulan-Janeiru to'o ona! 어느새 일월이네요! 유의 Janeiru.

fulan-Jullu 명 칠월. ¶Tuir kalendáriu lunár katak fulan-Jullu, Gyeon-u no Jik-nyeo hasoru malu. 견우와 직녀는 음력 칠월에 만난다. 유의 Jullu.

fulan-Juñu 명 유월. ¶Fulan-Juñu ne'e iha bailoro laran. 유월은 건기에 속한다. / Fulan-Juñu oin mai ha'u tenke bá Korea. 오는 6월에 저는 한국에 가야 해요. 유의 Juñu.

fulan-kalobas 명 일식, 월식. ¶Fulan kotuk iha fulan-kalobas. 지난달에 일식이 있었다. 유의 eklipse, fulan-naraan.

fulan-Lima 명 오 개월, 다섯 달. ¶Labarik ne'e halo fulan-Lima ona. 이 아이는 오 개월 되었어요.

fulan-Maiu 명 오월. ¶Loron restabelesimentu independénsia ne'e fulan-Maiu. 독립 기념일은 오월이다. 유의 Maiu.

fulan-Marsu 명 삼월. 유의 Marsu,

fulan-tolu.

fulan-mate 명 월식. ¶Horiseik ita haree fulan-mate ka? 어제 월식을 봤나요?

⁑**fulan-nakonu** 명 보름달. ¶Haree fulan-nakonu favór reza ba ita-nia mehi. 보름달을 보고 소원을 비세요. 유의 fulan-tomak.

fulan-naraan 명 일식, 월식. ¶Sira dehan fulan-oin iha fulan-naraan. 다음달에 일식이 있다고 한다. 유의 eklipse, fulan-kalobas.

⁑**fulan-naroman** 명 달빛. ¶Kalan ne'e fulan-naroman di'ak. 이 밤, 달빛이 좋아요.

⁑**fulan-neen** 명 육 개월, 여섯 달. 유의 semestre.

⁑**fulan-Novembru** 명 십일월. ¶Loron proklamasaun independénsia ne'e fulan-Novembru. 독립 선포일은 십일월이다. 유의 fulan-sanulu resin-ida, Novembru.

⁑**fulan-Outubru** 명 시월. 유의 fulan-sanulu, Outubru.

⁑**fulan-rua** 명 이월. ¶Ha'u sei iha Timor-Leste, fulan-rua. 저는 이월에 동티모르에 있을 거예요. 유의 Fevereiru, fulan-Fevereiru.

⁑**fulan-sanulu** 명 시월. ¶Agora fulan-sanulu. 지금은 시월이에요. 유의 fulan-Outubru, Outubru.

⁑**fulan-sanulu resin-ida** 십일월. ¶Nia fila mai Timor iha fulan-sanulu resin-ida. 그는 십일월에 동티모르로 돌아와요. 유의 fulan-Novembru, Novembru.

⁑**fulan-sanulu resin-rua** 십이월. ¶Ami atu prepara festa iha loron Natál fulan-sanulu resin-rua. 우리는 십이월 성탄절에 파티를 준비하려 해요. 유의 Dezembru, fulan-Dezembru.

⁑**fulan-Setembru** 명 구월. ¶Madre Teresa fila fali fulan-Setembru 1997. 테레사 수녀님은 1997년 9월에 돌아가셨어요. 유의 Setembru, fulan-sia.

⁑**fulan-sia** 명 구월. ¶Iha fulan-sia, ha'u hela iha Timor ona. 구월에 저는 동티모르에 있었어요. 유의 fulan-Setembru, Setembru.

⁑**fulan-tolu** 명 삼월. ¶Fulan-tolu, ha'u bá Korea. 삼월엔 한국에 가요. 유의 fulan-Marsu, Marsu.

⁑**fulan-tomak** 명 보름달. ¶Bainhira mak fulan-tomak sa'e? 보름달은 언제 떠요? 유의 fulan-nakonu.

⁑**fulan-walu** 명 팔월. ¶Iha Korea, fulan-walu manas loos. 한국의 팔월은 엄청 더워요. 유의 Agostu, fulan-Agostu.

⁑**fulin**[1] 명 옥수수알. ¶Ha'u te'in ona etu ho da'an batar fulin. 옥수수알을 넣어 밥을 했어요.

fulin[2] 명 바나나의 다발. ¶Ha'u fó hudi fulin ida ba labarik ne'e. 바나나 한 다발을 그 아이에게 주었어요.

fulun 명 털, 깃털. ¶Asu nia fulun iha sala la di'ak ba saúde. 방안에 개털은 건강에 좋지 않다.

***fuma** I 명 담배, 흡연. ¶Fuma oho ita. 흡연은 당신을 죽게 합니다. II 동 담배 피우다, 흡연하다. ¶Ita hakarak fuma ka? 담배 피우고 싶으세요? 유의 suar.

⁂**funan**[1] I 명 꽃. ¶Ai ida-ne'e nia funan kór mean. 이 나무의 꽃은 빨간색이에요.

F

㊥ ai-funan. Ⅱ 동 ①꽃을 피우다, 개화하다. ¶Ai ne'e funan lakleur. 이 나무는 곧 꽃을 피울 거예요. 유의 nafunan. ②점화하다, 촉발시키다. ¶ahi-sulu funan 성화를 점화하다 ③발전시키다, 번영시키다. ¶kultra ai oan funan 문화를 번영시키다

funan[2] 명 이자, 금리, 예금. ¶selu ho funan 이자를 지급하다 / Agora funan iha banku ne'e ki'ik liu. 현재 은행의 이자가 너무 적다.

‡**funda** 동 기금을 대다, 자금을 대다. ¶Ita atu hetan funda husi ne'ebé? 우리 어디서 끌어와 자금을 대야 할까요?

*__fundadór__ 명 설립자, 창시자. ¶Kompañia ne'e nia fundadór mak ha'u. 그 회사의 설립자는 바로 나다.

*__fundamentál__ 형 근본적인. ¶Razaun fundamentál kona-ba nia la susesu tanba la iha esforsu. 실패에 대한 근본적인 이유는 노력 부족이다. 유의 bázika, báziku.

‡**fundamentu** 명 동기, 이유. ¶Familia maka fundamentu ba susesu. 가족은 성공을 위한 동기이다.

*__fundasaun__ 명 ①기초. ¶Fundu ne'e mak sai empreza nia fundasaun. 그 자금이 사업의 기초가 되었다. 유의 aliserse. ②재단. ¶Fundasaun na'in ne'e ha'u nia aman. 그 재단의 주인은 내 아버지이다.

‡**fundu** 명 기금, 자금. ¶Ha'u agora koko atu hetan fundu. 저는 요즘 자금을 얻으려 합니다.

fundus 명 ①기금. ¶Ha'u simu fundus, no fó estudante. 기금을 받아 그 학생에게 주었다. ②밑천. ¶Fundus ne'ebé investe ba bisnis ne'e hira? 이 사업에 들어간 밑천이 얼마예요?

‡**funerál** 명 장례식. ¶Ohin, ha'u tenke bá funerál ha'u-nia tiun nian. 오늘 삼촌의 장례식에 가야 해요. 유의 funerária.

‡**funeráriu** Ⅰ 명 장례식. ¶Funeráriu ne'e kultura importante iha Timor-Leste. 장례식은 동티모르에서 중요한 문화이다. 유의 funerál. Ⅱ 형 장례식의. ¶Ha'u hakarak hatene kona-ba prosesu funeráriu iha Timor-Leste. 동티모르의 장례식 절차에 대해 알고 싶어요.

*__funíl__ 명 깔때기. ¶Amá presiza funíl atu tau kafé ba aqua. 엄마는 병에 커피를 따라 넣을 깔때기가 필요해요.

*__funsaun__ 명 기능, 역할. ¶Ita tenke kompriende mákina ne'e nia funsaun. 그 기계의 기능을 알아야 해요.

*__funsiona__ 동 기능하다, 작동하다. ¶Mákina-fase-ropa funsiona di'ak ka? 세탁기가 작동하나요?

‡**funsionáriu** 명 공무원, 사무원. ¶Funsionáriu Timor-Leste halo influénsia boot ba dezenvovimentu nasionál. 동티모르 공무원은 국가 발전에 영향력이 크다.

funu Ⅰ 명 전쟁. ¶Sé mak hakarak ita hela hamutuk, se karik funu mai? 전쟁이 난다면 너는 누구와 있을 거니? 반의 dame. Ⅱ 동 전쟁을 치르다. ¶Nasaun Timor uluk funu hasoru Nasaun Indonesia iha tempu okupasaun. 동티모르는 인도네시아와 전쟁을 치른 뒤 강점기를 겪었다.

‡**funu-balun** 명 적, 원수. ¶Ema funu-

balun sira agora hela iha Indonesia. 적들은 지금 인도네시아에 살고 있다. (유의) funu-maluk.

funu hasoru ~에 대항하여 싸우다. ¶Ami funu hasoru ami-nia inimigu. 우리는 우리의 적에 대항하여 싸웠다. (반의) badame.

***funu-maluk** 명 적. ¶Dieta nia funu-maluk ne'e han barak. 다이어트의 적은 과식이다. (유의) funu-balun, inimigu. (반의) apoiante.

***fura** 동 뚫다. ¶Ha'u uza furador hodi fura bee. 송곳으로 뚫어서 구멍을 만들었어요.

***furadór** 명 송곳. ¶Ita iha furadór iha uma ka? 송곳이 집에 있나요?

****furafurak** 형 매우 좋은, 매우 사랑스러운. ¶Busa-oan ne'e furafurak de'it. 이 아기 고양이는 매우 사랑스럽네요.

*****furak** Ⅰ 명 미각, 맛. ¶Koko furak ida-ne'e! 이것 맛 좀 보세요! Ⅱ 형 ①맛있는. ¶Hahán ne'e kuandu han hamutuk furak loos. 우리가 함께 먹은 그 음식은 참 맛있었다. (유의) gostu, gostozu. ②아름다운, 예쁜. ¶Fatin ida-ne'ebá furak loos. 이곳은 정말 예쁘다. (유의) mo'ok.

furi 동 뿌리다. ¶Ha'u furi mina-morin depois bá li'ur. 나는 향수를 뿌린 다음 밖으로 나간다. (유의) burit, rega.

***furin** 명 거품. ¶Sabonete ne'e sai furin loos. 이 비누는 거품이 많이 나요. (유의) dahan.

furnitura 명 가구, 도구. ¶Amá troka furnitura iha dapur iha primaveira ida-ne'e. 엄마는 올봄에 주방 가구를 새로 바꾸셨다.

futar Ⅰ 명 장식. ¶Maria gosta halo futar. 마리아는 장식하는 것을 좋아해요. Ⅱ 형 장식된. ¶Sala ne'e futar ho kortina. 그 방은 커튼으로 장식되었어요.

futar-lia 명 칙령, 행동 수칙, 행동 계율. ¶Ema ne'ebé hela iha fatin ne'e, tenke halo tuir futar-lia. 이곳에 사는 사람은 항상 행동 수칙을 따라야 해요.

***futeból** 명 축구. ¶Labarik joga hela futeból iha liur. 아이들이 밖에서 축구를 하고 있어요. (유의) joga bola, tebe-bola.

****futebolista** 명 축구 선수. ¶Futebolista Timor-Leste sei bá joga iha Asean Games tinan ne'e. 동티모르 축구 선수는 올해 아시안 게임에 갈 거예요.

futi 명 사마귀. ¶Ema ne'e iha futi ki'ik iha oin. 그 사람은 얼굴에 작은 사마귀가 있어요. (유의) louvadeus.

*****futu** 동 묶다, 매다. ¶Ha'u futu ha'u nia sintu. 난 벨트를 맸어요. (유의) empata, kesi. (반의) kore tali.

****futu-kabun** 명 벨트. ¶Ha'u fó futu-kabun nu'udár prezente ba kada estudante. 각각의 학생들에게 벨트를 선물로 주었어요. (유의) sintu.

futu-lia 명 구성, 줄거리. ¶Nia esplika kona-ba futu-lia filme nian ne'ebé nia haree horiseik. 그는 내게 어제 본 영화 줄거리에 대해 설명했어요.

futu-manu Ⅰ 명 닭싸움. ¶Ema barak haree hela futu-manu. 많은 사람들이 닭싸움을 보고 있다. (유의) soran-manu. Ⅱ 동 닭싸움을 하다. ¶Nia futu-manu ho taru. 그는 노름으로 닭싸움을 한다.

(이표기) futu manu.

futu metin 묶다, 붙들어 매다. ¶Nia futu metin fahi depois lori fahi ne'e. 그는 돼지를 묶어서 데리고 갔다. (유의) kesi.

*__futun__ 명 꾸러미, 묶음, 다발. ¶Aman sosa modo futun ida, no lori ba uma. 아버지는 채소 한 꾸러미를 가지고 집에 왔다. (유의) butuk.

***__futuru__ I 명 미래. ¶Ita-nia futuru depende ba ita-nia hanoin no asaun agora. 지금 어떤 생각과 행동을 하는가에 미래가 달려 있다. (유의) aban-bainrua, loron-aban, loron-oin. (반의) pasadu. II 형 미래의. ¶Ha'u iha interese kona-ba teknolojia futuru. 저는 미래 기술에 관심이 있어요. (반의) pasadu.

futus 동 염색하다. ¶Inan futus fuuk dala ida fulan-ida. 어머니는 한 달에 한 번 머리를 염색해요.

***__fuuk__ 명 머리카락. ¶Fuuk naruk tebes, entaun ha'u atu tesi. 머리카락이 너무 길어서 자르려 해요. (이표기) fu'uk.

fuuk-lahan 명 머리카락 한 올, 머리 한 가락. ¶Maun, iha fuuk-lahan kór-mutin! 오빠, 흰머리 한 가락 있어요! (이표기) fuuk lahan.

fuuk-mean 형 금발인. ¶Feto ne'e husi Kanadá iha fuuk-mean. 캐나다에서 온 그녀는 금발이에요. (이표기) fuuk mean.

fuuk-mulatuk 명 곱슬머리. ¶Marito iha fuuk-mulatuk. 마리또는 곱슬머리이다. (이표기) fuuk mulatuk.

fuuk-sasin 명 땋은 머리. ¶Maria mak ema ne'ebé halo fuuk-sasin. 땋은 머리를 한 사람이 마리아예요. (이표기) fuuk sasin.

G

***gaba** Ⅰ 명 칭찬. ¶Ninia gaba halo estajiáriu sira servisu badinas liu. 그의 칭찬으로 수습 직원들이 더 열심히 일하게 되었어요. 유의 elojiu. Ⅱ 동 ① 칭찬하다. ¶Nia na'in ne'ebé mak dala barak gaba ninia funsionáriu sira. 그는 직원들을 자주 칭찬하는 사장이다. 유의 kumprimenta. 반의 dehan aat, deskompoin, du'un, fó-sala. ② 아첨하다. ¶Ema ida-rua haree ona katak nia dala barak gaba ba xefe. 그가 상사에게 자주 아첨하는 것을 몇몇 사람들이 보았다. 유의 belo, buka oin. 반의 fó malisan, hotar. 이표기 gava.

gaba an 으스대다. ¶Nia sosa karreta atu gaba an. 그는 으스대려고 비싼 차를 샀다. 유의 hahi'i. 이표기 gava aan.

gabadór 명 아첨꾼, 알랑거리는 사람. ¶Liurai sira gosta gabadór. 족장들은 아첨꾼을 좋아한다.

***gabardina** 명 비옷. ¶Karik udan tau, hatais gabardina. 비가 오면 비옷을 입어요. 유의 kapa.

gabinete 명 내각. ¶Timor-Leste iha sistema gabinete parlamentariu ka? 동티모르는 의원 내각제인가요?

***gado-gado** 명 가도가도. [인도네시아의 음식] ¶Restorante fa'an gado-gado iha ne'ebé? 가도가도를 파는 가게를 아나요?

gafañotu 명 메뚜기. ¶Labarik sira kaer hela gafañotu. 어린이들이 메뚜기를 잡고 있다. 이표기 gafanhotu.

gagu Ⅰ 명 말더듬이. ¶Nia gagu. 그는 말더듬이이다. 유의 hasan-toos, ibun-toos. Ⅱ 형 말을 더듬는. ¶Nia ko'alia ho gagu. 그는 말을 더듬으며 말했다. 유의 hasan-toos.

gaiola 명 우리, 새장. ¶Manu ida iha gaiola laran. 새장에 새가 한 마리 있어요. 유의 luhan.

galáksia 명 은하계. ¶Fitun barak iha galáksia. 은하계에는 많은 별이 있어요. 유의 fitun-lubun.

galaun 명 장식용 수술. ¶Farda ne'ebé maka liurai hatais ne'e uza osan-mean ho galaun. 족장이 입는 복장은 금과 장식용 수술로 만들어요.

galaun-mutin 명 흰색 수술. ¶Amá hahenu korenti ne'ebé iha galaun-mutin. 엄마는 흰색 수술이 달린 목걸이를 했어요.

galeria 명 화랑, 미술관. ¶Nia agora

maneja galeria. 그녀는 현재 미술관을 운영해요.

Galileia 명 갈릴리. [이스라엘의 북부 지방] ¶Sé mak hela iha Galileia? 갈릴리에는 누가 살아요?

galileu Ⅰ명 갈릴리 사람. ¶Galileu sira ne'e hotu-hotu kristaun ka? 갈릴리 사람들은 모두 기독교인인가요? Ⅱ형 갈릴리의. ¶Nia fa'an ona uma galileu nian. 그는 갈릴리의 집을 팔았다.

galolen 명 갈로렌. [마나뚜뚜 북쪽의 동티모르 언어, 오스트로네시아 언어] ¶Nia ko'alia galolen, ha'u hatene uitoan de'it. 그가 갈로렌을 하는데, 조금은 알겠어요. 유의 lia-galolen.

gansu 명 거위. ¶Gansu la'o hela iha kintál. 농장에서 거위가 걷고 있어요.

garante Ⅰ명 보증인. ¶Presiza garante ho ema na'in rua hodi empresta osan husi banku. 은행에서 돈을 빌리기 위해서는 두 사람의 보증인이 필요해요. Ⅱ동 보증하다. ¶Ita bele garante kualidade produtu ne'e? 이 제품 품질을 보증할 수 있어요?

garantia 명 보증. ¶Favór ida konfirma períodu garantia produtu nian ne'e. 그 제품의 보증 기간을 확인하세요.

garbu 형 우아한. ¶Ho vestidu, nia garbu loos. 드레스를 입은 그녀는 정말 우아했다. 유의 elegante.

***garfu** 명 포크. ¶Bele lori garfu ka? 포크를 갖다줄래요?

***garganta** 명 목청. ¶Ema sira kánta kántiku maka'as ho ton sai husi garganta. 사람들이 목청 높여 찬송가를 불렀다.

***gargón** 명 주전자. ¶Ha'u nono hela be'e iha gargón laran. 나는 주전자에 물을 끓이고 있어요.

garrafaun 명 손잡이가 달린 큰 병. ¶Garrafaun ne'e nakonu ho tintu. 손잡이가 달린 큰 병에 포도주가 가득 들어 있어요. 이표기 garafaun.

***garridu** 형 건방진, 무례한. ¶Ida-ne'e komentáriu garridu uitoan. 이건 좀 무례한 발언이다.

***gás** Ⅰ명 ①가스. ¶Ha'u horon gás. 가스 냄새가 나요. ②라이터. ¶Iha gás ka? 가스 라이터 있나요? 유의 iskeiru. ③가속 장치. ¶Motór ne'e nia gás iha ne'ebé? 이 오토바이의 가속 장치는 어디에 있나요? 유의 aseleradór. Ⅱ동 가속하다. ¶Nia gás hela karreta. 그는 자동차를 가속하고 있어요. 유의 aselera. 이표기 gas.

***gasta** 동 (돈이나 시간을) 소비하다, 낭비하다. ¶Lalika gasta osan no tempu. 돈과 시간을 낭비하지 말라. 유의 pasa.

gastronomia 명 미식, 요리학, 식도락. ¶Ha'u hakarak sai ema gastronomia. 저는 요리학자가 되고 싶어요.

gastronómika 형 여성 미식의, 요리학의, 식도락 성향의. ¶Maria gastronómika, tan ne'e nia buka hela restorante ne'ebé gostu. 마리아는 식도락 성향이어서 맛집을 찾고 있어요.

gastronómiku 형 남성 미식의, 요리학의, 식도락의. ¶Jose haksolok tanba tempu gastronómiku. 조세는 식도락의 시간으로 즐거워요.

***gastu** 명 비용. ¶Nia investa gastu boot

ba ninia uma. 그는 자신의 집에 큰 비용을 투자했다. (유의) osan-sai, despeza, dispéndiu.

*__gastu atuál__ 실비. ¶Gastu atuál folin hira? 실비는 얼마죠?

__gaveta__ 명 서랍. ¶Ha'u tau ona osan iha gaveta laran. 서랍 안에 돈을 넣어 놓았어요.

__gayung__ 명 국자. ¶Gayung ne'e iha dapur. 국자는 부엌에 있어요.

*__gaz__ 명 기체. ¶Bee muda ho kondusaun gaz husi grau selsiu 100. 물은 섭씨 100도에서 기체 상태로 변한다.

*__gazeta__ 명 신문. ¶Aman haree gazeta loroloron. 아버지는 매일 신문을 봐요. (유의) jornál, surat-jornál.

*__gazóleu__ 명 디젤, 디젤유. ¶Karreta ne'e uza gazóleu. 그 차는 디젤을 사용해요. (유의) solar. (이표기) gazoel.

*__gazolina__ 명 휘발유. ¶Uza gazolina hotu, la bele te'in etu. 휘발유가 떨어져서 밥을 할 수 없어요. (유의) bensin.

*__gazómetru__ 명 가스탱크, 가스 저장소. ¶Labele fuma sigaru iha besik gazómetru. 가스탱크 근처에서 담배를 피우지 마세요.

*__gazoza__ 명 탄산음료. ¶Gazoza la di'ak ba dieta. 탄산음료는 실제로 다이어트에는 좋지 않다.

__gazozu__ 형 기체의, 가스의. ¶Emisáriu gazozu sai mai husi transporte, halo poluisaun ár. 대중교통에서 나오는 기체의 발산은 대기 오염을 발생시킨다.

__gedung__ 명 (인니) 건물. ¶Konstrusaun gedung foun kontinua hela. 새 건물 공사가 계속되고 있다. (유의) edifísiu, uma.

__generator__ 명 발전기. ¶Eletrisidade sai ona, entaun ami uza hela generator. 전기가 나가서 우리는 발전기를 사용하고 있다. (유의) jeradór, dínamu.

*__generu__ 명 성, 성별. ¶Labarik adolesente sira kuriozu tebes kona-ba generu. 사춘기의 아이들은 성에 대한 호기심이 많다. (유의) seksu.

__geografi__ 명 지리학. ¶Ha'u-nia kolega ne'ebé gosta geografi, agora estuda iha departumentu geografi. 지리학을 좋아하던 친구는 지리학과에서 공부하고 있다. (유의) jeografia.

__geologi__ 명 (인니) 지질학. ¶Peritu geologi husi liur estuda ona kazu Timor-Leste. 해외에서 온 지질학 교수가 동티모르의 사례를 연구했다. (유의) jeolojia.

__gerilla__ 명 유격전, 게릴라. ¶Funu gerilla nia istória hanesan mós ho istória tempu uluk nian. 게릴라전의 역사는 고대의 역사와도 같습니다.

__gerilleiru__ 형 게릴라의. ¶Nia dala ruma halo asaun gerilleiru. 그는 가끔 게릴라 행동을 한다.

__gerobak__ 명 손수레. ¶Amá lori ona gerobak ba loja. 엄마는 손수레를 끌고 가게에 가셨어요. (유의) karrosa.

__gia__ 명 안내, 가이드. ¶Ami presiza gia atu bele rezolve difikuldade ruma. 우리는 몇 가지 어려움을 해결할 수 있는 안내가 필요해요.

*__giador__ 명 핸들. ¶Karreta ne'e nia giador mak úniku. 이 차는 핸들이 독특하네요.

__giaun__ 명 대본. ¶Diálogu tuir mai iha giaun hodi bele ajuda ba konversa. 영

G

화 대본에서 나오는 대화는 회화에 도움을 줄 수 있어요.

Giné 명 기니. [아프리카 서부 해안 지역의 공화국] ¶Nia husi Giné, maibé hela iha London. 그는 기니 사람이지만 런던에서 산다.

Giné-Bisau 명 기니비사우. ¶Giné-Bisau ne'e nasaun membru iha CPLP laran. 기니비사우는 포르투갈어 사용국 연합의 회원국이다. 이표기 Guinea-Bissau.

gitarra 명 포르투갈의 기타, 전기 기타. ¶Ha'u-nia kolega bele toka gitarra. 제 친구는 전기 기타를 잘 쳐요.

gitarrista 명 포르투갈 기타 연주자, 전기 기타 연주자. ¶Nia gitarrista no lidera ami-nia banda múzika. 그는 기타리스트이면서 우리 밴드의 리더이다.

gixe 명 매표소. ¶Feto servisu iha gixe laran-di'ak ba atende. 매표소의 아가씨는 매우 친절해요. 유의 billeteira.

gizadu 명 스튜. ¶Apá te'in gizadu no etu. 아빠가 밥과 스튜를 요리했어요.

glamor 명 글래머. [풍만한 몸매를 가진 사람] ¶Tia ne'e modelu ho glamor. 우리 이모는 모델이고 글래머이다.

glamorozu 형 화려한, 매력 넘치는. ¶Nia glamorozu ho sentimentu moda. 패션 감각이 있는 그녀는 매력이 넘친다.

*__globál__ 형 지구적인, 세계적인, 글로벌. ¶Ita hela iha mundu globál. 우리는 글로벌 세상에 살고 있다. 반의 lokál.

*__globalizasaun__ 명 세계화. ¶globalizasaun Korea nia hahán 한국 음식의 세계화

*__globu__ 명 지구. ¶Globu ne'e ida de'it. 지구는 하나뿐이다. 유의 rai, raiklaran.

glóbulu 명 혈구. ¶Maria raan menus tanba nia menus glóbulu. 마리아는 혈구 부족으로 빈혈이 있어요.

glória 명 영광. ¶familia nia glória 가문의 영광

glorifika 동 찬미하다. ¶Nia glorifika liu Maromak tanba nia sai bolseiru. 그는 장학생이 되어서 신을 더 찬미했다.

*__gloriozu__ 형 {격식체로} 영광스러운, 영예로운. ¶Di'ak liu, ha'u moris ho gloriozu duke moris ho mo'e. 부끄럽게 사는 것보다 영예롭게 사는 게 낫다.

glosáriu 명 용어 사전 ¶glosáriu profisionál 전문 용어 사전

goiabas 명 구아버. ¶Ha'u hakarak hemu jús goiabas. 구아버주스 마시고 싶어요. 유의 goibas, koiabas.

*__goibas__ 명 구아버. ¶Ita iha jus goibas ka? 구아버주스 있어요? 유의 goiabas, koiabas.

gola 명 칼라, 옷깃. ¶Ita tenke estrika kamiza gola halo didi'ak. 옷깃은 다림질을 잘 해야 한다.

golfe 명 골프. ¶jogadór golfe 골프 선수

golpe 명 내전. ¶Golpe ne'ebé halo povu oho malu ne'e trajédia. 평범한 국민을 서로 죽이는 내전은 비극이다.

golpe de estadu 쿠데타. ¶Razaun golpe de estadu akontese tanba saida? 쿠데타가 발생하는 이유는 무엇인가?

golu 명 골, 득점. ¶Jogadór ne'e hatama golu ikus hodi lori vitória ba nia ekipa. 그 선수가 마지막으로 골을 넣어서 승리했다.

goma I 명 풀, 접착제. ¶Labarik sira uza

goma hodi taka ai-funan ba sura-tahan. 아이들은 꽃을 종이에 붙이려고 풀을 사용했어요. (유의) kola. Ⅱ 동 (풀이나 접착제로) 붙이다. ¶Ha'u nia kaben taka azulejus ho goma ba didin-lolon iha hariis-fatin. 남편은 욕실 벽의 타일을 접착제로 붙였다. (유의) kola.

gongu 명 징. ¶Ha'u sente ha'u rona gongu husi fatin ruma. 어디선가 징 소리가 나는 것 같아요.

gorila 명 고릴라. ¶Gorila barak iha Áfrika, la iha Timor-Leste. 고릴라는 아프리카에 많아요, 동티모르에는 없어요.

⁑**gosta** 동 좋아하다. ¶Ha'u gosta ikan. 나는 생선을 좋아한다. / Ha'u gosta liu 'bá tasi' kompara ho 'bá foho' 저는 산보다 바다에 가는 것을 더 좋아해요. (유의) hakarak. (반의) lakohi.

⁑**gostozu** 형 아주 맛있는, 냄새가 좋은, 구수한. ¶Na'an fahi ne'e gostozu tebes! 이 돼지고기는 정말 맛있네요! (유의) furak.

⁑**gostu**[1] 명 기쁨, 즐거움. ¶Iha ita-nia moris la iha de'it gostu, iha mós triste. 우리 삶에는 기쁨뿐만 아니라 슬픔도 있다. (유의) deleite. (반의) laran-todan, laran-kraik, tristeza.

⁑**gostu**[2] 형 맛있는. ¶Hahán ne'e gostu. Kuandu han ho familia entaun gostu liu. 이 음식 맛있네. 가족과 함께 먹으니 더 맛있네. (유의) furak.

governa 동 통제하다, 통치하다. ¶Dezde 2013 governu Timor-Leste governa hela ninia seguransa mesak, laiha UNPOL. 2013년부터 동티모르 정부는 유엔 경찰 없이 치안을 홀로 통제하고 있다. (유의) ukun.

governadór 명 (남성) 총독, 통치자. ¶Mane ida-ne'e sai governadór kapa'as tebes, kondisaun ne'e saida? 그가 진정으로 탁월한 통치자가 되기 위한 조건은 무엇인가? (유의) emboot.

governadora 명 (여성) 총독, 통치자. ¶Fatima, nia mak feto únika ida ne'ebé eleitu ba governadora iha tinan ida ne'e. 올해 선출된 파티마는 유일한 여성 총독입니다. (유의) emboot.

governamentál 형 정부의, 정부 측의. ¶partidu governamentál 여당

*__governu__ 명 정부. ¶Governu foun anunsía polítika foun. 새로운 정부는 새로운 정책을 발표했다. (유의) estadu, ministériu, ukun-rai.

Governu Konstitusionál 입헌 정부. ¶Governu Konstitusionál komesa ho ajuda UNTAET nian. 동티모르 입헌 정부는 유엔 동티모르 과도행정기구의 도움과 함께 시작되었어요.

*__goza__[1] 동 놀리다. ¶Labarik sira goza, entaun Marito tanis hela. 아이들이 놀려서 마리또는 울고 있다.

*__goza__[2] 동 즐기다. ¶Ema sira hakarak goza vida no mós alkansa rezultadu di'ak. 사람들은 삶을 즐기면서 또한 좋은 결과를 얻기를 바란다.

⁑**gradua** 명 졸업생. ¶estatus servisu bá gradua 졸업생들의 취업 현황 (유의) graduadu.

⁑**graduada** 형 (여성) 졸업한. ¶Parabéns ba estudante feto sira ne'ebé graduada! 졸업한 여학생들 축하합니다!

⁑**graduadu** Ⅰ 명 졸업생. ¶Graduadu sira

G

husi eskola agora la iha servisu. 학교 졸업생이 지금은 할일이 없다. 유의 gradua. II 형 남성 졸업한. ¶Estudante graduadu ida mai husu informasaun kona-ba servisu iha BNCTL. 졸업한 학생 하나가 와서 중앙은행에서 일하는 것에 관하여 정보를 요청하였습니다.

graduál 형 점진적인, 서서히 일어나는. ¶Timor-Leste espermenta mudansa graduál. 동티모르는 점진적인 변화가 일어나고 있다.

gradualmente 부 점차로, 점점, 점차적으로. ¶Ha'u nia lian Korea ne'e dezenvolve hela gradualmente. 저의 한국어는 점점 나아지고 있어요.

***graduasaun** 명 졸업. ¶Graduasaun husi universidade ne'e eventu boot iha Timor-Leste. 동티모르에서 대학 졸업은 큰 행사이다.

gráfika 형 여성 그래픽의, 표의, 도표의. ¶Maria esplika gráfika orsamentu tinan 2018 la hanesan ho tinan kotuk. 마리아는 2018년도 예산 도표는 지난 연도와 다르다고 설명합니다.

gráfiku I 명 그래프. ¶Ita bele halo avaliasaun ita-an husi uza gráfiku. 우리는 그래프를 사용해서 우리 자신을 평가할 수 있어요. II 형 남성 그래픽의, 표의, 도표의. ¶artista gráfiku 그래픽 디자이너

***grama** 명 그램. ¶Favór tau masin grama 3 iha ne'e. 여기에 소금 3그램을 넣으세요.

***gramátika** 명 문법, 어법. ¶Ha'u estuda hela gramátika lian Korea. 한국어 문법을 공부하고 있어요.

gramatikál 형 문법상의, 문법에 맞는. ¶Fraze ida-ne'e la gramatikál. 이 문장은 문법에 맞지 않아요.

gramatikamente 부 문법상으로, 문법적으로. ¶Fraze ida-ne'e sala gramatikamente. 이 문장은 문법적으로 틀려요.

gramátiku I 명 문법학자, 문법 책 저자. ¶Ha'u hakarak sai gramátiku ne'ebé estuda komparasaun lian Tetun ho lian Korea. 저는 테툼어와 한국어를 연구하는 문법학자가 되고 싶어요. II 형 문법적인. ¶Língua hotu-hotu iha diferensa gramátiku. 모든 언어는 문법적인 차이를 갖고 있어요.

granada 명 수류탄. ¶Ha'u investiga hela asidente granada. 수류탄 사고를 조사하고 있어요.

grandeza 명 장엄, 웅대함, 위대함. ¶Maria sente amizade nia grandeza husi ninia kolega. 마리아는 친구로부터 우정의 위대함을 느꼈다.

***grasa** 명 우아함. ¶Ninia naran Grace, ne'e-duni nia iha grasa hanesan ninia naran. 그녀의 이름은 그레이스예요, 그녀는 이름처럼 우아함을 가지고 있어요. 관용 grasa Maromak nian 신의 은혜.

Grasas a Deus 신이시여 고맙습니다.

***gratidaun** 명 고마움, 감사, 감사의 표시. ¶Ami hakarak hatudu ami-nia gratidaun no apresia ho prezente ki'ik ida-ne'e. Parabéns ba loron Mestre nian! 우리는 이 작은 선물로 고마움과 감사를 표하고 싶습니다. 스승의 날을 축하합니다!

***gratis** 명 무료. ¶Nia tesi avó nia fuuk gratis. 그는 무료로 노인들의 머리를 잘라

주어요.

*__gratuita__ 형 여성 공짜의, 불필요한, 쓸데없는. ¶Maria lori ai-fuan ne'e no ko'alia ida-ne'e gratuita. 마리아는 과일을 가져와서 공짜라고 말했어요.

*__gratuitu__ 형 남성 공짜의, 불필요한, 쓸데없는. ¶Jose para hanoin gratuitu. 조세는 쓸데없는 생각을 그만두었어요.

__grau__ 명 학위, 등급. ¶Klase ne'e grau saida? 이 수업은 등급이 어떻게 되나요?

__grau doutoramentu__ 박사 학위. ¶Nia hanoin barak atu bá foti grau doutoramentu ka la'e. 그녀는 박사 학위에 대해서 고민하고 있다. 유의 doutoradu.

__grau espesiál__ 특급, 특별. ¶Ida-ne'e klase grau espesiál ne'ebé kontinua aprende depois klase normál. 이건 일반 수업 후에 계속 배우는 특별반이에요.

*__graus__ 명 도. [온도의 단위] ¶Manas tebes, Agora graus saida? 엄청 더워요, 지금 몇 도예요?

*__grava__ 동 녹음하다. ¶Ha'u grava ha'u nia kanta, no rona hela. 내 노래를 녹음해서 듣고 있다. 유의 halo gravasaun, halo dokumentasaun.

__gravadór__[1] 명 남성 판화가. ¶Esher nu'udár gravadór, husik hela obra koñesidu iha Olandeza. 에셔는 판화가로서 네덜란드에 유명한 작품을 남겼어요.

__gravadór__[2] 명 녹음기. ¶Uluk ema sosa gravadór mesak, maibé agora sosa telemovel ho funsaun gravadór. 옛날엔 녹음기를 따로 샀지만, 요즘은 녹음기 기능이 있는 핸드폰을 산다.

__gravadora__[1] 명 여성 판화가. ¶Feto ne'e gravadora agora pinta hela iha ai. 그 판화가는 지금 나무에 그림을 그리고 있어요.

__gravadora__[2] 명 음반 회사. ¶Ha'u fa'an ha'u-nia múzika ba gravadora iha Korea. 저는 제 음악을 한국에 있는 음반회사에 팔았어요.

__grava foun__ 신기록. ¶Nia alkansa ona grava foun, no tau nia naran iha livru Guinness. 그는 신기록을 달성하여 기네스북에 이름을 올렸다.

__gravasaun__ 명 조각품, 새긴 무늬. ¶Horibainhira mak ita halo hotu gravasaun ida-ne'e? 언제 이 조각품을 끝냈어요?

*__gravata__ 동 (넥타이를) 매다. ¶Nia uza gravata ohin, no sai ba servisu. 그는 오늘 넥타이를 매고 출근했다. 반의 kore tali.

*__grave__ 형 심각한. ¶Se pobreza sai grave, ema barak la bele hakur sai hosi limitasaun ne'e. 빈곤이 심각해지면, 많은 사람들이 한계를 극복할 수 없게 된다. 유의 sériu.

*__gravemente__ 부 간절히. ¶Nia reza gravemente katak labarik moras sai di'ak liu lailais. 그녀는 아픈 아이가 빨리 낫기를 간절히 기도했다.

__gravidade__ 명 중대함, 진지함, 심각함. ¶Ha'u nia avó-main agora moras entaun ha'u nia familia nakonu ho gravidade. 할머니가 요즘 아프셔서 우리 가족은 심각함이 가득해요.

*__gravidés__ 명 임신. ¶Feto ne'e gravidés hela. 이 여성은 임신 중이에요. 유의 isin-rua.

G

gravitasaun 명 중력, 만유인력. ¶Ialoran gravitasaun nian 중력파

graxasapatu 명 아첨꾼. ¶Nia presiza ema graxasapatu atu graxa ninia sapatu. 그는 자신의 구두를 닦아 줄 아첨꾼이 필요하다.

gregu 형 그리스의. ¶Ekonomia fraku Gregu fó lisaun ba nasaun seluk. 그리스의 약한 경제는 타국에 교훈을 준다.

Grésia 명 그리스. ¶Ha'u hakarak bá Grésia, husi Dili to'o Grésia han oras hira? 그리스에 가고 싶은데 딜리에서 그리스까지 몇 시간이 걸리나요?

greve 동 시위를 하다, 파업하다. ¶Tinan 2017 estudante sira greve hela ona kontra parlamentu. 2017년 학생들이 의회를 상대로 시위를 하고 있었다.

greve hamlaha 단식 투쟁. ¶Greve hamlaha risku boot. 단식 투쟁은 위험이 크다.

grilu 명 귀뚜라미. ¶Ha'u bele rona lian grilu. 귀뚜라미 소리가 들려요.

***gripe** 명 독감. ¶Gripe halo ona ha'u moras tebes. 독감에 걸려서 많이 아팠어요.

***groseira** 형 여성 무례한. ¶Maria-nia hahalok groseira, tan ne'e kolega sira lakohi halimar ho nia. 마리아가 무례한 행동을 해서 친구들이 놀고 싶어하지 않아요. 유의 malkriadu, maledukadu, modun-aat, ukun la iha.

***groseiru** 형 남성 무례한. ¶Jose lakohi mane ne'e tanba nia groseiru. 조세는 그 사람이 무례해서 싫어해요. 유의 malkriadu, maledukadu, modun-aat, ukun la iha.

***groseria** 명 무례함. ¶Perdua ninia groseria sériu ne'e difisil. 그의 심각한 무례함을 용서하기가 어렵다. 유의 modun-aat.

grosu 형 두터운. ¶Sira nia amizade grosu. 그들의 우정은 두텁다. 유의 mahar. 반의 mihis.

***grupu** 명 단체, 그룹. ¶Ami-nia grupu halo kampaña kona-ba ambiente. 우리 단체는 환경 캠페인을 하고 있습니다.

grupu asosiasaun 모임, 단체, 기관. ¶Nia husu pergunta ba ha'u kona-ba naran grupu asosiasaun nian. 그는 모임의 이름을 물었다. 유의 asembleia.

gruta 명 그루타. [성지인 작은 동굴] ¶Iha Kristo Rei gruta sira iha. 크리스토 레이에는 그루타들이 있어요.

***guarda** Ⅰ명 경비, 보초. ¶Iha uma boot ne'e nia laran, guarda na'in tolu servisu iha ne'ebá. 그 큰 집에는 경비 3명이 일해요. Ⅱ동 망보다, 보초를 서다. ¶Nia guarda to'o tuku 5 dadeer-saan. 그는 새벽 5시까지 보초를 섭니다.

***guardafatu** 명 옷장. ¶Favór hatama ropa sira iha guardafatu laran. 옷은 옷장 안에 넣으세요. 유의 armáriu.

guarda-kalan 명 야간 경비원. ¶Aman servisu nu'udár guarda-kalan. 아버지는 야간 경비원으로 일해요.

***guardakosta** 명 해안 경비대. ¶Sé mak iha ne'e mai husi guardakosta? 여기 해안 경비대에서 오신 분이 누구예요?

guardanapu 명 냅킨. ¶Favór fó ha'u guardanapu. 냅킨을 저에게 주세요.

guardarede 명 골키퍼. ¶Ha'u-nia kna'ar iha futeból mak guardarede. 난 축구의 골키퍼 역할을 한다.
이표기 guardaredi.

guardaroupa 명 휴대품 보관소. ¶Guardaroupa sira iha ne'ebé hotu? 휴대품 보관소 사람들은 모두 어디에 있어요?

* **guardaxuva** 명 우산, 양산. ¶Udan tau, ita iha guardaxuva? 비가 오는데, 우산 있니?

gudang 명 인니 창고. ¶Batar barak iha gudang laran. 창고에 옥수수가 많아요.
유의 armazén, despensa.

gugulai 형 언어 장애인의, 말을 못하는. ¶Jose tenke hela ho nia maun, tanba nia maun gugulai. 형이 말을 못하기 때문에 조세는 형이랑 함께 있어야 해요.
유의 monok.

G

H

*__ha-__ 두 ~하게 하다. [사동의 뜻을 더하는 말] ¶hatún 내리게 하다

ha'a 감 아악, 헉, 앗, 어머. [놀랐을 때 하는 말] ¶Ha'a, ha'u hakfodak! 어머! 깜짝 놀랐잖아요!

ha'ak 동 말하다, 뜻하다, 의미하다. ¶Ida-ne'e ha'ak saida? 이건 뭘 의미하는 거지? 유의 dehan, katak.

*__haas__ 명 망고. ¶Ha'u bele han haas husi Timor-Leste. 동티모르산 망고를 먹을 수 있어요.

*__haat__ 수 넷. ¶Kolega na'in haat bá mai eskola hamutuk. 우리 넷은 매일 학교에 같이 갑니다. 유의 empát, kuatru.

*__haatnulu__ 수 사십. ¶Tinan ida-ne'e nia tinan haatnulu. 금년에 그는 40세가 되었다. 이표기 haat-nulu.

*__habadak__ 동 짧게 하다. ¶Nia hakarak habadak fuuk, entaun tesi fuuk. 그는 머리를 짧게 하고 싶어서 잘랐다.

*__habai__ 동 건조하다, 말리다. ¶Ha'u habai hela ropa iha loro laran. 옷을 햇볕에 말리고 있어요. 유의 hamaran. 반의 bokon, habokon.

habarak 동 곱하다, 많게 하다.

habaruk 동 게을러지다. ¶Lalika habaruk fali ha'u. 내가 또 게을러지면 안 돼.

habeen 동 해동하다. ¶Ha'u habeen ona na'an molok te'in. 고기는 요리하기 전에 해동했어요. 유의 dejela, deskonjela.

habeik 동 조롱하다. ¶habeik an 스스로 조롱하다 / Nia komesa habeik fali ha'u. 그가 나를 또 조롱하기 시작했다.

*__habelar__ 동 퍼트리다, 방송하다. ¶Nia habelar boatu ne'e ba kolega sira. 그녀가 그 소문을 친구들에게 퍼트렸다.

*__habelit__ 동 끈적거리다, 달라붙다, 붙이다. ¶Favór ida, habelit lai surat-tahan ne'e. 이 종이를 붙여 줄래요.

*__habelu__ 동 친구를 만들다, ~와 친구하다. ¶Mai ita habelu malu! 우리 서로 친구합시다!

*__haberan__ 동 {격식체로} 권한을 주다, 권한을 갖다. ¶Mai ita haberan liu tan ho Maromak-nia liafuan! 신의 말씀으로 우리에게 더 큰 권한을 갖게 하소서!
관용 haberan an (자신에게 권한을 준다는 말로) 용기를 내다.

*__habiban__ 동 빛나게 하다. ¶Ita-nia namorada habiban duni ba ita bo'ot!

당신의 여자친구는 당신을 정말 빛나게 하네요!

habiit 동 ①강화하다. ¶Ha'u hahú olaraga hodi habiit ramiis. 저는 근육을 강화하기 위해서 운동을 시작했어요. ②기를 불어넣어 주다. ¶Nia gosta servisu ne'ebé mak habiit ba foin-sa'e sira. 그는 젊은이들에게 기를 불어넣어 주는 일을 좋아한다. 유의 anima.

***habilan** 동 광내다. ¶Ha'u habilan hela fatin ne'e. 이곳을 광내고 있어요.

habit[1] 명 조개. ¶Iha habit oi-oin iha Korea. 한국에는 다양한 조개들이 있다.

***habit**[2] 동 ①누르다. ¶Habit botaun ne'e entaun ita bele haree odamatan loke. 버튼을 누르면 문이 열려요. 유의 hanehan. ②(손가락으로) 꼬집다. ¶Maria dala fila-fila habit ha'u nia liman. 마리아가 자꾸 내 팔을 꼬집어요.

***habitante** 명 거주자. ¶habitante doméstiku. 국내 거주자 유의 rezidente.

habobar 동 (실이나 줄을) 감다. ¶Habobar lai tali ne'e! 이 실을 감아 줄래!

관용 habobar rai 논밭을 갈아엎다.

*****habokon** 동 ①젖다. ¶Udan habokon ninia ropa. 비에 옷이 흠뻑 젖었다. 유의 bokon. 반의 habai. ②적시다, 축이다. ¶Matan been habokon lensu. 눈물로 손수건을 적셨다.

***habokur** 동 살찌다. ¶Ita presiza habokur ita-nia an tanba ita-nia isin tun loos. 너는 살이 너무 빠져서 좀 살쪄야 해. 유의 bokur.

haborus 명 구멍 뚫기. ¶Haborus kuak iha surat-tahan ne'e fasil. 종이에 구멍 뚫기는 쉽다.

habosan 동 닳다, 낡다, 지치다. ¶Maria habosan-an atu estuda. 마리아는 공부하다 지쳤어요.

***habosok** 동 ①속이다. ¶Ha'u fiar tiha nia, maibé nia habosok ha'u. 나는 그를 믿었지만, 그는 나를 속였다. 유의 baur, waur, han-matak, lohi, joga fo'er. ②즐겁게 하다. ¶Programa TV ne'e habosok ema sira. 그 쇼 프로그램은 사람들을 즐겁게 한다.

habuan 동 ①마법에 걸리다, 마법을 걸다. ¶Ema aat habuan prinseza i prinseza sai dukur tiha. 마녀가 공주에게 마법을 걸어서 공주는 잠들게 되었어요. 유의 enkanta. ②매혹되다. ¶Saida mak Timor-Leste habuan ema estranjeiru? 외국인이 동티모르에 매혹되는 이유는 무엇인가요? 유의 enkanta.

***habubu** 동 ~을 야기하다, 초래하다. ¶Ita-nia bosok habubu estragu ita-nia relasaun. 너의 거짓이 우리 관계의 파멸을 초래했다.

habulak 동 미치게 하다. ¶Maria kapás loos habulak ha'u. 너무나 아름다운 마리아는 나를 미치게 한다.

haburas 동 풍부하게 하다, 풍요롭게 하다. ¶Mai ita haburas liu tan ita-nia relasaun. 우리의 관계를 더욱 풍요롭게 합시다.

habutuk 동 (한 더미로) 쌓다, 쌓아 놓다, 축적하다. ¶Tanba tempu udan, tenke habutuk ai-sunu iha dapur laran. 우기이기 때문에 장작을 부엌에 쌓아 놓아야 해요. 유의 halo butuk.

H

hada 동 무더기를 만들다, 벽돌을 쌓다. ¶hada fatuk 돌을 쌓다 / Traballadór sira hada hela bloku iha uma foun. 일꾼들이 새집에 벽돌을 쌓고 있다.

***hadada** 동 (이익이나 즐거움 등을) 끌어내다, 얻다. ¶Ha'u hadada ksolok husi konversa ho ha'u nia kolega. 그 친구와의 대화에서 기쁨을 얻어요.

***hada'et** 동 전송하다, 송신하다. ¶Ita presiza hada'et informasaun kona-ba malária liu husi Media. 우리는 미디어를 통해서 말라리아에 대한 정보를 전송할 필요가 있어요.

hadak 명 하닥. [전통 소재의 대나무 조각] ¶Ema uza au hodi halo hadak. 사람들은 하닥을 만드는 데 대나무를 사용해요.

hadak-letel 명 대나무 침대. ¶Hadak-letel ne'e malirin uitoan. 대나무 침대는 시원해요. 유의 kama-hadak.

hadala 동 줄을 서다, 줄을 이루다. ¶Ema sira hadala hela iha supermerkadu. 슈퍼마켓 앞에 사람들이 줄을 서 있어요.

hadalan 동 길을 트다, 길을 열다. ¶hadalan bee 물길을 트다 / Hadalan hela dalan ne'e atu nune'e karreta bele liu. 자동차가 지나다닐 수 있게 하려고 이 길을 트고 있어요.

관용 hadalan lia (말의 길을 연다는 말로) 장광설을 늘어놓다.

hadame 동 화해하다, 진정시키다. ¶Prezidenti hadame ona partidu rua ne'ebé halo problema. 대통령은 문제가 있던 두 정당을 진정시켰습니다. 유의 badame, dame malu.

hadasa 동 싹 쓸어 가다, 일소하다. ¶Karreta-fo'er mai hadasa ona fo'er. 쓰레기차가 와서 쓰레기를 싹 쓸어 갔다.

hadasak 동 (땅 위에) 끌다. ¶Maria hadasak karreta supermerkadu bá to'o karreta para-fatin. 마리아는 슈퍼마켓 카트를 끌고 주차장까지 갔어요.

***hadau** 동 ①붙잡다. ¶Polísia hadau kriminozu sira hotu-hotu. 경찰은 범죄자들 모두를 붙잡았다. 유의 kaer. ②몰수하다, 압수하다. ¶Polísia hadau tiha kriminozu sira-nia sasán-kro'at. 경찰은 범죄자들의 무기를 압수했다.

관용 hadau boot 권력을 얻기 위해 노력하다.

관용 hadau ema 납치하다, 유괴하다.

관용 hadau lia (말을 붙잡는다는 말로) 상대의 말을 막다.

hadau malu (희소한 자원에 대해) 서로 경쟁하다. ¶Uluk Timor-Leste no Austrália hadau malu ona kona-ba mina no gás. 예전에 동티모르와 호주는 희소한 석유와 가스를 두고 서로 경쟁했다.

***hadeer** I 동 일어나다, 깨우다. ¶Iha dadeer ha'u hadeer tuku hitu ho balu. 아침에 저는 일곱 시 반에 일어나요. 유의 fanu. 반의 danae, dukur. II 형 깨어 있는, 경계하는. ¶Kafé halo ha'u hadeer. 커피는 나를 깨어 있게 해요. 반의 danae.

관용 hadeer ai-lulik, hadeer wee-fohon 새로 태어난 아이를 씻길 물을 데우기 위해 장작을 모으다.

⁑**hadeer hela** 깨어나다.

⁑**hadeer ona** 깨다, 일어나다. ¶Maria, hadeer ona bá eskola! 마리아, 학교 가려면 일어나!

hadele 동 실명하다. ¶Nia hadele, nune'e la bele haree. 그는 실명해서 볼 수 없어요. 유의 hadelek.

hadelek 동 (눈을) 멀게 하다. ¶Maria hadelek tiha Marito nia matan. 마리아는 마리또의 눈을 멀게 했어요. 유의 hadele.

hadera 동 굶기다, 죽게 하다. ¶Loro hadera batar. 햇빛이 옥수수를 죽게 해요.

hadera-an 동 의존하다. ¶Ami-nia organizasaun hadera-an ba governu. 우리 기관은 정부에 의존합니다. 유의 depende, laran-metin ba.

*** hadi'a** 동 (자동차, 도로 등을) 수리하다. ¶Marito hadi'a hela kliente nia karreta. 마리또는 고객의 차를 수리하고 있다. 반의 aat. 이표기 hadia.

* **hadi'a an** 복장을 단정히 하다. ¶Ha'u hadi'a an atu bá entrevista. 복장을 단정히 하고 면접을 보러 가요. 이표기 hadia aan.

*** hadi'ak** 동 (관계, 문서 등을) 고치다, 수정하다, 개선하다, 좋게 하다. ¶Mai ita hadi'ak ita-nia relasaun! 우리 관계를 개선합시다!

hadodok 동 (음식을) 으깨다. ¶Hadodok ona batar ne'e atu nune'e ita han di'ak. 우리가 부드럽게 먹으려고 이 옥수수를 으깼어요.

관용 hadodok an (스스로를 으깬다는 말로) 약한 척하다.

hadois 동 냄새가 나다. ¶Iha fo'er-fatin, fo'er nakonu no hadois. 쓰레기장에 쓰레기가 가득하고 냄새가 납니다.

관용 hadois rai 악행을 알리다.

* **hadoku** 동 엉망으로 만들다. ¶Ninia alin hadoku sala ne'e. 그의 동생은 이 방을 엉망으로 만들었어요. 유의 bonkar, dezordena.

*** hadomi** 동 사랑하다. ¶Ha'u hadomi ha'u-nia kolega sira. 나는 내 친구들을 사랑해요. 유의 amór.

hadomi eskola 애교심. ¶Se ita iha sentementu, hadomi eskola, favór hamoos sala iha eskola. 애교심이 있다면 먼저 교실을 청소하세요.

hadomi na'in 연인. ¶Sira ne'e hadomi na'in tinan 5, ikus mai halo kazamentu. 그들은 5년간 연인이었고 결국 결혼했어요. 이표기 hadomi nain.

hadomi nasaun 애국심. ¶Ema ne'ebé iha hadomi nasaun tenke hatudu hahalok di'ak. 애국심이 있는 사람은 좋은 행동을 보여 주어야 해요.

*** hadook** 동 멀리하다. ¶Se ita lakohi, ita hadook an ne'e solusaun ida. 싫으면 멀리하는 것도 하나의 해결책이에요.

*** hadook an** 피하다. ¶Dala ruma ita hadook an husi inimigu ne'e hahalok matenek. 때때로 적을 피하는 것이 현명한 행동이에요. 유의 evita, sees, sees an. 반의 enfrenta, hasoru. 이표기 hadook aan.

hadudu 동 밀다. ¶Favór ida hadudu odamatan ne'e ba avó. 어르신을 위해 이 문을 밀어 주세요. 유의 dudu.

*** hadukur** 동 ①재우다, 잠들게 하다. ¶Ha'u-nia amá hadukur ami ho kanta. 저희 엄마는 노래로 우리를 잠들게 해요. ②자다. ¶Bebé ne'e hadukur ho di'ak. 아기가 잠을 잘 자요. 유의 dukur.

hadulas 동 둥글게 돌다. ¶Povu hadulas

H

hela durante dansa. 시민들은 춤을 추면 서 둥글게 돌고 있어요. (유의) serka, hale'u.

*hadulur 동 친해지다, 어울리다.

hafaak 동 하찮게 만들다. ¶La bele hafaak ita-nia an! 자신을 하찮게 만들지 말라!

hafahe 동 분배하다. ¶Nia hafahe luvas ba traballadór. 그는 노동자들에게 장갑을 분배했다. (유의) distribui, fahe.

hafaho 동 잡초를 뽑다. ¶Ohin, aman no ha'u hafaho ona du'ut iha rai-luan. 오늘 아버지와 나는 들판의 잡초를 뽑았어요.

hafakar 동 (액체를) 쏟게 하다, 흘리게 하다. ¶Nia la hun la dikin hafakar tiha bee iha dapur. 그는 이유도 없이 부엌에 물을 쏟게 했어요.

*hafali[1] 동 반복하다, 돌아오다. ¶Favór ida hafali ezersíziu. 훈련을 반복하세요.

*hafali[2] 동 설사하다. ¶Labarik hafali, ha'u sente katak nia hemu susubeen barak. 아이가 설사해요, 우유를 많이 마신 것 같아요.

hafaluk 동 (배우자와) 사별하다. ¶Maria hafaluk ona hafoin kaben tinan 10. 마리아는 결혼 10년 후 남편과 사별했어요.

hafalun 동 휘게 하다, 휘게 만들다. ¶Ha'u hafalun ona donat ho kabuar. 나는 도넛을 둥글게 휘게 만들었어요.

관용 hafalun mate 시신에 수의를 입히다.

*hafanu 동 (잠에서) 깨우다, 일어나게 하다. ¶Amá hafanu labarik sira lori bá eskola. 엄마는 애들을 깨워서 학교에 데리고 갔어요.

hafatin 동 정착하다. ¶Ha'u hakarak hafatin iha fatin furak. 아름다운 곳에 정착하고 싶어요.

*hafatuk 동 굳다, 굳히다. ¶Filme funu ne'e hafatuk ha'u. 그 전쟁 영화는 나를 겁에 질려 굳게 했어요.

관용 hafatuk ulun (머리를 굳힌다는 말로) 완강하게 버티다.

관용 hafatuk oin (표정을 굳힌다는 말로) 뻔뻔하다.

*hafera 동 나누다, 나뉘다. ¶Nia hafera ninia dezafiu etapa tolu. 그는 자신의 도전을 세 단계로 나누었다.

*haferik 동 나이 들게 하다, 늙게 하다. ¶Loro maka'as haferik ninia kulit. 강한 햇살이 그녀의 피부를 늙게 했어요.

*hafila 동 반복하다, 되돌리다. ¶Favór hafila ezersísiu. 연습을 반복하세요.

관용 hafila futus 교대로, 번갈아.

hafini 동 파종하다. ¶Nia hafini hare. 그는 볍씨를 파종했어요.

*hafodak 동 깜짝 놀라게 하다. ¶Nia gosta hafodak ema. 그는 사람을 깜짝 놀라게 하는 걸 좋아해요.

*hafo'er 동 더럽게 하다. ¶Asu ne'e hafo'er ona ami-nia fatin. 그 개는 우리 공간을 더럽게 했어요. (이표기) hafoer.

*hafoin Ⅰ 부 하자마자, ~뒤에. ¶Hafoin ha'u hasoru nia, ha'u sei bá Timor Plaza. 나는 그를 만난 뒤에 티모르 플라자로 갈 것이다. Ⅱ 접 ~하고 나서. ¶Ohin ha'u tuir enkontru iha Baucau, hafoin fila mai Dili. 오늘 바카우에서 회의에 참석하고 나서 딜리로 돌아갈 거예요. (유의) depois.

*hafoin-tiha 부 그 이후에. ¶Hafoin ita

ko'alia tiha, ha'u-nia amá telefone ha'u. 네가 나에게 말한 그 이후에 엄마는 내게 전화를 했다.

hafoli 동 가치를 인정하다, 소중히 여기다. ¶Nia hafoli livru ne'ebé nia lee ona dala sanulu. 그는 이미 열 번이나 읽은 책을 소중히 여겨요.

*** **hafolin**[1] Ⅰ명 결혼 지참금. ¶Nia selu ona hafolin hira ba Balakeadu? 그는 결혼 지참금으로 얼마를 냈나요? Ⅱ동 협상하다, 값을 매기다. ¶Iha Timor-Leste, hafolin feto signifika feto-nia dignidade. 동티모르에서는, 여성에게 값을 매기는 것은 여성의 품격을 의미합니다.

* **hafolin**[2] 동 조심스럽게 다루다. ¶Sertifikadu lian Korea hafolin tebes ba ha'u, tan ne'e tenke kuidadu. 제게는 한국어 수료증이 매우 소중해서 조심스럽게 다룹니다. 유의 valoriza.

* **haforsa** 명 가열. ¶Disputa entre parte rua hadulas kestaun ne'e nian loos ka lae haforsa hela neineik. 그 안건의 찬반을 둘러싸고 양측의 논쟁이 점차 가열이 되고 있다.

*** **hafoti** 동 세우다. ¶Favór hafoti bandeira ne'e. 그 깃발을 세우세요. 유의 harii.

*** **hafoun** 동 새롭게 하다, 개조하다, 보수하다. ¶Mai ita hafoun fali ita-nia fatin ne'e. 우리의 장소를 새롭게 합시다.
관용 hafoun an (스스로를 새롭게 한다는 말로) 옷을 차려입다.

*** **hafuan** 동 결실을 맺다, 꽃피우다. ¶Oinsá ita bele hafuan ai-fuan sira ne'e? 어떻게 이런 결실들을 맺었나요?
관용 hafuan lia (이야기를 꽃피운다는 말로) 장황하게 이야기하다.

hafuhu 동 염탐하다, 정보 활동을 하다. ¶Uluk Austrália hafuhu ona informasaun kona-ba akordu ho Timor-Leste. 예전에 호주는 동티모르와 협약에 대한 정보를 염탐했어요.

hafuik 동 사납게 굴다. ¶Busa hafuik seluk labele mai iha uma. 고양이가 집에 못 들어갈 만큼 사납게 굴어요.
관용 hafuik an 거칠어지다, 야생화되다.

* **hafunan** 동 장식하다. ¶Nia hafunan hela kortina iha kuartu laran. 그는 침실에서 커튼을 장식하고 있어요. 유의 dekora, enfeita.

*** **hafurak** 동 맛을 내다, 양념을 치다. ¶Ha'u kontente tanba haree ha'u-nia doben hafurak dosi ne'e. 내 애인이 이 케이크에 맛을 내고 있는 걸 보니 기분이 좋아요.
관용 hafurak lia (말에 양념을 친다는 말로) 아첨하다, 회유하다.

*** **hafutar** 동 장식하다. ¶hafutar festa fatin 파티장을 장식하다 유의 dekora.

*** **hahaan** 명 음식. ¶Lalika han hahaan barak! 음식을 많이 먹지 마! 유의 ai-han, hahán.

*** **hahaas** 동 높이다, 올리다. ¶hahaas naran-boot 명성을 높이다

*** **hahaat** 동 ①손상되다, 손상시키다. ¶Virus foun hahaat ninia komputadór. 신생 바이러스가 그의 컴퓨터를 손상시켰어요. 유의 aat, estraga. ②악화시키다, 나빠지다. ¶Ekonomia uma hahaat sira nia relasaun. 가정 경제가 그들의 관계를 악화시켰어요. 유의 estraga. ③무너지다, 붕괴하다. ¶Uma ne'e hahaat husi anin brutu. 그 집은 폭풍으로 무너졌다. (유의) estraga.

* **hahaek** (동) 소리 내어 웃다, 시끄럽게 웃다. ¶Mestra Marta gosta hahaek. 말따 선생님은 소리 내어 웃는 것을 좋아해요.

* **hahalok**[1] (명) 행동. ¶Ha'u iha memoria ninia hahalok badinas iha eventu ne'e. 그 행사에서 부지런한 그의 행동이 기억나요. (유의) asaun, atitude. (반의) hanoin.

* **hahalok**[2] (동) 교대제로 일하다. ¶Seguransa na'in tolu hahalok loroloron. 보안 요원 3명은 매일 교대제로 일해요.

hahalok-toos I (명) 무례. ¶Nia hatudu hahalok-toos ba nia familia sira. 그는 가족들에게 무례를 보이는 행동을 보였어요. II (형) 무례한. ¶Ninia hahalok-toos halo aman hirus. 그의 무례한 행동이 아버지를 화나게 해요. (유의) modun-aat.

* **hahán** I (명) 음식. ¶Ha'u gosta han hahán Koreanu. 저는 한국 음식 먹기를 좋아해요. (유의) ai-han, hahaan. II (동) (음식을) 먹이다, 공급하다. ¶Amá ne'e fó hela hahán ba nia bebé. 엄마는 아기에게 음식을 먹이고 있어요.

* **hahán-resin** (명) 잔반, 남은 음식. ¶Favór falun hahán-resin mai. 남은 음식은 싸 주세요. (유의) hahán-restu.

* **hahán-restu** (명) 잔반, 남은 음식. ¶Avó hirus tanba nia haree ha'u-nia hahán-restu. 할아버지는 내가 남긴 음식을 보고 화를 내셨다. (유의) hahán-resin.

* **hahein** (명) 방어, 보호. ¶Militár Timor-Leste mak hahein povu. 동티모르 군인은 국민을 보호를 해요.

hahenu (동) 목에 걸다. ¶Ha'u hahenu korrente depois hasai foto. 목걸이를 목에 건 다음 사진을 찍었어요.

hahesuk (명) 확언, 발언, 진술. ¶Povu sira sensitivu ba lider polítiku sira nia hahesuk iha parlamentu. 시민들은 의회에 있는 정치적 지도자들의 발언에 민감해요.

* **hahi'i** (동) ①뽐내다, 자랑하다. ¶Maria-nia amá hahi'i ninia oan-mane sai estudante ba bolsu estudu. 마리아의 엄마는 큰아들이 장학생이 되었다고 자랑했어요. (유의) gaba an. ②(신을) 찬양하다. ¶Ami hahi'i ba Na'in ami Maromak. 우리는 주님을 찬양해요. (유의) adora. (반의) dehan aat, deskompoin. (이표기) hahii.

hahii-hana'i (동) 예배하다, 숭배하다. ¶Mai ita hahii-hana'i ba Maromak liu husi misa ne'e. 이 미사를 통해서 함께 하느님께 예배합시다. (이표기) hahii-hanai.

hahilik (명) ①선택. ¶Hahilik sempre mai tuir responsabilidade. 선택에는 늘 책임이 따라요. ②선거. ¶partisipa ba hahilik 선거에 참여하다 (유의) eleisaun.

* **hahirus** (동) ①화나다, 화내다. ¶Nia hahirus ha'u-nia kolega. 그는 내 친구에게 화났어요. ②화나게 하다. ¶Nia dala ruma hahirus ha'u. 그는 가끔 나를 화나게 해요.

hahisik (동) 펑펑 쓰다, 필요 없는 것을 버리다. ¶Amu sira hahisik bee ne'e ba fatin ne'ebé lulik. 신부님들은 신성한 장소를 향해 그 물을 버렸어요.

* **hahoris** (동) (자식, 새끼를) 낳다, 부모가 되다. ¶Fahi ne'e hahoris oan rua. 이 돼지

가 새끼 두 마리를 낳았어요.

***hahú** Ⅰ명 개관, 운영 시작. ¶Ami ba bibloteka iha oras hahú. 우리는 개관 시간에 맞추어 도서관에 갔다. 유의 lansa. Ⅱ동 시작하다. ¶Favór hahú husi agora. 이제부터 시작하세요. 유의 komesa. 이표기 hahuu.

***hahudór** 명 시작하는 사람, 설립자. ¶Hahudór sira ba nasaun ida-ne'e mak asua'in sira. 한 나라 설립자들은 영웅들이에요.

***hahún** 동 근거지를 두다. ¶Nia atividade kona-ba edukasaun lideransa hahún iha Timor-Leste. 그의 리더십 교육 활동은 동티모르에 근거지를 두었어요.

hahusuk 명 질문, 요구, 탄원. ¶Sira halo hela hahusuk kontra diskriminasaun rasa. 그들은 인종 차별에 대한 반대 탄원을 했어요.

***hai** 감 대단해, 만세. ¶Hai. Ita servisu di'ak! 대단해. 참 잘했어요!

hak- 두 ~하게 하다, 시키다. [사동의 의미를 더하는 말] ¶Haksolok ha'u! 나를 행복하게 해 주세요! / Hakmatek sira! 그 사람들 조용히 시키세요!

***haka'as** 조 ~하게 하다. [사동의 뜻을 더하는 말] ¶Haka'as halai lalais tan! 더 빨리 뛰어라! 이표기 hakaas.

관용 haka'as uat 힘으로 위협하다.

***haka'as an** 노력하다, 애쓰다. ¶Maria haka'as an atu di'ak. 마리아는 잘하려고 노력해요. 유의 esforsu an, buka. 이표기 hakaas aan.

***hakahur** 동 섞다, 간섭하다, 관여하다. ¶Nia la gosta ema ne'ebé hakahur asuntu hotu. 그는 모든 일에 관여하는 사람을 좋아하지 않아요.

hakail Ⅰ명 낚시. ¶Apá gosta hakail. 아빠는 낚시를 좋아해요. Ⅱ동 낚다, 낚시를 하다. ¶Nia kaer tuna husi hakail. 그는 장어를 낚아요. / Ami-nia familia bá atu hakail ikan iha findesemana. 우리 가족은 주말에 낚시하러 가요. 유의 kail, dai-ikan.

***hakalma** 동 가라앉히다. ¶Maria dada iis naruk atu hakalma ninia hanoin. 마리아는 마음을 가라앉히기 위해 심호흡을 했다.

hakaluk 명 모이주머니. ¶La hanesan isin ema nian, manu iha hakaluk. 사람의 몸과 달리 새는 모이주머니가 있어요.

hakanek 동(상처를) 입히다. ¶Ha'u hakanek ha'u-nia an ho tudik. 나는 칼로 스스로 상처를 입혔어요. 유의 halo kanek.

***hakarak** 동 좋아하다. ¶hakarak ka lakohi 좋은지 싫은지 / Ha'u hakarak deskansa. 저는 휴식을 좋아해요. 유의 gosta.

관용 hakarak keen ~에 관심이 있다.

***hakarak duni** 갈망하다, 열망하다. ¶Nia hakarak duni estuda lian Korea. 그는 한국어 공부하기를 갈망해요. 유의 kaan.

***hakarak haree** 궁금한, 호기심이 많은. ¶Labarik mane sira hakarak haree hodi hatene loos kona-ba istoria. 남자 아이들은 역사에 대해 알고자 하는 호기심이 많아요. 유의 hakarak hatene, kuriozu.

***hakarak hatene** 궁금한, 호기심이 많은. ¶Labarik sira hakarak hatene kona-ba

H

jogu foun. 아이들은 새로운 게임에 대해 호기심이 많아요. 유의 hakarak haree, kuriozu.

⁑**hakat**[1] Ⅰ 명 속도, 단계. ¶Favór estuda hakat ida tan ba oin. 앞으로 한 단계 더 공부하세요. Ⅱ 동 조치를 취하다. ¶Nia hakat lailais iha asidente karreta. 그는 자동차 사고에 대해서 빨리 조치를 취했다.

⁑**hakat**[2] Ⅰ 동 건너다, 횡단하다. ¶Oinsá ha'u bele hakat husi mota sorin iha ne'e bá mota sorin ne'ebá? 어떻게 제가 강 이쪽에서 강 저쪽까지 건널 수 있을까요? 유의 atravesa. Ⅱ 전 가로질러. ¶Nia la'o ona hakat zebra kros. 그는 횡단보도를 가로질러 걸어갔어요.

⁑**hakat-liu** 동 ①넘다, 침입하다. ¶hakat-liu fronteira 경계선을 넘다 ②극복하다. ¶Ita hakat-liu ona problema ne'e. 우리는 이 문제를 극복했어요. ③(법이나 합의를) 위반하다. ¶Nia hakat-liu, no selu multa. 그는 법을 위반해서 벌금을 냈다.

⁑**hakbesik** 동 접근하다. ¶Nia hakbesik mai ha'u. 그는 내게 접근했다.

⁑**hakbi'it** 동 힘을 주다, 능력을 주다, 권한을 위임하다. ¶Nia hakbi'it membru ekipa. 그는 팀원에게 권한을 위임했어요. 이표기 hakbiit.

hakdulas 동 꼬이다. ¶Labarik monu ona tanba ninia ain hakdulas durante halai. 아이는 달리기를 하다가 다리가 꼬이는 바람에 넘어지고 말았다.

⁑**hakerek** 동 쓰다. ¶hakerek enderesu 주소를 쓰다 / Loroloron Maria hakerek diáriu. 매일 마리아는 일기를 써요.

⁑**hakerek-na'in** 명 저자, 글쓴이, 작가. ¶Hakerek-na'in ba livru ne'e mai husi Timor-Leste. 이 책의 저자가 동티모르에서 왔어요. 유의 autór, eskritora, eskritoru. 이표기 hakerek nain.

*__haketak__ Ⅰ 명 ①분리. ¶Plástiku tenke halo haketak husi fo'er jerál. 플라스틱은 일반 쓰레기와 분리를 해야 한다. 유의 separasaun. ②헤어짐, 이혼. Ⅱ 동 헤어지다. ¶Bainhira Maria sei ki'ik, haketak tiha ona ho ninia amá. 마리아는 어렸을 때 엄마와 헤어졌어요.

*__haketak susu__ 젖을 떼다. ¶Bainhira ita atu haketak susu ho ita-nia bebé? 언제 아기 젖을 떼려 해요?

⁑**hakfodak** 동 놀라다. ¶Independénsia Timor-Leste ne'e eventu hakfodak ida. 동티모르 독립은 놀랄 만한 일이다. 유의 admira.

관용 hakfodak loke ibun hela (놀라서 입을 다물지 못한다는 말로) 매우 놀라다.

*__hakfu'ik__ 동 휘파람을 불다. ¶Ha'u-nia apá sempre hakfu'ik mai ami. 아빠는 항상 우리에게 휘파람을 불어 줘요. 이표기 hakfuik.

hakiak Ⅰ 동 ①(아이, 동물 등을) 기르다, 양육하다. ¶Maria nia abó-feto mak hakiak nia husi ki'ik to'o bo'ot. 마리아의 할머니는 마리아를 어릴 때부터 길렀어요. ②입양하다. ¶Sira la iha sira nia oan, entaun hakiak labarik rua. 그들은 아이가 없어서 어린아이 두 명을 입양했어요. Ⅱ 형 길든, 사육된. ¶Nia la'o halimar loroloron ho asu hakiak ida. 그는 잘 길든 개 한 마리와 매일 산책해요.

hakiak halo maus 길들이다. ¶Asu ne'e uluk si'ak liu maibé ha'u hakiak halo maus tiha. 이 개는 전에 성격이 포악했지만 내가 얌전하게 길들였어요.

*** hakiduk** 동 되돌다, 되돌리다, 뒤로 가다. ¶Karreta hakiduk fali mai ami. 차가 되돌아서 다시 우리에게로 왔어요.

* **hakilar** Ⅰ 명 함성. ¶hakilar maka'as ho enerjia 에너지가 있는 큰 함성 Ⅱ 동 외치다, 소리치다, 고함치다, 비명을 지르다. ¶Maria hakilar hela ba labarik sira ne'e la bele halimar bee fo'er. 마리아는 더러운 물 가지고 놀지 말라고 아이들에게 외치고 있어요.

*** haklaken** Ⅰ 명 설교, 설교함. ¶Ema barak iha ami-nia igreja gosta Padre nia haklaken. 우리 교회의 많은 사람들이 신부님의 설교를 좋아합니다. 유의 pregasaun. Ⅱ 동 ①설교하다. ¶Padre ohin haklaken kona-ba agradesimentu. 신부님은 오늘 '감사'에 대해서 설교했습니다. ②일반에 알리다, 공표하다. ¶Governu haklaken ba povu katak eventu kultura sei komesa husi loron 1 Novembru. 정부는 11월 1일부터 문화 행사가 시작된다고 시민에게 공표했다.

*** haklalak** Ⅰ 명 환호. ¶Ema sira basa liman ho haklalak ba nia. 사람들은 그에게 환호와 함께 박수를 쳤습니다. Ⅱ 동 칭송하다, 찬사를 보내다, 슬로건을 외치다. ¶Kolega sira iha servisu-fatin haklalak ba ninia rezultadu ne'ebé nia halo. 직장 동료들은 그녀가 올린 성과에 찬사를 보냈습니다.

haklulu 동 갖다. ¶Labarik ne'e haklulu halimar brinkedus. 아이가 장난감을 갖고 논다.

hakmahan Ⅰ 명 ①숙소. ¶Iha munisipíu ne'e, hakmahan mak iha ne'ebá de'it? 이 지역에 숙소는 거기뿐이에요? 유의 alojamentu. ②대피소, 오두막. ¶Udan tau entaun ami tama hakmahan iha foho laran. 비가 와서 우리는 산속에 있는 오두막으로 들어갔다. 유의 barraka. Ⅱ 동 숙박하다. ¶Ami halo planu atu hakmahan loron lima iha uma ne'e. 우리는 그 집에서 5일 동안 숙박하기로 계획했다.

* **hakmatek** Ⅰ 동 조용히 두다. ¶Husik hela ha'u hakmatek! 나를 조용히 내버려둬! Ⅱ 형 조용한. ¶Maria agora estuda iha kuartu hakmatek. 마리아는 조용한 침실에서 공부해요. 유의 nonook. 반의 baru ho.

*** hako'ak** 동 ①포옹하다. ¶Marito hako'ak ninia kolega Maria ne'ebé besik loos ho nia. 마리또는 그와 가장 가까운 친구인 마리아를 포옹했어요. ②수용하다, 포용하다. ¶Amá hako'ak ha'u-nia fallansu ho domin. 엄마는 나의 잘못을 사랑으로 포용해요. 유의 espropria. 이표기 hakuak.

*** hakoi** 동 묻다, 숨기다. ¶hakoi mate 시신을 묻다

* **hakoi-fatin** 명 묘지. ¶Ita-nia avó nia hakoi-fatin iha ne'ebé? 당신의 할아버지의 묘지는 어디예요? 이표기 hakoi fatin.

*** hakoi-mate** 명 매장. ¶Fatin bá hakoi-mate avó nian mak Santa Cruz. 할아버지의 매장지가 산타크루즈예요.

H

이표기 hakoi mate.

*hakonu 동 가득차다, 가득 채우다. ¶Favór hakonu bee iha tanke. 탱크에 물을 가득 채워 주세요.

*hakotu 동①절단하다, 끊다. ¶Nia hakotu relasaun ho kolega aat. 그는 나쁜 친구와 관계를 끊었다. ②결단하다, 결정하다. ¶Maria hakotu katak nia la bele bá ho imi hamutuk. 마리아는 너희들과 함께 갈 수 없다고 결정했어. 유의 deside.

hakotu lia 빚을 갚다. ¶Hodi hakotu lia ba imi, ha'u fó ha'u-nia sasán fali. 빚을 갚기 위해 대신 물건을 주었어요.

*hakribi 동 몹시 싫어하다, 질색하다, 혐오하다. ¶Ha'u hakribi buat fo'er. 저는 지저분한 것을 몹시 싫어해요. 유의 dinu, odi.

*hakru'uk 동 고개를 숙여 인사하다, 굽히다, 숙이다, 쭈그리다, 움츠리다. ¶Nia hakru'uk ba ha'u. 그는 내게 고개를 숙여 인사했다. 이표기 hakruuk.

haksalak 동 놓치다, 실수를 하다, 혼란에 빠트리다. ¶Horseik ha'u haksalak ho hamonu kafé ba Maria. 어제 마리아한테 커피를 쏟는 실수를 했어요.

haksesuk 동①논의하다. ¶Estudante sira haksesuk hela ho mestre kona-ba valór. 학생들은 성적에 관해서 선생님과 논의하고 있어요. 유의 diskute. ②논쟁하다. ¶Estudante sira haksesuk hela kona-ba tópiku ne'e. 학생들은 그 주제에 대해서 논쟁하는 중이에요.

haksi'ak 동 호통치다, 꾸짖다. ¶Ha'u bele rona lian katak nia haksi'ak ninia-oan sira. 그가 자식들을 꾸짖는 소리가 들려요. 유의 deskompoin.

haksoit 동 도약하다. ¶Mai ita haksoit no hakilar Viva Timor-Leste! 도약하고 외칩시다, 동티모르 만세!

haksokar 동 싸움에 끼어들다, 서로 부딪치다. ¶La bele haksokar liafuan ne'ebé atu kria problema. 문제를 일으킬 말로 서로 부딪치지 마세요.

*haksolok Ⅰ동 행복하게 하다. ¶Marito haksolok ninia ferik-oan. 마리또는 그의 아내를 행복하게 합니다. 유의 halo kontente. Ⅱ형 즐거운, 기쁜, 행복한. ¶Ha'u rona ha'u-nia amá moras di'ak ona no ha'u haksolok tebes simu mensajen ne'e. 나는 엄마의 병이 나아졌다는 소식을 듣고 정말 기뻤어요. 유의 kontente.

haksudik 동 싸움을 붙이다. ¶Nia haksudik manu rua. 그는 닭 두 마리를 싸움 붙였습니다.

*haksumi 동 숨기다, 숨다. ¶Nia bá haksumi iha foho. 그는 산속으로 들어가 숨었어요. 유의 subar an.

haksuran 동 애도하다, 추모하다. ¶Ami hotu tanis haksuran ami-nia mestre-nia mate. 우리 모두는 선생님의 죽음을 울면서 애도했습니다.

haksusar 동(걱정을) 끼치다, 학대하다, 괴롭히다. ¶Maria-nia fallansu haksusar ninia inan-aman. 마리아의 잘못은 그녀의 부모님께 걱정을 끼쳤습니다.

haktaan 동 방문하다, 가서 만나다. ¶Ha'u-nia familia haktaan Maria-nia familia. 저희 가족은 마리아의 가족을 방문했어요.

hakta'es 동 여과되다. ¶Kafé hakta'es sai husi mákina Kafé. 커피가 커피 메이커에서 여과되어 나왔다.

haktahek 동 부호를 붙이다, 값을 매기다. ¶Ikan ne'ebé haktahek kedas haruka ba supermerkadu. 값이 매겨진 생선은 즉시 슈퍼마켓으로 보냅니다.

haktahu 동 더럽히다, 변색되다. ¶Livru ida-ne'e tuan basá haktahu. 이 책은 오래돼서 변색되었어요.

haktakun 동 씹히다. ¶Ha'u han etu maibé rai-henek haktakun. 밥을 먹는데 모래가 씹혔어요.

haktama 동 넣어 두다. ¶Ha'u ohin hatais roupa ne'ebé haktama iha almari-ropa. 저는 오늘 옷장에 넣어 두었던 옷을 입었어요.

haktasak 동 익다, 익히다. ¶Batar haktasak ho di'ak basá marmar. 옥수수가 잘 익어서 말랑말랑하다.

haktatak 동 (동물에게) 물리다. ¶Asu sira funu hela ho tata no haktatak. 물고 물리면서 개들이 싸우고 있다.

*haktemik 동 언급되다. ¶Ha'u haree ona ema ne'e haktemik husi TV. 나는 TV에서 언급된 그 사람을 본 적이 있다.

haktenik I 동 다시 하게 되다, 반복되다. ¶Loro-loron haktenik hahaan ida ne'e, tan ne'e ha'u hakarak han hahaan seluk. 매일 같은 음식이 반복되니까 저는 이제 다른 음식을 먹고 싶어요. 유의 hatenik. II 부 반복하여. ¶Mestre ko'alia haktenik, dehan gramátika ida-ne'e importante tebes. 이 문법은 매우 중요하다고 선생님은 반복하여 말했습니다.

haktetek 동 비교하다, 견주다. ¶La bele haktetek kadeira sira ne'e ho kadeira foun. 이 의자들을 새 의자랑 비교하지 마세요.

*haktuir I 동 따라가다, 모방하다, 복종하다. ¶Ha'u haktuir hela hanesan informasaun ne'e. 저는 이 정보대로 따라가고 있어요. 유의 halo-tuir. II 전 ~를 따라서. ¶Haktuir mestre nia liafuan kona-ba oinsá estuda, Maria komesa estuda. 어떻게 공부하는지에 대한 선생님의 말씀을 따라서 마리아는 공부하기 시작했다.

*hakur 동 건너가다. ¶Mota-boot loos, oinsá mak ita bele hakur? 이렇게나 강이 큰데, 우리가 어떻게 건널 수 있어요? 유의 atravesa.

*halahat 동 쫓다, 쫓아가다. ¶Na'ok-teen tama uma, tan ne'e uma na'in halahat hela nia. 도둑이 집에 들어서 집주인은 그를 쫓고 있어요. 유의 duni, duni tuir.

*halai 동 ①달리다. ¶Ami halai iha Cristo Rei to'o Largo Lecidere. 우리들은 크리스토 레이에서 라르고 레시데레까지 달렸어요. ②도망치다. ¶Na'ok teen tama iha ha'u-nia uma, haree ha'u-nia apá isin-boot no halai sai ona husi uma. 도둑이 우리집에 들어왔지만 몸이 큰 우리 아빠를 보고 집밖으로 도망쳤어요. 유의 eskapa. ③순환하다, 흐르다. ¶Timor nia tempu halai bailoro no tempu udan. 동티모르의 계절은 건기와 우기가 순환해요. ④떠나다, 출발하다. ¶Bainhira maka komboiu halai? 기차는 언제 출발하나요? 유의 bá ona.

halai-borus 동 통과하다, 관통하다.

halai liu ba 대부분 적용이 가능하다. ¶Ha'u haree ita boot nia ko'alia ne'e halai liu ba sistema edukasaun iha ita-nia rai. 저는 당신이 말한 것이 우리나라 교육 제도에 대부분 적용이 가능하다고 생각해요.

halai sai 탈출하다. ¶Rai-nakdoko entaun ami tenke halai sai husi uma. 땅이 흔들려서 우리는 집에서 탈출해야만 했어요. (유의) eskapa.

halai-taru I 명 경주. ¶Kompetisaun kuda halai-taru iha Maliana. 말 경주 대회가 말리아나에서 있어요. (유의) korida. II 동 경주를 하다. ¶Nia halai-taru no simu medalla mean. 그는 경주를 해서 금메달을 받았어요. (이표기) halai taru.

halaka 동 ①불타게 하다. ¶Ahi ki'ik ida bele halaka ai sira foho tomak. 작은 불씨 하나가 산 전체의 나무들을 불타게 할 수 있어요. ②빛내다, 광을 내다. ¶Favór fase no halaka lai, tanba karreta fo'er loos. 차가 많이 더러우니 세차하고 광을 내 주세요. (유의) engraxa.

halakan 동 밝게 하다. ¶Favór halakan lai fatin ne'e. 이 장소를 밝게 해 주세요.

*__halakon__ 동 ①사라지게 하다, 제거하다. ¶Nia moras tebes, entaun presiza halakon moras husi hemu ai-moruk halakon moras. 그는 많이 아파요, 진통제를 복용해서 통증을 사라지게 할 필요가 있어요. (반의) hamosu. ②파괴하다, 붕괴하다, 부수다. ¶Nia halakon uma uluk atu halo uma foun. 그는 새집을 지으려고 옛집을 부수었다. ③잃다, 잃어버리다. ¶Hafoin nia halakon telefone, loron rua mai nia hetan fila fali. 그는 핸드폰을 잃어버린 지 이틀 만에 찾았어요. (유의) lakon. ④낭비하다. ¶Nia halakon nia tempu ba halimar. 그는 노느라 시간을 낭비했어요. (유의) estravagante, lakon. (반의) ekonomiza. ⑤빈곤에 빠뜨리다. ¶traballadór nia dezempregu ne'e halakon liu ninia empreza. 노동자들의 파업은 그의 회사를 더욱 빈곤에 빠뜨렸어요. ⑥폐지하다, 철폐하다. ¶Governu Timor-Leste halakon tuir ukun monopóliu iha industria Internet. 동티모르 정부는 인터넷 산업의 독점을 공식적으로 폐지했어요. (유의) kasu.

halanu 동 (술 · 마약 등에) 취하다. ¶Tanba tua ne'e halanu, ha'u la bele lori karreta. 이 술 때문에 취해서, 운전을 못하겠어요.

*__hala'o__ 동 ①따르다, 추종하다. ¶Sira hahú uluk servisu depois, ema barak sira hala'o sira nia servisu. 그들이 먼저 일을 시작하자, 많은 사람들이 그들을 따랐어요. (유의) ezekuta. ②수행하다. ¶Ha'u atu hala'o buat ita boot haruka mai. 나는 당신이 시킨 일을 수행하려고 해요. (유의) efetua, implementa. ③운영하다, 장려하다. ¶Polítika foun hala'o povu nia di'ak. 새 정책은 서민의 복지를 장려해요. ④열리다, 개최되다. ¶Prosesu ne'e hala'o iha loron 17. 그 공판은 17일에 열려요. (이표기) halao.

hala'o fiskalizasaun 감시하다. ¶Ita presiza hala'o fiskalizasaun ba programa ne'e. 우리는 이 프로그램을 감시할 필요가 있어요. (유의) fiskaliza. (이표기) halao fiskalizasaun.

*__halatak__ 동 그늘지게 하다, 그늘을 지우다. 관용 halatak ai 나무껍질을 둥글게 벗기

다.

halekar 동 흩뿌리다. ¶Fahi ne'e gosta halekar fo'er ne'ebé ema soe iha fo'er fatin. 이 돼지는 사람이 더러운 곳에 버린 걸 흩뿌리길 좋아해요. 반의 bá buka.
관용 halekar rai 바닥에 밀짚을 깔다.

halerik 동 불평하다, 앓는 소리하다. ¶Povu sira sempre halerik ba eletrisidade. 사람들이 늘 전기에 대해 불평해요. 유의 foti lia hasoru.

⁑**hale'u** Ⅰ 동 에워싸다. ¶Maria nia jardin hale'u tiha ninia uma. 마리아의 정원은 집을 에워싸고 있어요. 유의 hadulas. Ⅱ 전 ~ 주변에. ¶Nia ko'alia kuandu nia la'o hale'u meza. 그는 책상 주변을 걸으면서 말해요. 이표기 haleu.

hali 명 바니안나무. ¶Ita haree hali iha ne'e? 여기서 바니안나무를 봤어요?

hali'an 동 (불을 지피기 위해) 돌을 세우다. ¶Nia hali'an hodi te'in. 그는 요리하려고 돌을 세우고 있어요.

⁂**halibur** Ⅰ 동 (사람들이) 모이다. ¶Ami halibur hamutuk iha fatin ida atu tuir elisaun. 우리는 선거에 참여하기 위해 한 장소에 함께 모였어요. Ⅱ 부 함께. ¶Festa hotu ona, ami-nia familia halibur bá uma. 축제는 끝났고 우리 가족은 함께 집으로 갑니다. 유의 hamutuk.

hali'is Ⅰ 동 각도를 잡다. ¶Ita tenke hali'is di'ak durante lori motor. 오토바이를 탈 때 각도를 잘 잡아야 한다. Ⅱ 형 기울어진. ¶Ita sente katak arus foto hali'is loos ka la'e? 액자가 기울어진 것 같지 않아? 이표기 haliis.

*__haliki__ 동 방송하다, 방영하다. ¶Iha tuku 9 kalan ne'e haliki novidade. 저녁 9시에는 뉴스를 방송합니다. 유의 difunde.

⁑**halimar** 동 놀다. ¶Ami halimar tebe bola. 우리는 축구를 하며 놀았다. 유의 diur.

⁑**halimar-fatin** 명 운동장. ¶Fatin ne'e ami-nia halimar-fatin. 이 장소는 우리들의 운동장이에요. 이표기 halimar fatin.

*__halimar-halimar__ 동 빈둥거리다. ¶Labele halimar-halimar iha findesemana, mai ajuda ha'u halo kna'ar uma nian. 주말이라고 그렇게 빈둥거리지만 말고 집안일이라도 좀 도와.

⁑**halimar ho** 가지고 놀다, ~와 놀다. ¶Ha'u tenke halimar ho ha'u-nia alin sira iha findesemana. 나는 주말에 동생들과 놀아야 해요.

hali timir-rahun 벤자민 고무나무.

⁂**halo** 동 ①하다. ¶halo komédia 연극을 하다 / Agora ita halo saida? 지금 뭐하니? ②만들다, ~하게 하다. ¶halo kabuar 불룩하게 만들다 / Nia halo ha'u kolen. 그는 나를 피곤하게 만들어요. 유의 trasa. ③짓다. ¶Ha'u nia apá agora daudaun halo uma. 아빠는 요즘 집을 지어요.
관용 halo belun ho 동맹을 맺다.
관용 halo demais liu 지나치다, 과장되다.
관용 halo gazeta 무단결석하다.
관용 halo ita baruk 싫증나다.

⁑**halo aat** ①(물건을) 고장 내다. ¶Marito halo aat komputadór. 마리또가 컴퓨터를 고장 냈어요. 유의 estraga. ②(사람을) 다치게 하다, 손상시키다. ¶Loro-manas ne'e halo aat kulit. 태양열은 피부를 손상시켜요. 유의 estraga. ③(명예를) 훼손하다.

H

¶Abó-mane hakribi buat halo aat ninia naran. 할아버지는 그의 이름을 훼손하는 것을 몹시 싫어해요. ㊒ estraga.

***halo an** 허세 부리는, 가식적인, 대단히 비싼, 호사스러운. ¶Nia dala ruma halo an hanesan xefe. 그는 가끔 사장처럼 허세를 부린다.

halo butuk 쌓다, 축적하다. ¶Fa'an na'in sira halo butuk na'an barak iha merkadu. 시장에서 상인들이 많은 고기를 쌓고 있어요. ㊒ habutuk.

halo demora 지연시키다. ¶Nia halo demora tempu ho intensaun. 그는 일부러 시간을 지연시켰어요. ㊒ adia, atraza, dada oras, demora.

halo dokumentasaun 기록하다. ¶Loro-loron nia halo dokumentasaun iha ninia ajenda. 매일 그는 일기장에 기록한다. ㊒ grava.

***halo estilu** 잘난 체하다. ¶La bele halo estilu! 잘난 체하지 마!

***halo favór** ~해 주세요. ¶Halo favór hein tan uitoan! 조금만 더 기다려 주세요! ㊒ favór ida.

***halo gravasaun** 녹음하다. ¶Nia halo gravasaun depois halo reportajen ona. 그는 테이프에 녹음한 다음 보고했어요. ㊒ grava.

***halo instalasaun** 설치하다. ¶Nia halo instalasaun AC. 그는 에어컨을 설치했어요. ㊒ instala, monta, tau.

***halo investigasaun** 조사하다. ¶Polísia sira halo hela investigasaun ba suspeitu. 경찰들은 용의자를 조사하고 있어요. ㊒ buka-tuir, investiga.

***halo investimentu** 투자하다. ¶Nia atu halo investimentu ba fábrika produsaun ropa. 그는 옷 공장에 투자하려 해요. ㊒ investe, kuda-osan. ㊏ investe.

***halo jelu nabeen** 얼음을 녹이다, 해동하다. ¶Halo jelu nabeen depois, ha'u halo kafé jeladu. 얼음을 녹인 다음 아이스커피를 만들었어요.

***halo kaben** 교잡하다. ¶Nia halo kaben ai tipu rua. 그는 두 종류의 나무를 교잡했어요.

halo kanek (상처나 부상을) 입히다, 다치게 하다. ¶Atleta ne'e halo kanek ekipa seluk-nia atleta. 그 선수는 상대 팀 선수에게 부상을 입혔어요. ㊒ hakanek.

***halo klaru** 명확하게 하다, 분명히 하다. ¶Favór ida, halo klaru liu tan ita boot nia resposta ne'e! 당신의 대답을 좀더 명확하게 해 주실 수 있나요? ㊒ esklarese.

***halo kolaborasaun** 협력하다, 공동 작업하다. ¶Nia hakarak halo kolaborasaun ho ninia kolega sira. 그는 친구들과 협력하고 싶어해요. ㊒ kolabora.

***halo konfuzaun** 혼란스럽다. ¶Ita boot nia mensajen ne'e halo konfuzaun de'it. 당신의 메시지는 혼란스럽기만 해요.

***halo konta** 계산하다. ¶Nia halo konta hela ninia valór TOPIK nian. 그는 자신의 한국어 능력 시험 점수를 계산하고 있어요. ㊒ kalkula.

***halo kontente** 행복하게 하다. ¶Nia simu bolsa estudu entaun halo kontente inan-aman. 그녀는 장학금을 받아서 부모를 행복하게 했어요. (유의) haksolok. (이표기) halo kontenti.

halo laran-moras 질투하다, 후회하다. ¶Nia halo laran-moras ninia kolega tanba kolega estuda di'ak liu. 그는 공부를 더 잘하는 친구를 질투했어요. (이표기) halo laran moras.

halo laran-susar 걱정하다, 괴로워하다. ¶La bele halo laran-susar kona-ba pasadu, tanba ita la bele troka. 네가 바꿀 수 없으니 지나간 일을 가지고 괴로워하지 마라. (이표기) halo laran susar.

halo lista 열거하다. ¶nia halo lista ezemplu balun 몇 가지 예를 열거하다 (유의) lista, numera, relasiona.

halo-aat I 명 손해, 손상. ¶Ha'u hein katak halo-aat la iha ba ema ida mós. 한 사람에게도 손해가 없기를 바라요. II 형 해로운, 유해한, 손상된. ¶Tanba nia oin halo-aat husi loro-manas, nia presiza tratamentu. 그는 뜨거운 태양에 손상된 얼굴 때문에 치료가 필요해요.

halolo 동 물려주다. ¶Ne'e dever umanu modernu atu halolo ambiente proteje ho di'ak ba sira-nia dexendente. 잘 보전된 환경을 후손들에게 물려주는 것이 현대인들의 의무이다. (유의) hatutan.

halolon 동 뻗다. ¶Nia halolon ninia-ain no dukur hela. 그는 다리를 쭉 뻗고 자고 있어요. (유의) lolo. (이표기) halolo.

관용 halolon lia (말을 뻗는다는 말로) 논쟁하다.

halo moe 두려워하다. ¶Maria, lalika halo moe an iha públiku. 마리아, 대중 앞에서 두려워하지 말아요.

halo moos 명백히 하다, 깨끗이 하다. ¶Ema sira halo moos fatin ida-ne'e hodi hadi'a. 사람들이 이곳을 개선하려고 깨끗이 했다. (유의) hamoos.

halo muta 토하게 하다.

halo neon-kari 산만하다. ¶Nia halo neon-kari, entaun haluha enkontru barak. 그는 산만해서 모임을 자꾸 잊어버린다. (유의) dekonsentra. (반의) dedika. (이표기) halo neon kari.

halo nu'usá ①어떻게, 어떤 이유로. ¶Odamatan ne'e loke halo nu'usá? 문은 어떻게 열었어? / Halo nu'usá mak ó bele monu fali ne'e. 어떻게 너 또 넘어질 수 있니. ②얼마나. ¶Nia aas halo nu'usá? 그는 얼마나 크니? (이표기) halo nusaa.

haloos 동 ①해결하다. ¶Nia hanoin hela problema hodi haloos. 그는 이 문제를 해결하기 위해서 고민하고 있어요. (유의) rezolve. ②바로잡다, 수정하다. ¶Ha'u hanoin katak o bele haloos fraze ida-ne'e. 나는 네가 이 문장을 수정할 수 있다고 생각해.

haloot 동 집어넣다, 정리하다, 포장하다. ¶Fase bikan hotu, haloot tiha ba armáriu! 접시를 다 씻어서 찬장에 집어넣어요! (유의) arruma.

halo rahun 산산조각 내다. ¶Nia halo rahun tiha kopu rua. 그는 컵 두 개를 산산조각 냈어요. (유의) destrui.

halo rekonsilasaun ho ~와 화해하다. ¶Nia halo rekonsilasaun ho ninia inimigu. 그는 적과 화해했어요. (유의)

H

badame.

*__halo reportajen__ 보도하다. ¶Nia halo reportajen kona-ba kaju korrupsaun ida. 그는 한 가지 부패 사례를 언론을 통해 보도했어요.

*__halo revizaun__ 개정하다. ¶halo revizaun lei 법을 개정하다

*__halo terus__ 고통스럽게 하다, 박해하다, 학대하다. ¶Lalika halo ami terus fali. 또다시 우리를 학대하지 마세요. (유의) fó-terus.

⁑__halo tinan__ 생일을 맞이하다. ¶Maria halo tinan hitu. 마리아는 7살 생일을 맞이했어요.

__halo to'os__ 논갈이, 밭갈이. ¶Agora tempu udan entaun ema to'os na'in sira komesa halo to'os. 지금은 우기여서 농부들이 논갈이를 시작했어요. (유의) fila-rai, halo to'os. (이표기) halo toos.

⁑__halo triste__ 슬프다, 슬프게 하다. ¶Ha'u halo ha'u-nia amá triste. 나는 엄마를 슬프게 했어요.

*__halo-tuir__ 동 ①따르다, 따라 하다. ¶Favór, halo-tuir ha'u. 나를 따라 하세요. (유의) haktuir. ②모방하다. ¶Nia halo-tuir dala ida-rua, ikus mai kria ona buat foun. 그는 여러 번 모방하고 결국 새로운 것을 창조했어요. (유의) emula. ③복종하다. ¶Ami tenke halo-tuir eskola nia regulamentu sira. 우리는 학교의 규칙들에 복종해야 해요.

⁑__haluan__ 동 넓어지다, 넓히다. ¶Haluan hela fatin ne'e, atu nune'e ema mai la sente kloot. 사람들이 장소가 협소하다고 느끼지 않게 하려고 이곳을 넓히고 있어요. (유의) dilata.

⁑__halubun__ 동 함께 그룹을 결성하다. ¶Estudante sira halubun hamutuk hodi halo diskusaun. 학생들이 토론하기 위해서 함께 그룹을 결성했다.

⁑__haluha__ 동 잊다, 망각하다. ¶Nia haluha oinsá dehan liberdade iha lian Korea. 그는 liberdade를 한국어로 어떻게 말하는지 잊었어요. (반의) dekór, hanoin.

⁑__haluha rai__ 깡그리 잊어버리다. ¶Ha'u tenke bá fatin ne'ebá maibe, ha'u toba to'o haluha rai! 그곳에 가야 했는데, 자느라 깡그리 잊어버렸어요!

*__hamahon__ 동 그늘지다, 보호하다. ¶Rai manas, tenke deskansa hamahon an iha ai-hun. 너무 더우니 나무 그늘에서 쉬면서 몸을 보호합시다.

⁂__hamaluk__ 동 ①어울리다. ¶Nia hamaluk hela ha'u-nia alin sira. 그는 제 동생들과 어울리고 있어요. (유의) kahur. ②협력하다. ¶Marito hamaluk kolega sira ne'ebé maka matenek hodi estabelese kompañia. 마리또는 회사를 설립하기 위해 똑똑한 친구들과 함께 협력했다. (유의) koopera.

__hamaluk an__ 결속하다, 함께하다. ¶Wainhira ha'u estuda sempre hamaluk an ho muzika. 나는 공부할 때 항상 음악과 함께한다.

⁑__hamamar__ 동 ①부드럽게 하다. ¶hamamar kulit 가죽을 부드럽게 하다 ②소리를 낮추다, 소리를 줄이다.

⁑__hamamu__ 동 비우다. ¶hamamu liman hosi kro'at 무기를 든 손을 비우다 (유의) hamamuk.

(관용) hamamu rai (땅을 비운다는 말로)

집을 떠나다.

⁑**hamamuk** 동 비우다. ¶Uma ne'e tenke hamamuk ona tanba uma na'in mai tiha ona. 집주인이 와서 이 집을 비워야만 해요. 유의 hamamu.

관용 hamamuk rai (땅을 비운다는 말로) 집을 떠나다.

⁑**hamanas** 동 뜨겁게 하다. ¶Kafé ne'e malirin, bele hamanas ka? 이 커피가 차가워서, 좀 뜨겁게 할 수 있을까?

⁑**hamaran** 동 말리다, 건조하다. ¶Imi hamaran ropa iha ne'ebé? 너희들 옷은 어디에서 말리니? 유의 habai. 반의 bokon, habokon.

hamatak 동 속이다. ¶Nia dala ruma hamatak ha'u maibé ha'u halo finje la hatene. 그는 나를 가끔 속이지만 나는 모르는 체해요. 유의 bosok.

⁂**hamate** 동 ①(불을) 끄다. ¶Ema barak koko hamate ahi iha foho. 많은 사람들이 산불을 끄려 노력하고 있어요. 유의 hamohu. ②(전원을) 끄다. ¶Pulsa eletrisidade nian besik hotu ona karik bele hamate hela ahi. 전기 충전한 것이 거의 다 떨어져 가니 불을 꺼야겠어요. ③ 죽이다. ¶Ó hamate ha'u de'it. 네가 나만 죽이는구나. 유의 oho.

*__hamatek__ 동 쓰다듬다. ¶hamatek fuan-moras 아픈 마음을 쓰다듬다

⁑**hamaus** 동 진정시키다. ¶Jhony bá hamaus hela nia-alin tanba nia tanis loos. 조니는 동생이 너무 울어서 진정시키는 중이다.

⁑**hameer** 동 소금을 치다, 소금으로 절이다. ¶Presiza hameer uluk repollu hodi halo 'Gimchi'. 김치를 만들기 위해서 먼저 배추에 소금을 쳐야 해요.

*__hameno__ Ⅰ 명 약속, 일정. ¶Horiseik ha'u halo hameno atu hasoru ho tiu, maibé la bele hasoru. 어제 나는 삼촌과 만나는 일정이 있었는데 만날 수 없었어요. Ⅱ 동 ①하도록 요구하다, ~하라고 시키다. ¶Ha'u hameno ba sira atu hamoos uma tomak. 저는 그들에게 집 전체를 청소하라고 시켰어요. ②명령하다, 제안하다. ¶Ohin amá hameno katak tuku haat o tenki bá lori ha'u-nia alin mai. 오늘 엄마는 4시에 동생한테 가서 데려오라고 명령하셨어요.

⁑**hamenus** 동 줄이다, 축소하다. ¶Apá tenke hamenus fuma sigaru. 아빠는 흡연을 줄여야 해요. 반의 aumenta.

hametan 동 검게 만들다, 검게 되다. ¶Motuk liu, nune'e fehuk-midar hametan hanesan ahi-anar. 너무 구워서 고구마가 숯처럼 검게 되었어요.

⁑**hameti** 동 줍다, 잡다. ¶Bainhira tasi maran, ami ba hameti sipu. 바닷물이 밀려 나가면, 우리는 조개 잡으러 가요.

⁑**hametin** 동 견고하게 하다, 강화하다. ¶hametin relasaun 관계를 견고하게 하다

hametin lia 연합하다, 결속을 강화하다. ¶Ami tenke hametin lia ida hodi resolve polítika edukasaun nian. 우리는 교육 정책을 해결하기 위해 연합해야 합니다.

⁑**hamidar** 동 달게 하다, 감미료를 넣다. ¶Ha'u la gosta hahán ne'ebé hamidar. 나는 음식을 달게 하는 거 싫어요.

hamihis 동 섞다, 희석하다. ¶Bele

H

hamihis susu-been ho kafé ne'ebé moruk ka? 쓴 커피에 우유를 섞어 주실 수 있어요?

hamiis 동 중화하다, 해독하다. ¶ai-moruk hamiis 해독제, 중화제

hamkaer 동 잡히다, 지키다. ¶Ha'u hakarak hamkaer nafatin prinsípiu ne'ebé iha. 나는 내가 가지고 있던 원칙을 지키고 싶다.

⁑**hamlaha** Ⅰ 명 기아, 배고픔. ¶Tiun la bele tahan hamlaha. 삼촌은 배고픔을 못 참는다. 반의 bosu. Ⅱ 형 배고픈. ¶Ohin dader-saan ha'u la matabixu entaun agora ha'u sente hamlaha loos. 오늘 아침에 식사를 하지 않아서 지금은 매우 배고파요. 반의 bosu.

⁑**hamna'ok** 동 (물건을) 훔치다, (아이를) 유괴하다. ¶La bele hamna'ok ema seluk nia sasán. 타인의 물건을 훔치면 안 돼요. 유의 na'ok.

⁑**hamnasa** 동 웃다, 미소 짓다. ¶Mestre Apet halo kómiku entaun ami sempre hamnasa. 아펫 선생님은 재미있어서 우리는 늘 웃어요.

⁑**hamnasa-hahaek** 동 시끄럽게 크게 소리 내어 웃다, 깔깔 웃다. ¶Hamnasa-hahaek ne'e di'ak ba saude. 크게 소리 내어 웃어요, 건강에 좋아요. 유의 hahaek.

hamodok 동 노랗게 하다. ¶Uma sira ne'ebá kór mutin hotu, oinsá ita bele hamodok hela uma balun? 저기 집들 모두 흰색인데 어떻게 몇몇 집들을 노랗게 할까요?

*****hamoe** 동 ①부끄럽게 하다. ¶Nia modun-aat ne'e hamoe ha'u nu'udár ninia kolega. 그의 무례함은 친구인 나를 부끄럽게 했어요. ②당황하게 하다. ¶Nia derepente mai ha'u, hamoe ha'u. 그가 갑자기 내게 와서 나를 당황하게 했어요. ③불쾌하게 하다. ¶Ninia hahalok brutu hamoe ha'u. 그녀의 무례한 행동은 나를 불쾌하게 했어요. ④조롱하다, 경멸하다. ¶Sira hamoe ha'u iha ema barak nia oin. 그들은 많은 사람들 앞에서 저를 조롱했어요. 유의 despreza.

⁑**hamohu** 동 (불을) 끄다. ¶Hamohu tiha ahi ne'ebé lakan. 켜져 있던 불을 껐어요. 유의 hamate.

hamoli 동 벗게 하다, 벗다. ¶Maria tinan lima, bele hatais no hamoli mesak. 마리아는 다섯 살인데, 혼자 입고 벗을 수 있어요.

*****hamonu** 동 ①떨어뜨리다, 떨어지다. ¶Nia hamonu garfu ona. 그는 포크를 떨어뜨렸어요. ②폐위하다, 사퇴시키다. ¶Prezidente mak hamonu husi povu. 국민들은 대통령을 사퇴시켰어요. ③(정부, 제도 등을) 뒤엎다. ¶Governu foun hato'o polítika foun ne'ebé hamonu sistema uluk nian. 신정부는 이전의 제도를 뒤엎는 새 정책을 발표했어요. ④허물다, 끌어내리다. ¶Governu hamonu edifísiu bosan. 정부는 낡은 건물을 허물었어요. 유의 demole. 반의 edifika.

hamonu-oan 명 유산. ¶Tenke kuidadu an, la bele hamonu-oan. 유산이 되지 않게 몸을 잘 돌보세요.

⁑**hamoos** 동 ①닦다. ¶Nia uza toalla hamoos ona kosar-been iha ninia kosar-been. 그는 수건으로 얼굴의 땀을

닦았다. ②청소하다, 깨끗하게 하다. ¶Halo favór, hamoos ita-nia dapur. 우리 부엌을 청소해 주세요. 유의 halo moos.

관용 hamoos inus (코를 청소한다는 말로) 코를 풀다.

관용 hamoos hasan-rahun (턱수염을 청소한다는 말로) 면도하다.

⁑ **hamoos-na'in** 명 청소부, 청소하는 사람. ¶Hamoos-na'in sira sempre hamoos ami-nia uma. 청소부들이 늘 우리집을 청소해요.

⁑ **hamorin** 동 향기를 풍기다, 향기롭게 하다. ¶Maria sempre hamorin. 마리아는 항상 좋은 향기를 풍겨요.

* **hamoris** 동 ①활기를 주다. ¶Se hakarak atu hamoris atividade ida-ne'e tenke iha animasaun ida-ne'ebé mak bele halo ema interese. 이 활동에 활기를 주려면, 사람들을 관심을 끌 만한 동영상이 있어야 해요. 유의 anima. ②가동시키다, 활성화하다. ¶Makin ne'e hamoris halo nu'usá? 이 기계는 어떻게 가동시키지요? ③발생시키다, 생성하다. ¶Karreta tuan ne'e hamoris poluisaun ár. 오래된 자동차는 대기 오염을 발생시킨다.

hamoruk 동 원통하게 만들다, 나쁜 영향을 주다, 해치다. ¶La bele hamoruk povu. 시민을 원통하게 만들지 마세요.

* **hamosu** 동 ①분명히 하다, 명시하다. ¶Ha'u hamosu regulamentu foun. 저는 새 규칙을 명시했어요. ②생산하다. ¶Ha'u hakarak hamosu produtu foun ida. 나는 새로운 제품을 하나 생산하고 싶다. 반의 halakon. ③보이다, 출판하다. ¶Maria sei hamosu livru ida kona-ba kreatividade no inovasaun foun. 마리아는 새로운 개혁과 창조성에 관한 책을 출판할 거예요. 반의 halakon.

hamout 동 거꾸러지다, 거꾸러트리다, 가라앉게 하다, 침수시키다. ¶hamout ró 배를 침수시키다

⁑ **hamriik** 동 일어나다. ¶Estudante sira, hotu-hotu favór hamriik! 학생들 모두 일어나세요! 유의 fanu.

⁑ **hamrook** Ⅰ 명 갈증, 목마름. ¶Ami han ona pateka hodi rezolve hamrook. 갈증 해소를 위해 우리는 수박을 먹었어요. Ⅱ 동 목마르다. ¶Depois halai, ha'u hamrook maka'as. 달리기를 하고 나면 너무 목말라요. 유의 homrook.

hamta'uk 동 (신을) 경외하다. ¶Ami hamta'uk ami-nia Maromak. 우리는 신을 경외해요. 이표기 hamtauk.

hamukit 동 나쁘게 하다, 악화시키다. ¶Ami kiak ona, lalika mai hamukit tan ami. 우리의 가난을 더이상 악화시켜서는 안 돼요.

⁑ **hamulak** 동 빌다, 기도하다. ¶Ami hamulak katak Virus Corona lakon lalais husi rai ne'e. 우리는 코로나바이러스가 이 땅에서 빨리 사라지길 기도했다. 유의 harohan, hasa'e orasaun, reza.

* **hamutik** 동 기절하다. ¶Bainhira ha'u-nia karreta xoke ho karreta seluk, ha'u hamutik kedas. 내 차가 다른 차와 충돌했을 때, 나는 바로 기절했다.

hamutin 동 더 하얘지다, 표백하다. ¶Ha'u atu hamutin liu tan ha'u-nia ropa. 나는 내 옷을 좀더 하얗게 표백하려고 해요.

⁑ **hamutuk** Ⅰ 동 ①함께 모이다, 단결하다.

H

¶Mai ita hamutuk no estuda to'ok! 우리 함께 모여서 연구해 봅시다! ②하나가 되다, 연합되다. ¶Parte rua tenke hamutuk ida de'it. 두 당이 하나로 연합되어야 합니다. Ⅱ부 함께. ¶Mai ita hotu-hotu halo hamutuk! 우리 모두 함께 합시다! 유의 halibur. Ⅲ전 ~을 포함하여. ¶Ohin, povu hamutuk ho estudante sira selebra loron Hanguel. 오늘, 학생들을 포함한 시민들이 한글날을 기념합니다.

han[1] Ⅰ명 식사. ¶Ita bele han han-kalan hamutuk ho ha'u? 나랑 저녁 식사 함께할 수 있니? 유의 han-hemu, refeisaun. Ⅱ동 ①먹다, 식사하다. ¶Ha'u hamlaha nune'e tenke han uitoan. 배가 고파서 좀 먹어야겠어요. ②삼켜 버리다, 먹어 치우다. ¶Ahi han uma. 불이 나서 집을 삼켜 버렸어요. ③(주먹으로 한 방) 먹다, 맞다. ¶Ha'u han tuku husi Marito. 나는 마리또로부터 한 방 먹었다. 이표기 haan. 관용 han to'ok 맛보다.

han[2] 동 시간이 걸리다. ¶Ne'e han loron hira? 이거 며칠 걸릴까요? / Husi Dili to'o Suai han oras hira? 딜리에서 수아이까지 시간이 얼마나 걸려요? 이표기 haan.

hana 동 쏘다. ¶Hori-kalan ema hana malu iha Fatuhada. 어제저녁 파투하다에서 사람들이 서로 총을 쐈어요.

hana'i 동 (신에 대한 호칭을) 부르다. ¶Hana'i Maromak ho loloos! 신실하신 신을 부르옵니다!

hananu Ⅰ명 찬가. ¶hananu domin nian 사랑의 찬가 유의 laudes, inu. Ⅱ동 찬송하다, 찬양하다, 찬송가를 부르다. ¶Nia sei hananu iha serimónia boot. 그는 큰 행사에서 찬송가를 부를 거예요.

hanaran 동 지명하다, 부르다. ¶Orgaun ne'ebé halo lei hanaran parlamentu. 법을 제정하는 기관을 의회라고 불러요. 유의 denomina.

hanaruk 동 길어지다, 늘어나다, 길게 하다, 늘이다. ¶Ohin loron, ema-nia vida hanaruk. 요즘은 인간의 수명이 길어졌다. 반의 habadak.

han-dadeer 명 아침 식사. ¶Han saida iha han-dadeer? 아침 식사로 뭐 먹었어요? 유의 matabixu.

hanehan 동 ①(남의 감정을) 억누르다, 짓밟다. ¶Xefe ne'e dala ruma koko atu hanehan ha'u-nia laran. 사장은 가끔 제 마음을 짓밟으려 해요. 유의 habit. ②(손으로) 누르다. ¶Karik hanehan botaun, kafé sai. 버튼을 누르면 커피가 나와요. 유의 habit.

haneruk 동 몸을 따뜻하게 하다. ¶Rai malirin loos, ita presiza sunu ahi no haneruk. 기온이 많이 차가워져서 불을 지펴 몸을 따뜻하게 해요.

hanesan Ⅰ형 같은, 동등한. ¶kantór hanesan 같은 가수 / ba ha'u hanesan de'it. 내겐 모두 같아요. 반의 diferente. Ⅱ전 ①~인. [동격을 나타내는 말] ¶Nia hanesan polítiku na'in, ohin loron servisu barak ba povu. 정치인인 그는 요즘 서민을 위해 열심히 일한다. ②~와 마찬가지로, ~로서, ~답게. ¶Nia estuda ho badinas hanesan estudante. 그는 학생으로서 열심히 공부해요. Ⅲ접 ~처럼, ~같이. ¶hanesan bain-bain 평상시처럼 /

Maria ko'alia Portugés hanesan ema Brazíl. 마리아는 브라질 사람처럼 포르투갈어를 해요.

관용 hanesan bibi-malae (양과 같다는 말로) 게으르며 추종적인.

⁑hanesan de'it ①똑같다, 동등하다, 동일하다, 일치하다. ¶Pintura ida-ne'e no pintura ne'ebá hanesan de'it. 여기 그림하고 저쪽 그림이 똑같아요. ②별로다, 그저 그렇다. ¶Filme ne'e ha'u haree hanesan de'it. 내가 본 그 영화는 별로였어.

han-fatin 명 ①식당, 주방. ¶Familia hotu-hotu hamutuk han iha han-fatin. 가족이 모두 모여 주방에서 식사해요. ②여물통. ¶Favór tau bee iha han-fatin lai! 여물통에 물 좀 부어 주세요! 이표기 haan fatin.

⁑han fatin 자리를 차지하다. ¶Mobília ida-ne'e han fatin barak. 이 가구는 자리를 많이 차지하네요. 이표기 haan fatin.

⁑han-hemu 명 식사. ¶Ita gosta han-hemu saida? 어떤 식사를 좋아해요? 유의 han, refeisaun. 이표기 haan hemu.

⁑han-kalan 명 저녁 식사. ¶Orsida kalan ita prepara han-kalan saida? 이따 저녁에 어떤 저녁 식사를 준비하나요? 유의 jantár. 이표기 haan kalan.

***han-koko** 동 (음식을) 조금씩 먹다, 새처럼 쪼다. ¶Labarik sira bele han-koko imi-nia hahán ka? 어린이들이 여러분들의 음식을 조금씩 먹어도 돼요? 이표기 haan koko.

⁑han malu (모습이) 서로 어울리다. ¶Kór sira la han malu. 색상들이 서로 어울리지 않아요.

hanma'ok 명 약탈. ¶Forsa sira ne'ebé okupa suku atrapalla sidadaun sira ho hamna'ok. 마을을 점령한 군인들은 약탈을 일삼으며 주민들을 괴롭혔다.

han-matak Ⅰ명 도용, 횡령, 착복, 사기. Ⅱ동 ①빼앗다, 사취하다. ¶Halo nu'usá mak han-matak ninia osan ka? 그의 재산을 어떻게 빼앗을 수 있을까? 유의 baur, habosok. ②횡령하다. ¶Banku na'in ida-ne'e han-matak povo nia osan. 한 은행장은 서민들의 돈을 횡령했어요. 유의 dezvia. 이표기 haan matak.

⁑han-meiudia 명 점심. ¶Ita iha tempu ne'ebé han han-meiudia ho ha'u ka? 너 나랑 점심 먹을 시간 있니? 유의 almosu. 이표기 haan meiudia.

⁑han-mohu 동 노력하다, 소비하다. ¶Komunidade sira han-mohu tiha ona osan ne'ebé mak simu husi governu. 공동체들은 정부로부터 받은 돈을 다 소비했어요. 이표기 haan mohu.

⁂hanoin Ⅰ명 ①생각. ¶Ne'e hanoin di'ak. 그거 좋은 생각이네요. / Ha'u konkorda ho ita-nia hanoin. 당신의 생각에 동의해요. ②견해, 의견. ¶fila hanoin 견해를 뒤집다 / Ita-nia hanoin oinsá? 당신의 의견은 뭔가요? 유의 opiniaun. Ⅱ동 ①생각하다, 그리워하다. ¶Ami-nia familia hanoin barak ha'u-nia alin ne'ebé hala'o estudu iha Korea. 우리 가족은 한국에서 공부하는 동생을 많이 그리워해요. ②기억하다. ¶Ha'u hanoin katak nia hakerek tiha ona surat. 그가 편지 쓴 것을 기억해요. ③가엾다, 미안하다.

H

¶Tanba ha'u hanoin nia, ha'u sosa modo husi ferik ne'e. 가엾다는 생각에 나이 든 할머니의 야채를 샀어요. Ⅲ조 ~하려 하다. ¶Mestre hanoin atu hanorin ho nivel aas ba estudante sira. 선생님은 학생들에게 높은 수준으로 가르치려고 해요.

hanoin atu ~하려 하다, ~할 의도가 있다, ~할 예정이다. ¶Maria hanoin atu loke loja foun ida tan. 마리아는 새로운 가게를 하나 더 열 예정이에요. 유의 destina.

* **hanoin-badak** 형 가벼운, 신중하지 않은. ¶Jose nia ko'alia no hahalok uitoan hanoin-badak. 조세는 언행이 다소 가볍다.

** **hanoin-hetan** 동 기억하다, 회상하다. ¶Ha'u hanoin-hetan ha'u-nia kolega uluk hirus ha'u. 나는 예전에 나를 화나게 했던 그 친구를 기억해요. 유의 temi.

** **hanoin-hikas** 동 {격식체로} 뉘우치다, 회개하다. ¶Ha'u hanoin-hikas hela sala ne'ebé ha'u halo 제가 지은 잘못을 뉘우치고 있어요.

** **hanoin-sala** 명 실수. ¶Ha'u hetan ha'u-nia hanoin-sala. 나는 내 실수를 발견했어요.

* **han-oituan** 명 소식. ¶Maria fiar katak han-oituan ne'e di'ak ba saude. 마리아는 소식이 건강에 좋다고 믿고 있다. 유의 lia-foun.

*** **hanorin** Ⅰ명 지도, 교훈, 훈련. ¶Mestre ne'e nia hanorin famozu ho regulamentu rigorozu. 그 선생님의 지도는 엄격한 규율로 유명해요. 유의 dixiplina. Ⅱ동 ①가르치다. ¶Ha'u hanorin estudante sira iha UNTL. 저는 동티모르국립대의 학생들을 가르쳐요. 유의 fó-hanoin. 반의 buka-hatene. ②훈련시키다. ¶Mestra Maria agora hanorin lingua Tetun ba ema Korea. 마리아 선생님은 요즘 한국 사람에게 테툼어를 훈련시켜요. 유의 fó treinamentu, fó treinu, treina, treinu.

** **han-resin** 명 폭식, 과식, 지나친 열중. ¶Maria halo han-resin, nune'e dala ruma haluha han etu. 마리아는 지나친 열중으로 가끔 밥 먹는 것을 잊는다.

hanurak 동 다시 젊어 보이게 하다, 활기를 되찾게 하다. ¶Marito hanurak fali depois de hasoru ninia kolega Maria. 마리또는 친구 마리아를 만난 이후로 다시 활기를 되찾게 되었다.

hapara 동 중단시키다. ¶Mai ita hapara violensia! 폭력을 중단시킵시다!

** **harabat** 동 ①나란히 두다, 가지런히 두다. ¶Ha'u-nia kaben sempre harabat ninia sapatu. 남편은 항상 구두를 가지런히 둡니다. ②옆에 놓다, 가까이 가져가다. ¶Maria harabat kadeira ne'ebé iha dook. 마리아는 떨어져 있는 의자를 가까이 가져갔다.

** **harahun** 동 ①깨지다, 깨부수다. ¶Nia hirus nune'e harahun lalenok iha ninia kuartu. 그녀는 화가 나서 방에 있는 거울을 깨부수었어요. 유의 destrui, halo rahun. ②망가트리다. ¶Feto ne'e mak harahun tiha ona sira-nia relasaun. 이 여성은 그들의 관계를 망가트렸어요. ③갈다, 분쇄하다. ¶Bainhira hakarak hemu kafé, ha'u harahun kafé-musan. 커피 마시고 싶을 때, 나는 원두를 먼저 분쇄해요. 유의

fai.

harahun-sobu 동 파괴하다. ¶Ami harahun-sobu uma ne'ebé aat tiha ona. 우리는 이미 폐허가 된 집을 파괴했어요. 유의 sobu.

harahun ulun 머리를 쥐어짜다, 기억해 내려고 애쓰다, 아이디어를 짜내다. ¶Servisu-uma difisil nune'e sira harahun hela ulun. 숙제가 어려워서 그들은 머리를 쥐어짜고 있어요.

haraik[1] I 동 ①주다. ¶Maromak haraik tulun mai ami. 신이 우리를 도와줄 겁니다. 유의 fó. ②승인하다, 부여하다. ¶Nia servisu maka'as entaun patraun haraik ona ninia pozisaun aas liu. 그는 일을 열심히 해서 사장님이 승진을 승인했어요. II 조 할 수 있게 하다. ¶Favór haraik tulun ba ema kiak sira. 가난한 사람들을 도울 수 있게 해 주세요.

haraik[2] 동 낮게 하다. ¶Ita bele haraik kadeira nia aas ka? 의자의 높이를 낮게 할 수 있을까요?

haraik-an I 명 겸손, 공손함. ¶Tanba ninia haraik-an, ema barak respeita tan nia. 그의 겸손 때문에 많은 사람이 그를 더 존경합니다. II 형 겸손한, 공손한. ¶Ninia familia sira hotu-hotu haraik-an. 그의 가족들은 모두 겸손해요. 이표기 haraik aan.

haraik bénsan ba 축복받다, 축복하다. ¶Maromak haraik bénsan ba imi. 신은 여러분을 축복합니다. 반의 dana.

harana I 명 하라나. [추수 전 추수 감사] ¶Agora membru familia hotu prepara hela harana. 지금 전 가족이 하라나를 준비하고 있어요. II 동 하라나하다. ¶Ema na'in 100 harana hela ho preparasaun hahán ba klamar vizavó sira nian. 100명이 조상의 영혼을 위해 음식을 준비해서 하라나하고 있어요.

hare 명 겉피가 있는 쌀, 벼, 모. ¶Bainhira tempu udan ami sei kuda hare. 우기 때 우리는 모를 심을 거예요. 유의 foos.

haree I 명 관점. ¶ema nia haree 사람의 관점 / Tuir ha'u-nia haree, labarik sira ne'e presiza fó moral. 제 관점으로는 어린이들에게 예절 지도가 필요하다 생각해요. 유의 oin. II 동 ①보다. ¶Ha'u haree ikan barak iha tasi. 저는 바다에서 많은 생선들을 보았어요. ②바라보다, 시청하다. ¶Ha'u haree televizaun. 저는 텔레비전을 시청해요. 유의 nonton. ③고려하다. ¶haree realidade 현실을 고려하다 ④상상하다. ¶Ha'u haree estrada husi Dili ba Ainaro. 저는 딜리에서 아이나로까지의 도로를 상상해요. 유의 imajina. ⑤돌보다. ¶haree sasán uma-laran 집안일을 돌보다 / Favór ida, haree hela ha'u-nia oan. 제 자식을 돌봐 주세요. 유의 hein, hola konta. ⑥검사하다, 시험하다. ¶Doutór haree ha'u-nia ain. 의사는 나의 다리를 검사했다. 유의 koko. ⑦만나다, 알고 지내다. ¶Sira la haree malu di'ak. 그들은 서로 만나지 않고 지내요. ⑧보이다, ~처럼 보이다. ¶Lalatak ha'u-nia liman nian ne'e haree hanesan ikan. 제 손의 그림자가 생선처럼 보여요. / haree hanesan atu udan. 비가 오려는 것처럼 보이네요.

관용 haree malu hanesan busa ho laho

H

(고양이와 쥐처럼 마주친다는 말로) 영구적인 적이 되다.

haree-borus Ⅰ명 신통력, 예지력, 예언. ¶Matan-dook sira iha haree-borus. 주술사들은 예지력이 있어요. Ⅱ동 예견하다, 미래를 점치다. ¶Nia haree-borus ho vidru. 그는 유리구슬로 미래를 점친다. Ⅲ형 예견하는, 예지하는, 투명한. ¶Ema sira la fiar buat ne'ebé nia haree-borus. 그가 예견하는 것을 사람들은 믿지 않아요. 이표기 haree borus.

⁑**haree dalan** 잘 다녀와, 잘 다녀와요, 조심해, 조심해요. [여행을 떠나는 사람에게 하는 인사] ¶Ba Korea haree dalan! 한국에 잘 다녀와!

⁑**haree di'ak** (사람을) 잘 대하다, 좋게 보다. ¶Ha'u haree di'ak ha'u-nia kolega sira hanesan ha'u-nia maun no alin sira. 저는 제 친구들을 형제처럼 잘 대합니다. 반의 deskuida.

***haree-dook** Ⅰ명 심령술사, 초능력자. ¶Povu fiar katak haree-dook iha abilidade espesiál. 사람들은 심령술사가 특별한 능력이 있다고 믿어요. Ⅱ형 멀리 보는, 장기적인. ¶Lider kapa'as ne'e haree-dook. 탁월한 리더는 멀리 봐요. 이표기 haree dook.

⁑**haree-fulan** 명 월경, 생리. ¶Durante haree-fulan, feto presiza kuidadu ho saude. 생리 중에 여성은 건강을 조심해야 해요. 유의 menstruasaun. 이표기 haree fulan.

⁑**haree-hetan** 동 포착하다, 보게 되다, 알아채다. ¶Ha'u haree-hetan nia mak na'ok tia ne'e nia osan. 저는 삼촌의 돈을 훔친 자가 그라는 걸 알아챘어요. 이표기 haree hetan.

***haree-labarik** 명 보육. ¶Feto ne'e servisu hela nu'udár mestra haree-labarik iha sala halimar. 그녀는 놀이방에서 보육 교사로 일하고 있다.

hare laho-teen 검정 쌀, 쥐똥처럼 생긴 검은 쌀. ¶tein etu kahur ho hare laho-teen. 검정 쌀을 섞어서 밥을 짓다

⁑**harii** 동 ①세우다. ¶harii ai-riin 말뚝을 세우다 / Kuandu ema boot sira atu mai, estudante sira prepara harii tenda. 귀빈들이 오시는 동안, 학생들은 텐트를 세웠어요. 유의 hafoti. ②(건물이) 지어지다, 세워지다. ¶Uma ne'e harii iha tempu okupasaun husi Indonézia. 이 집은 인도네시아 점령기에 지어졌어요. 유의 edifika. 반의 demole, destrui. ③(기관, 회사 등을) 설립하다. ¶Nia harii universidade ne'ebá iha tinan 2000. 그는 저 대학을 2000년도에 설립했어요. 유의 estabelese.

***harii fali** ①복원하다. ¶Udan boot halo mota sobu eskola, tan ne'e Ministeriu Edukasaun tenke harii fali eskola foun. 장마로 홍수가 나고 학교가 무너져서 교육부는 학교를 새로 복원해야 해요. 유의 rekonstrui. ②재설립하다. ¶Organizasaun ba feto sei harii fali iha Dili. 여성을 위한 기관을 딜리에 재설립합니다. 유의 restabelese.

hariis 동 목욕을 하다. ¶Dadeer saan antes ba eskola ha'u tenke hariis lai. 학교 가기 전 이른 아침에 저는 먼저 목욕을 해요.

⁑**hariis-fatin** 명 욕실, 목욕탕. ¶Hariis-fatin iha uma kotuk. 욕실은 집 뒤쪽에 있어요. (유의) kazadebañu. (이표기) hariis fatin.

hariku [동] 부유하게 하다, 풍요롭게 하다. ¶Ita tenke hariku riku-soin. 우리는 재산을 풍요롭게 해야 해요.

*__harmoniu__ [형] 단란한. ¶Ha'u hakarak hadomi feto ne'e hodi domin ne'ebé harmoniu iha uma. 나는 사랑하는 그녀와 결혼하여 단란한 가정을 꾸리고 싶다.

**__harohan__ [동] 기도하다, 애원하다, 간청하다. ¶Ha'u-nia amá sempre harohan ba Maromak. 저의 엄마는 늘 신께 기도해요. (유의) hamulak, hasa'e orasaun, reza.

*__haro'us__ [동] (얼굴을) 씻다. ¶Labarik sira haro'us oin depois bá eskola. 아이들은 얼굴을 씻고 학교에 갔어요. (유의) fase. (이표기) harous.

haruak [동] 복사하다. ¶Sira haruak tiha ona dokumentus. 그들은 서류를 복사했어요. (유의) duplika, fotokopia, kopia.

***__haruka__ [동] ①보내다, 발송하다. ¶haruka tuir korreiu 우편물을 발송하다 / Nia haruka osan ba nia familia sira iha Timor-Leste. 그는 동티모르에 있는 가족들에게 돈을 보내요. ②지시하다, 명령하다. ¶Professor haruka ami atu halo traballu depois entrega lailais. 교수님은 우리에게 숙제를 한 다음 제출하라고 지시했어요. (유의) dita, fó orden.

**__hasaas__ [동] 과시하다. ¶Nia hasaas koñesimentu foun ne'ebé estuda nasaun liur. 그는 해외에서 학습한 신지식을 과시해요.

***__hasa'e__ [동] ①오르다, 올리다. ¶Nia hasa'e hela bandeira ne'ebé símbolu nasionál. 그는 국가의 상징인 깃발을 올리고 있어요. (유의) foti. ②상승하다, 증가하다. ¶Tinan ida-ne'e inflasaun hasa'e hela liu. 금년에 물가가 더 상승하고 있어요. (유의) aumenta. (반의) deklina, dekrexe. ③제의하다, 주다, 드리다, 권하다. ¶Nia hasa'e agradese ba Nai Maromak. 그는 신께 감사를 드려요. ④죽다, 돌아가시다. ¶Mestre ne'e hasa'e horikalan. 그 선생님은 어제저녁 돌아가셨어요. (유의) mate. (이표기) hasae.

[관용] hasa'e hiis (숨을 올린다는 말로) 숨을 내쉬다.

[관용] hasa'e onra ba (명예를 드린다는 말로) 공경하다.

hasa'e folin 가격을 올리다. ¶Ingrediente karun, tan ne'e, restaurante na'in hasa'e folin hahaan nian. 재료가 비싸서 식당 주인은 음식 가격을 올렸어요. (유의) hafolin.

**__hasa'e-kopu__ [명] 건배, 축배. ¶Mai ita halo hasa'e-kopu ba malu! 서로 건배합시다! (이표기) hasae kopu.

**__hasa'e orasaun__ 빌다, 기도하다. ¶Ha'u hasa'e orasaun ba rai doben Timor. 사랑하는 조국 동티모르를 위해 기도합시다. (유의) harohan, reza.

*__hasai__ [동] ①가지고 나가다, 내가다, 나가다. ¶Nia hasai kafé husi restorante. 그는 식당에서 커피를 가지고 나가요. ②인출하다, 뽑다. ¶Ha'u hasai $100 iha mákina-ATM. 저는 현금 인출기에서 100불을 인출했어요. (유의) dada, dada an, fokit. (반의) hatama. ③추출하다. ¶Ha'u hasai no

H

hemu kafé rasik. 커피를 추출해서 마셨어요. (유의) dada sai. ④버리다, 제적되다, 내쫓다, 추방하다. ¶Nia hasai tiha kolega nia naran husi grupu ne'e. 그는 이 그룹에서 친구의 이름을 제적했어요. ⑤(옷을) 벗다, 벗기다. ¶hasai ropa 옷을 벗다

[관용] hasai de'it 포기하다.

[관용] hasai nota (노트를 뽑는다는 말로) 필기하다.

[관용] hasai retratu (사진을 뽑는다는 말로) 사진을 찍다.

***hasai husi servisu** 일을 그만두다. ¶Ita hatene tansá nia hasai husi servisu semana kotuk? 지난주에 그가 왜 일을 그만두었는지 알고 있니?

***hasai iis** 한숨을 쉬다, 한숨이 나오다. ¶Patraun hasai ha'u husi servisu tan ne'e ha'u hasai iis boot. 사장님이 저를 해고해서 한숨이 나와요. (유의) espira.

⁑hasan [명] 턱, 볼, 뺨. ¶hasan han baku 뺨을 얻어맞다

⁑hasan-rahun [명] 수염. ¶tesi hasan-rahun 수염을 깎다 (이표기) hasan rahun.

hasan-toos Ⅰ[명] 말더듬이. ¶Ha'u-nia alin ko'alia hasan-toos. 제 동생은 말더듬이에요. (유의) gagu, ibun-toos. Ⅱ[형] 말을 더듬는. ¶Ema hasan-toos la bele hatudu ho di'ak ninia opiniaun. 말을 더듬는 사람은 자신의 견해를 잘 표현하지 못해요. (유의) gagu. (이표기) hasan toos.

***hasara** [동] 본뜨다. ¶Labarik sira baibain hasara sira-nia parente-nia hahalok. 아이들은 대개 부모의 행동을 본뜨게 마련이다.

hasatan [동] 피난처를 제공하다, 보호하다. ¶Ami-nia inan-aman sempre hasatan ami husi sasán ne'ebé perigozu. 부모님은 항상 위험한 것들로부터 우리들을 보호해요.

[관용] hasatan an 피난하다, 피신하다.

⁑hasé [동] 인사하다, 소개하다. ¶Nia hasé ba mestre sira. 그는 선생님들께 인사했어요. (유의) kumprimenta. (이표기) hasee.

hasees [동] 제거하다. ¶Halo favór hasees fo'er tomak iha fatin ne'e. 이곳에 있는 모든 쓰레기를 제거해 주세요. (유의) duni sai, elimina.

***hasi'ak** [동] 화내다. ¶Se karik hasi'ak dala barak, ferik lailais. 자주 화내면 빨리 늙어요. (유의) hirus.

⁂hasori [동] ①버리다, 폐기하다. ¶Nia hasori kostume ne'ebé fuma sigaru. 그는 담배 피는 습관을 버렸어요. (유의) deskarta, soe. ②털어 버리다, 무시하다. ¶Ha'u hasori ha'u-nia ta'uk, lori karreta. 저는 두려움을 털어 버리고 운전을 했어요. ③~에 대해 생각하지 않으려 하다. ¶Ha'u hasori risku ne'ebé oin mai. 저는 다가오고 있는 위험에 대해 생각하지 않으려 해요.

⁑hasoru[1] [동] 만나다. ¶Ha'u haksolok hasoru ho ita. 만나서 반가워요. (반의) despede, hadook an.

⁑hasoru[2] Ⅰ[동] 반대하다. ¶Antonio sempre hasoru funu. 안토니오는 늘 전쟁에 대해 반대했다. (반의) advoga. Ⅱ[전] ①~에 대항하여. ¶Ami tenke funu hasoru ema aat. 우리는 나쁜 사람에 대항하여 싸워야 해요. ②~을 향하여. ¶Mai ita haklalak hasoru ita-nia mehi. 우리의

꿈을 향하여 건배합시다. ③~의 방향으로. ¶Nia la'o hela hasoru Cristo Rei. 그는 크리스토 레이 방향으로 걸어갔다.

hasubar 동 변장하다, 위장하다. ¶Nia hasubar ba mane. 그녀는 남자로 변장했어요. 유의 disfarsa, fudik.

*:**hasusar** 동 괴롭히다, 어렵게 하다. ¶Mastre ne'e hasusar ami tanba nunka hanorin ami. 그 선생님은 교육을 전혀 안 하고 우리를 괴롭혀요.

⁝**hatais** Ⅰ 명 옷, 의복. ¶Hatais sai liras ne'e signifika, importansia atu tau ropa ho di'ak. 옷이 날개라는 말의 뜻은 옷을 잘 입는 게 중요하다는 거예요. Ⅱ 동 입다. ¶Orsida ita atu hatais ropa saida? 이따가 어떤 옷을 입으려 해요?
관용 hatais metan (검은 옷을 입는다는 말로) 상을 치르다.

*__hatama__[1] 동 ①넣다. ¶Nia hatama surat tahan ida iha envelope laran. 그는 봉투에 종이 한 장을 넣었어요. 유의 do'ir. ②제출하다. ¶Nia hatama reportajen ba xefe. 그는 상관에게 보고서를 제출했어요. 유의 submete an.

*__hatama__[2] 동 구인하다. ¶Nia hatama ema na'in tolu. 그는 3명을 구인했어요.

***hatán** 동 ①대답하다, 응하다. ¶Joven sira hatán ba saida mak lider sira halo. 젊은이들은 지도자들이 해야 할 것이 무엇인지에 대해 대답해요. ②동의하다. ¶Nia hatán ho ninia kolega kona-ba planu ne'e. 그는 친구와 그 계획에 대해서 동의했어요. 유의 autoriza, konsente. 반의 dezafia. 이표기 hataan.

***hateke** 동 (멀리서) 바라보다. ¶Mestre hateke hela asaun estudante ne'e nian. 선생님은 그 학생의 행동을 멀리서 바라보고 있다. 유의 fihir.

*:**hatene** 동 알다. ¶Ita hatene ko'alia lian saida? 할 줄 아는 언어가 뭐예요? / Ha'u la hatene loos. 정확히 알지는 못해요.

*:**hatene-agradese** 형 고마워하는, 감사하는. ¶Labarik sira hatene-agradese ba Maromak. 어린이들은 신께 감사해요. 이표기 hatene agradese.

***hatenik** 동 다시 하게 되다, 반복되다. ¶Ninia fallansu ne'e kontinua hatenik. 그녀의 잘못은 계속 반복되었습니다. 유의 haktenik.

*:**hatenu** 동 ①(동물 등이) 짖다. ¶Kalan-kalan ami-nia asu sempre hatenu. 매일 밤 우리 개는 항상 짖어요. ②(냄새로 찾으려고) 킁킁대다. ¶Asu ne'ebá hatenu hela de'it. 저기 개는 냄새를 맡으며 킁킁대고 있어요.

***haterus** 동 고통을 안겨 주다, 고통스럽게 하다. ¶Desizaun polítiku na'in sira ne'e nian haterus povu sira. 정치인들의 그 결정은 국민들에게 고통을 안겨 주었어요. 유의 fó-terus, halo terus.

***hatete aat** 비방하다, 꾸짖다. ¶hatete aat nia-oan 자식을 꾸짖다 유의 dehan aat, despreza, difama, tolok, insulta, ko'alia aat, kritika, tarata. 반의 buka oin.

*:**hateten** Ⅰ 명 연설. ¶Nia hateten mak kona-ba hadi'a infranstrutura. 그의 연설은 사회 간접 자본을 수리하는 것에 대한 것이었어요. 유의 diskursu, ko'alia, linguajen, nanál-telok. Ⅱ 동 말하다, 언급하

다. ¶Hateten nia labele ta'uk! 그에게 겁먹지 말라고 말해라! 유의 dehan.

관용 hateten sai (나가게 말한다는 말로) 발음하다.

관용 hateten tuir (따라서 말한다는 말로) 연관되다, 관련되다.

hateten-aat Ⅰ 명 비난, 욕설, 모독. ¶Nia rona hateten-aat. 그는 욕설을 들었어요. Ⅱ 동 비난하다, 욕설하다, 모독하다. ¶Ami bele haree ho fasil iha SNS, ema sira hateten-aat kona-ba informasaun la loos. 우리는 사람들이 잘못된 정보에 대해서 비난하는 것을 SNS에서 쉽게 볼 수 있어요.

* **hatetendór** 형 수다스러운, 말수가 많은. ¶Elia mak ema ne'ebé hatetendór. 엘리아가 좀 수다스러운 사람이에요.

⁑ **hateten-halimar** Ⅰ 명 농담. ¶Ninia hateten-halimar mós dala ruma influénsia maka'as. 그의 농담도 때로는 영향력이 강해요. Ⅱ 동 농담하다. ¶Normalmente nia ema ne'ebé hateten-halimar de'it. 그는 주로 농담하는 사람이에요. 이표기 hateten halimar.

⁑ **hatetu** 동 주름을 펴다, 평평하게 하다. ¶Rai ne'e presiza hatetu tiha. 이 땅은 평평하게 할 필요가 있어요.

⁑ **hatoba** 동 눕히다, 쉬게 하다, 눕혀 쉬게 하다. ¶Favór hatoba Vania iha ne'ebá. 바니아를 저기에 눕혀 쉬게 하세요.

관용 hatoba an (스스로를 눕힌다는 말로) 투신하다, 착수하다.

hatodan 명 가책. ¶Depois komete krime, kriminozu sente ninia konsiensia hatodan nu'uné muda ninia an ba polísia. 범인은 범죄를 저지른 뒤 양심의 가책을 느껴 경찰에 자수했다.

* **hatohar** 동 (사고로) 파괴하다. ¶Horiseik udan boot halo ai sira hatohar estrada barak. 어제 비가 많이 와서 나무들이 도로를 많이 파괴했어요. 유의 tohar.

⁑ **hatoman** 동 익숙하게 하다, 익숙해지다. ¶hatoman kultura Koreanu 한국 문화에 익숙해지다

⁑ **hatoman-an** 동 익숙해지다. ¶Ita tenke hatoman-an atu han kimchi iha Korea. 우리는 한국에서 김치 먹는데 익숙해져야 해요.

⁑ **hato'o** 동 말하다, 전하다, 배달하다. ¶Favór ida hato'o hela ha'u-nia komprimentus ba ita-nia kaben. 당신 반려자에게 제 안부를 전해 주세요. 유의 entrega. 이표기 hatoo.

hato'o keixa 불평하다, 항의하다. ¶Nia bá hato'o keixa ba polísia sira. 그는 가서 경찰에 항의했어요. 유의 foti lia hasoru. 이표기 hatoo keixa.

* **hatoos** 동 다지다. ¶Traballadór sira hanehan metin ho ain no hatoos rai. 인부들은 발로 꾹꾹 눌러 가며 땅을 다졌다.

⁑ **hatudu** 동 보이다, 나타내다, 보여 주다. ¶Nia hatudu dalan mai ami. 그는 우리에게 방법을 보여 주었어요. 유의 denota.

⁑ **hatudu-an** 형 과시하는. ¶Ha'u la gosta ema ne'ebé hatudu-an. 저는 과시하는 사람을 좋아하지 않아요. 이표기 hatudu aan.

⁑ **hatudu atraksi** 전시를 하다. ¶Iha Timor-Plaza, ema hatudu atraksi barak. 사람들은 티모르 플라자에서 전시를 많이 해요.

hatudu-dalan 명 안내. ¶Atu bá foho Ramelau presiza ema hatudu-dalan. 라멜라우산을 가려면 안내를 해 줄 사람이 필요해요. 이표기 hatudu dalan.

hatuir 동 따라가다, 모방하다. ¶Ha'u mai hatuir hela informasaun ida-ne'e. 저는 이 정보를 따라가고 있어요. 유의 haktuir.

hatún 동 ①내려오게 하다, 끌어내리다. ¶Ita bele hatún busa ne'ebá husi ai ka? 저 고양이를 나무에서 내려오게 할 수 있나요? ②인하하다, 깎아 주다, 할인하다. ¶Loja ne'e dala ruma hatún folin. 이 가게는 가끔 가격을 할인해 줘요. ③내려놓다. ¶Hatún kilat no foti liman lai! 무기를 내려놓고 손 들어! 유의 hatuur. ④격침하다, 때려눕히다. ¶hatún kilat ba ró 선박을 격침하다 ⑤해체하다, 분해하다. ¶Nia hatún komputadór atu hadi'a. 그는 수리하기 위해 컴퓨터를 분해했어요. ⑥폄하하다, 깎아내리다, 비웃다. ¶Nia hatún ami iha ema barak nia oin. 그는 많은 사람들 앞에서 우리를 비웃었어요. 유의 degrada, despreza.
이표기 hatuun.

hatún folin 가격을 인하하다, 값을 깎다. ¶Hatún folin bele ka la'e? 깎아 줄 수 있어요? 이표기 hatuun folin.

hatún mesín 엔진을 내리다. ¶Hodi hadi'a karreta, nia hatún mesín tiha ona. 차를 수리하기 위해서 그는 엔진을 내렸어요. 이표기 hatuun mesín.

hatutan[1] 동 ①연결하다. ¶Nia hatutan monitór rua. 그는 두 대의 모니터를 연결했어요. 유의 liga. ②물려주다. ¶Nia hatutan uma ida ba oan-mane. 그는 손주에게 집을 물려주었어요. 유의 halolo. ③펼치다. ¶hatutan manta 이불을 펼치다 ④더하다, 추가하다. ¶Favór fó hatutan salada iha ne'e. 여기에 샐러드를 추가해 주세요. 유의 tau-tan. 반의 elimina.

hatutan[2] 동 (값을) 내다, 치르다. ¶Nia hatutan ninia kolega $5,000 atu sosa karreta ne'e. 그는 이 차를 사려고 친구에게 5000불을 치렀어요.

hatuur 동 내려놓다. ¶Hatuur fatuk ne'e iha ne'ebá. 이 돌 저기에 내려놔. 유의 hatún.

ha'u 대 나, 저. ¶Ha'u mak estudante UNTL. 나는 동티모르국립대 학생이에요. 이표기 hau.

ha'u-ata 대 {겸양하여 이르는 말} 당신의 사람, 당신을 위해 일하는 사람. ¶Na'i, ha'u-ata mak ne'e. 사장님, 전 당신을 위해 일하는 사람이에요. 이표기 ha'uata.

ha'u-na'in 대 저, 본인. ¶Ha'u-na'in maka desidi ha'u-nia futuru. 내 미래를 결정하는 것은 본인이에요. 이표기 ha'u nain.

ha'u-nia 대 저의, 제, 나의, 내. ¶Ha'u-nia loron-moris atu mai. 제 생일이 다가와요. 이표기 ha'unia.

ha'u-nian 대 저의 것, 제 것, 나의 것, 내 것. ¶Livru ne'e ha'u-nian. 이 책은 내 것이에요. 이표기 ha'unian.

havók 동 활성화하다, 움직이게 하다. ¶Ahi mate, havók jenerator lai! 불이 나갔네, 발전기 움직이게 해라! 유의 book.

havót 동 크게 하다. ¶Nia havót hela

H

bulaun ne'e. 그는 이 풍선을 크게 하고 있어요.

he 감 여기, 어. ¶He, ne'e loos ka la'e? 어, 이게 맞지 그렇지? 유의 hei.

hean 동 노를 젓다, 페달을 밟다. ¶hean bisikleta 자전거 페달을 밟다

hebai 동 ① 거절하다. ¶Maria hebai Jose nia prezente. 마리아는 조세의 선물을 거절했어요. 유의 hewai, rejeita. ② 경멸하다, 몹시 싫어하다. ¶Ema ne'ebé badinas hebai baruk. 근면한 사람들은 게으름을 몹시 싫어합니다. 유의 hewai. ③ 의절하다, 절연하다. ¶Nia hebai ninia oan-mane brutu. 그는 난폭한 아들과 의절했어요.

hedi 동 ① 눌러 죽이다. ¶Nia hasai utu iha nia fuuk, depois nia hedi tiha ona. 그는 머리카락 속의 이를 잡아서 눌러 죽였어요. ②(예수를) 십자가에 매달아 죽이다, 호되게 처벌하다. ¶Tropas Roma hedi tiha ona Jesus. 로마 병사는 예수를 십자가에 매달아 죽였다.

heet 동 성교하다, 섹스하다.

hei 감 여기, 여기요. ¶Hei! Di'ak ka la'e? 여기요! 안녕하세요? 유의 he.

hein[1] 동 ① 기다리다. ¶hein ho ansi 조바심을 내며 기다리다 / Ha'u hein ha'u-nia kolega iha estrada boot. 나는 큰길에서 친구를 기다려요. 반의 ansi. ② 바라다, 기대하다. ¶Ha'u hein katak loron ida ha'u sei ba eskola iha universidade Korea nian. 나는 언젠가 한국의 대학에서 공부할 수 있기를 기대해요.

hein[2] 동 돌보다. ¶Ana hein hela ninia alin enkuantu ninia amá fase ropa hela. 아나는 엄마가 빨래를 하는 동안 동생을 돌보고 있어요. 유의 haree, hola konta.

hein[3] 동 대체하다. ¶Iha sidade foun laran, motór hein bisikleta. 신도시에서 오토바이가 자전거를 대체했어요. 유의 seluk, troka, truka, tukar.

hein katak 희망하다. ¶Ami hein katak ita sei servisu hamutuk. 우리는 우리가 함께 일할 수 있기를 희망해요. 유의 espera.

hekter 명 (인니) 스테이플러, 호치키스. ¶Ha'u presiza hadi'a dokumentus, bele lori hekter mai ha'u? 내 문서를 수정해야 하는데 호치키스 좀 가져다줄래요? 유의 agrafadór.

hela[1] 동 ① 살다, 머물다. ¶Nia hela iha Dili. 그는 딜리에 살아요. ② 지키다, 보유하다, 가지고 있다. ¶Favór la fa'an uma ida-ne'e no hela nafatin. 이 집을 팔지 마시고 계속 보유하세요. ③ 위치하다. ¶Ninia uma hela iha ne'ebá. 그의 집은 저기에 위치해요. ④ ~고 있다. ¶Ha'u hemu hela kafé. 저는 커피를 마시고 있어요.

hela[2] 부 제발, 제발 좀. ¶Loke hela janela? 제발 창문을 열어 주실래요?

hela de'it 영원히, 항상. ¶Ami-nia espíritu foin-sa'e hela de'it! 청년 정신이여 영원히! 이표기 hela deit.

hela-fatin 명 거주지, 숙소. ¶Eleisaun besik ona, ita sei bá ita-nia hela-fatin. 선거가 다가와서 우리는 거주지로 가려 합니다. 유의 alojamentu. 이표기 hela fatin.

hele helekedé 우와. [감탄할 때 사용하는 말] ¶Hele helekedé! Iha ne'e festa saida? 우와! 여긴 무슨 축제예요?

*helik 동 숨기다. ¶Nia kedas helik surat ida iha iha almari-livru laran. 그는 급히 편지 하나를 책장 안에 숨겼어요. 반의 denota.

**heli-lia 명 부인, 부정, 모순. ¶Nia halo heli-lia kona-ba suspeitu, maibé polísia la fiar. 그녀는 혐의에 대해서 부인을 했지만 경찰은 믿지 않았다. 이표기 heli lia.

***hemu Ⅰ명 음료. ¶Ita gosta hemu saida? 어떤 음료 좋아해요? Ⅱ동 ①마시다. ¶Ita tenke hemu bee dala barak. 물을 자주 마셔야 해요. ②흡수하다, 빨아들이다. ¶Surat-tahan ne'e hemu bee ho di'ak. 이 종이는 물을 잘 흡수해요. ③(약을) 복용하다, 먹다. ¶hemu droga 약을 복용하다 / Ita tenke hemu bee bainhira hemu ai-moruk. 약 먹을 때 물을 꼭 마시세요. ④(담배를) 피우다. ¶hemu tabaku 담배 피우다 유의 suar.

**hemu-raan 명 혈맹. ¶Jose ho Maria halo juramentu hemu-raan. 조세와 마리아는 혈맹 서약을 했습니다. 유의 moruk. 이표기 hemu raan.

hemu-teen 명 술고래. ¶Nia hemu-teen nune'e hemu tua barak. 그는 술고래여서 술을 많이 마셔요. 이표기 hemu teen.

**hena 명 천, 옷감. ¶Hena ida-ne'e nia naran saida? 이 옷감의 이름이 뭐예요?

**hena-aat Ⅰ명 해진 천, 누더기 천, 걸레, 행주. ¶Favór buka hena-aat no hamoos iha ne'e! 누더기 천 좀 찾아서 여기 청소 좀 하세요! Ⅱ형 해진. ¶Nia hatais hela ropa hena-aat nune'e atu sosa ida ba nia. 그가 해진 옷을 입고 있어서 하나 사 주려고 해요. 이표기 hena aat.

hena-kulapur 명 곰팡이가 핀 낡은 천. ¶Favór soe hena-kulapur iha lixu-fatin. 곰팡이가 핀 낡은 천은 쓰레기통에 버리세요. 이표기 hena kulapur.

hena-metan 명 검은 베일, 검은 면사포. [애도를 표하는 복장] ¶Timor-oan tau hena-metan wainhira familia-nia membru mate. 동티모르인은 가족이 사망했을 때 검은 베일을 써요. 이표기 hena metan.

hena-mutin 명 피부 반점, 주근깨. ¶Hena-mutin mosu iha oin. 얼굴에 피부 반점이 생겨났어요. 이표기 hena mutin.

hena-ninin 명 주름 장식. ¶Hena-ninin ne'e halo tiha ona iha tinan 100 liu ba. 이 주름 장식은 100년 전에 만들어졌어요. 이표기 hena ninin.

hena-taka 명 천. ¶Amá sosa hena-taka atu halo kapote. 엄마가 이불을 만들려고 천을 사 왔어요. 이표기 hena taka.

héndiplast 명 (인니) 임시 처방, 미봉책. ¶Ha'u bá ospitál no simu héndiplast. 병원에 가서 임시 처방을 받았어요. 이표기 hendiplast.

*hene'e 부 여기, 여기에. ¶hene'e livru ida 여기 책 한 권 있어요. 유의 iha-ne'e.

*hene'ebá 부 저기, 저기에. ¶Ha'u bele uza sombriña ne'ebé hene'ebá? 저기에 있는 우산 사용해도 돼요? 유의 iha-ne'ebá. 이표기 iha ne'ebá.

*hene'ebé 부 어디, 어디에. ¶Livru relevante ho lian Korea ne'e hene'ebé? 한국어 관련 책은 어디에 있어요? 유의

H

iha-ne'ebá. (이표기) iha ne'ebé.

henek 명 모래. ¶Labarik sira halimar ho henek iha tasi ibun. 아이들이 해변에서 모래를 가지고 놀아요.

hetan[1] 명 임신 초기. ¶Maria ne'e hetan fulan-tolu. 마리아는 임신 초기인 3개월이에요.

hetan[2] 동 ①찾다. ¶hetan benefísiu 장점을 찾다 / Ha'u hetan livru lian Korea. 나는 한국어 책을 찾아요. (유의) buka, fa'i, sabu. ②우연히 만나다. ¶Ha'u hetan mestre iha supermerkadu. 나는 슈퍼마켓에서 선생님을 우연히 만났어요. ③얻다, 획득하다. ¶Ha'u hetan valór di'ak. 나는 좋은 성적을 얻었어요. (유의) obtén. ④(일이) 일어나다, 발생하다. ¶Hetan saida? 무슨 일이 일어난 거야?

관용 hetan isin-di'ak 건강해지다, 치유되다.

관용 hetan moras 병들다.

hetan fali 회복하다. ¶Ha'u kontente tanba Jose hetan fali isin di'ak. 조세가 체력을 회복해서 기뻐요. (유의) di'ak fali, rekupera, restaura.

hetok Ⅰ 동 계속하다. ¶Sira hetok hakilar. 그들이 계속해서 소리 질러요. (유의) kontinua. Ⅱ 부 점점 더. ¶Nia halo ezersísiu loroloron entaun ninia saude sai hetok di'ak liu. 그는 매일 운동을 해서 건강이 점점 더 나아졌어요.

hewai 동 경멸하다, 거절하다, 의절하다, 절연하다. ¶Kompañia ne'e hewai sira-nia proposta. 그 회사는 그들의 제안을 거절했어요. (유의) hewai, hebai.

hezite 동 망설이다. ¶oin hezite 망설이는 얼굴

hiis 명 숨. ¶Dada hiis la di'ak. 숨을 헐떡거려요.

hi'it 동 올리다, 들어올리다. ¶Ita bele hi'it fatuk todan? 무거운 돌을 들어올릴 수 있어요? (이표기) hiit.

관용 hi'it besi (쇠를 들어올린다는 말로) 역도를 하다.

관용 hi'it kabaas 어깨를 으쓱하다.

hikar Ⅰ 명 주름. ¶Saia ida-ne'e iha hikar vertikál barak, nune'e ha'u gosta. 이 치마는 세로 주름이 많아서 맘에 들어요. Ⅱ 동 접다, 구기다, 주름이 생기게 하다, 접어서 주름을 만들다. ¶Tanba la bele hikar, kuidadu! 구겨지면 안 되니까 조심하세요! Ⅲ 부 다시, 뒤로. ¶Ita bele koko hikar ka la'e? 다시 시도해 볼 수 있겠니? (유의) hikas, fali.

hikas Ⅰ 동 돌아오다, 돌아가다. ¶Ha'u-nia maun hikas mai Timor. 우리 형이 동티모르에 돌아왔어요. (유의) ikas. Ⅱ 부 다시, 새로. ¶Jesus moris hikas ona. 예수께서 다시 살아나셨어요. (유의) fali, filafali.

hikis 동 흔들다, 떨다, 털다. ¶Lalika hikis ain! 다리 좀 떨지 마! (유의) doko.

hili 동 ①(박힌 것을) 뽑다, 빼내다. ¶Ha'u hili du'ut. 나는 잡초를 뽑았다. ②지정하다, 선택하다, 선출하다. ¶Ami sei hili ema ne'ebé mak bele lidera organizasaun ne'e ho di'ak. 우리는 조직을 잘 이끌어 갈 사람을 선택할 거예요. / Ha'u sai adultu entaun iha eleisaun bele hili politik na'in ne'ebé makHa'u gosta. 저는 성인이 되어서 선거에서 제가 좋아하는 정치인을 선출할 수 있어요. (유의) dezigna, fihil, fihir, eskolla.

관용 hili ai (나무를 뽑는다는 말로) 나무하다, 장작을 모으다.

*hili-hili 형 까다로운. ¶Maria la han arbiru de'it tanba gostu mak hili-hili. 마리아는 입맛이 까다로워서 아무거나 잘 안 먹어.

Himalaia 명 히말라야산맥. ¶Foho ne'ebé aas liu hotu iha Mundu maka Himalaia. 세계에서 가장 높은 산은 히말라야산맥에 있어요.

hindu 명 힌두교. ¶Michael fiar iha relijiaun hindu. 마이클은 힌두교를 믿어요. 유의 induizmu.

hipoteza 명 가설. ¶Nia prosesa hela esperimentu balun atu prova ninia hipoteza. 그는 자신의 가설을 증명하기 위해 몇 가지 실험을 진행 중이다.

⁑**hira** Ⅰ 대 번, 몇 번. ¶Ita vizita Timor dala hira? 티모르에 몇 번 와 보셨어요? Ⅱ 부 얼마, 얼마나. ¶Modo ne'e folin hira? 이 야채는 얼마예요?

*hirak 형 몇몇의, 여러 개의. ¶loron hirak 며칠 / Oinsá tuir ita boot nia hanoin kona-ba pergunta hirak? 몇몇의 질문에 대한 당신의 생각은 어떤가요?

*hirak-ne'e 대 이러한 것들, 이런 종류의, 그러한. ¶buat hirak-ne'e 그런 것들 / Sasán hirak-ne'e di'ak loos. 이러한 물건들은 정말 좋아요. 이표기 hirak nee.

*hirak-ne'ebá 대 저러한 것들, 저런 종류의, 저러한. ¶Ha'u la gosta buat hirak-ne'ebá. 저러한 것들은 전 좋아하지 않아요. 이표기 hirak nebaa.

⁑**hirus**[1] 명 가슴. ¶Nia moras iha hirus. 그는 가슴에 통증이 있어요. 유의 hirus-matan.

*hirus[2] Ⅰ 명 분노, 화, 증오. ¶Ninia hirus komesa tun ona. 그의 화가 가라앉기 시작했다. Ⅱ 동 ①화내다. ¶Lalika hirus, maske rezultadu ne'e la hanesan ho imi-nia esperansa. 결과가 여러분의 예상과 다르더라도 화내지 마세요. 유의 book, hasi'ak. ②적이 되다, 미워하다. ¶Maria hirus ninia kolega ida. 마리아는 친구 한 명을 미워해요.

관용 hirus malu 원수가 되다.

*hirus-maluk 명 적, 원수. ¶Ami sai hirus-maluk tanba nia baruk-teen. 우리는 그가 게으름뱅이라서 원수가 되었어요. 유의 inimigu. 반의 belun, dulur. 이표기 hirus maluk.

*hirus-matan 명 가슴. ¶Ha'u-nia hirus-matan moras. 내 가슴이 아파요. 유의 hirus. 이표기 hirus matan.

*hirus-teen 형 화를 잘 내는, 짜증을 잘 내는. ¶Ko'alia ho ema hirus-teen ne'e arraska. 짜증을 잘 내는 사람과 말하기는 힘들어요. 이표기 hirus teen.

*hisik 동 뿌리다. ¶Nia hisik hela ba ai-funan. 그녀는 꽃에 물을 뿌리고 있어요. 유의 burit, furi, rega.

*hiti 동 무릎 위에 앉다. ¶Ha'u nia oan-feto gosta hiti apá nian. 우리 딸은 아빠의 무릎 위에 앉는 것을 좋아해요.

⁑**hitu** 수 일곱, 칠. ¶Ema Timor barak gosta númeru hitu. 많은 동티모르인은 칠이란 숫자를 좋아해요.

*hitunulu 수 칠십, 일흔. ¶Tinan ida-ne'e ha'u-nia aman tinan hitunulu. 아빠는

H

올해 70세예요. 이표기 hitu-nulu.

⁑**ho** Ⅰ 전 ①~와, ~와 함께, ~랑. ¶Ha'u ho kolega sira ba Cristo Rei. 저는 친구들과 함께 크리스토 레이에 갔어요. ②~을 가지고, ~으로. ¶ho laran tomak 온 마음으로 Ⅱ 접 그리고. ¶Ha'u han hudi ho hemu xá. 저는 바나나를 먹고, 그리고 차를 마셔요. 유의 no.

⁑**hoban** 동 흠뻑 적시다. ¶Tanba manas, nia ba hariis fatin no hoban ninia isin. 더워서 그는 욕실로 가서 몸을 흠뻑 적셨다.

hobi 명 취미. ¶Agora daudaun ita aprende hela arranju ai-funan hanesan hobi ka? 요즘 취미로 꽃꽂이를 배우고 있나요?

⁂**hobun** 동 떼 지어 다니다, ~의 주위를 빙빙 돌다, 모이다. ¶Labarik sira hobun ha'u-nia vila. 아이들이 우리 동네 주위를 빙빙 도네요. 이표기 hobur.

⁂**hodi**[1] 동 ①데려가다, 가져가다. ¶Amá sosa modo hodi mai uma. 엄마는 반찬을 사서 집으로 가져왔어요. 유의 lori. ②끌고 가다, 이끌다. ¶Nia hodi ekipa atu manán. 그녀는 팀을 우승으로 이끌었어요. ③사용하다. ¶Hodi xave ne'e para loke odamatan. 문을 열려면 이 열쇠를 사용해라. ④(시간을) 보내다, 지내다. ¶Nia hodi de'it loron ida iha Dili. 그는 딜리에서 하루를 지냈어요.

⁂**hodi**[2] 접 그리고, 와. ¶ita hodi ha'u 너와 나

⁑**hodi**[3] 전 ①~로, ~에 의해서. ¶Nia tama iha empreza hodi rekomendasaun profesór nian. 그는 교수님의 추천에 의해서 회사에 들어갔어요. ②~하기 위한, ~하기 위해서. ¶Ha'u sosa livru hodi estuda. 나는 공부하기 위해서 책을 샀어요. 유의 ba.

관용 hodi beran 억지로.

관용 hodi liafuan seluk 다른 말로, 다시 말해서

⁂**hois** 동 짜다, 조르다. ¶Maria hois hela karau-inan atu halo susubeen. 마리아는 우유를 만들기 위해서 소젖을 짜고 있어요.

관용 hois inus 코를 풀다.

⁂**hola**[1] 동 얻다, 사다. ¶Sira hola modo ne'e iha ne'ebé? 그들은 이 야채를 어디서 샀나요?

관용 hola anin (신선한 공기를 얻는다는 말로) 산책하다.

관용 hola feto (여자를 얻는다는 말로) 결혼하다.

관용 hola malu (서로를 얻는다는 말로) 성관계를 가지다.

관용 hola mane (남자를 얻는다는 말로) 남자와 성관계를 갖다.

hola[2] 동 침범하다, 위협하다. ¶hola ho kro'at 무기로 위협하다

⁑**hola konta** 돌보다. ¶Sé mak hola konta labarik sira? 아이들을 누가 돌보지요? 유의 haree, hein.

hola parte ~의 일부분이다, 참여하다. ¶Ha'u-nia kaben mós hola parte iha ami-nia familia. 제 반려자도 우리 가족의 일부분이에요.

***homan** 동 짜서 만들다, 엮어서 만들다. ¶Ha'u-nia avó feto hatene homan biti. 할머니는 비티를 짜서 만들 줄 알아요.

homrook 동 목마르다. ¶Ita boot hamrook ka? 목마르세요? 유의 hamrook.

hoorai 명 만세. ¶Mane sa'e ba palku no hakilar hoorai. 그는 단상에 올라 만세를 불렀다.

ho oras 정시에, 정확한 시간에. ¶Nia sempre to'o eskola ho oras. 그는 늘 정시에 학교에 도착해요.

hori[1] 동 ①삼가다, 그만두다, 하지 않다, 끊다. ¶Nia hori tua. 그는 술 끊었어요. ②감소하다, 줄이다. ¶hori fahe osan 돈을 사용하는 것을 줄이다

hori[2] 전 ~ 이래로, ~으로부터. ¶Hori tinan 2002 Timor-Leste sai nasaun independente. 2002년 이래로 동티모르는 독립 국가가 되었어요. 유의 dezde.

horibainhira 부 언제, 과거의 시간을 가리킨다. ¶Maun Bosco mai Timor-leste horibainhira? 보스코 형은 언제 동티모르에 오셨어요? 이표기 hori bainhira.

horibainrua 부 그저께. ¶Maun Bosco mai Timor-leste horibainrua. 보스코 형은 그저께 동티모르에 왔어요. 이표기 hori bainrua.

horik 동 남다, 거주하다, 살다. ¶Uma ne'e mak uluk ami-nia familia horik ba. 예전에 이 집에서 우리 가족이 살았어요.

horikalan 부 지난밤, 어젯밤. ¶Horikalan ha'u la bele toba tanba udan boot. 저는 어젯밤 비가 많이 와서 잠을 잘 수 없었어요. 이표기 hori kalan.

horik-fatin 명 주소지, 거주지, 머무는 곳. ¶Ami bá fali ami-nia horik-fatin uluk. 우리는 우리들의 옛 거주지에 다시 갔어요. 이표기 horik fatin.

horiohin 부 오늘, 아까, 방금 전에. ¶Ami to'o iha Dili horiohin. 우리는 방금 전에 딜리에 도착했어요. 이표기 hori ohin.

horis 형 살아가는, 살아 있는. ¶Durante ha'u horis, ha'u hakarak bá to'o Amerika dala ida de'it. 제가 살아 있는 동안, 미국에 꼭 한번 가 보고 싶어요. 유의 moris.

horisehik 부 어제. ¶Horisehik, ha'u bá eskola tiha ona. 어제 저는 학교에 갔어요. 유의 sehik. 이표기 horiseik.

horiuluk 부 오래전에. ¶Horiuluk ha'u haree ona ha'u nia tiun. 오래전에 삼촌을 본 적이 있어요.

관용 horiuluk kedas 맨 처음부터, 시작에서부터.

관용 horiuluk liu 고대에.

horok Ⅰ 명 주문, 주술, 저주. ¶Haas ne'e la bele han tanba ema na'in tau horok. 이 망고는 주술사가 주문을 걸어서 먹으면 안 돼요. Ⅱ 동 주문을 걸다. ¶Ema sira dehan, tanba horok iha ai ida-ne'e nune'e ami la bele kona. 이 나무에 주문을 걸어서 우리는 만져선 안 된다고 사람들이 말해요.

horon Ⅰ 명 악취, 냄새. ¶Ha'u lakohi horon ropa ida-ne'e, nune'e ha'u atu ba fase. 저는 옷에서 나는 냄새가 싫어서 빨래하려고 해요. Ⅱ 동 냄새를 맡다, 냄새가 나다. ¶Ha'u horon etu, ita han han-kalan tuku hira? 밥 냄새가 나요, 우리 몇 시에 저녁 식사 해요?

hosi 전 ①~(으)로부터. ¶hosi dook 멀리서부터 / Ha'u simu surat hosi ha'u-nia kolega. 친구로부터 편지를 받았어요. ②

그다음에. ¶Ha'u sosa modo iha merkadu, hosi ne'e, ha'u fila mai uma. 시장에서 야채를 사고 그다음에 집으로 돌아왔어요.

관용 hosi rohan ba rohan 시작부터 끝까지.

hosu I 명 방귀. ¶Ninia hosu dois loos. 그의 방귀 냄새는 지독해요. II 동 (소리가 크게 나게) 방귀를 뀌다. ¶Nia sempre bá liur hodi hosu. 그는 항상 방귀를 뀌러 밖으로 나가요.

hotar 동 비난하다, 욕하다. ¶Ha'u lakohi rona katak tia hotar ninia-oan rasik. 저는 숙모가 자신의 아이를 욕하는 것이 듣기 싫어요. 유의 dana. 반의 bensa, gaba.

hotu I 형 마친, 끝낸. ¶Ha'u hotu ona ha'u-nia traballu uma. 저는 숙제를 다 끝냈어요. II 부 ①모두. ¶Ami hotu hela iha Dili. 우리는 모두 딜리에 살아요. ②~도, 마찬가지로. ¶Ami mós hotu bele dansa ka? 우리도 춤출 수 있을까요? 유의 mós.

hotu-hotu I 대 모두, 전부. ¶Ami hotu-hotu gosta karil na'an karau. 우리 모두는 소고기카레를 좋아해요. II 형 모두의, 전체의, 완전한. ¶Ha'u hakarak bá viajen fatin hotu-hotu iha Timor. 동티모르 전체의 장소를 여행하고 싶어요.

hotu tiha 나중에, 그 후에. ¶Ha'u bá eskola, hotu tiha eskola ha'u sei bá vizita ha'u-nia kolega iha ospital. 나는 학교에 갔다가, 그 후에 입원한 친구를 문병할 거예요. 유의 depois.

hou 감 네, 아. ¶Maria mai han? Hou. Uluk ba. 마리아, 이리 와서 먹을래? 아, 먼저 하세요.

hudi 명 바나나. ¶Hudi ne'e midar loos. 이 바나나는 무척 달아요.

hudi-daan 명 끓인 바나나. ¶Ha'u-nia amá gosta hudi-daan. 제 엄마는 끓인 바나나를 좋아해요. 이표기 hudi daan.

hudi-kaen 명 다양한 바나나. ¶Ema ida fa'an hela hudi-kaen iha estrada sorin. 한 사람이 길가에서 다양한 바나나를 팔고 있어요. 이표기 hudi kaen.

hudi-sasuit 명 바나나 송이. ¶Hudi-sasuit ida folin hira? 바나나 송이 하나 얼마예요? 이표기 hudi sasuit.

hu'in 명 질, 음부. 이표기 huin.

hula 동 (짐을 어깨에) 져 나르다. ¶Iha findesemana ha'u hula ona sasán todan iha uma. 주말에 저는 집에서 무거운 짐을 져 날랐어요. 유의 hulan, lori.

hulan 동 (짐을 어깨에) 져 나르다. ¶Jose ajuda hulan hela sementi ne'e hodi ba tau iha karreta laran. 조세는 이 시멘트를 차 안으로 져 나르는 것을 도와주고 있어요. 유의 hula, lori.

hun[1] 명 ①바닥, 기반, 기초. ¶Hodi harii ema ho di'ak, ami tenke halo hun maka'as. 집을 잘 짓기 위해서 우리는 기반을 튼튼히 해야 해요. 유의 abut. ②시작. ¶Servisu ida-ne'e la iha hun no rohan. 이 일은 시작도 끝이 없어요. ③근원, 기원, 발단. ¶Karaten ne'e hotu moras nia hun. 욕심은 모든 고통의 근원이다. 이표기 huun.

hun[2] 명 나무. ¶Sé mak hun na'in? 누가 이 나무 주인이에요? 유의 ai. 이표기 huun.

husar 명 배꼽.

husar-talin 명 탯줄. ¶Nia tuur ahi no tesi husar-talin mesak. 그녀는 아이를 낳고 혼자서 탯줄을 잘랐어요. 이표기 husar talin.

***husi** 전 ~에서 오다. ¶Nia husi Liquiça. 그는 리퀴사에서 왔어요. 유의 hosi.

*****husik** 동 ①떠나다, 내버려두다. ¶La bele husik ha'u mesak iha ne'e. 여기 나 혼자 내버려두지 마세요. 유의 bá ona. ②포기하다, 버리다. ¶Nia husik pozisaun hanesan diretor ba elesaun tinan oin. 그는 내년 선거를 위해서 임원 자리를 포기했어요. 유의 abandona, husik-hela. ③하게 하다, 하게 해 주다, 허가하다. ¶Imi lakohi bá, entaun husik ha'u mak bá. 너희들이 가기 싫다면 내가 가게 허가해 줘. 유의 hatán. ④석방하다. ¶Governu husik Ana husi prizaun. 정부는 아나를 감옥에서 석방시켰어요. ⑤계속하다, 유지하다. ¶Marito husik nia fuuk badak. 마리또는 계속 짧은 머리를 유지해요.

***husik-hela** 동 ①포기하다, 버리다. ¶Estudante baruk-teen husik-hela aula ne'e. 게으른 학생은 그 수업을 포기했어요. 유의 abandona, husik. ②두고 가다. ¶Nia husik-hela tiha ona dokumentu ida iha uma. 그는 집에 문서를 하나 두고 갔어요. ③출발하다. ¶Nia husik-hela ba Korea do Sul. 그는 한국으로 출발했어요. 유의 arranka. ④남기다. ¶La bele husik-hela hahaan restu. 음식을 남기지 마세요. 이표기 husik hela.

*****husu** 동 묻다. ¶Ha'u-nia kolega husu ha'u "Ita bá ne'ebé?". 제 친구들이 "너 어디 가니?"라고 물어요.
관용 husu ba, husu mai 여기저기에 묻다.
관용 husu boot 충고하다, 설득하다.

husu-esmola 명 구걸. ¶Nia rezolve hahán liu husi husu-esmola. 그는 구걸을 통해 식사를 해결한다.

****husu-folin** 명 결혼 협상. ¶Feto nia familia hakarak husu-folin ba mane nia familia. 여자 가족이 남자 가족에게 결혼 협상을 원해요. 이표기 husu folin.

***husu-na'in** 명 탄원인, 청원자, 신청인. ¶Husu-na'in sira hamutuk iha tribunál distritál oin. 탄원인들이 지방 법원 앞에 모였습니다. 유의 rekerente. 이표기 husu nain.

*****huu** 동 (바람이) 불다. ¶Anin huu no udan tau. 바람이 불고 비가 내려요.
관용 huu liman (손을 분다는 말로) 손가락을 이용하여 휘파람 소리를 내다.

I

i 명 문자 i. ¶letra i 문자 i

Ibéria 명 이베리아. ¶ema Ibéria 이베리아 사람

ibu-beek 명 입이 싼 사람, 말이 많은 사람. ¶Kolega ne'e ibu-beek loos. 이 친구는 입이 싼 사람이에요. 이표기 ibu beek.

ibuibun 동 마구 지껄이다. ¶Ema ida ibuibun mesak hela iha dalan. 어떤 사람이 길에서 혼자 마구 지껄이고 있어요.

***ibun** 명 ①입. ¶Ho ibun han etu no hemu bee. 입으로 밥을 먹고 물을 마셔요. ②부리, 주둥이. ¶Manu uza ibun hodi han. 새는 먹기 위해서 부리를 사용해요. ③강가, 해안. ¶Ema hela iha besik mota ibun barak liu. 사람들은 강가에 더 많이 살아요. ④가장자리, 끝, 경계. ¶Keta para karreta iha dalan ibun. 길 가장자리에 차를 주차하지 마세요. 유의 di'ik, ninin. 관용 ibun nakloke hela 몹시 난처하게 하다.

ibun-beek 형 수다스러운. ¶barullu ho ibun-beek 수다스럽게 떠들다

ibun-boot 명 입이 싼 사람, 욕하는 사람. ¶Ha'u la gosta ema ibun-boot. 저는 입이 싼 사람을 좋아하지 않아요. 이표기 ibun boot.

***ibun-fulun** 명 수염. ¶Bainhira koellu tata ninia ibun, ninia ibun-fulun mós book an. 토끼가 입을 오물거리자 수염도 같이 움직였다. 유의 hasarahun.

ibun-lais Ⅰ 명 소문, 험담, 비판적인 사람. ¶Ema ne'e ibun-lais. 그 사람은 비판적인 사람이에요. Ⅱ 형 입이 가벼운, 수다스러운. ¶Favór kuidadu ema ne'e tanba nia ibun-lais. 그 사람은 입이 가벼운 사람이니까 조심하세요. 이표기 ibun lais.

***ibun-midar** 부 가까이. ¶Ha'u ibun-midar ho ninia alin feto. 나는 그의 여동생과 가까이 지낸다.

ibun-mihis 형 안달복달하는, 지나치게 까다로운. ¶Maria la ibun-mihis ba hahán. 마리아는 음식에 지나치게 까다로운 사람은 아니에요. 이표기 ibun mihis.

ibun-sakat 명 터진 입술. ¶Ibun-sakat, haree moras. 터진 입술이 아파 보여요. 이표기 ibun sakat.

ibun-toos Ⅰ 명 말더듬이. ¶Labarik barak maka ibun-toos entaun la bele hato'o sira-nia opiniaun klaru. 많은 어린이들이 말더듬이여서 그들의 의견을 정

확히 표현하지 못해요. ⓤ의 gagu, hasantoos. Ⅱ 형 말을 더듬는, 입속에서 중얼거리는. ¶Nia ibun-toos tebes atu ko'alia. 그는 말할 때 많이 말을 더듬는 편이다. 이표기 ibun toos.

ibun-tutun 명 부리. ¶Manu han ho ibun-tutun. 새는 부리로 먹어요. 이표기 ibun tutun.

⁑**ida** Ⅰ 수 하나. ¶Favór mai ema ida de'it. 한 명만 오세요. Ⅱ 부 전혀, 조금도. ¶Ha'u la gosta ida. 난 전혀 좋아하지 않아요.

*__idade__ 명 나이. ¶Nia ema idade boot liu ha'u. 그는 나보다 나이가 더 많아요. 유의 tinan.

*__idade-boot__ 동 늙다. ¶Karik agora nia mos idade-boot ona, tanba ne'e nia fuuk sai mutik ona. 그도 이제 늙었는지 머리카락이 하얗게 되었다.

*__ida-ida__ 부 하나하나. ¶Ha'u foti mangku iha armáriu no kompletamente hamoos ida-ida. 나는 찬장에서 그릇을 하나하나 꺼내 꼼꼼히 닦았다.

*__ida-idak__ 형 ①모든. ¶Nia reza katak ema ida-idak la halo pobreza. 그는 모든 사람들이 빈곤하지 않기를 기도했어요. ②각각의. ¶Estudante ida-idak lori hela komputadór. 각각의 학생들이 컴퓨터를 가지고 오고 있어요. 이표기 ida ida.

*__ida-ne'e__ Ⅰ 대 이것, 이게. ¶Ida-ne'e saida? 이게 뭐예요? Ⅱ 형 이것의, 이. ¶Livru ida-ne'e mak di'ak liu. 이 책이 더 좋은 책이에요. 이표기 ida nee.

*__ida-ne'ebá__ Ⅰ 대 저것, 저게. ¶Ita bele lori mai ida-ne'ebá ka? 저것 좀 가져와 줄래요? Ⅱ 형 저것의, 저. ¶Uma ida-ne'ebá nia kór ne'e saida? 저 집 색깔이 뭐예요? 이표기 ida nebaa.

*__ida-ne'ebé__ 대 어디, 어느. ¶Ita mai husi nasaun ida-ne'ebé? 어느 나라에서 왔어요? 이표기 ida nebee.

*__ida-rua__ 형 한두 개의, 약간의, 몇몇의. ¶Ohin loron feriadu, entaun estudante ida-rua la'o iha universidade. 오늘은 공휴일이어서 대학에 몇몇의 학생만 다니네요. 반의 baba'in, barak, beran, demais. 이표기 ida rua.

idaté 명 이다떼. [동티모르 중부에서 사용되는 방언] ¶Lian idaté ko'alia iha Munisípiu Manatutu sub-distritu Laklubar. 이다떼는 마나뚜뚜 내 라클루바 지역에서 사용해요.

ideál 형 이상적인, 이상형인. ¶Feto ne'ebá mak ha'u-nia feto ideál. 저 여성이 저의 이상형인 사람이에요. 반의 empíriku.

idealizmu 명 이상주의. ¶Ita hela entre realizmu no idealizmu. 우리는 현실주의와 이상주의의 사이에서 살아요.

idealógiku 형 이념적인. ¶Ema na'in rua ne'e nia hanoin idealógiku diferente malu. 그 두 사람의 이념적인 생각은 서로 달라요. 반의 empíriku.

*__ideia__ 명 생각, 견해, 아이디어. ¶Ideia di'ak! 좋은 생각이에요! 유의 hanoin.

ideiolojia 명 이데올로기, 이념. ¶Lider rua mai ho ideiolojia la hanesan ba malu. 두 지도자들이 이념이 서로 같지 않아요.

*__identidade__ 명 정체성. ¶Kultura ne'e elementu importante ba identidade.

문화는 정체성에 중요한 요소예요.

*__identifika__ 동 알아보다, 확인하다. ¶Favór identifika aspetu pozitivu sira bainhira tulun malu. 서로 도울 때 긍정적인 면들을 확인해 보세요.

*__identifikasaun__ 명 신원 확인, 신분 증명. ¶Normalmente, Timor-oan nia identifikasaun uza kartaun eleitoral. 동티모르인의 신원 확인은 주로 선거 카드를 사용해요.

__idéntiku__ 형 동일한. ¶Feto na'in rua tau ropa ne'ebé idéntiku. 두 여성은 동일한 옷을 입고 있어요.

__ideólogu__ 명 이론적 지도자, 주의자. ¶Nia ideólogu ne'ebé proteje ambiente. 그는 환경을 보호하자는 주의자예요.

__ideolojia__ 명 이념. ¶argumentu iha ideolojia loos no karuk 좌우 이념에 대한 논쟁

__ideomátiku__ 형 (표현이) 자연스러운. ¶Fraze ida-ne'e loos no ideomátiku ka? 이 문장은 맞나요 그리고 자연스러운가요?

__idioma__ 명 관용어, 숙어. ¶Bainhira ita estuda lian estranjeiru, difisil atu aprende idioma. 외국어를 공부할 때는 관용어를 익히는 것이 참 어렵다.

*__idiota__ 명 바보, 어리석은 놈. ¶Dala ruma di'ak liu hela hanesan idiota. 가끔 바보처럼 사는 것이 나아요.

*__idozu__ 형 나이가 많은, 늙은. ¶Maske nia idozu ona liu ha'u maibe nia sempre kumpre tempu ho di'ak. 그는 나보다 나이가 많아도, 시간을 항상 잘 지켜요.

__idratu-karbonu__ 명 탄수화물. ¶Paun iha idratu-karbonu barak. 빵은 탄수화물이 많아요. (이표기) idratu karbonu.

__ierarkia__ 명 계급, 계층. ¶Membru sira tenke respeitu esturatura ierarkia iha organizasaun. 구성원들은 조직 내 계층 구조를 존중해야 해요. (유의) dignidade.

__ierárkiku__ 형 계급의, 계층의. ¶Inovasaun troka estilu ierárkiku iha organizasaun. 혁신은 조직 내 계층의 유형을 바꿔요.

__ifen__ 명 하이픈. ¶Ita bele halo liafuan rua sai ida de'it hatutan ho ifen. 두 개의 단어를 하이픈을 넣어 하나로 만들 수 있어요.

*__ignora__ 동 무시하다. ¶Ignora de'it. La importante. 그냥 무시하세요, 중요하지 않아요.

*__ignoránsia__ 명 무지, 무식. ¶Nia hatene ninia ignoránsia no hahú estuda. 그는 자신의 무지를 알고 공부하기 시작했다.

*__ignorante__ 명 무지한, 무식한. ¶Ha'u lakohi ko'alia ho ema ignorante. 저는 무식한 사람과 얘기하는 게 싫어요. (유의) lahatene.

*__igreja__ 명 교회. ¶Igreja motael besik tasi-ibun. 모타엘 교회는 해변 근처에 있어요. (유의) kreda, uma-kreda.

*__iguál__ 형 동등한, 평평한. ¶Estudante sira hakarak hela ho iguál no livre. 학생들은 동등하고 자유롭게 지내고 싶었다.

__igualdade__ 명 평등. ¶Igualdade ne'e importante tebes iha deomokrasia. 민주주의에서 평등은 매우 중요해요.

**__iha__[1] 동 ①존재하다, 있다. ¶Hahán iha ka? 음식 있어요? / TV boot rua iha ninia kuartu laran. 큰 TV 두 대가 그의 침실 안에 있어요. ②가지다, 소유하다. ¶Nia iha pasta rua. 그는 가방 두 개를 가지고 있어요. ③~에 살다. ¶Ami hela iha Becora. 우리는 베꼬라에 살아요.

관용 iha katutak (머리를 가진다는 말로) 똑똑하다.

***iha**[2] 전 ~에, ~에서. ¶iha biban ida-ne'e 이번 기회에 / Ha'u-nia karreta mak para iha dalan. 내 자동차가 길에서 멈췄어요. 유의 ba.

***iha ~ nia leet** ~ 사이에. ¶Prezidente mak tuur iha povu nia leet. 대통령이 시민들 사이에 앉았어요. 유의 entre.

iha dalan ba ~로(에) 가는 중, 가는 길. ¶Agora ha'u iha dalan ba uma. 지금 집으로 가는 중이에요.

***iha folin** 값나가는, 가치가 있는. ¶Maria gosta fatuk-murak ne'ebé iha folin. 마리아는 값나가는 보석을 좋아해요. 유의 bale, digna, dignu.

***iha-ne'e** 부 여기에. ¶Lapizeira ne'e iha-ne'e. 여기에 볼펜이 있어요. 이표기 iha nee.

***iha-ne'ebá** 부 저기에, 거기에. ¶livru ida-ne'e iha-ne'ebá. 책 한 권은 거기에 있어요. 이표기 iha nebaa.

***iha-ne'ebé** 부 어디에. ¶Hariis fatin ne'e iha-ne'ebé? 화장실은 어디에 있어요? 이표기 iha nebee.

iha tempu ne'ebé hanesan 같은 시간에, 동시에. ¶Ami hamutuk resposta "Sin" iha tempu ne'ebé hanesan. 우리 모두 동시에 "네."라고 대답했어요. 이표기 iha tempu nebee hanesan.

iis Ⅰ 명 숨. ¶Favor dada iis naruk. 숨을 길게 들이쉬세요. Ⅱ 동 나쁜 냄새가 나다. ¶Fatin iha ne'e iis loos. 여기에서 나쁜 냄새가 나요.

iis-dois 명 구취, 입냄새. ¶Sira dehan pasta-dente ne'e di'ak hodi hasai iis-dois. 이 치약은 입냄새 제거에 좋대요. 이표기 iis dois.

ijiene 명 위생. ¶Iha eskola hamoos ho alku ba ijiene. 학교에서는 위생을 위해서 소독약으로 청소를 했습니다.

ijiéniku 형 위생의, 위생적인. ¶Restorante ida-ne'e presiza tratamentu ijiéniku. 이 식당은 위생적인 처치가 필요해요.

****ikan** 명 어류, 생선. ¶Ema barak kaer hela ikan iha tasi ibun. 많은 사람들이 해안가에서 생선을 잡고 있어요.

ikan-daun 명 동갈치. ¶Ema ida fa'an hela ikan-daun iha estrada ninin. 한 명이 길가에서 동갈치를 팔고 있어요. 이표기 ikan daun.

ikan-lele 명 메기. ¶Kail ikan-lele iha kolan. 연못에서 메기를 잡아요. / Ikan-lele barak iha mota. 강에 메기가 많아요. 유의 ikan-lele, lele. 이표기 ikan lele.

ikan-maran 명 말린 생선. ¶Ikan-maran ida-ne'e te'in oinsá? 이 말린 생선은 어떻게 요리해요? 이표기 ikan maran.

ikan-matan 명 염증. ¶Ita iha ai-moruk ba ikan-matan ida-ne'e ka? 이 염증 치료약 있나요? 이표기 ikan matan.

ikan-pari 명 인니 날치. ¶Ema Timor gosta ikan-pari. 동티모르 사람들은 날치를 좋아해요. 유의 pari. 이표기 ikan pari.

ikan-paus 명 (인니) 고래. ¶Ikan-paus barak iha Timor-Leste. 동티모르에는 고래가 많아요. 유의 baleia. 이표기 ikan paus.

ikan-ruin 명 생선 뼈. ¶Asu ne'e agora han hela ikan-ruin. 이 개는 지금 생선 뼈를 씹고 있어요. 이표기 ikan ruin.

ikan-tolun 명 생선 알. ¶Ha'u gosta hahán ikan-tolun. 저는 생선 알 요리를 좋아해요. 이표기 ikan tolun.

ikas 동 돌아오다, 돌아가다. ¶Ha'u-nia maun ikas mai Timor. 제 형이 동티모르로 돌아왔어요. 유의 hikas.

*__ikun__ Ⅰ 명 꼬리. ¶Ha'u hakarak han hahán karau-ikun. 소꼬리 요리가 먹고 싶어요. Ⅱ 형 최연소의, 막내의. ¶oan-feto ikun 막내딸 / Ha'u-nia alin ikun naran Maria. 제 막냇동생 이름은 마리아예요.

***__ikus__ Ⅰ 명 끝, 마지막. ¶Ha'u bele haree ninia naran iha filme ne'e nia ikus. 저는 그의 이름을 그 영화 끝에서 볼 수 있어요. 유의 finál. 반의 ba dala uluk. Ⅱ 형 마지막의. ¶Ami sei iha ezame ikus. 우리는 아직 마지막 시험이 있어요. 유의 finál. Ⅲ 부 마지막으로. ¶Maria mak ohin forma ikus. 마리아가 오늘 마지막으로 훈련을 해요. 유의 afinál.

ikus-ikus ne'e 요즘. ¶Ikus-ikus ne'e ita lee livru saida? 요즘 무슨 책 읽어요? 유의 agora daudaun.

*__ikusliu__ 부 ①마침내, 최종적으로, 결국. ¶Ikusliu ami-nia ekipa manán ona. 결국 우리 팀이 이겼어요. ②마지막에. ¶Maria mai ikusliu, tan ne'e nia la rona informasaun klaru. 마리아가 마지막에 와서 그 정보를 정확히 듣지 못했어요.

*__ikusmai__ 부 결국에는, 최종적으로, 마지막에는. ¶Ikusmai ami sei hasoru malu. 결국엔 우리는 서로 만날 거예요. 유의 ba dala ikus. 이표기 ikus mai.

***__ilas__ Ⅰ 명 이미지, 그림, 모형. ¶Favór pinta Maria nia ilas. 그녀의 이미지를 그려 보세요. 유의 imajen. Ⅱ 동 나타내다, 묘사하다. ¶Tuir sasin-nia liafuan, nia ilas hela suspeitu nia oin ho pintura. 목격자의 말을 따라서 그는 용의자의 얼굴을 그림으로 묘사하고 있다.

ilegál 형 불법적인. ¶Tenke hapara importasaun ilegál. 불법적인 수입은 중지시켜야만 해요. 반의 legál.

ilegalidade 명 불법. ¶Traballadores Timor-oan barak maka hela ho ilegalidade iha Korea do Sul. 한국에 불법 체류하는 동티모르 노동자들이 많아요.

ilejitimidade 명 비정당성, 정당치 않음, 부정당함. ¶Mestre esplika kona-ba ilejitimidade. 선생님은 비정당성에 대해서 설명했습니다.

ilejítimu 형 비정당성의, 정당하지 않은. ¶Ninia promosaun ne'e ilejítimu. 그의 승진은 정당하지 않습니다.

ilimitada 형 여성 무한정의, 무한한, 제한이 없는. ¶Favór halo hadeer posibilidade ilimitada ne'ebé toba hela. 잠자고 있는 무한한 가능성을 깨우세요.

ilimitadu 형 남성 무한정의, 무한한, 제한이 없는. ¶Restorante Bufê ne'e hahaan ilimitadu. 뷔페식당은 음식 제한이 없어요.

⁑**illa** 명 섬. ¶Timor hanesan illa ki'ik ida. 티모르는 작은 섬 하나와 같아요. 이표기 ilha.

ilójiku 형 비논리적인. ¶Prepozisaun sala halo asaun ilójiku atu realiza objetivu. 잘못된 전제가 목표를 이루는 데 비논리적인 행동을 만들어요.

iluminasaun 명 빛, 조명. ¶iluminasaun palku 무대 조명

ilustra 동 (실례 · 도해 등을 이용하여) 분명히 보여 주다. ¶Relatóriu banku ilustra kazu susesu hirak ne'e. 은행 보고서는 여러 성공 사례를 도해로 넣어서 분명히 보여 주고 있어요.

ilustrada 형 여성 삽화를 넣은, 도해를 이용한. ¶Maria bele kompriende livru ilustrada ho fasil liu. 마리아는 삽화를 넣은 책을 더 쉽게 이해할 수 있어요.

ilustradu 형 남성 삽화를 넣은, 도해를 이용한. ¶Jose halo labarik lee livru ilustradu. 조세는 아이에게 삽화를 넣은 책을 읽혔어요.

ilustrasaun 명 삽화, 도해. ¶Nia halo ilustrasaun ba labarik. 그는 어린이를 위해 삽화를 그려요.

iluzaun 명 오해, 환상. ¶Ita-nia ideia ne'e la'os vizaun, maibé iluzaun de'it. 네 생각은 비전이 아니고 그냥 환상이야.

imajen 명 이미지, 그림. ¶Madre sira fa'an imajen St. Antonio nian barak loos. 수녀들은 안토니오 성인에 대한 그림을 정말 많이 팔아요. 유의 ilas.

***imajina** 동 상상하다. ¶Nia imajina hela kona-ba ninia futuru. 그는 자신의 미래에 대해 상상하고 있어요. 유의 haree.

imajináriu 형 가상적인. ¶Uza mákina ida-ne'e ita bele tama espasu imajináriu. 이 기계를 사용하면 가상 공간으로 들어갈 수 있어요. 반의 dunik.

***imajinasaun** 명 상상. ¶Ita la mate iha imajinasaun nia laran. 상상 속에선 우리는 죽지 않아요. / Ninia istoria kontra eskapada haksoit liu imajinasaun. 그의 탈출 이야기는 상상을 뛰어넘는다.

***imajinativa** 형 여성 창의적인, 상상력이 풍부한. ¶Haree imajem ne'e, ita bele hatene katak pintora ne'e imajinativa loos. 이 그림을 보고, 우리는 이 작가가 상상력이 풍부하다는 것을 알 수 있었어요.

***imajinativu** 형 남성 창의적인, 상상력이 풍부한. ¶Mane ne'e servisu maka'as maibé ninia abilidade imajinativu la iha. 그 남자는 일을 열심히 하지만 창의적인 능력은 없어요.

***imateriál** 형 중요하지 않은. ¶Ita nia reputasaun ne'e imateriál ka? 네 평판은 중요하지 않니?

imaturidade 명 미성숙함. ¶Ita-nia imaturidade bele sai boot liu, se karik ita la bele haree ita an fali. 스스로를 돌아볼 수 없다면 미성숙함은 더 커질 수 있어요.

imbalansu 명 불균형. ¶rezolve imbalansu importasaun no exportasaun 수입과 수출의 불균형을 해소하다

⁑**imediata** 형 여성 즉각적인, 순간적인. ¶Bainhira feto ne'e rona krítika, ninia reasaun imediata ne'e la di'ak. 그 여자가 비판을 들었을 때 순간적인 반응은 안

I

좋았어요.

*imediatamente 부 즉시. ¶Bainhira hasoru problema, telefone imediatamente ba polísia. 문제에 봉착했을 때 즉시 경찰에게 전화해. 유의 kedas.

*imediatu 형 남성 즉각적인, 순간적인. ¶Povu sofre inundasaun, tan ne'e governu fó asisténsia imediatu. 시민이 홍수로 고생이 심해서 정부는 즉각적인 도움을 제공했습니다.

imensidade 명 엄청남, 방대함. ¶Nia hakfodak tiha ona bainhira nia haree otél ho imensidade. 그는 호텔의 방대함을 봤을 때 깜짝 놀랐어요.

*imi 대 너희들, 당신들. ¶Imi bá ne'ebé? 너희들 어디 가니?

imigrante 명 이민자, 이주민. ¶Imigrante barak mak mai Timor. 많은 이주민들이 동티모르로 와요. 유의 tranzmigrante.

imigrasaun 명 이주, 이민. ¶Timor-oan barak maka halo hela imigrasaun ba Indonesia. 많은 동티모르인들이 인도네시아로 이민을 가고 있어요.

*imi-nia 대 너희들의, 당신들의. ¶Imi-nia mehi ne'e saida? 당신들의 꿈은 무엇인가요? 이표기 imi nia.

*imi-nian 대 너희들의 것, 여러분의 것. ¶Prezente ne'e mak imi-nian. 이 선물은 여러분의 것이에요. 이표기 imi nian.

imitasaun 명 모방. ¶Kompañia ne'ebá hetan prosesa tuir lei tanba hatete ami-nia kompañia produtu foun mak imitasaun husi sira nian. 그 회사는 우리 회사의 신제품이 자기네 제품의 모방이라며 소송을 걸어왔다.

imobiliária 형 여성 부동산의. ¶Maria hatene ho di'ak kona-ba merkadu imobiliária. 마리아는 부동산 시장을 잘 알고 있어요.

imobiliáriu 형 남성 부동산의. ¶imobiliáriu ajente 부동산 중개인 / Jose la hatene uma ne'e nia folin imobiliáriu tinan kotuk. 조세는 이 집의 작년 부동산 시세를 몰라요.

imorál 형 부도덕한, 비윤리적인, 비도덕적인. ¶Ha'u hakarak fó-sala xefe nia asaun imorál. 사장의 비윤리적인 행위를 고발하고 싶어요.

imoralidade 명 부도덕성. ¶Ita hotu-hotu presiza duni halo solusaun ba kestaun no imoralidade refere nebe'e akontese tiha ona. 우리 모두가 그동안 있었던 부도덕성과 쟁점에 대한 해결책을 찾는 게 꼭 필요해요.

imortál 형 죽지 않는, 불멸의, 불후의. ¶Nia nu'udár pintadór husik-hela obra imortál. 그는 작가로서 불후의 명작을 남겼어요. 유의 mate-laek.

imortalidade 명 불멸, 죽지 않음. ¶imortalidade espíritu nian 영혼의 불멸

impaktu 명 영향, 충격. ¶Impaktu husi edukasaun di'ak mak sustenta ba tempu naruk. 좋은 교육의 영향은 오랜 기간 지속돼요.

*impar 형 외짝의, 홀수의. ¶andár impar 홀수 층 유의 kliik.

imparsiál 형 공정한, 공평한. ¶Desizaun ne'e independente no imparsiál. 그 결정은 독립적이고 공정해요. 유의 adil, ekuitativu, justu.

impasiénsia 명 성급, 조급, 안달. ¶Tanba labarik sira nia impasiénsia, ami mai tiha tasi ibun. 아이들의 안달에 해변으로 왔습니다.

⁑**impasiénte** 동 성급하다. ¶Jose halo sala beibeik tanba impasiénte liu. 조세는 무척 성급해서 실수를 자주 한다.

*__impede__ 동 말리다. ¶ema ne'ebé impede baku malu 싸움을 말리는 사람

imperadór 명 황제. ¶Iha ne'e mak Palácio ne'ebé imperadór hela. 여기가 황제가 사는 궁전이에요.

imperativu I 명 긴요한 것. ¶Favór hakerek imperativu! 긴요한 것은 메모하세요! II 형 {격식체로} 반드시 해야 하는, 긴요한. ¶Tanba ninia servisu imperativu, la bele hasoru nia durante loron tolu. 그의 긴요한 업무로 3일 동안 만날 수 없었다.

imperfeitu 형 불완전한, 결함이 있는. ¶Ema ne'ebé imperfeitu laek ne'e la iha. 결함이 있지 않은 사람은 없어요.

imperializmu 명 제정, 제국주의. ¶Nia kritika imperializmu foun. 그는 신제국주의를 비판해요.

impesoál 형 인간미 없는, 비인격적인. ¶Ha'u la gosta ninia jeitu impesoál. 나는 그의 비인격적인 태도가 싫어요.

⁑**implementa** 동 수행하다. ¶Nia implementa ninia planu ho di'ak. 그는 계획을 잘 수행했어요. 유의 efetua, hala'o.

*__implika__ 동 (범죄에) 연루되다. ¶Nia hahalok implika krime, nune'e halo kapturasaun. 그는 범죄에 연루되어 체포되었다.

*__implikasaun__ 명 영향, 암시, 함축, 시사. ¶Patraun-nia komentáriu horiseik fó implikasaun saida? 어제 사장님의 말씀에서 암시하는 게 뭐예요?

⁑**importa**[1] 동 관여하다, 관심을 기울이다. ¶Governu mós importa iha ekonomia merkadu nian. 정부도 시장 경제에 관여합니다.

⁑**importa**[2] 동 수입하다. ¶Ha'u importa kafé husi Timor-Leste. 저는 동티모르에서 커피를 수입합니다. 반의 esporta.

⁑**importadór** 명 남성 수입업자. ¶Nia nu'udár importadór, baibain importa karreta. 그는 수입업자로서 주로 자동차를 수입해요. 반의 esportadór.

⁑**importadora** 명 여성 수입업자. ¶Importadora Kafé mai Timor-Leste husi nasaun li'ur. 커피 수입업자가 해외에서 동티모르에 왔어요. 반의 esportadora.

⁑**importánsia** 명 중요, 중요성, 비중. ¶Nia esplika hela kona-ba importánsia edukasaun nian hanesan fundasaun dezenvolvimentu nasaun nian. 그는 국가 발전의 토대인 교육의 중요성에 대해서 설명하고 있습니다.

⁑**importante** 형 중요한, 중대한. ¶Dala ruma imajinasaun ne'e importante liu koñesimentu. 때로는 상상력이 지식보다 더 중요해요.

⁑**importasaun** 명 수입, 수입하는 것. ¶Importasaun karreta nian iha Timor, bain-bain mai husi Japaun. 동티모르에서의 자동차 수입은 주로 일본에서 와요.

I

(반의) esportasaun.

*__imposibilidade__ 명 불가능성, 불가능한 일. ¶Imposibilidade sai aas wainhira ita la konsentra servisu ida. 하나의 일에 집중하지 않을 때 불가능성은 높아져요.

*__imposivel__ 형 불가능한. ¶Servisu ida-ne'e tenke remata, to'o tuku 5 ne'e imposivel ka? 이 일을 5시까지 끝내는 게 불가능해요?

__impostu__ 명 세금. ¶Kompañia ne'ebé halo lukru tenke selu impostu. 이익을 낸 회사는 세금을 내야 해요. (유의) finta, taxa.

__impoténsia__ 명 무력, 무기력, 허약, 노쇠.

*__imprensivamente__ 형 감동적인. ¶imprensivamente ko'alia kona-ba dame 평화에 대한 감동적인 연설 (유의) impresionante.

*__impresionante__ 형 감동적인. ¶findumundu impresionante 감동적인 결말 (유의) imprensivamente.

*__impresór__ 명 프린터. ¶Ami presiza impresór ba halo dokumentu. 우리는 문서를 만들기 위해 프린터가 필요해요.

__impresora__ 명 인쇄기, 인쇄 기계. ¶Impresora ne'e karun tebes. 그 인쇄기는 무척 비싸요.

__impresta__ 명 대여. ¶Impresta livru 도서 대여

__imprime__ 동 인쇄하다. ¶Ha'u presiza imprime ha'u-nia teze. 저는 제 논문을 인쇄해야 해요. (이표기) imprimi.

__inadekuada__ 형 (여성) 적합하지 않는, 부적절한. ¶Maria-nia osan inadekuada atu sosa uma ne'e. 마리아의 돈이 이 집을 사기엔 적합하지 않아요.

__inadekuadu__ 형 (남성) 적합하지 않는, 부적절한. ¶Sira na'in rua nia relasaun ne'e inadekuadu. 그 두 사람의 관계는 부적절해요.

__inaferik__ 감 맙소사, 엄마야. ¶Inaferik! Ha'u la lori hau-nia pasta. 맙소사! 지갑을 안 가져왔네요.

__inagura__ 동 ①취임하다. ¶Nia sei inagura nu'udár Prezidente iha fulan-Janeiru. 그는 1월에 대통령으로 취임할 거예요. (유의) asumi, inaugura. ②개관하다, 개소를 하다, 발족하다, 개막하다. ¶Fulan oin, inagura ezibisaun karreta nian. 다음달에, 자동차 박람회가 개막합니다. (유의) inaugura.

*__inan__ 명 어머니, 이모. ¶Orsida, ha'u-nia inan sei ba merkadu. 이따가 어머니는 시장에 갈 거예요.

*__inan-aman__ 명 부모. ¶Maria hela ho ninia inan-aman. 마리아는 부모님과 함께 살아요. (이표기) inan aman.

__inan-banin__ 명 시어머니, 장모. ¶Ha'u-nia Inan-banin gosta prepara hahán ba bei-oan. 저희 시어머니는 손자를 위해 음식 준비하는 것을 좋아해요. (유의) banin-feto. (이표기) inan banin.

*__inan-boot__ 명 큰어머니. ¶Ha'u-nia inan-boot mate tiha ona. 제 큰어머니는 돌아가셨어요. (이표기) inan boot.

__Inan-Feto__ 명 숙녀분. ¶Inan-Feto sira iha ne'ebá hosi ne'ebé? 저쪽에 숙녀분들은 어디에서 왔어요? (이표기) Inan Feto.

__inan-hakiak__ 명 양모, 보모. ¶Ninia inan-hakiak naran Ana. 그의 보모 이름

은 아나예요. ⓘ이표기 inan hakiak.

inan-ki'ik 명 새어머니, 의붓어머니. ¶Nia inan-ki'ik maibé ema di'ak. 그녀는 새어머니이지만 좋은 사람이에요. 유의 madrasta. 이표기 inan kiik.

*__inan-ko'us__ 명 친어머니, 생모. ¶Ha'u-nia inan-ko'us agora hela iha Suai. 친어머니는 지금 수아이에 살아요. 이표기 inan susu.

*__inan-sarani__ 명 (천주교의) 대모. ¶Nia sai inan-sarani. 그녀는 대모가 되었어요. 이표기 inan sarani.

inativa 형 여성 활발하지 않은, 활동하지 않는, 비활성의. ¶vulkaun inativa 비활성 화산(휴화산) / Maria mak estudante ida ne'ebé inativa iha klase laran. 마리아는 수업에서 활발하지 않은 학생이에요.

inatividade 명 휴지, 중지. ¶Sasán fa'an ne'e sai inatividade tiha ona. 그 제품은 판매 중지가 되었어요.

inativu 형 남성 활동하지 않는, 비활성의, 은퇴한. ¶Ha'u la uza, nune'e sai konta-bankária inativu. 사용하지 않아서 비활성의 계좌 번호가 되었어요.

inaugura 동 개관하다, 개소를 하다, 발족하다, 개막하다. ¶Aeroportu Suai sei inaugura. 수아이 공항이 개관할 예정이에요. 유의 inagura.

inaugurasaun 명 ①취임. ¶Iha serimónia inaugurasaun liubá, ema barak no rame. 지난 취임식은 많은 사람들로 붐볐어요. ②개최, 개통, 개업. ¶Marito rona novidade inaugurasaun restorante nian husi ninia kolega, nia vizita ho kolega sira. 그는 친구의 식당 개업 소식을 듣고 친구들과 방문을 했어요.

indefinida 형 여성 무기한의. ¶Feto ne'e hakarak iha deskansa indefinida. 그 여자는 너무 피곤해서 무기한의 휴식을 갖고 싶어해요.

indefinidu 형 남성 무기한의. ¶Traballadór sira halo greve indefinidu hodi simu saláriu normal. 근로자들은 정상 급여를 받기 위해서 무기한 파업을 했습니다.

indelikada 형 여성 무례할 수 있는, 무례한. ¶Feto ne'e nia hahalok indelikada sai asuntu iha eskola. 그 여자의 무례한 행동은 학교에서 논쟁거리가 되었어요. 반의 delikada.

indelikadu 형 남성 무례할 수 있는, 무례한. ¶atitude indelikadu 무례한 태도 반의 delikadu.

indenizasaun 명 단절. ¶Foin lailais, ami-nia sosiedade sai indenizasaun maka'as liuentre klase. 최근 우리 사회는 계층 간의 단절이 더 심해지고 있다.

*__independénsia__ 명 독립. ¶Papua hakarak hetan independénsia husi Indonézia. 파푸아는 인도네시아로부터 독립을 원합니다. 유의 ukun-an.

*__independente__ I 동 독립하다. ¶Kompaña ida-ne'e sai independente husi kompaña bo'ot ne'ebé famozu iha tinan 10 liu ba. 이 회사는 10년 전 유명 대기업에서 독립하게 되었다. II 형 독립적인. ¶Tanba nia independente, dala barak bá viajen mesak. 그는 독립적이어서 홀로 여행을 많이 다녀요. 유의 ukun-an. 이표기 independenti.

I

*indenpendentemente 부 상관없이. ¶Independentemente husi klima, eventu ne'e sei tuir orariu. 날씨에 상관없이 행사는 일정대로 진행됩니다.

Índia 명 인도. ¶Joel ema Índia, no bele ko'alia lian Tetun. 조엘은 인도 사람이고 테툼어를 할 줄 몰라요.

indiana Ⅰ명 여성 인도인. ¶Turista indiana mai iha Timor-Leste ka? 인도인 관광객이 동티모르에 옵니까? Ⅱ형 여성 인도의. ¶Ita hatais ona ropa tradisionál indiana ka? 인도의 전통 의상을 입어 본 적이 있어요?

indianu Ⅰ명 남성 인도인. ¶Jose Indianu. 조세는 인도인이에요. Ⅱ형 남성 인도의. ¶Jose gosta hahán indianu. 저는 인도의 음식을 좋아해요.

*****indiferensa** 명 무관심. ¶Ninia indiferensa destrui ona ksolok familia nian. 그의 무관심이 가족의 행복을 무너뜨렸어요. 유의 indiferensian.

*****indiferensian** 명 무관심. ¶indiferensian públiku iha siénsia teknolojia 과학 기술에 대한 대중의 무관심 유의 indiferensa.

*****indiferente** 형 무관심한. ¶Nia indiferente ba osan. 그는 돈에 무관심해요.

*****indiferentemente** 부 가만. ¶Maske sira husik mesak labarik indiferentemente, sira kapás loos iha sira-nia servisu. 아이들이 가만 내버려 두어도 자기 할일을 잘하니 참 이뻐요.

indika 동 암시하다. ¶Peskiza indika katak numeiru ne'ebé ema uza internet aas liu tan ona. 연구는 인터넷을 사용하는 사람의 수가 더욱더 커졌다는 것을 암시해요.

indikadór 명 지표. ¶Laiha indikadór kona-ba kna'ar, la bele espera ekipa nia rezultadu di'ak. 역할에 대한 지표 없이 팀의 좋은 성과를 기대할 수 없어요.

indikasaun 명 암시, 조짐. ¶Tuir sira-nia opiniaun, ha'u sente komesa iha indikasaun ba domin. 그들의 의견 속에서 저는 사랑이 시작되는 조짐을 느꼈습니다.

indikativa 형 여성 나타내는, 보여 주는. ¶Kartaun indikativa ida kona-ba oinsá Maria ba eskola. 이 카드는 마리아가 학교에 가는 법을 보여 줍니다.

indikativu Ⅰ명 전화번호의 앞자리 번호. ¶Halo favór hatama Indikativu. 전화번호의 앞자리 번호를 입력해 주세요. Ⅱ형 남성 나타내는, 보여 주는. ¶Jose dehan katak ida-ne'e mapa indikativu kona-ba dalan ne'ebé bá to'o Seoul. 조세는 이것은 서울까지 가는 길을 보여 주는 지도라고 말했어요.

Índiku 명 인도양. ¶Karik ba Bali, bele haree Oseanu Índiku. 발리에 가면 인도양을 볼 수 있어요. 유의 Oseanu Indiku.

indireta 형 여성 간접적인. ¶Maria dehan katak esperiénsia indireta no esperiénsia diretu ne'e hotu-hotu importante. 마리아는 간접적인 경험과 직접적인 경험 모두 중요하다 말해요. 반의 direta.

indiretamente 부 간접적으로, 부차적으로. ¶Liu hosi haree TV, ha'u bele sente kultura Korea nian indiretamente. 티브이를 보면서 저는 간접적으로 한국 문화를 느낄 수 있었어요. 반의 diretamente.

indiretu 형 남성 간접적인. ¶Jose simu ona influénsia indiretu husi Mestre Simon. 조세는 사이먼 선생님으로부터 간접적인 영향을 받았어요. 반의 diretu.

*°***índise** 명 색인. ¶Iha relatóriu ida-ne'e nia oin ne'e iha índise. 이 보고서 앞에는 색인이 있어요.

indísiu 명 지표, 지침, 힌트. ¶Ida-ne'e mak indísiu husi ita-nia viajen. 이것이 우리 여행의 지침이에요. 유의 deixa.

indiskretu 형 지각없는, 조심성 없는. ¶Nia hahalok indiskretu halo ninia kolega laran-moras. 그의 지각없는 행동이 친구의 마음을 아프게 했어요. 반의 delibera.

*°***individuál** 형 개인적인. ¶Ha'u bele servisu ho individuál no mós ho ekipa. 저는 개인적으로 일할 수도 있고 팀으로도 일할 수 있어요.

individualidade 명 개인성, 개별적 속성. ¶Kada múzika iha ninia individualidade. 음악마다 개별적 속성이 있어요.

*****individualista** 명 개인주의자. ¶Marito individualista, nune'e la iha interese ba ema seluk. 마리또는 개인주의자여서 타인에 대해 관심이 없어요.

*****individualizmu** 명 개인주의. ¶Kapitalizmu bazeia ba iha kompetisaun no individualizmu. 자본주의는 경쟁과 개인주의를 기반으로 해요.

*°***indivíduu** 명 개인. ¶Hahán ne'ebé kada indivíduu gosta ne'e la hanesan. 개인마다 좋아하는 음식이 다릅니다. 유의 pesoál.

indixilinadu 형 훈련되지 않은. ¶Mestre indixilinadu la bele hanorin di'ak. 훈련되지 않은 선생은 잘 가르칠 수 없어요.

indixiplina 명 기강 해이, 무질서. ¶Relatóriu identifika indixiplina entre tropas sira. 보고서에서 군인들의 기강 해이를 확인했습니다.

*°***Indonézia** Ⅰ 명 ① 인도네시아. ¶Sira bá Indonézia horiseik. 그들은 어제 인도네시아에 갔어요. ② 인도네시아 사람. ¶Musa nia amá ema indonézia. 무사의 엄마는 인도네시아 사람이에요. Ⅱ 형 인도네시아의. ¶lia indonézia 인도네시아의 언어 / Iha rai indonézia laran iha illa barak. 인도네시아의 영토에는 섬이 많아요.

indú Ⅰ 명 힌두교 신자. ¶Joel sai nu'udár padre indú. 조엘은 힌두교 신자로서 성직자가 되었어요. Ⅱ 형 힌두교의. ¶Ha'u aprende dansa Bali nian mai husi dansa indú. 저는 힌두교의 춤에서 온 발리댄스를 배웠어요.

induizmu 명 힌두교. ¶Ema Bali barak fiar induizmu. 많은 발리인이 힌두교를 믿어요. 유의 hindu.

induljénsia 명 하고 싶은 대로 함, 관대함. ¶Fatin ida-ne'e iha induljénsia kona-ba kultura oi-oin. 이 지역은 다양한 문화에 대한 관대함이 있어요.

induljente 형 관대한, 온화한. ¶Ha'u-nia inan ho aman induljente. 제 부모님은 관대하세요.

indulta 동 형 집행을 취소하다. ¶Governu

I

indulta kriminozu na'in ida. 정부는 죄인 한 명에게 형 집행을 취소했어요.

***indústria** 명 산업. ¶Ami vizita fatin indústria no dere odamatan maibé ema laiha. 우리는 산업 현장에 방문해서 노크했는데 사람이 없었어요.

***industriál** Ⅰ명 산업주의자. ¶Nia mak industriál ne'ebé fiar katak Timor presiza fábrika barak. 그는 동티모르에 공장이 많이 필요하다고 믿는 산업주의자예요. Ⅱ형 산업적인. ¶Nia mak enjeñeiru ne'ebé hala'o projeitu industriál barak. 그는 많은 산업적인 프로젝트를 수행한 기술자예요.

***industrializa** 동 산업화하다. ¶Primeiru mai ita industrializa ita nia nasaun! 먼저 우리 나라를 산업화합시다!

***industrializada** 형 여성 산업화된. ¶Ha'u hanoin katak bele aprende buat barak husi sidade industrializada. 저는 산업화된 도시에서 많은 것을 배울 수 있다고 생각해요.

***industrializadu** 형 남성 산업화된. ¶Jose dehan katak nasaun industrializadu tenke redús poluisaun. 조세는 산업화된 나라는 공해를 줄여야만 한다고 했어요.

***industrializasaun** 명 산업화. ¶Industrializasaun halo kultura foun iha nasaun laran. 산업화는 나라에 새로운 문화를 만들어요.

indutiva 형 여성 귀납적인, 유도의. ¶Maria esplika tuir inferioridade indutiva. 마리아는 귀납적 논거로 설명을 해요.

indutivu 형 남성 귀납적인, 유도의. ¶Tenke submete reportajen indutivu lójiku to'o Sesta. 금요일까지 귀납 논리학 보고서를 제출해야 해요.

***inevitavelidade** 명 불가피함, 필연성. ¶Ninia teze falta kona-ba inevitavelidade lójiku. 그의 논문은 논리적 필연성이 부족해요. 유의 destinu.

infantíl 형 어린애 같은, 유치한. ¶Kómiku hirak ne'ebé ita halo ne'e ba infantíl ka? 당신이 하는 이런 코미디는 어린애 같은 것이죠?

infeksaun 명 감염. ¶Infeksaun mikróbiu 세균 감염

inferiór 형 열등한. ¶Sistema inferiór halo rezultadu inferiór. 열등한 제도가 열등한 결과를 만들어요.

inferioridade 명 열등, 하위. ¶Nia inseguru tanba sentidu inferioridade. 그는 열등감 때문에 자신 없어해요.

infernál 형 지긋지긋한, 지독히 기분 나쁜. ¶Ha'u rona barullu infernál iha ne'ebá. 저쪽에서 지독히 기분 나쁜 소리가 들려요.

infernu Ⅰ명 지옥. ¶Se ita halo buat aat barak, sei ba infernu. 나쁜 짓을 많이 하면, 지옥에 갈 겁니다. 유의 fatin-aat. Ⅱ감 제기랄, 빌어먹을.

infinitiva 형 여성 부정사의. ¶Maria komprende ona métodu infinitiva iha lian Inglés. 마리아는 영어에서 부정사 용법을 이해했어요.

infinitivu Ⅰ명 부정사. ¶estuda kona-ba infinitivu 부정사에 대해 공부하다 Ⅱ형 남성 부정사의. ¶Jose estuda kona-ba instrusaun infinitivu lian inglés nian. 조세는 영어 부정사의 용법에 대해 공부했어요.

infinitu 형 무한의. ¶dezafiu infinitu 무한 도전

inflasaun 명 물가 상승, 인플레이션. ¶Durante tinan 10, inflasaun paun nian la boot. 10년간 빵의 물가 상승은 크지 않았어요. 반의 deflasaun.

inflasionária 형 여성 물가가 상승하는. ¶Maria dehan katak tendénsia inflasionária la barak ne'e di'ak ba povu. 마리아는 물가가 상승하는 경향이 많지 않은 것이 국민에게 좋다고 했어요.

inflasionáriu 형 남성 물가가 상승하는. ¶Jose peskiza hela kona-ba fenomena inflasionáriu nian. 조세는 물가가 상승하는 현상을 연구하고 있어요.

infleksibilidade 명 불가변성. ¶Hafoin graduasaun ita-nia valór aula nian iha infleksibilidade. 졸업 이후에 학업 성적은 불가변성을 갖는다.

infleksivel 형 융통성이 없는, 유연하지 않은. ¶Nia gosta tuir regulamentu de'it, nia infleksivel duni. 그는 규칙을 따르는 것만 좋아하고 정말 융통성이 없어요.

***influensia** 동 영향을 미치다. ¶Ninia kultura influensia ba ha'u-nia kostume han. 그들의 문화는 나의 식습관에 영향을 미쳤어요. 유의 afeta, da'et.

***influénsia** 명 영향. ¶Ha'u simu influénsia boot husi ha'u-nia inan-aman. 나는 부모님의 영향을 많이 받았다.

***influente** 형 영향력 있는, 유력한. ¶Nia sai ema influente. 그는 영향력 있는 사람이 되었어요.

***informa** 동 알리다. ¶Ami informa ona ba xefe kona-ba asuntu ne'e. 우리는 이 쟁점에 대해서 대장에게 알렸어요. 유의 fó-hatene.

informál 형 비공식적인. ¶Grupu rua konkorda malu atu realiza enkontru informál. 두 그룹은 비공식적인 모임을 하기로 서로 동의했어요.

informalidade 명 비공식성. ¶intervista informalidade nian 비공식성 회견

informante 명 정보원. ¶Tanbasá mak informante mai iha ne'e? 정보원이 여기 왜 왔대요? 유의 bufa-na'in.

***informasaun** 명 안내, 정보. ¶Televizaun fó informasaun foun kona-ba situasaun iha Timor. 텔레비전은 티모르의 상황에 대한 새로운 정보를 줘요. 유의 dadus.

informátika 명 컴퓨터 공학. ¶Ha'u estuda hela informátika. 저는 컴퓨터 공학을 공부하고 있어요.

informátiku 명 컴퓨터. ¶Informátiku ne'e aat. 이 컴퓨터는 고장났어요. 유의 komputadór.

informativa 형 여성 유용한 정보를 주는, 유익한. ¶Livru matadalan ne'e informativa ba estudante sira. 이 안내 책자는 학생들에게 유익한 정보를 준다.

informativu 형 남성 유용한 정보를 주는, 유익한. ¶Promosaun ida-ne'e informativu. 이 판촉물은 유용한 정보를 준다.

***inglaterra** 명 잉글랜드. ¶Timor-oan

I

barak mak hela iha Inglaterra. 많은 동티모르인들이 잉글랜드에 살아요.

*Inglés Ⅰ명 영어. ¶Ami hakarak aprende lian Inglés. 우리는 영어를 배우고 싶어요. Ⅱ형 영어의. ¶Ha'u estuda hela estrutura lingua inglés nian. 영어의 문법을 공부하고 있어요.

ingratidaun 형 배은망덕한. ¶Ha'u la gosta ema ne'ebé ingratidaun. 저는 배은망덕한 사람을 싫어해요.

ingridiente 명 성분. ¶Masin ne'e ingridiente importante ne'ebé indispensável iha ema nia isin. 염분은 사람의 몸에서 없어서는 안 될 중요한 성분이다.

inimiga 명 여성 적. ¶Maria dehan nia hatene intensaun inimiga nian. 마리아는 적의 의도를 알고 있다고 말했어요.

inimigu 명 남성 적, 원수. ¶Oinsá mak ita bele hadomi ita-nia inimigu? 원수를 어떻게 사랑할 수 있을까요? / Iha tempu uluk, Timor nia inimigu mak Indonézia. 예전에 동티모르의 적은 인도네시아였습니다. 유의 funu-maluk. 반의 dulur.

inisiada 형 여성 개시된, 착수된. ¶Maria dehan katak servisu internet inisiada ona ohin loron. 마리아는 인터넷 서비스가 오늘 개시되었다고 했어요.

inisiadu 형 남성 개시된, 착수된. ¶Negósiu inisiadu presiza rejistu iha SERVE. 착수된 협상은 기관에서 등록을 해야 합니다. / Negósiu foun ne'e inisiadu husi Jose. 조세에 의해서 새 협상이 개시되었다.

inisiais 명 머리글자, 두문자로 이루어진 이름. ¶AMP ne'e inisiais 'Aliansa Mudansa ba Progresu' nian. AMP는 '발전을 위한 동맹'의 머리글자로 된 이름이에요.

*inisiál Ⅰ명 성명의 첫 글자. ¶Ninia naran nia inisiál ne'e A. 그녀 이름의 첫 글자는 A예요. Ⅱ형 처음의, 초기의, 두문자의. ¶Prosesu inisiál maka arraska. 처음의 시도라서 어려워요.

inisiativa 명 주도, 주도권, 계획. ¶Marito mak iha inisiativa kona-ba projetu ne'e. 이 프로젝트에 관한 주도권은 마리또가 갖고 있어요.

injesaun 명 투입, 주사. ¶Doutóra fó injesaun maibé ha'u la moras liu. 의사가 주사를 놓았는데, 전혀 아프지 않았어요. 반의 dada sai.

injusta 형 여성 부당한, 불공평한. ¶Feto ne'e tenke protesta kontra lei injusta. 그 여자는 부당한 법에 대항하여 이의를 제기해야 해요.

injustisa 명 불평등, 부당함, 불공정. ¶komérsiu injustisa 불공정 거래

injustu 형 남성 부당한, 불공평한. ¶alokasaun injustu 불공평한 배분 반의 ekuitativu.

inkapasidade 명 무능력, 기술 부족. ¶Tanba sira nia inkapasidade, ró ida-ne'e la bele hadi'a. 그들의 기술 부족으로 이 배를 고치지 못해요.

inkéritu 명 연구, 탐사, 조사. ¶Ami apresia ba imi-nia inkéritu. 우리는 여러분의 탐사에 감사를 표합니다.

inkilinu 명 세입자. ¶Inkilinu selu osan fulan fulan ba uma na'in. 세입자는 매달 집주인에게 돈을 지불해요. 유의 aluga-na'in. 반의 uma-na'in.

inklinasaun 명 의향, 성향. ¶Nia la hatudu inklinasaun atu arranka. 그는 떠나려는 의향을 보이지 않았어요.

***inklui** 동 포함하다. ¶Ami sosa ona hudi no haas inklui mós nuu. 우리는 코코넛을 포함하여 바나나와 망고를 샀어요.

***inkluzaun** 명 포함. ¶ingrediente inkluzaun 포함 성분

***inkomoda** 동 불편하게 하다, 신경 쓰다. ¶Ninia vizita inkomoda ha'u. 그의 방문은 나를 불편하게 했어요.

***inkomodasaun** 명 불편. ¶Depois halo operasaun, ha'u-nia ain sai di'ak, tanba ne'e agora iha movimentu laiha inkomodasaun. 수술 후에 다리가 많이 나아서 지금은 움직이는 데에 불편이 없다.

***inkompleta** 형 여성 불완전한, 미완의, 미완성의. ¶Ida ne'e obra inkompleta. 이것은 미완성 작품입니다.

***inkompletu** 형 남성 불완전한, 완전하지 않은, 미완의, 미완성의. ¶Jose nia dokumentu inkompletu, tan ne'e la bele submete. 조세의 서류가 완전하지 않아서 제출할 수가 없어요.

inmaturidade 형 미숙한. ¶Labarik sira-nia kondisaun ne'ebé sei inmaturidade tenke kuidadu mós moras ne'ebé ki'ik. 아직 미숙한 상태의 아기들은 작은 병도 조심해야 한다.

inosente 명 순수. ¶Labarik ne'ebé la fo'er ne'e símbolu inosente. 때묻지 않은 어린이는 순수의 표상이다.

inovasaun 명 혁신. ¶inovasaun tékniku 기술 혁신

insegura 형 여성 자신이 없는, 불안정한. ¶Maria insegura tanba nia la prepara ho nato'on. 마리아는 충분하게 준비가 안 되어서 자신이 없어요.

inseguru 형 남성 자신이 없는, 불안정한. ¶Jose la hahú servisu ne'ebá tanba nia sente inseguru. 조세는 자신 없다고 느껴 그 일을 시작하지 않았어요.

insensu 명 향. ¶sunu insensu 향을 피우다

inserteza 명 불확실성. ¶Mós hanesan siénsia, inserteza ne'e boot. 과학적으로도 불확실성이 커요.

****insetu** 명 곤충. ¶Nia ka'er ona insetu iha du'ut laran. 그는 수풀 속에서 곤충을 잡았다.

***insidente** 명 사건, 사고. ¶insidente loro-loron nian 일상적인 사건 유의 akontesimentu.

inskrisaun 명 구독. ¶aplikasaun inskrisaun 구독 신청

***inspesaun** 명 사찰, 점검, 검사. ¶Karreta no motór tenke halo inspesaun kada fulan 6. 자동차와 오토바이는 6개월마다 점검을 해야 해요.

inspetór 명 조사관, 감독관. ¶Nia mak inspetór ba projetu ida-ne'e. 그가 이 프로젝트를 위한 감독관이에요.

***inspira** 동 영감을 주다. ¶Ita-nia istória inspira tebes ba ha'u. 그의 이야기는 내게 크게 영감을 주었어요.

***inspiradór** 형 남성 영감을 주는. ¶Jose mak mestre inspiradór. 조세는 영감을 주는 선생님이에요.

***inspiradora** 명 여성 영감을 주는 여성.

¶Maria mak inspiradora ba klosan sira. 마리아는 독신들에게 영감을 주는 여성이에요.

*inspirasaun 명 영감. ¶Xanana maka sai ami-nia inspirasaun. 사나나는 우리의 영감이 되었어요.

instabilidade 명 불안정성. ¶Instabilidade politika interrompe Timor nia dezenvolvimentu. 정치적인 불안정성은 티모르의 발전을 방해합니다.

**instala 동 설치하다. ¶Iha Maria nia uma, instala hela TV. 마리아의 집에 TV를 설치하고 있어요. 유의 halo instalasaun, monta, tau.

**instalasaun 명 설치. ¶Hakarak instalasaun internet iha UNTL. 동티모르국립대에 인터넷 설치를 원해요.

instánsia 명 반대 심문, 준엄한 추궁. ¶Sé mak sei halo instánsia? 반대 심문은 누가 할 겁니까?

*instante Ⅰ 명 즉각, 순간. ¶Instante, ha'u hanoin ninia liafuan. 순간적으로 나는 그의 말이 생각났다. Ⅱ 형 즉각적인, 긴급한. ¶Nia kalma iha situasaun instante mós. 그는 긴급한 상황에서도 침착했어요. 유의 urjente.

*instituisaun 명 기관, 단체. ¶Ha'u simu sertifikadu husi instituisaun edukasaun professionál. 저는 전문 교육 기관에서 수료증을 받았어요.

*instituisionál 형 기관의, 보호 시설의. ¶Labarik ida-ne'e labarik instituisionál. 이 아이는 보호 시설의 아이예요.

*institutu 명 기관. ¶Institutu ida-ne'e atu investe ba edukasaun lian Koreanu. 이 기관은 한국어 교육에 투자하려 한다.

instrumentál 형 도구적인, 기능적인. ¶Agora telefone sai instrumentu instrumentál ne'ebé tenke uza loro-loron. 요즘 전화는 매일 사용해야 하는 기능적인 도구가 되었어요.

*instrumentu 명 도구. ¶Nia halo hela demonstrasaun oinsá atu uza instrumentu. 그는 어떻게 도구를 사용하는지 보여 주고 있어요.

*insufisiénsia 명 불충분, 부적합, 부족함, 결핍, 낙제, 불합격. ¶Maria sente insufisiénsia kona-ba Marito nu'udár namoradu. 마리아는 남자친구로서의 마리토에 대해 부족함을 느껴요.

*insufisiente 형 불충분한, 결핍된, 실패한. ¶Evidensia insufisiente, ha'u halo nia fila ba uma. 증거가 불충분해서 그를 집에 돌려보냈어요. 반의 daar.

insulta 동 모욕하다. ¶Maria insulta ninia kolega, tanba kolega ne'e uza Maria nia motór lian laek. 마리아는 친구를 모욕했는데 친구가 그녀의 오토바이를 말없이 사용했기 때문이에요. 유의 dehan aat, hatete aat, insulta, kritika, ko'alia aat, tarata, tolok.

integrasaun 명 통합. ¶ASEAN promove integrasaun ekonómiku. 아세안은 경제 통합을 촉진시켜요. 반의 divizaun.

*intel 명 정보 요원, 첩자. ¶Nia subar ninia identidade nu'udár intel. 그는 정보 요원으로서 정체성을 숨겼어요. 유의 buihú, mauhú. 반의 espiaun.

intelektuál Ⅰ 명 지식인. ¶Nia iha

intelektualidade aas no intelektuál. 그는 지적 능력이 뛰어난 사람이고 지식인이에요. Ⅱ형 교육을 많이 받은, 지성적인, 이지적인, 이성적인. ¶Nia ema intelektuál. 그는 지성적인 사람이에요.

intelektualidade 명 지적 능력, 지적 능력이 뛰어난 사람. ¶Buat ne'ebé lee livru barak ho hanoin ne'e di'ak hodi hasa'e intelektualidade. 책을 많이 읽고 생각을 하는 것은 지적 능력을 높이는 데 좋아요.

intelijénsia 명 기밀, 정보. ¶Nia servisu hela nu'udár xefe iha unidade intelijénsia militar nian. 그는 군대의 정보부에서 대표로 일을 하고 있어요.

***intelijente** 형 총명한, 지능이 있는. ¶Maria mak intelijente no badinas. 마리아는 총명하고 부지런해요.

***intende** 동 뜻하다. ¶realiza saida mak intende 뜻하는 바를 이루다

***intensaun** 명 의도. ¶La bele hakbesik ba ha'u ho intensaun aat. 나쁜 의도를 가지고 내게 접근하지 마세요.

intensidade 명 강렬함, 강도. ¶Nia intensidade hirus ne'ebé nia hatudu ne'e demais. 그가 보여 준 분노의 강도가 좀 심해요.

intensiva 형 여성 집중의, 집중적인. ¶Maria tuir kursu lian Korea intensiva. 마리아는 한국어 집중 과정을 듣고 있다.

intensivu 형 남성 집중적인. ¶Profesór Choi fó kursu intensivu ba estudante sira. 최 교수님은 학생들에게 집중 훈련을 시키고 있습니다.

***intenta** 동 유혹하다, 꼬이다. 유의 babeur.

interasaun 명 상호 작용. ¶Mestre tenke halo interasaun di'ak ho estudante sira. 선생님은 학생들과 상호 작용을 잘해야 해요.

interdependénsia 명 상호 의존, 상호 의존성. ¶teoria interdependénsia 상호 의존성 이론

interdependente 형 서로 의존하는, 상호 의존의. ¶Ita hotu ne'ebé moris iha mundu ne'e iha relasaun interdependente. 지구에 사는 우리는 모두 서로 의존하는 관계입니다.

***interesada** 형 여성 관심 있는. ¶Maria halo ho di'ak ba ema interesada. 마리아는 관심 있는 사람에게 잘 대해 줘요.

***interesadu** 형 남성 관심 있는. ¶Jose interesadu loos kona-ba lian Korea. 조세는 한국어에 관심 있어요.

***interesante** 형 흥미로운. ¶Kantadór na'in hitu, BTS ne'e interesante tebes. 7명의 가수 방탄소년단은 매우 흥미로워요.

***interese** Ⅰ명 이익, 장점, 이점. ¶Karik aprende lian Korea, iha interese buat balun nian. 한국어를 배우면 몇 가지 이점이 있어요. Ⅱ동 관심을 끌다. ¶Ema barak interese atu viajen ba Korea. 한국으로 가는 여행은 많은 사람들에게 관심을 끌어요.

interiór Ⅰ명 내부, 내륙. ¶Maria gosta enfeita interiór iha uma. 마리아는 집에서 내부를 꾸미는 것을 좋아해요. Ⅱ형 내부의, 내륙의. ¶Ema na'in 3 pinta hela didin interiór. 3명이 내부의 벽을 칠하고 있어요.

interjeisaun 명 감탄사. ¶Mai ita moris

I

ho interjeisaun. 우리 감탄사가 있는 삶을 삽시다. (유의) esklamasaun.

interkámbiu 명 교환. ¶Ami tuir ona programa estudante interkámbiu. 우리는 교환 학생 프로그램에 참석했어요. (유의) kámbiu.

interkontinentál 형 대륙 간의. ¶Ninia viajen ida ne'e hakat interkontinentál. 그의 이번 여행은 대륙 간의 횡단이에요.

***interna**[1] 형 (여성) 내부의. ¶Maria dehan katak problema interna balun iha relasaun ho problema li'ur. 마리아는 약간의 내부의 문제는 밖의 문제와 관계가 있다고 했어요. (반의) esterna.

interna[2] 동 (포로 및 정치범을) 억류하다. ¶Uluk, Japaun interna ona Timor-oan barak. 일본군은 많은 티모르인을 억류했어요.

internada 형 (여성) 억류된, 억류당한. ¶Bombeiru feto na'in rua salva ona ema internada sira. 소방관 두 명이 억류된 사람들을 구조했어요.

internadu Ⅰ 명 피억류자. ¶Ninia servisu mak salva internadu. 피억류자들을 구하는 것이 그의 일이에요. Ⅱ 형 (남성) 억류된, 억류당한. ¶Durante loron 30 nia internadu, ikus mai fila ona ba uma. 그는 30일 동안 억류되었다가 결국 집으로 돌아갔다.

internál 형 내적인. ¶Buat importante ida ne'ebé iha jogu grupu mak unidade internál ekipa nian. 단체 경기에서 중요한 것 중 하나가 팀의 내적인 결속이다.

***internasionál** 형 국제적인. ¶Nia maka nu'udár prezidente bá organizasaun internasionál. 그는 대통령으로서 국제적인 기구에 갔어요.

***internasionaliza** 동 국제화하다, 세계화하다. ¶Kompañia bo'ot produs sasán oi-oin hodi internasionaliza. 큰 회사는 세계화하기 위해서 다양한 제품을 생산해요.

***internasionalizmu** 명 세계화, 국제화. ¶Ema bisinis sira iha interese barak ba internasionalizmu. 사업하는 사람들은 세계화에 관심이 많아요.

***internu** Ⅰ 명 하숙인, 인턴. ¶Ninia sala mamuk, entaun nia buka hela internu. 그의 방은 비어서 하숙인을 구하고 있어요. Ⅱ 형 (남성) 내부의. ¶Jose sai suspeitu korrupsaun internu kompañia nian. 조세는 회사의 내부 비리를 의심하게 되었어요. (반의) esternu.

interoga 동 (비밀을) 캐다, 들추다. ¶Jose koko atu interoga ha'u-nia segredu. 조세는 나의 비밀을 캐려고 애를 썼다.

***interpreta** 동 통역하다. ¶Nia iha esperiénsia servisu nu'udár ema ne'ebé interpreta. 그는 통역하는 사람으로서 일한 경험이 있어요. (유의) durubasa.

***interpretasaun** 명 통역. ¶Marito gosta Maria-nia interpretasaun ne'ebé di'ak liu ha'u nian. 마리또는 저보다 더 잘하는 그의 통역을 좋아해요.

interroga 동 심문하다, 추궁하다. ¶Nia komesa atu interroga ha'u. 그는 나를 심문하기 시작했어요. (이표기) interoga.

interrogasaun 명 심문, 질문. ¶Ha'u

prontu atu simu interrogasaun. 저는 심문을 받을 준비가 되었어요. 이표기 interogasaun.

interrompe 동 방해하다. ¶Kuandu nia estuda ninia maun sempre interrompe nia. 그가 공부할 때마다, 형은 그를 방해했어요. 유의 embarga, terik. 반의 apoia. 이표기 interompe.

intersesaun 명 중재, 조종, 알선, 중개. ¶Joel nia intersesaun bele ajuda suku sira iha Timor. 조엘의 중재는 티모르의 작은 마을을 도울 수 있어요.

***intervalu** 명 ①간격. ¶Intervalu entre rai-nakdoko boot bele tinan 200. 큰 지진은 200년 간격으로 온다고 해요. ②휴식 시간. ¶Agora, oras intervalu entaun ita han lai. 지금 휴식 시간이니까 먹자.

intervein 동 ①(문제에) 개입하다, 간섭하다. ¶Ha'u lakohi intervein ba problema hirak ne'e. 저는 이런 문제에 개입하기 싫어요. ②방해하다, 끼어들다. ¶Ita bo'ot la bele intervein bainhira ha'u ko'alia hela. 제가 말하고 있을 때 방해하면 안 돼요. 이표기 intervén.

intervensaun 명 개입, 조종, 중재. ¶Karik ninia kolega halo intervensaun, maka nia sei livre husi problema ne'e. 만약 그의 친구가 개입을 한다면 그는 그 문제에서 해방될 거예요.

íntima 형 여성 친근한, 친한, 친밀한. ¶Maria iha impresaun íntima. 마리아는 친근한 인상을 갖고 있어요.

íntimu Ⅰ 명 친한 친구. ¶Bosco ne'e ha'u-nia íntimu. 보스코가 친한 친구예요. Ⅱ 형 남성 친근한, 친한. ¶Jose halo diskusaun ho kolega íntimu kona-ba problema familia nian. 조세는 집안 문제를 친한 친구와 의논했어요.

intonasaun 명 억양. ¶Nia ko'alia ho intonasaun área rurál. 그는 지방의 억양으로 말해요.

intransitiva 형 자동사의. ¶Intransitiva verbu la presiza objetu. 자동사는 목적어를 필요로 하지 않아요. 반의 tranzitivu.

***introdús** 동 ①소개하다, 안내하다. ¶Professor, ha'u hakarak introdús ha'u nia kolega di'ak ba ita. 교수님께 제 좋은 친구를 소개하고 싶어요. 유의 aprezenta, fó-koñese. ②도입하다. ¶introdús sistema 제도를 도입하다 / Ami-nia fábrika introdús fasilidade kro'at. 우리 공장은 얼마 전 첨단 설비를 도입하였다.

***introdusaun** 명 소개. ¶Nia hahú ho introdusaun badak. 그는 짧은 소개로 시작했습니다.

***intrope** 동 방해하다. ¶Labele intrope ó-nia maun ne'ebé estuda, sai husi kuartu. 공부하는 형 방해하지 말고 방에서 나와.

***introspeksaun** 명 반성. ¶introspeksaun nia matan-been 반성의 눈물

***inu** 명 찬가. ¶Ita hotu kanta inu Seoul nian. 우리 모두는 서울의 찬가를 불렀어요. 유의 hananu.

inu nasionál 애국가, 나라를 상징하는 노래. ¶Timor nia inu nasionál mak Pátria-Pátria. 티모르의 애국가는 파트리아-파트리아예요.

*__inundasaun__ 명 홍수. ¶Ohin novidade boot mak inundasaun. 오늘 중요 소식은 홍수입니다. 유의 bee-sa'e.

*__inus__ 명 코. ¶Ha'u-nia inus ne'e hanesan ho ha'u nia apá nian. 제 코는 아빠랑 똑같아요.

*__inus-been__ 명 콧물. ¶Maria, inus-been sai. Tixu iha ne'e. 마리아, 콧물 나온다. 여기 휴지 있어. 이표기 inus been.

*__inus-kain__ Ⅰ 명 콧등. ¶Bola semo mai baku ha'u-nia inus-kain. 공이 날아와서 제 콧등을 쳤어요. Ⅱ 형 거만한, 오만한, 업신여기는, 무시하는, 으스대는. ¶Nia ema inus-kain nune'e ema sira la gosta nia. 그는 거만한 사람이어서 사람들이 싫어해요. 이표기 inus kain.

*__inus-kuak__ 명 콧구멍. ¶Inus-been sai husi inus-kuak. 콧구멍에서 콧물이 나와요. 이표기 inus kuak.

*__inus-metin__ 동 코가 막히다. ¶Nia inus-metin entaun difisil atu dada iis. 그는 코가 막혀서 숨쉬기가 힘들어요. 이표기 inus metin.

*__inus-teen__ 명 코딱지. ¶Inus-been maran sai inus-teen. 콧물이 말라서 코딱지가 되었어요. 이표기 inus teen.

__invade__ 동 들다, 침입하다. ¶Hori kalan na'ok-teen invade Jose nia uma. 어젯밤에 조세네 집에 도둑이 들었다.

__inválida__ 형 여성 효력 없는. ¶Maria dehan katak periodu passaporte remata ona, agora inválida. 마리아는 여권 기간이 지나서 이젠 효력 없다고 했어요.

__inválidu__ Ⅰ 명 병약자. ¶Nia servisu kuidadu inválidu sira. 그는 병약자들을 돌보는 일을 해요. Ⅱ 형 남성 효력 없는, 정지된. ¶Jose-nia kartaun kreditu inválidu tiha ona. 조세의 신용 카드는 정지되어 효력이 없어요.

__invariavel__ 형 변함없는, 변치 않는. ¶Menu ida-ne'e invariavel maibé gostu hahán nian la hanesan ho uluk. 이 메뉴는 변함없는데 음식맛은 예전 같지 않네요.

__invazaun__ 명 침략. ¶Ha'u hakarak hela iha fatin hakmatek ne'ebé invazaun laek. 침략이 없는 평화로운 곳에서 살고 싶다.

__invazór__ Ⅰ 명 침략자. ¶Invazór sira sunu uma sira povu nian. 침략자들은 백성들의 집을 불태웠다. Ⅱ 형 침략하는. ¶Jenerál kontinua estuda estratéjia invazór nian. 장군은 침략하는 전술을 계속해서 연구했다.

__invensaun__ 명 발명품. ¶invensaun ne'ebé hamonu estereótipu 고정 관념을 깬 발명품

__inventa__ 동 발명하다, 지어내다. ¶Ita hatene sé mak inventa 'Hanguel' alfabetu lian Korea nian? 한국어의 알파벳인 '한글'을 누가 만들었는지 알아요?

__inventáriu__ 명 물품 목록. ¶Manajer otél atu haree inventáriu otél nian. 호텔 관리인은 호텔의 물품 목록을 보려고 해요.

__inventasaun__ 명 발명. ¶Inventasaun komputadór lori mudansa boot bá povu nia moris. 컴퓨터의 발명은 사람들의 생활에 큰 변화를 가져왔다.

__inventiva__ 명 발명, 창의력이 풍부함.

¶Tanba sasán inventiva, Maria simu prémiu husi diretór eskola. 발명품 때문에, 마리아는 교장으로부터 상을 받았습니다.

***invernu** 명 겨울. ¶Iha Korea agora ne'e invernu. 한국은 지금 겨울이에요.

inversa 형 여성 반대의, 역방향의. ¶Maria dehan katak agora ami la'o hela ba diresaun inversa. 마리아는 지금 우리가 반대의 방향으로 가고 있다고 말했다.

inversu I 명 반대. ¶Nia dehan "inversu" ba ha'u-nia opiniaun. 그는 제 의견에 항상 "반대"라고 말해요. II 형 남성 반대의, 역방향의. ¶Ita iha opiniaun inversu atu rezolve problema ne'e? 이 문제를 해결하기 위한 반대 의견 있어요?

***investe** 동 투자하다. ¶Presiza fundus hira hodi investe ba inisiativa estabelese instituisaun ne'e? 이 기관을 설립하는 데 처음에 투자하기 위한 자금이 얼마나 필요합니까?

유의 kuda-osan, halo investimentu.

***investiga** 동 조사하다. ¶Polísia investiga hela nia kona-ba kazu importasaun ai-moruk aat. 경찰은 마약 수입 건에 대해서 그를 조사하고 있어요. 유의 buka-tuir, halo investigasaun.

***investigadór** 명 조사관, 심의관. ¶Nia servisu nu'udár investigadór. 그는 조사관으로 일해요.

***investigasaun** 명 조사. ¶PNTL halo investigasaun kona-ba kazu oho. 동티모르 경찰은 살인 사건에 대해 조사를 했습니다.

***investimentu** 명 투자. ¶Nia halo investimentu porsentu 50 husi ninia saláriu. 그는 급여의 50%를 투자를 해요.

***iogurte** 명 요구르트. ¶Nia han matabixu ho iogurte de'it. 그는 요구르트로만 아침 식사를 했어요.

ipopótamu 명 하마. ¶Nia hatais hela ropa ne'ebé iha marka ipopótamu nian. 그는 하마 마크가 있는 옷을 입고 있어요.

ipoteze 명 가설. ¶Nia hakerek hela livru ida kona-ba importansia ipoteze. 그는 가설의 중요성에 대한 책을 쓰고 있어요.

Irake 명 이라크. ¶Irake no Iraun nia funu ne'e remata ona ka? 이라크와 이란 전쟁은 끝났나요?

irakiana 형 여성 이라크 사람의, 이라크어의. ¶Maria hatete katak kultura Irakiana, presiza tempu atu kompriende. 마리아는 이라크 사람들의 문화는 이해하는 데 시간이 걸린다고 말했어요.

irakianu I 명 이라크 사람, 이라크 말. ¶ema irakianu 이라크 사람 II 형 남성 이라크 사람의, 이라크어의. ¶Jose dehan katak pronúnsia lian irakianu nian ne'e fasil ka? 조세는 이라크어의 발음이 쉽다고 말했나요?

Iraun 명 이란. ¶Nasaun Iraun nafatin funu hela ka? 이란은 아직도 전쟁 중인가요?

iris 명 홍채. ¶Maria la bele haree ho problema iris nian. 마리아는 홍채 이상으로 잘 볼 수 없어요.

Irlanda 명 아일랜드.

I

irlandés Ⅰ[명] 게일어. ¶Maria aprende hela irlandés. 마리아는 게일어를 공부하고 있다. Ⅱ[형](남성) 아일랜드의, 아일랜드인의. ¶Jose bele pinta bandeira nasaun irlandés. 조세는 아일랜드의 국기를 그릴 수 있어요.

irlandésa [형](여성) 아일랜드의, 아일랜드인의. ¶Maria iha kolega, ema irlandésa. 마리아는 아일랜드 출신인 친구가 있다.

ironia [명] 아이러니, 역설. ¶Ida-ne'e ironia, ninia fallansu hetan atensaun maka'as husi ema, nune'e nia hetan susesu. 아이러니하게도, 그의 실패가 많은 관심을 받아서 결국 그는 성공했다.

irrasionál Ⅰ[명] 비합리성. ¶Nia sente irrasionál tebes bainhira nia haree mudansa sosiál. 그는 사회적인 변화를 볼 때 비합리성을 크게 느껴요. Ⅱ[형] 비논리적인, 비합리적인. ¶polítika irrasionál 비합리적인 정책

irregulár [형] 불규칙한, 관습적이지 않은. ¶Servisu irregulár halo kliente sira hato'o keixa barak. 불규칙한 서비스는 손님들이 불평을 많이 하게 해요. (유의) anómala, anómalu.

irregularidade [명] 변칙, 불규칙, 부정, 이상. ¶Investigadór sira la hetan evidensia kona-ba irregularidade. 연구가들은 변칙에 대한 증거를 찾지 못했다.

*irrelevante** [형] 관계없는. ¶Ema irrelevante barak iha semináriu ida-ne'e. 이 세미나에는 관계없는 사람들이 많이 있어요. (반의) relevante.

irresponsabilidade [명] 무책임, 무책임감. ¶Ha'u hakfodak ba ninia irresponsabilidade iha nia kna'ar. 저는 그의 역할에 있어서의 무책임감에 놀랐습니다.

irresponsavel [형] 무책임한. ¶Nia ema irresponsavel ba familia. 그는 가족에게 무책임한 사람이에요.

irrigasaun [명] 관개 수로. ¶Irrigasaun iha Zumalai nia reputasaun di'ak. 주말라이에 있는 관개 수로는 평판이 좋아요.

isin [명] 신체, 몸. ¶Ninia isin forsa tanba halo ezersíziu loroloron. 그는 매일 운동해서 몸이 튼튼해요.

*__isin-aat__ [형] 비쩍 마른, 야윈. ¶Nia mak agora isin-aat liu. 그가 요즘 더 야위었어요. (유의) krekas. (이표기) isin aat.

*__isin-balun__ [명] 팔다리, 사지. ¶Ha'u sente moras isin-balun tomak. 팔다리 온몸이 아픈 것 같아요. (이표기) isin balun.

*__isin-baruk__ [형] 힘이 없는, 무력한. ¶Ha'u isin-baruk tanba la toba iha horiseik. 저는 어제 잠을 안 자서 힘이 없어요. (유의) isin-todan. (이표기) isin baruk.

isin-boot [형] (근육, 골격, 몸이) 큰. ¶Nia sei tinan 15, maibé isin-boot liu. 그는 겨우 15세인데 몸이 너무 큰 것 같아요. (유의) boot. (이표기) isin boot.

*__isin-di'ak__ Ⅰ[명] 건강히 잘 지냄, 안녕. ¶Ami-nia familia isin-di'ak hela. 우리 가족은 건강히 잘 지내고 있어요. (반의) moras. Ⅱ[형] 건강 상태가 좋은, 건강한. ¶Pai agora isin-di'ak tebes. 아빠는 요즘 건강해요. (반의) moras. (이표기) isin diak.

isin-dodok [명] 죽은 동물의 사체, 썩어 가는 고기. ¶Ai-horis ne'ebé horon hanesan isin-dodok iha ne'e. 여기 썩어 가는 고기 냄새가 나는 식물이 있어요. (이표기) isin dodok.

isin-forte I 명 건강, 건강함. ¶Halo ezersisiu barak atu nune'e ita nia isin-forte nafatin! 계속 건강을 유지하려면 운동을 많이 하세요! (유의) isin-maka'as. II 형 힘센, 힘이 센, 강한. ¶Ha'u-nia kaben ne'e isin-forte. 남편은 힘이 세요. (유의) isin-maka'as. (이표기) isin forte.

isin-fraku I 명 노쇠함, 약함. ¶Avó lee livru loroloron maske ninia isin-fraku liu. 할아버지는 노쇠함에도 불구하고 매일 책을 봐요. (반의) isin-forte. II 형 노쇠한, 약한. ¶Tinan ba tinan avó sai isin-fraku liu. 해가 갈수록 할아버지는 더 노쇠해집니다. (반의) isin-forte. (이표기) isin fraku.

isin-fulun 명 몸털, 체모. ¶Ema balun iha isin-fulun barak. 어떤 사람은 체모가 많다. (이표기) isin fulun.

isin-fulun hamriik 소름이 끼치다. ¶Filme ta'uk ne'e isin-fulun hamriik. 그 공포 영화는 소름이 끼쳤어요. (이표기) isin fulun hamriik.

isin-kafu'ak I 명 물집, 수포. ¶Ha'u la'o ho sapatu foun, agora isin-kafu'ak sa'e iha ha'u nia ain. 새 신발로 걸었더니 발에 물집이 올라왔어요. (유의) botok, fokar. II 형 물집 잡힌, 수포가 생긴. ¶Se bainhira haree isin-kafu'ak, ita tenke bá ospitál. 만약에 수포가 생겼을 때는 병원에 가야 해요. (이표기) isin kafuak.

isin-kanek 형 상처 난, 부상 입은. ¶Ha'u isin-kanek ho sériu. 저는 심하게 상처가 났어요. (이표기) isin kanek.

isin-katar I 명 가려움. ¶Nia la bele tahan isin-katar. 그는 가려움을 참을 수가 없어요. II 형 가려운. ¶Fatin isin-katar iha ne'ebé? 가려운 데가 어디예요? (이표기) isin katar.

isin-kole I 명 피로, 권태. ¶Ha'u bá Sauna hodi halo mamar isin-kole. 피로를 풀기 위해서 사우나에 갔어요. II 형 피곤한. ¶Ha'u ohin la'o kleur, isin-kole liu. 전 오늘 오래 걸어서 너무 피곤해요. (유의) kole. (이표기) isin kole.

isin-ladi'ak I 명 몸 상태가 나쁨, 몸이 안 좋은 것. ¶Tanba isin-ladi'ak, nia iha ospitál kleur. 몸이 안 좋은 것 때문에 그는 병원에 오래 있었다. II 형 (몸이) 좋지 못한, 아픈. ¶Nia la pasa iha ezame PNTL tanba isin-ladi'ak. 그는 몸이 좋지 않아서 경찰 시험에 통과하지 못했어요. (이표기) isin ladiak.

isin-lais I 명 날렵함, 민첩함, 명민함. ¶Ami hatene ninia isin-lais ho di'ak bainhira joga bola. 우리는 축구할 때, 그의 날렵함을 잘 알아요. II 형 날렵한, 민첩한. ¶Ninia asaun isin-lais salva ninia vida. 그의 민첩한 행동이 그의 삶을 구했어요. (이표기) isin lais.

isin-lolon 명 몸통, 몸. ¶Nia fila mai ho isin-lolon tanan de'it. 그는 빈 몸으로 돌아왔어요. (이표기) isin lolon.

isin-lotuk 형 날씬한. ¶Maria isin-lotuk. 마리아는 날씬해요. (유의) ezbelta, ezbeltu. (이표기) isin lotuk.

isin-maka'as I 명 억셈, 건장함. ¶Maria gosta ninia isin-maka'as. 마리아는 그의 건장함을 좋아해요. (유의) isin-

I

forte. Ⅱ 형 원기 왕성한, 팔팔한. ¶Idade isin-maka'as la kontinua to'o mate. 원기 왕성한 나이는 죽을 때까지 계속되지 않아요. 유의 isin-forte. 이표기 isin maka'as.

*__isin-malirin__ 명 열, 감기, 오한. ¶Ha'u sente isin-malirin karik ha'u atu moras. 오한이 느껴지는 걸 보니 아마도 아프려나 봐요. 이표기 isin malirin.

*__isin-manas__ Ⅰ 명 열, 체열. ¶Nia agora toba maibé iha isin-manas. 그는 지금 잠들었지만 열이 있어요. Ⅱ 형 몹시 흥분한, 과열된. ¶Nia hatene kolega-nia korrupsaun no isin-manas. 그는 친구의 부정부패를 알고 몹시 흥분했어요. 이표기 isin manas.

__isin-manas bee-doko__ 열이 나고 오한이 있다. ¶Husi horiseik, ha'u iha isin-manas bee-doko. 어제부터 열이 나고 오한이 있어요. 이표기 isin manas bedoko.

__isin-matek__ 형 무감각한, 마비된. ¶Ninia liman sai isin-matek tanba malirin tebes. 너무 추워서 그의 손이 무감각하게 되었어요. 이표기 isin mate.

__isin-metan__ 형 피부색이 검은, 흑인의. ¶Marito isin-metan no isin-maka'as. 마리또는 피부색이 검고 건장해요. 이표기 isin metan.

*__isin-moos__ Ⅰ 명 청결, 위생. ¶Liman nia isin-moos ne'e importante tebes. 손의 청결은 매우 중요해요. 유의 moos. Ⅱ 형 깨끗한, 위생적인. ¶Fatin ida-ne'e isin-moos, ita bele toba iha ne'e. 이곳은 깨끗해서 여기서 자도 돼요. 이표기 isin moos.

*__isin-moris__ Ⅰ 명 에너지, 힘. ¶Ha'u sente katak ha'u nia kolega nia lian iha isin-moris. 친구의 목소리에 힘이 있는 것 같아요. Ⅱ 동 서두르다. ¶Isin-moris! Tempu la iha! 서둘러! 시간이 없어! 유의 ansi, lailais. 반의 diskretu. Ⅲ 형 활동적인. ¶Nia isin-moris nune'e halo servisu ho di'ak. 그는 활동적이어서 일을 잘해요. 유의 ativu. 이표기 isin moris.

__isin-morna__ 명 미열. ¶Ha'u iha isin-morna maibé la moras. 미열이 있지만 아프지는 않아요. 이표기 isin morna.

*__isin-rua__ Ⅰ 명 임신. ¶Maria nia familia kontente rona husi notísia ninia isin-rua. 마리아의 가족은 그녀의 임신 소식을 듣고 기뻐했습니다. 유의 gravidés. Ⅱ 형 임신한. ¶Ha'u-nia feen isin-rua. 제 아내는 임신했어요. 유의 estadu, kabuk. 이표기 isin rua.

__isin-sa'e__ 동 몸무게가 늘다. ¶Agora ha'u isin-sa'e tanba han antes toba. 요즘 자기 전에 먹었더니 몸무게가 늘었어요. 반의 isin-tun. 이표기 isin sa'e.

__isin-tanan__ Ⅰ 명 나체, 벌거숭이, 노출. ¶Horiuluk hori wa'in kedas, ema hela ona ho isin-tanan. 태초에 인간은 벌거숭이로 살았어요. Ⅱ 형 나체의, 벌거숭이의, 노출된. ¶Favór hatais ropa ba labarik sira isin-tanan. 벌거숭이의 아이들에게 옷을 입혀 주세요. 이표기 isin tanan.

__isin-todan__ Ⅰ 명 노곤함. ¶Ohin ha'u la'o kleur liu no han nune'e agora ha'u sente isin-todan. 오늘 너무 많이 걷고 밥을 먹었더니 이제 노곤함을 느껴요. Ⅱ 형 힘이 없는, 무력한. ¶Nia sente isin-todan tebes atu hadeer. 그는 잠에서 깨어 일어나려는데 힘이 없어요. (유의) isin-baruk. (이표기) isin todan.

⁑ **isin-tomak** 명 전신, 온몸, 몸의 전체. ¶Depois halo olaraga horisehik, ha'u sente fai isin-tomak no moras. 어제 운동을 하고 나서 온몸이 쑤시고 아파.

isin-tun 동 몸무게가 줄다. ¶Ha'u halo ezersísiu loro-loron, isin-tun! 매일 운동했더니 결국 몸무게가 줄었어요! (이표기) isin tuun.

⁑ **iskeiru** 명 라이터. ¶Ha'u bele empresta iskeiru? 라이터 좀 빌릴 수 있어요? (유의) gás.

Istambúl 명 이스탄불. ¶Bainhira nia hela iha Istambúl, nia aprende lian Turkia. 그가 이스탄불에 살았을 때 터키어를 공부했어요.

istori 명 이야기. ¶Ha'u rona hela Maria nia istori. 저는 지금 마리아의 이야기를 듣고 있어요. (유의) istória, knanoik.

* **istória** 명 ①이야기, 소설. ¶Nia iha istória ida-ne'ebé atu konta mai ita. 그에게는 우리에게 말해 주려는 이야기가 하나 있었다. (유의) ai-knanoik. ②역사. ¶La estuda istória, planu futuru di'ak ne'e difisil. 역사를 공부하지 않고 좋은 미래 계획은 어려워요.

istoriadór 명 사학자, 역사학자. ¶Ha'u-nia kolega istoriadór hela iha Timor. 제 친구 역사학자는 동티모르에 살아요.

⁑ **istóriku** 형 역사적인. ¶Nia hakarak vizita fatin istóriku Timor nian. 그는 동티모르의 역사적인 장소를 방문하고 싶어해요.

* **istori malu** 싸우다, 경쟁하다, 대항하다. ¶Ha'u-nia viziñu istori malu horikalan. 제 이웃은 어젯밤에 싸웠어요. (반의) badame.

⁑ **ita** 대 ①너. ¶Ita atu bá eskola ka? 너 학교에 가려는 거야? (유의) ó. ②우리. [청자를 포함할 때 사용한다] ¶Ita tenke ko'alia ho lian Korea. 우리는 한국어로 말해야 합니다. (유의) ami. (반의) imi.

Ita-Boot 대 폐하, 각하. ¶Ita-Boot nia tuur-fatin maka iha ne'e. 각하께서 앉으실 곳은 여기입니다. (이표기) ita boot.

Itália 명 이탈리아.

italianu Ⅰ 명 이탈리아인, 이탈리아어. ¶Ita bele ko'alia lian Italianu? 이탈리아어 할 수 있어요? Ⅱ 형 이탈리아의. ¶Hahán Italianu ne'e gostu. 이탈리아 음식은 맛있어요.

itáliku Ⅰ 명 이탤릭체. ¶Ezemplu ida-ne'e hakerek iha Itáliku. 이 예문은 이탤릭체로 쓴 거예요. Ⅱ 형 이탤릭체의. ¶Fraze ida-ne'e uza ho tipu Itáliku. 이 문장은 이탤릭체의 형태를 사용한 거예요.

⁑ **ita-nia** 대 ①우리의. ¶Ita-nia saúde importante tebes. 우리의 건강은 매우 중요해요. (유의) ami-nia. ②너의. ¶Ita-nia naran? 너의 이름은? (유의) ó-nia. (이표기) ita nia.

⁑ **ita-nian** 대 ①우리의 것. ¶Iha ne'e tomak, hotu-hotu ita-nian. 여기에 있는 전부가 모두 우리 것이에요. (유의) ami-nian. ②당신의 것. ¶Livru sira ne'e ita-nian ka? 이 책들 당신의 것인가요? (이표기) ita nian.

I

*ituan 형(좀, 조금) 덜한. ¶Veraun tinan ida-ne'e manas ituan kompara ho tinan kotuk. 올해 여름은 작년 여름보다 더위가 좀 덜하네.

izlámika 형 여성 이슬람교의. ¶Feto ne'e tuir regularmentu izlámika. 그녀는 이슬람교의 규칙을 따라요.

izlámiku 형 남성 이슬람교의. ¶fundadór izlámiku 이슬람교의 창시자

Izlandia 명 아이슬란드.

Izlaun Ⅰ 명 이슬람, 무슬림. ¶ema Izlaun 이슬람교도 Ⅱ 형 이슬람의, 무슬림의. ¶Iha Timor-Leste númeru Izlaun ne'e ki'ik. 동티모르에 이슬람교도의 숫자는 적어요.

izola 동 고립시키다. ¶La bele atu izola ita-boot nia an husi ema sira. 당신 자신을 사람들로부터 고립시키려 하지 마세요.

izoladu 형 고립된. ¶Uma ida-ne'e izoladu kleur, ema hela ka lae ha'u la hatene. 이 집은 오랫동안 고립되어 있어서, 사람이 살고 있는지 잘 모르겠어요.

Izraél 명 이스라엘.

J

***Jakarta** 명 자카르타. ¶Jakarta kapitál Indonézia nian. 자카르타는 인도네시아의 수도예요.

***jambatan** 명 다리. ¶Ita sei liu husi jambatan Comoro antes ita bá aeroportu. 공항에 가기 전에 코모로 다리를 지날 거예요. 유의 ponte.

jambua 명 그레이프프루트. [약간 신맛이 나고 큰 오렌지같이 생긴 노란 과일] ¶Ha'u hakarak han Jambua. 저는 그레이프프루트 먹기를 좋아해요.

*****Janeiru** 명 일월. ¶kalendáriu lunár katak fulan-Janeiru 음력 일월 유의 fulan-Janeiru.

*****janela** 명 창문. ¶Favór taka janela. 창문을 닫아 주세요.

janela-vidru 명 유리 창문. ¶Janela-vidru ha'u-nia karreta fo'er. 제 자동차의 유리 창문은 지저분해요.

*****jantár** 명 저녁. ¶Nia han jantár ho ninia familia. 그는 가족과 저녁 식사를 해요.

***Japaun** 명 일본.

***japonés** 형 일본인의. ¶Hahalok Japonés úniku ba Timor-oan. 동티모르인에게 일본인의 행동은 독특해요. 이표기 Japoneza.

***japoneza** 명 일본인. ¶Ema japoneza barak iha Timor. 티모르에 일본인이 많아요.

***jardín** 명 정원, 공원. ¶Ami bá estuda iha jardín 5 de Maio. 우리는 5월 5일 공원에 가서 공부해요.

jardineiru 명 정원사. ¶Nia servisu nu'udár jardineiru. 그는 정원사로 일해요.

jardín-infantíl 명 유치원. ¶Jardín-infantíl besik iha ha'u-nia uma. 그 유치원은 우리집 가까이에 있어요. 유의 preprimária. 이표기 jardín infantíl.

Java 명 자바. ¶Java koñesidu tebes. 자바는 매우 유명해요.

javanés I 명 자바인. ¶Nia javanés hela iha Timor. 그는 티모르에 사는 자바인이에요. II 형 자바인의. ¶Atividade javanés barak iha Indonézia. 인도네시아에서 자바인의 활동은 많아요.

jeada 명 성에. ¶Se malirin tebes, jeada mai iha vidru. 아주 추우면 유리창에 성에가 껴요.

***jeitu** I 명 기술, 기능, 솜씨, 재주. ¶Nia iha

jeitu ida kona-ba kanta. 그는 노래 부르는 데 재주가 있어요. ㊲ enjeñu. Ⅱ 형 숙련된, 유능한. ¶Nia jeitu entaun simu saláriu boot. 그는 유능해서 급여가 많아요. ㊲ enjeñozu.

⁑**jeladu** Ⅰ 명 아이스크림. ¶Rai manas tebes entaun ha'u presiza bee jeladu. 날씨가 무척 더워서 아이스크림이 필요해요. ㊲ sorvete. Ⅱ 형 언, 얼린. ¶Ami haree bee jeladu difisil iha Timor-Leste. 동티모르에서 얼린 물을 보긴 어려워요.

*__jeleira__ 명 아이스박스, 냉장고. ¶Ami iha jeleira rua. 우리는 아이스박스가 두 개 있어요.

⁑**jelu** 명 얼음. ¶Favór fó bee tau ho jelu. 얼음 넣은 물 주세요.

jelu-fatuk 명 우박, 얼음덩이. ¶Favór foti jelu-fatuk iha jeleira laran. 냉장고에서 얼음덩이 좀 꺼내 주세요. 이표기 jelu fatuk.

jelu-rahun 명 서리, 간 얼음, 눈, 성에. ¶Jelu-rahun iha jeleira. 냉장고에 성에가 끼었다. / Ha'u presiza jelu-rahun tau iha kopu. 컵에 간 얼음이 좀 필요해요.

jenerál 명 장군. ¶Jenerál militár ida sai ona nu'udár embaixadór mai Timor-Leste. 한 장군이 대사로서 동티모르에 왔어요.

jeneralidade 명 일반성, 원칙, 기본. ¶Favór tuir jeneralidade, bainhira ita sente konfuzaun. 혼동될 땐 원칙을 따르세요.

jeneraliza 동 일반화하다. ¶Nia la espera katak mestre sira atu jeneraliza tópiku kona-ba politika rai-laran. 그는 선생님들이 국내 정치에 대해 일반화하는 것을 희망하지 않아요.

jeneralizasaun 명 일반화. ¶Favór koko atu evita jeneralizasaun ne'ebé afeta ba problema. 문제에 영향을 주는 일반화를 피하도록 하세요.

jenériku 형 포괄적인, 통칭의. ¶Arte mak nu'udár termu jenériku ne'ebé kompostu husi dezeñu no múzika. 예술은 디자인과 음악이 복합된 포괄적인 단어예요.

jenerozidade 명 관용. ¶Bainhira ita hasoru nasaun seluk nia kultura tanke lori atitude jenerozidade. 다른 나라의 문화를 대할 때에는 관용의 자세를 가져야 한다.

jéneru 명 속. [생물 분류상 층위의 하나] ¶Bain-bain iha de'it bakteria ho jéneru rua mak fó benefísiu. 일반적으로 이로운 박테리아의 속은 두 개뿐이에요.

jenétika Ⅰ 명 유전학. ¶Ema idaidak iha ninia kode jenétika. 각각의 사람은 자신의 유전학 코드를 가지고 있어요. Ⅱ 형 유전의, 유전학의. ¶jenétika inan-aman 부모의 유전 요소

jéniu 명 기질. ¶Nia iha jéniu artístika. 그는 예술가적인 기질을 가지고 있어요. ㊲ temperamentu.

Jénova 대 제노바. [이탈리아 북서부의 항구 도시] ¶Foin daudaun, Joel halo edifísiu iha Jénova. 최근 조엘은 제노바에 건물을 지었어요.

jeografia 명 지리학. ¶Ita bo'ot bele esplika jeografia mai ha'u? 내게 지리학

을 설명해 주실래요? 유의 geografi.

jeográfiku 형 지리학적인.

jeolojia 명 지질학. ¶Nia aprende jeolojia iha universidade. 그는 대학에서 지질학을 배웠어요. 유의 geologi.

jeolójiku 형 지질학의. ¶Estudante jeolójiku sira sei partisipa treinu. 지질학 학생들은 실습에 참여해요.

jeometria 명 기하학. ¶Dezeñu barak bazeia ba jeometria ne'ebé ho simples. 기하학에 기초한 그림은 단순해요.

jeométrika 형 여성 기하학적인. ¶Maria gosta dezeñu jeométrika. 마리아는 기하학적인 무늬를 좋아해요.

jeométriku 형 남성 기하학적인.

Jeorjia 명 조지아.

jeorjianu 형 조지아의. ¶lian jeorjianu 조지아의 언어

***jeradór** 명 발전기. ¶Ospital ne'e uza jeradór ida wainhira ahi la lakan. 이 병원 불이 나갔을 때 발전기를 사용해요. 유의 generator.

jerál[1] 명 미술관, 화랑. ¶Pintura sira barak iha jerál laran. 미술관 안에 그림이 많아요.

****jerál**[2] 형 일반적인, 전반적인. ¶Livru ne'e trata asuntu jerál kona-ba Timor-Leste. 그 책은 동티모르에 대한 일반적인 재정을 다루고 있어요.

jerasaun 명 후손, 세대. ¶Timor-oan balu fiar katak sira mak lafaek nia jerasaun. 일부 동티모르인들은 악어의 후손이라 믿어요. 반의 bein.

****jerasaun-aat** 명 왜자한 무리, 폭도. ¶Jerasaun-aat estraga estabilidade nasaun nian. 폭도는 국가의 안정을 파괴해요.

jerénsi 명 경영. ¶Nia tenke kuidadu kona-ba jerénsi. 그는 경영에 대해 조심해야 해요. 유의 jestaun.

jerensiál 형 경영의. ¶Nia pratika hela abilidade jerensiál. 그는 경영의 기술을 훈련하고 있어요.

jerente 명 경영자. ¶Nia jerente iha ninia kompañia laran. 그는 자기 회사의 경영자예요.

jermánika 형 여성 게르만의. ¶Maria uza pronaunsia jermánika. 마리아는 게르만의 발음을 내요.

jermániku 형 남성 게르만의. ¶Jose sosa livru tolu kona-ba istória jermániku. 조세는 게르만 역사에 대한 책을 세 권 샀어요.

Jeruzalén 명 예루살렘. ¶Nia moris iha Jeruzalén. 그는 예루살렘에 살아요.

jestaun 명 경영. ¶Servisu ne'e falla tanba kazu jestaun ne'ebé ladi'ak. 경영 사례가 나빠서 이 서비스는 틀렸어요. 유의 jerénsi.

****jestu** 명 몸짓, 제스처. ¶Nia fó jestu ladi'ak ba kondutór seluk. 그는 다른 운전사에게 나쁜 제스처를 했어요.

jezuita 명 가톨릭 예수회 소속 수도자, 예수회. ¶Nia aprende no treinu tinan 5 atu sai padre jezuita. 그는 예수회 신부가 되기 위해 5년간 공부하고 훈련을 받았어요.

***jigante** 명 거인. ¶Ha'u-nia espíritu mate tanba atleta seluk iha jogu deut malu mak jigante tebes. 씨름 상대로

J

나온 선수가 워낙 거인이어서 나는 기가 죽었다.

jin 명 진. [토닉워터나 과일주스를 섞어 마시는 독한 술] ¶Favór fó ha'u ľata jin. 캔에 든 진 주세요.

jinástika 명 체조, 체육. ¶Loraik-loraik, ami halo jinástika iha kampu tebe bola. 점심마다 우리는 축구장에서 체조를 해요. 유의 desportu.

*** jináziu** 명 체육관. ¶Ha'u hasoru nia iha jináziu. 그를 체육관에서 만나요.

jinja 명 버찌, 체리. ¶Ha'u horon jinja. 체리 향기가 나네요.

jipe 명 지프차. ¶Nia hateten ba kondutór atu hapara lai iha jipe ne'e. 그는 운전사에게 이 지프차가 있는 곳에 멈추라고 말했어요. 유의 karreta-jipe.

jirafa 명 기린. ¶Jirafa nia aas maka 5.5m. 기린의 키는 5.5미터예요.

jirasól 명 해바라기. ¶Maske loro-matan nabilan laiha, maibé jirasól sempre fresku. 햇볕이 없지만 해바라기는 신선해요.

jís 명 분필. ¶Mestre sira presiza jís hodi hakerek iha kuadru. 선생님들은 칠판에 쓰기 위해서 분필이 필요해요. 유의 fatuk-mutin.

*** joga** 동 ①운동하다, 경기를 하다. ¶Ohin joga bola ne'e rame loos. 오늘 아주 멋지게 축구 경기를 했어요. ②카드 게임을 하다. ¶Nia joga ho kolega sira semana-semana. 그는 매주 친구들과 카드 게임을 해요. ③도박을 하다. ¶Nia bá Macau atu joga ho ninia kolega. 그는 친구들과 도박을 하러 마카오에 가요.

joga bola 축구. ¶Ha'u-nia doben gosta joga bola. 제 배우자는 축구를 좋아해요. 유의 futeból, tebe-bola.

*** jogadór** 명 선수, 플레이어. ¶Jogadór barak iha Timor. 티모르에는 많은 선수들이 있어요. 유의 joga-na'in.

*** joga fo'er** 속이다. ¶Nia joga fo'er ninia kolega. 그는 친구를 속였어요. 유의 baur, han-matak, lohi.

*** joga-na'in** 명 선수, 플레이어. ¶Ba Pyeongchang Peace Cup, joga-na'in 6 husi Timor to'o ona iha Korea. 평창 피스컵을 위해서 동티모르 선수 여섯 명이 한국에 도착했어요. 유의 jogadór.

*** jogin** 명 조깅. ¶Dadeer-dadeer ha'u halo jogin durante oras ida. 매일 아침 저는 1시간 동안 조깅을 합니다.

*** jogu** 명 게임. ¶Mai ita haree jogu ne'e se mak atu manán! 누가 이기는지 이 게임을 보자!

Jordánia 명 요르단. ¶Jordánia iha kontinente Ázia. 요르단은 아시아 대륙에 있어요.

jordaniana 형 여성 요르단의. ¶Feto ne'e esplika teritoriu jordaniana. 그 여자는 요르단의 영토를 설명해요.

jordanianu Ⅰ 명 요르단 사람. ¶ema jordanianu 요르단 사람 Ⅱ 형 남성 요르단의. ¶Feto ne'e esplika teritoriu jordanianu. 그 남자는 요르단의 영토를 설명해요.

Jordaun 명 요르단강.

*** jornál** 명 신문. ¶Nia lee jornál loroloron. 그는 일간 신문을 봐요. 유의 gazeta, surat-jornál.

jornalista 명 기자, 언론인, 저널리스트. ¶Jornalista sira-nia servisu mak atu buka no fahe informasaun. 언론인들의 일은 정보를 찾고 나누는 것이에요. / Ninia mehi mak sai jornalista ne'ebé halo reportajen lia-loos ne'ebé la'os falsu ba ema sira. 그녀의 꿈은 사람들에게 거짓이 없는 사실을 전해 주는 기자가 되는 것이었다. 유의 redatór.

jornalizmu 명 보도주의, 저널리즘. ¶Jornalizmu mak fundasaun importante ba demokrasia. 저널리즘은 민주주의의 중요한 기초예요.

*__José Ramos-Horta__ 라모스오르타. [동티모르 민주 공화국의 두 번째 대통령] ¶José Ramos-Horta simu ona prémiu Nobel ba dame iha tinan 1996. 라모스오르타는 1996년에 노벨 평화상을 수상했어요.

***__joven__ Ⅰ 명 청소년, 아이. ¶Joven sira mak futuru nasaun nian. 아이들은 나라의 미래예요. 유의 foin-sa'e. Ⅱ 형 청년의, 젊은. ¶Nia tinan 50 maibé sei iha laran joven. 그는 나이가 50인데 아직 청년의 마음을 가지고 있어요. 유의 foin-sa'e.

judeu Ⅰ 명 유대인, 유대교도. ¶ema judeu 유대인 Ⅱ 형 유대인의. ¶Populasaun judeu la barak. 유대인의 인구는 많지 않아요.

judisiaria 형 여성 사법의, 사법적인. ¶Asuntu ida ne'e tenke tuir orden judisiaria. 이 사안은 사법 판결을 따라야 합니다.

judisiariu Ⅰ 명 사법부, 법관. ¶Nia kontinua hato'o hanoin ba judisiariu kona-ba akuzasaun ba kazu korrupsaun. 그는 비리 혐의 고발로 사법부 판사에게 그의 의견을 계속해서 피력했어요. Ⅱ 형 남성 사법의, 사법적인. ¶Jose dehan katak desizaun judisiariu povu tenke respeitu. 조세는 국민이 사법적인 결정을 존중해야 한다고 말했다.

juis 명 판사. ¶Juis fó ninia desizaun tuir nia kompeténsia. 권위에 따라 판사는 그의 결정을 내렸어요. 유의 juri. 이표기 juiza.

juizu 명 판단, 결정. ¶Nia fiar iha ninia juizu. 그는 자신의 결정을 믿어요. 관용 juizu la iha 무책임한.

jujuba 명 대추. ¶Ita haree outomu mai ona tanba ita haree jujuba dikin me'an. 대추가 빨갛게 익은 걸 보니 정말 가을이 왔나 봐.

julga 명 판단. ¶La bele julga ema seluk husi ninia ko'alia de'it. 말하는 것만으로 타인을 판단을 해서는 안 돼요. 유의 tesi-lia.

julgadór 형 재판의, 재판하는, 비판을 잘하는. ¶Favór la bele halo hahalok hanesan ema julgadór. 재판하는 사람처럼 행동하지 마세요.

julgamentu 명 판결. ¶fó julgamentu 판결을 내리다

*__Jullu__ 명 칠월. ¶Nia atu bá vizita Korea iha fulan-Jullu. 그는 칠월에 한국에 방문하려 해요. 유의 fulan-Jullu. 이표기 Julhu.

júnior 명 후배. ¶Nia ha'u-nia júnior iha tinan ida-ne'e. 그는 내 일 년 후배이다.

junku 명 갈대. ¶Bainhira anin huu iha natar junku, junku sira baku ba mai hanesan laloran. 갈대밭에 바람이 불자

J

갈대들이 마치 파도처럼 일렁였다.

***junta** 명 관절. ¶Ezersísiu ne'ebé halo demais liu bele fó todan iha junta. 지나친 운동은 관절에 부담을 줄 수 있다.

****Juñu** 명 유월. ¶Nia atu bá vizita Korea iha Juñu. 그는 유월에 한국에 방문할 거예요. 유의 fulan-Juñu. 이표기 Junho.

jura 동 맹세하다. ¶Nia jura katak sei la husik Ó. 그는 나를 버리지 않겠다고 맹세했어요.

jura-falsu Ⅰ 명 위증죄. ¶Nia tama prizaun ho jura-falsu. 그는 위증죄로 감옥에 갔어요. Ⅱ 동 잘못된 맹세를 하다. ¶La bele jura-falsu. 잘못된 맹세를 해선 안 돼요.

***juramentu** 명 맹세. ¶Kaben na'in sira tenke halo-tuir sira-nia juramentu. 기혼자는 그들의 맹세를 지켜야 해요.

juri 명 판사, 심판. ¶Ana mak sai juri iha kompetisaun debate. 아나가 토론 대회에서 심판이 되었어요. 유의 juis.

jurídiku 형 사법적인, 사법의. ¶Nia kompletu ona tradusaun jurídiku kona-ba kontratu no regulamentu. 그는 사법적인 계약과 규정에 대한 사법적인 번역을 마쳤어요.

jurista 명 변호사, 법학자, 판사. ¶Horisehik jurista deside katak Mario tama komarka durante tinan 5. 어제, 판사는 마리오에게 징역 5년을 선고했어요. 유의 advogadu.

jurusan 명 ①연구 분야, 전공. ¶Ita foti jurusan saida iha universidade? 대학에서 전공이 뭐예요? 유의 departementu. ②방향. ¶Nia la'o jurusan uma. 그는 집 방향으로 걸어요. 유의 sentidu, sintidu.

justifika 동 정당화하다. ¶Laiha argumentu ne'ebé bele justifika funu. 어떤 논쟁도 전쟁을 정당화할 순 없어요.

justifikasaun 명 정당화, 정당화 논리. ¶Laiha justifikasaun ida atu bele hatama nia ba prizaun. 그를 투옥시킬 수 있는 정당화 논리가 없어요.

justifikavel 형 정당화할 수 있는. ¶Ami konsidera asaun ida-ne'e justifikavel. 우리는 이 행동을 정당화할 수 있다고 생각해요.

justisa 명 ①정의. ¶Familia vitima hakilar hela ba justisa. 희생자 가족은 정의를 외치고 있어요. ②재판. ¶Justisa husi juri tenke lori justu. 판사에 의한 재판은 공정해야 해요.

*****justu** 형 공정한, 공평한. ¶Desizaun ne'e justu, entaun ami sente kontente. 결심 공판이 공평해서 우리는 만족해요. 유의 adil, ekuitativu, imparsiál.

juta[1] 명 황마, 삼베. ¶Ita bele halo ropa uza juta. 삼베로 옷을 만들 수 있어요.

***juta**[2] 수 인니 백만. 유의 un millaun.

juveníl 형 젊음의. ¶Uza paixaun juveníl ba ita-nia servisu. 네 일에 젊음의 열정을 사용하라. 유의 foin-sa'e.

juventude 명 젊음. ¶Juventude sira tenke prepara an didi'ak ba futuru. 젊음을 가진 사람들은 미래를 향해 조심스럽게 준비해야 해요.

K

ka[1] 부 문장 끝에서 질문을 표시하는 문법 단위. ¶Ita kompriende ka? 이해했나요?

ka[2] 접 또는. ¶Ita hakarak han hudi ka haas? 바나나를 먹고 싶니, 또는 망고를 먹고 싶니? 유의 ou.
관용 ka la'e? 그렇지 않아?

kaan 동 갈망하다, 열망하다. ¶Nia kaan loos hakarak han haas. 그는 망고를 먹길 갈망해요. 유의 hakarak duni.

ka'an 명 태반. ¶Bebé moris ona, maibé ninia ka'an seidauk sai. 아기는 살았는데 태반은 아직 나오지 않았어요. 이표기 kaan.

kaan-teen Ⅰ 명 탐욕, 욕심, 식충이, 욕심쟁이. ¶La bele kaan-teen liu. 너무 욕심 부려선 안 돼. / Ita bele identifika kaan-teen no esperansa? 탐욕과 희망을 구분할 수 있니? Ⅱ 형 탐욕스러운, 욕심 많은. ¶Keta sai kaan-teen demais. 너무 탐욕스러워지지 마라.

kabaas 명 어깨. ¶Ha'u-nia kabaas rua ne'e moras loos. 제 양쪽 어깨가 너무 아파요. 유의 kbaas.

kabaia 명 블라우스. ¶Feto ne'e nia kabaia kapás loos. 이 여성의 블라우스는 너무 멋져요. 유의 bluza, faru-laran. 이표기 kabaya.

kabala Ⅰ 명 까바라. [비두 춤을 출 때 남성이 입는 전통 의상] ¶Mane ne'e tenke tau kabala tais hodi simu bainaka. 그는 손님을 맞이할 때 까바라를 입어요. Ⅱ 동 둘러싸다, 묶다, 매다. ¶Feto ne'e kabala hela tais iha kanotak. 그 여성은 허리에 타이스를 매고 있어요.

kabas 명 ①면, 탈지면. ¶Ha'u sosa kabas atu taka ba kolega nia ain kanek ne'e. 나는 친구 다리의 상처를 덮어 주려고 탈지면을 샀어요. 유의 algodaun. ②실. ¶Ha'u koko tu'u kabas ba daun, la tama. 바늘에 실을 꿰려는데 잘 들어가지 않아요.

kabas-lahan 명 면사. ¶Tais ne'e nia kabas-lahan lotuk loos. 이 타이스의 면사는 매우 얇아요.

kabas-rahun 명 원면, 면화. ¶Feto sira gosta uza kabas-rahun hodi hamoos oin. 여성들은 얼굴을 닦기 위해 면화로 만들어진 면을 즐겨 사용해요. 유의 algodaun. 이표기 kabas rahun.

kabeen Ⅰ 명 침, 타액. ¶La bele tafui kabeen arbiru. 마음대로 침 뱉지 마라.

Ⅱ동 침을 뱉다. ¶La bele tafui kabeen ba ema ida. 누구에게든 침을 뱉어선 안 돼요.

관용 kabeen sai 침을 흘리다.

kabeer Ⅰ동 평평하게 하다, 매끈하게 하다. ¶Feto ne'e hakarak kabeer ninia fuuk. 그 여성은 머리칼을 매끈하게 하고 싶어해요. Ⅱ형 평평한, 매끈한. ¶halo kabeer 평평하게 하다 / Feto ne'e nia fuuk kabeer loos. 그 여성의 모발은 정말 매끈해요.

kabelak 형 평평한. ¶Rai iha-ne'ebá kabelak liu. 저 땅이 더 평평해요. 유의 belark, tetuk. 반의 kabuar.

kabeleira 명 여성 미용사, 헤어 디자이너. ¶Kabeleira fase ona ha'u-nia fuuk. 미용사가 제 머리를 감겨 주었어요.

kabeleiru 명 남성 미용사, 헤어 디자이너. ¶Kabeleiru tesi ha'u-nia fuuk. 미용사가 제 머리를 잘랐어요.

kaben Ⅰ명 기혼자. ¶Agora, nia sai kaben hafoin kazamentu horiseik. 어제 결혼식 이후 이제 그는 기혼자가 되었어요. Ⅱ동 결혼하다. ¶Nia sei kaben ho Maria fulan oin. 그는 다음달에 마리아와 결혼할 거예요. 유의 fó-kaben.

kaben-bosok 명 중혼, 이중 결혼. ¶Ema balun halo kaben-bosok. 몇 사람들은 중혼을 해요.

kaben-na'in 명 기혼자. ¶Ema kaben-na'in nia devér ne'e la hanesan ho ema klosan. 기혼자의 의무는 미혼자와 같지 않아요. 이표기 kaben na'in.

kabetak 형 움푹 들어간, 찌그러진. ¶Labele hola lata ne'ebé kabetak! 찌그러진 캔 식품은 사지 마세요!

kabide 명 옷걸이. ¶Ita uza kabide hodi tara ropa. 우리는 옷을 걸기 위해 옷걸이를 사용해요. 유의 ai-habit. 이표기 kabidi.

kabosu Ⅰ명 살찐 사람, 뚱보. ¶Kabosu iha posibilidade aas ho saude perigozu. 뚱보는 건강이 위험할 가능성이 높아요. Ⅱ형 살찐, 통통한, 포동포동한, 토실토실한.

kabuar 형 둥근, 동그란, 원형의, 불룩한. ¶Mundu ne'e kabuar. 지구는 둥글어요. 반의 kabelak.

kabubuk 동 (몸의 일부가) 부어오르다. ¶Horiseik nia monu, depois ninia ain kabubuk. 어제 그는 넘어져서 발이 부어올랐어요. 유의 bubu.

kabuk 형 임신한. ¶Asu-inan ne'e kabuk ona. 어미 개가 임신했어요. 유의 isin-rua.

kabun 명 배, 복부. ¶Nia kabun sai ona ki'ik. 그의 배가 작아졌어요.

kabun-dulas 명 산통, 배앓이. ¶Ha'u iha kabun-dulas, entaun ha'u tenke hemu bee manas. 나는 배앓이가 있어서 따뜻한 물을 마셔야 해요. 이표기 kabun dulas.

kabun-laran 명 뱃속. ¶Ha'u-nia kabun-laran moras loos. 제 뱃속이 무척 아파요.

kabun-moras 명 복통, 소화불량. ¶Tanba ninia kabun-moras nia tenke bá hariis fatin. 그는 복통 때문에 화장실에 가야 해요. 유의 dadolek. 이표기 kabun moras.

kabun-teek 명 수종, 부기. ¶Ninia kabun-teek ne'e sériu. 그의 수종은 심각해요.

kabura 명 양치식물, 고사리류. ¶Iha

Timor-Leste mós iha kabura, bele sosa iha merkadu. 동티모르에도 고사리가 있어요, 시장에서 살 수 있어요. (유의) kaburas.

kaburas 명 양치식물, 고사리류. ¶Ami gosta han modo kaburas. 우리는 양치식물을 좋아해요. (유의) kabura.

***kada** 형 각각의, 마다. ¶Doutor sira fahe hela ai-moruk ba kada uma. 의사 선생님들은 집마다 약을 나눠 주고 있어요.

***kadalak** 명 개울, 시내, 도랑. ¶Bainhira udan bo'ot tau, entaun halo ona bee kadalak. 비가 많이 내려서 개울을 만들었어요.

kadastru 명 범죄 기록. ¶Polísia halo hela kadastru kriminozu. 경찰은 범죄 기록을 작성하고 있어요.

***kadavés** 부 때때로, 가끔. ¶Ha'u bá restorante ne'e kadavés. 그 식당에 가끔 갔어요. (유의) dala balu. (반의) dala ba'in.

kadeadu 명 자물쇠. ¶Nia uza xave ida-ne'e atu loke kadeadu odamatan nian. 그는 문의 자물쇠를 열기 위해 이 열쇠를 사용해요. (유의) besi-kalsu, feixadura, kadiadu.

***kadeia** 명 감옥. ¶Kriminozu sira tenke hatama ba kadeia. 죄인들은 감옥에 투옥시켜야 해요. (유의) komarka, prizaun.

‡**kadeira** 명 의자. ¶Kadeira ne'e halo uza ai teka. 이 의자는 티크나무로 만들어졌어요. (유의) banku.

kadeira-baruk 명 안락의자. ¶Avó mane gosta tuur iha kadeira-baruk. 할아버지는 안락의자에 앉는 걸 좋아해요.

kadeira-roda 명 휠체어. ¶Ema ain tohar tuur iha kadeira-roda. 다리가 부러진 사람은 휠체어에 앉았어요. (이표기) kadeira roda.

kadela 명 난잡하게 놀아먹는 계집, 잡년.

‡**kadeli** 명 반지, 링. ¶Kadeli ne'e osan mean. 이 반지는 금반지예요.

‡**kadeli-kaben** 명 결혼반지. ¶Pedro ho Paula sosa kadeli-kaben iha loja osan mean. 페드로와 마울라는 금은방에서 결혼반지를 샀어요.

kaderneta 명 독서 감상문. ¶Apá bá simu oan nia kaderneta iha eskola. 아빠는 학교에 가서 자녀의 독서 감상문을 받았어요.

‡**kadernu** 명 공책, 연습장. ¶Estudante tenke lori kadernu ba eskola. 학생은 학교에 공책을 꼭 가지고 와야 해요.

kadi 동 날카롭게 하다. ¶Nia kadi hela katana. 그는 칼을 날카롭게 갈고 있어요. (유의) sahe.

kadiadu 명 자물쇠. ¶Keta haluha xave odamatan ho kadiadu! 자물쇠로 문을 잠그는 것을 잊지 마세요! (유의) besi-kalsu, feixadura, kadeadu.

kadiuk 명 ①게. ¶Hahán kadiuk ida-ne'e karun tebes. 이 게 요리 무척 비싸네요. (유의) diu. ②게자리.

kadoek[1] 명 산맥. ¶Kadoek Tatamailau boot liu hotu iha Timor-Leste. 타멜라우 산맥은 동티모르에서 가장 커요.

***kadoek**[2] Ⅰ 동 행진하다. ¶Sira mak la'o kadoek ne'ebá sé? 행진하는 사람들이 누구지? Ⅱ 형 줄을 선, 줄을 맞춘. ¶Ema sira kadoek iha banku laran. 은행 안에 사람들이 줄 서 있어요.

K

*__kadomuk__ 형 넓적한. ¶bikan kadomuk 넓적한 접시

kadoo 동 엮다, 꿰매다. ¶Nelson kadoo hela ai. 넬슨은 나무를 엮고 있어요.

kadoras 명 대나무 파이프. ¶Bee iha kadoras laran ne'e suli maka'as loos. 대나무 파이프에 물이 잘 흘러요. 유의 dadoras.

kaduak Ⅰ 명 쌍둥이. ¶Nia iha oan kaduak. 그의 아이들은 쌍둥이예요. / Ita rona novidade ne'ebé Maria tuur-ahi kaduak na'in tolu ka? 마리아가 세쌍둥이를 낳았다는 소식을 들었니? Ⅱ 형 쌍둥이의, 둘의. ¶númeiru kaduak 짝수

kadunan 명 장소. ¶Igreja mak Na'i Maromak nia kadunan santu. 교회는 신의 영혼이 있는 장소예요. 유의 fatin.

⁑**kaer** 동 ①(물건을) 잡다, 쥐다. ¶Kaer tali iha bis laran. 버스 안에서는 손잡이를 잡아. / Nia ajuda kaer lai ha'u-nia pasta ne'e. 그는 제 가방을 잡아 도움을 주었어요. 유의 hadau. ②(범인을) 체포하다. ¶Polísia kaer tiha ona na'ok-teen ida. 경찰은 도둑 한 놈을 체포했어요.

관용 kaer ai-moruk aat (마약을 잡는다는 말로) 타인을 해하기 위해 마술을 사용하다.

관용 kaer karreta (차를 잡는다는 말로) 운전하다.

관용 kaer liman 악수하다.

관용 kaer metin (안전을 잡는다는 말로) 방어하다, 보호하다.

⁑**kaer-fatin** 명 손잡이. ¶Gaveta meza loke difisíl tanba kaer-fatin monu sai ona. 책상 서랍 손잡이가 떨어져 나가서 열기 힘들어요. 유의 tilun.

⁑**kaer-toman** 동 (쫓고 있던 사람을) 잡다. ¶Ami kaer-toman na'ok-teen ida-ne'ebé na'ok hela sasán iha Timor plaza. 우리는 티모르 플라자에서 물건을 훔친 도둑을 잡았어요. 이표기 kaer toman.

⁂**kafé** 명 커피. ¶Ha'u-nia apá gosta hemu kafé. 아빠는 커피 마시는 걸 좋아해요.

kafé-hun 명 커피나무. ¶kafé-hun ne'e bo'ot loos. 그 커피나무는 정말 커요. 유의 ai-kafé. 이표기 kafé huun.

kafé-laran 명 커피 농장, 커피 조림지. ¶Ami tama ba kafé-laran hodi ku'u kafé. 우리는 커피를 수확하려고 커피 농장에 들어갔어요. 이표기 kafé laran.

kafé-musan 명 커피콩. ¶Kafé-musan ne'e tasak ona. 이 커피콩은 익었어요. 이표기 kafé musan.

kafu'ak Ⅰ 명 덩어리, 종양, 거품, 물집. ¶Nehek tata ha'u, halo kafu'ak mosu. 개미가 물어서 몸에 물집이 생겼어요. Ⅱ 동 혹이 생기다, 물집이 생기다. ¶Sapatu foun bele kafu'ak iha ita-nia ain. 새 신발은 발에 물집이 생기게 할 수 있어요. Ⅲ 형 혹이 생긴, 물집이 생긴. ¶Loron manas halo ninia hasan kafu'ak. 뜨거운 해 때문에 그의 볼에 물집이 생겼어요.

kahe 동 ①(끝이 흔들리게) 걸치다, 걸다. ¶Nia kahe ropa iha uma laran. 그는 집 안에 옷을 걸었어요. ②성관계를 하다, 섹스를 하다.

⁂**kahi** 동 (서로) 걸다. ¶Ha'u-nia doben ho ha'u promete ona ho liman-ikus kahi malu. 남자친구와 저는 서로 새끼손가락

을 걸고 약속했어요. 유의 ka'i, ka'it.

⁑**kahorik** 형 원래의, 본래의. ¶Nia uza naran kahorik no naran-bolu hotu. 그는 본래의 이름과 별명을 다 써요. 유의 uluk.

⁑**kahur** Ⅰ명 혼합, 혼합물. ¶ta'es kahur 혼합물을 거르다 Ⅱ동 ①섞다, 휘젓다. ¶Nia kahur kafé no masin-midar depois hatama bee manas. 그는 커피와 설탕을 섞고 난 후에 따뜻한 물을 넣어요. / Nia kahur hela rai-henek no simenti atu halo uma. 그는 집을 지으려고 모래와 시멘트를 넣고 휘젓고 있어요. ②어울리다. ¶ema sira balun kahur 여럿이 어울리다 / Estudante sira husi Timor-Leste kahur ho estudante sira husi Korea. 동티모르 학생은 한국 학생들과 어울렸어요. 유의 hamaluk. Ⅲ형 섞인, 혼합된. ¶Hudi no susu-been kahur sai jus. 바나나와 우유가 혼합된 주스예요.

⁂**kai** 부 매우. ¶Nia moras kai maka'as. 그는 매우 아파요. 유의 barak.

⁂**ka'i** 동 ①(서로) 걸다, 끼다. ¶Ema na'in rua ka'i malu la'o hela. 두 사람은 서로 팔짱을 끼고 걷고 있어요. 유의 ka'it, kahi. ②(열매를 갈고리로) 따다. ¶ka'i hudi 바나나를 따다 유의 ka'it. ③성관계를 하다, 섹스를 하다. ¶Feen-la'en ka'i malu. 부부는 성관계를 해요. 유의 ka'it, kahi.

kaidani[1] 명 세이버리. ¶Ita hakarak hahán ho kaidani? 세이버리가 들어간 음식을 좋아하세요?

kaidani[2] 명 ①한입, 한 토막. ¶Maske ita la iha esperiénsia kona-ba hahán ida-ne'e, bele han kaidani de'it? 이 음식 먹어 본 경험이 없더라도 한입만 먹어볼래? ②전채 요리. ¶Premeiru, kaidani lori sai mai, depois hahaan Steak sei lori mai. 먼저, 전채 요리가 나온 다음에 스테이크 요리를 가져올 거예요. 유의 abela.

⁑**kail** Ⅰ명 낚시용 고리. ¶Ita prepara kail ka la'e? 낚시용 고리 준비했어요? Ⅱ동 낚시하다. ¶Nia atu bá kail iha mota laran. 그는 강에서 낚시하려고 해요. 유의 dai-ikan, hakail.

⁑**kail-ikan** 명 낚싯바늘. ¶Ita tenke kuidadu ho kaer kail-ikan. 낚싯바늘을 잡을 때 조심해야 해요.

⁑**kail-ikan na'in** 어부, 낚시꾼. ¶Ha'u-nia aman kail-ikan na'in, tan ne'e loro-loron dadeersan sedu nia bá tasi. 우리 아버지는 어부여서 매일매일 아침 일찍 바다에 가요. 유의 peskadór.

kaimbra 명 경련, 쥐. ¶Kaimbra derrepente kona ha'u-nia ain. 갑자기 내 다리에 쥐가 났어요.

***kainbatik** 명 (인니) 카인바틱. [여성의 치마용 패턴 천] ¶Avó feto sira iha área rurál barak maka uza kainbatik. 지방의 많은 할머니들이 카인바틱을 사용해요. 유의 kambate.

***kainpaña** 명 사롱. [치마처럼 둘러 입는 천] ¶Amá sira baibain hatais kainpaña. 엄마들은 주로 사롱을 입어요. 유의 kampaña.

***kairui** 명 까이루이. [동티모르의 방언] ¶Nia hatene lian kairui. 그는 까이루이를 알아요.

⁂**ka'it** 동 ①(서로) 걸다, 끼다. ¶Ema na'in

K

tolu ka'it sira nia liman no la'o hela iha tasi ibun. 세 사람은 팔짱을 끼고 해변을 걷고 있어요. ㊀ ka'i. ②(열매를 갈고리로) 따다. ¶Tiu, ka'it lai haas ida atu han. 삼촌, 망고 좀 먹게 하나 따 줘요. ㊀ ka'i. ③성관계를 하다, 섹스를 하다. ¶Feen-la'en ohin atu ka'it. 부부는 오늘 성관계를 하기로 했습니다. ㊀ ka'i.

*__kaixa__ 명 ①상자, 함, 박스. ¶Favór lori bee kaixa rua ba ha'u-nia karreta. 이 물 두 박스를 내 차로 옮겨 주세요. ㊀ doos. ②계산대, 계산원. ¶Kaixa fó nota hafoin simu osan. 계산원은 돈을 받은 후에 영수증을 줘요.

kaixa-besi 명 연장통. ¶Ita bele sosa kaixa-besi iha loja Xina nian. 중국 가게에서 연장통을 살 수 있어요.

kaixa-korreiu 명 우편함, 우체통. ¶Ha'u haruka surat ida liu husi kaixa-korreiu. 저는 우체통을 통해서 한 통의 편지를 보냈어요.

kaixa-loja 명 금전 등록기. ¶Kaixa sura ho kaixa-loja. 계산원은 금전 등록기로 계산을 해요. ㊀ kaixa-rejistadora.

kaixa-rejistadora 명 금전 등록기. ¶Loja W4 iha kaixa-rejistadora. W4 가게에는 금전 등록기가 있어요. ㊀ kaixa-loja.

kaixa-supreza 명 깜짝 장난감 상자. [뚜껑을 열면 용수철에 달린 인형이 튀어나오는 장난감] ¶Nia sosa ona kaixa-supreza ba ninia oan sira. 그는 자녀들을 위해 깜짝 장난감 상자를 샀어요.

*__kaixaun__ 명 관. ¶Kaixaun sei lori ba semitériu. 관은 묘지로 옮겨질 거예요.

*__kaixote__ 명 상자. ¶Apá loke kaixote no ami bele haree kék furak iha laran. 아빠는 상자를 열었고 우리는 그 안에 있는 멋진 케이크를 볼 수 있었어요. ㊀ doos.

kajú 명 캐슈. ¶Ha'u kuda ona kajú barak besik uma. 저는 집 근처에 캐슈를 많이 심었어요. (이표기) kaijú.

kajú-musan 명 캐슈너트. ¶Tiu gosta han kajú-musan ho serveja. 삼촌은 맥주와 캐슈너트를 먹는 걸 좋아해요. (이표기) kaijú musan.

kakaluk[1] 명 모이주머니. ¶Manu iha kakaluk ne'ebé ema la iha. 새는 사람에겐 없는 모이주머니를 가지고 있어요.

kakaluk[2] 명 부적. ¶Kakaluk ne'e iha impaktu ka? 그 부적이 효과가 있나요? ㊀ biru.

kakatua 명 앵무새. ¶Favór tuir pronúnsia lian estranjeiru nian hanesan kakatua. 앵무새처럼 외국어 발음을 따라 하세요. ㊀ loriku.

kakau 명 카카오. ¶Xokolate mai husi ai-fuan kakau. 초콜릿은 카카오 열매로 만들어요.

*__kakehe__ 명 선풍기. ¶Rai manas, favór fó kakehe ida lai. 덥네요, 선풍기 한 대 주세요. ㊀ ventuiña.

*__kakelun__ 명 팔찌. ¶Kakelun produs barak iha Atauro. 아따우로에서 팔찌를 많이 생산해요. ㊀ buti-liman, kelu, kelun, pulseira.

*__kaketak__ 명 분리, 분할. ¶Kaketak illa Timor mak halo husi Balanda no Portugal. 티모르섬의 분할은 네덜란드와 포르투갈에 의해 이루어졌어요.

kakeu 명 목마황속의 관목. ¶Suku ida-ne'e iha kakeu barak. 이 마을에 관목이 많아요.

*__kakoir__ 동 면도하다. ¶Ha'u kakoir loroloron. 저는 매일 면도해요. 유의 koir.

*__kakorok__ 명 목구멍, 목. ¶Ninia kakorok moras kleur tiha ona. 그의 목은 아픈 지 오래되었어요.

kakorok-boka 명 갑상샘종. ¶Nia iha kakorok-boka kleur tiha ona. 그는 갑상샘종을 앓은 지 오래되었어요. 유의 kakorok-boot. 이표기 kakorok boka.

kakorok-boot 명 갑상샘종. ¶Nia simu diagnosa husi doutór katak nia sofre moras kakorok-boot. 그녀는 의사로부터 갑상샘종이 생겼다는 진단을 받았어요. 유의 kakorok-boka.

kakorok-kle'uk[1] 명 완고한 사람. ¶Nia ema kakorok-kle'uk, no nia lakohi troka planu. 그는 완고한 사람이어서 계획을 바꾸길 싫어해요.

kakorok-kle'uk[2] 형 삐근한. ¶Nia toba ladi'ak entaun iha kakorok-kle'uk. 그는 잠을 잘못 자서 목이 삐근했다. 이표기 kakorok kle'uk.

kakorok-moras 명 인후염, 인두염. ¶Fuma sigaru bele halo kakorok-moras aat. 흡연은 인후염을 악화시킬 수 있어요. 이표기 kakorok moras.

kakorok-talin 명 목청, 기관지. ¶Ninia kakorok-talin kondisaun aat. 그의 기관지 상태가 나빠요. 이표기 kakorok talin.

*__kakuluk__ 명 지붕. ¶Sira presiza tempu barak atu bele hadi'a kakuluk. 그들은 지붕을 수리하는 데 많은 시간이 필요해요. 유의 uma-kakuluk.

*__kakuluk-laran__ 명 천장. ¶Kakuluk-laran ho vidru furak. 유리로 된 천장은 멋져요. 유의 forru.

*__kakumuk__ 동 주무르다, 주물럭주물럭하다. ¶Kakumuk na'an fahi ho sauce no temperu. 돼지고기에 양념을 묻혀 가볍게 주물럭주물럭하세요.

*__kakutak__ 명 뇌. ¶Ohin ami aprende kona-ba estrutura kakutak nian. 오늘 우리는 뇌의 구조에 대해 배웠어요.

*__kakutak boot__ 똑똑한 사람. ¶Kakutak boot iha posibilidade aas atu simu salariu boot. 똑똑한 사람은 많은 급여를 받을 가능성이 높아요. 반의 beik-teen.

*__kakutak-laek__ 명 골 빈 놈, 멍청이. ¶Kakutak-laek sé mak halo proposta ida-ne'e? 골 빈 놈, 누가 이런 제안을 하냐?

kakuuk 명 올빼미, 부엉이. ¶Kakuuk ne'e liurai kalan nian. 올빼미는 밤의 왕이에요. 유의 manu-buan.

kakuun 명 코코넛 껍질. ¶Ami hemu bee iha kakuun laran. 우리는 코코넛 껍질 안에 있는 물을 마셨어요.

*__kala__ I 부 아마도. ¶Agora kala nia mak hela iha Korea. 아마도 그는 지금 한국에 살고 있을 거야. 유의 karik. II 전 대략. ¶Área ida-ne'e kala kuaze 100 kilometru square. 이 지역은 대략 100 제곱킬로미터 정도 크기예요.

kaladi[1] 명 참마. ¶Kaladi ida-ne'e folin hira? 이 참마 얼마예요?

kaladi[2] 명 동티모르의 서부 지역 거주자. ¶Nia kaladi ne'ebé hela iha foho. 그는

K

산에 사는 동티모르 서부 지역 거주자예요.

kalakalan 부 매일 밤. ¶Nia kalakalan reza molok toba. 매일 밤 자기 전에 기도를 한다. 유의 kalan-kalan.

kalan 명 저녁, 밤. ¶Kalan ona, ha'u tenke bá uma. 이미 저녁이에요, 저는 집에 가야만 해요. 반의 dadeer.

kalan-boot Ⅰ명 ①깊은 밤. ¶Kalan-boot ona toba di'ak. 깊은 밤이네.잘 자. ②자정. ¶Nia arranka husi Dili ba Foho iha kalan-boot. 그는 자정에 딜리에서 산으로 출발했어요. 유의 meianoite, kalan fahe-rua. Ⅱ부 깊은 밤중에. ¶Udan tau kalan-boot. 깊은 밤중에 비가 내려요. 이표기 kalan boot.

kalan di'ak 안녕, 안녕하세요. [저녁에 하는 인사] ¶Até aban, kalan di'ak. 내일 보자, 안녕. 유의 bonoite.

kalan fahe-rua 자정. ¶Kalan fahe-rua ona, maibé Maria sei estuda hela. 자정이 지났는데 마리아는 아직도 공부하고 있어요. 유의 meianoite, kalan-boot.

kalan-kalan 부 매일 밤. ¶Kalan-kalan ha'u estuda lian Korea. 매일 밤 저는 한국어를 공부해요. 유의 kalakalan.

kaldeira 명 보일러. ¶Bainhira klima sai malirin oituan amá loke kedas kaldeira atu hamanas. 날씨가 제법 추워지자 엄마는 난방을 위해 보일러를 틀었다.

kaldu 명 수프, 죽. ¶Ha'u gosta han kaldu bainhira ha'u moras. 저는 몸이 아플 때 죽 먹는 걸 좋아해요. 유의 sopa.

kaleen 명 캔, 주석 캔. ¶Kaleen uza ona bele uza tan. 사용한 캔은 다시 사용할 수 있어요.

kalendáriu 명 달력. ¶Ita iha kalendáriu foun ka? 새 달력 있어요?

kaligrafia 명 서도, 서예. ¶Ita gosta kaligrafia? 너는 서예를 좋아하니?

kalilin 명 겨드랑이. ¶Nia hakfodak wainhira ha'u haree fisur iha ninia kalilin. 내가 그의 겨드랑이가 탄 것을 보았을 때 그는 놀랐어요.

kalkula 동 계산하다. ¶Amá kalkula hela osan ba moris nian. 엄마는 생활비를 계산하고 있어요. 유의 halo konta.

kalkuladora 명 계산기. ¶Ita iha kalkuladora ka? 계산기 있어요? 이표기 kalkuladór.

kálkulu 명 계산. ¶Ninia kálkulu kona-ba orsamentu jerál ne'e lailais tebes. 일반 예산에 대한 그의 계산은 무척 빨랐어요.

kalma Ⅰ명 평온, 진정. ¶Nia prioridade maka mantén kalma. 그의 우선순위는 평온을 유지하는 거예요. Ⅱ형 잔잔한, 고요한. ¶fatin kalma ida 고요한 장소 / Nia haree tasi kalma. 잔잔한 바다를 보고 있어요. Ⅲ감 진정해, 마음 편하게 먹어. ¶Favór kalma. 진정하세요.

kalohan 명 구름. ¶Kalohan nakukun ona, karik atu udan. 어두운 구름이 있네요.비가 올 듯해요.

kaloria 명 열량, 칼로리. ¶Ita tenke halo ezersisiu barak hodi hatun kaloria. 칼로리를 떨어뜨리려면 운동을 많이 해야 해요.

kalsa 명 바지. ¶Amá sosa kalsa foun ida ba ha'u. 엄마는 저를 위해 새 바지

하나를 샀어요.

kalsa-badak 명 반바지. ¶hatais kalsa-badak 반바지를 걸치다 유의 kalsaun. 이표기 kalsa badak.

kalsa-laran 명 속옷. ¶Ha'u presiza troka kalsa-laran. 저는 속옷을 바꿀 필요가 있어요.

kalsaun 명 반바지. ¶Feto klosan sira gosta hatais kalsaun. 숙녀들은 반바지를 입는 것을 좋아해요. 유의 kalsa-badak.

kalsiña 명 팬티. ¶Ha'u tenke hola kalsiña foun. 저는 새 팬티를 사야 해요. 유의 kuekas. 이표기 kalsinha.

kalsu 명 쐐기. ¶Lori kalsu ida lai ba karreta. 자동차에 쓸 쐐기 하나 가져와.

kama 명 침대. ¶Kama ida-ne'e folin hira? 이 침대 얼마예요?

kamaan 형 ①(무게가) 가벼운. ¶Ha'u bele lori tanba ida ne'e kamaan. 이건 가벼워서 들고 갈 수 있어요. 유의 kma'an. ②(값이) 싼. ¶Loja na'in fa'an meza ida-ne'e ho folin kamaan. 점원은 이 책상을 싼 가격으로 팔아요. 유의 kma'an.

kamada 명 겹. ¶Monta janela ho kamada hodi prepara ba klima invernu nian ne'ebé malirin. 겨울의 추운 날씨에 대비해 창문을 겹으로 설치했다.

kama-hadak 명 대나무 침대. ¶Nia gosta toba meiodia iha kama-hadak. 그는 대나무 침대에서 낮잠 자는 걸 좋아해요. 유의 hadak-letel.

kamarada 명 동무, 전우. ¶Timor-oan uza kamarada durante funu. 전쟁 동안 동티모르 사람은 동무란 말을 사용했어요. 유의 maluk.

kamarua 명 첩. ¶Hela hamutuk ho kamarua ne'e ilegál. 첩과 함께 사는 것은 불법이에요. 유의 feen-ki'ik. 이표기 kama rua.

kamat 동 긁다, 할퀴다. ¶La bele kamat ita-nia fitar arbiru. 상처를 맘대로 긁어선 안 돼요. 유의 rakut.
관용 kamat malu 싸우다.

kambate 명 캄바떼. [여성의 치마용 패턴 천] ¶Kambate bele suku ba ropa ho modelu oi-oin. 캄바떼는 다양한 형태로 옷을 만들 수 있어요.

kámbiu 명 교환. ¶Ami halo kámbiu sasán. 우리는 물건 교환을 했어요. 유의 interkámbiu.

Kamboja 명 캄보디아.

kameli 명 백단목. ¶Uluk ai kameli barak iha Timor-Leste. 예전에 동티모르에 백단목이 많았어요. 이표기 kamelin.

kamelu 명 낙타. ¶Uluk, kamelu bolu hanesan ró iha rai-fuik maran. 예전에 낙타는 사막의 배라 불렸어요. 유의 kuda-kamelu.

kámera 명 카메라. ¶La bele haluha kámera antes viajen ba rai liur. 해외여행 전에 카메라를 잃어버려선 안 돼.

kamiaun 명 트럭. ¶Timor-oan balun uza kamiaun hanesan bis. 몇 동티모르인은 트럭을 버스처럼 사용해요.

kami'i 명 쿠쿠이나무, 쿠쿠이나무 열매. ¶Ami uza kami'i hodi fó haris bebé. 우리는 아기를 씻길 때 쿠쿠이나무 열매를 사용해요. 이표기 kamiin.

kamiñudeferru 명 철도. ¶Tipu kamiñudeferru barak iha Korea. 한국

K

에는 철도의 종류가 다양하다. (유의) dalan-besi.

*kamioneta 명 승합차, 큰 버스, 트럭. ¶Nia presiza kamioneta ne'ebé bele lori sasán barak. 그는 많은 물건을 나를 수 있는 승합차가 필요해요. (유의) angguna, trek.

*kamiza 명 셔츠. ¶Favór estrika lai kamiza ida-ne'e. 이 셔츠 좀 다리미질해 주세요.

*kamizola 명 짧은 팔 셔츠, 티셔츠. ¶Hatais kamizola ne'e! 티셔츠를 입어!

*kampaña 명 ①캄파냐. [남녀 구분 없이 허리에 둘러 입는 천] ¶Tia Joana gosta hatais kampaña. 조아나 이모는 캄파냐 입는 것을 좋아해요. ②사롱. [치마처럼 둘러 입는 천] ¶Avó feto sira iha área rurál barak maka tau kampaña. 많은 지방에서 할머니들이 사롱을 입어요. (유의) kainpaña. (이표기) kampanha.

*kampiaun 명 챔피언, 우승자. ¶Portugal mak sai kampiaun ba kopa Europa 2016. 포르투갈은 2016년 유럽컵의 우승자가 되었어요.

kampionatu 명 선수권 대회. ¶Kampionatu Taekwondo mosu tinan-tinan iha Dili. 태권도 선수권 대회가 매년 딜리에서 열려요.

kamponés Ⅰ 명 소작농. ¶Ninia inan-aman hotu kamponés. 그의 부모님 모두 소작농이에요. Ⅱ 형 소작농의. ¶Vida kamponés presiza hahalok badinas. 소작농의 삶은 부지런한 행동을 요구한다.

kampu 명 들판, 지면. ¶Kampu ne'e luan loos. 이 들판은 매우 넓어요.

*kampu-aviasaun 명 비행장. ¶Ita hasoru malu iha kampu-aviasaun. 우리는 비행장에서 만났어요. (이표기) kampu aviasaun.

*kampus 명 (인니) 캠퍼스. ¶Kampus universidade ne'e nian mak furak tebes. 그 대학의 캠퍼스는 무척 아름다워요.

*kampu-tenis 명 테니스 코트. ¶Mai ita halimar iha kampu-tenis. 테니스 코트에서 놀자. (이표기) kampu tenis.

*kamutis 형 창백한. ¶oin kamutis 창백한 얼굴

*kanaar 명 일, 업무, 직업. ¶Nia sempre kompleta ninia kanaar ho perfeitu. 그는 자신의 일을 늘 완벽하게 해요. (유의) kna'ar.

Kanadá 명 캐나다. ¶Nasaun Kanadá 캐나다

kanadianu Ⅰ 명 캐나다인. ¶ema kanadianu sira 캐나다 사람들 Ⅱ 형 캐나다의, 캐나다인의. ¶Inglés mak lingua ofisiál kanadianu. 영어는 캐나다의 공식 언어예요.

kanál 명 운하. ¶Kanál Panama ne'e koñesidu. 파나마 운하는 유명해요.

kanaliza 동 (물을) 나르다, 보내다. ¶Kanu ida-ne'e kanaliza to'o Dili. 이 파이프는 딜리까지 물을 보내요.

kanalizadór 명 배관공. ¶Kanalizadór sira aban mai instala mákina fase ropa nian. 어제 배관공들은 세탁기를 설치했어요.

kanalizasaun 명 배관. ¶Buat ruma sala ho kanalizasaun ne'ebé iha. 무언

가 배관이 잘못된 게 있어요.

*__kananuk__ 명 노래. ¶Ninia kananuk furak tebes. 그의 노래는 너무 멋져요. 유의 knananuk, muzeu.

kandidata an ~의 후보가 되다. ¶Nia sei kandidata an ba prezidente. 그는 대통령 후보가 될 거예요. 이표기 kandidata aan.

kandidatu 명 남성 후보자, 신청자. ¶Kandidatu ne'ebé hakarak atu ba estuda iha Korea ne'e naran sá? 한국에서 공부하려는 신청자 이름이 뭐예요?

kandidatua 명 여성 후보자, 신청자. ¶Kandidatua sira bele rejistu iha ne'e. 신청자들은 여기에 등록하세요.

kandidatura 명 후보자, 구직자. ¶Ami konvida kandidatura sira ba entrevista. 우리는 면접을 보기 위해 구직자들을 초대했어요.

kanedok 명 나무 숟가락. ¶Kanedok ne'e di'ak bainhira ita han hahán ne'ebé manas tebes. 뜨거운 음식을 먹을 때에는 나무 숟가락이 좋아요.

kanek Ⅰ 명 상처, 부상. ¶Nia monu no kanek mosu. 그가 넘어지고 상처가 생겼어요. Ⅱ 형 상처 난. ¶Ninia fuan kanek mosu porké karreta para derrepente. 그는 자동차가 급정지한 후에 가슴에 상처가 났어요.

관용 kanek todan 중상을 입은.

*__kaneka__ 명 물잔, 잔. ¶Favór hemu bee uza kaneka. 물을 잔으로 드세요.

*__kanek-fatin__ 명 상처. ¶O nia liman kanek-fatin barak loos. 네 팔에 상처가 정말 크네. 유의 fitar.

kanela 명 계피. ¶Sira dehan, kanela mak di'ak ba isin. 계피가 몸에 좋다고 해요. 이표기 ai kanela.

*__kaneta__ 명 펜. ¶Kaneta ida-ne'e mak ha'u buka hela. 이 펜이 내가 찾던 거예요.

kangurú 명 캥거루. ¶Iha Australia kangurú iha barak. 호주에 캥거루가 많아요.

kanibál 명 인육을 먹는 사람. ¶Ha'u rona istória kona-ba suku ne'ebé iha kanibál. 제가 이 마을에 대해 들은 이야기로는 인육을 먹는 사람이 있었대요.

kanivete 명 펜나이프, 주머니칼, 접이식 칼. ¶Ita lori kanivete ka? 주머니칼 가져왔어요?

kanker 명 인니 암. ¶Maria hetan moras kanker susun, tan ne'e hein hela operasi. 마리아는 유방암에 걸려서 수술을 기다리고 있어요. 유의 kankru.

kankru 명 포 암. ¶Ema barak mate ho kankru. 많은 사람들이 암으로 사망해요. 유의 kanker.

kanku 명 깐꾸. [잎을 먹을 수 있는 수상 식물] ¶Ha'u-nia modo favoritu mak kanku. 제가 좋아하는 야채가 깐꾸예요. 이표기 kanko.

kanónika 형 여성 교회법에 따르는. ¶Maria kanónika 교회법을 따르는 마리아

kanóniku 형 남성 교회법에 따르는. ¶Jose ho Maria kaben iha igreja, tan ne'e sira iha dever moral hodi tuir lei kanóniku. 조세와 마리아는 교회에서 결혼해서 부부는 교회법을 따라야 하는 도덕적 의무가

K

있습니다.

kanorin 명 초등학생. ¶Nia kanorin matenek, maibé nia ladun iha motivasaun. 그는 똑똑한 초등학생인데 동기 부여가 잘 안 되어 있어요. 유의 eskola-oan.

***kanoruk** 명 목덜미, 뒷목. ¶Ha'u-nia kanoruk sente malirin bainhira anin huu, karik ha'u sai ba li'ur la ho lensu-ulun. 목도리를 안 하고 나와서인지 찬바람에 목덜미가 서늘했다.

***kanotak** 명 ①허리. ¶Daniel-nia kanotak moras. 다니엘의 허리가 아파요. 유의 knotak. ②자궁. ¶Feto ne'e isin rua iha kanotak liur. 이 여성은 자궁 외 임신을 했어요. 유의 knotak, knuuk, oan-fatin.

****kansela** 동 취소하다. ¶Ami kansela tiha ami-nia viajen. 우리는 여행을 취소했어요.

****kanselamentu** 명 취소. ¶Ha'u rona novidade kanselamentu kona-ba atividade aban. 저는 내일 활동에 대해 취소 소식을 들었어요.

****kanta** 동 노래를 부르다. ¶Nia sei kanta iha serimónia boot. 그는 큰 행사에서 노래를 부를 거예요.

****kántiku** 명 찬송가. ¶Nia hakerek kántiku no hanorin labarik sira. 그는 찬송가를 쓰고 어린이들에게 가르쳐요.

****kantíl** 명 물통. ¶Ajuda fui bee ba ha'u-nia kantíl. 내 물통에 물 좀 부어 줘요. 유의 kantina.

****kantina** 명 물통. ¶Ita tenke lori kantina bainhira bá foho. 산에 갈 때 꼭 물통을 가져가야 해요. 유의 kantíl.

*****kantor** 명 사무실. ¶Kantor ida-ne'e nia regulamentu rigorozu. 이 사무실의 규정은 엄격해요. 유의 serbisu-fatin.

*****kantór** 명 남성 가수. ¶Entre kantór sira, sé mak ita gosta liu? 가수 중에서 누구를 제일 좋아해요?

****kantora** 명 여성 가수. ¶Kantora ida komesa tebe-tebe. 가수 한 명이 떼베떼베 춤을 시작했어요.

****kantor-polísi** 명 경찰서. ¶Nia bá iha kantor-polísi hato'o keixa. 그는 경찰서에 가서 항의했어요. 유의 eskuadra-polísia.

kantu 명 모퉁이. ¶Jose tuur iha kantu jardin no hananu hela. 조세는 공원 모퉁이에 앉아서 노래를 부르고 있었다.

kanu 명 파이프. ¶Kanu ne'e tohar ona. 이 파이프가 고장났어요.

kanu-bee 명 파이프. ¶Bee iha kanu-bee laran ne'e suli maka'as loos. 파이프 안에 물이 잘 흘러요.

kanu-fo'er 명 하수구. ¶Kanu-fo'er ne'e hetan estragu. 하수구가 망가졌다.

****kanuru** 명 숟가락, 스푼. ¶Fase no hamaran kanuru ne'e. 이 숟가락 닦고 말려라.

kanuru-isin 명 한 숟가락 가득. ¶Nia foti kanuru-isin ida no han etu. 그는 밥을 한 숟가락 가득 떠서 먹어요.

kanuru suru-rai 삽. ¶ke'e ho kanuru suru-rai 삽으로 땅을 파다

kaos 명 혼돈, 혼란. ¶Ninia kaos ne'e sosa iha ne'ebé. 그는 어디서 사야 할지 혼란에 빠졌어요.

***kapa** 명 비옷. ¶Tanba udan tau, ha'u

presiza tau kapa. 비가 오니 비옷이 필요해요. 유의 gabardina.

⁑**kapás** Ⅰ 형 ①아름다운, 멋진. ¶Foho ne'e kapás tebes. 그 산은 참 아름다워요. 유의 bonita, bonitu, mo'ok. ②탁월한, 훌륭한. ¶Nia iha abilidade kapás. 그는 탁월한 능력이 있어요. Ⅱ 부 매우 잘, 정말. ¶Ita kanta ho kapás tebes. 노래를 정말 잘하네요. / Karreta ne'e la'o kapás. 이 차는 매우 잘 달려요. 이표기 kapaas.

⁑**kapasete** 명 헬멧. ¶Motorista sira tenke taka kapasete. 오토바이 운전자는 꼭 헬멧을 써야 해요. 이표기 kapaseti.

*__kapasidade__ 명 능력. ¶Ha'u-nia kapasidade la to'o atu sosa komputadór. 나는 컴퓨터를 살 능력이 안돼요. 유의 abilidade.

kapa-tatolan 명 모음 사이에 붙는 기호. ¶Tuir regularmentu INL nian, ita tenke hatama kapa-tatolan entre 'ne' no 'e', bainhira ita hakerek ne'e. 국립언어원의 규정에 따르면 nee를 쓸 때, 모음 사이에 붙는 기호를 ne와 e 사이에 넣어야 해요.

kapela 명 예배실. ¶Domingu ami bá tuir misa iha kapela. 일요일에 우리는 예배실에서 미사를 봐요.

*__kapitál__ Ⅰ 명 자본금, 자금. ¶fornese kapitál 자본금을 조달하다 유의 modal, osan-inan. Ⅱ 형 자본의. ¶Podér kapitál maka'as iha kualkér sosiedade. 어느 사회든 자본의 힘은 강해요.

kapitalista Ⅰ 명 자본주의자. ¶Sosialista no kapitalista eziste iha Mundu. 사회주의자와 자본주의자가 세상에 존재해요. Ⅱ 형 자본주의자의. ¶Nia fiar tebes iha sistema kapitalista. 그는 자본주의자의 제도를 강력히 믿어요.

kapitalizmu 명 자본주의. ¶Nia ema ne'ebé kontra kapitalizmu. 그는 자본주의에 반대하는 사람이에요.

*__kapitaun__ 명 선장, 주장. ¶Sé mak kapitaun ró ida-ne'e nian? 누가 이 배의 선장이에요? 유의 ró-na'in.

kapítulu 명 챕터, 장. ¶Iha livru ida-ne'e laran, kapítulu barak ko'alia kona-ba ekonomia. 이 책 안에 많은 챕터는 경제에 대해 이야기해요.

kapote 명 ①이불. ¶Ha'u presiza kapote tanba rai malirin loos. 날씨가 너무 추워서 이불이 필요해요. 유의 manta. ②망토. ¶Ninia oan hakarak tau kapote. 그의 아이는 망토를 입고 싶어했다. 이표기 kapoti.

kápsula 명 캡슐 약. ¶Ha'u persiza kápsula ba ha'u-nia moras. 아파서 캡슐 약이 필요해요.

kaptura Ⅰ 명 포획, 잡기. ¶Perigozu demais kaptura kriminozu. 과도하게 범인을 잡는 것은 위험해요. Ⅱ 동 포획하다, 잡다. ¶Ha'u hanoin katak ita sei la kaptura kriminozu ida. 내 생각엔 네가 범인을 한 명도 못 잡을 것 같아.

⁑**karak** 형 쩨쩨한, 인색한. ¶Nia karak loos, entaun nia sempre lakohi selu osan durante reuniaun. 그는 너무 인색해서 모임을 할 때 늘 돈 쓰기를 싫어해요.

karakól 명 달팽이. ¶Karakól barak mosu hafoin udan tau. 비가 온 후에 달팽이가 많이 나와요. 유의 babuku.

K

karak-teen Ⅰ명 구두쇠, 노랑이. ¶Nia sai karak-teen tiha ona. 그는 이미 구두쇠가 되었어요. Ⅱ형 구두쇠의, 노랑이의. ¶Sé mak gosta ema karak-teen? 누가 구두쇠인 사람을 좋아하겠어요? 유의 britas.

***karakter** 명 성격. ¶Ninia kolega ne'e ema ne'ebé karakter di'ak. 그의 친구는 성격이 좋아요. 유의 karater.

***karakterístika** 명 특성, 특징. ¶Mudansa maka karakterístika iha moris. 변화는 삶의 특징이에요. 유의 feitiu.

***karakterístiku** 형 특유의. ¶Saida mak vantajen karakterístiku kompañia ida-ne'e nian? 이 회사 특유의 장점이 뭐예요?

karakterizasaun 명 성격 묘사. ¶Karakterizasaun filme ida-ne'e halo ema barak gosta. 이 영화의 성격 묘사는 많은 사람들이 좋아하게 해요.

***karan** Ⅰ명 바람, 원함. ¶Nia halo atividade entre karan no realidade. 그는 바람과 현실 사이에서 활동해요. Ⅱ형 갖고 싶은, 원하는, 탐하는, 탐나는. ¶Karreta karan saida? 탐나는 자동차가 뭐예요?

***karater** 명 성격. ¶karater forte 성격이 강하다 유의 karakter.

karau 명 물소. ¶Karau barak tebes iha Timor-Leste. 동티모르에는 물소가 많다.

karau-aman 명 물소 수컷. ¶Karau-aman ida-ne'e isin-di'ak. 이 물소 수컷은 몸이 좋아요. 이표기 karau aman.

karau-atan 명 목동. ¶Karau-atan ne'e nia oan naran Jose. 목동의 아이 이름은 조세예요. 유의 atan.

karau-baka 명 황소. ¶Aman gosta han na'an karau-baka. 아버지는 황소고기 드시길 좋아해요. 유의 karau-waka. 이표기 karau baka.

***karau-oan** 명 송아지. ¶Karau-oan iha matan metan. 송아지는 검은 눈을 가지고 있다.

karau-teen 명 소똥. ¶Iha dalan ida-ne'e karau-teen barak loos. 여기 길에 소똥이 엄청 많네. 이표기 karau teen.

karau-timur 명 버펄로, 물소. ¶Karau-timur barak iha foho ne'ebá. 저 산에 물소가 많아요. 이표기 karau Timor.

karau-waka 명 황소. ¶lori karau-waka 황소를 몰다 유의 karau-baka. 이표기 karau waka.

karavana 명 이동식 주택. ¶Ema balun uza karavana ba sira-nia viajen. 몇 명의 사람들은 여행할 때 이동식 주택을 이용해요.

karbonu 명 탄소. ¶Karbonu dioxida kompostu husi karbonu no oksijenu. 이산화탄소는 탄소와 산소로 만들어진 복합체예요.

***kardinál** 형 가장 중요한. ¶Rekursu kardinál iha nasaun laran ne'e rekursu umanu. 나라에서 가장 중요한 자원은 인적 자원이에요.

***karekas** 형 야윈. ¶Asu ne'e karekas loos. 이 개는 야위었어요.

***karga** 명 화물. ¶Ró-ahi ida-ne'e para iha ne'e atu foti karga. 이 증기선은 화물을 가져가려고 여기에 섰어요. 유의 frete.

***kargu** 명 의무, 책무. ¶Señor Jose asumi

kargu nu'udár xefe suku. 조세는 마을 촌장으로서 의무를 다했다. ㉤ devér.

kari 동 ①퍼뜨리다, 뿌리다. ¶Nia kari bee iha rai atu prevene rai-uut. 그는 먼지를 막으려고 물을 뿌려요. ㉥ bá buka. ②(씨를) 뿌리다, 심다. ¶Ami-nia familia kari hare. 우리 가족은 벼를 심었어요. ③흩뿌리다. ¶Horsehik ami kari ai-funan iha rate. 어제 우리는 묘지에 꽃을 흩뿌렸다.

***karidade** 명 자선. ¶Ita presiza atividade karidade nian ba oan-kiak sira. 우리는 고아들을 위해 자선 활동이 필요해요.

***karik**[1] 형 흩어진, 분산된. ¶Nia monu ho motór, raan barak, mate fatin karik! 오토바이가 넘어져서 피가 많이 흩어진 상태로 죽었어요!

karik[2] 부 ①아마도. ¶Karik labarik ne'e agora halimar ho kolega sira. 아마도 이 아이는 지금 친구들이랑 놀고 있을 거예요. ㉤ kala. ②~면. ¶Karik ha'u iha liras, ha'u bele semo. 만약 내가 날개가 있다면 날아갈 텐데.

***karikaturu** 명 만화. ¶Jose lee livru istória ho karikaturu no nia sai interese kona-ba istória. 조세는 만화로 된 역사책을 읽고 역사에 대해 흥미를 느끼게 되었다.

***karik nune'e** 그러면. ¶Karik nune'e ha'u hakarak estuda lian Korea. 그러면 저는 한국어를 공부하고 싶어요.

karimbu 명 고무도장. ¶Sertifikadu sira ne'e hotu presiza tau karimbu. 이 모든 증명서들은 고무도장이 필요해요.

karizma 명 카리스마. ¶Lider ho karizma presiza renova fila fali partidu polítiku. 카리스마가 있는 지도자는 다시 정당을 쇄신할 필요가 있어요.

karizmátika 형 여성 카리스마가 있는. ¶Maria ladún gosta ema karizmátika. 마리아는 카리스마가 있는 사람을 별로 좋아하지 않아요.

karizmátiku 형 남성 카리스마가 있는. ¶Xanana Gusmão nu'udár lider karizmátiku. 샤나나 구스마오는 지도자로서 카리스마가 있어요.

karlele 명 야생 콩. [만지면 간지럼증을 일으킴] ¶Karlele ida-ne'e halo isin-katar. 이 야생 콩은 간지럽게 해요.

karmelita Ⅰ 명 카르멜회. ¶Nia ho ninia biin na'in 4 sai membru iha karmelita. 그와 누나 4명은 카르멜회에 들어갔어요. Ⅱ 형 카르멜회의. ¶Padre ne'e membru husi kongregasaun karmelita. 이 신부님은 카르멜회의 신도예요.

Karnavál[1] 명 카니발. ¶Timor-oan foin-sa'e sira dezeña hela karreta ne'e atu partisipa iha festa Karnavál. 젊은 동티모르인들이 카니발 축제에 참석하기 위해 자동차를 치장하고 있어요.

Karnavál[2] 명 재의 수요일 전의 3일간. [예전에는 참회와 사죄의 기간이었음] ¶Nia atu konfesa sala ba padre durante Karnavál. 그는 재의 수요일 전의 3일 동안 신부님께 죄를 고백을 하려 해요.

karnívora 명 (육식 동물의) 암컷. ¶Lafaek karnívora fó tolun. 암컷 악어는 알을 낳아요.

karnívoru Ⅰ 명 (육식 동물의) 수컷. ¶Lafaek karnívoru ne'e boot tebes. 이

K

수컷 악어는 커요. Ⅱ 형 육식성의. ¶Lafaek mak animál karnívoru. 악어는 육식성의 동물이에요.

* **karól** 명 부대, 봉지. ¶Favór hatama fo'er iha karól ne'e laran. 이 봉지 안에 쓰레기를 넣어 주세요. 유의 karón.

karon 명 투망의 접힌 자리에 있는 주머니. ¶Ninia karon mamuk. 그의 투망의 접힌 자리에 있는 주머니는 비어 있어요.

karón 명 부대, 봉지. ¶Hola fehuk-ropa karón ida. 감자를 한 봉지 샀어요. 유의 karól. 이표기 karoon.

* **karpete** 명 양탄자. ¶Karpete mean mak nahe hela iha rai sala vizita uma ida-ne'e nian. 그 집의 거실 바닥에는 붉은 양탄자가 깔려 있었다.

karpinteiru 명 목수. ¶Nia naran-boot nu'udár karpinteiru jeitu. 그는 솜씨 좋은 목수로 유명하다. 유의 badain-ai.

⁑ **karreira** 명 진로, 커리어. ¶Favór estuda maka'as ba karreira aban-bainrua. 미래의 진로를 위해서 열심히 공부하세요.

⁑ **karreta** 명 차, 자동차. ¶Ami bá ho karreta. 우리는 차로 가요.

karreta-aluga 명 렌터카. ¶karreta-aluga nia osan aluga 렌터카의 임대료

⁑ **karreta-jipe** 명 지프. ¶Karreta-jipe uza mina barak. 지프는 많은 기름을 사용해요. 유의 jipe.

* **karrosa** 명 카트. ¶Favór ense rai-henek halo nakonu iha karrosa. 모래를 카트에 가득 채우세요. 유의 gerobak. 이표기 karosa.

* **karta** 명 ①편지, 카드. ¶Ami joga hela karta. 우리는 카드놀이를 하고 있어요. ②서류, ~서. ¶Ami presiza lori karta deklarasaun atu partisipa ezame ne'e. 우리는 그 시험에 참가하려면 추천서를 가져가야 해요.

* **karta-kondusaun** 명 운전면허증. ¶Ita presiza karta-kondusaun atu lori ita-nia karreta. 자동차를 운전하려면 운전면허증이 필요해요. 이표기 karta kondusaun.

kartaun 명 카드, 판. ¶Ita presiza kartaun eleitoral atu partisipa eleisaun. 우리는 선거에 참여하려면 선거 카드가 필요해요.

kartaun-kréditu 명 신용 카드. ¶Oinsá ha'u bele uza kartaun-kréditu ka? 어떻게 신용 카드를 사용할 수 있어요?

* **karteira** 명 지갑. ¶Karteira ne'e hira? 이 지갑 얼마예요?

kartóriu 명 등기소. ¶Feen-la'en foun bá kartóriu. 새 부부는 등기소에 가요.

kartu 명 상품권. ¶Iha Chuseok kotuk ha'u fó ona ba amá kartu loja departamentu nian nu'udár prezente. 지난 추석에는 어머니께 선물로 백화점 상품권을 드렸다.

kartús 명 총알. ¶Tiru malu to'o kartús mohu. 총알이 다 떨어질 때까지 쏘았어요. 유의 kilat-fuan, kilat-musan.

⁂ **karu**[1] 형 비싼. ¶Ida ne'e ropa karu loos! 이거 아주 비싼 옷이야! 유의 folin-aas, karun. 반의 baratu, folin-kmaan.

* **karu**[2] 형 사랑하는, 소중한. ¶karu, kolega sira 사랑하는 우리 친구들에게 유의 doben.

⁑ **karuk** Ⅰ 명 왼쪽. ¶Fila ba karuk. 왼쪽으

로 돌아. (유의) eskerda. (반의) direita. Ⅱ 형 왼쪽의. ¶Nia la haree ema iha karuk. 그는 왼쪽의 사람을 못 봤어요. (유의) eskerda. (반의) direita.

*****karun** 형 비싼. ¶Karreta foun ida-ne'e karun. 이 새 자동차는 비싸요. (유의) folin-aas, karu. (반의) baratu, folin-kmaan.

*****karuuk** 명 가지. [채소의 하나] ¶Karuuk iha funsaun atu prevene kankru. 가지는 암을 방지하는 효능이 있어요. (유의) berinjela.

karvaun 명 석탄. ¶Bainhira ha'u sei iha sekundária ha'u sunu karvaun iha eskola. 내가 중학교에 다니던 시절에는 교실에 있는 난로에 석탄을 땠다.

kasa Ⅰ 명 사냥. ¶Nia bá kasa iha Ainaro. 그는 아이나로에서 사냥을 하러 가요. (유의) duni-asu. Ⅱ 동 사냥하다. ¶Ha'u-nia avó mane gosta kasa bibi-rusa. 제 할아버지는 사슴 사냥하는 걸 좋아해요.

kasadór 명 사냥꾼. ¶Ha'u-nia avó kasadór. 제 할아버지는 사냥꾼이에요.

*****kasakadu** 명 피부병, 피부염. ¶Ha'u haree ninia isin ladia'k ho kasakadu. 그의 몸은 피부염으로 안 좋아 보였다. (유의) kaskadu.

kasar 동 (숨을) 헐떡이다. ¶Nia kasar maka'as hafoin halai lailais. 그는 빨리 달린 후에 심하게 숨을 헐떡였어요.

kasete 명 카세트. ¶Nia sosa telemovel foun, no agora la presiza kasete. 그는 새 핸드폰을 사서 이제 카세트가 필요치 않아요. (이표기) kaseti.

*****kasian** Ⅰ 형 불행한, 가난한, 비참한. ¶Ema ne'e kasian loos. 그 사람은 너무 불행해요. Ⅱ 부 불행히도, 아쉽게도. ¶Kasian ami la bele bá vizita imi durante findesemana ida-ne'e. 아쉽게도 우리는 이번 주말 동안에 여러분을 방문할 수 없어요.

*****kaskadu** 명 ①피부병. ¶Loron manas halo isin kaskadu. 강한 태양빛은 피부병을 만들기도 해요. ②사상충성 피부병. ¶Ninia asu iha kaskadu. 그의 개는 사상충성 피부병이 있어요.

*****kaspa** 명 비듬. ¶Kaspa barak loos, halo ha'u-nia ulun katar liu. 비듬이 너무 많아서 머리가 가려워요. (유의) alkari, batar-liras, kohu.

kastaña 명 밤나무, 밤. ¶Ita hatene kastaña iha ne'ebé? 밤나무가 어디에 있는지 알아요?

kastelu 명 성, 성곽. ¶Turista sira vizita hela kastelu famozu. 관광객들이 유명한 성곽을 방문하고 있어요. (유의) kota.

kastigu Ⅰ 명 처벌. ¶Nia hanoin katak kastigu maka'as prevene krime. 그는 강력한 처벌이 범죄를 방지한다고 생각해요. Ⅱ 동 처벌하다. ¶Tribunál Dili kastigu tiha ona ema ho korrupsaun. 딜리 법원은 부패 혐의가 있는 자를 처벌했어요.

*****kasu** 동 ①(잠긴 것을) 열다. ¶Mai ita kasu kadeadu! 자물쇠를 열자! ②(달린 것을) 떼어 내다, 풀다. ¶Favór kasu ai-dila ho ai-ka'it. 아이카잇으로 파파야를 떼어 내세요. ③폐지하다, 취소하다. ¶Nia kasu ona ninia planu viajen. 그는 여행 계획을 취소했어요. ④용서하다. ¶Nia kasu ona kolega nia sala. 그는 친구의 잘못을 용서했어요. (유의) perdoa, perdua.

K

kasuada Ⅰ 명 빈정댐, 비꼼. ¶Ha'u lakohi rona nia liafuan ne'ebé nakonu ho kasuada. 비꼼으로 가득찬 그의 말이 듣기 싫다. Ⅱ 동 놀리다, 비꼬다. ¶Keta kasuada no bá ne'ebá! 놀리지 말고 저리 가!

kasu-salan 명 면죄 선언, 용서. ¶Nia kasu-salan iha igreja. 그들은 성당에서 용서를 받았어요.

⁑**katak** 동 ①~고 말하다. ¶Nia dehan katak ita tenke servisu maka'as. 그는 우리가 열심히 일해야 한다고 말했어요. / Nia katak "Sin", bainhira ema seluk husu ita bele partisipa reuniaun. 다른 사람들이 모임에 함께하겠냐고 물었을 때 그는 "네"라고 말했어요. 유의 ha'ak. ②의미하다, 상징하다. ¶Pintura ida ne'e katak domin. 이 그림은 사랑을 상징합니다. 유의 denota.

katana 명 마체테. [날이 넓고 무거운 칼] ¶Nia uza katana hodi ta'a ai. 그는 나무를 자르는 데 마체테를 사용해요.

⁑**katar** Ⅰ 명 가려움. ¶Ha'u alerjia boek, han karik sei iha isin katar. 새우 알레르기가 있어서 먹으면 가려움이 생겨요. Ⅱ 형 가려운. ¶Susuk tata nune'e katar. 모기에 물려 가려워요.

⁑**katedrál** 명 대성당. [주교가 관장하는, 교구 내 중심 성당] ¶Ha'u gosta tuir misa iha igreja katedrál. 저는 대성당에서 미사 보길 좋아해요.

kategoria 명 범주. ¶Ita tenke tau sasán sira ne'e tuir nia kategoria. 범주에 따라 그 물건들을 놓아야 해요.

kategórika 형 여성 범주적인, 분류하는. ¶Abilidade kategórika importante tebes ba analiza situasaun ne'ebé iha konfuzaun. 혼란스러운 상황을 분석하는 데에는 분류하는 능력이 무척 중요하다.

kategóriku 형 남성 범주적인, 분류하는. ¶Jose halo servisu dokumentu kategóriku. 조세는 서류를 분류하는 작업을 해요.

katekeze 명 교리 교수. ¶Domingo-domingo ami ba tuir katekeze iha igreja. 우리는 일요일마다 교회에서 교리 교수에 참가해요.

katekista 명 교리 문답 교사. ¶Ami-nia katekista mak hanorin orasaun ba ami. 교리 문답 교사가 우리에게 시간표를 알려 주었어요.

⁑**kateri** 명 가위. ¶Nia kaer kateri hodi tesi fuuk. 그는 머리를 자르려 가위를 잡았어요. 유의 katerik.

⁑**katerik** 명 가위. ¶Ha'u tesi surat-tahan ho katerik. 나는 가위로 종이를 오렸어요. 유의 kateri.

katesizmu 명 교리 문답서. ¶Orasaun barak mak hakerek iha katesizmu laran. 교리 문답서 안에 시간표가 많이 적혀 있어요.

*__katiik__ 동 떼어 낼 수 있다, 떨어져 나가다, 분리되다. ¶Ita katiik hudi nia kulit ho fasil. 쉽게 바나나 껍질을 떼어 낼 수 있어요.

*__katólika__ 형 여성 천주교의. ¶Maria estuda doutrina katólika. 마리아는 천주교의 교리를 공부해요.

*__katóliku__ Ⅰ 명 천주교. ¶Nia simu baptizmu iha katóliku. 그는 천주교에서 세례를 받았다. Ⅱ 형 남성 천주교의. ¶Jose ema katóliku. 조세는 천주교도예요.

*__katolisizmu__ 명 천주교, 가톨릭교. ¶Timor-oan barak fiar katolisizmu. 많은 동티모르인들이 천주교를 믿어요.

***katorze** 수(포) 열넷, 십사. ¶dia katorze 열네 번째 / Nia tinan katorze ona. 그는 열네 살이 되었어요. (유의) sanulu resin haat. (이표기) katorzi.

***katuas** I 명 어르신. [연장자에게 쓰는 존칭] ¶Ema katuas sira mak tuur iha biti. 어르신들이 전통 매트에 앉아 있어요. II 형 늙은. ¶Ha'u-nia avó mane sai katuas loos. 제 할아버지는 무척 늙었어요.

***katuas-oan** 명 남편. ¶Feto ida-ne'e respeitu ninia katuas-oan. 이 여성은 남편을 존경해요. (유의) la'en. (반의) feen, ferik-oan.

katupa 명 까뚜빠. [팜잎으로 쌀을 싸서 만든 요리] ¶Ami gosta han katupa ne'ebé falun etu ho tali tahan. 우리는 까뚜빠를 먹는 걸 좋아해요.

kauá 명 까마귀. ¶Ha'u sente la di'ak tanba ha'u haree kauá semo iha uma leten. 집 위에 까마귀가 나는 것을 보니 기분이 안 좋아요. (유의) kokoreek, manu-metan. (이표기) kawaa.

kaur 동 콧노래를 부르다, 흥얼거리다. ¶Nia kaur ho múzika. 그는 음악을 들으며 흥얼거려요.

ka'ut I 명 주로 팜나무잎으로 만든 뚜껑이 없는 장바구니. ¶Ka'ut ida-ne'e aat hotu ona. 이 뚜껑이 없는 장바구니는 망가졌어요. II 동 대충 꿰매다. ¶Tempu la iha, nia ka'ut ropa ida-ne'e lailais. 시간이 없어요. 이 옷 대충 빨리 꿰매요.

*__kauza__ I 명 원인. ¶Kauza ne'ebé nia bele fiar ninia kolega mak kolega nia susesu uluk. 그가 그의 친구를 믿을 수 있는 원인은 그 친구의 예전 성공 때문이에요. II 동 야기하다, 일으키다. ¶Ita hatene saida mak kauza ahi boot? 무엇이 큰 화재를 야기했는지 아세요?

*__kauzativa__ 형 (여성) 원인이 되는. ¶Maria dehan katak fuma sigaru sai kauzativa kona-ba moras. 마리아는 흡연이 병의 원인이 된다고 말했어요.

*__kauzativu__ 형 (남성) 원인이 되는. ¶Fenômeno kauzativu husi kazu ne'e tanba neglijensia. 이 경우, 원인이 되는 현상은 부주의 때문입니다.

kavaleiru 명 승마 기수. ¶Kavaleiru ne'e gosta halai taru kuda. 그 승마 기수는 승마 도박을 좋아해요.

*__kaweer__ I 동 평평하게 하다, 매끈하게 만들다. ¶Nia hakarak halo ninia ain kaweer. 그녀는 다리를 매끈하게 만들고 싶어해요. (유의) kabeer. II 형 매끈한, 평평한. ¶Ninia ain kaweer ne'e kapás. 그녀의 매끈한 다리가 예쁘다. (유의) kabeer.

***kazadebañu** 명 욕실. ¶Kazadebañu mane no feto nian ketak. 남성용 욕실과 여성용 욕실은 나누어져 있어요. (유의) hariis-fatin. (이표기) kaza de banhu.

kazaku 명 코트, 재킷. ¶Kazaku ida-ne'e karun. 이 재킷은 비싸요. (유의) bluzaun.

***kazál** 명 부부. ¶Kazál ne'e hadomi malu teb-tebes. 그 부부는 서로 무척 사랑해요.

***kazamentu** 명 결혼식. ¶Aban ami bá kolega nia festa kazamentu. 내일 우리

K

는 친구 결혼식에 가요.

kazu 명 경우, 사례. ¶Estuda kazu barak entaun bele hetan regulamentu. 사례 공부를 많이 하면 규칙을 발견할 수 있다.

kazuál 형 우연한, 행운의. ¶Estudante ne'e kaer oportunidade kazuál ba bolsu estudu. 그 학생은 장학금이란 행운의 기회를 잡았어요.

kazualidade[1] 명 기회. ¶Kazualidade mai ba ema ne'ebé buka. 기회는 찾는 자에게 와요. 유의 oportunidade, vés.

kazualidade[2] 명 사고. ¶Kazualidade karreta bele ema mate. 자동차 사고는 사람을 죽게 할 수 있어요.

kbaas 명 어깨. ¶Nia doko kbaas ho la iha konfidensia. 그는 자신이 없어서 어깨를 움츠렸어요. 유의 kabaas.

kbelak 명 표면. ¶Iha kbelak mundu nian iha rai no tasi. 지구의 표면에는 대륙과 바다가 있어요. 유의 superfísie.

kbiit 명 힘, 권한. ¶Patraun fó kbiit ekipa xefe nian ba Maria. 사장은 마리아에게 팀장의 권한을 주었어요. 유의 autoridade, beran, forsa.

kbiit-laek 부 힘없이. ¶Nia resposta kbiit-laek, karik nia kolen loos. 그는 매우 피곤한지 힘없이 대답했다.

kdook 명 거리, 간격, 사이. ¶kdook entre eskola no uma 학교에서 집까지의 거리 유의 distánsia.

ke 접 ~ㄴ. [뒤의 문장으로 앞의 문장을 수식할 때 쓰는 말] ¶Feto balu ke uluk luta iha rezisténsia, agora tama ona parlamentu. 오래전 항쟁에 참여했던 여성 중 몇몇은 지금 국회에 들어가 있어요. 유의 ne'ebé.

kebit 동 (손가락이나 팔꿈치로) 쿡 찌르다. ¶Nia kebit ha'u no ko'alia, "Sé mak tama agora?" 그가 나를 쿡 찌르며 말했어요, "누가 지금 들어온 거지?"

kecamatan 명 (인니) 세부 행정 구역. ¶Ita-nia moris-fatin husi Baucau kecamatan zona iha ne'ebé? 네 고향은 바우카우, 세부 행정 구역은 어디지? 유의 subdistritu, zona.

kedak 부 즉시, 당장. ¶Bainhira ha'u sente isin manas ha'u hemu kedak ai-moruk. 저는 몸에 열이 난다고 느낄 때 즉시 약을 복용해요. 유의 kedan, kedas.

kedan 부 즉시, 당장, 바로. ¶Nia atakasaun moras fuan mate fatin kedan. 그는 심장 마비가 와서 바로 죽었어요. 유의 kedak, kedas.

kedas 부 즉시, 당장. ¶Maria rona Jose moras todan no nia mai vizita kedas. 마리아는 조세가 아프다는 것을 듣고 즉시 방문했어요. 유의 kedak, kedan.

kedo 명 개구리. ¶Kedo barak loos iha kolan ne'e. 그 연못에 개구리가 무척 많아요. 유의 klekat, manduku.

kedok 동 ①젓다. ¶Ita tenke kedok kafé hafoin hatama masinmidar. 설탕을 넣은 후에 저어야 해요. ②섞다. ¶Nia kedok hela modo. 그는 야채를 섞고 있어요. 유의 kahur. ③꾹 찌르다. ¶La bele kedok, ha'u moras. 꾹 찌르지 좀 마, 아파.

ke'e 동 ①파다, 파내다. ¶Pai ke'e hela rai hodi kuda ai-funan. 아빠는 과일 씨를 심으려고 땅을 파고 있어요. ②(새가 부리로) 쪼다, 쪼아 먹다. ¶Manu-oan ke'e lailais. 닭은 빠르게 쪼아 먹어요. ③서로 질책하다, 서로 비난하다. ¶Kolega sira, la bele ke'e malu. 친구들 서로 비난해선 안 돼. (이표기) kee.

kehe 동 부채질을 하다 ¶Rai manas loos, ajuda kehe ha'u lai. 날씨가 덥다, 부채질 좀 해 주라.

keijada 명 치즈 케이크. ¶Iha keijada ne'e nia laran keiju kontén porsentu hira? 이 치즈 케이크에 치즈가 몇 퍼센트 들어 있어요?

***keiju** 명 치즈. ¶Ha'u gosta han paun ho keiju hamutuk. 그는 빵과 치즈를 함께 먹는 걸 좋아해요.

***keima** 동 (전기, 퓨즈, 전등이) 나가다, 꺼지다. ¶lampu keima 전등이 꺼지다

***keixu** 명 턱. ¶hasan-rahun iha keixu 턱에 수염이 나다

keke 명 예전에, 남자들이 차던 팔찌. ¶Ha'u haree keke iha muzeu. 나는 박물관에서 전에 남자들이 차던 팔찌를 보았다.

kele 동 (아이를) 치마로 나르다. ¶Feto ne'e kele hela ninia bebé. 그 여성은 아기를 치마로 나르고 있어요.

***kelen** 명 다리, 허벅지. ¶Ayam potong nia kelen ne'e hira? 닭고기의 다리는 얼마예요? (유의) ain-kelen.

kelen-ruin 명 대퇴골. ¶Nia kelen-ruin moras loos. 그는 대퇴골이 무척 아파요.

***kelu** 명 팔찌. ¶Sira gosta kelu barak. 그들은 팔찌를 많이 좋아해요. (유의) buti-liman, kakelun, kelun, pulseira.

***kelun** 명 팔찌. ¶Kelun ne'e halo husi lenuk kulit. 이 팔찌는 거북이 등딱지로 만들었어요. (유의) buti-liman, kakelun, kelu, pulseira.

kemak 명 케막. [동티모르 북서쪽에서 사용하는 방언] ¶Ema marobo sira ko'alia lian kemak. 마보로 사람들은 케막을 사용해요.

Kénia 명 케냐. ¶Nia iha kolega husi Kénia. 그는 케냐에서 온 친구가 있어요.

kera sakti (인니) 케라삭띠. [인도네시아의 무술 그룹] ¶Kera sakti halo atividade iha Timor. 케라삭띠는 동티모르에서 활동을 해요.

kesadór Ⅰ명 불평분자, 불만분자, 불평이 많은 사람. ¶Oinsá mak ha'u bele trata kesadór? 불평이 많은 사람을 어떻게 다룰까? Ⅱ형 불평분자의, 불만분자의, 불만이 많은 사람의. ¶Oinsá mak ha'u bele kompriende esénsia husi deklarasaun kesadór? 불만이 많은 사람의 말에서 어떻게 본질을 이해할 수 있을까?

***kesar**[1] 동 보고하다. ¶Agora ha'u tenke kesar ba patraun. 지금 사장님께 보고해야 해요. (유의) delata, fó-hatene.

***kesar**[2] Ⅰ명 고소, 고발. ¶Ha'u la koalia buat ida kona-ba kesar kazu ne'e. 이 고발 건에 대해서 할 말이 없습니다. Ⅱ동 ①고소하다, 고발하다, 신고하다. ¶Na'ok-teen tama ona tan ne'e kesar ba polísia. 집에 도둑이 들어와서 경찰에 신고했어요. ②고자질하다. ¶Ha'u nia biin kesar ba amá katak ha'u mak hamonu susu-been. 제가 우유를 쏟았다고 언니는 엄마한테 고자질했어요.

***kesi** 동 묶다. ¶Feto ne'e la bele kesi ninia fuuk mesak. 이 여자는 혼자 머리를 묶을 줄 몰라요. (유의) empata, futu, futu

K

metin.

관용 kesi lia (말을 묶는다는 말로) 음모를 꾸미다, 공모하다.

kesi-ibun 명 ①재갈, 입마개. ¶Hatais hena kesi-ibun ba asu-oan hodi la bele tata ema. 사람을 물지 못하도록 강아지에게 입마개를 씌웠어요. ②{비유적으로} 언론 탄압, 입막음. ¶Kesi-ibun iha jornalizmu ne'e perigu ba demokrasia. 언론 탄압은 민주주의에 대한 위협이다.

kesi-matan 명 눈가리개. ¶Labarik sira halimar ho kesi-matan. 어린이들이 눈가리개를 가지고 놀아요. 유의 taka matan.

*__kesi-metin__ 동 단단히 묶다, 안전하게 하다. ¶Tenke kesi-metin fahi ne'e, se lae nia bele halai. 이 돼지가 달려갈 수 있으니 단단히 묶어야 해요.

**__kestaun__ 명 질문, 안건, 주제. ¶Imi iha kestaun kona-ba klase ohin loron ka? 여러분 오늘 주제에 대해서 질문 있나요? 유의 asuntu, tópiku.

*__kestionáriu__ 명 질문지. ¶Nia halo hela ninia kestionáriu kona-ba peskiza. 그는 연구에 대한 질문지를 만들고 있어요.

***__keta__ Ⅰ동 나누다, 떨어지다, 떨어뜨리다. ¶Mai ita la keta malu. 우리 서로 떨어지지 말자. Ⅱ부 ((주로 karik과 함께 쓰여)) 아마도. ¶Keta nia hamlaha karik, tanba nia la han matabixu. 그는 아침 식사를 안 해서 아마도 지금 배가 고플 거예요. Ⅲ조 아니다, 반드시 ~아니다, 하지 마, 하지 마요. ¶Keta book ha'u! 날 좀 귀찮게 하지 마! Ⅳ접 ~하지 않도록. ¶Keta nia matan dukur karik, lori Kafé ba nia. 그가 잠이 오지 않도록 커피를 가져다주렴.

ketak Ⅰ형 분리된, 분열된. ¶Governu mak sai ketak kona-ba asuntu ida-ne'e. 정부는 이 쟁점에 대해 분열되었어요. Ⅱ부 별도로, 분리하여. ¶Mai ita soe lixu ketak lai. 쓰레기를 분리해서 버리자.

**__ketaketak__ Ⅰ형 ①다른. ¶Ami estuda lian Korea iha sala ketaketak. 우리는 다른 방에서 한국어를 공부해요. 유의 deferente, diferente, oin-seluk, ruma, seluk, varia. ②완전히 분리되는. ¶Grupu ne'e ketaketak hafoin ko'alia aat malu. 그 그룹은 서로 비난한 후에 완전히 분리되었어요. Ⅱ부 따로따로, 별도로. ¶Ami iha ekipa laran hanesan, halo asaun ketaketak. 같은 팀에 있는 우리는 따로따로 행동해요. 이표기 ketak-ketak.

KHUNTO 명 동티모르통합번영당. [2018년 총선거를 위해 만든 전진변화연합의 세 당 중 하나] ¶KHUNTO deside tiha ona atu sai membru iha AMP. 동티모르통합번영당은 전진변화연합의 일원이 되기로 결정했어요.

**__kiak__ Ⅰ명 빈곤, 가난. ¶Difisil atu liberta povu husi kiak tanba boot sira koruptór. 높은 사람들이 부정부패자이니 국민들을 빈곤으로부터 자유롭게 해 주기가 어렵지요. 유의 pobreza. Ⅱ형 가난한. ¶Ema kiak barak mak toba hela iha estrada. 많은 가난한 사람들이 도로에서 자고 있어요.

관용 kiak rabat-rai (가난하여 땅에 엎드린다는 말로) 극빈한.

***__kidan__ 명 궁둥이, 엉덩이. ¶Tuur kleur, tan ne'e kidan moras. 오래 앉아 있어서

엉덩이가 아파요.

kidun 명 바닥, 밑. ¶Lapizeira monu iha meza kidun. 연필이 책상 밑에 떨어졌다.

kidun-kuak 명 ①항문, 똥구멍. 유의 anus, tee-fatin. ②수렁. ¶Nia monu tama ba beeteen kidun-kuak. 그는 진흙 수렁에 빠졌어요. ③욕. 이표기 kidun kuak.

kidun-matan 명 방귀. ¶Sé mak hosu sai kidun-matan? 누가 방귀를 뀌었어요? 유의 hosu.

kidun-mean 명 치질. ¶Kidun-mean dala barak konstitui rezultadu konaba kostome han la di'ak. 치질은 대부분 잘못된 식습관의 결과예요. 유의 emorroidas.

ki'ik 형 작은. ¶ró ki'ik 작은 배 이표기 kiik.

ki'ikoan 형 작은, 조금. ¶Sapatu ida-ne'e ki'ikoan liu, karik fó mai ha'u boot uitoan. 이 신발은 작아요, 다른 것 주세요. 유의 ki'ik.

kilat 명 총, 소형 화기, 무기. ¶iha kilat 무기를 가지다(무장하다) / Militár sira uza kilat barak. 군인은 많은 총을 사용해요.

kilat-fuan 명 총알. ¶Militár ida-ne'e presiza kilat-fuan barak. 이 군인은 많은 총알이 필요해요. 유의 kartús, kilat-musan.

kilat-musan 명 총알. ¶Tenke hola tan kilat-musan. 총알을 더 사야 해요. 유의 kartús, kilat-fuan.

kilat-rahun 명 화약. ¶Ema barak selebra loron premeiru januariu ho kilat-rahun. 많은 사람들이 화약으로 1월 첫날을 축하해요.

kili 동 간지럼을 태우다, 간지럽히다. ¶La bele kili ha'u! 나 간지럼 태우지 마! 유의 makili.

kilo 명 킬로그램. ¶Na'an kilo ida hira? 고기 1 킬로그램은 얼마예요? 유의 kilograma, kilu.

kilograma 명 킬로그램. ¶Foos ida-ne'e kilograma rua-nulu-resin-lima. 이 쌀은 이십오 킬로그램이에요. 유의 kilo, kilu.

kilojule 명 킬로줄. [일 또는 에너지의 단위] ¶Iha Austrália, ema uza kilojule atu sura enerjia ne'ebé ema bele simu husi hahán. 호주에선 음식을 통한 에너지를 킬로줄로 계산해요.

kilómetru 명 킬로미터, 천 미터. ¶Kdook entre Seoul no Dili maizumenus kilómetru 5,000. 서울과 딜리 사이의 거리는 약 5,000킬로미터예요.

kilowát 명 킬로와트. ¶Kilowát 1 no wát 1,000 hanesan malu. 1킬로와트와 1,000와트는 서로 같아요.

kilu 명 킬로그램. ¶Masin ne'e kilu tolu. 이 소금은 3킬로그램이에요. 유의 kilograma, kilo.

kímika 형 여성 화학적인. ¶Bainhira Maria tein, la uza temperus kímika no nia uza de'it temperus orgániku. 요리할 때, 마리아는 화학적인 양념을 사용하지 않고 유기농 양념만 사용해요.

kímiku 형 남성 화학적인. ¶Jose presiza sasán sira ne'e ba tratamentu kímiku. 조세는 화학적인 처리를 위해 이런 물건들을 필요로 해요.

kinhentus 수 포 오백.

kinta[1] 명 목요일. ¶Ohin mak kinta. 오늘

K

이 목요일이에요. 유의 kinta-feira, loron-kinta.

⁑kinta[2] 형 여성 다섯 번째. ¶Maria dehan katak nia mak kinta estudante ne'ebé estuda lian Korea entre ninia kolega sira. 마리아는 친구들 중에서 한국어를 공부하는 다섯 번째 학생이래요.

⁑kinta-feira 명 목요일. ¶Kinta-feira oin mai, ami tenke ba tribunál. 다음 목요일이 오면 우리는 법원에 가야 해요. 유의 kinta, loron-kinta.

⁑kintál 명 농장, 논. ¶Asu sira mak hatenu hela iha kintál laran. 개들이 농장에서 짖고 있어요.

⁑kintu 형 남성 다섯 번째. ¶Jose oan-mane kintu. 조세는 다섯 번째 아들이에요.

kintu-kantu 명 미로. ¶Ha'u mehi mehi-aat ne'ebé manu-ain iha kintu-kantu. 나는 미로를 헤매는 악몽을 꾸었다.

⁂kinur Ⅰ 명 사프란. ¶Nia uza kinur bainhira nia te'in etu. 그는 밥을 지을 때 사프란을 넣어요. Ⅱ 형 노란. ¶Hudi nia kór kinur. 바나나의 색은 노래요. 유의 amarelu.

⁑kinze 수 포 열다섯, 십오. 유의 sanulu resin lima. 이표기 kinzi.

⁑kioske 명 판매대. ¶Ninia apá loke kioske. 그의 아버지는 판매대를 열었다.

⁑klaak 명 타고 있는 석탄. ¶Kuidadu klaak ne'e manas tebes. 타고 있는 석탄은 무척 뜨거우니 조심해요.

⁑klamar 명 영혼. ¶Klamar sira favór deskansa ho hakmatek. 영혼들이여, 평화롭게 잠드소서. 유의 espíritu. 반의 isin.

klandestina 형 여성 비밀리에 하는, 은밀한, 기밀의. ¶Durante funu, Maria servisu nu'udár mensajeiru informasaun klandestina. 전쟁 중에, 마리아는 비밀리에 하는 정보 전달자로서 일했다.

klandestinu 형 남성 비밀리에 하는, 은밀한, 기밀의. ¶Jose dehan ami presiza tempu klandestinu. 조세는 우리는 은밀한 시간이 필요하다고 말했어요.

⁂klaran Ⅰ 명 중앙, 중간. ¶Ai-funan ida ne'e favór tau iha meza klaran. 이 꽃은 테이블 중앙에 놓아주세요. 유의 klarau. Ⅱ 접 중앙에. ¶Iha Timor illa klaran ita bele hetan Díli, kapitál Timor-leste. 티모르섬 중앙에 동티모르 수도인 딜리가 있어요. 유의 klarau.

⁂klarau Ⅰ 명 중앙, 중간. ¶Ha'u mak hamriik iha klarau. 저는 중앙에 섰어요. 유의 klaran. Ⅱ 접 중앙에. ¶Fatin-halimar iha apartamentu nia klarau. 아파트의 중앙에 놀이터가 있어요. 유의 klaran.

⁑klaresimentu 명 정보. ¶Profesór fó klaresimentu kona-ba ezame TOPIK. 교수님은 한국어 능력 시험에 대한 정보를 주었어요. 유의 esklaresimentu.

⁑klarifika 동 명료하게 하다. ¶Nia presiza klarifika asuntu problema ne'e nian. 그는 그 문제의 쟁점을 명료히 해야 할 필요가 있어요. 유의 esklarese.

⁑klarifikasaun 명 깨끗하게 함, 맑게 함, 정화. ¶Klarifikasaun mentál mak fundasaun iha servisu hotu. 정신의 정화는 모든 일의 기초예요.

⁑klaru Ⅰ 형 명료한. ¶Ninia hatudu opiniaun klaru. 그는 견해를 명료하게 밝

혔어요. 유의 evidente. 반의 bilán. Ⅱ 부 물론, 분명히, 명료하게. ¶Klaru, ha'u atu hakerek surat rekomendasaun ba ita. 물론, 네게 추천서를 써 주지.

⁑ **klase** 명 학급, 반. ¶Ha'u tama klase lian Korea. 저는 한국어 반에 들어가 있어요.

* **klasifika** 동 분류하다. ¶Bainhira votasaun hotu ona, ema sira klasifika surat vota. 투표가 모두 끝나자 사람들은 투표용지를 분류했어요. 유의 arma.

* **klasifikasaun** 명 분류, 등급. ¶Tinan-tinan, univerisidade simu klasifikasaun hafoin avaliasaun. 매년 대학은 평가를 거쳐 등급을 받아요.

⁑ **klásiku** 명 고전, 명작. ¶livru klásiku 고전 책

* **kle'an** Ⅰ 명 심연. ¶Nia lakon sira-nia morál, no ikusmai monu ba kle'an. 그는 도덕성을 잃어버리고 마침내 심연으로 떨어졌다. Ⅱ 형 깊은. ¶Mota kle'an ne'e la iha Timor-Leste laran. 동티모르 안에는 깊은 강이 없다. 이표기 klean.

⁑ **klekat** 명 개구리. ¶klekat no kabudu 개구리와 올챙이 유의 kedo, manduku.

kle'uk 형 ①굴곡이 많은, 꾸불꾸불한. ¶Dalan ne'e kle'uk loos. 이 길은 무척 꾸불꾸불해요. ②기만적인. 이표기 kleuk.

⁑ **kleur** Ⅰ 형 ①늦은. ¶Microlet kleur minutu sanulu. 미니버스가 10분 늦었어요. ②긴, 오랜. ¶Ema normál sempre tuir lisan kleur nian. 보통 사람들은 오래된 관습을 늘 좇아만 해요. Ⅱ 부 오랫동안. ¶Nia estuda lian Korea kleur. 그는 오랫동안 한국어를 공부했어요.

⁑ **kleur-kleur** 부 나중에, 후에. ¶Kleur-kleur problema ida-ne'e sei la koñese. 나중에 이 문제는 모르게 될 거예요.

⁑ **kleurtiha** 부 잠시 후에. ¶Kleurtiha profesór sei mai. 잠시 후에 교수님이 오실 거예요.

klibur 명 협회, 연계, 유대. ¶Nia membru iha Klibur oan Timor Asuwain. 그는 티모르영웅협회의 일원이에요.

⁑ **kliente** 명 손님, 고객. ¶Kliente Timor Telekom barak loos. 티모르 텔레콤 고객이 많아요. 유의 freges.

* **kliik** 형 외짝의, 홀수의. ¶númeru kliik 홀수 번호 유의 impar.

⁑ **klima** 명 날씨, 기후. ¶Klima ohin loron kapás. 오늘 날씨가 좋아요.

⁑ **klimátika** 형 여성 날씨의, 기후의. ¶Maria dehan mudansa klimátika iha Mundu troka maka'as. 마리아는 세계 기후의 변화가 심하다고 해요.

⁑ **klimátiku** 형 남성 날씨의, 기후의. ¶Tuir meterolojia klimátiku hatudu katak sei akontese udan no anin boot iha fulan-Fevereiru. 날씨의 관측에 따르면, 2월에 태풍이 발생할 거라고 보입니다.

⁑ **klínika** Ⅰ 명 클리닉, 병동, 병원. ¶Klínika moris foun, fasilidade di'ak loos. 새로 생긴 클리닉은 시설이 매우 좋아요. Ⅱ 형 여성 임상(의). ¶Maria tauk sai ema ba esperimentu klínika nian. 마리아는 임상 시험 대상자가 되는 것을 두려워해요.

klíniku 형 남성 임상(의).

⁑ **klipe** 명 핀, 클립. ¶Ha'u presiza klipe ida ba dokumentu ne'e. 이 서류에 클립 하나가 필요해요.

kloot 형 꽉 끼이는. ¶Kamiza ne'e kloot

K

loos. 이 셔츠는 너무 꽉 끼입니다. 유의 aperta. 반의 luan.

⁑**klosan** Ⅰ 명 미혼자. ¶Feto klosan barak. 여성 미혼자가 많아요. Ⅱ 형 미혼자의. ¶Ninia tinan 40, maibé sei klosan. 그의 나이는 40세인데 아직 미혼자예요.

⁑**klube** 명 클럽, 동호회. ¶Ha'u tuir klube futebol. 저는 축구 동호회에 참석해요. 이표기 klubu.

⁂**kma'an** Ⅰ 명 안도. ¶Ha'u dada iis ho kma'an bainhira ha'u rona ha'u-nia oan-feto to'o ho di'ak. 나는 딸이 무사히 도착했다는 소식을 듣고 안도의 한숨을 내쉬었다. Ⅱ 형 ①(무게가) 가벼운. ¶Pasta ne'e todan ka kma'an? 이 가방은 무거워요, 가벼워요? 유의 kamaan. ②(값이) 싼. ¶Ha'u hanoin sasán ne'e folin kma'an, tan ne'e ha'u hakarak sosa. 이 물건 가격이 싸다고 생각해서 사고 싶어요. 유의 kamaan.

⁑**kmanek** 형 ①중요한. ¶sentementu kmanek wainhira familia hamutuk 가족들이 함께할 때 중요한 느낌 유의 importante. ②고급의, 명망 있는. ¶Restorante kmanek iha ne'ebé? 명망 있는 식당이 어디에 있어요?

kmanek wain (상대의 호의에 대해) 감사하고 기쁘게 생각하다. ¶Kmanek wain ba ita-nia suporta. 도움 주신 것에 대해 감사하고 기쁘게 생각해요.

⁂**kmatek** 형 조용한, 고요한. ¶Nia lee livru iha dadeer kmatek. 그는 고요한 아침에 책을 읽어요. 유의 hakmatek.

⁑**kna'ar** 명 ①의례, 의식. ¶Nia partisipa ona kna'ar abertura nu'udár estudante foun. 그는 입학식에 신입생으로서 참석했어요. 유의 serimónia. ②예의, 호의. ¶Nia trata ninia mestre ho kna'ar. 그는 예의를 갖추고 그의 선생님을 대해요. ③일, 업무, 직업. ¶fahe kna'ar 업무를 담당하다 유의 kanaar. 이표기 knaar.

⁑**kna'ar-na'in** 명 역할을 다하는 사람, 열심히 일하는 사람. ¶Kna'ar-na'in institutu hotu presiza. 모든 기관은 역할을 다하는 사람을 필요로 해요.

⁑**knaban** 명 양동이. ¶Knaban ne'e ida hira? 양동이 하나에 얼마예요? 유의 balde.

⁑**knananuk** 명 노래. ¶Timor-oan gosta knananuk. 동티모르인은 노래를 좋아해요. 유의 kananuk, muzeu.

⁂**knanoik** 명 ①이야기. ¶Knanoik filme ne'e nian interesante tebes. 그 영화의 이야기는 참 흥미로워요. 유의 istória. ②설화. ¶Tuir knanoik, lafaek sai illa Timor nian. 설화에 따르면 악어가 티모르섬이 되었어요. ③예시. ¶Ita bele fó ha'u knanoik ida tan kona-ba teoria ida-ne'e? 이 이론에 대한 예시를 하나 더 주실래요?

knosen 명 쪽, 편, 조각. ¶Nia fahe paun boot, no fó ha'u knosen ida. 그는 커다란 빵을 나누어서 한 쪽을 내게 주었어요. 이표기 kanosen.

⁑**knosen-ruin** 명 늑골. ¶X-ray fó sai rezultadu kona-ba ha'u-nia knosen-ruin tohar. 엑스레이가 부러진 늑골에 대한 결과를 보여 주었어요.

***knotak** 명 ①허리. ¶Maria dansa knotak mamar loos. 마리아는 정말 유연한 허리로 춤을 잘 춰요. 유의 kanotak. ②자궁.

¶Maria nia knotak iha problema, tan ne'e la bele hetan oan. 마리아의 자궁에 이상이 있어서, 아이를 가질 수 없어요. ⓤ유의 kanotak, knuuk, oan-fatin.

⁑**knotak-moras** 명 통증, 아픔. ¶Nia servisu barak entaun ninia isin iha knotak-moras sériu. 그는 일을 열심히 해서 몸에 통증이 심해요. 이표기 kanotak moras.

⁂**knua** 명 마을. ¶Knua ne'ebá nia naran Likidoe. 그 마을 이름은 리키도에예요. 유의 aldeia, knuak, suku.

⁂**knuak** 명 마을. ¶Ema barak hela hamutuk ami-nia knuak laran. 우리 마을 안에 많은 사람들이 살아요. 유의 aldeia, knua, suku.

*****knuuk** 명 ①둥지. ¶Manu fó tolun iha knuuk. 새가 둥지에 알을 낳았어요. 유의 manu-knuuk. ②싸개, 피복, 집. ¶Tudik ida-ne'e nia knuuk iha ne'ebé? 이 칼의 싸개가 어디 있지? ③자궁. ¶Iha knuuk laran embtiaun kondisaun di'ak. 자궁 안에 태아의 상태가 좋아요. 유의 kanotak, knotak, oan-fatin.

⁂**ko'a** 동 자르다, 썰다, 깎다, 베다. ¶ko'a du'ut 잔디를 깎다 / Mai ita ko'a pateka boot ne'e! 큰 수박을 자르자! 이표기 koa.

관용 ko'a tua (팜나무를 자른다는 말로) 팜술을 담그다.

koadór 명 여과기, 거르개, 체. ¶Nia presiza koadór atu te'in Naengmyeon. 그는 냉면을 요리하기 위해서 체가 필요해요.

⁑**ko'alia** Ⅰ 명 연설. ¶Ha'u duni foti matan ba ninia ko'alia kona-ba dame. 평화에 대한 그의 연설은 무척 감동적이었어요. 유의 diskursu, hateten, linguajen, nanál-telok. Ⅱ 동 말하다, 얘기하다. ¶Nia bele ko'alia lian Korea. 그는 한국어를 말할 수 있어요. 이표기 koalia.

관용 ko'alia arbiru de'it (멋대로 말한다는 말로) 쓸데없는 말을 하다.

관용 ko'alia been (물처럼 말한다는 말로) 유창하게 말하다.

관용 ko'alia hanoin 신중하게 말하다.

*****ko'alia aat** 비방하다, 꾸짖다. ¶Amá ko'alia aat ninia-oan sira. 엄마는 아이들을 꾸짖었다. 유의 dehan aat, despreza, insulta, tarata, hatete aat, kritika, tolok. 반의 buka oin.

⁑**ko'alia-ko'alia** 부 말 나온 김에, 말 나와서 말이지. ¶Foto ida-ne'e furak loos. Ko'alia-ko'alia maibé se mak hasai? 이 사진 되게 멋있다. 말 나온 김에 근데 이거 누가 찍은 거야?

ko'alia la hatene 언어 장애의, 말을 못 하는. ¶Nia iha problema ne'ebé ko'alia la hatene, tan ne'e nia aprende hela dalan ne'ebé ko'alia ho sinál. 그는 언어 장애의 문제를 갖고 있어서 수화법을 배우고 있어요. 유의 gugulai, monok.

koberta 명 갑판. ¶Ha'u no ha'u-nia kolega goza anin tasi iha koberta. 저와 제 친구는 갑판에서 바닷바람을 즐겼어요. 유의 konvés.

⁑**kobi** 명 배춧잎. ¶Nia bele halo kimchi ho kobi. 그는 배춧잎으로 김치를 만들 줄 알아요.

⁂**kobra** 동 (돈을) 모으다. ¶Ha'u kobra osan hamutuk $80. 난 총 80불의 돈을 모았다.

K

*kobradór 명 ①수집원. ¶Kobradór foti botir plastiku. 수집원이 페트병을 주워요. ②징수원, 세무서 직원. ¶Kobradór dere telefone nia tanba nia la selu taxa. 그가 세금을 내지 않아서 세무서 직원이 전화를 했어요. ③거지. ¶Kobradór ida husu nia dolar ida. 거지 한 명이 그에게 1달러를 구걸했어요. 유의 ezmola-na'in, kobra-na'in.

*kobra-na'in 명 거지. ¶Iha drama ne'e kobra-na'in uluk liu mak liurai nia oan mane. 이 드라마에서는 거지가 전에는 왕의 아들이었어요. 유의 ezmola-na'in, kobradór.

*kobransa 명 저축. ¶Ami halo kobransa atu sosa uma foun. 우리는 새집을 사려고 저축을 해요.

*kódigu 명 암호, 부호. ¶Ita la bele haluha kódigu segredu ba ita-nia banku. 은행의 암호를 잊어버려선 안 돼.

koebandeira 명 꼬에반데이라. [설탕의 한 종류] ¶Ami atu bá sosa koebandeira iha loja. 우리는 꼬에반데이라를 사러 가게에 가려 해요.

koefisiente[1] 명 배급량. ¶Ita tenke kontrola koefisiente foos semana-semana. 주간 쌀 배급량을 잘 통제해야 해요.

koefisiente[2] 명 요인, 인자. ¶Kona-ba problema ida-ne'e koefisiente importante liu hotu ne'e saida? 이 문제에 대해서 가장 중요한 요인은 뭐예요?

koellu 명 토끼. ¶Ha'u gosta fó-han koellu. 저는 토끼에게 먹는 걸 주길 좋아해요. 이표기 koelhu.

koerambu 명 코에람부. [팜과 코코넛우유로 만든 설탕] ¶Ema Manatutu sira hatene halo koerambu. 마나투투 사람들은 코에람부를 만들 줄 알아요.

koerénsia 명 일관성. ¶Iha kurríkulu eskola nian, koerénsia ne'e sempre importante. 학교 커리큘럼에서 일관성은 늘 중요해요.

koerente 형 일관성 있는. ¶Hahalok koerente la tuir planu orijinál. 본래 계획을 일관성 있는 행동이 쫓아가지 못하고 있어요.

koesaun 명 강요. ¶ho koesaun amá nian 엄마의 강요로

koeziste 동 공존하다, 함께 있다. ¶Dame signifika situasaun ne'ebé koeziste hamutuk ho di'ak. 평화는 함께 잘 공존하는 상황을 의미해요.

koezisténsia 명 공존. ¶Saida mak filozofia kona-ba koezisténsia? 공존을 위한 철학은 뭐예요?

kofre 명 금고. ¶Nia hatama osan iha kofre laran. 그는 금고 안에 돈을 넣었다.

kohe 명 코헤. [팜나무잎으로 엮어 만든 지갑이나 가방] ¶Ha'u tau malus iha kohe laran. 나는 코헤에 후추를 넣었어요. 유의 kohen.

kohen 명 코헨. [팜나무잎으로 엮어 만든 지갑이나 가방] ¶Agora daudaun, prefere uza kohen liu duke plastiku. 요즘은 비닐봉투보다 코헨을 더 사용하고자 해요. 유의 kohe.

kohu 명 비듬. ¶Maria, fuuk kohu barak loos! 마리아, 머리에 비듬이 너무 많아! 유의 alkari, batar-liras, kaspa.

⁑**koi** 동(보통 가려운 데를) 긁다, 면도하다. ¶Ajuda koi ha'u-nia kotuk lai. 내 등 좀 긁어 줘요.

⁑**koiabas** 명구아바. ¶Jus Koiabas ne'e di'ak ba saúde. 구아바주스는 건강에 좋아요. 유의 goiabas, goibas.

⁑**koir** 동면도하다. ¶Antes uza Gillete, favór uza krime ne'e hafoin koir hasan-rahun. 질레트를 사용하기 전에, 이 크림을 사용하시고 수염을 면도하세요. 유의 kakoir.

⁑**kois** Ⅰ명코이스. [물뱀의 한 종류] ¶Kuidadu kois ne'ebá! 저기 물뱀 조심해! Ⅱ동①미끄럽다, 미끄러지다, 흐르다, 흘리다. ¶Karreta ne'e kois derrepente, tanba bee iha estrada. 그 차는 도로의 물 때문에 갑자기 미끄러졌어요. ②(가축을) 방목하다, 놓아먹이다, 풀어놓다. ¶Ami-nia familia kois karau sanulu iha foho. 우리 가족은 10마리의 소를 산에 방목해요. Ⅲ형미끄러운. ¶Rai ne'e kois, ita tenke la'o neineik. 바닥이 미끄러워, 천천히 걸어야 해. 유의 doras, namdoros.

***kois-kois** 형(~에) 가까운. ¶Feto ne'e nia lian sorin uma kois-kois hakilar. 옆집에서 들리는 여자의 목소리는 비명에 가까웠다.

⁑**koitadu** Ⅰ형불운한, 불행한, 가난한, 비참한, 안된. ¶Tiu-nia pasta lakon tiha ona, koitadu tebes. 아저씨의 가방이 사라졌어요. 너무 안됐어요. Ⅱ부불행히도. ¶Koitadu ha'u la liu ezame entaun la bele servisu iha Korea. 불행히도 저는 시험에 합격하지 못해서 한국에서 일할 수 없어요. Ⅲ감아쉽다, 아쉬워. ¶Koitadu! La bele moe! 아쉽다! 부끄러워하지 마!

⁑**koko** 동①시험하다. ¶Ha'u bele koko karreta ne'e? 내가 이 자동차 시험해 봐도 돼? 유의 haree. ②맛보다. ¶Hemu koko tua! 와인을 맛보세요! ③노력하다. ¶Ha'u mak difisil tebes atu bá Ita-nia parte, maibé ha'u sei koko bá. 난 네 파티에 가기 힘들지만 노력해 볼게. 유의 esforsu. ④시도하다. ¶Nia koko atu halo dezafiu fali. 그는 다시 도전을 시도해요. 유의 boli.

kokoreek 명까마귀. ¶Iha dadeer ha'u haree manu sempre kokoreek. 이른 아침에 제가 보는 새는 늘 까마귀예요. 유의 kauá, manu-metan.

koko-taru 명경쟁, 대회. ¶Koko-taru dansa hahu'u ona. Se mak atu manán? 댄스 대회가 시작했어요. 누가 이길까요? 유의 kompetisaun, konkorrénsia, konkursu.

⁑**kokoteek** 동(닭이) 꼬꼬댁거리다. ¶Manu-inan kokoteek. 암탉이 꼬꼬댁거려요.

kola Ⅰ명풀, 접착제. ¶Ha'u presiza kola atu lem ha'u-nia livru. 저는 책을 붙이려고 접착제가 필요해요. 유의 goma. Ⅱ동(풀이나 접착제로) 붙이다. ¶Alin kola hela ninia dezeñu ba iha kadernu laran. 동생은 공책에 그림을 풀로 붙이고 있어요. 유의 goma.

***kolabora** 동협력하다, 공동 작업하다. ¶Karik ita kolabora servisu hamutuk, fulan ida ne'e bele remata ona. 우리가 협력해서 작업한다면 이번 달에 끝낼 수 있어요. 유의 halo kolaborasaun.

***kolaboradór** 명공동 연구자, 공동 저자,

K

협력자. ¶Sé mak sai nu'udár kolaboradór durante okupasaun Indonesia? 누가 인도네시아 점령 동안에 협력자가 되었나요?

*kolaborasaun 명 공동 작업. ¶Servisu ida-ne'e halo kolaborasaun ho membru hamutuk na'in hitu. 이 일은 일곱 명과 함께한 공동 작업이에요.

kolan 명 연못. ¶Kolan ne'e dook husi ha'u-nia uma. 연못은 우리집에서 멀어요. 유의 debu, debun.

*kole 형 피곤한. ¶Ha'u kole loos. 저 너무 피곤해요. 유의 isin-kole.

*kolega 명 친구, 동료, 동창. ¶O-nia kolega ida servisu iha banku. 너 친구 하나가 은행에서 일한다며. 유의 amigu, belun, maluk.

*koléjiu 명 고등 교육 기관. ¶Soibada mak koléjiu ne'ebé antigu liu iha Timor. 소이바다는 티모르의 오래된 고등 교육 기관이에요.

*koleksaun 명 모집, 수집. ¶Maria nia hobi ne'e koleksaun siput iha tasi ibun. Ho ne'e nia halo korenti. 마리아의 취미는 해변 조개껍데기 수집이에요. 그것으로 목걸이를 만들어요. 유의 kolesaun.

*koleksiona 동 모집하다, 수집하다. ¶Nia koleksiona sasán husi Korea nu'udár hobi. 그는 취미로 한국산 물건을 수집해요. 유의 kolesiona.

*kolekta 동 모으다. ¶Maria kolekta tipu lilin oioin nu'udár ninia hobi. 마리아는 취미로 여러 가지 종류의 양초를 모으고 있다. 유의 rekolla.

*kole-leet I 명 헛된 노력, 노력의 낭비. ¶Keta halo kole-leet kona-ba buat ne'ebé la iha valór. 가치가 없는 것에 대해 헛된 노력을 하지 마요. II 형 헛된, 소용없는. ¶Karik ita haka'as an maka'as, esforsu kole-leet la iha. 최선을 다했다면 헛된 노력은 없어요.

*kolen 명 급여, 임금. ¶Patrasun selu ninia kolen. 사장님은 그의 급여를 지급해요. 유의 buat-selu.

*kolesaun 명 모집, 수집. ¶Ha'u-nia kolesaun sapatu kompañia de'it. 제 신발 수집은 한 회사 제품뿐이에요. 유의 koleksaun.

*kolesiona 동 모집하다, 수집하다. ¶Nia gosta kolesiona sasán husi Korea. 그는 한국산 물건을 수집하는 걸 좋아해요. 유의 koleksiona.

*kolestról 명 콜레스테롤. ¶Ema ne'ebé iha kolestról barak tenke kuidadu han hahán midar. 콜레스테롤이 무척 많은 사람은 단 음식을 먹는 데 주의해야 해요.

koleta I 명 추가 부담금. ¶Tuir kobradór, koleta hotu ba kompañia nian mak $1,000. 세관원에 따르면 회사의 추가 부담금 총액은 천 달러에요. II 동 세금을 매기다. ¶Nia koleta hela kona-ba kompañia. 그는 회사에 대한 세금을 매기고 있어요.

koletiva 형 여성 집단의, 집단적인, 공동의. ¶Ita tenke foti desizaun koletiva atu nune'e ita nia kompañia bele la'o ho di'ak. 우리의 회사가 잘 운영될 수 있도록 공동의 결정을 선택해야 해요.

koletivu 형 남성 집단의, 집단적인, 공동의. ¶Jose hato'o proposta ba desizaun koletivu kona-ba rai ne'e. 조세는 땅에 대해서 집단의 결정을 제안했어요.

koletók 명 수집가, 징수원. ¶Ha'u-nia dezeñu fa'an ba koletók dezeñu. 제 그림은 그림 수집가에게 팔렸어요.

***kolia-kolia** 부 그나저나. ¶Ohin loron ne'e ha'u hanoin existe partisipante na'in hira. Kolia-kolia, ita prontu ona atu ba eventu ne'e? 오늘은 참석자가 얼마나 될까 하는 생각이 드네요. 그나저나 행사 준비는 다 된 거예요?

koligasaun 명 연립 정부, 연정. ¶Governu da 8 halo bazeia ba koligasaun. 8기 정부는 연정을 기반으로 만들어졌어요.

koloka 동 직업을 구하다. ¶Nia koloka hela, hafoin graduasaun husi universidade. 대학 졸업 이래로 그는 직업을 구하고 있어요.

kolokasaun 명 취업 알선. ¶Hori 2009, governu Timor halo kolokasaun traballadór ba Korea. 2009년 이래로 티모르 정부는 노동자에게 한국으로의 취업 알선을 했어요.

Kolómbia 명 콜롬비아.

kolombiana I 명 여성 콜롬비아인. ¶Kolombiana informa katak nia hala'o operasaun tiha ona iha ospitál. 콜롬비아인은 병원에서 수술을 시작했다고 알렸어요. II 형 여성 콜롬비아의.

kolombianu I 명 남성 콜롬비아인. II 형 남성 콜롬비아의. ¶Ninia naran husi Spania maibé nia ema Kolombianu. 그의 이름은 스페인식이지만 그는 콜롬비아의 사람이에요.

kolónia 명 식민지. ¶Uluk Portugál halo Timor kolónia. 예전에 포르투갈은 티모르를 식민지로 만들었어요.

koloniál 형 식민지의. ¶Regulamentu koloniál la lori benefísiu ba povu lokál. 식민지의 규정은 지역의 국민에게 이익을 주지 않았어요.

kolonialista I 명 식민주의자. ¶Uluk Portugal mak nasaun kolonialista nian ne'ebé hakarak konkista nasaun seluk. 예전에 포르투갈은 타국을 정복하길 원하는 식민주의자의 나라였어요. II 형 식민지 주의의, 식민 정책의. ¶Atividade kolonialista hala'o ba benefísiu nasaun ukun nian. 식민 정책의 활동은 통치국의 이익을 위해 수행합니다.

kolonializmu 명 식민주의. ¶Lian Tetun la'os língua formál durante períodu kolonializmu portugés, japonés to'o okupasaun indonéziu nian. 테툼어는 포르투갈, 일본, 인도네시아의 식민주의 점령 동안 공식 언어가 아니었어요.

koloniza 동 식민화하다. ¶Kuaze durante tinan 500 nasaun seluk koloniza Timor. 거의 500년 동안 타국이 티모르를 식민화했어요.

kolonizadór I 명 남성 식민지 주민, 식민지 이주자. ¶Iha Timor-Leste numeiru kolonizadór sira husi Portugál mak la barak. 식민지 이주자인 포루투갈인은 많지 않아요. II 형 식민화하는. ¶Nasaun riku barak iha istória kolonizadór. 많은 부유한 나라들이 식민화한 역사를 가지고 있다.

kolonizadora 명 여성 식민지 주민, 식민지 이주자. ¶Iha tempu uluk, Maria ne'e

K

kolonizadora Portugál nian. 과거에 마리아는 포르투갈의 식민지 주민이었어요.

kolonizasaun 명 식민지화. ¶Kolonizasaun illa Timor nian husi Portugál no Indonézia. 티모르섬의 식민지화는 포르투갈과 인도네시아로부터 이루어졌어요.

koloridu 명 색소, 색깔. ¶Ninia fuuk koloridu tebes. 그의 머리칼 색깔은 멋져요.

**kolu 동 벗기다, 벗다. ¶Nia kolu tiha nia faru. 그는 상의를 벗었어요.

koluna[1] 명 기둥. ¶Ita hanoin numeiru koluna presiza ba ami-nia uma laran? 우리집 안에 기둥이 몇 개가 필요하지? 유의 ai-riin.

koluna[2] 명 칼럼. ¶Ita bele hakerek iha koluna ne'ebé iha jornál ka? 신문에 칼럼을 쓸 수 있어요?

kolxa 명 침대보. ¶Ha'u hakarak sosa kolxa foun. 나는 새 침대보를 사고 싶다.

*kolxaun** 명 매트리스. ¶Kada semana ita tenke habai ita-nia kolxaun iha loro. 매주 햇빛에 매트리스를 말려야 해.

*koma** 명 (인니) 소수점 표시를 위한 점.

*komanda** 동 명령하다. ¶Nia komanda ha'u bá sosa sasán iha loja. 그는 저에게 가게에 가서 물건을 사라고 명령했어요.

komandante 명 지휘관, 사령관. ¶Ami-nia komandante mak atu to'o. 우리의 사령관이 막 도착하려 해요.

*komandu** 명 명령, 지시. ¶Buat tuir komandu mak mandatoriu iha militár laran. 명령에 따르는 것은 군대 내에서는 의무 사항이에요.

komarka 명 감옥. ¶Ninia maun tama komarka tinan haat ona. 그의 형은 4년 전에 감옥에 들어갔어요. 유의 kadeia, prizaun.

kombate 명 전투. ¶Maske ita la bele manán kombate, ita bele manán funu. 전투에서 지더라도 전쟁에서 이길 수 있다.

kombatente 명 전투원, 전투 부대. ¶Ha'u-nia avó nu'udár antigu kombatente ida. 제 할아버지는 오래전에 전투원이었어요.

*kombili** 명 달콤한 얌, 참마. ¶Kombili barak iha Maubesi. 마우베시에 참마가 많아요. 유의 kumbili.

kombina[1] 동 준비하다. ¶Ita kombina malu atu estuda hamutuk. 우리는 함께 공부하려고 서로 준비했어요. 유의 prepara.

kombina[2] 동 결합하다. ¶Idrojéniu no oksijéniu kombina hodi forma bee. 수소와 산소가 결합하여 물을 이뤄요.

*kombinadu** 명 종합. ¶nota kombinadu 종합 점수

*kombinasaun** 명 조합, 결합. ¶Nia gosta halo kombinasaun entre kór oi-oin. 그는 색을 다양하게 조합을 하는 것을 좋아해요.

komboiu 명 열차, 기차. ¶Iha Timor komboiu seidauk iha. 동티모르에 기차는 아직 없어요.

komédia 명 코미디 연극. ¶Ha'u gosta haree ema ne'ebé halo komédia. 저는 코미디 연극을 하는 사람을 보길 좋아해요.

komediante 명 코미디 출연자, 코미디언.

¶Komediante sira husi Indonézia no Austrália to'o Timor. 인도네시아와 호주에서 온 코미디언들이 동티모르에 도착했어요.

*__komemora__ 동 기념하다, 축하하다. ¶Horiseik ami komemora ona ha'u-nia apá nia loron-moris. 어제 우리는 아빠 생일을 기념했어요. 유의 selebra.

*__komemorasaun__ 명 기념, 축하. ¶Ami harakak partisipa serimónia komemorasaun loron Falintil. 우리는 팔린틴의 날 기념식에 참석하고 싶어요.

__komentadór__ 명 해설자. ¶Komentadór nia lian furak loos. 해설자의 말솜씨가 정말 대단해요. 유의 narradór.

__komentáriu__ 명 논평, 언급, 해설. ¶Favór ida halo komentáriu ba ami-nia aprezentasaun ne'e. 우리의 발표에 대해 논평을 부탁드려요.

*__komersiál__ 형 상업적인. ¶Hanoin komersiál no atividade komersiál presiza moralidade komersiál. 상업적인 생각과 상업적인 활동은 상업적인 도덕성을 필요로 해요.

*__komersiante__ 명 사업가. ¶Komersiante sira tenke hasai dezenvolvimentu Timor-Leste nian. 사업가들은 동티모르의 개발을 위해 도약시켜야 해요. 유의 kontratu-na'in.

*__komérsiu__ 명 사업, 상업, 비즈니스. ¶Ema Xina barak mak halo komérsiu iha Timor. 동티모르에서 많은 중국인들이 사업을 해요. 유의 bisnis, kontratu.

*__komesa__ 동 시작하다. ¶Semana oin ami atu komesa halo peskiza. 다음주에 우리는 연구를 시작할 예정이에요. 유의 hahú.

__komestibilidade__ 명 식용. ¶Kulat ida-ne'e haree hanesan kulat moruk maibe, ha'u sente kama'an tanba komestibilidade. 이 버섯은 독버섯처럼 보이지만 식용이니까 안심하셔도 됩니다.

__komete__ 동 범하다. ¶Defensor komete sala ida no permite oponente halo golu. 수비수가 실수를 범하는 바람에 상대편에게 골을 허용했다.

__komfortavel__ 형 따스한. ¶sinál matan komfortavel 따스한 시선

__komisária__ 명 여성 위원. ¶Iha enkontru ida-ne'e laran, komisária numeiru hira? 이 회의에 여성 위원이 몇 명이에요?

__komisáriu__ 명 남성 위원. ¶Maria nomeia Jose nu'udár komisáriu grupu nian. 마리아는 조세를 이 그룹의 위원으로 임명했어요.

__komisaun__ 명 위원회, 위원단. ¶Nia mai nu'udár komisaun organizadór Peace Cup Timor nian. 그는 동티모르의 평화컵 조직 위원단으로 왔어요.

__komité__ 명 위원회. ¶Nia membru ida iha Komité Central Fretilin. 그는 프레틸린 중앙 위원회의 일원이에요.

__kompaixaun__ 명 연민, 동정심. ¶Ema riku ka ema kiak sé mak iha kompaixaun boot liu? 부자 또는 빈자 중 누가 더 동정심을 가지고 있나?

__kompaktasaun__ 명 압축. ¶uza programa kompaktasaun 압축 프로그램을 사용하다

K

kompañia 명 회사. ¶Kompañia barak mak la kontente ho desizaun Prezidente nian. 많은 회사들이 대통령의 결정에 기분 나빠해요. (이표기) kompanhia.

kompara 동 비교하다. ¶Korea kompara ho Timor-Leste, Timor-Leste iha kultura oioin barak liu. 한국과 동티모르를 비교하면 동티모르는 더 다양한 문화가 많아요. (유의) sukat.

관용 kompara lia (말을 비교한다는 말로) 잡담하다, 대화하다.

komparasaun 명 비교. ¶Nia halo komparasaun entre vantajen no dezvantajen. 그는 장점과 단점에 대해 비교를 해요.

komparativa 형 (여성) (무엇에 대한 연구를) 비교하는, 비교의. ¶Maria partisipa iha estudu komparativa entre lingua rua. 마리아는 두 언어 사이의 비교 연구에 참여했어요.

komparativu 형 (남성) 비교하는, 비교의. ¶mapa komparativu importasaun ho esportasaun 수입 수출 비교표

komparavel 형 호환 가능한, 비슷한. ¶Ha'u-nia komputadór la bele komparavel ho ita-nian. 내 컴퓨터는 네 것과 호환이 가능하지 않아.

komparese 동 참가하다, 출석하다. ¶Estudante hotu komparese durante aula lian Korea. 모든 학생들이 한국어 수업에 출석했어요.

komparesimentu 명 참가, 참석. ¶Komparesimentu iha aula importante tebes. 수업 참석은 무척 중요해요.

kompartimentu 명 객실, 칸. ¶Ba pasajeiru sira, favór hein uitoan iha kompartimentu laran ne'ebé protezidu. 승객분들께서는 안전한 객실 내에서 잠시 기다려 주시기 바랍니다.

kompasu 명 컴퍼스. ¶Ha'u bele uza ita-nia kompasu atu bele halo dezeñu ka? 디자인을 하려는데 네 컴퍼스를 좀 사용해도 될까?

kompatriota 명 동포. ¶kompatriota tasi-balun 해외 동포

kompensasaun 명 배상, 보상. ¶Nia husu kompensasaun kona-ba vidru ne'ebé nakfera ba ami. 그는 우리에게 깨진 유리에 대한 배상을 요구했다.

kompete 동 경쟁하다. ¶Mai ita treinu maka'as hodi kompete ba Asian Games tinan oin. 내년에 아시안 게임에서 경쟁하기 위해 훈련을 열심히 합시다. (유의) konkorre.

kompeténsia 명 능력, 능숙함, 능숙도. ¶Apá iha kompeténsia atu halo desizaun ba ita-nia familia. 아빠는 우리의 가족에 대해 결정할 능력이 있어요.

kompetente 형 유능한, 권한 있는. ¶Orgaun kompetente mak iha kompeténsia hodi rezolve impase politika ida ne'e. 유능한 이 조직은 현정부의 유착생태를 해결할 자격이 있다. (유의) enjeñozu, jeitu, peritu.

kompetidór 명 경쟁자. ¶Kompetidór ne'e hatudu kualidade aas. 경쟁자가 높은 수준을 보여 주었어요. (유의) konkorrente, rivalidade.

kompetisaun 명 경쟁. ¶Ami loke

kompetisaun hakerek ai-knanoik kona-ba tasi Timor. 우리는 티모르 바다에 대한 신화를 쓰는 경쟁을 시작했어요. 유의 konkorrénsia, koko-taru, konkursu.

***kompetitividade** 명 경쟁력. ¶iha kompetitividade 경쟁력이 있다

***kompleksa** 형 여성 복잡한. ¶Maria dehan katak kna'ar ida-ne'e kompleksa. 마리아는 이 역할은 복잡하다고 했어요. 유의 komplikada.

***kompleksu** 형 남성 복잡한. ¶Difisil atu rezolve, tanba kazu ne'e kompleksu loos. 이 건은 매우 복잡해서 해결하기 어려워요. 유의 komplikadu.

***komplementár** 형 상호 보완적인. ¶Liberdade no igualdade ne'e komplementár ba malu. 자유와 평등은 상호 보완적이에요.

komplementu 명 보완물, 보완성. ¶Iha ami-nia ekipa laran, kada membru tenke iha komplementu ba membru seluk. 우리 팀 안의 구성원마다 다른 구성원에 대한 보완성을 가지고 있어야 해요.

***kompleta** I 동 완성하다. ¶Favór kompleta projeitu ne'e. 이 프로젝트를 완성하세요. II 형 여성 완벽한. ¶Moris kompleta karik sente di'ak liu. 완벽한 삶이라면 좋겠어요.

***kompletamente** 부 완벽하게. ¶Buat komesa ho esperansa mak fasil, maibé buat remata kompletamente mak la fasil. 희망을 품고 시작하는 것은 쉽지만 완벽하게 끝내는 것은 쉽지 않다.

***kompletu** 형 남성 완벽한. ¶Jose dehan planu kompletu bele halo rezultadu di'ak liu. 조세는 완벽한 계획이 더 좋은 결과를 만들 거라고 말해요.

***komplika** 동 복잡하다. ¶Karreta barak iha estrada, entaun estrada ne'e komplika tebes. 자동차가 도로에 많아요. 그래서 도로가 무척 복잡해요.

***komplikada** 형 여성 복잡한. ¶Maria moris iha situasaun komplikada. 마리아는 복잡한 상황 속에서 살아요. 유의 kompleksa.

***komplikadu** 형 남성 복잡한. ¶Depois hasoru malu ho Maria, Jose hanoin komplikadu. 조세는 마리아를 만나고 나서 생각이 복잡해요. 유의 kompleksu.

***komplikasaun** 명 합병증. ¶Karik dozajen aas, bele akontese komplikasaun. 약 복용량이 많으면 합병증을 유발할 수 있어요.

***komponente** I 명 구성 요소, 부품. ¶Lukru husi mina-rai maka komponente aas tebes ba Timor-Leste. 석유로부터의 수익은 동티모르에 매우 중대한 요소예요. II 형 구성 요소의, 부품의. ¶Sasán eletrónika presiza ligasaun komponente ho perfeitu. 전자 제품은 부품의 완벽한 연결을 필요로 해요.

***komportamentu** 명 행동, 행위. ¶Ita tenke hatudu komportamentu di'ak ba ema seluk. 다른 사람에게 좋은 행동을 표현해야만 해요. 유의 asaun, hahalok.

komposta 형 여성 합성의, 집합의. ¶Komunidade komposta husi individu sira. 사회는 개인들의 집합이다.

kompostu I 명 ①복합체, 화합물. ¶Bee kompostu husi oxygen no hydrogen.

K

물은 산소와 수소의 복합체이다. ②복합어. ¶Liafuan inus-metin kompostu husi inus no metin. 코가 막힌다는 뜻의 inus-metin이란 단어는 코를 뜻하는 inus와 단단하다는 뜻의 metin의 복합어예요. Ⅱ형 남성 합성의. ¶Jose dehan katak bee nee materiál kompostu kímiku. 조세는 물은 합성의 화학 물질이라고 말해요.

kompozisaun 명 작문, 구성 요소들, 구성, 식자, 조판. ¶Ha'u gosta hakerek kompozisaun kona-ba Timor. 저는 동티모르에 대해 작문을 하는 걸 좋아해요.

kompozitór 명 ①작곡가. ¶Françisco Borges da Costa mak kompozitór ba múzika Pátria-Pátria, inu nasionál Timor-Leste nian. 프란시스코 보즈스 다 코스타는 동티모르의 국가, 파트리아의 작곡가예요. ②식자공.

⁑**kompras** 명 쇼핑. ¶Ha'u bá kompras iha loja departementu ho família no han hamutuk mós iha liur. 나는 가족들과 백화점에 쇼핑을 간 김에 외식도 하고 왔다.

⁑**komprende** Ⅰ동 이해하다. ¶Konteúdu husi livru ne'e fasil atu ha'u bele komprende ho di'ak. 이 책 내용은 쉬워서 제가 잘 이해할 수 있어요. 유의 kompriende, toman. Ⅱ형 관대한. ¶Nia komprende krítika. 그는 비판에 관대했습니다. 유의 kompriende.

⁑**komprensaun** 명 이해력, 이해. ¶Estudante sira dehan katak sira-nia komprensaun di'ak. 학생들은 그들의 이해력이 좋다고 했어요.

kompresaun 명 압축. ¶Forsa ne'ebé mosu husi tali elastiku estikadu ka kompresaun mola mak hanaran forsa elastisidade. 잡아당긴 고무줄이나 압축이 된 용수철에서 솟아나는 힘을 탄성력이라고 합니다.

⁑**kompriende** Ⅰ동 이해하다. ¶Imi kompriende ka? 여러분 이해하셨나요? 유의 komprende, toman. Ⅱ형 관대한. ¶Nia ema ne'ebé kompriende liu ba ema seluk, maibe nia la'os ema ne'ebé kompriende ba nia aan rasik. 그는 남에게는 관대하지만 자신에게는 관대한 사람이 아니다. 유의 komprende.

komprimenta 동 인사를 나누다. ¶Ha'u komprimenta ho Jose ba dala ikus hodi fahe malu. 나는 조세와 마지막으로 인사를 나누고 헤어졌다.

komprimisiu 명 공약. ¶Partidu ne'e aprezenta ona komprimisiu 100 ba eleisaun jeral. 그 당은 총선을 앞두고 100가지의 공약을 발표하였다.

*__kompromete__ 동 타협하다, 절충하다, 위태롭게 하다, 맹세하다. ¶Prezidente sei la kompromete ho sira ne'ebé mak halo krime. 대통령은 범죄를 저지른 사람들과 타협하지 않을 거예요.

*__kompromisu__ 명 약속, 맹세, 약혼. ¶Kompromisu ami-nian tenke akontese. 우리의 맹세는 실현돼야 해요.

⁑**komputadór** 명 컴퓨터. ¶Estudante sira uza komputadór hodi halo sira-nia servisu uma. 학생들은 숙제를 하기 위해 컴퓨터를 사용해요. 유의 informátiku.

⁑**komputadóra** 형 컴퓨터를 하는, 계산을 하는. ¶Nia ema komputadóra ba

servisu kontabilidade. 그는 회계 일을 위해 컴퓨터를 하는 사람이에요.

*__komún__ 형 흔한, 공동의. ¶Povu sira hanoin katak problema ambiente ne'e komún la'ós problema privadu. 사람은 환경 문제가 개인의 문제가 아니라 공동의 문제라고 생각해요.

komuñaun 명 성찬식, 영성. ¶Padre ho Madre sira fó komuñaun ba sarani. 신부와 수녀는 침례를 위한 성찬식을 했어요. 이표기 komunhaun.

komunga 동 성체를 받다, 성체를 배령하다, 의사소통하다. ¶Misa domingu-domingu ha'u sempre bá komunga ho ema seluk. 저는 늘 일요일마다 미사에 가서 다른 사람들과 의사소통해요.

komunidade 명 공동체. ¶Ami fornese ona livru sira iha komunidade eskolár. 우리는 공동체 학교에 책들을 주었어요.

*__komunika__ 동 의사소통하다. ¶Ita presiza komunika ho sé? 누구와 의사소통하는 것이 필요해요?

komunikadu 명 공식 성명. ¶Konferénsia remata ona maibé komunikadu seidauk mosu. 회의는 끝났지만 공식 성명은 아직 발표되지 않았다.

*__komunikasaun__ 명 의사소통. ¶Komunikasaun di'ak rezulta dezempeñu ne'ebé aas. 좋은 의사소통이 높은 성과를 만들어요.

komunikativa 형 여성 말을 잘하는, 속을 잘 털어놓는. ¶Maria ema ne'ebé komunikativa maibé agora nia ladún ko'alia. 마리아는 말을 잘하는 사람인데 지금은 말을 잘 안 해요.

komunikativu 형 남성 말이 잘 통하는, 사귀기 쉬운. ¶Jose ne'e ema komunikativu, tan ne'e fasil ba ema seluk atu halo kolega ho nia. 조세는 말이 잘 통하는 사람이어서 다른 사람들이 그와 친구하기 쉬워요.

komunista 형 공산주의자, 공산당원. ¶Iha Timor-Leste, partidu komunista la iha. 동티모르에는 공산당원이 없어요.

komunizmu 명 공산주의. ¶Komunizmu no kapitalizmu hadau malu iha mundu durante tinan-atus 20. 20세기 동안 공산주의와 자본주의는 세계적인 경쟁을 했어요.

***__kona__[1] 동 ① 건드리다, 만지다. ¶Tinta seidauk maran ne'e-duni liman la bele kona didin ne'e. 페인트가 아직 마르지 않았으니 손으로 이 벽을 만지면 안 돼요. 유의 book. ② 맞다, 맞추다. ¶O-nia liman mak kona ha'u. 네 손에 맞았어.
관용 kona ho ~과 어울리다.

kona[2] 동 감염되다, 감염시키다. ¶Nia kona moras husi ninia kolega. 그는 친구로부터 감염되었어요.

*__kona-ba__ 전 ~에 대하여. ¶Ita aprende kona-ba saida? 무엇에 대하여 배웠어요?

***__konde__[1] 명 셈, 계산. ¶Ita-nia konde kona-ba orsamentu loos ka? 예산에 대한 네 계산이 맞겠지?

konde[2] I 명 쪽을 찐 머리. ¶Feto nia konde mak furak. 이 여자의 쪽을 찐 머리는 멋져요. 유의 konde-fuuk. II 동 (머리를) 쪽을 찌다. ¶Feto ne'e la bele konde mesak. 이 여자는 혼자 쪽을 찔 줄 몰라

요. (유의) konde-fuuk.

konde-fuuk Ⅰ명 쪽을 찐 머리. ¶Baibain bainhira selebra festa tradisional, feto sira uza konde-fuuk hodi infeita fuuk. 주로 전통 축제를 기념할 때, 여성들은 쪽을 찐 머리로 꾸며요. (유의) konde. Ⅱ동 (머리를) 쪽을 찌다. ¶aprende oinsá konde-fuuk 쪽을 찌는 법을 배우다 (유의) konde.

***kondena** 동 ① 비난하다. ¶Tanbasá Timor-oan kondena Austrália? 왜 동티모르인이 호주를 비난하나요? ② (유죄를) 선고하다. ¶Juis ida-ne'e kondena nia prizaun tinan 10. 이 판사는 그에게 징역 10년을 선고했어요.

***kondenadu** 명 교수형. ¶Kondenadu iha argumentu kona-ba direitus umanus. 교수형은 인권에 대한 논쟁을 가지고 있어요.

kondenasaun 명 비난. ¶Uluk kondenasaun la maka'as iha sosidade internationál, bainhira Indonézia halo invazaun ba Timor. 예전에 인도네시아가 티모르를 침략했을 때 국제 사회에서 비난은 강하지 않았어요.

***kondisaun** 명 조건, 상태. ¶Doutora dehan amá nia kondisaun sai di'ak uitoan. 의사가 말하길 엄마의 상태가 좀 좋아졌다고 해요.

kondisionada 형 (여성) 특정 조건이 있는, 조건에 있는, 조건부의. ¶Produtu ida ne'e ba fa'an kondisionada. 이 생산품은 조건부 판매 상품입니다.

kondisionadu 형 (남성) 특정 조건이 있는, 조건에 있는. ¶Jose tenke maneja situasaun kondisionadu iha kompañia. 조세는 회사에서 특정 조건이 있는 상황을 관리해야 해요.

kondisionál 형 조건부의. ¶Nia sosa uma ho kondisionál katak material no ekipamentus uma laran la bele hasai. 그는 집안에 자재들과 시설을 치우지 않는 조건부로 집을 샀어요.

kondisionamentu 명 훈련, 길들이기. ¶Nia presiza pasa prosesu ba kondisionamentu iha organizasaun foun laran. 그는 새 조직 안에서 훈련을 위한 절차를 통과할 필요가 있어요.

kondolénsias 명 조의, 애도. ¶Ami hato'o sentidu kondolénsias ba familia matebian. 우리는 가족 내 고인에게 조의를 표했어요.

kondús 동 ① 몰다, 이끌다. ¶Ha'u hakarak bá tasi, sé mak bele kondús ró ne'e? 바다에 가고 싶은데 누가 배를 몰 줄 알지? ② 지휘하다. ¶Nia kondús hela membru sira iha banda eskola. 그는 학교 악단의 구성원들을 지휘하고 있어요.

kondusaun 명 열전도. ¶Sanan ne'e ninia kondusaun lailais entaun favór liman la bele kona. 이 냄비는 열전도가 빠르니 만지지 마세요.

***kondutór[1]** 명 운전사, 기사. ¶Nia seidauk bele lori kondutór entaun presiza motorista seluk. 그는 아직 스쿠터 운전을 할 줄 몰라서 다른 운전사가 필요해요. (유의) motorista, xofér.

kondutór[2] 명 전도체, 케이블. ¶Kondutór ida-ne'e sai fraku ona, kuidadu. 이 케이블이 약해졌네, 조심해.

koneksaun 명 연결. ¶Fiu ida-ne'e iha koneksaun ho fiu ida-ne'ebá. 이 케이블은 저 케이블과 연결이 되어 있어요.

koñese 동 (사람을) 알다, 알게 되다. ¶Ita koñese ema ne'ebá ka? 저 사람 알아요? 유의 hatene. 이표기 konhese.

koñesidu Ⅰ 명 아는 사람, 지인. ¶Ema ne'ebá koñesidu ka? 저 사람 지인이에요? Ⅱ 형 유명한. ¶Maske Timor-Leste nasaun ki'ik, ema sira koñesidu ho nivel globál ne'e iha. 동티모르는 작은 나라지만 세계적으로 유명한 사람들이 있어요. 유의 famozu. 이표기 konhesidu.

koñesimentu 명 지식, 이해. ¶Ninia koñesimentu kona-ba gramátika lian Korea di'ak loos. 그의 한국어 문법 지식은 정말 대단해요. 이표기 konhesimentu.

konferénsia 명 회의, 회담. ¶Konferénsia internasionál oioin sei mosu, se Timor-Leste tama ASEAN. 동티모르가 아세안에 가입하면, 다양한 국제적인 회의가 생길 거예요.

konferénsia-imprensa 명 기자 회견.

konfesa 동 고백하다. ¶Ha'u atu konfesa ha'u-nia sala ba Padre. 저는 신부님께 제 잘못을 고백하려 해요.

konfesionál 형 고해실의, 고해 성사실의. ¶Molok hahalok konfesionál, ita tenke prepara laran haraik-an. 고해 성사실의 활동 전에 겸손한 마음을 준비해야 해요.

konfesionáriu 명 고해실, 고해 성사실. ¶Ninia múzika nia konteúdu hanesan ninia ko'alia iha konfesionáriu. 그의 음악에 관한 내용은 고해실에서 그가 말했던 것과 같아요.

konfesór 명 고해 성사를 들어주는 사제, 고해 신부. ¶Padre ne'e mak ami-nia konfesór ne'ebé rona ami konfesa. 이 신부님이 우리의 고해 성사를 들어주는 고해 신부님입니다.

konfia 명 신뢰. ¶Relasaun umanu ho laiha konfia valor laiha. 신뢰가 없는 인간관계는 가치가 없다. 유의 konfiansa. 반의 deskonfia, deskonfiansa.

konfiansa 명 ①확신. ¶Se ita la iha konfiansa kona-ba planu, ita la bele uza enerjia atu realiza planu ne'e. 만약 미래에 대한 확신이 없다면 우리는 그 계획을 실현할 힘을 낼 수 없을 거예요. 반의 deskonfiansa. ②신뢰. ¶Konfiansa mak fundsaun hodi prepara ekipa kapa'as. 신뢰는 탁월한 팀을 준비하기 위한 초석이에요. 유의 konfia. 반의 deskonfiansa.

konfidénsia 명 ①비밀. ¶Dala ruma ita la bele rezerva konfidénsia ba ita-nia servisu rasik. 때때로 우리가 일하는 스스로의 것에도 비밀이 없어진다. 유의 lia-menas, segredu. ②비밀 행정. ¶Nia husu konfidénsia kona-ba dokumentu ida-ne'e, maibé ida-ne'e kontra regulamentu. 그는 이 문서에 대해 비밀 행정을 요구했지만 이는 규정에 반하는 것이었어요.

konfidente 명 자신감, 확신. ¶Nia konfidente maka'as. 그는 자신감이 강해요.

konfirma 동 확인하다. ¶Mestre husu nia atu konfirma ninia esperiénsia nu'udár dokumentu sira. 선생님은 그에

K

게 경력을 문서로 확인해 달라고 요구했어요. 유의 fó krizma, kontrola.

konfirmasaun 명 견진 성사. ¶Nia aplika konfirmasaun atu sai fiar na'in ne'ebé di'ak liu. 그는 더 좋은 신앙인이 되기 위해 견진 성사를 신청했어요.

***konflitu** 명 갈등, 충돌. ¶Indonézia halo ona konflitu ho Timor-Leste. 인도네시아는 동티모르와 충돌을 일으켰어요.

****konforme** I 전 ~에 따라서. ¶Konforme profesór, estudante nia valór sei deside. 교수님에 따라서 학생의 성적이 결정될 거예요. II 접 ~대로. ¶Konforme nia husu ha'u, ha'u halo ona. 저는 그가 부탁한 대로 했어요.

*****konfortavel** 형 ① 편안한. ¶Ita-nia fatin konfortavel liu hotu iha ne'ebé? 가장 편안한 곳이 어디예요? ② 포근한. ¶Amá-nia liman konfortavel 어머니의 포근한 품

***konfortu** 명 위로. ¶hamatek moras ho liafuan konfortu 위로의 말로 아픈 마음을 쓰다듬다

****konfunde** 동 혼란스럽게 하다, 어지럽히다, 흐리다. ¶La konfunde asuntu ne'e! 쟁점을 흐리지 마!

****konfuzaun** I 명 혼란, 혼돈. ¶Inflasaun lalais halo konfuzaun ba ema nia moris. 급격한 물가 상승은 일반인의 삶에 혼란을 초래해요. II 형 혼란스러운. ¶Situasaun polítika ida-ne'e mak konfuzaun barak. 이런 정치 상황은 혼란스러워요. 유의 bilán, bingun.

kongregasaun 명 신자들, 신도들. ¶Kongregasaun reza hamutuk iha igreja. 신도들이 교회에서 함께 기도하고 있어요.

***kongresista** 명 국회 의원. ¶Kongresista sira mai hosi nasaun oi-oin to'o Timor-Leste. 다양한 나라들로부터 국회 의원들이 동티모르에 도착했어요.

***konjela** 동 얼리다. ¶Amá konjela ona na'an-resin. 엄마는 남은 음식을 얼려 두었다.

konjeladu 동 얼어붙다. ¶Emosaun konjeladu 얼어붙은 감정

konjelasaun 명 냉동. ¶prosesu konjelasaun 냉동 처리

konjuga 동 활용하다, 다른 형태를 쓰다. ¶Lian Tetun konjuga verbu ho simples. 테툼어는 동사를 활용하는 게 간단해요.

konjugasaun 명 활용. ¶Lian Korea nia konjugasaun verbu nian barak. 한국어에 동사의 활용은 많아요.

konjunsaun 명 접속사. ¶Uza konjunsaun ita bele troka fraze rua ba fraze ida. 접속사를 사용해서 두 개의 문장을 하나의 문장으로 바꿀 수 있어요.

konjuntu 명 전체, 팀, 그룹, 무리. ¶Iha bisinis fatór importante barak, maibé kada fatór tenke hala'o nu'udár parte konjuntu ida. 비즈니스에서 중요한 요소들이 많지만 각각의 요소들은 전체의 부분이 되어야만 해요.

konkista I 명 정복, 점령지. ¶Konkista Portugál nian iha Timor mak istória importante iha Timor-Leste laran. 티모르에서 포르투갈의 정복은 동티모르 내에서 중요한 역사예요. II 동 정복하다, 이기

다. ¶Ekipa Timor-Leste nian bele konkista ekipa nasaun boot nian. 동티모르 팀이 큰 나라의 팀을 이길 수 있어요.

konklave 명 비밀회의, 비밀회의 참석자들. ¶Konklave ida halo husi kardinál. 추기경에 의해 비밀회의가 주재되었어요.

*konklude 동 결론을 내리다, 판단을 내리다. ¶Nia bele konklude liu husi diskusaun ne'e. 그는 토론을 통해서 결론을 내렸어요.

*konkluzaun 명 결론, 판단. ¶Ema hotu mai ho kada konkluzaun hafoin diskusaun kona-ba dezenvolvimentu Timor-Leste nian. 모든 사람들이 동티모르의 발전에 대한 토론 이후 각자의 결론을 냈어요.

konkluziva 형 여성 결정적인, 확실한. ¶Maria kaer momentu konkluziva. 마리아는 결정적인 순간을 잡았어요.

konkluzivu 형 남성 결정적인, 확실한. ¶Jose buka hetan ona evidensia konkluzivu. 조세는 결정적인 증거를 발견했어요.

konkorda 동 수락하다, 동의하다. ¶Prezidente Moon no Kim konkorda atu halo dame malu. 문 대통령과 김 위원장은 평화를 조성하는 데 서로 동의했어요. 유의 aseita.

*konkordánsia 명 일치, 동의, 수긍. ¶Ami halo konkordánsia atu halo servisu ne'e. 우리는 그 일을 하는 데 동의를 했어요. 반의 disensaun.

konkorre 동 경쟁하다. ¶Mai ita konkorre hamutuk. 함께 경쟁합시다. 유의 kompete. 이표기 konkore.

konkorrénsia 명 경쟁. ¶Konkorrénsia mak sistema kapitalizmu nian. 경쟁은 자본주의의 체제예요. 유의 kompetisaun, koko-taru, konkursu. 이표기 konkorensia.

konkorrente 명 경쟁자. ¶Kuidadu ita-nia konkorrente ne'e maka'as. 조심해 네 경쟁자는 막강해. 유의 kompetidór, rivalidade. 이표기 konkorente.

konkreta 형 여성 구체적인. ¶Maria la koalia de'it, maibé nia mós hatudu ho asaun konkreta. 마리아는 말하지 않았지만 구체적인 행동으로 보여 주었어요. 유의 espesifika.

konkretu 형 남성 콘크리트로 된. ¶Jose dehan ninia kompañia halo hela estrada konkretu. 조세는 그의 회사가 콘크리트로 된 도로를 만들고 있다고 했다.

konkursu 명 경쟁, 대회. ¶Nia esplika hela kona-ba konkursu iha eleisaun prezidensiál. 그는 대통령 선거 경쟁에 대해 설명하고 있어요. 유의 kompetisaun, konkorrénsia, koko-taru.

konlisensa 감 실례해요, 실례합니다. ¶Konlisensa, ha'u liu lai. 실례합니다만 저 좀 지나갈게요. 이표기 kolisensa.

konsagra 동 (종교 의식을 통해) 축성하다. ¶Igreja Catedral Dili konsagra ona iha tinan 1984. 딜리 대성당은 1984년에 축성되었어요.

konsagrasaun 명 신성화, 정화. ¶Fatin Igreja Catedral Dili mak konsagrasaun. 딜리 대성당은 신성화가 된 지역이에요.

konsanguínea 형 여성 혈연관계의. ¶Iha ne'e entre feto na'in 3 ne'e iha relasaun konsanguínea. 여기 세 명의

K

여성은 혈연관계예요.

konsanguíneu Ⅰ명 혈연관계. ¶Sira la'ós konsanguíneu maibé sira nia oin hanesan malu. 그들은 혈연관계가 아니지만 서로 얼굴이 닮았어요. Ⅱ형 남성 혈연관계의. ¶Asuntu barak iha Jose nia reuniaun konsanguíneu. 조세의 혈연관계 모임에 쟁점이 많아요.

konsege[1] 동 관리하다. ¶Nia konsege hala'o projetu. 그는 프로젝트 실행을 관리해요.

konsege[2] 동 기회를 가지다. ¶Povu hotu konsege partisipa iha eleisaun. 모든 국민은 선거에 참여할 기회를 가져요.

⁑**konseitu** 명 개념. ¶Abilidade ne'ebé halo konseitu foun ho esperansa mak importante tebes nu'udár kna'ar lider nian. 희망이 있는 새로운 개념을 만드는 능력은 지도자로서 무척 중요해요.

konsekuénsia Ⅰ명 결과, 중요함. ¶Ita boot hili di'ak maibé ninia konsekuénsia ki'ik. 잘 선택했지만 결과는 작았어요. Ⅱ 부 결과적으로. ¶Kanek atleta nian lori konsekuénsia lakon ami ekipa nian. 그 선수의 부상은 결과적으로 우리 팀의 패배로 이어졌다.

konsekuente 형 ~의 결과로 일어나는. ¶Saláriu traballadór sira-nian mak rezultadu konsekuente tuir regulamentu ne'ebé iha servisu fatin. 노동자들의 급여가 일하는 곳의 규정에 따라 결과로 일어나는 거예요.

konselebrante 명 공동 집전 사제. ¶Amu konselebrante naran sá? 공동 집전 사제 신부님의 이름이 뭐예요?

konselleiru 명 ①상담사. ¶Ema ne'ebé hanoin barak kona-ba problema familia buka hela konselleiru. 가족 문제로 걱정이 많은 사람은 상담사를 찾아요. ②자문관. ¶Konselleiru rekomenda troka planu orijinál. 자문관은 본래 계획을 바꾸기를 추천해요.

*__konsellu__[1] 명 조언, 상담. ¶Profesór fó konsellu ba estudante sira. 교수님은 학생들에게 조언을 줘요.

konsellu[2] 명 공무원. ¶Governadór Filomeno da Câmara halo reuniaun ho konsellu ofisiál sira iha Dili. 필로메노 다 까마라 총독은 딜리에서 행정 공무원과 모임을 했어요.

konsensu 명 공감대. ¶forma sai ona konsensu 공감대가 형성되다

*__konsente__ 동 동의하다. ¶Nia konsente ho ha'u-nia opiniaun. 그는 내 견해에 동의했어요. 유의 hatán.

konsentimentu 명 찬성. ¶Ha'u halo konsentimentu atu muda bá fatin seluk. 나는 다른 동네로 이사 가는 것에 찬성을 했다.

⁑**konsentra** 동 ①밀집하다. ¶Ema Timor barak maka konsentra atu partisipa iha kampaña Política. 많은 동티모르인이 정치 캠페인에 참가하기 위해 밀집했어요. ②집중하다. ¶Ita tenke konsentra ba saida mak ninia ko'alia no asaun. 우리는 그의 말과 행동이 무엇인지에 집중해야 해요. 유의 foka.

konsentrada 형 여성 집중적인, 결연한. ¶Maria nia esforsu konsentrada halo nia liu ezame. 마리아는 집중적인 노력

으로 시험에 합격했어요.

konsentradu Ⅰ명 농축물. ¶Ida-ne'e mak konsentradu protína husi susu-been. 이것이 우유 단백질 농축물이에요. Ⅱ형 남성 집중적인, 결연한, 날이 갈수록 더하는. ¶Jose nia esforsu konsentradu halo nia liu ezame. 조세는 집중적인 노력으로 시험에 합격했다.

⁑**konsentrasaun** 명 정신 집중. ¶Estudante finalista sira presiza konsentrasaun ba iha sira-nia monografia. 대학교 4학년생은 논문에 정신 집중할 필요가 있어요.

konsertu 명 연주회, 콘서트. ¶Mai ita bá haree konsertu iha Tasi-tolu. 따시똘루에서 콘서트를 보자.

⁑**konserva** Ⅰ명 저장 식품, 절임 식품. ¶Ita gosta han konserva ka? 절임 식품 먹는 거 좋아해요? Ⅱ동 보존하다, 유지하다. ¶Nia hakarak konserva hahán to'o tinan oin. 그는 내년까지 음식을 보존하고 싶어해요. 유의 rai.

konservadór 형 남성 보수적인, 보수주의의. ¶Jose servisu ba partidu konservadór. 조세는 보수주의의 정당을 위해서 일합니다.

konservadora 형 여성 보수적인. ¶Feto konservadora sira hakarak konserva kostome. 보수적인 사람들은 관습을 지키고 싶어해요.

konservasaun 명 자연 보호. ¶Konservasaun naturál mak ita-nia obrigasaun ba jerasaun sira tuir mai. 자연 보호는 다음 세대를 위한 우리의 의무예요.

konservativu 명 방부제. ¶Kompañia hahán balun uza konservativu ba ninia produtu. 몇몇 식품 회사는 식품에 방부제를 사용해요.

konservatóriu 명 예술 학교, 음악 학교. ¶Estudante sira presiza konservatóriu di'ak atu aprende múzika no arte. 학생들은 음악과 예술을 배우기 위해 좋은 예술 학교가 필요해요.

⁑**konsidera** 동 고려하다, 심사숙고하다. ¶Nia konsidera hela ita-nia hanorin importante ba moris. 그는 삶을 위해서 중요한 가르침을 심사숙고하고 있어요.

⁑**konsiderasaun** 명 고려, 심사숙고. ¶Ema ida-ne'e la iha konsiderasaun. 이 사람은 심사숙고를 하지 않아요.

konsideravel 형 상당한, 많은. ¶Ninia esforsu atu dezemvolve sosiedade mak konsideravel. 사회를 발전시키기 위한 그의 노력은 상당해요.

konsistentemente 부 시종일관. ¶Mane ne'e kumprimenta bainaka sira ho hamnasa konsistentemente. 그는 시종일관 웃으며 손님들을 맞이했다.

konsoante 명 자음.

konsoladór Ⅰ명 위로하는 사람. ¶Konsoladór ne'e konsolla ninia alin atu ba festa. 위로하는 사람은 그의 동생을 파티에 가도록 했어요. Ⅱ형 남성 위안이 되는. ¶Festa ninia loron-moris sai eventu konsoladór, bainhira Maria hanoin barak. 마리아가 걱정할 때 그의 생일 파티는 위안이 되는 행사가 되었다.

konsoladora 형 여성 위안이 되는. ¶Espesialmente bainhira moras,

K

presiza ema konsoladora. 특히 아플 때, 위안이 되는 사람이 필요해요.

konsolasaun 명 위안, 위로. ¶Ha'u fó liafuan konsolasaun ba ninia kolega. 저는 그의 친구에게 위안이 되는 말을 해 주었어요.

konspirasaun 명 음모, 모의. ¶Ami hetan konspirasaun husi kolega sira atu estraga tiha sasán iha servisu fatin. 우리는 일하는 곳에서 물건을 파괴하려는 친구들의 음모를 발견했어요.

konstánsia 명 불변성. ¶Ninia peskiza mak esforstu atu hetan teoria ho konstánsia. 그의 연구는 불변성의 이론을 발견하고자 하는 노력이에요.

konstante 형 끊임없는, 거듭되는. ¶Siensia naturál mak presiza estudu konstante. 자연 과학은 끊임없는 연구를 필요로 해요. 유의 nafatin.

*** konstipasaun** 명 변비. ¶Ha'u moras porké konstipasaun. 나는 변비로 고생했어요.

konstituinte 명 주민, 유권자. ¶Politiku na'in tenke respeita konstituinte. 정치인은 유권자를 존경해야 해요.

*** konstituisaun** 명 헌법. ¶Republika Demokratika Timor-Leste muda bazeia ba konstituisaun. 동티모르 민주 공화국은 헌법에 근거해서 움직여요. 유의 lei-inan.

*** konstitusionál** 형 헌법의, 헌법에 의한.

*** konstrui** 동 건설하다, 구성하다. ¶Sira konstrui hela ponte foun. 그들은 새 다리를 건설하고 있어요. 반의 demole.

*** konstrusaun** 명 건설, 공사. ¶Konstrusaun ba estrada hala'o hela ho di'ak. 도로 공사는 잘 실행되고 있다.

*** konstrutiva** 형 여성 건설적인. ¶Situasaun agora urjente, entaun Maria fó ha'u ideia konstrutiva. 현재 상황이 급하니 마리아는 건설적인 생각을 줄 거예요.

*** konstrutivu** 형 남성 건설적인. ¶Jose fó sujestaun konstrutivu. 조세는 건설적인 제안을 했습니다.

*** konstrutór** 명 건축업자, 건축 회사. ¶Konstrutór ba ponte ne'e mai husi nasaun liur. 다리 건축업자는 외국에서 왔어요.

konsuladu 명 영사, 영사관. ¶Nia bá halo viza iha konsuladu. 그는 비자를 만들러 영사관에 갔어요.

konsulta Ⅰ 명 상담가, 자문 위원. ¶Konsulta husu para projeitu ida-ne'e. 자문 위원은 이 프로젝트의 중단을 요구했어요. Ⅱ 동 상담하다. ¶Ha'u-nia kolega konsulta ha'u-nia problema ida-ne'e, entaun ha'u sente di'ak liu. 제 친구가 저의 이 문제를 상담해 줘서 기분이 좋아졌어요.

*** konsultasaun** 명 상담. ¶konsultasaun tama eskola 진학 상담

konsultóriu 명 수술. ¶Ninia aman hala'o konsultóriu fuan ho di'ak. 그의 아버지는 심장 수술을 잘 견뎠어요. 유의 operasaun.

*** konsume** 동 소비하다. ¶Maske nia haka'as an atu halo osan, nia konsume osan ne'e lailais. 그는 돈을 벌기 위해 노력했지만 돈을 빨리 소비했어요.

***konsumidór** 명 소비자. ¶Ohin loron konsumidór sira sosa ai-fuan barak. 오늘 소비자들이 과일을 많이 샀어요. 유의 maksosak.

***konsumsaun** 명 소모. ¶prevene konsumsaun eletrisidade ne'ebé la nesesáriu. 불필요한 전력 소모를 막다

***konsumu** 명 소비. ¶Nasaun sira ne'ebé iha industria barak presiza reduz konsumu enerjia nian. 산업이 많은 나라들은 에너지의 소비를 줄일 필요가 있어요.

konta Ⅰ 명 계좌, 장부. ¶Nia halo ona konta banku nian. 그는 은행 계좌를 만들었어요. Ⅱ 동 관련시키다, 결부시키다. ¶Favór la konta ha'u-nia idade ho ha'u-nia abilidade. 제 나이와 능력을 결부시키지 마세요.

관용 konta hotu (모두 결부시킨다는 말로) 포함하다.

관용 konta ema nia vida (사람의 삶을 결부시킨다는 말로) 소문을 말하다.

***konta aat** 험담하다, 나쁜 소문을 내다. ¶Ha'u-nia kolega konta aat kona-ba ema seluk. 내 친구는 다른 사람에 대해 험담해요. 유의 difama.

⁑**konta-bankária** 명 고지서, 청구서. ¶Ha'u simu konta-bankária husi banku. 은행으로부터 청구서를 받았어요. 유의 faktura. 이표기 konta bankária.

***konta-banku** 명 은행 계좌. ¶Ita-nia konta-banku halo hosi banku ne'ebé? 네 은행 계좌는 어느 은행에서 만들었니?

kontabilidade 명 부기, 회계, 회계부서. ¶Departementu kontabilidade mak iha fakuldade ekonomia iha UNTL. 회계학과는 동티모르국립대 경제학부에 있어요.

***kontadór** 명 계량기. ¶Ha'u bele sosa kontadór ba eletrisidade iha ne'ebé? 저는 전기 계량기를 어디에서 살 수 있나요?

***kontajen** 명 득점, 점수, 득표. ¶Tenke hetan kontajen hira tan hodi bele manán? 득점을 얼마를 더 해야 이길 수 있어요?

konta korrente 당좌 예금 계정.

⁑**kontakta** 동 연락하다, 접촉하다. ¶Favór kontakta profesór wainhira ita iha pergunta kona-ba servisu uma. 숙제에 대해 질문이 있을 때 교수님께 연락하세요.

⁑**kontaktu** 명 연락, 접촉. ¶Ita-nia númeru kontaktu hira? 전화번호가 어떻게 돼요?

kontamina 동 오염시키다. ¶Ha'u deskobre fatin treinu ida-ne'e kontamina ho lixu. 저는 쓰레기가 오염시킨 훈련장을 발견했어요. 유의 hafo'er.

kontaminasaun 명 오염. ¶Kontaminasaun ambiente bele halo turizmu indústria mate. 환경 오염은 관광 산업을 죽일 수 있어요.

kontas 명 구슬, 염주, 묵주. ¶Sira reza ho kontas. 그들은 묵주로 기도해요.

kontempla 동 숙고하다, 생각하다. ¶Nia kontempla hela ninia an iha futuru. 그는 미래에 그 자신에 대해서 숙고하고 있어요.

kontemplasaun 명 사색, 명상. ¶Madre sira halo kontemplasaun iha

K

igreja. 수녀님들은 성당에서 명상을 해요.

kontemplativa 형 여성 사색하는, 명상을 하는. ¶Maria dehan katak moris ema kontemplativa nian tuir nivel ninia hanoin. 마리아는 사색하는 사람의 삶은 그 생각의 수준을 쫓아간다고 했어요.

kontemplativu 형 남성 사색하는, 명상을 하는. ¶Jose gosta tempu kontemplativu. 조세는 사색하는 시간을 좋아해요.

kontemporanéu Ⅰ 명 동시대. ¶Ami hela iha kontemporanéu maibé bele hanoin la hanesan. 우리는 동시대에 살고 있지만 생각은 다를 수 있어요. Ⅱ 형 동 시대의. ¶figura kontemporanéu 동시대의 인물

***kontén** 동 들어 있다, 함유되어 있다. ¶Ha'u sente biblioteka ida-ne'e kontén livru kuaze 10,000. 제가 느낄 때는 이 도서관에 거의 1만 권의 책이 들어 있어 보여요.

⁑**kontente** 형 행복한. ¶Ema hotu-hotu hakarak atu moris kontente. 모든 사람은 행복한 삶을 원해요. 유의 haksolok. 이표기 kontenti.

***kontesta** 동 경쟁을 벌이다. ¶Estudante sira iha UNTL kontesta ba valór iha aula laran. 동티모르국립대 학생들이 수업에 학점 경쟁을 벌여요.

kontestasaun 명 대회. ¶Kontestasaun ida-ne'e hala'o boot liu tiha ona kompara ho tinan balun. 이번 대회는 어느 해 못지않게 성대하게 치러졌다.

kontestu 명 문맥, 맥락. ¶Parlamentu nasionál aprezenta kona-ba kontestu sosiál. 의회는 사회적 맥락에 대해서 발표해요.

konteúdu 명 목차, 차례, 내용. ¶Iha planu livru ida-ne'e nian ita-nia konteúdu atu hakerek saida? 이 책의 계획에서 목차에 쓰고자 하는 것이 뭐예요?

kontinente[1] Ⅰ 명 대륙. ¶Kontinente Ázia mak boot liu iha Mundu. 아시아 대륙은 세상에서 가장 커요. 유의 rai-boot. Ⅱ 형 대륙의. ¶Beibeik klima kontinente halo influénsia nasaun seluk. 대륙의 날씨는 타국에 영향을 주곤 해요.

kontinente[2] 형 꾸밈없는. ¶Nia iha karakter kontinente, maske ninia idade tinan 30. 그는 나이가 서른이지만 꾸밈없는 성격을 가지고 있어요. 유의 rai-boot.

⁑**kontinua** 동 계속하다. ¶Ami kontinua pratika Tetun. 우리는 테툼어를 계속해서 연습해요. 유의 hetok.

***kontínua** 형 여성 계속되는, 지속적인. ¶Kontínua konsentrasaun ne'e la fasil. 지속적인 집중은 쉽지 않아요.

⁑**kontinuasaun** 명 계속, 지속. ¶Kompañia ne'e halo hela kontinuasaun ba projeitu ne'ebé difisil. 이 회사는 어려운 프로젝트를 지속을 하고 있어요.

kontinuidade 명 지속성. ¶Iha kontinuidade laiha kontinuidade fahe susesu no la susesu. 지속성의 여부가 성공과 실패를 나눠요.

*kontínuu 형 남성 계속되는, 지속적인. ¶Jose dehan katak konsentrasaun kontínuu mak la fasil. 조세는 지속적인 집중은 쉽지 않다고 했어요.

kontista 명 단편 소설가. ¶Kontista sempre hakerek loro-loron. 단편 소설가는 항상 매일 글을 써요.

*kontra 전 ~에 반대하여. ¶Demonstrasaun estudante nian kontra ditadura troka ona istória. 독재에 반대한 학생들의 시위가 역사를 바꿨어요. 유의 hasoru.

kontra-argumentu 명 반론, 반박. ¶Sira hatudu malu kontra-argumentu kontra Prezidente nia diskursu. 그들은 대통령의 연설에 대항한 서로의 반론 의사를 밝혔다.

kontradís 형 모순된, 모순이 있는. ¶Maria nia oráriu kontradís ho ami-nian. 마리아의 일정은 우리들 것과 모순이 있다.

kontradisaun 명 모순. ¶Kontradisaun iha entre ema na'in rua, Maria ko'alia. 두 사람 사이에 모순이 있다고 마리아는 말한다.

kontraditória 형 여성 모순적인. ¶Tuir Maria nia esperiénsia, hahalok kontraditória bele mosu iha situasaun konfuzaun. 마리아의 경험에 따르면, 모순적인 행동이 혼동된 상황에서 생겨날 수 있어요.

kontraditóriu 형 남성 모순적인. ¶Jose hatete katak lakohi kontinua liu tan relasaun kontraditóriu. 조세는 모순적인 관계를 더이상 이어 나가고 싶지 않다고 밝혔어요.

kontrapartida 명 상대편, 상대방. ¶Nia estuda kona-ba kontrapartida. 그는 상대편에 대해 공부해요.

*kontráriu 형 남성 반대의. ¶Jose halo reportajen katak ami-nia membru balun sai membru iha ekipa kontráriu nian. 조세는 우리 팀의 일원 몇 명은 반대 팀의 멤버가 되었다고 알렸어요.

kontrasaun 명 수축, 축소, 진통. ¶Ha'u lakon kontrasaun bainhira udan boot. 나는 비가 많이 오면 진통이 사라져요.

*kontrasta 동 대조하다, 대비시키다. ¶Ema na'in-ida kontrasta hela osan mean ho osan mutin iha loja. 한 명의 사람이 가게에서 금화와 은화를 대조하고 있어요.

*kontraste 명 차이, 대조, 대비. ¶Ita bele esplika kontraste ida entre Timor no Korea? 동티모르와 한국 사이의 차이를 설명할 수 있어요?

*kontrata 동 ①계약하다. ¶kontrata ho governu 정부와 계약하다 ②약혼하다. ¶Nia deside atu kontrata ho ninia doben. 그는 연인과 약혼하기로 결정했어요.

*kontratu 명 계약, 비즈니스 관계. ¶Nia halo kontratu ho kompañia. 그는 회사와 계약을 맺었어요.

*kontratu-na'in 명 상인, 비즈니스맨, 무역상. ¶Ha'u presiza ko'alia ho kontratu-na'in kona-ba uma ne'e. 저는 이 집에 대해서 비즈니스맨과 대화 나눌 필요가 있어요. 이표기 kontratu nain.

*kontribui 동 ①공헌하다, 기부하다.

K

¶Estudante sira hakarak kontribui ba hadi'a ita-nia eskolár. 학생들은 우리 학교를 수리하는 데 공헌하길 원해요. ㉾ atribui. ②세금을 내다. ¶Kompañia ida-ne'e maka kontribui ba Timor-Leste. 이 회사는 동티모르에 세금을 내요.

kontribuinte 명 기부자, 납세자. ¶Ha'u hakarak tama ha'u-nia naran iha lista kontribuinte sira. 저는 기부자들 목록에 제 이름을 넣고 싶어요.

*** kontribuisaun** 명 기여. ¶Sira-nia kontribuisaun sei la haluha. 그들의 기여는 잊어서는 안 돼요.

*** kontrola** 동 ①확인하다. ¶Nia sente moras entaun bá ospitá atu kontrola saude. 아픈 것 같아서 건강을 확인하러 병원에 갔어요. ㉾ fó krizma, konfirma. ②조종하다. ¶Nia hakarak kontrola ninia membru sira tomak. 그는 구성원들을 완전히 조종하고 싶어해요.

*** kontrolu** 명 조종, 통제, 확인, 체크. ¶Polísia sira halo hela kontrolu tránzitu. 경찰들은 교통 통제를 하고 있어요.

kontroversa 형 여성 논란이 많은. ¶Maria dala ruma akontese escandalu kontroversa. 마리아는 논란이 많은 스캔들을 유발해요.

kontrovérsia 명 논란. ¶Ha'u hanoin katak imi na'in rua nia idea iha kontrovérsia. 두 사람의 생각에 논란이 있다고 생각해요.

kontroversu 형 남성 논란이 많은. ¶Jose halo reportajen katak deputadu sira hato'o hela sira-nia hanoin kontroversu ba povu. 조세는 의원들이 논란이 많은 그들의 생각을 국민들에게 전달하고 있다고 알렸어요.

*** konvén** 형 ①적합한. ¶Programa bee moos konvén ho povu nia presiza loro-loron. 깨끗한 물 프로그램은 국민의 일상적 필요에 적합해요. ㉾ presta. ②편리한, 간편한. ¶Ha'u sente konvén wainhira ha'u han bakso de'it nu'udár han-meiudia. 저는 점심 식사로 간편하게 박소만 먹었어요.

*** konvense** 동 타이르다. ¶Amá konvense ha'u katak ema tenki iha kréditu. 어머니는 내게 사람은 신용이 있어야 한다고 타이르셨다.

konvensida 형 여성 자만하는, 콧대 높은. ¶Maria dehan katak asaun konvensida iha publiku mak la di'ak. 마리아는 공공장소에서 자만하는 행동은 좋지 않다고 말했다.

konvensidu 형 남성 자만하는, 콧대 높은. ¶La konvensidu, lekirauk mós monu husi ai. 자만하지 마세요! 원숭이도 나무에서 떨어져요.

konvensionál 형 관습적인, 관례적인, 극히 평범한, 인습적인. ¶Ita-nia ideia konvensionál fó influénsia ba dezemveolvimentu sosiál. 우리들의 관습적인 생각이 사회 발전에 영향을 줘요.

konventu 명 수녀원, 수도원. ¶Iha konventu ne'e laran madre sira barak mak hela. 이 수도원에 수녀가 많이 살아요.

konventuál 형 수도원의, 수녀원의. ¶Edifísiu konventuál sempre moos tebes. 수도원의 건물은 늘 무척 깨끗해

요.

konversa Ⅰ명 대화, 회화, 잡담. ¶Ha'u kontente los durante konversa ho nia. 그와 대화를 하는 동안 저는 기분이 좋아요. Ⅱ동 대화하다, 이야기를 나누다, 잡담하다. ¶Nia hakarak konversa ho Primeiru Ministru kona-ba orsamentu jerál do estadu. 그는 정부 일반 예산에 대해서 총리와 대화하고 싶어해요. 유의 ko'alia.

konversaun 명 전환, 개조. ¶Nia sente presiza konversaun ba hahalok rasik. 그는 스스로의 행동에 대해 개조의 필요를 느껴요. 유의 konvertidu.

konverte 동 전환시키다, 개조하다. ¶Inovasaun komesa husi ita rasik ne'ebé tenke konverte ita-nia an. 혁신은 당신 자신을 전환시키는 당신 자신으로부터 시작해요.

konvertidu 명 전환, 개조. ¶Ninia konvertidu ba relijiaun seluk fó influénsia ba membru familia seluk. 그의 타 종교로의 전환은 다른 가족 구성원에게 영향을 줘요. 유의 konversaun.

konvés 명 갑판. ¶Ita sente presiza hadi'a konvés ró boot nian loos ka la'e? 넌 큰 배의 갑판을 수리해야 할 필요를 느끼지 않니? 유의 koberta.

konvida 동 초대하다. ¶Nia hakarak konvida ninia mestre ba festa. 그는 파티에 그의 선생님을 초대하고 싶었다. 반의 espulsa.

konvidadu 명 초대 손님, 초빙. ¶Profesór konvidadu sira hanorin hela iha UNTL. 초빙 교수들이 동티모르국립대에서 교육을 하고 있어요. 유의 bainaka. 반의 festa-na'in, na'i.

konvite 명 초대. ¶Nia aseita ona ha'u-nia konvite atu han hamutuk iha ha'u-nia uma. 그는 집에서 함께 식사하자는 나의 초대를 받아들였어요. 유의 rekadu. 반의 desterru, espulsaun.

konvoka 동 소집하다. ¶Presente konvoka reuniaun urjente. 대통령은 긴급회의를 소집했어요.

konvokar 동 개최하다. ¶Ami-nia eskola konvokar konferénsia arte internasionál tinan kotuk. 우리 학교는 작년에 국제 학술 대회를 개최하였다.

konvokasaun 명 집회, 대회. ¶Igreja sempre halo konvokasaun anuál. 교회는 항상 매년 집회를 엽니다.

konvulzaun 명 경련. ¶Labarik ne'e derrepente lakon ninia konsiensia no monu ho provoka konvulzaun. 그 아이는 갑자기 의식을 잃고 쓰러져 경련을 일으켰다.

ko-ofisiál 형 공동으로, 공용의. ¶Jardín mak fatin ko-ofisiál. 공원은 공용의 장소예요.

koopera 동 협력하다. ¶Nia koopera ho parseiru maka'as, entau kompeténsia sai aas. 그는 강력한 파트너와 협력해서 역량이 높아졌어요. 유의 hamaluk. 이표기 kopera.

kooperasaun 명 협력. ¶Polísia sira halo servisu hela kooperasaun ho komunidade sira. 경찰들은 공동체들과 협력을 해서 봉사하고 있어요. 이표기 koperasaun.

kooperativa Ⅰ명 협동조합. ¶Timor-

K

oan hamutuk halo ona kooperativa kona-ba kafé. 동티모르인들이 함께 커피에 대한 협동조합을 만들었어요. Ⅱ형 여성 협력적인, 협조적인, 협동의, 조합의. ¶Maria prioritiza benefísiu kooperativa organizasaun ne'e nian. 마리아는 조합의 이익을 우선해요. 이표기 koperativa.

*kooperativu 형 남성 협력적인, 협조적인, 협동의, 조합의. ¶Jose dehan katak servisu kooperativu importante tebes. 조세는 협력적으로 일하는 게 중요하다고 말했다.

koordena 동 조직화하다, 편성하다. ¶Ami presiza koordena kooperativa hamutuk. 우리는 함께 협동조합을 조직화할 필요가 있어요. 이표기 kordena.

***koordenadór** 명 남성 코디네이터. ¶Jose hatais ropa ne'ebé koordenadór model nian hili ba nia. 조세는 패션 코디네이터가 골라 준 옷을 입었어요. 이표기 kordenadór.

***koordenadora** 명 여성 코디네이터. ¶Koordenadora moda fó konsellu ha'u kona-ba kór ropa nian. 패션 코디네이터는 옷의 색깔에 대해서 저에게 조언을 해 주었어요.

koordenasaun 명 조직화, 합동, 조화. ¶Koordenasaun parseiru nian mak fundasaun kompeténsia nian ba bisnis. 파트너의 조직화가 사업을 위한 역량의 기초예요. 이표기 kordenasaun.

kopas 명 심장, 가슴. ¶Bainhira nia haree namorada, ninia kopas tuku tuku. 그가 여자친구를 보았을 때 그의 심장은 두근거렸어요.

***kopia** 동 복사하다. ¶Nia hakarak kopia dokumentus ida-ne'e. 그는 이 문서를 복사하고 싶어해요. 유의 duplika, fotokopia, haruak.

***kópia** 명 복사. ¶kópia la bele 복사 금지

***kopiadora** 명 복사기. ¶Ha'u bele uza kopiadora ida-ne'e ka? 이 복사기 사용해도 돼요? 유의 fotokopiadora, mákina-fotokopia.

***kór** 명 색, 색상, 컬러, 빛깔. ¶Ha'u-nia alin gosta kór metan. 제 동생은 어두운 색을 좋아해요.

***korál** Ⅰ명 합창단, 성가대. ¶Ha'u hili korál atu enfeita serimónia iha igreja. 저는 성당의 행사를 장식할 합창단을 뽑았어요. Ⅱ형 합창곡의, 합창단의. ¶Aprezentasaun korál jeitu tebes. 합창단의 공연이 매우 매력적이었어요.

kordaun 명 ①앞섬, 선두. ¶Karreta kordaun nia kotuk karrta sanulu tuir hela. 선두에 있는 차 뒤에 열 대의 차량이 따르고 있어요. ②저지선, 비상 경계선. ¶Estudante sira halo hela demonstrasaun iha kordaun laran. 학생들은 저지선 안에서 데모를 하고 있다.

korderoza 형 여성 분홍색의. ¶Maria dehan ha'u gosta loos kór korderoza. 마리아는 분홍색인 것을 무척 좋아한다고 해요. 이표기 kór de roza.

korderozu 형 남성 분홍색의. ¶Jose uza sombriña korderozu. 조세는 분홍색 우산을 쓰고 있어요. 이표기 kór de rozo.

***kore** 동 원상태로 돌리다, 풀다. ¶Saida mak halo ona mak la bele kore. 이미 저지른 일은 원상태로 되돌릴 수 없어요.

Korea 명 한국. [남한과 북한을 모두 아우르는 개념] ¶Korea nu'udár nasaun ne'ebé dezenvolvidu lalais. 한국은 빠르게 성장한 국가입니다. 유의 rai-Korea.

Korea do Sul 대한민국, 남한, 한국. ¶Ha'u-nia apá hakarak bá loos nasaun Korea do Sul. 제 아빠는 한국에 무척 가고 싶어해요. 유의 rai-Korea do Sul.

koreana I 명 여성 한국인. ¶Koreana ne'e tau ropa ho di'ak. 그 한국인은 옷을 잘 입어요. II 형 여성 한국의. ¶lia koreana 한국어

Korea Norte 북한, 조선인민민주주의공화국. ¶Nia rona tiha ona novidade kona-ba Korea Norte. 그는 북한에 대한 소식을 들었어요. 유의 rai-Korea Norte.

koreanu I 명 남성 한국인. ¶Foufoun mestre koreanu mai iha ami-nia eskola, ami sente kontente loos. 우리 학교에 한국인 선생님이 처음 오셔서 우리는 너무 기뻐요. II 형 남성 한국의. ¶ema Koreanu 한국 사람

kore-metan 명 코레마탄. [애도 기간을 마침] ¶Tinan oin ami sei selebra festa kore-metan ha'u-nia avó feto nian. 내년에 우리는 할머니에 대한 코레마탄 축제를 열 거예요. 이표기 koremetan.

korente 명 기류. ¶Korente mak la estavel no aviaun mak nakdoko maka'as. 기류가 불안정하여 비행기가 심하게 흔들렸다.

koreografia 명 안무, 연출. ¶Nia estuda hela koreografia iha UNTL. 그는 동티모르국립대에서 안무를 공부하고 있어요.

kores 명 색채. ¶Totalemente nia uza kores naroman. 그의 그림은 전체적으로 밝은 색채를 사용하였다.

***koresaun** 명 시정, 바로잡음. ¶Husu koresaun lei nian ne'ebé deskrimina frakeza sosiál husi organizasaun sivíl. 시민 단체에서 사회적 약자를 차별하는 법률의 시정을 요청했다.

***koresponde** 동 대응하다. ¶Ha'u ataka ba nia hodi koresponde ho metodu reasaun ne'ebé hanesan. 나는 그의 비난에 똑같은 방식으로 대응했다.

****kore tali** (묶었던 것을) 풀다. ¶Ha'u kore tali karón foos nian. 저는 쌀 포대를 풀었어요. 반의 futu, gravata.

***korida** 명 경주, 시합. ¶Labarik sira manan korida metru atus ida iha kompetisaun edukasaun fízika. 체육대회에서 아이들은 백 미터 경주를 벌였다. / Mai ita bá heree ema korida iha Tasi-tolu! 따시똘루에서 경주를 하는 걸 보러 가자! 유의 halai-taru.

kór-kafé 형 갈색의, 커피색의. ¶Ita gosta kór-kafé ka? 커피색의 것을 좋아하세요? 이표기 kór kafé.

****kór-laek** 형 색이 없는, 무색의. ¶Vidru kór-laek sai fo'er ho rai-rahun. 무색의 유리가 먼지로 더러워졌어요.

***kór-mohu** 형 시든, 빛이 바랜, 쇠퇴한. ¶Kór ninia karreta nian sai kór-mohu. 차가 빛이 바랬어요.

korneta 명 코넷, 나팔. ¶Nia halimar hela korneta nu'udár membru iha banda escola. 그는 학교 악단의 일원으로서 나팔을 불고 있어요.

K

korporál 형 신체의, 육체의, 신체적인, 육체적인. ¶Nia harlimar basket ho di'ak maske ninia dezvantajen korporál. 그는 신체적인 약점에도 농구를 잘해요.

korpu 명 군단, 단, 부대. ¶Ita-nia korpu fahe ba parte tolu. 우리의 부대는 세 부분으로 나누어졌어요.

korredór[1] 명 복도, 통로. ¶Presiza korredór luan ne'ebé labarik sira halimar. 어린이들이 놀 수 있는 넓은 복도가 필요해요.

korredór[2] 명 경주용 말. ¶Ita iha esperiensia sa'e korredór ka? 경주용 말을 타본 적 있어요?

***korreiu** 명 우편, 우편물. ¶Ha'u haruka ha'u-nia sasán liu kona korreiu ba Timor. 저는 우체국을 통해서 동티모르로 우편물을 보냈어요.

korreiu-aviaun 명 항공 우편, 항공 우편물. ¶Favór haruka sasán liu husi korreiu-aviaun. 항공 우편을 통해서 소포를 보내세요.

***korreius** 명 우체국, 체신부. ¶Iha Dili korreius ida iha. 딜리에 우체국 하나가 있어요. 이표기 koreius.

korrelasaun 명 연관성, 상관관계. ¶Korrelasaun iha entre fornesimentu no reklamamentu. 수요와 공급은 상관관계가 있어요.

***korrente**[1] 명 목걸이, 보석류. ¶Nia sosa korrente nu'udár prezente ba nia amá. 그녀는 엄마를 위해서 목걸이를 샀어요. 유의 besi-tali. 이표기 korenti.

korrente[2] 명 흐름, 해류, 기류. ¶Se karik ita hetan korrente sociá. Bele haree oportunidade. 사회의 흐름을 파악하면 기회가 보여요. 이표기 korenti.

***korrente**[3] 형 현재의, 지금의. ¶Situasaun korrente iha bazeia ba pasadu. 현재의 상황은 과거에 기반하고 있어요. 유의 atuál. 이표기 korenti.

korresaun 명 교정, 수정, 정정. ¶Korresaun molok remata ita-nia hakerek mak etapa nesesáriu. 글쓰기 마무리 전에 교정은 필수적인 절차이다. 유의 derrogasaun.

***korresponde** 동 일치하다, 부합하다. ¶Sira-nia opiniaun hahú korresponde iha tinan rua liu ba. 그들의 견해는 2년이 지나서 일치하기 시작했어요.

***korrespondénsia** 명 서신, 편지. ¶Joven sira hatama sira-nia korrespondénsia iha gabinete Primeiru Ministru. 젊은이들이 총리실에 그들의 편지를 넣었어요. 이표기 korespendénsia.

korrespondente[1] 명 통신원, 특파원. ¶Nia mak korrespondente Televizaun Korea nian. 그가 한국 텔레비전의 통신원이에요.

korrespondente[2] 형 해당하는, 상응하는. ¶Ema hein harak entaun ami tenke prepara oportunidade korrespondente. 사람들이 기대가 많아서 상응하는 기회를 준비해야 해요.

korreta 형 여성 맞는, 정확한, 적합한. ¶Fó hatene ha'u informasaun korreta. 정확한 정보를 알려주세요. 유의 loloos. 이표기 koreta.

korretu 형 남성 맞는, 정확한, 적합한. ¶Jose nia hanoin mak korretu. 조세의

생각은 정확했어. 유의 loloos. 이표기 koretu.

korrije 동 바로잡다, 정정하다. ¶Mestre korrije hela ami-nia servisu uma. 선생님은 우리의 숙제를 정정하고 있어요. 유의 haloos. 이표기 koriji.

kór-roza 형 분홍색의. ¶Feto ida-ne'e nia kór favoritu mak kór-roza. 이 여성이 선호하는 색은 분홍색이에요. 유의 korderoza.

***korrupsaun** 명 부패, 타락, 오염. ¶Korrupsaun buras iha nasuan ne'ebé la iha sistema ho justu laran. 부패는 공정한 시스템이 없는 나라에서 번성해요.

***korruptu** 형 부패한, 타락한, 오염된. ¶Governu korruptu halo povu hirus. 부패한 정부는 국민을 화나게 해요. 유의 ulun-aat, laran-fo'er.

***korta** 동 (길을) 가로지르다, 지름길을 택하다. ¶Nia korta ona bainhira nia fila fali nia uma. 그는 집으로 돌아올 때 지름길을 택했어요. 유의 atravesa.

***korte**[1] 명 법정, 법원. ¶Korte bolu nia tanba ninia korrupsaun. 법원은 부패 문제로 그를 소환했어요.

***korte**[2] 명 교제, 구애. ¶Durante periadu korte, namorada bele sente namoradu nia vizaun. 교제 기간 동안 그녀는 남자 친구의 비전을 느낄 수 있었어요.

***kortezia** 명 공손함, 정중함, 품위 있음. ¶Kortezia mak karakter embaixadór ne'e nian. 정중함은 그 대사님의 특징이에요.

⁑**kortina** 명 커튼. ¶Horiseik ami haree kortina iha loja Timor-Plaza. 어제 우리는 티모르 플라자 가게에서 커튼을 봤다.

koru 명 합창단, 성가대, 후렴. ¶Koru sira iha igreja Motael kanta kapas loos. 모타엘 교회의 성가대는 찬양을 참 잘해요.

⁑**kosar** 동 땀을 흘리다, 땀이 나다. ¶Ita boot tenke kosar entaun ita presiza hariis. 땀을 흘렸으니 샤워가 필요해요.

⁑**kosar-been** 명 땀. ¶Rai manas halo kosar-been maka'as iha isin. 날씨가 더워서 몸에 땀이 무척 나네. 이표기 kosar been.

***kose** 동 구석구석 닦다, 문지르다. ¶Favór kose janela to'o moos! 창문을 깨끗해질 때까지 구석구석 닦아 주세요! 유의 de'ut.

***kose-kose** 명 아부. ¶Nia ko'alia kose-kose ba ema sira ne'ebé pozisaun aas liu duké nia. 그는 자기보다 직위가 높은 사람에게는 온갖 아부를 한다.

***kose-liu** 동 스쳐 지나가다. ¶Ohin ha'u haree labarik ida hamriik hela iha estrada ninin i motor ne'e mai kose-liu de'it nia. 오늘 어린애 하나가 길가에 서 있는데, 오토바이가 오더니 그 애를 스쳐 지나가는 걸 보았어요.

⁑**kose-nehan** 명 양치질. ¶Kostume kose-nehan depois han ne'e iha efeitu bo'ot tebes ba prevensaun nehan ku'ak. 식사 후에 양치질을 하는 습관은 충치 예방에 큰 효과가 있다.

⁑**kosok** 형 상냥한, 다정한. ¶Labarik ne'e sempre kosok. 이 아이는 항상 상냥해요.

kosok-oan 명 ((주로 예수 앞에 쓰여)) 아기. ¶kosok-oan Jesus 아기 예수 유의 bebé. 반의 adultu.

K

kosong 수 (인니) 0, 공, 영. (유의) nol, zero.

kosta 명 해안, 해안 지방. ¶parte Áfrika kosta 아프리카 해안 지역 (유의) tasi-ibun.

kostumada 형 (여성) 익숙한. ¶Ohin kalan, Maria tenke muda husi fatin kostumada ne'e ba fatin seluk. 마리아는 오늘밤 익숙한 이곳을 떠나 다른 곳으로 이사해야 해요. (유의) toman.

kostumadu I 동 습관이 들다. ¶Marito kostumadu ladi'ak. 마리또는 나쁜 습관이 들었다. II 형 (남성) 익숙한. ¶Jose dehan katak ha'u kostumadu kostura. 조세는 바느질에 익숙하다고 했어요. (유의) toman.

kostume 명 습관, 취미. ¶Ita nia kostume ne'e saida? 취미가 뭐예요? (유의) lisan. (이표기) kostumi.

kostura 명 바느질, 재봉. ¶Ha'u-nia amá halo hela badinas kostura ropa. 엄마는 열심히 옷 재봉을 하고 있어요.

kostureira 명 재봉사. ¶Ha'u-nia amá servisu nu'udár kostureira. 우리 엄마는 재봉사로서 일해요.

kota 명 성곽. ¶kota Dili 딜리 성곽

kotasaun 명 인용. ¶Ha'u halo kotasaun kona ba ha'u-nia produtu foun. 저는 저의 새 상품에 관하여 인용을 했어요.

koto 명 콩. ¶Koto ida-ne'e tomak ne'e folin hira? 콩 이거 전부 얼마예요? (유의) fore.

koto-moruk 명 독이 있는 야생 콩. ¶Nia seidauk haree ona koto-moruk. 독이 있는 야생 콩은 본 적이 없어요. (이표기) koto moruk.

koto-nurak 명 강낭콩. ¶Ami-nia familia gosta etu koto-nurak. 우리 가족은 강낭콩 밥을 좋아해요. (이표기) koto nurak.

kotu 동 부러뜨리다, 끊다. ¶Kuidadu! Tali ne'e atu kotu. 조심해요! 줄이 끊어지려 해요.

kotuk I 명 뒤. ¶oin no kotuk 앞과 뒤 II 부 뒤에, 뒤쪽에. ¶Ha'u-nia uma iha maria nia uma kotuk. 우리집은 마리아 집의 뒤에 있어요.

kotuk-ruin 명 척추, 등뼈. ¶Ha'u nia kotuk-ruin ne'e moras ha'u hakarak simu buti-isin. 척추가 좀 아파서 마사지 좀 받고 싶네요.

kotun 명 파손, 파손된 물건. ¶Kotun mai nune'e ha'u husu produtu foun. 파손된 물건이 와서 새 상품을 요청했어요.

ko'us 동 ①착상하다, 임신하다, 임신이 되다. ¶Nia ko'us husi Marito. 그녀는 마리또에 의해서 임신이 되었어요. ②((숫자와 함께 쓰여)) (아이를) 낳아 키우다. ¶Nia ko'us oan ida de'it. 그는 애 하나만 낳아 키워요. ③(생각, 계획 등을) 마음속으로 하다, 품다. ¶Nia ko'us oan mane ida. 그녀는 한 남성을 마음속에 품었습니다. (이표기) kous.

kouve 명 싹, 새싹들. ¶kouve bruxelas 양배추 싹

kouve-funan 명 콜리플라워, 꽃양배추. ¶keiju kouve-funan 콜리플라워 치즈

koviña 명 보조개. ¶Bainhira Maria hamnasa, koviña mak tama. 마리아는 웃을 때 보조개가 들어가요.

Koweit 대 쿠웨이트. ¶Nia ema mai hosi nasaun Koweit. 그는 쿠웨이트에서 온 사람이에요.

***koxe** 명 코치, 감독. ¶Koxe joga ne'ebé iha Timor ne'e ema Korea. 동티모르에 있는 축구 감독은 한국 사람이에요.

***koziñeiru** 명 요리사. ¶Ha'u hakarak sai koziñeiru. 저는 요리사가 되고 싶어요. 이표기 kozinheiru.

****kozmátika** 형 여성 겉치레에 불과한, 허울뿐인, 성형의. ¶Maria dehan katak konsultória kozmátika la presiza. 마리아는 성형 수술이 필요하지 않다고 했다.

*****kozmétiku** Ⅰ 명 화장품. ¶Iha loja kmanek, bele sosa kozmétiku ho folin-baratu loos. 끄마넥 상점에서 가격이 매우 저렴한 화장품을 살 수 있어요. Ⅱ 형 남성 겉치레에 불과한, 허울뿐인, 성형의. ¶La presiza prezente ne'ebé kozmétiku. 겉치레에 불과한 선물은 필요 없어요.

kózmika 형 여성 우주의, 무한한, 어마어마한. ¶Kompriende fenómenu kózmika mak difisil. 우주의 현상을 이해하긴 힘들다.

kózmiku 형 남성 우주의, 무한한, 어마어마한. ¶Bainhira mak ha'u bele halo viagen kózmiku? 언제 나는 우주여행을 할 수 있을까?

kozmus 명 우주. ¶Kozmus ne'e mundu kózmiku. 우주는 무한한 세계입니다.

kraa-metan 명 비둘기. ¶kraa-metan mutin 하얀 비둘기 유의 falur, manu-falur, pombu.

*****kraik** Ⅰ 형 낮은. ¶Uluk ha'u hela iha andar aas, maibe agora ha'u hela iha andar kraik. 전에는 높은 층에서 살았는데, 지금은 낮은 층에 살아요. 유의 raik. 반의 aas. Ⅱ 부 밑으로, 더 낮게, 밑바닥에, 아래쪽. ¶Ha'u-nia maun halai ba kraik. 우리 형이 아래쪽으로 달려갔어요.

***kreda** 명 교단, 교회. ¶Kreda ne'e presiza hadi'a. 이 교회는 수리가 필요해요. 유의 igreja, uma-kreda.

Kredia Katóliku 성당, 가톨릭교회. ¶Ami haree iha Kredia Katóliku primeiru. 우리는 성당에서 처음 만났다.

***kredibilidade** 명 신뢰성. ¶Ida-ne'ebá problema kredibilidade nian. 그건 신뢰성의 문제예요.

***kréditu** 명 ①신용 거래, 신용도. ¶Kréditu ne'e importante loos iha Korea. 한국에서 신용도는 매우 중요해요. ②핸드폰 크레디트. ¶Ha'u la iha pulsa tanba horisehik ha'u halo hela kréditu. 어제 핸드폰 크레디트를 계속 사용했더니, 포인트가 없어요.

kredór 명 남성 채권자. ¶Karik empresta fundus husi banku, banku sai kredór. 은행으로부터 자금을 빌리면, 은행이 채권자가 됩니다.

kredóra 명 여성 채권자. ¶Agora kredóra sira hamutuk iha Banku Nasionál oin. 지금 채권자들이 국제 은행 앞에 모였습니다.

kredu 명 교리, 신념, 신조. ¶Sira nia kredu ne'e pás mundiál. 그들의 신조는 세계 평화이다.

***krekas** Ⅰ 명 피골이 상접한 모습, 말라빠진 모습. ¶Sira nia hahán la suffisiente kleur, haree krekas. 오랫동안 음식이 충분치 못해서 그들은 피골이 상접한 모습을 하고 있었다. Ⅱ 동 (몸무게가) 줄다, 야위

K

다 ¶Ha'u nia abó-feto moras kleur tanba kanker, agora krekas loos. 할머니는 암으로 오랫동안 아파서 지금은 매우 야위었어요. Ⅲ형 마른, 얇은. ¶Maria ne'e ema ida-ne'ebé krekas no fuuk naruk. 마리아는 마르고 머리가 긴 사람이에요. 유의 karekas. 반의 bokur.

kreket 형 노출하는, 노출되는, 결함 있는, 성기게 짠. ¶Maria mak hatais ropa kreket loos no mosu mai iha ninia kolega oin. 마리아가 노출되는 옷을 입고 친구들 앞에 나타났어요.

*__kreme__ Ⅰ명 우유 크림. ¶Ita bele tau kreme iha nia ha'u-nia kafé ka? 내 커피에 우유 크림 좀 넣어 줄래? Ⅱ형 크림색의. ¶Uma ida-ne'e nia kidun hatutan ho serámiku marbel kreme. 이 집의 밑바닥은 크림색의 마블 대리석으로 깔려 있다.

kresik 명 과잉, 지나침. ¶Númeru karreta nia kresik halo macet sériu. 차량 수의 과잉은 심각한 교통 체증을 만듭니다. 유의 demazia.

*__kria__ 동 창조하다. ¶kria universu 우주를 창조하다

kriadór 명 남성 창안자, 창작자, 창조주. ¶Jose mak kriadór ba projetu ida-ne'e. 조세는 이 프로젝트의 창안자예요.

kriadóra 명 여성 창안자, 창작자, 창조주. ¶Maria mak kriadóra premeiru halo estatutu ida ne'e. 마리아는 이 성문법을 제작한 첫 창작자예요.

kriadu 명 하인, 가사 도우미. ¶Ohin loron ami nia kriadu la tama servisu. 오늘 우리집 가사 도우미가 일하러 오지 않았다.

kriasaun 명 사육, 번식. ¶Nu'udár ema ne'ebé kriasaun, nia servisu iha fatin ne'ebé hakiak animál. 사육사로서 그는 동물 농장에서 일합니다.

*__kriativa__ 형 여성 창의적인. ¶Maria ema ne'ebé kriativa. 마리아는 창의적인 학생이에요.

*__kriatividade__ 명 창의력. ¶Aban, loke feira ne'ebé hatudu kriatividade labarik sira nian. 아이들의 창의력을 보여 주는 그림 전시회가 열려요.

*__kriativu__ 형 남성 창의적인. ¶Jose halo bote modelu kriativu. 조세는 창의적인 보떼 가방을 만들었어요.

kriatura 명 생명이 있는 존재, 생물. ¶Keta estraga Kriatura ne'ebé Maromak kria. 신이 창조하신 생물을 함부로 파괴하지 마세요.

*__krime__ 명 범죄, 범행. ¶Jose komete krime no halai subar. 조세는 범행을 저지르고 사라졌어요. 유의 delitu.

*__kriminál__ 형 범죄의, 범죄적인. ¶Hadook an ema ne'ebé halo hahalok kriminál. 범죄적인 행동을 하는 사람을 멀리해라.

*__kriminalidade__ 명 범죄, 문제. ¶Kriminalidade sosiál ne'e responsabilidade sé nian? 사회적 범죄는 누구의 책임인가?

*__kriminoza__ 형 여성 범죄의. ¶Polísia feto rona katak suspeitu hatete sai kona-ba hahalok kriminoza. 경찰은 용의자가 범죄의 행동에 대해서 실토하는 것을 듣고 있었어요.

*__kriminozu__ Ⅰ명 범인, 범죄자. ¶Kriminozu sira ne'ebé implika eventu ne'e hotu-hotu haruka ba kadeia. 그

사건에 연루된 범죄자들은 모두 감옥으로 보내졌다. Ⅱ 형 남성 범죄의. ¶Nia hatete dehan tenke esforsu maka'as ba prevensaun kriminozu. 그는 범죄의 예방에 강력히 힘써야 한다고 말합니다.

kristál 명 크리스털, 결정체. ¶Tanba kadeli kristál nian ne'e kapás, ha'u hakarak sosa. 크리스털 반지가 예뻐서 사고 싶어요.

kristaun Ⅰ 명 기독교인. ¶Ita kristaun ka Muslim? 기독교인이에요, 무슬림이에요? Ⅱ 형 기독교도의. ¶Ha'u dala ruma rona emisaun kristaun. 기독교도의 방송을 가끔 들어요. 유의 sarani.

kristianizmu 명 기독교. ¶Nia rejeita kristianizmu no sai nu'udár Budista. 그는 기독교를 거부하고 불교인이 되었다.

kritaliza 동 생각, 계획, 믿음 등이 확고해지다. ¶Nia kritaliza tiha ona ninia ideias ba iha planu ne'ebé atu bá Korea. 그는 한국에 가야겠다는 계획이 확고해졌습니다.

kritériu 명 기준. ¶Prioridade kritériu iha buka servisu ne'e saida? 직장을 구하는 데 있어서 우선 기준은 뭐예요?

* **kritika** 동 비판하다. ¶Estudante sira la husu pergunta no la kritika mós. 학생들이 질문도 없고 비판하지도 않는다. 유의 dehan aat, despreza. 반의 buka oin.

krítika Ⅰ 명 비판, 비평, 비평가들. ¶Ha'u nia krítika atu fó-hanoin ba na'i-ulun sira, karik parte balun presiza hadi'a. 제 비평은 운영자들에게 생각하게 해 주려는 거예요.아마도 몇 개 부문은 개선이 필요합니다. Ⅱ 형 여성 중대한, 비판적인, 위기의. ¶Maria iha atitude krítika kontra regulamentu governu nian tan ne'e nia hetan sansaun tuir lei refere. 마리아는 정부 정책에 반대하는 비판적인 태도를 가졌다고 해서 관련법에 따라 제재를 받았습니다.

krítiku 형 남성 중대한, 비판적인, 위기의. ¶Jose evita ona momentu krítiku. 조세는 위기의 순간을 피했어요.

* **krize** 명 위기. ¶Krize no oportunidade ne'e koeziste. 위기와 기회는 공존한다. 이표기 krizi.

krizma 명 확인. ¶Ha'u simu krizma kona-ba visa husi embaixada. 저는 대사관으로부터 비자에 대해서 확인을 받았어요.

Kroásia 명 크로아티아.

* **kro'at** Ⅰ 명 ①날카로움, 예리함. ¶Ninia hanoin nia kro'at hafodak ha'u. 그의 생각의 예리함은 나를 놀라게 했다. ②무기. ¶Kro'at sira tomak nakonu iha gudang. 창고에 무기를 가득 채웠다. 유의 armas, sasán-kro'at. Ⅱ 형 ①날카로운. ¶Ninia kritika kro'at halo ha'u tanis. 그의 날카로운 비판은 나를 울게 했다. ②예리한, 영리한. ¶Nia kro'at no ulun-mamar. 그는 영리하고 똑똑해요. 이표기 kroat.

krónika 형 여성 (특히 병이) 만성적인. ¶Maria iha kabun-moras krónika. 마리아는 만성적인 복통이 있어요.

króniku 형 남성 만성적인. ¶Jose sofre hela ho moras króniku. 조세는 만성적인 질병으로 고생하고 있어요.

K

kronolojia 명 연대학, 연대기. ¶Bele haree istória pasadu nian tuir kronolojia. 연대학에 따라서 과거의 역사를 볼 수 있어요.

kronolójika 형 여성 순서대로 된, 연대순의. ¶tabela kronolójika istória mundiál 세계 역사 연대표

kronolójiku 형 남성 순서대로 된, 연대순의. ¶Jose dehan katak ita bele haree dokumentasaun kronolójiku iha ne'e. 조세는 여기에서 연대순의 기록을 볼 수 있다고 했어요.

krús 명 십자가, 십자가상. ¶Jesus prega ba krús. 예수께서 십자가에 못 박히다.

*__krusiál__ 형 ①결정적인, 긴요한, 중대한. ¶Negosiasaun bisnis iha ona etapa krusiál. 사업 협상이 결정적인 단계이다. ②쓰라린, 힘든, 괴로운. ¶esperiénsia krusiál 쓰라린 경험

krusifika 동 십자가에 매달아 죽이다. ¶Kriminozu sira krusifika ema na'in rua. 범죄자들은 두 사람을 십자가에 매달아 죽였다.

krusifikasaun 명 십자가의 죽음, 십자가의 그림. ¶Nia haree krusifikasaun no komesa reza. 그는 십자가의 그림을 보고 기도하기 시작했습니다.

krusifiksu 명 십자가상. ¶Nia tara krusifiksu iha didin. 그는 십자가상을 벽에 걸었습니다.

**__kruza__ 동 가로지르다. ¶Dalan ida-ne'e kruza klaran sidade ne'e nian. 이 길은 이 도시의 중심을 가로지릅니다.

**__kruzamentu__ 명 교차로. ¶Ninia uma iha besik kruzamentu Becora. 그의 집은 베꼬라 교차로 근처에 있어요. 유의 dalan-sanak, dalan-sorun.

***__ksolok__ 명 ①행복. ¶dame no ksolok ba ita hotu, feliz natal 모두에게 평화와 행복이 있는 즐거운 성탄 ②선물. ¶ksolok Maromak nian 주님의 선물
유의 prezente, saugati, saukati.

kuadrada 형 여성 사각형 모양의. ¶Maria dehan husu lori meza kuadrada. 마리아는 사각형 모양의 책상을 가져와 달라고 했어요.

kuadradu Ⅰ 명 사각형, 직사각형. ¶Nia kuartu ne'e kuadradu. 그의 방은 직사각형이에요. Ⅱ 형 남성 사각형 모양의. ¶Nia prepara hela hahaan iha meza naruk kuadradu nia leten. 그는 사각형 모양의 긴 탁자 위에 음식을 준비하고 있어요.

**__kuadru-metan__ 명 칠판. ¶Ami presiza kuadru-metan la'ós kuadru mutin. 우리는 흰 칠판이 아니라 검은 칠판이 필요합니다.

**__kuadru-ninin__ 명 사진 액자. ¶Ami-nia familia nia foto iha kuadru-ninin laran. 우리 가족의 사진이 사진 액자 안에 있다.

kuadruplu 형 네 배의, 4중, 네 겹. ¶arkuiris kuadruplu 4중 무지개

kuadru-rezerva 명 예비역 명부. ¶Nia presiza kuadru-rezerva hodi confirma. 그는 확인하기 위해서 예비역 명부가 필요했다.

*__kuak__ Ⅰ 명 구멍, 열림, 웅덩이. ¶Labarik sira halo kuak iha odamatan hodi haree na'ok-teen sira. 아이들이 도둑들을 보겠다고 문에 구멍을 뚫었어요. Ⅱ 동 (액체, 기체가) 새다, 흘러나오다. ¶horon kuak 냄새가 흘러나오다 Ⅲ형 구멍이 난, 관통된. ¶Suspeitu lori tudik sona kuak vitima nia hirus-matan. 용의자가 칼로 찔러 피해자의 가슴이 관통됐다.

kuak-oan 명 작은 구멍. ¶Anin tama liu husi kuak-oan odamatan nian. 문에 작은 구멍으로 바람이 들어와요.

⁑**kualidade** 명 질, 수준. ¶Ha'u haree kualidade hanorin ne'e importante tebes mós iha Timor. 동티모르에서도 교육의 질은 매우 중요해요.

*__kualifika__ 동 자격을 갖추다. ¶Se karik espera tratamentu di'ak liu, mai ita kualifika ita-nia an! 더 좋은 대우를 바란다면 스스로 자격을 갖추자! 반의 desklasifika, diskualifika.

⁑**kualifikada** 형 여성 자격을 갖춘. ¶Maria dehan katak estudante barak kualifikada bá bolsu estuda governu nian. 마리아는 자격을 갖춘 많은 학생들이 정부의 장학생으로 간다고 했어요.

⁑**kualifikadu** 형 남성 자격을 갖춘, 졸업장을 획득한. ¶Doutor mai foun sira ne'ebá ne'e espesialista kualifikadu. 새로 오신 저 의사들은 자격을 갖춘 전문가예요. 유의 lisensiadu.

*__kualifikasaun__ 명 자격. ¶Maria iha ona kualifikasaun ba medicina nian. 마리아는 약사의 자격을 이미 갖추었어요.

kualitativa 형 여성 질적인. ¶Iha area ida ne'e, presiza peskiza kualitativa tan. 이 분야에 있어서 질적인 연구가 더 필요해요.

kualitativu 형 남성 질적인. ¶Ami presiza kresimentu kualitativu no kuantitative hotu. 질적인 성장과 양적인 성장 모두 필요하다.

kualkér 형 어떤, 어느. ¶kualkér pozisaun 어떤 위치

kuana 형 옳은, 올바른. ¶Maromak nia sorin kuana 주님의 올바른 곁 유의 direita. 반의 sala.

⁑**kuandu** Ⅰ부 ~할 때는 언제든지, ~하는 동안. ¶Kuandu nia estuda, sempre rona muzika. 그는 공부하는 동안 항상 음악을 들어요. 유의 bainhira. Ⅱ접 ~할 때. ¶Kuandu amá te'in, ha'u estuda. 엄마가 요리할 때, 저는 공부해요. 유의 bainhira, nu'udár, wainhira, wainhirak.

⁑**kuantidade** 명 수, 수량. ¶Kuantidade ne'e loos ka, favór konfirma! 수량이 맞는지 확인하세요!

kuantitativa 형 여성 정량적인, 수량적인, 수적인, 양적인. ¶Maria dehan ami tenke analiza kresimentu kuantitativa. 마리아는 양적인 성장을 반드시 분석해야만 한다고 했어요.

kuantitativu 형 남성 정량적인, 수량적인, 수적인, 양적인. ¶análize kuantitativu Osan nian 화폐의 수량적 분석

*__kuarenta__ 수 표 40, 마흔, 사십.

⁑**kuarezma** 명 임대. ¶Nia hela iha uma kuarezma. 그는 임대 주택에 살아요. 유의 arrendamentu.

⁑**Kuarta-feira** 명 수요일. ¶Ami nia aula sei fali iha Kuarta-feira. 우리 수업은 수요일에 다시 있어요. 유의 loron-kuarta.

kuartél 명 막사, 숙소. ¶Nia fila ba kuartél militár. 그는 군부대의 막사로 돌아갔다.

K

kuartél-jenerál 명 본부, 본사. ¶Kuartél-jenerál iha Korea. 본사는 한국에 있어요. 이표기 kuartél jerál.

⁑**kuarter** 명 분기. ¶Iha ami-nia sosiedade publika hela publikasaun iha kada kuarter. 우리 학회에서는 분기마다 간행물을 내고 있습니다.

⁑**kuartu**[1] 명 방. ¶Ha'u presiza kuartu ne'ebé bele uza ketaketak. 저는 각각 따로 사용할 수 있는 방이 필요해요.

⁑**kuartu**[2] 형 네 번째. ¶Ita bele esplika primeiru faze to'o kuartu? 첫 번째 단계에서 네 번째까지 설명할 수 있겠어요? 유의 dahaat.

⁑**kuatru** 수 포 4, 넷, 사. ¶Estudante númeru kuatru favór hamriik! 4번 학생 일어서세요! 유의 empát, haat.

*__kuatrusentus__ 수 포 400, 사백.

⁂**kuaze** Ⅰ 부 약, 거의, ~에 가깝게. ¶Kuaze estudante na'in 20 hamutuk bá Korea. 거의 20명의 학생들이 함께 한국에 갑니다. Ⅱ 전 거의 ~에 가까운. ¶Marito ne'ebé kuaze beik-teen maibé ha'u gosta ninia oin-hamnasa. 마리또는 거의 바보에 가깝지만 나는 그의 웃음이 좋다.

Kuba 대 쿠바.

kubanu Ⅰ 명 쿠바인. ¶Kubanu balun iha esperensia kona-ba Timor-Leste. 몇몇 쿠바인은 동티모르에 대한 경험이 있어요. Ⅱ 형 쿠바인의. ¶Doutór kubanu sira mai barak loos iha Timor Lest. 쿠바인 의사들이 동티모르에 많이 왔어요.

kúbika 형 여성 입방체의, 정육면체의. ¶Ho surat tahan, ha'u halo modelu kúbika. 종이로 정육면체의 모형을 만들어요.

kúbiku 형 남성 입방체의, 정육면체의. ¶Jose halo hela bloku simentu kúbiku. 조세는 입방체의 시멘트 블록을 만들고 있어요.

kubu 명 정육면체. ¶Jogu kurukuru ne'e medelu kubu nian. 주사위는 정육면체 모양입니다.

⁂**kuda** Ⅰ 명 말. ¶Kuda sai hanesan transporte ba povu sira iha área rurál. 말은 지방에서 가난한 사람들을 위한 교통수단이 되었어요. Ⅱ 동 심다. ¶Ita presiza kuda hudi barak atu nune'e ita bele han iha futuru. 미래에 먹을 수 있게 바나나를 많이 심어야겠어요.

kuda-aman 명 {속어} 종마, 씨말, 멍청이, 얼간이. ¶Ha'u la gosta kuda-aman hanesan ó ne'e. 난 너 같은 멍청이는 좋아하지 않아. 이표기 kuda aman.

⁑**kuda-atan** 명 솔질. ¶Depois de kuda-atan, sira lori kuda ba han du'ut. 솔질 후에 그들은 말을 데리고 풀 먹이러 갔다.

kuda-burru 명 당나귀, 멍청이. ¶Iha Timor kuda-burru ladún barak. 동티모르에는 당나귀가 별로 많지 않다. 이표기 kuda buru.

*__kuda-fatin__ 명 외양간. ¶Ita presiza halo kuda-fatin atu nune'e kuda bele deskansa. 우리는 말이 쉴 수 있게 외양간을 만들어야 해요.

kuda-inan 명 {속어} 암말, 지독한 년, 쌍년. ¶Uluk nia di'ak hela agora nia sai tiha kuda-inan. 전에 그녀는 잘 했지만 지금은 지독한 년이 되었다. 이표기 kuda inan.

kuda-kamelu 명 낙타. ¶Iha Timor

kuda-kamelu la iha. 동티모르에 낙타는 없어요. 유의 kamelu. 이표기 kuda kamelu.

*__kuda-karreta__ 명 말이 끄는 수레. ¶Sasán barak iha kuda-karreta leten. 수레에 짐이 많네요.

*__kuda-luhan__ 명 울타리. ¶Iha kuda-luhan nia laran, iha jardín ki'ik. 울타리 안에는 작은 정원이 있어요.

*__kuda-oan__ 명 망아지. ¶Tanba kuda-oan mak foin moris, ami-nia familia kontente loos. 망아지가 태어나서 우리 가족은 매우 기뻐요. 이표기 kuda oan.

*__kuda-osan__ 동 투자하다. ¶Nia kuda-osan barak ba estabelese eskola. 그는 학교를 설립하기 위해 많이 투자했다. 유의 halo investimentu, investe.

⁑__kuda-rai__ 명 농업. ¶Ha'u nia maun estuda hela kuda-rai. 우리 형은 농업을 공부하고 있어요. 유의 agrikultura.

⁑__kuda-talin__ 명 콩팥, 신장. ¶Tanba operasaun agora nia iha kuda-talin ida de'it. 수술해서 지금 그는 신장이 하나뿐이다. 이표기 kuda talin.

*__kude'i__ 동 다리를 절다, 절뚝거리다. ¶Avó-mane kude'i la'o. 할아버지가 절뚝거리면서 걸어요.

__kude'ik__ 형 다리를 저는, 절뚝거리는. ¶Nia la'o neneik, tanba nia ain kude'ik. 그는 다리를 절어서 천천히 걸어요. 이표기 kudeik.

*__kuekas__ 명 팬티. ¶Ha'u fase kuekas ho liman. 팬티는 손으로 빨아요. 유의 kalsiña.

⁑__kuidadu__ 동 수발을 들다, 돌보다. ¶Nia kuidadu katua-oan ne'ebé moras durante tinan tolu nia laran. 그녀는 삼 년 내내 아픈 남편의 수발을 들고 있다.

⁑__kuidadu-laek__ 부 아무렇게나. ¶Uma harii ho kuidadu-laek 아무렇게나 지은 집

⁑__kuitadu__ 형 안쓰러운. ¶Nia kuitadu ba labarik ki'ik sira ne'ebé hamlaha. 그녀는 어린아이들이 배고파하는 것이 안쓰러웠다.

⁑__kukun__ 명 손발톱. ¶Nia tesi ona kukun naruk. 그녀는 긴 손발톱을 잘랐어요.

*__kukun-toos__ 형 인색한, 쩨쩨한. ¶Ha'u nia tiu karak-teen no kukun-toos tebes. 우리 삼촌은 인색하고 정말 쩨쩨하다.

__kukus__ Ⅰ 명 푸딩. ¶Hamutuk ho ha'u-nia amá halo kukus ai-dila fuan ne'ebé hau-nia alin gosta. 엄마와 함께 동생이 좋아하는 파파야 푸딩을 만들었어요. 유의 pudín. Ⅱ 동 김을 내뿜다. ¶Ha'u nono bee no buli kukus hela. 나는 물을 끓이고 주전자는 김을 내뿜어요.

*__kulapur__ 명 곰팡이. ¶Ai-funan ne'ebé haree kulapur soer iha ne'e. 곰팡이가 보이는 과일은 여기에 버리세요.

*__kulat__ 명 버섯. ¶Hahán kulat nian mak di'ak ba isin, nune'e mak ha'u te'in dala barak. 버섯 요리가 몸에 좋다고 해서 자주 요리해요.

*__kule'u__ 동 돌다. ¶Nia la gosta la'o kule'u tuir liña. 그는 선을 따라서 도는 것을 싫어해요.

__kulinária__ Ⅰ 명 요리, 요리법. ¶Maria aprende kulinária iha idade 7. 마리아는 7살에 요리를 배웠다. Ⅱ 형 여성 요리의, 음식의. ¶Maria sei hamosu livru kona-

K

ba konhesementu kulinária ne'ebé nia estuda. 마리아는 그녀가 연구해 온 요리 지식을 책으로 출판할 겁니다.

kulináriu 형 남성 요리의, 음식의. ¶Jose hakarak hatene prosesu kulináriu, entaun nia buka internet. 조세는 요리의 과정을 알고 싶어서 인터넷을 검색했다.

kulit 명 ①피부. ¶Loro ne'ebé manas liu bele halo kulit-kankru. 강한 햇살은 피부에 암을 일으킬 수 있다. ②(큰 짐승의) 가죽, 껍질. ¶Lalika uza lafaek nia kulit ba kondekorasaun. 장식용으로 악어의 가죽을 사용하지 마세요. ③(과일의 두꺼운) 껍질. ¶Ita tenke tesi nuu kulit molok ita hemu nuu bee. 코코넛 물을 마시기 전에 껍질을 잘라 내야 해요.

*__kulit-mahar__[1] 명 굳은 살, 티눈. ¶Kulit-mahar iha ha'u-nia ain nune'e mak bainhira la'o ha'u sente moras dala ruma. 발에 티눈이 있어서 걸을 때 가끔 아파요. 이표기 kulit mahar.

*__kulit-mahar__[2] 형 (비판, 모욕 등에) 쉽게 동요하지 않는, 무감각한, 휘둘리지 않는. ¶Nia ema ne'ebé kulit-mahar husi ema seluk nia liafuan. 그는 다른 사람의 말에 휘둘리지 않는 사람이에요.

kulminante 형 절정의, 최고점의, 극도에 달한. ¶pontu kulminante 최고점

kulpa 명 단점, 결점, 유죄. ¶Ha'u-nia kulpa bo'ot tebes,maka laiha pasiénsia. 인내심이 없다는 것이 나의 큰 단점이다. 유의 sala.

*__kultiva__ 동 ①경작하다, 일구다, 재배하다. ¶Maria nia familia hotu-hotu tenke kultiva rai antes udan mai. 비가 오기 전에 마리아의 가족은 모두 땅을 일구어야 합니다. ②양성하다, 기르다, 길러내다. ¶Nia atu kultiva esutudante ne'ebé iha hahalok-di'ak no karakter lideransa. 그는 바른 행동과 리더십 성향을 갖춘 학생들을 양성하려 합니다.

*__kultivavel__ 형 경작할 수 있는, 재배에 적당한. ¶Fatin ida-ne'e kultivavel ai-dila. 이 곳은 파파야 재배에 적당해요.

*__kultivu__ 명 경작, 재배, 밭갈이. ¶Iha rai ida-ne'e, kultivu modo nian mak difisil. 이 땅에서는 채소 재배가 어렵다.

⁑**kultura** 명 문화. ¶Ha'u hakarak iha esperiénsia kultura Korea nian. 한국 문화를 경험하고 싶어요.

⁑**kulturál** 형 문화의. ¶liman-rohan kulturál 문화의 유산

kulu 명 빵나무, 아열대 아시아 지역에서 자라는 녹색 나무. ¶Ema hosi Munisípiu Baucau gosta han kulu. 바우카우주 출신 사람은 빵나무를 먹어요.

⁑**kulu-jaka** 명 잭프루트. ¶Kulu-jaka primeira vez ha'u han to'ok. 잭프루트를 처음 먹어 봤어요. 이표기 kulu jaka.

kulu-tunu 명 빵나무 열매. ¶Kulu-tunu ne'e han kapás loos. 빵나무 열매 진짜 맛있어요. 이표기 kulu tunu.

*__kumbili__ 명 달콤한 얌, 참마. ¶Ohin ha'u haree kumbili iha supermerkadu no hakarak hemu kumbili-been, entaun ha'u sosa uitoan. 오늘 슈퍼마켓에서 참마를 보고 참마주스를 먹고 싶어서 조금 샀어요. 유의 kombili.

⁑**kumpre** 동 이행하다, 따르다, 준수하다. ¶Ita hotu-hotu tenke kumpre lei ne'ebé mak iha ona. 우리 모두는 현존하는 법을 준수해야만 합니다. (이표기) kumpri.

⁑**kumprimenta** 동 ①인사하다. ¶Sira kumprimenta hasoru malu ba dala uluk. 그들은 처음으로 만나서 서로 인사했습니다. ②칭찬하다. ¶Mestre kumprimenta estudante sira ne'e. 선생님은 그 학생들을 칭찬했습니다. (유의) gaba.

⁑**kumprimentu** 명 칭찬. ¶Labarik sira kontente tebes depois de rona mestre nia kumprimentu. 선생님의 칭찬을 듣고 아이들은 기뻐했습니다. (유의) elojiu.

⁑**kumprimentus** 명 인사, 안부. ¶Maun, ajuda fó hela ha'u-nia kumprimentus ba ita-nia familia. 형, 제 안부를 형의 가족에게 전달해 주세요.

kumu 동 쥐어짜다, 마사지하다, 주조하다. ¶Tanba ha'u kolen loos, ita bele kumu ha'u-nia isin ka? 너무 피곤하다, 내 몸 좀 마사지해 줄래? (유의) de'ut.

kumulativa 형 (여성) 누적되는, 누계의. ¶Kolen kumulativa nune'e Maria agora deskansa iha uma. 피곤이 누적되어서 마리아는 지금 집에서 쉬어요.

kumulativu 형 (남성) 누적되는, 누계의. ¶efeitu kumulativu atividade umanu iha ambiente mundu nian 인간 활동이 세계 환경에 미치는 누적되는 효과

⁑**kumu-liman** 명 주먹. ¶Mai kumu-liman hodi hakilar "Viva Timor-Leste". "동티모르 만세"를 외치기 위해서 주먹을 쥐었어요.

kuñada 명 법적인 여자 가족 구성원, 형수, 계수, 시누이, 올케, 처제, 처형, 동서. ¶Ha'u nia feen nia alin-feto ne'e ha'u-nia kuñada. 내 아내의 여동생은 나의 처제이다. (이표기) kunhada.

kuñadu 명 법적인 남자 가족 구성원, 시아주버니, 시동생, 처남, 매부, 자형, 동서. ¶Ha'u nia la'en nia alin-mane ne'e ha'u-nia kuñadu. 남편의 남동생은 시동생이에요. (유의) rian-mane. (이표기) kunhadu.

kuota 명 할당, 몫. ¶Ema na'in rua fahe kuota hanesan. 두 사람은 할당을 똑같이 나누었다.

⁑**Kupan** 명 꾸팡. [티모르섬의 서쪽 끝에 위치한 도시] ¶Ema barak gosta bá Kupan tanba kupan besik Timor-Leste. 꾸팡은 동티모르와 가깝기 때문에 많은 사람들이 꾸팡에 가기를 좋아한다.

⁑**kupaun** 명 할인권, 쿠폰. ¶Tanba ha'u-nia alin iha kupaun, ami bá han. 동생한테 쿠폰이 있어서 같이 가서 먹었다.

⁂**kura** Ⅰ 명 치료, 처치, 대우. ¶Keta la tau matan ninia kura, bá ospitál lailais. 그의 치료를 방치하지 마시고 빨리 병원에 가세요. Ⅱ 동 치료하다. ¶Doutór kura ha'u-nia kulit semana semana. 의사 선생님은 매주 내 피부를 치료합니다.

⁑**kuran**[1] Ⅰ 동 필요로 하다. ¶Agora ami nia klase kuran kuadru-mutin foun. 지금 우리 반은 새 칠판을 필요로 합니다. Ⅱ 형 필요한. ¶Halo favór hakerek buat kuran! 필요한 것을 써 주세요! (유의) nesesáriu, presiza.

⁑**kuran**[2] 부 더 적게, 부족하게. ¶Estuda kuran, sei la pasa ezame! 부족하게 공부하면 시험에 통과하지 못할 거야!

⁂**kurioza** 형 (여성) 궁금한, 호기심이 많은.

K

¶labarik feto sira kurioza 호기심이 많은 아이들 ㊤ hakarak haree, hakarak hatene.

⁑**kuriozidade** 명 호기심. ¶Nia iha kuriozidade barak. 그는 호기심이 많다.

⁂**kuriozu** Ⅰ 명 탐구심이 많은 사람, 꼬치꼬치 캐묻는 사람, 정보 수집가. ¶Nia servisu nu'udár kuriozu. 그는 정보 수집가로서 일한다. Ⅱ 형 남성 궁금한, 호기심이 많은. ¶Husu took ha'u karik iha kuriozu. 궁금한 것이 있으면 물어보세요. 유의 hakarak haree, hakarak hatene.

⁑**kurita**[1] 명 문어. ¶Povu ko'alia iha tasi besik Christo Rei kurita barak loos. 사람들은 크리스토 레이 근처에는 문어가 아주 많다고 했어요.

⁑**kurita**[2] Ⅰ 명 알력, 불화. ¶Membru partidu na'in rua kurita tebes iha politika partidu laran. 정당의 두 사람은 정당 내에서 불화가 많아요. Ⅱ 동 반대하다, 문제를 일으키다. ¶Nia kurita tebes, wainhira iha diskusaun ruma. 그는 회의할 때마다 문제를 크게 일으켜요.

⁑**kurrikulár** 형 교육 과정의. ¶Mestre halo hela planu kurrikulár. 선생님은 교육 과정의 설계를 하고 있어요.

⁑**kurríkulu** 명 교육 과정. ¶Kurríkulu ne'ebé iha ladún di'ak ba estudante sira, tenke halo sai di'ak liu. 학생들에게 별로 좋지 않은 교육 과정은 개선해야 합니다. 이표기 kurikulu.

⁑**kurríkulum vitae** 이력서. ¶Bainhira ita buka servisu, ita tenke prepara kurríkulum vitae. 직업을 구할 때에는 이력서를 준비해야 합니다. 유의 CV, rezumu.

⁑**kursu**[1] Ⅰ 명 설사. ¶Kabun moras derrepente nune'e mak sai kursu ona. 배가 갑자기 아프더니 설사가 나왔어요. 유의 diarreia, tee-been. Ⅱ 동 설사를 하다. ¶Ha'u kursu nune'e simu ai-moruk hosi ospitál. 설사를 해서 병원에서 약을 받았어요.

⁑**kursu**[2] Ⅰ 명 과정. ¶Iha eskola ne'e loke kursu lian saida? 그 학교에는 무슨 언어 과정을 열어요? Ⅱ 동 과정을 거치다, 과정을 밟다. ¶Hodi pasa ezame lian Korea nian, ita tenke kursu lian korea uluk. 한국어 시험을 통과하기 위해서는 먼저 한국어 과정을 거쳐야 한다.

⁑**kurtibu** 명 복용. ¶Kurtibu ai-moruk tenke tuir reseita doutór ka farmasista. 약의 복용은 꼭 의사나 약사의 처방에 따라야 해요.

kurva 명 곡선. ¶Hanbok ida-ne'e, kurva nia furak sai mai ho kapás. 이 한복은 곡선의 아름다움이 잘 드러난다.

⁑**kusan** 명 못, 핀. ¶Favór ida, baku kusan iha ne'e. 여기에 못을 박아 주세요.

⁂**kusta**[1] 명 지출, 경비. ¶Traballadór sira ekonomiza kusta hodi haruka osan ba familia. 노동자들은 가족들에게 송금하기 위해서 지출을 아낍니다.

⁑**kusta**[2] 형 어려운. ¶Buka servisu iha Timor-Leste kusta loos. 동티모르에서 일자리를 구하는 것은 매우 어려워요. 유의 arraska, difisil, susar.

kutun 명 벼룩. ¶Ha'u sente katak iha sala laran iha kutun. 방에 벼룩이 있는 것 같아요. 유의 asu-kutun.

ku'u 동 꼬집다, 짚어 보다, 살며시 눌러 보다. ¶Ha'u gosta ku'u haas bainhira haas tasak. 나는 망고가 익을 때 자주 살며시 눌러 보아요. 이표기 kuu.

K

L

la 조 안, 못, ~지 않다, ~지 못하다. [동사 앞에 쓰이는 부정 표시] ¶La kompriende. 이해 못 하겠어요.

⁑**la'a** 동 출발하다, 가다. ¶Mai ita la'a ona, oras to'o ona. 가자, 가야 할 시간이 왔다. 유의 la'o.

laan 동 항해하다. ¶Ro'o Nakroma laan husi Portu Dili ba Atauro. 나끄로마 선박은 딜리항에서 아따우로까지 항해합니다.

*__labadain__ 명 거미, 거미줄. ¶Ha'u haree labadain barak loos iha gudang laran. 창고 안에 거미줄이 많이 보여요.

⁑**labarik** 명 어린이, 아이. ¶haree labarik 아이를 돌보다 / Labarik sira ne'ebé gosta halimar iha estrada ne'e perigozu. 도로에서 노는 아이들은 위험해요.

관용 labarik nia alin (아이의 집이라는 말로) 태반.

⁑**labarik-feto** 명 소녀. ¶Ha'u gosta haree labarik-feto sira dansa. 저는 소녀들이 춤추는 걸 보는 게 좋아요. 유의 feto-oan. 이표기 labarik feto.

⁑**labarik-mane** 명 소년. ¶Dadeer-dadeer ha'u haree labarik-mane sira tebe-bola. 매일 아침 소년들이 축구하는 것을 보아요. 유의 mane-oan. 이표기 labarik mane.

*__labarik-nurak__ 명 어린아이, 아기. ¶Labarik-nurak ida tanis tanba hamlaha. 어린아이 하나가 배고파서 우네요. 유의 bebé. 이표기 labarik nurak.

*__labele__ Ⅰ 형 불가능한, 안 되는. ¶Labele hakilar! 소리지르면 안 돼! Ⅱ 접 ~하지 말라고. ¶Ha'u hateten ba nia labele bá. 나는 그에게 가지 말라고 말했다.

laboratóriu 명 연구소, 실험실. ¶Marito agora iha laboratóriu. 마리또는 지금 연구소에 있어요.

labosok 형 진지한, 진실된, 진짜의. ¶Maria labosok ba servisu rasik. 마리아는 자신의 일에 진지해요.

ladauk 조 아직 ~ 않다. ¶To'o agora ami ladauk tuir exame nasionál. 지금까지 우리는 아직 국가시험에 참석하지 않았다. 유의 seidauk.

⁑**ladi'ak** Ⅰ 형 나쁜, 좋지 않은, 엉망인. ¶Keta halo buat ladi'ak ba saude. 건강에 나쁜 것은 하지 마세요. Ⅱ 부 몹시, 심하게. ¶Nia moras ladi'ak agora iha ospitál. 그는 몹시 아파서 지금 병원에 있

어요.

*__ladukur__ 형 불면증이 있는, 잠이 안 오는. ¶Tanba ladukur, ha'u hemu susu-been. 잠이 안 와서 우유를 마셨어요. / Ha'u toba ladukur husi tinan kotuk. 저는 작년부터 불면증이 있어요.

*__ladún__ 조 별로 ~ 않다. ¶Ha'u ladún gosta ida-ne'e. 난 이걸 별로 좋아하지 않아요. 이표기 laduun.

*__ladún tulun__ 불리한, 별로 도움이 안 되는. ¶Ninia opiniaun ladún tulun ba ha'u. 그의 견해는 내겐 별로 도움이 안 된다. 유의 desfavoravel. 이표기 laduun tulun.

*__lae__ I 부 아니요. ¶Lae, ha'u la bá. 아니요, 저는 안 가요. 반의 sin. II 접 또는, 아니라면. ¶Ne'e loos ka? Karik lae, favór ko'alia to'ok razaun ne'e. 맞아요? 아니라면 그 이유를 말해 보세요.

*__laek__ I 동 떨어지다. ¶midar laek 입맛이 떨어지다 II 부 ~이 없는, ~ 줄 모르는. ¶Nia ema ne'ebé moe laek! 그는 부끄러운 줄 모르는 사람이야! 반의 iha.

*__la'en__ 명 남편. ¶Ha'u nia la'en kaduak. 내 남편은 쌍둥이예요. 유의 katuas-oan. 반의 feen. 이표기 laen.

__laeskola__ 형 교육받지 않은, 문맹의. ¶Nia la bele lee Tetum, tanba laeskola. 그는 교육받지 않아서 테툼어를 못 읽어요.

*__lafaek__ 명 악어. ¶Timor-Leste simboliza lafaek. 동티모르는 악어로 상징됩니다.

__lafaek-ikun__ 명 야생 용설란. ¶Lafaek-ikun naruk tebes. 야생 용설란은 엄청 길어요.

__lafatik__ 명 키, 키질용 바구니. ¶Maria lori lafatik tahek foos. 마리아는 현미를 키질하려고 키를 가져갔어요.

*__lafolin__ 형 가치가 없는. ¶La bele hanoin barak kona ba buat ne'ebé lafolin. 가치가 없는 일에 대해서 많이 생각하지 마세요.

*__lafurak__ 형 맛이 없는. ¶Restaurante ne'e nia hahán lafurak. 이 식당 음식은 맛이 없다.

__lagoa__ 명 작은 늪. ¶Iha lagoa nia bee hakmatek tebes. 작은 늪의 물이 매우 조용하네요.

__lagosta__ 명 멀미, 환멸, 싫증. ¶senti lagosta atu halo relasaun ho ema 인간관계에 멀미를 느끼다

__lahakmatek__ I 형 ①가만히 못 있는, 들썩이는, 산만한. ¶Estudante ida-ne'e lahakmatek tebes iha aula laran. 한 학생이 수업 중에 몹시 산만해요. ②불안해하는. ¶Nia laran lahakmatek tebes kona ba nia ezame. 그는 시험에 대해서 몹시 불안해했어요. II 부 안절부절못하여, 근심하여, 걱정하여. ¶Tanba ha'u-nia alin la mai uma hori-kalan, amá lahakmatek telefone kontinua iha ne'e no iha ne'ebá. 어젯밤 동생이 돌아오지 않아서 엄마는 근심하여 여기저기 계속 전화했습니다.

__lahalimar__ 부 너무, 대단히, 극도로, 장난아니게. ¶Karun lahalimar! 장난 아니게 비싸네요!

__lahan__ 명 실, 가닥. ¶Servisu na'in sira halo lahan sai tiha faru ne'ebé kapás tebes. 실을 짜는 일을 하는 사람들이 멋진 옷을 만들었어요.

*__lahanesan__ 형 같지 않은, 닮지 않은.

L

¶Sira na'in rua kaduak, maibé oin lahanesan. 그들은 쌍둥이지만 닮지 않았다.

lahatene 형 ①문맹의, 글을 알지 못하는. ¶Ninia inan-aman lahatene hakerek no lee surat. 그의 부모님은 문맹이어서 편지를 읽을 수 없다. ②무지한, 무식한. ¶Kolega ne'e lahatene nune'e ha'u la gosta ko'alia ho nia. 그 친구는 무식해서 그와 함께 말하기 싫어요. 유의 ignorante.

laho[1] 명 쥐. ¶Sira haree malu hanesan busa ho laho. 그들은 쥐와 고양이처럼 서로를 봐요.

laho[2] 명 근육. ¶Nia ezersíziu loro-loron, halo hela laho. 그는 매일 운동하면서 근육을 만들고 있어요. 유의 brasu, múskulu, uat.

lahó 전 ~ 없이. ¶Ha'u labele servisu lahó ha'u-nia maun. 저는 오빠 없이 숙제를 할 수 없어요. 유의 laiha, sein.

laho-oan 명 허리, 요부. ¶Dala ruma ha'u iha laho-oan moras. 가끔 허리 통증이 있어요.

lahós 부 ~이 아니라. ¶Ne'e ha'u-nia amá-ki'ik lahós ha'u-nia amá. 이 분은 우리 엄마가 아니라 우리 이모예요. 유의 la'ós.

lai 부 먼저. ¶Ita han lai! 너 먼저 먹어! 유의 ba dala uluk.

laiha 전 ~ 없이. ¶Agora ha'u bá markadu mesak laiha amá. 지금 엄마 없이 혼자서 시장에 가요. 유의 lahó, sein.

관용 laiha grasa (우아하지 않다는 말로) 어설프게.

lailais I 동 서두르다. ¶Favór ida, Mai ita lailais! Ami tenke to'o iha aeroportu ho oras. 서두릅시다! 우리 제시간에 공항에 도착해야 해요. 유의 ansi, isin-moris. II 형 빠른. ¶Komboiu naruk no aviaun lailais. 기차는 길고 비행기는 빠르다. 유의 lais, maka'as, rápidu. III 부 ①빨리, 빠르게. ¶Tempu la'o lailais tebes. 시간이 정말 빨리 간다. ②일찍, 서둘러서. ¶Mai ita komesa lailais no remata lailais! 일찍 시작하고 일찍 끝냅시다! ③쉽게. ¶Pergunta matemátika ida-ne'e bele kalkula lailais. 이 수학 문제는 쉽게 계산할 수 있어요. 이표기 lalais.

lais 형 빠른. ¶Komboiu lais, buat lais liu ne'e aviaun. 기차는 빠르다, 더 빠른 것은 비행기. 유의 lailais, maka'as, rápidu. 반의 babuku.

lajeitu 형 평범한. ¶Ha'u hatais faru mean lajeitu loos. 저는 매우 평범한 빨간 상의를 입었어요.

lakadou 명 대나무 기타. ¶Lakadou koñesidu tebes iha Timor. 대나무 기타는 동티모르에서 유명해요.

lakan I 명 불길, 불꽃. ¶Lampu Natál lakan barak tebes, halo fatin ida-ne'e naroman no nabilan. 성탄 불꽃 램프가 매우 많아서 이곳을 환하게 빛나게 하네요. II 동 활활 타다, 눈부시게 빛나다. ¶Ahi-sunu lakan hela. 장작이 활활 타고 있어요. III 형 불붙은, 불타는. ¶Ami lalar hela na'an ho ahi-anar lakan. 저희는 불타는 숯으로 고기를 굽고 있어요.

lakateu 명 멧비둘기. ¶Lakateu ida hela iha kakuluk okos. 멧비둘기 한 마리가 이 지붕 아래에서 살아요.

lakat-ruin 명 쇄골. ¶Feto ne'e nia lakat-ruin bonita. 그 여자는 쇄골이 예뻐요. 유의 malus-kain.

*__lakeru__ 명 호박. ¶Amá te'in sasoro ho lakeru. 엄마가 호박으로 죽을 요리했어요. 유의 dini.

*__laki'ik__ 형 큰, 상당한. ¶rekompensa laki'ik 상당한 보상

*__lakleur__ I 형 머지않은. ¶Loron ba TOPIK ezame ne'e lakleur. 토픽 시험 날이 머지않았다. II 부 오래지 않아, 곧, 조만간. ¶Mai ita hasoru lakleur! 조만간 만납시다!

*__lakohi__ 동 ① 원치 않다. ¶Ha'u lakohi ko'alia ho ema ne'ebé la ta'es lia. 나는 함부로 말하는 사람과 말하는 것을 원치 않는다. 반의 gosta. ② 거절하다. ¶Nia lakohi ha'u-nia proposta. 그는 내 제안서를 거절했다. 유의 rejeita. 반의 espropria.

*__lakohi simu__ 거절하다, 거부하다. ¶Nia lakohi simu liman-rohan hosi inan-aman. 그는 부모님으로부터 상속받는 것을 거절했다. 반의 aseita, espropria.

*__lakon__ I 동 ① 사라지다, 잃다. ¶Nia lakon ninia kolega di'ak. 그는 좋은 친구를 잃었다. 유의 halakon. 반의 buka. ② 실종되다. ¶Fulan kotuk, ami nia vila nia labarik ida mak lakon. 지난달에 우리 동네 아이 하나가 실종되었다. 반의 mosu. ③ 패배당하다. ¶Ita hanoin saida mak razaun mak lakon? 패배당한 이유가 무엇이라고 생각하세요? 반의 manán. ④ 써 버리다. ¶Ha'u lakon fin de semana ba estudu. 공부하느라 주말을 다 써 버렸다. ⑤ 낭비하다. ¶Ha'u bá kompras no lakon osan uitoan. 쇼핑 가서 돈을 좀 낭비했다. 유의 estravagante, halakon. II 형 죽어 가는, 사라져 가는. ¶Kultura ne'ebé mak lakon iha Korea ne'e saida? 한국에서 사라져 가는 문화는 무엇인가요?

*__lakon leet__ 헛되이 사라지게 하다, 낭비하다. ¶Favór ida lakon leet ó-nia tempu sei joven. 젊음을 헛되이 사라지게 하지 마라. 유의 desperdisa.

*__lakon-neon__ I 명 절망. ¶Nia fó esperensa ba ema sira difisil ho lakon-neon. 그는 절망으로 힘든 사람들에게 희망을 줍니다. II 형 절망하는. ¶Maria lakon-neon no laran susar. 마리아는 절망하고 힘들어했습니다.

*__lakro'at__ 형 무딘. ¶Tudik ne'e lakro'at, favór ajuda kadi hela. 칼이 무뎌요, 칼 좀 갈아 주세요. 유의 lubuk.

laku 명 사향고양이. ¶Kafé luwak ne'ebé halo ho laku nia teen ne'e karun loos. 사향고양이의 배설물로 만든 루왁 커피는 너무 비싸요.

*__laku-liu__ 동 넘어가다, 건너다. ¶Ami laku-liu ponte perigozu ne'ebá. 우리는 그 위험한 다리를 건넜습니다.

lakun 명 방언, 사투리. ¶Lakun hanesan lian-inan ita tenke hanorin iha públiku ka la'e? 모어로서의 사투리를 공적으로 지도해야 하는가? 유의 dialetu, lalakun.

*__lalakon__ 명 사라짐, 소멸, 소실. ¶Tanba kontratu lalakon tenke halo kontratu fali. 계약의 소멸로 다시 계약을 해야 합니다.

lalakun 명 방언, 사투리. ¶Uza lalakun barak iha área lokál. 지방에서는 사투리

L

를 많이 사용한다. 유의 dialetu, lakun.

*lala'ok[1] 명 ①예절. ¶Ninia lala'ok ne'e loloos. 그는 예절이 참 바릅니다. ②관습. ¶Fatin ne'ebé iha lala'ok hirak ne'e la iha fatin ida. 그런 관습을 가진 곳은 어디에도 없다.

*lala'ok[2] 명 ①걸음걸이, 걸음, 보. ¶Nia la'o lala'ok 10,000 loro-loron. 그는 매일매일 만 보를 걸어요. ②진행, 과정, 경과. ¶lala'ok funu nian 전쟁의 경과 / Programa ne'e nia lala'ok ladún susesu. 이 프로그램의 진행 과정은 별로 성공적이지 못해요.

*lala'ok[3] 명 기능. ¶Lala'ok barak iha handfone maibé la uza tomak. 핸드폰에는 기능이 많지만 다 사용하지는 않아요.

*lalar[1] 명 파리. ¶Lalar barak iha ne'e. Oinsá bele hasai? 여기 파리가 많네. 어떻게 쫓아내지?

*lalar[2] 동 그릴로 굽다. ¶Nia lalar na'an-karau. 그는 쇠고기를 그릴로 굽는다.

*lalatak 명 그림자. ¶Labarik sira halimar sama lalatak malu. 아이들이 서로의 그림자를 밟으며 놀아요.

*lalehan 명 ①하늘. ¶Fitun barak iha lalehan. 하늘에 별이 많아요. ②천당, 천국. ¶Se karik hakarak atu bá lalehan, moris di'ak. 천당에 가려면 착하게 사세요.

*lalenok 명 거울. ¶Maria haree lalenok dala ruma. 마리아는 거울을 자주 보아요. 유의 espellu.

laletek 명 산비탈, 경사지. ¶Ninia uma iha laletek nune'e udan tau karik ne'e perigozu. 그의 집은 산비탈에 있어서 비가 오면 위험해요.

lali'an 명 벽난로 조리대. ¶Lali'an mak la iha uma ida-ne'e. 벽난로 조리대가 이 집에는 없어요. 이표기 lalian.

*lalika 동 ①필요치 않다. ¶Buat barak lalika! 많은 것은 필요치 않아! ②하지 말고. ¶SMS de'it, lalika telefone iha kalan! 밤에는 전화하지 말고, 문자로만! ③하지마, 하지 마세요. ¶Lalika ta'uk. Bá loos de'it! 겁먹지 마! 그냥 쭉 가자.

*lalin 동 ①갈아타다, 옮기다. ¶lalin aviaun 비행기를 갈아타다 ②변화하다. 유의 muda.

*laloos 형 그른, 틀린, 옳지 않은. ¶Amá hirus ba hakhalok laloos ninia oan nian. 아이의 옳지 않은 행동에 엄마는 화가 났다.

*laloran 명 파도. ¶Ohin laloran boot, ró labele halai ba tasi. 오늘은 파도가 높아서 배가 출항하지 못한다.

*lamar 동 (손으로) 더듬다, 느끼다. ¶Ahi mate, nia lamar buka hela lampra. 전기가 나가서 그는 더듬으며 손전등을 찾고 있습니다. 유의 lamas.

*lamas 동 (손으로) 더듬다, 느끼다. ¶Labele lamas ema seluk ne'ebé ita la hatene nia isin. 모르는 타인의 신체를 더듬으면 안 됩니다. 유의 lamar.

lambe 동 핥다. ¶Labarik ida lambe eskrim ida. 한 아이가 아이스크림을 핥아먹는다. 유의 belo.

lamehe 명 독거미. ¶Se tata husi lamehe, sai bele mate. 독거미에 물리면 죽을 수도 있어요.

*lamenta 동 불평하다, 개탄하다.

¶Sidadaun Timor-Leste lamenta ho governu nia política iha nasaun demokrasia ne'e. 민주주의 국가에서 정부 정책에 불평하는 것은 흔한 일이다. 유의 deplora.

*__lamentu__ 명 비탄, 슬픔, 상심, 비통. ¶Amá hasa'e apá hemu tua ho lamentu loro-loron. 엄마가 돌아가시고 아빠는 슬픔으로 술을 마십니다.

*__lames__ 동 (손으로) 더듬다, 느끼다, 만지다. ¶Noi, ajuda lames took saida mak katar loos iha ha'u nia kotuk ne'e? 노이, 등이 좀 가려운데, 등 좀 만져볼래? 유의 lamas.

*__lametin__ 형 불완전한, 허술한, 엉성한. ¶Tali kesi ho lametin. 줄이 허술하게 묶여 있다.

__lamihis__ 명 훌륭한 사냥꾼, 총 잘 쏘는 사람. ¶Lamihis, kro'at mós di'ak ka? 훌륭한 사냥꾼은 무기도 좋을까?

*__lámina__ 명 면도날. ¶Atu uza Gillete, tenke hatama lámina. 질레떼 면도기를 사용하려면 면도날을 넣어야 해요.

*__lamoos__ 형 ① 깨끗하지 않은. ¶Maira hamoos ona uma laran lamoos. 마리아는 깨끗하지 않은 집을 청소했습니다. ② 분명하지 않은. ¶Maria hatan dehan ida-ne'ebá mak faktu lamoos. 마리아는 그것이 분명하지 않은 사실이라고 대답했다.

*__la moos__ ①흐릿한. ¶Maria nia matan la moos ho matan-been. 그녀의 눈은 눈물로 흐려졌다. ②기절하다. ¶Nia estuda maka'as la toba durante loron tolu, ikus mai nia la moos uitoan. 그는 3일 동안 잠을 안 자고 공부를 열심히 하다가 결국 잠깐 기절했다. 유의 hamutik.

*__lámpada__ 명 전구. ¶Lámpada ne'e folin hira? 이 전구는 얼마예요?

*__lampra__ 명 손전등. ¶Hatene iha fatin ne'ebé ita tau ona lampra ka? 손전등을 어디에 두었는지 아시나요?

*__lampu__ 명 램프. ¶ahi-funan iha lampu laran 램프 속의 불꽃 유의 ahi-oan.

*__lampu-estuda__ 명 스탠드. ¶Mane ne'e hamate lampu-estuda iha meza leten. 그는 책상 위의 스탠드를 껐다.

*__lansa__ 명 개관, 운영 시작. ¶lansa biblioteka 도서관 개관 유의 hahú.

*__lanu__ 형 술에 취한. ¶Nia lanu nune'e la bele la'o ho di'ak. 그는 술에 취해서 잘 걷지 못했어요.

__lanuk__ 형 취한, 중독된. ¶hemu lanuk 취하도록 마시다

*__lanu-teen__ 명 주정꾼, 술주정뱅이. ¶Tanba Maria nia aman lanu-teen, ninia inan triste. 마리아의 아버지는 술주정뱅이여서 어머니가 슬퍼했어요.

*__lanxa__ 명 개시, 진수, 시작, 출시. ¶Lanxa sasán foun nian ne'e loron 1 fulan oin. 신제품 출시는 다음달 1일입니다.

*__la'o__ 동 걷다, 걸어가다, 가다. ¶Ami la'o hamutuk ba eskola. 우리는 학교까지 함께 걸어간다.

*__la'o-ain__ 명 도보, 걷기. ¶Maria bá kompañia la'o-ain minutu 10 husi ninia uma. 마리아는 집에서 도보로 10분 거리에 있는 회사에 다닌다.

*__la'o bá__ 걸어서 가다. ¶Ha'u la'o bá to'o eskola. 저는 학교까지 걸어서 갔어요.

L

⁑la'o ba oin 발전하다, 앞으로 나아가다. ¶Povu no governu hamutuk sai ida depois tenke la'o ba oin. 국민과 정부가 하나가 되어 앞으로 나아가야 합니다. 유의 avansa. 반의 dejenera.

la'o doe 일렬종대로 걷다. ¶Sira la'o hela doe iha halimar-fatin. 그들은 운동장에서 일렬종대로 걷고 있어요.

⁑la'odór 명 잘 걷는 사람. ¶Nia ema ne'ebé la'odór no la'o lala'ok 10,000 loro-loron. 그는 잘 걷는 사람이고 매일 만 보를 걸어요.

la'o-dukur I 명 몽유병. ¶Nia rasik la hatene nia iha la'o-dukur. 그는 자신이 몽유병이 있는지 몰랐다. II 동 자면서 걸어 다니다, 몽유병에 걸려 걸어 다니다. ¶Ha'u nia maun uluk la'o-dukur, agora sintoma la iha. 오빠가 예전에 몽유병에 걸려 걸어 다녔지만 지금은 증상이 없어요.

⁑la'o hamlaha hela 굶주리다, 배고프다, 허기지다. ¶Ema sira hela iha vila ne'e tomak la'o hamlaha hela. 그 마을에 사는 사람들이 모두 굶주리고 있어요.

⁑la'o ho ~와 함께 가다. ¶Ha'u bá Korea la'o ho ha'u-nia kolega sira. 저는 친구들과 함께 한국에 가요.

la'o ho kabun 배밀이를 하다, 엉금엉금 기다. ¶Bebé ida mak la'o ho kabun hela atu to'o ba ninia inan. 아기가 엄마에게 가려고 배밀이를 하고 있다. 유의 dolar.

la'o-lamas 동 (어둠 속에서) 길을 더듬어 걸어가다. ¶Katuas ida la'o-lamas hela iha kalan. 한 노인이 밤에 길을 더듬어 걸어가고 있어요.

⁑la'o namkari 퍼지게 되다. ¶Novidade sira la'o namkari lailais. 소식이 빠르게 퍼지게 되었습니다.

⁑la'o oinsá loos 어떻게 되어 가다, 어떻게 되다. ¶Ita-nia projetu, la'o oinsá loos? 네 프로젝트, 어떻게 되어 가니?

***la'o-rai** 명 여행. ¶Ami aprende buat barak iha la'o-rai ida-ne'e. 이번 여행에서 많은 것을 배웠습니다.

⁑la'o rai 돌아다니다. ¶Nia la'o rai loron tomak no fila mai uma tarde. 그는 하루 종일 돌아다니다가 집에 늦게 돌아왔다.

⁂laoras 부 곧, 조금 후. ¶Nia sei mai to'o laoras. 그가 곧 도착할 거예요.

⁑la'ós 부 ~가 아니라. ¶la'ós pasadu de'it, maibé prezente 과거뿐만이 아니라 현재도 / Nia la'ós hosi Amérika, nia hosi Singapura. 그는 미국이 아니라, 싱가포르에서 왔어요. 이표기 laos.

⁑la'o-tataek 동 아장아장 걷다. ¶Ha'u nia oan foin la'o-tataek. 제 아이는 이제 아장아장 걸어요.

⁑la'o-tesik 동 가로질러 가다. ¶Karreta ida la'o-tesik ha'u. 차 한 대가 나를 가로질러 갔다.

⁑la'o tuir 따라가다. ¶Ha'u la'o tuir amá ba merkadu. 저는 시장으로 엄마를 따라가요. / Ita ba uluk, ha'u sei la'o tuir. 먼저 가세요, 따라갈게요.

⁑lapara I 형 {부정적인 어감으로} 끊임없는, 쉴 새 없는. ¶Múzika DJ sempre lapara. 음악 디제이가 항상 쉴 새가 없네요. II 부 끊임없이, 쉴 새 없이. ¶Nia ko'alia kona ba Maria lapara hela de'it. 그는 마리아에 대해서 끊임없이 얘기해요.

⁂lapis[1] 명 겹, 층. ¶Nia taka manta lapis

haat ona mós nia sei sente malirin nafatin. 그는 이불 4겹을 덮어도 계속 추웠어요.

⁑**lapis**[2] 명 연필. ¶Lapis no lapizeira iha meza leten. 책상 위에 연필과 볼펜이 있어요.

***lapizeira** 명 펜, 볼펜. ¶Lapis no lapizeira iha meza nia gaveta laran. 책상 서랍 안에 연필과 볼펜이 있어요.

⁑**lapresta** 형 부적절한. ¶Favór ida keta halo hahalok no liafuan lapresta. 부적절한 행동이나 말을 삼가세요. 반의 dekorozu.

⁑**laran** 명 ①안. ¶iha tinan ida-ne'e nia laran 올해 안에 / Ha'u nia maun iha kuartu laran. 형은 방안에 있어요. ②내부, 실내. ¶Tenke hamoos hariis-fatin laran. 화장실 내부 청소를 좀 해야 해요. ③마음. ¶laran mamar 마음이 약하다 ④감성. ¶estimula laran 감성을 자극하다

⁑**laran-aat** Ⅰ명 몹시 더러움, 불결함. ¶Marito ema ne'ebé laran-aat tebes. 마리또는 정말 불결함을 가진 사람이에요. Ⅱ형 사악한, 부정한. ¶Marito laran-aat no makerek mai ha'u tiha ona. 사악하고 이중인격인 마리또가 내게 왔어요. 이표기 laran aat.

⁑**laran-beik** Ⅰ명 욕지기, 메스꺼움. ¶Ha'u sente laran-beik wainhira sa'e mikrolet. 미니버스를 탈 때 저는 메스꺼움을 느꼈어요. Ⅱ형 욕지기나는, 메스꺼운, 비위 상하는. ¶Sentina fatin fo'er no dois loos halo ha'u laran-beik loos. 더럽고 냄새나는 화장실 때문에 메스꺼워요.

laran-bo'e Ⅰ동 구역질나다, 토할 듯 올라오다. ¶Laran-bo'e muta. 구역질날 것 같아요. 유의 laran-sa'e. Ⅱ형 구역질나는, 토할 듯 올라오는. ¶Nia sente laran-bo'e, ba li'ur lailais. 그는 토할 듯 올라오는 느낌에 급히 밖으로 나갔다. 유의 laran-sa'e.

⁑**laran-di'ak** Ⅰ명 선량함, 친절함, 고마움. ¶Ha'u hatene ona kona ba Marito nia laran-di'ak. 저는 마리또의 선량함에 대해서 잘 알게 되었어요. Ⅱ형 선량한, 친절한, 고마운. ¶Mestre Jose laran-di'ak ba estudante sira hotu. 조세 선생님은 모든 학생들에게 친절해요. 유의 bondoza, bondozu. 이표기 laran di'ak.

***laran-dodok** Ⅰ명 사악함, 타락. ¶Ha'u bele haree ninia laran-dodok. 나는 그의 사악함을 볼 수 있어요. Ⅱ형 사악한, 타락한. ¶Maria ema ne'ebé hahalok ladi'ak no laran-dodok. 마리아는 나쁘고 사악한 행동을 하는 사람이에요. 이표기 laran dodok.

***laran-dois** 형 (속이) 구린내가 나는, 타락한, 망가진. ¶Ema ne'ebé laran-dois, laiha kolega. 망가진 사람은 친구가 없다.

⁑**laran fila ba** 편향되다, 선호하다. ¶Ha'u la gosta desizaun ne'ebé laran fila ba Maria nia opiniaun. 나는 마리아의 의견에 편향된 결정이 맘에 안 들어요.

***laran-fo'er** Ⅰ명 더러운 마음, 부정직, 부패. ¶Korrupsaun barak, laran-fo'er no la onestidade iha nia mandatu nu'udár ministru. 그 장관은 심한 부정부패를 저질렀다. Ⅱ형 더러운 마음의, 부정직한, 부패한. ¶Mane ida hatete sai kona-ba governu laran-fo'er. 한 남성이 부패한

L

정부에 대해서 실토했다.

*laran-hakmatek 형 침착한, 평화로운. ¶Nia laran-hakmatek entaun sala mak uitoan. 그는 침착한 사람이라 실수가 적어요. 이표기 laran hakmatek.

⁑laran-haksolok Ⅰ명 기쁨, 반가움, 자부심. ¶Mestre ho laran-haksolok tebes hanorin imi. 선생님은 기쁨으로 여러분을 가르쳐요. Ⅱ형 기쁜, 자부심 있는. ¶Ha'u laran-haksolok tebes, wainhira hasoru ninia bei-oan sira. 나는 손주들을 만날 때 매우 기쁘다. 유의 kontente, haksolok. 이표기 laran haksolok.

⁑laran-hirus Ⅰ명 분노, 분개함, 원한, 유감. ¶Maria nia laran-hirus mai ha'u sei nafatin. 마리아의 분노가 내게로 계속 향하네요. Ⅱ동 분개하다. ¶Marito laran-hirus ba ex-namorada nafatin. 마리또는 옛 여자친구에게 여전히 분개한다.

⁑laranjada 명 오렌지에이드. ¶Laranjada iha kopu ne'e sei iha ka la'e? 컵에 오렌지에이드 아직 있나요? 유의 saburaka-been.

laran-kabeik 동 구역질나게 하다. ¶Dois ne'e halo ha'u laran-kabeik nafatin. 이 냄새가 계속 구역질나게 하네요.

*laran-kanek 동 기분이 상하다. ¶Nia sei sente laran-kanek hela. 그는 계속 기분이 상해 있어요.

laran-kmaan Ⅰ명 낙관주의, 낙관주의자. ¶Nia laran-kmaan, entaun la hanoin barak. 그는 낙관주의자여서 걱정을 안 해요. Ⅱ형 낙관적인, 낙관하는, 희망적인. ¶Mai ita hanoin laran-kmaan no moris ohin loron! 낙관적인 생각을 하고 오늘을 살자! 반의 laran-todan. 이표기 laran kmaan.

*laran-kmaus 형 점잖은. ¶Embaixadór ida hatudu atitude laran-kmaus ba kiak sira. 대사는 가난한 사람들에게 점잖은 태도를 보여 주었다. 유의 laran-maus.

*laran-kontente 형 행복한, 즐거운, 만족하는. ¶Ema barak hakarak hetan isin saudavel no neon laran-kontente. 많은 사람들이 건강한 신체와 행복한 마음을 원한다. 이표기 laran kontenti.

⁑laran-kraik Ⅰ명 우울함. ¶Sé mak bele rezolve ha'u-nia laran-kraik? 누가 나의 우울함을 풀어 줄까? 반의 gostu. Ⅱ형 우울한, 스트레스가 많은. ¶Tanba nia agora daudaun labele hetan servisu-fatin, nia laran-kraik. 그는 요즘 직장을 찾지 못해서 우울하다.

⁑laran-lametin Ⅰ명 불안, 염려, 불안전, 걱정. ¶Inan-aman sempre iha laran-lametin kona ba sira nia oan. 부모님은 항상 그들의 자녀에 대해서 염려를 해요. Ⅱ형 불안한, 염려스러운, 불안전한. ¶Buat laran-lametin la akontese ona. 염려스러운 일은 일어나지 않았어요. 이표기 laran la metin.

⁑laran-lamoos 형 신뢰할 수 없는, 믿을 수 없는. ¶Labele fiar ema ne'ebé laran-lamoos. 신뢰할 수 없는 사람을 믿지 마세요.

*laran-luak Ⅰ명 관대함, 솔직함. ¶Ha'u hakfodak ninia laran-luak. 그의 솔직함에 놀랐다. Ⅱ형 매우 친절한, 관대한. ¶Bain-bain ema sira gosta ema laran-luak. 일반적으로 사람들은 관대한 사람을 좋아한다. 유의 bondoza, bondozu.

(반의) brutu. (이표기) laran luak.

laran-makerek Ⅰ 명 위선자, 위선, 가장, 배반. ¶Nia hamnasa hela maibé nia laran-makerek ne'ebé bosok ha'u. 그는 웃고 있지만 나를 속인 위선자다. Ⅱ 형 위선적인, 기만적인. ¶Labele fiar ajénsia sira ne'ebé laran-makerek. 위선적인 대행사들을 믿지 마세요. (이표기) laran makerek.

laran-malirin 형 냉담한. ¶Nia la sempre laran-malirin ba tebes ba kolega. 그는 친구들에게 늘 냉담하진 않아요. (반의) laran-manas. (이표기) laran malirin.

laran-manas Ⅰ 명 열정. ¶Nia iha laran-manas iha ninia servisu. 그는 자신이 하는 일에 열정을 가지고 있다. (유의) paixaun. Ⅱ 형 열정적인. ¶Nia laran-manas tebes ba K-Pop. 그는 한국 노래에 정말 열정적이다. (반의) laran-malirin. (이표기) laran manas.

*__laran-maus__ Ⅰ 명 친절함, 관대함. ¶Ha'u sente katak nia ema ne'ebé iha laran-maus boot. 그는 커다란 관대함을 가진 사람 같았다. (유의) bondoza, bondozu. Ⅱ 형 얌전한, 점잖은. ¶Amá hadomi oan sira ne'ebé mak laran-maus. 엄마는 얌전한 아이들을 좋아해요. / Nia idade boot laran-maus. 그는 점잖은 어르신입니다. (유의) laran-kmaus. (이표기) laran maus.

laran-metan[1] 명 대장, 큰창자. ¶Aban, ha'u tenke simu ezame laran-metan iha ospitál. 내일 병원에서 대장 검사를 받아야 해요.

laran-metan[2] 형 지긋지긋한, 끔찍한. ¶Agora feto karik, ha'u sente laran-metan! 이제는 여자라면 지긋지긋해요!

**laran-metin Ⅰ 명 ①신뢰, 믿음, 진심. ¶ho laran-metin 진심으로 / Feen-la'en tenke moris hela ho laran-metin. 부부는 믿음을 갖고 살아야 한다. ②확신, 자신감. ¶Se karik ita la iha laran-metin, keta komesa lai. 자신감이 없으면 시작하지 말아라. Ⅱ 동 신뢰하다, 믿다. ¶Buat laran-metin ne'e saida? 믿고 있는 것이 뭐예요? Ⅲ 형 ①확신하는, 자신감 있는, 믿을 만한. ¶Ha'u gosta ita-nia liafuan laran-metin. 나는 너의 자신감 있는 말이 좋다. (반의) deskoñesida, deskoñesidu. ②집중하는, 의도하는. ¶Kostume laran-metin sei lori ba ita-nia susesu. 집중하는 습관이 당신을 성공으로 이끌 것이다. (이표기) laran metin.

**laran-metin ba 의존하다. ¶Ami nia amá sempre laran-metin ba oan-mane boot. 우리 엄마는 항상 장남한테 의존해요. (유의) depende, hadera-an.

*__laran-moos__ Ⅰ 명 정직, 품위, 체면. ¶Nu'udár ema ne'ebé servisu ba governu, nia hanoin laran-moos ne'e importante tebes. 공무원으로서 그는 정직을 중요하게 생각한다. Ⅱ 형 정직한, 공정한, 순수한, 품위 있는. ¶Nia estudante laran-moos, mestre sira gosta nia. 그는 정직한 학생으로 선생님들이 좋아한다. (유의) dekorozu. (이표기) laran moos.

**laran-moras Ⅰ 명 ①부러움, 질투. ¶Ha'u nia kolega sira ba Korea, maibé ha'u la bele bá, ha'u sente laran-moras tebes. 친구들이 한국에 가는데,

L

나는 갈 수 없고 정말 부러움을 느꼈어요. ②후회. Ⅱ형 ①마음이 아픈. ¶Marito sente laran-moras, tanba apá tolok amá. 아빠가 엄마에게 험한 말을 해서 마리또는 마음이 아팠어요. ②부러운, 질투하는. ¶Maria sente laran-moras ba nia kolega ne'ebé pasa iha ezame. 마리아는 친구가 시험에 합격해서 부러웠어요. ③후회하는. ¶Agora buat laran-moras ne'e la iha. 지금 후회하는 것은 없다. 유의 neon-sala. 이표기 laran moras.

laran-sadi'a Ⅰ명 자비, 자애로움. ¶Mestrenia laran-sadi'a ne'e hanesan ba estudante hotu. 선생님의 자애로움은 학생들에게 똑같아요. Ⅱ형 자비로운, 자비를 베푸는. ¶Maromak laran-sadi'a! 신은 자비롭습니다!

*****laran-sa'e*** Ⅰ동 (구역질이) 올라오다, 나다. ¶Laran-sa'e muta! 구역질이 올라와요! Ⅱ형 토할 것 같은. ¶Nia sente laran-sa'e, ba li'ur lailais. 그녀는 토할 것 같아서 밖으로 빨리 나갔어요. 이표기 laran sa'e.

*****laran-susar*** Ⅰ명 걱정, 고통. ¶Ha'u sente katak nia iha laran-susar barak kona-ba buka servisu-fatin. 그는 구직에 대해서 걱정이 많은 것 같았다. 반의 deleite. Ⅱ동 걱정하다. ¶Keta laran-susar, no halo dezafiu. 걱정하지 말고 도전하라. Ⅲ형 걱정스러운, 고통스러운. ¶Maria sente laran-susar ba nia Maun ne'ebé moras hela. 마리아는 오빠가 아파서 걱정스러워요. 이표기 laran susar.

*****laran-taridu*** 형 매우 슬픈. ¶Nia sente laran-taridu tanba lakon servisu-fatin. 그는 직장을 잃어서 매우 슬퍼요. / Jose laran-taridu bainhira nia oan hetan asidente tráfiku. 조세는 자녀가 교통사고를 당했을 때 매우 슬펐어요. 이표기 laran taridu.

*****laran-ta'uk*** 형 ①두려운, 겁먹은. ¶Maske servisu susar mai, nia la laran-ta'uk. 어려운 일이 주어졌지만 그는 두렵지 않았다. 반의 drástika, drástiku. ②소심한, 부끄러운. ¶Ha'u sente laran-ta'uk atu hasoru Maria, tanba ha'u la hakotu lia ba nia. 마리아한테 빚을 갚지 않아서 마리아를 보는 게 부끄러워.

*****laran-terus*** Ⅰ명 고통, 괴로움. ¶Laran-terus boot ho nia moras ne'ebé iha kleur. 그가 오랫동안 가지고 있는 지병으로 정신적 고통이 커요. Ⅱ형 고통스러운, 괴로운. ¶Nia sente laran-terus tebes ho nia moras ne'ebé iha kleur. 그는 오랫동안 가지고 있는 지병으로 정말 괴로워요.

*****laran-todan*** Ⅰ명 마음이 무거움, 침울함. ¶Tanba amá sente laran-todan, ha'u mós sente laran-todan. 엄마의 침울함을 보니 나도 침울해요. 반의 gostu. Ⅱ형 마음이 무거운, 침울한. ¶Ha'u sente laran-todan tanba ha'u hatene ninia segredu. 나는 그의 비밀을 알고 있어서 마음이 무거워요.

*****laran-toos*** Ⅰ명 기분 나쁨, 짜증, 나쁜 기분. ¶Agora daudaun, ha'u-nia alin iha laran-toos dala barak. 요즘 동생이 짜증을 자주 부려요. Ⅱ형 언짢은 기분, 안 좋은 기분. ¶Ho ninia liafuan, ha'u duni laran-toos. 그녀의 말에 나는 실로 언짢은 기분이다.

*****laran-triste*** 형 슬픈. ¶Nia sente laran-triste tanba lakon oportunidade. 그는 기회를 잃어서 슬퍼요. 유의 triste. 이표기 laran tristi.

⁑**laran tuku-tuku** ①후회, 반성, 참회. ¶laran tuku-tuku nia matan-been 참회의 눈물 ②후회하는, 양심의 가책을 받는. ¶Se halo sala, bele laran tuku-tuku. 잘못하면 후회할 수 있어요.

⁑**largura** 명 폭, 너비. ¶Favór ida, fó-hatene largura nia dimensaun ba ha'u. 폭의 사이즈를 알려 주세요.

lasan 명 음경, 남근. 유의 manu-oan, penis.

lasan-been 명 정액. ¶ezame lasan-been nian 정액 검사 유의 esperma.

lasan-fuan 명 고환. ¶kankru lasan-fuan 고환 암

⁑**laserve** 형 쓸모없는. ¶Ha'u atu soe sasán ne'ebé laserve iha uma laran. 집안에 쓸모없는 짐은 버리려 해요.

⁑**laso'i** 형 자격이 없는, 무자격의, 적합하지 않은. ¶Maria nu'udár mestra laso'i. 마리아는 선생님으로서 적합하지 않아요.

⁑**lasu**[1] 명 절, 인사. ¶Estudante sira halo lasu bainhira hasoru mestre iha dalan. 학생들은 길에서 선생님을 만났을 때 인사를 했습니다.

lasu[2] 명 구두끈, 신발끈. ¶Nia kesi lasu no hahú halai. 그는 신발끈을 매고 달리기 시작했습니다.

lasu[3] I 명 올가미, 덫. ¶Hodi kaer fahi fuik tau lasu lima iha foho. 야생 돼지를 잡으려고 산에 덫을 5개 놓았어요. II 동 덫을 놓다, 올가미를 씌우다. ¶Nia lasu fahi fuik depois, hatama rai kuak. 마리또는 야생 돼지를 올가미를 씌운 다음 구덩이에 넣었어요.

lasu-laho 명 쥐덫. ¶Tau lasu-laho iha gudang! 창고에 쥐덫을 놓아요!

⁑**lasura** 형 셀 수 없이 많은, 무수한, 수없이 많은. ¶Sasán barak maka iha gudang laran, balun lasura. 창고 안에 짐이 많아요, 셀 수 없이 많네요.

⁑**lasusar** 형 ①쉬운, 힘이 들지 않는. ¶Ha'u la iha interese buat lasusar. 쉬운 것은 관심 없어요. ②수월해 보이는. ¶Nia la'ós ema ne'ebé lasusar. 그는 수월해 보이는 사람이 아니에요.

⁑**lata** 명 깡통, 캔, 통조림. ¶Ha'u sosa lata tuna iha supermerkadu. 슈퍼마켓에서 참치 통조림을 샀어요.

⁑**lataka** I 형 솔직한, 숨김없는. ¶opiniaun lataka 솔직한 의견 II 부 분명히, 명백히, 분명하게. ¶Nia lataka hatete ninia opiniaun iha ema sira oin. 그의 의견을 사람들 앞에서 분명하게 말했다.

latan 동 눕다. ¶Nia latan no haree TV. 그는 누워서 TV를 봐요.

⁑**lata'uk** 형 공포감이 없는, 겁이 없는. ¶Marito ema ne'ebé lata'uk. 마리또는 겁이 없어요.

⁑**latebes** 형 불확실한. ¶Futuru mak latebes. 미래가 불확실하다.

latín 명 라틴, 라틴어, 라틴계의 사람. ¶Estudante ne'e peskiza hela polítika Amerika latín nian. 이 학생은 라틴 아메리카의 정책을 연구하고 있어요.

latinu 형 라틴어의, 라틴계의. ¶Ema latinu uitoan de'it maka iha Timor. 동티모르에 라틴계의 사람은 조금뿐이에요.

⁑**lato'o** I 형 불충분한, 충분하지 않은.

L

¶Osan ne'e lato'o entaun la bele sosa kama. 돈이 충분하지 않아서 침대를 살 수 없어요. Ⅱ 전 ~내에, ~이내에. ¶Ha'u tenke remata projetu ida-ne'e lato'o fulan-tolu. 저는 3개월 내에 이 프로젝트를 끝내야 해요.

*__latoos__ 형 쉬운, 용이한. ¶La iha servisu ne'ebé latoos iha mundu. 세상에 쉬운 일이 없어요.

***__la'u__ 동 걷다. ¶Ha'u la'u iha tasi-ibun. 저는 해변을 걸어요. 유의 la'o.

__laudes__ 명 찬가. ¶laudes Seoul nian 서울의 찬가 유의 hananu, inu.

*__Lautém__ 명 라우뗌. [동티모르의 지역명] ¶Iha Munisípiu Lautém nian, sidade boot liu hotu Lospalos. 라우뗌 자치체에서 가장 큰 도시는 로스팔로스예요.

*__lavale__ 형 사소한. ¶Nia halo ho ninia fuan tomak, maski haree hanesan lavale. 그는 사소해 보이는 일일지라도 정성을 다해서 한다.

***__lavandaria__ 명 ①세탁소. ¶Lavandaria dehan mai aban. 세탁소에서 내일 오라고 했어요. ②세탁물. ¶Favór ida hatama lavandaria iha mákina fase-ropa laran. 세탁물을 세탁기 안에 넣어 주세요.

*__lawarik__ 명 아이. ¶Lawarik ida tanis hela iha dalan. 아이 하나가 길에서 울고 있어요. 유의 labarik.

__leaun__ 명 사자. ¶Ita bá zou karik, ita bele haree leaun. 동물원에 가면 사자를 볼 수 있어요. 이표기 liaun.

*__lebus__ 형 ①장애가 있는. ¶Maria nia aman nia ain lebus. 마리아의 아빠의 다리는 장애가 있어요. 유의 aleijadu, burun. ②무효의, 효과 없는, 효력이 없는. ¶Kontratu ida-ne'e lebus. 이 계약은 효력이 없다. ③무능의, 무능한, 무기력한, 힘이 없는. ¶Ha'u nia maun lakon servisu-fatin agora nia lebus. 직장을 잃고 형은 요즘 힘이 없다. 반의 dinámika, dinámiku.

***__lee__ 동 읽다. ¶lee la hatene 읽을 줄 모르다 / Ha'u lee jornál loro-loron. 저는 신문을 매일 읽어요.

*__lee-livru__ 명 독서. ¶gosta lee-livru 독서를 즐기다 / Mestre Kim rekomenda lee-livru oioin ba estudante sira. 김 선생님은 학생들에게 폭넓은 독서를 권했다. 유의 leitura.

*__lee-na'in__ 명 독자. ¶Ha'u nu'udár lee-na'in, ha'u gosta hakerek-na'in ne'ebá. 저는 독자로서 그 작가를 좋아해요.

*__lees__ 동 찢다. ¶Labarik ne'e atu lees livru iha meza leten. 이 아이가 책상 위에 있는 책을 찢으려 했어요.

__lees-matan__ 명 불면증. ¶Tanba lees-matan, ha'u labele toba iha kalan. 불면증 때문에 밤에 잠을 잘 수 없어요.

***__leet__ Ⅰ 명 공간. ¶Ita na'in rua de'it iha leet laran. 이 공간에 우리 둘만 있어요. 유의 espasu. Ⅱ 형 없는, 빈 곳의, 비어 있는. ¶Agora uma ida-ne'e leet. 현재 이 집은 비어 있어요. Ⅲ 부 헛되이, 이유 없이. ¶Keta gasta tempu leet. 헛되이 시간을 쓰지 마세요. Ⅳ 전 ~에 둘러싸인, ~의 가운데에서. ¶Iha ema brak sira leet, nia hetan ona ninia-oan rasik. 많은 사람들의 가운데에서 그의 자식을 찾았다.

*__lega__ 동 ①(유언으로) 유증하다, 증여하다. ¶Antes mate, nia lega ba oan-mane boot uma ne'e. 그는 죽기 전에 그 건물을 장남에게 증여했다. ②(후손에게) 남기다, 전하다. ¶Abó-mane lega liafuan ne'ebé mak moris ho laran-di'ak ba bei-oan sira. 할아버지는 손주들에게 착하게 살라는 말씀을 남겼다.

legadu[1] 명 교황 특사. ¶Roman legadu nasaun Siria nian 시리아의 로마 교황 특사

legadu[2] 명 유산, 유증. ¶Ha'u hakarak mantein uma ne'e nu'udár legadu ha'u nia abó-mane nian. 나는 할아버지의 유산인 이 집을 지키고 싶다.

legál 형 법적인, 합법적인. ¶sistema legál iha Timor 동티모르의 법적인 시스템 반의 ilegál.

legalidade 명 합법성, 적법성. ¶Presiza konfirma katak kontratu ida-ne'e iha legalidade Timor lei nian. 이 계약이 동티모르 법의 적법성을 가지고 있는지 확인이 필요하다.

legaliza 동 입법화하다. ¶Certifikadu hotu legaliza iha Ministériu Edukasaun Timor-Leste nian. 동티모르 교육부에서는 모든 증명서를 입법화했다.

legalizasaun 명 입법화. ¶Kona ba legalizasaun kazu ne'ebá nian, ha'u antisipa haksesuk malu konkordánsia no opozisaun nian. 그 건의 입법화에 대해서 찬반의 논의가 예상된다.

lei 명 법. ¶Se karik tuir lei, nia tenke bá kadeia. 만약 법에 따른다면 그는 감옥에 가야 한다.

leigu Ⅰ 명 비전문가, 평신도. ¶Nia leigu maibé finji hatene. 그는 비전문가이면서 아는 척한다. Ⅱ 형 전문 지식이 없는, 문외한의, 세속적인. ¶Nia leigu kona ba lei. 그는 법에 대해 전문 지식이 없는 사람이다.

lei-inan 명 헌법. ¶revizaun lei-inan nian 헌법 개정안 유의 konstituisaun. 이표기 lei inan.

leilaun Ⅰ 명 경매. ¶Avizu leilaun nian taka sai ona. 경매 공고가 게시되었다. Ⅱ 동 경매하다. ¶leilaun obra pinta nian 미술품을 경매하다 유의 lelán.

leitór 명 구독자. ¶Nia estimula laran leitór nian. 그는 구독자의 감성을 자극합니다. 유의 lee-na'in.

***leitura** 명 ①기사, 읽을거리. ¶Ida-ne'e leitura ne'ebé ha'u haree ona iha internet. 이것은 오늘 인터넷에서 이미 본 기사예요. ②독서. ¶Ha'u liga ba klube leitura nian. 저는 독서 클럽에 가입했어요.

lejenda 명 자막. ¶Iha video ne'e bele haree lejenda lian Korea, fasil komprende. 이 영상은 한국어 자막을 볼 수 있어서 이해가 쉬워요.

lejendariu 명 전설. ¶lejendariu inkrédulu kona-ba eroi sira 영웅들에 대한 믿기 힘든 전설

lejitima 동 정당화하다, 합법화하다. ¶lejitima forma organizasaun foun nian 새 조직의 형태를 합법화하다

lejitimidade 명 적법, 정통, 합법성, 타당성. ¶analizasaun lejitimidade 타당성 분석

***lejítimu** 형 정당한. ¶prosesu lejítimu 정당한 절차

L

lejizlativa 형 여성 입법의, 입법부의. ¶Membru sira lejizlativa iha autoridade neebe halo lei. 입법부의 의원들은 법을 만드는 권한을 갖는다.

lejizlativu 형 남성 입법의, 입법부의. ¶Jose husu hela funsaun lejizlativu nian. 조세는 입법부의 역할을 요구하고 있어요.

lejizlatura 명 {격식체로} 입법 기관, 입법 기관의 사람들. ¶orgaun lejizlatura ofisiál 공식 입법 기관

lekar 동 흐트러뜨리다, 퍼지다. ¶Labarik sira lekar brinkedu iha sala laran. 아이들이 방안에 장난감을 흐트러뜨렸다. 반의 arma.

leki 명 원숭이. ¶Leki rauk loke kulit hudi nian. 원숭이가 바나나 껍질을 벗겼어요. 유의 lekirauk.

* **lekirauk** 명 원숭이. ¶Lekirauk mós iha tempu ne'ebé monu hosi ai. 원숭이도 나무에서 떨어질 때가 있어요. 유의 leki.

lekirauk kaben 여우비, 맑은 날에 오는 비. ¶Kalohan la iha maibé udan tau hela. ida-ne'e mak lekirauk kaben. 구름은 없는데 비가 오네. 이게 여우비다.

lelán 동 경매하다. ¶Ohin lelán husi tuku rua loro-kraik. 오늘 오후 3시에 경매합니다. 유의 leilaun.

lele 명 메기. ¶Ohin, ha'u-nia familia han hahán lele. 오늘 우리 가족은 메기 요리를 먹었어요. 유의 ikan-lele.

* **lelir**[1] 동 ①(슬픔, 통증 때문에) 울부짖다, 통곡하다. ¶Ninia inan mate, depois nia komesa lelir. 엄마가 죽자 그는 통곡하기 시작했다. ②애도하다, 조의를 표하다. ¶Maria bá funerál hodi lelir. 마리아는 조의를 표하기 위해 장례식에 갔다.

* **lelir**[2] 동 (액체 위에 뜬 기름기 등을) 걷어 내다, 솔질하다. ¶Bainhira te'in estufadu, tenke lelir mina. 고깃국을 요리할 때 기름기를 걷어 내야 해요.

* **lelir-mate** 명 고인을 기리기 위해 하는 통곡. ¶Nia lelir-mate ba ninia inan ne'ebé mate ona halo ha'u triste tebes. 고인이 된 엄마를 기리는 그의 통곡은 나를 매우 슬프게 했다.

⁑ **lembra** 동 생각나다. ¶Haree jardin, lembra momentu ki'ik ne'ebé ho kolega sira haksoit halimar. 놀이터를 보니 친구들과 뛰어놀던 어린 시절이 생각났다.

* **lembransa** 명 기억, 기념, 기념품. ¶Lembransa hosi Korea ne'ebé ita hakarak iha ne'e saida? 갖고 싶은 한국산 기념품은 뭐예요?

* **lemo** Ⅰ 동 (이리저리) 돌아다니다, 배회하다, 방랑하다. ¶Nia daudaun la'o lemo rai ne'e no iha rai ne'ebá. 그는 요즘 이 나라 저 나라 돌아다닌다. 유의 lemu. Ⅱ 부 해외에. ¶Timor-oan namkari lemo. 동티모르인은 해외에 퍼져 있다.

* **lemo-lemo** Ⅰ 명 이주자. ¶Lemo-lemo mak la fasil sai ema Timor. 이주자가 동티모르인이 되는 것은 쉽지 않다. Ⅱ 부 무작위로. ¶Sira lemo-lemo distribui jornál. 그들은 신문을 무작위로 배포했다. 유의 lemo-rai.

* **lemo-rai** Ⅰ 명 방랑, 배회. ¶Ninia lemo-rai seidauk para. 그의 방랑은 아직 끝나지 않았다. Ⅱ 부 여기저기 다. ¶Nia agora

daudaun lemo-rai. 그는 요즘 여기저기 다 돌아다닌다. ㉾ lemo-lemo. ㉿ lemo rai.

*lemu 동 (이리저리) 돌아다니다, 배회하다, 방랑하다. ¶Amá ne'e oan mane lemu no la fila mai iha uma, tan ne'e sempre preokupadu. 엄마는 아들이 방랑하고 집에 돌아오지 않아서 늘 걱정합니다. 유의 lemo.

leno I 명 초음파, 초음파 검사. ¶Ha'u marka tiha ona audiénsia ho ospitál hodi bele simu leno. 초음파 검사를 받기 위해서 병원 예약을 했어요. II 동 ①(불을) 밝히다, 비추다. ¶Derrepente nia leno lampada iha ha'u nia oin, no ha'u labele haree buat ida. 갑자기 그가 제 얼굴에 손전등 불을 비추어서 앞을 전혀 볼 수 없었어요. 유의 deen, tau ahi. ②엑스레이를 찍다. ¶Ha'u nia amá moras, no orsida ha'u sei ba iha ospitál atu leno nia. 엄마가 아파서 이따가 병원에 가서 엑스레이를 찍어 보려고 해요.

*lensól 명 침대 시트. ¶Ohin loron, ha'u tenke fase kama nia lensól. 오늘은 침대 시트를 빨아야 해요.

⁑lensu 명 손수건. ¶Tanba nia kosar barak, nia sempre lori lensu. 그는 땀을 많이 흘려서 손수건을 항상 갖고 다녀요. 유의 lesu.

lente 명 렌즈. ¶halo lente kamera nian didi'ak 카메라 렌즈를 조정하다

lente-kontaktu 명 콘택트렌즈. ¶Ha'u tau lente-kontaktu no bá mai tanba vizaun la di'ak. 나는 시력이 나빠서 콘택트렌즈를 끼고 다닌다.

lenuk 명 거북이, 자라. ¶Maria tarde hanesan lenuk. 마리아는 거북이처럼 느려요.

lenuk rai-maran 거북이, 자라. ¶Maria kakorok hanesan lenuk rai-maran. 마리아는 자라처럼 목이 짧아요. 이표기 lenuk rai maran.

lepra 명 나병, 문둥병, 한센병. ¶Iha Timor-Leste, lepra la iha. 동티모르에 한센병은 없어요. 유의 moras-lepra.

lepra-na'in 명 나환자. ¶Uluk Korea iha illa ne'ebé lepra-na'in sira hela. 과거 한국에는 나환자들이 사는 섬이 있었어요. 유의 leprozu.

leprozu 명 나환자. ¶Fatin ne'ebe tau leprozu hamutuk, ne'e nia naran saida? 나환자를 수용했던 지역의 이름이 뭐예요? 유의 lepra-na'in.

lere 동 베다. ¶lere du'ut 풀을 베다

⁑lerek I 동 버리다. ¶Nia lerek buat tomak depois arranka. 그는 모든 것을 버린 후 떠났어요. 유의 husik-hela. II 형 버려진. ¶Tenke ajuda labarik sira ne'ebé lerek. 버려진 아이들을 도와주어야 해요.

⁑leste I 명 동쪽. ¶Eden nia leste 에덴의 동쪽 II 형 동쪽의. ¶tasi leste 동쪽의 바다 유의 lorosa'e.

⁑lesu 명 손수건. ¶Amá hamoos oan nia ibun ho lesu. 엄마는 손수건으로 아이의 입을 닦아 주었어요. 유의 lensu.

lesuk 부 함께. ¶Sira lesuk tuur halimar hela. 그들은 함께 앉아서 얘기하고 있어요. 유의 lisuk, hamutuk.

⁑leten 명 ①위, 정상, 꼭대기, 상단. ¶Livru ne'e iha meza leten. 이 책은 책상 위에

L

있어요. ②이상. ¶Tinan haat-nulu ba leten de'it bele tama. 40세 이상만 들어갈 수 있어요. ③표면, 표면 위. ¶Hena ida-ne'e nia leten la mamar. 이 천의 표면이 부드럽지 않네요.

*leteratu 명 사진. ¶Mestre hasai leteratu ho estudante sira. 선생님은 학생들과 사진을 찍었어요. 유의 retratu.

*letra 명 문자, 철자. ¶letra boot no letra ki'ik 대문자와 소문자

*letrada 형 여성 학식 있는, 박식한. ¶Maria gosta ema letrada. 마리아는 박식한 사람을 좋아해요.

*letradu 형 남성 학식 있는, 박식한. ¶Jose ema letradu, nune'e ema iha area ne'e fiar nia ho di'ak. 조세는 학식 있는 사람이라서 이 지역 사람들이 그의 말을 잘 믿어요.

letra ki'ik 소문자. ¶Numeru segredu ne'e tenke hakerek ho letra ki'ik. 비밀번호는 소문자로 써야 해요. 유의 minúskula.

⁑le'u Ⅰ명 원형, 동그라미. ¶sinema le'u 원형 극장 유의 sírkulu. Ⅱ동 ①(둥글게) 둘러싸다, 두르다, 돌다. ¶Mai ita tuur halo le'u nune'e ita bele rona malu ho di'ak. 서로를 잘 들을 수 있게 둥글게 둘러싸서 앉으세요. 유의 hale'u. ②말아 올리다. ¶Ami nia biin halo le'u faru-liman hodi tutur sanan rai boot ida. 우리 언니가 큰 단지를 머리에 이려고 소매를 말아 올렸어요. 유의 bobar.

le'un 명 코일. ¶Fiu ne'e hamutuk le'un hira? 코일 포함 전선은 얼마예요?

lezbianizmu 명 레즈비언, 여성 동성애자. ¶lezbianizmu no paneleiru 레즈비언과 게이

⁑lia 명 ①사건, 사고, 소식. ¶lia média 조작된 사건 ②문제, 질문. ¶Biblia dehan maromak halo mundu ne'e hahú husi lia. 성경에서는 신이 질문으로부터 시작하여 세상을 창조했다고 한다.

⁑lia- 두 언어, 말, -어. ¶lia-portugués 포르투갈어 / lia-tetun 테툼어

⁑lia-aat 명 중상, 비방. ¶Labele lori lia-aat kona ba Maria! 마리아에 대한 비방을 전하고 다니지 마!

⁑lia-anin 명 루머, 소문. ¶Nia la fiar namorada nia lia-anin. 그는 여자친구의 루머를 믿지 않았다. 유의 boatu. 이표기 lia anin.

⁑lia-beik 명 말이 안 되는 말. ¶Ida-ne'e lia-beik, maibé halo ema sira hamnasa. 그건 말이 안 되는 말이지만 사람들을 웃게 만들어요. 유의 besteiras.

lia-bobar 명 속임수. ¶Jose monu ba lohidór nia lia-bobar no lakon tiha ninia osan. 그는 사기꾼의 속임수에 넘어가 돈을 날리고 말았다.

*lia-bulak 명 터무니없거나 말도 안 되는 생각이나 말, 허튼소리, 난센스. ¶Ha'u hanoin ne'e lia-bulak. 내 생각엔 그건 허튼소리야.

*lia-foun 명 소식. ¶Ha'u kontente rona lia-foun ne'e. 그 소식을 듣고 기뻤어요. 유의 han-oituan.

*liafuan 명 ①단어, 어휘. ¶Liafuan 'eskola' dehan saida iha lian Korea? 한국어로 'eskola'란 단어를 뭐라고 해요? ②말씀, 연설. ¶Agora ha'u kompriende

ona liafuan mestre nian. 선생님의 말씀을 이제 이해했어요. (이표기) lia fuan.
(관용) liafuan kona malu 동의하다.

lia-galolen (명) 갈로렌. [마나뚜뚜 북쪽의 동티모르 언어, 오스트로네시의 언어] ¶Nia ko'alia lia-galolen, ha'u hatene uitoan de'it. 그가 갈로렌을 하는데, 조금은 알아요. (유의) galolen.

*__lia-hatán__ (명) 대답, 응답. ¶Diacono sira sei simu lia-hatán husi Amu-bispu. 부제자들은 신부님으로부터 응답을 받을 겁니다. (유의) resposta.

⁑**lia-husu** (명) 질문. ¶Ita iha lia-husu tan ka? 질문 더 있어요? (유의) pergunta.

*__lia-ida__ (명) 맞장구. ¶Iha ha'u-nia liafuan, Jose gosta halimar lia-ida. 나의 말에 조세는 맞장구를 치며 좋아했다.

⁑**lia-kotun** (명) 협정, 합의. ¶lia-kotun internasionál 국제 협정

⁑**lia-latín** (대) 라틴어. ¶Ita bele ko'alia lia-latín ka? 라틴어 말할 수 있어요?

⁑**lia-loos** (명) ①진실, 사실. ¶Ne'e mak lia-loos de'it. 이건 모두 사실이에요. ②정의, 공정. ¶lia-loos sosiál 사회 정의 (이표기) lia loos.

⁑**lia-menas** (명) 비밀. ¶kódigu lia-menas nian 비밀번호, 암호
(유의) konfidénsia, segredu. (이표기) lia menas.

⁑**lia-menon** (명) 전갈, 메시지, 성명, 질서. ¶Maria tanis ona depoise de simu lia-menon husi Marito. 마리토의 전갈을 받고 마리아는 울었다. (이표기) lia menon.

⁑**lian** (명) ①소리. ¶Lian ne'e sai hosi ne'ebé? 이게 어디에서 나는 소리야? ②목소리. ¶Ha'u gosta liu ninia lian. 나는 그의 목소리가 너무 좋다. ③언어, -어. ¶Ha'u hakarak aprende lian Korea. 한국어를 배우고 싶어요. (유의) língua, dalen.

⁑**lia-na'in** Ⅰ(명) ①이야기 작가, 시인. ¶Nia servisu nu'udár lia-na'in. 그는 이야기 작가로서 일해요. ②사회자, 진행자. ¶Agora lia-na'in ne'ebé iha palku leten ne'e ha'u-nia alin, Maria. 지금 무대 위의 사회자는 제 동생 마리아예요. Ⅱ(형) 설득력 있는. ¶diálogu lia-na'in 설득력 있는 대화 (이표기) lia nain.

*__lian-anin__ (명) 소문. ¶Ha'u rona lian-anin katak Maria la'ós klosan, no halo kazamentu ona. 마리아가 미혼이 아니라 이미 결혼했다는 소문을 들었다. (유의) boatu. (반의) lia-loos.

⁑**lian-maran** Ⅰ(명) 쉰 목소리, 목이 쉼, 쉰 목소리의 사람. ¶Maria kanta ho ninia lian-maran. 마리아는 쉰 목소리로 노래했다. Ⅱ(형) 쉰 목소리의, 목이 쉰. ¶Nia ko'alia barak to'o lian-maran. 그는 목이 쉬도록 많은 얘기를 했다. (이표기) lian maran.

lian-materna (명) 모국어. ¶Jose ko'alia Ingles fluente, maibé ninia lian-materna ne'e Tetun. 조세는 영어를 유창하게 구사하지만 그의 모국어는 테툼어이다.

⁑**lian Indonézia** 인도네시아어. ¶Ha'u lakohi aprende lian Indonézia. 난 인도네시아어를 배우고 싶지 않아요. (유의) bahasa.

lian-ofisiál (명) 공식 언어, 공용어. ¶Timor-Leste iha lian-ofisiál rua. 동티모르에는 두 개의 공용어가 있어요. (유의)

dalen ofisiál, língua formál. 반의 dalen lokál.

*lia-Portugés 명 포르투갈어. ¶Timor-oan uza lia-Portugés kleur. 동티모르인은 오랫동안 포르투갈어를 사용했습니다.

*lia-sala Ⅰ명 실수, 에러. ¶Ha'u hetan lia-sala balun iha dokumentu laran. 문서에서 몇 가지 에러를 발견했어요. Ⅱ부 잘못. ¶Deskulpa, ha'u ko'alia lia-sala. 미안해요, 잘못 말했어요.

*lia-tatoli 명 메시지, 소식. ¶Uluk telefone seidauk iha, buat ne'ebé hato'o lia-tatoli ba malu ne'e difisil. 과거 전화가 없던 시절, 서로에게 메시지를 전하는 것은 어려웠어요. 이표기 lia tatoli.

*lia-tun 동 {격식체로} 말하다. ¶Lia-na'in sira lia-tun kada sira nia opiniaun kona ba situasaun política rai-laran. 국내 정치적 상황에 대해서 진행자들은 각각의 의견을 말했다.

*liberál 형 자유로운.

*liberalidade 명 관대함, 아낌없이 마음이 후함, 자비로움. ¶Ho ninia liberalidade, tinan-tinan nia haruka hela osan boot ba karidade. 관대함을 가지고, 그는 매년 자선 업체에 큰돈을 보내고 있다.

liberaliza 동 자유화하다. ¶Governu hanoin atu liberaliza merkadu lokál ba merkadu globál. 정부는 지방 상권을 글로벌 상권으로 자유화하려고 합니다.

*liberalizasaun 명 자유화. ¶Komérsiu nia liberalizasaun ne'e di'ak ka la'e ba timor leste? 무역 자유화는 동티모르를 위해서 좋은 건가요?

*liberalizmu 명 자유주의. ¶Sé mak ema ne'ebé hakarak kritika liberalizmu? 자유주의를 비판하고 싶은 사람 누구예요?

*liberdade 명 자유. ¶Liberdade no responsabilidade sempre akompaña. 자유와 책임은 항상 함께 해요.

liberta 동 자유롭게 하다, 해방하다. ¶Governu liberta povu husi kostumi ne'ebé mak la di'ak. 정부는 국민들을 좋지 않은 관습에서 자유롭게 하였다.

libertadór 명 해방자. ¶libertadór atan 노예 해방자

libertasaun 명 면제. ¶libertasaun taxa 세금 면제

Líbia 명 리비아.

libra 명 파운드. [영국 화폐의 단위] ¶La bele uza libra iha Timor-Leste. 동티모르에서는 파운드를 사용할 수 없어요.

*libur[1] 명 인니 책. ¶libur ida 책 한 권 유의 livru.

*libur[2] 동 모이다. ¶Estudante libur hamutuk iha ne'e. 학생들 여기 모이세요.

*lider 명 리더, 지도자. ¶Lider sira iha nasaun demokrátiku tenke respeitu ba ema sira-nia opiniaun. 민주 국가의 지도자들은 국민의 견해를 존중해야만 한다. 반의 ajudante, emar.

*lidera 동 이끌다. ¶Lidera moris rasik, mak fundasaun lideransa nian. 자신의 삶을 이끄는 것이 리더십의 기초이다. 유의 lori, ulun.

*lidun 명 모서리, 모퉁이, 각도. ¶Ha'u bain-bain tuur iha lidun wainhira mai iha Kafé ne'e. 저는 이 커피숍에 올 때마다 주로 모퉁이에 앉아요.

⁑liga Ⅰ명 연합, 연맹. ¶Liga Europa 유럽 연맹 유의 klibur. Ⅱ동 ①연결하다. ¶liga bee 물을 연결하다 유의 hatutan. ②좋은 관계를 맺다. ¶Nia liga ho ninia profesór. 그는 교수님과 좋은 관계를 맺고 있다. ③전화하다. ¶Liga mai númeru 112! 112에 전화하세요! 유의 marka.

⁎ligada 형 여성 연결된, 연관된. ¶Matéria ne'ebé ita aprende ohin ne'e ligadu ho matéria semana kotuk nian. 오늘 배운 내용은 지난주 내용과 연관되어 있어요.

⁎ligadu 형 남성 연결된, 연관된, 소개받은. ¶Jose sai kolega ho ema ne'ebe nia ligadu ona iha festa. 조세는 파티에서 소개받은 사람과 친구가 되었어요.

ligadura 명 붕대, 지혈대 ¶Ema bele uza ligadura hodi falun kanek ruma. 상처를 보호하기 위해서 붕대를 사용할 수 있어요.

⁎ligasaun 명 연결, 연계, 접속. ¶Agora ligasaun mak la di'ak. La bele ligasaun. 지금 연결이 안 좋아요. 접속이 안 되네요.

⁎liis 명 양파. ¶Tinan-tinan nia kuda batar, liis, talas, ho fehuk-midar iha to'os-laran. 매년 그는 밭에 옥수수, 양파, 토란, 감자를 심어요.

⁎liis-asu 명 마늘. ¶Hodi te'in karil, Ha'u fila fali liis-asu ho mina-azeitona uluk. 카레를 만들려고 마늘을 먼저 볶았어요. 이표기 liis asu.

⁎liki 동 (특히 먼지 등을 없애기 위해) ~을 털다, (특히 무기를) 휘두르다. ¶Antes tama uma laran, nia liki ninia isin ne'ebé bokon hsui udan. 집에 들어가기 전에 그는 비로 젖은 몸을 털었습니다.

likida 동 (부채를 갚기 위해 사업체를) 청산하다, 정리하다, 팔다. ¶Ninia kompañia likida tiha iha tinan kotuk. 그의 회사는 작년에 청산되었다.

***líkida** 형 여성 액상인, 액체 상태의. ¶Maria dehan "favór ida, masin-midar líkida ba ha'u". 마리아는 액상 설탕을 달라고 말했어요.

likidasaun 명 청산, 정리. ¶Nia bá banku ba likidasaun tusan nian. 빚 청산을 위해서 그는 은행으로 갔다.

likidés 명 자산 유동성, 환금성. ¶Likidés ne'ebé nia iha propriedade boot liu. 그가 가진 부동산은 환금성이 매우 크다.

***líkidu** Ⅰ명 액체. ¶Líkidu no gás, ida-ne'ebé mak todan? 액체와 기체 어느 것이 무겁지요? 유의 been. Ⅱ형 남성 액상인, 액체 상태의. ¶Deterjen ne'e líkidu nune'e fasil uza. 이 세제는 액상이어서 사용하기 쉬워요.

⁎Likisá 명 리퀴사. [동티모르 북서쪽 해양 지방] ¶Avan, ha'u tenke bá Likisá tanba semináriu iha. 내일 리퀴사에서 세미나가 있어서 가야 해요.

⁑lilin 명 밀랍, 왁스, 양초, 램프. ¶Tanba governu seidauk dada ahi ba ami-nia suku, nune'e ami sei uza lilin kalan-kalan. 정부가 우리 마을에 아직 전기를 끌어 주지 않아서 우리는 매일 밤 양초를 사용합니다.

⁑lilin-fatin 명 램프 스탠드. ¶Favór ida lilin-fatin ne'ebé iha ne'ebá lori ba iha ne'e. 거기에 있는 램프 스탠드를 이쪽으로 가져다주세요.

⁑lima 수 인니 다섯, 오. ¶Ha'u-nia fámilia

L

ne'e membru na'in lima. 우리 가족은 다섯 명이에요.

*lima belás (인니) 열다섯, 십오.

*limafuan-boot 명 엄지. ¶Ho uza limafuan-boot, bele hato'o 'THUMS UP'. 엄지를 사용하여 '엄지척'을 표현합니다. (이표기) liman fuan boot.

*limafuan-hatudu 명 검지, 집게손가락. ¶Limafuan-hatudu uza bainhira ku'u buat ruma. 집게손가락은 무언가를 집을 때 사용합니다. (이표기) liman fuan hatudu.

*limafuan-kadeli 명 무명지, 넷째 손가락. ¶Ha'u haree ona kadeli ne'ebé iha kadeli iha ninia limafuan-kadeli. 그녀의 넷째 손가락에 있는 반지를 보았습니다. (이표기) liman fuan kadeli.

*limafuan-klaran 명 중지, 가운뎃손가락. ¶Limafuan-klaran mak naruk di'ak liu hotu. 가운뎃손가락이 가장 길어요. (이표기) liman fuan klaran.

*liman 명 손. ¶Labarik haree nia kolega i foti liman kedas. 아이는 친구를 보자, 즉시 손을 흔들었다.

*liman-fatin 명 ①지문, 손바닥 도장. ¶Ema Korea dala ruma uza limafuan-boot nia liman-fatin hodi asina iha dokumentu leten. 한국 사람은 때때로 서류에 서명하기 위해서 엄지의 지문을 사용하기도 합니다. ②손바닥. ¶Nia fó rebusadu iha labarik nia liman-fatin. 그는 아이의 손바닥에 사탕을 주었습니다. (이표기) liman fatin.

*liman-fuan 명 손가락. ¶Bainhira tein etu, ha'u smpre uza liman-fuan hodi sukat bee. 저는 밥할 때, 물 조절을 위해서 손가락을 사용해요. / Nia indika restorante ne'ebá ho ninia liman-fuan. 그는 그 식당을 손가락으로 가리켰다. (유의) limafuan, tanen. (이표기) liman fuan.

*liman-fukun 명 손목, 팔목. ¶Liman-fukun naksalak nene'e moras barak. 손목을 삐어서 많이 아파요. (이표기) liman fukun.

*liman-kotuk 명 손등. ¶Ha'u iha marka fitar nia iha ha'u-nia liman-kotuk. 손등에 상처 자국이 있어요. (이표기) liman kotuk.

*liman-kukun 명 손톱. ¶Amá tesi liman-kukun oan sira nian. 엄마는 아이들의 손톱을 깎아 주었습니다. (유의) limakukun. (이표기) liman kukun.

*liman-laran 명 손안. ¶Dolar 1da iha liman-laran labarik nian. 아이의 손안에 1달러가 있었어요. (이표기) liman laran.

liman-loos 명 오른쪽, 우측. ¶Bainhira bá liur, favór uza odamatan liman-loos. 밖으로 나갈 때에는 우측의 문을 사용해 주세요. (유의) direita. (반의) eskerda, karuk.

liman-mean 형 ①피 묻은 손의. ¶Nia tanis depois de nia haree Maria nia liman-mean. 마리아의 피 묻은 손을 보고 그는 울었다. ②사람을 죽이려 드는, 죽일 것 같은. (이표기) liman mean.

liman-rohan 명 상속받은 재산, 유산, 상속. ¶To'os ida-ne'e nu'udár liman-rohan inan-aman nian, maibé ha'u atu selu ba bisnis foun. 이 땅은 부모님의 유산이지만 새 사업을 위해서 팔려고 해.

(유의) lima-rohan. (이표기) liman rohan.

liman-ruin 명 팔뼈, 팔뚝. ¶Doutór dehan Marito nia liman-ruin tohar. 의사의 말이 마리또의 팔뼈가 부러졌대요. (이표기) liman ruin.

liman-sikun 명 팔꿈치. ¶sona bá liman-sikun 팔꿈치로 찌르다

lima-nulu 수 오십, 쉰. ¶Ikus-ikus ne'e kaben-na'in ne'ebé moris hamutuk to'o tinan lima-nulu ne'e sai tun ona. 요즘에는 50세까지 함께 사는 부부들이 줄어들었어요. (이표기) limanulu.

lima puluh (인니) 오십, 쉰

limar I 명 줄질, 톱질. ¶Ha'u nia maun buka hela kadoo-besi ba limar. 형은 톱질을 위해 톱을 찾고 있어요. II 동 (연장으로) 줄질을 하다, 톱질을 하다. ¶Ha'u nia maun limar hela atu tesi ai. 형은 나무를 자르려고 톱질을 하고 있어요.

lima ratus 오백. (유의) atus lima.

lima-rohan 명 상속받은 재산, 유산, 상속. ¶Nia haraik nia lima-rohan hotu ne'ebé nia simu ona husi nia aman ba sosidade. 그는 아버지로부터 받은 유산을 모두 사회에 기증했다. (유의) liman-rohan. (이표기) lima rohan.

limita 동 제한하다. ¶Limita hemu tua-sabu iha festa ne'e. 그 파티에서는 투아사부 브랜디를 제한합니다.

limitada 형 (여성) 제한된. ¶fatin limitada 제한된 장소

limitadu 형 (남성) 제한된. ¶Informa lalais tanba sei simu ema limitadu. 제한된 인원을 받기 때문에 급히 알립니다.

limitasaun 명 국한, 제한. ¶Iha enkontru nia laran, iha limitasaun ne'ebé la bele uza telefone. 회의하는 동안에 전화 사용 제한이 있습니다.

limite 명 한계, 한도, 제한. ¶Estrada boot foun hatudu limite velosidade nian ba karreta no motor. 새 고속 도로는 자동차나 오토바이에 속도 제한을 표시합니다. (유의) baliza.

limpeza 명 청결, 깨끗함, 청결함. ¶Kada semana, biar ita la halo limpeza, pelumenus ita la halo fo'er. 매주 청결함을 유지하지 않을 거라면 최소한 쓰레기라도 만들지 말아라.

liña 명 선. ¶Ema sira pinta hela liña iha estrada nia klaran. 사람들이 도로 중앙에 선을 긋고 있다. (유의) bixa.

linda 형 (여성) 귀여운. ¶Busa-inan ida ne'e linda tebes. 이 암고양이 정말 귀엽네요.

lindu 형 (남성) 귀여운. ¶Apá haree hela labarik sira mesak lindu ne'ebé halimar hela iha jardin. 아빠는 정원에서 혼자 놀고 있는 귀여운 아이를 보고 있어요.

lineár 형 직선의, 일직선의. ¶Husi iha ne'e to'o kilu ida-ne'e jardin lineár. 여기서부터 1킬로미터까지 일직선의 공원입니다.

lingkungan 명 (인니) 환경. ¶Ema sira hotu hakarak lingkungan ne'ebé mo'os. 모든 사람은 깨끗한 환경을 원한다. (유의) enviromentu.

língua 명 언어, 말, -어. ¶língua Portugál 포르투갈어 (유의) dalen, lian.

língua formál 공용어, 공식 언어. ¶Língua Tetun no língua Portugál ne'e

L

língua formál iha Timor-Leste. 동티모르에서는 테툼어, 포르투갈어가 공식 언어예요. (유의) dalen ofisiál, lian-ofisiál. (반의) dialetu.

*__linguajen__ 명 연설, 담화. ¶Ha'u hakfodak haree malae ida halo linguajen iha Tetun ne'ebé moos. 외국인 한 명이 유창한 테툼어로 연설을 하는 것을 보고 깜짝 놀랐어요. (유의) diskursu, hateten, ko'alia, nanál-telok.

linguista 명 언어학자. ¶Mestra Choi sai linguista Tetun nian. 최 선생님은 테툼어 언어학자가 되었어요.

linguístika Ⅰ 명 언어학. ¶Ema estranjeiru balun peskiza Tetun iha área linguístika nian. 몇몇 외국인들은 언어학 분야에서 테툼어를 연구합니다. Ⅱ 형 (여성) 언어학의, 언어학적인. ¶perspektiva linguístika 언어학적 관점

linguístiku 형 (남성) 언어학의, 언어학적인. ¶peskiza foun linguístiku 언어학의 최신 연구

*__lipa__ 명 리파. [남녀 구분 없이 허리에 둘러 입는 천] ¶Maria gosta hatais lipa wainhira toba. 마리아는 잘 때 리파 입는 걸 좋아해요.

liras 명 날개. ¶Manu albatros bele semo kleur iha anin leten tanba sira-nia liras bele ajusta ho anin. 앨버트로스는 바람으로 날개를 조절할 수 있어서 바람을 타고 오래 날 수 있어요.

*__lisan__ 명 ①전통. ¶Merkadu lisan nian iha Timor-Leste ne'e iha ne'ebé? 동티모르의 전통 시장은 어디에 있어요? (유의) tradisaun. ②관습, 풍습. ¶Ema Timor ne'ebé barak tuir lisan lulik kada uma nian. 동티모르의 많은 사람들은 각 집안의 관습을 따릅니다. (유의) kostume. ③관례법, 관습법. ¶Lei lisan balun hateten katak primu no prima bele hola malu. 어떤 관습법에는 사촌 간에 서로 결혼할 수 있다고 합니다.

*__lisaun__ 명 ①수업. ¶Ohin loron, mestre Choi nia lisaun ne'e la iha. 오늘은 김 선생님의 수업이 없어요. (유의) aula. ②교훈. ¶Hosi monu ita bele aprende lisaun foun. 실패로부터 우리는 새로운 교훈을 얻기도 합니다. / Prof. Kim-nia liafuan fó lisaun ona iha ha'u nia moris. 김 교수님의 말씀이 제 삶에 교훈을 주었습니다. (유의) aula.

Lisboa 명 리스본. ¶Kapital portugal mak Lisboa. 포르투갈의 수도는 리스본이에요.

*__lisensa__ Ⅰ 명 ①승인, 허락. ¶lisensa inan-aman nian 부모님의 허락 (유의) akreditasaun. ②증명서. ¶Ha'u entrega ha'u-nia karta lisensa ne'ebé simu husi universidade. 대학에서 받은 저의 증명서를 제출했어요. Ⅱ 동 실례하다. ¶Lisensa, ha'u bele husu? 실례합니다, 뭐 좀 물어도 될까요?

*__lisensiada__ 명 (여성) 졸업, 졸업장. ¶Joanna hetan lisensiada iha area direitu. 조안나는 법학과 졸업장을 획득했습니다.

*__lisensiadu__ 형 (남성) 자격을 갖춘, 졸업장을 획득한. ¶KLKE iha mestre sira ne'ebé lisensiadu edukasaun lian Korea nian. KLKE에는 모두 한국어 교육 자격을 갖춘

선생님들이 있어요. 유의 kualifikadu.

lisensiatura 명 학사 학위. ¶Familia prepara hela ba parte atu selebra oanmane nia susesu lisensiatura. 가족은 아들의 학사 학위 취득을 축하하기 위해 파티를 준비하고 있어요. 유의 baxarelatu.

lisensioza 형 여성 음탕한, 음란한. ¶video lisensioza 음란한 영상

lisensiozu 형 남성 음탕한, 음란한. ¶Jose dehan katak ita la bele ko'alia lian lisensiozu. 조세는 음란한 말을 하지 말아야 한다고 했어요.

*** **lista** I 명 ①목록, 종류. ¶Ida-ne'e lista bainaka sira nian ne'ebé rezerva tiha ona. 이것이 예약된 손님들의 목록입니다. ②메뉴. ¶Favor, fó lista hahan nian lai. 메뉴 좀 주세요. 유의 ementa. II 동 열거하다. ¶Tau lista took naran ita nia kolega sira nian. 친구들의 이름을 열거해 보세요. 유의 halo lista, numera, relasiona.

lista hemu 음료 메뉴. ¶Depois haree tiha lista hahaan no lista hemu nian, favór fó manda. 식사 메뉴와 음료 메뉴를 보시고 주문해 주세요.

* **lista-naran** 명 명단. ¶Lia-na'in bolu lista-naran manán na'in nian. 사회자는 수상자 명단을 발표하였다.

** **lisuk** 부 공동으로. ¶Ida-ne'e servisu ne'ebé kolega sira hotu pinta lisuk. 이것은 친구들이 모두 공동으로 그린 작품이에요.

** **literál** 형 ①글자 그대로의. ¶Singnifikasaun literál kona-ba 'busa' maka animal. '고양이'의 글자 그대로의 뜻은 동물이에요. ②문자의. ¶Iha Hanguel, forma literál mak úniku. 한글은 문자의 형태가 독특해요.

** **literalmente** 부 ①글자 그대로, 말 그대로, 그 자체로. ¶Eventu ida-ne'e literalmente famosu tebes. 이 행사는 말 그대로 매우 유명해요. ②액면 그대로. ¶Literalmente ema hotu hakarak moris di'ak. 액면 그대로 모든 사람들은 잘 살고 싶어합니다.

literária 형 여성 문학의, 문학적.

literáriu 형 남성 문학의, 문학적. ¶Jose dehand katak talenta literáriu mak importante. 조세는 문학적 재능이 중요하다고 했어요.

literatu 명 문학가, 문예가. ¶Nia haka'as an atu literatu. 그는 문예가가 되려고 열심히 노력해요.

literatura 명 문학. ¶Kada semamna Domingu iha enkontru literatura nian. 매주 일요일에는 문학 모임이 있어요.

* **litik** 동 ①질문을 계속해서 하다. ¶Nia litik profesór kona-ba asuntu ne'e. 그는 교수에게 쟁점에 대한 질문을 계속해서 했다. ②주장하다, 고집부리다. ¶Suspeita ne'e litik beibeik la iha relasaun ho kazu krime. 그 용의자는 자신이 범죄와 관련이 없다고 계속 주장합니다. ③방해하다, 괴롭히다. ¶Labele litik no bá ne'ebá! 방해하지 말고 저리 가!

** **litru** 명 리터. [부피의 측정 단위] ¶Mina litru ida folin hira? 석유 일 리터에 얼마예요?

* **liturjia** 명 예배 의식. ¶Sé mak prepara liturjia iha Domingu-Domingu? 누가 일요일마다 예배 의식을 준비하나요?

L

* **litúrjika** 형 여성 예배 의식의, 예배 의식용의. ¶Maria hatais ropa litúrjika iha igreja. 마리아는 교회에서 예배 의식용의 옷을 입었어요.

* **litúrjiku** 형 남성 예배 의식의, 예배 의식용의. ¶Jose esplika kona ba signifikadu ne'ebé espasu litúrjiku kreda nian iha MISA. 조세는 미사에서 교회의 예배 의식 공간이 갖는 의미에 대해서 설명합니다.

*** **liu** Ⅰ 동 ①건너다, 통과하다. ¶Antes hakat liu estrada, favór haree uluk lai ba sorin-sorin. 길을 건너기 전에, 이쪽저쪽을 먼저 보세요. ②(시간이) 지나가다, 흐르다. ¶Tempu ne'e liu lailais tebes. 시간이 정말 빨리 지나갑니다. / Oras ida liu tiha ona. 한 시간이 지났어요. ③초과하다. ¶Elevadór ne'e karik capasidade liu tiha, nia odamatan la taka. 이 엘리베이터는 정원을 초과하면 문이 닫히지 않아요. Ⅱ 형 보다 더 나은. ¶Investe iha edukasuan ne'e di'ak liu ba investe ba mini iha timor? 교육에 대한 투자가 동티모르 석유를 위한 투자보다 더 나은 걸까요? Ⅲ 부 ①보다 많이, 더, 훨씬. ¶Maria mak aas liu tan ha'u. 마리아가 나보다 훨씬 더 커요. ②매우, 너무. ¶Ha'u triste liu. 저는 너무 슬퍼요.

관용 ~ liu ba 지난~, 예전에.

관용 liu husi ~ ~을 수단으로, ~을 통해서.

관용 liu kona ~ ~을 수단으로, ~을 통해서.

** **liubá** Ⅰ 형 지난. ¶iha fulan liubá 지난달에 / Semana liubá, kolega sira bá vizita Maria. 지난주에 친구들은 마리아를 방문했어요. 유의 kotuk. Ⅱ 부 ~ 전에. ¶Tinan tolu liubá, ha'u mai iha Timor-Leste. 3주 전에, 저는 동티모르에 왔어요. 이표기 liu ba.

liu-fatin 명 복도, 회랑. ¶Uma foun nia laran, sala aula no liu-fatin hotu moos no kapas de'it. 새 건물 안에, 교실과 복도 모두 깨끗하고 멋져요. 유의 korredór.

** **liuhosi** 전 ~을 통해서. ¶Nia haruka mai foto ida-ne'e liuhosi messenger Facebook nian. 그는 페이스북 메신저를 통해서 이 사진을 보내왔습니다. 이표기 liu hosi.

** **liuliu** 부 특별히, 무엇보다도. ¶Loke estrada boot ne'e importante ba halo konesaun ekonomika, liuliu liga produtu lokal ba sidade Dili. 고속 도로를 개통하는 것은 경제와 관련이 있어서 중요합니다. 무엇보다도 지방 특산물을 도시 딜리로 연결하기 때문이지요. 이표기 liu-liu.

** **li'ur** Ⅰ 동 배변하다. ¶Ami nia oan ba li'ur mesak. 우리 아이는 혼자서 배변하러 가요. Ⅱ 형 밖의. ¶Temperatura li'ur badak, malirin loos. 밖의 기온이 낮아서, 너무 추워요. 유의 esteriór, esterna, esternu. Ⅲ 부 바깥에서, 밖에서, 외부에서. ¶Sira hein iha li'ur de'it wainhira ami hala'o hela enkontru iha servisu fatin. 우리가 직장에서 회의를 수행하는 동안 그들은 밖에서 기다렸어요. 이표기 liur.

** **liurai** 명 우두머리, 족장, 추장, 왕. ¶Liurai sei iha Timor-Leste. 동티모르에는 아직 족장이 있어요.

liurai-feto 명 여왕. ¶Sarani kristaun konsidera jesus nia maen Maria nu'udár lalehan nia liurai-feto. 세례 교인은 예수의 어머니인 마리아를 하늘의 여

왕으로 간주한다. (이표기) liurai feto.

liurai-feto oan 공주. ¶Liurai-feto oan tolu hotu kaben ona maibe seidauk la iha sira nia oan rasik. 세 명의 공주는 모두 결혼했지만 아직 아이가 없어요. (이표기) liurai feto oan.

liurai-oan 명 왕자. ¶Uluk rai di'ak, liurai-oan mak bele tuur iha liurai nia fatin. 옛날에는 왕자가 왕의 자리에 앉아도 되었어요.

li'ur-laran 부 ①안팎으로. ¶Nia bá li'ur-laran hodi serve kliente. 그는 안팎으로 드나들며 손님들을 챙겼다. ②철저히. ¶Mai ita prepara li'ur-laran atu nune'e la sala! 실수하지 않도록 철저히 준비하자! (이표기) liur-laran.

⁑**liután** 부 더욱, 더 멀리에. ¶Se karik fasilita di'ak, sira bele servisu ho di'ak liután. 만약 시설이 좋다면 그들은 일을 더욱 잘할 수 있을 거예요.

***liutiha** Ⅰ 부 후에, 나중에. ¶Artista BTS sei halo konsertu iha Paris. Liutiha ne'e, sira sei fila ba Seoul. 방탄소년단은 파리에서 콘서트를 할 거고요, 그 후에 그들은 서울에 돌아갈 거예요. Ⅱ 전 ~ 후에. ¶Liutiha loron tolu, ami bá Suai. 3일 후에 우리는 수아이에 가요.

***liu tiha** ~하고 나서. ¶Nia moras baixa iha ospital liu tiha ida-ne'e ninia alin mak baixa tan. 그가 병원에 입원하고 나서 그의 남동생도 입원했다. (유의) depois.

livraria 명 서점. ¶Iha tempu livre, feto ne'e sempre bá livraria hodi haree livru. 그녀는 여가 시간에 주로 서점에 들러 책을 본다.

⁑**livre** 형 자유의, 자유가 있는. ¶Nasaun ne'ebé livre bele espresa sira-nia hanoin ho livre. 자유가 있는 나라에서 사람들의 자유로운 생각을 기대할 수 있다.

⁑**livru** 명 책. ¶Ami-nia professor iha livru oioin de'it. 우리 교수님은 다양한 책을 가지고 있어요. (유의) libur.

***lixeiru** 명 환경국 직원. ¶Marito servisu nu'udár lixeiru iha Dili. 마리또는 딜리에서 환경국 직원으로 일해요.

⁑**lixu** 명 쓰레기. ¶Sidadaun ne'ebé di'ak soe lixu iha lixu-fatin. 착한 시민은 쓰레기통에 쓰레기를 버립니다.

lobu 명 늑대. ¶lobu nia lian tanis 늑대 울음소리

logaritmu 명 로그, 대수. ¶Ha'u difisil logaritmu iha matemátika. 저는 수학에서 로그가 어려워요.

logotipu 명 상징, 로고. ¶Logotipu kompania ne'e kapás loos. 회사 로고가 멋지네요.

***lohi** 동 거짓말하다, 속이다. ¶Nia lohi ha'u, i ha'u sei la fiar tan nia. 그는 나를 속였고 나는 더이상 그를 믿지 않을 거예요. (유의) baur, bosok, butar, habosok.

***lohidór** 명 사기꾼. ¶Labele fiar lohidór ne'e nia liafuan. 그 사기꾼의 말을 믿지 마세요. (유의) lohi-teen, bosok-teen. (이표기) lohi door.

***lohi-teen** 명 거짓말쟁이. ¶Maria ikus mai sensibliza ona katak nia lohi-teen. 마리아는 결국 그가 거짓말쟁이라는 것을 깨달았어요. (유의) lohidór, bosok-teen.

⁑**loja** 명 상점, 가게. ¶Bele sosa supermie

L

Korea iha loja ne'ebá. 저 상점에서 한국 라면을 살 수 있어요.

⁑**loja konveniente** 편의점. ¶Loja konveniente ne'e karun liu supermerkadu. 편의점은 슈퍼마켓보다 더 비싸요.

⁑**loja-na'in** 명 점원. ¶Loja-na'in ne'e ema Xina-Timor ka? 점원은 재동티모르 중국인인가요? 유의 lojista. 이표기 loja na'in.

lójika 명 논리. ¶Favór ko'alia took imi hotu nia opiniaun iha hanoin ne'ebé ita bele dehan lójika. 논리에 맞춰 여러분의 견해를 말해 보세요.

lójiku 형 논리적인. ¶Ninia esplikasaun sempre lójiku, maibé ha'u hanoin katak diferente loos ho realidade. 그의 설명은 항상 논리적이지만, 나는 현실과는 많이 다르다고 생각한다.

lojista 명 점원. ¶Nia maka lojista. 그는 점원이에요. 유의 loja-na'in.

lojístika 명 물류. ¶Tuir ha'u hatene, servisu lojístika boboot iha Dili laran ne'e mesak ema filipina mak kaer. 내가 아는 바로는, 딜리 내에서 큰 물류 사업은 필리핀 사람들이 모두 꽉 잡고 있다.

⁑**lokál** Ⅰ 명 현지. ¶Mai ita sosa ida-ne'ebá iha lokál. 그것은 현지에서 삽시다. Ⅱ 형 지역의. ¶Ha'u hakarak sosa produtu lokál Timor nian. 동티모르 지역의 특산물을 사고 싶어요. 반의 globál.

*__lokasaun__ 명 목, 상권, 위치. ¶Fatin ne'ebá ne'e aluga karun maibe tanba lokasaun mak di'ak tebes! 그곳은 임대료는 비싸지만 목은 정말 좋다니까!

⁑**loke** 동 열다. ¶Ita bele loke odamatan ka? 문 좀 열어 주실래요?

*__loke matan__ 눈뜨다. ¶Tanba horisehik ha'u toba tarde liu loke matan susar tebes iha dader-saan. 어제 너무 늦게 자서 아침에 눈뜨기가 힘들더라.

loke-nasaun 명 개국. ¶loke-nasaun Joseon nian 조선의 개국

loko-an Ⅰ 명 자기 과시. ¶Marito la hatene mesak de'it ninia loko-an iha ema barak nia oin. 마리또는 많은 사람들 앞에서 자기 과시를 하는 걸 혼자만 몰라요. Ⅱ 형 과시하는, 자만심이 강한, 허영심이 강한. ¶ema loko-an 허영심이 강한 사람 / Dalaruma, bele haree katak ema ne'ebé moris di'ak mak loko-an iha Facebook. 가끔, 잘사는 사람들이 페이스북에서 과시하는 것을 볼 수 있어요. 이표기 loko aan.

⁑**lolo** 동 ①건네주다, 내밀다. ¶Uma na'in lolo sigarru ba bainaka sira ne'ebé foin tuur ne'e. 집주인은 막 자리에 앉은 손님들에게 담배를 내밀었어요. ②손대다, (팔을) 뻗치다. ¶Labele lolo liman ba ha'u-nia oan. 우리 아이한테 손대지 마세요. ③전해 주다, 전달하다. ¶Favór lolo hela sasán ne'e ba Marito. 마리또에게 이 물건을 전달해 주세요.

⁑**lolon** 명 몸체. ¶Ninia isin lolon ne'e boot. 그는 몸체가 커요.

⁑**loloos** Ⅰ 형 ①적합한, 적당한. ¶La boot liu, la ki'ik liu, to'o loloos de'it. 너무 크지도 않고, 너무 작지도 않고, 딱 적당해요. ②정확한. ¶Fatin loloos atu halo eventu maka iha ne'e. 이벤트를 하려는

정확한 장소는 바로 여기예요. (유의) ezata, ezatu. Ⅱ[부] ①제대로, 적절하게. ¶Marito mak hatene loloos kona-ba kazu ne'e. 마리또가 이 사례에 대해 제대로 알고 있어요. ②정확하게. ¶Tuir loloos, daun ne'e tenki uza dala ida de'it, la bele dala rua. 정확하게, 주삿바늘은 단 한 번만 사용하세요, 두 번은 안 돼요. (유의) ezatamente. (이표기) lo-loos.

lombriga [명] 지렁이. ¶Bainhira kail, uza lombriga nu'udár iska. 낚시할 때, 지렁이를 미끼로 사용해요. (유의) ular-oan.

lona[1] [명] 방수 시트. ¶Antes udan tau, ami presiza lona. 비가 오기 전에 방수 시트가 필요해요.

lona[2] [명] 화폭, 유화. ¶Ema ida pinta lona iha didin-loron maibé furak loos. 누군가가 벽에 유화를 그렸는데 정말 멋져요.

⁑**longra** [형] 느슨한, 헐렁한. ¶Kalsa ne'ebé nia uza sei longra hela tanba seidauk prega metin ninia butaun. 그가 입는 바지는 여전히 헐렁해요, 아직 단추를 못 달았거든요. (반의) aperta, kloot.

*__lonjitude__ [명] 경도. ¶Lonjitude Ramelau haree husi Google Earth. 라멜라우산 경도가 구글 지도에서 보여요.

*__lonjitudinál__ [형] 세로의, 경도의. ¶pozisaun lonjitudinál 세로 방향의 위치

*__look__ [동] (담배나 빈랑 열매 등을) 대접하다. ¶Ha'u-nia banin, look sigaru la mai ha'u. 장인어른은 내게 담배를 대접하지 않습니다.

⁑**loos** Ⅰ[명] 진실, 진정. ¶Di'ak liu hatete sai lia loos duke subar. 숨기기보다는 진실을 말하는 것이 나아요. Ⅱ[형] ①맞는, 참된. ¶Estrada husi Manatuto ba Natarbora ne'e bá loos ka la'e? 마나뚜뚜에서 나따르보라까지 가는 길이 맞나요? (반의) falsu, sala. ②오른쪽의. ¶liman loos 오른쪽 손 (유의) direita. (반의) karuk, eskerda. Ⅲ[부] 정말, 진짜. ¶Ó haree kapás loos. 정말 아름다워요. Ⅳ[감] 맞다, 맞아요. [감탄할 때 쓰는 말] ¶Sin, hanoin hanesan mak loos! 맞아요, 맞다고 생각해요!

*__loos ka sala__ 맞는지 틀리는지. ¶Liafuan ne'ebé ha'u koalia ne'e, loos ka sala? 내가 한 말이 맞는지 틀리는지?

⁑**loraik** Ⅰ[명] 오후. ¶Loraik ona. 오후가 되었어요. (유의) loro-kraik. Ⅱ[부] 오후에. ¶Loraik ha'u la'o pasiar. 오후에 저는 외출합니다.

⁑**lori** [동] ①나르다, 가져다주다, 가지고 가다. ¶Favór ida lori ha'u nia pasta iha sala laran. 방안에 있는 내 가방을 좀 가져다주세요. ②데리고 가다, 데려가다. ¶Ha'u sei lori ha'u nia alin ba festa. 저는 파티에 동생을 데려갈 거예요. (유의) hodi. ③이끌다. ¶Ázia sei lori merkadu mundial. 아시아는 세계 시장을 이끌 거예요. (유의) lidera, ulun.

*__lori-empresta__ [동] 빌리다. ¶Nia lori-empresta Profesór ninia motór liu fulan-rua ona ka? 그가 교수님의 오토바이를 빌려간 지 두 달이 훨씬 넘었지요? (유의) empresta.

loriku [명] 앵무새. ¶Manu loriku gosta halo-tuir ema nia lian ka? 앵무새는 사람들의 말을 따라 하는 것을 좋아하나요? (유의) kakatua.

lori-lia [명] 소문, 험담. ¶La'ós feto hotu-

hotu gosta lori-lia. 여자들 모두가 험담을 좋아하는 것은 아니다.

⁑**lori tama** 새로운 것을 들여오다. ¶Bain-bain ema ne'ebé hela kleur iha rai li'ur ne'e mak lori tama mai rai-laran. 해외에 오래 살던 사람들이 주로 새로운 것을 국내로 들여옵니다.

⁑**loro** 명 태양, 해. ¶Ita ema bele haree loro ho matan rua iha tempu dadeersan ka loro-kraik. 우리는 이른 아침이나 해질 무렵에는 두 눈으로 태양을 바라볼 수 있어요. 유의 loro-matan.

⁑**loro-aas** 명 정오, 해가 높은 때. ¶Nia hadeer loro-aas tiha ona. 그는 정오가 돼서 일어났다. 이표기 loro aas.

⁑**lorok** 형 매일의, 일간의. ¶Ha'u-nia apá haree Jornál lorok. 제 아빠는 일간 신문을 봐요. 유의 diáriu.

⁑**loro-kraik** 명 오후. ¶Orsida loro-kraik ita la'o halimar, e. 헤이, 이따가 오후에 우리 산책하자. 유의 loraik.

⁑**loroloron** 부 매일. ¶Maria ne'ebé servisu ho ema matenek sira, nia sei aprende buat foun loroloron. 똑똑한 사람들과 일하는 마리아는 매일 새로운 것을 배울 거예요. 이표기 loro-loron.

⁑**loro-maka'as** 명 타는 듯이 더운 해, 이글거리는 더위, 태양의 뜨거움. ¶Iha tempu bailoro ne'e loro-maka'as tebes. 건기에는 태양의 뜨거움이 심해요. 유의 loro-manas.

⁑**loro-manas** 명 태양의 열기, 태양의 뜨거움. ¶Hodi helik husi loro-manas, Maria tama ba uma laran. 마리아는 태양의 뜨거움을 피해 건물로 들어갔어요. 유의 loro-maka'as. 이표기 loro manas.

⁑**loro-matan** 명 태양, 해. ¶Labele triste de mais, tanba aban mós loro-matan sei sa'e. 너무 실망하지 마세요, 내일도 해가 뜹니다. 유의 loro. 이표기 loro matan.

⁑**loro-matan monu** 석양. ¶Ha'u nia ferik-oan gosta haree loro-matan monu, tan nee ohin sai ba tasi-ibun. 아내는 석양 보는 것을 좋아해서 아까 해변으로 나갔어요. 유의 loro-monu. 반의 lorosa'e. 이표기 loro matan monu.

⁑**loro-matan sa'e** 일출. ¶Hodi haree loro-matan sa'e, ha'u mai iha tasi ibun, sedu dadeer-saan. 일출을 보기 위해서 아침 일찍 해변에 왔어요. 유의 lorosa'e. 이표기 loro matan sa'e.

loro-mate 명 일식. ¶Ita haree loro-mate ka? 일식을 본 적 있나요?

⁑**loro-monu** Ⅰ 명 석양. ¶Loro-monu Timor nian furak loos. 동티모르의 석양은 정말 아름답습니다. 유의 loro-matan monu, loro-tun. 반의 lorosa'e. Ⅱ 형 석양의, 해가 지는. ¶Agora ha'u haree hela loro-monu nia kalohan. 지금 저는 석양의 노을을 바라보고 있습니다. 유의 loro-monun. 이표기 loro monu.

⁑**loro-monun** Ⅰ 명 석양. ¶loro-monun ne'ebé halo lalehan kór mean 하늘을 붉게 물들이는 석양 유의 loro-matan monu, loro-monu. 반의 lorosa'e. Ⅱ 형 석양의, 해가 지는. ¶Iha mota-ibun ho loro-monun, nia komesa kail. 해가 지는 강가에서 그는 낚시를 시작했다. 유의 loro-monu. 이표기 loro monun.

⁑**loro-mosu** 명 일출. ¶Tuku hira mak

bele haree loro-mosu? 몇 시에 일출을 볼 수 있어요? ㊀ loron-mosu.

⁑**loron** 명 일, 하루. ¶Loron di'ak! 좋은 하루! ㊀ dia.

*__loron-aban__ 명 미래. ¶Loron-aban hahú ohin, badinas servisu ho pasiensia ne'e di'ak ba loron-aban. 미래는 오늘이 시작입니다. 좋은 미래를 위하여 인내심을 갖고 열심히 일합시다. ㊀ aban-bainrua, futuru, loron-oin. 이표기 loron aban.

*__loro-naroman__ 명 햇빛, 햇살. ¶Loro-naroman maka'as husi dadeer iha Timor-Leste. 동티모르는 아침부터 햇살이 강해요. ㊀ loron-naroman.

*__loron-boot__ 명 휴일, 축제. ¶Loron-boot Natal nian ema hotu selebra festa. 크리스마스 휴일에는 사람들이 모두 축제를 즐깁니다. 이표기 loron boot.

*__loron-domingu__ 명 일요일. ¶Loron-domingu mós loron-boot iha ka? 일요일에도 축제가 있나요?

*__loron-kinta__ 명 목요일. ¶Ha'u bá Bali iha loron-kinta oin. 저는 다음주 목요일에 발리에 가요. ㊀ kinta, kinta-feira.

*__loron-kmanek__ 명 번영. ¶Ami hakarak servisu ba loron-kmanek Timor nian. 우리는 동티모르의 번영을 위해서 일하고 싶어요.

*__loron-kuarta__ 명 수요일. ¶Ami nia aula sei fali iha loron-kuarta. 우리 수업은 수요일에 또 있어요. ㊀ Kuarta-feira.

*__Loron-Matebian__ 명 영혼의 날. ¶Iha Timor-leste, loron-Matebian ne'e monu iha 2 Novembru. 동티모르의 영혼의 날은 11월 2일이에요.

*__loron-moris__ 명 생일. ¶Ha'u-nia loron-moris maka 5 Febreiru 1988. 제 생일은 1988년 2월 5일이에요. ㊀ tinan.

loron-mosu 명 일출. ¶Loron-mosu komesa mak nia ba servisu. 일출이 시작되면 그는 일하러 가요. ㊀ loro-mosu.

*__loron-naroman__ 명 햇빛, 햇살. ¶Lokraik ona maibé loron-naroman hela. 오후가 다 갔는데도 햇살이 있네요. ㊀ loro-naroman.

*__loron nian__ 매일의, 매일 하는. ¶Nia hakerek hela relatóriu atividade loron nian. 그는 매일의 활동에 대해 보고서를 쓰고 있다. ㊀ diáriu.

*__loron-oin__ 명 미래. ¶Iha loron-oin nia hakarak estuda iha Korea. 그는 미래에 한국에서 공부하고 싶어해요. ㊀ aban-bainrua, futuru, loron-aban.

*__loron-sábadu__ 명 토요일. ¶Loron-sábadu ha'u halimar ho familia sira iha uma. 토요일에 저는 집에서 가족들과 놀 거예요.

*__loron-segunda__ 명 월요일. ¶Bain-bain ema sira hahú servisu iha loron-segunda. 일반적으로 사람들은 월요일에 일을 시작합니다. ㊀ segunda-feira.

*__loron servisu__ 근무일. ¶Sira nia loron servisu mak hahú husi Segunda to'o Sesta. 그들의 근무일은 월요일부터 시작해서 금요일까지입니다. 반의 feriadu.

*__loron-sesta__ 명 금요일. ¶Loron-sesta ha'u hasoru ha'u-nia namorada. 금요일에 저는 여자친구를 만나요. ㊀ sesta.

*__loron-sorin__ 명 반나절. ¶Karik ha'u sei halo hotu iha loron-sorin nia laran,

L

tansa mak atu halo hotu agora? 반나절 안에 끝낼 일 같은데, 왜 지금 다 하려고 그래?

loron-tersa 명 화요일. ¶Loron-tersa ne'e loron daruak iha semana nian. 화요일은 주중의 두 번째 날이에요.

loron-tinan 명 생일. ¶Ema ne'ebé moris iha 29 Feveriru la selebra sira nia loron-tinan bebeik. 2월 29일에 태어난 사람은 생일을 매년 축하할 수 없어요.

lorosa'e I 명 일출, 해 오름. ¶Iha korea ema barak ba tasi leste atu haree lorosa'e. 한국에서는 많은 사람들이 일출을 보러 동해에 가요. 유의 loro-matan sa'e. II 형 동양의, 동쪽의. ¶Loro-matan mosu iha parte lorosa'e. 해는 동쪽에서 떠요. 유의 leste, orientál. 반의 loro-monu, oeste. 이표기 loro sae.

loro-tun 명 석양, 해 떨어지기. ¶Molok loro-tun, tenke remata servisu ida ne'e. 해 떨어지기 전에 이 일을 마쳐야 해요. 유의 loro-matan monu, loro-tun, loro-monun. 반의 lorosa'e. 이표기 loro tuun.

Lospalos 명 로스팔로스. [동티모르의 동쪽 끝 지역] ¶distritu Lospalos 로스팔로스 행정 구역

lotaria 명 복권. ¶Ha'u sosa lotaria semana-semana. 나는 매주 복권을 구입해요. 유의 lotu.

lotu 명 복권. ¶Lotu Timor maka SDSB. 동티모르 복권은 SDSB입니다. 유의 lotaria.

lotuk 형 ①얇은, 가느다란. ¶Favór fase ropa lotuk didi'ak. 얇은 옷은 조심스럽게 세탁하세요. 반의 bokur. ②섬세한. 유의 delikada, delikadu.

louri 동 가지고 가다, 갖고 가다. ¶Ha'u louri komputadór ba hadi'a. 수리하려고 컴퓨터를 가지고 가요. 유의 lori.

louva 동 칭송하다, 칭찬하다. ¶Kompania nia kolega sira louva Jose nia atinjimentu, maibe nia labele simu promosaun. 동료들은 조세의 업적을 칭찬하지만 승진은 하지 못했습니다. 유의 gaba, lova. 반의 dehan aat.

louvadeus 명 사마귀. ¶Dala ruma ema bolu ha'u louvadeus tanba louvadeus iha ha'u nia oin. 내 얼굴의 사마귀 때문에 사람들은 가끔 나를 사마귀라고 부른다. 유의 futi.

louvór 명 칭찬, 찬사, 찬양. ¶Nia sente kontente tebes simu mestre nia louvór ohin. 그는 오늘 선생님의 칭찬을 받아서 무척 기분이 좋았어요.

lova 동 칭송하다, 칭찬하다. ¶Ita lova ninia te'in kapás. 우리는 그의 탁월한 요리를 칭찬했다. 유의 louva.

luan I 명 넓이, 폭. ¶Ita hatene Maliana rai nia luan ke? 말리아나 땅의 넓이를 알아요? II 형 넓은, 헐렁한. ¶Nia gosta tau ropa luan. 그는 헐렁한 옷을 입길 좋아해요. 반의 kloot.

lubuk[1] 형 ①훼손된. ¶iha tempu lubuk ida nia laran 훼손된 시대 속에 ②잘린. ¶Estudante lubuk ida maka halo manifestasaun kontra guvernu. 정부에 대항하여 시위를 하던 그 학생은 잘렸습니다.

lubuk[2] 형 ①무딘. ¶Tudik ida-ne'e lubuk la bele ko'a na'an-karau. 이 칼이 무디

어서 고기를 썰지 못해요. ㉠유의 lakro'at. ② 무뚝뚝한. ¶Nia mane lubuk. 그는 무뚝뚝한 남자예요.

***lubuk ida** 많은. ¶Iha-ne'ebá ema lubuk ida. 저기에 사람들이 많다. 유의 baba'in.

***lubun** 명 덩어리, 그룹, 단체, 무더기. ¶Ema lubun maka mate iha funu. 사람들 무더기가 전쟁에서 죽었다.

***lubun boot** 큰 단체, 큰 그룹. ¶ema lubun boot 큰 그룹의 사람들

***luflafu** 동 망치다, 서두르다. ¶Marito lakohi luflafu ninia ezame. 마리또는 그의 시험을 망치고 싶지 않았다.

***lugár** 명 장소, 대회 장. ¶primeiru, segundu, terseiru lugár 첫 번째, 두 번째, 세 번째 장소 유의 fatin.

***luhan** 명 가축우리, 새장. ¶Manu sira toba iha manu luhan, animál toba iha animál luhan. 새들은 새장에서 자고, 가축은 가축우리에서 자요. 유의 gaiola.

***luhas** 동 (뜨거운 것에) 데다, 화상을 입다. ¶Be'e manas luhas ha'u-nia liman. 뜨거운 물에 손을 데었어요. 유의 eskalda.

***luhu** 명 넓은 바구니. ¶Tia sira hamutuk halo luhu kapás. 아줌마들이 모여 넓은 바구니를 만들고 있어요.

⁑luhu-oan 명 담배쌈지, 담배 주머니. ¶Avo-mane haluha katak nia kesi luhu-oan iha ninia kanotak no buka hela fali luhu-oan. 할아버지는 담배쌈지를 허리에 맨 것을 잊고 또 담배쌈지를 찾고 있어요. 유의 ti'u.

***lukrativa** 형 여성 수익성이 좋은. ¶Maria haree ida-ne'e bisnis lukrativa. 마리아는 이 사업이 수익성이 좋다고 봐요.

***lukrativu** 형 남성 수익성이 좋은. ¶Jose hanoin katak industria peskas mak negosiu lukrativu. 조세는 수산업이 수익성이 좋은 사업이라고 생각해요.

***lukru** 명 ①이익. ¶Investimentu ne'ebé sira halo ne'e lakon mak barak, lukru laiha. 그들이 한 투자액이 많이 소모되고 이익이 없었다. 유의 benefísiu. ②혜택. ¶Ha'u hetan lukru barak husi governu. 나는 정부로부터 많은 혜택을 받았다.

***lulik** Ⅰ명 ①신성시하는 물건. ¶Ha'u nia amá lulik mak ida. 엄마가 신성시하는 물건이 이것이에요. ②겁나는 물건, 금기시하는 물건. ¶Labele hatama lulik ba uma laran. 겁나는 물건을 집에 들이지 마세요. Ⅱ형 금기의, 신성한. ¶Nia buka hela fatin lulik hodi reza. 그는 기도를 하기 위해서 신성한 장소를 찾고 있어요.

lulik-na'in 명 종교 지도자. ¶Sé mak lulik-na'in iha suku ida-ne'e laran ka? 이 마을에 종교 지도자가 누구시지요?

***lulu** 동 말아 올리다. ¶Lulu kalsa ain ba leten depois hatama nia ain iha bee-mota. 바짓단을 말아 올리고 강물에 발을 넣었습니다. 유의 lulun.

⁑lulun Ⅰ명 옷감 한 필. ¶Ema iha fatin balu sei uza lulun tradisaun hodi rezolve problema. 어떤 지역의 사람들은 문제를 해결하기 위해 전통 옷감 한 필을 사용하기도 합니다. Ⅱ동 ①말아 올리다. ¶Depois de manta ne'ebé iha sala laran lulun, tenke hamoos. 방안에 있는 이불을 말아 올리고 청소를 해야 해요. 유의 lulu. ②(넓은 것을) 말다, 싸다. ¶Favór

L

lulun poster ne'e. 이 포스터를 말아 주세요.

lurón 명 도로, 길. ¶Kolega sira tuur iha lurón iha-ne'ebá. 친구들이 저 길에 앉아 있다. 유의 dalan.

Lusifér 명 악마. ¶La bele tuir Lusifér nia tentasaun. 악마의 유혹을 좇아선 안 된다. 유의 demóniu, diabu.

*luta 동 분투하다, 투쟁하다. ¶Parabéns doben ba esforsu tomak ne'ebé mak durante ne'e luta ohin loron bele realiza! 오늘이 가능하기까지 분투한 모든 친구들, 축하합니다! 반의 badame.

lutadór 명 남성 투사, 레슬링 선수. ¶lutadór brani 용감한 투사

lutadora 명 여성 투사, 레슬링 선수. ¶Hodi sai lutadora ne'ebé isin boot, molok toba han barak. 몸집이 큰 레슬링 선수가 되려고 자기 전에 밥을 많이 먹었다.

*lutu 명 벽, 담. ¶Ami halo lutu hale'u uma. 우리는 집 둘레에 담을 만들었다. 유의 didin.

luun 명 눈물. ¶Ha'u haree ona luun iha ninia matan. 나는 그의 눈에서 눈물을 보았다. 유의 matabeen, matan-been.

*lu'ut 동 (알을) 품다. ¶Manu-inan lu'ut loron hira ona? 암탉이 며칠 알을 품었니?

*luvas 명 장갑. ¶Uza luvas ne'e di'ak ba protesaun liman. 손 보호에 좋은 이 장갑을 쓰세요.

*luxa 형 여성 호화로운, 사치스러운. ¶edifisu boot luxa 호화로운 저택

luxozu 형 사치스러운. ¶Nia la sente livre hanesan atu halo moris ne'ebé luxozu. 그는 사치스러운 생활을 할 만큼 여유롭지 못하다.

*luxu Ⅰ 명 호화로움, 사치. ¶Marito lakohi ninia kaben nia luxu maibé, la ko'alia buat ida. 마리또는 아내의 사치가 싫었지만 아무 말도 하지 않았다. Ⅱ 형 남성 호화로운, 사치스러운. ¶Mane ne'e hela iha moris ne'ebé luxu tebes. 그는 무척 사치스러운 생활을 했다.

luxuozu 형 고급스러운. ¶Restaurante ne'ebá ne'ebé loke foun temperatura iha laran mak luxuozu. 새로 개업한 저 식당은 실내 분위기가 고급스럽다.

*luzizmu 명 포르투갈 차용어. ¶Luzizmu barak iha Teum laran. 테툼어에는 포르투갈 차용어가 많아요.

M

*maas 명 하품. ¶Nia halo maas enkuantu estika. 그는 기지개를 켜면서 하품을 했다.

*madrasta 명 새어머니, 의붓어머니. ¶Ha'u-nia inan madrasta ne'e ema Same nian. 나의 의붓어머니는 사메 사람이다. 유의 inan-ki'ik.

*madre 명 수녀. ¶Madre sira ajuda fó hahan ba labarik kiak sira. 수녀님은 가난한 어린이들에게 음식을 주었어요.

*Madríd 명 마드리드. [스페인의 수도] ¶Nia hakarak ba vizita Madríd. 그는 마드리드를 방문하고 싶어해요.

*madrugada 명 새벽. ¶Nia agora daudaun iha servisu barak, tan ne'e servisu to'o madrugada. 그는 요즘 일이 많아서 새벽까지 일해요. 유의 dadeer-saan nakukun.

*madura 형 여성 익은, 성숙한. ¶Maria nia hahalok madura ona. 마리아의 행동은 이미 성숙해요.

*maduru 형 남성 익은, 성숙한. ¶Jose sai ema maduru hafoin kazamentu. 조세는 결혼 후에 성숙한 사람이 되었어요.

*máfia 명 마피아. ¶Máfia sira organiza ona atu mai sobu ita-nia rai. 마피아는 우리 영역을 무너트리려 조직하고 있다.

mafiozu 명 조직폭력배, 깡패. ¶Iha aminia vila iha mafiozu barak. 우리 마을에 깡패가 많아요.

*magnétika 형 여성 자석 같은.

*magnétiku 형 남성 자석 같은. ¶Besi ida ne'e iha karakter magnétiku. 이 금속은 자석 같은 성질이 있어요.

*mahal 형 두꺼운. ¶Livru ida-ne'e mahal tebes. 이 책은 매우 두껍네요. 유의 mahar. 반의 mihis.

*mahar 형 두꺼운. ¶Biti ida-ne'e mahar loos. 이 카펫은 너무 두껍네요. 유의 grosu, mahal. 반의 mihis.

mahein 명 수호자, 후견인. ¶Ha'u-nia mahein sempre hamutuk ho ha'u. 저의 후견인은 늘 저와 함께해요.

mahon 명 그늘. ¶Ai boot fó mahon boot. 큰 나무는 큰 그늘을 주어요.

*mahon-been 명 이슬. ¶Dadeer saan ita hadeer haree mahon-been. 아침 일찍 일어나서 이슬을 봐요. 이표기 mahobeen.

mahukun 명 임원, 통치자. ¶Husi mahukun nasaun bele desenvolve

M

mós no mós bele falha. 통치자에 의해서 나라는 발전하기도 하고 망하기도 한다. ㉤유의 diretór, ukun-na'in.

***mahusuk** Ⅰ 명 질문자, 진정인, 신청자. ¶Mahusuk sira husu universidade kona-ba ezame odamatan. 신청자들은 입학시험에 대해서 대학에 물어요. Ⅱ 형 {격식체로} 질문하는, 물어보는, 질문 형태의. ¶Maria nia oin ne'ebé to'os no mahusuk. 마리아는 상기된 얼굴로 질문했습니다.

***mai** Ⅰ 동 오다. ¶Ha'u mai atu hasoru ho mestre. 저는 선생님을 만나러 왔어요. 반의 bá. Ⅱ 부 여기로. ¶Fó mai. 여기로 주세요. Ⅲ 전 ~에, ~ 쪽으로. ¶Maria fó livru ida mai ha'u. 마리아가 내 쪽으로 책 한 권을 주었어요.

***maibé** 접 하지만, 그러나. ¶Nia hahú moris universidade nu'udár estudante normál, maibé nia graduadu ona nu'udár estudante estraordináriu. 그는 평범한 학생으로서 대학 생활을 시작했다. 하지만 특별한 학생으로서 졸업을 했다. 유의 mas, soke, mais. 이표기 maibee.

***mai ita** 우리 ~하자, 우리 ~합시다. ¶Mai ita fila ba uma ona! 우리집으로 돌아갑시다!

***main** 명 어머니, 엄마. ¶Ha'u sei la haluha main nia domin. 엄마의 사랑을 잊지 않겠습니다. 유의 amá, inan. 반의 apá, pai, aman.

***maioneze** 명 마요네즈. ¶Ha'u hakarak han maioneze ho paun hamutuk. 저는 마요네즈를 빵과 함께 먹는 걸 좋아해요.

***maiór** 명 성인. ¶Nia agora maiór ona! 그는 이제 성인이에요! 유의 adultu.

***maioria** 명 대다수. ¶Timor-oan maioria ema kristaun. 동티모르인 대다수는 기독교도예요. 반의 minoria.

***maioridade** 명 성인, 성년. ¶Maioridade de'it maka bele fuma sigaru. 성인은 담배를 피울 수 있어요.

***mais** 접 하지만, 그러나. ¶Primavera mai, mais ai-funan seidauk funan. 봄이 왔다, 그러나 아직 꽃은 피지 않았다. 유의 mas, soke, maibé.

***Maiu** 명 오월. ¶Iha Maiu ami reza ho tersu ba Na'in Feto. 오월에 우리는 묵주 구슬을 들고 마리아에게 기도를 해요. 유의 fulan-Maiu.

***maiúskula** 명 대문자. ¶Ita bele hakerek maiúskula Timor-Leste nian ka? 동티모르의 대문자를 써 줄래요?

***maizena** 명 수레국화. ¶Ha'u hakarak ba sosa maizena iha super merkadu. 저는 슈퍼마켓에서 수레국화를 사고 싶다.

***maizumenus** 부 대략, 약. ¶Ami iha aula laran maizumenus ema hamutuk ha'at nulu. 우리 수업에 대략 40명이 함께 해요. 이표기 maizoumenus.

***majestade** 명 장엄함, 위풍당당함. ¶Ninia majestade ne'e ninia poder. 그의 위풍당당함이 그의 힘이다.

***mak** Ⅰ 부 ① 더욱. ¶Mai ita la'o lailais mak diak. 더욱 빨리 걷자. ② 바로. ¶Mak ne'e! 바로 이거예요! / A: Sé mak fó aluga kuartu? B: Marito mak hatene. A: 누가 방을 임대해요? B: 바로 마리오가 알아요. Ⅱ 접 만약~ 면. ¶Mak iha buat ruma ita presiza, ko'alia ha'u. 만약 필요한 게 있으면 내게 말해요. 유의 se.

관용 A mak foin B A 후에 B가 발생할 것이다.

maka'as I 형 ①빠른. ¶Nia hala'i ho velosidade maka'as. 그는 빠른 속도로 달렸어요. 유의 lailais, lais, rápidu. ②강한, 센, 힘센. ¶Nia bele halo múskulu maka'as, hafoin ezersíziu loroloron. 그는 매일 운동을 해서, 강한 근육을 만들 수 있었다. II 부 ①빠르게. ¶Nia bele kalkula matematika maka'as. 그는 계산을 빠르게 할 수 있습니다. ②강하게, 세게. ¶Nia tuku odamatan maka'as. 그는 문을 세게 두드렸어요. 유의 maramaran. 이표기 makaas.

maka'asae 명 마카사이 지역어. ¶Ema Baucau hatene ko'alia maka'asae. 바우카우 사람은 마카사이 지역어를 말할 줄 알아요.

Maka'asar 명 마카사르. [인도네시아 중부의 항구 도시] ¶Ema sira husi Maka'asar fa'an ropa barak los iha Fatu-hada. 마카사르에서 온 사람이 파투하다에서 많은 옷을 팔아요.

Makau 명 마카오. [포르투갈 식민지였다가 1999년 십이월에 중국에 반환된 중국 남부의 무역항] ¶Ha'u-nia maun estuda ona eskola iha Makau. 제 형은 마카오에 있는 학교에서 공부했어요.

makerek[1] I 명 위선자. ¶Iha oin nia koalia halo ó laran tristi. Maibe, ó lahatene katak nia laran ne'e makerek. 너를 슬프게 하겠지만 대놓고 말할게. 넌 그놈이 위선자라는 것을 몰라. II 형 위선의, 위선적인. ¶Maria finji di'ak maibé faktu ne'e nia laran makerek tebes. 마리아는 착한 척하지만 사실은 매우 위선적이다. 유의 neon-makerek.

makerek[2] 형 색깔이 다채로운, 화려한. ¶O nia sumasu ne'e kór makerek kapa'as. 네 베개 색깔이 매우 화려하네.

maketak I 명 칸막이. ¶Ami presiza sala maketak rua. 우리는 방 칸막이 두 개가 필요해요. II 형 분리하는, 구분 짓는. ¶Liña maketak klaru la iha entre saida mak di'ak no ladi'ak. 좋은 것과 나쁜 것 사이를 명료히 구분 짓는 선은 없다.

makfa'an I 명 판매자. ¶Makfa'an sira fa'an hela sasán barak iha merkadu. 판매자들이 시장에서 많은 물건들을 팔고 있어요. II 형 판매하는. ¶Atoi hakarak hasoru ho ema makfa'an kona-ba rai. 아또이는 땅을 판매하려는 사람을 만났다.

makili I 동 간지럼을 태우다, 간지럽히다. ¶Lalika makili! 간지럽히지 마! 유의 kili. II 형 간지러운. ¶Ha'u nia ain sente makili. 발이 간지러워. 유의 katar.

makin 명 기계. ¶Makin ida-ne'e sai aat tiha ona. 이 기계가 고장났어요. 유의 mákina.

mákina 명 기계. ¶Ami nia amá hakarak iha mákina suku roupa. 우리 엄마는 재봉 기계를 갖고 싶어해요. 유의 makin.

mákina-faks 명 팩스기. ¶Ita sosa ona mákina-faks ida ka? 팩스기 한 대 샀나요?

mákina-fase 명 세탁기. ¶Ha'u uza mákina-fase hodi fase ha'u-nia ropa. 저는 세탁기를 사용해서 빨래를 해요.

mákina-fotografia 명 사진기.

M

¶Hasai ho mákina-fotografia maibe fotografia ladu'un di'ak maske hahaek tiha kuandu haree foto ne'e. 이 사진기로 찍었는데 사진이 별로예요. 그래도 이 사진은 볼 때마다 웃겨요. (유의) mákina-retratu.

⁑**mákina-fotokopia** 명 복사기. ¶Iha ne'e fa'an mákina-fotokopia ka? 여기 복사기 파나요? (유의) fotokopiadora, kopiadora.

⁑**mákina-hakerek** 명 타자기. ¶Uluk ami uza mákina-hakerek maibé agora ami uza komputadór. 예전에 우린 타자기를 사용했지만 이제는 컴퓨터를 사용해.

⁑**mákina-retratu** 명 사진기. ¶Mákina-retratu ne'e sosa iha ne'ebé? 이 사진기 어디에서 샀어요? (유의) mákina-fotografia.

⁑**makinista** 명 기술자. ¶Maria nia aman ne'e makinista eletrisidade. 마리아의 아버지는 전기 기술자예요. (유의) enjeñeiru.

⁑**maklokek** Ⅰ 명 여는 기구, 따는 기구, 병따개. ¶Presiza maklokek, favór lori mai. 병따개가 필요해요, 가져다주세요. Ⅱ 형 시작하는, 소개하는. ¶Nu'udár lia maklokek, nai prezidente hato'o liafuan ida-rua ba partisipante sira. 시작하는 말로 대통령은 참석자들에게 약간의 말을 했어요.

⁑**mak menus liu** 최소의. ¶Ami realiza rezultadu mak di'ak liu ho membru mak menus liu. 우리는 최소의 인원으로 최고의 결과를 이루었다. (반의) barakliu.

⁑**maksalak** 명 죄인. ¶Nu'udár ema maksalak la haluha husu perdua ba Nai Jesus. 죄인으로서 예수에게 용서를 구하는 것을 잊지 마세요. (유의) sala-na'in.

maksoin 명 군주, 국왕, 왕.

⁑**maksosak** 명 소비자. ¶Maksosak sira presiza sasán foun barak. 소비자들은 많은 새로운 상품을 필요로 해요. (유의) konsumidór.

maksusuk 명 포유류. ¶Baleia hela iha tasi maibé maksusuk. 고래는 바다에 살지만 포유류예요. (유의) mamíferu.

⁂**mala** 명 여행 가방, 가방. ¶Ha'u presiza mala ida atu tau ha'u-nia livru. 저는 책을 넣을 여행 가방이 하나 필요해요.

⁂**malae** Ⅰ 명 외국인. ¶Malae barak ho UN mai Timor-Leste. 유엔과 함께 많은 외국인들이 동티모르에 왔어요. (유의) estranjeiru. Ⅱ 형 외국의, 외계인의. ¶Ema malae ne'e hela iha Dili. 그 외국의 사람은 딜리에 살아요.

⁑**malae-metan** 명 흑인. ¶Nia gosta halimar ho malae-metan sira. 그는 흑인들과 함께 노는 걸 좋아해요. (이표기) malae metan.

⁑**malae-mutin** 명 백인. ¶Depois de ema Indonesia sira sai hosi Timor malae-mutin tama kedas. 인도네시아인들이 티모르를 떠난 후에 바로 백인들이 들어왔어요.

⁑**malae-Xina** 명 중국인. ¶Ninia tia atu halo kazamentu ho malae-Xina. 그의 삼촌은 중국인과 결혼하려 해요. (유의) Xina, xinés.

⁑**malahuk** 형 회색의, 구름 낀, 흐릿한. ¶Ohin lalehan mak malahuk, karik udan atu tau. 오늘 하늘이 흐린 게 아마 비가 떨어질 거 같다.

malaiu Ⅰ명 말레이 사람. ¶Malaiu na'in ida tama Timor-Leste. 말레이 사람 한 명이 동티모르에 들어왔어요. Ⅱ형 말레이의. ¶lian malaiu 말레이의 언어

Malaka 대 말라카. [말레이 연방의 주도 중 하나] ¶Malaka mak fatin ida-ne'ebé malae Portuguese sira uluk hela ba antes mai iha Timor. 말라카는 포르투갈인이 동티모르에 오기 전에 살았던 장소예요.

malandra 형 여성 부정직한, 나쁜 성격의. ¶Estudante feto ne'e malandra. 그 여학생은 부정직해요.

malandru Ⅰ명 사기꾼, 악당, 불한당. ¶Labarik sira ne'e malandru. 그 애들은 악당이에요. Ⅱ형 남성 부정직한, 나쁜 성격의. ¶Estudante mane ne'e malandru. 그 남학생은 부정직해요.

malária 명 말라리아. ¶Ha'u moras ho malária. 저는 말라리아로 아파요. 유의 bee-doko.

malázia 명 말레이시아인. ¶Malázia ne'e membru eskola nian. 그 말레이시아인은 학교의 일원이에요.

* **maldozu** 형 지저분한, 문란한. ¶Mane ne'e maldozu ho ninia vida privadu. 그는 사생활이 지저분하다.

maledukadu 형 예의 없는, 무례한. ¶Nia hatudu asaun maledukadu. 그는 행동이 무례해요. 유의 brutu, groseira, groseiru.

*** **malirin** Ⅰ명 추움, 차가움. Ⅱ형 추운, 시원한. ¶Seoul nia invernu malirin tebes. 서울의 겨울은 매우 추워요.

malisan Ⅰ명 저주. ¶Nia fó malisan ba xofér seluk. 그는 다른 운전자에게 저주를 퍼부었어요. Ⅱ동 저주하다. ¶Lalike malisan ba ita-an, maske its la bele kaer oportunidade boot. 큰 기회를 놓쳤더라도 스스로를 저주하지 말아요. 반의 bensa.

* **malkriadu** 형 무례한, 예의 없는. ¶Tansá mak ita malkriadu ba ita-nia inan? 너는 왜 어머니한테 예의 없이 구니? 유의 brutu, groseira, groseiru. 반의 delikada, delikadu.

** **malorek** 형 명료한, 분명한. ¶Nia fó ha'u diresaun malorek. 그는 나에게 분명한 지시를 했다. 반의 ekívoku.

*** **malu** 부 서로. ¶Ita presiza kuinese malu. 우리는 서로 알아요.

*** **maluk** 명 ①친구, 동료. ¶Nia ha'u-nia maluk servisu hamutuk. 그는 우리와 함께 일하는 친구예요. 유의 amiga, belun, dulur, kolega. ②친척, 관계. ¶Maluk depende ba malu. 친척은 서로 의지해요. 유의 familiar.

Maluku[1] 명 말루꾸. [태평양에 있는 섬] ¶Ema dehan katak rai Maluku ne'e Portuguese sira mak hanaran. 사람들이 말하길 말루꾸 땅이란 이름은 포르투갈이 지었다고 해요.

maluku[2] 형 미친. ¶Kudidadu asu maluku. 미친개를 조심해.

malus 명 구장 후추. ¶Ema fa'an malus iha merkadu Taibesi. 타이베시 시장에서 구장 후추를 팔아요.

malus-kain 명 쇄골. ¶Nia agora daudaun ezersíziu intensivu atu halo malus-kain bonita. 그녀는 요즘 예쁜 쇄골을 만들려고 집중 운동을 해요. 유의

M

lakat-ruin.

⁑**mama** Ⅰ 명 마마, 빈랑나무 잎. ¶Ha'u-nia avo nata mama. 제 할아버지는 마마를 씹어요. Ⅱ 동 씹다. ¶Ha'u haree ema Vietnamita sira mós mama malus hanesan ema timor. 전 베트남 사람이 동티모르 사람처럼 구장 후추를 씹는 걸 봤어요. 유의 nata.

*****mama-fatin** 명 마마 바구니. [빈랑나무 열매로 만든 씹을 거리를 넣어두는 바구니] ¶Lori mama-fatin mai hodi tau bua ho malus ba. 빈랑나무 열매와 구장 후추를 넣게 작은 마마 바구니를 가져오렴. 이표기 mam-fatin.

*****mamá-ki'ik** 명 작은엄마, 숙모, 작은이모, 부모 항렬의 손아래 여성 친척. ¶Ha'u nia mamá-ki'ik mak tia Maria. 제 작은엄마가 마리아예요. 유의 amá-ki'ik.

⁑**mamal** 형 부드러운. ¶Bebé nia kulit mamal. 아기의 피부가 부드러워요. 유의 mamar. 반의 brutu.

⁑**mamar** 형 ①부드러운. ¶Hamoos ho hena mamar lai. 부드러운 천으로 닦으세요. 유의 delikada, fraku, mamal. 반의 brutu, buis. ②딱딱하지 않은. ¶Batar da'an karik mamar. 옥수수를 삶으면 딱딱하지 않아요. 반의 dudun. ③약한. ¶Nia laran mamar loos ne'e problema ida. 그는 마음이 너무 약한 것이 문제예요. 유의 fraku. 반의 forsa-maka'as.

mambae 명 맘바이. [동티모르 중부 지역 사람들이 사용하는 오스트로네시안 계열의 언어] ¶Ema ermera ko'alia lian mambae. 에르메라 사람은 맘바이 말을 해요.

mami 명 미라. ¶Mami iha Timor-Leste seidauk hetan. 동티모르에서 미라는 아직 발견되지 않았어요.

mamíferu 명 포유류. ¶Animál mamíferu inklui ema. 사람은 포유류 동물에 속한다. 유의 maksusuk.

*****mamiik** Ⅰ 명 방광. ¶Ninia mamiik sai aat, no tenke ba ospitál. 그의 방광이 나빠져서 병원에 가야만 해요. Ⅱ 형 소변의. ¶Kór mamiik hatudu kondisaun saude. 소변의 색깔이 건강 상태를 나타내요.

*****mamuk** 형 비운, 비워진. ¶Kompleta espasu mamuk sira iha kraik ne'e ho liafuan sira. 밑에 비워진 칸을 단어로 채우세요. 반의 nakonu.

⁑**mana** 명 사모님, 아줌마, 큰언니, 누님, 기혼 여성을 부르는 말.

*****manamanas** 부 격정적으로, 감성적으로. ¶Ha'u haree nia fuan-laek maibe nia koalia manamanas mak halo ha'u hakfodak. 그를 매정하게 보았는데 감성적으로 말을 해서 놀랐어요. 유의 manas-manas.

⁑**manán** 동 이기다, 승리하다. ¶Sé mak atu manán? 누가 이길까? 이표기 manaan.

⁑**manas** Ⅰ 명 열. ¶Nia sente manas husi loro. 그는 태양의 열을 느껴요. Ⅱ 형 뜨거운, 매운. ¶Modo ne'e manas los. 이 채소가 무척 매워요. Ⅲ 부 열망하여, 열심히, 간절히. ¶Nia reza manas tebes. 그는 간절히 기도해요. 유의 namanas.

*****manas-manas** 부 격정적으로, 감성적으로. ¶Nia hamoos uma laran manas-manas hela hafoin labarik halai entaun halo fo'er. 아이가 더럽힌 집안을

그는 격정적으로 청소했다. (유의) manamanas.

* **Manatuto** 명 마나뚜또. [동티모르의 대도시]

* **manda** 동 이끌다, 명령하다. ¶Nia manda hela ekipa hodi estuda lian Korea. 그는 한국어 학습 팀을 이끌고 있어요.

* **mandadu** 명 영장. ¶PNTL hetan mandadu atu kaer kriminozu sira. 동티모르 국립 경찰은 죄인을 잡기 위한 영장을 준비했어요.

mandamentu 명 계명, 계율. ¶Maromak halo ema no husik hela 10 mandamentu. 신은 인간을 만들고 십계명을 남겼다. (유의) ukun-fuan.

mandatu 명 권한, 체제, 임기. ¶Tinan ne'e ha'u-nia mandatu remata ona. 이번 연도 제 임기는 끝났어요.

* **mandór** I 명 고압적인 사람. ¶presiza mandór 고압적인 사람이 필요하다 II 형 고압적인. ¶Tanbasá labarik ne'e karakter mandór? 왜 그 어린애 성격이 고압적이지?

* **manduku** 명 개구리, 두꺼비. ¶manduku no manduku oan 개구리와 올챙이 (유의) kedo, klekat.

* **mane** 명 남자. ¶Sentina ba mane iha ne'ebé? 남자 화장실이 어디에 있어요? (반의) ema-feto, feto.

* **mane-aman** 형 용감한, 용맹한, 단호한. ¶Maun ne'e mane-aman loos. 그 형은 정말 용감해.

* **mane-buan** 명 마법사, 귀재. ¶Sira buka hela mane-buan. 그들은 마법사를 찾고 있어요.

* **mane-faluk** 명 홀아비. ¶Mane ne'e nia feen mate tiha ona i agora nia mane-faluk. 그 남자는 아내가 죽고 이제는 홀아비가 되었어요. (이표기) mane faluk.

* **mane-foun** 명 사위. ¶Ita presiza nahe biti hodi simu mane-foun. 사위 맞이하게 매트를 펴야지. (이표기) mane foun.

* **maneira** 명 예의, 매너. ¶Mestre esplika ho maneira. 선생님은 매너가 있게 설명했어요. (유의) etiketa.

* **maneja** 동 다루다, 경영하다, 조종하다. ¶Ita tenke maneja didi'ak ita-nia tempu ba estuda. 공부하기 위한 시간을 잘 다뤄야만 해요.

* **mane-klosan** 명 (남성) 청년. ¶Mane-kolsan na'in ida gosta kria problema. 이 청년은 문제 일으키기를 좋아해요. (반의) feto-klosan. (이표기) mane klosan.

mane-mamar 명 남성 동성애자. ¶Agora mane-mamar barak loos iha tasi ibun. 지금 해변에 많은 남성 동성애자 연인들이 있어요.

mane-matenek 명 식자, 지식인. ¶Ita bele dehan katak mane-matenek ne'e signifika mane ne'ebé edukadu. 우리는 지식인은 교육받은 사람이라 생각해요.

mane-mesak 명 미혼남. ¶Iha klase laran ne'e estudante hotu mak mane-mesak. 이 수업에 있는 학생들은 모두 미혼남이에요.

mane ne'ebé dansa (남성) 댄서. ¶Nia mak mane ne'ebé dansa ho enerjia.

M

그는 열정적인 댄서예요. 유의 dansarinu. 반의 feto ne'ebé dansa.

*mane-oan 명 소년. ¶Mane-oan iha futuru ita harakrak sai saida? 소년, 미래에 뭐가 되고 싶니? 유의 labarik-mane.

mane uma-laran 남성 가정부. ¶Nia buka hela mane uma-laran atu ajuda te'in no hamoos uma. 그는 가정부를 구하고 있다. 유의 doméstiku.

*mangame 동 열변을 토하다, 격찬하다, 극찬하다. ¶Kona-ba ninia vizaun, nia mangame hela iha povu oin. 그는 자신의 비전에 대해서 국민 앞에서 열변을 토하고 있어요.

manifesta 동 시위하다. ¶Sé mak manifesta kontra governu? 누가 정부에 대항하여 시위하는 거지요?

manifestasaun 명 시위. ¶Estudante sira halo manifestasaun iha semana kotuk. 학생들이 지난주에 시위를 했어요. 유의 demo.

maninga[1] 명 부적. ¶Uza maninga ita bele dada ema ida ka? 부적을 사용해서 한 사람을 끌어당길 수 있어?

*maninga[2] 동 넋을 빼놓다, 홀리다. ¶Nia hemu ai-moruk aat ida naran maninga. 그는 나쁜 약을 먹고 속이 넋을 빼놓게 되었어요.

manipulasaun 명 조작. ¶manipulasaun presu sasán 주가 조작

⁑manko 명 공기, 그릇. ¶tau etu iha manko 공기에 밥을 담다

*manorin Ⅰ 명 선생, 교육자. ¶Bondia manorin di'ak ka la'e? 안녕하세요, 선생님? 유의 mestre. Ⅱ 형 교육하는. ¶Nia mak ema manorin ba alin. 그는 동생을 교육하는 분이에요.

*manta 명 이불. ¶hatutan manta 이불을 펴다 유의 kapote.

⁑manteiga 명 버터. ¶hatama manteiga 버터를 넣다

*mantein 동 유지하다. ¶Hodi mantein kompañia, ha'u atu simu tusan husi banku. 사업을 유지하기 위해서 은행에서 대출을 받으려 한다.

⁂manu 명 닭, 새. ¶Ninia apá hakiak manu barak iha ami-nia villa. 그의 아버지는 우리 마을에서 닭을 많이 길러요.

manu-ain 명 사절, 메신저. ¶Manu-ain iha devér sira ne'ebé barak. 사절은 많은 의무를 지고 있다. 유의 emisáriu.

⁑manuál Ⅰ 명 안내 책자, 설명서. ¶Ami tenke kompriende manuál hotu kona-ba mákina nian hodi ami bele uza. 우리는 이 기계의 설명서를 모두 다 이해해야 해요. Ⅱ 형 손으로 조작하는, 수동인. ¶Ha'u estuda hela dalan manuál kona-ba mákina ne'e. 이 기계를 손으로 조작하는 방법을 배우고 있어요. 반의 automátiku.

⁑manu-aman 명 (새의) 수컷. ¶Manu sira ne'e manu-aman barak mak furak duké manu-inan. 새들은 암컷보다 수컷이 아름다운 경우가 많다.

manu-buan 명 부엉이. ¶Ha'u seidauk haree diretamente manu-buan. 부엉이는 아직 직접 본 적이 없어요. 유의 manu-kakuuk. 이표기 manu buan.

Manufahi 명 마누파이. [남동쪽의 맘바이 지역의 행정 구역] ¶Dom Boaventura mai hosi Munisípiu Manufahi. 돔 보아벤투라

는 마누파이 지역 출신이에요.

manu-falur 명 비둘기. ¶Manu-falur simboliza dame. 비둘기는 평화를 상징합니다. 유의 falur, kraa-metan, pombu. 이표기 manu falur.

*__manufatura__ Ⅰ 명 제조. ¶Mai ita komesa industria manufatura iha Timor. 티모르에서 제조 사업을 시작합시다. 유의 fabrikasaun. Ⅱ 동 제조하다. ¶Kompania ida-ne'e hakarak manufatura. 이 회사는 제조하길 원해요. 유의 fábrika.

manu-fuik 명 야생 닭, 야생 새. ¶Ami bá buka manu-fuik iha ai laran. 우리는 나무에 있는 야생 닭을 찾고 있어요. 이표기 manu fuik.

manu-fulun 명 깃털. ¶Manu-fulun ne'e furak tebes. 이 깃털은 너무 멋져요. 이표기 manu fulun.

manu-inan 명 암탉. ¶Manu-inan ida iha ai leten. 암탉 한 마리가 나무 위에 있어요. 이표기 manu inan.

manu-kakuuk 명 부엉이. ¶Manu-kakuuk gosta lian iha kalan. 부엉이는 밤에 소리 내는 걸 좋아해요. 유의 manu-buan.

manu-kelen 명 수탉. ¶Nia gosta han manu-kelen. 그는 수탉 먹는 걸 좋아해요. 이표기 manu kelen.

manu-kidun 명 물사마귀, 염증. ¶Iha ninia isin manu-kidun mosu. 그의 몸에 물사마귀가 생겼어요.

*__manu-knuuk__ 명 둥지. ¶Ninia apá halo manu-knuuk tanba ami-nia manu-inan atu tolun. 그의 아빠는 암탉이 알을 낳으려고 해서 둥지를 만들어요. 유의 knuuk. 이표기 manu knuuk.

*__manu-liin__ 명 참새. ¶Ami haree manu-liin barak. 우리는 많은 참새들을 보고 있어요.

manu-luhan 명 새장. ¶Ami sei hadi'a manu-luhan. 우리는 새장을 수리할 거예요. 이표기 manu luhan.

*__manu-luut__ 명 산란용 닭. ¶Keta book manu-luut. 산란용 닭의 신경을 건드리지 마.

manu-maten 명 간질. ¶Bainhira nia sei ki'ik, nia iha moras manu-maten. 그는 어렸을 때, 간질이 있었다. 유의 bibi-maten, epilépsia.

manu-metan 명 까마귀. ¶Iha área Ermera manu-metan barak. 에르메라 지역에 까마귀가 많아요. 유의 kauá, kokoreek. 이표기 manu metan.

*__manu-oan__[1] 명 고추, 어린 남자아이의 성기. ¶Labarik ne'e nia manu-oan hetan moras. 어린아이의 고추가 아파요. 유의 lasan, penis. 이표기 manu oan.

*__manu-oan__[2] 명 병아리, 새끼 새, 영계. ¶Manu-oan barak mai husi iha ne'ebé? 이 많은 병아리들이 어디에서 생겼어요? 이표기 manu oan.

manu-perú 명 칠면조. ¶Ema iha Eropa gosta han manu-perú. 유럽 사람들은 칠면조 먹기를 좋아해요. 유의 perú.

manu-pombu 명 비둘기. ¶Ami namora enkuantu fó-han ba manu-pombu iha jardin. 우리는 공원에서 비둘기에게 모이를 주면서 데이트를 했다.

manu-raan 명 물사마귀. ¶Ninia alin

M

nia ain iha manu-raan barak loos. 그의 동생의 다리에 물사마귀가 무척 많아요. (이표기) manu raan.

manu-rade 명 오리. ¶Ema Xina han hela manu-rade. 중국 사람은 오리를 먹고 있어요. (유의) patu, rade. (이표기) manu rade.

manu-talin 명 메시지 전달자. ¶Nia mak ha'u-nia manu-talin molok ha'u hetan ha'u-nia namorada. 그는 나와 애인의 메시지 전달자였어요.

manutensaun 명 유지, 지속. ¶manutensaun ba karreta 자동차의 성능 유지

*__manu-tolun__ 명 달걀, 계란. ¶Ita gosta han manu-tolun ka? 계란 먹는 거 좋아해요?

*__manu-tolun kinur__ 노른자. ¶Ha'u la han manu-tolun kinur bainhira ha'u han manu-tolun. 나는 달걀을 먹을 때 노른자는 먹지 않는다.

*__maohok__ 명 정육점 주인, 도축업자. ¶Nia maohok ami-nia suku nian, bainhira sosa na'an, nia fó mai liu tan ba ha'u ho espesiál. 그는 우리 동네의 정육점 주인이고요, 고기 살 때 제게는 특별히 더 많이 주어요. (유의) matadór.

*__mapa__ 명 지도. ¶Turista sira la hatene dalan ba foho Ramelau, entaun sira presiza mapa. 관광객들은 라멜라우산에 가는 길을 알지 못해서 지도가 필요해요.

*__mara__ 형 마른, 말린. ¶Ha'u hanoin katak ha'u sosa ikan mara no tein. 말린 생선을 사서 요리를 해야겠어요. (유의) maran.

marae 명 마라에. [부낙 지역의 방언] ¶Ita bele kompriende lian marae ka? 마라에 방언 이해할 수 있어요?

*__marakujá__ 명 시계꽃 열매, 패션 프루트. ¶Iha Aileu ema barak mak kuda hela marakujá. 아일레우에서는 많은 사람들이 패션 프루트를 재배하고 있어요.

*__maramaran__ 부 ①강하게, 세게. ¶Karreta rua xoke malu maramaran. 두 대의 자동차가 강하게 부딪혔어요. (유의) maka'as. ②엄격하게. ¶fiskaliza maramaran 엄격하게 심사하다 (이표기) mar-maran.

*__maran__ 형 마른, 말린, 건조한. ¶Ha'u kosar barak, entaun kakorok maran loos. 땀을 많이 흘렸더니 목이 많이 마르네. (유의) mara. (반의) bokon.
관용 maran dekor 바짝 마르다.

maratona 명 마라톤. ¶kampionatu maratona 마라톤 대회

*__maravilla__ 명 경이로움. ¶Iha fatin ne'e, ha'u bele haree maravilla ne'ebénatureza mak fó ba ita. 그곳에서 자연이 우리에게 주는 경이로움을 느낄 수 있었다. (유의) buat-foun.

*__maravillozu__ 형 기막히게 좋은, 경탄할 만한. ¶Cristo Rei fatin ida ne'ebé maravillozu. 크리스토 레이의 경치는 경탄할 만해요.

mariña 명 해군. ¶Mariña Timor-Leste nian presiza ró barak. 동티모르의 해군은 많은 배가 필요해요.

mariñeiru 명 선원, 뱃사람, 어부. ¶Meriñeiru sira servisu di'ak. 선원들은 일을 잘해요. (유의) ema-ró. (이표기) marineiru.

marítimu 형 바다의, 해양의, 배의. ¶partisipa iha exersísiu marítimu internasionál 국제 해양 활동에 참여하다 유의 tasi nian.

marjinál[1] 형 미미한, 중요하지 않은. ¶Ida-ne'e fatór marjinál ba susesu. 이건 성공에 미미한 요소예요.

marjinál[2] 형 외부인의. ¶Favór la konsidera hanoin marjinál, no konsentra. 외부인의 생각을 고려하지 말고 집중하세요.

marjinaliza 동 하찮은 존재 같은 기분이 들게 하다. ¶Tanbasá nia mak koko marjinaliza ha'u ka? 왜 걔는 나에게 하찮은 존재 같은 기분이 들게 하지?

marka Ⅰ 명 브랜드, 메이커 이름. ¶Ita-nia telepone marka naran saida? 네 핸드폰 브랜드가 뭐니? Ⅱ 동 ①표시하다. ¶Nia marka hela liña iha rai. 그는 땅에 줄을 표시하고 있어요. ②전화하다. ¶Ita marka ona ho sé? 누구와 전화했니? 유의 liga. ③득점하다. ¶FC estudante nian marka golu 1. 학생들의 축구 클럽이 1점을 득점했어요. ④시간을 정하다, 맞추다. ¶Ami mak marka tempu hodi familia rua tuur hamutuk. 우리는 두 가족이 함께하기 위해 시간을 정했어요.

***markadór** 명 ①매직펜. ¶Ita bele hola markadór iha ne'ebé? 매직펜을 어디에서 살 수 있어요? ②기록원. ¶Taekwondo markadór sira hotu mak Timor-oan. 태권도 기록원들 모두 동티모르인이에요. ③점수표. ¶Taekwondo markadór ida-ne'e eletrónika. 이 태권도 점수표는 전자식이에요.

***markarpasu** 명 심장 박동 조율기. ¶Ninia fuan kondisaun aat entaun nia presiza markarpasu. 그의 심장 상태가 나빠서 심장 박동 조율기가 필요해요.

⁑**markasaun**[1] 명 전화 걸기. ¶Agora electrisidade la iha markasaun bele ka la'e? 지금 전기가 나갔는데 전화 걸기는 가능하니?

markasaun[2] 명 채점. ¶Profesór nia markasaun la bele tarde. 교수님의 채점은 늦어선 안 돼요.

***marmelada** 명 잼. ¶marmelada halo husi morangu 딸기로 만든 잼

⁑**Maromak** 명 신, 하느님. ¶Mane ida-ne'e nu'udár fiar-na'in hanoin katak Maromak mak halo lalehan ho rai. 이 남자는 신앙인으로서 천지를 신이 창조했다고 생각해요.

⁑**Marsu** 명 삼월. ¶Ninia aniversáriu iha Marsu. 그의 생일은 삼월에 있어요. 유의 fulan-Marsu, fulan-tolu.

***Marte** 명 화성. ¶Ita bele imajina katak ema bele to'o Marte iha futuru. 우리는 미래에 인간이 화성에 도착하는 것을 상상할 수 있어요.

martelu 명 망치, 해머. ¶Katuas ida ho martelu sai mai dere televizaun ne'ebá derrepente. 한 아저씨가 망치를 들고나와서 갑자기 저 텔레비전을 내리쳤어요. 유의 besi-tanutuk.

martir 명 순교자. ¶Povu bolu nia martir tanba nia mate tanba nia fiar ninia relijiaun. 그는 종교에 대한 믿음 때문에 죽어서, 사람들은 그를 순교자라 불러요.

marungi 명 모링가나무. ¶Iha Dili ema

M

barak gosta kuda marungi. 딜리에 많은 사람들이 모링가나무 심기를 좋아해요.

⁑**mas** 접 하지만. ¶Nia hakarak mas la brani. 그는 하고 싶었다. 하지만 용기가 없었다. 유의 soke, maibé, mais.

masakre 명 대학살. ¶Masakre Santa Cruz rekorda husi istória kontemporanéu ida. 산타크루즈 대학살은 동시대의 역사 기록이에요.

⁑**masán** 명 사과. ¶Nia gosta han masán. 그는 사과 먹기를 좋아해요. 유의 deskulpa. 이표기 masaan.

⁑**másima** 명 최대. ¶Ho esforsu másima de'it mak ita bele realiza mehi. 최대의 노력을 할 때만 우리는 꿈을 이룰 수 있다.

⁑**masimidar** 명 설탕. ¶Kafé ne'e presiza masimidar. 이 커피는 설탕이 필요해요. 유의 masin-midar.

***masimiza** 동 극대화하다. ¶Atu masimiza servisu, governu haka'as an. 고용을 극대화하기 위해 정부는 노력해요.

⁑**másimu** Ⅰ 명 최대. ¶Aula ida-ne'e simu estudante másimu to 20 de'it. 이 수업의 최대 인원은 오직 20명뿐이에요. Ⅱ 형 최대의, 최대한의. ¶Karreta ne'e to'o ona ho ninia másimu velosidade. 그 자동차는 최대의 속도로 도착했어요. 반의 mínimu.

⁑**masin** 명 소금. ¶tau masin 소금을 넣다 유의 masin-moruk.

***masin-fatin** 명 소금통. ¶Ha'u presiza masin-fatin atu tau masin. 소금을 넣을 소금통이 필요해요.

masin-fatuk 명 암염, 석염. ¶Ho masin-fatuk atu halo saida? 암염을 가지고 뭐 하려고?

⁑**masin-midar** 명 설탕. ¶Mane ne'e tau masin-midar kanuru ida iha kafé. 그는 커피에 설탕 한 스푼을 넣었다. 유의 masimidar. 이표기 masin midar.

⁑**masin-moruk** 명 소금. ¶Tenke tau masin-midar maibe ha'u tau ona masin-moruk. 설탕을 넣어야 하는데, 소금을 넣었어요. 유의 masin. 이표기 masin moruk.

***máskara** 명 복면, 마스크. ¶Uza máskara atu proteje ibun no inus husi rai-uut. 먼지로부터 입과 코를 보호하기 위해 마스크를 사용하세요.

⁑**maske** 접 ~라 하더라도, ~기는 하지만. ¶Maske servisu difisil tebes, ita tenke halo se servisu ne'e valór boot. 아무리 어렵다 하더라도 가치 있는 일이라면 해야 한다. 유의 biar, embora, maski.

⁑**maski** 접 ~라 하더라도, ~기는 하지만. ¶Maski mesak maibé ha'u kontente. 혼자라 하더라도 저는 행복해요. 유의 biar, embora, maske.

⁑**maski nune'e** ~에도 불구하고. ¶Ha'u halo hela planu viajen, maski nune'e agora osan la iha. 지금은 돈이 없지만 그럼에도 불구하고 여행 계획을 세우고 있어요. 이표기 maski nunee.

⁑**maskulinu** 형 남성적인, 남성의. ¶feto maskulinu 남성적인 여자 반의 femeninu.

masteradu 명 석사, 석사 학위. ¶Feto ne'e simu nivél masteradu iha Musikolojia husi universidade

Germania. 그녀는 독일의 한 대학에서 음악학으로 석사 학위를 받았다. 유의 mestradu.

*matabeen 명 눈물. ¶Maria tanis lapara no matabeen kontinua sai tanba ninia maun mate. 마리아는 그녀의 오빠가 죽어서 눈물이 그치질 않아요. 유의 luun, matan-been.

matabixu Ⅰ 명 아침 식사. ¶Ita han matabixu saida? 아침 식사로 뭐 먹었어요? 유의 han-dadeer. Ⅱ 동 아침 식사를 하다, 아침을 먹다. ¶Ha'u matabixu ona. 저는 아침 식사를 했어요.

matadalan 명 안내, 안내서, 안내자. ¶Livru ne'e sai hanesan matadalan ba ha'u atu te'in. 이 책은 제가 요리하기 위한 안내서와 같아요.

matadoiru 명 도축장. ¶Nia servisu hela iha matadoiru. 그는 도축장에서 일하고 있어요. 유의 oho-na'an fatin. 이표기 matadouru.

*matadór 명 정육점 주인, 도축업자. ¶Matadór hatene oinsá nia bele oho karrau ho di'ak. 도축업자는 소를 도축하는 방법을 잘 알아요. 유의 maohok.

*matak 형 날것의, 익지 않은. ¶Etu ne'e matak. 이 쌀은 익지 않은 거예요.

matan 명 ①눈, 눈동자. ¶Maria iha matan metan. 마리아는 검은 눈을 가지고 있어요. ②덮개, 커버. ¶Ita haree sanan matan? 너 냄비 덮개 봤니? ③부분, 일부. ¶Fahe ba matan haat. 네 개의 부분으로 나눠.

matan-aas 형 거만한, 오만한. ¶Ninia oin hatudu espresaun matan-aas. 그는 거만한 표정을 지었다. 반의 edukadu.

matan-aat Ⅰ 명 ①나쁜 시력. ¶Uluk nia iha matan di'ak, maibé agora sai matan-aat. 예전에 그는 좋은 시력을 가지고 있었지만 지금은 나쁜 시력을 가지고 있어요. ②맹목적임, 무지함. Ⅱ 형 근시의, 눈이 먼. ¶Nia matan-aat no labele le'e livru. 그는 눈이 멀어서 책을 읽을 수가 없어요. 유의 delek. 이표기 matan aat.

matan-been 명 눈물. ¶Laiha lian, ninia matan-been sulin hela. 소리 없이 그의 눈물이 흐르고 있어요. 유의 luun, matabeen. 이표기 matan been.

matan-busa 명 교활한. ¶Ninia matan hanesan matan-busa nian. 그의 눈은 교활해 보여요.

matan-dalan 명 가이드, 안내. ¶Bainhira ita hakarak bá fatin foun, ita presiza matan-dalan. 새로운 곳에 가고 싶을 때 안내가 필요해요. 유의 matadalan.

matan-delek 명 시각 장애인, 장님. ¶Uluk nia iha matan di'ak, maibé agora sai matan-delek. 예전에 그는 시력이 좋았지만 지금은 시각 장애인이 되었다. 유의 matan-laek. 이표기 matan delek.

matan-dook 명 주술사, 마법사, 점쟁이. ¶Matan-dook ne'e mak haree ha'u-nia alin moras. 주술사가 아픈 그의 동생을 보고 있어요.

matan-dukur Ⅰ 명 잠, 눈을 감고 휴식함. ¶Agora imi bele halo matan-dukur. 이제 잠을 자도 됩니다. Ⅱ 형 졸린. ¶Estudante matan-dukur hamriik atu hadeer bele sente di'ak. 졸린 학생은 잠을 깨기 위해 일어섰다. 유의 danae,

M

dukur. 이표기 matan dukur.

*__matan-foun__ 형 순진한, 천진난만한, 고지식한. ¶Nia ema matan-foun iha ami-nia suku. 그는 우리 마을에서 천진난만한 사람이에요. 이표기 matan foun.

*__matan-fuan__ 명 안구, 눈알. ¶Ninia matan-fuan boot. 그의 안구는 커요. 유의 matan-musan. 이표기 matan fuan.

*__matan-fukun__ 명 눈썹. ¶Feto ne'ebá ninia matan-fukun hanesan buan nian. 저 여자 눈썹이 마법사 같아. 이표기 matan fukun.

*__matan-fulun__ 명 속눈썹. ¶Maria nia matan-fulun naruk tebes. 마리아의 속눈썹은 무척 길어요. 이표기 matan fulun.

*__matan-laek__ 명 시각 장애인, 장님. ¶Ninia avó sai matan-laek ona. 그의 할아버지는 이미 시각 장애인이 되었어요. 유의 matan-delek.

*__matan la haree__ 눈이 먼. ¶Filme ne'e kontestu katak ikus mai ema ne'ebé matan la haree moris no husik hela. 그 영화는 눈이 먼 사람들이 결국 살아남는 내용이다.

__matan-malahuk__ 동 (시야가) 흐릿해지다. ¶Nia mak kole loos, depois matan-malahuk. 그는 너무 피곤해서 시야가 흐릿해졌다.

*__matan-mean__ 명 충혈된 눈, 빨간 눈. ¶Rai-uut halo ha'u-nia matan-mean. 먼지 때문에 충혈된 눈이 되었어요. 이표기 matan mean.

*__matan-monu__ 형 반한, 빠져 있는, 푹 빠진. ¶Sira matan-monu malu. 그들은 서로 사랑에 빠져 있어요. 이표기 matan monu.

*__matan-moon__ 형 완전히 깨어 있는, 정신이 말똥말똥한, 기민한. ¶Ha'u hemu kafé no agora ha'u-nia matan-moon. 커피를 마셔서 지금은 정신이 말똥말똥합니다. 유의 ladukur, matan-moos.

*__matan-moos__ 형 완전히 깨어 있는, 정신이 말똥말똥한, 기민한. ¶Ema boot ne'e laiha karik, ami sei haree malu la matan-moos. 그분이 없으면 우리는 완전히 깨어 있지 않은 상태로 서로를 보게 될 겁니다. 유의 ladukur, matan-moon.

*__matan-moris__ I 형 바짝 경계하는, 조심하는. ¶Nia matan-moris hela kona-ba asu ne'e ne'ebé tata nia semana kotuk. 그는 어제 개에게 물려서 그 개를 바짝 경계하고 있어요. 유의 oin-moris. II 감 조심해라. ¶Matan-moris, neon ne'ebé sai fraku. 마음이 약해지는 걸 조심해라. 이표기 matan moris.

*__matan-musan__ 명 눈동자. ¶Maria nia matan-musan derrepente moras tebes. 마리아의 눈동자가 갑자기 무척 아파요. 유의 matan-fuan.

*__matan-sorin__ 명 외눈, 한쪽 눈. ¶Ninia matan-sorin haree la moos ona. 그의 한쪽 눈이 깔끔하게 보이질 않아요.

*__matan-teen__ 형 (눈이) 졸리는. ¶Matan-teen barak tebes. 엄청 졸리네. 이표기 matan teen.

*__matan-tomak__ 형 ①순진한. ¶labarik matan-tomak 순진한 어린이 ②(어려서 외부의) 영향을 쉽게 받는. ¶Labarik feto sira maka matan-tomak husi buat ne'ebé ema boot ko'alia hotu. 어린이들은 어른

이 하는 말에 영향을 쉽게 받아요. 이표기 matan tomak.

*mate I 명 ①죽음. ¶Ema hotu ta'uk ba mate. 모든 사람은 죽음에 대해 공포를 느껴요. ②시신. ¶Favór hamoos mate. 시신을 깨끗하게 하세요. 유의 mate-isin. II 동 죽다, 돌아가시다. ¶Maria-nia amá mate ona iha ospital. 마리아의 어머니가 병원에서 돌아가셨어요. 유의 hasa'e. III 형 죽어 가는, 죽어 있는. ¶Familia reza hela ba apá mate. 가족은 죽어 가는 아빠를 위해 기도하고 있어요. IV 부 죽도록. ¶Hadomi ó to'o mate. 죽도록 널 사랑해.

*matebian 명 (오래전에 죽은) 영혼. ¶Nia halo serimónia ba matebian. 그는 영혼을 위한 의식을 치렀어요. 유의 defunta, espíritu.

*mate-hamlaha 동 배고파 죽다, 굶어 죽다, 아사하다. ¶Saláriu furan tolu nian, la iha entaun ami mate-hamlaha. 석 달 월급을 못 받아서, 우리 굶어 죽겠다. 이표기 mate hamlaha.

*mate-hamrook 동 갈증이 나서 죽을 지경이다. ¶Labarik sira iha Áfrika mate-hamrook barak tebes. 아프리카에 갈증이 나서 죽을 지경인 아이들이 많아요.

mate ki'ik 현기증이 나다, 무의식이 되다. ¶Profesór ne'ebé hanorin oras 10 nune'e, nia mate ki'ik. 10시간을 강의한 후, 그 교수는 현기증이 났다.

*mate-isin 형 시체, 송장. ¶Mate-isin iha ospital. 시체는 병원에 있어요. 유의 mate. 이표기 mate isin.

mate-klamar 명 영혼. ¶Ó hanoin iha mate-klamar ka la'e? 너는 영혼이 있다고 생각하니? 유의 espíritu. 이표기 mate klamar.

mate-laek 형 죽지 않는. ¶Ema mate-laek ne'e la iha. 죽지 않는 사람은 없어요. 유의 imortál.

*matemátika 명 수학. ¶Timor-oan barak sente matemátika defisil tebes. 많은 동티모르인들이 수학은 정말 어렵다고 느껴요.

*maten 형 느린. ¶lenuk maten 느린 거북이 유의 babuku.

*matenek[1] I 명 지혜, 지식. ¶Maria mak feto ho matenek boot. 마리아는 큰 지혜를 지닌 여성이다. II 형 지적인, 현명한. ¶Nia sai ema matenek hafoin lee livru barak. 그는 많은 책을 읽은 후에 지적인 사람이 되었다. 유의 esperta, espertu. 반의 beik.

matenek[2] 형 예의 바른. ¶Nia estudante matenek. 그는 예의 바른 학생이다. 유의 edukadu.

*matenek-na'in 명 전문가. ¶Atu realiza dezenvolvimentu Ekonomia nasaun presiza matenek-na'in sira no ema badinas sira. 경제 개발을 이루기 위해 국가는 전문가들과 부지런한 사람들을 필요로 한다. 유의 peritu. 이표기 matenek nain.

*matéria 명 과목, 전공. ¶Nia hakarak estuda matéria lian Korea iha Korea do Sul. 그는 한국에서 한국어 전공을 하고 싶어해요.

*materiál[1] I 명 기구, 자재. ¶Edukasaun siénsia presiza materiál barak. 과학 교육에는 많은 교육용 자재가 필요해요.

M

유의 ekipamentu. Ⅱ 형 기구의, 자재의. ¶Ami tenke haree qualidade materiál. 우리는 자재의 질을 봐야만 해요.

*materiál[2] 형 과목의, 전공의. ¶Nia estuda hela livru materiál kona-ba elektronika. 그는 전기 관련 전공의 책을 공부하고 있어요.

materialista 명 ①물질주의. ¶Ita hotu hela iha sosiedade ne'ebé iha materialista tebes. 우리 모두는 물질주의가 팽배한 사회에 살고 있어요. ②물질만능주의자. ¶Nia nu'udár materialista ne'ebé hakarak moris iha uma luxu. 그는 화려한 집에 살고 싶어하는 물질만능주의자예요.

materializmu 명 물질주의, 유물론. ¶Idealizmu mak opositu husi materializmu. 이상주의는 물질주의와 반대예요.

*matéria-prima 명 원재료, 원료. ¶Matéria-prima ai-farina bele uza hodi prodús produtu serveja. 카사바 원료는 맥주를 생산하기 위해서 사용됩니다. 유의 matéria-uluk.

*matéria-uluk 명 원재료, 원료. ¶Eksportasaun matéria-uluk iha posiblidade no limitasaun. 원료의 수출은 가능성과 한계를 갖고 있어요. 유의 matéria-prima.

*materna 명 원주민. ¶Tetun mak dalen materna ida iha Timór Lorosa'e horiuluk hori wa'in kedas. 태초에 테툼어는 동티모르 원주민의 언어였어요. 유의 nativu.

mate-ruin 명 해골, 유골. ¶Iha foho, deskobre mate-ruin ema nian. 산에서 사람의 유골이 발견되었어요. 유의 eskeletu, ruin-maran.

*matríkula 명 등록. ¶Karreta ne'e nia numeiru matríkula hira? 이 차의 등록 번호는 뭐예요? 유의 rejistu.

*matrimoniál 형 결혼 생활의, 부부 간의. ¶Ikipa matrimoniál feen-la'en ne'e nian kapa'as tebes. 부부 간의 팀워크가 정말 대단해요.

*matroos 명 점원, 아르바이트생, 알바생. ¶Matroos iha loja badinas tebes. 가게의 알바생은 참 부지런해요.

*maturidade 명 성숙, 성숙함. ¶Nivel maturidade nian la'o hamutuk ho nivel konfia nian. 성숙함의 수준은 신뢰의 수준과 함께 가요.

*maubara 명 마우바라. [동티모르 북서쪽의 방언] ¶Maubara mak nia aprende husi ninia inan. 마우바라 방언은 그가 어머니로부터 배운 거예요.

*maubere 명 동티모르 원주민. [가난하고 순박하다는 의미를 가짐] ¶Povu maubere sei sai atan ba ema ida! 동티모르 원주민은 한 사람을 위한 노예가 되지 않겠다! 유의 maubere-oan. 반의 estranjeiru.

*maubere-oan 명 동티모르 원주민. [가난하지만 순박하다는 의미를 가짐] ¶Uluk maubere-oan barak hela iha foho. 예전에 많은 동티모르 원주민이 산에 살았어요. 유의 maubere.

*mauhú 명 남성 첩자, 스파이. ¶Nia sai mauhú durante periadu Indonézia kontrola Timor. 인도네시아가 동티모르를 통치하던 기간 동안에 그는 첩자가 되

었다.

⁑**maun** 명 형, 형님, 오빠, 아저씨. ¶Ninia maun estuda iha Korea. 그의 형은 한국에서 공부를 합니다. 반의 biin.

*__maun-alin__ 명 형제자매. ¶Nia iha maun-alin na'in sia. 그는 형제자매가 9명입니다.

maupagadór Ⅰ명 배은망덕한 사람. ¶Ita hakarak sai maupagadór ka? 너 배은망덕한 사람이 되고 싶니? Ⅱ형 배은망덕한, 은혜를 모르는. ¶Nia maupagadór no la hatene agradese. 배은망덕한 사람은 감사를 몰라요.

*__maus__ 형 ①조용한, 차분한. ¶Maria ne'e karaterístika maus, maibé dala ruma hirus. 마리아는 조용한 성격이지만 가끔 화를 내요. 반의 baru ho. ②길든, 순종적인. 반의 buis.

⁑**mean** 형 빨간. ¶Ohin loron nia tau ropa mean. 그는 오늘 빨간 옷을 입었다.

⁑**me'ar** Ⅰ명 기침. ¶Ita-nia me'ar sériu. 너 기침이 심하다. Ⅱ동 기침을 하다. ¶Nia me'ar sériu. 그는 심하게 기침을 했다. 이표기 mear.

me'ar-raan 명 객혈. ¶Nia moras ho me'ar-raan sai. 그는 객혈을 하면서 아파했다.

⁑**meas** 명 양말. ¶Ha'u tenke bá sosa meas ho sapatu foun hodi partisipa festa aban. 내일 파티에 참석하기 위해서 양말과 새 구두를 사러 가야 해요. 유의 meias.

medalla 명 메달. ¶konsege manan duni medalla bronze 동메달 하나를 획득하다 이표기 medalha.

*__média__ 명 평균. ¶Temperatura média iha Maiu maka 64°F. 5월 평균 기온은 화씨 64도예요.

mediadór 명 중재인, 조정관, 중재 기관. ¶Governu hili mediadór atu asiste buka no hetan resolusaun. 정부는 해결책을 찾아내기 위한 도움을 받고자 중재인을 선택했어요.

*__medianu__ 형 중간의, 평균의. ¶Ninia isin fraku maibé aas medianu. 그의 몸은 약하지만 평균의 키예요.

medida 명 측정, 크기. ¶Ita-nia sepatu medida hira? 네 신발 크기가 얼마지?

*__medika__ 동 여기다, 치부하다. ¶Nia medika informasaun ho boatus. 그는 정보를 소문으로 여겼어요.

*__medikamentu__ 명 약, 약물, 치료. ¶Doutór fó nia medikamentu balu. 의사는 그에게 몇 가지 약을 주었다. 유의 ai-moruk.

*__medikasaun__ 명 약, 약물 치료. ¶Doutór dehan katak nia presiza medikasaun durante semana rua. 의사는 그에게 2주간의 약물 치료가 필요하다고 말했다.

⁑**médiku** 명 의사, 내과 의사. ¶Nia sai médiku ida liu hosu médiku internu. 그는 인턴을 거쳐 의사가 되었어요.

*__medisina__ 명 약. ¶Favór hemu medisina iha tempu loloos. 시간에 맞춰 약을 복용하세요. 유의 ai-moruk.

meditasaun 명 명상, 묵상. ¶Nia halo meditasaun loroloron. 그는 매일 명상을 해요.

*__Mediterráneu__ 명 지중해. ¶klima Mediterráneu nian 지중해의 기후

M

meer 형 소금이 든, 짠, 짭짤한. ¶Maria halo modo meer loos. 마리아는 아주 짠 야채를 만들어요.

mehi Ⅰ 명 꿈. ¶Nia sente di'ak tanba ninia mehi di'ak tebes. 그는 꿈이 너무 좋아서 기분이 좋아요. Ⅱ 동 꿈을 꾸다. ¶Nia dehan katak nia la mehi durante dukur. 그는 자는 동안 꿈을 꾸지 않는다고 했어요.

meianoite 명 자정. ¶Meianoite tiha ona, favór toba lailais tanba aban harder sedu. 자정이 되었어, 내일 일찍 일어나려면 빨리 자요. 유의 kalan fahe-rua, kalan-boot.

meias 명 양말. ¶Ita-nia meias furak loos. Hola iha ne'ebé? 양말 멋지네. 어디서 샀니? 유의 meas.

meik 형 예리한, 뾰족한. ¶Kuidadu tudik meik. 뾰족한 칼 조심해.

meiu 명 수단, 방법. ¶Oinsá nia bele dekór vokabuariu barak, meiu ne'e mak saida? 어떻게 그는 많은 어휘를 암기할 수 있지, 방법이 뭐예요? 반의 eskopu.

meiu-ambiente 명 자연환경. ¶Governu tenke proteje meiu-ambiente. 정부는 자연환경을 지켜야 해요.

meiudia 명 점심 식사, 오찬. ¶Nia hasoru kolega iha meiudia. 그는 점심 식사 때 친구를 만나요.

meja 명 상, 밥상, 탁자. ¶fó fila meja 상을 치우다

mekánika 명 역학, 기계학. ¶Sé mak estuda mekánika? 누가 기계학을 공부했나요?

mekániku Ⅰ 명 자동차 정비공. ¶Nia hakarak sai mekániku karreta. 그는 자동차 정비공이 되고 싶어해요. Ⅱ 형 기계로 작동되는. ¶Iha ne'e fabrika mekániku. 여기는 기계로 작동되는 공장이에요.

Melanézia 명 멜라네시아. [대양주 동북쪽의 여러 섬들] ¶Melanézia iha tasi Pasífiku. 멜라네시아는 태평양 바다에 있어요.

melanéziu 형 멜라네시아 사람의. ¶Kostome melanéziu la hanesan ho Timor-Leste nian. 멜라네시아 사람의 습관은 동티모르 사람들과 같지 않아요.

melloria 명 개선. ¶presiza melloria 개선이 필요하다

melodia 명 멜로디, 선율. ¶Ami halimar melodia ho ninia viola. 우리는 그의 비올라 선율을 즐겼다.

melódiku 형 멜로디의, 선율의. ¶Pianu rua halo ligasaun ho liña melódiku. 두 대의 피아노가 멜로디 라인을 이어 가요.

melodista 명 작곡가. ¶Nia hakarak sai melodista. 그는 작곡가가 되고 싶어해요.

melodrama 명 멜로드라마. ¶Nia gosta melodrama loos. 그는 멜로드라마를 무척 좋아해요.

membru 명 일원, 회원. ¶Iha organizasaun ida laran, númeru membru ne'e ema na'in atus ida. 조직 내 회원의 수가 100명입니다. 반의 delegadu.

membru Parlamentu Nasionál 국회 의원. ¶Eleisaun membru Parlamentu Nasionál iha fulan-Abríl. 4월에 국회 의원 선거가 있어요.

유의 deputadu, kongresista.

*memorandu 명 각서, 제안서. ¶asina memorandu entre nasaun rua 두 나라 간에 각서를 서명하다

*memória 명 추억, 기억. ¶Nia sei la haluha memória ho ita. 그는 당신과의 추억을 잊지 못할 거예요.

*memoriál 명 기념비. ¶Governu harii memoriál Prezidente Francisco Do Amaral nian. 정부는 프란시스코 도 아마랄 대통령의 기념비를 세웠어요.

*menina 명 젊은 여성. ¶Menina Timor lee hela livru. 동티모르의 젊은 여성이 책을 읽고 있어요.

*menopauza 명 폐경기, 갱년기. ¶Mane na'in ida hateten katak nia sei hetan menopauza mane nian. 한 남자가 자신이 갱년기가 되었다고 말했어요.

*menór I 명 미성년자. ¶Menór labele fuma sigaru. 미성년자는 담배를 피워선 안 돼요. II 형 작은, 어린, 청소년의. ¶Kna'ar menór ne'ebé importante tebes mak mehi futuru. 청소년의 가장 중요한 역할은 미래를 꿈꾸는 거예요.

mensajeiru I 명 전달자, 배달원. ¶Labele haruka mensajeiru mai ha'u. 나한테 배달원 좀 보내지 마라. 유의 manu-ain. II 형 전달자의, 배달원의.

*mensajen 명 메시지. ¶Nia haruka mensajen ba ninia kolega sira. 그는 친구들에게 메시지를 보냈다. 유의 lia-tatoli.

*mensál 형 매달, 달마다. ¶Nia entrega relatóriu mensál ba patraun. 그는 사장님에게 매달 보고서를 제출해요.

*mensiona 동 언급하다. ¶Nia la mensiona kona-ba detalle. 그는 상세한 것에 대해서는 언급하지 않았어요. 유의 temi.

*menstruasaun 명 월경, 생리. ¶Feto nia sentimentu troka durante menstruasaun. 여성은 생리 기간 동안 감각이 달라져요. 유의 raan-fualan.

*mentál 형 정신의, 마음의, 심리적인. ¶moras mentál 심리적인 고통

*mentalidade 명 사고방식.

*mentór 명 멘토, 조언자. ¶Ninia profesór iha UNTL mak mentór mós. 동티모르국립대의 교수님은 그의 멘토이기도 해요.

*menu 명 차림표. ¶fó menu 차림표를 주다

*menus I 동 줄이다. ¶Ha'u susar atu menus todan lailais. 나는 몸무게를 빨리 줄이는 게 힘들어요. 유의 deklina, dekrexe. II 부 덜. ¶Se ita hakaran sai isin-lotuk, ita tenke han menus no han liis. 날씬해지고 싶으면 덜 먹어야 하고, 양파를 먹어야 해요. III 전 ~을 제외하고. ¶Nia sempre servisu menus loron Domingu. 그는 일요일을 제외하고 매일 일해요.

merenda 명 오후의 차, 오후 다과회. ¶Ami bele hasoru malu iha merenda aban ka? 우리 내일 오후 다과회에서 볼 수 있을까?

*merese I 동 (칭찬, 보답, 도움 등을) 받을 만하다, 누릴 자격이 있다. ¶Maria merese hetan bolsa estudu. 마리아는 장학금을 받을 만해요. 유의 so'i. II 형 가치가 있는. ¶Se ita hakarak troka situasaun, lalike

M

ko'alia de'it, presiza saun merese. 상황을 바꾸길 원한다면 말만 해선 안 되고 가치가 있는 행동이 필요합니다. 유의 digna, dignu.

*meresedór 형 남성 칭찬 받을 만한, 누릴 자격이 있는. ¶Jose dehan katak ajuda ema aleijadu mak hahalok meresedór. 조세는 장애인 돕기는 칭찬 받을 만한 행동이라 말했다.

*meresedóra 형 여성 칭찬 받을 만한, 누릴 자격이 있는. ¶Maria sai hakerek na'in populár no meresedóra husi ema sira barak. 마리아는 많은 사람들로부터 칭찬 받을 만한 인기 작가가 되었다.

*merin 형 밀집한. ¶Oinsá governu bele maneja opulasaun merin iha sidade? 정부는 도시에 밀집한 인구를 어떻게 관리할 것인가?

méritu 명 장점. ¶Entre méritu no deméritu, saida mak boot liu iha servisu ida-ne'e ka? 이 일에는 장점과 단점 중에 무엇이 더 큰가요?

merkadorias 명 물품, 상품. ¶Sira haruka mekadorias ba ami. 그들은 우리에게 상품을 보냈어요.

⁑merkadu 명 시장. ¶Merkadu no governu, ida-ne'ebé mak servisu di'ak liu? 시장과 정부, 어떤 게 더 잘 작동할까? 유의 basar, basar-fatin, bazaar.

merkúriu 명 수성.

⁂mesak 부 모두, 다 같이. ¶Mesak bonita de'it. 모두 예쁘네요.

*mesak de'it 외로이, 외로이 홀로. ¶Nia hela mesak de'it iha suku. 그는 고향에서 외로이 홀로 지냅니다.

⁑mesamesak Ⅰ 형 혼자의. ¶Ha'u gosta tempu mesamesak de'it akompaña ho kafé manas uitoan. 저는 따뜻한 커피와 함께하는 혼자의 시간이 좋아요. Ⅱ 부 혼자서. ¶Agora, ami nia oan bele ba hariis-fatin mesamesak. 이제 우리 아이는 혼자서 화장실에 가요. 이표기 mes-mesak.

⁑mesias 명 구세주, 예수 그리스도. ¶Jesus mak mesias ba sarani. 세례 교인에게 예수는 구세주예요.

*mesín 명 엔진. ¶Ita bele hadi'a mesín ka? 엔진 수리할 줄 알아요?

Mesir 명 이집트, 이집트 사람. ¶Pirámide iha Mesir. 피라미드는 이집트에 있어요. 유의 Ejitu.

meskita 명 모스크, 회교 사원. ¶Meskita iha Dili iha ne'ebé? 딜리에 회교 사원이 어디에 있어요?

mestisu Ⅰ 명 메스티소. [유럽인과 동티모르인 사이에서 태어난 사람] 유의 raan-kahur. Ⅱ 형 유럽인과 동티모르인 간 혼혈의. ¶Ema mestisu barak iha Timor-Leste. 동티모르에는 유럽인과 동티모르인 간 혼혈인 사람이 많아요. 유의 raan-kahur.

⁂mestra 명 여성 교사. ¶Mestra foun populár tebes. 새로 온 교사는 인기가 정말 많아요. 유의 dosente. 반의 dixípulu.

mestradu 명 석사 학위. ¶Nia remata ninia estudu iha mestradu tinan kotuk. 그는 작년에 석사 학위 공부를 마쳤어요. 유의 masteradu.

⁂mestre 명 남성 교사. ¶Ohin ema boot dehan nia mai hasoru mestre Kim. 아까 그분이 김 선생님을 만나러 왔다고 했

어요. (유의) dosente. (반의) dixípulu, estudante.

*meta 명 목표, 종착점. ¶Ita-nia meta programa ida-ne'e saida? 이 프로그램의 목표가 뭐예요?

*metabolizmu 명 신진대사, 물질대사, 대사. ¶Nia hanoin katak ai ne'e nia metabolizmu kapa'as tebes. 그는 이 나무의 신진대사가 매우 좋다고 생각해요.

metade 명 절반. ¶Nia remata metade husi serbisu. 그는 일의 절반을 마쳤다.

metáfora 명 비유, 은유, 비유 표현, 은유 표현. ¶Nia hatete katak nia monu tuir depresaun metáfora. 그는 가치 하락을 넘어졌다는 비유 표현으로 말했어요.

metál 명 금속. ¶Metál mak forte liu duké ai. 금속은 나무보다 더 강해요. (유의) besi.

metáliku 형 금속의. ¶Nia gosta kadeira metáliku. 그는 금속의 의자를 좋아해요.

*metan 형 (색이) 검은. ¶Aban nia sei tau ropa ho metan. 내일 그는 검은 옷을 입으려 해요.

*mete 동 간섭하다, 개입하다, 참견하다. ¶Inan-aman mete ninia estudu. 부모님은 그의 학업에 간섭해요.

*meteoru 명 유성, 별똥별. ¶Hori-kalan meteoru monu. 어젯밤 유성이 떨어졌어요. (유의) fitun-monu.

meti-maran 명 썰물, 간조. ¶Illa ne'ebá ne'e bele bá iha tempu meti-maran de'it. 그 섬은 썰물 때에만 갈 수 있다.

metin 형 단단한, 확고한. ¶Kesi metin metin tali. 끈을 단단하게 묶어라.

meti-nakonu 명 밀물, 만조, 고조. ¶Iha tempu meti-nakonu, labele la'o dalan ne'e. 만조 때에는 이 길을 걸을 수 없어요.

*metin-maka'as 형 강직한. ¶Nia karakter metin-maka'as no rigorozu no sai modelu ba ema sira. 그의 강직하고 엄격한 성품은 사람들에게 모범이 되었다.

metodolojia 명 방법론. ¶Metodolojia barak atu aprende lingua foun. 새 언어를 배우는 방법론은 많아요.

*métodu 명 방법. ¶Métodu saida maka ita uza atu aprende lian Korea? 한국어를 배우는 데 사용하는 방법은 뭐예요? (유의) dalan.

metropolitanu[1] 명 지하철. ¶Kolega rekomenda uza metropolitanu Korea nian. 친구는 한국의 지하철을 이용해 보라고 추천해요. (유의) metru.

metropolitanu[2] 형 대도시의. ¶Dezenvolvimentu metropolitanu la bele evita. 대도시의 발전은 피할 수 없다.

metru 명 지하철. ¶Metru presiza iha Timor-Leste? 동티모르에 지하철이 필요한가요? (유의) metropolitanu.

mexikanu Ⅰ 명 멕시코인, 멕시코 사람. ¶Mexikanu uza españól. 멕시코인은 스페인어를 사용해요. Ⅱ 형 멕시코 출신의, 멕시코의. ¶Ita koñese ema Mexikanu ka? 멕시코 출신의 아는 사람 있어요?

Méxiku 명 멕시코.

*meza 명 탁자, 책상. ¶Inan sosa meza kabuar. 어머니는 둥근 탁자를 샀어요. (유의) eskritóriu.

M

***meziña** 명 민간 치료약. ¶Nia hemu meziña. 그는 민간 치료약을 복용해요.

***mezmu** 접 ①~이긴 하지만. ¶Mezmu aula ne'e la interese, maibé lisaun barak iha. 그 수업이 재미가 없긴 하지만 교훈이 많아요. 유의 biar. ②설사 ~더라도. ¶Mezmu lakohi halo, ita tenke halo ida-ne'e importante tebes. 설사 싫더라도 이것은 중요하니 꼭 해야만 해요. 유의 mézmuke.

***mézmuke** 접 비록 ~지만. ¶Mézmuke karreta ne'e tuan, nafatin halai ho di'ak. 비록 이 차는 오래되었지만 여전히 잘 달려요. 유의 embora.

***midar** 형 달콤한. ¶Dosi ne'e midar loos. 그 케이크는 무척 달콤해요.

***midar-siin** 형 달콤하며 쌉싸름한. ¶Ikan ida-ne'e midar-siin. 이 생선은 달콤하며 쌉싸름해요.

***mídia** 명 미디어. ¶Dezenvolvimentu mídia nian la'o hamutuk ho demokrasia. 미디어의 발전은 민주주의와 함께 가요. 이표기 média.

midiki 명 미디끼. [베니라레에서 사용되는 까와이미나 방언]

migrasaun 명 이주, 이동. ¶Migrasaun kada tinan aumeta beibeik. 매년 이주가 꾸준히 늘어요.

***mihis** 형 ①희미한, 약한. ¶Nia estuda difisil ho lampu mihis iha kalan. 그는 밤에 희미한 램프로 공부하기가 힘들어요. ②(천, 의류 등이) 낡아서 올이 다 드러난. ¶Kapete ne'ebé nia hola tinan 10 kotuk, agora sai mihis ona. 10년 전에 그가 산 카펫이 이젠 낡아 올이 다 드러났어요. 유의 nakreket. ③얇은. ¶Favór la bele uza surat-tahan mihis ba ita-nia kontratu. 계약서를 쓸 때 얇은 종이를 사용하지 마세요. 반의 grosu, mahar.

***mii** Ⅰ 명 소변, 오줌. ¶Ohin ha'u ba ospitál no enfermeira husu ba ha'u atu simu ha'u nia mii ba koko mii. 오늘 병원에 갔더니, 간호사가 소변 검사를 위해서 오줌을 받아오라고 했어요. 유의 urina. Ⅱ 동 소변을 보다, 오줌을 싸다. ¶Labarik, ó persiza atu mii iha sentina fatin, kompriende ka la'e? 얘야 너 소변은 화장실에서 봐야 한다, 알았지?

***mii-moras** 형 소변이 마려운. ¶Nia mii-moras, depois ba ona sentina lailais. 그는 소변이 마려워서 빨리 화장실로 갔어요. 이표기 mii moras.

***miis**[1] 형 맛이 없는, 풍미 없는. ¶Hahan ida-ne'e miis tebes. 이 음식은 맛이 없어.

***miis**[2] 형 신선하지 않은, 오래된.

***miis**[3] 형 (서류, 카드 등을) 정리하여 철하는. ¶Nia servisu kna'ar miis kona-ba dokumentu. 그는 서류를 정리하여 철하는 일을 해요.

***mikróbiu** 명 세균, 미생물. ¶Mikróbiu boot liu duké virus. 세균은 바이러스보다 커요.

***mikrofone** 명 마이크, 마이크로폰. ¶Nia persiza mikrofone atu esplika karik sira kotuk bele rona mós. 뒤쪽의 사람들도 들을 수 있게 설명하기 위해서 그는 마이크가 필요해요. 이표기 mikrofoni.

***míkrolet** 명 미니버스. ¶Estudante sira bá escola ho míkrolet. 학생들이 미니버스로 학교에 가요.

Mikronézia Ⅰ명 미크로네시아. [서태평양의 군도] Ⅱ형 미크로네시아인의, 미크로네시아어의. ¶mikronézia nia kultura 미크로네시아인의 문화

mikronéziu 형 미크로네시아인의, 미크로네시아어의. ¶sistema familia mikronéziu 미크로네시아인의 가족 제도

mikroskópiu Ⅰ명 현미경. ¶Mikroskópiu ne'e habo'ot objek liu kuaze 200. 이 현미경은 200배로 사물을 확대할 수 있어요. Ⅱ형 ①현미경의. ¶feitiu mikroskópiu 현미경의 특징 ②미시적인. ¶analiza mikroskópiu 미시적인 분석

míl 수 천, 1000. ¶osan sinku míl dólares 오천 달러 유의 rihun.

milagre 명 기적. ¶Milagre mosu ba ema ne'ebé fiar iha milagre. 기적은 믿는 자에게 일어나요.

miléniu 명 천 년. ¶Oinsá ita-bo'ot selebra tiha ona miléniu foun? 새 천 년을 어떻게 축하했나요?

***milhár** 명(인니) 십억. 유의 un bilhaun.

milísia 명 민병대, 의용군. ¶Milísia Indonézia oho tiha ona Timor-oan barak. 인도네시아 민병대가 동티모르인들을 많이 죽였어요.

militante Ⅰ명 활동가. ¶Nia la'ós militante. 그는 활동가가 아니에요. Ⅱ형 투쟁적인, 전투적인. ¶Nia la militante no hadomi dame. 그는 투쟁적이지 않고 평화를 사랑해요.

*****militár** Ⅰ명 군인, 군, 군대. ¶Militár nia dever mak proteje nasaun. 군인의 의무는 국가를 지키는 거예요. Ⅱ형 군대의. ¶preparasaun militár ba dame 평화를 위한 군대의 준비

militarista Ⅰ명 군국주의자. ¶Militarista sira destrui nasaun seluk. 군국주의자들은 타국을 파괴해요. Ⅱ형 군국주의자의. ¶Vizaun militarista la di'ak ba ema iha nasaun seluk. 군국주의자의 비전은 타국의 사람에게 좋지 않아요.

militarizmu 명 군국주의. ¶Ita bele hetan evidénsia Militarizmu Japonés nian iha Timor-Leste mós. 동티모르에서도 일본 군국주의의 증거들을 발견할 수 있어요.

****millaun** 수 백만. ¶Novel ida-ne'e to'o agora fa'an ona kópia miliaun ba leten. 이 소설은 지금까지 백만 부 이상이 팔렸다. 유의 tokon, juta. 이표기 milha'un.

*****mina** 명 ①지방. ¶Nia hakarak hamenus mina iha ninia isin laran. 그는 몸속의 지방을 줄이고 싶어해요. ②기름, 오일. ¶To'o agora eknomia iha Timor-Leste depende mina no gás. 지금까지 동티모르 경제는 기름과 가스에 의존해 왔어요.

****mina-azeitona** 명 올리브기름, 올리브오일. ¶Mina-azeitona mak di'ak ba saude. 올리브오일이 건강에 좋아요. 이표기 mina azeiti.

****mina-fahi** 명 돼지기름. ¶Inan te'in hela ho mina-fahi. 어머니는 돼지기름을 써서 요리를 하고 있어요. 이표기 mina fahi.

****mina-manas** 명 뜨거운 기름. ¶Koziñeiru hatama ona fehuk iha mina-manas laran. 요리사는 뜨거운 기름 속에 감자를 넣었어요. 이표기 mina manas.

***mina-morin** 명 향수. ¶Nia gosta mina-morin. 그는 향수를 좋아해요. 유의 morin.

***mina-nuu** 명 코코넛오일. ¶Mina-nuu produz barak iha Distritu Baucau. 바우카우 지역에서 코코넛오일이 많이 생산된다. 이표기 mina nuu.

***mina-rai** 명 등유. ¶Ita hatene ami bele sosa mina-rai iha ne'ebé? 등유를 어디서 살 수 있는지 알아요? 이표기 mina rai.

mina-sarani 명 성유, 신성한 오일. ¶mina-sarani katóliku 천주교의 성유 이표기 mina sarani.

mineiru 명 광부. ¶Mineiru ne'ebé ke'e karvaun nia oin sanametan mak nakonu. 석탄을 캐는 광부의 얼굴에는 그을음이 가득 묻어 있었다.

***minerál** Ⅰ 명 미네랄. ¶sasán minerál 미네랄 물질 Ⅱ 형 미네랄의, 광천의. ¶Favór fó bee minerál. 광천수 주세요.

***mínima** Ⅰ 명 최단, 최저, 미니멈. ¶Nia dehan katak saláriu mínima atu hasai. 그는 최저 임금이 올라갈 거라 말해요. Ⅱ 형 최소한, 최저의. ¶temperatura mínima 최저 온도

minimalista Ⅰ 명 최소한의 요구 조건으로 타협하는 사람. ¶Ha'u haree katak nia minimalista entaun espera kontratu ho nia fasil. 내가 보기엔 그는 최소한의 요구 조건으로 타협하는 사람이라서 그와 계약하는 건 쉬울 거야. Ⅱ 형 최소한의 요구 조건으로 타협하는 사람의.

***mínimu** Ⅰ 명 최소. ¶Exame nasionál ba lingua Korea nia valor mínimu 80 maka bele pasa EPS-TOPIK. 한국어 능력 시험 점수가 최소 80이 되어야 고용허가를 받을 수 있어요. Ⅱ 형 최소한의. ¶Lalika buka rezultadu di'ak ho esforsu mínimu. 최소한의 노력으로 좋은 결과를 찾지 말아라. 반의 másimu.

***ministeriál** 형 ①장관의. ¶Nia hatene klaru kona-ba kna'ar ministeriál no devér ministeriál. 그는 장관의 역할과 의무를 알고 있어요. ②행정의. ¶Ita kompriende funsaun no limitasaun ministeriál ka? 행정의 기능과 한계를 알고 있어요?

***ministériu** 명 ①정부. ¶Ita bele identifika merese ministériu nian no merkadu nian ka? 정부와 시장의 장점을 파악할 수 있나요? 유의 estadu, governu, ukun-rai. ②행정 부서. ¶Nia servisu hela iha ministériu edukasaun. 그는 교육 행정 부서에서 일하고 있어요.

***ministru** 명 장관. ¶Nia sai ministru edukasaun. 그는 교육부 장관이 되었다.

minoria 명 ①소수. ¶Uluk partidu minoria barak iha Timor-Leste. 예전엔 동티모르에 소수 정당이 많았어요. 반의 maioria. ②소수 민족. ¶Estudante sira husi minoria ko'alia hela sira-nia lingua. 소수 민족 출신의 학생들이 그들의 언어를 말하고 있어요.

minúskula 명 소문자. 유의 letra ki'ik.

***minutu** 명 분. ¶Nia sente tarde maizumenus minutu 40 ba reuniaun. 그는 재회 모임에 40분 정도 늦을 것 같다.

***misa** 명 미사. ¶Misa iha Katedral hahú husi tuku 7. 대성당에서의 미사는 7시에 시작해요.

misál 명 미사 전서, 기도서. ¶Nia lee hela livru misál. 그는 미사 전서 책을 읽고 있어요.

*__misaun__ 명 사명. ¶Ita bele identifika misaun no vizaun? 사명과 비전을 구별할 수 있나요?

*__misionáriu__ 명 선교사. ¶Misionáriu sira mak tradús duni livru katesizmu. 선교사가 교리 문답서를 잘 번역했어요.

misteriozu 형 미스터리한, 신비로운. ¶Istória misteriozu mak barak iha suku ne'e. 그 마을에는 미스터리한 이야기들이 많다. 유의 enigmátiku.

mistériu 명 신비, 불가사의. ¶Futuru ne'e mistériu rasik. 미래는 신비 그 자체이다. 유의 enigma.

místiku I 명 신비주의자, 신비론자. ¶Místiku la bele hanoin baizeia ba realidade. 신비주의자는 현실에 따른 생각을 하지 못해요. II 형 신비로운, 불가사의한. ¶Nia muramura ona ho liafuan místiku. 그는 불가사의한 말들을 중얼거렸어요. / Ita iha esperiensia místiku ka? 신비로운 경험을 해 본 적 있나요?

mistura 명 혼합물, 혼합체. ¶Konkrete ne'e mistura entre rai-henek no semente. 콘크리트는 모래와 시멘트의 혼합물이에요. 유의 kahur.

mitra 명 미트라. [주교가 의식 때 쓰는 모자] ¶Bispu tau mitra ba misa. 주교는 미사를 위해 미트라를 쓰고 있어요.

mitu 명 신화. ¶Kada rasa iha mitu ne'ebé iha relasaun ho rasa. 여러 민족들은 민족에 관한 신화를 가지고 있다.

***__mo'at__ 동 빨다. ¶Borboleta mo'at hela bani-been. 나비가 꿀을 빨고 있다.

*__mobiliáriu__ 명 세간, 비품. ¶Nia haluha lori mobiliáriu sira. 그는 비품들을 가져가는 걸 깜빡했어요.

*__mobilidade__ 명 유동성, 이동성, 기동성. ¶Horiseik nia sosa motor entaun ninia mobilidade sai di'ak. 어제 그는 스쿠터를 사서 기동성이 좋아졌어요.

*__mobiliza__ 동 동원하다. ¶Ita bele mobiliza partisipante sira barak ba konferénsia semana oin ka? 다음주 전시회에 많은 참석자들을 동원할 수 있니?

*__mobilizasaun__ 명 ①동원. ¶mobilizasaun familia no relativus 가족 및 친족 동원 ②유통. ¶Estrada foun lori sistema mobilizasaun foun. 새 도로가 새 유통 체제를 가지고 왔어요. 유의 distribuisaun.

**__moda__ 명 패션. ¶Kordenador moda fó konsellu ha'u kona-ba kór ropa nian. 패션 코디네이터는 옷 색깔에 대해서 저에게 조언을 해 주었어요.

*__modal__ 명 《인니》 자본금, 자금. ¶dada modal 자본금을 회수하다 유의 kapitál, osan-inan.

**__modelu__ 명 모형, 모델. ¶Karreta modelu foun ida-ne'e maka sei produs produtu antes tinan ida-ne'e remata. 신형 자동차 모델을 금년이 끝나기 전에 생산할 거예요.

**__modera__ 동 ①누그러뜨리다. ¶Ninia hahalok modera ona ha'u-nia sentementu hirus. 그의 행동이 내 화난 감정을 누그러뜨렸어요. ②완화시키다. ¶Nia la bele modera ona ha'u-nia

M

kritizmu. 그는 내 비판을 완화시킬 수 없었어요.

*·**moderada** 형 보통의, 중간의, 적당한. ¶Ami la'o ona moderada iha fatin seguru. 우리는 안전한 곳에서 적당하게 걸었어요.

moderasaun 명 적당함, 온건, 절제. ¶Nia hatene valór moderasaun nian. 그는 절제의 가치를 알고 있어요.

modernista Ⅰ 명 근대주의자, 현대풍 사람, 현대인. ¶Nia sai modernista liu husi esperiénsia iha nasaun avansadu. 그는 선진국에서 경험을 통해 근대주의자가 되었어요. Ⅱ 형 근대주의자의, 현대풍의 사람의, 현대인의. ¶Estilu modernista nian diferente ho estilu tradisionalista nian. 근대주의자의 스타일은 전통주의자의 스타일과 달라요.

***moderniza** 동 (시스템, 방법 등을) 현대화하다. ¶Governu halo ona planu tinan-lima atu moderniza agrikultura. 정부는 농업을 현대화하는 5개년 계획을 세웠어요.

***modernizmu** 명 모더니즘, 현대적 사상, 현대적 방식. ¶Ha'u aban hasoru artista sira ne'ebé reprezenta modernizmu Europa nian. 저는 내일 유럽 모더니즘을 대표하는 예술인들을 만납니다.

***modernu** 형 현대의, 근대의. ¶Industria modernu fundasaun ba dezemvovimentu. 현대의 산업은 발전의 기초예요.

***modifika** 동 수정하다. ¶Nia parese sei prepara oinsá atu bele'e modifika ninia hanoin. 아마도 그는 어떻게 그의 생각을 수정할지 준비할 거예요.

***modifikasaun** 명 수정. ¶Ita haree manual ne'e no hetan buat ne'ebé hakarak halo modifikasaun ka? 그 안내서를 보고 수정을 하고 싶은 것을 찾았나요?

modista 명 재단사. ¶Ha'u haree vestitu ne'ebé ikus ikus ne'e modista ne'ebé mai foufoun mak halo, maibe ne'e furak loos. 최근에 새로 온 재단사가 만든 드레스를 봤는데요, 정말 멋져요. 유의 alfaiate, badain-faru.

⁝**modo** 명 채소, 야채. ¶Presu modo depende klima. 채소의 값은 날씨에 달렸어요.

*·**modo-been** 명 야채수프, 야채죽. ¶Labarik ne'e han hela etu ho modo-been. 그 어린이는 야채수프에 밥을 먹고 있어요.

⁝**modok** 형 녹색의, 푸른. ¶Kór modok representa natureza no ambiente. 녹색은 자연과 환경을 나타내요. 유의 verde.

*·**modo-tahan** 명 녹황색 채소. ¶Modo-tahan iha to'os-laran barak tebes. 농장에 녹황색 채소가 아주 많아요. 이표기 modo tahan.

modulár 형 모듈의. ¶sistema modulár 모듈 시스템

modulasaun 명 조절, 조정, 변화. ¶Klima sai modulasaun porké dezastre natureza. 기후가 자연재해로 인해 변화가 되었어요.

módulu 명 모듈, 교과목 단위. ¶Módulu foun kria ona karreta iha Korea. 새로운 모듈이 한국에서 새 자동차를 만들었어

요.

⁑**modun-aat** Ⅰ명 무례함. ¶Ema sira fó-sala eduksaun familia nian, hafoin haree ninia modun-aat. 그의 무례함을 보고, 사람들은 가정 교육을 탓한다. 유의 groseria. Ⅱ형 무례한. ¶Estudante ne'e mak modun-aat. 그 학생은 무례하다. 유의 groseira, groseiru. 반의 delikada, delikadu.

modun-di'ak 형 매너가 좋은. ¶Nia koñese maun modun-di'ak. 그는 매너가 좋은 형을 알아요. 유의 delikadu, edukadu.

⁑**moe** Ⅰ명 수치심, 부끄러움. ¶Feto ne'e bonita loos maibé ho moe laiha. 그 여자는 부끄럼이 없지만 정말 예뻐요. Ⅱ형 수치스러운, 부끄러운. ¶Nia sente moe wainhira nia halo sala durante diskursu. 그는 연설 중에 실수를 했을 때 수치스러운 기분을 느꼈어요.

⁑**moeda** 명 ①동전. ¶Iha Timor nia moeda 100 centro laran, Dom Boaventura iha. 동티모르의 백 센트 동전에는 돔 보아벤투라가 있어요. 유의 doit, osan, osan-besi, osan koin. ②통화. ¶Timor uza USD nu'udár moeda. 티모르는 통화로 미국 달러를 사용해요.

mofu 명 곰팡이. ¶Tempu udan foin mak sai boot, iha didin okos mofu azúl mak komesa kona. 장마가 길어지자 지하실 벽에는 퍼런 곰팡이가 끼기 시작했다. 유의 kulapur.

⁑**mohu** Ⅰ동 외출하다, 나오다. ¶Maria halai mohu husi uma laran, wainhira ahi lakan maka'as. 불이 세졌을 때 마리아는 집안에서 나왔어요. 유의 bá pasiar. Ⅱ형 모두 사용된, 소멸된, 시든. ¶Ita la bele uza lampu kauar ne'e, tanba mohu ona. 전구가 모두 사용되어서 사용할 수 없어요.

mola 명 스프링. ¶Karreta nia mola aat tanba asidente. 자동차의 스프링이 사고로 고장이 났다.

⁑**molik** 형 (물질, 몸이) 헐벗은, 황폐한. ¶Ema ruma la'o molik tiha iha estrada mós ha'u la interese ida. 어떤 사람이 거리에서 헐벗은 채로 걸어도 저는 하나도 관심 없어요. 유의 moulik.

***mollu** 명 소스. ¶Ha'u halo mollu ho tomate. 토마토로 소스를 만들었어요.

⁑**molok** 전 ①~ 앞에, ~앞에서. ¶Molok estasaun ha'u hasoru Jose. 역 앞에서 조세를 만났어요. 유의 antes. 반의 depois. ②~ 전에. ¶Mai ita hasoru malu molok han-meiudia. 우리 점심 식사 전에 만나요. 유의 antes. 반의 depois.

⁑**momentu** Ⅰ명 순간, 때. ¶Iha momentu ida-ne'e ha'u hakarak hato'o ha'u-nia respeitu ba Reitor no kolega sira hotu. 이 순간 저는 총장님과 동료분 모두에게 존경을 전하고 싶습니다. Ⅱ부 그 당시에. ¶Momentu ami bá sae foho Ramelau. 그 당시에 우리는 라멜라우산을 올라갔어요. Ⅲ접 ~하는 동안. ¶Momentu la'o, ami ko'alia malu tiha ona. 걷는 동안 우리는 서로 대화했어요. 유의 dun, durante, enkuantu.

⁑**momoos** Ⅰ형 티 하나 없이 깔끔한, 매우 깨끗한. ¶Ninia uma oin momoos. 그의 집 앞은 매우 깨끗해요. Ⅱ부 명료히, 분명

M

히. ¶Nia hatudu ninia opiniaun momoos. 그는 견해를 명료히 표현했어요. ⓘ표기 mo-moos.

monarkia 명 ①군주제. ¶Sistema liurai nian iha Timor-Leste diferente ho monarkia. 동티모르의 루라이 제도는 군주제와 달라요. ②군주국. ¶Timor-Leste la'ós monarkia. 동티모르는 군주국이 아니에요.

monarkista 명 군주제 지지자. ¶Iha Timor-Leste monarkista iha ka? 동티모르에 군주제 지지자가 있습니까?

monetária 형 여성 통화의, 화폐의. ¶política monetária 통화 정책

monetáriu 형 남성 화폐의, 통화의. ¶Osan-besi Timor-Leste nian iha valor monetáriu hanesan ho dolar USD nian. 동티모르 동전의 화폐의 가치는 미국 달러와 같아요.

monetarizmu 명 통화주의. ¶Nia la kompriende monetarizmu. 그는 통화주의를 이해하지 못해요.

Mongólia 명 몽골.

monje 명 중. ¶Nia determina ona atu sai monje. 그는 중이 되기로 결심했다.

monk 명 승려. ¶Mane lahalo tuir ninia parente nia hakarak no sai monk iha tinan 20. 그는 부모의 뜻을 어기고 스무 살에 승려가 되었다.

monok 형 언어 장애인의, 말을 못하는. ¶Nia sai monok bainhira nia hasoru ninia eroi. 그는 자신의 영웅을 만났을 때 말을 못하게 되었어요. 유의 gugulai.

monokromu 명 흑백. ¶Album kontén ninia vida juventude iha monokromu. 그 앨범에는 그녀의 젊은 시절의 모습이 흑백으로 담겨 있었다.

monólogu 명 독백. ¶Nia hahú monólogu naruk ida kona-ba moris iha Timor-Leste. 그는 동티모르에서의 삶에 대해 긴 독백을 시작했다. 반의 diálogu.

monopóliu 명 독점, 전매, 전유물. ¶Maria nia kompañia iha autoridade monopóliu Samsaung Telemovel nian ba merkadu Timor-Leste. 마리아의 회사는 삼성 핸드폰의 동티모르 시장 독점 권리를 갖고 있다.

monopoliza 동 독점하다, 독차지하다. ¶Empreza espesifiku labele monopoliza merkadu nia ekonomia. 특정한 기업이 시장의 경제를 독차지해서는 안 된다.

monstru 명 괴물. ¶Ha'u hori-kalan mehi ne'ebé baku malu ho monstru boot. 나는 어젯밤 커다란 괴물과 싸우는 꿈을 꾸었다.

* **monta** 동 ①모이다, 모으다. ¶Hodi halo empreza, nia monta osan. 창업을 위해 그는 돈을 모았어요. 반의 sobu. ②설치하다. ¶Nia hakarak monta internet iha UNTL. 그는 동티모르국립대에 인터넷 설치하기를 원해요. 유의 halo instalasaun, instala, tau.

* **montante** 명 총액, 총계, 총. ¶Parlamentu Nacionál aprova orsamentu ho montante $500,000 hodi ba halo fiskalizasaun COVID-19. 국회는 COVID-19 감시 체계를 만들기 위해 총 50만 불로 예산을 승인했습니다.

*** **monu** 동 ①떨어지다. ¶Ai-dila monu. 파파야가 떨어지다. ②넘어지다. ¶Ita

hamriik bele ka hafoin monu? 넘어진 후에 일어설 수 있겠니? ③쏟다. ¶Lalika monu kafé. 커피 쏟지 마. ④포기하다. ¶Kona-ba ita-nia dezafiu, ita monu ona ka? 네 도전에 대해서 벌써 포기한 거니? 유의 rende. ⑤항복하다. ¶Militár na'in ida ko'alia katak la oho nia, se nia monu. 한 군인은 그가 항복한다면 죽이지 않겠다고 말했어요. 유의 entrega an.

관용 monu ain 용서를 구하다.

monumentu 명 기념물, 기념비. ¶Monumentu ne'e inagura iha tinan 2016. 이 기념비는 2016년에 건립되었다.

mo'ok 형 아름다운, 예쁜. ¶Foho ne'e mo'ok tebes. 산이 참 예쁘네요. 유의 kapás.

moon 형 분명한, 유창한. ¶Nia ema ne'ebé ko'alia lian Korea moon. 그는 한국어를 유창하게 말하는 사람이에요. 유의 moos.

moos[1] Ⅰ 명 청결, 위생. ¶Sentina fatin ida-ne'e tenke hamoos halo moos. 이 화장실은 반드시 청결을 유지해야만 합니다. 유의 isin-moos. Ⅱ 형 깨끗한, 위생적인, 청결한. ¶bee moos 깨끗한 물 / liman moos 청결한 손 반의 dool, door, fo'er.

moos[2] Ⅰ 명 명료성, 투명성. ¶Moos governu osamentu nian bele halo fiar husi povu. 정부 예산의 투명성은 국민으로부터 신뢰를 만들어 낼 수 있어요. Ⅱ 형 분명한, 유창한. ¶Nia resposta moos no iha forsa. 그의 대답은 분명했고 힘이 있었다. 유의 moon. Ⅲ 부 유창하게. ¶Nia ko'alia Tetun moos. 그는 테툼어를 유창하게 말해요.

morada 명 주택, 집. ¶Nia presiza morada ida. 그는 집 한 채가 필요하다.

moradór 명 토착 군인, 추장의 보디가드, 수비대. ¶Moradór na'in rua ne'e servisu ba liurai. 그 두 명의 토착 군인은 추장을 위해서 일을 해요.

morál Ⅰ 명 공손함, 적합한 행동. ¶Maun sira ko'alia aat nia tanba nia la iha morál. 공손함이 없다고 형님들이 그를 비난했다. Ⅱ 형 도덕적인. ¶Ita sempre bele halo hahalok morál? 우리는 늘 도덕적인 행동을 할 수 있는가?

moralidade 명 도덕, 도덕성. ¶Se moralidade la iha sosidade, ami bele fiar ema seluk ka? 사회에 도덕이 없다면 우리는 타인을 믿을 수 있을까?

moralista 명 도덕주의자. ¶moralista nia desizaun 도덕주의자의 결정

moraliza 동 훈계하다, 설교하다. ¶Padre sira moraliza sarani sira. 신부님들은 세례 교인을 훈계해요.

morangu 명 딸기. ¶Nia gosta han morangu. 그는 딸기 먹는 걸 좋아해요.

moras Ⅰ 명 통증. ¶Nia dehan katak nia sente moras. 그는 통증이 있다고 말했다. Ⅱ 동 아프다. ¶Nia halo ha'u-nia fuan moras. 그는 내 가슴을 아프게 했어요. 반의 isin-di'ak. Ⅲ 형 아픈, 병든. ¶Nia nia isin moras. 그는 몸이 아파요.

관용 moras da'et bá-mai 전염성이 강한.

관용 moras da'et tun-sa'e 전염성이 강한.

moras-aat 형 심하게, 심각하게, 진지하

M

게. ¶Nia moras ne'e moras-aat. 그는 심각하게 아파.

⁑ **moras-atan** 형 병약한, 자주 아픈. ¶Nia ema ne'ebé moras-atan. 그는 병약한 사람이야. 이표기 moras atan.

moras-aten 명 간염. ¶Doutor barak maka teste pasiente balun kona-ba moras-aten. 많은 의사들이 환자에 대한 검진을 했는데 몇몇은 간염이었다. 유의 epatite.

moras-fuan 명 심장병, 심장 마비. ¶Nia hetan moras-fuan. 그가 심장병에 걸렸어요.

moras-lepra 명 나병, 문둥병, 한센병. ¶Moras-lepra agora barak tebes iha Timor-Leste. 현재 동티모르에 한센병이 많아요. 유의 lepra.

morenu 형 (얼굴이) 거무스름한, 얼굴색이 가무잡잡한. ¶Ha'u-nia kolega ne'e morenu. 제 친구는 얼굴색이 가무잡잡해요.

morfolojia 명 형태학. ¶Estudante sira aprende morfolojia iha eskola. 학생들은 학교에서 형태학을 공부해요.

morfolojíku 형 형태학적인. ¶Sira komesa peskiza morfolojíku kona-ba ai iha Timor-Leste. 그들은 동티모르 내 나무에 대한 형태학적인 연구를 시작했다.

⁎ **morin** Ⅰ 명 향수, 향기. ¶Ha'u simu morin nu'udár prezente loron-moris nian. 생일 선물로 향수를 받았어요. 유의 mina-morin. Ⅱ 동 좋은 향기가 나다. ¶Morin di'ak husi ai-funan ida ne'e. 이 꽃에서 좋은 향기가 나요. Ⅲ 형 향기로운. ¶Sé mak prepara sala morin? 누가 향기로운 방을 준비했나요?

⁑ **moris** Ⅰ 명 ①삶, 인생. ¶Moris ne'e la kompletu la hemu xokolate hamutuk ho ha'u nia doben O iha tasi ibun. 해변에서 내 사랑 그대와 초코라테를 마시지 않는다면 삶이 완전한 게 아니죠. ②탄생. Ⅱ 동 ①살다. ¶Nia moris hela iha Korea durante tinan 3. 그는 3년 동안 한국에서 살고 있다. ②태어나다. ¶Nia moris loron 20 Maiu 2002. 그는 2002년 5월 20일에 태어났어요. 유의 mouris. ③자라다, 크다. ¶Maria nia oan moris ho bo'ot lailais. 마리아의 자식이 빨리 자랐어요. Ⅲ 형 ①살아 있는, 살아 계시는. ¶Abó-feto ne'e tinan 100 leten ona, maibé nafatin moris ho isin-di'ak. 할머니는 백 세가 넘으셨지만 여전히 건강하게 살아 계세요. 반의 defunta, defuntu. ②활기 넘치는, 적극적인. ¶Ninia aktividade moris mak kona-ba politika de'it. 그의 적극적인 활동은 정치에 대해서뿐이에요. 유의 ativu. ③빠른, 신속한. ¶Karik ita servisu maka'as, ami bele hein osan mai ho moris. 열심히 일하면 돈도 더 빨리 오는 걸 기대할 수 있어요.

⁎ **moris-aat** Ⅰ 명 빈곤한 삶, 방탕한 삶. ¶Nia hakarak sai husi moris-aat. 그는 빈곤한 삶에서 빠져나가고 싶어해요. Ⅱ 형 극빈한, 궁핍한, 방종한. ¶Situasaun moris-aat maka'as distrui ona ninia mehi. 극빈한 상황이 그의 꿈을 파괴했다.

⁎ **moris-dame** 명 평화로운 삶, 평화롭게 사는 것. ¶Ema hotu-hotu presiza moris-dame. 모든 사람은 평화로운 삶을 필요로 해요.

***moris-di'ak** Ⅰ 명 품위. ¶Nia halo planu moris ho moris-di'ak. 그는 품위가 있는 삶을 계획했어요. 유의 dignidade. Ⅱ 형 품위 있는, 예의 바른. ¶hahalok moris-di'ak 품위 있는 행동

moris fali 부활절, 그리스도의 부활. ¶partisipa iha eventu moris fali 부활절 행사에 참가하다 유의 moris-hikas, resurreisaun.

***moris-fatin** 명 거주지. ¶Fulan kotuk nia troka moris-fatin. 지난달 그는 거주지를 옮겼어요. 이표기 moris fatin.

moris-hi'as 명 부활. [예수의 부활을 가리킴] ¶Nia fiar moris-hi'as Jesus nian. 그는 예수의 부활을 믿어요. 유의 moris-hikas.

moris-hikas 명 부활. [예수의 부활을 가리킴] ¶Jesus Cristo ne'ebé moris-hikas fali liu loron tolu 3일이 지나 부활을 하신 예수 그리스도 유의 moris-hi'as.

***moris-ikus** 명 막내. ¶Ha'u mak moris-uluk no nia moris-ikus. 나는 맏이이고 그는 막내예요. 유의 oan-ikun.

***moris-kedas** 명 탄생. ¶moris-kedas no moris-hi'as Jesus nian 예수의 탄생과 부활 유의 moris.

***moris-ladi'ak** 명 나쁜 삶, 나쁜 행실, 비행. ¶Ema seluk fiar nia difisil tanba nia hatudu moris-ladi'ak ba ema seluk. 그는 나쁜 행실 때문에 다른 사람이 그를 믿기 어려워요. 유의 delinkuénsia.

***moris-mai** 명 탄생, 출생. ¶Tanbasá nia la informa ha'u moris-mai ninia oan nian? 왜 그의 자식이 출생을 한 것을 내게 알리지 않았지?

***moris-susar** 명 불행. ¶moris iha moris-susar nia laran 불행 속에 살다

***moris-uluk** 형 맏이인. ¶Ninia maun mak moris-uluk no nia moris-ikus. 그의 형은 맏이이고 그는 막내예요.

***moron** 형 돌아다니며 사는. ¶Busa ida-ne'e la'o ba-mai no hela moron. 이 고양이는 이리저리 돌아다니면서 살아요.

***mortál** Ⅰ 명 서민, 보통 사람, 일반인. ¶Ema barak iha mundu ne'e moris nu'udár mortál ida. 세상에 있는 많은 사람들이 서민으로 살아요. Ⅱ 형 치명적인, 대단히 심각한. ¶Nia iha moras mortál. 그는 대단히 심각하게 아파요.

***mortalidade** 명 사망, 죽음, 치사. ¶Sira aprezenta sensus kona-ba mortalidade. 그들은 사망자에 대한 조사를 발표했다.

morteen 명 전통 산호 구슬 목걸이. ¶Morteen ne'e kualidade di'ak entaun la persiza aumenta dezeña. 이 전통 산호 구슬 목걸이는 우수해서 디자인을 더할 필요가 없어요.

morteiru 명 모르타르. ¶Ami atu halo uma, ita hatene oinsá ita bele prepara morteiru? 우리가 집을 지으려 하는데 모르타르를 어떻게 준비할 수 있는지 아니?

***moru** 명 벽, 블록으로 만든 벽. ¶Moru ne'e aas entaun ema sira la bele haksoit ida-ne'e. 그 벽은 높아서 사람들이 넘을 수 없습니다. 유의 parede.

***moruk** Ⅰ 명 혈맹, 동맹. ¶Nasaun rua halo moruk hodi hametin amizade liu tan. 두 국가는 우정을 훨씬 더 강화하기 위해 혈맹을 맺었어요. 유의 hemu-raan. Ⅱ 형 쓴맛의. ¶Nia bele han hahán moruk.

M

그는 쓴맛의 음식을 먹을 수 있어요. (반의) midar.

***mós** 부 또한. ¶Nia mós bá hamutuk ho ita. 그 또한 우리와 함께 간다. (이표기) mos.

Mosambikanu Ⅰ 명 모잠비크 사람. Ⅱ 형 모잠비크의, 모잠비크 사람의. ¶Lingua ofisiál Mosambikanu mak lian Portugues. 모잠비크의 공용어는 포르투갈어입니다.

***moskiteiru** 명 모기장. ¶Susuk agora barak ita tenke uza moskiteiru antes toba. 지금 모기가 많으니까 자기 전에 모기장을 꼭 사용해야 해요.

***mostarda** 명 겨자, 머스터드, 겨자소스. ¶Nia gosta han mostarda ne'ebé fresku. 그는 신선한 겨자를 먹길 좋아해요. (유의) sasahik.

***mosu** 동 나타나다. ¶Karau ida mosu iha karreta nia oin. 소 한 마리가 차 앞에 나타났다. (유의) akontese.

***mota** 명 강. ¶Mota Comoro mak famosu iha Timor-Leste. 코모로강은 동티모르에서 유명해요.

mota-ain 명 강의 하구. ¶Ninia uma ne'e iha mota-ain. 그의 집은 그 강의 하구에 있다. (이표기) mota ain.

mota-bank 명 강둑, 강기슭. ¶Kalan kalan nia la'o halimar iha mota-bank. 매일 저녁 그는 강둑에서 산책한다. (유의) mota-ninin. (이표기) mota bank.

motabomba 명 모터 펌프. ¶Ita presiza moos motabomba. 모터 펌프는 깨끗이 유지해야 한다. (유의) bomba.

***mota-boot** 명 큰 강. ¶Suku ne'e besik mota-boot. 이 마을은 큰 강의 근처에 있어요. (이표기) mota boot.

***mota-ninin** 명 강둑, 강기슭. ¶Labarik sira halimar hela iha mota-ninin. 어린이들이 강둑에서 놀고 있어요. (유의) mota-bank. (이표기) mota ninin.

mota-oan 명 작은 만, 해협. ¶Labarik sira halimar iha mota-oan ibun. 어린이들이 해협 모래사장에서 놀고 있다. (이표기) mota oan.

***mota-suli** 명 하도, 강의 흐름. ¶Mota-suli maka'as wainhira tempu udan. 비가 올 때는 강의 흐름이 세요.

***mota-tun** 명 홍수, 강물의 범람. ¶Ema sira ne'ebé hela iha área ne'e tenke prepara hasoru mota-tun. 이 지역에 사는 사람들은 홍수에 대비해야 합니다. (유의) mota-boot. (이표기) mota tuun.

***mota-ulun** 명 수원, 강의 원류. ¶Ema barak hela besik mota-ulun. 많은 사람들이 강의 원류 근처에 살아요. (이표기) mota ulun.

***motél** 명 모텔. ¶Patraun atu hadi'a ninia motél. 사장님은 그의 모텔을 수리하려 해요.

***motiva** 동 동기 부여를 하다. ¶Mestre motiva ona ninia estudante sira. 선생님은 학생들에게 동기 부여를 했어요.

***motivadu** Ⅰ 동 동기 부여가 되다. ¶Ha'u motivadu husi ninia kolega sira. 나는 친구가 동기 부여가 되었어요. Ⅱ 형 자극을 받은, 의욕을 가진, 동기가 부여된. ¶Nia ne'e ema ida ne'ebé hetan motivadu bainhira nia kompriende mudansa sosiál. 그는 사회의 변화를 이해했을 때 자극을 받았어요.

***motivasaun** 명 자극, 유도, 동기 부여.

¶Inan-aman tenke fó motivasaun oan sira. 부모는 자녀들에게 동기 부여를 해야 해요.

*__motivu__ 명 동기, 이유. ¶O ko'alia ha'u hakarak bá Korea. O nia motivu ne'e saida? 네가 한국에 가고 싶다고 말했다며. 이유가 뭐니?

*__motok__ 동 딸꾹질을 하다. ¶Nia no ninia korrega motok ona tempu ne'ebé hanesan. 그와 친구는 동시에 딸꾹질을 했다.

*__motór__ Ⅰ 명 오토바이, 스쿠터. ¶Motór ida-ne'e nia hola foin lalais. 이 스쿠터는 최근에 그가 산 거예요. 유의 motorizada. Ⅱ 형 오토바이의, 스쿠터의. ¶Otél ne'e bandu ona motór atu para iha otél nia oin. 호텔은 호텔 앞에 오토바이의 주차를 금지했어요.

*__motorista__ 명 운전사, 기사. ¶kompaña bís buka motorista 버스 회사에서 기사를 모집하다 유의 kondutór, xofér.

*__motorizada__ 명 오토바이. ¶Motorizada ne'e kór kapa'as. 이 오토바이는 색깔이 멋져요. 유의 motór.

*__mouhu__ 동 소진되다, 지치다. ¶Maria halai mouhu, wainhira hetan asu si'ak. 마리아는 사나운 개를 발견하고 지치도록 달렸다.

*__moulik__ 형 헐벗은, 황폐한. ¶Pobreza halo moris moulik. 빈곤이 황폐한 삶을 만들었어요. 유의 molik.

*__mourin__ 명 향기. ¶Ita bele fase ropa ho mourin tebes ka? 향기 나게 세탁할 줄 알아요? 유의 morin.

*__mouris__ 동 태어나다. ¶Horisehik ha'u-nia alin ki'ik mouris. 어제 동생이 태어났어요. 유의 moris.

*__mout__ 동 ①가라앉다. ¶Ikus mai, ró mout no ema barak mout. 결국, 배는 가라앉았고 많은 사람이 익사했다. 반의 namlele. ②가라앉히다. ¶Uluk mout kafé-uut no hemu kafé. 먼저, 커피 찌꺼기를 가라앉힌 다음 마셔요.

*__movel__[1] 동 침수되다. ¶Udan karreta barak komesa atu movel ona. 폭우로 많은 자동차들이 침수되었어요.

*__movel__[2] 형 이동식의, 움직이는. ¶Banku BNCTL oferese servisu movel. 동티모르 국립상업은행은 이동식 서비스를 제공해요.

*__movimentu__ 명 움직임, 이동, 운동. ¶Movimentu estudante nian halo demonstrasaun kontra imoralidade governu nian. 학생들의 운동은 정부의 부도덕성에 대한 항의이다.

*__moxila__ 명 배낭. ¶Ha'u presiza moxila boot tanba atu halo viajen kleur. 오랫동안 여행을 할 계획이라 큰 배낭이 필요해요.

*__moxilaun__ 명 배낭여행. ¶Nia atu halo moxilaun bá Xina durante férias. 나는 방학 동안에 중국으로 배낭여행을 하려고 해요.

*__muda__ 동 ①움직이다, 이동하다. ¶Karreta barak iha estrada muda neineik. 도로에 많은 차량들이 천천히 움직인다. 유의 book, book an. ②바꾸다, 변경하다, 변하다. ¶Ema la muda ho fasil, labele atu troka. 사람은 쉽게 변하지 않아요. 바꾸려 하지 마세요. 유의 seluk.

M

관용 muda nia hahalok 개혁하다.

⁑**mudansa** 명 ①변화. ¶Mudansa no resposta halo futuru. 변화와 대응이 미래를 만든다. ②기어. ¶Karreta ida-ne'e iha mudansa hira? 이 차는 기어가 몇 개지요? 유의 engrenajen.

⁑**mukit** Ⅰ명 부족, 결핍, 빈곤. ¶Mukit nutrisaun nian bele distrui opotunidade ema ida nian. 영양 결핍은 한 사람의 기회를 파괴할 수 있어요. 유의 falta. Ⅱ형 필요로 하는. ¶Agora nia la iha doben, maibé nia mukit. 지금 그는 애인이 없지만 필요로 해요.

mulatu Ⅰ명 물라토. [백인과 흑인 부모 사이에서 태어난 사람을 모욕적으로 이르는 말] ¶Nia la hirus, maske ninia kolega bolu nia nu'udár mulatu. 그는 친구들이 물라토라고 놀려도 화내지 않았어요. 유의 mulatuk. Ⅱ형 물라토의. ¶oin mulatu 물라토의 얼굴 유의 mulatuk.

mulatuk Ⅰ명 물라토. [백인과 흑인 부모 사이에서 태어난 사람을 속되게 이르는 말] 유의 mulatu. Ⅱ형 물라토의. 유의 mulatu.

⁑**multa** Ⅰ명 벌금. ¶Nia selu multa ho montante $50. 그는 50불의 벌금을 물었어요. 유의 salan. Ⅱ동 벌금을 내다. ¶Nia tenke multa ho montante $5,000 ba governu. 그는 정부에 5000불의 벌금을 내야만 해요.

*__multidaun__ 명 군중. ¶Politik na'in bele uza multidaun atu ukun. 정치인은 통치를 위해 군중을 이용할 수 있어요. 유의 ema-lubun boot.

*__multilaterál__ 형 다자간의. ¶Guvernu Timor-Leste, partisipa mós iha CPLP ba Negosiasaun multilaterál. 동티모르 정부는 다자간의 협상을 위해 포르투갈어 사용국 공동체에 참가해요.

multimilionáriu Ⅰ명 백만장자, 대부호. ¶Ninia avó ema ne'ebé multimilionáriu iha Timor-Leste. 그의 할아버지는 동티모르의 대부호예요. Ⅱ형 백만장자의, 대부호의. ¶Moris multimilionáriu la hanesan ho povu normál. 대부호의 삶은 보통 국민과 같지 않아요.

multinasionál 형 다국적인. ¶Timor-Leste mós haruka ninia tropas atu partisipa militár multinasionál. 동티모르도 다국적인 군에 군인을 파병해요.

multíplika 동 곱하다. ¶Rua multíplika tolu hamutuk ne'en. 2에 3을 곱하면 6이 돼요.

*__multiplikasaun__ 명 곱셈. ¶Nia hatene oinsá halo multiplikasaun. 그는 곱셈을 어떻게 하는지 알아요.

*__múltiplu__ 형 다중의. ¶Ema balu iha pezidensia múltiplu. 어떤 사람은 다중의 거주지를 가지고 있어요.

⁑**mundiál** 형 세계적인. ¶Loron dame mundiál mak ba ema hotu nian. 세계적인 평화의 날은 모든 사람을 위한 것이다.

⁑**mundu** 명 세계. ¶Nia hakarak la'o hale'u mundu. 그는 세계를 한 바퀴 걸어보고 싶어한다. 유의 mundu-raiklaran.

⁑**mundu-raiklaran** 명 세계. ¶koko mundu-raiklaran foun 새로운 세계를 경험하다 유의 mundu.

munisipál 형 지방 자치제의. ¶Objetivu Jestaun munisipál nian ba povu iha laran. 지방 자치제 운영의 목적은 자치체 내의 국민을 위한 것이에요.

munisipalidade 명 ①지방 자치제. ¶Tuir munisipalidade, keda Munisípiu bele halo planu mesak. 지방 자치제에 따라 자치체는 각각의 계획을 세울 수 있어요. ②지방 자치제 당국. ¶Munisipalidade Dili fornese hela servisu hanesan bee moos. 딜리 지방 자치제 당국은 깨끗한 물을 공급하는 서비스를 하고 있어요.

⁑**Munisípiu**[1] 명 자치체. ¶Timor-Leste iha Munisípiu 13. 동티모르는 13개 자치체가 있어요.

⁑**munisípiu**[2] 명 시 의회. ¶Munisípiu Dili bele deside atu partisipa iha enkontru entre sidade nasaun li'ur. 딜리 시 의회는 외국 도시와 미팅에 참가하는 결정을 할 수 있어요.

***murak**[1] 형 매우 젊은. ¶Timor mak murak rai. 티모르는 매우 젊은 나라예요. 유의 nurak.

***murak**[2] 형 상냥한. ¶Hahalok murak importante iha industria turismo. 관광업에서 상냥한 행동은 중요해요.

⁑**murak-mean** 명 금. ¶Feen-la'en uza kadeli murak-mean ne'ebé uluk sira fó malu. 부부는 예전에 서로 주었던 금으로 된 반지를 껴요.

⁑**murak-mutin** 명 은. ¶Nia uza kanuru ho murak-mutin. 그는 은 숟가락을 사용해요.

⁑**murmura** 동 (기분이 나빠서) 중얼거리다. ¶Nia murmura loos ba ninia alin tanba alin foti ninia osan. 동생이 그의 돈을 집어 가서 그는 기분이 나빠 동생에게 중얼거려요.
유의 botu-botu. 이표기 muramura.

⁑**murón** 형 움직이지 않는, 가만히 있는. ¶Nia nafatin murón durante oras ida. 그는 한 시간 동안 움직이지 않았다. 이표기 muroon.

***musan** 명 씨앗. ¶Musan ki'ik bele sai ai boot. 작은 씨앗이 큰 나무가 될 수 있다. 유의 ai-musan, fini.

***muskulasau** 명 ①보디빌딩, 근육 단련 운동. ¶Entre muskulasau no futeból di'ak liu ba saude saida? 보디빌딩과 축구 중에 뭐가 더 건강에 좋지? ②보디빌더, 스포츠 강사. ¶Nia hakarak sai muskulasau entaun ezerse barak loroloron. 그는 보디빌더가 되고 싶어서 매일 운동을 많이 해요.

***múskulu** 명 근육. ¶halo ezersisiu atu hasa'e múskulu 근육을 단련시키다 유의 brasu, laho, uat.

musulmanu Ⅰ명 무슬림, 이슬람교도. ¶Fatin ba musulmanu sira hodi reza iha ne'ebé? 이슬람교도가 기도하기 위한 장소가 어디에 있어요? 유의 Izlaun. Ⅱ형 무슬림의, 이슬람교도의. ¶Kostome musulmanu sira iha lulik kona-ba na'an fahi. 무슬림의 관습에는 돼지고기에 대한 금기가 있어요.

***muta** Ⅰ명 토. ¶Andar sai fo'er ho ninia muta. 그가 토를 한 것으로 바닥이 더러워졌어요. Ⅱ동 토하다. ¶Nia sinte atu muta tanba nia hemu tua barak horikalan. 전날 저녁에 술을 많이 마셔서 그는 토할 것 같았다.

M

***mutik** 명 은색, 회색, 흰색. ¶Hena mutik mak ninia favouritu. 흰색 천이 그가 가장 좋아하는 거예요.

***mutin** 형 흰색의, 은색의, 회색의. ¶Nia gosta kór mutin. 그는 흰색을 좋아해요.

MUTL 명 동티모르 대학생 운동 연합. [Movimento Universitario de Timor-Leste의 약어] ¶MUTL halo deomostrasaun konta membru parlimentu. 동티모르 대학생 운동 연합은 의원들을 상대로 시위를 해요.

***muzeu**[1] 명 ①음악. ¶Ita gosta rona muzeu tipu saida? 어떤 음악 듣기를 좋아해요? ②노래. ¶Ita bele kanta muzeu di'ak ka? 노래를 잘해요? 유의 kananuk, knananuk.

***muzeu**[2] 명 박물관. ¶Nia konvida malae sira to'o muzeu resistensia. 그는 외국인을 저항 박물관에 초대했어요.

muzeum 명 미술관. ¶Feriadu ida-ne'e nia servisu mak sei haree muzeum no hakerek reportajen. 이번 방학 숙제는 미술관을 관람하고 감상문을 쓰는 것이다.

***muzikál** 형 음악의. ¶Nia hakarak sente kbiit muzikál liu hosi tretamentu psikolojia nian. 그는 심리 치료를 통해서 음악의 힘을 느끼고 싶어해요.

***múziku** 명 음악가, 뮤지션. ¶Ninia mehi mak múziku. 그의 꿈은 음악가예요.

N

naa 명 자단, 자단나무. ¶Uza naa, nia halo hela meza. 그는 자단나무를 사용해서 탁자를 만들고 있어요. 유의 ai-naa, ai-naan, naan.

naan 명 자단, 자단나무. ¶meja ne'ebé halo ho naan 자단나무로 만든 식탁 유의 ai-naa, ai-naan, naa.

*** na'an**[1] 명 (여자의) 남자 형제. ¶Maria la iha na'an ida, nia iha feto mesak. 마리아는 남자 형제들이 하나도 없고, 모두 여자뿐이에요. 이표기 naan.

*** na'an**[2] 명 고기. ¶Hakarak han na'an saida? 무슨 고기를 먹고 싶어요? 이표기 naan.

na'an-aten 명 양고기. ¶Nia tunu na'an-aten ne'e no han gostu loos. 그는 구운 양고기를 맛있게 먹었다.

*** na'an-been** 명 육즙, 육수. ¶Ha'u halo saus ho na'an-been. 육수로 소스를 만들었어요. 이표기 naan been.

*** na'an-fahi** 명 돼지고기. ¶Nia han na'an-fahi de'it. 그는 돼지고기만 먹어요. 이표기 naan fahi.

* **na'an-isin** 명 힘줄. ¶Nia gosta han na'an-isin. 그는 고기의 힘줄 먹기를 좋아해요. 유의 uat.

*** na'an-karau** 명 쇠고기. ¶Ami hotu-hotu gosta karil na'an-karau. 우리 모두 쇠고기 카레를 좋아해요.

*** na'an-rahun** 명 다진 고기. ¶Iha na'an-rahun ka? 다진 고기 있어요?

*** na'an-resin** 부 남은 음식. ¶Balde ne'e laran, hatama na'an-resin. 이 양동이 안에 남은 음식을 넣어. 유의 etun-resin.

*** nabanaban** 부 끊임없이, 거듭. ¶Bee sai nabanaban iha sentina. 화장실에서 물이 끊임없이 새고 있네.

* **nabee** Ⅰ 동 녹다, 녹이다. ¶zellu nabee 눈이 녹다 유의 nabeen, nawee, naween. Ⅱ 형 녹은, 용해된. ¶Sé mak gosta sorvete nabee? 녹은 아이스크림을 누가 좋아하겠어요? 유의 nabeen, nawee, naween.

* **nabeen** Ⅰ 동 녹다, 녹이다. ¶Ida ne'e nabeen ho mikro-ondas! 이거 전자레인지로 녹여요! 유의 nabee, nawee, naween. Ⅱ 형 녹은, 용해된. ¶masin-midar nabeen 녹은 설탕 유의 nabee, nawee, naween.

*** nabila** Ⅰ 동 빛나다. ¶loro nabila 태양이 빛나다 유의 dirak, nabilan. Ⅱ 형 빛나는. ¶fulan nakonu nabila 빛나는 보름달

유의 dirak, nabilan.

*nabilan Ⅰ동 빛나다. ¶Fitun ne'e nabilan tan iha kalan. 별은 밤에 더욱 빛난다. 유의 dirak, nabila. Ⅱ형 빛나는. ¶Shampoo ida-ne'e bele halo ita-nia fuuk nabilan. 이 샴푸는 네 머리카락을 빛나게 할 수 있다. 유의 dirak, nabila.

nabou 동 탁탁 치는 소리를 내다. ¶Nia nabou husi dere odamatan. 그는 문을 노크해서 탁탁 치는 소리를 냈다.

*nabutuk 동 쌓다, 축적하다. ¶Nia nabutuk osan husi empreza. 그는 사업을 통해서 재산을 축적했다.

*nadodon Ⅰ동 단체로 움직이다. ¶Ema iha grupu ida-net mai nadodon de'it. 이 그룹의 사람은 단체로만 움직여요. Ⅱ부 일렬로. ¶Ita bele kombina dokumentu sira nadodon ka? 이 문서들을 일렬로 정리할 수 있겠어요?

*nafatin 부①여전히. ¶Ami nafatin hadomi malu maske la besik malu. 우린 서로 가까이 있지 않지만 여전히 서로 사랑해요. ②계속, 계속해서, 쭉. ¶Vida naruk no saude nafatin! 장수하시고 쭉 건강하세요!

*nafua 동 열매를 맺다. ¶Ai ne'e nafua iha fulan-Maiu. 이 나무는 5월에 열매를 맺어요. 유의 fó fuan.

nafu'a 동 여드름을 터트리다. ¶Nia nafu'a kona ninia oin barak loos. 그는 자기 얼굴의 여드름을 잔뜩 터트렸어요.

*nafuan Ⅰ동 결실을 보다, 결실을 맺다. ¶Nia haree katak ai ida-ne'e sei nafuan barak. 그는 이 나무가 많은 결실을 맺을 거라 생각해요. 유의 nafua. Ⅱ형 열매가 열리는. ¶Tempu udan halo ai nafuan. 우기 때 나무에 열매가 열려요.

*nafunan Ⅰ동 꽃을 피우다, 개화하다. ¶Ai ne'e sei nafunan antes fulan-ida-ne'e remata. 이 나무는 이번 달이 끝나기 전에 개화할 거예요. 유의 funan. Ⅱ형 꽃을 피우는, 개화하는. ¶Ita iha esperiansia haree ai-funan ne'e nafunan? 개화하는 꽃을 본 적이 있어요?

*nafurin 동 거품이 생기다. ¶Kafé nafurin kuandu nia halo kafé. 그가 커피를 만들 때마다 커피에 거품이 생겨요.

*naha 명①상품, 재고. ¶Ninia karreta la bele tula naha todan liu. 그의 차는 더 무거운 상품을 실을 수 없어요. ②화물, 짐. ¶Naha ne'e hela iha ponte-kais fulan-neen. 그 화물은 항구에 6개월간 머물렀다. 유의 bagajen, frete.

*nahe 동①(자리를) 펴다, 펼치다. ¶Nia nahe biti atu ami bele tur. 그는 우리가 앉을 수 있게 매트를 펼쳤어요. ②(타일을) 깔다. ¶Horisehik nia nahe azulejus iha hariis-fatin laran. 어제 그는 화장실에 타일을 깔았어요.

관용 nahe biti boot (많은 자리를 편다는 말로) 집단 토론으로 결정하다.

*nahisin 동 응고하다. ¶Ninia ra'an komesa nahisin ona. 그의 피가 응고하기 시작했어요.

*na'i 명 주인, 주. ¶Na'i maromak haruka ona ninia oan mane mesak mai mundu. 주 하느님께서 독생자를 세상에 보내셨습니다. 반의 atan.

*na'i-feto 명 숙녀. ¶na'i-feto Ramelau 라멜라우의 숙녀 이표기 na'in Feto.

na'i-lulik 명 사제, 신부. ¶Na'i-lulik sira mak bele halo misa. 사제들은 미사를 볼 수 있어요. 유의 padre, amu-lulik. 이표기 na'i n lulik.

⁑**na'in** 명 ①사람. ¶Na'in hanorin ne'e ita bolu nu'udár mestre. 가르치는 사람을 선생님이라 불러요. 유의 ema. ②주인. ¶Ha'u mak uma na'in ida-ne'e. 제가 이 집의 주인입니다. 반의 bainaka. 이표기 nain.

⁑**na'in-hira** 명 명. [사람을 세는 단위] ¶Ema na'in-hira mak aprende lian Korea ona ka? 몇 명이 한국어를 공부한 적이 있어요?

⁑**na'i-ulun** 명 통치자, 지도자. ¶Na'i-ulun sira tenke tau matan ba povo ki'ik sira. 통치자들은 서민들에게 눈을 돌려야만 해요. 이표기 na'i n ulun.

nak- 두 ~되다. [수동의 접두사] ¶Oportunidade nakloke ona. 기회가 열렸습니다.

***nakali** Ⅰ 동 끓다. ¶Nono ai-moruk ne'e to'o nakali. 이 약 끓을 때까지 데워. 유의 fisur. Ⅱ 형 끓인. ¶Fó ha'u bee nakali loos. 팔팔 끓인 물 주세요.

***nakar** 형 버릇없는, 말을 안 듣는, 가만히 못 있는, 타당한 이유 없이 악의적인. ¶Labarik ne'e nakar loos. 이 어린이가 아주 버릇이 없어요.

⁑**nakaras** 동 어두워지다, 캄캄해지다. ¶Rai nakaras ona. 날이 어두워졌어요.

***nakbaku** 동 얻어맞다. ¶Nia hetan nakbaku hosi ninia kolega. 그는 친구한테 얻어맞았어요.

⁑**nakbasa** 동 (따귀를) 맞다. ¶Ho ko'alia bosok kona-ba asuntu importante, labarik ne'e nakbasa husi ninia kolega. 중요 쟁점에 대해 거짓말을 한 어린이가 친구한테 따귀를 맞았어요.

⁑**nakbelit** Ⅰ 동 들러붙다. ¶Ninia ropa ne'ebé bokon nakbelit ba isin lolon. 그의 옷이 젖어서 몸통에 들러붙었어요. Ⅱ 형 들러붙는. ¶Nia hakarak hatais ropa nakbelit entaun buka hela. 그는 들러붙는 옷을 좋아해서 찾고 있어요.

nakbisik 동 내뿜다. ¶Ha'u fó hahaek no nakbisik sai tiha bee ne'ebé ha'u hemu. 나는 웃음이 터져서 마시던 물을 내뿜고 말았다.

⁑**nakbobar** 동 (둥글게) 감기다. ¶Kore lai tali ne'ebé maka nakbobar hela. 감긴 로프를 풀어라.

⁑**nakbolu** 동 불리다, 소환되다. ¶Nia nakbolu husi Presidente atu ko'alia kona-ba ninia atividade. 그는 자신의 활동에 대해서 말하기 위해 대통령으로부터 소환되었어요.

⁑**nakborus** 동 구멍이 나다. ¶Nia baku odamatan no odamatan nakborus. 그가 문을 쳤더니 문에 구멍이 났다.

⁑**nakbuka** 동 발견되다. ¶Ninia xave motor lakon maibé nakbuka iha uma laran. 그는 스쿠터 키를 분실했는데 방에서 발견되었다. 유의 nakhetan.

⁑**nakda'an** 동 끓어서 요리가 되다. ¶Ramen nakda'an tiha ona. 라면이 끓어서 요리가 되었어요.

⁑**nakdada** 동 끌려가다. ¶Asu nakdada hela. 개가 끌려가고 있어요.

⁑**nakda'et** 동 퍼지다, 전해지다. ¶Se ita la

N

evita husi moras ne'e, moras ne'e sei nakda'et ba ema hotu. 병을 피하지 않으면 병이 모든 사람들한테 퍼져요.

⁑**nakdedar** 동(몸을) 떨다, 떨리다. ¶Tanba rai malirin tebes nia sente nakdedar loos. 너무 추워서 그는 심하게 몸을 떨어요. 유의 taridu.

⁑**nakdere** 동 두드리다. ¶Nia nakdere hela odamatan sentina nian. 그는 화장실의 문을 두드리고 있어요.

nakdezenvolve 동 발달되다. ¶Tuir teknolojia imprime nakdezenvolve, publikasaun livru nian sai aas. 인쇄 기술이 발달됨에 따라 책 출판도 늘어났다.

⁑**nakdoko** 동 동요하다. ¶Governu orsamentu la iha entaun povu nakdoko hela. 정부가 예산이 없어서 국민들은 동요하고 있어요.

⁑**nakdoku** 동 덮어지다, 덮이다. ¶Ninia isin nakdoku hena. 그의 몸은 천으로 덮였어요.

nakdoros 동 미끄러지다. ¶nakdoros iha dalan zellu 눈길에 미끄러지다 유의 namdoras.

nakduir 동 감기다. ¶Poster ne'e nakduir ho surat-tahan. 그 포스터는 종이와 함께 감겨 있어요.

⁂**nakdulas** 동 ①돌다. ¶Piaun nakdulas di'ak. 팽이가 잘 돌아요. ②돌리다, 회전시키다. ¶Nia nakdulas piaun di'ak. 그는 팽이를 잘 돌려요.

⁑**nakee** 동 엿보다, 들여다보다. ¶Nia nakee hela aula lian Korea liu husi janela. 그는 한국어 수업을 창문을 통해 엿보고 있어요.

⁑**nakfa'an** 동 팔리다. ¶Ninia sasán nakfa'an barak. 그의 물건이 잘 팔린다.

⁑**nakfahe** 동 나뉘다. ¶Bikan ne'e monu tun nakfahe tiha ba rua. 그 접시는 떨어져서 두 조각으로 나뉘었어요.

***nakfai** 동 빻아지다, 찧어지다. ¶musan ne'ebé nakfai 찧어진 곡식

nakfakar 동 ①넘치다. ¶Be'e nakfakar husi botir plastiku. 물이 플라스틱병에서 넘친다. 유의 dahar, naksoren. ②흐르다, 엎질러지다. ¶Be'e nakfakar tiha ona husi botir plastiku. 플라스틱병에서 물이 흘렀어요. 유의 dahar, naksoren. ③유출하다, 누설하다. ¶La bele nakfakar segredu ba ema seluk. 타인에게 비밀을 누설하지 마.

***nakfalun** 동 싸여 있다. ¶Livru ida-ne'e nakfalun surat-tahan. 이 책은 종이로 싸여 있어요.

***nakfanun** 동 깨우치다. ¶Labarik ne'e nakfanun tiha ona tanba sala moos imortante tebes. 그 어린이는 깨끗한 방이 왜 중요한지 깨우쳤어요.

⁑**nakfase** 동 닦다, 씻기다. ¶Bikan sira ne'e nakfase hotu tiha ona. 여기 접시들은 모두 닦은 거예요.

nakfekit 동(규칙적으로) 진동하다, 고동치다. ¶Nia sente katak ninia fuan nakfekit hela. 그는 자신의 심장이 고동치고 있는 걸 느껴요.

nakfera 동 터지다, 부서지다. ¶Balaun ne'e sai boot liu entaun ikus mai nakfera. 그 풍선은 더 커지다가 결국 터졌다.

***nakfeur** 동 돌아가다. ¶Kata-ventu

maka nakfeur hela husi anin. 바람개비가 바람에 돌아가고 있었다.

*nakfila 동 변하다, 변화하다. ¶Kultura nakfila mós. 문화도 변해요. 유의 nakfilak.

*nakfilak 동 되다, 변하다, 변화하다. ¶Ai tahan nakfilak ba kór-kinur. 나뭇잎이 노랗게 변했다. 유의 fila an ba, nakfila.

*nakfodak 동 놀라다. ¶Ha'u nakfodak bainhira haree ita. 나는 당신을 볼 때마다 놀라요. 유의 admira, hakfodak.

*nakfokit 동 뽑히다. ¶Du'ut iha ne'e sei nakfokit. 여기 잔디가 뽑힐 거예요.

*nakfoti 동 뽑다, 뽑히다. ¶Nakfoti hela livru ne'ebá no lori ba ha'u. 책을 뽑아서 내게 가져오렴.

*nakfui 동 쏟아지다. ¶Udan nakfui hela. 비가 쏟아지고 있어요.

nakfulu 동 털북숭이가 되다. ¶Nia nakfulu. 그가 털북숭이가 되었어요.

nakfulun 형 (몸에) 털이 많은. ¶Bibi-malae nakfulun. 양은 털이 많아요.

nakfutu 동 묶이다. ¶Asu nakfutu ho ai barak tebes. 개가 아주 짧은 나무에 묶였어요.

*nakhetan 동 발견되다. ¶Lulik antiguidade nakhetan iha fatin konstrusaun apartamentu nian. 아파트 공사 현장에서 유물이 발견되었다. 유의 nakbuka.

*nakhili 동 뽑히다, 선발되다. ¶nakhili bá bolseira 장학생으로 뽑히다

naklake 동 열리다, 열다. ¶La bele taka botir matan ne'e, husik nia naklake de'it. 병마개를 닫지 말고, 열어 두어라. 유의 nakloke.

*naklakon Ⅰ 동 멸종되다, 사라지다. ¶Bibi-rusa komesa atu naklakon ona iha Timor laran. 사슴이 동티모르에서 멸종되기 시작했어요. Ⅱ 형 멸종된, 사라진.

naklalar 동 구워지다. ¶Nia gosta han na'an ne'ebé naklalar maka'as. 그는 바짝 구워진 고기를 먹기를 좋아해요.

*naklalin 동 바뀌다, 변경되다. ¶Ninia oráriu naklalin tiha ona. 그의 일정은 변경되었어요.

*naklees Ⅰ 동 터지다, 구멍나다. ¶Ropa ne'e atu naklees. 옷이 구멍나려 해요. 유의 naknees. Ⅱ 형 터진, 뜯어진. ¶Nia hakarak soe faru naklees. 그는 터진 윗옷을 버리고 싶어해요. 유의 naknees.

*naklekar 동 ①분산되다, 흩어지다. ¶Membru familia sira naklekar durante funu. 가족들이 전쟁 동안 흩어졌어요. ②해산되다. ¶Estudante sira naklekar husi polísia. 학생들은 경찰에 의해 해산되었다. ③흩뿌려지다, 흐트러지다. ¶Sasan sira ne'e naklekar iha uma laran. 물건들이 집안에 흐트러져 있다. 반의 arma.

*nakle'uk Ⅰ 동 굽어지다, 굽다. ¶Avó nia kotuk nakle'uk tiha ona. 할아버지의 등은 굽어졌어요. Ⅱ 형 구부러진.

*nakloke 동 열리다. ¶Favór kaer oportunidade nakloke. 열린 기회를 잡으세요.

*naklosu 동 느슨해지다. ¶Motór nia volante naklosu sai tiha ona. 스쿠터의 핸들이 느슨해졌어요.

*naklulun 동 (둥글게) 말다. ¶Ajuda

N

naklulun lai biti ne'e. 매트 좀 둥글게 말게 도와줘.

*__naknees__ Ⅰ동 터지다, 뜯어지다. ¶kalsa ain naknees 바짓가랑이가 터지다 유의 naknees. Ⅱ형 터진, 뜯어진. ¶suku parte naknees 뜯어진 부분을 꿰매다 유의 naklees.

⁑__naknotak__ 형 반쯤 찬. ¶kopu naknotak 반쯤 찬 컵 이표기 nanotak.

⁑__nakonu__ Ⅰ동 가득 채우다. ¶Fui bee iha ne'e to'o nakonu. 여기에 물을 가득 채워라. 유의 enxe. Ⅱ형 꽉 찬, 가득한. ¶Iha tanke ne'e laran hatama bee nakonu. 이 물탱크 안에 물을 가득하게 넣어라. 반의 mamuk.

*__nakorok__ 부 꼬르륵. ¶Maria ne'ebé la hatene nani tama ba bee mout nakorok kedas. 수영을 할 줄 모르는 마리아는 물에 들어가자마자 꼬르륵 가라앉았다.

⁑__nakoron__ 동 그르렁거리다, 코를 골다. ¶Fahi ne'e toba nakoron loos. 그 돼지는 자면서 코를 엄청 골아요.

⁑__nakraik__ 동 약해지다. ¶Rai nakdoko halo uma barak maka nakraik. 지진이 많은 집을 약해지게 했어요.

⁑__nakrakat__ Ⅰ동 (머리털을) 뾰족하게 세우다, 곤두세우다. ¶Ó nia fuuk nakrakat furak loos. 너 머리 뾰족하게 세운 게 정말 멋지다. Ⅱ형 (머리털을) 쭈뼛하게 하는. ¶Ita hatene filme nakrakat? 머리털을 쭈뼛하게 하는 영화 아니?

__nakreket__ Ⅰ동 (천, 의류 등이) 낡아서 올이 다 드러나다. ¶Ninia ropa nakreket tiha ona. 그의 옷은 낡아서 올이 다 드러났어요. Ⅱ형 (천, 의류 등이) 낡아서 올이 다 드러난. ¶Nia hatais ropa nakreket. 그는 낡아서 올이 다 드러난 옷을 입고 있어요. 유의 mihis.

*__nakriik__ Ⅰ동 똑바로 서다. ¶Seguransa sira hamriik nakriik wainhira Prezidente mai. 대통령이 왔을 때 보안요원은 일어나서 똑바로 섰어요. Ⅱ형 똑바로 선. ¶Polísia nakriik barak iha estrada ne'e. 도로에 똑바로 선 경찰들이 많아요.

*__naksalak__ 동 ①(발목, 관절 등) 삐다, 탈구시키다, 어긋나다. ¶Nia halai maka'as no monu halo ain naksalak kedas. 그는 열심히 달리다가 넘어졌는데 다리를 삐었어요. 유의 ain-naksalak. ②(의견 등이) 대립하다. ¶Politik na'in rua naksalak malu kona-ba osamentu. 두 명의 정치인은 예산에 대해서 서로 대립합니다.

*__naksees__ 동 (머리나 몸을) 휙 수그리다. ¶Ema hotu naksees, wainhira labarik ne'e lori fatuk tuda. 어린이가 돌을 던졌을 때 모두들 휙 수그렸어요.

*__nakselok__[1] 동 (자동차 문 등을) 억지로 열다. ¶La bele halo odamatan ne'e nakselok. 억지로 이 문을 열려고 해선 안 돼요.

*__nakselok__[2] 형 꼬인, 휘감긴. ¶Ami bele uza talin nakselok ne'e? 꼬인 끈을 우리가 사용할 수 있을까?

*__nakselu__ 동 지불되다. ¶Orsamentu ne'e sei nakselu fulafulan. 그 예산은 매달 지불될 거예요.

*__naksilu__ 동 부러지다. ¶Nia halai maka'as motór no monu halo nia liman ain naksilu hotu. 스쿠터를 빠르게 몰다 넘어져서 팔과 다리가 모두 부러졌어요. 유의 naktohar.

* **naksobu** 동 파괴되다. ¶Oinsá ami bele hadi'a ponte naksobu? 파괴된 다리를 어떻게 수리할 수 있을까?

* **naksoe** 동 던져지다. ¶Asu han hela paun naksoe. 개가 던져진 빵을 먹고 있어요.

* **naksona** 동 튀겨지다. ¶Na'an manu naksona hela. 닭고기가 튀겨지고 있다.

* **naksoran** 동 고무되다, 자극받다. ¶Nia naksoran husi ninia kolega sira. 그는 친구들로부터 자극받았어요.

* **naksoren** 동 넘치다. ¶Nia tau kafé barak iha kopu laran depois kafé naksoren. 그가 컵 안에 커피를 듬뿍 부어서 커피가 넘쳤다. 유의 dahar, nakfakar.

* **naksosa** 동 팔리다, 매수되다. ¶Nia promove ninia telemovel ba nia kolega sira atu naksosa lalais. 그가 핸드폰을 친구들에게 팔겠다고 알리자마자 팔렸다.

* **naksuar** I 동 연기를 피우다. ¶La bele naksuar iha uma laran. 집안에서 연기를 피워선 안 돼요. II 형 연기 나는. ¶Nia hetan uma naksuar ida. 그는 연기 나는 집 하나를 발견했어요.

* **naksubar** 동 ①숨겨지다, 숨기다. ¶Ita bele naksubar karreta iha ne'ebé? 자동차를 어디에 숨길 수 있나? ②숨다. ¶Maria naksubar an iha fatin ne'ebé seguru tebes. 마리아는 매우 안전한 곳에 숨었어요.

naksui 동 빗질하다. ¶Maria nia fuuk furak tebes hanesan ema naksui iha salon ne'e. 마리아의 머리는 미용실에서 빗질한 머리처럼 아주 멋져요.

naksuku 동 기를 펴지 못하다, 꼼짝 못 하다. ¶Nia naksuku ba ninia inan. 그는 어머니에게 꼼짝 못 해요.

naksunu 동 불태워지다, 불태우다. ¶Sira nak naksunu lixu loroloron. 그들은 매일 쓰레기를 불태워요.

naksura 동 세어지다, 세다. ¶Osan naksura didi'ak antes fó fila nia osan restu. 잔돈을 돌려주기 전에 돈을 잘 세었어요.

naksuru 동 푸다, 떠지다. ¶Nia uza kanuru boot atu naksuru rai-henek iha mota laran. 그는 강물에서 모래를 푸기 위해서 큰 삽을 사용해요.

* **naktaka** 동 닫히다. ¶Anin boot halo odamatan portaun naktaka rasik. 큰 바람이 현관문을 자동으로 닫히게 했다.

* **naktara** 동 걸리다. ¶Ninia ropa naktara iha talin. 그의 옷이 줄에 걸렸어요.

* **naktasak** 동 요리하다, 익히다. ¶Nia te'in foos ladun naktasak di'ak. 그가 쌀을 요리했는데 잘 익질 않았네요.

* **naktebar** 동 과중하다. ¶Sasán barak naktebar iha karreta ida-ne'e. 많은 물건들이 이 차에 과중하게 실렸어요.

* **naktemi** 동 불리다. ¶Ninia naran naktemi husi mestre. 그의 이름은 선생님에 의해 불렸어요.

* **naktesi** 동 잘리다. ¶Ai-tahan naktesi tiha ona. 나뭇잎이 잘렸어요.

* **naktetu** 동 짓누르다. ¶Ami persiza naktetu botir plastkku antes atu tula iha karreta laran. 우리는 차 안에 싣기

N

전에 플라스틱병을 짓누를 필요가 있다.

*naktohar 동 부러지다. ¶lapis naktohar 연필이 부러지다 유의 naksilu.

*naktuda 동 버려지다, 폐기되다. ¶Lei aat naktuda. 악법이 폐기되었다.

*naktuir 동 따라 하다. ¶Estudante sira hotu naktuir pronunsiasaun mestre nian. 학생들 모두 선생님 발음을 따라 해요.

*naktuku 동 맞다, 때려지다. ¶Labarik ne'e naktuku tiha ona ninia liman ho fatuk. 그 어린이는 돌에 팔을 맞았어요.

*naktula 동 싣다, 실어나르다. ¶Naktula foos iha karreta laran. 차 안에 쌀을 실어라.

naktutur 동 머리 위에 이다, 머리 위에 실리다. ¶Tia gosta naktutur de'it sasán sira ne'ebé todan. 이모는 무거운 물건을 머리 위에 이는 것을 좋아해요.

*nakukun Ⅰ 명 어둠. ¶naroman no nakukun 빛과 어둠 Ⅱ 동 어둡게 하다. ¶La nakukun iha sala laran. 방안을 어둡게 하지 마라. Ⅲ 형 어두운, 캄캄한. ¶Nia lee hela livru iha sala nakukun loos. 그는 매우 어두운 방에서 책을 읽고 있어요. 반의 naroman.

nakwari 동 흩어지다. ¶Iha ai okos ai-tahan monu nakwari. 나무 밑에는 나뭇가지에서 떨어진 낙엽들이 흩어져 있다. 유의 namkari.

*nam- 두 수동의 의미를 나타내는 접두사, nak의 변형이다. ¶namkari 흩어진 / namkasu 떼어진

*namanas Ⅰ 동 뜨거워지다, 열광하다. ¶Ami-nia treinu namanas hela. 우리들의 훈련은 뜨거워지고 있어요. Ⅱ 형 열렬한, 간절히 바라는, 열심인. ¶Estudante namanas estuda hela kona-ba lian Korea. 열성적인 학생이 한국어에 대해 공부하고 있어요. Ⅲ 부 열망하여, 열심히, 간절히. ¶Nia estuda hela namanas atu hetan bolsa estudu husi governu Koreanu. 그는 한국 정부의 장학금을 받고자 열심히 공부하고 있어요. 유의 manas.

namdoras 동 미끄러지다. ¶Kuidadu dalan ne'e tanba namdoras. 도로 조심해요, 미끄러질 수 있으니까요. 유의 nakdoros.

*namdoros 형 미끄러운. ¶Udan mai maka'ass halo estrada namdoros tebes. 비가 많이 와서 도로가 무척 미끄럽게 됐어요. 유의 doras, kois.

*nameek 동 (염소, 양 등이) 매매 울다. ¶Bibi ne'e nameek loos. 염소가 매매 하고 무척 많이 울어요.

namkari 동 흩어지다. ¶Osan-besi sira monu no namkari. 동전들이 떨어져 흩어졌다. 유의 nakwari. 반의 bá buka.

namkore 동 풀리다. ¶Sapatu nia tali namkore tiha. 구두끈이 풀렸어요.

namkuruk Ⅰ 동 주름지다, 구겨지다. 유의 namkurut. Ⅱ 형 주름진, 구겨진. ¶kamiza namkuruk 구겨진 셔츠 / avó nia oin namkuruk 할아버지의 주름진 얼굴 유의 namkurut.

*namkurut Ⅰ 동 주름지다, 구겨지다. ¶La bele halo ha'u-nia faru ne'e namkurut. 옷 상의를 주름지게 하지 말아야 해요. 유의 namkuruk. Ⅱ 형 주름진, 구겨진. ¶Tia ne'e nia oin namkurut ona. 삼촌의 얼굴이 구겨졌어요. 유의 namkuruk.

***namlaek** Ⅰ동 시들다. ¶Ai-funan iha ne'e namlaek ona. 여기에 있는 꽃은 시들었어요. 유의 namlaik. Ⅱ형 시든. ¶ai-tahan namlaek 시든 나뭇잎 유의 namlaik.

***namlaik** Ⅰ동 시들다. ¶Udan la mai halo ai-funan sira namlaik hotu. 비가 오지 않아서 꽃이 모두 시들었어요. 유의 namlaek. Ⅱ형 시든. ¶Sé mak hakarak sosa ai-funan namlaik ona? 시든 꽃을 누가 사고 싶겠어? 유의 namlaek.

***namlele** 동 뜨다, 부유하다. ¶Nia bele namlele iha tasi laran tanba nia hatene nani. 그는 수영할 줄 알아서 바다에 떠 있을 수 있어요. 반의 mout.

***namorada** 명 여자친구, 애인. ¶hetan namorada 여자친구가 생기다

***namoradu** 명 남자친구, 애인. ¶Agora ita iha namoradu ka? 이제 남자친구 있어요?

***namoron** 동 (동물, 특히 개가) 으르렁거리다. ¶Oin-foun tama uma no asu komesa namoron. 낯선 사람이 집에 들어오자 개가 으르렁거리기 시작했다. 유의 nakoron.

***namtate** 동 떨어져 나가다, 떨어지다. ¶Haas tasak namtate tun mai barak loos. 익은 망고가 나무에서 떨어지는 게 무척 많아요.

***namtete** 동 (높이가) 같다, 평평하다. ¶rai namtete 바닥이 평평하다 유의 natete.

⁑**nanál** 명 혀. ¶Ninia nanál kondisaun di'ak. 그의 혀는 상태가 좋아요. 유의 nanán, nanár. 이표기 nanaal.

nanál-telok 명 연설, 담화. ¶Presidente nia nanál-telok povu haree liu husi Televizaun. 국민들은 대통령의 담화를 텔레비전을 통해서 봐요. 유의 diskursu, hateten, ko'alia, linguajen.

***nanán** 명 혀. ¶Ha'u tata nanán ho sala. 나는 실수로 혀를 깨물었다. 유의 nanár, nanál.

***nanár** 명 혀. ¶hasai nanár 혀를 내밀다 유의 nanán, nanál.

nani 동 수영하다.

nanis 부 이전에, 사전에. ¶Nanis nia baruk-teen. 이전에 그는 게으름뱅이였어요.

⁑**na'ok** 동 훔치다. ¶na'ok karreta 차를 훔치다 유의 na'uk.

⁑**na'ok-teen** 명 도둑. ¶Kuidadu na'ok-teen mai naok ita-nia sasán. 도둑이 와서 네 물건 훔쳐 가는 거 조심해.

⁑**naran**[1] Ⅰ명 이름, 성명, 성함. ¶Ita-nia naran sá? 이름이 뭐예요? Ⅱ동 ①부르다, 불리다, 말하다. ¶naran de'it 말한 대로 하다 / Ha'u naran Mayo. 저는 마요라고 불려요. ②서명하다. ¶Ita naran iha dokumentu ida-ne'e ka? 이 서류에 서명했어요? 유의 asina.

⁑**naran**[2] Ⅰ형 난잡한, 무질서한. ¶Hahalok naran la bele realiza ikipa di'ak. 무질서한 행동은 좋은 팀워크를 만들 수 없어요. Ⅱ부 ①난잡하게, 무질서하게. ¶Sira lori hela motór naran. 그들은 스쿠터를 무질서하게 운전하고 있어요. ②아무튼, 어쨌든. ¶Kna'ar ida-ne'e arraska tebes. Naran imi tenke kompleta. 이 일은 무척 어려워요. 어쨌든 여러분이 해야만 해요.

⁑**naran**[3] 형 어떤, 어느, 아무. ¶Ha'u bele halo kna'ar naran. 어떤 일도 다 할 수

N

있어요.

⁑**naran**[4] 접 다만, ~을 전제로. ¶Naran ita kompleta servisu ida-ne'e, nia sei rekomenda ita. 네가 이 일을 끝내는 것을 전제로 그는 너를 추천할 거야.

*__naran-aat__ 명 나쁜 평판. ¶simu naran-aat 나쁜 평판을 얻다 유의 fama-aat, naran-fo'er. 반의 naran-di'ak.

⁑**naran-apelidu** 명 성씨, 성. ¶Soares mak naran-apelidu komun iha Timor. 소아레스는 동티모르에서 흔한 성이에요. 유의 apelidu, naran-tutun. 반의 naran-uluk. 이표기 naran apelidu.

*__naranaran__ 부 막, 함부로. ¶La bele naranaran insulta ema seluk. 함부로 타인을 모욕해선 안 된다.

*__naranaran de'it__ 혼돈의, 혼란 상태인. ¶Ó naranaran de'it to'o agora. 지금까지도 너는 혼란 상태구나. 이표기 nar-naran.

*__naran-bolu__ 명 별명. ¶Entre kolega sira ita uza naran-bolu duké naran. 친구끼리는 이름보다 별명으로 더 많이 불러요. 유의 alkuña, naran-ki'ik.

⁑**naran-boot** Ⅰ 명 유명, 명성. ¶Ó nia naran-boot ba nafatin. 네 명성이 오래 계속되기를. Ⅱ 형 유명한, 명성 있는. ¶Ema barak hatene ema naran-boot. 많은 사람들이 유명한 사람을 알아요. 이표기 naran boot.

*__naran-di'ak__ 명 좋은 평판, 좋은 평. ¶Nia hahi'i kona-ba ninia inan-aman naran-di'ak. 그는 부모님의 좋은 평판에 대해서 자랑해요. 반의 fama-aat.

⁑**naran-fo'er** Ⅰ 명 나쁜 평판, 나쁜 평. ¶Hahalok di'ak, labele halo naran-fo'er! 언행을 잘하세요, 나쁜 평판이 생기면 안 돼요! 유의 fama-aat, naran-aat. 반의 naran-di'ak. Ⅱ 형 평판이 나쁜. ¶Ó nia naran-fo'er loos tiha ona iha eskola. 너 학교에서 평판이 아주 나빠. 이표기 naran foer.

⁑**naran-ki'ik** 명 별명. ¶Saida mak naran-ki'ik? 별명이 뭐예요? 유의 alkuña, naran-bolu.

naran komún 일반 명사. ¶La hanesan naran karreta, karreta de'it naran komún. 자동차 이름과는 달리 자동차는 일반 명사예요.

naran própriu 고유 명사. ¶Ita-nia naran própriu iha ida de'it iha mundu. 네 이름은 세상에 하나뿐인 고유 명사다.

⁑**naran-sarani** 명 기독교식 이름, 세례명, 침례명. ¶Ninia naran-sarani Ana Santa. 그의 세례명은 아나 산타예요. 이표기 naran sarani.

⁑**naran-tutun** 명 성씨, 성. ¶Ketík ita-nia naran-tutun tan. 성도 적어 주세요. 유의 apelidu, naran-apelidu. 반의 naran-uluk. 이표기 naran tutun.

⁑**naran-uluk** 명 성을 제외한 이름. ¶Ita-nia naran-uluk saida? 성을 제외한 이름이 뭐예요?

*__narasaun__ 명 이야기 진행, 이야기 서술. ¶Se mak bele halo narasaun ida-ne'e? 누가 이것의 이야기 서술을 만들 수 있니?

⁑**naresin** Ⅰ 동 넘치다, 초과하다. ¶Bee ne'e sei suli naresin. 물이 넘칠 것 같다. Ⅱ 형 필요치 않은, 불필요한, 지나친, 과도한. ¶Inan nia domin naresin ba ita. 어머니

의 사랑이 너에게 지나치다. Ⅲ부 너무 많이. ¶Ai, keta tunu barak naresin. 아이, 너무 많이 굽지 말라고.

narkótiku Ⅰ명 마약. ¶Narkótiku ne'e la di'ak ba saude. 마약은 건강에 좋지 않아요. Ⅱ형 마약의, 마약을 하는. ¶La bele sai ema ne'ebé narkótiku. 마약을 하는 사람이 되지 말아라.

naroman Ⅰ명 빛, 빛남. ¶Loron ida iha naroman no nakukun nia laran. 하루는 빛과 어둠을 포함한다. Ⅱ동 빛나다. ¶Loro-matan naroman rasik. 태양은 스스로 빛난다. 유의 dirak. Ⅲ형 빛나는, 환한. ¶Uma laran ne'e naroman loos. 집안이 정말 환해요.

narradór 명 해설자. ¶Nia mak narradór ba joga bola. 그는 축구 해설자예요. 유의 komentadór.

narrativa Ⅰ명 묘사, 서술. ¶Ninia diskursu tipu narrativa. 그의 연설은 서술 유형이에요. Ⅱ형 묘사하는, 서술하는. ¶Ha'u gosta lee livru ho métodu narrativa. 서술하는 방식의 책을 읽기를 좋아해요.

narsizista Ⅰ명 자아도취된 사람. ¶Normalmente narsizista gosta ko'alia barak loos. 자아도취된 사람은 보통 말을 많이 하는 걸 좋아해요. Ⅱ형 자기도취의, 자기도취적인. ¶Nia maka ema ida ne'ebé narsizista. 그가 바로 자기도취적인 인간입니다.

naruk 형 긴. ¶Ai-dila ne'e naruk liu. 그 파파야가 더 길다. 반의 badak.

nasaun 명 국가. ¶Timor sai nasaun ida ona. 동티모르는 하나의 국가가 되었다. 유의 estadu, rain, país, rai.

nasi goreng 인니 나시고렝. [인도네시아식 볶음밥] ¶Nia han hela nasi goreng iha restorante Indonézia nian. 그는 인도네시아 식당에서 나시고렝을 먹고 있다.

nasionál 형 국가적인. ¶Ami tuir hela eventu nasionál ida. 우리는 국가적인 행사에 참석하고 있어요.

nasionalidade 명 국적. ¶Ninia nasionalidade Timorense. 그의 국적은 동티모르이다.

nasionalista Ⅰ명 국가주의자. ¶Nasionalista sira hakarak ukun rasik an. 국가주의자들은 스스로 통치하길 원해요. Ⅱ형 국가주의자의. ¶Kona-ba movimentu nasionalista ita-nia opiniaun saida? 국가주의자의 운동에 대해서 당신의 견해는 어떻습니까?

nasionaliza 동 국가화하다. ¶Governu Timor-Leste koko nasionaliza projeitu hadi'a estrada. 동티모르 정부는 도로 수리 프로젝트를 국가화하려 하고 있어요.

nasionalizasaun 명 국가화, 국민화. ¶Parese governu presiza halo nasionalizasaun kona-ba rai ne'ebé la iha na'in kleru. 주인이 분명치 않은 땅에 대해서 아마도 정부는 국가화를 할 필요가 있을 거예요.

nasionalizmu 명 국가주의. ¶Nia ema ne'ebé nasionalizmu tebes. 그는 국가주의가 강한 사람이에요.

Nasoins Unidas 국제 연합, 유엔. ¶Ha'u simu medalla husi Nasoins Unidas. 그는 유엔에서 메달을 받았어요. 유의 ONU. 이표기 Nasoens Unidas.

*__nata__ 동 씹다. ¶Nia nata etu maka'as atu fuan labele moras. 그는 체하지 않도록 밥을 꼭꼭 씹어 먹었다. 유의 mama.

*__natahu__ 동 흙탕물이 되다, 진흙투성이가 되다. ¶Ha'u halo rai loron tomak nune'e ha'u nia kalsa mak natahu. 하루 종일 밭갈이를 했더니 바지가 진흙투성이가 되었다.

***Natál** 명 크리스마스, 성탄절. ¶Tinan-tinan ami sempre selebra Natál hamutuk ho familia. 매년 우리는 가족과 함께 성탄절을 기념해요.

natalidade 명 출산율. ¶Agora daudaun natalidade iha Timor sai tun hela. 요즘 동티모르는 출산율이 떨어지고 있다.

natar 명 논. ¶Ninia natar uza ba hare. 그의 논은 쌀농사에 사용돼요.

natasak 동 익히다. ¶Na'an-fahe ne'e tenke han depois natasak ho kompleta. 돼지고기는 완전히 익힌 다음 먹어야 해.

*__natete__ 동 (높이가) 같다, 평평하다. ¶Ami hakarak uza rai ida-ne'e ba joga bola, ita bele natete ka? 우리는 이 땅을 축구하는 데 사용하고 싶은데 평평하게 할 수 있어요? 유의 namtete.

nativu 명 원주민. ¶Nia nativu husi Distritu Ainaro. 그는 아이나로 지역 출신의 원주민이에요. 유의 materna.

nato'on Ⅰ 형 충분한, 적당한. ¶Salariu ida-ne'e nato'on ba fulan-ida nian. 이 급여는 한 달 치로 충분해요. / Ita-nia moris iha restu nato'on no asaun ativu? 충분한 휴식과 역동적인 활동을 하고 있나요? 유의 daar, di'ak, sufisiente. 반의 falta. Ⅱ 부 적당히, 적절하게. ¶Hemu nato'on dei't! 적당히 좀 마셔! / Ita tenke han hahán nato'on. 음식을 적절하게 먹어야 해요. 이표기 natoon.

naturál 형 자연의, 자연 발생적인. ¶Oinsá ami bele prevene dezastre naturál? 어떻게 자연의 재해를 방지할 수 있을까? 반의 artifisiál.

naturaliza 동 ①(외국인을) 귀화시키다. ¶Governu bele naturaliza malae importante sira. 정부는 중요한 외국인을 귀화시킬 수 있어요. ②(외래종을) 도입하다. ¶Nia naturaliza tiha ona fahi husi nasaun liur to'o Timor. 그는 외국에서 돼지를 도입했어요.

naturalizadu 형 토착화된, 귀화된. ¶Kafé naturalizadu barak iha Timor-Leste. 동티모르에는 토착화된 커피가 많아요.

naturalizasaun 명 귀화. ¶Naturalizasaun iha Timor-Leste presiza abilidade lian Tetun. 동티모르에서 귀화는 테툼어 능력을 필요로 해요.

naturalizmu 명 자연주의. ¶Ropa ida-ne'e nakhalo tuir naturalizmu. 이 옷은 자연주의에 따라 만들어졌어요.

naturalmente 부 자연스럽게, 당연히. ¶Naturalmente, Timor-oan barak hakarak ba servisu iha Korea du Sul. 자연스럽게 많은 동티모르인들이 한국에서 일하길 원해요.

natureza 명 본연, 자연. ¶Ita tenke proteje natureza. 우리는 자연을 보호해야만 해요.

naueti 명 나우에띠. [동티모르 남동 지역의 방언] ¶Sira gosta ko'alia naueti. 그들은 나우에띠를 즐겨 사용해요. 유의 nauoti.

*na'uk 동 훔치다. ¶La bele na'uk ema seluk nian. 타인의 것을 훔치면 안 돼. 유의 na'ok.

Nauoti 명 나우오티. [동티모르 남동 지역의 방언, 사투리] ¶Bele ko'alia Nauoti? 나우오티를 할 줄 알아요? 유의 naueti.

navál 형 해군의. ¶Forsa navál sira sempre sae ró. 해군은 늘 배를 타요.

navegadór 명 항해사, 조종사. ¶Ita sente katak abilidade navigasaun navegadór nian di'ak ka la'e? 네 느낌엔 이 조종사의 항해 능력이 좋은 거 같니?

navegasaun 명 항해, 조종. ¶aiblidade navigasaun 조종 실력

*nawee I 동 녹다, 녹이다. ¶Ema zellu nawee tiha. 눈사람이 다 녹았어요. 유의 naween, nabee, nabeen. II 형 녹은, 용해된. ¶eskrim nawee 녹은 아이스크림 유의 naween, nabee, nabeen.

*naween I 동 녹다, 녹이다. ¶Jelu naween hela lailais. 얼음이 빨리 녹고 있어요. 유의 nawee, nabee, nabeen. II 형 녹은, 용해된. ¶halo manko ho besi naween 녹은 쇠로 그릇을 만들다 유의 nawee, nabee, nabeen.

Nazaré 명 나사렛. [팔레스타인 북부의 도시] ¶Ami hakarak ba vizita rai Nazaré. 우리는 나사렛에 방문하고 싶어요.

⁑ne'e 대 이, 그, 그것. ¶Favór fó ida ne'e mai ha'u. 그것 좀 주세요. 유의 ne'er.

⁑ne'ebá I 대 그, 그곳. ¶Labele bá besik fatin ne'ebá tanba perigozu. 위험하니까 그곳 근처에 가지 마세요. 유의 ne'et, ne'etbá. II 부 저기. ¶Iha ne'ebá, restaurante naran-boot iha. 저기에 그 유명한 식당이 있어요. 유의 ne'et, ne'etbá.

*ne'ebé 접 ~ㄴ. [뒤의 문장으로 앞의 문장을 수식할 때 쓰는 말] ¶Ida-ne'e meza ne'ebé ha'u-nia kolega fó. 이것은 내 친구가 준 책상이다. 유의 ke. 이표기 nee-be.

*ne'e-duni 부 그래서, 그러므로, 그렇기 때문에. ¶Nia mak tinan 16 de'it ne'e-duni la elejivel atu vota. 그는 16세밖에 안 되었다. 그래서 투표권이 없다. 유의 entaun.

⁑neen 수 6, 육, 여섯. ¶Ha'u iha manu rade neen. 나는 오리 여섯 마리를 가지고 있다.

*neenulu 수 60, 육십, 예순. ¶Abó-feto agora tinan neenulu. 할머니는 지금 예순 살이십니다. 이표기 neen-nulu.

⁑ne'er 대 이, 그, 그것. ¶Ida ne'er saida? 이게 뭐지요? 유의 ne'e.

⁑ne'esá 부 그러므로, 이런 이유로. ¶Ninia ain naksalak ne'esá halo nia labele'e joga bola. 그의 다리가 꺾여서 이런 이유로 그는 볼을 찰 수가 없어요.

⁑ne'et I 대 그곳. ¶Iha Korea ne'et kada tinan iha eventu boot. 한국은 그곳에서 매년 큰 행사를 해요. 유의 ne'etbá, ne'ebá. II 부 저기. ¶Ne'et, ema ne'eba, ita koñese ka la'e? 저기, 저 사람 누구인지 알지요? 유의 ne'etbá, ne'ebá.

⁑ne'etbá I 대 그곳. ¶Ne'etbá ha'u-na pasta iha? 그곳에 제 가방이 있나요? 유의 ne'et, ne'ebá. II 부 저기. ¶Favór rai pasta ne'etbá. 가방은 저기 두세요. 유의 ne'et, ne'ebá.

N

*nega 동 부정하다, 부인하다. ¶Maria hakarak nega nia amá nia lia anin. 마리아는 엄마의 소문을 부정하고 싶었다. 반의 aseita.

*negasaun 명 반대, 부인, 부정, 거절.

*negativa 형 여성 부정적인. ¶Sira haree aspetu negativa de'it sira bainhira ko'alia aat malu. 그는 서로 비난할 때 부정적인 면들만 봐요. 반의 pozitiva.

*negativu 형 남성 부정적인. ¶Jose dehan katka la bele iha hanoin ho negativu kona-ba ema seluk antes hasoru malu. 조세는 사람을 만나기 전에 타인에 대해 부정적으로 생각해선 안 된다고 했어요. 반의 pozitivu.

negosiante 명 상인, 무역인, 비즈니스맨. ¶Negosiante barak mai Timor husi nasaun Xina. 중국 출신의 상인들이 무척 많이 동티모르로 와요. 유의 kontratu-na'in.

negosiasaun 명 협상, 교섭, 절충. ¶Negosiasaun entre trabaliador no negosiante bele sai difisil. 노동자와 비즈니스맨 간에 협상은 어려워질 수 있어요.

*negósiu 명 사업, 경영. ¶Nia halo negósiu ho ninia kolega sira kona-ba fa'an ikan. 그는 친구들과 생선을 파는 사업을 해요. 유의 bisnis, kontratu.

*nehan 명 이빨, 치아, 이. ¶hasai nehan 이빨을 뽑다 / Ha'u sempre kose ha'u-nia nehan depois de han. 저는 식사 후에 항상 이를 닦아요.

nehan-fatin 명 코와 입 부분. ¶Nia sente ninia nehan-fatin moras loos. 그는 코와 입 부분이 무척 아프게 느껴요.

nehan-kraik 명 뻐드렁니. ¶Ninia nehan-kraik ida moris tan. 그의 뻐드렁니가 다시 아파요.

nehek 명 개미. ¶Nehek sira gosta han buat midar. 개미는 단것을 좋아해요.

*neineik 부 천천히. ¶Mai ita lori karreta neineik! 천천히 운전합시다!

*neineik-neineik 부 점차적으로. ¶Neineik-neineik ita sei ba oin. 점차적으로 우리는 전진할 겁니다.

*nén 접 ①~도 ~도 아니다. ¶Ha'u sente katak nia la hafodak nén ta'uk. 그는 놀라지도 겁내지도 않는 것 같았다. ②~도 ~ 않다, ~조차도, 부정문에 쓰인다. ¶Durante tempu aula, nén ema ida atu kaer telemovel. 수업 시간 동안 한 명도 핸드폰을 받지 않았어요.

neolítiku 형 신석기 시대의. ¶Fatuk unikue ne'ebé neolítiku iha Timor. 동티모르에는 신석기 시대의 독특한 돌이 있어요.

*neon[1] 명 빛. ¶Neon tama iha sala laran tan ne'e di'ak tebes. 이 방은 빛이 들어와서 참 좋아요. 유의 roman.

*neon[2] 명 마음, 정신. ¶Neon no isin halo influénsia malu. 정신과 육체는 서로 영향을 준다.

관용 neon fahe-rua 결정되지 않은, 진퇴양난의.

*neon-boot 형 도량이 넓은, 너그러운. ¶Aplikante ne'e iha neon-boot ba aplikate seluk. 그 지원자는 타 지원자에게 너그러워요.

*neon-brani 형 용감한, 용맹한. ¶Nia

ema neon-brani atu hodi ko'alia iha oin. 그는 면전에서 말할 수 있는 용감한 사람이에요. ㊒ besi, aten-boot.

*__neon-di'ak__ 형 행복한, 만족해하는, 상냥한. ¶Maria ema ida-ne'ebé neon-di'ak no laran-di'ak ba ema hotu. 마리아는 상냥한 사람이고 모두에게 친절해요.

*__neon-ksolok__ 형 즐거운, 만족하는. ¶Maria kontente ho neon-ksolok ba rezultadu servisu ne'ebé nia hala'o tiha ona. 마리아는 활동해 온 일의 결과에 만족해요.

*__neon-laek__ 형 (머리가) 모자라는, 어리석은. ¶Nia neon-laek liu la bele kompriende avizu ida-ne'e. 그는 많이 어리석어서 자기 잘못을 모른다.

*__neon-lais__ 형 두뇌 회전이 빠른, 머리가 잘 돌아가는. ¶Maria feto ne'ebé neon-lais no badinas atu aprende buat foun ruma. 마리아는 두뇌 회전이 빨라서 새로운 것을 쉽게 이해해요.

*__neon-makerek__ Ⅰ 명 위선, 위선자. ¶Nia ne'ebé iha neon-makerek tebes ba nia kolega sira. 그는 친구들에게 위선을 심하게 떨었다. Ⅱ 형 위선의, 위선적인. ¶La bele neon-makerek ba ema seluk. 타인에게 위선적이어선 안 돼. ㊒ makerek.

*__neon-malirin__ 형 ①냉정한, 무관심한. ¶Nia resolve tiha ona problema uma laran ho neon-malirin. 그는 냉정하게 집안 문제를 풀었어요. ②열정 없는. ¶Saida mak ita bele simu ho esforsu neon-malirin? 열정 없는 노력으로 무엇을 얻을 것인가?

*__neon-midar__ Ⅰ 명 기쁨. ¶Familia Maria nian simu tiha ona ninia kolega sira ho neon-midar tebes. 마리아의 가족은 친구들을 기쁨으로 맞이했다. Ⅱ 형 관대한, 온화한, 느긋한, 태평스러운. ¶Kolega ida-ne'e neon-midar ba ema hotu. 이 친구는 모든 이들에게 관대해요.

*__neon-monu__ 명 동정, 동정심, 연민. ¶Nia iha neon-monu ba povu kiak. 그는 가난한 사람에게 동정심이 있어요.

*__neon-moris__ 형 영리한. ¶ulun neon-moris no fuan brani 영리한 머리와 용감한 가슴 ㊒ neon-lais.

*__neon-na'in__ Ⅰ 동 주의를 기울이다, 조심하다. ¶Matan moris no neon-na'in wainhira la'o iha tempo kalan. 밤에 걸을 때 조심하세요. Ⅱ 형 관대한, 사려 깊은, 주의를 기울이는, 친절한.

*__neon-nakloke__ 형 솔직한, 열린 마음의.

*__neon-sala__[1] 형 후회하는. ¶Nia mak neon-sala kona-ba la graduasaun husi universidade. 그가 후회하는 것은 대학을 졸업하지 못한 것이다. ㊒ laran-moras.

__neon-sala__[2] 형 우울한. ¶Alin ne'e neon-sala depois lakohi hasoru ninia belun sira. 동생은 우울해서 친구들을 만나고 싶어하지 않아요.

*__neon-todan__ 형 마음이 무거운, 불안해하는, 염려하는. ¶Tanbasá ita neon-todan hela? 왜 네가 불안해하는 거지?

*__nepotizmu__ 명 친족 등용, 족벌주의. ¶La bele uza sistema nepotizmu iha sociedade. 사회에서 족벌주의 제도를 사용해선 안 돼요.

N

*neras 명 아기용 포대기. ¶Nia fase hela neras ba bebé. 그는 아기용 포대기를 빨고 있어요.

*nervozu 형 불안해하는, 초조해하는, 두려워하는. ¶Nia nervozu hela ninia alin feto ne'ebé la bá eskola. 그의 딸이 학교에 가지 않아 그는 불안해했다.

nervozudór 명 신경증 환자. ¶Nervozudór gosta buka problema ho ema. 신경증 환자는 사람의 문제점을 찾기 좋아해요.

*nervu 명 신경, 긴장, 불안. ¶Porké moris foun familia ida-ne'e, nakonu ho nervu ne'beé furak. 새 생명의 탄생으로 가족 사이에 흥분된 긴장이 가득하다.

*nervus 명 신경과민, 겁, 소심성. ¶Tanba nia iha nervus, labele toba ho di'ak iha kalan. 그는 신경과민으로 밤에 잠을 잘 이루지 못한다.

*nesesáriu 형 필요한. ¶Sasán nesesáriu ita hola hotu ka? 필요한 것 다 샀니? 유의 kuran.

*nesesidade 명 필요성. ¶Tuir ezijénsia sosiedade nian, povu halo reasaun kona-ba nesesidade teknolojia. 사회의 요구에 따라 국민은 기술의 필요성에 반응해요.

*netik I 동 막다, 제한하다. ¶Folin karun netik ezije. 높은 가격이 수요를 막아요. II 부 완전히, 철저히. ¶Nia aprende no kumprende netik lian Korea. 그는 한국어를 배우고 완전히 이해해요. III 전 ~에 대항하여, ~로부터.

neuraljia 명 신경통. ¶Avo-feto iha uma sorin ne'e sofre ho neuraljia. 옆집 할머니는 신경통으로 무척 고생하신다.

*neutralidade 명 중립. ¶Juis sira tenke mantein neutralidade wainhira foti desizaun ruma. 판사는 판결할 때 중립을 지켜야 해요.

neutraliza 동 무효화시키다, 상쇄시키다. ¶Dezenvolvimentu ekonomia sei neutraliza ta'uk kona-ba inflasaun. 경제 개발이 인플레이션에 대한 두려움을 상쇄시킬 거예요.

neutraun 명 중성자. ¶Neutraun bele troka sasán-kro'at. 중성자는 무기로 바뀔 수 있어요.

neve 명 눈. ¶Rai malirin no neve tau hela. 날씨는 춥고, 눈이 내리고 있어요. 유의 salju.

neve-estrada 명 눈길. ¶Neve-estrada namdoras, entaun fila bá ho kuidadu. 눈길이 미끄러우니 조심해서 집에 가렴.

*nia 대 그, 그녀, 그것, 그의, 그녀의, 그것의. ¶Nia aman to'os-na'in. 그녀의 아버지는 농부입니다. 유의 ninia.

*niak 대 그의 것, 그녀의 것. ¶Niak mak ida ne'ebé? 그녀의 것이 어느 것인가요? 유의 nian.

*nian I 명 거, 것. ¶Karreta ne'ebá ami nian. 저 차는 우리 거예요. II 대 그녀의 것, 그의 것. ¶Livru ne'e nian. 이 책은 그녀의 것이야. 유의 niak.

*Nicolau Lobato 니콜라우 로바또. [동티모르의 독립 영웅] ¶Nicolau Lobato mak naran boot iha Timor-Leste, entaun governu uza ninia naran ba Presidential Palace no aeroportu international. 니

콜라우 로바또는 동티모르에서 유명해서 정부는 그의 이름을 대통령궁과 국제공항에 사용해요.

*nihan 명 치아, 이빨. ¶Ita-nia nihan kondisaun di'ak ka? 치아 상태가 좋아요? 유의 nehan.

Nijéria 명 나이지리아. ¶Sira mai husi Nijéria. 그들은 나이지리아에서 왔어요.

niki 명 박쥐. ¶Niki sira semo iha kalan. 박쥐들은 밤에 날아다녀요.

*ninia 대 그의, 그녀의, 그것의. ¶Maria, ninia amá bá sosa hela modo iha merkadu. 마리아 그녀의 엄마는 시장에 가서 야채를 사고 있어요. 유의 nia.

*ninian 대 그의 것, 그녀의 것, 그것의 것. ¶Karreta ida-ne'e mak ninian. 이 자동차가 그의 것이에요.

*ninin 명 끝, 가장자리. ¶Nia tuur iha kadeira nia ninin. 그는 의자의 가장자리에 걸터앉았다. 유의 di'ik, ibun.

*nivel 명 수준, 등급. ¶Agora ninia nivel baziku, maibé bele sai nivel aas tinan oinmai. 지금 그의 수준은 초급이지만 내년에는 높은 수준이 될 거예요.

*no 접 그리고, ~고, 와, 과. ¶Ha'u mak ko'alia no imi mak rona. 내가 말하고 여러분은 들어요. 유의 ho.

*nó 명 애. [십 대 소년에 대한 호칭] ¶Nó, ita hakarak sosa saida? 애, 너 뭐 사고 싶니?

nobre 형 귀한. ¶Feto ne'e labarik nobre uma nian. 그녀는 귀한 집의 자제이다.

nobreza 명 귀족. ¶forma nobreza 귀족 출신

noi 명 애. [십 대 소녀에 대한 호칭] ¶Noi, bá ne'ebé? 애, 어디 가니? 유의 noni, nonoi.

noiva 명 약혼녀. ¶Nia mak ha'u-nia noiva. 그녀가 제 약혼녀예요.

noivu 명 약혼남, 신랑. ¶Nia mak ha'u-nia noivu. 그가 제 약혼남이에요.

*nol 수 인니 0, 공, 영. 유의 nol, zero.

nomea 동 칭하다. ¶Ema nomea hirak ne'ebé performa di'ak liu hotu iha eroi olimpíku. 국민들은 올림픽에서 최고의 성적을 낸 선수들을 영웅으로 칭했다.

*nomeadamente 부 즉, 다시 말해. ¶Nomeadamente ha'u hakarak bá Universidade Koreanu. 다시 말해 난 한국 대학에 가고 싶어요.

nominál 형 명목상의, 이름뿐인. ¶Pozisaun nominál mós importante ka? 이름뿐인 지위도 중요한가? 유의 titulár.

nominativu Ⅰ 명 주격 형태. Ⅱ 형 주격의. ¶Saida mak kna'ar nominativu? 주격의 역할은 무엇입니까?

*nona Ⅰ 명 {속어} 젊은 여성, 첩, 정부, (개 같은) 년. ¶Ha'u rona katak ita-nia maun iha nona, loos ka la'e? 난 네 형한테 첩이 있다고 들었는데 맞아? Ⅱ 형 여성 친애하는. ¶Nona Maria atu tama festa iha ne'e. 친애하는 마리아 여사께서 곧 이곳 파티에 올 예정입니다.

noni 명 애. [십 대 소녀에 대한 호칭] ¶Noni estuda iha nivel saida? 애, 넌 몇 학년이니? 유의 noi, nonoi.

*nono 동 (물을) 끓이다. ¶Nia nono bee hodi halo kafé. 커피를 만들려고 물을 끓였어요. 유의 da'an.

N

nonoi 명 얘. [십 대 소녀에 대한 호칭] ¶Nonoi, ita-nia naran sá? 얘야, 네 이름이 뭐니? 유의 noi, noni.

*__nono-nakali__ 형 몹시 더운, 푹푹 찌는. ¶Rai nono-nakali tebes. 날씨가 정말 푹푹 찌네.

⁂**nonook** Ⅰ 동 조용히 하다. ¶Favór nonook. La bele ko'alia. 조용히 하세요! 말하면 안 돼요. Ⅱ 형 조용한. ¶Nia estuda hela iha sala nonook laran. 그는 조용한 방에서 공부를 하고 있어요. 유의 hakmatek. 반의 baru ho.

*__nonton__ 동 인니 TV로 보다. ¶Ita nonton jogu futeból ne'e ka? TV로 그 축구 게임 봤니? 유의 haree.

⁑**noo**[1] 명 사랑하는 아들. ¶lakon noo 사랑하는 아들을 잃다

noo[2] 명 누. [포르투갈 지배 시기의 중국인을 공손하게 이르는 말] ¶Ninia avó mak noo uluk. 그의 할아버지는 예전에 누였어요.

*__norma__ 명 규범, 기준, 표준. ¶Ita tenke tuir norma ne'ebé iha ona. 기존에 있는 규범을 반드시 따라야만 합니다.

⁑**normál** 형 평범한, 보통의, 일반적인, 정상적인. ¶Argumentu ba tipu kona-ba dezenvolvimentu mak nu'udár parte normál iha dezenvolvimentu Ekonómiku. 발전 유형에 대한 논쟁은 경제 개발의 일반적인 부분이다. 유의 bain-bain. 반의 dabak, espesiál.

*__normalidade__ 명 정상. ¶Hafoin funu, povu espera katak fila fali situasaun normalidade. 전쟁이 끝나고 국민들은 정상 상태로 돌아가길 희망해요.

*__normaliza__ 동 정상화하다. ¶Governu introdús polítika foun ba normaliza kondisaun seguransa. 정부는 치안 상황을 정상화하는 새 정책을 소개했다. 반의 bonkar.

⁂**normalmente** 부 통상, 보통. ¶Normalmente loja loke husi tuku 9. 상점은 통상 9시에 열린다.

⁂**norte** Ⅰ 명 북쪽. ¶Ami hela iha fatin norte. 우리는 북쪽 지역에 살아요. Ⅱ 형 북쪽의. ¶fronteira norte 북쪽의 국경 유의 utara. 반의 súl.

norteamerikanu 명 북아메리카, 북미. ¶Nia hela iha rai norteamerikanu. 그는 북미에 살아요.

Noruega 명 노르웨이.

noruegés Ⅰ 명 노르웨이인. ¶Ema noruegés sira tama Timor. 노르웨이인들이 동티모르에 입국했어요. Ⅱ 형 노르웨이의. ¶Ekonomia noruegés riku tebes. 노르웨이의 경제는 매우 풍족해요.

nostaligiku 형 향수 어린. ¶memória nostaligiku 향수 어린 추억

nostaljia 명 고향을 몹시 그리워하는 마음, 지난 시절에 대한 그리움. ¶Nostaljia barak tebes wainhira nia moras iha rai liur. 해외에서 아플 때 고향을 몹시 그리워하는 마음이 강하게 들어요.

*__nota__ 명 ①노트, 공책. ¶Nia hakerek hela ninia naran ho lian Korea iha nota. 그는 자신의 이름을 노트에 쓰고 있어요. ②통장. ¶Nia bá foti nota iha banku. 그는 은행에 가서 통장을 받았어요. ③청구서. ¶Ha'u bele simu nota elektrisidade nian ka? 전자 청구서를 받을 수 있나요? ④성적, 점수. ¶Tinan ida-ne'e nia hetan nota di'ak. 금년에 그는 좋은 성적을 받았어요. (이표기) notas.

* **nota-kompras** 명 영수증. ¶Ha'u presiza nota-kompras. 영수증이 필요합니다. (유의) resibu.

notasaun 명 표기법. ¶Fraze ida-ne'e baizeia ba notasaun INL nian ka? 이 문장은 국립언어원의 표기법에 따른 것인가요? (유의) ortografia.

* **notifika** 동 통지하다. ¶Ita tenke notifika uluk antes ita presiza ita-nia tempu. 스스로의 시간을 필요로 하기 전에 통지해 주어야만 합니다. (유의) fó-hatene.

* **notifikasaun** 명 알림, 통고, 통지. ¶Kompañia fó notifikasaun ba nia membru sira. 회사는 사원들에게 통고를 했어요. / Nia simu notifikasaun husi governu. 그는 정부로부터 통지를 받았어요.

* **Novaiorke** 명 뉴욕. ¶Nia halo viajen ba Novaiorke. 그는 뉴욕으로 여행을 가요.

* **novas** 명 뉴스, 소식. ¶Novas mak tarde liu saida? 최신 소식이 뭐예요? (유의) lia-foun, novidade.

⁑ **Novembru** 명 십일월. (유의) fulan-sanulu resin-ida, fulan-Novembru.

novena 명 구 일간의 기도.

⁑ **noventa** 수(포) 아흔, 구십. (유의) sianulu.

⁑ **novidade** 명 ①뉴스, 소식. ¶Oinsá ho ita-nia novidade? 요즘 새로운 소식이 있니? (유의) lia-foun, novas. ②참신함, 기발함, 이색성. ¶Ita bele hetan novidade iha pameran semana kotuk ka? 지난주 전시회에서 참신함을 좀 발견했나요?

* **novisiadu** 명 수련 수사, 초심자, 견습생. ¶Novisiadu tenke kompriende regulamentu premeiru. 초심자는 먼저 규정을 이해해야 해요.

* **nsst** 명 기타, 그 외. ¶dixiplina nsst 기타 과목

nuansa 명 어감, 뉘앙스. ¶Maske liafuan hanesan, deferénsia nuansa nian mak iha. 같은 말이라도 어감의 차이가 있다.

* **nukleár** 형 원자력의, 핵의. ¶Kbiit nukleár maka'as tebes. 원자력의 힘은 막강해요.

* **núkleu** 명 핵, 원자핵. ¶Korea Norte iha sasán-kro'at núkleu. 북한은 핵무기를 가지고 있어요.

* **numera** 동 ①번호를 매기다. ¶Governu numera kada estrada. 정부는 도로마다 번호를 매겨요. ②열거하다. ¶Se ha'u numera ninia sala, ha'u la bele sura. 그의 잘못을 열거하자면 셀 수가 없다. (유의) halo lista, lista, relasiona.

numerasaun 명 번호 매기기, 번호들. ¶Ita bele ajuda ha'u kona-ba numerasaun aplikante sira nian ka? 지원자들의 번호 매기기를 좀 도와줄 수 있겠니?

* **numériku** 형 수의, 숫자의. ¶Ita bele aseita siénsia numériku? 숫자의 과학을 받아들일 수 있나요?

⁑ **númeru** 명 번호. ¶Nia la hatene Maria nia númeru telefone. 그는 마리아의 전화번호를 알지 못해요.

* **númeru-sapatu** 명 신발 크기, 신발 사이즈. ¶Ita-nia númeru-sapatu hira? 신

N

발 사이즈가 몇이에요?

⁑**nune'e**[1] 부 ①해서, 그래서. ¶Nia estuda maka'as nune'e sei pasa iha exame nasionál nian. 그는 공부를 열심히 해서 국가시험에 합격할 거예요. 유의 nu'u-ne'e. ②이처럼, 이런 식으로. ¶Ita bele halo hanesan nune'e. 이런 식으로 하시면 돼요. 유의 nu'u-ne'e.

관용 nune'e duni 물론이지.

관용 nune'e ka 정말로.

⁑**nune'e**[2] 부 약, 대략. ¶Ninia salariu kada fulan $200 nune'e. 그의 급여는 매달 대략 200불이에요. 유의 nu'u-ne'e.

*__nune'e maka__ 그런 이유로. ¶Premeiru ita kompriende ema ida nune'e maka ita sei simu oportunidade atu hadomi ema ne'e. 먼저 한 사람을 이해하고 그런 이유로 그 사람을 사랑할 기회를 얻게 될 거예요.

*__nune'e-tiha__ 부 그러고 나서, 그런 다음에. ¶Estuda vocabuláriu barak nune'e-tiha atu fasil bele kria fraze ida. 많은 어휘를 공부하고 그런 다음에 문장 만드는 게 쉬울 거야.

⁑**nunka** 부 전혀, 주로 부정문에 쓰인다. ¶Nia dehan katak nia nunka aprende lian Tetun. 그는 전혀 테툼어를 공부하지 않았다고 말했다. 유의 nunka ~~ ida, nunka mais.

*__nunka ~ ida__ 전혀 ~ 않다, 전혀 ~ 없다. ¶Ne'ebá nunka ajuda ida. 그것은 전혀 도움이 되지 않아요. 유의 nunka, nunka mais.

*__nunka mais__ 전혀 ~ 않다, 전혀 ~ 없다. ¶Ha'u nunka mais interese iha estudu. 난 공부에는 전혀 관심이 없다. 유의 nunka, nunka ~~ ida.

*__nurak__ Ⅰ 명 젊은이. ¶Nia ema ida ne'ebé nurak. 그는 젊은이예요. Ⅱ 형 ① 아주 젊은, 어린. ¶Grupu ne'e hili labarik nurak sira. 그 단체는 어린 아동들을 뽑았어요. 유의 murak. ②(색깔이) 밝은. ¶Surat-tahan ho kór azúl nurak iha ka? 밝은 파란색의 종이가 있나요?

*__nutrisaun__ 명 영양, 영양분. ¶Ai-han ne'e fó nutrisaun di'ak. 이 음식은 영양분이 좋아요.

*__nutrisionista__ 명 영양학자, 영양사. ¶Nutrisionista analiza hela nutrisaun. 영양사는 영양분을 분석하고 있어요.

*__nuu__ 명 코코넛. ¶Nuu barak tebes iha Timor. 동티모르에는 코코넛이 무척 많다.

*__nuu-been__ 명 코코넛밀크, 코코넛 속의 물. ¶Ami gosta hemu nuu-been. 우리는 코코넛 속의 물을 마시길 좋아해요. 이표기 nuu been.

*__nu'udár__ Ⅰ 전 ①~처럼. ¶Favór halo nu'udár ha'u. 나처럼 해 봐요. / Nu'udár maun, nia harakak tama universidade. 형처럼 그는 대학에 입학하고 싶어해요. ②~로서. ¶Nia estuda maka'as nu'udár estudante. 그는 학생으로서 열심히 공부한다. / Nu'udár ema sarani nia bá misa domingu-domingu. 세례 교인으로서 그는 매주 미사를 가요. Ⅱ 접 ~할 때. ¶Mai ita ko'alia nu'udár ami han. 밥 먹을 때 이야기하자. / Nu'udár nia sei ki'ikoan, nia gosta joga bola. 그는 어렸을 때, 축구를 좋아했어요. 유의 bainhira, kuandu, wainhira, wainhirak.

*nuu-fuan 명 코프라. [코코넛 과육을 말린 것] ¶Labarik ne'e gosta han nuu-fuan de'it. 이 어린이는 코프라 먹는 것만 좋아해요. 유의 nuu-funit.

*nuu-funit 명 코프라. [코코넛 과육을 말린 것] ¶Ha'u haree filme ho han nuu-funit. 코프라를 먹으며 영화를 보았다. 유의 nuu-fuan.

nuu-koir 명 코코넛 알맹이를 가는 도구. ¶Nuu-koir bele produz mina nuu. 코코넛 알맹이를 가는 도구는 코코넛오일을 만들 수 있어요.

*nuu-laran 명 코코넛 가판대. ¶Ema ida kada nuu-laran servisu hela. 코코넛 가판대마다 한 명이 일을 하고 있어요.

***nu'u-ne'e**[1] 부 ①그래서, ~해서. ¶Horisehik ha'u moras nu'u-ne'e ha'u la tama aula. 어제는 많이 아파서 결석을 했어요. 유의 nune'e. ②이처럼, 이런 식으로. ¶La bele ko'alia nu'u-ne'e. 이런 식으로 말하면 안 돼. 유의 nune'e.

***nu'u-ne'e**[2] 부 약, 대략. ¶nu'u-ne'e 10 대략 열 개 유의 nune'e.

***nu'usá** Ⅰ 부 왜, 어째서. ¶Nu'usá mak ó tama aula tarde hanesan ne'e? 어째서 너는 수업에 이렇게 늦게 들어왔지? Ⅱ 감 ①무슨 일 있니, 무슨 일 있나요. ¶Nu'usá? Iha buat ruma atu hato'o mai ha'u ka? 무슨 일 있니? 나에게 말하고 싶은 거 있어? ②어때. ¶Ó bá pasiar ne'e nu'usá? 너 산책하는 거 어때?

N

O

*o[1] 명 문자 O.

*o[2] 감 오. ¶O! Ha'u foin komprende. 오! 이제 이해했어요.

*ó 대 ①너. ¶Ó halo saida? 너 뭐하니? 유의 ita. ②{비격식체로} 야. ¶Ó hamriik! 야, 일어나!

*oan 명 ①자식, 자녀, 딸, 아들. ¶Ninia oan feto bonita tebes. 그의 딸은 너무 예뻐요. ②새끼. ¶Fafi fó isin oan. 돼지가 새끼를 낳았어요.

*oan-boot 명 장남, 장녀, 첫째. ¶Jose oan-boot. 조세는 장남이에요. 유의 oan moris uluk, oan primeiru. 이표기 oan boot.

*oan-daruak 명 둘째. ¶Ferik-oan isin-rua ba oan-daruak iha primaveira ida-ne'e. 아내가 올봄에 둘째를 임신했다.

*oan-fatin 명 자궁. ¶Bebé iha oan-fatin laran kondisaun di'ak. 자궁 안의 아이 상태가 좋아요. 유의 kanotak, knotak, knuuk. 이표기 oan fatin.

*oan-feto 명 딸. ¶Inan-aman hadomi oan-feto tebes. 부모님은 딸을 무척 사랑해요. 이표기 oan feto.

*oan-ikun 명 막내. ¶Amá tuur-ahi oan-ikun. 엄마가 막내를 낳았어요. 유의 oan-klaran. 이표기 oan ikun.

*oan-ikus 명 막내, 막냇동생. ¶Ninia oan-ikus naran Jose. 그의 막냇동생 이름은 조세예요. 유의 oan-motik.

*oan-kaduak 명 쌍둥이 자식. ¶Nia hakiak hela oan-kaduak tinan lima ona. 그녀는 쌍둥이 자식을 5년째 기르고 있어요.

*oan-kawa'ik 명 장남, 장녀, 첫째. ¶Tanba ha'u oan-kawa'ik ha'u hanoin atu kontinua negosiu familia nian. 저는 장남이라 가업을 이을 생각이에요. 유의 oan-uluk.

*oan-kiak 명 고아. ¶Madre sira tau matan ba oan-kiak sira. 수녀님들이 고아들을 돌보고 있어요. 유의 oan-lurun. 이표기 oan kiak.

*oan-ki'ik 명 셋째 아이. ¶Nia oan-ki'ik no iha maun na'in rua. 그는 셋째 아이이고 두 명의 형이 있어요.

*oan-klaran 명 막내. ¶kuidadu oan-klaran 막내를 아끼다 유의 oan-ikun.

*oan-lurun 명 고아. ¶Nia hakiak hela oan-lurun na'in rua. 그는 고아 두 명을 기르고 있어요. 유의 oan-kiak.

oan-mane 명 아들. ¶Ninia oan-mane iha oin hanesan ninia. 그의 아들은 얼굴이 그와 같게 생겼어요. 이표기 oan mane.

oan-mesak 명 독자, 한 명의 자식. ¶Inan-aman ne'e iha oan-mesak ida de'it. 그 부모는 한 명의 자식만 있어요.

oan-monu 동 (태아가) 유산되다. ¶Bebé ne'e oan-monu tiha ona. 그 아이는 유산되었어요.

oan moris uluk 장남, 장녀, 첫째. ¶Nia oan moris uluk. 그는 첫째예요. 유의 oan-boot, oan primeiru.

oan-motik 명 막내, 막냇동생. ¶oan-motik kabosu 귀여운 막내 유의 oan-ikus.

oan-na'in I 명 ①자식이 있는 사람, 부모. ¶Se sai oan-na'in, ninia perspetiva haree mundu sai diferente. 부모가 되면 세계관이 달라진다. 유의 inan-aman. ② 비옥함, 생식력. ¶Normalmente feto nia oan-na'in la to'o abó-feto. 일반적으로 여성의 생식력은 할머니가 될 때까지 유지되지는 못해요. 유의 fertilidade. II 형 비옥한, 가임기의. ¶Feto ne'e sei oan-na'in ida. 그 여성은 아직 가임기에 있어요. 이표기 oan nain.

oan-nurak 명 유아, 아기. ¶Kuidadu wainhira ita tau matan oan-nurak. 아기를 돌볼 때 조심해.

oan primeiru 장남, 장녀, 첫째. ¶Maria oan primeiru. 마리아는 장녀예요. 유의 oan-boot, oan-uluk.

oan-sarani 명 대자녀. [대부나 대모가 세례식 때 입회하여 종교적 가르침을 주기로 약속하는 아이] ¶Nia moris mai nu'udár oan-sarani. 그는 대자녀로서 태어났어요. 이표기 oan sarani.

oan-uluk 명 장남, 장녀, 첫째. ¶Ha'u oan-uluk feto entre oan-feto haat. 저는 사 남매의 장녀입니다. 유의 oan-boot, oan primeiru, oan-uluk.

obediensia 명 복종. ¶Nia obriga obediensia inkondisionál ba labarik sira. 그는 자녀들에게 무조건 복종을 강요한다.

obesidade 명 비만. ¶Obesidade mak bele sai razaun moras hotu nian. 비만은 많은 병의 원인이 될 수 있어요.

objetivu 형 객관적인. ¶Mestre halo avaliasaun objetivu ba estudante sira. 선생님은 학생들에게 객관적인 평가를 해요.

objetu 명 물건, 물체, 대상. ¶Nia sai objetu krítika nian. 그는 비판의 대상이 되었어요.

obra 명 일, 창조. ¶Ita ema ne'e maromak nia obra. 우리 인간은 신의 창조이다.

obriga 동 강요하다, ~하게 만들다. 유의 haka'as.

obrigada 감 여성 고맙습니다, 고마워. ¶Obrigada ba ita-nia laran-di'ak. 도와주셔서 고맙습니다. 유의 agradese, fó agradese.

obrigadiñu 감 고맙습니다, 고마워. ¶Tanba ita mai hanesan ne'e ha'u fó obrigadiñu. 이렇게 와 주셔서 고마워요.

obrigadu I 명 덕분. ¶Obrigadu ba ita-nia liafuan ne'ebé hato'o mai halo ha'u bele sai negósiu fila fali. 당신이 전해주신 말씀 덕분에 제가 사업을 다시 할 수

O

있게 되었습니다. Ⅱ감 남성 고맙습니다, 고마워. ¶Tanba imi mai hamutuk ha'u fó obrigadu. 이렇게 모여 주셔서 고맙습니다. 유의 agradese, fó agradese.

*__obrigasaun__ 명 책무. ¶Politik na'in nia obrigasaun ne'e servisu ba povu. 정치인의 책무는 국민을 위해 일하는 것이다. 유의 devér.

__obrigatoriu__ 형 의무적인. ¶edukasaun obrigatoriu 의무적인 교육

__obseka__ 동 (생각에) 사로잡히다, 집착하다. ¶Labele obseka liu ba Maria. 마리아에게 너무 집착하지 마세요.

__obsekadu__ 형 사로잡힌. ¶Feto obsekadu ho ninia hanoin no nia la rona ninia amá bolu. 그녀는 생각에 사로잡혀 어머니가 부르는 소리를 듣지 못했다.

*__observa__ 동 ①보다, 보고 알다, 목격하다. ¶Ami mai atu observa sira-nia servisu. 우리는 와서 그들이 일하는 걸 볼 거예요. ②지켜보다, 관찰하다. ¶Ha'u sente ita tenke observa aimoruk nia efeitu oinsa di'ak ka lae. 약효가 얼마나 좋은지는 지켜봐야 알 것 같습니다.

__observadór__ Ⅰ명 관찰자. ¶Observadór dehan katak aviaun la mai de'it ho laiha notifikasaun. 관찰자는 비행기가 통지 없이 그냥 오지 않았다고 했어요. Ⅱ형 관찰력 있는. ¶Ema observadór halo rezumu filme arraska. 관찰력 있는 사람은 어려운 영화를 요약할 수 있어요.

__observánsia__ 명 준수. ¶Observánsia mak fundasaun sosiedade nian. 법률 준수는 사회의 기초예요.

__observasaun__ 명 관찰. ¶Oinsá ho ita-nia observasaun ba atividade ohin loron? 오늘 활동에 대한 관찰은 어떤가요?

__observatóriu__ 명 관측소, 천문대. ¶Universidade ne'e iha observatóriu. 그 대학은 천문대가 있어요.

__obsesaun__ 명 강박 상태, 집착. ¶Nia iha obsesaun kona-ba osan. 그는 돈에 대한 집착을 가지고 있어요.

__obsesivu__ 형 사로잡혀 있는, 강박적인. ¶Nia iha atensaun obsesivu kona-ba amizade. 그는 우정에 대한 강박적인 관심을 갖고 있어요.

__obstákulu__ 명 장애물, 제약. ¶Kualifikasaun laek sai obstákulu atu hetan fatin servisu. 자격이 없는 것은 일할 곳을 찾는 데 장애물이 돼요.

*__obtén__ 동 얻다, 획득하다. ¶Nia obtén konsellu husi mestre. 그는 선생님으로부터 조언을 얻었어요. 유의 hetan.

*__obtensaun__ 명 인수, 습득. ¶Nia bele halo obtensaun koñesimentu nian liu husi livru. 그는 책을 통해서 지식의 습득을 할 수 있어요.

*__odamatan__ 명 문, 출입구. ¶Favór taka odamatan. 문을 닫아 주세요. 유의 odan-matan.

*__odan-matan__ 명 문, 출입구. ¶Favór loke odan-matan. 문을 열어 주세요. 유의 odamatan.

__odas__ 명 코끼리. ¶Odas ne'e animál lulik iha Hindu. 힌두교에서 코끼리는 성스러운 동물이다. 유의 elefante.

***odi** Ⅰ명 혐오, 증오. ¶Ema ida nia odi bele lori ema seluk nia odi. 한 사람의 증오가 타인에 대한 혐오를 불러올 수 있어요. 유의 ódiu. Ⅱ동 혐오하다, 증오하다. ¶Ha'u odi loos nia tanba nia na'ok ha'u-nia osan. 내 돈을 훔쳐 가서 난 그를 혐오해요. 유의 dinu, hakribi, ódiu.

***ódiu** Ⅰ명 혐오, 증오. ¶sente ódiu 혐오를 느끼다 유의 odi. Ⅱ동 혐오하다, 증오하다. ¶Ha'u ódiu funu. 저는 전쟁을 증오해요. 유의 hakribi, odi.

****Oekusi** 명 오에쿠시. [동티모르의 대도시] ¶Iha Munisípiu Oekusi nian, sidade boot liu hotu mak Pante maka'asar. 오에쿠시 자치체에서 가장 큰 도시는 판떼 마까사르예요.

*****oeste** Ⅰ명 서쪽, 서부, 서향. ¶Ami hela iha parte oeste. 우리는 서쪽에 살아요. Ⅱ형 서쪽의, 서쪽으로 향하는. ¶Loro-matan tun iha parte oeste. 해는 서쪽에서 져요. 반의 leste, lorosa'e.

***ofensa** 명 위법, 범법, 행위, 범죄. ¶La bele halo ofensa. 위법을 해선 안 돼.

***ofensivu** 형 모욕적인, 불쾌한. ¶sentementu ofensivu 모욕적인 느낌

****oferese** 동 제공하다, 바치다. ¶Governu oferese servisu saúde. 정부는 의료 서비스를 제공한다.

****ofertóriu** 명 성찬 전례. ¶Sarani sira hasae sira-nia oferta iha ofertóriu. 세례 교인들이 성찬 전례에서 신께 헌금을 바쳐요.

****ofisiál** Ⅰ명 고위 공무원, 임원, 관리원. ¶Ita konvida ofisiál sira ba enkontru aban ka? 임원들을 내일 모임에 초대했나요? Ⅱ형 공식적인, 업무적인. ¶Preparasaun ba eventu ofisiál di'ak ka la'e? 공식적인 행사 준비는 잘 되지요?

***ofisializa** 동 공식화하다. ¶Xefe ofisializa aula ida-ne'e. 대표는 이 수업을 공식화했어요.

***ofisina** 명 작업장, 차고. ¶Ninia karreta tama hela ofisina. 그의 차는 차고에 들어가고 있어요. 유의 bengkel.

***ofísiu**[1] 명 ①거래, 무역. ¶Nia servisu hela iha ofísiu internasionál. 그는 국제 거래에 종사하고 있어요. ②업무 서신. ¶Tuir ofísiu husi governu, nia atu simu prémiu semana oin. 정부의 업무 서신에 따라 그는 다음주에 상을 받을 거예요.

***ofísiu**[2] 명 ①직업. ¶Ita-nia ofísiu saida? 직업이 뭐예요? 유의 postu. ②교회 봉사. ¶Nia halo ofísiu iha igreja. 그는 교회에서 봉사를 해요.

***oftalmologia** 명 안과. ¶Ha'u atu bá oftalmologia tanba ha'u-nia matan moras. 눈이 너무 아파서 안과에 가려고 해요.

***oh** 감 어. [놀랐을 때 하는 말] ¶Oh, komboiu nia oras liu ona. 어, 기차 시간이 지났잖아.

*****ohin**[1] 부 아까. ¶Ohin nia hasoru kolega iha eskola. 아까 그는 학교에서 친구를 만났어요.

*****ohin**[2] 부 오늘. ¶ohin kedas 바로 오늘 유의 ohis.

ohin loron 오늘. ¶Ohin loron preokupadu? 오늘 바빠요?

ohin ne'e 요즘. ¶Ohin ne'e ha'u estuda lian Inglés. 요즘 저는 영어를 공부

O

해요. 유의 agora daudauk, agora daudaun.

***ohis** 부 오늘. ¶Ohis ita sei aprende kona-ba oinsá te'in batar. 오늘은 옥수수 요리법을 배울 거예요. 유의 ohin.

***oho** Ⅰ 동 죽이다. ¶La bele oho animal sira. 동물을 죽이지 마라. 유의 hamate. 반의 anima. Ⅱ 형 죽은. ¶Nia fa'an hela ikan oho. 그는 죽은 생선을 팔고 있다.

***oho-an** 명 자살. ¶Joven mane ida oho-an. 한 젊은 사내가 자살을 했다. 유의 suisídiu.

oho-na'an fatin 도축장. ¶Ha'u sente triste tanba haruka karau ne'ebé ami hakiak ba oho-na'an fatin. 우리가 기르던 소를 도축장으로 보내서 슬퍼요. 유의 matadoiru.

***oi** 감 어이, 거기. [남을 부를 때 쓰는 말] ¶Oi, mai iha ne'e uituan. 거기, 잠깐 이리 와 봐.

***oin** Ⅰ 명 ①얼굴, 모습. ¶Ita-nia oin hatudu kole loos. 얼굴에 무척 피곤하다고 쓰여 있네. 유의 forma. ②종류. ¶Nia iha karreta oin rua. 그는 두 종류의 자가용이 있어요. ③앞, 앞쪽. ¶Favór mai to'o oin. 앞쪽까지 오세요. 유의 frente. ④관점. ¶Iha ha'u-nia oin, ita-nia kna'ar la difisil tebes. 내 관점에서, 네 역할은 그리 어렵지 않아. 유의 haree. ⑤태도, 방식. ¶Ninia oin iha fatin servisu kapás tebes. 일하는 곳에서 그의 태도는 정말 대단해. Ⅱ 형 ①앞의. ¶Nia sei hein ha'u iha restorante oin. 그는 식당 앞에서 날 기다릴 거예요. 반의 kotuk. ②다음, 다음의. ¶Fulan oin mai ha'u sei bá Korea. 다음 달에 한국에 갈 거예요. 관용 oin ho oin 대면하여, 얼굴을 보고.

***oin-aat** Ⅰ 명 무서운 얼굴, 험상궂은 얼굴. ¶Horisehik na'ok-teen ne'e iha oin-aat. 어제 그 도둑은 험상궂은 얼굴을 하고 있었어요. Ⅱ 형 얼굴이 추한, 못생긴. ¶Nia oin-aat, maibe laran-di'ak. 그는 못생겼지만 착해요. 반의 bonita, bonitu, oin-di'ak. 이표기 oin aat.

***oin-boruk** 형 성난, 화가 난, 언짢은, 언짢은 표정의. ¶Nia oin-boruk nune'e sai liur husi uma. 그는 화가 나서 집밖으로 나갔어요. 유의 oin-bubu, oin-buis.

***oin-bubu** 형 언짢은 얼굴의. ¶Iha dadeer, ha'u haree nia oin-bubu. 아침에 언짢은 얼굴의 그녀를 보았어요. 유의 oin-boruk, oin-buis.

***oin-buis** 형 굳은 표정을 한, 심각한. ¶Haree apá oin-buis no amá la ko'alia buat ida. 굳은 표정을 한 아빠를 보고 엄마는 아무 말도 하지 않았어요. 유의 oin-boruk, oin-bubu.

***oin-bulak** Ⅰ 명 무분별함, 경솔함. ¶Jose husu deskulpa nia oin-bulak. 조세는 그의 경솔함을 사과했다. Ⅱ 형 난폭한, 무모한. ¶Ho lori karreta oin-bulak, ikus mai asidente akontese. 난폭한 운전으로 그는 결국 사고를 쳤다.

***oin-burut** 형 언짢은. ¶Nia haree oin-burut. 그는 언짢은 것처럼 보였어요. 유의 oin-bubu.

***oin-di'ak** 형 잘생긴. ¶Jose oin-di'ak tan ne'e populár. 조세는 잘생겨서 인기가 많아요. 반의 oin-aat. 이표기 oin di'ak.

oin-halai 형 어지러운, 현기증이 나는. ¶Ha'u sente oin-halai uitoan, tan ne'e atu toba. 좀 어지러워서 누우려고 해요. (유의) bulelu, oin-kle'uk. (이표기) oin halai.

*__oin-hamnasa__ 형 발랄한, 쾌활한, 즐거운. ¶Nia sempre oin-hamnasa iha ha'u nia oin. 그녀는 내 앞에서는 항상 쾌활해요. (이표기) oin hamnasa.

*__oin-hanesan__ 형 유사한, 닮은. ¶Maria oin-hanesan ho Marito. 마리아는 마리또랑 닮았어요.

*__oin hira__ 몇 가지 종류, 몇 종류. ¶Imi kuda batar oin hira? 너희들 몇 종류의 옥수수를 심었니?

*__oin-ida__ 형 같은, 유사한. ¶Lori mai oin-ida hanesan. 같은 걸로 가지고 오세요.

*__oin-kamutis__ 형 창백한, 힘없는. ¶Dala ruma ha'u hanoin labarik ne'e ne'ebé oin-kamutis ona tanba moras. 가끔 아파서 창백했던 그 아이가 생각나요. (이표기) oin kamutis.

*__oin-kapás__ 형 아름다운, 멋진. ¶Nia dehan Maria oin-kapás tebes hanesan artista filme. 그는 마리아가 영화배우처럼 아름답다고 말했다. (유의) bonita, bonitu. (이표기) oin kapás.

*__oin-katar__ 형 버릇없는, 무례한. ¶Para hahalok oin-katar lai! 버릇없는 행동 그만해라!

*__oin-ketak__ 형 (모양, 모습이) 다른. ¶Ita hotu nia figura mak oin-ketak malu. 우리 모두는 생김새가 서로 다르지요. (유의) diferente.

__oin-kle'uk__ 형 어지러운, 현기증이 나는. ¶Nia derrepente sente oin-kle'uk nune'e tuur iha kadeira. 그는 갑자기 현기증이 나서 자리에 앉았다. (유의) oin-halai.

__oin-krekas__ 형 여윈, 수척한. ¶Nia sai oin-krekas loos tanba moras kleur. 그녀는 오래된 병으로 매우 여위었어요.

*__oin-mahar__ 형 부끄러운, 창피한. ¶Se bele lalika halo asaun oin-mahar! 가급적 부끄러운 짓을 하지 말아라! (이표기) oin mahar.

*__oin-maka'as__ 형 엄격한, 냉정한. ¶Tenke aplika avaliasaun oin-maka'as ba estudante sira. 학생들에게 엄격한 평가를 적용해야 한다.

*__oin-mamar__ 형 가까운, 가깝게 지내는. ¶Kolega sira ami-nia aula oin-mamar hotu. 우리 반 친구들은 모두 가깝게 지내요.

*__oin-maran__ I 동 엄격해 보이다. ¶Nia oin-maran ne'e halo ha'u tauk. 그는 엄격해 보이는 게 저는 좀 무서워요. II 형 못마땅한. ¶Ha'u oin-maran nia hahalok nune'e ha'u labele toba. 나는 그의 언행이 못마땅해서 잠을 잘 수 없었어요.

*__oin-matak__ 형 동안인, 젊고 생생한. ¶Se de'it hakarak vida ne'ebé oin-matak. 누구나 젊고 생생한 인생을 원해요.

*__oin-mean__ I 동 부끄러워하다. ¶Jose oin-mean buat ne'ebé aprezenta iha aula laran. 조세는 수업에서 발표하는 것을 부끄러워해요. (유의) oin-metan. II 형 붉은, 빨개진. ¶Karik oin-mean, Maria nia oin sai oin-mean. 부끄러웠는지 마리아의 얼굴이 빨개졌어요. (유의) oin-metan. (이표기) oin mean.

*__oin-merik__ 명 여드름, 뾰루지. ¶Ha'u hakarak sosa ai-moruk di'ak ba oin-

O

merik. 여드름에 좋은 약을 사고 싶어요. 유의 di'at, borbullu.

oin-metan Ⅰ 동 부끄러워하다. ¶La bele oin-metan! 부끄러워하지 마세요! 유의 oin-mean. Ⅱ 형 붉은, 빨개진. ¶Oan nia hasan ne'ebé oin-metan mak kabosu. 아이의 빨개진 볼이 귀여워요. 유의 oin-mean.

oin-midar Ⅰ 명 스마일, 미소. ¶Ninia oin-midar loke ema seluk nia neon. 그의 미소가 타인의 마음을 열어요. Ⅱ 동 미소를 짓다. ¶Durante servisu iha otél, nia sempre oin-midar ba kliente. 호텔에서 일하는 동안 그는 늘 고객에게 미소를 지어요. Ⅲ 형 웃고 있는. ¶Sé mak bele ko'alia aat ema oin-midar? 누가 웃고 있는 사람을 비난할 수 있을까? 이표기 oin midar.

oin-moe Ⅰ 동 얼굴을 붉히다, 얼굴이 빨개지다. ¶Nia oin-moe tiha wainhira nia simu komplementu husi ninia profesór. 그는 교수님으로부터 칭찬을 받았을 때 얼굴이 빨개졌다. Ⅱ 형 수줍어서 얼굴을 잘 붉히는. ¶Nia oin-moe maibé nia dezafiu la bele para. 그는 수줍어서 얼굴을 잘 붉히면서도 도전은 멈추지 않는다.

oin-monu 형 체면 떨어뜨리는, 체면 떨어지는. ¶Labele halo hahalok ha'u nia oin-monu. 내 체면을 떨어뜨리는 행동은 하지 마세요.

oin-mook 형 아름다운. ¶Ohin ha'u haree feto oin-mook liu iha estrada. 아까 길에서 무척 아름다운 여성을 보았다.

oin-moris 형 바짝 경계하는, 조심하는. ¶Labele haluha buat oin-moris! 그 사람을 바짝 경계하는 것을 잊지 말아요! 유의 matan-moris.

oin-naburut 동 얼굴을 찡그리다. ¶Ita la oin-naburut no hamnasa! 우리, 얼굴을 찡그리지 말고 웃어요! 유의 oin-namkurut.

oin-nakukun Ⅰ 동 기절하다, 의식을 잃다. ¶Hafoin halai kursu tomak Maratona nian, ha'u oin-nakukun. 마라톤 전체 코스를 달린 뒤, 나는 의식을 잃었다. Ⅱ 형 기절한, 기절할 것 같은, 무의식의. ¶Amá hein hela katak nia oan-mane oin-nakukun fanu. 엄마는 기절한 아들이 깨어나기를 기다리고 있어요. 이표기 oin nakukun.

oin-namanas Ⅰ 동 헛소리하다. ¶Ita boot horisehik toba no oin-namanas. 당신 어제 자면서 헛소리했어요. Ⅱ 형 의식이 혼탁한, 헛소리하는. ¶Ba nia oin-namanas, fui bee-malirin. 헛소리하는 그에게 찬물을 끼얹었어요.

oin-namkurut 동 얼굴을 찌푸리다, 눈살을 찌푸리다, 우거지상을 하다, 인상을 쓰다. ¶Nia haree ha'u no oin-namkurut. 그녀는 나를 보더니 얼굴을 찌푸렸다. 유의 oin-naburut.

oin-nian 명 표정. ¶oin-nian matan-aas 거만한 표정

oin-nu'usá 부 어떻게. ¶Oin-nu'usá ita nia domin bele troka? 어떻게 우리 사랑이 변할 수가 있어? 유의 oinsá.

oin-oin Ⅰ 명 형태, 모양. ¶Pinta oin-oin kabuar. 동그라미 모양을 그렸어요. 유의 oioin, oioik. Ⅱ 형 다양한. ¶Iha fulan 2 oin mai sei iha modo oin-oin iha ami nia uma nia jardin. 앞으로 두 달 안에, 우리 집 정원에 다양한 채소가 자랄 거예요. 유의 oioik, oioin, vária.

oin-roit 형 으스대는, 거만한. ¶Sé mak gosta ema oin-roit ne'e? 거만한 그 사람을 누가 좋아할까? 반의 edukadu.

oinsá 부 어떻게. ¶Oinsá dehan 'Love you' iha lian Tetun? 테툼어로 '사랑해'는 어떻게 말해요? 유의 oin-nu'usá.

oin-seluk Ⅰ 명 다른 종류. ¶Nia iha interese oin-seluk nian. 그는 다른 종류의 관심을 가지고 있어요. Ⅱ 형 다른, 남다른. ¶Nia ema oin-seluk ho ita nia hanoin. 그는 너의 생각과는 다른 사람이야. 유의 deferente, diferente, ketaketak, ruma, seluk, varia. 반의 hanesan. Ⅲ 부 다르게, 달리. ¶Nia haree oin-seluk uitoan ho ema seluk sira. 그는 다른 사람들과는 좀 달리 보입니다. 반의 hanesan. 이표기 oin seluk.

oin-siin 형 뚱한 표정의, 심술궂은. ¶Ema ne'e hanesan nia oin, nia neon mós oin-siin. 그 사람은 얼굴처럼 마음도 심술궂어요.

oin-suar Ⅰ 명 찌푸림, 노려봄. ¶Oin-suar iha karik, loron oin-hamnasa mós sei iha. 찌푸림이 있으면 웃는 날도 있겠죠. Ⅱ 형 찡그리는, 노려보는. ¶Ha'u piska matan ba ema ne'e oin-suar ha'u. 나를 노려보는 그 사람에게 윙크했어요. 이표기 oin suar.

oin-toos 형 굳은 표정의, 준엄한 표정을 한. ¶Polísia oin-toos la'o mai ha'u. 준엄한 표정을 한 경찰이 제 곁으로 걸어왔어요. 이표기 oin toos.

oin-triste 동 슬퍼 보이다. ¶Maria, tanbasá ita oin-triste? 마리아, 너 왜 슬퍼 보이니? 이표기 oin triste.

oi oia 어이. [남을 부를 때 쓰는 말] ¶Oi oia! Di'ak ka la'e? 어이! 잘 지내?

oioik Ⅰ 명 형태, 모양. ¶Oioik edifisu idane'e nian úniku. 이 건물의 모양이 독특해요. 유의 oioin. Ⅱ 형 다양한. ¶kór oioik 다양한 색상 유의 oin-oin, oioin, vária.
관용 oioik de'it 모든 종류의.

oioin Ⅰ 명 형태, 모양. ¶troka oioin 형태를 바꾸다 유의 oioik, oin-oin. Ⅱ 형 다양한. ¶ema sira oioin 다양한 사람들 유의 oin-oin, oioik, vária. 이표기 oi-oin.
관용 oioin de'it 모든 종류의.

oitavu 형 여덟 번째의.

oitenta 수(포) 80, 여든, 팔십. 유의 ualunulu, walu-nulu.

oitu 수(포) 8, 여덟, 팔. 유의 delapan, walu.

oitusentus 수(포) 800, 팔백.

okaziaun 명 기회, 기념. ¶okaziaun komemorasaun tinan 20 20주년 기념

okazionál 형 행운의, 우연의. ¶xave okazionál 행운의 열쇠

okil 형 ①녹색의, 푸른. ¶du'ut okil 녹색의 잔디 유의 okir. ②익지 않은. ¶Isin-rua Maria hakarak han haas okil. 임산부인 마리아는 익지 않은 망고가 먹고 싶었다.

⁑**okir** 형 ①녹색의, 푸른. ¶ai okir 푸른 나무 / du'ut okir 녹색의 잔디 유의 okil. ②익지 않은. ¶Ohin ha'u han ai-fuan okir karik ha'u kabun moras. 아까 익지 않은 과일을 먹어서인지 배가 아프네요. / Isin-rua Maria hakarak han haas okir. 임산부인 마리아가 익지 않은 망고를 먹고 싶어해

O

요. ㉯ okil.

*__okos__ Ⅰ[명] 밑바닥, 변두리. ¶Moris okos nian ne'e saida? 밑바닥 인생이란 무엇인가요? Ⅱ[부] 아래에, 밑에, 지하에. ¶Favor husik hela mensajen iha ha'u nia post okos. 제 게시글 밑에 메시지를 남겨 주세요. Ⅲ[전] ~의 아래에. ¶Suku iha foho nia okos. 산 아래에 마을이 있어요.

*__óksidu-karbonu__ [명] 일산화탄소. ¶Nivel perigozu óksidu-karbonu nian bele oho ema. 일산화탄소 위험 수위는 사람을 죽게 할 수 있어요.

*__oksijéniu__ [명] 산소. ¶Ai halo oksijéniu. 나무는 산소를 만들어 내요. / Oksijéniu ne'e halo husi fotosintase ai-horis nian. 산소는 식물의 광합성으로 만들어 진다.

__oksítonu__[1] Ⅰ[명] 분만 촉진제, 해산 촉진제. ¶Bebé seidauk mai, kala presiza oksítonu. 아기가 아직 안 나왔어요. 아마도 분만 촉진제가 필요할지도 몰라요. Ⅱ[형] 분만을 촉진하는, 해산을 촉진하는. ¶Ita hatene métodu oksítonu? 분만을 촉진하는 방법을 아나요?

__oksítonu__[2] [형] 최종 음절에 악센트가 있는. ¶Liafuan ida-ne'e oksítonu ka? 이 단어는 최종 음절에 악센트가 있나요?

*__ókulu__ [명] 안경, 망원경, 고글. ¶Nia gosta uza ókulu bainhira lee livru. 그는 책을 볼 때 안경을 쓴다. (이표기) oklu.

*__ókulu metan__ 선글라스. ¶Iha Timor-Leste ókulu metan ne'e nesesidade. 동티모르에서 선글라스는 필수품이에요. (이표기) oklu metan.

*__okupa__ [동] 차지하다. ¶Partidu boot sei okupa tomak governu foun ida-ne'e. 거대 정당이 새 정부 전체를 차지할 거예요.

*__okupadu__ [형] 바쁜. ¶Agora ha'u la telefone mós ba ó tanba ha'u okupadu liu. 요즘 내가 너무 바빠서 너한테 연락도 못 했어.

*__okupante__ [명] 사용자, 거주자, 입주자. ¶Sé mak uma ida-ne'e nia okupante? 이 집의 거주자는 누구입니까?

*__okupasaun__ [명] 점령, 강점. ¶Tempu okupasaun Portugál nian ukun Timor-Leste kuaze tinan 450. 동티모르를 지배한 포르투갈의 강점 기간은 약 450년이다.

*__olá__ [감] ①안녕, 안녕하세요. ¶Olá! Bondia. 안녕하세요! 좋은 아침입니다. ②와. [감탄을 뜻함] ¶Olá hahán ida-ne'e kapás tebes. 와, 이 음식 정말 훌륭하네.

__Olanda__ [명] 네덜란드. ㉯ balanda, belanda.

__Olandés__ Ⅰ[명] (남성) 네덜란드인. ¶Olandés ne'e servisu hela. 네덜란드인이 일을 하고 있어요. Ⅱ[형] (남성) 네덜란드의. ¶Rai Olandés mak badak liu tasi. 네덜란드의 육지는 바다보다 낮다.

*__olaraga__ [명] (인니) 스포츠. ¶Nia gosta haree jogu olaraga. 그는 스포츠 게임 보길 좋아해요. ㉯ desportu.

__oligarkia__ [명] 과두제, 과두 정부. ¶krime ne'ebé oligarkia mak halo 과두 정부가 저지른 범죄

__olímpika__ [형] (여성) 올림픽의, 올림픽 대회의. ¶Maria dehan katak espíritu olímpika mak dame mundu nian. 마리아는 올림픽의 정신이 세계 평화라고 말해요.

olímpiku 형 남성 올림픽의, 올림픽 대회의. ¶Jose partisipa iha jogu formál olímpiku. 조세는 올림픽의 정식 종목에 참가해요.

omenajen 명 경의, 존경. ¶Povu hatudu omenajen ba luta-dór sira. 국민들은 전사들에게 경의를 표했어요.

*__omisaun__ 명 생략. ¶Iha lian Korea, kazu barak mak sujeitu sempre sai omisaun. 한국어에서 주어는 생략이 되는 경우가 많아요.

omnipotente 형 전능한. ¶Maromak omnipotente 전능한 신 유의 bele hotu-hotu.

omnívoru I 명 잡식 동물. ¶Lenuk omnívoru loos ka la'e? 거북이는 잡식 동물 맞지요? II 형 잡식성의, 두루 관심을 갖는. ¶Ema mós animal omnívoru. 인간도 잡식성 동물이다.

omojénea 형 여성 동종의, 동일의, 동일한. ¶área omojénea 동종의 분야

omojéneu 형 남성 동종의, 동일의, 동일한. ¶edukasaun ne'ebé hanorin ho métodu omojéneu 동일한 방법으로 가르치는 교육

omoseksuál I 명 동성애자. ¶Direitus omoseksuál nian mak kestaun. 동성애자의 권리가 쟁점입니다. II 형 동성애적인.

***__ona__ 부 ①사건이 완료되었음을 나타내는 말. ¶Nia remata ona ninia estudu iha Korea. 그는 한국에서의 공부를 끝냈어요. ②이미, 더이상. ¶Festa kazamentu hotu ona entaun ema sei la dansa tan. 결혼식 파티가 끝나서 사람들은 더이상 춤을 추지 않아요. 유의 tiha.

*__onestamente__ 부 솔직히. ¶Jose hatete ba ninia kolega kona ba ninia problema onestamente. 조세는 친구에게 자기 고민을 솔직히 털어놓았다.

***__ó-nia__ 대 너의. ¶Ó-nia naran sá? 너의 이름이 뭐니? 유의 ita-nia.

***__ó-nian__ 대 너의 것, 그대의 것. ¶Desizaun ida-ne'e ó-nian. 이 결정은 너의 것이다.

*__onoráriu__ 형 명예로운. ¶Nia ema onoráriu entaun nia mate ba nasaun. 그는 명예로운 사람이어서 국가를 위해 죽었어요.

반의 dezakreditada, dezakreditadu.

*__onorárius__ 명 요금, ~료. ¶Ha'u hakarak haree filme ida-ne'e onorárius hira? 이 영화 보고 싶은데 요금이 얼마예요?

*__onorífiku__ 형 {격식체로} 존경을 나타내는, 경칭의. ¶Ninia títulu onorífiku saida? 그에 대한 존경의 호칭은 뭐지요?

*__onra__ 명 명예. ¶Konvite ne'e hanesan onra boot ida ba ha'u. 이 같은 초대는 저에게 큰 명예입니다.

onsa 명 온스. [중량 단위의 하나] ¶por onsa ida dolar ida 1 온스당 1 달러

*__ONU__ 명 국제 연합, 유엔. ¶afilia ba ONU 유엔에 가입하다 유의 Nasoins Unidas.

***__onze__ 수 포 열하나, 십일. ¶dia onze 열한 번째 달 / onze oras 열한 시 이표기 onzi.

*__operadór__ 명 기술자, 장비, 기계를 조작하는 사람. ¶Operadór sira sei hadi'a ekipamentu. 기술자들이 장비를 수리할 거예요.

*__operasaun__ 명 ①수술. ¶Nia halo operasaun ba pasiente. 그는 환자를 위

O

해서 수술을 해요. 유의 konsultóriu. ②작전. ¶Nia halo operasaun barak durante funu. 전쟁 동안 그는 작전을 많이 수행했어요.

*operasionál 형①수술하는. ¶Ita la bele interrompe doutór operasionál. 우리는 수술하는 의사를 방해해선 안 돼요. ②작전하는. ¶Jenerál halo hela planu operasionál. 장군은 작전하는 계획을 짜고 있어요.

⁑opiniaun 명 견해, 의견. ¶Kona-ba asuntu ida-ne'e ita-nia opiniaun saida? 이 쟁점에 대해서 네 견해가 뭐지? 유의 hanoin.

⁑oportunidade 명 기회. ¶La bele tuir oportunidade de'it, no mós kria oprtunidade. 그냥 기회를 쫓아가지만 말고 기회를 창출하기도 하세요. 유의 kazualidade, vés.

*opozisaun 명 반대, 항의. ¶opozisaun ba opozisaun 반대를 위한 반대

⁑opsaun 명 선택, 선택권. ¶Deskulpa, alua ida-ne'e obrigasaun entaun ita la iha opsaun. 미안, 이 수업은 의무다. 그래서 선택권이 없다.

*oradór 명 발언자, 연설가, 웅변가, 설교자. ¶Nia aplika maka'as atu sai oradór kapás. 그는 탁월한 발언자가 되려고 열심히 연습을 해요.

*orál 형 구두의, 구어의. ¶Husik an antes ezame orál. 구두시험을 보기 전에 마음을 편하게 가져.

*oraoras 부 때때로, 종종. ¶Oraoras nia hemu tua ho kolega sira. 때때로 그는 친구들과 술을 마셔요. 이표기 ora-oras.

oraoras tan 나중에. ¶Ha'u sei bá oraoras tan. 제가 나중에 갈게요.

⁑oráriu 명①시간표, 일정표. ¶Nia halo hela oráriu kona-ba eventu boot ida. 그는 큰 행사에 대한 일정표를 만들고 있어요. ②예정. ¶Rezultadu aprezetasaun mak sai sedu iha loron ida kompara ho oráriu originál nian. 결과 발표가 예정보다 하루 일찍 나왔다.

⁑oras 명①시계. ¶Lisensa ita boot oras iha ka? Agora tuku hira? 실례지만 시계 있나요? 몇 시지요? 유의 relójiu. ②시간. ¶Oras aula lian Korea nian hahú tuku 7 kalan. 한국어 수업 시간은 저녁 7시에 시작합니다. 유의 rai.

*orasaun 명 기도자. ¶Orasaun sira halibur hela iha igreja. 기도자들이 교회에 모이고 있어요.

⁑orasida 부 조만간, 곧. ¶Orasida nia sai oradór iha enkontru jeral ho membru governu sira. 곧 그는 공무원들이 참석하는 일반 공식 회의에서 발표자가 될 거예요.

orasida tan 나중에. ¶Mai ita ko'alia istoria ne'e orasida tan. 이 얘기는 나중에 하자.

⁑oras-makfanun 명 자명종. ¶Antes nia toba, nia arma oras-makfanun. 그는 자기 전에 자명종을 맞췄다. 유의 despertadór.

⁑oras ne'e 지금. ¶oras ne'e kedas 지금 당장 / Oras ne'e saida mak ha'u tenke halo? 지금 나는 무엇을 해야만 하는가? 유의 agora.

oratóriu 명 ①기도실. ¶Iha igreja idane'e oratóriu iha ne'ebé? 이 교회에 기도실이 어디에 있지요? ②성가극. ¶Nia halo ikipa atu prepara oratóriu iha igreja. 그는 교회에서 성가극을 준비할 팀을 만들었어요.

***orden** 명 질서. ¶orden públika 공공의 질서 / Orden hala'o baizeia ba promesa malu. 질서는 상호 약속에 기반해서 실행됩니다.

***ordena** 동 ①명령하다, 명령받다. ¶Governu ordena investigasaun konaba asidente ne'e. 정부는 그 사고에 대해서 조사를 명령했어요. ②임명하다. ¶Prezidente ordena nia ministru horisehik. 어제 대통령은 그를 장관으로 임명했어요. ③신부가 되다. ¶Maun atu ordena husi amu bispu aban. 내일 주교님은 형을 신부가 되게 할 거예요.

***ordenada**[1] 명 여성 봉급, 급여. ¶Feto ne'e simu ordenada fulafulan ka? 그 여성은 매달 급여를 받나요?

***ordenada**[2] 형 여성 정돈된, 정연한. ¶Maria maneja moris ordenada. 마리아는 정돈된 삶을 운영해요.

***ordenadu**[1] 명 남성 봉급, 급여. ¶Nia rai osan husi ninia ordenadu kada fulan. 그는 매달 봉급에서 일정 금액은 저축해요.

***ordenadu**[2] 형 남성 정돈된, 정연한. ¶Se bele maneja moris ordenadu. 가급적 정돈된 삶을 운영하고 싶어요.

ordenasaun 명 사제 서품. ¶Nia simu ordenasaun husi amu-bispu. 그는 주교로부터 사제 서품을 받았어요.

ordinária[1] 형 여성 보통의, 평범한. ¶Feto ne'e hakarak sosa karreta ho folin ordinária. 그 여성은 가격대가 보통인 차를 사고 싶어해요.

ordinária[2] 형 여성 버릇없이 큰, 못 배운. ¶Feto ordinária ida la hatene maneira. 버릇없이 큰 사람은 매너가 없어요.

ordináriu[1] Ⅰ 명 보통, 평범함. ¶Nia buka hela otél ho folin ordináriu nian. 그는 대중적인 가격의 호텔을 찾고 있어요. Ⅱ 형 남성 보통의, 평범한. ¶hatais ropa ordináriu 평범한 옷을 입다

ordináriu[2] 형 남성 버릇없이 큰, 못 배운. ¶ema ordináriu 버릇없이 큰 사람

***orfanatu** 명 고아원. ¶Sé mak lori tiha oan-kiak sira to'o orfanatu? 누가 고아들을 고아원까지 데려왔나요?

***orgániku** 형 유기농의. ¶Timor Rai famosu ba agrikultura orgániku. 동티모르 땅은 유기농 농업으로 유명해요.

organista 명 오르간 연주자. ¶Hodi prepara eventu foun, ita koñese organista ka? 새로운 행사를 준비하려는데 오르간 연주자 아는 사람 있니?

***organiza** 동 조직하다. ¶Nia organiza ekipa. 그는 팀을 조직했다. 유의 arma.

***organizadór** Ⅰ 명 조직자, 조직하는 사람. ¶Organizadór deside eventu Taewkwondo nian. 조직하는 사람은 태권도 행사를 결정했어요. Ⅱ 형 조직하는. ¶Komisaun organizadór atu hala'o eventu taekwondo nian iha fulan oinmai. 조직 위원회는 다음달에 태권도 행사를 개최하려고 해요.

***organizasaun** 명 조직.

O

¶Organizasaun hotu iha regulamentu. 모든 조직은 규정을 가지고 있다.

***organizmu** 명 절정, 오르가슴. ¶Nia to'o organizmu. 그는 절정에 이르렀어요.

***orgullu** 명 자부심. ¶Mestre sente orgullu tebes ho estudante sira-nia performansia. 선생님은 학생들의 성과에 크게 자부심을 느껴요.

orienta 동 (코스나 노선을) 정하다. ¶Profesór orienta oráriu semestre oinmai. 교수님은 다음 학기의 일정을 정했어요.

***orientadór** I 명 자문관, 훈련관, 감독관. ¶Nia nu'udár orientadór servisu iha universidade. 그는 자문관으로서 대학에서 일해요. II 형 지향하는. ¶Ba moris orientadór ita tenke kontrola tempu. 지향하는 삶을 위해서 시간을 조절해야만 해요.

***orientál** 형 동양의, 동쪽의. ¶Timor-Leste nasaun orientál. 동티모르는 동쪽에 있는 나라예요. 유의 lorosa'e, lorosa'e nian.

***orientasaun** 명 예비 교육, 오리엔테이션. ¶Estudante foun sira simu orientasaun husi profesór sira. 새 학생들은 교수님들로부터 예비 교육을 받았어요.

oriente 명 동양, 동부 지방. ¶Timor-Leste pertense oriente. 동티모르는 동양에 속해요.

***orijen** 명 근원, 원천. ¶Orijen Timor nian oioin. 티모르의 근원은 다양해요.

***orijinál** 형 ①원래의, 최초의, 독창적인. ¶Hanoin orijinál bele domana mundu. 독창적인 생각이 세상을 지배할 수 있어요. 유의 asli. ②괴짜인, 별난, 기이한. ¶Ninia kolega kompriende difisil kona-ba ninia hahalok orijinál. 그의 친구들은 그의 기이한 행동을 이해하기 힘들어요.

orijinalidade 명 독창성.

***orijinária** 형 여성 토착의. ¶Maria dehan katak nia prepara tiha kultura orijinária ba turista. 마리아는 관광객을 위해 토착의 문화를 준비했다고 했어요.

***orijináriu** 형 남성 토착된. ¶kultura orijináriu 토착된 문화

***orizontál** 형 수평선의, 지평선의. ¶Ami bele to'o liña orizontál iha tasi? 우리 수평선까지 도달할 수 있을까? 반의 vertikál.

***orizonte** 명 수평선, 지평선. ¶Loro-matan sa'e husi orizonte. 수평선에서 해가 떠요.

orkestra I 명 오케스트라. ¶Maria sai membru iha orkestra laran. 마리아는 오케스트라의 일원이 되었어요. II 동 (음악을) 오케스트라용으로 편곡하다. ¶Maria atu orkestra kanta Timor nian. 마리아는 동티모르 노래를 오케스트라용으로 편곡하려고 해요.

ornamentu 명 장식품. ¶Feto ida haree hela ornamentu durante oras rua. 한 여성이 두 시간 동안 장식품을 보고 있어요.

***orsamentu** 명 예산. ¶Prezidente atu aprova orsamentu jeral estadu ora-oras tan. 대통령은 일반 정부 예산을 곧 승인할 것이다.

ortikultór 명 남성 정원사. ¶buka

ortikultór 정원사를 구하다

ortikultora 명 여성 정원사. ¶Ortikultora foun mai no atu maneja jardín. 새 정원사가 와서 꽃밭을 관리할 거예요.

ortikultura 명 원예학과. ¶Nia gradua iha departementu ortikultura. 그는 원예학과를 졸업했어요.

ortografia 명 철자법, 맞춤법. ¶Mestra hanorin hela ortografia ba estudante sira. 선생님께서 학생들에게 철자법을 지도하고 있어요.

ortográfiku 형 철자법의, 맞춤법의. ¶regulamentu ortográfiku 맞춤법 규정

osamean 명 금화. ¶Osamean la iha Timor-Leste. 동티모르에는 금화가 없다. 이표기 osan mean.

osamutin 명 은화. ¶foti osamutin ida 은화 한 개를 줍다 이표기 osan mutin.

⁑**osan** 명 ①돈, 금전. ¶Ita osan iha ka? 돈 있어요? ②동전. ¶troka osan-tahan ba osan 지폐를 동전으로 바꾸다 유의 doit, moeda, osan koin.

⁑**osan-besi** 명 동전, 통화. ¶osan-besi 100 centro laran 백 센트짜리 동전 유의 moeda. 이표기 osan besi.

⁑**osan-boot** 명 거금. ¶Maria investe osan-boot iha bisnis ida-ne'e. 마리아는 이 사업에 거금을 투자했다.

osan eskola 등록금. ¶Osan eskola ba institutu ne'e $300. 그 기관의 등록금은 300불이에요. 유의 propina.

osan-fatin 명 금궤. ¶Nia gosta hatama osan-rahun iha osan-fatin. 그는 금궤에 잔돈 넣기를 좋아해요.

osan-foun 명 옛 외국 화폐. ¶Nia fa'an osan-foun iha estrada. 그는 도로에서 옛 외국 화폐를 팔아요.

⁑**osan-funan** 명 이자. ¶Nia entrega kolega osan ho motante $500 no osan-funan 5%. 그는 500불과 이자 5퍼센트를 친구에게 주었어요.

***osan-inan** 명 자본금, 자금. ¶Ita-nia osan-inan hira ona? 자본금이 얼마지요? 유의 kapitál, modal.

***osan koin** 동전. ¶Ita bele fó ha'u la'ós osan koin, osan surat-tahan ka? 동전 말고 지폐로 줄 수 있어요? 유의 doit, moeda, osan.

osan-mean 명 금화, 금. ¶Osan-mean barak tebes iha rai Timor. 동티모르 땅에는 금이 아주 많다. 유의 osamean.

osan-mutin 명 은화, 은. ¶Timor-Leste iha osan-mutin ka? 동티모르에 은화가 있나요? 유의 osamutin.

osan-na'in 명 기증자, 투자자. ¶Tinan kotuk nia sai tiha ona osan-na'in. 작년에 그는 기증자가 되었다. 유의 doadór.

⁑**osan-rahun** 명 잔돈. ¶Nia haluha foti osan-rahun sira hafoin han iha restorante. 그는 식당에서 식사한 후에 잔돈 받아 오는 걸 깜빡했어요. 유의 bintés, osan-troka. 이표기 osan rahun.

⁑**osan-sai** 명 지출, 비용. ¶Osan-sai barak fulan kotuk, entaun nia la bele uza osan barak fulan-ida-ne'e. 지난달에 지출이 많아서 그는 이번 달에는 자금에 여유가 없어요. 유의 despeza, gastu. 이표기 osan sai.

⁑**osan-tahan** 명 지폐. ¶Ita bele fó ha'u la'ós osan koin, osan-tahan ka? 동전

O

말고 지폐로 주실 수 있나요?

⁑**osan-tama** 명 수입. ¶Lороloron kompañia kria osan-tama. 매일 회사는 수입을 창출해요. 이표기 osan tama.

⁑**osan-troka** 명 잔돈. ¶simu osan-troka 잔돈을 받다 유의 bintés, osan-rahun.

osan-tuan 명 옛 네덜란드 동전. ¶Ita haree osan-tuan husi rai Belanda? 네덜란드에서 온 옛 네덜란드 동전을 봤니?

Oseánia 명 오세아니아, 대양주. ¶Austrália pertense Oseánia. 호주는 대양주에 속해요.

*__oseanu__ 명 해양. ¶Liu husi istória mundu, nasaun ne'ebé manán oseanu manán mundu. 세계의 역사를 볼 때 해양을 지배한 국가가 세상을 지배했어요. 유의 tasi-boot.

Oseanu Indiku 인도양. ¶Portugál mai Timor liu husi kona Oseanu Indiku. 포르투갈은 인도양을 통해서 티모르에 왔어요. 유의 índiku.

Oseanu-Pásifiku 명 태평양. ¶hakat Oseanu-Pásifiku 태평양을 건너다 유의 Pásifiku.

osidentál 형 서양의, 서구의. ¶Kolonializmu osidentál mai tiha Timor-Leste mós. 서구의 식민주의는 동티모르에도 들어왔어요.

osidente 명 서양. ¶Influensia husi osidente to'o Timor-Leste boot liu duké influensia husi oriente? 동티모르에 서양의 영향이 동양의 영향보다 더 큰가?

óstia 명 주인, 주최국. ¶Timor-Leste nu'udár óstia konvida ona nasaun sira husi CPLP nian. 동티모르는 주최국으로서 포르투갈어 사용국 공동체의 국가들을 초대했어요.

ostíl 형 적대적인, 거부하는. ¶reasaun ostíl 적대적인 반응

otas[1] 명 ①나이, 연령. ¶Ita boot nia otas hira? 나이가 어떻게 되시지요? 유의 idade, époka. ②시대, 시기. 유의 era.

otas[2] 형 매우 늙은, 매우 오래된. ¶Nia sei uza kadeira otas. 그는 아직도 매우 오래된 의자를 사용해요.

⁂**otél** 명 호텔. ¶Ita haree otél saida mak di'ak liu hotu iha Timor-Leste? 네가 보기에 동티모르에서 어떤 호텔이 가장 좋지?

*__otimista__ 형 낙관적인. ¶Hanoin otimista atu bele halo vizaun. 낙관적인 생각이 비전을 만들 수 있게 해요.

*__otimizmu__ 명 낙관주의. ¶Ho otimizmu, nia liu tiha difikuldade. 낙관주의로 그는 난관을 통과했어요.

otorrinolaringologia 명 이비인후과. ¶otorrinu otorrinolaringologia 이비인후과 전문의

⁂**ou** 접 또는. ¶Nia sei kompleta kna'ar to'o aban ou bainrua. 그는 내일 또는 모레까지 일을 끝낼 거예요. 유의 ka.

ourus 명 다이아몬드가 그려진 카드. 이표기 ouru.

*__outonu__ 명 가을. ¶Tanba tinan ida-ne'e outonu badak tebes ha'u sente invernu mai hafoin veraun kedan. 올해 가을은 유난히 짧아서 여름 다음에 바로 겨울이 오는 것 같았다.

***Outubru** 명 시월. 유의 fulan-Outubru, fulan-sanulu.

***ovál** 명 계란형, 타원형. ¶Nia servisu iha sala ovál. 그는 타원형 방에서 일을 해요.

ováriu 형 난소. ¶Nia hetan kankru ováriu. 그녀는 난소에 암이 생겼어요.

O

P

padaria 명 빵집, 제과점. ¶Jose para iha padaria no sosa kék ba parabens loron-moris nian. 조세는 빵집에 들러 생일 축하 케이크를 샀다.

padeiru 명 제빵사, 빵집 주인. ¶Ami gosta sosa paun ne'ebé padeiru halo iha taibesi. 우리는 타이베시에 있는 제빵사가 만든 빵을 사길 좋아해요.

padrastu 명 의붓아버지, 계부. ¶Nia atu hasoru padrastu aban. 그는 내일 의붓아버지를 만날 거예요. 유의 aman-hakiak.

padraun 명 수준. ¶Padraun akademia nian tun hela. 학습 수준이 떨어지고 있어요.

padre 명 신부, 신부님. ¶padre ne'ebé reza hela 기도하는 신부

padre-pároku 명 교구 신부. ¶Ita-nia padre-pároku naran sá? 네 교구 신부님 성함이 뭐야?

padroniza 동 표준화되다. ¶Komisaun espera atu padroniza atividade eskola sira nian iha distritu laran. 위원회는 지역 내에 학교들의 활동이 표준화되길 기대해요.

padronizada 형 여성 표준화된. ¶Feto ne'e halo hela planu kona-ba ezame padronizada. 그 여성은 표준화된 시험에 대한 계획을 세우고 있어요.

padronizadu 형 남성 표준화된. ¶formulariu padronizadu 표준화된 양식

padronizasaun 명 표준화. ¶Fábrika hala'o bazeia ba padronizasaun. 표준화를 기반으로 공장은 움직여요.

padrueira 명 여성 후원자, 수호성인. ¶Ita-nia padrueira naran sá? 후원자의 이름이 뭐예요?

padrueiru 명 남성 후원자, 수호성인. ¶Buka hela padrueiru. 후원자를 모집 중입니다.

paga 명 지불. ¶Nia paga tiha lailais antes kolega. 그는 친구보다 앞서 빨리 지불을 했어요.

pagamentu 명 할부. ¶Ha'u sosa komputadór nu'udár pagamentu fulan-tolu. 나는 컴퓨터를 3개월 할부로 샀다.

pai 명 아빠, 아버지. ¶Pai halimar hela ho oan sira. 아빠는 아이들과 놀고 있다. 유의 aman. 반의 amá, inan.

païs 명 국가, 나라. ¶Ninia país mak Timor-Leste. 그의 나라는 동티모르입니다. 유의 estadu, nasaun, rain, rai.

paixaun 명 열정. ¶Ita-nia paixaun sei hamenus limitasaun. 당신의 열정이 한계를 줄여 줄 거예요. 유의 laran-manas.

paizajen 명 풍경, 풍경화. ¶Nia hasai foto paizajen furak. 그는 아름다운 풍경을 사진에 담았어요.

pájina 명 페이지, 쪽, 면. ¶Favór loke pájina 8. 8쪽 열어 보세요.

Pakistaun 명 파키스탄.

pakote[1] 명 보따리. ¶Iha pakote ne'ebé abó-feto lori mai mina lema butir rua mak iha laran. 할머니가 들고 오신 보따리에는 참기름 두 병이 들어 있었다.

pakote[2] 명 충전한 금액. ¶Nia uza pakote hotu internet nian. 그의 인터넷으로 충전한 금액을 다 썼어요.

palasiu 명 궁. ¶Iha Seoul iha palasiu lima. 서울에는 다섯 개의 궁이 있다.

palatu 명 미각. ¶estimula palatu 미각을 자극하다

palestinu I 명 팔레스타인 주민. ¶Palestinu sira hatais hena. 팔레스타인 주민들은 천을 입어요. II 형 팔레스타인의. ¶Konflitu palestinu iha istória naruk. 팔레스타인 분쟁은 긴 역사를 가지고 있어요.

palestra 명 서류. ¶Nia lori hela palestra ba enkontru. 그는 회의에 서류를 가져가고 있어요.

palku 명 무대. ¶atividade palku 활동 무대

pandemia 명 전염병. ¶prevensaun pandemia 전염병 예방

pangkat 명 계급. ¶Pangkat diferente iha tipu moris diferente. 계급에 따라 삶의 유형도 다르다. 유의 dignidade.

pániku 명 당황. ¶Wainhira problema mosu, la bele pániku. 문제가 생겼을 때 당황을 하지 마라. 이표기 pánik.

panorama 명 전경. ¶Ema iha otél ne'e laran bele haree panorama furak. 그 호텔 안에 있는 사람은 멋진 전경을 볼 수 있어요.

Pante maka'asar 판떼 마까사르. [오에쿠시의 주요 도시] ¶Pante maka'asar sidade boot iha Oe-cusse. 판떼 마까사르는 오에쿠시의 대도시예요.

papa 명 교황. ¶Papa John Paul rua visita tiha Timor-Leste loron 12 Outubru 1989. 교황 요한 바오로 2세는 1989년 10월 12일 동티모르를 방문했어요.

papél 명 역할, 기능. ¶Estudante sira-nia papél importante mak estuda aula iha eskola. 학생들의 중요한 역할은 학교의 수업을 공부하는 거예요.

papelaria 명 문구점. ¶Ha'u sosa kadernu iha papelaria. 나는 문구점에서 공책을 샀다.

papél-ijiéniku 명 화장지. ¶Iha sentina laran, papél-ijiéniku la iha. 화장실 안에 화장지가 없어요. 유의 tesidu.

papu 명 (망고의) 섬유질 부분. ¶Ami han hotu tiha haas isin agora hela papu de'it ona. 우리는 망고를 다 먹고 이젠 섬유질 부분만 남았어요.

papua I 명 파푸아뉴기니 사람. ¶Nia

P

dehan nia ema papua. 그가 파푸아뉴기니 사람이라고 말했어요. 유의 papuan. Ⅱ 형 파푸아뉴기니의. ¶Tourista goza hela klima papua nian. 관광객이 파푸아뉴기니의 날씨를 즐기고 있어요.

Papua-Giné Foun 파푸아뉴기니. 유의 Rai Papua-Giné Foun.

papuan 명 파푸아뉴기니 사람. ¶Horisehik ita hasoru papuan ka? 어제 파푸아뉴기니 사람 만났니? 유의 papua.

* **pár** Ⅰ 명 정장. ¶Nia hakarak hola pár ida. 그는 정장 한 벌을 사고 싶어해요. 유의 fatu. Ⅱ 형 ① 어울리는, 함께 가는. ¶Sapatu ne'e pár loos ho vestidu. 신발이 옷하고 잘 어울려. ② 짝수의. ¶23 mak numeiru pár ka kliik? 23은 짝수니 홀수니?

⁑ **para**[1] 동 멈추다. ¶Karreta para bainhira asu ida mai. 개 한 마리가 다가와서 자동차가 멈췄다.

⁑ **para**[2] 부 매우, 정말. ¶Maria ne'e para bonita. 마리아는 정말 예뻐요.

* **para**[3] 접 ~하기 위해서. ¶Estuda maka'as, para bele hetan valór di'ak. 좋은 점수를 받기 위해서 공부 열심히 하세요. 유의 ba.

* **parabéns** 명 축하. ¶Parabéns ba imi hotu nia susesu. 여러분 모두의 성공에 축하를 보냅니다.

parábola 명 포물선. ¶Labarik ida tuda tiha fatuk ki'ik, no fatuk ne'e semo ho parábola. 한 어린이가 작은 돌을 던졌고 그 돌은 포물선을 그리며 날아요.

paradigma 명 패러다임. ¶Ita bele identifika mudansa pradigma nian iha sosiedade laran? 사회 속에서 패러다임의 변화를 인식할 수 있나요?

para funsiona 고장나다, 기능이 멈추다. ¶Produtu ne'e para funsiona. 이 상품은 고장났다. 유의 aat.

parafuzu 명 나사. ¶Parafuzu ida-ne'e sai kois ona. 이 나사 헐거워졌네.

parágrafu 명 단락, 문단. ¶Nia hakerek tiha istória Timor nian ho parágrafu lima. 그는 동티모르의 역사를 다섯 개 문단으로 썼어요.

paraízu 명 낙원, 천국. ¶Na'i Maromak nia paraízu mak furak liu buat hotu. 하느님의 천국은 어떤 것들보다 멋져요. 유의 lalehan.

paralela 형 여성 평행한. ¶Liña paralela nunka mais hasoru malu. 두 개의 평행한 선은 절대로 만나지 않는다.

paralelas 명 평행봉. ¶Nia fó treinu paralelas atu partisipa iha jogu olimpiku. 그는 올림픽 게임에 참가하기 위해 평행봉 훈련을 해요.

paralelu Ⅰ 명 평행. ¶teoria paralelu universál 우주의 평행 이론 Ⅱ 형 남성 평행한. ¶dalan paralelu 평행한 길

paramate 부 매우. ¶Iha Dili, manas paramate. 딜리는 매우 덥습니다. 유의 fuik. 이표기 para mate.

parámetru 명 한도. ¶Mestre define parámetru numeiru nian ne'ebé estudante bele falta iha aula. 선생님은 학생이 수업에 결석하는 횟수의 한도를 정했어요.

paranormál 형 초자연적인, 불가사의한. ¶Sé mak bele fiar istória paranormál?

누가 불가사의한 이야기를 믿을까요?

parazita Ⅰ 명 기생충. ¶Iha ema nia isin laran, parazita hela. 인간의 몸안에 기생충이 살아요. Ⅱ 형 기생충에 의한. ¶Nia mosu moras parazita. 그는 기생충에 의한 병이 생겼어요.

parede 명 블록으로 만든 벽, 블록 벽. ¶Parede ne'e la aas entaun nia bele haksoit ona. 블록 벽이 높지 않아서 그는 뛰어넘을 수 있었다. 유의 moru. 이표기 paredi.

parente 명 친척. ¶Ema ne'ebá ninia parente. 저기 있는 사람이 그의 친척이에요. 유의 maluk. 이표기 parenti.

parénteze 명 괄호. ¶Favor hakerek ita-nia naran iha parénteze laran. 이름을 괄호 안에 쓰세요.

***parese** Ⅰ 동 ~인 것 같다, ~ 보이다. ¶Nia parese kontente. 그는 행복해 보여요. Ⅱ 부 아마도, 보아하니. ¶Nia parese hotu ona. 아마도 그는 다 끝냈을 거예요.

***pari** 명 날치. ¶Nia gosta hasai foto pari. 그는 날치 사진 찍기를 좋아해요. 유의 ikan-pari.

París 명 파리. [프랑스의 수도] ¶Bainhira mak ha'u bele ba haree París? 언제 나는 파리를 보러 갈 수 있을까?

parlamentár Ⅰ 명 국회 의원. ¶Parlamentár liu tiha ona proposta osamentu tinan foun. 국회 의원은 신년 예산안을 통과시켰어요. 유의 kongresista. Ⅱ 형 의회의, 의회가 있는. ¶Povu hein katak atividade lejizlasaun parlamentár nian iha tempu nesesidade. 국민은 필요한 시기에 의회의 입법 활동을 기대해요.

***parlamentu** 명 의회. ¶Eleisaun parlamentu besik atu mai. 의회 선거가 곧 다가온다. 유의 asembleia.

parókia 명 교구. ¶Saida mak ami-nia parókia naran? 우리 교구 이름이 뭐예요?

parokiál 형 교구의. ¶Iha ne'e igreja parokiál iha fiar-na'in barak. 이 교구의 교회는 신도 수가 많아요.

parokianu 명 교구 주민. ¶Ha'u-nia familia parokianu Motael nian. 우리 가족은 모타엘의 교구 주민이에요.

pároku 명 교구 신부. ¶Ami-nia pároku mak Padre Mateus. 우리의 교구 신부님은 마테우스예요.

***parsiál** 형 부분적인, 불완전한, 편향된. ¶Kona-ba pergunta, ninia resposta ne'ebé parsiál. 질문에 대한 그의 응답은 편향되었어요.

*****parte** 명 부분. ¶Ida-ne'e mak parte ne'ebé importante ba mákina ida-ne'e. 이것이 이 기계의 핵심적인 부분이다. 유의 balun, sorin.

****parteira** 명 산파, 조산사. ¶Parteira tulun hela inan-isin rua. 산파는 임산부를 돕고 있어요.

partida 명 대항. ¶Aban loron nasionál jogu tebe-bola partida ho Japaun. 내일은 일본과의 국가 대항 축구 경기가 열리는 날이다.

partidáriu Ⅰ 명 열렬한 지지자. ¶Nia sai partidáriu ba lider foun. 그는 새 정치 지도자의 열렬한 지지자가 되었다. Ⅱ 형 편파적인, 당파적인. ¶Jornál partidáriu

P

bain-bain ami bele hetan fasil. 편파적인 신문은 흔해서 우리는 쉽게 발견할 수 있어요.

partidaso 명 좋은 인연, 짝, 배필. ¶Maria hasoru mane balun maibé seidauk hetan ninia partidaso favoritu. 마리아는 몇몇 남자를 만나 보았지만 마음에 드는 배필을 아직 찾지 못했다.

* **partidu** 명 당, 정당. ¶Uluk numeiru partidu barak tebes iha Timor-Leste. 예전에 동티모르에 정당의 수가 무척 많았어요.

partíkula 명 조사, 토. ¶Sira estuda hela partíkula lian Korea nian. 그들은 한국어의 조사를 공부하고 있어요.

** **partikulár** 형 ①사적인, 개인적인. ¶Ne'e la'ós karreta partikulár, ne'e karreta estadu nian. 이건 사적인 차량이 아니고 정부의 차량이에요. 유의 privadu. ②특별한. ¶Esforsu partikulár halo rezultadu partikulár. 특별한 노력이 특별한 결과를 만든다. 유의 espesiál.

** **partikulares** 명 상세, 세부 사항, 명세. ¶Nia halo tiha planu ho partikulares. 그는 세부 사항을 포함한 계획을 세웠어요. 유의 detalle.

*** **partisipa** 동 ①알리다, 통지하다, 공지하다. ¶Nia partisipa tiha kona-ba ezame semana oinmai. 그는 다음주의 시험에 대해서 공지했어요. ②참가하다. ¶Nia partisipa hela iha seminári. 그는 세미나에 참가하고 있어요. 유의 hola parte.

** **partisipante** 명 참가자. ¶Partisipante iha aula lian Korea sai boot liu. 한국어 수업에 참가자가 많아졌어요.

** **partisipasaun** 명 참가. ¶Iha festa kazamentu laran, partisipasaun familia nian importante tebes. 결혼식 파티는 가족의 참가가 무척 중요합니다.

** **partrimóniu** 명 세습 재산, 유산. ¶Karreta estudu la'ós partrimóniu nian. 정부 차량은 세습 재산이 아닙니다.

** **partu** 명 분만, 출산, 해산. ¶Nia tama hela sala partu. 그는 분만실로 들어가고 있다.

** **pás** 명 평화. ¶Sira haka'as an atu mantén pás. 그들은 평화를 지키기 위해 노력했다. 유의 dame, damen.

*** **pasa** 동 ①(시간을) 보내다. ¶Nia pasa hela ho hemu kafé. 그는 커피를 마시면서 시간을 보내고 있어요. 유의 gasta. ②전달하다. ¶Nia pasa tiha buat informasaun ruma ba ema ida. 그는 어떤 정보 같은 걸 한 사람에게 전달했어요. 유의 hato'o. ③치료되다. ¶Moras iha ain pasa tiha ona. 다리에 통증이 치료되었어요.

pasadeira[1] 명 카펫을 나르는 사람. ¶Ami presiza tapete foun, bolu pasadeira. 새 카펫이 필요하다, 카펫을 나르는 사람을 불러라.

pasadeira[2] 명 다리미질하는 여자. ¶Ha'u hakarak estrika faru, bolu pasadeira. 상의를 다리고 싶은데 다리미질하는 여자를 불러라.

*** **pasadu** Ⅰ 명 과거. ¶Uluk nia nakar-teen loos maibé ida-ne'e ninia pasadu, la'ós prezente. 예전에 그는 심한 장난꾸러기였지만 이는 그의 과거일 뿐 현재는 아니다. 반의 aban-bainrua, futuru. Ⅱ 형 과거의. ¶Relasaun iha entre hahalok pasadu no rezultadu prezente. 과거의 행동과 현재의 결과에는 관계가 있습니다. 반의 futuru.

*__pasajeiru__ Ⅰ명 보행자. Ⅱ형 지나는, 순식간의, 잠깐의. ¶Kona-ba festa, hanoin pasajeiru pasa nia. 파티에 대한 잠깐의 생각이 그를 지나갔어요.

pasajen 명 통행, 통로. ¶pasajen segredu rai-okos nian 지하 비밀 통로

*__pasaporte__ 명 여권. ¶Pasaporte Timor nian ita tenke prepara antes bá Korea. 한국에 가기 전에 동티모르 여권을 반드시 준비해야 합니다.

pasatempu 명 취미, 놀이. ¶Nia gosta pasatempu ba tasi-ibun. 그는 해안에 가는 취미를 좋아해요.

*__pasiar__ Ⅰ명 산책. ¶Pasiar hafoin han almosu di'ak ba ita-nia saúde. 점심 식사 후의 산책은 우리들의 건강에 좋아요. Ⅱ동 산책을 하다. ¶Membru familia sira pasiar kada findesemana. 우리 가족은 매주 산책을 합니다.

*__pasiénsia__ 명 참을성, 인내력. ¶Pasiénsia bele'e manán buat hotu. 참을성이 모든 것을 이길 수 있어요.

*__pasiente__[1] 명 환자. ¶Ema ruma moras liu iha ospitál porké pasiente sira. 몇몇 사람은 병원에서 환자들로 인해 더 아파지기도 해요. 유의 ema-moras.

*__pasiente__[2] 형 참을성 있는. ¶Ninia hahalok pasiente kona kolega sira. 그의 참을성 있는 행동이 친구들을 감동시켰어요. 이표기 pasiénsia.

Pásifiku 명 태평양. ¶Pásifiku mak tasi boot liu hotu iha mundu. 태평양은 세계에서 가장 큰 바다입니다. 유의 Oseanu-Pásifiku.

pasiva 형 여성 수동적인. ¶Maria halo hela asaun pasiva iha grupu laran. 마리아는 그룹 안에서 수동적인 행동을 하고 있어요.

pasivu[1] Ⅰ형 남성 수동적인. ¶Jose hakarak atu muda ninia karater pasivu. 조세는 자신의 수동적인 성격을 고치고 싶어해요.

pasivu[2] Ⅰ명 부채, 빚. ¶Kompañia hetan pasivu tanba investumentu sala. 회사는 잘못된 투자로 인해 부채가 생겼다.

paskál 형 부활절의. ¶Semana oin eventu paskál mak iha. 다음주에는 부활절의 행사가 있어요.

Páskua 명 부활절. ¶Iha loron Páskua, ita atu bá igreja ne'ebé? 부활절에 어느 성당에 가려 하니?

*__passa__ 동 돌리다. ¶Ami lee livru ida passa ba malu. 우리는 책 한 권을 돌려 읽었다.

*__pasta__ 명 가방. ¶Sé-nia pasta mak ne'e? 이 가방은 누구 것이지요? 유의 ai-balun, bolsa, bornál.

*__pasta-nehan__ 명 치약. ¶Nia buti ona pasta-nehan atu kose nehan. 그는 칫솔질을 하기 위해 치약을 짰습니다. 유의 dentifrísiu.

*__pastór__ 명 ①양치기, 목부. ¶Bibi muda lailais, bainhira pastór mai. 양치기가 오니 양들이 빨리 움직여요. 유의 bibi-atan. ②목사. ¶Nia pastór husi Korea. 그는 한국에서 온 목사예요.

P

pastorál 형 목회자의. ¶Kna'ar pastorál barak inklui ajuda ba ema kiak no moras sira. 목회자는 빈자와 아픈 자를 돕는 것을 포함해서 역할이 많아요.

pasu 명 걸음. ¶Ninia pasu maka lailais tebes. 그의 걸음이 무척 빨라요.

patarata Ⅰ 명 영민함. ¶Ita bele sente patarata wainhira ita haree nia horisehik ka? 어제 그를 만났을 때 영민함을 보았니? Ⅱ 형 말쑥한, 늠름한, 영리한, 헛된. ¶Nia aprende lailais, ema patarata tebes. 그는 빨리 배워, 매우 영리한 사람이야.

*__pateka__ 명 수박. ¶Bele hola pateka midar ka? 단 수박 좀 살 수 있어요?

patina 동 스케이트를 타다. ¶José joga patina tiha ona durante tempu invernu. 조세는 겨울 동안에 스케이트를 탔습니다.

*__patraun__ 명 자본가, 사장. ¶Dezenvolvimentu ekonómiku presiza patraun barak. 경제 개발에는 자본가가 많이 필요하다. 반의 asuliar.

*__pátria__ 명 조국. ¶Timor ami-nia pátria laiha tan seluk. 동티모르는 유일한 우리의 조국이에요.

patriarka 명 가장, 가부장. ¶Sistema patriarka barak iha Timor-Leste maibé la'ós fatin hotu. 동티모르에 가부장 제도가 많이 있지만 모든 지역에서는 아니에요.

patriota 명 애국자. ¶Povu konsidera nia nu'udár patriota. 국민은 그를 애국자로 여겨요.

patriotizmu 명 애국, 애국주의. ¶Ita boot iha patriotizmu ka? 당신은 애국주의를 갖고 있습니까?

patu 명 오리. ¶Nia gosta hakiak patu. 그는 오리를 기르길 좋아해요. 유의 manu-rade, rade.

*__paun__ 명 빵. ¶Paun ida-ne'e midar tebes. 이 빵은 무척 달아요. 유의 bolu.

*__paun-fuan__ 명 빵 덩어리. ¶Nia han tiha paun-fuan ida de'it. 그는 빵 덩어리 하나만 먹었어요.

*__paus__ 명 클럽, 클로버. [까만 클로버 잎이 그려진 카드] ¶Nia haree katak paus lori sorte. 그는 까만 클로버 카드가 행운을 가져온다 생각한다.

*__pauta__[1] 명 줄. ¶Favór hakerek iha pauta leten iha nota nia laran, wainhira ita hakerek. 글을 쓸 때 공책에 있는 줄 위에 쓰세요.

*__pauta__[2] 명 관세. ¶selu pauta 관세를 내다

*__pauza__ 명 멈춤, 휴식. ¶Nia goza pauza iha kadeira. 그는 의자에서 휴식을 즐겨요.

*__pauziñu__ 명 롤빵. ¶Saida mak ita gosta liu entre pauziñu no paun? 롤빵과 빵 중에 뭘 더 좋아합니까?

pé 명 알파벳 P의 이름.

*__pedagojia__ 명 교육학, 교육. ¶Nia espesialista kona-ba pedagojia. 그는 교육 전문가예요.

*__pedagójiku__ 형 교육의, 교육학의. ¶Nia prepara tiha ona koñesimentu kona-ba métodu pedagójiku. 그는 교육학의 방법에 대한 지식을 준비했어요.

*__pedasuk__ 명 조각. ¶pizza pedasuk ida 피자 한 조각 유의 baluk.

pediatria 명 소아과. ¶Alin bá ona pediatria tanba isin manas. 동생이 열이 나서 소아과에 갔다.

pedidu 명 요청, 진정, 탄원, 신청. ¶Nia prepara hela pedidu kona-ba korrupsaun. 그는 부정부패에 대한 탄원을 준비하고 있어요. 유의 hahusuk.

pedreiru 명 채석장. ¶Kompañia ida atu harii pedreiru iha foho laran. 한 회사는 산 안에 채석장을 세우려 해요.

pega 명 까치. ¶Haree pega tanis, ita sei iha bainaka di'ak sei mai. 까치가 우는 걸 보니 오늘 반가운 손님이 오겠네.

pekadu 명 죄, 죄악, 원죄. ¶Ita boot konfirma tiha ona ita-nia pekadu ka? 당신의 죄를 확인했나요? 유의 sala.

Pekín 명 북경. ¶Nia atu partisipa iha semináriu iha Pekín. 그는 북경에서 세미나에 참석하려 해요.

pelumenus 부 적어도, 최소한. ¶Pelumenus nia tenke hetan servisu. 적어도 그는 일을 찾아야만 해요.

***penál** 형 처벌의, 형벌의. ¶Kona-ba soe lixu métodu penál saida? 쓰레기 버리는 것에 대한 처벌 방법은 뭐예요?

***penalidade** 명 처벌, 형벌. ¶Governu fó tiha ona penalidade kriminozu. 정부는 범죄자에게 처벌을 가했어요.

***pénalti** 명 벌칙, 페널티. ¶Nia simu pénalti durante jogu futeból. 그는 축구 게임 동안 벌칙을 받았어요. 이표기 penalti.

pendente 형 미정인, 계류 중인. ¶Iha tribunál Dili, kaju tolu sei pendente. 딜리 법원에는 아직 세 건의 사건이 계류 중이다.

penis 명 음경, 남근. ¶penis karrau nian 소의 음경 유의 lasan.

***peniténsia** 명 속죄, 고행. ¶Nia reza no halo peniténsia hamutuk. 그는 기도와 속죄를 함께 해요.

***penitente** 명 회개하는 사람. ¶Penitente ne'e reza hela ho matan-been been. 회개하는 사람이 눈물을 흘리며 기도하고 있어요.

***peñór** 명 담보, 저당, 담보물. ¶Ohin nia lori peñór, no simu osan. 아까 그는 담보물을 가져오고 돈을 받았어요.

pensaun 명 식사를 제공하는 하숙, 펜션. ¶Oinsá ami bele hetan pensaun? 어떻게 펜션을 찾을 수 있을까?

pensionista 명 기숙사생, 하숙인. ¶Nia estuda hela iha universidade Koreanu nu'udár pensionista. 그는 한국 대학에서 기숙사생으로서 공부하고 있어요.

Pentekostes 명 성령 강림절, 부활절 뒤 7 번째 일요일. ¶Igreja katóliku atu selebra loron Pentekostes. 성당은 부활절 뒤 7 번째 일요일을 기념하려 해요.

***penúltimu** 형 끝에서 두 번째의. ¶Ohin ami estuda estapa penúltimu iha semestre ida-ne'e. 오늘 우리는 이번 학기에 끝에서 두 번째 단계를 공부했어요.

***pepinu** 명 오이. ¶foti pepinu 오이를 따다

***pera** 명 배. ¶Ha'u gosta liu pera entre ai-fuan sira. 나는 과일 중에서 배를 가장 좋아한다.

Perancis 명 프랑스. 유의 Fransa.

***perdaun** 명 용서. ¶Fó perdaun ba

P

kolega ne'ebé halo sala. 잘못한 친구에게 용서를 해 줘라. ㊌ perdua.

perdoa 동 용서하다. ¶Nia perdoa ona ninia inimigu. 그는 원수를 용서했어요. ㊌ kasu, perdua.

***perdua** Ⅰ 명 용서. ¶husu perdua 용서를 구하다 ㊌ perdaun. Ⅱ 동 용서하다. ¶Ha'u perdua kolega nia sala ho laran lu'ak. 나는 친구의 실수를 너그럽게 용서했다. ㊌ kasu, perdoa.

peregrinasaun 명 순례, 성지 참배. ¶Ema barak partisipa iha peregrinasaun. 많은 사람들이 성지 참배에 참가하고 있어요.

***perfeisaun** 명 완벽. ¶Ami buka perfeisaun kontra buat-hotu. 우리는 모든 일에 완벽을 추구합니다.

***perfeitu** 형 완벽한. ¶Ema hotu moris iha mundu la perfeitu. 세상에 모든 사람이 완벽하진 않아요.

perfíl 명 개요, 프로필. ¶Jornál husu ninia perfíl ba entrevista. 인터뷰를 위해서 신문사는 그의 프로필을 요구했다.

***performansia** 명 연주. ¶Ha'u haree hela nia pianu performansia. 그의 피아노 연주를 보고 있어요.

***perfumadór** 명 석유 버너. ¶Agora eletrisidade mate. Ita iha perfumadór ka? 지금 전기 끊겼다. 석유 버너 있니?

***perfume** 명 향수, 향내. ¶Ita bele horon ha'u-nia perfume? 내 향수 향기 나요?

***pergunta** 명 질문. ¶Se imi iha pergunta, husu ha'u agora. 질문 있는 사람은 지금 물어보세요. ㊌ lia-husu.

***periferia** 명 둘레, 주변, 주위. ¶Ami halo lutu periferia uma. 우리는 집의 둘레에 담을 만들었다.

***perigozu** 형 위험한. ¶Saida mak dezafiu perigozu? 위험한 도전이란 무엇인가?

***perigu** 명 위험. ¶La bele la'o kalan, perigu tebes. 위험이 크니까 밤에 돌아다니지 마.

perímetru 명 주위, 둘레. ¶Nia sukat hela perímetru edifísiu ida-ne'e nian. 그는 이 건물의 둘레를 재고 있어요.

periódiku Ⅰ 명 정기 간행물, 잡지. ¶Ninia kantor simu periódiku fulafulan. 그의 사무실은 매달 정기 간행물을 받아요. Ⅱ 형 주기적인. ¶Ezersíziu periódiku halo nia saudavel. 주기적인 운동이 그를 건강하게 해요.

***periódu** 명 기간. ¶Formasaun kapás presiza periódu naruk. 탁월한 훈련은 긴 기간을 필요로 해요. ㊌ rai, termu. 이표기 periodu.

***peritu** Ⅰ 명 전문가. ¶Universidade konvida peritu sira ba edukasaun di'ak liu. 대학은 더 나은 교육을 위해 전문가들을 초대한다. ㊌ matenek-na'in. Ⅱ 형 능숙한. ¶Ita hatene enjeñeiru peritu atu hadi'a karreta ka? 자동차 수리에 능숙한 기술자를 아나요? ㊌ enjeñozu, jeitu, kompetente. 반의 elementár.

***permanénsia** 명 영구성, 영속성. ¶Sira sei ko'alia hela kona-ba permanénsia domin nian. 그들은 사랑의 영속성에 대해서 아직 말하고 있어요.

***permanente** Ⅰ 명 파마. Ⅱ 형 영구적인. ¶Oinsá ami bele halo dame

permanente? 영구적인 평화를 어떻게 만들 수 있는가?

***permisaun** 명 허가, 승인. ¶Hodi tama Timor-Leste, tourista husi nasaun liur la presiza permisaun anteriór. 동티모르 입국을 위해서 해외 관광객은 사전 허가가 필요하지 않아요.

***persege** 동 박해하다, 귀찮게 하다, 못살게 굴다. ¶Keta persege alin lai. 동생 좀 못살게 굴지 마라.

persegidór 명 박해자. ¶Misionáriu ne'e maka terus hela husi persegidór. 그 선교사는 박해자에 의해 고통받고 있다.

persegisaun 명 박해, 학대, 괴롭힘. ¶persegisaun sobre relijiaun 종교에 대한 박해

***persentajen** 명 백분율, 비율, 퍼센트. ¶Prinsípiu Pareto haree katak maizumenus roughly persentajen 80 effects nian liu husi percentatjen 20 nian. 파레토의 법칙은 대략 20퍼센트가 80퍼센트의 결과를 낸다고 생각해요.

***persepsaun** 명 지각, 자각. ¶Ami la presiza persepsaun kona-ba realidade? 우리는 현실에 대한 자각이 필요치 않습니까?

***perseptivel** 형 감지할 수 있는, 인지할 수 있는. ¶Nasaun dezemvolvu ona entaun mudansa perseptivel saida? 국가가 발전을 감지할 수 있는 변화가 뭐지요?

***persistentemente** 부 집요하게, 끊임없이. ¶Apá persistentemente litik katak ami tenke hola uma ne'e. 아빠는 우리가 그 집을 사야 한다고 집요하게 주장한다.

persiza 형 필요한. ¶Nia persiza tebes servisu. 그는 일이 정말 필요해요. 유의 presiza.

***personajen** 명 저명인사, 유명인. ¶Nia iha personajen ne'ebé famozu tebes iha mundu tomak. 동티모르는 작은 나라지만 세계적인 저명인사들이 있어요.

***personalidade** 명 성격, 인격, 인품. ¶Agora personalidade mós kompeténsia. 이제 인격도 역량입니다.

***perspektiva** 명 관점, 시각. ¶Ho perspektiva ita-nia, mai halo diskusaun kona-ba asuntu urjente. 당신의 관점과 함께 긴급한 쟁점에 대해 토론해 봅시다.

perspetiva 명 시각. ¶ema boot sira nia mundu ne'ebé haree husi labarik nia perspetiva. 어린아이의 시각에서 본 어른들의 세계.

persuasaun 명 설득. ¶Iha doutór nia persuasaun persistente finál, ami fiar nia deside uza tratamentu. 나는 의사의 끈질긴 설득 끝에 그를 믿고 치료를 하기로 결정했어요.

pertandingan 명 시합, 토너먼트. ¶hahú pertandingan bola 축구 시합을 벌이다 유의 torneiu.

***pertense** 동 속하다, 소속감을 느끼다. ¶Ha'u ema indivuál ne'ebé pertense organizasaun. 저는 조직에 속해 있는 개인입니다.

perú[1] 명 칠면조. ¶Ita han perú gostu ka? 칠면조 고기가 맛있나요? 유의 manu-perú.

Perú[2] 명 페루. 유의 rai-Perú.

*__pesimista__ Ⅰ명 비관주의자. ¶Normalmente ema la'ós pesimista kona-ninia pasadu. 보통 사람은 자신의 과거에 대해서 비관주의자가 아니에요. Ⅱ형 비관적인. ¶Entre perspektiva pesimista no perspektiva otimista, ita hakarak hili saida? 비관적인 관점과 낙관적인 관점 사이에 무얼 택하고 싶나요?

__pesimizmu__ 명 비관. ¶Ha'u sei halo di'ak la ho pesimizmu no otimizmu kona-ba servisu ne'e. 이 일에 대해 저는 비관도 낙관도 하지 않고 최선을 다할 생각입니다.

*__peska__ 동 낚시하다. ¶Nia peska loroloron. 그는 매일 낚시해요. 유의 dai-ikan, kail.

*__peskadór__ 명 어부, 낚시꾼. ¶Nia hela besik tasi-ibun, mabé la'ós peskadór. 그는 해변 근처에 살지만 어부는 아니에요. 유의 kail-ikan na'in.

*__peskiza__ Ⅰ명 연구. ¶Ensinu no peskiza funsaun rua universidade nian. 교육과 연구는 대학의 두 기능이에요. 유의 peskiza. Ⅱ동 조사하다, 연구하다. ¶Polísia sira halo peskiza hela kona-ba korrupsaun. 경찰은 부패에 대해서 조사하고 있어요.

*__peskizadór__ 명 수사관, 조사관. ¶Nia servisu nu'udár peskizadór iha PNTL. 그는 동티모르 국립 경찰에서 수사관으로 일해요.

__peskizasaun__ 명 연구. ¶Ema ne'ebé halo peskizasaun konsentra hela bá experimentu no peskizasaun ho la toba iha kalan hirak ne'e. 연구원들은 며칠 밤을 새우며 실험과 연구에 몰두하고 있다.

*__pesoa__ 명 사람, 인간. ¶Pesoa depende malu. 인간은 서로 의존한다.

*__pesoál__ Ⅰ명 개인. ¶Pesoál ida-idak nian desizaun iha polítika ne'e kria demokrasia. 각 개인의 정치적 결정이 민주주의를 이룬다. 유의 indivíduu. 반의 ema-lubuk. Ⅱ형 개인의, 개인적인. ¶momentu esforsu pesoál hasolu oportunidade sosiál 개인의 노력과 사회적 기회가 만나는 순간

__petinju__ 명 권투 선수. ¶Petinju ne'e iha mentalidade forte. 그 권투 선수는 강인한 정신력을 지녔습니다. 유의 bokseur.

*__petisaun__ 명 요청, 신청, 진정, 탄원. ¶Nia halo petisaun kontra korrupsaun. 부패에 반대하여 탄원을 하다. 유의 rekerimentu.

*__petróleu__ 명 석유, 기름. ¶Presu petróleu sei aas iha fulan oinmai. 다음 달엔 석유의 가격이 오를 거예요.

*__piada__ 명 우스개, 농담. ¶Nia gosta ko'alia liafuan piada de'it. 그는 그냥 농담을 하길 좋아해요. 이표기 piadas.

__pianu__ 명 피아노. ¶Nia gosta halimar pianu. 그는 피아노 치는 것을 좋아해요.

__piedade__ 명 경건함, 독실함. ¶Sira reza hela ho piedade. 그들은 경건함으로 기도하고 있어요.

__pigmentu__ 명 색소. ¶Depende pigmentu ai-fuan nian, ninia nutrisaun la deperente. 과일의 색소에 따라 영양분이 달라요.

*__pika__ 동 조각하다. ¶Nia pika hela eroi

ulun. 그는 영웅의 머리를 조각하고 있어요. ㊀유의 bahat.

pikenike 명 도시락. ¶Ha'u han pikenike ho kolega sira kompañia nian. 나는 회사 동료들과 함께 도시락을 먹었다.

* **pikete**[1] 명 피켓. ¶Polísia kaer ema na'in lima ho pikete. 경찰은 피켓을 든 5명을 체포했어요.

* **pikete**[2] 명 경비원. ¶Pikete na'in ida servisu hela iha ordamatan. 현관에 한 명의 경비원이 일하고 있어요.

* **pikete**[3] 명 반, 분대. ¶Polísia pikete ida atu bá parlamentu. 경찰 1개 분대가 의회로 가려고 해요.

* **piknik** 명 소풍. ¶Labarik sira hotu haksolok kona-ba bá piknik aban. 내일 소풍을 간다는 사실에 아이들은 모두 들떠 있었다.

* **pilla** 명 건전지, 배터리. ¶Pilla ida-ne'e dura oras hira? 이 건전지는 몇 시간 지속되나요? 유의 bateria. 이표기 pilha.

* **pilot** 명 조종사, 비행사. ¶formasaun pilot 조종사 훈련 유의 pilotu.

* **pilota** 동 조종하다, 운전하다. ¶Pilotu pilota aviaun di'ak. 비행사는 비행기를 잘 운전해요.

* **pilotu** 명 조종사, 비행사. ¶Pilotu sai kole loos liu husi semo naruk. 오랜 비행으로 비행사가 무척 피곤해졌어요. 유의 pilot.

* **pimenta** 명 후추. ¶Uza pimenta ba na'an karrau. 쇠고기에 후추 좀 사용해.

* **pinguín** 명 펭귄. ¶Ita bele deskreve pinguín ka? 펭귄을 묘사해 볼래요?

pinsa 명 핀셋. ¶Nia foti osan-besi ida uza pinsa. 그는 핀셋을 사용해서 동전을 집었습니다.

pinsél 명 붓, 솔. ¶Nia uza pinsél atu pinta la'en. 그녀는 남편을 그리기 위해 붓을 사용해요.

pinta 동 칠하다, 염색하다. ¶Favór pinta iha kabuar laran de'it. 원형 안에만 칠하세요.

pintór 명 도장공, 칠장이. ¶Nia buka hela pintór na'in rua. 그는 두 명의 도장공을 찾고 있어요.

pintura 명 그림, 그리기. ¶Favór halo pintura kona-ba imi-nia moris tinan 10 oinmai. 10년 뒤에 여러분의 삶을 그려 보세요.

pintura-ain 명 발자국. ¶pintura-ain iha neve leten 눈 위의 발자국 유의 ain-fatin.

pioneira 명 개척. ¶pioneira rai estragu 황무지 개척

pioneiru 명 개척자, 선구자. ¶Foin-sa'e Timor-oan imi espíritu pioneiru iha ka la'e? 동티모르 청년 여러분 개척자 정신을 가지고 있습니까?

pionés 명 압정. ¶Nia uza pionés atu sokar postura iha odamatan. 그는 문에 포스터를 고정시키기 위해 압정을 사용해요. 이표기 pioneze.

pirámede 명 피라미드. ¶Nia hakarak halo edifisu estilu pirámede nian. 그는 피라미드 형식의 건물을 짓고 싶어해요.

* **piska** 부 깜박. ¶Ahi sala visita lakan piska dala barak mak ahi mate tiha. 거실 전등이 여러 번 깜박 명멸하다가 불이 나갔다.

P

***piskalera** 명 지퍼. ¶loke pasta nia piskalera 가방의 지퍼를 열다

piska-matan 동 윙크하다, 깜빡거리다. ¶Nia piska-matan tiha ona Maria. 그는 마리아에게 윙크했어요.

piskapiska 명 말의 눈가리개. ¶Nia la hatais piskapiska huda ida-ne'e, no sa'e de'it. 그는 말의 눈가리개를 씌우지 않고 그냥 타요.

pistola 명 권총, 피스톨. ¶Nia lori pistola iha nia pasta laran. 그는 가방 안에 권총을 가지고 다녀요.

pistoleiru 명 총기 소지자. ¶Polísia kaer pistoleiru na'in rua. 경찰은 총기 소지자 두 명을 체포했어요.

***pixina** 명 수영장. ¶Otél ne'e nia pixina di'ak ka? 그 호텔의 수영장이 좋나요?

***plaka** 명 번호판. ¶Ita-nia karreta iha plaka? 네 자동차에 번호판 있지?

***planaltu** 명 고원, 대지. ¶Ita hatene planaltu besik husi iha ne'e? 여기에서 가까운 고원을 아나요?

***planeadu** 형 계획적인. ¶Nia planeadu no uza tékniku krime ne'ebé metikulozu. 그는 계획적이어서, 치밀한 범죄 수법을 사용했다.

***planeamentu** 명 계획. ¶halo planeamentu 계획을 세우다 유의 planu.

***planeia** 동 계획하다. ¶Mestre planeia hela aula semana oin. 선생님은 다음주 수업을 계획하고 있어요. 유의 eskematiza, planifika, programa.

planeta 명 행성. ¶Se bele, esplika karakterístika kona-ba rai nu'udár planeta? 가능하다면 행성으로서 지구의 특징을 설명해 줄래?

***planifika** 동 계획하다. ¶Feen-la'en ne'e mak planifika hela kona-ba detalle periodu tinan 10. 부부는 10년간의 활동에 대해서 정교하게 계획하고 있어요. 유의 eskematiza, planeia, programa.

***planta** 명 식물. ¶Nia kuda planta iha ne'e. 그는 여기에 식물을 심어요.

***plantasaun** 명 농장, 조림지. ¶Ita la presiza fertiliza ai-horis ne'ebé iha plantasaun laran. 농장에 있는 식물에 비료를 줄 필요가 없어요.

***planu** 명 계획. ¶planu anuál kona-ba rekrutamentu 신규 채용 계획 유의 planeamentu.

***plástiku** Ⅰ 명 플라스틱, 비닐봉지. ¶Nia hamoos plástiku barak ne'ebé povu soe arbiru. 그는 사람들이 아무 생각 없이 버린 많은 비닐봉지를 청소해요. Ⅱ 형 플라스틱의, 비닐봉지의. ¶Normalmente povu gosta conveniénsia plástiku. 보통 사람들은 비닐봉지의 편리함을 좋아해요.

***plataforma** 명 플랫폼, 기반, 승강장. ¶Sira hein kolega iha plataforma. 그들은 승강장에서 친구를 기다려요.

***plenáriu** 형 총회의. ¶Konferensia remata ho debate plenáriu iha PN. 회의는 의회에서의 총회의 토론과 함께 마무리되었어요.

plurál Ⅰ 명 복수, 복수형. ¶Kolega nia plurál nian kolega sira. 친구의 복수형은 친구들이에요. Ⅱ 형 복수형의. ¶Sira estuda hela liafuan plurál iha lian Korea. 그들은 한국어의 복수형 단어를

공부하고 있어요.

Plutaun 명 명왕성. ¶Planeta Plutaun deskobre iha tinan 1930. 명왕성은 1930년에 발견되었어요.

*pobreza** 명 빈곤. ¶To'o agora, problema pobreza kontinua hela iha mundu. 지금까지 세계의 빈곤 문제는 계속되고 있어요. 유의 kiak.

*podér** 명 힘, 권력, 무력. ¶Nia podér polítiku mak maka'as. 그의 정치적인 힘은 강력해요. 유의 beran.

poema 명 장편 시, 서사시. ¶Maria hakerek tiha ona poema ne'ebé naruk tebes. 마리아는 매우 긴 장편 시를 썼다.

poeta 명 시인. ¶Nia hakarak sai poeta. 그는 시인이 되고 싶어해요.

poezia 명 시, 시가. ¶Nia aprezenta primeiru ninia poezia iha kompetisaun UNTL nian. 그는 동티모르국립대 대회에서 시를 제일 먼저 발표했어요.

pois 감 정말, 확실히, 당연히. ¶Horisehik nia hirus pois. 어제 그는 정말 화가 났다.

poligamia 명 일부다처제. ¶Poligamia sei iha mundu. 일부다처제가 아직 세상에 있어요.

polinézia 명 폴리네시아인. ¶Ema dehan katak mariñeiru sai polinézia. 사람들은 선원들이 폴리네시아인이 되었다고 말한다.

polinéziu 형 폴리네시아의. ¶Nia atu bá han iha restaurante polinéziu. 그는 폴리네시아의 식당에서 식사했어요.

*polísia** 명 경찰. ¶Nia servisu nu'udár polísia. 그는 경찰로서 일해요.

*politéknika** 명 과학 · 기술 전문학교. ¶Estudante politéknika sira hotu aprende kona-ba komputadór. 과학 · 기술 전문학교 학생들은 모두 컴퓨터에 대해 학습을 해요.

*política** 명 정치, 정책. ¶Nia interese tebes kompriende kona-ba política iha UNTL. 그는 동티모르국립대에서 정책에 대해 이해하는 데 흥미가 있어요.

*polítiku** Ⅰ 명 정치인. ¶Nu'udár ema polítiku ida nia hatene oinsá atu manipula opiniaun publiku nian. 정치인으로서의 여론 운영 방법을 알고 있어요. Ⅱ 형 ①정치적인. ¶Estabilidade ekonomiku no polítiku maka prioridade tebes iha nasaun ida. 경제적, 정치적인 안정은 한 국가의 최우선순위예요. ②술수가 뛰어난, 교활한. ¶Nia polítiku maibé ha'u hakarak halo nia maus tiha. 그는 교활하지만 나는 그를 얌전하게 길들이고 싶어요.

politiza 동 정치 이슈화하다. ¶Nia politiza korrupsaun nu'udár asuntu urjente. 그는 부정부패를 긴급한 쟁점으로 정치 이슈화했어요.

Polónia 명 폴란드.

*poluisaun** 명 공해, 오염. ¶Ema barak tenke buka alternativu atu hapara poluisaun. 많은 사람들이 공해를 멈추게 할 대안을 찾고 있어요.

*Polu-norte** 명 북극. ¶rai Polu-norte 북극 땅

*Polu-súl** 명 남극. ¶rai Polu-súl 남극 땅

pombu 명 비둘기. ¶Pombu bo'ot semo lailais. 큰 비둘기는 빠르게 날아요. 유의 falur, kraa-metan, manu-falur.

P

*ponte 명 다리. ¶Ponte Comoro furak tebes. 코모로 다리는 정말 멋져요. 유의 jambatan.

*ponteiru[1] 명 신호. ¶Favór muda lai ponteiru ne'e. 그 신호 좀 움직이세요.

*ponteiru[2] 명 지팡이, 요술 지팡이. ¶Ita fiar katak ponteiru iha funsaun? 넌 마술사의 지팡이가 기능이 있다고 생각해?

*ponteiru[3] 명 시곗바늘. ¶Labarik sira, favór haree ponteiru rua iha relójiu. 어린이 여러분, 시곗바늘을 보세요.

ponte-kais 명 부두, 선창. ¶Ró ida iha ponte-kais. 배 한 대가 부두에 있습니다. 유의 embarkadoiru.

pontu Ⅰ 명 마침표. ¶Uza pontu iha finál fraze. 문장 끝에는 마침표를 찍으세요. Ⅱ 형 노망이 든. ¶Nia sempre haluha hela de'it saida maka ema ko'alia. Ha'u sente nia sai pontu ida. 그는 사람이 한 말을 그냥 잊어버려요. 내 생각엔 노망이 든 거 같아요.

pontuasaun 명 구두점. ¶Favór hatama pontuasaun iha fraze ida-ne'e laran. 이 문장 안에 구두점을 넣으세요.

pontu esklamativu 느낌표. [감탄문의 마침표]

pontu ho vírgula 세미콜론. ¶Nia haluha hakerek pontu ho vírgula iha fraze laran. 그는 문장에 세미콜론 쓰기를 잊었어요. 이표기 pontu vírgula.

pontu rua 콜론.

*populár 형 인기가 있는. ¶Nia ohin loron sai populár tebes iha Korea no Timor. 그는 요새 한국과 동티모르에서 인기가 있다.

*popularidade 명 인기. ¶Lian Korea ohin loron iha popularidade tebes iha mundu tomak. 한국어는 요새 전 세계에서 정말 인기가 있어요.

populariza 동 인기 있게 하다, 인기 있게 만들다. ¶Ninia livru populariza nia an tebes. 그의 책이 그를 무척 인기 있게 만들었어요.

popularizasaun 명 대중화. ¶Ema barak liu ona ne'ebé buka foho ho popularizasaun sasan foho nian. 등산용품의 대중화로 산을 찾는 사람들이 부쩍 많아졌다.

*populasaun 명 인구. ¶Populasaun iha Timor iha maizumenus 1.2 millaun. 동티모르의 인구는 대략 120만 명이에요. 유의 emar.

*porezemplu 부 예를 들어, 예를 들면. ¶Porezemplu halo fraze. 예를 들어 문장을 만들어 보세요. 이표기 por ezemplu.

*porfavór 접 부디, 제발. ¶Porfavór estudante sira labele tarde iha aula. 학생들 제발 수업 시간에 늦어선 안 돼요.

*porkaria 명 엉망진창인 상태. ¶Nia halo porkaria balu iha sala laran. 그는 방안을 좀 엉망진창인 상태로 만들었어요.

*porké 접 ①~ 때문에, ~어서, ~으로 인해. ¶Nia buka servisu fatin porké presiza osan. 그는 돈이 필요해서 일할 곳을 찾고 있어요. ②~ 이래로. ¶Nia estuda lian Korea maka'as porké halo deklasaun. 그는 결심한 이래로 한국어를 열심히 공부해요. 이표기 purke.

pornografia 명 포르노그래피, 포르노. ¶Pornografia habelar liu husi internet.

포르노는 인터넷을 통해 퍼져요.

pornográfika 형 포르노의. ¶filme pornográfika 포르노 영화

*__porra__ 감 이런, 제기랄. ¶Porra! Ha'u haluha loron ezame. 제기랄! 시험 일자를 까먹었어.

*__portantu__ 부 그래서, 그러므로. ¶Tanba ó laran lu'ak portantu ha'u gosta ó. 넌 참 착해. 그래서 네가 좋아.

portatil 형 이동 가능한. ¶Nia sosa televizaun portatil. 그는 이동 가능한 텔레비전을 샀어요.

portaun 명 대문. ¶La haluha taka portaun. 대문 잠그는 거 기억해.

portavós 명 대변인. ¶Nia sai portavós partidu foun nia. 그는 새 정당의 대변인이 되었어요.

*__portofóliu__ 명 작품집. ¶Ita prepara portofóliu husi ita-nia servisu? 일했던 곳에서 작품집을 준비했나요?

*__Portugál__ 명 포르투갈.

*__portugés__ I 명 포르투갈인. ¶Portugés barak servisu iha Timor-Leste. 많은 포르투갈인이 동티모르에서 일을 해요. II 형 포르투갈의. 이표기 Portugeza.

*__posesiva__ 형 소유욕이 강한. ¶Nia ema posesiva ne'ebé hakarak sosa. 그는 소유욕이 강해서 쇼핑을 좋아해요.

*__posibilidade__ 명 가능성. ¶Realiza ita-nia posibilidade. 가능성을 실현하라. 유의 potensiál, potensiálidade.

*__posibilita__ 동 가능하게 하다. ¶Ninia esforsu maka'as posibilita estudu iha Korea. 그의 대단한 노력이 한국에서의 공부를 가능하게 했어요. 유의 fasilita.

*__posivel__ 조 가능하다, 할 수 있다. ¶Nia iha osan barak entaun nia posivel atu halo uma boot ida. 그는 돈이 많아서 큰 집 하나를 지을 수 있어요. 유의 bele.

postál I 명 엽서. ¶Maria haruka postál ba Korea. 마리아는 한국으로 엽서를 보냈어요. II 형 우편의. ¶Aplikasaun postál tenke simu iha fulan agora. 우편 신청은 이번 달에 도착해야만 해요.

posteridade 명 후세, 후손. ¶Servisu balu hamonu nia posteridade. 몇몇 일들은 후세까지 내려가요.

*__posteriór__ 형 뒤의, 후부의, 후면의. ¶Imajen posteriór karreta nian furak loos. 자동차 후면의 이미지가 정말 멋져요.

*__postu__[1] 명 직업. ¶Ita-nia organizasaun postu oportunidade iha ka? 네 직장에서 직업을 구할 기회가 있을까? 유의 ofísiu.

*__postu__[2] 명 기지. ¶Postu barak iha nu'udár baze militariu Portugueza nian. 포르투갈의 군사 기반인 기지가 많이 있어요.

*__postu-klíniku__ 명 진료소. ¶Postu-klíniku besik husi iha ne'e iha ne'ebé? 여기서 가까운 진료소가 어디지요?

*__postula__ 동 상정하다, 전제하다. ¶postula kazu aat liu hotu 최악의 경우를 상정하다

postulante 명 성직 지원자. ¶Nia postulante ne'ebé hakarak servisu iha igreja. 그는 성당에서 일하고 싶어하는 성직 지원자예요.

*__postura__ 명 자세, 태세, 태도. ¶postura respeitozu 공손한 태도

P

*posu 명 우물. ¶Nia hakarak kaer manduku iha posu laran. 그는 우물 안에 있는 개구리를 잡고 싶어해요.

*posuidóra 명 소유자, 주인. ¶Eventualmente ha'u mak sai posuidóra ba kompañia rasik. 마침내 나는 회사의 소유자가 되었어요.

*poténsia 명 힘, 능력. ¶Maria iha poténsia kona-ba debate. 마리아는 토론 능력이 있어요. 유의 kbiit.

*potensiál I 명 가능성. ¶iha potensiál 가능성이 있다 유의 posibilidade, potensiálidade. II 형 가능성이 있는. ¶Ha'u hanoin katak ida ne'e planu potensiál. 이건 가능성이 있는 계획이라고 생각해.

*potensiálidade 명 가능성. ¶bele haree potensiálidade 가능성이 보인다 유의 posibilidade, potensiál.

*poupa 동 (미래를 위해) 아끼다, 저축하다. ¶Nia agora kedas poupa osan tanba iha futuru se nia osan la iha nia la bele uza. 미래에 돈이 없다면 사용할 수 없기에 그는 지금 미리 돈을 아낀다. 반의 desperdisa.

*pouzada 명 여관. ¶Povu dehan katak pouzada Maubesi furak no fatin fresku tebes. 사람들은 마우베시 여관은 멋지고 매우 신선한 장소라고 말해요. 유의 pozada.

*povu 명 국민, 서민, 시민. ¶Povu Timor-Leste hetan ninia Independenzia. 동티모르 국민은 주권을 회복했어요. 유의 ema-ki'ik.

*pozada 명 여관. ¶toba iha pozada Maubisi 마우비시 여관에서 자다 유의 pouzada.

pozgraduada I 명 여성 대학원생. ¶Maria sai pozgraduada iha Korea hafoin graduasaun husi universidade. 마리아는 대학을 졸업한 후에 한국에서 대학원생이 되었어요. II 형 여성 대학원의. ¶Maria mak sai estudante pozgraduada iha Korea. 마리아가 한국에서 대학원의 학생이 되었어요.

pozgraduadu I 명 남성 대학원생. ¶Agora daudaun Jose pozgraduadu hakerek hela teze. 대학원생인 조세는 요즘 논문을 쓰는 중이다. II 형 남성 대학원의. ¶Jose estudante ami-nia pozgraduadu nian. 조세는 우리 대학원의 학생입니다.

*pozisaun 명 지위. ¶Ninia influénsia la'ós husi pozisaun maibé husi kna'ar. 그의 영향력은 그의 지위에서가 아니라 역할에서 나와요.

*pozitiva 형 여성 긍정적인. ¶Maria identifika aspetu pozitiva sira bainhira tulun malu. 마리아는 서로 도울 때 긍정적인 면들을 확인해요. 반의 negativa.

*pozitivu 형 남성 긍정적인. ¶Jose iha karater pozitivu. 조세는 긍정적인 성격을 가지고 있다. 반의 negativu.

*praia 명 해변. ¶Nia hela besik praia. 그는 해변 근처에 산다. 유의 tasi-ibun.

*pratika 동 연습하다. ¶Pratika pratika pratika, se ita hakarak haree rezultadu di'ak. 좋은 결과를 보기 원한다면 연습하고 연습하고 연습하라.

*prátika 명 연습, 훈련. ¶Prátika halo buat perfeitu. 연습이 완벽함을 만든다.

pratikalidade 명 실용성. ¶Ropa ida-ne'e ninia dezeñu kapás maibé pratikalidade ita haree monu ona. 그 옷은 디자인은 예쁘지만 실용성이 떨어져 보인다.

***pratikante** I 명 견습생. ¶Nu'udár pratikante nia servisu hela. 견습생으로서 그는 일하고 있어요. II 형 개업 중인, 실천하고 있는. ¶Iha otél pratikante laran kliente numeiru hira? 개업 중인 호텔에 손님이 몇 명이에요?

pratikavel 형 타당한, 실용적인. ¶Nia gosta aproximasaun pratikavel ba nia an. 그는 스스로를 위한 실용적인 접근을 좋아해요.

prazu 명 기간, 유효 기간, 마감일. ¶prazu liu 마감일이 지나다 / Loja balu maka kontinua fa'an hela hahán ne'ebé prazu tiha ona. 어떤 가게는 유효 기간이 지난 음식을 계속해서 팔아요.

***prazu-badak** 형 단기간의. ¶Nia buka rezultadu di'ak prazu-badak. 그는 단기간의 좋은 결과를 찾고 있어요.

***prazu-naruk** 형 장기간의. ¶Presiza esforsu prazu-naruk atu aprende lian Korea. 한국어를 배우려면 장기간의 노력을 필요로 해요.

preámbulu 명 서문, 전문. ¶Sé mak hakerek tiha ona preámbulu iha livru ida-ne'e? 누가 이 책의 서문을 썼지요?

predandu 명 사냥. ¶Leaun-feto sira susesu ona bá predandu karau bee. 암사자 무리가 물소 사냥에 성공했다. 유의 duni-asu.

predisaun 명 예측. ¶Futuru mai la ho predisaun de'it, futuru bele mai ho ita-nia asaun. 미래는 예측과 함께 오는 것만이 아니라 당신의 행동과 함께 올 수 있어요. 유의 sasi'ik.

predisaun-tempu 명 날씨 예보. ¶Tuir predisaun-tempu, udan tau barak orsida. 날씨 예보에 따르면 이따가 비가 많이 온다고 해요.

predomina 동 지배하다. ¶Ita hakarak atu hela iha sosidade ne'ebé lei aat predomina hela? 당신은 악법이 지배하는 사회에 살고 싶은가? 유의 domina.

predominante 형 지배적인.

prefásiu 명 서문. ¶Ha'u lee uluk prefásiu iha livru. 나는 책을 서문부터 읽는다. 유의 preámbulu.

***prefere** 동 선호하다. ¶Nia prefere kafé. 그는 커피를 선호해요. 유의 favórese.

***preferénsia** 명 선호.

prefiksu 명 접두사. ¶Preokupa nia prefiksu mak pre. preokupa의 접두사가 pre입니다.

***prega** 동 못질하다. ¶Nia hahú ona prega. 그는 못질하기 시작했다.

***pregadór** 명 전도사, 설교가. ¶Pregadór na'in ida lori ninia misaun ba nasaun liur. 한 전도사가 타국으로 사명을 가져갑니다.

***pregasaun** 명 설교. ¶Amu prepara pregasaun semana-semana. 신부님은 매주 설교를 준비합니다. 유의 haklaken.

***pregu** 명 못. ¶Ha'u sosa pregu. 나는 못을 샀어요. 유의 ai-kusan, besi-kusan, biskusa.

preistóriku 형 선사 시대의. ¶Ita bele

P

haree ligadu preistóriku iha Timor-Leste. 선사 시대의 유산을 동티모르에서 볼 수 있어요.

prejuízu 명 손상, 피해. ¶Oinsá ami bele evita prejuízu finanseiru? 어떻게 우리가 재정적 피해를 피할 수 있지요?

prekoniza 동 지지하다, 옹호하다. ¶Polísia ne'e la prekoniza violénsia. 경찰은 폭력을 옹호하지 않아요. 유의 advoga.

prekonseitu 명 편견. ¶kaptura prekonseitu 편견에 사로잡히다

***preliminár** 형 예비의. ¶Sira partisipa iha enkontru preliminár. 그들은 예비 모임에 참석해요.

prematuru 형 미숙한, 미성숙한. ¶Ema prematuru ida mak difisil tebes atu maneja situasaun komplikadu. 미성숙한 사람은 복잡한 상황을 관리하느라 매우 힘들어해요. 반의 enjeñozu.

***prémiu** 명 상, 상품, 경품, 상금. ¶Nia simu prémiu ba ninia atividade edukasaun di'ak loos. 그는 탁월한 교육 활동으로 상을 받았다.

***prende** 동 체포하다. ¶Polísia prende tiha motor barak ne'ebé ilegal. 경찰은 불법인 많은 스쿠터를 체포했습니다.

***prendedór** 명 (옷 · 가방 · 창문 등의) 잠금장치. ¶Ita taka prendedór janela nian ka? 창문의 잠금장치를 닫았니?

***prenxe** 동 (양식이나 칸을) 채우다, 기입하다, 작성하다. ¶Favór prenxe formuláriu. 양식을 채워 주세요.

***preokupa** 동 (생각 · 걱정이) 뇌리를 사로잡다, 걱정하다. ¶Ha'u preokupa liu ha'u-nia estudu. 나는 공부에 대해서 무척 걱정하고 있어요.

***preokupante** 형 걱정하는. ¶Nia preokupante tebes kona-ba ezame EPS-TOPIK. 그는 고용 허가제 한국어 능력 시험에 대해 무척 걱정하고 있어요.

***preokupasaun** 명 고민, 걱정. ¶Nia iha preokupasaun ho politika rai-laran. 그는 국내 정치에 대한 걱정이 있어요.

***prepara** 동 준비하다. ¶Nia prepara atu vizita kolega sira iha Korea. 그는 한국에 있는 친구들을 방문하려 준비해요. 유의 kombina.

***prepozisaun** 명 전치사. ¶Ita boot tenke hasai prepozisaun ida-ne'e iha fraze ne'e laran. 이 문장 안에서 전치사를 빼야만 해요.

***preprasaun** 명 준비, 대비. ¶Ami nia preprasaun ba Korea remata ona. 우리 한국 갈 준비는 모두 끝났어요.

preprimária 명 유치원. ¶Ha'u-nia oan bá eskola preprimária. 우리 아이는 유치원에 다녀요. 유의 jardín-infantíl.

***presaun** 명 압력, 눌림. ¶Cek roda nia presaun. 타이어 압력을 체크해라.

presedente 명 사례. ¶Ha'u hetan ona presedente di'ak ne'ebé iha folin atu suporta ami nia argumentu. 우리의 주장을 뒷받침해 줄 수 있는 좋은 사례를 찾았어요.

***presente** 동 예감하다. ¶Nia presente tiha ona ninia promosaun. 그는 승진을 예감했어요.

***presiza** 형 필요한. ¶Nia presiza tebes servisu. 그는 정말 일이 필요해요. 유의

persiza.

*presta 형 적합한. ¶Ninia hahalok ne'e la presta. 그의 행동은 적합하지가 않아요. 유의 konvén.

*prestasaun 명 할부, 분납금. ¶Prestasaun sei remata iha tinan oinmai. 분납금은 내년에 끝날 거예요.

*prestíjiu 명 명성, 품격. ¶Ita haree katak fatin servisu prestíjiu mak saida? 네가 보기에 명성 있는 직장이 어디라고 생각해?

*presu 명 가격, 비용. ¶Ita presiza presu hira ba projetu ida-ne'e? 이 프로젝트에 비용이 얼마 필요한가요? 유의 folin.

*pretende[1] 동 주장하다. ¶Nia pretende katak oportunidade mak la justu. 그는 기회가 공평하지 않았다고 주장한다.

*pretende[2] 동 ~을 목표로 하다. ¶Nia pretende pasa ezame tinan ida-ne'e. 그는 금년에 시험 합격을 목표로 한다.

pretestu 명 꾀, 요령. ¶Noi ida-ne'e la servisu no uza pretestu ho mamar. 요녀석 일은 않고 살살 꾀만 피우네.

*prevee 동 예견하다, 상정하다, 가정하다. ¶Nia postula Timor-Leste nu'udár membru ASEAN nian molok prevee Timor-Leste nian futuru. 그는 동티모르의 미래를 예견하기 전에 동티모르가 아세안의 회원국임을 가정했어요.

*prevene 동 예방하다, 경고하다. ¶Mai ita prevene moras. 병을 예방합시다.

*prevensaun 명 예방, 방지, 경고, 주의. ¶Governu servisu ba prevensaun krime. 정부는 범죄 방지를 위해 일해요.

previdénsia 명 ①예방책, 예방 조치. ¶Nia halo hela planu ba previdénsia seguransa. 그는 예방 조치에 대한 계획을 짜고 있어요. ②예지력, 통찰력. ¶Nia iha previdénsia atu prepara problema ambiente. 그는 환경 문제를 대비할 통찰력이 있어요.

prevista 형 여성 예견된. ¶rezultadu prevista 예견된 결과

previstu 형 남성 예견된. ¶Jose dehan katak manán-na'in la previstu. 조세는 승자는 예견된 것이 아니라고 말해요.

*previzaun 명 예보. ¶Tuir previzaun tempu, udan tau barak orsida. 날씨 예보에 따르면 이따가 비가 많이 온다고 해요.

*prezensa 명 존재. ¶Kolega ne'ebé fiar malu, ninia prezensa halo kualidade moris nian aas. 신뢰를 주고받을 수 있는 친구, 그의 존재는 삶의 질을 높여요. 유의 ente, ezisténsia.

*prezente[1] I 명 현재. ¶Depende ita-nia vizaun, ita haree prezente diferente. 비전에 따라 다른 현재를 본다. II 형 현재의. ¶Kostome prezente halo futuru. 현재의 습관이 미래를 만들어요.

*prezente[2] 명 선물. ¶Ida-ne'e ha'u-nia prezente ki'ik ba ita. 네게 주는 작은 선물이야. 유의 ksolok, saugati, saukati.

prezente[3] 동 참석하다, 출석하다. 반의 falta.

prezépiu 명 예수가 탄생한 구유, 예수의 탄생 현장. ¶Antes Natal, joventude barak halo prezépiu. 성탄절 이전에 많은 젊은 이들이 예수가 탄생한 구유를 만들어요.

*prezerva 동 보존하다.

P

¶Ita tenke prezerva natureza ba generasaun oinmai. 우리는 다음 세대를 위해서 자연을 보존해야만 합니다.

⁑**prezervasaun** 명 보존.
¶prezervasaun naturál 자연의 보존 / Ita haree katak prezervasaun no dezenvolvimentu la'o hamutuk ka? 보존과 개발이 함께할 수 있다고 생각합니까?

***prezidénsia** 명 대통령직. ¶Nia prepara hela prezidénsia. 그는 대통령직을 준비하고 있어요.

⁑**prezidente** 명 대통령. ¶Nia maka nu'udár prezidente bá organizasaun internasionál. 그는 대통령으로서 국제기구에 방문했다.

***prima**[1] 명 여성 사촌. ¶Ninia prima bonita tebes. 그의 사촌은 참 예뻐요.

***prima**[2] 명 한창때, 전성기. ¶Ita-nia prima bele kontinua naruk se ita prepara tiha ona di'ak. 잘 준비했다면 전성기는 오래 계속될 거예요.

***primadona** 명 여성 주인공. ¶Feto ida-ne'e primadona iha filme ida-ne'e. 이 여성이 이 영화의 주인공이야.

⁑**primáriu** 형 첫 번째의, 최우선의, 초등의.
¶Sira bá eskola primáriu. 그들은 초등학교에 가요.

***primavera** 명 봄. ¶Nia gosta tempu primavera iha Korea. 그는 한국의 봄 시기를 좋아해요.

⁂**primeiru** 부 처음, 제일 먼저. ¶Favór ida halo ita-nia servisu-uma primeiru, kuandu ita mai fali uma. 집에 돌아왔을 때 제일 먼저 숙제를 하세요. 유의 ba dala uluk. 반의 afinál.

⁑**primeiru-ministru** 명 수상.
¶Primeiru-ministru foun nakhili iha England. 영국에서 수상이 새로 선출되었다.

⁑**primitiva** 형 여성 원초적인.

⁑**primitivu** 형 남성 원초적인. ¶problema primitivu 원초적인 문제

⁑**primu** 명 남성 사촌. ¶Ninia primu nakar-teen. 그의 사촌은 말썽꾸러기예요.

⁑**principál** 형 주요한, 제일의. ¶Asuntu principál rua iha relasaun ba malu. 주요한 쟁점 두 개는 상호 관계가 있어요.

⁑**prinseza** 명 공주. ¶Nia hasoru prinseza bonita. 그는 아름다운 공주를 만났어요.

prinsipadu 명 (대공이나 왕자가 다스리는) 공국. ¶Monako prinsipadu 모나코 공국

⁑**prinsipál** 형 주요한, 주된. ¶Razaun prinsipál ba esforsu maka'as sistema kompetisaun. 노력해야 하는 주된 이유는 경쟁 체제이다.

⁑**prinsipalmente** 부 대체로.
¶Prinsipalmente ohin teritóriu tomak sei moos. 오늘은 전국이 대체로 맑겠습니다.

prinsípiu 명 학장, 총장. ¶Prinsípiu halo hela planu kona-ba edifísiu foun. 학장님은 새로운 건물에 대한 계획을 세우고 있어요.

⁑**prioridade** 명 우선순위. ¶Ninia prioridade iha UNTL maka estudu lian Korea. 동티모르국립대에서 그의 우선순

위는 한국어 공부예요.

*__privadu__ 형 개인적인, 사립의. ¶Ami estuda hela iha eskola privadu. 우리는 사립 학교에서 공부를 하고 있어요.

*__privasidade__ 명 사생활, 혼자 있는 상태. ¶Ema ida nia privasidade labele publika. 한 사람의 사생활은 공개되어선 안 돼요.

__privilejiadu__ 형 특권을 가진, 특권을 지닌. ¶Ema privilejiadu iha responsibilidade boot mós. 특권을 가진 사람은 책임감도 커요.

__priviléjiu__ 명 특권. ¶Ita-nia priviléjiu ita bele hetan se ita kompara ema seluk ne'ebé hakarak sai hanesan ho ita. 당신처럼 되고 싶어하는 다른 사람들과 비교를 하면 당신의 특권을 찾을 수 있습니다.

__prizaun__ 명 감옥. ¶Nia hela iha prizaun porké korrupsaun. 그는 부정부패로 인해 감옥에 살고 있어요. 유의 kadeia, komarka.

__prizioneira__ 명 여성 수감자, 투옥된 사람. ¶Orsida prizioneira ida atu tama iha kadeia. 이따가 수감자 한 명이 감옥에 들어갈 거예요. 유의 ema dadur.

__prizioneiru__ 명 남성 수감자, 투옥된 사람. ¶Prizioneiru barak aloka ba Ermera. 많은 수감자들이 에르메라에도 할당되었어요. 유의 ema dadur.

__proativu__ 형 능동적인. ¶umanu proativu 능동적인 사람

__probabilidade__ 명 개연성, 확률. ¶Nia haree, iha probabilidade 95% katak Timor-Leste sai membru ASEAN nian. 그가 보기엔 동티모르가 아세안의 회원국이 될 확률은 95%입니다.

*__problema__ 명 문제점. ¶Kada problema sempre iha solusaun. 문제점마다 늘 해결책이 있어요. 유의 difikuldade.

*__problema boot__ 중대한 문제. ¶Pobreza mak problema boot. 빈곤은 중대한 문제이다.

*__problemátiku__ 형 문제가 있는. ¶Kona-ba jestaun lixu, situasaun problemátiku iha. 쓰레기 운영에 있어 문제가 있는 상황이 존재합니다.

*__procesu__ 명 진행, 절차. ¶procesu nesesáriu 필수적인 절차

__produs__ 동 ①생산하다. ¶produs roupa 옷을 생산하다 유의 hamosu. ②제작하다. ¶eskultura ida ne'ebe lori tempu tinan ida de'it atu produs 제작하는 데에만 일 년이 걸린 조각품

__produsaun__ 명 생산, 제작. ¶Produsaun kafé nia presu aas liu tinan kotuk. 커피 생산 단가가 작년 단가를 훨씬 초과하였습니다.

__produtividade__ 명 생산성. ¶Oinsá ami bele halo produtividade aas? 어떻게 높은 생산성을 만들 수 있을까요?

__produtivu__ 형 생산적인. ¶Saida mak bele kontinua aktividade produtivu? 생산적인 활동을 계속하게 하는 게 뭐지요?

__produtór__ I 명 생산자, 생산 회사. ¶Iha suku ida-ne'e, produtór kafé iha ne'ebé? 이 마을에 커피 생산자가 어디에 있어요? II 형 생산하는. ¶Kona-ba kafé, to'os produtór iha ne'ebé? 커피를 생산

P

하는 농장이 어디지요?

produtu 명 생산품, 상품. ¶Produtu lokal husi to'os fresku tebes. 농장에서 나는 지역의 상품은 매우 신선해요.

* **profesór** 명 남성 교수. ¶Ninia profisaun nu'udár profesór iha UNTL. 그는 동티모르국립대 교수입니다. 유의 dosente. 반의 estudante.

* **profesóra** 명 여성 교수. ¶Maria nia profisaun nu'udár profesóra. 마리아의 직업은 교수입니다. 유의 dosente.

profeta 명 선지자, 예언자.

* **profisaun** 명 직업, 직종, 직위. ¶Ita hakarak profisaun saida? 어떤 직업을 원해요?

* **profisiente** 형 능통한. ¶espesialista ne'ebé profisiente kona-ba diplomasia 외교에 능통한 전문가

* **profisionál** I 명 전문직. ¶Nia servisu hela iha profisionál. 그는 전문직에 종사하고 있어요. II 형 직업의, 전문적인. ¶Jose iha matenek profisionál iha area ne'e. 조세는 그 분야에 있어서 전문적인 지식을 갖추고 있어요.

profundu I 형 속 깊은, 심오한, 조예 깊은. ¶Nia ema profundu iha eskultura. 그는 조각품에 조예 깊은 사람이다. II 부 깊게, 심오하게. ¶Labele hanoin profundu! 깊게 생각하지 마요!

* **programa** I 명 프로그램. ¶programa edukasaun lian Koreanu 한국어 교육 프로그램 II 동 계획하다. ¶Nia maneja programa kona-ba lideransa. 그는 리더십에 대한 프로그램을 계획하고 있어요. 유의 eskematiza, planeia, planifika.

* **programadór** 명 프로그래머. ¶Programadór kona-ba komputador populár ba beibeik. 컴퓨터 프로그래머는 점점 더 인기가 있어요.

* **progresivu** 형 진보적인, 혁신적인. ¶Hanoin progresivu bele hetan solusaun foun. 진보적인 생각이 새로운 해결책을 찾아낼 수 있어요.

* **progresu** 명 진보. ¶Aliansa Mudansa ba Progresu 진보를 위한 변화 동맹

* **proibisaun** 명 금지. ¶proibisaun atu bá nasaun liur 출국 금지 유의 bandu, ukun-bandu.

* **projetór** 명 영사기. ¶Nia uza projetór ba ninia aula. 그는 수업에 영사기를 사용해요.

* **projetu** 명 ①계획된 일, 프로젝트. ¶Projetu hotu iha inserteza durante ninia prosesu. 모든 프로젝트는 그 절차에 있어 불확실성이 있어요. ②사업. ¶projetu kulturál 문화 사업

* **proklama** 동 선언하다. ¶Timor-Leste proklama tiha ona independénsia tinan 1975. 동티모르는 1975년 독립을 선언했어요. 유의 deklara.

* **proklamasaun** 명 선언. ¶Proklamasaun indepensia Timor-Leste nian iha tinan 1975. 동티모르의 독립 선언은 1975년에 있었어요. 유의 deklarasaun.

prokuradór 명 변호사. ¶Sé mak ninia prokuradór? 누가 그의 변호사입니까?

prokurasaun 명 대리권, 위임장. ¶Nia fó prokurasaun ba ninia kolega. 그는 위임장을 친구에게 주었다.

prólogu 명 도입부, 프롤로그. ¶Nia hakerek hela prólogu. 그는 도입부를 쓰고 있어요.

***promesa** 명 약속. ¶Promesa no asaun ema balu la hanesan. 어떤 사람들은 약속과 행동이 같지 않아요.

***promete** 동 약속하다. ¶Nia promete katak nia hadomi ha'u to'o mate. 그는 나를 죽을 때까지 사랑하겠다고 약속했어요. 유의 fó lia.

***prometedór** 형 남성 유망한, 촉망되는. ¶Jose mak estudante prometedór. 조세는 촉망되는 학생이에요.

***prometedóra** 형 여성 유망한, 촉망되는. ¶profisaun prometedóra 유망한 직업

***promosaun** 명 승진, 진급. ¶Nia hakarak halo promosaun. 그는 승진을 하고 싶어해요.

promotór 명 기획자. ¶Sé mak promotór ba projetu ida-ne'e? 누가 이 프로젝트의 기획자이지요?

***promove** 동 촉진하다, 고취하다. ¶Nia promove mudansa sociál. 그는 사회 변화를 고취해요.

***promulga** 동 널리 알리다, 반포하다. ¶Iha objetivu atu promulga entre organizasaun. 기관들 사이에 널리 알리려 하는 목적이 있어요.

***promulgasaun** 명 공포, 선포. ¶Prezidente halo promulgasaun kona-ba orsamentu geral. 대통령은 일반 예산에 대해서 공포를 했어요.

pronome 명 대명사. ¶Pronome halo funsaun nu'udár substantivu. 대명사는 명사의 구실을 한다.

⁑**prontu** 형 준비가 된. ¶Ha'u prontu atu liu exame TOPIK. 저는 한국어 능력 시험을 볼 준비가 되었어요.

***prontuáriu** 명 편람, 안내서. ¶Ita iha prontuáriu ba tourista ka? 관광객을 위한 안내서가 있나요?

⁑**pronunsia** 동 발음하다. ¶Oinsá atu pronunsia lian Korea? 어떻게 한국어를 발음할 수 있어요? 유의 temi.

⁑**pronúnsia** 명 발음. ¶Nia sente katak pronúnsia lian Korea defisil tebes. 그는 한국어 발음은 힘들다고 느꼈다.

***pronunsiamentu** 명 공표, 선언. ¶Nia halo tiha ona pronunsiamentu kona-ba independensia. 그는 독립에 대한 선언을 했어요.

***propaganda** 명 선전, 선동. ¶Propaganda ne'e falsu tebes. 이 선동은 정말 잘못됐어요.

propina 명 ①입장료. ¶Propina ba sinema ne'e $5. 이 영화관의 입장료는 5불이에요. ②입학금, 학비. ¶selu propina 입학금을 내다 유의 osan eskola. 이표기 propinas.

***propoin** 동 제안하다, 제의하다. ¶Ha'u atu propoin hanoin balun kona-ba ekonomia rai laran. 저는 경제 분야에 대해서 제안하려 생각하고 있어요.

⁑**proporsaun** 명 부분, 비율. ¶Ita hein katak proporsaun fumadór nian bele tun. 우리는 흡연자의 비율이 떨어질 것이라고 기대해요.

⁑**proporsionál** 형 비례하는. ¶Kastigu tenke proporsionál ho krime. 처벌은 범죄와 비례해야 해요.

***proposta** 명 제안, 제의. ¶Oinsá ita-nia hanoin kona-ba ha'u-nia proposta? 제 제안에 대해서 어떻게 생각하세요?

propozisaun 명 가정, 가설. ¶aseita propozisaun 가정을 받아들이다

***propózitu** 명 목적, 목표. ¶Enkontru propózitu ida, atu remodela manajementu. 회의 목적의 하나는 경영을 리모델링하는 겁니다. 유의 eskopu.

***propriedade** 명 재산, 소유물. ¶Maria hakarak nia kolega sira sai husi uma propriedade Maria nian. 마리아는 친구들이 집에서 가져온 소유물을 마리아의 것으로 하고 싶어해요. 유의 buat-soin.

***proprietária** 명 소유주, 땅주인. ¶Proprietária ne'e iha rai barak tebes iha Dili. 그 땅주인은 딜리에 땅이 아주 많아요. 유의 rai-na'in.

prosedimentu 명 수속. ¶Ha'u halo hotu prosedimentu tama eskola nian no dezigna ona dormitóriu. 입학 수속을 마친 후 방을 배정받았어요.

prosesa 동 기소하다, 고발하다. ¶Maria dehan katak nia tenke prosesa. 마리아는 그를 기소해야만 한다고 말했다.

***prosesamentu** 명 과정, 절차. ¶Prosesamentu no rezultadu saida mak importante liu ka? 과정과 결과 중 무엇이 더 중요한가?

prosesu 명 법적 절차. ¶Demokrasia tenke realiza ho prosesu loos. 민주주의는 올바른 법적 절차와 함께 구현되어야 한다. 유의 etapa.

prosesu-pás 명 평화 협상 과정, 평화 협상 절차. ¶Sira halo hela diskusaun kona-ba prosesu-pás. 그들은 평화 협상 절차에 대해서 토론하고 있어요.

***prosisaun** 명 행진, 행렬. ¶Nia haree prosisaun boot husi igreja. 그는 교회에서 오는 거대한 행렬을 보고 있어요. 유의 desfile.

prosperidade 명 번영, 번창. ¶Ami buka dame no prosperidade. 우리는 평화와 번영을 추구해요.

prósperu 형 번영하는, 번창한. ¶Eskola prósperu ida-ne'e iha profesionalidade tebes. 번영하는 이 학교는 대단한 전문성을 가지고 있어요.

prostitui 동 (기술이나 능력을) 팔다. ¶Nia la hanene atu prostitui ninia an. 그는 능력을 팔 줄 몰라요.

prostituisaun 명 매춘, 매매춘, 성매매.

protagonista 명 주인공. ¶Entre protagonista na'in tolu, sé mak ita gosta liu hotu? 주인공 세 명 중에 누굴 가장 좋아해?

proteína 명 단백질. ¶Mantolun iha proteína barak. 달걀에는 단백질이 많다.

***proteje** 동 보호하다. ¶Doutór proteje ha'u-nia familia sira husi moras. 의사는 우리 가족을 질병으로부터 보호합니다. 유의 defende. 반의 ameasa.

***protejidu** Ⅰ 명 후배, 제자. ¶Nia hetan protejidu entre estudante sira. 그는 학생들 중에서 제자를 찾았어요. Ⅱ 형 행운의. ¶Nia kaer oportunidade protejidu. 그는 행운의 기회를 잡았어요. 유의 sorte.

***protesaun** 명 보호. ¶Nia husu atu polísia atu halo protesaun ba ninia an. 그는 경찰에게 신변 보호를 요구했다.

유의 defeza.

protesionista Ⅰ명 보호 무역론자. ¶Normalmente protesionista sai maka'as bainhira industria iha nasaun laran fraku. 통상적으로 국내 산업이 약할 때 보호 무역론자들이 강해져요. Ⅱ형 보호 무역주의의. ¶Tanba agora markadu sai global ona, ami tenke husu benefisu protesionista saida. 이제 시장은 이미 세계화되었기 때문에 우리는 보호 무역주의의 유익이 무엇인지 질문해야 해요.

protesionizmu 명 보호주의. ¶Partidu ida-ne'e nunka atu tuir dalan protesionizmu nian. 이 정당은 보호주의의 길을 절대 따르지 않아요.

***protesta** 동 항의하다, 이의를 제기하다. ¶Estudante universidade sira protesta ona. 대학생들은 이의를 제기했어요.

protestante Ⅰ명 신교도, 프로테스탄트. ¶fatin ne'ebé protestante sira hela hamutuk 신교도들이 모여 사는 곳 유의 Relijiaun Protestante. Ⅱ형 신교도의, 프로테스탄트의. ¶Sistema protestante la hanesan ho sistema katóliku. 신교도의 제도는 천주교의 제도와 같지 않아요.

***protestu** 명 항의, 시위, 반대. ¶Estudante sira halo hela protestu kona-ba imoralidade governu nian. 학생들은 정부의 부도덕성에 대해 항의를 하고 있어요.

***protetór** 명 남성 보호자, 보호 기관. ¶Nia ha'u-nia protetór. 그가 제 보호자입니다.

***protetóra** 명 여성 보호자, 보호 기관. ¶presiza asinatura husi protetóra 보호자의 서명이 필요하다

***protokolu** 명 의전, 외교 의례. ¶Ekípa ba protokolu prepara hela enkontru aban. 의전 팀은 내일 회의를 준비하고 있어요. 이표기 protokól.

***prova** Ⅰ명 증거, 증명, 실험. ¶Ita tenke halo prova ita-nia rezidensia iha Dili ba partisipasaun eleisaun oinmai. 다가오는 선거에 참여하기 위해서 딜리에 거주하고 있다는 것을 증명을 해야 해요. Ⅱ동 입증하다, 증명하다. ¶Saida maka ita atu prova? 무얼 증명하려 하세요? 유의 demonstra.

provavel 형 (어떤 일이) 있을 법한, 개연성 있는. ¶Ida-ne'e hanoin provavel Timor bele dezemvolvu di'ak se uza osan di'ak husi mina. 석유에서 나오는 돈을 잘 사용하면 동티모르는 발전할 것이란 말은 있을 법한 생각이에요.

***proveitozu** 형 이익이 되는. ¶Ida-ne'e negósiu proveitozu. 이것은 이익이 되는 사업이다. 반의 desfavoravel.

***proveitu** 명 이익, 수익, 혜택. ¶Iha tinan kotuk, kompañia hetan proveitu ho motante $100,000. 작년에 그 회사는 십만 불의 수익을 냈어요.

***provérbiu** 명 속담. ¶Provérbiu inklui kultura. 속담에는 문화가 담겨 있다.

***providénsia** 명 섭리. ¶Nia fiar providénsia Maromak nian. 그는 신의 섭리를 믿어요.

providensiál 형 천우신조의, 신의 도움의, 신의 은총의.

***provínsia** 명 주, 도. ¶Nia nu'udár

P

governadór provínsia iha tinan 1988 liu ba. 1988년 이전에 그는 도의 지사였어요.

provinsiál 형 주(州)의, 도(道)의. ¶Asembleia provinsiál halo enkontru jeral durante tinan ida dala ida. 도 의회는 1년에 한 번 총회를 열어요.

provisianu Ⅰ 명 시골뜨기, 촌놈, 무지렁이. ¶Nia hanoin katak señór ida-ne'ebé nu'udár provisianu ida. 그는 저 나이 많은 사람을 시골뜨기라고 생각해요. 유의 maubere. Ⅱ 형 주(州)의, 도(道)의, 도 단위의. ¶eleisaun provisianu 도 단위의 선거

***provizóriu** 형 임시의, 일시적인. ¶Nia servisu hela nu'udár provizóriu de'it. 그는 임시로 일하고 있어요. 반의 eterna, eternu.

provoka 동 (특정한 반응을) 유발하다, 자극하다. ¶Ita-nia kolega provoka ona ha'u atu halo dezafiu. 당신의 친구가 날 도전하게 자극했어요. 유의 sadik.

***provokante** 형 도발적인, 자극적인.

***provokasaun** 명 도발, 자극, 화낼 이유. ¶Lalika fó ha'u provokasaun. 날 자극 좀 하지 마.

***prudénsia** 명 신중함, 사리 분별. ¶Ha'u bele hetan tiha ona ninia prudénsia. 저는 그의 신중함을 발견할 수 있었어요.

***prudente** 형 신중한. ¶Ha'u respeita ninia hahalok prudente. 저는 그의 신중한 행동을 존경해요.

psikólogu 명 심리학자. ¶Opiniaun psikólogu nian bele diferente ho povu nian. 심리학자의 견해는 일반인과 다를 수 있어요.

psikolojia 명 심리학.

psikolójiku 형 심리적인, 정신적인, 정신의. ¶Tanba asidente, Maria agora presiza estabilizasaun psikolójiku. 사고로 지금 마리아는 심리적인 안정이 필요해요.

psikopata 명 사이코패스. [폭력성을 동반하는 이상 심리 소유자] ¶Polísia deskobre katak ema ne'ebé oho ninia maun nu'udár psikopata. 경찰은 형을 살인한 사람이 사이코패스란 걸 발견했어요.

***publika** 동 출판하다, 발행하다. ¶Sira maka publika ona primeiru kona-ba disionariu lian Tetun-Korea. 그들은 테툼어-한국어 사전을 최초로 출판했어요.

***publikasaun** 명 출판. ¶Internet troka hela signifikasaun publikasaun nia. 인터넷은 출판의 의미를 바꾸고 있어요.

***públiku** Ⅰ 명 일반, 대중. ¶Biobliteka ida-ne'e loke ba públiku hotu. 이 도서관을 대중 모두에게 개방해요. Ⅱ 형 일반의, 대중의. ¶Konsiénsia públiku mak objetivu kampaña nian. 대중의 인식 증진이 캠페인의 목적이에요.

publisidade 명 매스컴의 관심, 언론의 주목. ¶Nia konvida jornalista sira atu halo publisidade kona-ba ninia institiusaun. 그는 자신의 기관에 대한 언론의 주목을 끌려고 언론인들을 초대했다.

publisitária 형 여성 언론의 관심을 끄는, 언론의 주목을 끄는. ¶Maria dehan katak kadavés ita tenke halo publisitária ba publiku. 마리아는 때때로 대중에게 언론의 주목을 끌어야 한다고 생각해요.

publisitáriu 형 남성 언론의 관심을 끄는,

언론의 주목을 끄는. ¶Jose ema famozu ninia asaun mós atrai publisitáriu. 조세는 작은 행동도 언론의 관심을 끄는 유명인이다.

pudín 명 푸딩. ¶Nia gosta han pudín. 그는 푸딩 먹길 좋아해요. 유의 kukus. 이표기 puding.

***pulmaun** 명 폐, 허파. ¶Fuma ne'e la di'ak ba pulmaun. 흡연은 폐에 좋지 않아요. 유의 aten-book.

***pulseira** 명 팔찌. ¶Dala barak feto ne'e uza pulseira. 그 여자는 팔찌를 여러 개 사용해요. 유의 buti-liman, kakelun, kelu, kelun.

***pulsu** 명 맥박. ¶Bainhira ema ida haksolok, pulsu sai la hanesan baibain. 사람이 흥분하면 맥박이 고르지 못하게 된다.

purgatóriu 명 연옥. ¶Katóliku idane'e fiar purgatóriu no lalehan. 그 천주교도는 연옥과 천당을 믿어요.

purifika 동 정화하다, 정제하다. ¶Nia purifika neon loroloron. 그는 매일 마음을 정화해요.

purifikasaun 명 정화, 정제. ¶purifikasaun neon nian 마음의 정제

***puru** 형 순수한. ¶Asu Jindo ne'e liñaraan puru. 이 진돗개는 순수한 혈통입니다.

puta 명 {속어} 창녀. ¶Nia nunka hasoru feto puta. 그는 창녀를 만난 적이 없어요. 유의 feto-lurón.

P

R

raan Ⅰ명 피, 혈액, 태아. ¶Nia tipu raan maka A. 그의 혈액 유형은 A형이에요. Ⅱ동 피를 흘리다, 출혈하다. ¶Nia ain raan hela. 그의 다리가 피를 흘리고 있어요. Ⅲ형 피투성이의. ¶Ninia kanek raan tebes. 그의 상처는 피투성이에요.

raan-fakar 명 유혈 사태, 대량 학살. ¶Raan-fakar mosu horisehik. 어제 유혈 사태가 발생했어요. 이표기 raan fakar.

raan-fualan 명 월경, 생리. ¶raan-fualan ramata 월경이 끝나다 유의 menstruasaun.

raan-kahur 형 혼혈의, 혼혈인, 메스티소의. ¶Ninia familia raan-kahur. 그의 가족은 혼혈이에요. 유의 mestisu.

raan-menus 명 빈혈, 빈혈증. ¶Ha'u hemu ai-moruk tanba raan-menus. 빈혈증 때문에 약을 먹어요. 유의 anémia.

raan-nakali 형 분한, 화난. ¶Ha'u ra'an-nakali no labele tahan ba kolega ne'ebé ita fiar, nia fa'an ha'u. 나는 믿었던 친구에게 배신을 당한 것이 화나서 견딜 수가 없었다.

raan-sa'e 형 피가 끓는, 불안해하는, 흥분한. ¶Nia raan-sa'e loos tanba nia alin halo lakon tiha nia xave motór. 그는 동생이 오토바이 열쇠를 분실해서 피가 끓어요.

raan-suli 명 출혈. ¶Raan-suli barak lori risku boot. 많은 출혈은 큰 위험을 초래한다. 유의 emorrajia.

rabanete 명 무. ¶Amá sosa rabanete mai atu halo dongchimi. 어머니는 동치미를 담그려고 무를 사 오셨다.

rabaraba Ⅰ형 (인니) 무질서한, 뒤죽박죽인, 엉망인. ¶Saida mak ita bele hein husi gestaun rabaraba? 엉망인 관리에서 뭘 기대할 수 있겠니? Ⅱ부 (인니) 무질서하게, 뒤죽박죽으로, 엉망으로. ¶Nia hia objetivu barak di'et rabaraba. 그는 목표가 뒤죽박죽으로 많아요.

rabat Ⅰ동 바짝 붙어 있다. ¶Motór rua sai rabat malu. 오토바이 두 대가 바짝 붙어 있네요. Ⅱ형 가까운. ¶Maria nia uma rabat ho ha'u-nia uma. 마리아의 집은 우리집에서 가까워요. Ⅲ전 ~ 바로 옆에. ¶Ami tur rabat malu. 우리는 서로 바로 옆에 앉았어요.

rabat-rai Ⅰ동 엎드리다. ¶Nia kole loos entaun rabat-rai. 그는 너무 피곤해서 엎

드렸어요. Ⅱ형 엎드린. ¶Labarik ne'e iha pozisaun rabat-rai lee livru. 이 어린이는 엎드린 자세로 책을 봐요. Ⅲ부 엎드려서. ¶Nia gosta haree televizaun rabat-rai. 그는 엎드려서 텔레비전 보는 걸 좋아해요.

* **rabeka** 명 바이올린. ¶Nia pratika hela rabeka. 그는 바이올린을 연습하고 있어요. 유의 violinu.

⁑ **rabiska** 명 낙서. ¶Iha didin eskola estudante sira-nia rabiska mak nakonu. 학교 벽에는 학생들의 낙서가 가득했다.

rade 명 오리. ¶nia hakiak rade 오리를 치다 유의 manu-rade, patu.

radiasaun 명 방사선. ¶Doutór decide uza tratamentu radiasaun. 의사는 방사선 치료를 결정했어요.

radikál Ⅰ명 급진성. ¶Nia sai ativista radikál kontra Amerikanu nian. 그는 급진성이 있는 반미 활동가가 되었어요. Ⅱ형 급진적인. ¶Lider ida-ne'e radikál tebes iha transformasaun politiku. 이 정치 지도자는 정치적인 변혁에 있어 매우 급진적이에요.

radiojornál 명 라디오 뉴스. ¶Timor-oan barak rona radiojornál. 많은 동티모르인들이 라디오 뉴스를 들어요.

rádiu 명 라디오. ¶Povu barak sei gosta rona rádiu. 많은 사람들이 아직 라디오 듣기를 좋아해요.

* **raga** 명 바구니. ¶Ita iha raga hodi tau ai-fuan? 과일을 담을 바구니 있어요? 유의 bote.

rahenek 명 모래. ¶anin hú rahenek. 바람이 모래를 날리다 유의 henek, rai-henek.

* **rahun**[1] Ⅰ명 부스러기, 작은 조각. ¶biskuit rahun 쿠키 부스러기 Ⅱ동 산산조각 나다, 부서지다, 분쇄되다. ¶Ha'u-nia fuan rahun tanba ita husik ha'u. 당신이 나를 떠나서 내 심장은 부서졌어요. Ⅲ형 산산조각이 난. ¶Kopu monu entaun sai rahun. 유리컵이 떨어져서 산산조각이 났어요.

* **rahun**[2] 명 솜털, 털. ¶Ninia ain iha rahun barak. 그의 다리엔 솜털이 많아요. 유의 fulun.

* **rahun-aat** Ⅰ명 불운, 불행. ¶Liu husi rahun-aat maka bele hetan sorte. 불운을 통해 행운을 찾을 수 있어요. 유의 dezgrasa. Ⅱ형 불행한. ¶Sé mak bele decide ema rahun-aat? 누가 불행한 사람을 결정할 수 있는가? 유의 deskontente.

⁑ **rahun-di'ak** Ⅰ명 행운. ¶Rahun-di'ak ba Timor-oan no povu Korea! 동티모르인과 한국인에게 행운을! 유의 sorte. 반의 dezgrasa. Ⅱ형 축복받은, 행운의. ¶Nia hetan ema rahun-di'ak. 그는 축복받은 사람이에요.

⁑ **rahun-kmanek** 감 행운을 빌어요, 행운을 빌어. ¶Hala'o teste didi'ak no ha'u espera rahun-kmanek. 시험 잘 보고 와, 행운을 빌어.

⁂ **rai**[1] 명 ①계단. ¶Rai ne'e aas, kuidadu ita-nia hakat. 계단이 높으니 걸음에 주의하세요. 유의 etapa, eskada. ②층, 바닥. ¶Nia hamonu osan-besi ba rai. 그는 동전을 바닥에 떨어트렸어요.

⁂ **rai**[2] 명 ①땅. ¶Folin rai iha Dili sai karun ona. 딜리 내의 땅 가격은 이미 비싸요. 유의 andár. ②토양. ¶Qualidade rai nian

R

importante. 토양의 질은 중요해요. ③지구. ¶Rai iha problema ambiente nian. 지구는 환경 문제를 가지고 있어요. (유의) globu, raiklaran. ④((국가명 앞에 쓰여)) 나라, 국가를 뜻하는 말. ¶Rai Timor iha foho barak. 동티모르에는 산이 많아요. (유의) estadu, nasaun, rain, país.

rai[3] 명 먼지, 때. ¶La hariis semana ida, ninia isin iha rai barak. 한 주 샤워를 안 해서 그의 몸엔 때가 많아요.

rai[4] 명 ①기간. ¶Fulan-Dezembru tempu ne'e udan maka'as. 12월은 폭우가 내리는 기간이에요. (유의) periódu, termu. ②시간. ¶Iha rai dadeer kafé mak di'ak tebes. 아침 시간에 커피가 참 좋아요. (유의) oras.

⁑**rai**[5] 동 ①두다, 놓다. ¶Ita rai ita-nia telepone iha ne'ebé? 전화기를 어디에 두었어요? (유의) tau. ②저장하다. ¶Nia rai ona dokumentu iha komputadór laran. 그는 서류를 컴퓨터 안에 저장했다.

⁑**rai**[6] 동 (장소, 물건으로부터) 떠나다, 출발하다. ¶Nia sei rai husi universidade ne'e tinan oinmai. 그는 내년에 그 대학을 떠날 거예요.

*__rai-balun__ 명 지역, 구역. ¶Rai-balun ruma iha Dili sempre moos. 딜리 내 어떤 지역은 늘 깨끗해요. (유의) rai-rohan.

rai-boot[1] 명 대륙. ¶Timor-Leste pertense rai-boot Azia. 동티모르는 아시아 대륙에 속해요. (유의) kontinente.

rai-boot[2] 형 꾸밈없는. ¶haree ema seluk ho atitude rai-boot 꾸밈없는 태도로 다른 사람을 대하다 (유의) kontinente.

rai-fatin 명 저장소, 창고. ¶Favór lori sasán ba rai-fatin. 물건을 창고로 가져가세요. (유의) despensa.

rai-Finlándia 명 핀란드. (유의) Finlándia.

rai-Flores 명 플로레스. [인도네시아의 섬] (유의) Flores.

rai-Fransa 명 프랑스. ¶Rai-Fransa koñesidu ho arte. 프랑스는 예술로 유명하다. (유의) Fransa, Perancis.

rai-fuik 명 황무지, 불모지. ¶Rai-fuik bele troka rai ba agrikultura. 황무지는 농경지로 바뀔 수 있어요. (이표기) rai fuik.

rai-halai 명 산사태. ¶akontese rai-halai 산사태가 나다 (유의) rai-monu.

*__rai-hali'is__ 명 경사지. ¶Rai-hali'is barak iha Timor-Leste. 동티모르에는 경사지가 많아요.

*__rai-hamutuk__ 동 모으다, 집합하다. ¶Nia rai-hamutuk hela livru lian Korea no Tetun iha biobliteka UNTL nian. 그는 동티모르국립대 도서관에 한국어와 테툼어 책을 모으고 있어요. (유의) bá buka.

*__rai-hela__ 동 지키다, 저장하다, 보관하다. ¶Nia rai-hela livru lian Korea no Tetun iha ninia uma. 그는 한국어와 테툼어 책을 그의 집에 보관하고 있어요.

rai-henek 명 모래. ¶Ami presiza rai-henek hodi halo uma. 우리는 집을 만들기 위해 모래가 필요해요. (유의) henek, rahenek. (이표기) rai henek.

rai-hirus 동 분개하다, 억울해하다. ¶Nia rai-hirus tebes hafoin rona rezultadu julgamentu. 그는 재판 결과를 듣고 억울해했다.

*__rai-hun__ 명 산기슭. ¶Kuidadu bainhira ita lori karreta sorin rai-hun. 산기슭 옆

을 운전할 때 조심해. (유의) foho-huun. (반의) foho-letek. (이표기) rai huun.

*__rai-jelu__ 명 서리. ¶Haree rai-jelu iha Timor-Leste difisil. 동티모르에서 서리를 보기는 힘들어요.

⁑__raik__ 형 낮은. ¶Maria nia uma iha fatin raik ne'ebá. 마리아의 집은 저기 낮은 지역에 있어요. (유의) kraik. (반의) aas.

*__rai-kalan__ 명 저녁 시간. ¶Nia estuda lian Korea iha CKS-UNTL iha tempu rai-kalan nian. 그는 저녁 시간에 동티모르국립대 한국학센터에서 한국어 공부를 해요.

__rai-ketan__ 명 경계선. ¶Ema sira ne'e hela besik rai-ketan entre Timor-Leste no Indonézia. 그 사람들은 동티모르와 인도네시아의 경계선 근처에 살아요. (유의) baliza, fronteira.

*__rai-kiak__ 부 저녁 시간에. ¶Kuidadu bainhira ita la'o rai-kiak. 저녁 시간에 걸어 다닐 때 조심해.

*__rai-kidun__ 명 암흑가. ¶Ami-nia uma iha liu rai-kidun. 우리집은 암흑가 밖에 있어요. (유의) rai-okos.

*__raiklaran__ 명 ①지구. ¶destinu raiklaran nian 지구의 운명 (유의) globu, rai. ②세계, 세상. ¶Nia hakarak la'o hale'u raiklaran. 그는 세계를 돌아다니고 싶어해요.

*__rai-kle'an__ 명 도랑, 협곡. ¶Ami haree rai-kle'an bo'ot ida iha oin ne'ebá. 우리는 저기 앞쪽에 있는 큰 도랑을 보고 있어요.

__rai-Korea__ 명 코리아. ¶Ema sira iha rai-Korea uza letra Koreanu. 코리아에 사는 사람들은 한글을 사용해요. (유의) Korea.

__rai-Korea do Sul__ 대한민국, 한국, 남한. ¶Velosidade internet nian iha rai-Korea do Sul lailais liu hotu iha mundu. 대한민국의 인터넷 속도는 세계에서 가장 빨라요. (유의) Korea do Sul.

__rai-Korea Norte__ 조선민주주의인민공화국, 북한. (유의) Korea Norte.

__rai-kuak__ 명 동굴. ¶Iha Baucau iha rai-kuak hitu ne'ebé famosu loos. 바우카우 지역에 있는 동굴 7개는 매우 유명해요. (이표기) rai kuak.

__rai-lakan__ 명 번개. ¶Rai-lakan maka'as tau. 강력한 번개가 쳐요. (이표기) rai lakan.

⁑__rai-laran__ 명 국내, 내부. ¶Regulamentu iha rai-laran no li'ur rai bele la hanesan. 국내와 국외의 규정은 다를 수 있어요. (이표기) rai laran.

__rai-leet__ 명 공터, 미경작지, 놀리는 농지. ¶Sira husu oan sosa rai-leet ne'e. 그들은 자식에게 공터를 사라고 했어요.

⁑__rai-li'ur__ 명 해외, 국외. ¶Ninia oan sira hakarak bá eskola hotu iha rai-li'ur. 그의 자식 모두는 해외에 있는 학교에 가고 싶어해요. (이표기) rai liur.

*__rai-lolon__ 명 경사지, 산비탈. ¶sa'e rai-lolon 산비탈을 오르다 (이표기) rai lolon.

*__rai-loro__ 명 ①낮시간. ¶Iha rai-loro rai manas tebes. 낮시간에 정말 더워요. (유의) rai-loron. ②화창한 날씨. ¶Udan para ona no sai rai-loro. 비가 그치고 화창한 날씨가 되었어요. (유의) rai-loron.

*__rai-loron__ 명 ①낮시간. ¶Normalmente iha rai-loron ita halo saida? 낮시간에

R

주로 무엇을 하시나요? 유의 rai-loro. ②화창한 날씨. ¶Ha'u hakarak bá paseiu iha rai-loron. 화창한 날씨에는 소풍을 가고 싶어요. 유의 rai-loro.

*rai-luan 명 들판, 밭. ¶Ami gosta joga bola iha rai-luan ne'e. 우리는 그 들판에서 축구하는 걸 좋아해요. 유의 kampu. 이표기 rai luan.

*rai-malirin 명 추운 날씨. ¶Bobonaro agora tempu rai-malirin. 보보나로는 지금 추운 날씨예요. 이표기 rai malirin.

*rai-mamuk 명 땅바닥. ¶Dose mak monu iha rai-mamuk, entaun dodok ona. 과자가 땅바닥에 떨어져서 으깨졌다.

*rai-manas 명 더운 날씨. ¶Iha Timor agora tempu rai-manas. 동티모르는 지금 더운 날씨예요. 반의 rai-malirin. 이표기 rai manas.

rai-maran 명 육지, 건조지. ¶Fatin ida-ne'e mak rai-maran. 이 장소가 건조지예요.

rai-mean 명 점토, 찰흙. ¶Rai-mean ne'e uza hodi halo bloku. 이 점토는 블록을 만드는 데 사용돼요. 이표기 rai mean.

rai-metan 명 ①토양, 흙. ¶Rai-metan halo influensia ba ai-fuan. 토양은 과실에 영향을 끼쳐요. ②비료, 거름. ¶Rai ida-ne'e presiza rai-metan. 이 땅은 비료가 필요해요. 유의 adubu. 이표기 rai metan.

*rai-molik 명 황무지, 사막. ¶Rai-molik ne'e ema la hela. 그 황무지에는 사람이 살지 않아요.

rai-monu 명 산사태. ¶Tanba rai-monu, estrada ne'e karreta la bele bá. 그 도로는 산사태 때문에 차가 다닐 수가 없어요. 유의 rai-monu.

*rai-mutin 명 새벽, 동이 틀 무렵. ¶Iha rai-mutin, nia ezerse. 그는 새벽에 운동을 해요. 유의 rai-naroman.

*rain 명 ①땅. ¶Rain seluk sira-nian. 다른 땅은 그들의 것이에요. 유의 rai. ②((국가명 앞에 쓰여)) 나라, 국가를 뜻하는 말. ¶Rain Timor Lorosa'e 동티모르 유의 estadu, nasaun, país, rai.

*rai-nabeen 명 홍수. ¶Rai-nabeen boot akontese ona. 큰 홍수가 발생했어요. 유의 bee-sa'e. 이표기 rai nabeen.

*rai-na'in 명 ①토착민, 땅주인, 현지인. ¶Tiu ne'e rai-na'in suku nian. 그 삼촌은 이 마을의 토착민이에요. 반의 ema-li'ur. ②도깨비, 유령, 귀신. ¶Ita sente ta'uk kona-ba espiritu rai-na'in ka? 도깨비 영혼이 무섭니? 이표기 rai nain, rai na'in.

rai-nakaras 명 황혼, 땅거미. ¶Rai-nakaras ona, nia hatama manu sira ba luhan. 황혼이 저물자 그는 닭들을 닭장 안에 넣어요. 이표기 rai nakaras.

rai-nakdoko 명 지진. ¶Rai-nakdoko hela de'it iha Indonézia, kadavez to'o iha Timor. 지진이 인도네시아에서만 일어나도 때때로 동티모르까지 영향이 와요. 유의 terramotu. 이표기 rai nakdoko.

*rai-nakukun 명 밤시간, 야간. ¶Nia bá uma ona tanba rai-nakukun ona. 이미 밤시간이 되어서 그는 집에 갔어요.

*rai-naroman 명 새벽, 동이 틀 무렵. ¶Iha rai-naroman nia sempre lee livru. 새벽에 그는 늘 책을 봐요. 유의 rai-mutin.

rai-naruk 명 벼랑. ¶Nia kuaze atu

monu ba rai-naruk okos. 그는 벼랑 아래로 떨어질 뻔했다.

*__rai-ninin__ 명 절벽. ¶Karreta ida-ne'e halai neneik wainhira besik rai-ninin. 자동차 한 대가 절벽 근처에 이르렀을 때 천천히 달려요.

*__rai-okos__ 명 암흑가. ¶Se bele, la la'o iha rai-okos. 가능하면 암흑가로 다니지 마세요. 유의 rai-kidun.

***__rai osan__ 예금하다, 저축하다. ¶Nia rai osan iha banku. 그는 은행에 예금해요.

__rai Papua-Giné Foun__ 파푸아뉴기니. 유의 Papua-Giné Foun.

__rai-Perú__ 명 페루. 유의 Perú.

*__rai-rahun__ 명 먼지, 티, 흙먼지. ¶Uza masker atu evita husi rai-rahun. 먼지를 피하려면 마스크를 사용해. 유의 rai-uut. 이표기 rai rahun.

__rai-rohan__ 명 지역, 구역. ¶Ha'u-nia belun sira hela iha rai-rohan ne'e. 내 친구들은 이 지역에 살아요. 유의 distritu, rai-balun.

__raiseluk__ I 명 외국인, 외국. ¶Raiseluk oioin hela iha Timor-Leste. 다양한 외국인들이 동티모르에 살아요. II 형 외국의. ¶Ha'u nia kolega ne'e ema raiseluk. 제 친구는 외국의 사람이에요.

***__rai-tarutu__ I 명 천둥. ¶Ha'u ta'uk ho rai-tarutu. 저는 천둥 때문에 무서워요. II 동 천둥이 치다. ¶Tanba rai-tarutu kalan tomak, ha'u labele toba. 밤새 천둥이 쳐서 잠을 못 잤다. 유의 tinan-tarutu. 이표기 rai tarutu.

__rai-tetuk__ 명 평지. ¶Ita la'o iha rai-tetuk mak sente di'ak. 평지를 걷는 기분이 좋아요. 이표기 rai tetuk.

__rai-udan__ 명 장마철, 우기. ¶Rai-udan mai ona. 우기가 왔어요.

***__rai-ulun__ 명 동티모르의 동쪽 끝. ¶Rai-ulun to'o rai-ikun ita mesak Timor-oan de'it. 동쪽 끝에서 서쪽 끝까지 우리는 모두 동티모르인이다.

__rai-uut__ 명 먼지. ¶Kuidadu hu rai-uut, bainhira ita lori motór. 오토바이 몰 때, 먼지 조심해. 유의 rai-rahun. 이표기 rai uut.

***__raku__ 동 던지다, 내던지다. ¶Nia raku ninia kolega nia bola. 그는 친구의 공을 던졌어요. 유의 rakut, tiha, tuda.

***__rakut[1]__ 동 던지다, 내던지다. ¶rakut fatuk ba mota 강에 돌을 던지다 유의 raku, tiha, tuda.

*__rakut[2]__ 동 긁다, 할퀴다. ¶Busa rakut ha'u-nia liman. 고양이가 팔을 할퀴었어요. 유의 kamat.

*__rakut[3]__ 동 거세게 당기다. ¶Nia rakut belun nia liman. 그는 친구의 팔을 거세게 당겼다.

__rama__ 명 활. ¶Ita hatene hana rama ka? 활을 쏠 줄 알아요?

__rama-inan__ 명 활의 몸체. ¶Nia tiru manu fuik ho rama-inan. 그는 활로 야생 닭을 쐈어요. 이표기 rama inan.

__rama-oan__ 명 화살. ¶Rama-oan ne'e tenke kroat. 화살은 날카로워야만 해요. 유의 rana-isin. 이표기 rama oan.

***__ramata__ 동 ①끝마치다, 끝나다. ¶performa ramata 공연이 끝나다 유의 remata. ②결론을 내리다, 결정하다. ¶Nia ramata kona-ba ninia estudu iha universidade. 그는 대학에서 무엇을 공

R

부할지에 대해 결정했어요.

rame[1] 명 아욱. ¶Ita gosta han rame ka? 아욱 먹길 좋아해요?

*__rame__[2] 형 부산한, 북적북적한. ¶Estudante sira kanta ho muzika K-pop halo fatin ne'e rame tebes. 학생들이 케이팝 음악에 춤을 추니 장소가 북적북적해졌어요.

*__Ramelau__ 대 라멜라우산. [동티모르에서 가장 높은 산]

*__rame-rame__ I 형 신이 난, 들뜬, 기뻐서 어쩔 줄 모르는, 열정적인. ¶Sira dansa hela rame-rame loos. 그들은 신이 나서 춤추고 있어요. II 부 열정적으로. ¶Ami selebra tiha ona ninia graduasaun rame-rame loos. 우리는 그의 졸업을 열정적으로 축하했어요.

ramiis 명 조개. ¶Ami bá kaer ramiis iha tasi. 우리는 바다에 가서 조개를 잡았다. 유의 boki.

ramu 명 꽃이 핀 가지. ¶Ai-funan roza ramu ida-ne'e ha'u fó ba ó. 장미의 꽃이 핀 가지를 내가 네게 줄게.

rana-isin 명 화살. ¶Rana-isin ne'e tenke forte. 화살은 강해야만 해요. 유의 rama-oan.

rapidez 명 신속. ¶Favór halo servisu ne'e hotu lailais tanba servisu ne'e presiza rapidez. 신속을 요하는 일인만큼 되도록 빨리 처리해 주세요.

rápidu 형 빠른. ¶Favór rápidu liu halai! 더 빠르게 달려! 유의 lailais, lais, maka'as.

raru 형 드문, 진귀한. ¶Nia hasai ginseng iha meza leten ne'ebé raru, nia rona de'it nia lian. 그는 말로만 듣던 진귀한 산삼을 탁자 위에 꺼내 놓았다.

rasa 명 인종, 종. ¶Iha ami-nia eskola la iha problema diskriminasaun rasa. 우리 학교에는 인종 차별 문제가 없습니다. 유의 etnia.

*__rasan__ 동 꾸짖다, 질책하다. ¶Ita la bele fó motivasaun estudante sira husi rasan sira de'it. 그저 꾸짖는 것만으로 학생들을 바꿀 수는 없다. 유의 deskompoin, haksi'ak.

*__rasán__ 명 이유, 원인. ¶Rasán saida mak ita boot la mai servisu? 네가 일하러 오지 않는 이유가 뭐지? 유의 razaun, resan.

*__rasik__ I 대 자신. ¶Ha'u rasik nia valór ha'u rasik de'it bele haree klaru. 나 자신의 가치는 나 자신만이 제대로 볼 수 있어요. II 형 ①자신의. ¶Mai ita hadomi buat rasik. 자신의 것을 사랑합시다. ②바로 그. ¶Nia estudante rasik ne'ebe ha'u esplika ona. 그가 내가 설명했던 바로 그 학생이야.

*__rasionál__ 형 합리적인. ¶Ha'u bele kompriende profesór nia esplikasaun rasionál. 저는 교수님의 합리적인 설명을 이해했어요.

*__rasionalista__ I 명 합리주의자. ¶Nia rasionalista loos. 그는 진정한 합리주의자예요. II 형 순리적인, 합리주의적인. ¶Desizaun rasionalista la sempre rezultadu rasionalista mosu. 합리주의적인 결정이 늘 합리주의적인 결과를 만들진 않아요.

*__rasionalizmu__ 명 이성주의, 합리주의. ¶Rasionalizmu scientifiku halo sosidade inserteza tun. 과학적 합리주의는 사회의 불확실성을 줄입니다.

rasionamentu 명 배급 제도. ¶Tuir rasionamentu, povu iha nasaun komunizmu bele simu hahán. 배급 제도에 따라서 공산주의 국가에 사는 국민은 식량을 받을 수 있어요.

rasiosíniu 명 추리, 추론. ¶Nia esplika hela kona-ba rasiosíniu tuir ninia desizaun iha media konferenzia. 그는 미디어 회의에서 그의 결정에 따른 추론에 대해서 설명하고 있어요.

rasista Ⅰ 명 인종 차별주의자. ¶Povu balu rasista. 어떤 사람은 인종 차별주의자예요. Ⅱ 형 인종 차별주의자의. ¶Hahalok rasista mosu bazeia ba interese privadu. 인종 차별주의자의 행동은 개인적 이익을 토대로 나타나요.

rasizmu 명 인종 차별, 인종 차별주의. ¶Normalmente rasizmu eziste tuir diferensia nivel sosial nian. 보통 인종 차별은 사회적인 계층의 다름에 따라 존재한다.

raskuñu 명 원고, 초안, 문안. ¶Nia hakerek raskuñu atu halo livru. 그는 책을 만들려고 원고를 써요.

rasta 동 확 잡아당기다, 세게 당기다. ¶Nia rasta odamatan. 그는 문을 확 잡아당겼어요. / Nia derepente rasta ha'u-nia liman iha aula laran. 그는 갑자기 수업 중에 내 손을 세게 당겼다. 유의 arrasta, dada.

⋆**rate** 명 무덤, 묘지. ¶ke'e rate 무덤을 파다 유의 raten.

⋆**raten** 명 무덤, 묘지. ¶Partisipa sira hakoi ona ema mate iha raten. 참석자들은 망자를 묘지에 묻었어요. 유의 rate.

ratifika 동 비준하다, 승인하다. ¶Parliamentu ratifika konstitusaun foun. 의회는 새 헌법을 승인했어요.

ratifikasaun 명 비준, 승인, 인정. ¶Akordu entre UNTL no universidade Koreanu sira sei hein ratifikasaun husi parte rua. 동티모르국립대와 한국 대학들 간의 합의는 아직 양자 간의 승인을 기다리고 있어요.

⋆⋆⋆**ratus** 수 백, 100. ¶dolar ratus ida 백 달러 유의 atus, sentu.

ra'ut 동 숟갈로 뜨다, 한 줌 모으다. ¶Nia han etu ra'ut uza liman tanba kanuru fo'er hotu. 숟가락이 모두 더러워서 그는 손으로 밥을 한 줌 모아 먹었어요. 이표기 raut.

⋆**razaun** 명 이유. ¶esplika razaun 이유를 밝히다

⋆**razoável** 형 타당한, 합리적인. ¶Ida-ne'e la razoável atu hirus iha momentu ita haree ema ruma. 상대방을 보자마자 그렇게 버럭 화부터 내는 건 타당한 행동이 아니야.

reabilita 동 재활 치료하다. ¶Nia soke husi karreta tinan kotuk, agora reabilita hela. 그는 작년에 차에 치였고 이제는 재활 치료하고 있어요.

reabilitasaun 명 사회 복귀, 갱생. ¶Mane drogadu presiza reabilitasaun liu husi tratamentu. 마약 중독자는 치료를 통해 사회 복귀가 필요해요.

reaje 동 반응하다. ¶Ita difisil atu subar ita-nia intensaun, bainhira ita reaje ho urjente. 긴급히 반응해야 할 때 의도를 숨기기 어려워요.

R

reál 형 진짜의, 실제의. ¶Oinsá ita bele identifika entre buat reál no buat falsu? 어떻게 진짜인 것과 가짜인 것을 구분할 수 있을까?

realidade 명 실제, 현실. ¶Realidade hatudu katak estudante barak gosta aprende lian Korea. 현실은 많은 학생들이 한국어를 배우고자 하는 것으로 보입니다.

realista 형 현실적인. ¶Desizaun realista karik la konsidera vizaun. 현실적인 결정은 아마도 비전에 대해 생각지 않을 수 있어요. 유의 realístiku.

realístiku 형 현실적인. ¶Ita labele ignora situasaun realístiku. 우리는 현실적인 상황을 무시할 수 없다. 유의 realista.

realiza 동 성취하다, 실현하다. ¶Ami rua tenke realiza duni ami-nia mehi sira. 우리 둘은 정말로 꿈을 실현해야만 해요.

realizasaun 명 공적, 실현. ¶Iha governu harii salaun memorial atu hahi'i ninia realizasaun. 정부에서는 그의 공적을 기리기 위해 기념관을 세웠다.

reasaun 명 반응. ¶Nia hato'o reasaun iha publiku. 그는 공개적으로 반응을 표현했어요.

reativu 형 반응하는. ¶La saida mak ita hetan, maibé meius reativu kona-ba buat ita hetan deside nivel. 당신이 접하는 것이 아니라 접한 것에 반응하는 방식이 수준을 결정한다.

rebaixa 동 굴욕감을 주다. ¶Favór ida la rebaixa estudante ne'ebá. 저 학생에게 굴욕감을 주진 마세요. 반의 adora.

reben Ⅰ 수 만, 10000. Ⅱ 부 빽빽이. ¶Uluk ai sira iha reben foho ida-ne'e laran. 예전에 이 산에 나무들이 빽빽이 있었다.

rebenta 동 폭발하다, 터지다. ¶Balaun ne'e rebenta ona. 풍선이 터졌어요. 유의 dinamita.

reboka 동 회반죽을 하다. ¶Nia mai reboka hela ba didin uma nian. 그는 와서 집의 벽에 쓸 회반죽을 하고 있어요.

rebokadór 명 예인선. ¶Numeiru rebokadór la sufisiente. 예인선의 수가 부족해요.

rebusadu 명 사탕, 캔디. ¶Labarik sira gosta han rebusadu. 아이들이 사탕 먹길 좋아해요.

redasaun 명 경쟁, 대회. ¶redasaun kona-ba asuntu ambiente nian 환경 쟁점에 대한 대회

redatór 명 기자. ¶Redatór iha media, nia tama ami-nia kantór. 기자가 우리 사무실에 들어왔어요. 유의 jornalista.

rede 명 그물, 네트워크. ¶Rede sosiál mudansa ba orden sosiál. 소셜 네트워크가 사회 질서를 바꾼다. 이표기 redi.

redentór Ⅰ 명 저당 잡힌 것을 도로 찾는 사람. ¶Bainhira nia bele sai redentór? 그는 언제 저당 잡힌 것을 도로 찾는 사람이 될 수 있을까? Ⅱ 형 구원하는, 도와주는. ¶Momentu ita iha difikuldade barak, bele hetan ema redentór ka? 어려울 때 도와주는 사람을 찾을 수 있을까?

redentorista 명 가톨릭 구세주 수도회 회원. ¶sai membru redentorista nian 가톨릭 구세주 수도회 회원이 되다

redús 동 줄이다, 축소시키다. ¶Ita bele

redús problema ba asuntu prinsipál sira ne'ebé tolu. 우리는 그 문제를 주된 쟁점 세 가지로 축소시킬 수 있다. ㊄ deklina.

*redusaun 명 축소, 삭감, 감소. ¶Povu lakohi redusaun osamentu nian. 국민은 예산의 축소를 좋아하지 않아요.

*reembolsa 동 배상하다. ¶Nia tenke reembolsa fali ami-nia osan. 그는 우리들의 돈을 배상해 주어야 해요.

*reenkarnasaun 명 재생, 화신. ¶sai reenkarnasaun ódiu nian 복수의 화신이 되다

*reen-toos 명 이마. ¶Susuk tata ha'u-nia reen-toos. 모기가 내 이마를 물었네. (이표기) reen toos.

*refeisaun 명 식사. ¶Ita halo refeisaun ka? 식사를 했나요? (유의) han, han-hemu.

*refere 동 참조하다, 언급하다, 보여 주다. ¶ne'ebé refere 앞서 언급한 / Hanesan buat refere, ami presiza gastu hirak ne'e. 참조한 것처럼 우리는 이 정도 비용이 필요해요. (유의) hatudu.

referendu 명 국민 투표, 총선거. (이표기) referendum.

*referénsia 명 참고, 참고 문헌, 참조. ¶Livru ida-ne'e nia referénsia saida? 이 책의 참고 문헌이 뭐지요?

refetóriu 명 구내식당, 큰 식당. ¶Institutu ne'e buka ema ne'ebé loke refetóriu iha laran. 그 기관은 구내식당을 열 사람을 찾고 있어요.

*refila 동 말대꾸하다. ¶Ninia alin sempre refila nia. 그의 동생은 늘 그에게 말대꾸해요. (유의) regila.

refinadu 형 정제된, 완전한. ¶masin-midar refinadu 정제된 설탕

refinamentu 명 정제, 순화, 정화. ¶refinamentu lingua nian 언어 순화

refleksu 형 반사적인, 비추어진, 성찰적인. ¶Relatóriu ida-ne'e mak rezultadu bazeia ba opinion refleksu kona-ba tinan 10 kotuk. 이 보고서는 지난 10년에 대한 성찰적인 견해를 기반으로 하는 결과예요.

reflesaun 명 반사 작용, 반응. ¶Hodi prepara táktika, reflesaun kona-ba realidade mak importante. 전술을 준비하기 위해서 현실에 대한 반응이 중요해요.

reflete 동 반사하다, 반영하다. ¶Planu governu atu reflete oinsá governu kompriende situasaun agora. 정부의 계획은 어떻게 정부가 현재 상황을 이해하는지를 반영할 예정이다.

refletór 명 반사경. ¶Ha'u la hatene oinsa uza refletór. 반사경을 어떻게 사용하는지 모르겠어요.

*reforma[1] 명 ①개량, 개조. ¶Institiusaun ne'e presiza reforma tanba edifisu sai tuan ona. 그 기관은 건물이 낙후되어서 개량이 필요해요. ②(법, 체제 등의) 개혁, 개선. ¶Reforma lei mak difisil. 법의 개혁은 어려워요.

*reforma[2] 명 반사경, 반사물, 반사 장치. ¶Iha estrada laran presiza reforma numeiru hira? 이 도로에 몇 개의 반사 장치가 필요하지요?

*reforma[3] 동 은퇴하다. ¶Nia hakarak atu reforma husi ninia servisu. 그는 은

R

퇴하고 싶어해요. 유의 demite an. 반의 asumi.

*__reformadór__ 형 개혁하는, 개혁의. ¶Ema reformadór sira hasoru malu. 개혁하는 사람끼리 만났어요.

__reformadu__ I 명 연금 수령자. ¶Governu Timor-Leste suporta reformadu ne'ebé kontribui ona independensia husi Indonesia. 동티모르 정부는 인도네시아로부터 독립에 공헌했던 연금 수령자들을 지원해요.
II 형 은퇴한, 명예퇴직한. ¶Ninia manu reformadu agora servisu nu'udár voluntáriu. 은퇴한 그의 형은 이제는 자원봉사자로 활동해요.

__reformatóriu__ 명 감화원, 소년원. ¶Uluk nia hela iha reformatóriu. 예전에 그는 소년원에 살았어요.

__reforsa__ 동 강화하다. ¶Ekípa di'ak tebes tenke reforsa membru malu. 탁월한 팀은 구성원 서로를 강화해요. 유의 hametin.

__reforsu__ 명 병력 증강, 증원. ¶Polísia iha tasi atu halo reforsu. 해경은 증원을 하려 해요.

__refraun__ 명 반복되는 불평. ¶Refraun iha probelem klaru ka povu nia kostome? 반복되는 불평은 분명한 문제가 있는 건가? 아니면 국민들의 습관인가?

*__refrijera__ 동 냉장하다. ¶Ita tenke refrijera mantolun. 계란은 냉장해야만 해요.

*__refrijeradór__ 명 냉장고, 냉각 장치. ¶Ha'u bele hola refrijeradór iha ne'ebé? 냉장고를 어디에서 살 수 있어요?

*__refrijerasaun__ 명 냉장, 냉각. ¶Refrijeradór ida-ne'e iha funsaun refrijerasaun nian di'ak la lae? 이 냉장고의 냉장 기능이 좋나요?

*__refujiadu__ 명 난민, 망명자. ¶Uluk refujiadu sira hela iha Kupang mós. 예전에 난민이 꾸빵에도 있었어요.

*__refújiu__ 명 피신처, 도피처. ¶Tinan 2008 nia haree refújiu aeroportu international oin iha Dili. 2008년에 그는 딜리의 국제공항 앞에 피신처를 보았어요.

*__rega__ 동 (물을) 뿌리다. ¶Nia rega hela bee ba ai-funan sira. 그는 꽃에 물을 뿌리고 있습니다. 유의 burit, furi.

*__regadór__ 명 물뿌리개. ¶Hodi uza iha ninia loja, nia atu sosa regadór. 그의 가게에서 사용하려 그는 물뿌리개를 사려 해요.

*__regila__ 동 말대꾸하다. ¶Keta regila! 말대꾸하지 말아라! 유의 refila.

*__regista__ 동 등록하다, 기재하다, 기록하다. ¶Ita-nia fundasaun regista ona iha ministériu justisa ka? 당신의 재단은 사법부에 등록했나요?

*__registadór__ 명 남성 주민 등록 담당자. ¶Registadór regista ona ninia naran ho inan ho aman. 주민 등록 담당자는 그의 이름을 부모님과 함께 등록했어요.

*__registadora__ 명 여성 주민 등록 담당자. ¶Registadora registu naran bebé nian. 주민 등록 담당자는 아기의 이름을 등록했어요.

*__regra__ 명 규칙, 규율. ¶Ita tenke halo regra iha aula laran. 수업 내 규칙을 만들어야만 해요.

régua 명 통치자, 지배자. ¶Régua tenke sukat ninia aprezentasaun. 통치자는 그의 성과를 측정해야만 해요.

* **regula** 동 규제하다, 통제하다. ¶Regulamentu halo kna'ar atu regula ita. 규정은 우리를 규제하는 역할을 한다.

* **regulamentu** 명 규제, 규정, 통제. ¶Dala ruma estudante sira difisil atu kompriende eskola nia regulamentu. 때때로 학생들은 학교의 규정을 이해하기 어려워해요.

* **regulár** 형 ①정규적인, 규칙적인. ¶Universidade iha klase regulár no klase la'ós klase regulár. 대학에는 정규적인 반과 비정규적인 반이 있어요. ②(오랫동안) 지속적인. ¶Esforsu regulár kontinua depois ita bele hein katak rezultadu kapa'as tebes. 지속적인 노력이 계속되면 탁월한 결과를 기대할 수 있어요.

* **regularidade** 명 규칙적인 패턴. ¶Ropa ida-ne'e iha dezeña ho regularidade. 이 옷은 규칙적인 패턴의 디자인을 가지고 있어요.

* **regulasaun** 명 규율. ¶Jose mak estudante ezemplár ne'ebé tuir eskola nia regulasaun ho di'ak. 조세는 학교의 규율을 잘 따르는 모범적인 학생이다.

rei 명 왕.

* **re'i** 동 키스하다. ¶Favór bá re'in lai imi nia bebé ne'ebá. 저기 여러분의 아이에게 가서 키스해 주세요. 유의 beiju.

* **reina** 동 다스리다, 통치하다. ¶Tuir Nasoins Unidas, Portugal reina Timor-Leste to'o tinan 1999. 유엔에 따르면 포르투갈은 1999년까지 동티모르를 통치했어요. 유의 ukun.

reinadu 명 통치 기간, 치세. ¶Durante reinadu Indonézia nian, Timor-oan estuda ona bahasa. 인도네시아의 통치 기간 동안 동티모르 사람은 인도네시아어를 공부했어요.

* **reinu** 명 ①왕국. ¶Iha Timor-Leste istória laran, liurai ukun reinu. 동티모르 역사에서는 류라이가 왕국을 통치했어요. ②부족, 종족. ¶Reinu oioin hela iha Timor-Leste. 다양한 종족이 동티모르에 살아요. 유의 suku. ③대상, 대상자. ¶Ninia reinu peskiza Timor-oan iha tasi-ibun. 그의 연구 대상은 해변에 사는 동티모르 사람이에요. ④평민, 일반 사람들. ¶Tuir demokrasia reinu bele hili lider sira nian. 민주주의에 의해서 평민이 그들의 지도자를 선택할 수 있어요. 유의 ema-ki'ik.

reinu-ulun 명 기둥머리. ¶Nia halo planu atu harii reinu-ulun haat de'it. 그는 기둥머리를 4개만 세울 계획을 하고 있어요.

* **reitór** 명 ①대학 총장, 학장. ¶Reitór halo konfokasaun kona-ba inovasaun ba administrasaun públiku. 총장은 공공 행정 혁신에 대한 대회를 열었어요. ②성공회 교구의 목사. ¶Nia sai reitór ho interesante kona-ba dezenvolvimentu sosiál. 그는 사회적 발전에 대한 관심을 가지고 성공회 교구의 목사가 되었다.

* **reja** 명 기원. ¶Ema suku sira hada fatuk iha mota-ibun suku nian no inklui reja kona-ba dame. 마을 사람들은 평화에 대

R

한 기원을 담아 마을의 강어귀에 돌탑을 쌓아 올렸다.

rejeisaun 명 거부. ¶Kompañia seluk espresa rejeisaun ho ninia intensaun kona-ba ami-nia pedidu negosiasaun. 우리의 협상 요청에 대해 상대 회사는 거부의 뜻을 밝혔다.

*__rejeita__ 동 거절하다. ¶Nia rejeita ami-nia proposta. 그는 우리의 제안을 거절했다. 유의 lakohi. 반의 defere, espropria.

*__rejiaun__ 명 지방, 지역. ¶Populasaun barak iha rejiaun ne'e. 이 지역은 인구가 많아요. 유의 rai-rohan.

rejime[1] 명 정권, 제도, 체제. ¶Rejime liurai nian no demokrasia mak diferente. 족장 체제와 민주주의 체제는 달라요. 이표기 rejimi.

rejime[2] 명 규정식, 식이 요법. ¶Nia hamenus han etu tuir rejime ne'ebé rekomenda husi doutór. 의사가 추천한 식이 요법에 따라 그는 밥 먹는 양을 줄였어요. 이표기 rejimi.

*__rejionál__ 형 지방의, 지역의. ¶Nivel rejionál kona-ba aktividade ekonómiku sei decide ezemvolvimentu nasionál. 경제적 활동에 대한 지역의 수준이 국가 발전을 결정할 거예요.

*__rejionalizmu__ 명 지역적 특징. ¶Se bele, esplika rejionalizmu kona-ba ita-nia hela-fatin? 가능하다면 네가 사는 곳의 지역적 특징을 설명해 줄래?

*__rejistu__ 명 등록. ¶Registu la bele, maibé ita bele aplika. 등록은 안 되지만 신청할 순 있어요. 유의 matríkula.

*__reka__ 동 뿌리다, 물을 주다. ¶Ha'u reka ai-funan tuke 2, loro-loron. 저는 매일 2시에 꽃에 물을 줍니다. 유의 rega.

*__rekadu__ 명 ①초대. ¶Familia feto haruka manu-ain hodi hato'o rekadu ba familia uma-mane. 여자의 가족은 초대의 뜻으로 남자의 가족에게 닭다리를 보냈어요. 유의 konvite. ②전갈, 메시지. ¶Ami mai hato'o hela lia rekadu ba imi hotu. 우리는 와서 여러분 모두에게 메시지를 전하고 있어요. 유의 lia-tatoli. ③신랑 쪽의 결혼 선물. ¶Ita nia noivu lori rekadu saida? 네 신랑이 어떤 결혼 선물을 가지고 왔니?

*__rekere__ 동 요청하다, 필요로 하다, 요구하다. ¶Povu sira rekere ba governu kona-ba sira-nia promesa. 사람들은 정부에게 약속을 요구했어요. 유의 husu.

*__rekerente__ 명 지원자, 신청인. ¶Nia husu ba rekerente sira atu mai tuir entrevista iha loron-tersa. 그는 지원자들에게 화요일에 면접에 참가해 달라고 부탁했어요. 유의 husu-na'in.

*__rekerimentu__ 명 요청, 신청, 진정, 탄원. ¶Favór hatama ita bo'ot nia CV no karta rekerementu. 이력서와 신청 서류 넣으세요. 유의 petisaun.

reket 동 (소리 없이) 활짝 웃다. ¶La bele hamnasa reket nehan demais! 너무 활짝 웃지 마세요!

rekizisaun 명 요청, 신청, 요구. ¶Molok rekerimentu, rekizisaun iha ka? 신청 전에 요청이 있나요?

rekizitu 명 필요조건, 필요 요건. ¶Aplikante sira tenke prenda tuir rekezitu. 신청자들은 필요 요건에 따라 발표해야 해요.

*__reklama__ 동 (권리를) 요구하다. ¶Estudante sira reklama sira an nia direitu edukasaun. 학생들은 자신들의 교육권을 요구하고 있다.

__reklamasaun__ 명 불평, 항의. ¶Tiu mai halo reklamasaun kona-ba ninia rai. 삼촌이 와서 그의 땅에 대해서 항의를 했어요.

*__rekolla__ 동 모으다. ¶Nia rekolla doasaun ba projete ambiente naturál. 그는 자연 보호를 위한 기금을 모았어요. 유의 kolekta. 이표기 rekolha.

*__rekomenda__ 동 ①추천하다. ¶Nia rekomenda ninia estudante atu estuda iha universidade estranjeiru. 그는 학생을 외국 대학에 추천해요. 유의 fó rekomendasaun. ②충고하다.

*__rekomendasaun__ 명 ①추천. ¶Nia presiza karta rekomendasaun ida husi ninia profesór. 그는 교수님으로부터 추천 서류를 필요로 해요. ②충고, 제언. ¶Ita iha rekomendasaun ruma kona-ba ami-nia otél? 우리 호텔에 대해서 어떤 충고가 있으세요? / Favór konsidera mós ami-nia rekomendasaun ne'e. 우리의 제언도 고려해 주세요.

*__rekompensa__ I 명 보답, 사례, 보상. ¶Ita simu presente boot. Oinsá ita atu fó rekompensa? 네가 큰 선물을 받았구나. 어떻게 보답을 하려 하니? / Ninia esforsu uza enerjia barak no mós lori rekompensa. 그의 노력은 많은 에너지를 소모했고 또한 보상도 가져왔다. II 동 보답하다, 사례하다, 보상하다. ¶Ami sei rekompensa ita-nia servisu durante ne'e. 우리는 이 기간 동안 일한 것에 사례할 겁니다. / Ninia patraun rekompensa nia bonus porké ninia fa'an di'ak. 그의 사장님은 그의 좋은 영업 실적을 보너스로 보상했어요. 유의 selu.

__rekoñese__ 동 알아보다, 인정하다. ¶Tinan ida liu ba, ha'u bele rekoñese ha'u-nia sala. 작년에 저는 저의 잘못을 알아볼 수 있었어요. 이표기 rekonhese.

__rekoñesimentu__ 명 긍정. ¶Ami interpreta nu'udár rekoñesimentu kona-ba pedidu ami-nia ba ninia hamnasa. 우리는 그의 웃음을 우리의 요청에 대한 긍정으로 해석하였다.

__rekonsilia__ 동 조화시키다, 화해시키다. ¶Nia rekonsilia vitima 75 nian. 그는 75명의 희생자들을 화해시켰어요. 유의 hadame.

*__rekonsiliasaun__ 명 조화, 화해. ¶Ami tenke halo dame liu hosi rekonsiliasaun. 우리는 화해를 통해 평화를 만들어야 합니다. 유의 badame.

__rekonstrui__ 동 재건하다, 복원하다. ¶Forsa Koreanu rekonstrui ami-nia eskola. 한국군이 우리 학교를 재건했어요. 유의 harii fali.

__rekonstrusaun__ 명 재건, 복원. ¶Kona-ba edifísiu, prosesu rekonstrusaun nian diferante ho prosesu konstrusaun nian. 건물에 대해서, 복원의 과정은 건설의 과정과 달라요.

__rekordasaun__ 명 음반. ¶Merkadu rekordasaun Amérika nian ne'e eskala

R

boot liu mundu nian. 미국의 음반 시장은 세계 최대 규모이다.

*__rekorde__ 명 녹음. ¶telemovel ho funsaun rekorde. 녹음 기능이 있는 핸드폰

__rekorre__ 동 (대안이 없어서) ~에 기대다. ¶Alternativu la iha, nia tenke rekorre ninia patraun. 대안이 없어요, 그는 사장님한테 기대야만 해요.

*__rekreiu__ 명 레크리에이션, 오락. ¶Mestra rekreiu mai hanorin dansa ba ami. 레크리에이션 선생님이 와서 우리에게 춤을 가르쳐요.

*__rekruta__ Ⅰ 명 모집, 영입. ¶NGO sira halo rekruta hela funsionáriu. 비정부 기구들이 사무원을 모집을 하고 있어요. Ⅱ 동 모집하다, 뽑다. ¶Governu agora atu rekruta funsionáriu públiku foun. 정부는 지금 새로운 공무원을 모집하려 해요.

*__rekrutamentu__ 명 신규 채용. ¶Organizasaun ne'e hato'o avizu planu anuál kona-ba rekrutamentu. 그 조직은 연간 신규 채용 계획을 발표했어요.

*__rekupera__ 동 회복하다. ¶Ami reza atu ita bele rekupera husi ita-nia moras. 우리는 아픔에서 회복하도록 기도를 합니다. 유의 di'ak fali, hetan fali, restaura.

__rekuperasaun__ 명 회복, 만회. ¶Nia presiza halo rekuperasaun fila. 그는 회복을 해야 해요.

__rekursu__[1] 명 기대, 의존. ¶Ita espera katak polísia proteje liberdade kona-ba demonstrasaun la iha rekursu ba kilat. 총에 의존을 하지 않고 경찰이 시위의 자유를 보장하리라고 바라요.

__rekursu__[2] 명 항소, 상고. ¶Nia atu halo rekursu. 그는 항소를 하려 해요.

__relasaun__[1] 명 관계. ¶Relasaun ho mestre important liu hotu ne'e saida? 선생님과의 관계에서 가장 중요한 게 뭐지?

__relasaun__[2] 명 목록. ¶Ita bele halo relasaun dokumentu sira nian? 이 서류들의 목록을 만들 수 있니? 유의 rol.

__relasaun__[3] 명 비율. ¶Entre estudante man no feto iha alua laran relasaun hira? 이 반에 남녀 학생의 비율이 어떻게 되지요?

*__relasiona__ 동 열거하다. ¶relasiona ba ezemplu 예를 열거하다 유의 halo lista, lista, numera.

__relata__ 동 이야기를 하다, 설명하다. ¶Governu tenke relata didi'ak orsamentu nasaun nian ba povo sira. 정부는 국민을 위해 국가 예산을 잘 설명해야 해요.

*__relativamente__ 부 비교적. ¶Relativamente ninia dezenvolvimentu la'o lailais. 비교적 그의 발전은 빠르게 가고 있어요.

__relatividade__ 명 상대성. ¶Ita tenke aplika relatividade atu halo avaliasaun. 평가를 하려면 상대성을 적용해야 해요.

__relativista__ Ⅰ 명 상대론적인. ¶Opiniaun relativista bele halo hanoin foun. 상대론적인 의견은 새로운 생각을 만들어 낼 수 있어요. Ⅱ 형 상대론자. ¶Nia mak relativista, ita la presiza esplika ita-nia fiar. 그는 상대론자예요. 당신의 믿음에 대해서 설명할 필요는 없어요.

***relativizmu** 명 상대주의. ¶Hanoin absolutu la iha relativizmu laran. 상대주의 속에는 절대적 생각이 없어요.

relativu 형 비교상의, 상대적인. ¶Mestre ne'e aplika availiasaun relativu. 그 선생님은 상대적인 평가를 적용해요.

***relatóriu** 명 보고. ¶Nia entrega relatóriu atividade CKS nian ba UNTL. 그는 동티모르국립대에 한국학센터 활동보고를 제출했어요.

relembra 동 떠오르다. ¶relembra hanesan merkadu foun 새로운 시장으로 떠오르다

***relevante** 형 관련된, 관계가 있는. ¶Favór buka mai materiál relevante. 관련된 자료를 좀 찾아 주세요. 반의 irrelevante.

***relijiaun** 명 종교. ¶Nia relijiaun saida? 그의 종교가 뭐예요?

Relijiaun Protestante 신교도, 프로테스탄트. ¶Relijiaun Protestante mós hela iha Timor-Leste. 신교도들도 동티모르에 살아요. 유의 protestante.

relijioza 명 여성 신앙인. ¶Relijioza sira tulun hela ema mukit sira. 신앙인들이 가난한 자를 돕고 있어요.

relijiozu I 명 남성 신앙인. ¶Jose moris nu'udár relijiozu. 조세가 신앙인으로 산다. II 형 종교의, 독실한. ¶Nia mak katóliku relijiozu tebes. 그는 매우 독실한 천주교 신자예요.

***relójiu** 명 시계. ¶Nia relójiu aat tiha ona. 그의 시계는 이미 고장났어요. 유의 oras.

***relutante** 동 꺼리다. ¶Ha'u nunka halo aktu ne'ebé relutante iha konsiensia. 나는 양심에 꺼리는 행동은 절대로 하지 않는다.

remata 동 끝마치다, 끝나다. ¶Ami-nia servisu remata iha semana kotuk. 우리 일은 지난주에 끝났어요. 유의 ramata.

reminisensia 명 감회. ¶Ida-ne'e reminisensia foun depois kleur mai iha moris fatin. 오랜만에 고향에 오니 감회가 새롭다.

***renda** 명 소득, 수입. ¶Loron ida ita boot hetan renda hira husi halai karreta ne'e? 자동차 운전해서 하루에 얼마 소득을 올려요?

***rende** 동 포기하다. ¶Nia rende estudu tanba problema ekonómiku. 그는 경제적 사정으로 학업을 포기했다. 유의 entrega an. 반의 boli, dezafia.

rendimentu 명 세입, 수입. ¶Rendimentu ne'ebé nia hetan husi ninia servisu mak $115. 그가 일해서 얻은 수입은 115불이었다. 반의 despeza, dispéndiu.

renovasaun 명 쇄신, 갱신. ¶Nia halo renovasaun ba ninia organizasaun. 그는 조직 쇄신을 했다.

***rentabilidade** 명 수익성. ¶Hetan rentabilidade di'ak iha merkadu ki'ik ne'e la fasil. 작은 시장에서 좋은 수익성을 찾기는 쉽지 않아요.

***rentavel** 형 수익성이 있는. ¶Ema barak buka hela bisnis rentavel. 많은 사람들이 수익성이 있는 사업을 찾고 있어요.

R

renu 명 시민, 민간인. ¶Renu mak fundadaun ba demokrasia loos ka la'e? 시민이 민주주의 뿌리지요. 그렇죠? 유의 sivíl.

***renúnsia** Ⅰ 명 포기, 포기 선언. ¶Lalika halo renúnsia. 포기는 하지 마. Ⅱ 동 포기하다, 단념하다. ¶Semana kotuk ita komesa prepara ezame, ita renúnsia ona ka? 지난주에 시험 준비 시작했는데 벌써 포기한 거니?

reparasaun 명 수리, 배상, 보상. ¶Ita bele halo reparasaun ha'u-nia uma ka? 우리집 좀 수리할 수 있겠니?

repartisaun 명 부서, 부처, 학과. ¶Iha kompañia laran, ita-nia repartisaun saida? 회사에서 네 부처는 어디니?

repasu 명 수정, 검토, 변경. ¶Ita kompleta ona repasu kona-ba relatóriu ka? 보고서 검토 마쳤나요?

***repete** 동 반복하다. ¶Favór bele repete ita-nia pergunta? 질문 다시 반복해 볼래요? 유의 tan.

***repetisaun** 명 반복. ¶Ba estuda lian foun repetisaun mak importante liu hotu. 새 언어를 배우기 위해 반복이 가장 중요해요.

***repetitivu** 형 반복하는. ¶Ita-nia hahalok repetitivu sei sai kostume. 반복하는 행동이 습관이 될 거야.

replika 동 응수하다, 대꾸하다, 쏘아붙이다. ¶Ha'u esplika ona, lalika replika liu. 내가 설명했잖아, 더이상 대꾸하지 마.

***repollu** 명 배추. ¶Ema kuda repollu barak iha Aileu. 아엘레우에서는 배추를 많이 심어요. 이표기 repolhu.

***reportajen** 명 보도. ¶Reporter mak hato'o hela reportajen ne'e. 기자가 보도를 전달하고 있어요.

reporter 명 기자, 리포터. ¶Reporter hato'o katak akontese dezastre naturál. 기자는 자연재해가 발생했다고 보도합니다.

***repreensaun** 명 꾸지람. ¶Nia hetan repreensaun husi aman hirus. 그는 화가 난 아버지께 꾸지람을 들었다.

***reprezenta** 동 대표하다. ¶Prezidente reprezenta nasaun. 대통령은 나라를 대표한다.

***reprezentante** 명 대표. ¶Nia mak reprezentante iha Sentru Estudu Koreanu. 그는 한국학센터의 대표이다. 유의 delegada, delegadu.

***reprezentativu** 형 대표적인. ¶polítiku reprezentativu 대표적인 정치인

***reprodús** 동 복사하다, 복제하다, 재현하다. ¶Nia reprodús ona filme nia haree horiseik. 그는 어제 본 영화를 재현했다.

reprodusaun 명 생식, 번식, 복제. ¶Asu ida-ne'e iha abilidade reprodusaun maka'as. 이 개는 강력한 번식 능력을 가지고 있어요.

reprodutivu 형 복제하는, 재현하는. ¶Agora technologia reprodutivu bele halo karau hanesan. 현재 복제하는 기술은 같은 소를 만들 수 있어요.

***reprova** 동 실패하다. ¶Momentu ne'e ita sente katak ita reprova, lisaun foun mós ita bele hetan. 실패했다고 느끼는 그 순간 새로운 교훈도 찾을 수 있어요. 유의 falla.

* **reprovasaun** 명 실패. ¶Reprovasaun mak prosesu ida ba susesu. 실패는 성공을 향한 하나의 절차에요.

reptil 명 파충류. ¶Samea no lafaek mak animál reptil. 뱀과 악어는 파충류 동물이에요.

repúblika 명 공화국. ¶Timor nia naran ofisiál maka Repúblika Demokrátika de Timor-Leste. 동티모르의 공식 이름은 동티모르 민주 공화국입니다.

* **Repúblika Demokrátika Timor-Leste** 동티모르 민주 공화국.

republikanu 형 공화국의. ¶sistema republikanu 공화국의 제도

* **resan** 명 이유, 원인. ¶Bele fó resan klaru kona ba problema ne'e? 이 문제에 대한 원인을 알려줄 수 있어요? 유의 rasán, razaun.

resebedór 명 세무서 직원. ¶Resebedór fó telepone ninia kompañia kona-ba taxa. 세무서 직원이 세금에 대해서 그의 회사로 전화를 했어요.

reseita I 명 처방, 처방전. ¶Doutór fó reseita hafoin konsulta. 의사는 진찰 후에 처방전을 주었어요. II 동 처방하다. ¶Doutór reseita tiha no ha'u bá farmásia. 의사가 처방해 주어서 나는 약국으로 갔다.

* **resenseamentu** 명 인구 통계 조사. ¶Uluk resenseamentu Timor-Leste nian iha tinan 2010 no 2015. 예전 2010년과 2015년에 동티모르의 인구 통계 조사가 있었어요.

resenseia 동 인구 통계를 조사하다. ¶Governu resenseia keda tinan 5. 정부는 오 년마다 인구 통계를 조사해요.

* **resente** 형 최근의. ¶situasaun resente Timor-Leste 동티모르의 최근의 상황 유의 foufoun.

* **resentemente** 부 요즘, 최근. ¶Ho uza internet, resentemente Timor-oan hakarak rona novidade husi mundu. 인터넷이 들어오면서 최근 동티모르인들은 세계 뉴스를 즐겨 듣는다. 유의 atuálmente, daudauk, daudaun.

resepsaun 명 접수처, 접수. ¶Ema barak halibur mai iha resepsaun. 접수처에 사람들이 몰려 들었다. 유의 sasimuk.

resepsionista 명 접수 담당자. ¶Nia hasoru resepsionista iha otél no pesan hela. 그는 호텔에서 접수 담당자를 만나서 예약을 하고 있어요.

resesaun 명 불경기. ¶Enkuantu resesaun kontinua sai difisíl ba beibeik hodi buka fatin servisu. 불경기가 계속돼서 일자리 구하기가 점점 힘들어진다.

resetór 명 수취자. ¶Sé mak resetór? 수취자가 누구지요?

resibu 명 영수증. ¶Bele fó resibu ka? 영수증 줄래요? 유의 nota-kompras.

* **resiklajen** 명 재활용. ¶Ami hahú hala'o programa resiklajen botir plástiku. 우리는 플라스틱병 재활용 프로그램을 운영해요.

* **resikliu** 부 매우 많이, 과도하게. ¶Konfiansa an resikliu bele sai perigu. 과도하게 자신을 확신하는 것은 위험할 수 있다. 유의 demais.

* **resin** I 명 나머지. ¶Nia han hudi husi ninia rai no fa'an resin. 그는 자신의 땅

R

에서 난 바나나를 먹고 나머지는 팔아요. ㊒ restu. Ⅱ[형] ①과도한. ¶Ita terus husi presaun resin ka la'e? 과도한 스트레스로 고생하십니까? ㊒ exedente. ②초과하는, 너무 많은. ¶Labele hanoin resin no halo asun. 너무 많은 생각을 하지 말고 행동을 하세요. Ⅲ[부] 여분으로, 추가로. ¶Nia uza osan ba estudu, no suporta alin resin. 그는 학습에 돈을 쓰고 여분으로 동생을 지원해요.

resipiente [명] 그릇, 용기. ¶Ba han-kalan orsida ami presiza resipiente hira? 이따가 오늘 저녁 식사에 그릇이 몇 개 필요하지?

resitasaun [명] 낭독. ¶resitasaun deklarasaun ministru nian 장관의 발표문 낭독

˚respeita [동] 존경하다. ¶Nia respeita inan-aman. 그는 부모님을 존경해요. ㊖ despreza.

˚respeitavel [형] 존경할 만한. ¶Ninia vizaun mak respeitavel. 그의 비전은 존경할 만하다.

˚respeitozu [형] ①공손한, 존경심을 보이는. ¶Embaixadór Koreanu hatudu hahalok respeitozu ba Timor-Leste. 한국 대사는 동티모르에 대해 공손한 태도를 보여 주었다. ㊒ delikada, delikadu. ②예의 바른, 예절을 갖춘. ¶Nia ema ne'ebé respeitozu no haraik-an. 그는 예의 바르고 겸손한 사람입니다. ㊖ brutu.

˚respeitu Ⅰ[명] 존경. ¶Nia hatudu respeitu ba nia inan-aman sira-ne'e. 그는 부모님에 대한 지극한 존경을 표했다. ㊒ foti matan, venerasaun. Ⅱ[동] 존경하다, 존중하다. ¶Ita hotu-hotu tenke respeita malu. 우리 모두는 서로를 존중해야 한다. ㊒ respeita.

respetivamente [부] 각자, 각각, 제각기. ¶Ema iha talentu respetivamente. 사람은 제각기 재능을 가지고 있어요.

˚respetivu [형] 존경하는, 경애하는. ¶Prezidente respetivu sei hatudu ideia foun atu suporta povu ki'ik. 존경하는 대통령님께서 서민을 지원하는 새로운 생각을 발표할 것입니다.

respiradór [명] 인공호흡기. ¶Ho respiradór, nia kuaze la moris hela. 인공호흡기로 그는 간신히 살고 있어요.

respirasaun [명] 호흡. ¶Ha'u sente ha'u-nia respirasaun ladún di'ak. 호흡이 그리 좋지 않은 거 같아요.

respondente [명] 응답자, 피항소인. ¶Repondente halo hela funu kontra apelu. 항소에 대항해서 피항소인은 싸우고 있어요.

˚responsabilidade [명] 책임감. ¶Aman iha responsabilidade boot tebes ba ninia familia. 아버지는 가족에게 책임감이 무척 커요.

˚responsabiliza [동] 책임지다. ¶Nia tenke responsabiliza ba nia karreta ne'ebé sira soke ona. 그가 박은 내 차에 대해서 책임을 져야만 해요.

˚responsavel [형] 책임감 있는. ¶Nia mak responsavel entaun ita bele fiar nia. 그는 책임감 있는 사람이어서 믿어도 된다.

resposta [명] 대답, 응답. ¶La iha resposta klaru husi ami-nia xefe. 우리

대장으로부터 응답이 오랫동안 없어요. 유의 lia-hatán.

restabelese 동 재설립하다. ¶Ami restabelese hela organizasaun ida-ne'e hodi halibur fali joven sira. 우리는 청년들이 다시 보이게 하려고 이 조직을 재설립하는 중이에요. 유의 harii fali.

*** restaura** 동 회복하다. ¶Ami restaura tiha ami-nia loron Independensia iha fulan maio. 동티모르인은 5월에 주권을 회복했어요. 유의 di'ak fali, hetan fali, rekupera.

** restaurante** 명 식당. ¶loke restaurante 식당을 열다 유의 uma-han.

*** restaurasaun** 명 회복. ¶Horiseik nia moras tebes, agora ninia restaurasaun lailais ka? 어제 그가 많이 아팠는데 지금 회복이 빠른가?

restrisaun 명 견제. ¶Servisu ne'e la rezolve ho di'ak tanba simu ema seluk nia restrisaun. 그 일은 다른 사람의 견제를 받아 잘 안 풀렸다.

*** restu** 명 나머지. ¶Hahán restu husi kliente tenke soe tiha. 손님이 남긴 나머지 음식은 버려야 한다. 유의 resin.

resurreisaun 명 부활절, 그리스도의 부활. ¶Iha domingu resurreisaun ita hotu tenke ba misa. 부활절 일요일에 우리는 모두 미사 보러 가요. 유의 moris-hikas, moris fali.

*** retallu** 명 남은 부분, 나머지. ¶Ita promete ha'u ita bele han hotu, maibé retallu ne'e saida? 다 먹겠다고 약속해 놓고 남은 부분 이거 뭐냐?

retangulár 형 직사각형의, 직각의. ¶Ninia uma mak estilu retangulár. 그의 집이 직사각형의 형태예요.

*** retángulu** 명 직사각형. ¶Ita bele uza espasu di'ak iha retángulu laran. 직사각형 안에서 우리는 공간을 잘 쓸 수 있다.

retira 동 후퇴하다, 퇴각하다. ¶Militár retira tiha ona. 군대가 후퇴하다. 유의 bá kotuk.

retirada 명 퇴각, 후퇴. ¶Nia halo retirada ona husi aktividade ambiente. 그는 환경 활동에서 후퇴했다.

*** retrata** 동 묘사하다. ¶Feto ne'e retrata abó materna ho aparénsia ne'ebé neon-moos no di'ak tebes iha ninia kompozisaun. 그녀는 자신의 수필에서 외할머니를 매우 자상하고 따뜻한 모습으로 묘사했다. 유의 delineia.

retratu 명 초상화, 그림, 사진. ¶Ami-nia retratu mak ne'e. 우리의 초상화가 이거예요. 유의 foto, fotografa.

retribuisaun 명 응징. ¶Povu buka hela retribuisaun ba kriminozu. 사람들은 범죄자를 응징을 하는 방법을 찾고 있어요.

** reuniaun** 명 ①모임. ¶Ami iha reuniaun ida kona-ba preparasaun atu bá Foho Matebian. 우리는 마테비안산에 가기 위해 준비 모임을 가졌다. ②상봉, 재회, 재결합. ¶Semana oin ami iha reuniaun entre kolega sira husi universidade. 다음주에 대학 친구와의 재회가 있을 거예요.

reve 명 감상문. ¶reve filme 영화 감상문

revee 동 (원고를) 교정하다, 수정하다. ¶Ba revee ha'u-nia hakerek, ita presiza

R

oras hira? 내 글을 교정하는 데 몇 시간 걸릴까?

***revela** 동 들추다. ¶revela ema seluk nia moris privadu 남의 사생활을 들추다

reverenda Ⅰ명 여성 성직자. ¶Ita-nia igreja iha reverenda numeiru hira? 네 교회에 성직자가 몇 명이니? Ⅱ형 여성 성직자의.

reverendísimu 형 가장 존귀하신. [주교를 칭할 때 사용함] ¶reverendísimu Amu-Bispu 가장 존귀하신 주교님

reverendu Ⅰ명 남성 성직자. ¶viajen atu bá reverendu 성직자의 길을 걷다 Ⅱ형 남성 성직자의. ¶Nia sempre lori misaun reverendu. 그는 성직자의 사명을 잊지 않았다.

***reversamente** 부 거꾸로. ¶Niki toba no tara reversamente ba forru fatuk-ku'ak. 박쥐는 동굴 천장에 거꾸로 매달려 잠을 잔다.

***revista**[1] Ⅰ명 검사, 점검. ¶gás revista 가스 점검 Ⅱ동 ①검사하다, 점검하다. ¶Mestre revista hela traballudakaza estudante sira nian. 선생님은 학생들의 숙제를 검사하고 있어요. ②~를 뒤지다. ¶Nia revista ona dokumentu barak atu hetan ninia sertifikadu. 그는 수료증을 찾기 위해 서류를 뒤졌어요.

***revista**[2] 명 잡지, 신문. ¶Nia simu revista loroloron. 그는 신문을 매일 받아요.

***revizaun** 명 ①복습. ¶Depois ha'u halo revizaun hotu ha'u-nia valór ida-ne'e sa'e maka'as. 매일 복습을 철저히 했더니 이번에 성적이 많이 올랐어. ②개정, 감수. ¶Hafoin hakerek tiha ita tenke halo fali revizaun. 글을 쓴 후에 감수를 받아야 한다.

revolta Ⅰ명 반란, 모반, 봉기. ¶Ema sira hanoin revolta. 사람들은 봉기를 생각해요. Ⅱ동 반란을 하다, 모반하다, 봉기하다. ¶Ema sira hakarak revolta kontra governu. 사람들은 정부에 대항해서 반란을 하고 싶어해요.

revolusaun 명 혁명. ¶Hanoin revolusaun ne'e difisil, no realizasaun revolusaun nian difisil liur. 혁명을 생각하는 건 어려워요. 그리고 혁명을 이루는 건 더 어려워요.

revolusionáriu 형 혁명적인. ¶Ema revolusionáriu sira ulun-toos la halimar. 혁명적인 사람들은 편하지 않고 고집스러워요.

***reza** 동 기도하다, 빌다. ¶Reza hela mai ha'u, tanba aban iha ezame. 내일 시험 있거든요, 내게 기도해 줘요.
유의 hamulak, harohan, hasa'e orasaun.

***rezerva** Ⅰ명 예약. ¶troka rezerva 예약을 변경하다 Ⅱ동 예약하다. ¶Ita rezerva otél ka? 호텔은 예약했나요? Ⅲ형 (쓰지 않아서) 남는. ¶Lori ho xave rezerva. 남는 열쇠 가져와.

***rezervadu** 형 예약된. ¶Ida-ne'e ami-nia modo rezervadu ba semana oin. 이게 다음주에 예약된 우리 야채예요.

rezervatóriu 명 저수지, 급수장. ¶Sira halo hela rezervatóriu. 그들은 저수지를 만들고 있어요.

***rezidénsia** 명 거주지, 가옥, 집. ¶Prezidente nia rezidénsia iha Farol. 대통령의 거주지는 파롤에 있어요. 유의

horik-fatin, hela-fatin.

rezidensiál 형 거주하기 좋은, 주택지의. ¶Nia prepara uma rezidensiál. 그는 거주하기 좋은 집을 준비해요.

* **rezidente** I 명 거주자. ¶Nia rezidente iha Bidau besik Lita store kotuk. 그는 리타 가게의 뒤쪽 근처인 비다우의 거주자예요. 유의 habitante. II 형 거주하는. ¶Ita nia fatin rezidente iha ne'ebé? 거주하는 장소가 어디예요?

rezigna an 스스로 사직하다. ¶Nia rezigna an tiha husi nia pozisaun nu'udár xefe. 그는 대장의 지위에서 스스로 사직했어요. 유의 dada an. 이표기 rezigna aan.

rezignada 형 사직한, 사임한. ¶Ema rezignada husi nia kargu bele moris estapa foun. 자신의 직책에서 사직한 사람은 새로운 단계의 삶을 살 수 있어요.

* **rezignasaun** 명 사직, 사임.

reziste 동 저항하다. ¶Timor-oan reziste ona kontra Indonézia. 동티모르인은 인도네시아에 저항했어요. 유의 satan.

rezisténsia 명 ①인도네시아 점령기의 저항. ¶Uluk iha tempo rezisténsia ami halai hotu ba ai laran. 예전에 인도네시아 점령기의 저항 시기에 우리는 숲속으로 달려 갔어요. ②내성. ¶Ai-moruk ne'e iha rezistensia. 이 약은 내성이 있어요. ③저항, 저항력, 면역, 면역력. ¶Ninia rezisténsia maka'as kontra moras. 그는 병에 저항력이 강해요.

rezistente 형 저항하는. ¶povu rezistente 저항하는 국민

* **rezolusaun** 명 결단, 결의. ¶Parlamento nasionál halo rezolusaun kona-ba lei labarik nian. 의회는 어린이에 대한 법률 결의를 했어요.

* **rezolve** 동 해결하다. ¶Lider ne'e haka'as an hela atu rezolve problema sosiál. 이 정치 지도자는 사회 문제를 해결하려 노력하고 있어요. 유의 haloos, tesi.

rezulta 동 ①(사람이) 나타나다, 나타내다. ¶Ema lubun boot rezulta atu partisipa iha eventu nasionál. 군중은 국가적인 행사에 참여하기 위해 나타났어요. ②(일이) 발생하다, 생기다. ¶Mota-boot rezulta husi udan boot. 큰비로 인해 강물의 범람이 생겼어요.

rezultadu 명 결과. ¶Nia partisipa ezame ona no agora hein rezultadu ezame nian. 그는 시험에 참가했고 이제는 시험 결과를 기다리고 있어요. 유의 ézitu.

* **rezultante** 형 결과적인. ¶Ita bele hanoin impaktu rezultante ka? 결과적인 영향에 대해 생각할 수 있어요?

rezume 동 요약하다, 축약하다. ¶Favór halo rezume badak kona-ba istória ne'e. 이 이야기를 짧게 요약하세요. 유의 habadak.

* **rezumu** 명 ①요약. ¶Halo rezumu livru laran nian. 책 내용의 요약을 하세요. 유의 estratu, sumáriu. ②이력서. ¶Ita bo'ot presiza hatama karta aplikasaun no ita-nia rezumu. 여러분이 지원서를 작성하고 이력서를 제출하는 것이 필요합니다. 유의 CV, kurríkulum vitae.

ria 명 시아주버니, 시동생, 처남, 매부, 자형, 동서. ¶Ha'u nia rian husi rai Korea. 저의

R

매부는 한국 사람이에요. 유의 rian.

*rian 명 시아주버니, 시동생, 처남, 매부, 자형, 동서. ¶Ha'u nia feen nia maun mak ha'u-nia rian. 아내의 오빠는 처남이다. 유의 ria.

rian-mane 명 법적인 남자 가족 구성원, 시아주버니, 시동생, 처남, 매부, 자형, 동서. ¶Rian-mane barak. 시동생이 많아요. 유의 kuñadu.

riba Ⅰ 동 ①(바닥에) 탁 내려놓다. ¶Maria riba tiha bikan ba rai. 마리아는 접시를 바닥에 탁 내려놓았다. ②(스포츠) 때려눕히다. ¶Jogu bokse nia riba tiha konkorrente. 복싱에서 그는 경쟁자를 때려눕혔어요. Ⅱ 형 성미가 까다로운, 투정하는. ¶Maria riba halo ha'u susar. 그녀는 성미가 까다로워서 때로는 나를 힘들게 한다.

rifa 명 기금 모금용 복권, 복권. ¶Nia sosa rifa no manan prémiu. 그는 복권을 샀고 당첨되었어요.

*rigorozu 형 엄격한. ¶Sira tenke liu avaliasaun rigorozu tebes. 그들은 매우 엄격한 평가를 통과해야 해요.

*rihun 수 천, 1000. 유의 míl.

*rihun ida 천, 1000.

*rihun ida atus sia sianulu resin sia 천구백구십구.

*rihun-rihun 형 거대한 수의, 셀 수 없는, 수많은. ¶Fitun rihun-rihun iha kalan. 밤에 수많은 별들이 있어요. 유의 beran.

*rihun rua 이천.

*rihun rua rua 이천이.

*rihun sanulu resin sia 만 구천.

*riin Ⅰ 명 ①극. ¶riin pilla nian 배터리의 극 ②기둥, 기념비. ¶Antes hari'i uma ida tenke halo uluk nia riin. 한 건물을 세우기 전에 기둥을 먼저 만들어야 해요. Ⅱ 형 ①(물건이) 튼튼한. ¶Nia halo uma riin. 그는 튼튼한 집을 지어요. ②(사람이) 건장한. ¶Joven riin no inan la'o hamutuk. 건장한 청년과 어머니가 함께 걸어요.

rikeza 명 부, 부유함. ¶Oinsá ami bele kaer rikeza ka? 어떻게 우리는 부유함을 얻을 수 있을까요? 유의 rikusoin.

*riku Ⅰ 명 부, 재산. ¶Riku la sempre liga to'o ksolok. 재산은 늘 행복과 연결되진 않아요. Ⅱ 형 부유한, 돈이 많은. ¶Nia ema riku. 그는 부유한 사람이에요. 유의 soi. 반의 kiak.

rikusoin 명 부, 부유함. ¶halibur rikusoin 부를 쌓다 유의 rikeza.

*rinite 명 비염. ¶Bainhira klima maran kontinua ema barak mak sofre ba rinite. 건조한 날씨가 계속되면서 비염으로 고생하는 사람들이 많아졌다.

rins 명 신장, 콩팥. ¶Ninia rins kondisaun aat. 그는 콩팥의 상태가 나쁘다. 이표기 ríns.

*risku 명 줄무늬. ¶risku metan iha baze kinur 노란 바탕에 검은 줄무늬

riti 명 구리, 동, 금속. ¶Ita hatene oinsá uza riti ka? 구리를 어떻게 사용하는지 아나요?

ritmu 명 리듬. ¶Sira dansa tuir ritmu musika nian. 그들은 음악의 리듬에 따라 춤을 춰요.

*rituál Ⅰ 명 제사. ¶Rituál importante tebes iha Timor. 제사는 동티모르에서 중요해요. Ⅱ 형 제사의. ¶Lia-na'in sira halo serimonia rituál iha uma lisan. 가족 어른들은 전통적인 집에서 제사의 의식을 치러요.

*__rivalidade__ 명 경쟁자. ¶Relasaun rivalidade halo nivel ida-idak di'ak liu. 경쟁자는 각자의 수준을 더 좋게 해요. 유의 kompetidór, konkorrente.

__ro__ 전 ~와 함께. ¶Nia bá estuda ro nia kolega iha CKS. 그는 친구와 함께 한국학센터에 공부하러 다녀요. 유의 ho.

*__ró__ 명 배, 선박. ¶sa'e ró halo viajen 배를 타고 여행을 하다 / Ró tolu mak iha portu. 세 척의 배가 항구에 있습니다. 유의 barkasa, roho.

__ró-ahi__ 명 기선, 증기선. ¶Ró-ahi bo'ot husi Korea to'o ona Timor. 한국에서 온 큰 기선이 티모르에 도착했어요. 이표기 roo ahi.

*__roda__ 명 바퀴. ¶Ninia karreta roda kuak tiha. 그의 자동차 바퀴가 구멍이 났어요.

__rodajen__ 명 길들임 운전. ¶Nia halo rodajen hela karreta foun. 그는 새 차의 길들임 운전을 하고 있어요.

__rodapé__ 명 굽도리널, 걸레받이. [방 안쪽 벽의 밑 부분에 대는 좁은 널빤지] ¶Ami hakarak tau rodapé iha didin okos. 우리는 벽 밑에 굽도리널을 놓고 싶어요.

__roda-rezerva__ 명 여분의 바퀴. ¶Ita tenke lori ho karreta nia roda-rezerva ida. 자동차에 여분의 바퀴를 싣고 운전해야 해요.

**__rohan__[1] 명 끝. ¶Favór liga liña ida-ne'e to'o rohan. 이 선을 끝까지 연결하세요.

*__rohan__[2] 명 조각. ¶rohan botir plastiku 플라스틱 조각 유의 baluk.

*__rohan__[3] 명 자비, 연민. ¶Na'i nia grasa rohan 신의 은총과 자비

__rohan__[4] 동 앓는 소리를 내다, 낮게 탄성을 지르다. ¶Nia rohan, tanba moras tebetebes. 그는 너무 아파서 앓는 소리를 냈다.

*__rohan-laek__ 형 ①끝이 없는, 한없는. ¶Maromak nia domin rohan-laek 신의 한없는 사랑 ②무자비한. ¶Nia hatudu hahalok rohan-laek. 그는 무자비한 행동을 보여 줬어요. 이표기 rohan laek.

**__rohan-rohan__ 부 조금씩, 점점. ¶Tesi hena ne'e halo rohan-rohan mak fahe ba sira. 이 천을 잘라서 조금씩 그들과 나눠라.

__roho__ 명 배, 선박. ¶Ba dala uluk roho Koreanu mai iha Timor. 한국 선박이 동티모르에 처음으로 들어왔어요. 유의 ró.

__rol__ 명 ①통, 두루마리, 롤. ¶Ami sosa tapete rol rua. 카펫 두 롤을 샀어요. ②목록. ¶Nia halo rol kona-ba aplikante sira. 그는 신청자들에 대한 목록을 만들어요. 유의 relasaun.

__rolamentus__ 명 볼 베어링. ¶Nia troka rolamentus hotu tanba sira sai aat ona. 그는 볼 베어링이 망가져서 모두 교체했어요.

__ró-laran__ 명 선박의 본체. ¶Ema tama ró-laran nakonu loos. 사람들이 선박의 본체 안에 꽉 찼어요.

*__rolu__ 명 롤, 통, 두루마리. ¶Nia sosa hela rolu rua. 그는 두루마리를 두 개 사고 있어요.

*__ró-lubun__ 명 함대. ¶Timor-Leste presiza ró-lubun barak? 동티모르에 함

R

대가 필요합니까? 유의 eskuadra.

*Roma 명 로마. ¶Roma mak sidade iha Italia. 로마는 이탈리아에 있는 도시예요.

ró-malae[1] 명 족장의 관. ¶Nia hakarak tau ró-malae. 그는 족장의 관을 쓰고 싶어했다.

ró-malae[2] 명 외국의 배. ¶Ró-malae barak iha tasi feto. 북쪽 바다에 외국의 배가 많아요.

*roman 명 빛. ¶Na'i Maromak haraik roman ba ita hotu. 주님께서 우리 모두에게 빛을 선사합니다. 유의 neon.

*romániku 명 연애, 로맨스. ¶Nia gosta haree filme kona-ba romániku. 그는 연애에 대한 영화 보길 좋아해요.

*romátiku 형 낭만적인. ¶Ninia mane ne'ebé romántiku. 그녀의 남편은 낭만적이다.

romantizmu 명 낭만주의. ¶Romantizmu sempre bele halo ita hamnasa. 낭만주의는 우리를 늘 웃게 해요.

*romanu 형 로마의. ¶Militár Romanu forte tebes. 로마의 군대는 매우 강력했어요.

*rona 동 ①듣다. ¶Ha'u gosta rona musika tetum. 저는 테툼어 음악 듣는 것을 좋아해요. ②(말귀를) 알아듣다. ¶Ó rona no hatene ka la'e? 알아들었니?
관용 rona husi anin (바람으로부터 듣는다는 말로) 출처를 밝힐 수 없다.
관용 rona fila-fila 열심히 듣다.

*ró-na'in 명 선장, 주장. ¶Sé mak ró-na'in ekipa ne'e nian? 이 팀의 주장이 누구인가요? 유의 kapitaun.

roos 동 문질러 닦다, 청소하다. ¶Favór roos andár ho deterjente. 세정제로 바닥을 문질러 닦으세요.

*ropa 명 옷. ¶Nia fase ropa semana-semana. 그는 매주 옷을 세탁합니다.

*ropa-falun 명 보자기. ¶Tia ajuda ha'u hasai tteok ida husi ropa-falun nia laran. 아주머니는 보자기 속에서 떡 하나를 꺼내 주셨다.

*ropa-nani 명 수영복. ¶Tasi-ibun nakonu ho joven sira ne'ebé hatais ropa-nani no la'o bá mai. 해변은 수영복을 입고 돌아다니는 젊은이들로 넘쳐흘렀다.

rota 명 나뭇가지, 줄기, 막대기.

rotasaun 명 교대, 로테이션. ¶Sira servisu ho rotasaun. 그들은 교대로 일한다.

*ró-tasi 명 바다 배. ¶Ró ida-ne'e ró-tasi la'ós ró-mota. 이 배는 강배가 아니라 바다 배예요.

roteiru 명 대본. ¶Atór ne'e halo performasaun fielmente tuir roteiru. 그 배우는 대본에 따라서 충실하게 연기를 한다.

rotina 명 틀, 일상, 정례. ¶Ami halo exersisiu rotina kada fulan-ida. 우리는 매달 정례 운동을 해요.

*roupa 명 옷, 천. ¶estrika roupa 옷을 다리다 유의 ropa.

roxu 형 자주색의. ¶Feto ne'e nia vestidu kór roxu jeitu. 그녀의 자주색의 의상은 매력적이었다.

*roza 명 장미. ¶Roza nia morin kapás. 장미꽃의 향기가 사랑스러워요. 유의 ai-funan roza.

⁑**rua** 수 2, 둘, 이. 유의 dois, dua.

*__ruanulu__ 수 20, 스물, 이십. 이표기 rua-nulu.

ruin 명 뼈. ¶Ita-nia isin presiza ruin maka'as. 우리 몸은 튼튼한 뼈가 필요해요.

ruin-kaer 명 연골, 물렁뼈. ¶Ninia ruin-kaer ain-tuur nian kaner. 그는 무릎의 연골을 다쳤어요. 유의 ruin-nurak. 이표기 ruin kaer.

*__ruin-kotuk__ 명 등골. ¶Nia hatais faru ne'ebé ruin-kotuk sai. 그녀는 등골이 드러난 옷을 입었다.

ruin-maran 명 해골. ¶Ai, ó ne'e agora sai ruin-maran loos. 아, 너 지금 거의 해골이 되었구나. 유의 eskeletu. 이표기 ruin maran.

ruin-naksalak 동 (뼈가) 삐다, 비틀려서 어긋나다. ¶Ninia ain ruin-naksalak tanba monu tun husi ai. 그는 나무에서 떨어져서 다리를 뺐어요.

ruin-nurak 명 연골, 물렁뼈. ¶Ruin-nurak tohar iha ain-fukun. 발목의 연골이 찢어졌다. 유의 ruin-kaer. 이표기 ruin rurak.

ruin-tohar 명 골절, 균열, 금. ¶Asu ne'e karreta soke ain ruin-tohar tiha. 이 개가 차에 치여서 다리에 금이 갔어요.

*__ruma__ 형 ①어떤. ¶Ita iha buat ruma atu husu? 요구할 것이 어떤 것이 있나요? 유의 saida. ②다른. ¶Ita iha buat seluk ruma tan atu fó ha'u. 그는 내게 줄 다른 것을 더 가지고 있어요. 유의 deferente, diferente, ketaketak, oin-seluk, seluk, varia.

rumau 명 석류나무. ¶Ami kuda hela rumau. 우리는 석류나무를 심고 있어요. 이표기 rumaun.

rumus 명 (인니) 공식. ¶Tenke estuda barak rumus ne'ebé iha matéria matematika. 수학에서는 공식을 많이 공부해야 해요. 유의 fórmula.

*__runguranga__ Ⅰ 명 방해, 폐해, 어긋남. ¶Ema na'in rua halo hela runguranga iha ninia loja oin. 두 사람이 그의 가게 앞에서 방해를 하고 있어요. Ⅱ 형 온통 뒤죽박죽인. ¶Ninia sasán sira runguranga loos. 그의 물건들이 정말 온통 뒤죽박죽이에요. 이표기 rungu-ranga.

rupia 명 루피아. [인도네시아 화폐 단위]

*__rurál__ 형 지방의. ¶kultura rurál 지방의 문화 유의 to'os nian.

⁑**rusa** 명 사슴. ¶Nia haree dook rusa ida. 그는 멀리서 한 마리의 사슴을 본다. 유의 bibi-rusa.

*__Rúsia__ 명 러시아.

R

S

S1 명 사 년제 학사 학위. ¶Nia simu S1 hafoin kompleta rekizitu hotu-hotu husi eskola lisensiatura. 그는 졸업 요건을 모두 갖추어 사 년제 학사 학위를 받았다.

*__sá__ 대 무엇. ¶Ne'e serve ba sá? 이건 무엇에 쓰이는 거지요? 이표기 saa.

***__saan__ 부 일찍. ¶Nia hadeer dadeer saan. 그는 아침 일찍 일어나요. 유의 sedu.

**__saar__ 동 쓸다. ¶Nia mak saar hela lixu iha sala ne'e nia laran. 그가 방안에서 쓰레기를 쓸고 있다. 유의 dasa, dasa rai.

**__sabaun__ 명 비누. ¶Nia uza sabaun husi Korea. 그는 한국산 비누를 써요.

*__sabi__ 명 열쇠. ¶Nia lakon sabi ba odamatan ha'u-nia uma nian. 그는 내 집 문 열쇠를 잃어버렸어요. 유의 tekla, xave.

*__sabir__ 동 ①싹둑 잘라 내다. ¶Ninia aman sabir ai boot. 그의 아버지는 큰 나무를 싹둑 잘라 냈어요. ②다듬다. ¶Nia sabir ai-funan iha jardin. 그는 공원에서 꽃을 다듬었다. 유의 aparu.

sabonete 명 비누 조각. ¶Iha sentina laran sabonete iha ka? 화장실에 비누 조각이 있나요? 이표기 saboneti.

*__sabraka__ 명 귤. ¶Ioke sabraka kulit 귤을 까다 유의 derok-lotus, saburaka, tanjerina.

sabraut 부 부적격으로, 무자격으로. ¶Nia servisu sabraut. 그는 무자격으로 일을 해요.

***__sabu__ 동 찾다. ¶Nia sabu fatin servisu. 그는 일할 곳을 찾는다. 유의 buka, fa'i, hetan.

*__saburaka__ 명 귤. ¶Saburaka iha Jeju nian famozu no midar tebes. 제주도의 귤은 유명하고 매우 달아요. 유의 derok-lotus, sabraka, tanjerina.

**__saburaka-been__ 명 오렌지주스. ¶Saburaka-been ha'u bele hemu ka? 오렌지주스 마실 수 있나요? 유의 laranjada.

*__sadere__ I 동 ①기울다, 기울이다. ¶Nia gosta sadere ba kadeira. 그는 의자를 기울이는 것을 좋아해요. ②기대다. ¶Nia gosta sadere ba ninia kolega. 그는 친구에게 기대는 걸 좋아해요. II 형 경사진, 비스듬한. ¶Sira halo hela estrada sadere. 그들은 경사진 도로를 만들고 있어요.

sadi'a 동 애석해하다, 유감스러워하다. ¶Nia sadi'a ninia avó nia mate. 그는 할아버지의 사망을 애석해해요.

*__sadik__[1] 동 ①유발하다, 고무하다. ¶Estudante sira sadik lider politika atu hapara korrupsaun. 그의 발표는 국민의 저항을 유발했다. 유의 dezafia. ②도전하다. ¶La sadik, la iha rezultadu. 도전하지 않으면 결과가 없어요. ③성적으로 유혹하다. ¶Ema jeitu bele sadik ema seluk. 매력적인 사람은 타인을 성적으로 유혹할 수 있어요.

*__sadik__[2] 동 거부하다. ¶Nia sadik proposal ne'ebe ninia kolega aplika ona. 그는 친구가 신청한 제안을 거부했어요.

sadik-na'in 명 ①도전자. ¶Hodi liu ezame, sé mak sadik-na'in? 시험에 합격하기 위한 도전자는 누구지요? ②유혹하는 사람, 속이는 사람. ¶Mane ida-ne'e sadik-na'in ba nia kolega hotu. 그는 친구들을 속이는 사람이에요.

⁂**sa'e** Ⅰ 동 ①오르다. ¶Nia sa'e ninia karreta. 그는 자신의 차에 올랐다. ②자라다, 성장하다, 늘다. ¶Numeiru famila sa'e tinan kotuk. 작년에 가족 수가 늘었어요. 반의 tun. ③(탈것을) 타다. ¶sa'e bisikleta 자전거를 타다 / Nia sa'e aviaun atu estuda iha Korea. 그는 한국에서 공부하려고 비행기를 탔어요. Ⅱ 부 위쪽으로. ¶Nia la'o hela sa'e. 그는 위쪽으로 걸어가고 있어요. 반의 ba kraik. 이표기 sae.

*__sa'e-foho__ 명 등산. ¶Apá tenke bá foho dala ida iha semana ida, tanba dehan katak sa'e-foho ne'e di'ak ba saude. 아버지께서는 등산이 건강에 좋다며 일주일에 한 번씩은 꼭 산에 가신다.

sagradu 형 성스러운, 종교적인. ¶Fatin sagradu barak iha Timor. 동티모르에는 성스러운 장소가 많아요. 유의 lulik.

*__sahe__[1] 동 넘치다. ¶Enkuantu servidór ida lori mai kafé ida, ida-ne'e mak sahe ona. 웨이터가 들고 오던 커피가 넘쳤습니다. 유의 dahar.

sahe[2] 동 날카롭게 하다. ¶Tudik ne'e presiza sahe. 이 칼은 날카롭게 할 필요가 있다. 유의 kadi.

⁂**sai**[1] 동 되다. ¶Saida mak ita hakarak atu sai? 너는 어떤 사람이 되고 싶니?

⁂**sai**[2] 동 나가다. ¶Fatin sai iha ne'ebé? 나가는 곳이 어디예요? 유의 arranka.

*__saia__ 명 치마, 옷자락. ¶Nia kolu kalsa no hatais saia. 그녀는 바지를 벗고 치마를 입어요.

sai aat 고장나다, 망가지다, 망가뜨리다. ¶Udan maka'as halo livru ida-ne'e sai aat tiha ona. 폭우에 이 책이 망가졌다.

⁑**sai boot** 성장하다, 자라다. ¶Ekonomia sai boot 10% iha tinan kotuk. 작년에 경제가 10% 성장했다. 유의 boot.

*__saida__ Ⅰ 대 무엇, 뭐. ¶Saida mak ne'ebá? 그게 뭐예요? Ⅱ 형 어떤. ¶Agora daudaun ita lee livru saida? 요즘 어떤 책을 읽어요? 유의 ruma.

*__saída__[1] 명 출구. ¶Sinema ida-ne'e iha saída haat. 이 영화관은 4개의 출구가 있어요. 유의 sai-fatin.

*__saída__[2] 명 출발. ¶Saída tarde la sempre signifika to'o tarde. 늦은 출발은 늘 늦게 도착하는 것을 의미하진 않아요.

sai-fatin 명 출구, 나가는 곳. ¶Sai-fatin

S

iha ne'ebé? 출구는 어디인가요?

saka 명 부대, 포대. ¶Saka ne'e nakonu ho kafé. 그 포대는 커피로 가득차 있다.

sakaer 명 타마린드. [콩과의 상록 교목] ¶Ninia aman hakarak kuda sakaer. 그의 아버지는 타마린드를 심고 싶어해요. 유의 sukaer.

*** sakar** 동 반대하다, 도전하다. ¶Nia sakar ninia aman nia opiniaun. 그는 아버지의 견해에 반대한다. 유의 dezafia.

sakat 명 ①조각. ¶Nia foti sakat ida paun nian. 그는 빵 조각을 하나 집었어요. 유의 pedasuk, rohan. ②길게 잘린 것. ¶Nia gosta sakat senoura nian. 그는 당근이 길게 잘린 걸 좋아해요. ③구멍, 틈. ¶Nia hatais saia ho sakat. 그녀는 긴 틈이 있는 긴 치마를 입고 있어요.

*** sakola** 명 학교 가방, 책가방. ¶Aman fó nia sakola ida. 아버지는 그에게 책가방 하나를 주었어요.

sakramentál 형 성사의, 성찬식의. ¶Amu ida prepara paun no viñu sakramentál. 한 신부님은 성찬식의 빵과 술을 준비해요.

sakramentu 명 성례, 의식. ¶Sira sei hala'o kazamentu nu'udár sakramentu iha igreja. 그들은 성당에서 성례로 결혼식을 할 거예요.

*** sakrifika** 동 희생하다. ¶Inan-aman sakrifika tiha ba oan nia estudu. 부모님은 자녀의 학업을 위해 희생했어요.

sakrifisiál 형 제물로 바쳐진. ¶Sira han hela bibi-malae sakrifisiál. 그들은 제물로 바쳐진 양을 먹고 있어요.

*** sakrifísiu** 명 희생. ¶Laiha sakrifísiu, ita ema sei lahetan buat di'ak iha moris. 희생이 없이 삶에서 어떤 좋은 것을 이룰 수 없어요.

*** saku** 명 가방, 포대. ¶Nia tau kafé fuan iha saku laran. 그는 가방 안에 커피 두 병을 넣는다. 유의 bolsa, bornál.

sakunar 명 전갈. ¶Sakunar perigozu entaun kuidadu. 전갈은 위험하니 조심해요.

*** sala**[1] Ⅰ명 ①과실, 잘못, 결점. ¶Ninia sala barak iha ninia hakerek. 그의 글에 결점이 많아요. 유의 erru. ②원죄. ¶Ita boot bele aseita sala ka? 당신은 원죄를 받아들일 수 있습니까? Ⅱ동 ①실수를 저지르다. ¶Nia sala dala barak ona. 그는 여러 번 실수를 저질렀어요. ②죄를 짓다. ¶Polísia kaer nia tanba nia sala tiha ona. 그가 죄를 지어서 경찰이 그를 체포했어요. ③길을 잃다. ¶Nia la'o sala dalan. 그는 길을 잃었어요. Ⅲ형 틀린. ¶Ita-nia resposta mak sala. 네 답은 틀렸다. 유의 falsu. Ⅳ부 ①실수로, 잘못으로. ②맞지 않게, 틀리게. ¶Nia resposta sala ba perguntas sira. 그는 질문에 맞지 않게 대답했어요.

*** sala**[2] 명 방, 교실. ¶Aula lian Korea ne'e mak iha sala 9, UNTL. 한국어 수업은 9호 교실에서 해요.

*** salada** 명 ①샐러드. ¶Salada ne'e fresku tebes. 이 샐러드는 무척 신선해요. ②상추. ¶Nia han na'an ho salada hamutuk. 그는 고기를 상추와 함께 먹어요. 유의 alfase.

saladór 명 남성 죄인. ¶kastigu saladór 죄인을 처벌하다 유의 sala-na'in.

saladora 명 여성 죄인. ¶Maria hanesan

saladora hakru'uk. 마리아는 죄인처럼 고개를 푹 숙였다. ㉲ sala-na'in.

sala-fo'er I 명 불결, 불순, 불순물. ¶Sala-fo'er sentina nian nia lakohi. 그는 화장실의 불결을 싫어한다. II 형 음란한, 문란한, 추잡한. ¶Ha'u lakohi haree video sala-fo'er. 나는 음란한 비디오는 보기 싫어.

***sala-jantár** 명 주방. ¶Nia uma foun ne'e iha sala-jantár furak. 그의 새집은 멋진 주방을 가지고 있어요.

sala-laek 형 ①비난할 여지가 없는. ¶Ninia kna'ar sala-laek. 그의 역할은 비난할 여지가 없어요. ②죄가 없는, 순수한. ¶Ninia karakter sala-laek tebes. 그의 성격은 매우 순수해요. 이표기 sala laek.

***salan** 명 ①벌. ¶Nia simu salan porké ninia sala. 그의 죄로 인해 그는 벌을 받았어요. ㉲ kastigu. ②벌금. ¶Polísia fó nia salan dolar 20 ba ninia sala. 경찰은 그의 실수에 벌금 20불을 물렸다. ㉲ multa. ③죄. ¶salan no kastigu 죄와 벌

***sala-na'in** 명 ①죄인. ¶Maromak perdua sala-na'in sira iha Mundu. 신은 세상의 죄인들을 용서해요. ㉲ maksalak. ②범인. ¶Polísia buka hela sala-na'in. 경찰은 범인을 찾고 있어요. 이표기 sala na'in.

saláriu 명 급여, 봉급, 월급. ¶Kada fulan nia simu saláriu ho motante $200. 매달 그는 200불의 급여를 받아요. ㉲ kolen, vensimentu.

salaun 명 응접실. ¶Sira halo festa kazamentu iha salaun boot iha Delta Nova laran. 그들은 델타 노바 안의 큰 응접실에서 결혼식 축하연을 했어요.

***sala-vizita** 명 거실. ¶sala-vizita luan 넓은 거실 / Ami-nia família han kalan depois halibur tuur iha sala-vizita no haree televizaun. 우리 가족은 저녁을 먹고 거실에 모여 앉아 텔레비전을 보았다.

***saldu** 명 잔액, 남겨진 서비스. ¶Ita hatene ita-nia saldu telemovel? 넌 핸드폰 사용 잔액이 얼마인지 아니?

salienta 동 지적하다, 언급하다. ¶Mestre ida salienta kona-ba rekursu umanu iha Timor-Leste. 한 선생님이 동티모르 내 인적 자원에 대해 지적했어요.

salin 동 텅 비게 하다, 몽땅 비워 내다. ¶Salin kopu ita nia. 내 컵을 몽땅 비워 내라.

salju 명 눈. ¶salju sai fatuk 눈을 뭉치다 ㉲ neve.

***salmaun** 명 연어. ¶Salmaun fila fali fatin moris. 연어는 태어난 곳으로 돌아와요.

salmu 명 찬송가, 찬송곡. ¶Sira kanta hela salmu. 그들은 찬송가를 부르고 있어요.

***salon** 명 미용실. ¶Ha'u bá salon hodi desi fuuk. 나는 미용실에 들러서 머리를 했다.

salsa 명 파슬리. ¶Nia gosta han ikan ho saus salsa. 그는 파슬리소스를 뿌린 생선 먹길 좋아해요.

***salsa-bee** 명 미나리. ¶Ha'u-nia amá halo kimchi bee ne'ebé tau salsa-bee. 할머니께서는 미나리를 넣은 물김치를 담그셨다.

***salva** 동 ①구출하다. ¶Nia salva ona

S

ninia alin husi ema aat sira. 그는 남동생을 나쁜 사람들로부터 구출했어요. ②아끼다. (반의) desperdisa, estravagante.

salva an 탈출하다. ¶Nia salva an husi prizaun. 그는 감옥으로부터 탈출했어요. (유의) eskapa.

salvadór 명 구원자, 구세주. ¶Nia fiar Maromak nu'udár salvadór. 그는 구원자로서 신을 믿어요.

***salvamentu** 명 구출, 구조. ¶Nia halo salvamentu ema na'in ida iha tasi. 그는 바다에서 인명 구조를 했다.

salvasaun 명 구원, 구제. ¶Nia sente salvasaun husi Maromak. 그는 신으로부터 구원을 느껴요.

***sama**[1] 동 ①발로 밟다, 발을 들이다. ¶Nia ladauk sama rai-Timór. 그는 동티모르에 발을 들이지 않았다. ②탄압하다, 억압하다, 괴롭히다.

***sama**[2] 동 (감정을) 드러내다, 노출시키다. ¶Nia sama hirus bainhira nia hetan korrupsaun. 그는 부정부패를 목격했을 때 분노를 드러냈다.

sama-fatin 명 등자. ¶Nia sa'e kuda ho sama-fatin. 그는 등자가 있는 말에 올라탔어요.

***samea** 명 뱀. ¶samea mak tata 뱀에 물리다 (유의) samean.

samean 명 뱀. ¶Povu dehan fatin ne'ebá iha samean barak. 사람들이 말하길 저기에 뱀이 많다고 해요. (유의) samea.

samodo 명 초록뱀. ¶Samodo tata nia ain. 초록뱀이 그의 다리를 물었어요.

*****sana** 명 냄비. ¶nono bee iha sana 냄비에 물을 끓이다 (유의) taxu.

***sanak**[1] 명 나뭇가지. ¶Nia tesi ai boot nia sanak. 그는 큰 나뭇가지를 자른다. (유의) ai-sanak.

sanak[2] 형 바지 착용의, 바지 착용하고 있는. ¶feto sanak 바지를 입은 여자

sanametan 명 그을음, 검댕. ¶Porké sanametan ninia oin hotu sai metan tebes. 그을음으로 인해 그의 얼굴이 무척 검게 되었어요.

sanan 명 스튜 냄비, 소스 팬. ¶Nia nono bee manas iha sanan ida-ne'e. 그는 소스 팬에 물을 끓여요.

***sanan-boot** 명 솥, 가마솥. ¶Nia nono bee iha sanan-boot ida. 그는 가마솥에 물을 끓여요.

***sanan-matan** 명 뚜껑. ¶Ita la bele loke sanan-matan durante nono. 물이 끓는 동안 뚜껑을 열면 안 돼요.

***sangíneu**[1] 형 낙천적인, 쾌활한. ¶Nia goza hanoin sangíneu. 그는 낙천적인 생각을 즐겨요.

sangíneu[2] 형 피의, 유혈의. ¶Nia haree situasaun sangíneu durante funu. 그는 전쟁 동안 유혈의 상황을 목격했어요.

sanho 명 전기 물 펌프. ¶Ita sosa ona sanho ida-ne'e iha ne'ebé? 전기 물 펌프는 어디에서 샀니? (유의) bomba.

***sanitária** 형 위생의. ¶Moras barak akontese hela tanba kondisaun sanitária. 위생 상황 때문에 많은 질병이 생기고 있어요.

***sansaun** 명 제재. ¶Sansaun ekonomiku posible, se nasaun la tuir konkordánsia. 합의 사항을 지키지 않은

국가에 경제 제재가 가능합니다.

santa[1] 명 성인, 성모. ¶Nia reza ba santa Maria. 그는 성모 마리아에게 기도를 해요. 유의 santu.

santa[2] 명 코코넛밀크, 코코넛우유. ¶Ninia alin gosta santa. 그의 동생은 코코넛밀크를 좋아해요. 유의 santan.

Santa Komuñaun 영성체. ¶La bele han durante oras ida antes Santa Komuñaun. 영성체를 하려면 한 시간 전부터 금식해야 한다.

santan 명 코코넛밀크, 코코넛우유. ¶Favór fui santan nuu iha basia no kahur. 그릇에 코코넛밀크를 넣고 저으세요. 유의 santa.

*__santidade__ 명 ①존엄성. ¶Mai ita proteje santidade umanu nian. 인간의 존엄성을 지킵시다. ②신성함. ¶Ita fiar santidade moris nian ka? 삶의 신성함을 믿습니까?

santifika 동 신성하게 하다, 깨끗하게 하다. ¶Ita tenke santifika uma lulik sempre. 신당을 늘 깨끗하게 해야 한다.

santísimu[1] 명 지성소. ¶Santísimu iha ne'ebé? 지성소가 어디 있지요?

santísimu[2] 명 성찬의 빵. ¶Nia simu santísimu. 그는 성찬의 빵을 받았어요.

santu I 명 성인, 성자, 성자 같은 사람. ¶ho respeitu santu sira hotu 모든 성자를 존경하며 유의 santa. II 형 성자 같은, 성스러운. ¶Nia karakter mak nu'udár santu ida. 그의 성격이 성자 같아요.

santuáriu 명 동물 보호 구역. ¶Governu decide fatin ida-ne'e nu'udár santuáriu ba lafaek. 정부는 이 지역을 악어 동물 보호 구역으로 정했어요.

***__sanulu__ 수 열, 십. 유의 dés, sepuluh.

*__sanulu resin haat__ 열넷, 십사.

*__sanulu resin hitu__ 열일곱, 십칠.

*__sanulu resin ida__ 열하나, 십일.

*__sanulu resin lima__ 열다섯, 십오.

*__sanulu resin neen__ 열여섯, 십육.

*__sanulu resin rua__ 열둘, 십삼.

*__sanulu resin sia__ 열아홉, 십구.

*__sanulu resin tolu__ 열셋, 십삼.

*__sanulu resin walu__ 열여덟, 십팔.

*__sapataria__ 명 ①신발. ¶Ita-nia sapataria furak loos, sosa iha ne'ebé? 당신 신발 멋진데요, 어디서 샀나요? ②구두 가게. ¶Ita gosta sapataria saida? 어떤 구두 가게 좋아해요?

sapateiru 명 구두 제조인, 구두 수선인. ¶Nia mak sapateiru profesionál tebes. 그 구두 수선인은 매우 전문적이다.

*__sapatu__ 명 구두. ¶Ninia sapatu boot tebes ha'u bele sente mós. 그의 구두는 매우 크다는 걸 저도 느껴요.

sapatu hodi la'o 운동화.

sapatu-talin 명 신발끈, 구두끈. ¶Nia aperta tebes ninia sapatu-talin. 그는 신발끈을 강하게 동여맸어요.

sarampu 명 홍역. ¶Enfermeira sona pasiente atu prevene moras sarampu. 간호사는 환자에게 홍역 예방을 위해 주사를 놓았어요.

saran 동 이양하다, 인도하다, 배달하다, 넘겨주다. ¶Loja ida-ne'e bele saran jeleira to'o ha'u-nia uma ka? 이 가게는 냉장고를 집까지 배달해 줄 수 있나요? 유의 entrega.

S

***sarani** Ⅰ명 ①세례. ¶Padre fó sarani ba nia oan segundu. 신부님께서 그의 둘째 자식에게 세례를 주었어요. 유의 batizmu. ②세례 교인, 세례를 받은 기독교도. ¶Nia sai ona sarani tinan kotuk. 그는 작년에 세례 교인이 되었다. Ⅱ형 기독교의, 침례교의. ¶Nia hatene serimónia sarani. 그는 침례교의 의식을 알아요.

sarani-fatin 명 세례용 물통. ¶Nia bá sarani-fatin. 그는 세례용 물통으로 가요.

sardiña 명 정어리. ¶Iha ne'e bele hola lataria sardiña ka? 여기서 정어리 통조림 살 수 있어요?

saruntu 동 (사람이나 동물이 한쪽으로) 우르르 몰리다. ¶Ema saruntu wainhira odamata nakloke tiha ona. 문이 열렸을 때 사람들이 우르르 몰렸어요.

***sasahik** 명 겨자, 머스터드, 겨자소스. ¶Nia gosta han sasahik ne'ebé fresku. 그는 신선한 겨자소스를 좋아해요. 유의 mostarda.

***sasán** 명 ①물건. ¶Sasán ne'e folin hira? 이 물건 얼마예요? ②소유물, 재산. ¶Edifísiu ida-ne'e sasán privadu. 이 건물은 사적 재산이에요. ③물품, 제품, 재고. ¶Loja barak sempre iha sasán. 많은 가게가 재고를 가지고 있어요. ④짐, 수화물. ¶Nia lori sasán barak husi Korea. 그는 한국에서 많은 짐들을 가지고 왔어요. 이표기 sasaan.

관용 sasán halimar nian 장난감.

***sasán-eletróniku** 명 전기 제품. ¶Sasán-eletróniku ida-ne'e kualidade di'ak la lae? 이 전기제품 질이 좋나요? 이표기 sasaan eletróniku.

***sasán-kro'at** 명 무기. ¶Lori sasán-kro'at sira ilegál iha Timor-Leste. 무기를 소지하고 다니는 것은 동티모르에서 불법이에요. 유의 armas, kro'at. 이표기 sasaan kroat.

***sasán-lulik** 명 음부, 성기. ¶Sasán-lulik iha sentementu seksuál. 성기는 성적인 감각을 가지고 있어요. 이표기 sasaan lulik.

saseluk 명 ① 대표. ¶Nia saseluk kompañia nian. 그는 회사의 대표예요. 유의 reprezentante. ② 대체재, 대리인. ¶Ninia relatóriu mak ninia saseluk ezame nian. 그의 보고서는 시험의 대체재예요.

sasi'ik 명 예언, 추측, 점, 점을 침. ¶Nia gosta ko'alia liafuan sasi'ik. 그는 예언을 즐겨 말해요. 이표기 sasiik.

sasimuk 명 접수처, 접수. ¶Sasimuk iha ne'ebé? 접수처가 어디에 있지요? 유의 resepsaun.

***sasin** 명 ①증거, 증언. ¶Nia atu ko'alia sasin kona-ba problema ida-ne'e. 저는 이 문제에 대해서 증언을 하려 합니다. 유의 testamentu. ②목격자, 증인. ¶Nu'udár sasin, nia atu bá tribunál. 증인으로서 그는 법원에 가려 해요.

sasoro 명 미음, 쌀죽. ¶Pasiente na'in ida han hela sasoro. 한 환자가 미음을 먹고 있어요.

***sasuit** 명 빗, 빗질. ¶Inan uza sasuit atu sui oan feto nia fuuk. 어머니는 딸의 머리털을 빗질해 주려고 빗을 사용해요.

sasukat 명 측정. ¶Ita-nia sasukat aplika sistema saida? 측정을 하는 데 어떤 시스템을 적용하나요?

* **satan** 동 ①방어하다, 지키다. ¶Xapeu ne'e bele satan ita-nia kulit husi loro-matan manas. 이 모자는 뜨거운 태양으로부터 네 피부를 지킨다. 유의 defende. ② 구조하다, 구하다. ¶Sé mak bele satan labarik na'in ida? 누가 이 아이를 구할 수 있나요? 유의 salva. ③저지하다, 제지하다. ¶Polísia satan estudante universidade sira iha estrada. 경찰은 도로에서 대학생들을 저지했어요. ④저항하다. ¶Uluk Timor-oan satan kontra Indonézia. 예전에 동티모르 사람들은 인도네시아에 저항했어요. 유의 reziste. ⑤ (길, 진로 등을) 가로막다, 차단하다. ¶Ai boot monu satan tiha estrada. 큰 나무가 도로를 가로막았어요.

Satanás 명 사탄, 악마. ¶Satanás hatete aat ema seluk nia sala. 사탄이 타인의 죄를 비난하다. 유의 diabu.

* **satan-netik** 동 막다, 차단하다, ~을 방해하다, 보호하다. ¶Nia satan-netik tiha ona ema ne'ebé ataka. 그는 공격하는 사람을 막았어요.

sateia 동 성가시게 하다. ¶Labarik ne'e gosta sateia nia kolega sira. 이 어린이는 친구들을 성가시게 하길 좋아해요.

satélite 명 위성, 위성 장치. ¶Ami haree televizaun liu husi satélite. 우리는 위성을 통해서 텔레비전을 봐요.

⁑ **satisfás** 동 만족하다. ¶Nia la satisfás ho rendimentu ne'ebé mak simu. 그는 자신의 수입에 만족하지 않았다. 반의 deplora.

⁑ **satisfasaun** 명 만족. ¶Nia goza satisfasaun hotu-hotu nu'udár inan-aman. 그는 부모로서 모든 만족을 누렸다. 반의 dezgostu.

* **satisfeitu** 형 만족한, 기쁜. ¶Nia satisfeitu tebes ho rezultadu exame TOPIK nian. 그는 한국어 능력 시험 점수 결과에 크게 만족해요. 유의 kontente.

⁑ **satu** 수 인니 하나, 일. 유의 ida, ún.

* **satu juta** 인니 백만. 유의 un millaun.

* **satu milyár** 인니 십억. 유의 un bilhaun.

Saturnu 명 토성. ¶Saturnu iha satélite barak. 토성은 위성이 많아요.

sau-batar 명 추수 전 제사용 제물. ¶Tuir Timor-Leste nia kultura, sira prepara sau-batar. 동티모르의 문화에 따라 그들은 추수 전 제사용 제물을 준비해요.

⁑ **saudades** Ⅰ 명 ①열망, 갈망, 동경. ¶Nia kontinua ninia saudades ba mestre. 그는 선생님을 계속 동경해 왔어요. ②향수병. ¶Nia saudades tebes ba familia sira. 그는 가족에 대한 향수병이 심하다. Ⅱ 동 보고 싶어하다, 그리워하다. ¶Ha'u saudades tebes ha'u-nia familia ne'ebé hela iha Dili. 저는 딜리에 살고 있는 우리 가족이 많이 그립습니다.

* **saudavel** 형 건강에 좋은. ¶Tomate mak hahán saudavel. 토마토가 건강에 좋은 음식이에요.

* **saúde** 명 건강. ¶Saúde mak importante liu hotu, wainhira ita hela iha nasaun liur. 외국에서 살 때 건강이 가장 중요해요.

saudozu 형 ①열망하는, 갈망하는. ¶Nia saudozu ba susesu. 그는 성공을 갈망해요. ②향수병을 앓는, 향수에 잠긴, 그리워하

S

는. ¶Enkuantu nia hela nasaun liur, nia sempre saudozu. 그는 해외에 사는 동안 내내 향수병을 앓았다.

*__saugati__ Ⅰ 명 증정품. ¶simu saugati 증정품을 받다 유의 ksolok, prezente, saukati. Ⅱ 부 공짜로, 무료로. ¶Nia ajuda saugati de'it. 그는 무료로 도와줘요. 유의 gratis, gratuita, saukati.

*__saukati__ Ⅰ 명 증정품. ¶fó saukati 증정품을 주다 유의 ksolok, prezente, saugati. Ⅱ 부 공짜로, 무료로. ¶Agora ha'u fó saukati. 이번에는 공짜로 드릴게요. 유의 gratis, gratuita, saugati.

__Saun__ 형 성스러운. ¶Ida-ne'e fatin saun. 이곳은 성스러운 장소예요. 유의 santu.

*__sauna__ 명 사우나, 찜질방. ¶Ita gosta uza sauna ka? 사우나 사용하는 거 좋아해요?

__SD__ 명 초등학교. ¶Ami ne'e SD nia estudante sira. 우리는 초등학교 학생들이에요. 유의 eskola primária.

*__se__ 접 만약 ~한다면, ~인지 아닌지. ¶Se karik ha'u bá vizita ita? 제가 방문해도 되는지 안 되는지? / Se ema Fohometan sira moras karik, sira tenke bá to'o Suai. 만약 포호메딴 사람들이 아프면, 그들은 수아이까지 가야 해요.

관용 Se la bá ho ain, bá ho ulun, se la bá ho ulun, bá ho ain (발로 해도 안 되면 머리로 하고, 머리도 해도 안 되면 발로 하라는 말로) 모든 수단을 동원하여 최선을 다하다.

__sé__[1] 명 알파벳 C의 이름.

*__sé__[2] 대 누구, 누구를. ¶Sé mak ne'e? 누구세요?

관용 sé de'it 누구라도.

*__sebelás__ 수 (인니) 열하나, 십일.

__seda__ 명 실크, 비단. ¶Produtu seda ne'e fraku iha bee laran, tanba ne'e tenke kuidadu bainhira fase ropa. 실크 제품은 물에 약해서 세탁할 때 조심해야 한다.

*__sede__ 명 본부, 교구. ¶Igreja ida-ne'e pertense sede saida? 이 성당은 어떤 교구에 속하나요?

__sedok__ 동 섞다. ¶Nia uza kanuru bo'ot lori sedok semente no rai-henek. 그는 큰 삽을 가져와서 시멘트와 모래를 섞었어요. 유의 kedok.

*__sedu__ Ⅰ 형 (시간이) 일찍, 이른. ¶Nia hemu kafé iha dadeer sedu. 그는 이른 아침에 커피를 마셔요. Ⅱ 부 일찍. ¶Nia mai sedu liu iha aula. 그는 수업에 더 일찍 왔어요. 유의 saan. 반의 tarde.

__see__ 동 향하다, 돌리다. ¶Bis ida-ne'e see ba universidade. 이 버스는 대학으로 향해요.

*__sees__ 동 ①(머리나 몸을) 비키다. ¶Porké karreta, nia sees iha estrada. 자동차로 인해 그는 길에서 비켰어요. ②피하다. ¶Oinsá povu bele sees husi pobreza? 어떻게 국민이 빈곤을 피할 수 있을까? 유의 evita, hadook an, sees an.

*__sees an__ 피하다. ¶Nia sees an husi gangster. 그는 깡패를 피했다. 유의 evita, hadook an, sees. 반의 enfrenta. 이표기 sees aan.

*__segitiga__ 명 (인니) 삼각형. ¶Favór kalkula area segitiga ne'e. 이 삼각형의 넓이를 구하세요. 유의 triángulu.

*segredu 명 비밀. ¶Ha'u rai segredu ne'e kleur ona. 저는 분명히 비밀을 지켰어요. 유의 konfidénsia, lia-menas. 반의 avizu.

*segunda-feira 명 월요일. ¶Loron feriadu periódiku loja ne'e nian dala rua kada fulan loron segunda-feira dahuluk, no datolu. 한 달에 두 번, 첫째와 셋째 월요일은 그 상점의 정기 휴무일이다. 유의 loron-segunda.

segundu 형 둘째로, 두 번째로. ¶Nia halo aplikasaun segundu atu simu bolsu estudu. 그는 장학금을 받기 위해서 두 번째 신청을 했어요. 유의 daruak.

*seguransa 명 ①안전, 보안. ¶Nia servisu iha seguransa Maubere nian. 그는 마우베레 보안 회사에서 일을 해요. ②확실, 확신. ¶Ita tenke iha seguransa ba ita-nia an rasik. 스스로에 대한 확신을 가져야만 해요.

*seguru Ⅰ 명 ①안전, 보안, 보장. 유의 asuransi. ②보험, 보험금. ¶Seguru hira ha'u bele simu ka? 보험금 얼마를 받을 수 있나요? Ⅱ 형 ①안전한. ¶Se bele, hili dalan seguru lai. 가급적이면 안전한 길을 택하세요. ②확실한, 확신하는. ¶Ida-ne'e seguru. 이건 확실해요. 유의 tebes.

sehik 명 어제. ¶Loron sehik la hanesan ho loron ohin. 어제는 오늘과 같지 않아요. 유의 horisehik.

*sei Ⅰ 부 과거에. ¶Nia bá Korea bainhira ha'u sei tinan 22. 내가 22살이었을 때 미국에 갔다. Ⅱ 조 ~할 것이다. ¶Ha'u sei bá Korea tinan oin. 나는 내년에 한국에 갈 것이다.

*seidauk 부 결코 ~않다, 아직 ~못하다. ¶Sira seidauk hatán ba ezijénsia emar Timor-oan tomak iha área edukasaun formál. 그들은 공식적인 교육 분야에서 동티모르인 전체의 수요에 대한 대답을 아직 얻지 못했다.

*sein[1] 전 ~ 없이. ¶Nia labele servisu sein ninia sekretáriu. 그는 비서 없이 일할 수 없다. 유의 lahó, laiha.

*sein[2] 수(포) 백, 100.

*seis 수(포) 여섯, 육. 유의 neen.

*seisentus 수(포) 육백.

sekretária 명 비서실. ¶Nia servisu hela iha sekretária laran. 그는 비서실에서 일하고 있어요.

*seksu 명 성, 성별. ¶Favór maka ita-nia seksu. 성별을 표시하세요. 유의 generu.

seksuál 형 성적인. ¶aktividade seksuál 성적인 활동

*seksualidade 명 성적 취향. ¶Ita iha seksualidade ka? 성적 취향이 있나요?

*sektór 명 부문, 분야. ¶Aktividade sektór privadu nian la hanesan ho sektór públiku nian. 사적 영역의 활동은 공적 영역과 같지 않아요.

sekuénsia 명 연속된 사건들. ¶Iha sekuénsia durante tinan 10 iha fatór hanesan ka la'e? 10년간 연속된 사건들 속에 같은 요소들이 있습니까?

*sékulu 명 세기. ¶Nasaun ne'ebé moris premeiru iha sékulu 21 nian, Timor-Leste 21세기 첫 번째 탄생국 동티모르 유의 tinan-atus.

*sekundáriu[1] 명 고등학교. ¶Ita-nia alin eskola sekundáriu naran saida? 네 동

생 고등학교 이름이 뭐야? 유의 eskola sekundária, SMA.

* **sekundáriu**[2] 명 두 번째. ¶Ohin loron, ha'u sekundáriu bá eskola. 오늘 학교에 두 번째로 갔어요. 유의 ba dala rua, detík.

selae 부 이외에, 아니면, 그렇지 않으면. ¶Selae ita estuda agora, oinsá ita bele prepara futuru? 지금 공부하지 않으면 어떻게 미래를 준비할까요?

* **sele** 동 파괴하다, 파괴되다. ¶Edifísiu ne'e hetan kompletamente sele ho ahi. 그 건물은 화재로 파괴되었다.

* **selebra** 동 기념하다, 축하하다. ¶Nia atu selebra ninia loron-moris nian. 그는 자신의 생일을 기념하려 해요. 유의 komemora.

selebrante 명 미사 참석자. ¶Selebrante barak iha igreja laran. 성당 안에 미사 참석자가 많아요.

selebrasaun 명 기념행사. ¶Nia partisipa selebrasaun loron Natal nian iha Rai-Roma. 그는 로마에서 성탄절 기념행사에 참가해요.

selendang 명 스카프. ¶Amá tau selendang ne'ebé seda ona iha kakorok no sai ba li'ur. 어머니는 실크로 된 스카프를 목에 두르고 외출하셨다.

⁑ **selesaun** 명 선정. ¶selesaun premiu bo'ot 대상자 선정

* **selu** 동 ①지불하다. ¶Nia bá selu sasán ne'ebé nia sosa. 그는 산 물건값을 지불했다. ②보상하다. ¶Nia kolega selu tiha kona-ba buat ne'ebé nia harahun. 그의 친구는 파괴한 것에 대해 보상했어요. 유의 rekompensa. ③보답하다. ¶Maromak mak sei selu ó. 신께서 보답할 겁니다.

⁑ **selu-fila** 명 보수, 급여. ¶Selu-fila servisu-nia ne'e nato'on. 이 직장은 보수가 딱 적당해요.

selu-fulan 명 월간 지불금, 매달 지급금, 월세. ¶Nia fó selu-fulan nian ba vendedór. 그는 판매자에게 월간 지불금을 주었어요.

* **seluk** Ⅰ 동 ①바뀌다, 변경되다. ¶Uma ne'e agora oin seluk ona, la hanesan uluk. 지금 이 집은 바뀌어서, 예전 같지 않아요. 유의 muda. ②대체하다, 바꾸다. ¶Nia seluk kargu ba kolega. 그는 자신의 역할을 친구와 바꾸었어요. 유의 hein, troka, truka, tukar. Ⅱ 형 ①다른. ¶Nia hasoru malu ema seluk. 그는 다른 사람을 만나요. 유의 deferente, diferente, ketaketak, oin-seluk, ruma, varia. ②나머지의. ¶Ha'u komplitu servisu ne'ebé ita fó ha'u horiseik. Agora kna'ar sira seluk mak saida? 어제 준 일 다 마쳤는데요. 이제 나머지 일은 뭐지요?

seluk-seluk 형 각각 다른, 다양한, 이런저런. ¶Ema misionáriu sira tradús ona livru misál, Bíblia ba Tetun no Dalen seluk-seluk tan. 선교사들은 미사 전서 성경을 테툼어와 다양한 언어로 번역했다.

sélula 명 수도실, 암자. ¶Nia hela iha sélula ki'ik. 그는 작은 수도실에 살아요.

selulár 형 세포의, 무선 전화의. ¶Oinsá ita bele identifika mate selulár? 어떻게 세포의 죽음을 알 수 있습니까?

* **selus** 명 우표. ¶Nia sosa selus atu haruka falun. 그는 소포를 보내려고 우표를 사요.

seluseluk Ⅰ명 다른 것. ¶Deskobre itania sala antes ko'alia seluseluk. 다른 것을 말하기 전에 네 잘못을 발견하세요. Ⅱ형 다양하게 다른, 이런저런. ¶Loja ne'e iha sasán seluseluk husi rai liur. 그 가게에는 외국에서 온 이런저런 물건들이 있어요.

***semana** 명 ①주, 일주일. ¶Semana ida-ne'e ami la servisu. 이번 주에 우리는 일하지 않아요. ②시장, 주말장. ¶Kada semana sira loke bazaar, ami atu bá bazzar semana. 매주 장이 열려요, 우리는 주말장에 가려 해요.

***semanál** 형 주간의. ¶Nia lee jornal semanál. 그는 주간의 신문을 읽어요.

***semanáriu** 명 주간. ¶Nia halo oráriu keda semanáriu. 그는 주간 스케줄을 만들어요.

semana-semana 명 매주. ¶Ami halo enkontru ba departementu hotu-hotu iha segunda semana-semana. 우리는 매주 월요일에 부서 전체 회의를 한다.

sembilan 수 인니 아홉, 구. 유의 sia.

***sembilan belás** 인니 열아홉, 십구.

***sembilan belas ribu** 인니 만 구천.

***sembilan puluh** 인니 아흔, 구십.

***sembilan ratus** 인니 구백.

semblante 명 기색. ¶Bainhira ha'u ko'alia, ha'u haree nia semblante ne'ebé moe. 내가 말을 걸자 그녀는 부끄러워하는 기색을 보였다.

***semestrál** 형 반년의. ¶Nia estuda tiha ona lian Korea durante periadu semestrál. 그는 반년의 기간 동안 한국어를 공부했어요.

***semestre** 명 ①학기. ¶Nia semestre 5 hotu ona. 그는 지금 5학기를 마쳤어요. ②육 개월, 여섯 달. ¶Estudante troka nia periodu ne'e semestre ida. 교환 학생의 수업 기간은 육 개월입니다. 유의 fulan-neen.

semifinál 명 준결승전. ¶Nia mós partisipa iha eventu semifinál nian. 그도 준결승전에 참가해요.

semifinalista 명 준결승 출전 선수. ¶Hafoin nia sai semifinalista kedas, ninia objetivu sai aas liu. 준결승 출전 선수가 되자 그의 목표는 더 높아졌어요.

seminarista 명 신학대생. ¶Nia hakarak sai seminarista ida. 그는 신학대생이 되고 싶어해요.

semináriu 명 ①성경 학교. ¶Nia hela iha semináriu durante tinan 3 ona. 그는 3년 동안 성경 학교에 살았었어요. ②세미나, 연구회. ¶Nia prepara hela programa ba semináriu. 그는 세미나를 위한 프로그램을 준비하고 있어요.

***semitériu** 명 묘지, 무덤. ¶Sira visita semitériu Santa Cruz. 그들은 산타크루즈 묘지에 방문해요.

***semo** Ⅰ명 비행, 나는 것. ¶semo kalan 야간 비행 유의 semu. Ⅱ동 날다. ¶manu semo iha lalehan 새가 하늘을 날다 유의 semu.

semo-namlele 동 나부끼다. ¶Bandeira mak semo-namlele hela iha anin. 깃발이 바람에 나부끼고 있다.

sempre 부 항상, 늘, 언제나. ¶Nia sempre vizita uma inan-aman nian kada semana. 그는 항상 주마다 그

의 부모님 집을 방문해요.

*__semu__ Ⅰ명 비행. ¶Iha aeroportu ida-ne'e semu premeiru loron ohin nian tuku hira? 이 공항에서 오늘 첫 비행은 몇 시에 있어요? 유의 semo. Ⅱ동 날다. ¶Aviaun ida-ne'e semu aas tebes. 이 비행기는 높게 날아요. 유의 semo.

*__sén__ 수 백, 100. 유의 atus.

__sena__ 동 패드를 대다, 채워 넣다. ¶Nia sena ropa barak iha ai-balun laran. 그는 가방 안에 옷을 채워 넣었어요.

__senadu__ 명 상원. ¶Sistema senadu la iha iha Timor-Leste. 동티모르에는 상원 제도가 없어요.

*__sé-nia__ 형 누구의. ¶Sé-nia livru maka ne'e? 이거 누구의 책이에요? 이표기 sé nia.

*__sé-nian__ 대 누구의 것. ¶Sé-nian di'ak liu hotu ka? 누구의 것이 가장 좋지요? 이표기 sé nian.

*__senior__ 명 선배. ¶Ha'u iha liafun ne'ebé hakarak fahe ba imi hotu nu'udár moris senior. 제가 인생의 선배로서 여러 분들에게 해 주고 싶은 말이 있습니다.

*__señór__ 명 ①신사. ¶Señór na'in ida tama lai. 신사 한 명이 들어온다. ②미스터, 선생님. [성인 남성의 존칭] ¶Señór naran saida? 선생님 존함이 어떻게 되시지요? 이표기 senhór.

*__señora__ 명 사모님, 부인. [기혼 여성의 존칭] ¶Señora ne'e laran-di'ak tebes. 그 부인은 마음이 참 좋아요. 이표기 senhora.

*__senoura__ 명 당근. ¶Nia hakarak han senoura. 그는 당근을 먹는 걸 좋아해요.

__sensasionál__ 형 세상을 놀라게 하는, 돌풍을 일으키는. ¶Nia hakarak halo novidade sensasionál. 그는 세상을 놀라게 하는 소식을 만들고 싶어해요.

*__sensibilidade__ 명 세심함. ¶Nia iha sensibilidade kona-ba arte. 그는 예술에 대한 세심함을 가지고 있어요.

*__sensibiliza__ 동 깨닫게 하다, 깨우치다, ~에 눈을 뜨다. ¶Mestre ne'e sensibiliza ninia estudante sira problema sosiál. 선생님은 학생들이 사회 문제에 눈을 뜨게 했어요.

__sensibilizasaun__ 명 인식. ¶sensibilizasaun kona ba prevensaun Pandemia 전염병 예방에 관한 인식

*__sensitividade__ 명 감수성. ¶Ami-nia bin sensitividade mak sensitivu. 우리 누나는 감수성이 예민하다.

__sensitivu__ 형 감각의, 민감한. ¶Ida-ne'e mak asuntu sensitivu tebes. 이것이 무척 민감한 쟁점이에요.

*__sensivel__ 형 세심한. ¶Ami oferese Programa Dezenvolvimentu ne'ebé sensivel ba ema ho defisiensia nutrisaun. 우리는 영양 결핍인 사람들을 위해 세심한 개선 프로그램을 제공합니다.

__sensór__ 명 검열관. ¶Nia sensór kona-ba flime. 그는 영화에 대한 검열관이에요.

__sensuál__ 형 감각적인, 관능적인. ¶Nia sensuál tebes. 그는 매우 관능적이에요.

__sensualidade__ 명 관능성. ¶Ita bele hetan sensualidade flime ne'e nian? 그 영화의 관능성을 찾을 수 있었나요?

*__sente__ 동 ①느끼다. ¶Nia sente an nia matenek. 그는 스스로 똑똑하다고 느낀다. 유의 sinti. ②감지하다. ¶Ha'u sente

Maria nia intelengensia tebes. 나는 마리아의 높은 지성을 감지했다. ③유감스럽게 여기다. ¶Nia sente hasoru Maria. 마리아를 만난 것을 유감스럽게 여긴다.
관용 sente baruk (따분함을 느낀다는 말로) 동기 부여가 되지 않다.

*__sente-di'ak__ Ⅰ명 즐거움, 기쁨, 쾌락. ¶Bainhira han ho ha'u-nia familia iha sempre sente-di'ak. 가족들과 식사할 때는 항상 즐거움이 있어요. Ⅱ형 기분이 좋은. ¶Maria sente-di'ak tebes hasoru nia familia. 마리아는 가족을 만나서 매우 기분이 좋아요.

__sente-kanek__ Ⅰ명 유감, 불쾌감. ¶Nia sente-kanek iha ain ne'e moras tebes. 그는 다리가 아파서 불쾌감을 느꼈다. Ⅱ형 유감스러운.

__sentementál__ 형 정서적인, 감정적인. ¶Nia sente sentementál tebes ba attakamentu ida-ne'e. 그는 이 공격으로 인해 매우 감정적이에요.

__sentementalista__ 명 지나치게 감상적인 사람, 감상주의자. ¶Nia sentementalista ka? 그는 감상주의자인가요?

*__sentementu__ 명 ①심리, 정서, 감정. ¶Ha'u konkorda ho ita-nia sentementu kona-ba planu ne'e. 저는 그 계획에 대한 당신의 심리에 동의해요. ②기분, 느낌. ¶Nia iha sentementu di'ak tanba ninia kolega sira mai hamutuk. 그는 친구들이 함께 와서 기분이 좋아요.

⁑__sentena__ 명 변기, 화장실. ¶bá mai sentena 화장실에 다녀오다

__sentena-kuak__ 형 오물통. ¶La bele hafakar sentena-kuak. 오물통 쏟지 마.

__sentensa__ 명 선고. ¶Nia hetan sentensa tinan rua tanba simu julgamentu ho akuza na'ok. 그는 절도 혐의로 재판을 받아 2년 형 선고를 받았다.

*__sentidu__[1] 명 ①감각, 뜻, 의미. ¶Imajen ida-ne'e nia sentidu saida? 이 이미지의 뜻은 뭐예요? 유의 arti, definisaun, sintidu. ②의식, 자각. ¶Nia lakon sentidu. 그는 의식을 잃었다. 유의 sintidu.

*__sentidu__[2] 명 방향. ¶sentidu sidade laran 시내 방향 유의 jurusan, sintidu.

*__sentidu__[3] 형 조심스러운, 신중한. ¶Nia halo hela planu sentidu porké situasaun pergozu. 그는 위험한 상황으로 인해 조심스러운 계획을 짜고 있습니다. 유의 sintidu.

__sentidu__[4] 감 차렷. ¶Sentidu! Firme! 차렷! 열중쉬어! 유의 sintidu.

⁑__sentimentu__ 명 감, 감각. ¶sentimentu moda 패션 감각

__sentímetru__ 명 센티미터. ¶Udan tau to'o sentímetru 10. 비가 10센티미터까지 내렸어요.

__séntimu__ 명 센트. ¶Séntimu atus ida hanesan ho dolar ida. 100센트는 1달러와 같아요.

⁑__sentina__ 명 화장실. ¶Sentina iha ne'ebé? 화장실 어디에 있지요? 유의 sintina.

*__sentrál__ 명 ①중앙, 중심. ¶Nia servisu iha edifísiu sentrál laran. 그는 중앙 건물에서 일해요. ②본사. ¶Kompañia nia sentrál iha ne'ebé? 회사의 본사는 어디에 있나요?

__sentralista__ Ⅰ명 중앙 집권주의자. ¶Nia

S

nu'udár sentralista hakarak kontrola hotu. 중앙 집권주의자로서 그는 모든 것을 통제하고 싶어해요. Ⅱ 형 중앙 집권주의적인. ¶Ideia sentralista aplika iha governu modernu. 중앙 집권주의적인 생각은 근대적인 정부에 적용이 돼요.

sentraliza 동 중앙 집권화하다. ¶Nia hakarak sentraliza sistema governu. 그는 정부의 제도를 중앙 집권화하길 원해요. 반의 desentraliza.

sentralizasaun 명 중앙 집권화. ¶Nia halo fraku hela sentralizasaun. 그는 중앙 집권화를 약화시키고 있어요. 반의 desentralizasaun.

*__sentru__ 명 센터. ¶Sentru estudu Koreanu iha UNTL laran. 한국학센터는 안에 있어요. 유의 klaran.

sentu 수 (포) 백. ¶Nia iha konfedensia maibée la to'o sentu porsentu. 그가 백퍼센트 확신하는 것은 아니다. 유의 atus, ratus.

*__separa__ 동 분리하다, 분리시키다. ¶Sira separa tiha kna'ar projetu nian ba ema ida-idak. 그들은 프로젝트의 역할을 각각 분리시켰어요.

separadu 형 나누어진, 분리된. ¶Ema Korea hela iha rai separadu. 한국 사람은 분리된 영토에 살고 있어요. 유의 ketak.

*__separasaun__ 명 분리. ¶Entre separasaun ou integrasaun saida mak ita gosta ka? 분리와 통합 중에 무얼 좋아하나요? 유의 haketak.

⁑__sepuluh__ 수 (인니) 열, 십. 유의 dés, sanulu.

*__serán__ 동 공격하다. ¶Indonézia serán ona Timor-Leste tinan 1975. 1975년 인도네시아는 동티모르를 공격했다. 유의 ataka, duni. 반의 defende.

⁑__seratus__ 수 (인니) 백. 유의 atus ida, sein.

serbí 동 (식당 등에서 음식을) 제공하다, (음식을 상에) 차려 주다. ¶Inan serbí kuandu nia hamlaha. 어머니는 그가 배가 고플 때마다 음식을 상에 차려 줘요.

⁑__serbisu__ Ⅰ 명 일, 근로. ¶Ninia étika ba serbisu di'ak ka la'e? 그의 근로 윤리는 괜찮나요? 유의 servisu. Ⅱ 동 일하다. ¶Nia serbisu iha empreza Heineken. 그는 하이네켄사에서 일해요. 유의 servisu, subisu.

*__serbisudór__ 형 근면한. ¶Ha'u haree katak nia serbisudór entaun bele komplitu kna'ar difisil. 나는 그가 근면해서 어려운 일을 완수할 수 있다고 본다.

*__serbisu-fatin__ 명 ①근무지, 작업장. ¶Serbisu-fatin sempre tenke moos. 작업장은 늘 깨끗해야만 해요. ②사무실. ¶Kombina dokumentu sira iha serbisu-fatin. 사무실에 있는 서류들 좀 정리해라. 유의 kantor.

*__serbisu-na'in__ 명 노동자, 종업원. ¶Serbisu-na'in husu lisensa ba ninia patraun. 종업원은 사장에게 양해를 구했어요. 유의 asuliar.

*__sere__ 동 홍수가 나다, 넘치다. ¶Tanba udan boot tau, mota ne'e sai sere. 폭우가 내려 강물이 넘쳤어요. 유의 dahar.

sereál Ⅰ 명 곡물, 곡류. ¶Nia han sereál loroloron. 그는 매일 곡류를 먹어요. Ⅱ 형 곡물의, 곡류의. ¶Nurisaun sereál di'ak ba saude. 곡물의 영양은 건강에 좋아요.

*seribu 수 인니 천, 1000. 유의 míl, rihun ida.

*seribu sembilan ratus sembilan puluh sembilan 인니 천구백구십구.

série 명 시리즈. ¶Nia hakerek hela série kona-ba estudu Koreanu. 그는 한국학에 대한 시리즈를 쓰고 있어요.

seriedade 명 진지함. ¶Nia iha seriedade ho liberdade. 그는 자유로운 진지함을 가지고 있어요.

*serimónia 명 의식, 기념식. ¶anima serimónia 기념식을 개최하다 유의 serimoniál.

*serimoniál Ⅰ 명 의식, 기념식. ¶Oráriu serimoniál nia demora halo ema sira konfuzaun. 기념식의 일정 지연으로 많은 사람이 혼란에 빠졌어요. 유의 serimónia. Ⅱ 형 형식적인. ¶Ita konforma prosesu serimoniál ka? 행사의 형식적인 절차 확인했나요?

sériu 형 심각한, 진지한. ¶Porké pobreza sériu iha nasaun, povu ne'e depende ba ajuda nasaun seluk nian. 국가의 심각한 빈곤으로 인해, 서민은 타국의 원조에 의지하고 있어요. 유의 grave.

serka 동 ①둘러싸다. ¶Didin aas serka uma ne'e. 높은 벽은 그 집을 둘러싸고 있어요. 유의 hadulas. ②포위하다. ¶Militár serka edifísiu ne'e. 군인은 건물을 포위하고 있어요.

*serteza 명 확실성. ¶Serteza bele sai nu'udár limitasaun mós. 확실성은 한계가 될 수도 있어요.

sertidaun 명 증서, 증명서, 수료증. ¶Ita kompriende kondisaun atu simu sertidaun ka? 수료증 수취 조건을 이해했나요?

*sertifika 동 (서면으로) 증명하다. ¶sertifika estudante 학력을 증명하다

sertifikadu 명 증명서, 수료증. ¶semi sertifikadu 수료증을 받다

*serve 형 ①알맞은, 적합한, 합당한. ¶Razaun serve kona-ba demora eventu ne'e saida? 그 행사가 연기된 합당한 이유는 무엇인가요? ②유용한, 유익한. ¶Nia hola hela teknolojia serve. 그는 유용한 기술을 만들고 있어요. 유의 digna, dignu.

*serveja 명 맥주. ¶Ita iha serveja saida? 어떤 맥주 있나요?

servente 명 ①웨이터, 바텐더. ¶bolu servente 웨이터를 부르다 ②청소부. ¶Servente ne'ebá husi kompañia loos ka la'e? 저기 청소부 회사에서 나온 거지요? ③수위, 관리인. ¶Ha'u bele hasoru servente ka? 관리인을 만날 수 있을까요?

servidaun 명 노예 상태, 농노 제도. ¶Nia lakohi servidaun. 그는 농노 제도를 싫어해요.

servidór 명 웨이터. ¶Servidór ida lori menu ba nia. 한 웨이터가 그에게 메뉴를 가지고 와요. 유의 empregadu-meza.

servidóra 명 여성 종업원, 웨이트리스. ¶Nia servisu nu'udár servidóra iha restaurante ida. 그녀는 한 식당에서 종업원으로 일하고 있다. 유의 empregada-meza.

*servisu Ⅰ 명 ①서비스, 봉사, 근무. ¶Ambiente servisu di'ak. 근로 환경이

S

좋다. ②연구, 작업. ¶Ita-nia servisu remata ona ka? 네 작업 끝났니? (유의) serbisu. Ⅱ[동] 일하다. ¶Ha'u servisu iha kompaña publisidade. 저는 광고 회사에서 일합니다. (유의) serbisu. (반의) deskansa.

*servisu-uma [명] 숙제. ¶Ita kompleta servisu-uma ka? 숙제를 다 마쳤나요? (유의) deveradekaza. (이표기) servisu uma.

sesaun [명] (특정한 활동을 위한) 시간, 세션, 기간. ¶Wainhira sesaun oin atu lok ka? 언제 다음 세션이 열리나요?

*sesenta [수][포] 60, 예순, 육십.

⁑sesta [명] 금요일. ¶Iha sesta loro-kraik ha'u iha promesa ho kolega sira. 금요일 오후에는 친구들과 약속이 있습니다. (유의) loron-sesta.

⁑sestu [형] 여섯 번째. (유의) daneen.

⁑sete [수] 7, 일곱, 칠. (유의) hitu, hitu.

*Setembru [명] 구월. (유의) fulan-sia, fulan-Setembru.

*setenta [수][포] 70, 일흔, 칠십.

⁑seti [수][포] 7, 일곱, 칠. (유의) hitu, tujuh.

⁑sétimu [형] 일곱 번째. (유의) dahituk.

*setisentus [수][포] 700, 칠백.

⁑sevada [명] 보리. ¶Amá gosta etu ne'ebé tau sevada oituan. 어머니는 보리를 섞은 밥을 좋아하신다.

*severu [형] 모진. ¶Maria ko'alia severu mai ha'u no la bele haree nia tan iha ninia presensa. 마리아는 내 면전에서 다시는 보지 말자고 모진 소리를 했다.

⁑sia [수] 9, 아홉, 구. (유의) sembilan.

*si'ak Ⅰ[동] 꾸짖다, 훈계하다. ¶Mestre si'ak hela estudante ne'ebé la tuir regulamentu. 선생님은 규정을 안 지킨 학생을 꾸짖고 있어요. Ⅱ[형] ①화난. ¶Ha'u nunka haree ninia oin si'ak. 난 그의 화난 얼굴을 본 적이 없다. ②기분이 언짢은. ¶Patraun si'ak la ko'alia loron ida. 기분이 언짢은 사장님은 하루 동안 말을 안 해요. ③사나운, 포악한. ¶Nia la ta'uk ema si'ak maibé ta'uk ema matenek. 그는 사나운 사람은 두려워하지 않지만 영리한 사람은 두려워해요. (반의) maus. ④잔인한, 무자비한. ¶Uluk nia haree masakre si'ak. 예전에 그는 잔인한 대량 학살을 봤어요. (이표기) siak.

si'ak-teen [명] ①무섭고 잔인한 사람. ¶Ha'u rona katak nia si'ak-teen, loos ka la'e? 내가 듣기로 그는 무섭고 잔인한 사람이라더라, 맞니? ②신경질적인 사람. ¶La bele ko'alia ho nia, wain hira hia hirus porké si'ak-teen. 그는 매우 신경질적인 사람이니 화났을 때 말 걸어선 안 돼. (이표기) siak-teen.

⁑sianulu [수] 90, 아흔, 구십. (이표기) sia-nulu.

Sibéria [명] 시베리아. ¶Ema Sibéria hela iha fatin malirin tebes. 시베리아 사람은 무척 추운 곳에 살아요.

*sidadania [명] 시민권, 공민권. ¶Hodi simu sidadania Timor-Leste nian kondisaun saida? 동티모르 시민권 획득을 위한 조건은 뭐예요?

*sidadaun [명] 시민. ¶Sidadaun mak fundasaun ba demokrasia. 시민이 민주주의의 뿌리예요.

*sidade [명] 도시, 시. ¶Sidade sai boot liu tinan-tinan. 도시는 매년 커져요.

⁑sidra [명] 사이다. ¶Karik feto ne'e

hamrook, nia hemu sobak sidra kopu ida. 그녀는 갈증이 났는지 사이다 한 컵을 단숨에 들이켰다.

*__siénsia__ 명 과학. ¶Iha siénsia social, teoria sira mak halo influensia bazeia ba kontestu. 사회 과학에서 이론들은 맥락을 기초로 영향력을 가져요.

siénsia polítiku 정치학. ¶spesilizadu siénsia polítiku 정치학을 전공하다

sientífiku 형 과학적인. ¶Kona-ba situasaun sosiál agora ita fó esplikasaun sientífiku bele ka la'e? 현재 사회적 현상에 대해서 과학적인 설명을 해 줄 수 있나요?

sientista 명 과학자. ¶Nia hakarak sai sientista. 그는 과학자가 되고 싶어해요.

sigarra 명 매미. ¶Ha'u hadeer husi sigarra nia lian tanis ne'ebé mai hamutuk. 매미가 일제히 울어 대는 소리에 나는 잠이 깼다.

**sigarru 명 담배. ¶Bele fuma sigarru iha ne'e ka? 여기서 담배를 피워도 되나요? 유의 tabaku.

sigarru-fatin 명 담뱃갑, 담배 케이스. ¶Nia sosa sigarru-fatin foun ka? 넌 새 담뱃갑을 샀니?

**signifika 동 의미하다. ¶Liafuan ida-ne'e signifika saida? 이 단어가 의미하는 것이 무엇입니까? 유의 denota.

***signifikadu 명 ①의미, 뜻. ¶Naroman tránzitu azúl nia signifikadu ne'e 'bele la'o'. 파란색 신호등은 건너가도 된다는 의미이다. 유의 arti, definisaun. ②감각. ¶orgaun signifikadu 감각 기관

signifikasaun 명 의미. ¶Símbolu ida-ne'e nia signifikasaun saida? 이 상징의 의미가 뭐예요? 유의 arti.

signifikativu 형 중요한, 의미 있는, 영향력 있는. ¶Sira hakarak halo eventu signifikativu. 그들은 의미 있는 행사를 하고 싶어해요.

*__si'ik__ 동 추측하다, 짐작하다. ¶Nia si'ik katak ninia aman hemu tua agora. 그는 아버지가 지금 술을 드시고 있을 거라고 짐작해요. 이표기 siik.

*__siin__ 형 ①신, 시큼한. ¶Nia gosta hahán siin. 그는 신 음식을 좋아해요. ②상한. ¶La bele hahán siin. 상한 음식을 먹어선 안 돼요.

sikat 동 막히다. ¶Dalan tráfiku sikat tebes karik porké sábadu-feira. 토요일이라서 그런지 길이 엄청나게 막혀.

siklista 명 자전거를 타는 사람.

siklu 명 주기, 순환. ¶Oinsá ami bele identifika siklu tempu nian? 어떻게 계절의 순환을 알아차릴 수 있나요?

**sikun 명 ①팔꿈치. ¶Nia sikun kanek. 그는 팔꿈치를 다쳤어요. ②모서리, 모퉁이, 구석. ¶Meza ida-ne'e iha sikun kro'at. 이 탁자는 날카로운 모서리를 가졌어요. ③각도. ¶Estrada ida-ne'e sikun aas. 이 도로의 각도가 높아요. ④엄지발가락의 건막류. ¶Ita-nia sikun boot tebes, la moras ka? 엄지발가락의 건막류가 무척 크네요, 아프지 않나요?

sílaba 명 음절. ¶Liafuan ida-ne'e sílaba numeiru hira? 이 단어에 음절은 몇 개인가요?

*__silensiozu__[1] 명 머플러, 목도리. ¶Ita presiza silensiozu durante fulan-

S

Janeiru iha Korea. 너는 한국에서 1월에 목도리가 필요할 거야.

silensiozu[2] I 명 소음기, 소음 장치. ¶Ami bele rona barullu barak, entaun presiza silensiozu. 소음이 많이 들려서 소음기를 필요로 해요. II 형 침묵의, 조용한. ¶Ita bele goza tempu silensiozu ka? 침묵의 시간을 즐길 수 있나요? 유의 nonook.

***siléensiu** 명 침묵, 조용. ¶Siléensiu mós methodu komunikasaun ida. 침묵도 의사소통의 한 방법이에요.

silindru 명 원통, 원기둥. ¶Ita bele hadi'a karreta nia silindru iha mesín laran ka? 자동차 엔진 안의 원통을 수리할 수 있어요?

***silu** 동 ①끝내다, 깨어지다. ¶Sira hakarak silu funu. 그들은 전쟁을 끝내길 원해요. ②깨부수다, 으깨다. ¶Nia hirus tebes no silu lalenok. 그는 너무 화가 났고 유리를 깨부쉈어요.

***silu-tohar** 동 ①툭 하고 부러지다, 끊다, 부러뜨리다. ¶Derrepente ai silu-tohar. 갑자기 나무가 툭 하고 부러졌어요. ②둘로 쪼개어지다. ¶Maria riba tiha bikan ba rai, bikan silu-tohar. 마리아가 접시를 바닥에 탁 내려놓자 접시가 둘로 쪼개어졌다.

sim 감 그래, 그러네. ¶A: Jose mak hanesan ema foin primeiru eskola fali. B: sim! di'ak lo'os. A: 조세가 이번에도 전교 1등을 했다는군. B: 그래? 정말 대단하다.

simbóliku 형 상징적인, 상징하는. ¶Nia halo hela planu kona-ba asaun simbóliku. 그는 상징적인 행동을 계획하고 있어요.

simboliza 동 상징하다. ¶Lafaek simboliza Timor-Leste. 악어는 동티모르를 상징해요.

simbolizmu 명 상징주의. ¶Pintadór ne'e iha abilidade simbolizmu nian. 그 화가는 상징주의적인 표현을 잘한다.

símbolu 명 상징, 상표. ¶Símbolu no signifika bele artifisiál. 상징과 의미는 인공적일 수 있어요. 유의 diviza, emblema.

simente 명 시멘트. ¶fábrika simente 시멘트 공장 유의 simentu.

simentu 명 시멘트. ¶Fábrika simentu iha Timor-Leste ka? 동티모르에 시멘트 공장이 있나요? 유의 simente. 이표기 sementi.

simétriku 형 대칭적인. ¶Edifísiu ne'ebá simétriku ka? 저 건물은 대칭적인가요?

***simpatia** 명 ①좋아함, 애호. ¶Nia iha simpatia kona-ba karreta. 그는 자동차에 대한 애호가 있다. ②연민. ¶Nia iha simpatia ba oan-kiak. 그는 고아에 대해 연민이 있어요. ③연대, 결속, 단결. ¶Sé mak bele halo simpatia entre povu? 누가 국민 사이에 결속을 만들 수 있을까요? 유의 solidariedade.

***simpátiku** 형 ①좋아하는, 애호하는. ¶Ita-nia desportu simpátiku saida? 좋아하는 스포츠가 뭐예요? ②친절한. ¶Inan gosta hahalok simpátiku. 어머니는 친절한 행동을 좋아해요. 유의 laran-di'ak. ③다정한, 친화적인. ¶Ita bele fó-koñese ema simpátiku ida ka? 다정한 사람 한

명 소개해 줄 수 있어요? 유의 laran-di'ak.

*__simpatiza__ 동 공감하다. ¶Nia simpatiza ho ninia kolega nia opiniaun. 그는 친구의 견해에 공감했어요.

__simpatizante__ 명 동조자, 지지자. ¶Kona-ba ita-nia ideia, ita iha simpatizante barak ka? 네 견해에 대해서 지지자가 많이 있나요? 유의 apoiante.

*__simples__ 형 ①단순한. ¶Ida-ne'e la'ós asuntu simples. 이건 단순한 쟁점이 아니에요. ②간단한. ¶Estudante sira la kompriende esplikasaun simples husi mestre. 학생들은 선생님의 간단한 설명을 이해하지 못했어요.

__simplifika__ 동 단순화하다. ¶Favór simplifika ita-nia hanoin. 생각을 단순화하세요.

__simplisidade__ 명 단순성, 간결성. ¶Uma ida-ne'e mak arte simplisidade nian. 이 집이 간결성의 예술이에요.

⁑__simu__ 동 ①받다, 얻다. ¶simu batizmu 세례를 받다 / simu krizma 확인을 받다 반의 fó. ②환영하다. ¶Sira simu ho liman rua mestre foun. 그들은 새 선생님을 두 팔 벌려 환영했어요. 유의 benvindu. ③(전화, 이메일에) 응대하다, 답하다. ¶Nia simu tiha ona e-mail husi kolega. 그는 친구로부터의 이메일에 답했어요.

*__simu ho liman rua__ 두 팔 벌려 환영하다. ¶Ami simu ho liman rua Prezidente. 우리는 대통령을 두 팔 벌려 환영했다. 유의 benvindu.

⁑__simultáneu__ I 형 동시의, 동시에 일어나는, 동시에 작용하는. ¶Nia bele halo interpretasaun simultáneu. 그는 동시통역을 할 수 있어요. II 부 동시에. ¶Nia no ninia aman ko'alia simultáneu. 그와 그의 아버지는 동시에 말했다. 유의 daar.

*__sin__ 감 네, 응, 그래, 그래요. ¶A: Ita han ona ka? B: Sin. A: 식사했어요? B: 네. 반의 lae.

__sinagoga__ 명 유대교 회당, 시너고그. ¶Sinagoga iha Timor-Leste ka? 유대교 회당이 동티모르에 있나요?

*__sinais__ 명 표, 표시. ¶sinais sai 표가 나다

*__sinál__[1] 명 ①신호, 증거. ¶Tanba tráfiku sinál mean, nia karreta para ona. 그는 빨간 신호에 차를 멈추었다. 유의 sinár. ②증거, 단서. ¶Nia hetan sinál importante tebes. 그는 무척 중요한 단서를 찾았다.

__sinál__[2] 명 두더지.

__sinalizasaun__ 명 ①신호 송출. ¶Kona-ba televisaun kondisaun sinalizasaun nian di'ak ka la'e? 텔레비전에 대한 신호 송출 상태가 좋나요? ②교통 표지판. ¶Kuidadu kona-ba sinalizasaun. Ita tenke tuir ne'e. 교통 표지판에 대해서 조심해요. 꼭 따라야만 해요.

__sinál-krús__ 명 십자가의 인, 성호 긋기. ¶Sira halo sinál-krús molok han hahán. 그들은 음식을 먹기 전에 성호 긋기를 해요.

*__sinár__ 명 신호, 증거. ¶haruka sinár 신호를 보내다 유의 sinál.

__síndroma__ 명 증후군. ¶síndroma menstruasaun 월경 증후군

⁑__sinelus__ 명 슬리퍼. ¶Depois ha'u bá servisu iha kompaña, troka sinelus. 출근하고 나서 슬리퍼로 갈아 신었다.

*__sinema__ 명 영화관, 극장. ¶Dili iha

S

sinema hori tinan 2013. 2013년 이래로 딜리에는 영화관이 있어요.

*__Singapura__ 명 싱가포르.

singulár[1] 형 단수형의. ¶substantivu singulár 단수형의 명사

singulár[2] 형 이상한. ¶Ohin asidente singulár akontese. 오늘 이상한 사고가 일어났었어요. 유의 eskizitu.

*__sinku__ 수 포 5, 다섯, 오. 유의 lima.

*__sinkuenta__ 수 포 50, 쉰, 오십. 유의 lima-nulu.

sinónimu Ⅰ 명 유의어. ¶Nia pratika hela sinónimu atu aumenta numeiru liafuan. 그는 단어의 수를 늘리기 위해서 유의어를 학습하고 있어요. Ⅱ 형 유의어의.

sinseru 형 진실한, 진정한. ¶Saida mak esforsu sinseru? 진정한 노력이란 무엇일까요?

sintase 명 구문론, 통사론. ¶Ninia gramátika no sintase di'ak tebes. 그의 문법과 구문론은 매우 탁월해요.

*__síntaze__ 명 종합, 통합. ¶Oinsá ita bele halo síntaze servisu no estudu? 어떻게 일과 학습의 통합을 할 수 있을까요?

*__sintétika__ 형 여성 구문론의, 통사론의. ¶Ema konsidera Maria nu'udár espertu sintétika. 마리아는 통사론의 권위자로 평가받는다.

*__sintétiku__ Ⅰ 명 인공 물질, 합성 섬유. ¶Ropa ida-ne'e halo husi sintétiku ka? 이 옷은 합성 섬유로 만들어졌나요? Ⅱ 형 남성 구문론의, 통사론의. ¶Jose dehan katak peskiza sintétiku difisil loos. 조세는 구문론의 연구가 무척 어렵다고 했어요.

sinti 동 느끼다. ¶Maria sinti katak mane ida hadomi nia. 마리아는 한 남자가 그녀를 사랑하는 걸 느껴요. 유의 sente.

sintidu[1] 명 ①의식, 자각. ¶hetan fali sintidu 의식을 회복하다 유의 sentidu. ②감각, 뜻, 의미. ¶Imagen ne'e nia sintidu saida? 이 그림의 의미는 무엇인가요? 유의 arti, definisaun, sentidu. ③방향. ¶iha sintidu antioráriu 시계 반대 방향 유의 jurusan, sentidu.

sintidu[2] 형 조심스러운, 신중한. ¶Nia ema sintidu. 그녀는 신중한 사람이다. 유의 sentidu.

sintidu[3] 감 차렷. ¶Ema hotu sintidu! 전원 차렷! 유의 sentidu.

sintina 명 화장실. ¶fase sintina 화장실을 청소하다 유의 sentina.

*__sintoma__ 명 증상, 징후. ¶Ita hetan sintoma kona-ba manifestasaun? 정치적 시위에 대한 징후를 발견했나요?

sintoniza 동 (악기의) 음을 맞추다, 조율하다. ¶Nia sintoniza hela pianu. 그는 피아노를 조율하고 있어요.

*__sintu__ Ⅰ 명 ①허리, 허리둘레. ¶Ita-nia sintu hira? 허리둘레가 얼마예요? ②벨트, 허리띠. ¶Uluk ninia sintu naruk liu. 예전에 그의 허리띠는 더 길었어요. 유의 futu-kabun. Ⅱ 형 세게 껴안는. ¶Nia iha kostome sintu wainhira nia hasoru ho premeiru. 그는 처음에 사람을 만날 때 세게 껴안는 습관이 있어요.

*__sintu-kadeira__ 명 안전벨트. ¶Ita sempre tenke uza sintu-kadeira bainhira lori karreta. 차를 탈 때에는 항상 안전벨트를 착용해야 합니다.

***sinu** 명 벨, 종. ¶Lian sinu husi igreja furak loos. 성당 종소리 정말 멋지다.

sinu-lian 명 카리용, 편종. ¶Ita hakarak rona muzika ho sinu-lian ka? 편종 연주 음악을 듣기 좋아하나요? 이표기 sinu lian.

sinzeiru 명 재떨이. ¶Ita bele lori sinzeiru ka? 재떨이 좀 가져다줄래요?

***siput** 명 조개, 조개껍데기. ¶Ita ba tasi-ibun atu hameti siput ka la'e? 우리 조개 주우러 해변으로 갈까?

***sira** 대 그들. ¶Sira mak ha'u-nia kolega. 그들은 내 친구예요. / Ita koñese sira ka? 그들을 알고 있나요?

siran 형 그들의. ¶propriedade siran 그들의 부동산 유의 sira-nia.

***sira-nia** 형 그들의. ¶Joven sira, mehi sira-nia ita kompriende klaru ka? 청년들, 그들의 꿈을 우리는 명료히 이해하고 있습니까? 유의 siran.

***sira-nian** 대 그들의 것. ¶Ne'ebá mak sira-nian. 저것이 그들의 것이에요.

***sirkula** 동 순환하게 하다, 순환시키다. ¶Governu sirkula karreta atu foti lixu iha sidade laran. 정부는 도시 내 쓰레기를 수거하기 위해 자동차를 순환시키고 있어요.

***sirkulasaun** 명 순환. ¶Oinsá ita bele para sirkulasaun pobreza nian? 빈곤의 순환을 어떻게 막을 것인가?

***sírkulu** 명 원형, 동그라미. ¶sírkulu ne'ebé forma le'u nian 원형의 카펫 유의 le'u.

***sirkumstansia** 명 환경. ¶Nia tahan sirkumstansia difísil, no ikusmai nia la'o ho susesu. 그는 어려운 환경을 견디고 마침내 성공했다. 유의 ambiente.

sirkunferénsia 명 원주, 둘레. ¶Karreta ida-ne'e nia sirkunferénsia roda nian boot tebes. 이 자동차의 바퀴의 둘레는 무척 커요.

***sirkuntánsia** 명 환경, 상황. ¶Ita bele esplika kona-ba sirkuntánsia ekonómiku iha Timor-Leste? 동티모르의 경제적인 상황에 대해서 설명할 수 있습니까?

sirurjia 명 외과. ¶sirurjia plástika 성형외과

sisidór[1] 명 ①해충, 유해 동물. ¶Ha'u haree sisidór barak iha ita-nia uma. 난 네 집에서 해충을 잔뜩 봤다. ②협박자, 착취자. ¶Sé mak sisidór ita-nia moris nian? 네 삶의 착취자가 누구지?

***sisidór[2]** 형 힘든, 어려운, 절박한. ¶Nia husu ita barak husu de'it. Entaun ha'u sente katak nia ema sisidór, loos ka la'e? 그가 너한테 부탁만 하지. 그래서 절박한 사람 같아, 그렇지?

sistema 명 시스템, 제도, 체계. ¶Esforsu individuál iha limitasaun iha sistema sala laran. 잘못된 제도 안에서 개인의 노력은 한계가 있어요.

sistemátiku 형 체계적인, 조직적인. ¶Jestaun sistemátiku hasai nivel aas organizasaun nian aas liu. 체계적인 경영이 조직의 수준을 더 높였어요.

***situasaun** 명 상황. ¶Mai ita halo diskusaun kona-ba situasaun ne'e. 그 상황에 대해서 논의해 봅시다.

***sivíl** I 명 시민, 민간인. ¶Sivíl bele lori solusaun, bainhira governu no

S

markadu la bele halo. 정부와 시장이 할 수 없을 때 시민이 해결책을 가져올 수 있어요. ⓤ renu. Ⅱ형 일반 시민의, 민간인의. ¶Organizasaun sivíl tuir misaun ne'ebé la hanesan ho governu nian. 일반 시민의 조직은 정부와는 같지 않은 사명을 추구해요.

***sivilidade** 명 정중함, 공손함. ¶Ho sivilidade loos, nia benvindu kliente sira. 공손함을 다해 그는 고객들을 환영해요.

siviliza 동 개화하다, 교화하다, (태도를) 세련되게 하다. ¶Ninia lideransa konsentra hela atu siviliza povu. 그의 지도력은 국민을 개화하는 데 집중하고 있어요.

sivilizadór 형 남성 개화하는, 교화하는. ¶Presiza ema sivilizadór ba kriminozu. 범죄자를 교화하는 사람이 필요하다.

sivilizadora 형 여성 개화하는, 교화하는. ¶Sidadaun sivilizadora bele halo destinu foun nasaun nian. 개화하는 시민이 국가의 새로운 운명을 만들 수 있다.

***sivilizasaun** 명 문명. ¶Ami atu hela iha xoke ka dame sivilizasaun nian ka? 우리는 문명의 충돌 속에 살 것인가 평화 속에 살 것인가?

***sivizmu** 명 공공심, 애국심. ¶Oinsá ha'u bele haree evidénsia ne'ebé ita-nia sivizmu? 어떻게 네 애국심의 증거를 볼 수 있을까?

skrim 명 아이스크림. ¶Ninia oan sira gosta han skrim tebes. 그의 자녀는 아이스크림을 무척 좋아해요. 유의 sorvete.

***SMA** 명 인니 고등학교. ¶tama SMA 고등학교에 입학하다 유의 eskola sekundária, sekundáriu.

***só** 부 오직, 단지. ¶ita boot só ba ha'u 내겐 오직 당신뿐 유의 de'it.

***sobak** 동 (액체를) 들이켜다. ¶Nia uluk sobak serveja no komesa ko'allia. 그는 먼저 맥주를 들이켜고 말을 시작했다.

soberania 명 주권, 통치권, 자주권. ¶Soberania mak símbolu nasuan independente nian. 주권은 독립 국가의 상징이에요.

soberanu Ⅰ명 ①주권자, 국왕, 원수. ¶Povu maka soberanu nasaun demokrasia nian. 국민이 민주 국가의 주권자예요. ②독립국. ¶Timor-Leste sai soveranu iha 2002. 동티모르는 2002년 독립국이 되었어요. Ⅱ형 주권의. ¶Ami bele kompriende valór soberanu bainhira ami la iha. 주권의 가치는 없을 때 알 수 있어요.

***sobre** 전 ~에 관하여. ¶Nia hakarak estuda sobre Korea. 그는 한국에 관하여 공부하고 싶어해요. 유의 kona-ba.

sobremeza 명 후식. ¶Saida mak ita hakarak han ba sobremeza? 후식으로 무엇을 드실래요? 반의 abela.

sobrenaturál 형 초자연적인. ¶Sira fiar podér sobrenaturál husi lafaek. 그들은 악어의 초자연적인 힘을 믿어요.

***sobretudu** 명 외투, 오버코트. ¶Ita presiza sobretudu durante invernu iha Korea. 한국에서 겨울 동안에 오버코트가 필요해요. 유의 faru-boot.

***sobrevive** 동 살아남다, 생존하다, 존속하다. ¶Lafarek sobrevive kleur. 악어는 오랫동안 살아남았어요.

***sobrevivénsia** 명 생존. ¶Asuntu importante iha kompetisaun maka'as mak sobrevivénsia. 심한 경쟁에서 중요 쟁점은 생존입니다.

***sobrevivente** Ⅰ 명 생존자. ¶Sobrevivente hafoin funu partisipa iha entrevista. 전쟁 후 생존자가 인터뷰에 참가했어요. Ⅱ 형 살아남아 있는. ¶ema na'in haat sobrevivente 살아남아 있는 네 명

***sobriña** 명 조카딸. ¶Nia hadomi sobriña tebes. 그는 조카딸을 무척 사랑해요. 이표기 subrinha.

***sobriñu** 명 남자 조카. ¶Ha'u iha sobriñu rua. 나는 남자 조카가 둘 있다. 이표기 subrinhu.

***sobu** 동 ①분해하다, 해체하다. ¶Nia sobu ninia komputadór hodi hadi'a. 그는 수리를 위해 컴퓨터를 분해했다. / Nia bele sobu mákina ne'e. 그는 이 기계를 해체할 수 있어요. 반의 monta. ②파괴하다. ¶Lalika sobu regulamentu. 규정을 파괴하지 마라. 유의 harahun-sobu.

sobu-namkari[1] 동 (흙탕물을) 튀기다. ¶Ho sobu-namkari, karreta ne'e halai hela lailais. 흙탕물을 튀기며 그 차는 빨리 달리고 있어요.

sobu-namkari[2] 동 짓누르다. ¶Sira sobu-namkari hela botir plástiku. 그들은 플라스틱병을 짓누르고 있어요. 유의 naktetu.

***soe** 동 ①던지다, 버리다. ¶soe dai 그물을 던지다 / Favór ida labele soe botir plástiku. 플라스틱병을 버리지 마세요. 유의 deskarta. ②추방하다. ¶Governu soe kiminal malae. 정부는 외국인 범법자를 추방했어요. ③해고하다. ¶Patraun soe nia tanba nia bosok kompañia. 회사에 거짓말을 한 이유로 사장님은 그를 해고했다. 유의 demite. ④해산하다. ¶Tiru kilat polísia nian soe ona estudante sira. 경찰의 발포가 학생들을 해산하게 했어요. ⑤소모하다, 낭비하다. ¶Nia la iha konsentrasun, entaun soe tempu barak. 그는 집중력이 없어서 시간을 많이 낭비해요.

***soe ba li'ur** 던져 버리다, 쫓아내다. ¶Botir plastiku ita soe ba li'ur tiha ona destrui natureza. 네가 던져 버린 플라스틱병이 자연을 파괴한다.

soe-bee 명 배뇨, 배변. ¶Ita boot soe-bee di'ak ka la'e? 배뇨는 잘 하시지요?

soe-bee boot 대변, 똥.

soe-bee ki'ik 소변, 오줌.

soe-hela 동 폐기하다. ¶Nia soe-hela dokumentu tinan 10 liu ba. 그는 십 년 전 자료를 폐기했어요. 유의 husik-hela.

***soe-lia** 명 비웃음. ¶Ha'u sai ta'uk tanba sei simu ema seluk nia soe-lia tanba ha'u la hatene kanta. 나는 노래를 못 불러서 다른 사람들의 비웃음을 받을까 봐 걱정이 되었다.

***soe malu** 부부가 결별하다. ¶La'en no feen ne'e soe ona malu. 그 부부는 결별했다.

***soe-tiha** 동 제치다. ¶Maria soe-tiha kortina no tamá mai laran ho nonook. 마리아는 커튼을 제치고 조용히 안으로 들어왔다.

***sofá** 명 소파. ¶Ami-nia uma la presiza

S

sofá loos ka la'e? 우리집엔 소파가 필요 없지요?

*__sofistikadu__ 형 세련된. ¶Feto nia lian sofistikadu no elegante. 그녀의 말투는 세련되고 품위가 있다.

*__sofre__ 동 ①병들다. ¶Nia sofre fali. 그는 다시 병들었어요. ②앓다, 고통을 겪다. ¶Porké pobreza, nia sofre ho sériu. 빈곤으로 인해 그는 심하게 고통을 겪었어요. 유의 terus.

*__sofrimentu__ 명 고통, 어려움. ¶Nia hakur ona sofrimentu depois sai kontente. 그는 어려움을 극복했고 행복해졌다.

*__soi__ I 동 ①풀어 주다, 석방하다. ¶Polísia soi estudante sira ne'ebé halo demostrasaun. 경찰은 시위를 했던 학생들을 풀어 주었어요. ②구하다, 구조하다. ¶Nia soi tiha ona labarik ne'ebé mo'ut iha tasi. 그는 바다에 빠진 아이를 구조했어요. 유의 salva. ③소유하다. ¶Ita koñese ema ne'ebé soi uma boot ka? 큰 집을 소유하고 있는 사람 알아요? 유의 iha. II 형 자유로운, 부유한. ¶Moris soi la sempre kontente. 부유한 삶이 늘 행복한 것은 아니다. 유의 riku.

__so'i__ 동 가치가 있다, ~할 만하다. ¶Nia so'i buat ida simu prémiu. 그는 상을 받을 만해요. 유의 merese.

*__soin__ 명 소지품. ¶soin pesoál 개인 소지품

__sokar__ 동 톡톡 두드리다, 톡톡 찍다. ¶Ema ida sokar tiha ona nia wainhira nia hemu kafé. 커피를 마시고 있을 때 한 사람이 그를 톡톡 두드렸다.

__sokar lia__ 이간질하다. ¶La bele fiar ninia ko'alia, tanba nia sempre sokar lia ba kolega sira. 늘 친구들을 이간질하니 그의 말을 믿어선 안 돼.

*__soke__ 접 하지만. ¶Nia atu bá Baucau. Soke bis la iha. 그는 바우카우에 가려 한다. 하지만 버스가 없다. 유의 mas, maibé, mais.

__solar__ 명 디젤, 경유. ¶Hatama solar dolar 20. 경유 20불어치 넣어 줘. 유의 gozóleu.

__solda__ 명 납땜. ¶Se ita bele solda, ita bele hetan servisu lailais. 납땜을 할 줄 알면 일을 빨리 구할 수 있어요.

*__soldadu__ 명 군인, 병사. ¶Soldadu estranjeiru servisu hela iha Timor-Leste. 외국인 군인이 동티모르에서 일하고 있어요.

*__solene__ 형 엄숙한, 진지한. ¶Ninia mestre rekomenda nia hahalok ho hanoin solene. 그의 선생님은 그에게 진지하게 생각하며 행동하라고 조언했다.

__solenidade__ 명 장엄한 의식. ¶Iha loron independénsia, governu Timor-Leste halo solenidade ho povu. 독립 기념일에 동티모르 정부는 국민들과 함께 장엄한 의식을 거행해요.

__soletra__ 동 철자하다, 표기하다. ¶Nia soletra ona ninia naran nu'udár inisiál. 그는 자기 이름을 두문자로 표기했어요.

__solidariedade__ 명 연대, 결속, 단결. ¶Se solidariedade la iha, karik Timor-Leste la bele kaer independénsia. 단결이 없었다면 아마도 동티모르의 독립 쟁취는 불가능했을 거예요. 유의 simpatia.

__solidaun__ 명 고독. ¶Nia haree filme atu

haklama ninia solidaun. 그는 고독을 달래려고 영화를 보았다.

*__sólidu__ 형 강력한, 단단한. ¶Oinsá ami bele prepara futuk boot sólidu? 어떻게 단단하고 큰 돌을 준비할 수 있을까?

__solista__ 명 ①독주자. ¶Nia hakarak partisipa konsertu muzika nu'udár solista. 그는 독주자로 음악 콘서트에 참여하는 걸 좋아해요. ②단독 비행자.

__solitáiru__ 형 고독한. ¶Mane solitáiru ne'e hela iha foho laran. 이 고독한 사내는 산속에 산다.

*__solur__ 동 헹구다. ¶Nia solur ibun uza bee hafoin han hahán. 그는 음식을 먹은 후에 입을 물로 헹군다.

*__solusaun__ 명 해결책. ¶Nia hasoru situasaun difísil no sei buka solusaun. 그는 어려운 상황이고, 아직 해결책을 찾고 있다.

*__soma__ Ⅰ 명 합계. ¶Estudante sira ne'e numeiru soma totál atu bá universidade Korea 20 tinan-tina. 한국 대학에 가는 학생 수 합계가 매년 20명이에요. Ⅱ 동 계산이 맞다, 이치에 맞다. ¶Rezultadu ne'ebé ita kalkula ona soma loos. 네가 계산한 결과는 계산이 제대로 맞아.

__Somália__ 명 소말리아.

__somátiku__ 형 신체의, 몸체의. ¶Saude somátiku liga ho saude mentál. 신체의 건강은 정신의 건강과 연결되어 있어요.

⁑__sombriña__ 명 우산. ¶Ha'u sente udan atu tau orsida, entaun lori sombriña lai. 좀 이따 비가 올 것 같으니까 우산 가져가라. 이표기 sombrinha.

⁑__son__ 명 소리. ¶Ita bele ko'alia son liafuan ida-ne'e nia? 이 단어 소리 낼 수 있어요?

⁑__sona__[1] 동 튀기다. ¶Amá sona hela modo iha dapur. 그는 종종 튀긴 음식을 먹는다.

⁑__sona__[2] 동 찌르다, 주사하다. ¶Enfermeira na'in ida sona hela pasiente na'in ida. 한 명의 간호사가 한 명의 환자에게 주사하고 있어요.

*__sopa__ 명 수프, 죽. ¶Karik ita gosta han sopa, tipu saida? 수프 좋아한다던데, 어떤 수프? 유의 kaldu.

__sopranu__ 명 소프라노. ¶Sopranu mak furak loos iha koru laran. 합창단 내에서 소프라노가 정말 멋지네.

__soran__ 동 자극하다, 선동하다, 싸움을 붙이다. ¶Agora ita-nia aman hirus tebes entaun lalika soran. 지금 아버지 엄청 화나셨다, 그러니 자극하지 마라. 이표기 soran.

관용 soran bee (물을 싸움 붙인다는 말로) 찬물과 따뜻한 물을 섞다.

__soran-manu__ 명 닭싸움. ¶Ninia aman nafatin lori manu ba soran-manu. 그의 아버지는 계속해서 닭싸움을 하려 닭을 가져가요. 유의 futu-manu.

__sori__ 동 (싸움, 파벌을) 분리하다. ¶Nia sori ona parte ida ba rua. 그는 한 개의 당을 둘로 분리했다. 반의 aneksa.

⁑__sorin__ 명 ①옆구리, 측면. ¶Restorante ne'e iha igreja nia sorin. 그 식당은 성당의 측면에 있어요. ②쪽, 면. ¶Ema lori karreta estrada sorin liman-karuk iha Timor-Leste. 동티모르에서는 도로의 왼

S

쪽으로 차를 운전한다. ③반, 절반. ¶Nia divide ona paun boot iha sorin. 그는 큰 빵을 절반으로 나눴어요. ④일부, 어느 정도. ¶Nia atu lori devér sobre kustu ne'e nia sorin. 그는 비용의 일부를 책임질 거예요. ⑤부분. ¶Ida-ne'e mak sorin ita tenke servisu. 이게 네가 일해야 할 부분이야. (유의) balun, parte.

***sorin balu** 한쪽. ¶Sentavu 100 iha Dom Boaventura iha sorin balu laran. 100센트짜리 동티모르 동전의 한쪽에는 돔 보아벤추라가 있다.

sorin-balun 명 맞은편. ¶Ha'u sei hein ita iha sorin-balun estrada ida-ne'e nian. 이 도로의 맞은편에서 기다리고 있을게. (이표기) sorin balun.

sorin-mota 명 강가. ¶Uluk ha'u hakarak tiha ona harii uma sorin-mota no moris ho nonook. 예전에 나는 강가에 집을 짓고 조용히 살고 싶었었다.

***sorin-sorin** 명 ①주위, 주변. ¶Mai ita hamoos sorin-sorin loja nian. 가게 주변을 깨끗이 합시다. ②근교, 교외, 주변부. ¶Tuir perspetiva ekonomia, area rurál mak sorin-sorin. 경제적으로 볼 때 시골은 주변부예요. (이표기) sor-sorin.

***sorit** 명 행운. ¶numéru sorit nian 행운의 숫자 (유의) fortuna, sorte.

***sorte** Ⅰ 명 행운. ¶Sorte o nian! 행운을 빈다! / Ohin loron mós sorte ida mai ha'u. 오늘도 내게 하나의 행운이 왔다. (유의) fortuna. (반의) dezgrasa. Ⅱ 형 행운의. ¶Nia simu prezente sorte ida. 그는 행운의 선물 하나를 받았다. (유의) protejidu.

sorte-aat Ⅰ 명 불운, 불행. ¶Nia evita tiha ona sorte-aat. 그는 불운을 피했어요. (유의) sorte-la'ek. Ⅱ 형 불운한, 불행한. ¶moris sorte-aat 불운한 삶 (유의) sorte-la'ek. (이표기) sorti aat.

sorte-di'ak 명 재수. ¶Loron ohin loron sorte-di'ak la iha tanba lakon kadeli. 반지를 잃어버리다니 오늘은 정말 재수가 없는 날이다.

sorte-la'ek Ⅰ 명 불운. ¶Nia evita tiha ona sorte-la'ek. 그는 불운을 피했어요. (유의) sorte-aat. Ⅱ 형 불운한. ¶ema sorte-la'ek 불운한 사람 (유의) sorte-aat. (이표기) sorte la'ek.

***soru-mutu** 명 토론 모임. ¶Estudante halibur dala ida kada fulan ba soru-mutu. 학생들은 토론 모임을 위해서 매달 한 번씩 모인다. (이표기) sorumutu.

sorun 부 반대로, 모순되게. ¶ko'alia sorun 모순되게 말하다

***sorvete** 명 아이스크림. ¶sorvete malirin 시원한 아이스크림 (유의) skrim.

***sosa** 동 사다, 구매하다. ¶Ita sosa sasán ida-ne'e husi ne'ebé? 이 물건 어디에서 샀어요? (반의) fa'an.

sosiál 형 사회적인. ¶Ita-nia servisu kontribui ezije sosiál saida? 네가 하는 일이 사회적인 필요에 부응하는 게 뭐지?

sosialista 형 사회주의의, 사회주의적인, 사회주의자의. ¶Governu Timor-Leste aplika polítika sosialista to saúde. 동티모르 정부는 사회주의적인 정책을 보건에 적용하고 있어요.

sosializmu 명 사회주의. ¶Sosializmu halo influensia ba FRETILIN. 사회주의는 동티모르독립혁명전선에 영향을 끼쳤

어요.

*__sosiavel__ 형 사교적인, 붙임성 있는. ¶Nia sosiavel tebes entaun iha numeiru kolega sira barak. 그는 매우 사교적이어서 친구 수가 무척 많아요.

*__sosiedade__ 명 사회. ¶Iha sosiedade nia laran, nia hakarak aprende buat barak. 사회 속에서, 그는 많은 것을 배우고 싶었다.

__sosiólogu__ 명 사회학자. ¶Nu'udár sosiólogu, nia halo hela peskiza konaba mudansa sociál. 사회학자로서 그는 사회 변화에 대해서 연구를 하고 있어요.

__sosiolojia__ 명 사회학. ¶Valór sosiolojia nian mak saida? 사회학의 가치는 무엇입니까?

__sosiolójiku__ 형 사회학적인.

*__sósiu__ 명 일원, 동반자, 동업자. ¶Nia buka hela sósiu atu halo kompañia. 그는 회사 설립을 위해 동업자를 구하고 있어요.

__souri__ 명 옆, 편. ¶Ha'u sempre tuur iha ha'u-nia kaben souri. 저는 항상 남편의 옆에 앉아요. 유의 sorin.

*__stres__ 명 스트레스. ¶Mane koko halakon stres ho sigaru no tua. 그는 담배와 술로 스트레스를 해소하려 했다.

__Suai__ 명 수아이. [동티모르 서남쪽에 있는 도시] ¶Povu iha Suai hein Suai nia dezenvolvimentu. 수아이의 사람들은 수아이의 발전을 기다리고 있어요.

__suak__ 명 수악. [화전민 등이 화전을 일굴 때 사용하는 끝이 뾰족한 막대기]

**__suar__ I 명 연기. ¶Nia haree hela uma ho suar. 그는 연기 나는 집을 보고 있어요. II 동 (담배를) 피우다. ¶La bele suar iha uma laran. 집안에서 담배를 피워선 안 돼요. 유의 hemu.

__suas__ 동 훈증 소독하다, 연기로 소독하다. ¶Nia atu suas iha restorante ida-ne'e. 그는 이 식당을 훈증 소독하려 해요.

**__subar__ I 동 감추다, 숨기다. ¶Nia subar surat iha pasta laran. 그는 가방 안에 편지를 감췄다. 반의 denota, esprime. II 부 비밀리에, 남몰래. ¶Nia subar estuda maka'as. 그는 남몰래 열심히 공부해요.

*__subar an__ 숨기다, 숨다. ¶subar an tezouru 보물을 숨기다 유의 haksumi.

__subar-fatin__ 명 숨은 장소, 은신처. ¶Nia presiza ona subar-fatin kontra militár Indonézia. 그는 인도네시아 군대에 대항해서 은신처를 필요로 했어요.

*__subarsubar__ 부 살금살금. ¶Ha'u hakbesik subarsubar husi kotuk atu hata'uk kolega. 나는 친구를 깜짝 놀래 주려고 뒤에서 살금살금 다가갔다.

*__subasubar__ 부 슬그머니. ¶Ha'u ta'uk subasubar bainhira la'o mesak iha dalan kalan nakukun. 어두운 밤길을 혼자 걸을 때 나는 슬그머니 겁이 난다.

__subdezenvolvimentu__ 명 현상 부족, 저개발. ¶Sé mak bele overcome situasaun subdezenvolvimentu ne'e nian? 누가 이 저개발 상태를 극복할 수 있나요?

__subdistritu__ 명 세부 행정 구역. ¶Favór hakerek enderesu ho subdistritu. 주소는 세부 행정 구역까지 적어 주세요. 유의 kecamatan, zona.

__subdivide__ 동 나누다, 세분하다. ¶Planu ne'e presiza subdivide. 그 계획은 세분

S

할 필요가 있어요.

subisu 동 일하다. ¶Nia subisu iha governu. 그는 정부에서 일한다. 유의 serbisu, servisu.

***subjetivu** 형 주관적인. ¶Karik ita bele sai perigozu liu husi julgamentu subjetivu. 어쩌면 주관적인 판단이 위험해질 수 있어요.

subkategoria 명 하위 범주, 세부 전공. ¶Ita estuda ona economia, spesifiku subkategoria estuda saida? 경제학을 공부했던데 구체적인 세부 전공이 뭐야?

subliña 동 밑줄을 긋다, 치다, 강조하다. ¶Mestre subliña impotansia rekursu umanu nian ba dezenvolvimentu. 선생님은 발전을 위해서는 인적 자원이 중요하다고 강조해요.

***submete an** 제출하다. ¶Ita submete an relatóriu ka? 너 보고서 제출했니? 유의 hatama.

***submisaun** 명 항복, 굴복. ¶Nia halo submisaun ona ka? 그는 이미 항복한 건가?

subordina 동 경시하다. ¶La bele subordina ema seluk nia esforsu. 타인의 노력을 경시해선 안 돼요.

subordinadu 형 종속된, 부수적인. ¶Oinsá ita bele destrui ekonomia subordinadu? 어떻게 종속된 경제를 해결할 수 있나요?

***suborna** 동 뇌물을 주다. ¶Nia dehan katak nunka suborna ba politik na'in. 그는 한 번도 정치인에게 뇌물을 준 적이 없다고 했다.

***subornu** 명 뇌물. ¶Xefe departementu Kim simu subornu no fó sai kompaña nia segredu. 김 부장은 뇌물을 받고 회사 기밀을 누설했다.

subsidiária 명 자회사. ¶Baizeia ba koperasaun, nia loke tiha ona subsidiária. 그는 협력을 기반으로 자회사를 열었어요.

***subsídiu** 명 보조금, 자금. ¶Povu kiak barak hein hela subsídiu husi governu. 많은 서민들은 정부의 보조금을 기다리고 있어요.

subsisténsia 명 최저 생활, 호구. ¶Sira hakarak kontinua subsisténsia maibé pobreza sériu iha. 그는 최저 생활을 유지하고 싶지만 심각한 빈곤이 있어요.

***substánsia** 명 물질, 실체. ¶Favór haree mundu liu husi substánsia, la'ós haree mundu liu husi ita-nia ideia de'it. 네 생각으로만 세상을 보지 말고 실체를 통해 세상을 보세요.

***substantivu** Ⅰ 명 명사. ¶Substantivu mak saida iha fraze ida-ne'e laran? 이 문장에서 명사가 뭐지요? Ⅱ 형 실질적인. ¶Ita aplika aproximasaun substantivu ka? 실질적인 접근을 적용했습니까? 유의 atuál.

***substitui** 동 대체하다, 대리하다. ¶Agora nia substitui hela bos nia kna'ar. 이제 그는 상관의 업무를 대리하고 있어요.

substituisaun 명 대리, 대체, 대용. ¶Mákina ida-ne'e aat ona, ita bele halo substituisaun mak saida? 이 기계가 고장났는데 대체를 할 수 있는 게 뭡니까?

substitutu 명 대체재, 대용물. ¶Motór bele sai substitutu bisikleta nian. 스쿠

터는 자전거의 대체재가 될 수 있어요.

*__subsubar__ 부 살짝. ¶Ha'u sai subsubar hosi uma bainhira membru família sira toba hotu. 나는 식구들이 모두 잠든 틈을 타서 살짝 집을 빠져나왔다.

__subtítulu__ 명 자막. ¶Ita bele hatama letra Korea nu'udár subtítulu iha video ida-ne'e laran ka? 이 동영상 안에 자막으로 한글을 넣을 수 있어요?

*__subtrasaun__ 명 뺄셈. ¶Ita bele halo subtrasaun ka? 뺄셈을 할 줄 알아요?

__subunidade__ 명 마을의 하부 단위.

__subversaun__ 명 전복, 파괴, 멸망. ¶Oinsá subversaun nasaun nian mai? 어떻게 국가의 멸망이 오는가?

*__sudeste__ I 명 동남향, 동남쪽. ¶Anin huu husi sudeste. 동남쪽에서 바람이 불어요. II 형 동남향의, 동남쪽의. ¶Agora anin sudeste huu. 지금 동남쪽의 바람이 불어요.

*__sudueste__ I 명 남서쪽, 남서향. ¶Anin huu husi sudueste. 남서쪽에서 바람이 불어요. II 형 남서쪽의. ¶Agora anin sudueste huu. 지금 남서쪽의 바람이 불어요.

*__Suésia__ 명 스웨덴.

__sufiksu__ 명 접미사. ¶Dora sufiksu ne'ebé indentifika feto nu'udár ema. Dora는 사람으로서 여성을 나타내는 접미사예요.

*__sufisiente__ 형 충분한. ¶Ninia kréditu ba klase ne'e sufisiente atu simu bolsa estudu ne'e. 그의 학점은 장학금을 받기에 충분하다. 유의 daar, nato'on, to'o. 반의 falta.

*__suhu__ 동 (액체 속에) 담그다. ¶Nia suhu masin-midar iha kafé laran. 그는 커피 안에 설탕을 담갔어요.

*__sui__ 동 빗질하다, 되돌리다. ¶Nia sui hela ninia oan feto nia fuuk. 그는 딸의 머리를 빗질하고 있어요.

__sui-fuuk__ 명 매만진 머리 모양, 헤어스타일. ¶Feto ne'e nia sui-fuuk furak loos. 그 여자의 헤어스타일이 너무 멋져요.

__suisida__ 명 자살자. ¶Numeiru suisida sira iha Timor-Leste uituan tebes de'it. 동티모르에서 자살자의 숫자는 매우 적다.

__suisídiu__ 명 자살. ¶Ema ne'ebé hakarak halo suisídiu mak la iha esperansa. 자살하고자 하는 사람은 희망이 없어요. 유의 oho-an.

__sujeitu__ 명 주어. ¶Iha fraze laran sujeitu saida? 이 문장에서 주어가 뭐야?

*__sujere__ 동 제안하다. ¶Nia sujere ideia foun ba kolega. 그는 친구에게 새로운 생각을 제안했어요.

*__sujestaun__[1] 명 제안. ¶Ha'u bele halo sujestaun ka? 제안을 해도 될까요?

*__sujestaun__[2] 명 실마리. ¶Depoisde investigasaun naruk, polísia hetan sujestaun hodi deskobre kriminál. 경찰은 오랜 수사 끝에 범인을 밝혀낼 실마리를 찾았다.

__sukaer__ 명 타마린드. [콩과의 상록 교목] ¶kuda sukaer 타마린드를 기르다 유의 sakaer.

*__sukat__ 동 ①측정되다. ¶Timor Lorosa'e sukat besik kilómetreu kuadradu rihun 14. 동티모르의 면적은 거의 1만 4천 제곱미터로 측정되었다. ②비교하다.

S

¶Nia sukat Timor-Leste ho Singapore. 그는 동티모르를 싱가포르와 비교해요. 유의 kompara.

sukaun 명 조타수, 키잡이. ¶Sé mak sukaun? 누가 조타수지요?

* **sukit** 동 ①(소나 양이) 풀을 뜯다. ¶Karau sukit hela iha foho. 소는 산에서 풀을 뜯고 있어요. ②뽑다, 추출하다. ¶Nia sukit tiha ona asuntu rua husi argumentu laran. 그는 논쟁 속에서 두 가지 쟁점을 뽑아냈어요.

*** **suku**[1] 명 ①마을. ¶Ita moris iha suku hanesan. 우리는 같은 마을에 살아요. 유의 aldeia, knua, knuak. ②부족, 종족. ¶Suku primitivu ne'ebé la uza ropa lakon. 옷을 입지 않는 원시 부족이 사라졌다. 유의 reinu.

** **suku**[2] 동 바느질하다. ¶Ha'u-nia amá hanorin ba ha'u atu suku. 어머니는 내게 바느질하는 방법을 알려 주셨다.

** **suku-ropa** 명 바느질. ¶Amá lahatene katak ninia oan-mane fila mai ona uma, nia okupadu iha suku-ropa. 아들이 집에 돌아온 것도 모른 채 어머니는 바느질에 여념이 없었다.

* **súl** 명 남쪽, 남. ¶Aviaun ne'e semo hela ba diresaun súl. 그 비행기는 남쪽 방향으로 날아가고 있어요. 반의 norte. 이표기 sul.

* **sulan** Ⅰ명 ①멈춘 사람, 멈추게 한 사람. ¶Durante demonstrasaun sulan sira barak iha estrada. 시위 동안 도로에 멈춘 사람들이 많아요. ②코르크, 마개. ¶Botir viñu ida-ne'e sulan iha ka? 이 포도주 병은 코르크가 있나요? Ⅱ동 ①멈추다, 멈추게 하다. ¶Polísia sulan tiha ona karreta sira iha estrada. 경찰은 도로에서 자동차들을 멈추게 했어요. ②코르크로 막다, 마개로 막다. ¶Favór ida sulan botir ida-ne'e. 이 병을 마개로 막으세요. ③국한하다, 제한하다. ¶Governu sulan tiha ona authoridade ministru nian. 정부는 장관의 권한을 제한했어요.

* **suli** Ⅰ동 ①흐르다. ¶Mota suli nafatin. 강은 끊임없이 흘러요. ②새다, 새어 나오다. ¶Bee suli hela husi forru. 천장에서 물이 새고 있어요. Ⅱ형 흐르는, 새어 나오는. ¶Nia nani hela iha mota suli. 그는 흐르는 강물에서 수영을 하고 있어요.

suli sai 누설하다. ¶La bele suli sai segredu ne'e. 그 비밀을 누설해선 안 돼.

* **sumáriu** Ⅰ명 요약. ¶Ita bele halo sumáriu klase ne'e nian ka? 이 수업의 요약을 할 수 있겠니? 유의 estratu, rezumu. Ⅱ형 요약한, 간략한. ¶Ita bele halo livru sumáriu? 간략한 책을 만들 수 있어요?

sumu 명 과일주스, 청량음료. ¶Uza hudi ita bele halo sumu ka? 바나나를 사용해서 과일주스를 만들 수 있나요?

** **suntu** 명 오징어. ¶Ita han suntu ona ka seidauk? 오징어를 먹어 본 적 있어요?

* **sunu** 동 태우다. ¶Nia sunu hela lixu. 그는 쓰레기를 태우고 있어요.

sunu ahi 불을 붙이다, 불을 지피다. ¶Nia sunu ahi atu te'in. 그는 요리하기 위해 불을 지폈다.

sunu-lakan 동 불을 붙이다, 촉발시키다. ¶Ninia diskursu sunu-lakan demonstrasaun povu nian. 그의 연설은

국민의 시위를 촉발시켰어요.

⁑**supa** 동 빨다, 세탁하다. ¶Ó-nia meia no ropa laran ne'e hatai supa rasik an. 네 양말이랑 속옷은 스스로 빨아 입어.

superakesimentu 명 과열. ¶kompetisaun superakesimentu 과열 경쟁

superfisiál 형 깊이 없는, 얄팍한, 피상적인. ¶Ninia diskursu maka'as maibé superfisiál. 그의 연설은 소리가 컸지만 피상적이에요.

superfisiálidade 명 피상성, 깊이 없음. ¶Ho superfisiálidade, oinsá ita bele maneja moris? 피상성을 가지고 어떻게 삶을 운영할까요?

***superfísie** 명 표면. ¶Superfísie estrada ida-ne'e nian tetuk ka la'e? 이 도로의 표면이 평평한가요? 유의 kbelak.

***superiór** I 명 남성 상관, 상사. ¶tuir superiór 상관을 따르다 II 형 우수한, 우세한, 우월한. ¶Oinsá ita bele prepara rekursu umanu superiór? 우수한 인적 자원을 어떻게 준비하지요?

superiora 명 여성 상관, 상사. ¶Ita-nia relasaun ho superiora di'ak ka la'e? 상관과 관계가 좋나요?

superioridade 명 우월성, 우위, 우세. ¶Saida mak superioridade kompetisaun nian? 경쟁적인 우위가 무엇입니까?

***superlativu** I 명 최상급. ¶Organizasaun ida-ne'e promete nia ho tratamentu superlativu. 그 기관은 그에게 최상급의 대우를 약속했어요. II 형 최상의. ¶Agora ita iha kondisaun superlativu? 지금 최상의 상태인가요?

***supermerkadu** 명 슈퍼마켓. ¶Normalmente ita bá supermerkadu saida? 보통 어떤 슈퍼마켓을 이용하니?

⁑**supermi** 명 면. ¶Ha'u gosta liu supermi duké etu. 나는 밥보다 면을 더 좋아한다.

***supervisór** 명 감독관, 관리자, 지도 교수. ¶Hamoos lailais. Supervisór atu tama. 빨리빨리 청소해라. 감독관 들어오신다.

***superviza** 동 감독하다. ¶Nia superviza departumentu rua. 그는 두 개 부서를 감독해요.

supervizaun 명 단속. ¶funsionáriu supervizaun 직원 단속

suplementár 형 보충의, 추가의, 추가적인. ¶Ita lee hela informasaun suplementár mós. 그는 추가적인 정보도 읽고 있어요.

suplementasaun 명 보완. ¶Agora sistema ida ne'e suplementasaun reklama ona tanba desvantajen barak. 이 제도는 단점이 많아서 보완이 시급하다.

suplementu 명 보충물, 추가물, 부록. ¶Livru ida-ne'e iha suplementu ka? 이 책은 부록이 있나요?

súplika 명 탄원, 애원, 간청. ¶Ho súplika nia husu tiha kolega. 그는 친구에게 애원을 했다. 유의 hahusuk.

suplikante 명 탄원자, 애원자, 원고, 고소인. ¶Suplikante favór hatete. 원고는 발언하세요. 유의 mahusuk.

***suporta** 동 지지하다, 지원하다. ¶Nia suporta ninia oan sira ba eskola. 그는

S

자신의 자녀들이 학교에 가도록 지원한다. 반의 embarga.

*__suportasaun__ 명 지지, 후원, 응원. ¶Husi imi nia suportasaun mak ha'u nia mehi ne'e sai duni realidade. 여러분의 응원 덕분에 제 꿈이 정말 현실이 되었어요.

__suporte__ 명 태도. ¶Ninia suporte di'ak tebes entaun ha'u bele fiar nia. 그의 태도가 너무 좋아서 난 그를 믿을 수 있다.

__suprevizaun__ 명 감독, 관리, 지휘, 감시, 통제. ¶Prosesu suprevizaun nia atu komesa husi aban. 감독의 절차가 내일부터 시작하려 해요.

**__sura__ 동 (올바른 순서로 수를) 세다, 계산하다. ¶Sura ami han hira. 우리 얼마나 먹었는지 계산해.

***__surat__ 명 ①편지. ¶Ha'u hakerek surat ida. 난 한 통의 편지를 썼어요. ②종이. ¶Bele sosa kopu surat iha ne'e? 여기서 종이컵 살 수 있나요? 유의 surtahan. ③카드. ¶Imi hakarak halimar surat ka? 너희들 카드놀이 하고 싶니?

*__surat-joga__ 명 카드 게임. ¶Ita hakarak halo surat-joga ka? 카드 게임 하고 싶어요?

**__surat-jornál__ 명 신문. ¶Ita bele hola lori surat-jornál ida ka? 신문 하나 사 올래요? 유의 gazeta, jornál.

__surat-tahan__ 명 종이, 용지. ¶Nia hakerek iha surat-tahan. 그는 종이에 글을 써요. 이표기 surat tahan.

관용 surat-tahan kímiku (화학 처리된 종이라는 말로) 먹지, 카본지.

***__surik__ 명 칼, 검. ¶Kuidadu surik kro'at. 날카로운 칼 조심해.

*__surpreza__ 명 뜻밖의 소식. ¶Nia atu fahe surpreza ida. 그는 뜻밖의 소식 하나를 나누려 해요.

**__surtahan__ 명 종이. ¶kumu surtahan 종이를 구기다 유의 surat-tahan.

*__suru__ 동 (큰 숟갈 같은 것으로) 뜨다, 파다. ¶Inan suru hela sopa. 어머니는 수프를 뜨고 있어요.

관용 suru bee 우물에서 물을 긷다.

**__susar__ Ⅰ 명 ①어려움, 고난. ¶Hela iha foho, susar atu hetan bee. 산속에서 사는 어려움은 물을 찾아야 하는 것이다. 유의 arraska. 반의 fasil. ②문제. ¶Iha asuntu laran susar mak saida? 이 쟁점에서 문제가 뭐지? 유의 difikuldade. Ⅱ 형 어려운, 힘든, 고통스러운. ¶Ida-ne'e servisu susar, maibé ita bele rezolve se ita konsentra ba ida-ne'e. 이것은 힘든 일이지만 만약 집중한다면 해결할 수 있을 거예요. 유의 arraska, difisil, kusta.

__susesaun__ 명 계승. ¶susesaun tronu 왕위 계승

__susesivu__ 형 연속적인, 연이은. ¶Nia dehan katak la susesu susesivu mak la problema ba nia. 그는 연속적인 실패가 그에게 문제가 되지 않는다고 말했다.

__susesór__ 명 후임자, 계승자. ¶planu kona-ba susesór 후임자를 준비하다

**__susesu__ 명 성공. ¶Susesu mak rezultadu esforsu nian ka rezultadu sorte nian? 성공은 노력의 결과인가 행운의 결과인가? 유의 ézitu.

**__suspeita__ Ⅰ 명 의혹, 의심. ¶Suspeita ba membru de'it destrui ekipa. 구성원에 대해 의심을 하기만 하면 팀워크를 망가트

려요. Ⅱ 동 의심하다. ¶Ha'u suspeita nia tanba ha'u sente katak nia suspeita ha'u. 그가 나를 의심하는 것 같아서 나는 그를 의심해요. 유의 dúvida.

*suspeitozu 형 비참한. ¶Karik ita la haka'as an tebes, ita bele haree rezultadu suspeitozu. 열심히 노력하지 않으면 비참한 결과를 보게 될 거야.

*suspeitu Ⅰ 명 용의자. ¶Kona-ba kliminal ida-ne'e suspeitu numeiru hira? 이 사건에 대한 용의자가 몇 명이지요? Ⅱ 형 수상한, 의심스러운. ¶Iha momentu sensitivu, ita la presiza asaun suspeitu. 민감할 때 수상한 행동을 할 필요가 없어요. 유의 dúvida.

suspensaun 명 정학, 정지. ¶Nia la tama aula barak, eskola decide suspensaun. 그가 결석이 많아서 학교는 정학을 결정했어요.

sustenta 동 지탱하다. ¶Agora situasaun aat tebes, fulan hira ita bele sustenta ka? 지금 상황이 매주 좋지 않은데 몇 달을 더 지탱할 수 있니?

sustentu 명 지탱. ¶Sustentu kontra diifikuldade ekonomiku araska. Loos ka la'e? 경제적인 어려움을 지탱을 하는 게 어렵지. 그렇지 않아?

***susu** 동 빨다, 빨아들이다. ¶Mákina ida-ne'e susu rai-rahun di'ak ka? 이 기계가 먼지를 잘 빨아들이나요?

***susubeen** 명 우유. ¶Bibi sira fó susubeen mai ami. 염소들은 우리들에게 우유를 줍니다. 유의 susun, susuween. 이표기 susu been.

***susuk** 명 모기. ¶Udan tau barak, karik susuk mai lai. 비가 많이 와서 모기가 오겠네.

*susumetin 동 가슴 위쪽에 메다. ¶Maria lao ho pasta uza liman, maibé susumetin pasta. 마리아는 손으로 가방을 들고 다니지 않고 가슴 위쪽에 메고 다녀요.

***susun** 명 ① 유방, 가슴. ¶Labarik ki'ik sira mane no feto identifika seksu difisil tanba la iha susun. 어린 아이들은 가슴으로는 성별을 구분하기 어려워요. ② 우유. ¶Ami bele simu susun husi karau-inan. 암소에서 우유를 얻을 수 있어요. 유의 susubeen, susuween.

*susun-matan 명 젖꼭지. ¶Bebé mo'at hela susun-matan inan nian. 아기가 엄마의 젖꼭지를 빨고 있어요. 이표기 susun matan.

***susuween** 명 우유. ¶Ami bele hola susuween iha ne'ebé? 우유를 어디서 살 수 있지? 유의 susubeen, susun.

***sutate-meer** 명 간장. ¶Tanba tama sutate-meer iha sopa barak ida-ne'e uoituan meer. 국에 간장을 많이 넣어서 조금 짜다.

***suut** 동 (입김을) 불다. ¶Malirin tebes nia suut ninia liman. 그는 추워서 손에 입김을 불고 있었다.

S

T

⁑**taa**[1] 명 거짓말. ¶Ó ko'alia taa, loos ka la'e? 거짓말을 하는 거지, 그렇지?

*__taa__[2] 동 (나무나 작물을) 자르다, 수확하다. ¶Nia taa ai atu sunu. 그는 불을 지피려고 나무를 잘랐습니다.

⁑**tabaku** 명 담배. ¶Ha'u-nia avó mane kuda tabaku iha foho. 우리 할아버지는 산에서 담배를 재배합니다. 유의 sigarru.

tabaku-rahun 명 코담배. ¶Avó lulun hela tabaku-rahun ho batar kulit hodi fuma. 할아버지는 담배를 피우기 위해서 옥수수 껍질로 코담배를 말고 있어요.

tabela 명 도표, 데이터. ¶Se haree tabela, bele konfirma texa kresimentu ekonomia. 도표를 보면 경제 성장률을 확인할 수 있습니다.

*__tabele__ 동 매달다, 매달리다. ¶boi ne'ebé apá tabele 아버지께서 손수 매달아 주신 나무 그네 유의 tabelen.

*__tabelen__ 동 매달다, 매달리다. ¶Ami haree lekirauk tabelen iha ai leten. 우리는 나무 위에 매달려 있는 원숭이를 보고 있어요. 유의 tabele.

⁑**tabuada** 명 시간표. ¶Ita presiza haree tabuada kona-ba ita-nia viajen antes atu bá. 우리는 여행 가기 전에 교통편의 시간표를 봐야 할 필요가 있어요.

tabula 동 (자료를) 표로 만들다. ¶Nia tenke tabula ida kona-ba ninia atividade loro-loron. 그는 매일의 활동에 대해 하나의 표로 만들어야 해요.

tabuladór 명 색인표, 식별표. ¶Livru ida-ne'e iha tabuladór ka? 이 책은 색인표가 있습니까?

*__tadak__ 명 표시, 마크. ¶Tadak ida-ne'e mak universidade ne'e nian. 이 마크는 그 대학의 것이에요. 유의 emblema.

*__tadak-hakfodak__ 명 느낌표.

*__tadak mahusuk__ 물음표. ¶Ita la bele hasai tadak mahusuk iha fraze ida-ne'e. 이 문장에서 물음표를 빼선 안 돼요.

ta'es 동 거르다, 물기를 빼다. ¶Oinsá ha'u atu ta'es modo ne'e? 이 채소에서 어떻게 물기를 빼나요?

관용 ta'es lia (말을 걸러서 한다는 말로) 예의 바르게 말하다.

⁑**tafui** 동 뱉다. ¶Labarik ne'e tafui hahán ba estrada. 이 어린이가 입안의 음식을 도로에 뱉었어요.

⁑**tahan**[1] 동 ① 견디다, 인내하다. ¶Nia tahan

ona ba tempu naruk to'o eletrisidade mai fali. 그는 전기가 다시 들어올 때까지 오래 인내했다. ⓤ aguenta, dura. ②보호하다. ¶Polísia la bele tahan hela ema-lubun. 경찰은 군중을 보호하지 못하고 있다. ⓤ proteje. ③지속되다.
¶Enkontru tahan oras ida. 회의는 한 시간 동안 지속되었어요. ⓤ dura. ④용인하다. ¶Mestre sei tahan falta dala tolu iha aula laran. 선생님은 결석 세 번은 용인할 거예요. ⓤ tolera. ⑤지지하다, 지탱해 주다. ¶Nia tahan proposál kolega nian. 그는 친구의 제안을 지지해요.

tahan[2] 명 ①나뭇잎. ¶tahan matak 녹색 나뭇잎 / Ema sira moos tahan iha dalan. 사람들이 길에서 나뭇잎을 청소합니다. 유의 ai-tahan. ②장. [얇고 넓은 물건을 세는 단위] ¶Favór halo fotokopi tahan sanulu. 열 장 복사해 주세요. ③(봉투나 호주머니의) 덮개. ¶Ita hatama surat iha envelope laran, depois taka tahan ka? 봉투에 편지를 넣고 덮개를 닫았나요?

tahan-buras Ⅰ 명 지점. ¶Tahan-buras kompañia ne'e nian iha Timor-Leste ka? 그 회사의 지점이 동티모르에 있나요? Ⅱ 형 나뭇잎이 풍성한. ¶Ai ida-ne'e iha tahan-buras barak. 이 나무는 나뭇잎이 풍성해요.

tahan ho 용인하다. ¶tahan ho diferensia kultural 문화적 차이를 용인하다

tahek 동 까부르다, 키질하다. ¶Ninia amá tahek hela fós. 그의 엄마는 쌀을 키질하고 있다. 유의 dadula.

Tailándia 명 태국.

tais 명 ①타이스. [손으로 짠 동티모르의 전통 옷감] ¶Nia sosa tais atu doku meza. 그는 탁자를 덮을 타이스를 샀어요. ②타이스. [동티모르의 전통 의상]

tais-feto 명 타이스뻬또. [여성용 전통 의상] ¶Feto timor gosta hatais tais-feto bainhira iha eventu tradisionál. 동티모르 여성들은 전통 행사에서 타이스뻬또를 즐겨 입는다. 이표기 tais feto.

tais-mane 명 타이스마네. [남성용 전통 의상. 허리에 둘러 입음] ¶Mane timor mós gosta hatais tais-mane iha uma. 동티모르 남자들은 집에서 타이스마네를 즐겨 입습니다. 이표기 tais mane.

taka[1] 명 팜잎 바구니. ¶Nia halo taka atu hatama ninia livru. 그는 책을 넣으려고 팜잎 바구니를 만들어요.

taka[2] Ⅰ 동 ①닫다. ¶Favór ida taka odamatan, kuandu ita bá. 밖에 나갈 때 문을 닫으세요. ②씌우다, 가리다. ¶Favór ida taka meza ho hena. 탁자를 천으로 씌우세요. ③변장하다, 가장하다. ¶Ema barak taka sira-nia oin. 많은 사람이 얼굴을 변장했어요. ④끝나다. ¶Aplikasaun kona-ba servisu iha Korea taka tiha ona. 한국 근무 신청이 끝났어요. Ⅱ 형 닫힌, 덮인. ¶Odamatan ne'ebé taka kleur susar atu loke fali. 문이 오래 닫혀 있어서 다시 열기가 어려워요.
관용 taka ibun ba (입을 닫는다는 말로) 무시하다.

taka[3] 동 (공고에) 붙이다. ¶Nia taka tiha avizu ne'e iha kuadru. 그는 칠판에 공고문을 붙여요.

taka ~ kuak (옷 등에 난 구멍이나 닳은

부분에 헝겊 등으로) 덧대다, 때우다. ¶Nia taka ha'u-nia kamiza kuak. 그는 나의 셔츠를 덧댔어요.

taka-bee 명 댐, 저수지. ¶Durante tempu bailoro, bee la sufisiente depois presiza taka-bee. 건기 동안에 물이 충분치 않아서 댐이 필요해요. 유의 barrajen, batak, taka-wee.

taka-dalan 명 방책. ¶Polísia halo taka-dalan tanba demonstrasaun atu komesa ona. 경찰은 시위가 시작되려 해서 방책을 만들었어요.

takadór 명 꽂을대. [예전에 총포에 화약을 잴 때 쓰던 도구] ¶Nia lori takadór atu treinu tiru kilat. 그는 총 쏘기 훈련을 하려 꽂을대를 가지고 왔어요.

***taka-fila** 동 뒤집히다, 뒤집다. ¶Karreta bis ida taka-fila iha dalan ba Lospalos. 버스 한 대가 로스팔로스로 가는 길에 뒤집혔어요.

taka matan 눈가리개. ¶Nia sensitivu entaun nia uza taka matan bainhira toba. 그는 예민해서 잘 때 눈가리개를 한다. 유의 kesi-matan.

***taka-metin** 동 꽉 닫다. ¶Taka-metin janela selae naokteen tama. 창문을 꽉 닫아라, 안 그러면 도둑이 들어올라.

***taka-ulun** 명 머리에 쓰는 수건, 장식물, 모자. ¶Bainhira la'o iha loron manas nia presiza taka-ulun. 무더운 날 걸을 때 그는 모자를 필요로 해요.

takaun 명 뒷굽, 힐. ¶Feto ne'e gosta hatais sapatu takaun aas. 그녀는 뒷굽이 높은 신발 신는 걸 좋아해요.

taka-wee 명 댐, 저수지. ¶konstroi taka-wee 댐을 건설하다 유의 barrajen, batak, taka-bee.

***taksi** 명 택시. ¶Ami sae taksi ba embaixada. 우리는 대사관에 가려고 택시를 탔어요.

táktika 명 전술. ¶Nia iha táktika ne'ebé di'ak bainhira joga bola. 그는 축구할 때 좋은 전술을 가지고 있어요.

táktiku 형 전술적인. ¶Asaun táktiku ne'e bele troka depende situsaun. 전술적인 행동은 상황에 따라 변할 수 있다.

***talentozu** 형 재능 있는. ¶Sira talentozu hatudu talentu. 재능 있는 그들은 재능을 보여 주었어요.

***talentu** 명 재능. ¶Ninia talentu mak kanta. 그의 재능은 노래하는 거예요. 유의 jeitu.

***tali**[1] 명 밧줄, 로프, 끈. ¶Nia hakarak habai ropa, entaun presiza tali. 그가 옷을 말리고 싶어해서 끈이 필요했다. 유의 fiu.

tali[2] 명 야자수. ¶Ita hatene fatin iha tali barak ka? 야자수가 많은 곳을 알아요?

***tali-ki'ik** 명 끈, 줄, 노끈. ¶Tali ida-ne'e la sufisiente, ita bele lori tali-ki'ik ka? 이 끈이 충분치 않은데 끈 좀 가져와 줄래?

tali-metan 명 방수 목재. ¶Ema ne'e uza tali-metan hodi halo uma. 그 사람은 집을 짓기 위해 방수 목재를 사용해요.

talin 명 신발끈. ¶Favór kore tiha sapatu nia talin ne'e. 신발끈을 푸세요.

tali-oan 명 짧은 신발끈. ¶Sapatu ida-ne'e uza tali-oan di'eit. 이 신발은 짧은 신발끈만 사용할 수 있어요.

tali-tahan 명 야자수 잎. ¶Ema timor

uza tali-tahan hodi halo uma. 동티모르 사람은 집을 만드는 데 야자수 잎을 사용해요. (이표기) tali tahan.

*__tama__ 동 ①들어가다. ¶Sira tama mai tuur tiha ona. 그들은 들어와서 앉았어요. ②존재하다, 출석하다. ¶Nia ohin tama aula ka la'e? 그가 오늘 수업에 출석했나요? ③맞다, 알맞다. ¶Sapatu ne'e ó nia ain tama ka la'e? 이 신발 너의 발에 맞니? ④개입되다, 관계되다. ¶Nia tama iha grupu foun. 그는 새 그룹에 관계되어 있어요.

*__tama-fatin__ 명 입구, 현관. ¶Karreta ida para besik tama-fatin. 자동차 하나가 입구 근처에 주차를 했어요.

__tama-klaran__ 동 중재하다, 조종하다, 알선하다. ¶Nia tama-klaran entre ema na'in rua. 그는 두 사람 사이에서 중재했다.

*__tamañu__ 명 크기, 규모. ¶Ita atu halo uma, tamañu boot ka? 만들려는 집이 크기가 큰가요?

*__tama-sai__ 명 굴곡. ¶Karik tama-sai iha dalan mak barak, iha ne'ebá asidente tráfiku nia risku mak boot. 도로에 굴곡이 많으면 교통사고의 위험이 크다.

__tamati__ 명 토마토. ¶Halo jus ho tamati. 토마토로 주스를 만들었어요. (유의) tomate.

__tambór__ 명 북, 드럼. ¶Tambór hira mak ita presiza ba parte ne'ebé atu mai? 다가오는 파티에 드럼이 몇 개 필요하지요? (유의) baba.

*__tan__[1] Ⅰ 동 반복하다. ¶Bele repete dala ida tan ka? 한 번 더 반복해 볼래요? (유의) repete. Ⅱ 부 ①더. ¶Dala ida tan. 하나 더 주세요. ②더이상. ¶Ha'u la presiza osan tan. 나는 더이상 돈이 필요 없어요. ③도, 또한, 역시. ¶Maria ohin sosa ikan, modo ho tan batar. 마리아는 오늘 생선, 야채 그리고 옥수수 또한 샀어요.

*__tan__[2] 전 ~ 때문에. ¶Tan oan sira, aman servisu maka'as. 자식들 때문에 아버지는 열심히 일해요.

*__tanaat__ 부 빤히. ¶Ha'u doko ha'u-nia ulun tanba ninia matan ne'ebé tanaat ha'u mak lakonfortavél. 나를 빤히 쳐다보는 그의 눈길이 불편해 나는 고개를 돌렸다.

*__tanan__ Ⅰ 형 벗은, 순수한. ¶Sira joga bola ho ain tanan. 그들은 벗은 발로 축구를 해요. Ⅱ 전 ~ 없이. ¶Patraun servisu tanan sekretáriu. 사장님은 비서 없이 일을 해요. (유의) lahó, laiha.

*__tanba__ Ⅰ 접 ~어서, 때문에, 이래로. ¶Tanba membru ida nia servisu tarde, ami hotu hein de'it. 일원 1명이 일이 늦어서 우리 모두는 기다리고 있어요. Ⅱ 전 ~을 위해서. ¶Tanba familia ho dame, mai ita servisu maka'as. 가정의 평화를 위해서 열심히 일합시다.

*__tanbasá__ 부 왜. ¶Tanbasá mak demokrasia no dezenvolvimentu ekonómiku ne'e importante ba Timor-Leste? 왜 민주주의와 경제 개발이 동티모르에 중요한가? (유의) tansá. (이표기) tanba saa.

*__tane__ 동 ①지지하다. ¶Sé mak ita tane ba eleisaun prezidenti palamentu? 이번 선거에서 누구를 지지하나요? (유의) apoia, endosa. (반의) embarga. ②제공하다. ¶Nia

T

familia tane han-meiudia ba ema kiak na'in-100. 그의 가족은 가난한 사람들 100명에게 점심을 제공한다.

⁑**tanen** 명 손가락. ¶Ninia tanen ne'e naruk tebes. 그의 손가락은 정말 길어요. 유의 limafuan, liman-fuan.

⁑**tanis** 동 울다, 짖다, 울부짖다. ¶Asu viziñu nia uma nian mak tanis kalan-kalan, entaun la bele toba-dukur. 이웃집 개가 매일 밤 짖어서 잠을 잘 수 없다.

tanis-aat 명 {비격식체로} 울보, 겁쟁이. ¶Nia la bele halo dejafiu tanba nia tanis-aat. 그는 겁쟁이라서 도전을 못해요. 유의 tanis-teen.

*__tanis hakilar__ 비명을 지르다. ¶Horikalan ami rona lian ne'ebé ema tanis hakilar. 어제저녁 우리는 사람이 비명을 지르는 소리를 들었어요.

tanis halerik 통곡하다. ¶Maria tanis halerik iha amá nia mate. 마리아는 엄마의 죽음에 통곡했어요.

*__tanis-motok__ 동 흐느끼다. ¶Tanis-motok no tanis 흐느끼며 울다

*__tanis-teen__ 명 {비격식체로} 울보, 겁쟁이. ¶Ha'u provoka ha'u-nia alin tanis-teen. 나는 동생을 울보라고 놀렸다. 유의 tanis-aat.

⁑**tanjerina** 명 귤. ¶Tanjerina ida-ne'e folin hira? 이 귤은 얼마예요? 유의 deroklotus, sabraka, saburaka.

*__tanke__ 명 (액체나 가스를 담는) 탱크. ¶Ami-nia familia uza tanke hodi tau bee iha laran. 우리 가족은 물을 담기 위해 탱크를 사용해요. 이표기 tanki.

tanke-harris 명 욕조. ¶Otél ida-ne'e iha tanke-harris? 이 호텔에는 욕조가 있습니까? 유의 bañeira.

⁑**tansá** 부 왜. ¶Ita kole loos tansá? 왜 그리 피곤하세요? 유의 tanbasá. 이표기 tansaa.

tapete 명 카펫, 양탄자. ¶Ami nahe tapete hodi toba. 우리는 자려고 카펫을 펼쳤어요. 이표기 tapeti.

*__tara__ 동 걸다, 걸어 주다. ¶Familia fetosaa mak prepara tais hodi tara ba mane-foun. 신부 가족이 새신랑에게 걸어 주기 위해서 옷감을 준비합니다.

*__tara bandu__ 타라반두, 관습법. ¶Tara bandu mak hanesan proibisaun bazeia ba konkordánsia tradisionál iha komunidade. 타라반두는 공동체 안에서 전통적으로 합의한 금지 사항을 포함하고 있습니다.

tarak Ⅰ 명 가시. ¶Roza iha tarak barak. 장미는 가시가 많아요. 유의 ai-tarak, taran. Ⅱ 형 가시로 덮인, 거친. ¶Kuidadu bainhira ita lori karreta iha dala tarak. 거친 길을 운전할 때 조심해. 유의 taran.

taran Ⅰ 명 가시. ¶Ha'u-nia ain sona husi taran. 내 다리가 가시에 찔리다. 유의 ai-tarak, tarak. Ⅱ 형 가시로 덮인, 거친. ¶elabora ai taran 거친 나무를 다듬다 유의 tarak.

tara-na'in 명 교수형 집행인. ¶Ami presiza tara-na'in ka? 교수형 집행인이 필요할까?

tarata 동 모욕받다, 모욕하다. ¶Ha'u nunka tarata iha ha'u-nia moris. 내 삶에 이처럼 모욕받은 일은 없었다. 유의 dehan aat, hatete aat, insulta, kritika, ko'alia aat, taratar, tolok.

taratar 동 모욕받다, 모욕하다. ¶taratar parte opozisaun 상대방을 모욕하다 유의 dehan aat, hatete aat, insulta, kritika, ko'alia aat, taratar, tolok.

⁑**tarde** 부 늦게. ¶Ohin loron nia hadeer tarde. 오늘 그는 늦게 일어났어요. 반의 sedu. 이표기 tardi.

⁑**tarefa** 명 일, 업무. ¶Kada fulan ami sempre halo planu kona-ba tarefa. 매월 우리는 항상 일에 대한 계획을 세워요. 유의 kna'ar.

⁑**taridu** 동 (몸을) 떨다, 떨리다. ¶Nia sente laran taridu bainhira la'o iha nakukun laran. 어두운 곳을 걸을 때 그는 몸이 떨리는 걸 느껴요. 유의 nakdedar.

*****taru** 동 돈을 걸다, 내기하다, 도박하다. ¶Sé mak hakarak taru ho ha'u kona-ba jogu orsida kalan nian? 오늘밤에 누가 나랑 축구 내기할래?

⁑**tarutu** 명 총소리. ¶Horiseik kalan ami rona kilat tarutu. 어젯밤 우리는 총소리를 들었어요.

*****tasak** Ⅰ 동 성숙하다. ¶Maria tasak ona. 마리아는 성숙했어요. Ⅱ 형 요리된, 잘 익은. ¶hahán tasak 잘 익은 음식 유의 tasan.

tasan 형 요리된. ¶Ami han ikan tasan. 우리는 요리된 생선을 먹어요. 유의 tasak.

⁑**tasi** 명 바다. ¶Nasaun domina tasi ne'ebé domina mundu. 바다를 지배하는 나라가 세계를 지배한다.

*****tasi-balun** Ⅰ 형 해외의. ¶Estudante ne'e hakarak estuda iha nasaun tasi-balun. 그 학생은 해외의 국가에서 공부하고 싶어해요. 반의 rai-laran. Ⅱ 부 해외로, 해외에. ¶Sira bá tasi-balun. 그들은 해외로 가요.

⁑**tasi-been** 명 바닷물. ¶Labarik sira halimar iha tasi-been laran ne'ebé besik tasi-ibun. 아이들이 해변과 가까운 바닷물에서 놀고 있다. 이표기 tasi been.

⁑**tasi-boot** 명 대양, 바다, 거친 물결. ¶Labele hariis tasi tanba tasi-boot loos. 거친 물결이 있으니 바다에서 물놀이는 해서는 안 돼요. 이표기 tasi boot.

*****tasi-feto** 명 (동티모르의) 북쪽 바다. ¶Iha Timor tasi-feto mamar. 동티모르의 북쪽 바다는 부드러워요. 이표기 tasi feto.

⁑**tasi-ibun** 명 해안, 해변. ¶Malae sira la'o hela iha tasi-ibun. 외국인들이 해변을 걷고 있어요. 이표기 tasi ibun.

tasi-lidun 명 만, 후미, 내포. ¶Ami haree ikan barak iha tasi-lidun. 우리는 만에서 많은 생선을 봐요.

*****tasi-mane** 명 (동티모르의) 남쪽 바다. ¶Ami la'o tiha ona husi tasi-feto to'o tasi-mane. 우리는 북쪽 바다에서 남쪽 바다까지 걸었어요. 이표기 tasi mane.

*****tasi-maran** 명 낮은 파도. ¶Ema na'in ida nani iha tasi-maran. 한 사람이 낮은 파도에서 수영을 해요. 이표기 tasi maran.

*****tasi-nakonu** 명 높은 파도. ¶Tasi-nakonu to'o estrada klaran. 높은 파도가 중앙 도로에 다다랐어요. 이표기 tasi nakonu.

tasi nian 바다의, 해양의, 배의. ¶Rekursu tasi nian bele dezenvolvu nasaun. 해양의 자원은 국가를 발전시킬 수 있어요. 유의 marítimu.

*****tasi-ninin** 명 해안선, 해변, 해안가. ¶Ami

T

gosta tebe-bola iha tasi-ninin. 우리는 해안가에서 공 차는 놀이를 좋아해요. ㊥ tasi-ibun. (이표기) tasi ninin.

*__tasi-sa'e__ 명 ①만조, 바닷물이 차오름, 밀물. ¶Tasi-sa'e tuku hira? 만조가 몇시죠? ②쓰나미. ¶Timor seidouk iha tasi-sa'e. 동티모르에는 아직 쓰나미는 없어요. (이표기) tasi sae.

*__tasi-si'ak__ 명 거센 바다, 거친 바다. ¶Ho ró ki'ik, oinsá ita bele bá tasi-si'ak? 작은 배로 어떻게 거친 바다를 갈 수 있니? (이표기) tasi siak.

*__tasi-sorin__ 명 기슭, 해안, 해변. ¶Ami haree labarik ida nani iha tasi-sorin. 우리는 해변에서 수영하는 한 명의 어린이를 봤어요.

__tasi-tun__ 명 썰물. ¶Iha tuku 9 to'o tuku 11 dadeer tasi-tun. 아침 9시에서 11시에 썰물이 있어요.

*__tata__ 동 물다. ¶Asu ida tata mane ida. 개가 한 남자를 물었어요. (유의) diir.

__Tatamailau__ 명 타타마이라우산. [라멜라우산맥의 부분으로 동티모르에서 가장 높은 산] ¶Turista barak gosta bá haree foho Tatamailau. 많은 관광객들은 타타마이라우산에 가 보고 싶어해요.

*__tatanen__ 명 쟁반. ¶Nia han matabixu iha tatanen. 그는 쟁반에 아침 식사를 차렸다. (유의) bandeja, travesa.

__taterak__ Ⅰ 명 협박, 위협. ¶La bele halo taterak! 협박을 하지 마! (유의) ameasa. Ⅱ 동 때릴 듯이 위협하다. ¶Gangster sira taterak Maria. 깡패들이 마리아를 때릴 듯이 위협한다. (유의) ameasa.

*__tatiis__ 명 처마. ¶Uma nia tatiis ne'e komesa monu ona. 집의 처마가 무너지기 시작했어요. (유의) uma-tatiis.

*__tato__ 명 금기, 금기 사항. ¶Normalmente tato iha fatin lulik. 보통 신성한 곳에는 금기 사항이 있어요.

__tato'an__ 명 균형, 균등. ¶La iha tato'an, ita la bele lori motor. 균형 없이 오토바이를 운전할 수 없다. (유의) ekilíbriu.

*__tatok__ 형 중간 크기의, 완전히 성장하진 않은. ¶Tanbasá ita tesi ai tatok? 왜 완전히 성장하지 않은 나무를 잘랐니?

*__tatoli__ 동 ①신뢰하다. ¶Nia tatoli ninia mestre nia dehan atu halo-tuir. 그는 선생의 말을 신뢰하여 따른다. ②전달하다. ¶Nia tatoli novidade ba povu. 그는 일반인에게 뉴스를 전달해요. (유의) despaxa, entrega.

__tatoli-na'in__ 명 전달자, 배달원, 운반원. ¶Ha'u tenke haruka dokumentu ida, se mak bele sai tatoli-na'in ka? 서류 하나를 보내야만 하는데 누가 배달원을 할래? (유의) manu-ain.

⁑__tau__ 동 ①놓다. ¶La bele tau kopu lailais. 컵을 빨리 놓아서는 안 돼요. ②설치하다. ¶Ita hatene oinsá bele tau mákina-fase? 세탁기를 설치하는 법을 알아요? (유의) halo instalasaun, instala, monta. ③신청하다. ¶Ita tau ona bolsa-estudu ka? 장학금 이미 신청했나요? ④입다, 걸다, 차다. ¶Aban ita atu tau ropa iha festa saida? 내일 파티에서 무엇을 입으려고 해요? (유의) hatais. ⑤(돈을) 쓰다. ¶Tau osan ne'e iha ó nia bolsu. 네 주머니에 있는 돈 좀 써.

관용 tau ba loron ikusmai (마지막날에

신청한다는 말로) 연기하다, 연장하다. 관용 tau dadur (감옥을 입는다는 말로) 결박하다.

tau ahi 불을 지피다, 붙이다. ¶tau ahi iha ai-sunu 장작에 불을 붙이다 유의 deen.

⁑**tau ain iha** ~에 발을 들여놓다, 도착하다. ¶Nia tau ain iha fatin enkontru. 그는 회의 장소에 도착했다. 반의 arranka, bá ona.

tau-bee 명 관수, 급수, 관개. ¶Kondisaun tau-bee iha uma laran di'ak ka la'e? 집안의 급수 상태가 좋습니까?

⁑**tau di'ak** 정돈하다, 정리하다. ¶Favór ida tau di'ak imi-nia livru. 여러분의 책들을 정리하세요. 유의 arma, dispoin.

***tauge** 명 콩나물. ¶kud tauge 콩나물을 기르다

tau goma 풀을 붙이다. ¶Nia tau goma ba poster. 그는 포스터에 풀을 붙였다.

tau graxa (구두에) 윤을 내다. ¶Nia tau graxa hela sapatu ba parte ne'ebé mai. 그는 다가오는 파티를 위해 구두에 윤을 내고 있다. 유의 engraxa.

***ta'uk** Ⅰ 동 ①두려워하다, 무서워하다. ¶Ha'u ta'uk mate-klamar. 저는 귀신을 무서워해요. ②존경하다, 숭배하다. ¶Ha'u ta'uk ha'u-nia inan-aman. 저는 부모님을 존경합니다. Ⅱ 형 두려워하는, 무서워하는. ¶Nia la'ós ema ta'uk kona-ba dezafiu. 그는 도전에 대해서 무서워하는 사람이 아니에요. 이표기 tauk.

***ta'uk-ta'uk** 형 무시무시한. ¶Bainhira buan nia aparénsia ho ta'uk-ta'uk iha laar audensia sira hakilar. 스크린에 무시무시한 유령이 불쑥 나타나자 관객들은 소리를 질렀다.

***ta'uk-teen** Ⅰ 명 겁쟁이. ¶Ita ta'uk-teen, loos ka la'e? 너 겁쟁이니? 반의 besi. Ⅱ 형 겁이 많은, 겁쟁이의. ¶Maria ta'uk-teen, entaun nia lakohi buat la'o mesak. 마리아는 겁이 많아서, 밤에 혼자 걷는 것을 싫어한다. 반의 besi, drástika, drástiku.

tau-lia 명 밀약. ¶Nasaun rua halo tau-lia malu. 두 나라는 서로 밀약을 맺었어요.

⁑**tau matan** 돌보다. ¶Dala ruma, bele haree hosi TV notísia faktu ne'ebé amá iha la tau matan oan rasik. 가끔 자기 자식을 돌보지 않는 엄마가 있다는 사실을 TV 뉴스를 통해 볼 수 있다. 유의 haree, hein.

***tau-netik** 동 방어하다, 수비하다. ¶Sira tau-netik tiha ona Timor-Leste kontra Indonézia. 그들은 인도네시아에 대항하여 동티모르를 방어했어요.

⁑**tau-tan** 동 더하다, 추가하다. ¶Favór ajuda tau-tan lai modo. 야채 반찬 하나 추가해 주세요. 유의 hatutan. 반의 elimina. 이표기 tau tau.

***taxa**[1] 명 비율, -률, -율. ¶Ita hatene taxa lukru iha ita-nia loja ka? 당신 가게의 수익률에 대해 알고 있나요?

***taxa**[2] 명 세금. ¶Ful-fulan ami selu taxa ba governu. 매달 우리는 정부에 세금을 지불해요. 유의 finta, impostu.

⁂**taxu** 명 냄비. ¶Taxu fo'er loos liu. 냄비가 너무 더럽다. 유의 sana.

Tazmánia 명 태즈메이니아. [오스트레일리아 남동의 섬] ¶Madre ne'e mai hosi

T

Tazmánia. 그 수녀는 태즈메이니아에서 왔어요.

TBC 명 폐결핵, 결핵. ¶kura TBC 결핵을 치료하다 유의 tuberkuloze.

té 명 알파벳 T의 이름.

*__teatru__ 명 공연장, 극장. ¶Mai ita bá asiste kompetisaun iha teatru. 공연장에서 하는 경연 대회에 참석합시다.

⁑**tebe** Ⅰ 명 발차기. ¶Participantes sira iha tebe bola halo tebe maka'as tebes. 축구 시합에 참가한 사람들이 강하게 발차기를 해요. Ⅱ 동 발로 차다. ¶tebe fatuk-oan 돌을 발로 차다

⁑**tebe-bola** 명 축구. ¶Labarik sira halimar tebe-bola. 어린이들이 축구를 하며 놀아요. 유의 futeból, joga bola.

tebedai Ⅰ 명 떼베따이. [환영의 의미로 북소리에 맞춰 추는 여성의 춤] ¶Bainhira Prezidente mai vizita ami-nia suku, ami sempre benvindu ho dansa tebedai. 대통령이 우리 마을을 방문할 때 늘 떼베따이 춤으로 환영을 해요. Ⅱ 동 떼베따이를 추다. ¶Maria tebedai hela nu'udár preparasaun ba eventu iha semana oin mai. 마리아는 다음주에 있을 행사 준비로 떼베따이를 추고 있다.

⁑**teberetek** 동 빙그르르 돌다, 빙빙 돌리다. ¶Nia teberetek barak durante dansa. 그는 춤추는 동안 빙그르르 돌았어요.

⁑**tebes** Ⅰ 형 확실한, 정확한, 실제의. ¶Saida mak ha'u ko'alia ba ó ne'e tebes la'ós halimar. 나의 확실한 조언은 놀지 말라는 것이다. Ⅱ 부 확실히, 정말로, 진실로, 매우. ¶Ha'u di'ak tebes. 정말로 잘 지내요. 유의 duni.

⁑**tebes-tebes** 부 엄청나게, 대단히, 심각하게. ¶Nia moras tebes-tebes. 그가 심각하게 아파요.

tebe-tebe Ⅰ 명 떼베떼베, 전통춤. ¶Ami halo prátika tebe-tebe ba bainaka atu mai. 곧 올 손님들을 위해 떼베떼베를 연습하고 있어요. Ⅱ 동 떼베떼베를 추다, 전통춤을 추다. ¶Sira tebe-tebe hela hamutuk. 그들은 함께 떼베떼베를 춘다. 유의 dahur.

⁑**tebetebes** 부 ①매우, 정말로, 실제로. ¶Nia boot tebetebes! 그는 정말로 커요! 유의 fuik. ②확실히, 진실로, 참으로, 극히, 정말. ¶Foho ne'e ki'ik tebetebes. 이 산 정말 작네.

*__tee__ Ⅰ 명 대변. ¶Kondisaun tee nian hatudu kondisaun saude nian. 대변의 상태가 건강 상태를 알려줘요. Ⅱ 동 변을 보다, 배설하다, 분비하다. ¶Nia bá tee tiha ona iha hariis fatin. 그는 화장실에 가서 변을 봤어요.

tee-been 명 설사. ¶Horisehik nia hemu susu-been barak, entaun iha tee-been ohin. 그는 어제 우유를 많이 마셔서 오늘 설사를 했다. 유의 diarreia, kursu. 이표기 tee been.

tee-fatin 명 항문, 똥구멍. 유의 anus, kidun-kuak.

teen 명 똥, 대변, 배설물.

tee-oan 명 소변. ¶Nia sente kanek ho tee-oan. 그는 소변을 볼 때 통증을 느껴요. 이표기 tee oan.

tee-toos Ⅰ 명 변비. ¶Nia sente difisil tebes tanba tee-toos loos. 그는 심한 변비로 너무 힘들어요. 유의 konstipasaun. Ⅱ 형 변비에 걸린. ¶Ema ida tee-toos presiza ai-moruk. 번비에 걸린 사람은 약이 필요해요. (이표기) tee toos.

⁑**te'in** Ⅰ명 요리. ¶Nia espesializadu bá te'in. 그는 요리에 능숙하다. Ⅱ동 요리하다. ¶Ami te'in etu ho sona na'an manu. 우리는 닭고기를 튀기고 밥을 요리해요. (이표기) tein.

*__te'in-toos__ 형 잘 요리된. ¶Ita hakarak han hahán te'in-toos tan. 잘 요리된 음식은 다시 먹고 싶어요.

teki 명 작은 도마뱀, 도마뱀붙이. ¶Teki la'o iha parede. 작은 도마뱀이 블록으로 된 벽을 기어가요.

teki-liras 명 날개 달린 도마뱀. ¶Ami haree ona katak teki-liras semo iha to'os laran. 우리는 농장 안에 날개 달린 도마뱀이 날아가는 걸 봤어요. (이표기) teki liras.

⁑**tekiteki** 부 갑자기. ¶Tekiteki oráriu foun mosu. 갑자기 새로운 일정이 생겼어요. (유의) derrepente, tekitekir.

⁑**tekitekir** 부 ①즉시. ¶Mai ita halo revizaun tekitekir ba saida mak imi estuda iha klase! 여러분, 수업에서 공부한 것을 즉시 복습합시다! (유의) kedan. ②갑자기. ¶Tekitekir asu ida hakat estrada ida-ne'e. 갑자기 개 한 마리가 도로를 가로질렀다. (유의) derrepente, tekiteki.

*__tekla__ 명 열쇠. ¶Odamatan nia tekla iha ne'ebé? 문 열쇠 어디 있니? (유의) sabi, xave.

tekladu 명 키보드, 건반. ¶Tekladu komputador nian la di'ak ona. 컴퓨터 키보드가 나빠졌네요.

*__téknika__ 명 기술. ¶treinu téknika 기술을 연마하다 (유의) teknolójiku.

*__tékniku__ Ⅰ명 기술자. ¶Ita presiza tékniku barak. 우리는 기술자가 많이 필요해요. (유의) makinista. Ⅱ형 과학 기술의, 기술적인. ¶Dezenvolvimentu tékniku bele troka sosidade. 과학 기술의 발전이 사회를 바꿀 수 있어요.

*__teknolójiku__ 명 기술. ¶Dezenvolvimentu teknolójiku nian halo influensia ba socidade. 기술의 발전이 사회에 영향을 줘요. (유의) téknika.

⁑**telefone** 명 ①전화기. ¶Karik ninia telefone lakon. 아마도 그의 전화기가 사라진 것 같아. (유의) arame. ②통화, 전화. ¶Ita halo telefone ho inan ka? 어머니하고 통화는 했니? ③벨 소리. ¶Ita rona telefone ka? 전화의 벨 소리 듣고 있니?

telefone-lian 명 발신음. ¶Ita-nia telefone-lian kapás. 네 전화 발신음 멋지다.

*__telefóniku__ 형 전화의. ¶Ita la bele rona lian telefóniku? 전화 소리 안 들려요?

telefonista 명 전화 교환원. ¶Uluk telefonista servisu ona. 예전엔 전화 교환원이 일을 했어요.

*__telegráfiku__ 형 전화 통신의, 전신의. ¶Liu husi servisu telegráfiku, ita bele transfere osan. 전신의 서비스를 통해서 돈을 보낼 수 있어요.

telegrama 명 전보, 전문. ¶Nia haruka mesaien liu husi telegrama ba familia. 그는 가족에게 전보를 보냈어요.

*__telejornál__ 명 텔레비전 뉴스. ¶Telejornál horikalan nian kapas loos. 어제저녁 텔레비전 뉴스가 대단했어요.

T

*__telekomunikasaun__ 명 전기 통신. ¶Ema barak uza servisu telekomunikasaun. 많은 사람들이 전기 통신 서비스를 사용해요.

⁑**televizaun** 명 텔레비전. ¶Ami sosa tiha ona televizaun tanba presiza haree novidade. 우리는 뉴스를 봐야 해서 텔레비전을 샀어요.

*__tema__ 명 주제. ¶Tema ba ohin loron nian mak ekipa. 오늘의 주제는 팀워크입니다.

temátika 명 일반적인 주제. ¶Ita bele hetan temátika iha livru ida-ne'e nian ka? 이 책의 일반적인 주제를 파악할 수 있나요?

temátiku 형 주제의, 주제와 관련된. ¶Ita bele hili kazu temátiku ida ka? 주제와 관련된 사례 하나를 뽑을 수 있나요?

*__temi__[1] 동 ①언급하다, 거론하다. ¶Nia temi Korea-nia kazu nu'udár susesu ekonómiku. 그는 한국을 경제 성공 사례로 언급했어요. ②발음하다. ¶Nia dehan ba ninia alin temi tok letra Ze. 그는 동생에게 제트를 발음해 보라고 말했다. 유의 pronunsia.

temi[2] 동 기억하다, 회상하다. ¶Ita temi ami-nia viajen tinan kotuk ka? 우리 작년에 여행한 거 기억해? 유의 hanoin-hetan.

temperamentál 형 신경질적인, 괴팍한. ¶Ha'u araska ko'alia ho ema ne'ebé iha karakter temperamentál. 저는 신경질적인 성격을 가진 사람과 말하는 게 어려워요.

temperamentu 명 기질. ¶Entre temperamentu no asaun, saida mak maka'as liu ka? 기질과 행동 사이에 뭐가 더 강력하지요? 유의 jéniu.

*__temperatura__ 명 온도. ¶Agora temperatura aas, ami presiza AC. 지금 온도가 높아서 에어컨이 필요해요. 유의 derajat.

temperus 명 향료, 조미료, 감미료. ¶Ita halo modo ne'e uza temperus saida? 반찬에 무슨 조미료를 넣은 거예요?

*__tempestade__ 명 비바람, 폭풍우. ¶Uma proteze ami husi tempestade. 집은 비바람으로부터 우리를 보호해 줘요.

*__templu__ 명 사원. ¶Xina halo ona templu ho estilu Xina nian. 중국인은 중국식의 사원을 만들었어요.

⁑**temporada** 명 계절. ¶Temporada rua iha Timor-Leste. 동티모르에는 두 개의 계절이 있어요. 유의 estasaun.

temporariamente 부 한때, 일시적으로. ¶Mane ne'e atór filme popular tebes temporariamente nian. 그는 한때 최고의 인기를 누리던 영화배우였다.

⁂**tempu** Ⅰ 명 시간, 계절. ¶Timor nia tempu mak bailoro no tempu udan. 동티모르의 계절은 건기와 우기가 있어요. 유의 data. Ⅱ 부 때. ¶Ha'u-nia inan mai tempu ha'u te'in. 내가 요리할 때 어머니가 왔다.

*__tempu-naruk__ 형 장기적인. ¶solusaun tempu-naruk 장기적인 대책

tempu-tomak 형 상근의. ¶Nia halo servisu tempu-tomak. 그는 상근 일을 해요.

⁑**tempu udan** 우기. ¶Iha tempu udan,

produtu agrikultura kuda di'ak. 우기에는 농작물이 잘 자란다. 반의 bailoro.

tenda 명 텐트, 천막. ¶La haluha atu lori tenda ba ita-nia piknik. 소풍에 텐트 가져오는 것을 잊지 말아라. 유의 batane.

tendénsia 명 경향, 색채. ¶Agora tendénsia ekonomiku iha Timor-Leste saida? 현재 동티모르 내에서 경제 경향은 어떤가요?

***tenis** 명 테니스. ¶Nia gosta joga tenis. 그는 테니스 치는 걸 좋아해요.

***tenista** 명 테니스 선수. ¶Tenista barak halo treinu loroloron. 많은 테니스 선수들이 매일 연습을 해요.

⁑tenke 조 ~해야만 하다. ¶Ita tenke lee barak atu nune'e ita bele hetan ideia di'ak. 좋은 생각을 얻기 위해서 많이 읽어야만 해요.

***tenór** 명 테너. ¶Nia hakarak sai kantór tenór. 그는 테너 가수가 되고 싶어해요.

***tensaun** 명 ①혈압. ¶koko tensaun 혈압을 재다 ②긴장, 긴장감, 긴장 상태. ¶Husi nia lian ha'u nia tensaun lakon tiha ona. 그녀의 목소리에 나의 긴장감이 사라졌다.

***tensaun-sa'e** 명 고혈압.

***tensaun-tun** 명 저혈압.

***tenta** Ⅰ 명 시도. ¶tenta suisidiu 자살 시도 유의 buka-atu. Ⅱ 동 ①시도하다. ¶Nia tenta liu ezame ba dala ida. 그는 시험에 단번에 붙기를 시도했다. 유의 boli, buka, koko. ②유도하다, 유혹하다, 꾀다. 유의 babeur.

tentasaun 명 유혹, 꼬임, 꾐. ¶Nia sente katak tentasaun atu simu benefisu ho fasil. 그는 쉽게 이익을 얻고자 하는 유혹을 느껴요.

***tentativa** 명 시도, 도전. ¶Nia halo hela tentativa atu isin-tun. 그는 살을 빼려는 시도를 하고 있어요.

tentativu 형 임시적인, 잠정적인. ¶Nia troka hela oráriu tentativu. 그는 임시적인 일정표를 수정하고 있어요.

teolojia 명 신학. ¶Sira estuda tiha materia teolojia durante iha semináriu. 그들은 성경 학교에서 신학 교재로 공부했어요.

teolójika 형 신학의, 신학과의, 신학적인. ¶Ami hasoru estudante teolójika sira iha kampus. 우리는 캠퍼스에서 신학과 학생을 만났어요.

teorema 명 (수학에서의) 정리. ¶rezolve pergunta ho teorema binomiál 이항 정리 문제를 풀다

***teoria** 명 이론. ¶Teoria kona-ba lideransa oioin. 리더십에 대한 이론은 다양해요.

teóriku 형 이론적인. ¶observasaun teóriku 이론적인 관찰

teoriza 동 이론을 제시하다. ¶Nia hetan faktu foun barak depois teoriza. 그는 새로운 사실을 많이 발견하고 이론을 제시해요.

***terik**[1] Ⅰ 명 고유어. ¶Tetum terik 고유어인 테툼어 Ⅱ 동 말하다. ¶Ita bele terik lian estranjeiru ka? 외국어 말할 수 있어요? 유의 ko'alia.

terik[2] 동 방해하다. ¶Lalika terik ha'u. 날 좀 방해하지 마. 유의 embarga, interrompe.

***terin** 명 매복. ¶Soldadu rua hetan oho

T

husi terrorista nia terin. 테러리스트의 매복으로 두 경찰이 사고를 당했다. 유의 emboskada.

*__teri-netik__ 동 (말을) 자르다, 막다. ¶Ha'u teri-netik nia wainhira nia atu ko'alia. 나는 그의 말을 막았다. 이표기 teri netik.

__termina__ 동 종결되다, 끝나 가다. ¶Ninia kontratu ho kompañia atu termina. 회사와 그의 계약이 곧 끝나 가요. 유의 ramata.

__terminál__ Ⅰ 명 종착역, 종점. ¶Ita hatene terminál bis ida-ne'e nian? 이 버스의 종착역을 알아요? Ⅱ 형 말기의, 불치의. ¶Ninia aman iha situasaun moras terminál nian. 그의 아버지는 말기의 병 상태에 있어요.

*__terminasaun__ 명 끝, 마침. ¶Ema barak hakarak halo terminasaun domin nian nakonu ho kontente. 많은 사람들이 기쁨으로 가득한 사랑의 끝을 만들길 원해요.

__terminolojia__ 명 용어법, 전문 용어.

*__termómetru__ 명 온도계, 체온계. ¶Tuir termómetru ida-ne'e, temperatura hira? 이 온도계에 따르면 온도가 얼마지요?

*__termu__[1] 명 기간. ¶Ita hatene termu ezame finál ka? 기말시험 기간 알아요? 유의 periódu, rai.

__termu__[2] 명 ①용어. ¶Iha livru ida-ne'e laran, termu foun barak. 이 책 안에 새로운 용어가 많아요. ②문서. ¶Bazeia ba termu kontratu nian, trabalhador no patraun tenke tuir regulamentu sira. 계약서에 기초해서 노동자와 사장은 규정을 지켜야만 해요.

*__terramotu__ 명 지진. ¶Terramotu bele mai iha Timor-Leste laran. 동티모르에 지진이 올 수 있어요. 유의 rai-nakdoko.

__territoriál__ 형 영토의. ¶Komplitu territoriál ho Indonézia sei iha. 인도네시아와의 영토 분쟁이 아직 있어요.

*__territóriu__ 명 지역, 영토. ¶Territóriu Timor-Leste nian la boot. 동티모르의 영토는 크지 않아요.

__terrór__ 명 테러. ¶Polísia prepara atu prevene terrór. 경찰은 테러 방지를 준비해요.

__terrorista__ 명 테러리스트, 테러범. ¶Terrorista destrui dame iha sosidade. 테러리스트는 사회의 평화를 해쳐요. 이표기 terorista.

__terrorizmu__ 명 테러리즘, 테러. ¶Terrorizmu bele oho ema ruma. 테러리즘은 누구라도 죽일 수 있어요. 이표기 terorizmu.

*__terseiru__ Ⅰ 명 세 번째. Ⅱ 형 세 번째의. 유의 datolu.

__tersu__ 명 화관. ¶Labarik rua tau tersu atu selebra kazamentu. 두 어린이가 결혼식을 축하하려 화관을 썼어요.

*__terus__ Ⅰ 명 고통. ¶La iha terus, susesu la bele mai. 고통 없이 성공은 오지 않아요. Ⅱ 동 ①고통받다. ¶Nia hetan terus ba desizaun loro-been. 그는 급한 결정으로 인해 고통받고 있다. ②견디다, 인내하다. ¶Nia moras tebes maibé tenke terus tanba laiha ai-moruk. 그는 매우 아팠지만 약이 없어서 견뎌야만 했다. 유의 aguenta, dura.

***tesi** 동 ①자르다. ¶Nia tesi surat-tahan. 그는 종이를 잘라요. ②해결하다. ¶Nia tesi tiha ona komplitu iha familia laran. 그는 가족 내의 갈등을 해결했어요. 유의 haloos, rezolve.

tesi ai 장작. ¶tesi ai maran 마른 장작 유의 ahi-sunu.

***tesi ba rua** ①둘로 자르다, 둘로 가르다. ¶Nia tesi ba rua paun boot. 그는 큰 빵을 둘로 잘랐다. ②해부하다. ¶Doutór tesi ba rua ona ba inkéritu. 의사는 조사를 위해 해부했다. 유의 diseka.

***tesidu** 명 화장지. ¶Iha sentina laran tesidu iha ka? 화장실 안에 화장지 있어요? 유의 papél-ijiéniku.

***tesi-fuuk** 동 이발하다, 커트하다. ¶Nia abilidade di'ak, nia tesi-fuuk mesak. 그는 솜씨가 좋아 직접 이발한다.

tesik 동 ①잘라 내다. ¶Inan tesik ona fatin dodok modo nian. 어머니는 채소의 썩은 부분을 잘라 냈어요. ②막다. ¶Polísia tesik ona estudante sira iha parlimentu oin. 경찰은 의회 앞에서 학생들을 막았어요. ③가로질러 가다, 가로지르다. ¶Nia tesik tiha ona estrada ne'e. 그는 그 도로를 가로질러 갔어요.

tesi-lia 명 ① 판단, 결정. ¶tesi-lia kona-ba situasaun 상황에 대한 판단 ② 판결, 재결, 선고, 재정. ¶Juis halo tesi-lia kona-ba kriminozu. 판사는 범인에 대한 판결을 내렸어요.

***tesi lia** 판단하다, 결정하다. ¶Nia tesi lia tuir lei. 그는 법에 따라 판단한다. 유의 deside, hakotu.

tesi-loke 동 잘라서 열다, 갈라서 열다. ¶Ami tesi-loke kulu-jaka atu han. 우리는 잭프루트를 잘라서 열었어요.

***testamentu**[1] 명 성서. ¶testamentu tuan no testamentu foun 구약 성서와 신약 성서

testamentu[2] 명 증거. ¶Ita-nia valór iha aula universidade testamentu ne'ebé hatudu ita-nia esforsu no abilidade. 대학 수업에서 학점은 노력과 능력을 보여 주는 증거예요.

***teste** 명 시험, 검사. ¶Ita iha esperiensia kona-ba teste TOPIK? 한국어 능력 시험 경험이 있나요?

testemuña 명 증인. ¶Nu'udár testemuña, nia esplika hela kona-ba kazu ne'ebá bá tribunál. 증인으로서 그는 법원에서 그 사건에 대해서 설명하고 있어요. 유의 sasin.

testil 명 직물, 옷감. ¶Nia sosa testil horiseik hodi halo ropa ba ninia inan. 그는 어제 어머니 옷을 만들어 드리려고 옷감을 샀어요.

***testu** 명 문장, 본문. ¶Rona testu ne'ebé lee husi manorin! 선생님이 읽어 주는 문장을 들어 보세요!

testura 명 감촉, 질감. ¶Feto ne'e buka hela testil ho testura di'a liu. 그 여자는 질감이 더 좋은 옷감을 찾고 있어요.

tetak 동 깔끔하게 자르다, 깍둑썰기를 하다. ¶Inan tetak tiha ona fatin dodok ai-dila nian. 어머니는 파파야의 썩은 부분을 깔끔하게 잘랐어요.

***tetak-rahun** 동 (특히 고기를 기계에 넣고) 갈다. ¶Nia tetak-rahun hela na'an karau. 그는 쇠고기를 기계에 넣고 갈고

T

있어요.

***tetu** Ⅰ명 수준, 단계. ¶Depende ita-nia tetu, ita bele decide oinsá ita bele estuda. 수준에 따라 어떻게 공부할지를 정할 수 있어요. Ⅱ동 ①무게를 주다, 가중치를 주다. ¶Nia tetu la hanesan kona-ba pergunta kada. 그는 문제마다 다르게 가중치를 주었어요. ②(양 · 가치 · 품질 등을) 평가하다, 감정하다. ¶Ema ofisiál tetu hela universidade. 공식적인 사람이 대학을 평가하고 있어요.

tetuk 형 평평한. ¶Lori karreta iha estrada tetuk mak fasil. 평평한 도로에서 자동차 운전하기는 쉬워요. 유의 belark, kabelak.

***tetu lia** (다른 사람의 말에 대해) 의논하다. ¶Sira tetu lia prezidente nia deklarasaun. 그들은 대통령의 발언에 대해 의논했다. 유의 debate, diskute, haksesuk.

Tetum 명 테툼어. 유의 Tetun.

Tetun 명 테툼어. ¶Tetun mak lian ofisiál Timor-Leste nian. 테툼어는 동티모르의 공용어예요. 유의 Tetum.

Tetun-Dili 명 테툼 딜리, 표준 테툼어. [딜리에서 사용함] ¶Favór ko'alia ida tan ho Tetun-Dili. 표준 테툼어로 다시 말씀해 주세요. 유의 tetun-Prasa. 이표기 Tetun Dili, Tetun Prasa.

Tetun-Prasa 명 표준 테툼어. [딜리에서 사용함] ¶Timor-oan barak uza Tetun-Prasa. 많은 동티모르인이 표준 테툼어를 사용해요. 유의 Tetun-Dili. 이표기 Tetun Prasa.

Tetun-Terik 명 테툼 테릭. [지방의 동티모르인이 사용하는 테툼어] ¶Tetun-Terik no Tetun-Dili mak la hanesan. 테툼 테릭과 테툼 딜리는 같지 않아요. 이표기 Tetun Terik.

tetu-rai 명 평화 유지. ¶Ema tetu-rai barak mai tiha ona Timor-Leste. 평화 유지를 위한 군대가 동티모르에 왔었다.

***teze** 명 논문, 이론. ¶Estudante UNTL tenke kompletu teze molok graduasaun. 동티모르국립대학교 학생은 졸업 전에 논문을 써야만 해요.

tezoura 명 원예용 가위. ¶Tanba ninin tezoura nian la kro'at labele tesi ai-sanak. 원예용 가위의 날이 너무 무뎌서 나뭇가지가 잘리지 않았다.

tezoureiru 명 회계 담당자. ¶Tezoureiru tenke sura osan loroloron. 회계 담당자는 매일 자금을 계산해야 해요.

tezouru 명 보물. ¶Sira buka tezouru tinan ida ona. 그들은 1년 이상 보물을 찾고 있어요.

tezu 형 빈털터리가 된. ¶Tiu ne'ebé hela iha uma sorin no bulak ba jogu ne'e ikusmai tezu tiha ona. 도박에 미쳐 살던 옆집 아저씨는 결국 빈털터리가 되고 말았다.

***tia** 명 이모, 고모, 작은엄마. ¶Jose bá hasoru tia. 조세는 이모를 만나러 갔어요. 유의 tian.

***tian** 명 이모, 고모, 작은엄마. ¶Maria no tian te'in hela hamutuk. 마리아와 이모는 함께 요리를 하고 있어요. 유의 tia.

***tian-ki'ik** 명 작은어머니. ¶tian-bo'ot no tian-ki'ik 큰어머니와 작은어머니

tidin 동 (특히 아동에 대한 체벌로) 엉덩이를

때리다. ¶Aman hetan ninia oan nia bosok, no tidin tiha ona oan ne'e. 아버지는 자식이 거짓말한 것을 알고 벌로 엉덩이를 때렸어요.

⁂**tiga** [수] (인니) 셋, 삼. (유의) trés, tolu.

***tiga belás** (인니) 열셋, 십삼.

***tiga puluh** (인니) 서른, 삼십.

***tiga ratus** (인니) 삼백.

⁂**tigre** [명] 호랑이. ¶Tigre mak animál ne'ebé símbolu Korea nian. 호랑이는 한국을 상징하는 동물이에요.

***tiha**[1] [동] ①던지다, 내던지다. ¶Nia hakarak soe sasán ida-ne'e, entaun tiha di'et. 그는 이 물건을 버리고 싶어서 그냥 내던졌어요. (유의) raku, rakut, tuda. ②그물로 생선을 잡다. ¶Nia tiha no lori ikan ba uma. 그는 그물로 생선을 잡아서 생선을 집으로 가져갔어요.

⁂**tiha**[2] [부] 이미. ¶Ha'u kompleta servisu-uma tiha ona. 나는 숙제를 이미 마쳤다. (유의) ona.

***tijolu** [명] 벽돌. ¶Iha suku ida-ne'e iha uma barak ne'ebé halo ho tijolu mean. 이 마을에는 붉은 벽돌로 지은 집들이 많다. (유의) bloku.

***tiket** [명] 티켓. ¶Ita sosa tiket filme tiha ona ka? 영화 티켓은 이미 샀나요? (유의) billete.

***tilun** [명] ①귀. ¶Ita-nia tilun bele rona id'ak ka la'e? 귀가 잘 들리지요? ②손잡이. ¶Tilun odamatan nian sai aat ona, tenke troka. 문의 손잡이가 망가져서 바꿔야 해요. (유의) kaer-fatin.

tilun-diuk Ⅰ[명] 난청, 귀먹음. ¶Ninia tilun-diuk mosu hafoin nia han baku husi kolega. 친구에게 얻어맞은 후에 그는 난청이 생겼어요. Ⅱ[동] (심한 소음으로) 귀를 먹먹하게 만들다. ¶Konsertu muzika tilun-diuk tiha ona. 음악 콘서트가 귀를 먹먹하게 만들었어요. Ⅲ[형] 청각 장애인의. ¶Ema normál arraska atu kompriende difikuldade tilun-diuk. 보통 사람은 청각 장애인의 어려움을 이해하기 힘들어요. (이표기) tilun diuk.

***tilun-kuak** [명] 귓구멍. ¶Labele hatama bee iha tilun-kuak laran. 귓구멍에 물 넣지 말라고. (이표기) tilun kuak.

tilun-tahan [명] 귀, 겉귀, 겉으로 보이는 귀의 부분. ¶Maria nia tilun-tahan bonita loos. 마리아의 귀는 정말 예뻐요. (이표기) tilun tahan.

***tilun-teen** [명] 귀지. ¶Ita iha tilun-teen barak, mai ita hasai. 너 귀지가 많네, 좀 파내자. (이표기) tilun teen.

Timór [명] 동티모르.

Timor-oan [명] 동티모르인. ¶emosaun Timor-oan nian 동티모르인의 정서 (이표기) Timor oan.

timur [형] (인니) 동쪽의.

⁂**tinak** [형] 매해의, 연간의. ¶Ita halo planu eventu tinak ona ka? 연간 행사를 계획했나요? (유의) anuál, tinan-tinan.

⁂**tinan** [명] ①나이. ¶Tinan hira? 나이가 몇 살이에요? (유의) idade. ②생일. ¶Ohin loron nia halo tinan. 오늘 그는 생일을 맞았어요. (유의) loron-moris. ③년, 연도. ¶In UNTL, aula oficiál lian Korean nian komesa iha tinan 2009. 동티모르국립대학교에서 한국어 공식 수업은 2009년에 시작되었어요.

관용 tinan foin liu bá 작년.

***tinan-atus** 명 세기, 백 년. ¶Saida mak espritu tinan-atus 21 ho Timor-oan? 동티모르인과 함께하는 21세기 정신은 무엇인가요? 이표기 tinan atus ida.

***tinan-boot** 형 나이 든, 성인의, 성장한, 연장의. ¶Timor-oan respeita ema tinan-boot. 동티모르인은 나이가 든 사람을 존중해요. 이표기 tinan boot.

***tinan-foun** 명 새해. ¶Haksolok tinan-foun. 행복한 새해 맞으세요. 유의 anu novu. 이표기 tinan foun.

⁑tinan-ikus 부 작년. ¶Tinan-ikus nia komesa estuda lian Korea. 작년에 그는 한국어 공부를 시작했어요.

⁑tinan-tarutu 동 천둥이 치다. ¶Ha'u sente katak tinan-tarutu ho udan boot. 천둥이 치고 큰비가 올 것 같은 느낌이야. 유의 rai-tarutu. 이표기 tinan tarutu.

⁑tinan-tinan I 형 매해의, 연간의. ¶Nia halo eventu tinan-tinan. 그는 연간 행사를 진행했다. 유의 anuál, tinak. II 부 매년. ¶Numeiru karreta hasa'e tinan-tinan. 매년 자동차 수는 늘어나요.

***tinatinan** 형 매해의, 연간의. ¶Nia prepara relatóriu tinatinan. 그는 연간 보고서를 준비해요. 유의 tinak, tinan-tinan.

tinju 명 인니 권투, 복싱. ¶Tinju presiza isin no mentalidade maka'as. 권투는 강한 신체와 정신력을 요구한다. 유의 bokse.

***tinta** 명 잉크, 페인트. ¶Pinta tinta kór mutin iha didin. 벽에 흰색 페인트를 칠해라. 유의 ai-been.

tintu 명 붉은 포도주, 레드와인. ¶Nia gosta hemu tintu iha festa. 그는 파티에서 붉은 포도주 마시길 좋아해요. 유의 tua-tintu.

***tipografia** 명 인쇄. ¶Jornál ida-ne'e halo tipografia iha ne'ebé? 이 신문은 어디서 인쇄를 해요?

***tipu** 명 ①유형, 종류. ¶Ema barak estuda lian Korea maibé tipu la ida de'it. 많은 사람들이 한국어를 공부하지만 한 가지 유형은 아니에요. ②여러 가지, 갖가지. ¶Estudante sira iha vizaun tipu. 학생들은 여러 가지 비전을 가지고 있어요.

tiru I 명 발사. ¶Tiru ba alvu! 과녁을 향해 발사! II 동 (총, 화살을) 쏘다, 발사하다. ¶Rende ona, keta tiru! 항복, 쏘지 마! 관용 tiru berlinde (대리석 발사라는 말로) 구슬치기.

tiru-kona 동 (정곡, 급소를) 찌르다. ¶Nia pergunta tiru-kona ona kona-ba asuntu. 그의 질문은 쟁점에 대한 정곡을 찔렀어요.

⁂titi 명 고모, 이모. ¶titi no inan 고모와 어머니

***titia** 명 고모, 이모, 숙모, 아줌마. ¶Titia Maria sempre fó tulun nia. 마리아 아줌마는 그를 늘 도와줘요.

titulár 형 명목상의, 이름뿐인. ¶Pozisaun titulár iha valór saida? 이름뿐인 직책이 무슨 가치가 있나? 유의 nominál.

títulu 명 제목, 간판. ¶Ita-nia teze títulu saida? 네 논문 제목이 뭐지?

tiu 명 삼촌, 나이가 많은 남성을 부르는 호칭. ¶Tiu dehan ha'u tenke fó tulun inan. 삼촌은 제가 어머니를 도와줘야만 한다고

말했어요.

*ti'u 명 담배쌈지, 담배 주머니. ¶Marito nia apá gosta tau sigaru iha ti'u. 마리또의 아빠는 담배를 담배쌈지에 넣는 것을 좋아해요. 유의 luhu-oan.

*tiun 명 삼촌, 새아버지, 의붓아버지. ¶Tiun lori prezente ba ami. 새아버지는 우리에게 선물을 가져왔어요. 유의 Tiu.

toa 명 확성기. ¶Ema be kaer toa mak ha'u nia mestre. 확성기를 잡은 사람이 제 선생님이에요. 유의 altofalante.

*toalla 명 타월. ¶Se ita hakarak nani, tenke lori toalla. 수영하고 싶으면 타월 가져와야 해. 이표기 toalha.

⁑toba 동 눕다, 잠자다. ¶La bele toba durante klase laran. 수업 중에 잠자면 안 돼요. 유의 bá toba.

⁑toba-dukur 동 자다, 자려고 눕다, 자려고 가다. ¶Nia kolen loos, entaun toba-dukur lailais. 그는 너무 피곤해서 빨리 자려고 누웠어요.

*toba-fatin 명 침대, 잠자리. ¶deskansa toba-fatin 침대에서 쉬다

todak 형 길어진, 늘어진. ¶Liafuan todak ho vogál rua mak hanesan ezemplu tuirmai ne'e. 모음 두 개로 길어진 단어는 다음 예와 같습니다.

⁑todan Ⅰ 명 무게, 부담. ¶Responsibilidade ne'e boot, nia hakarak simu todan. 책임이 큰데 그는 부담을 지고 싶어해요. Ⅱ 형 ① 무거운. ¶Sasán ida-ne'e todan loos. Ita bele hi'it ka la'e? 이 물건 엄청 무거워요. 들 수 있겠어요? ② 어려운. ¶Ita bele kompriende livru todan ne'e? 이 어려운 책을 이해할 수 있겠어요? 유의 arraska.

toga 명 토가. [헐렁한 예식용 겉옷] ¶Profesór tau toga molok serimónia graduasaun. 교수님은 졸업식 전에 토가를 입었다.

tohar 동 깨어지다, 부서지다, 깨다, 부수다, 균열되다, 파괴되다. ¶ai tohar ona. 나무가 부서졌어요. 유의 hatohar.

toka[1] 명 토카. [끈을 턱밑에서 묶게 되어 있는 모자] ¶Nia tau toka, tanba rai-manas loos. 날씨가 너무 더워서 그는 토카를 썼어요.

*toka[2] 동 놀다, 놀이를 하다. ¶Ha'u toka ho alin. 저는 동생하고 놀아요. / Sira toka hamutuk. 그들은 함께 놀아요. 유의 halimar.

tokadór 명 화장대. ¶Nia hakarak sosa tokadór foun. 그는 새 화장대를 사길 원해요. 이표기 toka door.

tokee 명 또께. [우는 도마뱀] ¶Horikalan ha'u la bele toba di'ak tanba tokee nia lian. 어제저녁 또께 소리 때문에 잠을 잘 못 잤어요.

*Tókiu 명 동경, 도쿄. ¶Tókiu mak sidade boot tebes iha Japaun. 동경은 일본에서 가장 큰 도시예요.

*toko 명 가게, 상점. ¶Toko barak mak la loke tanba loron feriadu ka? 많은 상점들이 문을 열지 않은 것은 휴일이기 때문인가요? 유의 loja.

Tokodede 명 또꼬데데. [동티모르 북서쪽에서 사용되는 오스트로네시안 계열의 언어] ¶Ita hatene sé mak bele ko'alia tokodede? 누가 또꼬데데 말을 할 줄 아는지 알아요? 유의 tukudede.

T

⁝tokon 수 백만. 유의 milliaun.

⁝tokon ba tokon 매우 많은, 상당히 많은. ¶Maria nia apá iha osan tokon ba tokon. 마리아의 아빠는 돈이 상당히 많아요. 유의 baba'in.

***tolan** 동 삼키다, 목구멍으로 넘기다. ¶Nia tolan musan fateka nian. 그는 수박씨를 삼켰어요.

tolera 동 용인하다. ¶Tarde oras ida ita-nia mastre bele tolera ka? 한 시간 늦는 걸 너희 선생님께서 용인하시니? 유의 tahan.

toleránsia 명 관용. ¶Ita iha toleránsia ba relijiaun seluk? 다른 종교에 대한 관용이 있습니까?

tolerante 형 관용적인, 용인하는. ¶Asaun tolerante husi hanoin tolerante. 관용적인 행동은 관용적인 생각에서 시작된다.

⁝tolla 명 수건. ¶Ha'u labele hamoos liman bokon tanba iha hariis fatin tolla laiha. 욕실에 수건이 없어서 나는 손의 물기를 닦을 수 없었다.

tolok Ⅰ 명 모욕, 욕, 험담. ¶Ninia tolok halo ha'u-nia kolega sira hirus. 그의 험담이 제 친구들을 화나게 했어요. Ⅱ 동 모욕하다, 욕하다, 험담하다. ¶Ha'u lakohi ema ne'ebé tolok kona-ba kolega seluk. 나는 다른 친구를 험담하는 사람이 싫어요. 유의 hatete aat, dehan aat, insulta, ko'alia aat, tarata, kritika.

⁝tolu 수 3, 셋, 삼. 유의 tiga, trés.

***toluk** 형 세 개로 된, 세 편으로 된. ¶Filime ida-ne'e toluk. 이 영화는 세 편으로 되어 있어요.

⁝tolun Ⅰ 명 알, 달걀. ¶Maria hakiak manu sira ne'ebé fó tolun. 마리아는 달걀을 낳는 닭들을 키워요. Ⅱ 동 알을 낳다. ¶Maria hakiak manu sira mós, loroloron sira ne'e tolun. 마리아는 닭들을 키우고, 닭들은 매일 알을 낳습니다.

***tolu-nulu** 수 30, 서른, 삼십.

tomada 명 콘센트. ¶Lori tomada lailais, bateria atu mate. 콘센트 좀 빨리 가져와, 배터리가 다 죽어 가.

⁝tomak Ⅰ 형 전체의, 모든. ¶Ema tomak mai asiste misa. 모든 사람들이 미사에 참석해요. Ⅱ 부 전부, 다. ¶Nia han uvas tomak. 그는 포도를 다 먹었다.

***toma konta** 책임이 있다, 돌보다. ¶Sé maka toma konta ba problema ida-ne'e? 누가 이 문제에 책임이 있나요? 반의 deskuida.

***toman**[1] 형 ~하는 데 익숙한. ¶Nia toman han pateka maibé la toman han hudi. 그는 수박 먹는 데 익숙하지만 바나나 먹는 데는 익숙하지 않아요.

⁝toman[2] 동 이해하다. ¶Livru ida-ne'e difisil tebes, ita bele toman ka? 이 책 무척 어려운데 이해할 수 있겠어요? 유의 komprende, kompriende.

tomate 명 토마토. ¶Tomate ne'e hahán di'ak ba ita-nia saude. 토마토는 건강에 좋은 음식이에요. 유의 tamati.

tomati 명 토마토. ¶Mai ita foti tomati. 토마토 따러 가자. 유의 tamate.

ton 명 어조, 말투. ¶Bainhira ita ko'alia ho ema seluk, ton ita uza importante tebes. 타인과 말할 때 사용하는 어조가 정말 중요해요.

tonelada 명 톤. ¶Ita hakarak importa foos tonelada hira? 몇 톤의 쌀을 수입하길 원하나요?

tónika 명 토닉워터. [진 · 보드카 등에 섞어 마시는 탄산음료] ¶Favor lori tónika botir ida. 토닉워터 한 병 주세요.

*__tonka__ 동 (받침대 등으로) 받치다, 떠받치다, 지지하다. ¶Avó uza ai-tonka hodi tonka ninia isin. 할아버지는 몸을 지지하려고 지팡이를 사용해요.

tonka-ain 명 가로장. ¶La bele taka odarmatan ida-ne'e, tonka-ain iha ne'ebé? 이 문 닫으면 안 돼, 가로장 어디 있지?

⁑**to'o** Ⅰ 동 도착하다. ¶Ha'u to'o tiha ona universidade nia oin. 나는 대학교 앞에 도착했어요. 반의 arranka, bá ona. Ⅱ 형 ① 알맞은. ¶Ropa ida-ne'e to'o ho ita-nia isin. 이 옷이 네 신체에 알맞네. ② 충분한. ¶Ha'u sente katak ida-ne'e de'it to'o. 저는 이것만으로 충분해요. 유의 daar. Ⅲ 전 ~까지. ¶Ita atu la'o to'o iha ne'ebé? 어디까지 걸으려고 해요? 이표기 too.

*__to'o-fatin__ 명 목표, 목적지. ¶Ita-nia viagen ida-ne'e to'o-fatin iha ne'ebé? 이 여행에 목적지가 어디예요? 유의 meta.

⁑**to'o ikus** 마지막으로, 결국. ¶Ha'u estuda maka'as ona, no to'o ikus ha'u hetan valór di'ak. 나는 열심히 공부했고 결국 좋은 성적을 받았어요. 유의 afinál. 이표기 too ikus.

to'ok 조 ((동사 뒤에 쓰여)) ~해 보다. [타인에게 어떠한 행동을 권할 때 사용] ¶Ita mak haruka to'ok surat ba nia? 그에게 편지를 보내 보는 건 어때?

⁑**to'o-mai** 명 도착. ¶Sinu ne'ebé informa komboiu to'o-mai lian sirkula iha estasaun komboiu. 열차의 도착을 알리는 종소리가 기차역에 울려 퍼졌다.

⁑**toos**[1] 동 하이파이브를 하다. ¶Mai ita toos! 하이파이브를 합시다!

⁑**toos**[2] 형 ① 딱딱한, 단단한. ¶Paun ne'e toos liu. 이 빵이 더 딱딱해요. 유의 dudun. 반의 delikadu. ② 어려운. ¶Servisu ida-ne'e toos tebes ita bele kompletu ka la'e? 이 일은 어려운 일인데 완수할 수 있겠니? 유의 arraska.

⁑**to'os** 명 ① 농장. ¶Ninia amá servisu iha to'os laran. 그의 아버지는 농장에서 일해요. ② 들판, 정원. ¶Ninia aman servisu iha to'os. 그의 어머니는 들판에서 일을 해요. 이표기 toos.

⁑**to'os-na'in** 명 농부, 농장 운영자. ¶To'os-na'in sira bá to'os ba kuda modo. 농부들은 채소를 가꾸러 농장에 갑니다. 이표기 toos nain.

*__to'os nian__ 지방의. ¶Povu to'os nian presiza tebes bee moos. 지방의 사람들은 깨끗한 물을 무척 필요로 해요. 유의 rurál.

*__tópiku__ 명 화제, 주제. ¶Tópiku ba ohin loron nian mak lideransa. 오늘의 주제는 리더십입니다. 유의 asuntu.

⁑**tore** 동 (통증, 붓기가) 사라지다, 증발되다, 진정되다, 빠지다. ¶Agora moras tore tiha, tan ne'e ha'u hakarak toba ho nonook. 지금은 통증이 진정되었으니 조용히 자고 싶어요.

*__torneira__ 명 수도꼭지. ¶Torneira bee nian la di'ak ona. 수도꼭지가 망가졌다.

*torneira-hariis 명 샤워기. ¶Horiseik ha'u loke torneira-harris nian bee la mai. 어제저녁에 샤워기를 틀었는데 물이 안 나왔어요. 유의 xuveiru.

torneiu 명 시합, 토너먼트. ¶Ami atu partisipa torneiu tenis. 우리는 테니스 시합에 참가하려 해요. 유의 pertandingan.

tornu 명 선반, 나무 · 쇠붙이 절단용 기계. ¶Uza tornu, ita bele tesi sasán forte. 선반을 사용해서 단단한 물건을 자를 수 있어요.

torta 명 과일파이, 타르트. ¶Nia gosta han dosi torta. 그는 타르트를 좋아한다.

*tortura Ⅰ 명 고문. ¶Ita bele hetan istória kona-ba tortura ba prizioneiru iha nasaun barak. 우리는 많은 나라의 역사에서 죄수에 대한 고문의 역사를 발견할 수 있어요. Ⅱ 동 고문하다. ¶Sé mak tortura ita? 누가 당신을 고문했나요?

*totál Ⅰ 명 합계, 총-. ¶Totál orasamentu dolar atus ida. 총예산이 100불이에요. Ⅱ 형 전체적인. ¶Ami la presiza sai hanesan hotu, maibé presiaza totál unidade iha sosidade. 우리가 모두 같을 필요가 없지만 사회에 전체적인 단일성은 필요해요. Ⅲ 부 전부, 전적으로. ¶Problema ida-ne'e husi ninia sala totál. 이 문제는 전적으로 그의 잘못이에요.

totalidade 명 전체성. ¶Oinsá ami bele forma totalidade malu ba futuru? 우리는 어떻게 미래를 향한 전체성을 형성할 수 있을까?

totalmenta 부 완전히, 전적으로. ¶Sira-nia kultura diferente totalmenta. 그들의 문화는 완전히 달라요.

*traballadór 명 일꾼, 노동자. ¶Loron 1 Maiu ne'e dia loron traballadór. 5월 1일은 노동자의 날입니다. 유의 asuliar, serbisu-na'in. 이표기 trabalhadór.

*traballadóra 형 근면한, 일을 열심히 하는. ¶Nia sempre traballadóra iha eskola. 그는 학교에서 늘 근면해요. 유의 badinas.

traballista 명 노동, 작업, 일. ¶Patraun gosta nia tanba nia traballista di'ak. 사장님을 그가 일을 잘해서 좋아해요. 유의 traballu.

*traballu 명 노동, 작업, 일. ¶traballu difisil 힘든 작업

*traballudakaza 명 숙제. ¶Ami-nia mestre sempre fó traballudakaza ba ami. 우리 선생님은 늘 우리에게 숙제를 줘요. 유의 servisu-uma. 이표기 trabalhu da kaza.

*tradisaun 명 전통. ¶Tradisaun Timor nian mak sempre tara tais ba benvindu vizitor sira. 동티모르에는 방문객을 환영하기 위해 타이스를 걸어 놓는 전통이 있다. 유의 lisan.

tradisionál 형 전통적인. ¶Nia gosta han hahán tradisionál Timor-Leste nian. 그는 동티모르의 전통적인 음식을 먹길 좋아해요.

tradisionalista 명 전통주의자, 왕실 가톨릭. ¶Tradisionalista ruma iha Timor-Leste sei fiar lafaek. 동티모르의 몇몇 전통주의자들은 아직 악어를 숭배해요.

tradisionalizmu 명 전통주의. ¶Uma lulik ne'e harii ho ninia modelu tradisionalizmu. 신당은 전통주의 방식

으로 만들어졌어요.

tradús 동 번역하다. ¶Ami tenke tradús fraze ne'e ba lian Korea. 우리는 이 문장을 한국어로 번역해야 해요.

*__tradusaun__ 명 번역. ¶Nia halo hela tradusaun ba dokumentus. 그는 문서 번역을 하고 있어요.

tradutór 명 번역가. ¶Nia tradús hela hanesan tradutór. 그는 번역가처럼 번역을 하고 있어요.

traidór 명 배반자, 배신자. ¶Nia rai-hirus ba ninia kolega, traidór. 그는 자신의 친구가 배신자라며 분개하고 있다.

traisaun 명 배신, 배반. ¶Oinsá ita-nia hanoin hetan traisaun husi kolega ne'ebé ita fiar liu? 그토록 믿었던 친구에게 배신을 당한 기분이 어때?

trajédia 형 비극적인. ¶Situasaun trajédia husi funu mak ita tenke evita. 전쟁이라는 비극적인 상황만은 피해야 한다.

*__tranka__ I 명 (문의) 빗장. ¶Kondisaun tranka ida-ne'e sai aat ona. 이 빗장의 상태가 나빠졌네. II 동 빗장을 지르다, 잠그다. ¶La bele haluha tranka wainhira ita hasai uma. 집에서 나갈 때 빗장을 잠그는 걸 잊지 마라. 유의 tula.

*__trankuiliza__ 동 (마음을) 진정하다, 안정시키다, 조용하게 하다. ¶Ha'u presiza trankuiliza ha'u-nia emosaun. 저는 감정을 안정시킬 필요가 있어요.

*__trankuilu__ 형 조용한, 고요한. ¶Nia nani hela iha tasi ne'ebé trankuilu. 그는 고요한 바다에서 수영을 하고 있어요. 유의 hakmatek.

**__transfere__ 동 (장소를) 옮기다, 이동하다. ¶Nia hakarak transfere universidade. 그는 대학을 옮기고 싶어해요. 유의 lalin.

*__transferensia__ 명 전달, 전보, 보내기. ¶Ha'u la halo transferensia osan ba uma kuaze fulan rua ona. 나는 벌써 두 달째 집에 돈 보내기를 못했다.

transfigura 동 더 아름답게 바꾸다. ¶Ita bele transfigura uma laran ka? 집안을 더 아름답게 바꿀 수 있어요?

*__transfigurasaun__ 명 변형, 변신, 변용. ¶Jesus nia transfigurasaun 그리스도의 변신

transforma 동 변형시키다, 탈바꿈시키다. ¶Nia hakarak transforma sidade nu'udár sidade futuru. 그는 도시를 미래 도시로 탈바꿈시키고 싶어해요.

transformadór 명 변압기. ¶Ha'u sente kondisaun transformadór aat. 변압기 상태가 나쁜 것 같아.

transformasaun 명 변화, 탈바꿈, 변신. ¶Ular halo transformasaun nu'udár borboleta. 애벌레가 나비로 변신을 해요.

transfuzaun 명 투입, 수혈. ¶Tanba servisu ne'ebé aumenta departementu ida-ne'e husu transfuzaun traballadór nia forsa iha kompañia. 그 부서는 늘어난 업무 때문에 회사에 인력 투입을 요청했다.

*__transkreve__ 동 (생각·말을 글로) 기록하다. ¶Nia transkreve hotu ne'ebé patraun ko'alia durante enkontru. 그는 회의 동안 사장님이 한 말씀을 모두 기록해요.

transkrisaun 명 글로 옮김, 텍스트화. ¶Ita bele hadi'a sal husi transkrisaun

T

ka? 텍스트화 과정에서 생긴 실수를 수정할 수 있나요?

transmisaun 명 방송, 중계. ¶Transmisaun ne'ebé informa oras arranka komboiu nian lian ona husi espiker. 스피커에서 열차의 출발 시각을 알리는 방송이 나왔다.

transportasaun 명 운송업.

transporte[1] 명 화물 수송, 수송비. ¶Ita bele halo transporte lailais ka? 화물 수송을 빨리할 수 있나요?

transporte[2] 명 황홀, 황홀감. ¶Ho transporte nia rona múzika. 그는 황홀 속에서 음악을 들었다.

***tranzasaun** 명 거래, 매매. ¶Oinsá ita bele halo tranzasaun entre kompañia sira di'ak? 어떻게 회사 간에 거래를 잘할 수 있나요?

tranzisaun 명 이행, 과도. ¶Nia haree agora nu'udár periodu tranzisaun. 그는 지금을 이행 시기로 보고 있어요.

tranzitivu 형 타동의. ¶Verbu tranzitivu presiza objetivu. 타동의 동사는 목적어를 필요로 해요. 반의 intransitiva.

tranzitória 형 여성 일시적인, 덧없는, 지나가는. ¶Maria dehan vida mak tranzitória. 마리아는 삶이 덧없다고 말했다.

tranzitóriu 형 남성 일시적인, 덧없는, 지나가는. ¶Avó mane lamenta kona-ba vida tranzitóriu. 할아버지는 덧없는 삶에 대해 한탄하셨다.

tránzitu 명 교통량. ¶Agora tránzitu barak iha estrada. 지금 도로에 교통량이 많아요.

***tranzmigrante** 명 이민자, 이주민. ¶Numeiru tranzmigrante nian hasae hela. 이민자의 숫자가 커지고 있어요. 유의 imigrante.

tranzmigrasaun 명 환생. ¶Hanesan budd, ita fiar tranzmigrasaun ka? 불교에서처럼 환생을 믿나요?

***tranzmisaun** 명 ①전파. ¶Tranzmisaun frazu tanba ami iha ai-laran. 숲속이라 전파가 약하네요. ②전염. ¶Malária ne'e la iha tranzmisaun. 말라리아는 전염 가능성이 없어요.

tranzmisór 명 전송기, 송신기, 발신기. ¶Nia halo instalasaun hela tranzmisór rádiu. 그는 라디오 송신기를 설치하고 있어요.

***tranzmite** 동 ①전송하다. ¶Satélite tranzmite signal. 인공위성은 신호를 전송해요. 유의 tatoli. ②널리 알리다, 방송하다. ¶Nia tranzmite hela liu husi facebook. 그는 페이스북을 통해 방송하고 있어요. 유의 haliki.

***trasa** 동 ①(계획을) 짜다, 만들다, 세우다. ¶Nia trasa planu tinan foun nian. 그는 새해 계획을 세웠어요. 유의 halo. ②개요를 서술하다. ¶Nia trasa livru ida-ne'e nian. 그는 이 책의 개요를 서술했었어요. ③추적하다. ¶Ikusmai polísia trasa kriminozu to'o ninia uma. 마침내 경찰은 범인을 집까지 추적했어요.

trasadu 명 스케치, 개요, 계획, 방안. ¶Ita-nia trasadu kona-ba uma foun furak loos. 새집에 대한 네 스케치 멋지더라.

***trata**[1] 동 ①다루다. ¶Buat trata labarik

ne'e la fasil. 그 아이는 다루기가 쉽지 않아요. ②정리하다. ¶Ha'u trata dokumentu atu bá Korea. 한국에 보낼 서류를 정리했어요. (유의) arma, dispoin.

***trata**[2] 동 욕하다, 모욕하다. ¶Ema ne'ebé gosta buat trata la iha buat ida. 욕하는 것을 좋아하는 사람은 아무도 없어요. (유의) tarata.

tratadu 명 조약. ¶Timor-Leste halo tratadu ho Austrália kona-ba dezevolviment mina no gás. 동티모르는 호주와 석유 가스 개발에 대한 조약을 맺었어요.

tratamentu[1] 명 치료, 처치. ¶Nia simu tratamentu iha ospitál. 그는 병원에서 치료를 받고 있어요.

tratamentu[2] 명 호칭. ¶Ninia tratamentu formál saida? 그의 공식 호칭이 뭐예요?

tratór 명 트랙터. ¶Ita bele lori tratór ka? 트랙터를 운전할 줄 알아요?

***trava** 동 멈추다, 중지하다, 취소하다. ¶Ha'u trava planu piknik tanba derrepente udan tun. 갑자기 비가 내려 소풍 계획을 취소했다.

travaun 명 브레이크, 제동 장치. ¶Travaun karreta nian sai aat ona. 자동차의 제동 장치가 이미 망가졌어요.

***travesa**[1] 명 쟁반. ¶Nia sosa travesa foun iha loja. 그는 가게에서 새 쟁반을 샀어요. (유의) bandeja, tatanen.

travesa[2] 명 잠든 사람. ¶La bele interrompe travesa. 잠든 사람을 방해해서는 안 된다.

travesa[3] 명 대들보, 가로장. ¶Ita bele halo instalasaun travesa ka? 대들보 설치할 줄 알아요?

treina 동 훈련시키다. ¶treina tekniku baziku 기본기를 훈련시키다 (유의) fó treinamentu, fó treinu, hanorin, treinu.

treinadór 명 트레이너, 훈련시키는 사람. ¶Treinadór estuda barak kona-ba kazu sira. 트레이너는 사례들에 대한 학습을 많이 해요.

***treinamentu** 명 양성. ¶Nia aplika iha kursu treinamentu abilidade lingua nian. 그녀는 어학 능력 양성 과정에 지원했다.

***treinu** Ⅰ 명 훈련, 연수. ¶Treinu halo buat perfeitu. 훈련이 완벽을 만들어요. Ⅱ 동 훈련시키다. ¶Treinadór treinu atleta sira. 코치는 선수들을 훈련시켜요. (유의) fó treinamentu, fó treinu, hanorin, treina.

trek 명 작은 트럭. ¶Ha'u nia aman ki'ik iha trek. 삼촌은 작은 트럭을 가지고 있어요. (유의) angguna.

***trena** 명 머리끈, 리본. ¶Ha'u fó trena bonita ba ha'u nia alin nu'udár prezente ba loron-moris nian. 예쁜 머리끈을 동생에게 생일 선물로 주었다.

****trés** 수 (포) 셋, 삼. (유의) tiga, tolu.

****treze** 수 (포) 열셋, 십삼. (유의) sanulu resin tolu. (이표기) trezi.

***trezentus** 수 (포) 삼백.

triangulár 형 삼각형의. ¶medida triangulár 삼각형의 크기

***triángulu** 명 삼각형. ¶Favór inta iha triángulu laran. 삼각형 안에 칠을 하세요. (유의) segitiga.

T

*__tribunál__ 명 법원, 재판소. ¶Tribunál bolu nia. 법원은 그를 소환했어요.

*__trigu__ 명 밀, 밀가루. ¶Uza trigu nia halo paun. 밀가루를 사용해서 빵을 만들어요.

__triliaun__ 명 조. ¶Konstrusaun ida-ne'e hanesan konstrusaun bo'ot ne'ebé espeta kustu ho valór triliaun won. 이 공사는 수십조 원 가량의 비용이 예상되는 대형 공사이다.

__trillu__ 명 철도.

⁑__trimestrál__ 수 이십오.

__trimestre__ 명 학기, 기간. ¶Bainhira trimestre ida-ne'e atu komesa? 언제 이번 학기가 시작하나요?

__trindade__ 명 삼위일체. ¶Maromak, Jesus, Espiritu Santu mak trindade. 성부, 성자, 성령은 삼위일체예요.

*__trinta__ 수 (포) 30, 서른, 삼십.

*__triplu__ 형 세 배의. ¶Nia halo rendimentu triplu. 그는 세 배의 수입을 올렸어요.

⁂__triste__ 형 슬픈. ¶Nia triste bainhira rona ninia amá mate. 그는 어머니의 사망 소식을 들었을 때 슬펐다. 유의 laran-triste. 이표기 tristi.

⁑__tristeza__ 명 슬픔. ¶Dala ruma sente tristeza no ksolok mai hamutuk. 때때로 슬픔과 기쁨은 함께 와요. 반의 gostu.

*__troka__ 동 ①교환하다. ¶Nia troka dolar Amérika nu'udár osan Koreanu. 그는 미국 달러를 원화로 교환해요. 유의 truka, tukar. ②대체하다. ¶troka ba ema seluk 다른 사람으로 대체하다 유의 hein, seluk, truka, tukar.

__troka-faru__ 명 변절자. ¶La bele sai troka-faru. 변절자가 돼서는 안 돼.

__trombeta__ 명 트럼펫. ¶Nia hakarak sosa trombeta. 그는 트럼펫을 사고 싶어해요.

__tronku__ 명 (수감자에게 사용하는) 쇠사슬. ¶Tronku ida iha prizaun. 감옥에 쇠사슬이 하나 있어요.

__tronu__ 명 왕좌, 옥좌, 왕위. ¶Nia hakarak kaer tronu. 그는 왕위를 쟁취하고 싶었다.

*__tropa__ 명 군대. ¶Saida mak tropa nia valór? 군대의 가치는 무엇인가?

__tropikál__ 형 아열대성의. ¶Nia gosta klima tropikál. 그는 아열대성의 기후를 좋아해요.

__trópiku__ 명 열대 지방. ¶Nia hakarak hela iha trópiku. 그는 열대 지방에 살고 싶어해요.

*__truka__ 동 ①교환하다. ¶truka produtu foun 새 제품으로 교환하다 유의 troka, tukar. ②대체하다. ¶Pasaporte bele truka ba kartaun identidade. 여권은 신분증으로 대체할 수 있어요. 유의 hein, seluk, troka, tukar.

*__tua__ 명 투아, 팜술, 팜와인. ¶Ita boot bele hemu tua ka? 투아 드실 줄 아세요?

__tua-manas__ 명 알코올. ¶Ita hatene sosa tua-manas iha ne'ebé? 알코올 어디서 살 수 있는지 알아요?

*__tuan__ 형 ①낡은, 닳고 닳은. ¶Nia hatais ropa tuan. 그는 낡은 옷을 입고 있어요. ②오래된. ¶Estudante tuan no estudante foun hasoru malu. 오래된 학생과 신입생이 만났어요. 반의 foun. ③진부한, 뒤떨어진. ¶Ita sente hanoin tuan bele prepara futuru ka? 네가 느끼기에 진부한 생각이 미래를 준비할 수 있다고

보니?

tuananga 명 성별이 다른 사촌. ¶Ita iha tuananga numeiru hira? 너는 성별이 다른 사촌이 몇 명 있니? 유의 tunanga.

tua-sabu 명 투아사부. [동티모르의 브랜디, 팜와인을 증류하여 만듦] ¶Área koñesidu ba tua-sabu iha ne'ebé? 투아사부로 유명한 지역이 어디예요? 이표기 tua sabu.

*__tua-siik__ 명 식초. ¶Ninia inan hakarak uza tua-siik durante te'in. 그의 어머니는 요리에 식초를 사용하고 싶어했다. 유의 tua-siin. 이표기 tua siik.

*__tua-siin__ 명 식초. ¶rega tua-siin 식초를 뿌리다 유의 tua-siik. 이표기 tua siin.

tua-teen 명 시럽. ¶Loja kafé ida-ne'e fó tua-teen ka masin-midar? 이 커피숍은 시럽을 줄까 설탕을 줄까? 이표기 tua teen.

tua-tintu 명 적포도주. ¶Ita boot hemu tua-tintu beibeik ka? 적포도주 자주 드세요? 이표기 tua tintu.

*__tua-uvas__ 명 포도주. ¶Amu prepara hela tua-uvas. 신부님이 포도주를 준비하고 있어요.

tuba 동 팜나무를 타고 오르다. ¶Nia tuba lailais no tun lailais. 그는 팜나무를 빠르게 타고 오르고 빠르게 내려와요.

tuba-metin 명 저항, 반대. ¶Kona-ba planu foun ita iha tuba-metin ka? 새 계획에 대해서 반대 있어요?

*__tuba-rai__ 동 저항하다, 반대하다. ¶Uluk ninia aman tuba-rai kontra Indonézia. 예전에 그의 아버지는 인도네시아에 저항했어요.

tubaraun 명 상어. ¶it iha esperiensia ne'ebé han tubaraun ka? 상어 먹어 본 경험 있나요?

tuberkuloze 명 폐결핵, 결핵. ¶Pasiente tuberkuloze sei barak iha Timor-Leste. 동티모르에는 아직 폐결핵 환자가 많아요. 유의 TBC.

*__tubu__[1] 명 튜브, 파이프. ¶Tubu ida-ne'e kada metru folin hira? 이 튜브 미터당 얼마예요?

*__tubu__[2] 동 싹이 나다. ¶Tahan foun tubu husi ai boot. 큰 나무에서 새로운 싹이 나다. 유의 ai-tubuk.

*__tubun__ Ⅰ 명 싹. ¶Tubun mai husi ai-sanak. 나뭇가지에서 싹이 나다. 유의 delun, dikin. Ⅱ 동 싹이 트다. ¶Fehuk tubun. 감자에 싹이 트다. 유의 ai-tubuk.

⁑**tuda** 동 던지다, 내던지다. ¶Tanbasá sira tuda fatuk ka? 왜 그들은 돌을 던지지? 유의 raku, rakut, tiha.
관용 tuda ho rai (흙을 던진다는 말로) 무리에서 배척하다.

tuda-fatuk Ⅰ 명 돌 던지기. ¶Timor-oan balu halo tuda-fatuk malu. 어떤 동티모르인은 서로 돌 던지기를 해요. Ⅱ 동 돌을 던지다. ¶Keta tuda-fatuk! 돌 던지지 마!

⁑**tudik** 명 칼, 나이프. ¶Nia te'in hela uza tudik. 그는 칼을 사용해서 요리를 하고 있어요.

tudik-han 명 나이프. ¶Tudik-han ida ne'e lubuk la bele ko'a na'an-karau. 이 나이프 무뎌서 고기가 잘 안 썰리네요.

tudik-ki'ik 명 펜나이프, 작은 주머니칼. ¶fó prezente tudik-ki'ik 작은 주머니칼을 선물하다 유의 tudik-oan. 이표기 tudik

T

kiik.

tudik-oan 명 펜나이프, 작은 주머니칼. ¶Ita iha tudik-oan ka? 펜나이프 있어요? 유의 tudik-ki'ik. 이표기 tudik oan.

***tuhin**[1] 명 경고, 경보. ¶Governu fó sai tuhin rai-nakdoko. 정부는 지진 경보를 알렸다.

***tuhin**[2] 동 때리다. ¶Kolega sira tuhin malu. 친구끼리 서로 때린다. 유의 baku, fakee.

tui-bahat 동 (도장, 이름) 파다, 새기다. ¶tui-bahat karimbu 고무도장을 파다

⁑**tuir**[1] Ⅰ 동 따르다, 수행하다. ¶Favór tuir ha'u. 저를 따르세요. 유의 hala'o. 반의 dada. Ⅱ 전 뒤에, ~에 따라, ~처럼. ¶Tuir ita-nia opiniaun, halo asaun. 네 견해에 따라 행동해라.

***tuir**[2] 동 참석하다. ¶Nia atu tuir kursu lian Korean semana oin. 그는 다음주에 한국어 수업에 참석하려 해요. 유의 atende.

***tuirmai** Ⅰ 형 다음의. ¶Mai ita hasoru fulan tuirmai. 다음달에 만나자. Ⅱ 부 그 다음에, 나중에. ¶Mai ita halo tuirmai. 나중에 하자. Ⅲ 접 그러고 나서, ~하고 나서. ¶Nia pesan sasán rua tuirmai kansela ida. 그는 두 개 물건을 주문하고 나서 한 개를 취소했어요. 이표기 tuir mai.

tuituir 부 내내, 죽. ¶Dolar 100 iha ha'u-nia bolsu laran tuituir. 100불이 내 주머니 안에 내내 있었어요.

⁑**tujuh** 수 인니 일곱, 칠. 유의 hitu, seti.

***tujuh belás** 인니 열일곱, 십칠.

***tujuh puluh** 인니 일흔, 칠십.

***tujuh ratus** 인니 칠백.

***tukar** 동 ① 인니 교환하다. ¶tukar ba osan-ki'ik 잔돈으로 교환하다 유의 troka, truka. ②대체하다. ¶Ezame sei tukar relatóriu. 시험은 보고서로 대체할 거예요. 유의 hein, seluk, troka, truka.

tukir 동 대나무 속에 넣어 요리하다. ¶Inan tukir ho etu. 어머니는 쌀을 대나무 속에 넣어 요리해요.

***tuku**[1] Ⅰ 명 시. ¶Agora tuku hira? 지금 몇 시예요? Ⅱ 부 정시, 정각, ~시. ¶tuku 10 dadeer 오전 10시 정각 유의 oras.

***tuku**[2] 동 (절구를) 찧다, 빻다. ¶Apá tuku hela foos iha fatuk-inan. 아빠는 절구에 쌀을 빻고 있어요. 유의 fai.

Tukudede 명 또꼬데데. [동티모르 북서쪽에서 사용되는 오스트로네시안 계열의 언어] ¶Sé mak bele ko'alia Tukudede? 누가 또꼬데데 말을 할 줄 아나요? 유의 tokodede.

tuku-rahun 동 으스러뜨리다. ¶Nia tuku-rahun hela forai. 그는 땅콩을 으스러뜨리고 있어요.

⁑**tuku odamatan** 노크하다. ¶Nia loke ona odamatan sein tuku odamatan. 그는 노크하지 않고 문을 열었다. 유의 dere.

***tuku-tuir** 동 무릎을 꿇다. ¶Nia tuku-tuir iha aman nia oin. 그는 아버지 앞에서 무릎을 꿇었어요.

***tuku-tuku** Ⅰ 동 (심장, 가슴이) 두근거리다, 고동치다. ¶Ha'u-nia fuan tuku-tuku hela. 내 가슴이 두근거리고 있어요. Ⅱ 형 두근두근, 두근거리는, 설레는. ¶Ha'u la kompriende fuan tuku-tuku. 난 두근거리는 가슴을 이해할 수 없어요.

***tula** 동 ①(짐을) 나르다. ¶Ami uza kuda sira hodi tula sasán. 우리는 짐을 나르기

위해서 말들을 사용합니다. ②적재하다. ¶Másimu ne'ebé karreta tula mak tonelada ida. 이 자동차가 적재할 수 있는 최대는 1톤이에요. ③들어올리다. ¶Nia tula hela fatuk todan. 그는 무거운 돌을 들어올리고 있어요. ④차단하다. ¶Polísia tula estrada. 경찰은 도로를 차단했어요. ⑤빗장을 잠그다. ¶Nia tula odamadan. 그는 빗장을 잠갔어요. (유의) tranka.

tula-mate 동 출산 중 사망하다. ¶Ninia inan tula-mate tinan kotuk. 그의 어머니는 작년에 출산 중 사망하셨어요.

tulipa 명 튤립. ¶Doben gosta tulipa. 애인은 튤립을 좋아해요.

⁑**tulun** Ⅰ 명 도움. ¶Ninia kolega nia tulun halo hakur ninia difikuldade. 그는 친구의 도움으로 어려움을 극복했다. (유의) ajuda. Ⅱ 동 돕다. ¶Ha'u tulun ema kbi'it la'ek sira. 나는 힘없는 사람들을 도와요. (유의) asiste.

*__tulun lisuk__ 협력하다. ¶Ha'u tulun lisuk ho kolega sira no rezolve problema. 나는 친구들과 협력하여 문제를 해결했다. (유의) koopera.

tulun-na'in 명 도와주는 사람. ¶Durante ita-nia moris, ita iha tulun-na'in? 네 삶에서 도와주는 사람이 있었나요?

tumór 명 종양. ¶Nia iha tumór iha kakutak laran. 그는 뇌에 종양이 있어요.

⁑**tun** Ⅰ 명 아래. ¶Favór haree tun. 아래를 보세요. Ⅱ 동 ①하강하다, 떨어지다. ¶Fatuk boot tun hela. 큰 돌이 떨어지고 있어요. ②(차에서) 내리다. ¶Nia tun hela husi karreta mutin. 그는 흰색 차에서 내리고 있어요. ③줄어들다. ¶Numeiru famila tun tinan kotuk. 작년에 가족 수가 줄어들었어요. (반의) sa'e. Ⅲ 부 아래쪽으로. ¶Mai ita ba tun! 우리 아래쪽으로 내려가 보자! (유의) ba kraik. (이표기) tuun.

tunanga 명 성별이 다른 사촌. ¶Maria mak tunanga ha'u nian. 마리아는 나와 성별이 다른 사촌이에요. (유의) tuananga.

⁑**tuni** 동 (돈 따위를) 모으다, 갈퀴로 긁어모으다. ¶Nia mak tuni osan, kundu nia servisu iha Koreia Súl. 그는 한국에서 일하는 동안 돈을 열심히 모았다.

túnika 명 튜닉. [소매가 없고 무릎까지 내려오는 헐렁한 웃옷] ¶Nia gosta hatais túnika. 그는 튜닉 입기를 좋아해요.

tun-sa'e 동 위아래로 움직이다. ¶Mákina ida-ne'e tun-sa'e. 이 기계는 위아래로 움직여요.

⁑**tunu** 동 굽다. ¶Feen tunu ikan no nia rai hela ba han kalan nian. 아내는 생선을 구워 저녁상에 올렸다.

*__turista__ 명 관광객. ¶Oinsá ami bele halo numeriu turista sira barak mai Timor? 어떻게 많은 관광객들이 동티모르로 오게 할 수 있을까?

*__turístiku__ 형 관광객의. ¶Ami servisu ba ksolok turístiku. 우리는 관광객의 행복을 위해 일해요.

*__turizmu__ 명 관광. ¶fatin atrasaun turizmu 관광 명소 / Turizmu iha Timor posibilidade boot. 동티모르의 관광 산업은 가능성이 커요.

Turkia 명 터키.

*__turu__ 동 (액체를) 방울방울 흘리다, 뚝뚝 흘리다. ¶Labarik hamrik wainhira udan turu

T

husi sumbriña. 아이는 우산에서 빗방울을 뚝뚝 흘리며 서 있었다. 유의 turuk, turun.

***turuk** 동 (액체를) 방울방울 흘리다, 뚝뚝 흘리다. ¶Aimoruk ne'e, dadeer-dadeer turuk dala tolu ba matan. 이 약을 매일 아침 눈에 세 방울씩 넣으세요. 유의 turu, turun.

***turun** 동 (액체를) 방울방울 흘리다, 뚝뚝 흘리다. ¶Labarik matan been turun. 아이는 눈물을 뚝뚝 흘렸다. 유의 turu, turuk.

tusan Ⅰ 명 빚, 채무, 대출. ¶Ha'u-nia tusan iha banku barak. 은행에 대출이 많아요. Ⅱ 동 (돈을) 빚지고 있다. ¶Nia tusan husi kolega sira. 그는 친구들에게 빚지고 있어요.

tutan 동 덧붙이다, 연결하다, 잇다. ¶Nia tutan hela anin tohar meza nian. 그는 책상의 부러진 다리를 연결하고 있어요.

tutór 명 수호자, 신탁 관리자. ¶Sé mak ita-nia tutór? 당신의 수호자가 누구인가요? 유의 mahein.

tutu 동 쪼다. ¶Manu tutu hodi han ho ibun-tutun. 닭이 부리로 모이를 쪼고 있다.

Tutuala 명 뚜뚜알라. [동티모르 동쪽 끝 지역] ¶Tourista sira goza hela Tutuala. 여행객들이 뚜뚜알라를 즐기고 있어요.

tutun 명 끝, 정상. ¶Iha Foho Matebian nia tutun ne'e estatua Cristo Rei mak iha ne'ebá. 마테비안산의 정상에는 크리스토 레이의 동상이 있어요.

tutur 동 머리 위에 이어 나르다. ¶Inan tutur bee. 어머니는 물을 머리 위에 이어 날라요.

tu'u[1] 동 (창 등으로) 찌르다, 찍다. ¶Nia tu'u nuu no lori. 그는 코코넛을 찍어서 날라요. 이표기 tuu.

tu'u[2] 동 (두려움, 경악 등으로) 얼어붙게 만들다. ¶Difikudade kna'ar ida-ne'e nian tu'u nia maka'as. 이 일의 어려움이 그를 무척 얼어붙게 만들었어요. 이표기 tuu.

tu'u[3] 동 (실을) 꿰다. ¶Inan tu'u hela ba ha'u-nia kalsa. 어머니는 내 바지를 바느질하기 위해 실을 꿰고 계세요. 이표기 tuu.

tuuk 형 {속어} 마약을 완전히 끊은. ¶Ha'u rona ita tuuk droga loos ka la'e? 내가 듣기로 마약을 완전히 끊었다던데 맞아?

***tuuk-oan** 형 난쟁이 같은, 매우 작은. ¶Ninia alin tuuk-oan. 그의 동생은 매우 작아요.

tuur Ⅰ 명 거주. ¶Nia tuur iha Kuluhun. 그는 쿤룬에 거주를 하고 있어요. Ⅱ 동 앉다, 거주하다, 살다. ¶Favór tuur. 앉으세요. 관용 tuur bilán 비어 있다.

***tuur-ahi** 동 (아이, 새끼를) 낳다, 출산하다. ¶Nia tuur-ahi horisehik. 그녀는 어제 출산했어요. 이표기 tuur ahi.

***tuur-fatin** 명 주택, 거주지, 숙소. ¶Ita-nia tuur-fatin iha ne'ebé? 거주지가 어디예요? 이표기 tuur fatin.

***tuur-lametin** 형 걱정하는, 염려하는. ¶Kona-ba ha'u-nia dezafiu, inan la tuur-lametin no fiar ha'u. 저의 도전에 대해 어머니는 걱정하지 않고 믿어 줘요.

TV 명 텔레비전, 티브이. ¶haree TV 티브이를 보다 / programa TV nian 텔레비전 프로그램

U

u 명 알파벳 U의 이름. 이표기 ú.

⁑**ualu** 수 여덟, 팔, 8.

⁑**ualunulu** 수 여든, 팔십, 80.

*__uat__ 명 ①정맥. ¶Ita-nia raan luli iha uat laran. 피는 정맥 속을 흘러요. ②근육. ¶Treinamentu balun bele hasa'e uat no stamina. 약간의 훈련은 근육과 스태미나를 키워요. 유의 brasu, laho, múskulu. ③신경. ¶Ninia uat reflesaun nian mak lailais. 그는 반사 신경이 빨라요. ④힘줄. ¶Favor halo forsa iha ita-nia uat. 힘줄에 힘을 줘 보세요. 유의 na'an-isin.

⁑**udan** 명 비, 빗물. ¶Udan boot atu tau. 곧 큰비가 내리려 해요.

*__udan-nadodon__ 명 폭우. ¶Udan-nadodon kontinua hela. 폭우가 계속되고 있어요.

Uganda 명 우간다. [아프리카 동부의 공화국]

*__uhak__ 명 과일나무. ¶Nia hakarak kuda uhak iha uma laran. 그는 집안에 과일나무를 심고 싶어해요.

⁑**uitoan** Ⅰ 형 ①조금의, 약간의. ¶Tau masin-midar uitoan. 약간의 설탕을 넣어요. 반의 baba'in, barak, beran, demais. ②((사람을 나타내는 말 앞에 쓰여)) 몇. ¶Ema uitoan de'it mak mai. 몇 사람만이 왔어요. Ⅱ 부 조금. ¶Ha'u han etu uitoan de'it. 나는 밥을 조금만 먹을래요.

Ukránia 명 우크라이나. [러시아 남서부의 공화국]

*__ukun__ Ⅰ 명 정부, 통치, 지배. ¶Ninia filozofia ba ukun saida? 그의 통치 철학이 뭐예요? 유의 governu. Ⅱ 동 통치하다. ¶Nia ukun ho lia-loos. 그는 나라를 공정하게 통치했다. 유의 domina, governa.

*__ukun-an__ Ⅰ 명 독립. ¶Timor-Leste hetan ona ninia ukun-an. 동티모르는 독립을 찾았어요. 유의 independénsia. Ⅱ 형 ①독립적인. ¶ema ukun-an 독립적인 사람 유의 independente. ②스스로 통치하는, 자치의. ¶Oinsá ami bele halo governu ukunan maka'as liu? 어떻게 우리는 자치 정부를 더욱 강하게 할 수 있을까?

*__ukun-bandu__ 명 금지. ¶Parlamentu nasionál promulga kona-ba ukun-bandu fuma sigaru iha publiku. 의회는 공공장소에서의 흡연 금지를 공포했어요. 유의 bandu, proibisaun.

ukun-fuan 명 계명, 성경의 십계명.

¶Sarani sira tenke halo-tuir ukun-fuan Maromak nian. 세례 교인은 신의 계명을 따라야만 해요.
㊲ estatutu, mandamentu.

ukun la iha 무례하다. ¶Nia mak ukun la iha, entaun nia lakohi tuir regulamentu. 그는 무례해서 규정에 따르기를 싫어한다. (유의) brutu, groseira, groseiru.

ukun-na'in 명 임원, 통치자. ¶Sé mak sei sai ukun-na'in hafoin eleisaun ida-ne'e? 이 선거 후에 누가 통치자가 될까요? (유의) diretór, mahukun.

***ukun-rai** 명 정부. ¶Ema barak servisu iha ukun-rai laran. 정부 안에서 많은 사람들이 일해요. (유의) estadu, governu, ministériu.

ukun-rasik an 독립. ¶Timor hetan ukun-rasik an iha tinan 2002. 동티모르는 2002년에 독립을 찾았어요.
(유의) independénsia.

***ular** 명 벌레. ¶Nia ta'uk ular tebes. 그는 벌레를 무척 무서워해요.

ular-oan 명 지렁이. ¶Ita haree ular-oan barak hafoin udan tau. 비 온 후에 지렁이를 많이 볼 수 있어요.
(유의) lombriga. (이표기) ular oan.

***ultimatu** 명 최후통첩. ¶Ikus mai, ultimatu to'o ana 결국, 최후통첩이 도착했다.

***ultrapasa** 동 추월하다, 앞지르다. ¶Velosidade dezenvolvimentu ekonómiku iha tinan ida-ne'e ultrapasa buat tinan kotuk nian. 올해 경제 발전의 속도가 작년을 추월했어요.
(유의) hakur.

ultrapasadu 형 유행에 뒤떨어진, 더이상 쓸모없는. ¶Dezeña karreta ida-ne'e nian ultrapasadu. 이 자동차의 디자인은 유행에 뒤떨어졌어요.

ultrapasajen 명 추월, 앞지르기. ¶Haree liman loos karreta ida hakarak halo ultrapasajen. 옆을 봐, 차 한 대가 추월을 하고 싶어한다.

***ulu** 명 머리. ¶Ninia ulu ne'e ki'ik. 그는 머리가 작다. (유의) ulun.

***uluk** Ⅰ 형 원래의, 본래의, 처음의. ¶Ninia hanoin uluk troka tiha ona. 그의 본래의 생각이 바뀌었어요. (유의) kahorik. Ⅱ 부 ① 전에, 이전에. ¶Uluk nia la liu ezame. 이전에 그는 시험에 합격하지 못했어요. ② 옛날에, 과거에. ¶Uluk numeiru liurai barak iha Timor-Leste. 옛날에 동티모르에 족장의 수가 많았어요. ③ 먼저, 앞서. ¶Nia bá uluk. 그는 먼저 가요.

***uluklai** 부 처음에. ¶Uluklai ha'u la konfortavel ho ita. 처음에 나는 당신이 편하지 않았어요. (유의) ulukliu.

***ulukliu** 부 처음에. ¶Ulukliu ha'u aprende husi alfabetu lian Korea. 처음에 한글부터 배웠어요. (유의) uluklai.

***ulukna'in** 부 무엇보다도. ¶Ulukna'in ha'u hakarak ko'alia Tetun ho kabeer. 무엇보다도 나는 테툼어를 유창하게 말하고 싶어요. (이표기) uluk nanain.

***uluk-nana'in** 형 처음부터, 제일 먼저. ¶Uluknana'in sira atrai malu. 처음부터 그들은 서로 끌렸다. (반의) ba dala ikus.

***uluk nian** 이전의, 앞의. ¶Oinsá ita bele troka reprovasaun uluk nian to'o susesu iha futuru? 이전의 실패를 어떻게 미래의 성공으로 바꿀 수 있나요? 유의 anteriór.

*ulun Ⅰ 명 ①머리. ¶ko'i ulun 머리를 긁다 유의 ulu. ②우두머리, 리더. ¶Ulun halo tiha planu kona-ba ambiente iha Timor. 리더는 동티모르 내 환경에 대한 계획을 만들었어요. Ⅱ 동 이끌다. ¶Nia ulun hela membru na'in sia. 그는 9명을 이끌고 있어요. 유의 lidera, lori.

ulun-aat 형 타락한, 부패한. ¶Nia surpreza tebes ho atitude ulun-aat ida-ne'e. 그는 이러한 부패한 태도에 크게 놀랐어요.

***ulun-ain** 형 산만한. ¶Ida-ne'e ha'u-nia aula primeiru, tanba ne'e atmosfera aula nian ulun-ain loos. 첫 수업이라 그런지 강의실 분위기가 매우 산만하네요.

***ulun-boot** 명 정치 지도자, 사령관. ¶Ulun-boot sira agora dadaun diskute kona-ba orsamentu jeral estadu. 정치 지도자들은 요즘 정부 일반 예산에 대해서 논의하고 있다. 유의 diretór, diretora. 반의 ajudante. 이표기 ulun boot.

ulun-bulak 형 미친 듯한. ¶Nia ulun-bulak oituan wainhira nia hemu tua. 그는 술을 마실 때 좀 미친 듯하다. 이표기 ulun bulak.

***ulun-fatuk** 명 두개골, 머리. ¶Nia ulun-fatuk moras maka'as tebes. 그는 머리가 무척 심하게 아팠다. 이표기 ulun fatuk.

***ulun-fatuk toos** 멍청한, 돌대가리의. ¶Maske nia bá eskola maibé ulun-fatuk toos. 그는 학교를 다니지만 돌대가리예요. 반의 ulun-mamar. 이표기 ulun fatuk toos.

ulun-halai 형 (정신이) 산만한, 산란한. ¶Nia ulun-halai entaun han tempu barak atu kompletu servisu uma. 그는 산만해서 숙제를 하는 데 시간이 많이 걸려요.

***ulun-mamar** 형 ①영리한, 총명한. ¶Inan-aman dehan bebé ne'e ulun-mamar tebes. 부모님은 아이가 무척 총명하다고 말했어요. 유의 esperta. ②융통성 있는. ¶liu risku ho atitude ulun-mamar 융통성 있는 태도로 위기를 극복하다 반의 ulun-toos. 이표기 ulun mamar.

***ulun-mate** 명 뇌졸중. ¶Tiu uma oin dehan katak horikalan derrepente monu tun ho ulun-mate. 앞집 아저씨께서 어젯밤 갑자기 뇌졸중으로 쓰러지셨다고 한다.

***ulun-molik** Ⅰ 명 대머리. ¶Ninia aman ulun-molik no nia mós. 그의 아버지도 대머리이고 그도 그렇다. Ⅱ 형 대머리의, 머리가 벗겨진. ¶tiu ulun-molik 머리가 벗겨진 아저씨 유의 ulun-sadan. 이표기 ulun molik.

***ulun-moruk** 형 고집 센, 고집불통의, 고집스러운. ¶Servisu hamutuk ho ema ulun-moruk arraska. 고집 센 사람과 함께 일하는 건 힘들어요. 이표기 ulun moruk.

***ulun-na'in** 명 대통령, 회장, 우두머리. ¶Nia nu'udár ulun-na'in iha ninia organizasaun. 그는 조직의 우두머리예요. 이표기 ulun na'in.

ulun-ruin 명 두개골, 머리, 대가리. ¶Ninia ulun-ruin mak boot tebes. 그의 머리는 무척 커요.

U

ulun-sadan 형 대머리의, 머리가 벗겨진. ¶Ninia aman ulun-sadan no nia mós ulun-sadan. 그의 아버지는 대머리이고 그도 대머리예요. 유의 ulun-molik.

ulun-toos Ⅰ 명 완고함, 완강함. ¶Ninia ulun-toos halo nia la bele haree oportunidade. 그의 완고함이 기회를 볼 수 없게 해요. Ⅱ 형 고집 센, 완강한, 고집스러운. ¶karakter ulun-toos 고집스러운 성격 반의 ulun-mamar. 이표기 ulun toos.

***uma** 명 ① 집. ¶Uma ida-ne'e mak ami-nia familia halo hamutuk. 이 집은 우리 가족이 함께 만들었어요. 유의 uman. ② 건물. ¶konstroi uma 건물을 짓다 유의 edifísiu, gedung.

***uma-han** 명 식당. ¶Ami gosta han iha uma-han lokál. 우리는 지역 식당에서 먹는 것을 좋아해요. 유의 restaurante.

***uma-hun** 명 마당. ¶Ha'u hakarak hela iha uma ne'ebé iha uma-hun luan. 나도 넓은 마당이 있는 집에서 살아 보고 싶다.

***umak** 형 가정의. ¶Membru familia sira hotu-hotu prepara eventu umak kona-ba kazamentu. 가정의 결혼 행사는 모든 가족 구성원이 함께 준비합니다. 유의 doméstika, doméstiku.

umakain 명 ① 핵가족. ¶Agora daudaun, numeiru umakain kain nian hasai nafatin. 요즘 핵가족의 수가 계속 늘고 있어요. ② 가정. ¶Mai ita halo umakain kontente. 행복한 가정을 만듭시다. 유의 domisíliu, uma-laran. ③ 가구, 가전, 살림살이. ¶Feen-la'en foun prepara hela umakain sira ne'ebé sira uza iha uma foun. 새 부부는 새집에서 사용할 가구들을 준비하고 있어요. 이표기 uma kain.

***uma-kakuluk** 명 지붕. ¶Majoridade uma-kakuluk sira iha distritu taka ho tahan. 지붕이 파괴된 대부분의 집은 나뭇잎으로 덮었어요. 유의 kakuluk. 이표기 uma kakuluk.

***uma-korreiu** 명 우체국. ¶KOICA suporta hari'i uma-korreiu foun iha Dili. 한국국제협력단은 딜리에 새 우체국 설립을 도왔어요.

uma-kreda 명 교회. ¶Iha loron Natal, ema fiar barak iha uma-kreda. 성탄절에 많은 신자들이 교회에 있어요. 유의 igreja.

uma-laleo 명 작은 오두막집. ¶Nia hanoin memória iha uma-laleo bainhira nia sei labarik. 그는 어린 시절 작은 오두막집에서의 추억을 떠올렸다. 유의 barraka. 이표기 uma laleo.

***uma-laran** 명 가정. ¶uma-laran estavel 안정적인 가정 유의 domisíliu, umakain. 이표기 uma laran.

uma-leet 명 집 사이의 빈 곳. ¶Uma-leet iha Dili no iha sidade seluk la hanesan malu. 딜리와 타 도시의 집 사이의 빈 곳은 서로 같지 않아요.

uma-lulik 명 신사, 신성한 집. ¶Uma-lulik iha nu'udár identidade Timor-Leste nian. 신사는 동티모르의 정체성으로서 존재해요.

uman 명 집. ¶to'o iha uman 집에 도착하다 유의 uma.

***uma-na'in** 명 집주인. ¶Ami buka hela

uma-na'in laran-luak. 우리는 친절한 집 주인을 찾고 있어요. ㊀유의 festa-na'in. 반의 inkilinu. 이표기 uma nain.

***umane** 명 ①처가, 아내의 본가. ¶La'en ne'e atu bá umane. 그 남편은 처가에 가려 해요. 유의 fetosaa. ②신부의 가족, 아내의 가족. ¶Membru sira umane nian to'o. 아내의 가족이 도착했어요.

***umanidade** 명 ①인류. ¶Oinsá ita bele halo dame umanidade nian? 어떻게 인류의 평화를 구축할 수 있을까? ②인간. ¶Umanidade hotu la perfeitu. 모든 인간은 완벽하지 않아요.

umanista 명 인문주의자. ¶Umanista nia hanoin no tékniku nia hanoin la hanesan malu. 인문주의자의 생각과 기술자의 생각은 서로 달라요.

umanitáriu 형 인도주의적인, 인도주의의. ¶Liu husi deklasaun umanitáriu, ami tenke resolva pobreza hamutuk. 인도주의적인 결정을 통해서 우리는 함께 빈곤을 해결해야만 해요.

umanizmu 명 인도주의. ¶Suporta refujiadu mak kazu ida ba rekerementu ba umanizmu. 피신처에 대한 지원은 인도주의 적용의 한 사례예요.

***umanu** 형 인간의, 인간적인. ¶Ita bolu abilidade ema nian nu'udár rekursu umanu. 인간의 능력을 인적 자원이라 불러요.

uma-tali 명 오두막, 오두막집. ¶Uma-tali barak iha Timor-Leste nu'udár uma-lulik Timor nian. 동티모르에는 신당이라는 오두막집이 많아요. 이표기 uma tali.

uma-tatiis 명 처마. ¶Manu pombu gosta tuur iha uma-tatiis. 새는 지붕의 처마에 앉는 것을 좋아해요. 유의 tatiis. 이표기 uma tatiis.

***umidade** 명 습도. ¶Nia la gosta klima ho umidade ne'e. 그는 습도가 높은 날씨를 좋아하지 않아요.

umidifikadór 명 가습기. ¶Ema sira ne'ebé uza umidifikadór iha invernu mak barak liu. 겨울에는 가습기를 사용하는 사람들이 상당히 많다.

úmidu 형 (대기 · 날씨가) 습한. ¶Tempu bailoron Korea nian mak manas loos no mós úmidu. 한국의 여름은 매우 덥고 또 습해요.

***umildade** 명 겸손. ¶Nia la iha umildade ba ema seluk. 그는 타인에 대한 겸손이 없어요.

***umilde** 형 겸손한. ¶Nia sempre umilde bainhira nia hatudu ninia rezultadu furak. 그는 자신의 멋진 결과를 알릴 때는 겸손해요. 유의 haraik-an.

umilla 동 굴욕감을 주다. ¶Favór la umilla estudante sira maske sira halo sala. 잘못한 일이 있어도 학생에게 굴욕감을 주지 마세요.

umillante 형 굴욕적인, 면목 없는. ¶Ho esperiénsia boot, nia sente umilante bainhira matan-foun halo avaliasaun ba ninia rezultadu. 경험이 많은 그는 신입 멤버가 그의 결과를 평가할 때 굴욕적인 느낌을 받았어요.

umór 명 개그. ¶Ha'u haree ninia umór no fó hahaek. 나는 그의 개그를 보고 폭소를 터뜨렸다.

U

umorista 명 유머가 넘치는 사람, 코미디언. ¶Mr.Bean umorista ne'ebé koñese iha Mundu tomak. 미스터 빈은 전 세계가 아는 코미디언이에요.

*__ún__ 수 (포) 하나, 일. 유의 ida, satu.

unanimidade 명 만장일치. ¶Rezolusaun aprova husi unanimidade. 그 결의안은 만장일치로 통과되었다.

*__un bilhaun__ (포) 십억. 유의 milhár.

uniaun 명 노조, 조합. ¶Nia seidauk rona kona-ba uniaun iha kompañia laran iha Timor-Leste. 그는 동티모르에서 회사 내 노조에 대해서 아직 듣지 못했어요.

unida 동 여성 연합하다, 통합되다. ¶Feto sira ne'e unida tebes iha igreja. 그 여자들은 성당에서 매우 잘 연합해요.

*__unidade__ 명 단결, 통합, 통일. ¶Unidade mak fundasaun ne'ebé bele proteje sosidade. 단결은 사회를 지탱할 수 있는 기초예요.

unidu 동 남성 연합하다, 통합되다.

unifika 동 연합하다, 통일하다. ¶Karik idea rua ne'e unifika ba malu ha'u hanoin idea ne'e sei sai kapás. 만약 두 개의 생각이 서로 연합한다면 내 생각엔 그 한 개의 생각은 대단할 거예요.

unifikadór 명 남성 통일 운동가. ¶Unifikadór iha hanoin ne'ebé diferente husi ema normál. 통일 운동가는 보통 사람들과 생각하는 것이 달라요.

unifikadora 명 여성 통일 운동가. ¶Nia moris nu'udár unifikadora iha vida tomak. 그녀는 일생을 통일 운동가로 살았다.

unifikasaun 명 통일. ¶esperansa bá unifikasaun 통일을 위한 염원

*__uniforme__ Ⅰ 명 ①교복, 유니폼. ¶Estudante sira-nia uniforme kór mutin. 학생들의 교복 색깔은 흰색이에요. ②제복, 군복. ¶Se ita sai militár, ita tenke tau uniforme. 군인이 된다면 반드시 군복을 입어야만 해요. Ⅱ 형 획일적인, 균일한, 한결같은. ¶Nia respeita mestre sira nia aplikasaun regulamentu uniforme. 그는 선생님들이 한결같은 규정을 적용하는 것을 존경해요.

uniformidade 명 한결같음, 고름, 일정불변, 균일성. ¶Uniformidade esforsu nian bele destrui limitasaun. 노력의 한결같음이 한계를 파괴해요.

*__únika__ 형 ①여성 독특한. ¶uniforme únika 독특한 유니폼 ②여성 유익한. ¶programa únika 유익한 프로그램

*__úniku__ 형 ①남성 독특한. ¶Hahán ne'ebé Jose tein morin úniku. 조세가 만든 음식에서는 독특한 향이 났다. ②남성 유익한. ¶tempu úniku 유익한 시간

unilaterál 형 일방적인. ¶Ha'u hakfodak kona-ba orden unilaterál kolega nian. 나는 친구의 일방적인 명령에 놀랐어요.

*__universál__ 형 보편적인. ¶Direitus umanus mak valór universál. 인권은 보편적인 가치예요.

universalidade 명 보편성. ¶Moralidade iha bazeia ba universalidade. 도덕성은 보편성의 기초로 존재해요.

***universidade** 명 대학, 대학교. ¶Nia estuda ona iha Universidade Nasionál Timor Lorosa'e. 그는 동티모르국립대학교에서 공부했어요.

***universitáriu** Ⅰ 명 ①대학생. ¶Universitáriu sira prepara hela ezame finál. 대학생들이 기말시험을 준비하고 있어요. ②대학 강의. ¶Nia goza hela universitáriu. 그는 대학 강의를 즐기고 있어요. Ⅱ 형 대학의. ¶Estudante sira haree lista aula universitáriu. 학생들은 대학의 수업 리스트를 보고 있어요.

universu 명 우주. ¶Buat barak iha universu ita la bele kompriende. 우주에는 우리가 이해하지 못하는 많은 것들이 있어요.

***un millaun** 표 백만. 이표기 un milhaun.

*****unuk** 명 의복, 옷. ¶Tau unuk, han hahán, hela iha uma mak ejije baziku ba ema hotu. 옷을 입고, 음식을 먹고, 주거하는 것은 모든 인간의 기본적인 필요예요.

urániu 명 우라늄. ¶Nia halo hela peskiza kona-ba urániu. 그는 우라늄에 대해서 연구하고 있어요.

Úranu 명 천왕성. ¶Úranu nia temperatura malrin tebes. 천왕성은 매우 추워요.

***urat** 명 (점을 치는 데 사용하는) 돼지의 내장. ¶Mane ne'e haree future liu husi urat. 그는 돼지의 내장을 이용해서 미래를 점쳐요.

***urbana** 형 도시의. ¶Medida urbana sai boot liu. 도시의 크기가 커졌어요.

urbanístika 형 여성 도시 계획을 하는. ¶fahe planu urbanístika 도시 계획을 하는 설계를 발표하다

urbanístiku 형 남성 도시 계획을 하는. ¶Jose ko'alia katak ema urbanístiku tenke haree dook. 조세는 도시 계획을 하는 사람은 멀리 봐야 한다고 말했다.

urbaniza 동 도시화하다. ¶Planu governu sei urbaniza liu sidade agora. 정부의 계획은 현재 도시를 더욱 도시화하는 거예요.

urbanizadu 형 도시화된. ¶Moris urbanizadu mak la hanesan ho moris traditionál. 도시화된 삶은 전통적인 삶과 같지 않아요.

***urbanizasaun** 명 도시화. ¶Urbanizasaun iha suku, nu'udár planu ne'ebé di'ak ba dezenvolvimentu ekonomia nian. 계획에 따른 마을의 도시화는 경제 발전에 좋아요.

urbanizmu 명 도시 계획. ¶Nia realiza kona-ba urbanizmu. 그는 도시 계획을 실행하고 있어요.

uretra 명 요도. ¶Ita-nia uretra la iha problema. 당신의 요도에는 문제가 없어요.

***urina** 명 소변, 오줌. ¶Ita-nia kondisaun urina nian hatudu kondisaun ita-nia saude nian. 소변의 상태가 건강의 상태를 나타내요. 유의 mii.

***urjénsia** 명 긴급, 화급. ¶Iha kestaun ne'e balu ne'ebé iha urjénsia. 몇 가지 쟁점들은 긴급을 다퉈요.

***urjente** 형 즉각적인, 긴급한. ¶Nia kalma iha situasaun urjente mós. 그는 긴급한 상황에서도 침착했어요. 유의 instante.

U

(이표기) urjenti.

***urna** 명 항아리, 단지. ¶Saida mak iha urna ne'e laran? 단지 안에 뭐가 있어요?

***ursu** 명 곰. ¶Boneka ursu ne'e mak ha'u nia alin favoritu liu. 이 곰 인형이 제 동생이 가장 좋아하는 거예요.

***utara** 형 북쪽의. ¶Dili utara iha tasi ibun. 북쪽의 딜리에는 해안이 있어요. (유의) norte. (반의) súl.

util 형 유용한. ¶Hodi rezolve pobreza, polítika util saida? 빈곤 퇴치를 위한 유용한 정책이 뭐예요? (유의) vale.

utilidade 명 유용성. ¶Ita analiza konaba utilidade projetu ne'e nian ka? 그 프로젝트의 유용성에 대한 분석을 했나요?

utilitária 형 ①(여성) 실용적인. ¶Maria buka hela solusaun utilitária atu halo rezuadatu lailais. 마리아는 빨리 결과를 내기 위해 실용적인 해결책을 찾고 있어요. ②(여성) 공리적인. ¶objetivu utilitária 공리적인 목적 ③(여성) 사실적인, 실증적인. ¶Maria halo hela peskiza utilitária baizeia ba faktu. 마리아는 사실에 근거하여 실증적인 연구를 하고 있어요.

utilitáriu 형 ①(남성) 실용적인. ¶koñesimentu utilitáriu 실용적인 지식 ②(남성) 공리적인. ¶Jose buka hela solusaun utilitáriu atu halo benefistu ba ema hotu. 조세는 모든 이들에게 이익이 되도록 공리적인 해결책을 찾고 있어요. ③(남성) 사실적인, 실증적인. ¶metodu utilitáriu 실증적인 방법

⁑utiliza 동 사용하다, 쓰다, 활용하다. ¶Nia utiliza osan ne'ebé sosa ninia presiza. 그는 필요한 것을 사기 위해 돈을 써요.

utilizasaun 명 유용함, 유용화. ¶Oinsá ita bele halo utilizasaun rai nian? 어떻게 땅을 유용화를 할 수 있을까?

utu 명 머릿니, 머리에 있는 이. ¶Ninia alin iha utu barak. 그의 동생은 머릿니가 많아요.

***utu-tolun** 명 이의 알, 서캐. ¶Nia foti hela utu-tolun. 그는 서캐를 잡고 있다.

uut 명 가루. ¶Favór ida, dulas hela kafé ne'e halo uut. 커피를 좀 갈아서 가루를 내 주세요.

⁂uvas 명 포도, 포도나무. ¶Ninia ai-fuan favoritu mak uvas. 그가 가장 좋아하는 과일은 포도예요.

⁑uvas-fuan 명 포도. ¶Udan mai lorloron halo uvas-fuan boot ba daudaun lailais tebes. 매일 비가 와서 포도가 무척 빨리 자라요.

⁑uza 동 이용하다, 사용하다. ¶Nia bá sosa modo uza ninia osan. 그는 돈을 사용해서 야채를 샀어요. (유의) aproveita.

⁑uza aat 오용하다, 악용하다. ¶Lalika uza aat ema nia relasaun. 사람의 관계를 악용하면 안 된다. (유의) abuza.

⁑uza sala 잘못 사용하다. ¶Ha'u uza sala tiha gramátika ne'e. 나는 문법을 잘못 사용했어요. (유의) abuza.

***uzu** 명 관습. ¶Uzu tradisionál Timor-oan barak tuir. 많은 동티모르인들은 전통 관습을 따라요.

***uzuál** 형 보통의, 통상적인. ¶Naran, Maria uzuál tebes iha Timor-Leste. 마리아란 이름은 동티모르에서 통상적이다.

V

vadiu 동 빈둥거리다. ¶La vadiu, lee livru lai! 빈둥거리지 말고 책 좀 읽어라! 유의 halimar-halimar.

vagandu 동 배회하다, 정처 없이 떠돌아다니다. ¶Ha'u sente ema ne'ebá vagandu hela. Nia mai fali fatin ida-ne'e mós iha tinan ne'e. 저 사람은 정처 없이 떠돌아다니는 것 같아. 올해도 이곳에 또 왔네.

vaidoza 형 여성 헛된, 소용없는. ¶Maria nia esperansa vaidoza. 마리아의 소망은 소용없었다.

vaidozu 형 남성 헛된, 소용없는. ¶Jose dehan katak sertifikadu de'it vaidozu atu hetan fatin servisu. 조세는 일할 곳을 찾는데 수료증만 가지고는 소용없다고 말했다.

***vale** Ⅰ 동 ①가치를 부여하다. ¶Kompañia vale sertifikadu graduasaun husu universidade. 회사는 대학 졸업증에 가치를 부여해요. ②보람 있게 살다. ¶Sira hakarak vale entaun servisu voluntáriu barak. 그들은 보람 있게 살고 싶어서 봉사 활동을 많이 해요. Ⅱ 형 ①유용한. ¶Kartaun-ATM ne'e vale. ATM 카드는 유용해요. 유의 util. ②가치 있는. ¶Mestre ho Metra sira konsidera ensinu ne'e buat ne'ebé vale tebes. 선생님은 교육을 매우 가치 있는 일로 여겨요. ③보람 있는. ¶Moris vale mak saida? 보람 있는 삶이란 무엇인가? 유의 bale, wale.

valeta 동 (물을) 빼내다. ¶Mákina ida-ne'e ho funsaun ba valeta bee. 이 기계에는 물을 빼내는 기능이 있다.

valida 동 입증하다, 인증하다. ¶Universidade saida mak valida ita-nia sertifikadu? 당신의 수료증을 어떤 대학이 인증한 거지요?

***válida** 형 ① 여성 정당한. ¶presu válida 정당한 대가 ② 여성 공식적으로 유효한. ¶Osan dolar amerikana válida iha Timor-Leste. 미국 달러는 동티모르에서 공식적으로 유효하다.

validade 명 유효. ¶Ita-nia pasaporte periodu validade la iha problema ka? 네 여권에 유효 기간은 문제없는 것이지?

***válidu** 형 ① 남성 정당한. ¶Jose prepara prosesu válidu atu estuda iha Korea. 조세는 한국에서 공부하기 위해 정당한 절차를 준비해요. ② 남성 공식적으로 유효한.

¶konkordansia válidu 공식적으로 유효한 협정

***valór** 명 ①성적. ¶La'ós valór de'it no mós aktividade iha universidade halo influensia kleur ba ita-nia moris. 대학 때의 성적뿐만 아니라 경험도 삶에 오랫동안 영향을 줘요. ②가치. ¶Ita-nia prezente ne'ebé nia fó ha'u iha valór bo'ot tebes. 내게 준 네 선물은 정말 큰 가치가 있다. 유의 folin.

valoriza 동 ①소중하게 생각하다. ¶Inan-aman valoriza oan nia futuru. 부모님은 자식의 미래를 소중하게 생각해요. 유의 hafolin. ②가치 있게 여기다. ¶Ita tenke valoriza servisu volontariu. 우리는 자원봉사 활동을 가치 있게 여겨야만 해요. 유의 hafoli. ③보람 있게 생활하다. ¶Estudante sira valoriza hela tebes ho esforsu ne'ebé profesór sira hatudu. 학생들은 교수님께서 보여 주시는 노력과 함께 정말 보람 있게 생활하고 있어요.

valorizasaun 명 가치를 더하게 하는 것, 가치화. ¶Oinsa ami bele halo valorizasaun kafé nian? 어떻게 커피를 가치화를 할 수 있을까?

***vantajen** 명 장점, 혜택. ¶Ami-nia kompaña fó vantajen ba traballadór sira. 우리 회사는 직원에게 많은 혜택을 줘요.

***vantajoza** 형 여성 유리한. ¶kondisaun vantajoza 유리한 조건 반의 desfavoravel.

***vantajozu** 형 남성 유리한. ¶Jose hein ona situasaun vantajozu durante tinan 10. 조세는 10년간 유리한 상황을 기다렸어요. 반의 desfavoravel.

vapór 명 수증기, 증기. ¶Haree vapór, nakali ona. 수증기 봐, 이미 끓었다.

varanda 명 베란다, 발코니. ¶Iha otél, sala ho varanda ne'e karun liu. 호텔에서는 발코니 있는 방이 더 비싸다. 유의 balkaun.

***varia** 형 다른. ¶Kada pozisaun, ninia responsiblidade varia. 지위마다 그 책임이 달라요. 유의 deferente, diferente, ketaketak, oin-seluk, ruma, seluk.

***vária** 형 다양한. ¶Ami haree sira ne'ebé mai ho grupu vária. 우리는 다양한 그룹과 오는 사람들을 봐요. 유의 oin-oin, oioik, oioin.

***variasaun** 명 변화, 차이, 변형. ¶Ita bele identifika variasaun entre ekonomia tinan ida-ne'e no tinan kotuk nian? 올해 경제와 작년의 경제 사이의 변화를 알아챌 수 있겠니?

⁑**variedade** 명 여러 가지, 갖가지, 각양각색. ¶Ai-fuan apel iha ninia variedade oi-oin. 사과 열매는 갖가지로 다양해요.

vasina Ⅰ 명 백신, 예방 주사. ¶Nia tenke lori labarik sira ba vasina. 어린이들을 데리고 예방 주사를 맞으러 가야 해요. Ⅱ 동 (예방 백신을) 접종하다. ¶Ita tenke lori ita-nia oan sira ba vasina. 자녀 분들에게 백신을 접종해야 해요.

vasinasaun 명 백신, 예방 접종. ¶Vasinasaun mak importante tebes. 예방 접종은 무척 중요해요.

vastu 형 광활한. ¶universu ne'ebé vastu 광활한 우주

Vatikanu 명 바티칸 궁전, 로마 교황청. ¶Vatikanu na'in rua mai vizita igreja katolika iha Timor-Leste. 바티칸 궁전에서 오신 두 분이 동티모르의 성당에 방문했어요.

*vazu 명 냄비, 솥. ¶Vazu ida-ne'e nia kór kapás. 이 냄비 색깔이 멋지네요.

vé 명 알파벳 V의 이름.

vé-dobradu 명 알파벳 W의 이름. [테툼 테릭과 외국어에 주로 사용]

veikulár 형 이동할 수 있는. ¶Estrada ida-ne'e sei loke ba ema veikulár. 이 길은 이동할 수 있는 사람을 위해 열릴 거예요.

**veíkulu 명 ①자동차, 차량. ¶Nia deside atu sosa veíkulu foun ida. 그는 새 자동차 한 대를 사기로 결정했어요. ②이동 수단. ¶Bainhira ita bá kompañia, ita-nia veíkulu saida? 회사에 갈 때 이동 수단이 뭐예요?

*vejetasaun 명 초목. ¶Iha nasaun kuaze vejetasaun barak la iha. 거의 모든 나라에 초목이 많이 있지는 않아요.

veladu 형 노골적인. ¶Nia husu osan ba ha'u ho veladu liu. 그는 나에게 아주 노골적인 금품 요구를 했다.

*velosidade 명 속도. ¶Favór ida halai karreta ho velosidade neineik. 낮은 속도로 자동차를 운전하세요.

**vendedór 명 판매원. ¶vendedór karreta 자동차 판매원 유의 fa'an-na'in. 반의 freges.

venenu 명 독. ¶Samea ne'e iha venenu forte. 이 뱀은 강력한 독을 지녔다. 반의 ai-moruk. 이표기 veneno.

*venerasaun 명 ①존경. ¶Nia hatudu venerasaun ba mestre. 그는 스승에게 존경을 표했어요. 유의 respeitu. ②숭배, 숭상. ¶Timor-oan balu konsidera lafaek nu'udár venerasaun. 어떤 동티모르인은 악어를 숭배의 대상으로 여겨요.

veneravel 형 덕망 있는, 공경할 만한, 존경받을 만한. ¶personalidade veneravel 덕망 있는 인품

Venezuela 명 베네수엘라. [남아메리카 북부의 공화국] ¶Venezuela hetan difikuldade ekonomia, maske iha mina barak. 베네수엘라는 석유가 많지만 경제적인 어려움에 봉착했어요.

vensedor 명 승리자, 전승자, 획득자. ¶Vensedor jogu ne'e nian sei simu dolar 50,000 nu'udár osan-prémiu. 이 경기의 승리자는 상금 5만 불을 받습니다.

*vensimentu 명 급여, 봉급, 월급. ¶Ita-nia vensimentu kada fulan hira? 급여가 얼마예요? 유의 saláriu.

***ventuiña 명 ①선풍기. ¶Anin husi ventuiña maka'as tebes, entaun ita bele sai fraku ka la lae? 선풍기 바람이 너무 세니 좀 약하게 해 줄래요? 유의 kakehe. ②에어컨. ¶Rai manas loos ha'u presiza ventuiña iha kantor laran. 날씨가 더워서 사무실에 에어컨이 필요해요. 유의 AC, ár kondisionadu. 이표기 ventuinha.

Venus 명 금성. ¶Nia bele identifika Venus. 그는 금성을 식별할 수 있어요.

verbál 형 구어체의, 구두로. ¶Nia halo konkordánsia verbál kona-ba atu fa'an produtu foun. 그는 새 상품 판매에 대해 구두로 합의했어요.

verbu 명 동사. ¶Verbu lian Korea nian iha tipu oioin. 한국어의 동사는 다양한

V

유형을 가지고 있어요.

*__verde__ 형 녹색의, 푸른. ¶matan verde 푸른 눈동자 유의 modok. 이표기 verdi.

*__verifika__ 동 증명하다, 확인하다. ¶Polísia tenke verifika ba ro ilegal ne'ebé tama iha tasi Timor-Leste. 경찰은 동티모르 바다에 들어온 불법 선박을 확인해야만 해요.

*__verifikasaun__ 명 증명, 확인. ¶Komisaun Anti Korupsaun halo hela verifikasaun dokumentu ba suspeitu. 반부패 위원회는 혐의자 관련 서류를 확인을 하고 있어요.

__versaun__ 명 판, 버전. ¶versaun foun no tuan 새 버전과 지난 버전

__versíkulu__ 명 ①교독문. ¶Padre prepare versíkulu no lee hela versíkulu. 신부님이 교독문을 준비하고 교독문을 읽고 있어요. ②시, 운문. ¶Iha artigu ida, iha mós Maria nia versíkulu. 기사 한 편에 마리아의 시가 실렸다.

__versu__ 명 운문. ¶Nia simu prémiu iha parte versu. 그는 운문 부문에서 상을 받았어요.

__vertebradu__ Ⅰ 명 척추동물. ¶Asu mak vertebradu ida. 개는 척추동물의 일종이에요. Ⅱ 형 척추동물의. ¶matan vertebradu 척추동물의 눈

__vertikál__ 형 수직의, 세로의. ¶Nia dezeña hela liña vertikál. 그는 수직의 선을 그리고 있어요. 반의 orizontál.

*__vés__ 명 ①때. ¶Vés di'ak liu lailais. 좋은 때는 빨리 지나간다. ②기회. ¶Kaer vés. 기회를 잡아라.
유의 kazualidade, oportunidade.

*__vestidu__ 명 ①의복, 옷, 치마. ¶Nia hola vestidu foun. 그는 새 치마를 샀어요. ②드레스, 원피스. ¶Nia gosta tau vestidu naruk. 그녀는 긴 원피스 입는 것을 좋아한다.

*__veteranu__ Ⅰ 명 베테랑, 전문가. ¶Nia mak veteranu ida ba kontra korupsaun iha Timor-Leste. 그가 동티모르의 반부패 전문가 중 한 명이다. Ⅱ 형 전문가의. ¶perspektiva veteranu 전문가의 관점

__viabilidade__ 명 생존 능력, 신생아의 생존력. ¶Nia atravesa difikuldade barak, entatun ha'u bele ko'alia ninia viabilidade maka'as. 그는 많은 어려움을 지나왔으니 나는 그가 생존 능력이 강하다고 말할 수 있지.

*__viajen__ 명 여정, 여행. ¶Nia halo viajen ba Korea. 그는 한국으로 여행을 가요.

__viavel__ 형 실행 가능한, 성공할 수 있는. ¶Saida mak karakterístika planu viavel? 실행 가능한 계획의 특징은 뭡니까?

__vibra__ 동 진동하다. ¶Ninia telepone vibra. 그의 전화가 진동하다.
유의 nakfekit, buur.

*__vibrasaun__ 명 진동, 파동. ¶Nia kontrola telepone ho vibrasaun. 그는 전화를 진동으로 조종했어요.

*__vida__ 명 ①생활. ¶Vida moris loroloron nian iha sociedade laran ne'e habiban esperiénsia oioin. 사회 속에서 생활은 다양한 경험을 가능하게 한다. ②삶. ¶Saúde di'ak no vida naruk maun! 건강하게 오랜 삶을 살아요, 형! ③목숨. ¶Nia mak salva ha'u nia vida. 그가 나의 목숨을 구해 주었어요.

vidru 명 유리. ¶Ita la bele liu didin vidru. 우리는 유리로 된 벽을 지날 수 없어요.

Vietname 명 베트남. ¶Ninia alin feto estuda hela iha Nasaun Vietname. 그의 여동생은 베트남에서 공부하고 있어요. 이표기 Vietnám.

vijilánsia 명 경계, 조심. ¶Uza droga mak problema ne'ebé presiza vijilánsia beibeik. 마약 사용은 꾸준히 경계를 필요로 하는 문제예요.

Vikeke 명 비케케. [동티모르의 지역명] ¶Nia husi Vikeke. 그는 비케케 출신이에요. 유의 Wekeke.

***vila** 명 도시, 읍. ¶Ita bá Munisípiu Lautem, ita toba iha vila ne'ebé? 라우템에 가서 도시의 어디에서 잤나요?

⁑**vingansa** 명 복수, 보복. ¶asaun vingansa 보복 행위 / Ita-nia vigansa iha justifikasaun saida? 네 복수가 어떤 정당성이 있지?

***vinte** 수 포 20, 스물, 이십. 유의 ruanulu. 이표기 vinti.

***viola** 명 기타. ¶Ana gosta toka viola iha kalan. 아나는 밤에 기타 치는 걸 좋아해요. 이표기 viola.

violasaun 명 ①위반, 위배. ¶Nia halo violasaun tránzitu. 그는 교통 법규 위반을 했어요. ②강간. ¶Polísia kaer kiminal violasaun. 경찰이 강간범을 잡았어요.

***violénsia** 명 폭력. ¶Hapara violénsia kontra feto. 여성에 대한 폭력을 중단하라.

violeta 명 제비꽃, 바이올렛. ¶Ita haree violeta ona ka? 제비꽃을 본 적이 있어요?

violinista 명 바이올린 연주자. ¶Ropa violinista ne'e nian nia sente kapás tebes. 그는 그 바이올린 연주자의 옷이 정말 멋지다고 느껴요.

***violinu** 명 바이올린. ¶toka violinu 바이올린을 켜다 유의 rabeka.

⁑**Viqueque** 명 비퀘퀘. [동티모르의 도시] ¶Iha Munisípiu Viqueque nian, sidade boot liu hotu Viqueque. 비퀘퀘 자치체에서 가장 큰 도시는 비퀘퀘예요.

***vírgula** 명 ①콤마, 쉼표. ¶Vírgula indika pauza ne'ebé badak husi pontuasaun. 쉼표는 잠깐 멈춤을 나타내는 구두점이다. ②포 점. [소수점을 표시함] ¶Ninia valór medianu iha universidade tulu vírgula lima. 그의 대학 평균 학점은 삼 점 오예요.

virjen 명 숫처녀, 숫총각, 동정녀, 동정남. ¶kazamentu ho virjen 숫총각과 결혼하다 유의 feto-raan, feto-virjen.

virtude 명 ①선, 선행. ¶Loroloron ita halo aktividade ho virtude ida bele ka la'e? 매일 선행을 행할 수 있지요? ②미덕, 덕목. ¶Onestidade mak virtude importante ne'ebé bele halo sosidade ho konfia. 정직은 신뢰 사회를 만드는 중요한 덕목이에요.

***virus** 명 바이러스. ¶Virus iha barak iha ninia komputadór laran. 그 학생의 컴퓨터 내에 바이러스가 많아요.

vista 명 견해, 생각, 의견. ¶Tuir ninia pontu vista katak adventu

V

globálizasaun nian mak influensia maka'as. 그의 견해로는 세계화의 도래는 영향력이 막강해요.

*__vistu__ 명 비자, 사증. ¶Malae na'in rua tama Timor-Leste ho vistu tourista. 외국인 두 명이 관광 비자로 동티모르에 들어왔어요.

*__vitál__ 형 필수적인. ¶Vitamina mak vitál ba saude. 비타민은 건강에 필수적이다.

__vitalidade__ 명 활력. ¶Nia nakonu ho vitalidade. 그는 활력이 넘쳐요.

__vitamina__ 명 비타민. ¶Nia hemu hela vitamina C. 그는 비타민 C를 먹고 있다.

*__vítima__ 명 희생자. ¶Joven barak sai hela vítima husi fuma sigaru. 많은 어린이들이 흡연의 희생자가 되고 있어요.

*__vitória__ 명 승리. ¶Nia hetan vitória husi eleisaun jeral nian. 그는 총선거에서 승리를 이뤘어요.

__viva__ 감 만세. ¶Viva asua'in Timor-Leste! 동티모르 영웅 만세!

*__vizaun__ 명 비전. ¶Ita-nia kna'ar iha ligasaun ho vizaun ka? 당신의 일이 비전과 연결되어 있나요?

⁑__vizavó__ 명 조상. ¶odorasaun vizavó 조상 숭배 / Timor-oan no ema Korea respeita sira-nia vizavó sira. 동티모르 사람들과 한국 사람들은 조상을 섬긴다. 유의 bei'ala, bein, dorawai. 이표기 vizavoo.

⁑__viziñu__ 명 이웃. ¶Horikalan ha'u toba la di'ak tanba ha'u-nia viziñu barullu loos. 어젯밤 이웃에서 소음을 크게 내서 잠을 잘 못 잤네. 이표기 vizinhu.

*__vizita__ Ⅰ 명 방문, 방문자. ¶Nia hetan vizita husi Korea. 그는 한국에서 온 방문자를 만났어요. Ⅱ 동 방문하다. ¶Nia atu vizita ninia familia sira iha Korea. 그는 한국에 있는 가족들을 방문하려 해요.

*__vizitante__ 명 방문자. ¶Vizitante sira iha ne'e mai husi Korea. 여기 있는 방문자들은 한국에서 왔어요. 유의 bainaka.

__vocabuláriu__ 명 어휘. ¶Ohin loron ami aprende vocabuláriu foun barak. 오늘 우리는 많은 어휘를 학습했어요.

__vogál__ 명 모음. ¶Hakerek liafuan sanulu ne'ebé nia sílaba hotu ho vogál. 모음으로 끝나는 음절의 단어 10개를 써라.

*__vokál__ 형 목의, 성대의. ¶Ninia lian vokál kapás tebes. 그의 목소리는 정말 대단하다.

__vokasaun__ 명 천직, 소명. ¶Ita hetan vokasaun ka fatin servisu de'it ka? 천직을 찾은 건가요?

__volante__ 명 핸들. ¶Karreta ida-ne'e nia volante laduun mamar. 이 자동차 핸들이 부드럽질 않네요. 유의 giador. 이표기 volanti.

*__voleiból__ 명 배구. ¶Nia gosta halimar voleiból iha tasi ibun. 그는 해변에서 배구를 하며 노는 걸 좋아해요.

*__volta__ 동 돌다, 유턴하다. ¶Karreta ne'e fó volta tiha ona. 그 차는 유턴했다. 유의 fila.

__voltajen__ 명 전압. ¶Voltajen eletrisidade iha ne'e estavel ka? 여기 전압이 안정적인가요?

__volume__ 명 볼륨, 음량, 용량. ¶Hasa'e volume TV nian. 텔레비전 볼륨 좀 높여라.

__voluntária__ Ⅰ 명 여성 봉사자.

¶Voluntária na'in rua servisu iha ne'e. 봉사자 두 명이 여기에서 일해요. Ⅱ 형 여성 자원봉사의. ¶Maria dehan katak ninia planu kona-na aktividade voluntária barak la fasil atu kompleta. 마리아는 자원봉사의 활동 계획을 완성하기 쉽지 않다고 했어요.

voluntáriu Ⅰ 명 남성 봉사자. ¶servisu nu'udár voluntáriu 봉사자로 일하다 Ⅱ 형 남성 자원봉사의. ¶Jose involve iha grupu voluntáriu iha universidade. 조세는 대학에서 자원봉사의 동아리에 가입했다.

***vontade** 명 의지, 욕망. ¶Ita iha vontade maka'as atu aprende lian Korea? 한국어를 공부할 강한 의지가 있어요?

***vontade livre** 자유 의지. ¶Iha demokrasia, povu iha vontade livre. 민주주의에서 사람들은 자유 의지를 가져요. 반의 destinu.

vota 동 투표하다. ¶Sira atu vota tuir resolusaun. 그들은 합의한 대로 투표하려 해요.

vota-fatin 명 투표장. ¶Povu barak mai iha vota-fatin. 많은 시민이 투표장에 왔어요.

votante 명 투표자, 투표권자. ¶Votante sira komesa ona vota iha vota-fatin. 투표권자들이 투표장에서 투표를 시작했어요.

***votasaun** 명 투표. ¶Sira halo votasaun kontra resolusaun. 그들은 합의에 반하는 투표를 했어요. 유의 hahilik.

***votu** 명 표, 투표. ¶Ha'u fó ha'u-nia votu ba ema ne'ebé ha'u fiar. 저는 신뢰하는 사람에게 투표를 했어요.

vulkániku 형 화산의, 화산 작용에 의해 만들어진. ¶Rai Indonézia iha akontese atividade vulkániku ne'ebé seriu tebes. 인도네시아 땅은 매우 심각한 화산의 활동이 발생하고 있어요.

vulneravel 형 취약한, 상처받기 쉬운, 연약한. ¶Ita tenke protekta membru sira vulneravel sira iha ita-nia sosiedade nia le'et. 우리는 사회에서 취약한 일원들을 보호해야만 해요. 유의 bele hakanek.

V

W

⁑**wa** 감 으악. [놀랐을 때 하는 말] ¶Wa! Ha'u hakfodak maka'as! 으악! 놀랐잖아!

wa'en 부 대단히, 매우. ¶Difisil wa'en. 대단히 어렵네요. 유의 wa'in.

⁑**wai** 명 {고어} 물. ¶Wai ne'ebé tuir bee-dalan mai ne'e moos loos. 수로를 따라 나오는 물은 정말 깨끗했다. 유의 bee.

⁂**waihira** 대 언제. ¶Waihira maka kursu lian Korea komesa loke fila-fali? 언제 한국어 과정이 다시 개강하지요? 유의 bainhira.

⁑**wailoron** 명 건기. ¶hahú wailoron 건기가 시작되다 유의 bailoron.

*__wa'in__ 부 대단히, 매우. ¶Agradese wa'in. 대단히 감사합니다. 유의 wa'en. 이표기 wain.

⁑**wainhira** 접 ~할 때. ¶Wainhira ha'u bá eskola mestre komesa aula tiha ona. 내가 학교에 갔을 때 선생님은 수업을 막 시작했어요. 유의 bainhira, kuandu, nu'udár, wainhirak.

⁑**wainhirak** 접 ~할 때. ¶Wainhirak ha'u to'o iha uma, udan tau hela. 내가 집에 도착했을 때 비가 오고 있었어요. 유의 bainhira, kuandu, nu'udár, wainhira.

⁑**wainrua** 부 모레. ¶Wainrua nia ba vizita nia familia sira. 모레, 그는 자신의 가족들을 방문하러 가요. 유의 bainrua.

⁑**waiwain** 부 대체로, 일반적으로. ¶Waiwain estudante ne'ebé tuur besik professór simu valór di'ak. 대체로 교수님 근처에 앉는 학생이 좋은 학점을 받는다. 유의 bain-bain.

wale 형 보람 있는. ¶Nu'udár estudante, nia mak wale durante estuda iha universidade. 학생으로서 그는 대학에서 공부하는 동안 보람이 있었어요. 유의 bale, vale.

⁂**walu** 수 8, 여덟, 팔. 유의 delapan, oitu, ualu.

*__walu-nulu__ 수 80, 여든, 팔십.

*__wani__ 명 벌. ¶Labarik ne'e ta'uk wani. 그 어린이는 벌을 무서워해요. 유의 bani.

*__wanin__ 명 벌. ¶Wanin semo hela iha ai-funan. 꽃에 벌이 날아다닌다. 유의 bani.

wanin-ween 명 벌꿀, 꿀. ¶Wani-ween midar tebes. 꿀이 무척 달아요. 유의 bani-been, wani-ween.

wani-ween 명 벌꿀, 꿀. ¶Wani-ween

ne'e fa'an ho $10. 이 꿀은 10불에 팔아요. (유의) bani-been, wanin-ween.

⁑**wao** [감] 어, 우와. [감탄할 때 하는 말] ¶Wao, kapás tebes. 어, 정말 멋지다.

*__warak__ [형] {방언} 많은. ¶Iha jardín, ema sira warak. 공원에 사람들이 많다. (유의) barak.

warik [명] 아이, 어린이. ¶Warik ne'e foin maka moris. 이 아이가 막 태어났어요.

*__waur__ [동] {방언} 속이다. ¶Nia tenke waur atu pasa seguransa. 그는 보안 요원을 지나기 위해 그를 속였어요. (유의) baur, habosok.

*__wawa'in__ [형] {방언} 매우 많은. ¶Fitun sira iha kalan wawa'in. 밤하늘에 별들이 매우 많아요. (유의) baba'in. (반의) ida-rua, uitoan.

⁑**wee** [명] 물. ¶Nia hemu wee dala barak. 그는 물을 자주 마셔요. (유의) bee.

wee-na'in [명] {방언} 잠자리. ¶Wee-na'in ida semo hela. 잠자리 한 마리가 날고 있어요. (유의) bee-na'in.

Wekeke [명] 비케케. [동티모르의 지역명] (유의) Vikeke.

wiski [명] 위스키. ¶Nia gosta tebes hemu wiski duké tua-sabu. 그는 투아사부 브랜디보다 위스키를 좋아해요.

W

X

*xá 명 차. ¶Dadeer-dadeer ha'u sempre hemu xá. 아침마다 저는 늘 차를 마셔요.

xadrés 명 장기, 체스. ¶Aman dala ruma joga xadrés ho katuas viziñu. 아버지는 이웃집 아저씨와 가끔 장기를 두세요. 유의 catur.

*xamada 명 전화. ¶Mestre fó xamada atensaun ba nia alunu sira iha aula. 선생님은 그의 학생들에게 주의를 주려고 전화를 했어요.

xampaña 명 샴페인. ¶Ami sempre selebra ninia aniversáriu ho tua xampaña botir haat. 우리는 네 병의 샴페인으로 그의 생일을 축하했다. 이표기 xampanha.

*xampú 명 샴푸. ¶Nia uza xampú ida-ne'e halo ninia fuuk morin tebes. 그는 샴푸 하나를 사용해서 머리에서 좋은 향기가 나요. 이표기 xampó.

*Xanana Gusmão 사나나 구스마오. [동티모르 민주 공화국의 첫 번째 대통령]

*xanfradu 형 허름한, 초라한. ¶Labarik sira-nia ropa xanfradu, maibé la hatene moe. 아이들은 옷이 초라해도 부끄러워하지 않아요.

Xangai 명 상하이, 상해. ¶Xangai ne'e sidade boot iha Xina. 상하이는 중국의 큰 도시예요.

xapa 명 ①금속판. ¶xapa kro'at 날카로운 금속판 ②명패. ¶tau xapa iha odamatan 문에 명패를 달다

xapa-matríkula 명 인가된 번호판. ¶Motor ne'e la uza xapa-matríkula. 이 오토바이는 인가된 번호판을 사용하고 있지 않아요. 이표기 xapa matríkula.

*xapeu 명 모자. ¶Xapeu metan ne'e alin nian. 검은 모자는 동생 것이야. 유의 barrete.

xarrua 명 쟁기. [버펄로에 묶어 사용] ¶Ha'u presiza xarrua ho karau. 버펄로가 사용할 쟁기가 필요해요. 이표기 xarua.

*xateia 동 (신경을) 거스르다, 화나게 하다. ¶Ninia espresaun ko'alia no atitude mak kontinua kontra xateia ha'u-nia nervozu. 그의 말투며 태도가 계속 나의 신경을 거슬렀다.

*xatu 형 ①짜증난, 성난. ¶Interupsaun la ho razaun mak xatu tebes. 이유 없는 방해에 매우 짜증난다. 반의 engrasadu. ② 지루한. ¶Ho forsa-tahan, nia haree hotu filme xatu. 인내심을 가지고 그는 지루한 영화를 모두 보았다.

*__xave__ 명 열쇠. ¶hetan xave iha pasta laran 가방 속에 있는 열쇠를 찾다 유의 sabi, tekla. 반의 feixadura.

*__xave-metin__ Ⅰ동 (자물쇠로) 잠그다, 잠기다. ¶Nia xave-metin tiha ona odamatan portaun nian. 그는 대문을 잠갔어요. Ⅱ형 잠긴. ¶Odamatan portaun xave-metin la bele loke ho laiha xave. 잠긴 대문은 열쇠 없이 열 수 없어요.

*__xefe__ 명 가장, 리더, 대장, 우두머리. ¶Hafoin apá mate, ha'u-nia maun mak sai xefe familia. 아빠가 돌아가신 후, 오빠가 가장이 되었다. 반의 ajudante. 이표기 xefi.

__xefia__ 명 리더십. ¶Ema barak respeitu ninia xefia. 많은 사람들이 그의 리더십을 존경해요.

*__xeke__ 명 포 수표. ¶publika xeke 수표를 발행하다 유의 cek.

__xikote__ 명 채찍. 이표기 xikoti.

*__xikra__ 명 컵, 잔. ¶Favór ida tau xá iha xikra laran? 차 한 잔만 주실래요?

*__Xile__ 명 칠레.

__xilofone__ 명 실로폰, 목금. ¶Nia gosta rona kolega nia halimar xilofone. 그는 친구가 실로폰 연주하는 걸 듣기 좋아해요.

*__Xina__ Ⅰ명 ①중국. ¶Xina apoiu Timor-Leste nia independensia molok tinan 2002. 중국은 2002년 이전에 동티모르의 독립을 인정했어요. ②중국인. ¶Xina mai iha Timor-Leste barak loos. 중국인들이 동티모르에 많이 왔어요. 유의 malae-Xina, xinés. Ⅱ형 중국의. ¶Produtu Xina barak iha Timor-Leste. 중국의 많은 상품들이 동티모르에 있어요.

__Xina-Timor__ 명 동티모르에 거주하는 중국인.

*__xinela__ 명 실내화. ¶Nia tau xinela ne'ebé bo'ot tebes. 그는 정말 큰 실내화를 신었어요. 이표기 xinelus.

__Xinés__ Ⅰ명 중국인. ¶Xinés barak maneja loja iha Timor-Leste. 많은 중국인들이 동티모르에서 상점을 운영해요. 유의 malae-Xina, Xina. Ⅱ형 중국인의. ¶Ami sosa sasán iha loja Xinés laran. 우리는 중국인의 상점에서 물건을 사요.

*__xineza__ 명 중국어. ¶Nia fluente koa'lia lian xineza. 그녀는 중국어를 유창하게 말한다.

__xís__ 명 알파벳 X의 이름.

*__xofér__ 명 운전사, 기사. ¶rekurta xofér 운전사를 고용하다 유의 motorista, kondutór.

*__xokante__ 형 충격적인. ¶sena xokante 충격적인 장면

*__xoke__ Ⅰ명 충격. ¶terapia xoke 충격 요법 Ⅱ동 충돌하다, 부딪치다. ¶Ninia motor xoke ho karreta seluk. 그의 스쿠터가 다른 자동차와 충돌했어요.

*__xoklate__ 명 초콜릿. ¶Bebé gosta han xoklate. 아기가 초콜릿을 먹길 좋아해요. 유의 xokolate.

*__xokolate__ 명 초콜릿. ¶nabeen xokolate 초콜릿을 녹이다 유의 xoklate. 이표기 xokolati.

__xourisu__ 명 소시지. ¶Ha'u gosta han xourisu. 나는 소시지 먹는 걸 좋아해요.

*__xumasu__ 명 베개. ¶Bebé ne'e presiza xumasu hodi tau ulun. 이 아기는 머리를

X

놓을 베개가 필요해요.

xumasu-hako'ak 명 전신 베개.
¶Bạinhira ninia aman atu toba, sempre buka xumasu-hako'ak. 그의 아버지는 자려고 할 때 항상 전신 베개를 찾아요.

*⁑***xupa** 동 빨다, 빨아들이다, 퍼내다.
¶Horiseik udan tau barak, agora ami uza mesin xupa hela bee husi ami-nia uma laran. 어제 비가 아주 많이 와서 지금 집안의 물을 기계로 퍼내고 있어요. 유의 mo'at.

xupeta 명 ①인체 모형, 마네킹. ¶Loja na'in tau hela ropa iha xupeta. 점원이 마네킹에 옷을 입히고 있어요. ②모조품. ¶Ida-ne'e xupeta ka la'e? 이게 모조품인가요?

xuveiru 명 ①샤워기. ¶Xuveiru aat tiha entaun la bele uza ba hariis. 샤워기가 고장나서 샤워할 때 쓸 수가 없어요. 유의 torneira-hariis. ②샤워실. ¶Sala ida-ne'e ho xuveiru ka? 이 방은 샤워실이 있나요?

Z

Zámbia 명 잠비아.

zé 명 알파벳 Z의 이름.

zebra 명 얼룩말. ¶Bainhira ami bá Áfrika ami beibeik haree animal zebra. 우리는 아프리카에 갔을 때 얼룩말을 자주 봤어요.

zeladór 명 ① 남성 경비원. ¶Zeladór na'in ida servisu iha edifísiu ida-ne'e. 이 건물에서는 경비원 한 명이 일해요. ② 남성 관리인. ¶zeladór apartamentu 아파트 관리인

zeladora 명 ① 여성 경비원. ¶rekruta zeladora 경비원을 채용하다 ② 여성 관리인. ¶Zeladora na'in ida maneja iha igreja ida-ne'e. 한 명의 관리인이 이 교회에서 일을 해요.

***Zelándia Foun** 뉴질랜드. ¶Timor-oan balu hala'o estudu iha nasaun Zelándia foun. 몇몇 동티모르인은 뉴질랜드에서 공부하고 있어요.

***zeloza** 형 여성 질투하는. ¶Feto ne'e zeloza tebes ba ninia kolega. 그녀는 친구에게 질투하는 게 심해요.

***zelozu** 형 남성 질투하는. ¶zelozu ba promosaun kolega servisu nian 동료의 승진을 질투하다

***zero** 수 포 0, 공, 영. 유의 kosong, nol.

zodíaku 명 황도 십이궁. ¶Ita fiar karakter tuir zodíaku ka? 황도 십이궁에 따른 성격을 믿나요?

zona 명 세부 행정 구역. 유의 kecamatan, subdistritu.

zou 명 동물원. ¶Iha feriadu labarik sira bá mai zou. 휴일을 맞아 아이들과 동물원에 다녀왔다.

Zumalai 명 주말라이. [부낙과 테툼어를 말하는 남서 쪽의 마을] ¶Ha'u gosta bá vizita Zumalai tanba fatin kapás loos. 아주 멋진 장소라고 해서 저는 주말라이에 방문하고 싶어요.

Aneksu

부록 : Substantivu baziku tuir signifikasaun(의미 부류별 기초 어휘)

Númeru(수)

zero	공, 영, 0
ida	일, 하나, 1
rua	이, 둘, 2
tolu	삼, 셋, 3
haat	사, 넷, 4
lima	오, 다섯, 5
neen	육, 여섯, 6
hitu	칠, 일곱, 7
walu	팔, 여덟, 8
sia	구, 아홉, 9
sanulu	십, 열, 10
sanulu-resin-ida	십일, 열하나, 11
sanulu-resin-rua	십이, 열둘, 12
sanulu-resin-tolu	십삼, 열셋, 13
sanulu-resin-haat	십사, 열넷, 14
sanulu-resin-lima	십오, 열다섯, 15
sanulu-resin-neen	십육, 열여섯, 16
sanulu-resin-hitu	십칠, 열일곱, 17
sanulu-resin-walu	십팔, 열여덟, 18
sanulu-resin-sia	십구, 열아홉, 19
ruanulu	이십, 스물, 20
tolunulu	삼십, 서른, 30
haatnulu	사십, 마흔, 40
limanulu	오십, 쉰, 50
neenrulu	육십, 예순, 60
hitunulu	칠십, 일흔, 70
walunulu	팔십, 여든, 80
sianulu	구십, 아흔, 90
atus ida	백, 100

atus rua	이백, 200
atus tolu	삼백, 300
atus haat	사백, 400
atus lima	오백, 500
atus neen	육백, 600
atus hitu	칠백, 700
atus walu	팔백, 800
atus sia	구백, 900
rihun ida	천, 1000
rihun sanulu	만, 10000
milliaun, tokon	백만, 1,000,000
billiaun	십억, 1,000,000,000
dahuluk, primeiru, uluk	첫 번째
darua, daruak, segundu	두 번째
datoluk	세 번째
dahaat, kuartu	네 번째
dalima, kinta	다섯 번째
daneen, sesta	여섯 번째
dahituk, sétima	일곱 번째
dawalu, oitava	여덟 번째
dasia, nona	아홉 번째
dasanulu, désimu	열 번째
dasanulu resin ida	열한 번째
dasanulu resin rua	열두 번째

Oras(시간)

momentu	때
oras	시간
tempu	계절
loron	하루
data	날짜
dia	요일
pasadu	과거
prezente	현재
futuru	미래
horisehik	어제

ohin	오늘
aban	내일
dadeer	오전
loro-aas	정오
loraik	오후
madrugada	새벽
dadeer-saan	이른 아침
dadeer	아침
kalan	저녁, 밤
kalan-boot	깊은 밤
Domingu	일요일
Segunda, Segunda-feira	월요일
Tersa, Tersa-feira	화요일
Kuarta, Kuarta-feira	수요일
Kinta, Kinta-feira	목요일
Sesta, Sesta-feira	금요일
Sábadu, loron-sábadu	토요일
fulan	월, 달, 개월
fulan-Janeiru, Janeiru	일월
fulan-Fevereiru, Fevereiru	이월
fulan-Marsu, Marsu	삼월
fulan-Abríl, Abríl	사월
fulan-Maiu, Maiu	오월
fulan-Juñu, Juñu	유월
fulan-Jullu, Jullu	칠월
fulan-Agostu, Agostu	팔월
fulan-Setembru, Setembru	구월
fulan-Outubru, Outubru	시월
fulan-Novembru, Novembru	십일월
fulan-Dezembru, Dezembru	십이월

Konseitu(개념)

leet, espasu	공간
oras	시간
hahú, komesa	시작
ikus	끝, 마지막

laran	내부, 실내, 안
li'ur	외부, 실외, 밖
klaran	중앙, 중간
ninin	가장자리
restu	나머지
parte	부분
baluk, pedasuk	조각
aas	높이
luan	넓이
tamañu	크기
todan	무게
forma, modelu	모습, 모양, 형태
hale'u, kabuar	원형, 동그라미
segitiga, triángulu	삼각형, 세모
kuadradu	사각형, 네모
leste	동쪽
oeste	서쪽
súl	남쪽
norte	북쪽
leten	위
tun	아래
oin	앞
kotuk	뒤
loos	오른쪽
karuk	왼쪽
ahi-oan, roman	빛
nakukun	어둠
velosidade, etapa	속도
temperatura	온도
manas	열

Umanu(인간)

ema, umanu/a	사람, 인간
an, rasik	자신, 스스로
mane	남자, 남성
feto	여자, 여성

adultu	성인
minor	미성년자
bebé, kosok-oan, labarik nurak	아기
labarik	아이
foin-sa'e, labarik klosan	청소년
joven	젊은이
malae	외국인
hanoin, opiniaun	견해, 의견
hanoin	생각
esperiénsia, koko	경험, 체험
planu	계획
esforsu	노력
signifikasaun, arti	의미, 뜻
loloos	진실, 진정
jeitu, maneira	태도, 방식
sente	감각
sabór	미각, 맛
sensitivu	감성
kontente	기쁨, 즐거움
tristeza	슬픔
laran, neon	마음
amór, domin	사랑, 애정
moe	수치심, 부끄러움
ksolok	행복
ulun	머리
oin	얼굴, 모습
matan	눈
inus	코
tilun	귀
ibun	입
nehan	이빨, 치아, 이
nanál	혀
kbaas	어깨
hirus-matan, fuan-matan	가슴
susun	유방, 가슴
fuan	심장

liman	손
liman-fuan	손가락
kabun	배, 복부
kidan	궁둥이, 엉덩이
ain	다리, 발
mii	소변, 오줌
raan	피, 혈액, 태아
beran, kbiit, forsa, podér	힘
la'o	걸음걸이, 걸음, 보
lian	목소리

Vida(삶)

moris, vida	삶, 인생
famíliar, maluk	친척, 관계
bei'ala, vizavoo	조상
abó-mane	할아버지, 조부
abó-feto	할머니, 조모
aman, apá	아버지, 아빠
inan, amá	어머니, 엄마
feen-laen	부부
la'en	남편
feen	아내
oan	자식, 자녀, 딸, 아들
biin, mana	언니, 누나, 아줌마
maun	형, 형님, 오빠, 아저씨
alin	동생
alin-feto	여동생
alin-mane	남동생
tia	고모, 이모
moris	탄생
mate	죽음
mehi	꿈
susesu	결실, 성공
reprovasaun	실패
sala	실수, 오류

Sosiedade(사회)

naran	이름, 성명, 성함
kolega, belun, maluk	친구, 동료
koñesidu	아는 사람, 지인
asosiasaun, sindikatu	연합, 연맹
suku, reinu	부족, 종족
membru	일원, 회원
mestre(a)	교사
estudante	학생
doutór(a) médiku(a)	의사, 내과 의사
pasiente	환자
kaben-na'in	기혼자
klosan	미혼자
tulun, ajuda	도움
presente, kado	선물
língua, liafuan	언어, 말
konversa, diálogu	대화, 회화, 잡담
arti, sentidu, signifikadu	의미, 뜻
opiniaun, hanoin	관점
lia-bosok, lia-falsu	거짓말
surat	편지
istória	이야기
livru	책
jornál	신문
jogu	게임
kantór, servisu fatin	사무실
eskola	학교
klase	학급, 반
hanorin	지도, 교훈, 훈련
prátika	연습, 훈련
pergunta	문제, 질문
lapis	연필
surat-tahan	종이
klínika, ospitál	클리닉, 병동, 병원
kura, tratamentu	치료, 처치, 대우
moos, ijiene	청결, 위생

me'ar	기침
fitar, kanek	상처
isin mate	시신
dalan, estrada	길, 거리
la'o halimar	산책
bis	버스
taksi	택시

Economia(경제)

na'in	주인
sasán	소유물, 재산
folin, valór	값, 가치
falta, kuran	부족, 결핍, 빈곤
saláriu, vensimentu	급여, 봉급, 월급
osan-tama, renda	소득, 수입
gastu, despeza, osan sai	지출, 경비
moeda	통화, 화폐
dolar	달러
doit, moeda, osan besi	동전
telefone	전화, 통화
kálkulu, estimasaun, kalkulasaun	계산, 셈
basar	가게, 시장
loja	가게, 상점
merkadu	시장
supermerkadu	슈퍼마켓
loja konveniente	편의점
kompras	쇼핑
fatin billete	매표소
fábrika	공장
sasán	물건, 물품, 제품
ajuda	도움, 원조

Hatais(착용)

ropa	옷, 의복
bluza	블라우스
kamiza	셔츠

kamizola	티셔츠
kalsa	바지
saia	치마
lensu	손수건
meias	양말
oklu	안경, 망원경, 고글
pasta, bolsa	가방, 주머니
mala	여행 가방, 가방
brinkus, argola	귀걸이
korrente	목걸이
kadeli	반지
kozmétiku	화장품
sapatu	신발, 구두
lasu	신발끈, 구두끈
fatin fasi ropa	세탁소

Hahaan(음식)

han	식사
matabixu, han-dadeer	아침 식사
almosu, han-meiudia	점심 식사
han-kalan	저녁 식사
hahán	음식
te'in	요리
lista	메뉴
hare	겉피가 있는 쌀, 벼, 모
etu	밥
paun	빵
dose	빵, 튀김, 사탕
fuan	과일
hudi	바나나
masán	사과
uvas	포도, 포도나무
modo, modo-tahan	채소, 야채
fehuk	감자
fore, koto	콩
na'an	고기

ikan	어류, 생선
bee, wee	물
jelu	얼음
hemu, bebida	음료
susubeen	우유
xá	차
kafé	커피
eskrim	아이스크림
dapur	부엌
manko	공기, 그릇
bikan	접시
sanan	냄비
botir	병
kopu, xikra, kaneka	컵, 잔
tudik, surik	나이프, 칼

Natureza no Animál no Ai-horis(자연과 동식물)

rai, mundu	지구
lalehan	하늘
loro-matan, loron	태양, 해
fulan	달
fitun	별
klima	날씨, 기후
anin	바람
udan	비, 빗물
malirin	추위, 차가움
manas	더위, 열기
mota	강
mota-ibun, tasi-ibun	강가, 해안
rai	땅
tasi	바다
bee-lihun	호수
debu	연못
foho	산, 언덕
illa, plaun	섬
mapa	지도

rai, rai-isin	토양
asu	개
busa	고양이
manu	닭, 새
fahi	돼지
kuda	말
susuk	모기
tigre	호랑이
ai-funan	꽃
du'ut	풀
ai	나무
ai-tahan	나뭇잎

Kultura(문화)

arte	예술
drama	드라마, 연극
tebe, dansa	발차기, 춤
foto, imajina	사진
konta, konta istoria	설화
filme	영화, 필름
artista	예술인
atór	배우
kantór(a), kantadór	가수
ilas, imajen	이미지, 그림
modelu	모형
sala	원죄
obra	일, 창조
lalehan	천당, 천국
fatin-aat	지옥
oráriu	시간표, 일정표
hakru'uk, kumprimentus	절, 인사
férias	휴일, 방학
festa	파티, 축제

movimentu(동작)

halo	하다
iha	존재하다, 있다
mosu	나타나다
lakon	사라지다, 잃다
hela, horik	살다, 머물다, 남다, 거주하다
hein	기다리다
rai5, tau1	두다, 놓다
belit	붙다, 달라붙다
toba	눕다, 잠자다
fanu	일어나다
harii	세우다
book1, muda	움직이다, 이동하다
para	멈추다
bá	가다
la'o, la'u	걷다, 걸어가다, 가다
halai	달리다
mai	오다
rai6	떠나다, 출발하다
la'a	출발하다, 가다
to'o	도착하다
sai2	나가다
mohu	외출하다, 나오다
husik	떠나다, 내버려 두다
hikas	돌아오다, 돌아가다
hasa'e, sa'e	오르다, 올리다
laek, monu, tun	떨어지다, 내리다
hakat, liu	건너다, 통과하다, 횡단하다
engaja, hodi	데려가다, 가져가다
lori	나르다, 가져다주다, 가지고 가다
sente	느끼다
gosta	좋아하다
haksolok	행복하게 하다

dinu	싫어하다, 혐오하다
book3, hahirus	화가 나다, 화내다
tanis	울다, 짖다, 울부짖다
lee	읽다
toman	이해하다
haloos	해결하다
husu	묻다, 질문하다
hamaluk	어울리다
halibur, hobun	모이다
bolu	부르다, 호명하다
partisipa	알리다, 통지하다, 공지하다
fó, haraik	주다, 부여하다
haruka	보내다, 발송하다
foti, simu	받다, 얻다
hola	사다
fa'an	팔다
freta	빌리다, 계약하다
hasori, lerek	버리다, 폐기하다
sai1	되다
fila	변하다, 뒤집다
boot	자라다
nakle'uk	굽어지다, 굽다
huu, suut	불다
dukur	자다
mama	씹다
dulas	돌다, 회전하다
doras	미끄러지다
book2, kona	건드리다, 만지다
lamar, lamas	더듬다
kaer	잡다, 쥐다
raku, rakut, tuda	던지다, 내던지다
baku	치다, 두드리다
boi, doko, hikis	흔들다, 떨다, 털다

dular	돌리다
subar	감추다, 숨기다
hetan, sabu	찾다
kobra, tuni	모으다
fahe	나누다
loke	열다
taka	닫다
dezliga, hamate	끄다
fake	켜다
fase	씻다
da'an, fisur	끓이다
hamoos	닦다
futu	묶다, 매다
sona2	찌르다, 주사하다
ko'a	자르다, 썰다, 깎다, 베다
tunu	굽다
sona1	튀기다
kedok	젓다
hois	짜다, 조르다
hatais, tau4	입다
kahi, ka'I, ka'it	걸다, 끼다
kolu	벗기다, 벗다
mo'at, supa	빨다, 세탁하다
nahe	펴다, 펼치다
manán	이기다, 승리하다
lakon	패배하다, 지다
lailais	서두르다
nonook	조용히 하다
hanaruk	늘이다, 길게 하다
menus, redús	줄이다, 축소시키다

kondisaun(상태)

naran	어떤, 어느, 아무
mean	빨간
modok, okil, okir	녹색의, 푸른
amarelu, kinur	노란
metan	검은
mutin	흰, 은색의, 회색의
gostu	맛있는
lafurak	맛없는
midar	달콤한
meer	소금이 든, 짠, 짭짤한
moruk	쓴맛의
siin	신, 시큼한
manas	뜨거운, 매운
fresku	시원한, 신선한
konfortavel	편안한
mamal, mamar	부드러운
kmatek	조용한, 고요한
haksolok	즐거운, 기쁜, 행복한
triste	슬픈
xatu	짜증난, 성난
foun	새로운
miis	오래된
maklokek	시작하는
hotu	마친, 끝낸
kleur	늦은
lakleur	머지않은
boot	큰
ki'ik	작은
aas	높은
kraik, raik	낮은
naruk	긴
badak	짧은

forte	센, 강한
fraku	약한
longra	느슨한, 헐렁한
mahal, mahar	두꺼운
lotuk	얇은, 가느다란
todan	무거운
kamaan	가벼운
lais, maka'as	빠른
maten	느린
ba'in	많은
uitoan	조금의, 약간의
daar, nato'on	충분한, 적당한
défisit	결핍된, 부족한
di'ak	좋은, 괜찮은
aat, ladi'ak	나쁜, 좋지 않은, 엉망인
hanesan	같은, 동등한
loos	맞는
falsu	틀린
tebes	확실한, 정확한, 실제의
moon	분명한, 유창한
justu	공정한, 공평한
mihis	희미한, 약한
difisil, kusta, susar, susa	어려운
fasil, lasusar	쉬운, 간단한, 힘이 들지 않는
mo'ok	아름다운, 예쁜
kapás	아름다운, 멋진
lindu/a	귀여운
moos	깨끗한
door, lamoos	더러운
beek	젖은, 축축한, 물기를 머금은
maran	마른, 말린, 건조한
baratu, kamaan, kma'an	싼
karu, karun	비싼